科学出版社“十四五”普通高等教育本科规划教材

普通高等教育基础医学类系列教材

药 理 学

（第 三 版）

杨俊卿　龚其海　主编

科 学 出 版 社
北 京

内 容 简 介

本教材重视教学内容和课程体系改革，遵循“三基”“五性”的原则，在保持前两版教材特点的前提下，强调经典与前沿的有机结合，并纳入了药理学相关新理论、新药物；以“知识目标”“能力目标”“素质目标”的形式呈现每章的“学习目标”。本教材还辅有配套的课程 PPT，并在“学习目标”、药物发展简史、课程 PPT 中有机融入课程思政内容。

本教材可供基础、临床、预防、口腔、护理、麻醉、法医、精神、影像、中医、中药、药学、临床药学、康复等医学及医学相关专业使用。

图书在版编目（CIP）数据

药理学 / 杨俊卿，龚其海主编. -- 3 版. -- 北京 : 科学出版社，2025. 1. --（普通高等教育基础医学类系列教材）. -- ISBN 978-7-03-080113-5

Ⅰ. R96

中国国家版本馆 CIP 数据核字第 2024RZ1020 号

责任编辑：闵　捷 / 责任校对：谭宏宇
责任印制：黄晓鸣 / 封面设计：殷　靓

科学出版社 出版
北京东黄城根北街 16 号
邮政编码：100717
http：//www.sciencep.com

南京展望文化发展有限公司排版
北京中科印刷有限公司印刷
科学出版社发行　各地新华书店经销

*

2013 年 9 月第　一　版　开本：889×1194　1/16
2025 年 1 月第　三　版　印张：30 1/2
2025 年 1 月第十二次印刷　字数：990 000

定价：98.00 元

《药理学》（第三版）编委会

主　编

杨俊卿　龚其海

副主编

陈晓红　吴建明　云　宇　郑雅鑫　滕　佳

编　委

（以姓氏笔画为序）

王　红　重庆医科大学
王　蕾　昆明医科大学
云　宇　昆明医科大学
伍怡颖　成都医学院
刘　涛　陆军军医大学
刘　悦　宁夏医科大学
李小强　空军军医大学
李利生　遵义医科大学
杨丹莉　遵义医科大学
杨俊卿　重庆医科大学
吴　红　天津医科大学
吴建明　西南医科大学
吴艳娜　天津医科大学
邱红梅　重庆医科大学
张　玲　锦州医科大学
张海港　陆军军医大学
陈晓红　陆军军医大学
罗　映　重庆医科大学
周　颖　南昌大学
郑雅鑫　成都医学院
宛　蕾　贵州医科大学
胡　浩　西安交通大学
胡　颖　贵州医科大学
秦大莲　西南医科大学
班　涛　哈尔滨医科大学
黄起壬　南昌大学
曹　蔚　西北农林科技大学
曹　蕾　西安交通大学
龚其海　遵义医科大学
蒋青松　重庆医科大学
熊玉霞　西南医科大学
滕　佳　昆明医科大学海源学院
颜晓燕　成都医学院

学术秘书(兼)

罗　映　杨丹莉

第三版前言

药理学是连接基础医学与临床医学、医学与药学的桥梁学科，在医学与药学中有着举足轻重的地位。本教材可供基础、临床、预防、口腔、护理、麻醉、法医、精神、影像、中医、中药、药学、临床药学、康复等医学及医学相关专业使用，也可作为相关人员的参考用书。

党的二十大提出加快建设教育强国、科技强国、人才强国，推进健康中国建设，把保障人民健康放在优先发展的战略位置。为培养能够满足人民健康需求的高素质医学相关人才，2023 年 6 月，由来自陆军军医大学、空军军医大学、西安交通大学、天津医科大学、南昌大学、西南医科大学、贵州医科大学、成都医学院、遵义医科大学、昆明医科大学、锦州医科大学、宁夏医科大学、哈尔滨医科大学、西北农林科技大学及重庆医科大学的 33 位教学一线的药理学专家组成了《药理学》(第三版)编委会，启动了教材的修订工作，经过近 1 年的时间，在全体编委的共同努力下，教材完成了修订。本次修订也是在前两版的基础上完成的，在此谨向前两版教材全体编委的辛苦努力表示衷心感谢！

本教材重视教学内容和课程体系改革，遵循“三基”(基本理论、基本知识和基本技能)、“五性”(思想性、科学性、先进性、启发性与实用性)的原则，在保持前面两版教材特点的前提下，突出如下特点：① 教材内容的选择上强调经典与前沿的有机结合，纳入了药理学相关新理论、新药物；② 每章开始的“学习目标”体现了本章的“知识目标”“能力目标”“素质目标”，每章最后附有小结、思考题，以便于教师教学参考和学生学习复习；③ 每章的主要内容部分尚配有以文本框形式出现的药物发展简史，有机融入课程思政内容，以提高学生对药理学的学习兴趣，拓展学生的视野，训练学生的科学思维，培养学生科学家精神和爱国、爱岗敬业情怀；④ 为方便学生和教师使用，本教材辅有相应配套的课程 PPT(扫描章末二维码即可阅读)。本教材编写过程中参考了最新的执业医师资格考试和执业药师资格考试大纲、更新的临床指南，以及《古德曼 · 吉尔曼治疗学的药理学基础》(第 14 版)[*Goodman & Gilman's The Pharmacological Basis of Therapeutics* (*14th Edition*)]、伯特伦 · G. 凯特森等主编的《基础与临床药理学》(第 15 版)[*Basic & Clinical Pharmacology* (*15th Edition*)]等资料。

尽管教材得到了全体编写人员的精心打造，但是由于编写时间的限制，书中如存在不足，恳请各位同仁及读者不吝赐教，提出宝贵意见。

主　编

2024 年 5 月

第二版前言

药理学是连接基础医学与临床医学、医学与药学的桥梁学科，在医学与药学中有着举足轻重的地位。本教材可供临床、基础、麻醉、影像、护理、口腔、中西医结合、药学、法医、预防、检验等专业学生使用，也可作为相关人员的参考用书。

本教材是在科学出版社组织下，由西南地区主要高等医药院校陆军军医大学、空军军医大学、西安交通大学、四川大学、天津医科大学、南昌大学、西南医科大学、贵州医科大学、成都医学院、遵义医学院、昆明医科大学以及重庆医科大学的专家教授共同编写完成，编委会成员长期在药理学教学科研第一线，具有丰富的教学经验和较强的科研能力。本次修订也是在第一版的基础上完成的，在此谨向第一版全体编委的辛苦努力表示衷心感谢！

本教材重视教学内容和课程体系改革，遵循“三基”（基本理论、基本知识和基本技能）、“五性”（思想性、科学性、先进性、启发性与实用性）的原则，突出如下特点：① 教材内容的选择上兼顾了经典与前沿的有机结合；② 在每章前有“学习要求”，末尾有本章内容小结，最后还有 2～3 个思考题，其中一个为小病例题，以便于教师教学参考和学生学习复习；③ 每章的主要内容部分尚配有以文本框形式出现的药物发展简史，以提高学生对药理学的学习兴趣，拓展学生的视野，训练学生的科学思维。本教材编写过程中参考了最新的执业医师资格考试和执业药师资格考试大纲，以及《古德曼·吉尔曼治疗学的药理学基础》（第 12 版）[*Goodman & Gilman' The Pharmacological Basis of Therapeutics*（*12th edition*）]、伯特伦·G. 凯特森等主编的《基础与临床药理学》（第 12 版）[*Basic & Clinical Pharmacology*（*12th edition*）]等资料。

尽管教材得到了全体编写人员的精心打造，但是由于经验和水平的限制，书中如有错漏、瑕疵，恳请各位同仁及读者不吝赐教，提出宝贵意见。

主　编

2017 年 10 月

第一版前言

药理学是连接基础医学与临床医学、医学与药学的桥梁学科，在医学与药学中有着举足轻重的地位。本教材可供基础、临床、预防、口腔、护理等专业学生使用，也可作为相关人员的参考用书。

本教材是在科学出版社组织下，由西南地区主要高等医药院校第三军医大学、泸州医学院、贵阳医学院、成都医学院、遵义医学院以及重庆医科大学的专家教授共同编写完成，编委会成员长期在药理学教学科研第一线，具有丰富的教学经验和较强的科研能力。

本教材重视教学内容和课程体系改革，遵循“三基”（基本理论、基本知识和基本技能）、“五性”（思想性、科学性、先进性、启发性与实用性）的原则，突出如下特点：① 教材内容的选择上兼顾了经典与前沿的有机结合；② 在每章前有“学习要求”，末尾有本章内容小结，最后还有 2～3 个思考题，其中一个为病例题，以便于教师教学参考和学生学习复习；③ 每章的主要内容部分尚配有以文本框形式出现的药物发展简史，以提高学生对药理学的学习兴趣，拓展学生的视野，训练学生的科学思维。本教材编写过程中参考了执业医师资格考试要求和执业药师资格考试大纲，以及《古德曼·吉尔曼治疗学的药理学基础》（第 12 版）[*Goodman & Gilman' The Pharmacological Basis of Therapeutics*（*12th edition*）]、伯特伦·G. 凯特森等主编的《基础与临床药理学》（第 12 版）[*Basic & Clinical Pharmacology*（*12th edition*）]等资料。

尽管教材得到了全体编写人员的精心打造，但是由于经验和水平的限制，书中如有错漏、瑕疵，恳请各位同仁及读者不吝赐教，提出宝贵意见。

主　编

2013 年 3 月

目 录

绪论

学习目标

【知识目标】

1. 掌握　药物、毒物、药理学、药物效应动力学、药物代谢动力学的定义。
2. 熟悉　新药的定义、新药研发的过程及新药临床研究。
3. 了解　药物与药理学发展简史。

【能力目标】

1. 通过学习，建立药理学整体学科观念。
2. 能应用本章相关知识参与新药临床研究。

【素质目标】

1. 通过学习，坚定文化自信，强化药理学等自然科学中的哲学思想。
2. 初步树立以患者为中心的合理用药观。
3. 建立创新价值观、新药专利保护理念。

第一节　药理学研究内容和学科任务

一、药物

药物的英文名“drug”来源自希腊语“drogen”(含干草之意)。广义上讲，凡能影响(或帮助体现)机体的生化过程、生理功能及病理状态，用于预防、诊断和治疗疾病的物质都属于药物范畴。毒物(poison)是指安全范围很小，很小的剂量即可对机体产生明显毒性的物质。药物与毒物没有质的区别，任何药物在一定条件下均可成为毒物，而毒物在某些特定的条件下也可成为有治疗作用的药物。药物的来源主要包括天然来源如植物、动物(包括人体)、微生物、矿物，人工全合成或半合成等。

二、药理学学科性质及研究内容

药理学(pharmacology)是研究药物与机体(包括病原体)间相互作用及作用规律的一门学科。药理学起源于生理学，以机体和药物为研究对象，以生理学、生物化学、病理学、病理生理学、微生物学、免疫学、分子生物学、药物化学等学科为基础，为指导临床合理用药、防治疾病提供基本理论、基础知识和科学思维，属于基础医学与临床医学、医学与药学之间的桥梁学科。

药理学一方面研究药物对机体的作用及作用规律，即药物效应动力学，包括药物的药理作用、作用机制、临床应用、不良反应和禁忌证等；另一方面研究机体对药物的处置过程，即药物代谢动力学，包括药物的体内过程(吸收、分布、生物转化和排泄)和血药浓度随时间变化的规律。

三、药理学学科任务

药理学的学科任务主要是阐明并利用药物与机体(包括病原体)相互作用的规律,为指导临床合理用药及防治疾病提供理论依据;促进研发新药和发现药物新用途;促进其他生命科学的发展。

第二节 药理学发展简史

远古时代的人们在寻找并尝试新品种食物时常发生中毒,从而被迫寻找解救药物,在人与自然和疾病的漫长斗争史中获知某些天然物质可以治疗疾病和伤痛,这是药物的始源。早在公元1世纪前后我国的《神农本草经》收载药物365种,其中一些至今沿用。公元7世纪,唐代有了世界上第一部由政府颁布的药学经典《新修本草》,其收载了844种药物。明朝的大药物学家李时珍完成了世界闻名的医药巨著《本草纲目》,全书共52卷,约190万字,收载药物1 892种,插图1 000余帧,药方10 000余条,现今仍是中医中药研究的必读书籍,在国际上有7种文字译本流传。

现代药理学始源于欧洲,得益于生理学和化学的发展。英国解剖学家威廉·哈维(William Harvey)对血液循环的发现,使实验药理学得以开端,意大利生理学家菲利斯·丰塔纳(Felice Fontana)通过对千余种药物的动物毒性进行测试后认为天然药物都有其活性成分,选择作用于机体某个部位而引起反应。世界上第一位药理学教授鲁道夫·布赫海姆(Rudolf Buchheim)建立了第一个药理实验室,编写了第一本药理教材,实验药理学基本形成,从而也使药理学成了一门独立的学科。他的学生奥斯瓦尔德·施米德贝尔(Oswald Schmiedeberg)发展了实验药理学,对药物的作用部位进行研究,创立了器官药理学。德国化学家弗里德里希·威廉·亚当·泽尔蒂纳(Friedrich Wilhelm Adam Sertürner)于1803年从罂粟中分离提纯得到的吗啡,后成为临床强镇痛药物,20世纪60年代,我国药理学家邹冈和张昌绍明确了其中枢镇痛作用的部位。20世纪70年代初,屠呦呦带领团队从青蒿中提取分离得到对疟原虫有强杀灭作用的青蒿素,继而合成其衍生物,并因此于2015年获得诺贝尔生理学或医学奖。20世纪初,德国微生物学家保罗·埃尔利希(Paul Ehrlich)合成并筛选出有效治疗梅毒的新胂凡纳明,开启了合成药物的时代;1965年我国科学家成功人工合成结晶牛胰岛素,开启了有活性蛋白质的人工合成。英国生理学家约翰·纽波特·兰格利(John Newport Langley)提出的药物作用的受体假说,为药物作用机制的阐明和新药的研发提供了重要理论基础。由于生理学、生物化学、病理学、病理生理学、微生物学、免疫学、药物化学等学科,特别是分子生物学的迅猛发展与各学科相互融合,20世纪末人类基因组计划的实施进一步推动了药理学的发展,形成了生化药理学、免疫药理学、神经药理学、遗传药理学、分子药理学等药理学分支学科,大大充实和丰富了药理学的研究内容。

第三节 药理学研究方法和新药的药理学研究

一、药理学研究方法

药理学是一门实验性学科,充分融合了生理学、生物化学、病理学、病理生理学、微生物学、免疫学、药物化学和分子生物学等学科的研究技术、方法与手段。药理学研究可分体外实验与体内实验,前者主要通过细胞、组织、器官、细菌或病毒培养进行实验,观察药物的作用及机制;后者主要是在动物体内进行药物效应动力学与药代动力学研究。药理学实验研究都需要设置严格、合理的对照。对于新药而言,前述体外实验与体内实验研究内容属于临床前研究范畴,以人(包括临床患者)为研究和服务对象的应用学科则属于临床药理学。

二、新药的药理学研究

新药来源包括天然产物、半合成及全合成化学物质。参考目前我国《药品注册管理办法》规定，新药可以简单定义为“未曾在中国境内外上市销售的药品”，从分类上包括化学药品新药、中药与天然药物新药和生物制品新药及其制剂等。

新药的药理学研究主要是为了保证新药的安全性与有效性。新药的研究过程可分为临床前研究、临床研究。临床前研究的药理学研究包括体外实验和在体动物实验，主要进行系统的新药药物效应动力学、药代动力学和毒理学评价，获得新药临床前安全性与有效性数据，在经过药物管理部门的审批后才能进行临床试验，目的在于保证用药的安全。

临床研究是以健康志愿者或有新药适应证的患者为研究对象，进一步评价新药的安全性与有效性，分为四期。Ⅰ期临床试验一般以 20～30 例健康志愿者为研究对象，观察新药人体药代动力学特征和安全性，为Ⅱ期临床试验提供安全有效的合理试验方案依据。Ⅱ期临床试验，为随机双盲对照研究，以不少于 100 例的适应证患者为研究对象，初步评价药物对目标适应证患者的治疗作用及安全性，为Ⅲ期临床试验研究方案设计和给药方案提供参考依据。Ⅲ期临床试验的患者人数不少于 300，进行多中心、随机盲法对照研究，进一步验证新药的安全性、有效性、药物相互作用，获得效益/风险值等。此期实验结束，可以申请新药证书。Ⅳ期临床试验又称为售后调研(postmarketing surveillance)，是指新药上市后进行的社会性考查与评价，在广泛的推广应用中重点了解长期用药后的药物安全性和有效性评价，也包括对药物新用途的研究，但是重点在于监测不良反应，特别是对于特殊人群。

小 结

药物指凡能影响(或帮助体现)机体的生理功能、病理状态，用以预防、诊断和治疗疾病的物质。毒物指安全范围很小，在很小的剂量即可对机体产生明显毒性的物质，药物与毒物不可分。药理学是研究药物与机体(包括病原体)相互作用及规律的一门学科，包括药物效应动力学(研究药物对机体的作用与规律)和药代动力学(研究机体对药物的处置过程)。新药的研究过程主要包括临床前研究和临床研究，后者主要包括Ⅰ期、Ⅱ期、Ⅲ期和Ⅳ期临床试验。

【思考题】

1. 试述药理学的定义及组成部分。
2. 试述新药的药理学研究内容。

(杨俊卿)

※ 课程 PPT

绪论
课程 PPT

第一章

药物效应动力学

学习目标

【知识目标】

1. 掌握　效能、效价强度、治疗指数、激动剂(完全和部分)、拮抗剂(竞争性和非竞争性)、TI、pD_2 和 pA_2 的概念和特点;药物的基本作用、药物作用的选择性与两重性;不良反应的类型;LD_{50} 和 ED_{50},药物与受体亲和力和内在活性;受体的调节。

2. 熟悉　受体、配体的概念;反向激动剂;第二信使的种类;量-效曲线;药物与受体结合作用的特点。

3. 了解　储备受体;偏向激动剂。

【能力目标】

1. 通过学习,能将药物效应动力学相关理论应用于临床用药方案的制定和实施以及用药咨询服务。

2. 能应用章节相关知识指导具体药物知识的学习。

【素质目标】

1. 通过学习,进一步培养辩证唯物主义的哲学观。

2. 初步培养以患者为中心的合理用药观念。

3. 培养坚持实事求是的科学精神。

药物效应动力学(pharmacodynamics, PD),简称药效学,主要研究和阐明药物对机体(及病原体)的作用、作用机制及作用规律,是药理学研究的重要组成部分。

第一节　药物的基本作用

一、药物的作用与效应

药物作用(drug action)指药物对机体的初始作用,即药物进入机体后与机体靶分子如受体等之间的相互作用;药理效应(drug effect)指药物作用的结果,是在药物作用的基础上,通过一系列复杂的中间过程,最后引起的机体生理、生化功能或形态的改变。前者为因,后者为果。两者统称为药物的药理作用。例如,乙酰胆碱激动 M 受体,这是药物作用,而导致的瞳孔缩小为药物效应。由于两者密不可分,在一般情况下并不严格区分。

二、药物作用的基本表现

药物作用的基本表现为兴奋(excitation)和抑制(inhibition),前者指药物使机体原有的功能活动增强,后者指药物使机体原有的功能活动降低。药物兴奋和抑制作用是相对的，可随药物剂量、作用靶器官的改变而变化。例如，过度的中枢神经系统兴奋可引起惊厥，而持续惊厥又可转为中枢神经系统抑制。乙酰胆碱激动M受体，导致瞳孔括约肌收缩，同时又可以导致心肌传导速度减慢、心肌收缩力减弱、心率减慢。

药物作用于机体的方式根据作用的产生是否依赖于吸收入血分为局部作用和吸收作用；根据产生的效应与药物作用靶点的关系又分为直接作用和间接作用。

第二节 药物作用的基本规律

一、药物作用的选择性

药物作用具有选择性(selectivity)，指药物效应具有组织器官专一性。对机体某一(些)组织器官功能的影响明显，而对其他组织器官功能影响小称为选择性高。选择性较低的药物器官作用广泛，其不良反应也较多。药物作用的选择性是药物分类的基础和临床选择用药的根据。

药物作用选择性产生的主要基础涉及：① 药物在体内组织器官的分布。分布多的组织，药物效应较强，无分布的组织则可能无效应出现。② 组织器官生化功能差异。例如，甲状腺激素只在甲状腺中合成，因此作用于其他任何组织均不直接影响甲状腺激素的合成。③ 不同机体或组织器官结构不同。例如，心肌、平滑肌的肌质网不够发达，其兴奋-收缩耦联所需的钙主要由细胞外通过电压依赖性钙通道流入，故易受钙通道阻滞剂的影响；而骨骼肌的肌质网发达，兴奋-收缩耦联所需的钙主要由肌质网释放，钙通道阻滞剂对骨骼肌无明显影响。

药物作用的选择性是相对的，只有在适当剂量时，药物作用才有一定的选择性，随着剂量增大，药物作用靶点增加，其作用的选择性降低。

二、药物作用的两重性

在药物的多种药理作用中，符合用药目的、对防治疾病有利的药物作用就是药物的治疗作用(therapeutic effect)，即治疗效果或疗效。而不符合用药目的，可引起机体不适或损害的药物作用，为药物的不良反应(adverse drug reaction，ADR)。

(一) 药物的治疗作用

药物的治疗作用可分为对因治疗(etiological treatment)和对症治疗(symptomatic treatment)。前者是指能消除原发致病因子的药物作用，如抗菌药的抑制或杀灭病原体作用；后者指能缓解或改善疾病过程中所出现的症状或体征的药物作用，如镇咳药的止咳作用等。

对因治疗是治疗学的基本原则，但在病情危重时或疾病的病因不清楚时，对症治疗仍是重要的治疗措施。因此，在疾病治疗中应坚持“急则治标，缓则治本，标本兼治”的原则。

(二) 药物的不良反应

1. *副作用*(side effect，side reaction) 是指药物在治疗剂量下，对机体产生的不符合用药目的的药理作用。副作用的产生与药物作用的选择性高低密切相关，并可随用药目的的改变与治疗作用发生相互转化。例如，阿托品在治疗痉挛性腹痛时，可引起明显口干，口干为副作用；而在用于治疗流涎症时，阿托品的口干效应则为治疗作用。

2. *毒性反应*(toxic reaction) 指药物用量过大或用药时间过长，对机体产生的危害较大的药物反应。包括短期内用药过量引起的急性毒性(acute toxicity)，以及长期反复用药，体内药物蓄积过多而逐渐产生的慢性毒性(chronic toxicity)。药物的“三致”作用如致畸(teratogenesis)、致癌(carcinogenesis)和致突变(mutagenesis)，属药物的特殊慢性毒性。

3. *后遗效应*(residual effect) 指停药后血药浓度已降至阈浓度(最小有效浓度)以下时残存的药理效

应。其产生原因与药物的效应消失的时间大于药物浓度在体内消除的时间有关。例如，镇静催眠药物的宿醉现象。

4. 停药反应(withdrawal reaction) 指长期用药突然停药，原有疾病复发或加重的现象，又称反跳(rebound)。例如，长期服用β受体拮抗剂治疗高血压，若突然停药，患者血压可急剧回升。

5. 变态反应(allergic reaction) 指少数过敏体质的患者对某些药物出现的过敏反应。药物本身、药物的代谢产物、药物制剂中所含杂质均可作为抗原或者半抗原。严重者可表现为过敏性休克。变态反应不属于药理作用，其严重程度无明显的量-效依赖性，也无药理学特异性的对抗剂。一般通过过敏试验来进行预测，但可出现假阳性和假阴性；过敏试验阳性者应该禁用该受试药物。由于许多药物来自自然界，机体在生活过程中已经被致敏，因而首次用药也可能发生过敏反应。

6. 特异质反应(idiosyncratic reaction) 指少数具有特异体质(先天性遗传异常)的人对某些药物的敏感性异常，可表现为极度高敏或极度不敏感。例如，葡萄糖-6-磷酸脱氢酶缺乏症患者，服用伯氨喹极易引起急性溶血，而维生素K环氧化物还原酶突变或缺失患者对香豆素类抗凝血药有先天性耐受。

7. 耐受性和耐药性 耐受性(tolerance)指连续用药后机体对药物的敏感性下降或消失的现象。如果在短时间内连续用药后出现耐受，称快速耐受性(tachyphylaxis)。耐药性(resistance)也称抗药性，指肿瘤细胞或病原体反复接触药物后，对化疗药物的敏感性降低或消失的现象。

8. 依赖性(dependence) 包括生理依赖性(physical dependence)和精神依赖性(psychological dependence)。前者指连续用药后机体产生适应状态，突然停药后，机体除产生对用药的渴求，同时还出现生理功能紊乱等“戒断症状”。后者指连续用药后突然停药，机体只产生对用药的渴求而不产生“戒断症状”。能引起依赖性的药物主要包括麻醉药品(narcotics)和精神药品(psychotropic substances)，这些均属特殊药品，受国际公约及各国相关法规管制，必须严格控制使用。烟、酒及一些挥发性有机溶剂也可引起依赖性。

三、药物作用的量-效关系

(一) 有关剂量概念

剂量(dose)即用药的分量。常用的剂量概念如下。

1. 最小有效量与最小有效浓度 能引起药理效应的最小剂量称为最小有效量(minimal effective dose)，也称阈剂量(threshold dose)；相应的药物浓度则为最小有效浓度(minimal effective concentration)，也称阈浓度(threshold concentration)。

2. 最小中毒量与最小中毒浓度 能引起毒性反应的最小药物剂量为最小中毒量(minimal toxic dose)；相应的浓度为最小中毒浓度(minimal toxic concentration, MTC)。

3. 最小致死量与最小致死浓度 能引起机体死亡的最小药物剂量为最小致死量(minimal lethal dose)，相应的浓度为最小致死浓度(minimal lethal concentration)。

4. 极量 为了保证用药的安全，由《中华人民共和国药典》(简称《药典》)规定的药物最大允许用量，称极量(maximal dose)或最大治疗量(maximal therapeutic dose)，它约小于最小中毒量，是一个有法律意义的剂量概念。临床用药一般不允许超过极量，否则，造成医疗事故，处方者应负法律责任。

5. 治疗量 最小有效量到极量之间的剂量范围为治疗量(therapeutic dose)。一般药物手册及药品说明书中标示的剂量是大于最小有效量而小于极量的一个剂量范围，称常用量(commonly used dcse)，临床用药通常在常用量的范围选择适当的剂量。

(二) 量-效曲线

药物的效应与剂量之间的关系称为药物的量-效关系(dose-effect relationship)，常用量-效曲线(dose-effect curve)来描述。药物剂量(D)或浓度(C)为量-效曲线的横坐标，效应强度(E)为纵坐标。根据药物效应的类型，量-效曲线分为量反应量-效曲线和质反应量-效曲线。

1. 量反应量-效曲线 量反应量-效曲线的纵坐标效应强度是连续变化的数值，如血压、心率等，常用达到最大效应(E_{max})的百分率表示。在普通坐标体系中呈直方双曲线，但当横坐标药物剂量或浓度变换成对数，即在半对数坐标体系中，曲线呈S形(图1-1)。

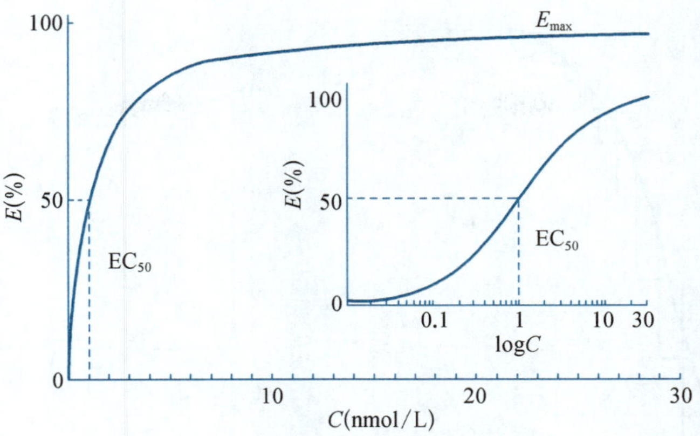

图 1-1　某药物量反应量-效曲线

E，效应强度；*C*，浓度；EC_{50}，半最大效应浓度

从量反应量-效曲线中我们可以得到一些基本参数和特征，如最小有效量/浓度、最小中毒量/浓度。

量-效曲线中效应强度在16%～84%的区段大致成直线，该段曲线与横坐标夹角的正切值即曲线的斜率。斜率大的药物，剂量的微小变化就能显著改变药物效应强度；斜率小的药物作用较温和，微小的药物剂量变化不会引起药物效应强度的显著改变。所以，斜率的大小也是临床选药和制定剂量的依据之一。对量-效曲线斜率大的药物增加剂量应谨慎。

一般而言，同一药物的药理效应在一定的剂量范围内随剂量增大而增大，当效应达到一定水平，即使再明显增加剂量其效应也不再明显增加，此效应称为最大效应（maximal effect），又称为效能（efficacy）。而引起50%最大效应的浓度称为半最大效应浓度（concentration for 50% of maximal effect，EC_{50}）。引起等效反应的剂量或浓度称为效价强度（potency）（量-效曲线平行且效能相似时，常用EC_{50}表示），其值越小强度越大。效能和效价强度是药物效应强弱的评价指标，临床上常追求效能，但有时候也考虑效价强度。图1-2是几种利尿药的量-效曲线比较，效能最大的是呋塞米；而在氢氯噻嗪的效能内，其效价强度高于呋塞米，即达等效时氢氯噻嗪比呋塞米所用剂量小。因此，在临床上急性肾衰竭、急性肺水肿时多选择呋塞米而非选择氢氯噻嗪；在一些轻中度水肿患者的长时间治疗，一般多选用氢氯噻嗪而非选择呋塞米。

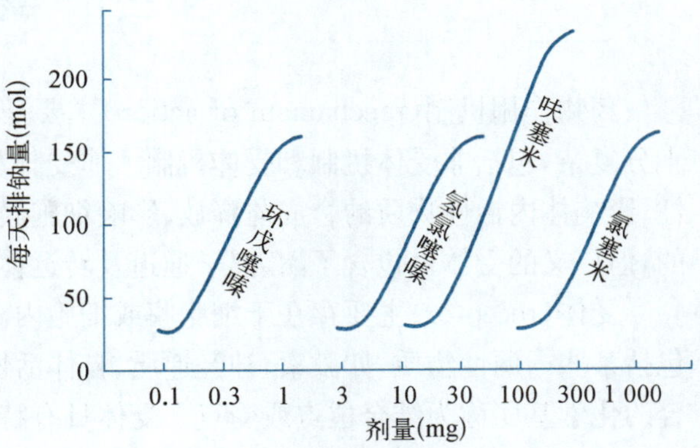

图 1-2　几种利尿药的量-效曲线

2. *质反应量-效曲线*　质反应量-效曲线的纵坐标用发生某药物效应的阳性反应率表示。生物体对药物的反应性存在着个体差异，所以这种个体差异基本呈正态分布，而阳性反应率在半对数坐标体系中的量-效曲线也呈S形（图1-3）。

从质反应量-效曲线中我们也可以得到一些基本参数和特征。例如，半数有效量（median effective dose，ED_{50}）指引起半数（50%）实验动物出现阳性反应时的剂量或浓度。如果阳性反应为死亡则为半数致死量（median lethal dose，LD_{50}），LD_{50}为评价药物急性毒性大小的参数之一，但比较粗略。治疗指数（therapeutic index，TI）为评价药物安全性大小的常用指标，指同一药物的LD_{50}与ED_{50}的比值，其本质是LD_{50}（毒性）至ED_{50}（治愈）的距离的宽窄，TI值越大药物安全性越好。如果某药的疗效曲线与死亡曲线首尾有重叠，宜采用安全范围（margin of safety）即LD_5与ED_{95}的比值，或LD_1与ED_{99}的比值，后者又称可靠安全系数（certain safety factor）（图1-4）。

此外，药物作用还存在时效性，即药物作用强度与时间的关系，简称时-效关系（time-effect relationship）。而药物作用的基础主要在于药物作用的构效性，即药物作用与其化学结构之间的关系，即构-效关系（structure-activity relationship）。

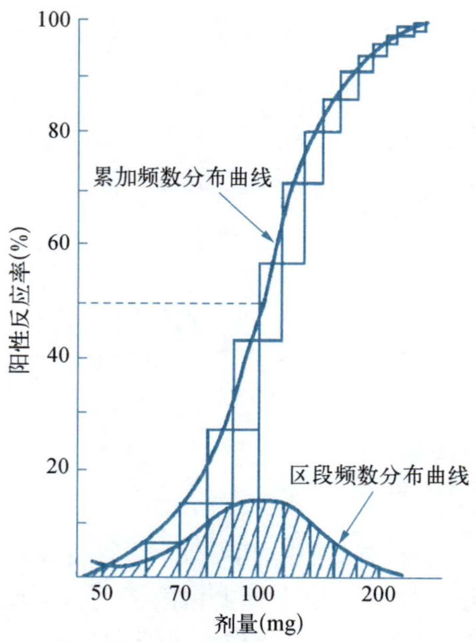

图 1-3　某药物质反应量-效曲线

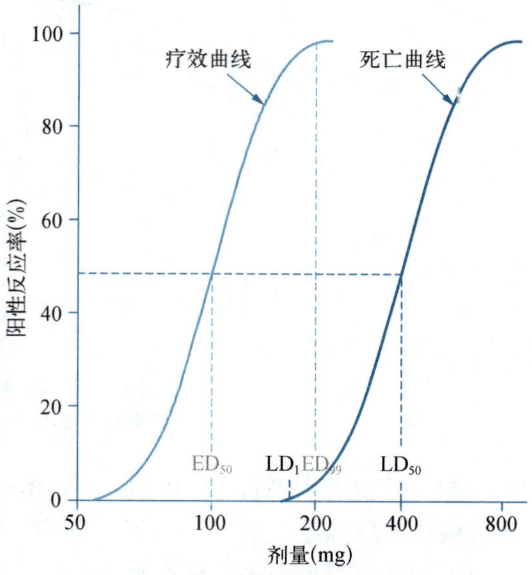

图 1-4　某药物药物效应和毒性的量-效关系

第三节　药物作用的受体机制

药物作用机制(mechanism of action)主要是阐明从药物作用开始到出现效应的全过程。药物作用机制十分复杂,包括非受体机制和受体机制。非受体机制又包括理化反应、补充机体缺乏物质、影响代谢酶的活性、影响体内活性物质的合成与释放、影响细胞膜结构与功能等。而大多数药物则是通过受体发挥药理作用的,但广义的受体也包含了酶、离子通道及转运体等。

受体(receptor)主要存在于细胞膜或细胞内。能与受体特异结合的物质称配体(ligand),又称第一信使,包括某些内源性物质,如激素、神经递质、自体活性物质、细胞因子等和外源性的药物。受体上与配体分子结合的化学基团称为结合位点或受点。受体具有特异性、可逆性、饱和性、灵敏性、多样性和可调性等特性。

一、受体类型

1. G 蛋白偶联受体(G protein-coupled receptor, GPCR)　由 350～500 个氨基酸残基组成 7 个 α 螺旋跨膜区域,膜外侧是疏水性 N-端,膜内侧为亲水性 C-端,不同受体其氨基酸组成不同,而具有对不同配体的特异选择性。G 蛋白(鸟苷酸结合蛋白)由 α、β、γ 三个亚基组成。因 α 亚基的不同 G 蛋白又分为若干型,如兴奋型 G 蛋白(G_s)、抑制型 G 蛋白(G_i),还有 G_q、G_o、$G_{12/13}$ 等。G 蛋白偶联受体激活,α 亚基可与 GTP 结合,α-GTP 亚基随之与 β 亚基、γ 亚基解离,α 亚基和(或)β 亚基、γ 亚基沿着细胞膜内表面扩散,与许多不同的效应器如腺苷酸环化酶、鸟苷酸环化酶(guanylate cyclase, GC)、磷脂酶 C、各种离子通道及其他蛋白等相互作用,引起细胞内第二信使如环磷酸腺苷(cyclic adenosine monophosphate, cAMP)、环磷酸鸟苷(cyclic guanosine monophosphate, cGMP)、Ca^{2+}、磷酸肌醇等变化,最终引发生物效应。因 G 蛋白的 α 亚基具有 GTP 酶的活性,可水解与之结合的 GTP,使其转变成 GDP,此时,G 蛋白介导的信号转导即终止。已发现有 40 多种神经递质及多肽激素的受体属于 G 蛋白偶联受体,如 M 受体、肾上腺素受体、多巴胺受体、5-羟色胺受体、组胺受体、阿片受体、前列腺素受体、胰高血糖素受体等。

2. 配体门控离子通道受体(ligand-gated ion channel receptor)　细胞的离子通道主要有电压门控离子通道和配体门控离子通道。后者由一条多肽链经反复 4 次穿梭跨膜形成 1 个亚单位,4～5 个亚单位组合构成穿透细胞膜的离子通道。当配体结合此类受体的配体结合位点，可引起受体变构，使离子通道开放或关闭，改变膜内、外离子流动状态，引起细胞膜去极化或超极化，产生兴奋或抑制效应。此类受体包括 N-胆碱受体、γ-氨基丁酸(GABA)受体、甘氨酸受体、谷氨酸受体和门冬氨酸受体等。

3. 酪氨酸激酶受体(tyrosine kinase linked receptor)　由一条多肽链单次跨膜构成，分 3 个部分，膜外是配体结合区，中间为跨膜段，膜内是酪氨酸激酶活性区，有可被磷酸化的酪氨酸残基。当配体与受体的胞外区结合后，受体变构，胞内区的酪氨酸残基被磷酸化，从而使其自身的酪氨酸激酶活性增强，同时使胞内底物蛋白的酪氨酸残基也发生磷酸化，进而引起磷酸化的级联反应，引发生物效应。胰岛素受体、胰岛素样生长因子受体、表皮生长因子受体、血小板衍生生长因子(platelet-derived growth factor，PDGF)受体等属于该类型受体。

4. 细胞内受体(intracellular receptor)　主要存在于细胞质或细胞核内，常与非受体蛋白结合成复合物，当配体结合受体，受体蛋白变构，促使非受体蛋白从受体蛋白上脱落，受体活性部位暴露，其进入细胞核内与 DNA 上的特异性碱基段结合，调节相应基因的转录，改变体内相应基因产物的数量，最终引发生物效应。主要包括糖皮质激素受体、性激素受体、甲状腺激素受体等。

二、药物与受体的相互作用

根据占领学说(occupation theory)，药物通过受体发挥作用，首先药物(D)需要与受体(R)结合而形成药物-受体复合物(DR)，药物的效应强度与药物占领的受体数量成正比，当药物占领了全部受体时，药物效应即达最大值(效能)。但是，事实上，物质与受体结合后，效应大小可能不同，有的没有效应产生，因而后来对该学说进行了校正，即药物通过受体发挥效应不仅需要结合受体的能力即亲和力(affinity)，还需要内在活性(intrinsic activity，α)，才能激动受体产生效应。

内在活性指受体配体激动受体产生效应大小的能力，用 α 表示，α 取值范围一般为 0～1。药物对受体的亲和力大小可用解离平衡常数(K_D)表示，指当药物结合 50%受体时的药物摩尔浓度。其值与亲和力成反比，由此引入亲和力指数(pD_2)，其为解离平衡常数的负对数($-\lg K_D$)，其值与亲和力成正比。

药物与受体的相互作用可描述如下：

$$\mathrm{D}+\mathrm{R} \underset{k_2}{\overset{k_1}{\rightleftharpoons}} \mathrm{DR} \dashrightarrow E$$

式中，k_1 为结合速率常数，k_2 为解离速率常数。

根据占领学说和质量作用定律最终可以得到公式：

$$\frac{E}{E_{\max}}=\alpha\frac{[\mathrm{DR}]}{[R_{\mathrm{T}}]}$$

式中，R_{T} 为总的受体数。

由上式可知，药物通过受体发挥效应的大小取决于结合受体数目和内在活性。当两种药物亲和力相等时，效应大小取决于药物的内在活性；当两种药物内在活性相等时，其效应取决于药物对受体的亲和力。

三、作用于受体的药物分类

根据药物通过受体发挥作用的条件可把药物分为激动剂、拮抗剂、反向激动剂等。

1. 激动剂(agonist)　对受体既有亲和力又有内在活性，能激动受体从而产生效应。根据内在活性大小的不同，激动剂又分为完全激动剂(full agonist)、部分激动剂(partial agonist)及超激动剂(super agonist)。完全激动剂对受体有很高的内在活性($\alpha \approx 1$)，能产生与内源性配体相似的效应，如吗啡是 μ 受体的完全激动剂，镇痛效应强大；部分激动剂内在活性较低($0<\alpha<1$)，即使增加浓度也不能产生与完全激动剂相同的最大效应，相反较大剂量时还可拮抗完全激动剂的部分效应，如喷他佐辛是 μ 受体部分激动剂，镇痛效应弱于吗啡，与吗啡合用可减弱吗啡的镇痛作用。超激动剂内在活性 $\alpha>1$，能产生大于内源性配体的效应，如促性腺激素释放激素受体的超激动剂戈舍瑞林。

此外，还存在变构激动剂(allosteric agonist，正变构调节剂，positive allosteric modulator)，其并不结合

内源性配体(或激动剂)的结合位点(正性结合位点),而是与受体的调节位点结合,促进内源性配体(或激动剂)与受体的结合,进而增强激动剂的效应。例如,苯二氮䓬类与 γ-氨基丁酸受体上的调节位点(苯二氮䓬类受点)结合,促进 γ-氨基丁酸与 γ-氨基丁酸受体的结合,增加氯离子通道的开放频率。

事实上,激动剂产生最大效应,并不需要占领全部受体,这些未被占领的受体称为储备受体(spare receptor)。

2. 拮抗剂(antagonist) 对受体亲和力强而无内在活性($\alpha=0$),单独存在不产生效应;由于占据受体而妨碍激动剂与受体结合,故能拮抗激动剂的效应。例如,纳洛酮、普萘洛尔分别是 μ 受体和 β 受体的拮抗剂。根据拮抗剂对激动剂效应的拮抗情况,拮抗剂分以下两类。

(1) 竞争性拮抗剂(competitive antagonist):与受体激动剂竞争结合同一受体的同一位点且结合是可逆的,可使激动剂的量-效曲线发生平行右移,其最大效应不变,效价强度降低(图 1-5)。其拮抗作用强度用拮抗参数(pA_2)表示,指激动剂与其合用时,使激动剂浓度加倍而产生原来激动剂浓度的效应,此时的拮抗剂摩尔浓度的负对数值为 pA_2。pA_2值越大其拮抗作用越强。

(2) 非竞争性拮抗剂(noncompetitive antagonist):与受体结合不同于激动剂的结合位点,或者不可逆结合激动剂的结合位点,干扰激动剂与受体的结合,使激动剂的量-效曲线右下移(图 1-5),激动剂的效能和效价强度均降低。一般所指的非竞争性拮抗剂属于不可逆竞争结合激动剂的结合位点,但结合并非绝对不可逆,而是解离速度缓慢,此类药物作用较为持久,如酚苄明为 α 受体的不可逆性非竞争性拮抗剂。而与受体结合不同于激动剂的结合位点的非竞争性拮抗剂,应属于变构拮抗剂(allosteric antagonist,负变构调节剂,negative allosteric modulator),其通过与受体的调节位点可逆性结合,抑制内源性配体(或激动剂)与受体的结合,进而减弱内源性配体(或激动剂)的效应,如抗血小板药物替格瑞洛为 P2Y12 受体的变构拮抗剂。

尽管修正的占领学说能较好地解释受体激动剂、部分激动剂及拮抗剂的存在,但是为何结构相似的药物可以是激动剂或者拮抗剂,可以用二态学说(two state theory)加以解释。该学说认为受体有活化态(active state,R^*态)和静息态(resting state,R 态)两种构象,而且这两种处于动态平衡中,且可相互转变,但是由于大多数受体的 R^*态构象的比例远小于 1%,因而在没有激动剂存在时没有效应发生。完全激动剂主要与 R^*态受体结合,并促进 R 态受体向 R^*态转化;部分激动剂 R^*态受体的亲和力大于 R 态受体(一般为 R 态受体的 5~10 倍);拮抗剂与两态受体的亲和力相等,故不引起两态受体的平衡移动(图 1-6)。

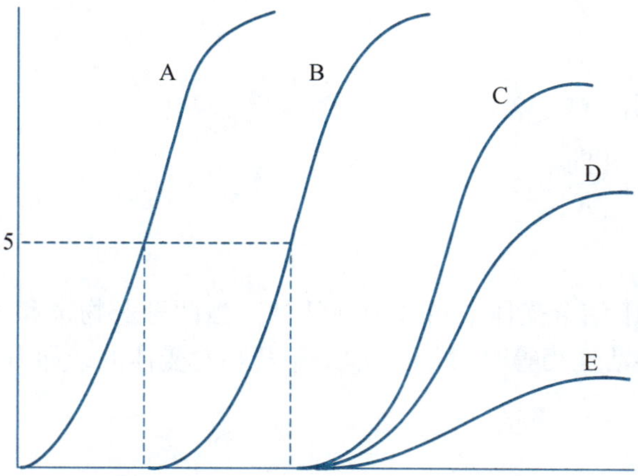

图 1-5 与竞争性拮抗剂/非竞争性拮抗剂合用时,激动剂的量-效曲线变化示意图

A. 激动剂;B. 激动剂+竞争性拮抗剂;
C~E. 激动剂+不同浓度非竞争性拮抗剂
D,药物剂量

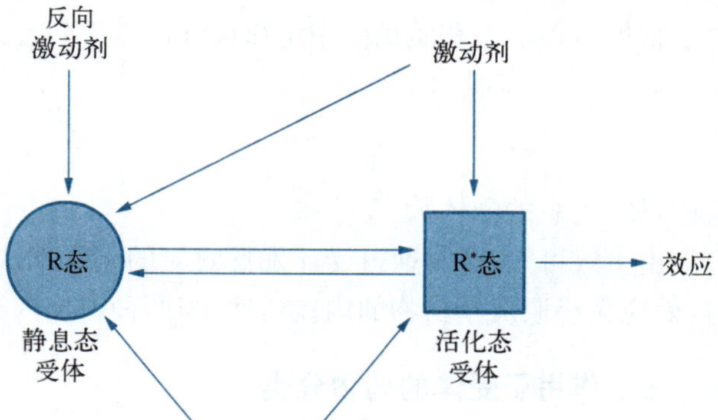

图 1-6 二态模型

3. 反向激动剂 某些配体门控离子通道受体和 G 蛋白偶联受体的 R^*态的比例较高,因而即使在缺乏激动剂存在时,也能产生基础活性(constitutive activity)效应,这类受体称为具备基础活性的受体。有些药物作用于具有基础活性的受体,主要与 R 态受体结合,并促进 R^*态受体向 R 态受体方向转化,使平衡向低于基础活性水平的方向转变，阻断自发的基础效应，因而可引起与激动剂相反的效应，这类药物称为反向激动剂(inverse agonist)，又称为负激动剂。反向激动剂与具备基础活性的受体单独存在时，能产生与激动剂相反的效应，此效应可被竞争性拮抗剂拮抗。苯二氮䓬类受体、大麻受体、5-羟色胺受体、H_1受体等都存在反向激动剂，如β-咔啉为苯二氮䓬类受体的反向激动剂，应用时可产生焦虑、惊厥等兴奋症状，此效应能被氟马西尼所拮抗。而对于非基础活性的受体，当其与激动剂同时存在时，反向激动剂能拮抗激动剂的效应，产生类似拮抗剂的作用。很多以前认为是拮抗剂的药物，现已证明多为反向激动剂，如阿托品、地氯雷他定分别为M受体和H_1受体的反向激动剂。

二态模型也成功解释了自然界存在反向激动剂的现象，但是，事实上，受体不仅仅是以两态构象形式存在，应该是存在多种构象，不同配体(激动剂)结合受体后产生不同的效应，也可能是由于不同配体结合不同构象受体，以及受体后信号转导通路差异所致。

4. 偏倚(向)激动剂　激动剂作用于G蛋白偶联受体(GPCR)后，通过受体后信号通路产生效应。活化的GPCR被GPCR激酶磷酸化，并募集多功能适配蛋白β-抑制蛋白，导致G蛋白与受体脱偶联、受体内吞、第二信使降解，最后终止受体后信号通路。有研究表明，β-抑制蛋白除了上述GPCR依赖性作用外，自己也存在GPCR非依赖性的信号通路，可产生如抑制细胞凋亡、促进血管生成等多种效应。经典的药理学理论认为，激动剂对GPCR及β-抑制蛋白的作用是相等的。但是功能药理学(functional pharmacology)认为，某些药物对其中一个具有明显的选择性，这种现象称为偏倚(向)激动(biased agonism)，这类激动剂称为偏倚(向)激动剂(biased agonist)。例如，在高血压、心力衰竭治疗中有很重要地位的药物卡维地洛，以前认为它是β受体非选择性拮抗剂，有研究证明其为β受体的偏倚激动剂，除拮抗β受体(G蛋白通路)外，可通过对β受体的β-抑制蛋白的偏倚激动，表现出心肌细胞凋亡抑制效应，改善心力衰竭患者心肌重构，而多数β受体拮抗剂如普萘洛尔则没有此效应。与β受体具有相似特性的还有血管紧张素受体，血管紧张素受体拮抗剂具有β-抑制蛋白偏倚性，实际上是偏倚激动剂。血管紧张素受体和β受体偏倚激动剂的开发与寻找为临床心力衰竭治疗提供了新策略。而新上市的μ阿片受体偏倚激动剂奥赛利定主要激动GPCR的G蛋白通路，对β-抑制蛋白通路作用小，因而依赖性和呼吸抑制副作用相对较小。偏倚激动剂作用过程示意见图1-7。

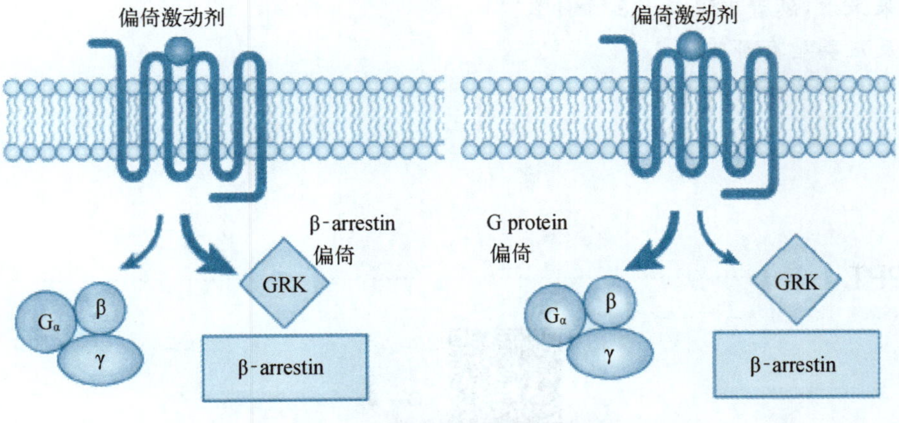

图1-7　偏倚激动剂作用示意图

G protein，G蛋白；β-arrestin，β-抑制蛋白；GRK，G蛋白偶联受体激酶

四、受体的调节

占领学说的另一个假设前提是受体数目、亲和力及内在活性是不变的，实际上，受体数量、分布及对配体的敏感性均可受到生理(如年龄)、病理因素及药物使用等的影响而发生变化，即受体具有可调性，主要分为脱敏和增敏。

1. 受体脱敏(receptor desensitization)　指长期使用受体激动剂，受体数量减少或对激动剂的敏感性降低的现象。受体脱敏分为同源性脱敏及异源性脱敏，前者指长期使用一种类型的受体激动剂，仅出现该种受体激动剂作用的受体数量减少或对激动剂的敏感性下降，而不影响其他种类的受体，其可能涉及受体磷酸化导致受体 G 蛋白脱偶联、受体内化等。后者指长期使用一类受体激动剂后，多种类型的受体数量减少或对相应的激动剂敏感性下降，其可能涉及第二信使的反馈性调节。脱敏导致内源性配体及药物的敏感性均下降。

2. 受体增敏(receptor hypersensitization)　指长期使用受体拮抗剂或体内受体激动剂长期处于低水平状态，受体数目或敏感性增加。例如，普萘洛尔拮抗 β 受体，长期使用则可引起受体增敏，出现普萘洛尔耐受，而内源性配体的敏感性增加，突然停药时会出现病情加剧的反跳现象。

如果只涉及受体数量的增加或减少，则称之为向上调节(up-regulation)或向下调节(down-regulation)。

小　结

药物作用和药物效应虽是两个不同的概念，但因两者存在因果关系，故可统称为药物的药理作用。药物作用的基本表现为兴奋作用和抑制作用。药物对机体作用具有选择性、两重性(治疗作用及不良反应)、量-效性(量-效关系)等特点。药物作用的机制主要有受体机制和非受体机制，大多数药物通过受体机制产生药理效应。药物通过受体机制发挥作用的条件包括亲和力和内在活性，可分为受体激动剂(包括完全激动剂和部分激动剂、超激动剂)、受体拮抗剂(包括竞争性拮抗剂和非竞争性拮抗剂)、反向激动剂等。受体具有可调性，主要分为脱敏和增敏。

【思考题】

1. 阐述药物作用的两重性及其在临床用药中的意义。
2. 阐述评价药物效应强弱的指标和评价药物安全性大小的指标及其在临床用药中的意义。
3. 比较受体拮抗剂与反向激动剂。
4. 患者，男，35 岁。因“腹痛 3 h”就诊。辅助检查未发现明显异常。临床诊断：急性胃肠炎。治疗药物：阿托品，0.5 mg，肌内注射。给药后，患者腹痛明显缓解，但是出现明显口干。请问：
   (1) 从临床效果来看，患者出现口干属于什么？
   (2) 药物不良反应类型有哪些？
   (3) 药物产生不良反应的原因是什么？

(杨俊卿)

※ 课程 PPT

第一章
课程 PPT

第二章

药物代谢动力学

学习目标

【知识目标】

1. 掌握　药物代谢动力学中重要的基本概念，药物体内过程的特点及影响因素。
2. 熟悉　药物在体内的消除与蓄积规律，时-量(效)关系。
3. 了解　药物的转运方式及其影响因素。

【能力目标】

1. 应用本章知识指导药理学各论部分药物体内过程的学习。
2. 应用药物代谢动力学相关知识指导临床合理用药。

【素质目标】

1. 通过药物代谢动力学知识和特征的学习，树立个体化用药的理念。
2. 建立以患者为中心的临床合理用药服务理念。

药物代谢动力学(pharmacokinetics)，也称药代动力学、药物动力学、药动学，主要研究机体对药物的处置过程(包括药物的吸收、分布、代谢和排泄)以及体内药物量或浓度随时间的动态变化。药代动力学是制定用药方案的主要理论依据。

第一节　药物的跨膜转运

生物膜包括细胞膜及各种细胞内膜性结构，如线粒体膜、核膜、内质网膜、溶酶体膜等，主要由液态的双层脂质构成基本骨架，有大小不同的膜孔，双层脂质中镶嵌着具有不同功能的蛋白质如受体、离子通道、膜泵、载体、酶等。药物的体内过程均需要穿过各种生物膜。

一、药物的跨膜转运方式

1. 被动转运(passive transport)　为顺浓度差转运，不耗能，一般不需要载体。其包括简单扩散、易化扩散和滤过。

(1) 简单扩散(simple diffusion)：是大多数药物的主要跨膜转运方式，只有分子量小、脂溶性强、极性小、分子形式的药物容易通过简单扩散转运。

(2) 易化扩散(facilitated diffusion)：指一种借助于膜上的非能量依赖性载体转运，存在饱和竞争性现象。例如，红细胞摄取葡萄糖等以此形式转运。

(3) 滤过(filtration): 指直径小于膜孔的水溶性或分子量小于 100 Da 的非极性药物,借助膜两侧的流体静压差或者渗透压差而进行的跨膜转运。

2. 主动转运(active transport) 为逆浓度差或电化学梯度转运,需要消耗三磷酸腺苷(adenosine triphosphate, ATP)来提供能量,需要载体,存在饱和竞争性现象。药物主动转运主要发生在胃肠道、血脑屏障、肾小管和胆道等。转运载体主要包括 ATP 结合盒转运体(ATP-binding cassette transporters, ABC)超家族和溶质载体超家族(solute carrier superfamily; SLC superfamily, SLC 超家族),对许多药物的吸收、分布、代谢和排泄有着重要作用。

(1) ABC 超家族: 主要为外向型转运体,有 A～G 7 个亚家族,包括 P-糖蛋白、多药耐药蛋白(multidrug resistance protein, MRP)等转运蛋白,主要分布在胃肠、胆道、肾小管和血脑屏障等上皮细胞膜及肿瘤细胞膜上,降低血、脑脊液以及肿瘤细胞内药物浓度。

(2) SLC 超家族: 目前有 47 个家族超过 300 个成员,各家族之间无功能及本质的关联。寡肽转运体、有机阳离子转运体、有机阴离子转运体等都属于该超家族,多属内向转运体,促进药物进入血液或脑脊液。

3. 膜动转运(membrane moving transport) 指大分子物质借助于生物膜的变形运动而发生的转运,有的需要耗能和结合内吞受体。其包括入胞和胞吐,前者又包括吞噬、胞饮,以及受体介导的内吞如维生素 B_{12} 的回肠吸收。

二、影响药物跨膜转运的因素

绝大多数药物是属于可不同程度解离的弱酸或弱碱性物质,主要以简单扩散的方式进行跨膜转运,所以药物的解离常数(K_a)和转运环节的 pH 密切影响药物的分子形式的比例(两者影响药物的解离度),因而明显影响药物的跨膜转运。药物的解离常数的负对数为 pK_a。依据 Handerson-Hasselbalch 公式:

弱酸性药物(HA)

$$HA \rightleftharpoons H^+ + A^-$$

$$K_a = \frac{[H^+][A^-]}{[HA]}$$

$$10^{pH-pK_a} = \frac{[A^-]}{[HA]} = \frac{[离子型]}{[非离子型]}$$

弱碱性药物(B)

$$BH^+ \rightleftharpoons H^+ + B$$

$$K_a = \frac{[H^+][B]}{[BH^+]}$$

$$10^{pK_a-pH} = \frac{[BH^+]}{[B]} = \frac{[离子型]}{[非离子型]}$$

由上式可知,改变转运环境的 pH,可改变药物的分子比例,明显影响药物的吸收(或重吸收)、分布和排泄,在临床上可能产生重要意义。

另外,膜两侧药物浓度差、转运环境的血流量、膜的面积与厚度、膜通透性以及膜上转运蛋白的量及功能对跨膜转运的影响也非常重要。

第二节 药物的体内过程

药物从进入机体到离开机体的全过程称为药物的体内过程,主要包括吸收、分布、代谢及排泄 4 个环节(图 2-1)。

一、吸收

(一) 吸收的定义

吸收(absorption)指药物从给药部位进入血液循环的过程。除血管内给药直接进入血液循环不存在吸收过程外,其他任何给药方式都存在吸收过程。

(二) 影响吸收的因素

1. 药物本身与机体方面 影响药物吸收的因素很多,主要包括药物本身的因素、机体方面因素以及给药方式等。其中，药物的分子量、脂溶性、解离度等影响药物跨膜转运的因素是影响药物吸收的主要因素。一般而言，分子量小、脂溶性高、解离度较小的药物易吸收。

2. 药物制剂 同一药物的不同制剂吸收可能不同，固体制剂需要先崩解，因此液体制剂的吸收好于固体制剂；水溶液的吸收好于混悬液和油溶液。缓释制剂和控释制剂吸收更慢，因而具有长效特点。

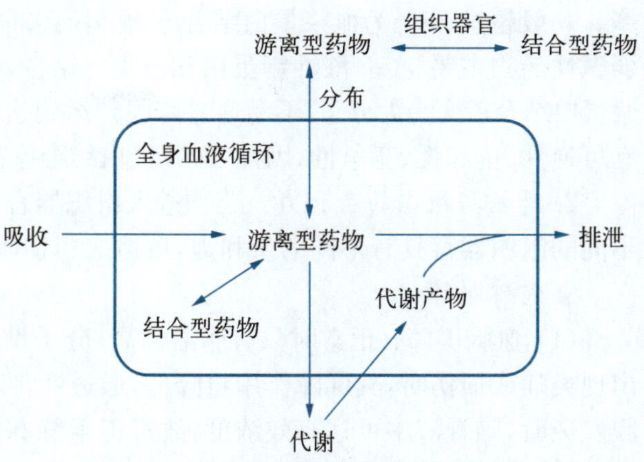

图 2-1 药物体内过程示意图

生物利用度(bioavailability，F)是指药物从给药部位进入血液循环的相对量和速度。$F=(A/D)\times100\%$，其中 A 为进入体内总量，可用血管外给药的曲线下面积(area under the curve，AUC)来代替；D 为给药总量，可由 $AUC_{(静脉)}$ 表示。可以得到药物的绝对生物利用度[$F_{(绝对)}$]和不同制剂的相对生物利用度[$F_{(相对)}$]，后者是评价药物制剂生物等效性的重要指标。同一剂量的药物，因为在不同生理或病理条件下应用，都可能会因生物利用度的改变而引起血药浓度的改变(如空腹和饱食后给药或肝肾功能不全时给药，均可引起血药浓度改变)；同一剂量的药物，或因制剂不同，或相同制剂因生产厂家不同，或同一生产厂家的相同制剂仅因批号不同，都可以使药物的生物利用度发生明显的改变，而引起血药浓度的改变。

$$F_{(绝对)}=\frac{AUC_{(非静脉)}}{AUC_{(静脉)}}\times100\%\text{；}F_{(相对)}=\frac{AUC_{(待测药)}}{AUC_{(标准药)}}\times100\%$$

3. 给药途径 不同给药途径，因机体局部吸收环境不同(如局部 pH、血液量、吸收表面积、组织结构等)，药物吸收状况也不同。一般而言，非血管内给药的吸收速度依次为吸入给药＞腹腔注射＞肌内注射＞皮下注射＞舌下含服＞直肠给药＞口服给药＞黏膜给药＞皮肤给药。

(1) 吸入给药：气态或易汽化的药物可采取吸入给药，主要通过气道黏膜和肺吸收；也可以是气道局部作用，如气雾吸入平喘药。

(2) 皮下注射和肌内注射：药物皮下注射及肌内注射主要经局部毛细血管和毛细淋巴管吸收，吸收较完全，吸收速度主要取决于局部血液循环。肌肉组织的血液循环比皮下组织丰富，同时药物在肌肉内易扩散，所以肌内注射吸收好于皮下注射。

(3) 口服给药：口服给药依从性好，因而是最常使用的给药途径，除常见影响药物跨膜转运的因素外，胃肠内容物、胃排空速度和肠蠕动速度、胃肠 pH 和胃肠道消化酶、胃肠黏膜首过消除均可成为密切影响药物吸收的重要因素。首过效应(first pass effect)又称首过消除(first pass elimination)，指药物从给药部位进入体循环之前被代谢，进入体循环的量减少。最常发生于口服给药经胃肠吸收的给药方式，由于受到胃肠黏膜及肝脏的酶代谢，导致进入体循环的药量减少。首过消除明显的药物要考虑加大剂量或改变药物结构或改变剂型或改变给药途径。例如，硝酸甘油首过消除明显，其口服给药的 F 小于 10%，常采用舌下含服，经血液循环丰富的口颊部黏膜吸收，以避免首过消除。而采用直肠给药可经直肠黏膜吸收，可在一定程度避免首过消除。

(4) 皮肤给药：对于皮肤给药，药物较难穿过完整的皮肤，尤其是角质层，但可制成透皮吸收的贴剂，如硝苯地平贴皮剂。而黏膜比皮肤薄，没有角质层，故吸收比经皮给药好。

二、分布

(一) 分布的定义

分布(distribution)指药物随血液循环到达机体组织器官的过程。除影响药物跨膜转运的因素外，尚有血浆蛋白结合、特殊屏障等因素会影响药物分布。

(二) 影响分布的因素

1. 药物与血浆蛋白结合 多数药物进入体循环后会不同程度地与血浆蛋白发生结合，因而血液中药物分为结合型药物(bound drug)和游离型药物(free drug)。结合型药物占药物总量的百分比为血浆蛋白结合率。一般超过 75％为血浆蛋白结合率高，小于 25％为血浆蛋白结合率低。弱酸性药物主要与白蛋白结合，弱碱性药物主要与 α_1-酸性糖蛋白和白蛋白结合，中性药物主要与脂蛋白结合。大多数药物为小分子，而与血浆蛋白结合后变为大分子，不易通过跨膜转运到达靶器官，所以暂时失去活性，加上药物与血浆蛋白的结合具有可逆性、饱和性、竞争性，因此，血浆蛋白结合率高的药物在血浆蛋白结合水平可能产生药物相互作用。

2. 药物与组织的亲和力　药物进入组织器官后也可与其中的生物大分子发生可逆性结合。由于药物对不同的组织器官具有不同的亲和力，可造成药物体内的不均匀分布，影响药物组织作用的强度和毒性。

3. 特殊屏障

(1) 血脑屏障：正常时只有脂溶性高、分子量较小及少数水溶性的药物易通过血脑屏障。但当屏障部位出现炎症或损伤时，其屏障作用将降低，通透性将增加。例如，青霉素正常情况下难以透过血脑屏障，但当脑膜发炎时，脑脊液中可达有效浓度，故青霉素静脉滴注可用于治疗流行性脑脊髓膜炎。另外，血脑屏障上存在的 ABC 超家族和 SLC 超家族等也参与了脑内外物质转运的调节。

(2) 胎盘屏障：其通透性与一般毛细血管无显著差别，只是到达胎盘的母体血流量少，进入胎儿循环较慢而已。几乎所有药物都能穿透胎盘屏障进入胚胎循环，故妊娠期间用药应特别谨慎。

(3) 血眼屏障：脂溶性的小分子药物一般比水溶性大分子药物容易通过血眼屏障。由于它的存在，药物全身给药时在眼球内房水、晶状体和玻璃体等组织难达有效浓度，所以，大部分眼科疾病常采用局部给药。

4. 组织器官血流量　机体各个组织器官的血流量不同，药物首先到达血流丰富的组织器官，然后向血流较差的组织器官分布。药物从作用的靶器官向其他组织器官分布的现象称为再分布(redistribution)，一般是血液循环丰富的组织器官如脑向血流较差的组织器官如脂肪进行分布。例如，麻醉药物硫喷妥钠由于极高的脂溶性，可快速进入脑内发挥麻醉效应，由于再分布，其麻醉效应很快消失。

评价药物在体内分布状况的药代动力学参数主要用表观分布容积(apparent volume of distribution, V_d)表示，$V_d = D/C$，式中 D 为体内总药量，C 为分布达到平衡时的血药浓度，其单位分别为 L、L/kg，例如，一个 70 kg 体重的正常人，总体液量约占体重的 60％，其中，细胞内液约为 30 L，细胞外液约为 15 L(其中，血浆 4～5 L)。当一个药物的 V_d 小于等于 5 L 时，提示药物主要分布于血浆中；$V_d = 10 \sim 20$ L，提示药物主要分布于细胞外液；$V_d > 40$ L 时，提示药物广泛分布于组织器官中；$V_d > 100$ L 时，则提示药物高度集中于某个组织器官内(如碘集中于甲状腺)或分布于大范围的特殊组织(如集中分布于骨骼或脂肪等组织中)。

三、代谢

(一) 药物代谢的定义

代谢(metabolism)指药物在体内发生化学结构改变的过程，又称生物转化(biotransformation)。

(二) 药物代谢的部位和结果

代谢的器官如肝、肠、肾、肺、脾、肌肉、皮肤等。代谢的目的主要是改变药物的极性，以利于药物排泄。药物代谢过程有Ⅰ相和Ⅱ相反应，前者包括氧化、还原、水解；后者主要包括与葡萄糖醛酸、硫酸等的结合反应等。可先Ⅰ相后Ⅱ相，也可先Ⅱ相后Ⅰ相，也可只具某一相。多数药物代谢的结果是活性(或毒性)降低或消失，但也有活性增加或活性相近。

(三) 药物代谢酶

参与药物代谢的酶系根据存在形式分为与组织(如线粒体和内质网)相连接的酶和溶解状态的酶如酯酶、酰胺酶、硫酸转移酶等；根据存在的部位可分为微粒体酶与非微粒体酶。肝脏中参与Ⅰ、Ⅱ相药物代谢的主要酶系见表 2-1。

表 2-1　肝脏中参与Ⅰ、Ⅱ相药物代谢的主要酶系

Ⅰ相药物代谢	Ⅱ相药物代谢
细胞色素 P_{450} 酶(CYP)	葡萄糖醛酸转移酶
环氧化物水合酶	谷胱甘肽转移酶
水解酶	硫酸转移酶

续　表

Ⅰ相药物代谢	Ⅱ相药物代谢
黄素单加氧酶(FMO)	乙酰转移酶(NAT)
醇脱氢酶	甲基转移酶(MT)
醛脱氢酶	

1. 肝微粒体混合功能氧化酶系统（hepatic microsomal mixed-function oxidase system）　也称肝药酶(liver drug enzyme)，主要存在于肝细胞及其他组织细胞的内质网和线粒体，其成分主要是细胞色素 P_{450} (cytochrome P_{450}或 CYP_{450}，简称 CYP)，其次是黄素单加氧酶、环氧化物水合酶、水解酶和脱氢酶。肝药酶也存在于胃肠黏膜、肾小管上皮等组织。

目前已报道的人体 CYP 至少有 57 个，其中涉及药物代谢的主要是 CYP1、CYP2、CYP3 三个家族中的 7 种重要的亚型：CYP1A2、CYP2A6 、CYP2C9 、CYP2C19、CYP2D6 、CYP2E1 、CYP3A4，其中 CYP3A4 是最常见的酶之一，其代谢底物甚多。肝药酶主要特点包括专一性低，活性有限，种属差异和个体差异大，其活性可被诱导或抑制。凡能增加肝药酶活性的药物称为药酶诱导剂，如苯巴比妥等；凡能降低肝药酶活性的药物称为药酶抑制剂，如氯霉素、西咪替丁等。

药酶诱导和抑制可能是影响药物自身代谢，也可能是影响合用药物的代谢，因此，在联合用药时尤其应注意是否会在药酶水平发生相互作用，并根据情况适当调整用量，以保证药物疗效并防止毒性反应的发生。有些药物对某一药物的代谢酶是诱导剂，对另一药物的代谢酶确是抑制剂，这与药物代谢的 CYP 亚型密切相关，因此，药物在肝药酶水平的相互作用，需要掌握到 CYP 的亚型，这样才对临床药物的合理应用具有实际价值。

2. 非微粒体酶　主要存在于除肝脏以外的组织器官，能对化学结构特异性底物进行代谢的酶，如儿茶酚-*O*-甲基转移酶(catechol-*O*-methyltransferase, COMT)、单胺氧化酶(monoamine oxidase, MAO)、胆碱酯酶(乙酰胆碱酯酶)等，只涉及少数化学结构特异性药物的代谢。

四、排泄

药物的排泄(excretion)指药物及其代谢产物排出体外的过程。参与器官主要有肾脏，其次为肝胆、皮肤、肺及腺体(如乳腺、唾液腺)等。

1. 肾脏排泄　药物主要随尿液的排出而排泄，药物及其代谢物主要通过肾小球滤过进入肾小管形成原尿；其次经肾小管的主动分泌，影响的主要载体包括 P-糖蛋白和 MRP2(弱酸性药物)、有机阳离子转运系统(弱碱性药)等，有饱和、竞争抑制现象。例如，弱酸性药物青霉素与丙磺舒联用，两者相互竞争肾小管的弱酸性药物转运载体，青霉素的排泄速度明显减慢。然而，无论是经肾小球滤过还是经肾小管主动分泌进入肾小管形成原尿的药物，最终是否被排泄，取决于是否被肾小管重吸收及程度，药物重吸收遵循吸收的规律，因此，改变尿液 pH 可影响尿中药物解离度，从而影响其排泄速度。

2. 胆汁及其他途径排泄　许多药物及其代谢物可被肝细胞转运入胆汁，并随胆汁排泄，但可形成肝肠循环(enterohepatic circulation)，由于肠道黏膜、肠腔菌群有代谢作用，加上肠道的吸收作用，可能出现药物及代谢产物的再次血药浓度峰。乳汁 pH 略低于血浆，弱碱性药物较易随乳汁排泄，哺乳期妇女用此类药物时，应注意其可能对乳儿造成的影响。某些药物亦可通过汗液、唾液、痰液和泪液排泄。挥发性液体或气体药物可经呼吸道排泄。胃液的 pH 很低，某些生物碱(如吗啡)即使是注射给药，也可向胃液内扩散，故此类药物中毒时可通过洗胃加速其排泄。

第三节　药代动力学模型

为了分析药物在体内的动态变化规律，通常采用药代动力学模型来进行研究。药代动力学模型有多种，主要的有房室模型、非房室模型、生理药代动力学模型、药代动力学-药效学结合模型、群体药代动力学模型等。

房室(compartment)也称为隔室，指药物在体内具有相同或相近的转运速率的组织和器官的集合，为一个抽象的概念，并不代表解剖学上的具体组织或器官。因药物可进出各房室，故也称开放性房室。

以房室概念为基础建立的药代动力学模型，称房室模型(compartment model)。依据药物在体内转运速率平衡的快慢，常用的房室模型有一室、二室和三室开放性模型。药物进入机体后，能迅速向各组织器官分布，并在瞬间达到分布平衡，称一室模型；药物进入机体后，先快速分布到血流丰富的组织器官(中央室)，并瞬间完成中央室分布，再以较慢速率从中央室向血流较差的组织器官(周边室)分布，称二室模型；若转运到周边室的转运速率仍有明显差异，称三室模型。无论二室或三室模型，药物始终从中央室消除，并且随时间的延长最终会变为一室。

第四节　血药浓度的动态变化

一、浓度-时间关系

浓度-时间关系(concentration-time relationship)指体内药量随时间变化的关系，也称时-量关系(time-dose relationship)，常用浓度-时间曲线(concentration-time curve)来表示，其纵坐标为药物浓度或对数浓度，横坐标为时间。静脉给药，给药后血药浓度即达高峰，后因药物的分布和消除而逐渐下降。非血管内给药存在吸收过程，曲线在初始阶段随时间逐步上升，表明药物的吸收速度大于向周围组织的分布和消除速度；到某个时间点，药物分布趋平衡，药物吸收速度等于消除速度，此时血药浓度不再继续上升，达到峰浓度(peak concentration，C_{max})，从给药开始到C_{max}的时间为达峰时间(peak time，T_{max})；随时间的推移，药物吸收速度小于消除速度，血药浓度逐渐下降(图2-2)。浓度-时间曲线下所覆盖的面积称药时曲线下面积(AUC)，其大小与吸收入体循环的药量成比例，反映进入体循环药物的相对量。

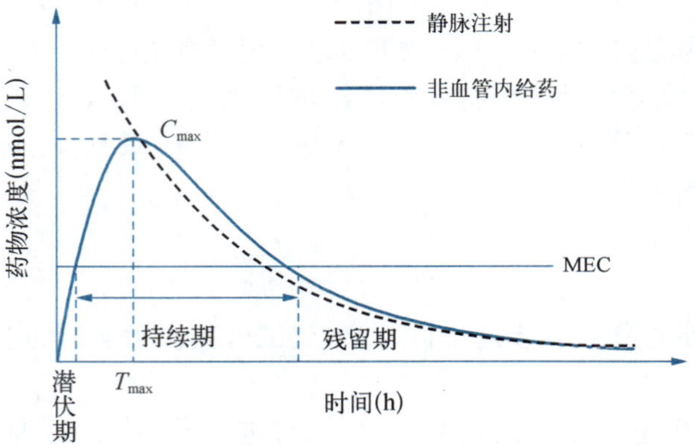

图2-2　静脉注射和非血管内给药的浓度-时间曲线

MEC，最低有效浓度；C_{max}，峰浓度；T_{max}，达峰时间

二、药物消除动力学

药物消除(elimination)是指体内药物量或浓度因代谢和排泄而逐渐减少的过程。主要有零级、一级和混合动力学3种方式。体内药物浓度的瞬时变化公式为

$$\frac{dC}{dt} = \pm k_e C^n$$

式中，n为速率级数($n \geq 0$)，当$n=1$时为一级动力学；$n=0$时为零级动力学，C为血药浓度，k_e为速率常数，正号表示药物浓度的上升，负号表示药物浓度的下降。

1. 一级动力学(first-order kinetics)　大多数药物在体内浓度较低，在机体对药物的消除能力之内，按一级动力学消除。按一级动力学消除的药物为恒比消除，其在相同的时间间隔消除药物比例恒定；对数血药浓度-时间曲线为直线，即线性动力学；血浆半衰期恒定(图2-3)。单次给药后经4～6个半衰期可基本消除干净。

2. 零级动力学(zero-order kinetics)　少数药物在体内浓度较高、药量较多，超过机体对药物的消除能力时，按零级动力学进行消除。按零级动力学消除的药物为恒量消除，即相同的时间间隔消除的药物绝对量恒

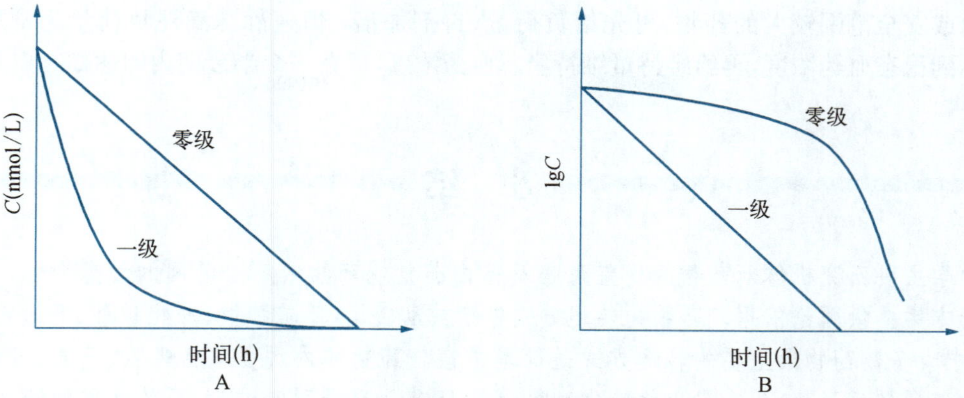

图 2-3　零级与一级动力学的浓度-时间曲线示意图

A. 在普通坐标体系中的曲线；B. 在半对数坐标体系中的曲线

定；血药浓度-时间曲线为直线，血浆半衰期随血药浓度变化而变化(图 2-3)。随时间的延长，当药物浓度降低到机体对药物的消除能力内时则转为一级动力学消除。

3. 混合动力学　即受酶活力限制动力学，其消除规律遵循米-曼方程。零级动力学和一级动力学为其两个特例。

三、药物消除动力学常用参数

1. 消除速率常数(rate constant of elimination，k_e)　是反映药物消除速度快慢的重要参数，单位为 h^{-1} 或 min^{-1}，其值越大药物消除速度越快。

2. 血浆半衰期(half-life time，$t_{1/2}$)　指药物在体内分布达到平衡后，血浆药物浓度下降一半(50%)所需的时间。其单位为时间单位(min、h、d)。遵循一级动力学消除的药物，半衰期与消除速率常数的关系式为 $t_{1/2}=0.693/k_e$。$t_{1/2}$决定了药物达稳态的时间，是决定给药时间间隔的重要参数。

3. 清除率(clearance，CL)　指单位时间内有多少容积血液中的药物被机体或某器官彻底清除，其单位为 mL/h 或 L/h。清除率与消除速率常数的关系式为 $CL=k_e\times V_d=A/AUC$，A 为体内药量。

四、给药方案对浓度-时间曲线的影响

1. 单次血管内给药　如果遵循一室模型一级动力学消除，则对数浓度-时间曲线呈直线；如果遵循一室模型零级动力学消除，则普通浓度-时间曲线呈直线。如果遵循二室模型一级动力学消除，则对数浓度-时间曲线呈曲线，其血药浓度公式为 $C=Ae^{-\alpha t}+Be^{-\beta t}$，式中 α 及 β 分别为分布相及消除相的一级速率常数，分别反映体内药物分布和消除的速度快慢；A 和 B 为混杂参数。

2. 单次非血管内给药　有吸收、分布，也有消除，血药浓度-时间变化规律见图 2-2。

3. 多次给药　多次给药时药物在体内会出现蓄积，若药物按一级动力学消除，随着体内药量的增加，其消除速度也加快，直至药物吸收速度与消除速度相等，此时血药浓度将不再随给药次数的增加而增加，此血药浓度为稳态血药浓度(steady state concentration，C_{ss})。如果恒量间隔规律性给药，达到稳态血药浓度时，血药浓度在峰浓度(C_{max})与谷浓度(C_{min})范围内波动，两者之间相对距离为波动幅度。稳态血药浓度的波幅取决于给药间隔时间，给药间隔时间越长，波幅越大；反之则越小。按一级动力学消除的药物，规律性给药(包括恒量间隔规律性给药和恒速静脉滴注)需要 4～6 个半衰期血药浓度可达稳态(图 2-4)。

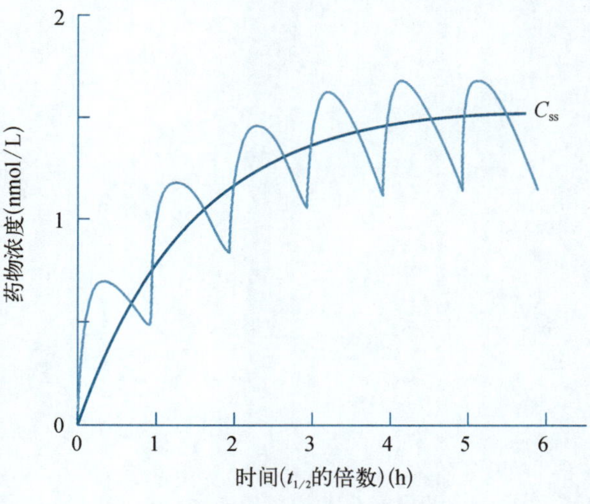

图 2-4　某药物定时恒量给药的浓度-时间曲线示意

C_{ss}，稳态血药浓度

对于病情较急或安全范围较大的药物，可先给负荷量(首剂加倍，恒速静脉滴注负荷量为常月剂量的 1.44 倍)，以迅速达到稳态血药浓度，再给维持量维持稳态血药浓度，即在一个半衰期内即达稳态血药浓度。

小 结

药代动力学主要研究机体对药物的处置过程及体内药量或药物浓度随时间的动态变化，从而为临床制定合理的用药方案提供理论依据。药物的转运方式包括被动转运(简单扩散、易化扩散、滤过)、主动转运、膜动转运等，其中大多数药物最主要的转运方式是简单扩散。药物体内过程包括吸收、分布、代谢、排泄，其中吸收、分布、排泄属转运过程，代谢属生物转化过程，4 个环节几乎是同时进行，吸收使体内药量增加，而消除(代谢和排泄)则使体内药量减少，故体内药量在任何时候都在发生变化。药物的消除方式包括零级动力学消除和一级动力学消除。

【思考题】

1. 血液和尿液的 pH 对药物跨膜转运有何影响?
2. 一级动力学和零级动力学各有哪些主要特点?
3. 患者，女，44 岁。心瓣膜置换术后长期采用华法林抗凝治疗，每次 3 mg，每日 1 次。近日患者因急性类风湿性关节炎联合应用保泰松片剂，0.2 克/次，3 次/日。3 日后，患者出现散在皮下出血点，检测患者血中游离华法林浓度达中毒浓度。请问：
   (1) 该患者华法林中毒涉及的药物血浆蛋白结合的机制是什么?
   (2) 影响药物分布的因素有哪些?

(邱红梅)

※ 课程 PPT

第二章
课程 PPT

第三章

影响药物效应的因素

学习目标

【知识目标】

1. 掌握　影响药物作用的药物因素。
2. 熟悉　影响药物作用的机体因素。
3. 了解　长期用药引起的机体反应性变化，包括耐受性、成瘾性和耐药性。

【能力目标】

1. 能够灵活运用所学知识判断药物在不同人群中的效应以及不同的用药方法对药物效应的影响。
2. 能够根据药物效应改变所引起的不良反应做出正确的防治。

【素质目标】

能够树立正确的用药观念及不良反应防治意识。

药物效应的实现，是药物与机体(及病原体)相互作用的结果。药物与机体的相互作用是一个极为复杂的过程，因此会受很多因素的影响，有的因素影响药物效应的强度，有的因素影响药物效应的时间，有的因素还会影响药物效应的性质。影响药物效应的因素大致可归纳为药物、机体和用药三个方面。

第一节　药物方面的因素

一、药物的化学结构

药物的化学结构可决定药物与机体大分子相互作用的特异性，对通过特异机制发挥作用的药物来说，其化学结构决定药物作用的性质和毒性。因此，药学工作者可通过改变药物的化学结构来研发新药。

二、药物的理化性质

药物的理化性质是影响药物跨膜转运的重要因素，通过对药物跨膜转运的影响，将影响药物的吸收、分布及消除，从而影响药物的作用强度及作用时间。此外，通过非特异性机制发挥作用的药物，理化性质将决定其作用性质。

三、药物的剂型与制剂

药物剂型是为适应治疗或预防的需要而制备的不同给药形式，简称剂型，如溶剂、浆剂、注射剂、栓剂等,药物的剂型不同,采用的给药途径也不同,而不同的给药途径,因药物吸收环境的差异,药物吸收的速度、程度都可能不同,一般规律是吸入 > 肌内注射 > 皮下注射 > 口服 > 直肠 > 贴皮。而药物制剂是根据《药典》或药政管理部门批准的,为适应治疗或预防的需要而制备的不同的给药形式的具体品种,简称制剂。就口服制剂而言,液体制剂较固体制剂易吸收,在固体制剂中,普通片剂或胶囊吸收较缓释制剂(slow release preparation)和控释制剂(controlled release preparation)快。但缓释制剂和控释制剂因能缓慢而稳定地释放药物,故能使药物作用更稳定和持久。药物剂型也是影响药物生物利用度的重要因素,剂量和药物均相同的不同制剂,其生物利用度可能不同;药物的制备工艺和原辅料的不同,也可能显著影响药物的吸收和生物利用度;由不同厂家生产的剂量、药物、剂型都相同的药品其生物利用度也可能不同;甚至,同一厂家生产的同药物、同剂量、同剂型的药品,仅因生产批号不同,其生物利用度也可不同。因此,临床用药时,为了保证疗效的一致性,最好选择生产厂家、剂量、剂型、批号均一致的药品。

总之,药物剂型可影响药物的体内过程,从而影响药物作用的强度和时间。因此,临床用药时,应根据患者的病情,选择适当的药物、适当的制剂,并采用适当的给药途径。

第二节 机体方面的因素

一、年龄

不同年龄的个体由于体重、生理功能、体液及脂肪含量等的不同,对药物的反应可能有较大的差异。

1. 儿童 儿童处于生长发育期,对能影响生长发育的药物敏感;儿童各组织器官发育尚未健全,血脑屏障功能较差,对药物的消除能力较低,多数药物均易引起毒性反应。例如,使用吗啡易引起中枢的过度抑制,使用咖啡因易出现中枢的过度兴奋,使用氯霉素易出现灰婴综合征等。因此,给儿童使用药物尤其应当谨慎,不能把成人剂量简单地按儿童的体重或体表面积来折算。

2. 老年人 老年人各组织器官处于退化之中,尤其是肝肾功能的退化,可导致其对药物的消除能力降低,因此,老年人在用药剂量上应少于同体重的成年人。老年人药物作用靶点的敏感性升高或降低导致药物反应性发生相应改变,用药时尤需注意。例如,作用于中枢神经系统的药物易引起老年人精神错乱;作用于心血管系统的药物易引起老年人出现低血压及心律失常;抗胆碱药易引起老年男性排尿困难;糖皮质激素易引起老年人出现骨质疏松等。

二、性别

男性和女性对多数药物的反应一般无显著差异,但对某些药物的反应则有明显差异。同年龄和身高的女性和男性往往在体重上有差异,女性脂肪比例比男性高,而水的比例男性比女性低,这些差异会导致药物分布和作用的不同。女性还有特殊的生理期,在特殊生理期对药物的反应明显不同于男性。例如,给月经期妇女使用泻药或抗凝血药,可能导致月经量增加;给孕妇使用有胚胎毒性的药物可能导致胎儿畸形或死胎,使用子宫兴奋药及有活血化瘀作用的中药可能导致流产;给产妇使用影响宫缩的药物可能会影响产程;给哺乳期妇女用药除需要考虑药物对乳汁分泌的影响外,还需要考虑药物可能经乳汁排泄而对婴幼儿产生影响。

三、遗传因素

遗传因素是影响药物的药代动力学和药效学的重要因素,所有与药物的药代动力学和药效学相关的生物大分子如药物代谢酶、受体、转运体等都是基因的产物。由于遗传具有多态性,不同的个体在药代动力学或药效学上均存在着一定的差异。目前至少已发现了一百多种与药物效应相关的基因。遗传因素可决定药物作用的种属差异,决定药物作用的个体差异。而这些差异既可表现为量上的差异,如对药物的高敏性和耐受性，又可表现为质的差异，如过敏反应等。遗传因素对药代动力学的影响主要表现在对药物体内转化的异常，可分为快代谢型（extensive metabolizer，EM）和慢代谢型（poor metabolizer，PM），前者使药物快速代谢，后者使药物代谢较慢，如对异烟肼代谢的快乙酰化型个体，若采用间歇给药，则其疗效较差，且易发生肝损害，而慢乙酰化型个体若采用间歇给药，其疗效较快乙酰化型个体好，但较易出现神经毒性；遗传因素对药效学的影响是在不影响血药浓度的条件下，使机体对药物的反应异常，如先天性葡萄糖-6-磷酸脱氢酶缺乏症的个体，使用伯氨喹、磺胺等药物后易出现溶血性贫血；因此，临床用药必须重视个体的遗传特性，也应注意剂量的个体化。

四、病理状态

不同疾病的病理状态对人体的内环境和组织器官的功能将产生不同的影响，从而导致药物的药代动力学和药效学出现差异。例如，胃肠道疾病，可影响胃肠道功能，从而影响口服药物的吸收；肝脏疾病，可致肝功能下降，影响药物的代谢，并可使血液中白蛋白及凝血因子数量减少，既影响药物与血浆蛋白的结合，也可使抗凝血药作用增强；肾疾病可使肾功能下降，从而影响药物的排泄；有机磷中毒时，即使应用大于治疗剂量的阿托品也不出现中毒；非甾体抗炎药只对发热的机体产生解热作用，而不降低正常人的体温。

五、心理状态

心理因素越来越受到人们的重视，许多疾病尤其是身心性疾病，其发生发展与心理因素密切相关。患者对医务工作者的信任度是影响药物治疗效果的重要因素。安慰剂（placebo）即不含具有药理活性的剂型（如含有乳糖或淀粉的片剂），对诸如疼痛、神经官能症等病症的疗效可达20%～40%，这就是通过心理因素取得的，因此，药理实验常需要设相应对照组（安慰剂组），以排除心理因素对实验结果的影响。值得注意的是，医务工作者的言行会影响患者的情绪和心理状态，良好的言行有利患者建立战胜疾病的信心，为后续的治疗创造良好的心理状态。

六、生活习惯与环境因素

有些患者可能有吸烟、饮酒等嗜好，对有这些嗜好的患者用药时，要充分考虑这些特殊嗜好可能对药物疗效带来的影响。香烟的烟雾中含有多种有害物质，这些有害物质除有致癌和促癌作用外，也能诱导多种药物代谢酶，使某些药物代谢速度加快，药物疗效降低。例如，吸烟者对咖啡因、氨茶碱等药物的消除速度明显高于不吸烟者。酒精（乙醇）一方面对中枢神经系统有抑制效应，故饮酒者对中枢抑制剂较敏感，用药时需要适当减少用量，以防对中枢产生过度抑制。乙醇也可损害肝脏，致肝功能下降，从而影响机体对药物的消除能力。此外，乙醇也是细胞色素 P_{450} 酶系统的诱导剂，通过诱导细胞色素 P_{450} 酶系统而加快某些药物的代谢。例如，饮酒者对苯妥英钠的代谢速度快于不饮酒者。

生活环境中可能存在多种化学物质，这些化学物质有的可诱导药酶，有的可抑制药酶，因此，环境因素也会对药物作用产生影响。

第三节　用药方面的因素

一、给药剂量与疗程

给药剂量可影响血药浓度和药物在靶位的浓度，从而影响药物效应和毒性。因此，临床用药时除需要选择适当的药物外，尚需要考虑适当的剂量。

对疾病药物治疗的疗程常由疾病本身和患者的基本状况决定，不同的疾病需要不同的疗程。一般疗程过短可能导致疾病复发，而疗程过长则可增加药物的不良反应，如引起耐受性、耐药性及依赖性等。

二、给药途径

药物剂型决定给药途径,给药途径不同,药物吸收情况也就不同。因此,给药途径可影响药物作用的强度和时间,有时还可影响药物作用的性质。例如,硫酸镁(magnesium sulfate)口服给药可产生泻下和利胆的作用,而注射给药则可产生止痉、镇静和降压的作用。因此,临床用药应根据药物制剂及患者病情选择适当的给药途径。

三、给药时间

任何生物的生长繁殖、生理功能和新陈代谢都有时间节律,包括昼夜节律、月节律、年节律等,这些统称为生物节律。时辰药理学(chronopharmacology)是一门研究药物作用时间节律的药理学分支学科。药物效应包括毒性效应也受生物节律的影响,如非甾体抗炎药吲哚美辛在早上口服,其血药浓度峰值较高,达峰时间较短,药物作用持续时间也较短,而在黄昏时服用则患者耐受较好,药物作用持续时间较长。糖皮质激素采用隔日或每日早晨 1 次给药法,对下丘脑-垂体-肾上腺轴的抑制作用最小。苯巴比妥在下午 2 点给药比在午夜 12 点给药,对大鼠的毒性更大。因此,临床用药还需要考虑给药时间问题。例如,对胃肠刺激作用强的药物,最好饭后服用;而食物影响吸收的药物,则宜空腹服用。

长期反复用药可引起生物机体(包括病原体)对药物反应发生变化,主要表现为耐受性、耐药性和依赖性。还可因长期用药突然停药后发生停药综合征。耐受性为机体在连续多次用药后对药物的反应性降低。增加剂量可恢复反应,停药后耐受性可消失。耐药性也称抗药性,是指病原体或肿瘤细胞对反复应用的化疗药物的敏感性降低。因为长期反复应用抗菌药,特别是药物剂量不足时,病原体产生了抗菌药失活酶,或改变了膜通透性而阻止抗菌药的进入,或改变了靶结构和代谢过程等而产生耐药性,滥用抗菌药是病原体产生耐药性的重要原因。药物滥用尤其是精神药品或麻醉药品的滥用是引起药物依赖性并具有社会影响的重要问题。

患者在长期反复用药后突然停药可发生停药综合征,如高血压患者长期应用 β 受体拮抗剂后,如果突然停药,血压及心率可反跳性升高,患者症状加重。因此,长期用药的患者停药时必须逐渐减量至停药,可避免停药综合征的发生。

四、给药间隔时间

给药间隔时间通常需要由药物消除 $t_{1/2}$、药物的安全范围、患者的病情、患者的依从性等来决定。若采用分次给药,血药浓度达到稳态血药浓度时,因其峰、谷浓度差取决于给药间隔时间(详见第二章),故对安全范围小的药物,最好采用小剂量多次给药的方法给药;而对安全范围较大的药物,为方便患者用药,可采用大剂量减少给药次数的方法给药。

五、联合用药及药物相互作用

联合用药(drug combination)是指同时或相继序贯使用两种或两种以上药物的情况。联合用药的目的一般包括增强疗效或克服耐药性、减少不良反应、治疗复杂病情。目前临床上联合用药极为普遍,已很难见到单用一个药的处方。

药物相互作用(drug interaction)是指联合用药时,因药物与药物间的相互影响或药物与机体的相互影响,使药物的药效或毒性发生改变的情况。药物相互作用既可发生于体外,也可发生于体内;既可发生在药代动力学环节,也可发生在药效学环节。药物相互作用既可使联用药物出现相互拮抗,也可使联用药物出现相互协同,最终导致药物原有作用性质、强度或毒性发生变化。因此,临床用药必须充分重视。

(一)体外的药物相互作用

在体外,药物因配伍而发生物理或化学性质的改变,致使药物的疗效或毒性发生变化,称为配伍禁忌(incompatibility)。药物的配伍禁忌可发生于药品生产过程中,但最常见和最重要的是在静脉滴注时。有时医务人员为减少多次静脉穿刺给患者带来的痛苦,常把几种需要静脉给予的药物均置于同一输液装置中。但由于每一种药物都是一种特殊的化学物质,混在一起难免会发生物理或化学性质的变化。例如,酸性药物与碱性药物混在一起可能会出现酸碱中和反应；青霉素与氨基酸溶液混在一起，可形成能引发过敏反应的复合物，引起严重的临床后果；羧苄西林与庆大霉素混在一起，前者可破坏后者，使庆大霉素的疗效下降等。因此，临床静脉滴注时，所用药物是否可混在一起给予，需要遵照“常见注射液的理化配伍禁忌表”等资料执行，不得擅作主张。

（二）体内的药物相互作用

药物在体内发生相互作用，主要表现于药代动力学或药效学两个过程中。

1. 药代动力学上的药物相互作用　药物在吸收、分布、代谢和排泄各药代动力学环节均可发生相互作用。

(1) 发生于吸收环节的药物相互作用：在吸收环节，药物可通过如下几种方式发生相互作用。

1) 一种药物因影响或改变了胃肠道 pH，可影响合用的其他药物的解离度，从而影响合用药物的吸收。如抗酸药可中和胃酸，提高胃液的 pH，使合用的其他酸性药如磺胺类药物、氨苄西林等解离度增加，吸收减少。

2) 合用药物相互结合形成难溶的络合物、螯合物或沉淀物，妨碍彼此的药物吸收。例如，考来烯胺能与洋地黄、性激素、甲状腺素、巴比妥类药物、香豆素类抗凝血药等结合形成络合物，从而阻碍洋地黄、性激素、甲状腺素、巴比妥类药物、香豆素类抗凝血药等的吸收；四环素类能与二价或三价的金属离子结合形成难溶的络合物，从而使四环素的吸收受到影响；茶叶中的鞣酸可与铁制剂及生物碱发生沉淀，从而妨碍铁剂或生物碱的吸收。

3) 一种药物因能影响胃排空与肠蠕动，从而影响与之合用的其他药物的吸收。例如，抗胆碱药可延缓胃排空并减缓肠蠕动，使与之同服的对乙酰氨基酚小肠吸收速度减慢。

(2) 发生于分布环节的药物相互作用：在分布环节出现药物相互作用，主要是因联合使用的药物间相互竞争与血浆蛋白的结合。尤其是与血浆蛋白结合率高的药物合用时，后者可使前者血浆中游离型药物的药物浓度明显增加，作用或毒性增强。例如，香豆素类抗凝血药与保泰松等合用时，后者可从血浆蛋白上置换出香豆素类抗凝血药，使其游离型药物浓度增高，作用增强甚至引起出血等不良反应。

(3) 发生于代谢环节的药物相互作用：在代谢环节发生药物相互作用，主要是药酶的诱导与抑制。例如，苯巴比妥可诱导肝药酶，促进与之合用的口服降血糖药、保泰松、苯妥英钠等的代谢，使其 $t_{1/2}$ 缩短，作用减弱；氯霉素可抑制肝药酶，抑制与之合用的巴比妥类、苯妥英钠等的代谢，使后两者消除速度减慢，作用和毒性增强。

(4) 发生于排泄过程的药物相互作用：在排泄过程中发生的药物相互作用，主要发生于以下两个环节。

1) 一种药物可改变尿液 pH，使与之合用的其他药物在尿中的解离度发生改变，重吸收率变化，排泄速度改变。例如，碳酸氢钠可使尿液 pH 升高，使与之合用的酸性药物如阿司匹林、巴比妥类、磺胺类等在尿中解离度增加，重吸收减少，排泄速度加快；维生素 C 可降低尿液 pH，促进与之合用的氨茶碱、阿托品等碱性药物的排泄。

2) 竞争肾小管的主动分泌系统，如丙磺舒可与青霉素、吲哚美辛等竞争肾小管的有机酸主动分泌系统，从而使青霉素和吲哚美辛的肾消除速度减慢，$t_{1/2}$ 明显延长；螺内酯可与地高辛竞争肾小管主动分泌系统，使地高辛的肾清除率降低，血药浓度升高，易出现心脏毒性。

2. 药效学上的药物相互作用　药物在药效学上的相互作用常表现为：① 在作用部位的相互作用如阿托品可与毛果芸香碱竞争与 M 受体的结合，从而产生相互拮抗作用；长期使用甲状腺激素，可使机体 β 受体上调，从而增强机体对拟肾上腺素药的敏感性，使拟肾上腺素药作用增强。② 在药理效应上的相互作用如巴比妥类药物与苯二氮䓬类药物均有中枢抑制作用，联合应用时可在中枢抑制作用上相互协同，引起中枢的过度抑制；不同作用环节的抗高血压药合用，常能产生协同降压作用；而中枢兴奋药咖啡因与中枢抑制剂巴比妥类药物合用，则可产生相互拮抗作用。

小　结

因药物与机体相互作用的复杂性，使影响药物效应的因素涉及面极广，大致包括来自药物、机体和用药三大方面的因素,其中最重要的或影响最明显的是机体及用药方面的因素,尤其是个体差异和药物相互作用更需高度重视。只有充分考虑了影响药物效应的各种因素,才能在临床用药时充分发挥有利的影响,尽量避免不利的影响,以使药物既能充分显示疗效,又尽量减少其不良反应。

【思考题】

1. 在临床上为患者选择适当治疗药物需考虑哪些因素?
2. 制定合理的用药方案时应重点考虑哪些问题?

(滕　佳)

※ 课程 PPT

第三章
课程 PPT

第四章

传出神经系统药理概论

学习目标

【知识目标】

1. 掌握　传出神经系统受体分类、分布及效应，传出神经系统药物的分类。

2. 熟悉　传出神经系统递质乙酰胆碱和去甲肾上腺素的合成、储存、释放和失活。

3. 了解　传出神经系统分类。

【能力目标】

能运用本章相关知识理解学习传出神经系统药物。

【素质目标】

增强医学、药学专业学生使命感，激发其不懈努力、勇攀科学高峰的精神。

第一节　传出神经系统的分类

传出神经系统(efferent nervous system)包括自主神经系统(autonomic nervous system)和运动神经系统(motor nervous system)。自主神经系统又称为植物神经系统(vegetative nervous system)，主要支配心脏、平滑肌和腺体等效应器的活动，分为交感神经和副交感神经两部分，其解剖学特点是从中枢发出后，需要经过神经节(ganglion)更换神经元，然后到达所支配的效应器(effector)，故有节前纤维和节后纤维之分。运动神经则支配骨骼肌活动，自中枢发出后，直接到达骨骼肌终板，无节前纤维和节后纤维之分。

传出神经根据其末梢释放递质的不同，可分为胆碱能神经(cholinergic nerve)和去甲肾上腺素能神经(noradrenergic nerve)，前者释放乙酰胆碱，后者主要释放去甲肾上腺素。胆碱能神经主要包括：① 全部交感神经和副交感神经的节前纤维；② 全部副交感神经的节后纤维；③ 运动神经；④ 极少数交感神经的节后纤维(支配汗腺分泌和骨骼肌血管舒张神经)。去甲肾上腺素能神经包括绝大部分交感神经节后纤维。传出神经系统分类模式具体见图 4-1。

除上述交感和副交感神经系统外，在某些效应器组织中还存在着其他神经，如肾及肠系膜存在多巴胺能神经(dopaminergic nerve)，神经末梢释放多巴胺，使肾血管和肠系膜血管扩张。在胃肠神经系统(enteric nervous system)，除存在胆碱能神经和去甲肾上腺素能神经外，还存在嘌呤能神经和肽能神经等，这些神经末梢能释放肽类及嘌呤类递质等，如血管活性肠肽(vasoactive intestinal peptide, VIP)、缩胆囊肽(cholecystokinin)、神经肽 Y(neuropeptide Y)、蛙皮素(bombesin)和阿片肽等，它们可能对神经末梢乙酰胆碱和去甲肾上腺素的释放发挥调节作用。

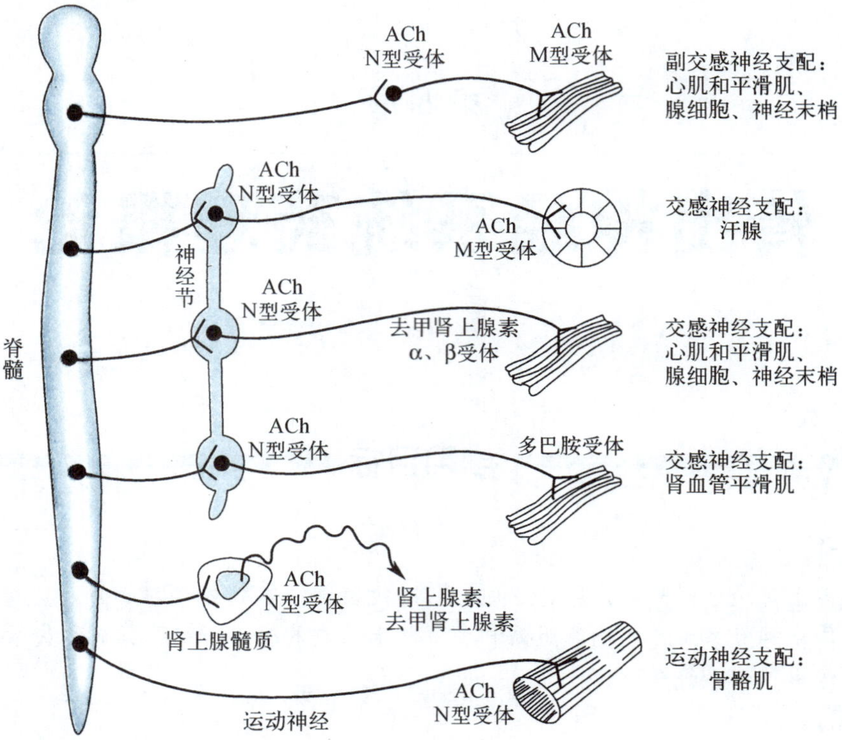

图 4-1　传出神经系统分类模式图

ACh，乙酰胆碱

第二节　传出神经系统的递质和受体

作用于传出神经系统的药物主要通过影响传出神经系统递质(transmitter)的合成、储存、释放、失活等环节或通过直接与受体(receptor)结合而产生生物效应。

一、传出神经系统的递质

早在100多年前，科学家们对于神经与神经间或神经与肌肉间的冲动传递是电传递还是化学物质传递就已开始展开争论。直至1921年，德国科学家奥托·勒维(Otto Loewi)设计出离体双蛙心灌流实验，验证了他17年前提出的关于神经冲动化学传递的设想。这个著名的实验发现迷走神经兴奋时可以释放出一种物质，这种物质可以对另一个离体蛙心产生抑制。后来勒维和英国科学家亨利·哈利特·戴尔(Henry Hallett Dale)通过不懈努力，最终于1926年证明这种物质就是乙酰胆碱，第一次证明了递质的存在。由于这一开创性的工作，他们获得了1936年的诺贝尔生理学或医学奖。1946年，瑞典生理学家乌尔夫·冯·奥伊勒(Ulf von Euler)又证明交感神经节后纤维的神经递质为去甲肾上腺素。至此，传出神经系统的化学传递学说臻于完善。

资料来源：

方可，甄橙，2022.神经传递理论的历史探索.生物学通报，57(10)：17-20.

王志均，1994.发现神经递质的故事.生物学通报(5)：43-44.

(一) 传出神经突触的超微结构

突触(synapse)是指神经末梢与次一级神经元或效应器之间的一种特殊的细胞连接，它的存在实现了细胞间的通信联系。电镜显示传出神经末梢与次一级神经元或效应器之间在组织学上并无原生质相连，中间有宽 15～1 000 nm 的间隙，即突触间隙（synaptic cleft）。传出神经末梢邻近间隙的细胞膜称为突触前膜（presynaptic membrane），效应器或次一级神经元邻近间隙的细胞膜称为突触后膜（postsynaptic membrane）（图 4－2）。在运动神经末梢靠近突触前膜处，聚集着很多直径为 20～50 nm 的囊泡（vesicle），每个囊泡中含有 1 000～50 000 个乙酰胆碱分子，突触后膜有许多皱褶，皱褶内聚集着胆碱酯酶，能迅速水解已释放的乙酰胆碱。

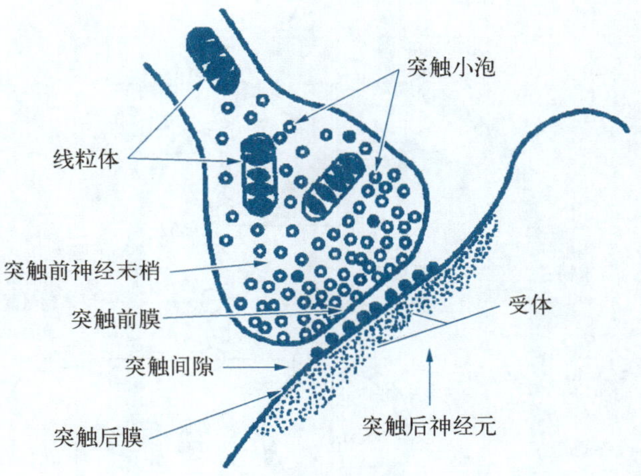

图 4－2　突触结构模式图

交感神经末梢分成许多细微的神经纤维分支，分布于平滑肌细胞之间。这些分支都有呈稀疏串珠状的膨胀部分，称为膨体（varicosity）。每个膨体中含有约 1 000 个囊泡。交感神经末梢囊泡内含有高浓度去甲肾上腺素，而胆碱能神经末梢囊泡内含有大量乙酰胆碱。

（二）传出神经递质的生物合成、储存、释放和失活

1. 递质的生物合成与储存　去甲肾上腺素的生物合成主要在去甲肾上腺素能神经末梢中进行。酪氨酸从血液由钠依赖性载体（图 4－3，转运体 A）转运进入神经末梢，经酪氨酸羟化酶催化生成多巴，多巴再经多巴脱羧酶催化生成多巴胺，后者由囊泡壁上对儿茶酚胺类物质具有高亲和力的转运体（图 4－3，转运体 B）转运进入囊泡中，经多巴胺 β-羟化酶催化，形成去甲肾上腺素，并与 ATP 和囊泡相关膜蛋白结合储存于囊泡中，使之避免被胞质中的 MAO 所破坏。在参与去甲肾上腺素生物合成的酶中，酪氨酸羟化酶的活性较低，反应速度慢且对底物要求专一，当胞质中多巴胺或游离的去甲肾上腺素浓度增高时，对该酶有反馈性抑制作用，反应速度减慢；反之，当胞质中多巴胺或去甲肾上腺素浓度降低时，对该酶的抑制作用减弱，反应速度加速，故酪氨酸羟化酶为此过程的限速酶（图 4－3）。

乙酰胆碱主要在胆碱能神经末梢合成，以胆碱和乙酰辅酶 A（acetyl coenzyme A，AcCoA）为原料。AcCoA 在神经末梢线粒体内合成，须先与草酰乙酸反应生成枸橼酸盐，才能穿过线粒体膜进入胞质液，在枸橼酸裂解酶催化下重新形成 AcCoA。与乙酰胆碱合成有关的酶为胆碱乙酰化酶（choline acetylase，ChAT），又称为胆碱乙酰基转移酶，在细胞体内形成并沿轴突转运至末梢。胆碱和 AcCoA 在 ChAT 的催化下形成乙酰胆碱。乙酰胆碱合成后即进入囊泡，并与 ATP 和囊泡相关膜蛋白共同储存于囊泡中（图 4－4）。在上述过程中，将胆碱从细胞外转运进入胞质液中的钠依赖性高亲和力载体（图 4－4，转运体 A）是乙酰胆碱合成的限速因子。

2. 递质的释放

（1）胞裂外排（exocytosis）：当神经冲动到达神经末梢时，Ca^{2+} 进入神经末梢，促使囊泡膜与突触前膜融合，形成裂孔，通过裂孔将囊泡内的递质去甲肾上腺素（或乙酰胆碱）、ATP 和蛋白质等排出到突触间隙，突触间隙的递质立即与其突触后膜（或前膜）相应受体结合，产生效应，这种排出方式称为胞裂外排。

（2）量子化释放（quantal release）：量子化释放学说认为，囊泡为运动神经末梢释放乙酰胆碱的单元，每个囊泡的乙酰胆碱释放量就是一个“量子”。静息时有少数囊泡释放乙酰胆碱，即可出现终板电位，但由于电位幅度极小，不会引起动作电位。当神经冲动到达末梢时，200～300 个甚至 300 个以上的囊泡（或量子）同时释放递质，释放乙酰胆碱量剧增，故可引发动作电位而产生效应。

（3）其他释放机制：静息时，交感神经末梢可有微量的去甲肾上腺素不断地从囊泡内溢出，但由于溢出量少，难以产生效应。此外，有些药物（如酪胺、麻黄碱、苯丙胺和胍乙啶等）可被去甲肾上腺素能神经末梢摄取并进入囊泡储存，而同时将囊泡内与蛋白结合的去甲肾上腺素置换出来，由于置换出的去甲肾上腺素量远较溢出量为大，故可产生效应。

3. 递质的失活　去甲肾上腺素主要通过摄取的方式失活，分为摄取 1 和摄取 2。摄取 1 也称神经摄取（neuronal uptake），是一种主动转运机制。去甲肾上腺素通过神经末梢突触前膜的去甲肾上腺素转运体将其摄入神经末梢内，其摄取量为释放量的 75%～95%。摄入神经末梢的去甲肾上腺素进一步被摄入囊泡储存起来，所以摄取 1 亦称为储存型摄取或再摄取。部分未进入囊泡的去甲肾上腺素可被胞质中线粒体膜上

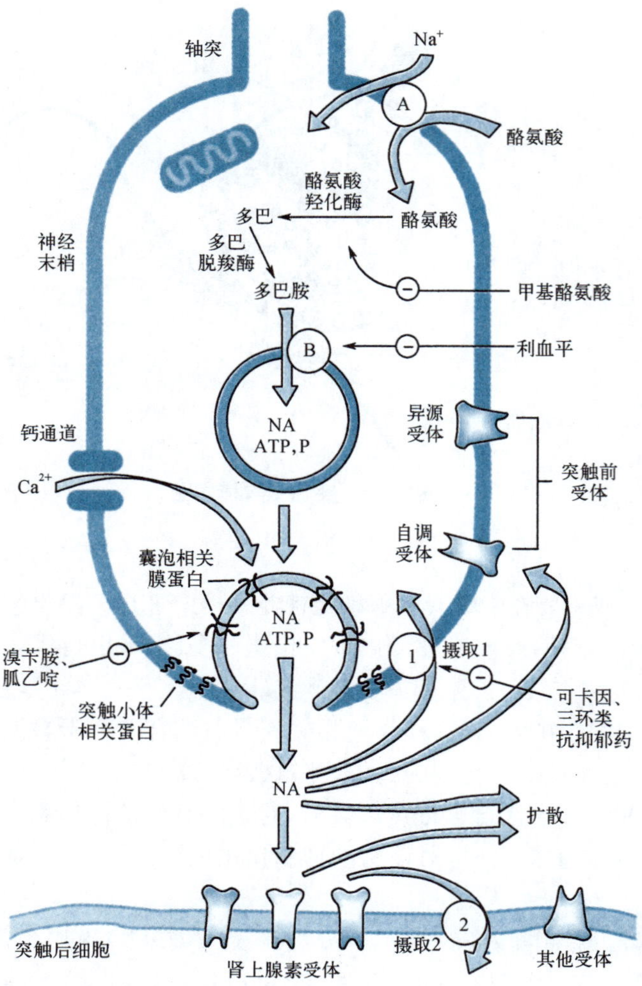

图 4-3 去甲肾上腺素的生物合成、储存、释放与失活

NA,去甲肾上腺素;ATP,三磷酸腺苷;P,多肽;A,钠依赖性载体(转运体 A);B,对儿茶酚胺类物质具有高亲和力的转运体(转运体 B)

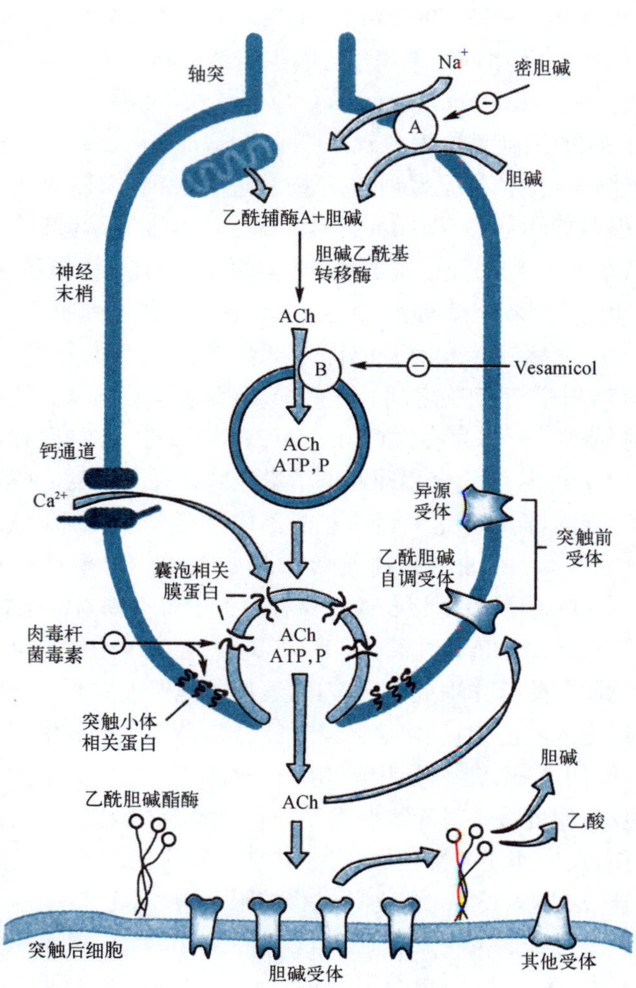

图 4-4 乙酰胆碱的生物合成、储存、释放与失活

ACh,乙酰胆碱;ATP,三磷酸腺苷;P,多肽;A,钠依赖性载体(转运体 A);B,乙酰胆碱转运体(转运体 B);Vesamicol,一种抑制 ACh 转运到囊泡的抑制剂

的 MAO 破坏。非神经组织(如心肌、平滑肌等)也能摄取去甲肾上腺素,称为摄取 2,也称非神经摄取(non-neuronal uptake)。摄入组织后的去甲肾上腺素很快被细胞内的 COMT 和 MAO 所破坏,因此摄取 2 也称为代谢型摄取。此外,尚有小部分去甲肾上腺素释放后从突触间隙扩散到血液中,最后被肝、肾等组织中的 COMT 和 MAO 所破坏。

乙酰胆碱的失活主要是通过被突触间隙中的乙酰胆碱酯酶水解。乙酰胆碱酯酶在神经细胞体内合成,沿轴突转运到神经末梢。在运动神经末梢,乙酰胆碱酯酶集中分布在运动终板,存在于突触前膜、突触后膜、突触间隙、皱褶中(图 4-4)。乙酰胆碱酯酶可高效地水解乙酰胆碱,每 1 分子乙酰胆碱酯酶在 1 min 内能水解 1×10^5 分子乙酰胆碱,其水解产物胆碱可被摄入神经末梢,作为合成乙酰胆碱的原料。

二、传出神经系统受体

(一) 传出神经系统受体命名

传出神经系统受体是根据能与之相结合的递质或药物而命名的。能与乙酰胆碱结合的受体称为胆碱受体(cholinoceptor)。早期研究发现,副交感神经节后纤维所支配的效应器细胞膜的胆碱受体对以毒蕈碱(muscarine)为代表的拟胆碱药较为敏感,故这部分受体称为毒蕈碱型胆碱受体,即 M 受体;神经节细胞膜和神经肌肉接头的胆碱受体对烟碱(nicotine)比较敏感,故将其称为烟碱型胆碱受体,即 N 受体;能与去甲肾上腺素或肾上腺素结合的受体称为肾上腺素受体(adrenoceptor);能与多巴胺结合的受体称为多巴胺受体

(dopaminergic receptor, DAR)。

(二) 传出神经系统受体分型

1. M受体 根据配体对不同组织M受体亲和力不同将M受体分为M_1、M_2、M_3、M_4和M_5五种亚型(表4-1)。不同组织中存在着不同受体亚型,但所有五种亚型均可在中枢神经系统中发现。

2. N受体 根据其分布部位不同可分为神经肌肉接头N受体,即N_M受体(muscle-type nicotinic receptor),以及神经节N受体和中枢N受体,后两者称为N_N受体(neuron-type nicotinic receptor)(表4-1)。

表4-1 胆碱受体亚型分布

受体	激动剂	拮抗剂	组织分布
M受体(毒蕈碱型)			
M_1	乙酰胆碱	阿托品 哌仑西平*	胃壁细胞、自主神经节、中枢神经系统
M_2	同M_1	阿托品 异丙托溴铵	心脏、突触前膜、中枢神经系统
M_3	同M_1	阿托品 达非那新*	腺体、平滑肌、血管内皮、中枢神经系统
M_4	同M_1	阿托品 异丙托溴铵	平滑肌、中枢神经系统
M_5	同M_1	阿托品	中枢神经系统
N受体(烟碱型)			
N_M	烟碱	筒箭毒碱	神经肌肉接头
N_N	烟碱 地棘蛙素*	曲美芬	自主神经节、肾上腺髓质、脑与脊髓

*表示更有选择性。

3. 肾上腺素受体亚型 肾上腺素受体可分为α受体和β受体。α受体分为α_1和α_2两种亚型,目前已被克隆出α_{1A}、α_{1B}、α_{1D}和α_{2A}、α_{2B}、α_{2C}六种亚型基因。而β受体可分为β_1、β_2和β_3三种亚型(表4-2)。

表4-2 肾上腺素受体亚型和分布

受体	激动剂	拮抗剂	组织分布
α受体			
α_1	Epi≥NA>>Iso 去氧肾上腺素	哌唑嗪	血管平滑肌、瞳孔开大肌、尿道平滑肌、肝脏、胃肠及膀胱、脂肪组织、汗腺
α_2	Epi≥NA>>Iso 可乐定	育亨宾	胰腺、血小板、胃肠括约肌、血管平滑肌、神经末梢
β受体			
β_1	Iso>Epi=NA 多巴酚丁胺	美托洛尔 普萘洛尔	心脏、肾小球旁细胞
β_2	Iso>Epi>>NA 特布他林	普萘洛尔 ICI 118551	平滑肌(支气管、胃肠道、尿道、血管)、骨骼肌、肝脏
β_3	Iso=NA>Epi BRL 37344	普萘洛尔 ICI 118551	脂肪组织

注:Epi,肾上腺素;NA,去甲肾上腺素;Iso,异丙肾上腺素。

4. 多巴胺受体亚型 多巴胺受体分为D_1样受体和D_2样受体,前者存在于中枢、肾和肠系膜血管等处,后者存在于脑和外周神经末梢等处。

（三）传出神经系统受体效应及其分子机制

神经递质或激动剂与受体结合后，触发一系列瀑布式的生化过程，通过逐级放大，最终导致生物效应的产生，这一过程称为受体激动效应偶联（receptor-effect coupling）。根据信号转导机制，传出神经系统受体分为配体门控受体和鸟苷酸结合调节蛋白（G 蛋白）偶联受体两大类。

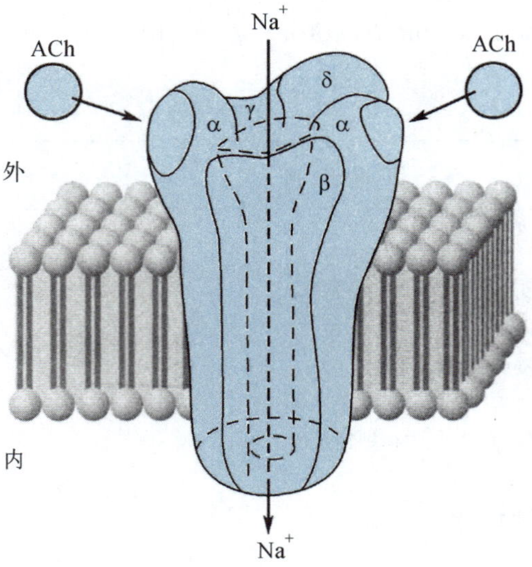

图 4-5　N 受体

ACh，乙酰胆碱

5 个亚基组成五聚体，形成中间带孔跨细胞膜通道；2 个 α 亚基各有 1 个乙酰胆碱结合位点，两者都结合 1 分子乙酰胆碱后，钠通道即开放，细胞除极化兴奋

1. 受体与离子通道偶联　N 受体属于配体门控受体，其受体本身就是离子通道，故称配体门控离子通道型受体。每个 N 受体由 2 个 α 亚基和 β、γ、δ 亚基组成五聚体（图 4-5），形成中间带孔跨细胞膜通道。α 亚基上有乙酰胆碱作用的位点，可控制离子（如 Na^+、K^+、Ca^{2+}）跨膜流动，因此称为受体离子通道偶联。当动作电位到达神经末梢时，突触前膜除极化而引起胞裂外排，释放乙酰胆碱可与神经肌肉接头 N 受体结合，促使配体门控离子通道开放，细胞外 Na^+、Ca^{2+} 进入细胞内，可产生局部除极化，即终板电位。当终板电位超过肌纤维扩布性除极化阈值时，膜上电压门控离子通道开放，此时大量 Na^+、Ca^{2+} 进入细胞内，产生动作电位，导致肌肉收缩。

2. 受体与 G 蛋白偶联　肾上腺素受体和 M 受体属于 G 蛋白偶联受体。G 蛋白偶联受体一级结构的特点是都有 7 个跨膜区段结构，形成 3 个细胞外区间环和 3 个细胞内区间环，其中第 5 和第 6 跨膜区间的细胞内环链比较长。当激动剂与受体结合后，可与 G 蛋白偶联，通过腺苷酸环化酶或磷脂酶产生效应。例如，所有 β 受体亚型激动后均能兴奋腺苷酸环化酶，使 cAMP 增加，产生相应效应。肾上腺素受体亚型及其激动后基本效应见表 4-3。

表 4-3　肾上腺素受体亚型及其激动后基本效应

受　体	偶联 G 蛋白	基 本 效 应
β_1	G_s	腺苷酸环化酶激活，L 型钙通道激活
β_2	G_s	腺苷酸环化酶激活
β_3	G_s	腺苷酸环化酶激活
α_1	G_q	磷脂酶 C 激活
	G_q	磷脂酶 D 激活
	G_q，G_i/G_o	磷脂酶 A_2 激活
	G_q	钙通道激活
α_2	G_i	腺苷酸环化酶活性降低
	G_i（βγ 亚单位）	钾通道开放
	G_o	抑制钙通道（L 型，N 型）

机体多数器官同时受胆碱能神经和去甲肾上腺素能神经的双重支配，而这两类神经兴奋时所产生的效应往往相互拮抗，故当两类神经同时兴奋时，占优势神经的效应通常会显现出来。例如，窦房结，当去甲肾上腺素能神经兴奋时，可引起心率加快；胆碱能神经兴奋时则使心率减慢，但以后者效应占优势。故当两类神经同时兴奋时，常表现为心率减慢。机体不同组织/器官去甲肾上腺素能神经和胆碱能神经兴奋时主要受体及其效应见表 4-4。

表 4-4　机体不同组织/器官去甲肾上腺素能神经和胆碱能神经兴奋时主要受体及其效应

组织/器官		去甲肾上腺素能神经兴奋		胆碱能神经兴奋	
		效　应	受　体	效　应	受　体
心脏	窦房结	心率加快	β_1,β_2	心率减慢	M_2
	心肌	收缩加强	β_1,β_2	收缩略减弱	M_2
	传导系统	传导加速	β_1,β_2	传导减慢	M_2
血管	皮肤、黏膜血管 内脏血管	收缩 收缩 舒张	α α β_2		
	骨骼肌血管	收缩(弱势效应) 舒张	α β_2	舒张(交感神经)	M_3*
	冠状动脉	收缩(弱势效应) 舒张	α β_2		
内皮				释放一氧化氮	M_3**
平滑肌	胃肠道　胃肠壁	舒张	α_2,β_2	收缩	M_3
	胃肠道　括约肌	收缩	α_1	舒张	M_3
	膀胱	舒张	β_2	收缩	M_3
	尿道内括约肌	收缩	α_1	舒张	M_3
	支气管	舒张	β_2	收缩	M_3
	子宫	收缩(妊娠) 舒张(妊娠、未孕)	α β_2	收缩(妊娠)	M_3
眼睛	瞳孔开大肌	收缩(扩瞳)	α_1		
	瞳孔括约肌			收缩(缩瞳)	M_3
	睫状肌	舒张(弱势效应)	β	收缩	M_3
腺体	汗腺	分泌(手心)	α_1	分泌(交感神经)	M
	唾液腺	分泌 K^+ 及 H_2O 分泌淀粉酶	α_1 β	分泌 K^+ 及 H_2O	M
	胃肠道腺体			分泌增加	M_3
	支气管腺体	分泌减少 分泌增加	α_1 β_2	分泌增加	M
骨骼肌		收缩	β_2	收缩(运动神经)	N_M
肾上腺髓质				儿茶酚胺释放 (交感神经节前纤维)	N_N
代谢活动	肝脏	糖异生	β_2,α		
	肝脏	糖原分解	β_2,α		
	脂肪细胞	脂肪分解	β_3		
	肾脏	肾素释放	β_1		

* 骨骼肌血管平滑肌上存在交感胆碱能舒张纤维。

** 大多数血管内皮分泌一氧化氮，在毒蕈碱作用下，它能导致明显的血管舒张。这些受体无胆碱能交感神经支配，且只受循环中毒蕈碱样物质影响。

第三节 传出神经系统药物的分类

一、传出神经系统药物的基本作用

(一) 直接作用于受体

许多传出神经系统药物通过直接与受体结合而产生与递质相似的作用,称为激动剂(agonist);如结合后不产生或较少产生拟似递质的作用,相反能妨碍递质与受体的结合,产生与递质相反的作用,称为拮抗剂。

(二) 影响递质

1. 影响递质生物合成 影响递质生物合成的药物包括前体药和递质合成酶抑制剂。例如,密胆碱能影响乙酰胆碱的合成,α-甲基酪氨酸对酪氨酸羟化酶产生竞争性抑制而能抑制去甲肾上腺素合成,但两者无临床应用价值,仅作为科研工具药。左旋多巴作为多巴胺前体物,通过增加脑内多巴胺水平而用于治疗帕金森病。

2. 影响递质生物转化 乙酰胆碱的灭活主要是被乙酰胆碱酯酶水解,胆碱酯酶抑制剂通过抑制乙酰胆碱酯酶,影响乙酰胆碱的水解,间接发挥拟胆碱作用。这类药物有新斯的明及有机磷酸酯类等。

3. 影响递质的释放和储存 如麻黄碱能促进去甲肾上腺素的释放而发挥拟肾上腺素作用。抗高血压药利血平通过抑制神经末梢囊泡对去甲肾上腺素的摄取,使囊泡内去甲肾上腺素逐渐减少以至耗竭,从而表现为拮抗去甲肾上腺素能神经的作用,导致血压下降。去甲丙米嗪和可卡因都是储存型摄取抑制剂。

二、传出神经系统药物的分类

传出神经系统药物按其作用性质及其对受体的选择性进行分类(表 4-5)。

表 4-5 传出神经系统药物的分类

拟似药	拮抗剂
(一) 胆碱受体激动剂 1. M、N 受体激动剂(卡巴胆碱) 2. M 受体激动剂(毛果芸香碱) 3. N 受体激动剂(烟碱) (二) 抗胆碱酯酶(新斯的明) (三) 肾上腺素受体激动剂 1. α 受体激动剂 (1) α_1、α_2受体激动剂(去甲肾上腺素) (2) α_1受体激动剂(去氧肾上腺素) (3) α_2受体激动剂(可乐定) 2. α、β 受体激动剂(肾上腺素) 3. β 受体激动剂 (1) β_1、β_2受体激动剂(异丙肾上腺素) (2) β_1受体激动剂(多巴酚丁胺) (3) β_2受体激动剂(沙丁胺醇)	(一) 胆碱受体拮抗剂 1. M 受体拮抗剂 (1) 非选择性 M 受体拮抗剂(阿托品) (2) M_1受体拮抗剂(哌仑西平) 2. N 受体拮抗剂 (1) N_N受体拮抗剂(六甲双铵) (2) N_M受体拮抗剂(筒箭毒碱) (二) 胆碱酯酶复活药(氯解磷定) (三) 肾上腺素受体拮抗剂 1. α 受体拮抗剂 (1) α_1、α_2受体拮抗剂 ① 短效类(酚妥拉明) ② 长效类(酚苄明) (2) α_1受体拮抗剂(哌唑嗪) (3) α_2受体拮抗剂(育亨宾) 2. β 受体拮抗剂 (1) β_1、β_2受体拮抗剂(普萘洛尔) (2) β_1受体拮抗剂(美托洛尔、醋丁洛尔) 3. α、β 受体拮抗剂(拉贝洛尔)

小　结

传出神经系统包括自主神经系统(分为交感神经和副交感神经)和运动神经系统,根据其末梢释放的递质不同,可分为胆碱能神经和去甲肾上腺素能神经,前者释放乙酰胆碱,后者主要释放去甲肾上腺素。传出神经系统的受体包括胆碱受体和肾上腺素受体。胆碱受体分为毒蕈碱型胆碱受体,即 M 受体($M_{1\sim5}$)和烟碱型胆碱受体,即 N 受体(N_N、N_M),肾上腺素受体分为 α 受体($\alpha_{1\sim2}$受体)和 β 受体($\beta_{1\sim3}$受体)。

M 受体广泛分布于胆碱能神经节后纤维所支配的效应器细胞膜上。M 受体兴奋时产生 M 样作用,主要表现为心血管抑制,平滑肌收缩,瞳孔缩小,腺体分泌增加。N_N受体分布于神经节和肾上腺髓质,N_N受体兴奋引起神经节兴奋,N_M受体兴奋引起骨骼肌收缩。α_1受体主要分布在交感神经节后纤维支配的效应器细胞膜上,α_1受体兴奋时主要表现为皮肤黏膜和内脏血管收缩。β_1受体激动引起心脏兴奋,β_2受体激动出现内脏平滑肌舒张。

传出神经系统的药物通过直接作用于受体或影响递质发生作用,按其作用性质可分为拟似药和拮抗剂两类。

【思考题】

1. 简述传出神经系统受体的分类、分布及效应。
2. 简述传出神经系统药物的分类。
3. 患者,男,35 岁。因"进食野蘑菇 30 min 后,出现了恶心、呕吐、流涎、腹部绞痛、腹泻、多汗、视物模糊等症状"急诊入院。既往体健。查体:体温 36.7℃,脉搏 56 次/分,呼吸 28 次/分,血压 90/60 mmHg,表情兴奋,答非所问,瞳孔缩小,听诊两肺呼吸音清,心率 56 次/分,律齐,腹平软,肝脾未触及,生理反射存在,病理反射未引出。诊断为毒蕈中毒。予催吐、洗胃、导泻,并采用阿托品治疗后症状得以缓解。请问:
   (1) 毒蕈中毒临床表现的受体机制是什么?
   (2) 阿托品的解救机制是什么?

（胡　颖）

※ 课程 PPT

第四章
课程 PPT

第五章

拟胆碱药和抗胆碱药

学习目标

【知识目标】

1. 掌握　乙酰胆碱药理作用；毛果芸香碱对眼睛的药理作用及临床应用；新斯的明作用机制、药理作用及临床应用；有机磷酸酯类中毒机制、急性中毒表现及其解救措施；阿托品作用机制、药理作用、临床应用、不良反应及中毒解救。

2. 熟悉　毛果芸香碱的应用注意事项；氯解磷定药理作用和临床应用；东莨菪碱、山莨菪碱的作用特点和临床应用；除极化型肌松药和非除极化型肌松药的作用机制。

3. 了解　胆碱受体激动剂的分类及代表药物；常用易逆性胆碱酯酶抑制剂的特点。

【能力目标】

具备根据章节知识合理选择临床用药，防治不良反应的能力；可以合理制定有机磷酸酯类中毒的解救方案等。

【素质目标】

1. 具备高尚职业道德，能理解生命的意义，充分尊重患者、关爱生命。

2. 培养具有安全、合理用药的意识。

拟胆碱药(cholinomimetic drug)是一类通过激动胆碱受体，产生与胆碱能神经递质乙酰胆碱的作用完全相似或部分相似的药物，按其作用机制的不同，可分为直接作用于胆碱受体的胆碱受体激动剂和通过抑制乙酰胆碱酯酶活性，使乙酰胆碱水解减少，间接发挥乙酰胆碱作用的胆碱酯酶抑制剂。

胆碱受体拮抗剂(cholinoceptor antagonist)是一类能与胆碱受体结合，本身不产生或较少产生拟胆碱作用，却能妨碍乙酰胆碱或拟胆碱药与受体结合，从而产生抗胆碱作用的药物。按其对 M 受体和 N 受体选择性不同，可分为 M 受体拮抗剂和 N 受体拮抗剂。N 受体拮抗剂又可以分为 N_N、N_M受体拮抗剂。

第一节　胆碱受体激动剂

胆碱受体激动剂(cholinoceptor agonist)是一类通过激动胆碱受体，产生与胆碱能神经递质乙酰胆碱作用相似的药物。乙酰胆碱是中枢和外周神经系统的内源性神经递质，能激动 M 受体、N 受体而产生效应。根据对胆碱受体亚型选择性的不同，胆碱受体激动剂可分为：① M 受体、N 受体激动剂；② M 受体激动剂；③ N 受体激动剂。

一、M、N 受体激动剂

乙酰胆碱

乙酰胆碱(acetylcholine，ACh)为胆碱能神经递质，化学性质不稳定，易被体内乙酰胆碱酯酶迅速水解而失效，故无临床实用价值。但由于乙酰胆碱为内源性神经递质，分布较广，具有非常重要的生理功能，在科学研究中常作为工具药使用。

乙酰胆碱为季铵化合物，脂溶性低，不易透过血脑屏障。在水溶液中不稳定，可自行降解，也可被组织中的乙酰胆碱酯酶迅速水解而失去活性。

【药理作用】

乙酰胆碱可直接激动 M 受体和 N 受体，产生 M 样作用和 N 样作用。

(1) M 样作用

1) 心血管系统：乙酰胆碱激动心脏 M_2 受体，使心率减慢即产生负性频率作用(negative chronotropic effect)，窦房结与房室结间传导减慢即负性传导作用(negative dromotropic effect)和心肌收缩力减弱即负性肌力作用(negative inotropic effect)。

A. 乙酰胆碱可舒张全身血管包括肺和冠状血管。乙酰胆碱的血管舒张作用是激动血管内皮细胞的 M_3 受体，即通过血管内皮细胞释放一氧化氮，使血管舒张。此外，乙酰胆碱也可通过抑制肾上腺素能神经末梢释放去甲肾上腺素，造成血管舒张。

B. 注射小剂量乙酰胆碱，由于全身血管舒张，可产生一过性血压下降，常伴有反射性心动过速；但大剂量注射乙酰胆碱可引起心率减慢和房室传导阻滞。如在注射乙酰胆碱前先给 M 受体拮抗剂阿托品拮抗 M 受体，则 N 受体的激动作用可使肾上腺髓质释放儿茶酚胺增加及交感神经节兴奋而导致血压升高。

2) 胃肠道：乙酰胆碱对胃肠道平滑肌有兴奋作用，使其张力增强，收缩幅度和蠕动频率增加，促进腺体分泌，出现恶心、呕吐、小肠痉挛和腹泻等症状。

3) 泌尿道：乙酰胆碱对膀胱平滑肌有兴奋作用使其收缩、蠕动增加，膀胱逼尿肌收缩，尿道内括约肌舒张，促进膀胱排空。

4) 腺体：乙酰胆碱可使腺体分泌增加，如泪腺、气管和支气管腺体、唾液腺、消化道腺和汗腺分泌增加。

5) 其他：局部乙酰胆碱滴眼可使瞳孔括约肌收缩(瞳孔缩小)和睫状肌收缩(调节痉挛)；乙酰胆碱可使支气管收缩；虽然中枢神经系统有 M 胆碱受体与 N 胆碱受体的分布，但乙酰胆碱不易透过血脑屏障，故外周给药并不产生明显的中枢作用。

(2) N 样作用：大剂量乙酰胆碱可激动自主神经节 N_N 受体，引起交感、副交感神经节兴奋；激动肾上腺髓质嗜铬细胞的 N_N 受体，引起儿茶酚胺释放；此外，乙酰胆碱能激动神经肌肉接头的 N_M 受体，引起骨骼肌收缩。

醋甲胆碱

醋甲胆碱(methacholine)被胆碱酯酶水解慢，作用时间比乙酰胆碱长，有选择性 M 样作用，N 样作用弱。小剂量可产生心血管作用，使血压降低、心率减慢。临床可用于口腔黏膜干燥症。禁用于支气管哮喘、冠状动脉缺血和溃疡病患者。

卡巴胆碱

卡巴胆碱(carbachol)作用与乙酰胆碱相似，直接激动 M 受体和 N 受体。其化学性质稳定，不易被胆碱酯酶水解，作用时间长。该药不良反应多，限制其全身应用。目前主要用于局部滴眼治疗青光眼。禁忌证同醋甲胆碱。

二、M 受体激动剂

此类药物包括天然生物碱毛果芸香碱、毒蕈碱和槟榔碱以及合成的生物碱如氧化震颤素等。

毛果芸香碱

毛果芸香碱(pilocarpine)又称匹鲁卡品，是从毛果芸香属植物中提取出的叔胺类生物碱，其水溶液稳定，易于保存,现已人工合成。

【体内过程】

毛果芸香碱具有水溶和脂溶双相溶解性,其滴眼液角膜透性良好。1%滴眼液滴眼后 15 min 左右开始缩瞳,持续时间为 4～8 h;降眼压作用约在 75 min 达峰,可持续 4～14 h(与药物浓度有关)。片剂口服易吸收,用于缓解口干的症状时,20 min 起效,单次使用,作用持续 3～5 h,多次使用,可持续 10 h 以上。母体化合物的半衰期为 0.76～1.35 h。毛果芸香碱可经肝、血酯酶水解,也可经肝 CYP2A6 代谢。毛果芸香碱及其失活代谢物随尿排出,酸化尿液可促进其排泄。

【药理作用】

毛果芸香碱能直接激动 M 受体而产生 M 样作用,尤其对眼和腺体作用较明显。

(1) 眼:毛果芸香碱溶液滴眼可引起缩瞳、降低眼内压和调节痉挛等作用。

1) 缩瞳:虹膜内有两种平滑肌,一种为瞳孔括约肌,受副交感神经纤维动眼神经(胆碱能神经)支配,兴奋时括约肌向瞳孔中心收缩,瞳孔缩小;另一种为瞳孔开大肌,受去甲肾上腺素能神经支配,兴奋时瞳孔开大肌向外周收缩,瞳孔扩大。毛果芸香碱通过激动瞳孔括约肌上的 M_3 受体,引起瞳孔括约肌收缩,表现瞳孔缩小。

2) 降低眼内压:房水是由睫状体上皮细胞分泌及后房血管渗出产生的,经瞳孔流入前房,到达前房角间隙,主要经小梁网(滤帘)流入巩膜静脉窦,最后进入血液循环(图 5-1)。毛果芸香碱滴眼通过缩瞳作用使虹膜根部变薄,前房角间隙扩大,房水易于通过小梁网及巩膜静脉窦而进入体循环,使眼内压降低。

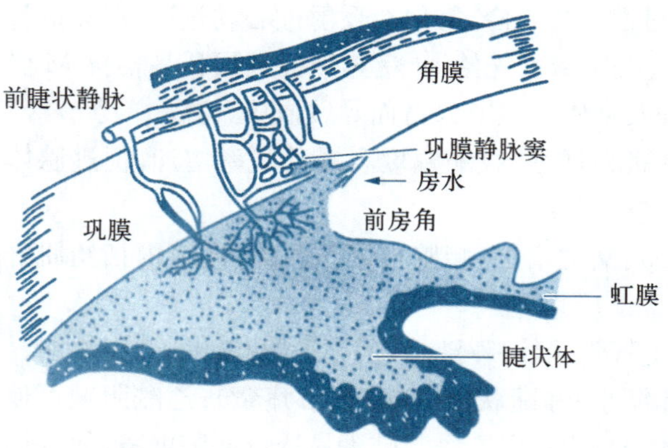

图 5-1 房水循环示意图(箭头方向示房水回流的方向)

3) 调节痉挛:眼的调节作用是指眼在视近物时,通过晶状体聚焦,物体在视网膜上成像,从而看清物体。眼睛的调节主要取决于晶状体的曲度变化,晶状体富有弹性,有变凸的倾向,但受到附着于晶状体上悬韧带牵拉,可使晶状体维持在较为扁平状态。悬韧带受睫状肌的控制,睫状肌由环形和辐射形两种平滑肌组成,但以胆碱能神经(动眼神经)支配的环状肌纤维为主。毛果芸香碱能激动睫状肌环状纤维上 M_3 受体,使其向瞳孔中心方向收缩,悬韧带松弛,晶状体变凸,屈光度增加,故看近物清楚,看远物模糊。毛果芸香碱这种作用称为调节痉挛(图 5-2)。

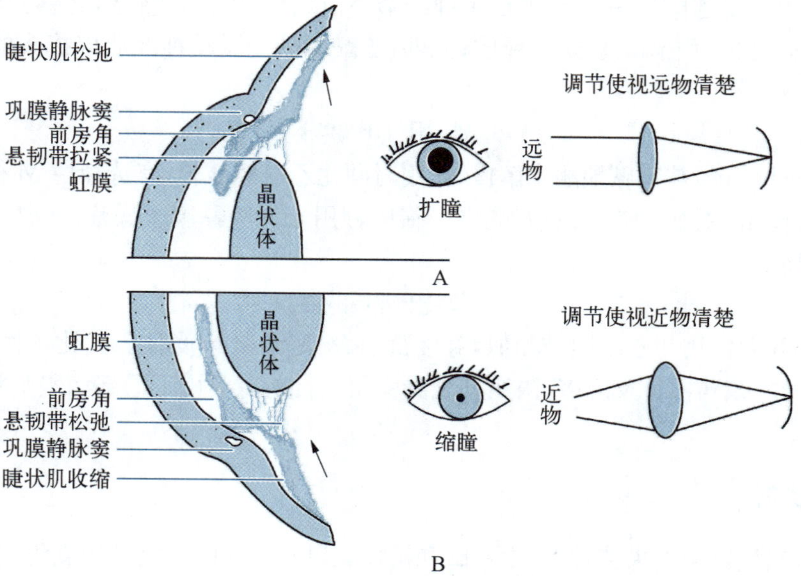

图 5-2 M 受体激动剂和 M 受体拮抗剂对眼的作用(箭头表示睫状肌收缩/松弛的方向)

A. M 受体拮抗剂的作用;B. M 受体激动剂的作用

(2) 腺体：毛果芸香碱能激动腺体的M受体，使汗腺、唾液腺分泌明显增加，还可使泪腺、胃腺、胰腺、小肠腺体和呼吸道黏膜腺体分泌也增加。

(3) 平滑肌：毛果芸香碱除了兴奋眼内瞳孔括约肌和睫状肌外，尚可兴奋肠道平滑肌、支气管平滑肌以及膀胱、胆囊和胆道平滑肌。

【临床应用】

(1) 青光眼：为常见的眼科疾病，主要特征是眼内压升高，可引起头痛、视力减退，严重者也可致失明。闭角型青光眼（充血性青光眼）患者前房角狭窄，妨碍房水回流，眼内压升高。毛果芸香碱对急性闭角型青光眼急性发作期疗效较好，用药后前房角间隙扩大，房水回流通畅，眼内压迅速降低，从而消除或缓解青光眼症状。开角型青光眼（慢性单纯性青光眼）的前房角不狭窄，其发病是由于小梁网本身及巩膜静脉窦发生变性或硬化，导致房水循环障碍而引起眼内压升高，毛果芸香碱对此型治疗效果较差，其机制可能是通过扩张巩膜静脉窦周围小血管，收缩睫状肌，引起小梁网结构改变而促进房水回流。

(2) 缩瞳：对抗散瞳作用，1%溶液滴眼可用于先天性青光眼房角切开或外路小梁切开术前，也可用于虹膜切除术前。

(3) 其他：毛果芸香碱口服可缓解口腔干燥症、抗胆碱药阿托品中毒的解救等。

【不良反应与注意事项】

毛果芸香碱局部应用不良反应较小，过量可出现类似毒蕈碱中毒症状，即副交感神经系统过度兴奋的症状，表现为流涎、流泪、多汗、恶心、腹痛、腹泻、胸闷、呼吸困难等，可用足量抗胆碱药阿托品处理和支持疗法，如维持血压和人工呼吸等。毛果芸香碱滴眼时应压迫内眦，避免药液流入鼻腔而被吸收出现类似毒蕈碱中毒的症状，引起不良反应。

毒 蕈 碱

毒蕈碱(muscarine)是由捕蝇蕈(amanita muscaria)分离提取的生物碱，其具有重要的药理活性，一般不作为治疗性药物。

毒蕈碱最初从捕蝇蕈中提取，为经典M受体激动剂，其效应与节后胆碱能神经兴奋症状相似。捕蝇蕈中毒蕈碱含量约0.003%，因而食用后一般不引起毒蕈碱中毒。而丝盖伞菌属(*inocybe*)和杯伞菌属(*clitocybe*)中含有较高的毒蕈碱成分，食用后30～60 min可出现毒蕈碱中毒症状，表现为流涎、流泪、恶心、呕吐、头痛、视觉障碍、腹部绞痛、腹泻、支气管痉挛、心动过缓、血压下降和休克等，可用阿托品(每隔30 min肌内注射1～2 mg)解救。

三、N受体激动剂

N受体有N_N和N_M两种亚型。N_N受体分布于交感神经节、副交感神经节和肾上腺髓质，N_M受体分布于骨骼肌。N受体激动剂有天然生物碱烟碱(nicotine)和洛贝林，合成化合物四甲铵(tetra-methylammonium)和二甲基苯哌嗪(1,1-dimethyl-4-phenypiperazinium)等。洛贝林是从山梗菜中提取的生物碱，作用弱于烟碱，临床上主要作为兴奋延髓呼吸中枢的药物。

烟碱(尼古丁)是从烟草中提取的液态生物碱，可兴奋自主神经节N_N受体和神经肌肉接头处的N_M受体，其中对神经节N_N受体作用呈双相性，即开始使用时可短暂兴奋神经节N_N受体，随后可持续抑制神经节N_N受体。烟碱对神经肌肉接头N_M受体作用与其对神经节N_N受体作用类似。烟碱作用广泛、复杂，因此无临床实用价值，仅具有毒理学意义。

第二节 胆碱酯酶抑制剂和胆碱酯酶复活药

胆碱酯酶(cholinesterase, ChE)是一种糖蛋白，以多种同工酶的形式存在于体内，可分为乙酰胆碱酯酶(acetylcholinesterase, AChE，亦称真性胆碱酯酶)和丁酰胆碱酯酶(butyrylcholinesterase, BChE，亦称假性胆碱酯酶)两类。乙酰胆碱酯酶主要存在于胆碱能神经末梢突触间隙,特别是运动神经终板突触后膜的皱褶中,也存在于胆碱能神经元内和红细胞中。此酶水解乙酰胆碱为胆碱和乙酸,终止乙酰胆碱的作用。乙酰胆碱酯酶特异性较高,活性极高,一个酶分子可在 1 min 内水解 10^5 分子的乙酰胆碱。丁酰胆碱酯酶广泛存在于神经胶质细胞、血浆、肝脏、肾脏、肠道中,对乙酰胆碱的特异性较低,水解乙酰胆碱作用较弱,可水解其他胆碱酯类如琥珀胆碱。

乙酰胆碱酯酶蛋白分子表面的活性中心有两个能与乙酰胆碱结合的部位,即带负电荷的阴离子部位和酯解部位。阴离子部位含有一个谷氨酸残基,酯解部位含有一个由丝氨酸的羟基构成的酸性作用点和一个由组氨酸咪唑环构成的碱性作用点,两者通过氢键结合,增强了丝氨酸羟基的亲核活性,使之较易与乙酰胆碱结合。

乙酰胆碱酯酶水解乙酰胆碱的过程分为 3 个步骤(图 5-3):① 乙酰胆碱分子结构中带正电荷的季铵阳离子,以静电引力与乙酰胆碱酯酶的阴离子部位相结合,同时乙酰胆碱分子中的羰基碳与乙酰胆碱酯酶酯解部位丝氨酸的羟基以共价键形式结合,形成乙酰胆碱和乙酰胆碱酯酶复合物;② 乙酰胆碱与乙酰胆碱酯酶复合物裂解成胆碱和乙酰化乙酰胆碱酯酶;③ 乙酰化乙酰胆碱酯酶迅速水解,分离出乙酸,乙酰胆碱酯酶的活性恢复。

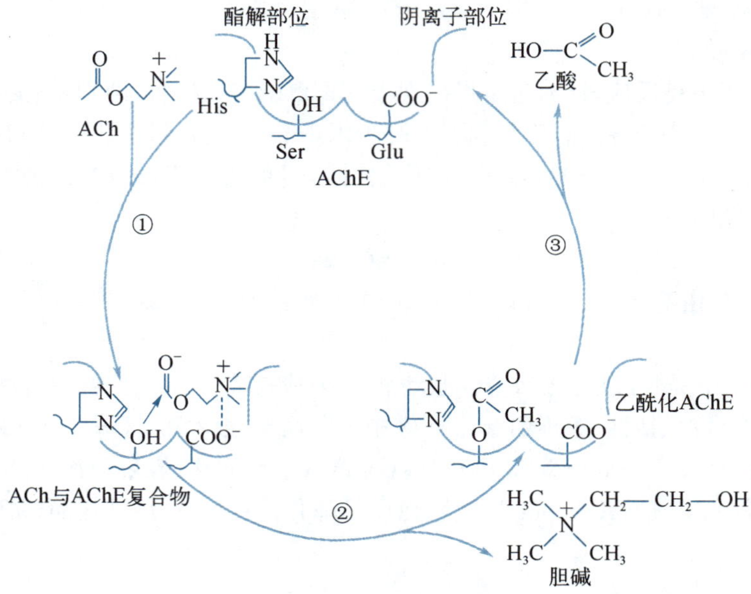

图 5-3 乙酰胆碱酯酶水解乙酰胆碱过程

Glu,谷氨酸;Ser,丝氨酸;His,组氨酸;ACh,乙酰胆碱;AChE,乙酰胆碱酯酶

一、胆碱酯酶抑制剂

胆碱酯酶抑制剂(乙酰胆碱酯酶抑制剂)又称抗胆碱酯酶药(anticholinesterase drug),能与乙酰胆碱酯酶结合,但结合较乙酰胆碱牢固,形成的复合物裂解、水解较慢,使乙酰胆碱酯酶活性受到抑制,从而导致胆碱能神经末梢释放的乙酰胆碱不能被及时水解,乙酰胆碱堆积而产生拟胆碱作用。

乙酰胆碱酯酶抑制剂可分为两类:一类是易逆性胆碱酯酶抑制剂,如新斯的明;另一类为难逆性胆碱酯酶抑制剂,如有机磷酸酯类,主要具有毒理学意义。

(一)易逆性胆碱酯酶抑制剂

1. 一般特性

【药理作用】

(1) 骨骼肌神经肌肉接头:大多数强效乙酰胆碱酯酶抑制剂对骨骼肌的主要作用是通过其抑制神经肌肉接头处乙酰胆碱酯酶,亦有一定的直接激动骨骼肌运动终板上的 N_M 受体(如新斯的明)作用。乙酰胆碱酯酶抑制剂(新斯的明)可逆转由非除极化肌松药引起的肌肉松弛,但并不能有效拮抗除极化型肌松药引起的肌肉麻痹。

(2) 平滑肌：不同药物对胃肠道平滑肌作用不同。新斯的明可促进胃平滑肌收缩及增加胃酸分泌，可拮抗阿托品所致的胃张力下降，增强吗啡对胃的兴奋作用，当切断支配胃的双侧迷走神经后，新斯的明上述作用即减弱。新斯的明对食管下端具有兴奋作用，能促进食管明显弛缓和扩张患者食管的蠕动，并使其张力增加。新斯的明还可促进肠的活动(尤其是大肠)，加快肠内容物的排除；可促使输尿管的蠕动；可使支气管平滑肌收缩，诱发或加重支气管哮喘。

(3) 眼：本类药物结膜用药时可引起结膜充血、瞳孔括约肌收缩、瞳孔缩小；使睫状肌收缩，调节痉挛，视力调节在近视状态，调节障碍的维持时间通常比缩瞳作用持续时间短；可促使眼房水回流，使眼内压降低。

(4) 腺体：使许多腺体的分泌增加，如汗腺、唾液腺、泪腺、呼吸道腺体、胃腺、肠道腺体及胰腺等均受胆碱能神经节后纤维支配，故低剂量的乙酰胆碱酯酶抑制剂即可使腺体分泌增加。

(5) 心血管系统：本类药物对心血管的作用较复杂，主要表现为使心率减慢、心输出量减少，大剂量引起血压下降，此作用是神经节和节后纤维作用的综合结果，也与药物作用于延髓心血管运动中枢有关。

(6) 其他作用：乙酰胆碱酯酶抑制剂对中枢各部位有一定的兴奋作用，在高剂量时可引起抑制或麻痹。

【临床应用】

(1) 重症肌无力(myasthenia gravis)：是一种自身免疫性疾病。由于体内产生了乙酰胆碱受体抗体，侵犯和破坏骨骼肌运动终板上的 N_M受体，使 N_M受体数目大量减少，由此造成神经肌肉间信息传递功能障碍，横纹肌收缩无力，受累的骨骼肌极易疲劳。新斯的明、吡斯的明和安贝氯铵用于重症肌无力的治疗，控制疾病的症状。

(2) 腹气胀和尿潴留：以新斯的明疗效较好，能兴奋胃肠道平滑肌及膀胱逼尿肌，促进排气和排尿，适用于手术后腹气胀和尿潴留。

(3) 青光眼：以毒扁豆碱、地美溴铵应用相对较多，滴眼后可使瞳孔括约肌收缩、瞳孔缩小，促使房水回流，降低眼内压。

(4) 非除极化型肌松药过量时的解救：主要用新斯的明、加兰他敏和依酚氯铵。

(5) 阿尔茨海默病：是以进行性认知障碍和记忆力减退为主的中枢神经系统退行性疾病，其发病机制尚未完全阐明。他克林为治疗阿尔茨海默病的第一代乙酰胆碱酯酶抑制剂，于 1993 年批准用于治疗轻、中度阿尔茨海默病，其由于肝脏毒性较大而限制了使用。第二代乙酰胆碱酯酶抑制剂有多奈哌齐、加兰他敏、利斯的明。美曲磷脂(metrifonate)是第一个乙酰胆碱酯酶抑制剂，原用作杀虫剂，现可用作阿尔茨海默病治疗。石杉碱甲是我国学者于 1982 年从中药千层塔中分离得到的一种生物碱，目前亦可用于阿尔茨海默病的治疗。

【不良反应】

详见各药具体介绍【不良反应】部分。

2. 常用易逆性胆碱酯酶药抑制剂

新斯的明

【体内过程】

新斯的明(neostigmine)为人工合成的季铵类化合物。口服后吸收少而不规则，口服剂量大于注射剂量，血浆蛋白结合率为 15%～25%，不易透过血脑屏障，无明显的中枢作用，血浆 $t_{1/2}$约 1 h。新斯的明主要被血浆胆碱酯酶水解，以原型药物及其代谢产物经尿排泄。滴眼时不易透过角膜进入前房，对眼睛作用较弱。

【药理作用】

新斯的明可与乙酰胆碱酯酶结合形成二甲氨基甲酰化胆碱酯酶，暂时抑制乙酰胆碱酯酶活性，导致突触间隙乙酰胆碱堆积，兴奋 M、N 受体而发挥完全拟胆碱作用。此外，其可直接激动骨骼肌运动终板上的 N_M受体，故对骨骼肌兴奋作用最强，对胃肠道和膀胱平滑肌兴奋作用较强，而对腺体、眼、心血管及支气管平滑肌兴奋作用较弱。

【临床应用】

(1) 重症肌无力：可口服给药，也可皮下或肌内注射，注射给药 15 min 左右即可使症状减轻，维持 2～4 h。

(2) 手术后腹部胀气和尿潴留：兴奋胃肠道平滑肌和膀胱逼尿肌，促进排气和排尿，可用于手术后或其他原因引起的腹部胀气和尿潴留。

(3) 阵发性室上性心动过速：可通过拟胆碱作用减慢心率。

(4) 非除极化型肌松药过量中毒时的解救。

【不良反应】

新斯的明治疗量时不良反应较少，过量时主要与胆碱能受体过度兴奋有关，常见反应包括恶心、呕吐、腹痛、腹泻、流泪、流涎。过量可致“胆碱能危象”，表现为大汗、大小便失禁、心动过速、肌肉震颤、肌无力等，其M样作用可用阿托品对抗。禁用于机械性肠梗阻和尿路梗阻。支气管哮喘患者慎用。

毒扁豆碱

毒扁豆碱(physostigmine)为叔胺类化合物，是从西非毒扁豆(*Physostigma venosum*)的种子中提取的生物碱，现已人工合成。口服及注射都易吸收，吸收后外周作用类似新斯的明，为易逆性胆碱酯酶抑制剂，乙酰胆碱酯酶抑制作用较强，但无直接兴奋M、N受体作用。易通过血脑屏障，产生中枢神经系统的作用(小剂量兴奋，大剂量抑制)。滴眼时易透过角膜进入前房，对眼睛作用类似毛果芸香碱，能缩小瞳孔、降低眼内压、使睫状肌收缩引起调节痉挛等。临床主要用于青光眼治疗，常用0.05%溶液滴眼，与毛果芸香碱相比，本药起效快，作用强而持久，但刺激性较大。滴眼后5 min即出现缩瞳，眼内压降低作用可维持1～2日，调节痉挛现象消失较快。长期给药，患者不易耐受。由于收缩睫状肌的作用较强，可出现头痛。滴眼时应压迫内眦，避免药液流入鼻腔后吸收中毒。大剂量中毒时可致呼吸肌麻痹。

(二) 难逆性胆碱酯酶抑制剂——有机磷酸酯类

有机磷酸酯类

有机磷酸酯类(organophosphate)与乙酰胆碱酯酶结合牢固，难以裂解，乙酰胆碱酯酶持久被抑制而产生毒性作用，故称难逆性胆碱酯酶抑制剂。主要作为农业和环境卫生杀虫剂，如美曲磷脂、乐果(rogor)、马拉硫磷(malathion)、敌敌畏(DDVP)、内吸磷和对硫磷(parathion)及战争毒气如沙林(sarin)、梭曼(soman)和塔崩(tabun)等。本类药物对人畜均有毒性，主要为毒理学意义。

【中毒机制】

有机磷酸酯类作用机制与易逆性乙酰胆碱酯酶抑制剂相似，但与乙酰胆碱酯酶的结合更为牢固。有机磷酸酯类分子中的磷原子具亲电子性，因而可与乙酰胆碱酯酶的酯解部位丝氨酸的羟基上具有亲核性的氧原子以共价键结合，生成难以水解的磷酰化乙酰胆碱酯酶(图5-4)，使乙酰胆碱酯酶失去活性，乙酰胆碱大量堆积可引起一系列中毒症状。若不及时抢救，乙酰胆碱酯酶在几分钟或几小时内就“老化”。“老化”过程可能是磷酰化乙酰胆碱酯酶的磷酰化基团上的一个烷氧基断裂，生成更稳定的单烷氧基磷酰化乙酰胆碱酯酶，此时即使使用胆碱酯酶复活药，也不能恢复乙酰胆碱酯酶的活性，必须等新合成的乙酰胆碱酯酶出现，才可水解乙酰胆碱，此过程需要15～30日。因此一旦出现有机磷酸酯类中毒，必须迅速抢救。

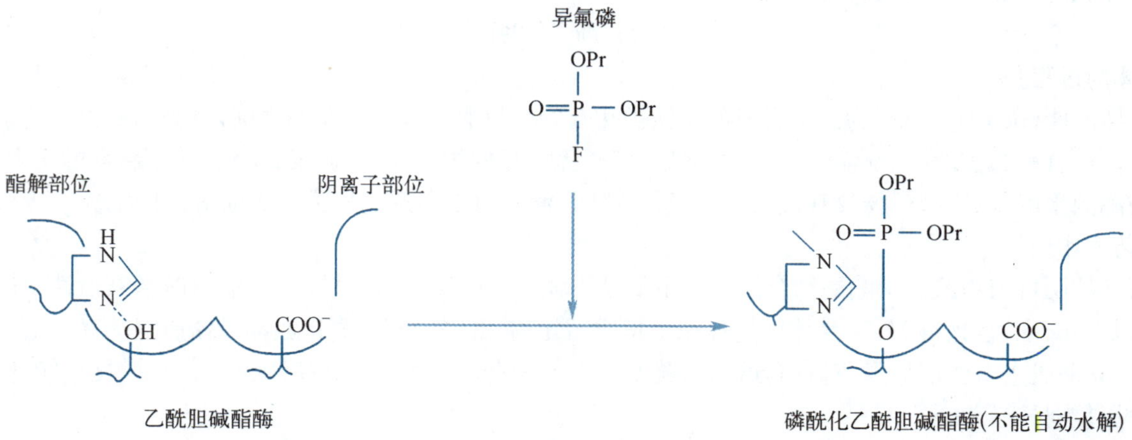

图5-4 有机磷酸酯的作用

【中毒表现】

职业性中毒最常见途径为经皮肤或呼吸道吸入，非职业性中毒则大多由口摄入。有机磷酸酯类中毒时，乙酰胆碱在体内大量堆积。由于乙酰胆碱的作用广泛，故中毒症状表现多样化，主要为M样症状和N样症状，即急性胆碱能危象(acute cholinergic crisis)。中毒反应发病时间与药物种类、剂量和吸收途径密切相关。经皮肤吸收中毒，一般在接触2～6 h后发病，口服中毒在口服后10 min～2 h出现症状。一旦中毒症状出现，病情迅速发展。

(1) 急性中毒：轻者以M样症状为主，中度中毒者可同时有M样症状和N样症状，严重中毒者除外周M样和N样症状外，还出现中枢神经系统症状。

1) M样症状：即毒蕈碱样症状，出现最早，主要是由胆碱能神经末梢支配的效应器被兴奋所致，主要表现为腺体分泌增加和平滑肌兴奋。临床表现有多汗、流泪、流涕、流涎、恶心、呕吐、腹痛、腹泻、尿频、大小便失禁，重者可口吐白沫、大汗淋漓。眼睛症状尚有瞳孔缩小(中毒早期可能并不出现，故不宜作为早期诊断的依据)、睫状肌痉挛、视物模糊，呼吸道症状有支气管痉挛、分泌物增加、咳嗽、呼吸困难。轻度中毒时可有心率减慢和血压下降。

2) N样症状：即烟碱样症状，乙酰胆碱在交感和副交感神经节及神经肌肉接头处过度蓄积和刺激，使面、眼睑、舌、四肢和全身横纹肌发生不自主肌纤维颤动，甚至全身肌肉产生强直性痉挛。患者常有全身紧束和压迫感，而后发生肌力减退和肌麻痹。严重时引起呼吸肌麻痹。神经节兴奋，在平滑肌、眼睛、腺体的表现似M样症状，在心血管方面由于交感神经的支配占优，引起血压升高、心率加快甚至引起心律失常。

3) 中枢神经系统症状：中枢神经系统乙酰胆碱堆积，激动中枢胆碱受体，引起一系列中枢神经系统症状，表现为先兴奋，如头晕、头痛、烦躁不安、谵妄、抽搐，后可转为抑制，出现共济失调、意识模糊、反射消失、昏迷、中枢性呼吸麻痹等症状。严重中毒晚期，血管运动中枢和呼吸中枢抑制引起心率减慢、血压下降甚至循环衰竭和呼吸停止。

急性有机磷酸酯类中毒死亡可发生在服药后5 min～24 h，取决于摄入体内的毒物种类、量、途径及其他因素等，死亡的主要原因为呼吸衰竭及继发性心血管功能障碍。

(2) 慢性中毒：多发生于长期接触农药的人员，突出表现为血中乙酰胆碱酯酶活性显著而持久地下降，但与临床症状并不平行，临床症状不明显。主要临床体征为神经衰弱症候群和腹胀、多汗，偶见肌束颤动及瞳孔缩小。

【中毒诊断与防治】

(1) 诊断：根据毒物接触史、临床体征及测定红细胞和血浆中的乙酰胆碱酯酶活性，一般能明确诊断。乙酰胆碱酯酶活性在正常人群中差异极大，但有机磷酸酯类中毒者在症状未出现前其乙酰胆碱酯酶的活性已明显降低至正常人群水平以下。

(2) 预防：严格执行农药生产、管理制度，加强生产人员及使用人员的劳动保护措施及安全知识教育，可预防中毒的发生。

(3) 急性中毒的治疗

1) 消除毒物：发现中毒时，应立即将患者移出中毒场所，去除污染的衣物。对于经皮肤吸收的患者，应用温水和肥皂水清洗皮肤；经口中毒者，应首先抽出胃液和毒物，并用微温的2%碳酸氢钠溶液或生理盐水反复洗胃，然后给予硫酸镁导泻。美曲膦酯口服中毒时不能用碱性溶液洗胃，因其在碱性溶液中可转化为毒性更强的敌敌畏。眼部染毒者，可用2%碳酸氢钠溶液或生理盐水冲洗。

2) 解毒药物

A. 阿托品(atropine)：为治疗急性有机磷酸酯类中毒特效、高效的解毒药物，能迅速解除有机磷酸酯类中毒的M样症状，使瞳孔扩大、平滑肌松弛，抑制多种腺体分泌，加快心率，也能解除一部分中枢神经系统中毒症状，使昏迷患者苏醒。此外，大剂量阿托品还具有神经节阻断作用，从而对抗有机磷酸酯类兴奋神经节的作用。但阿托品对N_M受体无拮抗作用，故对肌束颤动、肌无力症状无改善。阿托品须及早、足量、反复地使用，开始时可用阿托品2～4 mg静脉注射，亦可肌内注射。如无效，可每隔10～30 min注射2 mg，直至M受体兴奋症状消失或出现阿托品轻度中毒症状(阿托品化)。

B. 胆碱酯酶复活药：应及时、足量、反复使用胆碱酯酶复活药以恢复乙酰胆碱酯酶活性。

(4) 慢性中毒的治疗：对于慢性中毒患者，目前尚无特殊治疗方法，使用阿托品和胆碱酯酶复活药疗效并不理想。对生产工人或经常接触者,当血中乙酰胆碱酯酶活性下降至50%以下时,应暂时脱离与有机磷酸酯类的接触,以免发生急性中毒。

二、胆碱酯酶复活药

胆碱酯酶复活药(cholinesterase reactivators)是一类能使被有机磷酸酯类抑制的乙酰胆碱酯酶恢复活性的药物。这些药物都是肟类(=NOH)化合物,它不但能使单用阿托品不能控制的严重中毒得到解救,也可显著缩短中毒的病程。常用药物有氯解磷定、碘解磷定。

氯解磷定

氯解磷定(pralidoxime chloride)属季铵类化合物,水溶液稳定,使用方便,可肌内注射或静脉给药。氯解磷定在肝脏代谢,经肾脏排泄较快,不良反应较少,临床上较为常用。

【药理作用】

氯解磷定进入体内后,复活乙酰胆碱酯酶的机制:① 通过静电引力与磷酰化乙酰胆碱酯酶阴离子部位相结合,结合后生成磷酰化乙酰胆碱酯酶和氯解磷定复合物,进一步导致复活物裂解形成磷酰化解磷定,同时使乙酰胆碱酯酶游离出来,恢复其水解乙酰胆碱的活性(图5-5)。无毒的磷酰化解磷定由尿液排出。② 氯解磷定能与体内游离的有机磷酸酯类直接结合,成为无毒的磷酰化解磷定,从而阻止游离的有机磷酸酯类进一步与乙酰胆碱酯酶结合。

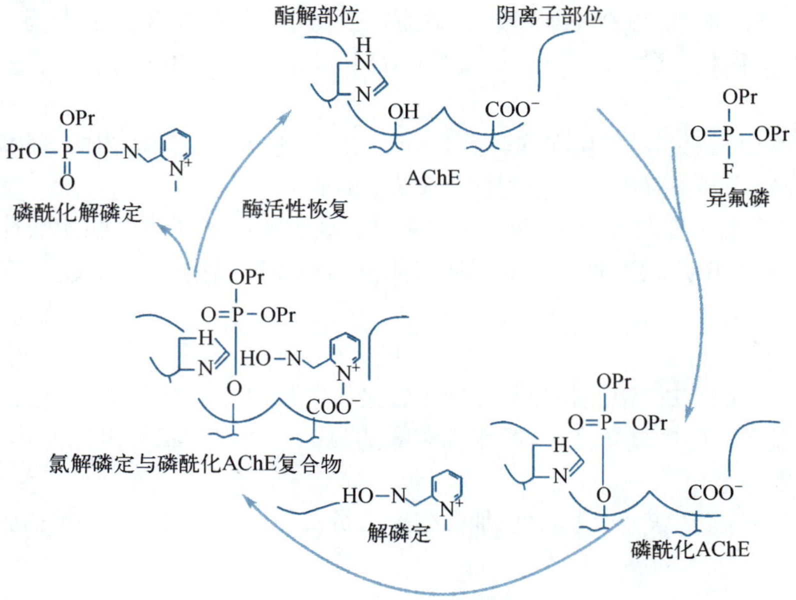

图5-5 胆碱酯酶复活药的药理作用

AChE,乙酰胆碱酯酶

【临床应用】

氯解磷定对骨骼肌作用最为明显,能迅速制止肌束颤动,明显减轻N样症状;对中枢神经系统的中毒症状也有一定的改善作用。对M样症状影响较小,故应与阿托品合用。氯解磷定对已“老化”的磷酰化乙酰胆碱酯酶无效或疗效差,因此,用药的原则为及早、反复、适量。但对于两药合用的患者,当乙酰胆碱酯酶复活后,机体对阿托品的敏感性增加,易发生阿托品中毒,应适当减少阿托品的剂量。

【不良反应】

治疗剂量毒性较小,肌内注射局部有轻微疼痛。静脉注射速度过快或剂量较大时,可引起轻度乏力、头痛、眩晕、视物模糊、复视、恶心、呕吐和心率加快等症状。由于高浓度氯解磷定本身可抑制乙酰胆碱酯酶,产生神经肌肉阻滞作用,可加重有机磷酸酯类的中毒,严重者呈癫痫样发作、抽搐、呼吸抑制。

碘解磷定

碘解磷定(pralidoxime iodide)为最早应用的胆碱酯酶复活药。水溶性较低,水溶液不稳定,在碱性液体中易被破坏，久置可因释放出碘而失效。因含碘，局部刺激性大，必须静脉注射。药理作用和临床应用与氯解磷定相似。不良反应多，故目前已较少应用。对碘过敏患者禁用。

第三节 M受体拮抗剂

M受体拮抗剂又称为平滑肌解痉药，能阻断乙酰胆碱或胆碱受体激动剂与M受体的结合，发挥抗M样作用，表现为平滑肌松弛、抑制腺体分泌、瞳孔开大和心率增快等。本类药物分为阿托品和阿托品类生物碱及阿托品的合成代用品，以阿托品为代表。

一、阿托品和阿托品类生物碱

【来源结构】

本类药物包括阿托品、东莨菪碱、山莨菪碱和樟柳碱等，主要从植物提取。颠茄(*Atropa belladonna*)、曼陀罗(*Datura stramonium*)、莨菪(*Hyoscyamus niger*)等天然茄科植物主要含有不稳定的左旋莨菪碱及莨菪碱，可提取得到稳定的消旋莨菪碱(*Dl*-hyoscyamine)，即阿托品。洋金花主要含有东莨菪碱，为左旋体，其作用较右旋体强，为本类药物中中枢镇静作用最强的药物。唐古特莨菪主要含有山莨菪碱。阿托品和山莨菪碱中枢镇静作用弱。

【体内过程】

天然生物碱和大多数叔胺类M受体拮抗剂极易由肠道吸收，并可透过眼结膜。阿托品口服吸收迅速，1 h后血药浓度达峰值，生物利用度为50%，亦可经黏膜吸收，但吸收差，吸收后迅速广泛分布于全身组织，可透过血脑屏障，也能通过胎盘进入胎儿循环；东莨菪碱可迅速、完全地进入中枢神经系统，其中枢作用强于其他药物。阿托品可在体内迅速消除，其 $t_{1/2}$ 为2～4 h，50%～60%药物以原型经尿排泄，其余以水解物和代谢产物的形式从尿排出；对副交感神经功能的拮抗作用可维持3～4 h；阿托品通过房水消除较慢，对眼(虹膜和睫状肌)的作用可持续72 h或更久。季胺类M受体拮抗剂肠道吸收差，吸收量仅为用药量的10%～30%；药物较难通过血脑屏障，中枢作用较弱。

阿　托　品

【药理作用】

阿托品(atropine)为M受体的竞争性拮抗剂，竞争性拮抗乙酰胆碱或胆碱受体激动剂与M受体的结合，发挥抗M样作用。阿托品对M受体的选择性高，但对其亚型选择性低，对 M_1～M_3 受体均有拮抗作用。大剂量时对神经节 N_N 受体亦有拮抗作用。阿托品作用广泛，不同器官对其敏感性亦不同，随剂量增加，可依次出现腺体分泌减少、瞳孔扩大和调节麻痹、膀胱和胃肠道平滑肌兴奋性降低、心率加快，中毒量则出现中枢作用。阿托品的药理作用与剂量关系见表5-1。

表5-1 阿托品药理作用与剂量关系

剂　量	药　理　作　用
0.5 mg	轻度心率减慢、轻度口干、汗腺分泌减少
1.0 mg	口干、口渴感、心率加快(有时心率可先减慢)、轻度扩瞳
2.0 mg	心率明显加快、心悸、明显口干、扩瞳、调节麻痹
5.0 mg	上述所有症状加重、说话和吞咽困难、不安、疲劳、头痛、皮肤干燥、发热、排尿困难、肠蠕动减少
10.0 mg	上述所有症状加重，脉细速，瞳孔极度扩大，极度视物模糊，皮肤红、热、干，运动失调，不安、激动、幻觉，谵妄和昏迷

阿托品的作用部位包括腺体、眼、平滑肌等。

(1) 腺体：阿托品拮抗M受体，从而抑制腺体分泌，以唾液腺、汗腺最敏感，治疗量(0.3～0.5 mg)即可明显地抑制唾液腺及汗腺分泌而引起口干和皮肤干燥,大剂量时还可因抑制出汗而升高体温;在婴儿和儿童,中等剂量的阿托品就可引起"阿托品热",阿托品中毒的婴儿体温可高达43℃。同时,泪腺和呼吸道腺体分泌也减少;较大剂量虽可抑制胃液的分泌,但对胃酸分泌的影响较小,因胃酸分泌还受组胺、胃泌素等体液因素的调节。

(2) 眼：对眼的作用与毛果芸香碱相反(图5-6)。无论局部滴眼或全身给药,由于可拮抗瞳孔括约肌与睫状肌上M受体,使瞳孔括约肌与睫状肌松弛,出现瞳孔扩大、眼内压升高和调节麻痹。

1) 瞳孔扩大：拮抗瞳孔括约肌上的M受体,使去甲肾上腺素能神经支配的瞳孔开大肌功能占优势,使瞳孔扩大。

2) 眼内压升高：瞳孔扩大使虹膜退向四周外缘,因而前房角间隙变窄,阻碍房水回流入巩膜静脉窦,使房水积聚而造成眼内压升高。因此,青光眼患者禁用。

3) 调节麻痹：拮抗睫状肌M受体,使睫状肌松弛而退向外缘,悬韧带拉紧,晶状体变扁平,屈光度降低,不能将近距离的物体清晰地成像于视网膜上,看近物模糊不清,只适合看远物,这一作用称为调节麻痹。

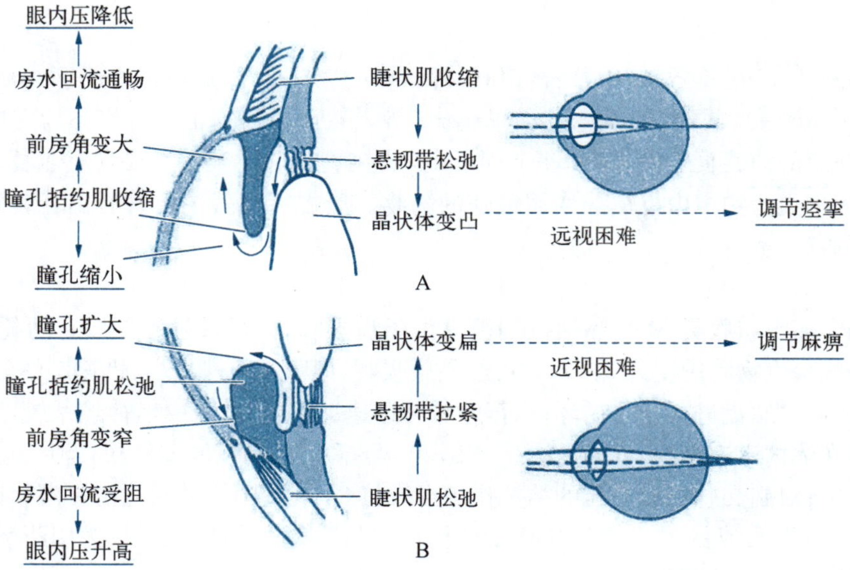

图5-6 拟胆碱药与抗胆碱药对眼睛作用比较

A. 拟胆碱药的作用;B. 抗胆碱药的作用

下划线表示最终效应;箭头表示房水流通的方向

(3) 平滑肌：阿托品能松弛多种内脏平滑肌。其作用强度与平滑肌的功能状态有关,即对正常活动的平滑肌影响较小,而对过度活动或痉挛状态的内脏平滑肌松弛作用较显著。另外,阿托品解痉作用随器官不同而有差异,抑制胃肠道平滑肌痉挛作用最明显,其缓解胃肠绞痛疗效最好;对输尿管和膀胱逼尿肌的解痉作用次之,其作用可能涉及许多M受体亚型,其中M_3受体可能最为重要,M_3受体可能与膀胱逼尿肌收缩有关;对胆道平滑肌的解痉作用最弱,胆绞痛疗效较差;而对人子宫平滑肌无明显作用。

(4) 心血管系统

1) 心脏

A. 心率：治疗剂量(0.4～0.6 mg)阿托品在部分患者中可见心率短暂性轻度减慢,一般可减少4～8次/分。这种心率减慢并不伴有血压与心输出量的变化。选择性M_1受体拮抗剂哌仑西平也有减慢心率作用,如先用哌仑西平再用阿托品,则阿托品减慢心率作用消失,提示阿托品减慢心率作用是由于其拮抗了副交感神经节后纤维突触前膜M_1受体,从而减少了突触中乙酰胆碱对递质释放的抑制作用所致。而较大剂量(1～2 mg)时,阿托品拮抗窦房结M_2受体,解除迷走神经对心脏的抑制作用,可使心率加快,其程度取决于迷走神经张力,在迷走神经张力高的青壮年,心率加快明显,而阿托品对运动状态、婴幼儿和老年人的心率影响小。

B. 房室传导：阿托品能拮抗迷走神经过度兴奋所致的传导阻滞和心律失常。阿托品可缩短房室结的有效不应期,从而增加心房扑动或心房颤动患者的心室率。

2）血管和血压：治疗剂量阿托品对血管和血压无显著影响。大剂量阿托品可引起皮肤血管扩张，表现为皮肤潮红、温热，尤以面颊部较为显著。在病理情况下，当微循环小血管痉挛时，大剂量阿托品有明显的解痉作用，可改善微循环，恢复重要器官的血流供应，缓解组织缺氧状态。阿托品扩血管的机制未明，但与其抗M胆碱作用无关。其扩血管作用机制可能是阿托品所引起体温升高后的代偿性散热反应，也可能是其直接扩血管的作用。

（5）中枢神经系统：治疗量（0.5～1.0 mg）阿托品可轻度兴奋迷走神经中枢，使呼吸速率加快；较大治疗剂量（1～2 mg）可轻度兴奋延髓和大脑；剂量加大（2～5 mg）时，中枢兴奋作用明显增强，可出现焦躁不安、多言、谵妄等症状；中毒剂量（10 mg 以上）常产生幻觉、定向障碍、运动失调和惊厥等，可由兴奋转入抑制，出现昏迷、呼吸麻痹而死亡。

【临床应用】

（1）解除平滑肌痉挛：适用于缓解各种内脏绞痛，对胃肠绞痛及膀胱刺激症状如尿频、尿急等，疗效较好。对胆绞痛、肾绞痛疗效较差，故常与镇痛药哌替啶合用，以增强疗效。另外，利用阿托品松弛膀胱逼尿肌的作用可增加膀胱容量，减少排尿次数，用于治疗儿童遗尿症。

（2）抑制腺体分泌：用于全身麻醉前给药，可减少唾液腺和呼吸道腺体的分泌，防止分泌物阻塞呼吸道发生吸入性肺炎，也可用于严重盗汗和流涎症（如金属中毒和帕金森病）。

（3）眼科

1）虹膜睫状体炎：常用0.5%～1%阿托品滴眼液治疗虹膜睫状体炎，利用其松弛瞳孔括约肌及睫状肌作用，使炎症组织充分休息，以利于消炎和止痛，预防虹膜和晶状体粘连及发生瞳孔闭锁。

2）验光配镜：阿托品滴眼可使睫状肌松弛，具有调节麻痹、固定晶状体作用，以便准确地测定晶状体的屈光度。但由于其对眼作用持续时间较长，多被作用时间较短的后马托品等取代，但目前仍用于儿童扩瞳验光，因儿童的睫状肌调节功能较强，须用阿托品发挥充分的调节麻痹作用。

3）检查眼底：利用阿托品扩瞳作用滴眼用于检查眼底。现已被作用时间较短的后马托品等取代。

（4）治疗缓慢型心律失常：用于迷走神经过度兴奋所致的窦性心动过缓、窦房阻滞、房室传导阻滞等缓慢型心律失常。在急性心肌梗死时，常伴有窦性或房室结性心动过缓、房室传导阻滞，阿托品可使心率恢复正常，改善患者临床症状。但应注意阿托品用量过大可使心率加快、心肌耗氧量增加，引发心室颤动的危险，因而要慎用。

（5）抗休克：常用于治疗严重感染所引起的感染中毒性休克。大剂量阿托品可解除小动脉痉挛，扩张外周血管，改善微循环，增加重要器官的血流灌注，若同时补充血容量，则更利于休克的治疗。但对休克伴有高热或心率过快者，不宜用阿托品，目前多用山莨菪碱取代。

（6）解救有机磷酸酯类中毒：可解除有机磷酸酯类中毒时的M样症状。与胆碱酯酶复活药合用，挽救生命。另有报道莨菪类也可以抢救河鲀毒素中毒及毒蕈碱中毒。

阿托品作用、用途及不良反应见表5-2。

表5-2　阿托品作用、用途及不良反应

作　用	用　途	不良反应
① 解除平滑肌痉挛（如膀胱逼尿肌）	① 内脏绞痛	① 尿潴留
② 抑制腺体（汗腺、唾液腺）分泌	② 全麻前给药，严重盗汗、流涎	② 口干，皮肤干燥，体温升高
③ 扩瞳，调节麻痹	③ 虹膜睫状肌炎，验光配镜（儿童）	③ 视物模糊、远视，眼压升高
④ 解除迷走神经对心脏的抑制	④ 缓慢型心律失常、抗休克	④ 心率加快、心悸
⑤ 中枢先兴奋，后抑制	⑤ 有机磷酸酯类中毒时改善中枢症状	⑤ 烦躁、昏迷

【不良反应与防治】

阿托品作用广泛，当利用某一作用时，其他作用就成为不良反应。治疗量下常见的不良反应有口干、视物模糊、心动过速、皮肤潮红等。上述症状在停药后可消失，故无须特殊处理。随剂量加大，其不良反应可逐渐加重，出现高热、呼吸加快、烦躁不安、幻觉等中枢中毒症状，严重者可由中枢先兴奋转入抑制，出现昏迷及呼吸麻痹。阿托品的最低致死量成人为80～130 mg，儿童约为10 mg。中毒的解救主要为对症处理，可采取洗胃导泻等措施,促进毒物排出,可用毛果芸香碱、新斯的明等拟胆碱药对抗阿托品类的外周作用。中枢兴奋症状可用地西泮或短效巴比妥类治疗,但剂量不宜过大,避免与阿托品的中枢抑制作用产生协同。

【禁忌证】

青光眼、前列腺肥大者(因为阿托品能使尿道括约肌收缩而加重排尿困难)禁用,心动过速患者及老年人慎用。

山莨菪碱

山莨菪碱(anisodamine)是我国从茄科植物唐古特莨菪中提取的一种左旋生物碱,简称654,其人工合成的为消旋品,称654-2。

本药具有明显外周抗胆碱作用。抑制腺体分泌及扩瞳作用仅为阿托品的1/20～1/10;对抗乙酰胆碱所致的平滑肌痉挛和抑制心血管的作用与阿托品相似且稍弱。解除小血管痉挛、改善微循环作用较强。不易通过血脑屏障,故中枢兴奋作用较弱。另外,山莨菪碱还可抑制血栓素 A_2 的合成,抑制血小板和粒细胞聚集,保护血小板功能及增加肺循环的血流速度,减轻支气管黏膜水肿,增加cAMP/cGMP值而发挥平喘作用。

山莨菪碱因脂溶性低、口服吸收较差,一般采用注射给药。和阿托品相比,山莨菪碱毒性较低,解痉作用的选择性相对较高,可替代阿托品用于严重感染所致的感染中毒性休克及内脏平滑肌绞痛,也可用于弥漫性血管内凝血、血栓性静脉炎、冠状动脉疾病及支气管哮喘持续状态的治疗。不良反应和禁忌证与阿托品相似。

东莨菪碱

东莨菪碱(scopolamine)是从茄科植物中提取的一种左旋生物碱。对中枢神经的抑制作用较强,治疗剂量即可抑制中枢神经系统,小剂量镇静,较大剂量催眠,表现为困倦、遗忘、疲乏、少梦、快动眼睡眠时相缩短等。此外,其尚有致欣快作用,因此易造成药物滥用。个别患者,尤其是伴有严重疼痛者,大剂量东莨菪碱可产生激动、不安、幻觉或谵妄等类似阿托品的中枢兴奋症状。东莨菪碱外周作用与阿托品相似,但抑制腺体分泌较阿托品强,扩瞳及调节麻痹作用较阿托品稍弱,而对心血管系统及胃肠道平滑肌作用较弱。

东莨菪碱临床主要用于:① 麻醉前给药,其具有抑制腺体分泌和中枢抑制作用,因此优于阿托品。② 晕动病治疗,防晕机制可能与其抑制前庭神经内耳功能或大脑皮质功能以及抑制胃肠道运动有关,与 H_1 受体拮抗剂苯海拉明合用能增加疗效。本药以预防给药效果较好,若已出现晕动病的症状如恶心、呕吐等再给药时则疗效差。③ 妊娠呕吐及放射病呕吐。④ 对帕金森病有一定疗效,可改善患者的流涎、震颤和肌强直等症状,可能与其中枢抗胆碱作用有关。⑤ 代替洋金花进行中药麻醉。我国中药麻醉的主药洋金花的主要成分即东莨菪碱。禁忌证同阿托品。常用阿托品类生物碱的药理作用及临床应用见表5-3。

表5-3 常用阿托品类生物碱的药理作用及临床应用

药物	药理作用			临床应用
	解痉	抑制腺体分泌、扩瞳	中枢	
阿托品	+++	++	++	内脏绞痛,眼科、麻醉前给药,抗休克,抗缓慢型心律失常,解救有机磷酸酯类中毒
山莨菪碱	++	+	−	感染中毒性休克,内脏绞痛,血管神经性头痛
东莨菪碱	+	+++	+++	麻醉前给药,防晕止吐

注:−、+、++、+++ 分别表示无作用、作用弱、作用中、作用强。

二、阿托品的合成代用品

阿托品不良反应较多,用于眼科作用维持时间长,影响了正常视力的恢复;用于解痉时其选择性差。为克服阿托品类不良反应较多的缺点,提高疗效,通过药物结构的修饰,合成了一些选择性较高、不良反应较小的合成代用品。主要有三类:合成扩瞳药、合成解痉药和选择性M受体拮抗剂。

(一)合成扩瞳药

临床常用的合成扩瞳药有后马托品(homatropine)、尤卡托品(eucatropine)、环喷托酯(cyclopentolate)、托吡卡胺(tropicamide),均为短效 M 受体拮抗剂。其扩瞳作用维持时间较短,适用于检查眼底和验光配镜(表 5-4)。

表 5-4　合成扩瞳药对眼的作用

药　物	浓度(%)	扩瞳作用		调节麻痹作用	
		达峰时间(min)	消退时间(d)	达峰时间(h)	消退时间(d)
硫酸阿托品	1.0	30～40	7～10	1～3	7～12
后马托品	1.0～2.0	40～60	1～2	0.5～1	1～2
尤卡托品	2.0～5.0	30	1/12～1/4	无作用	
环喷托酯	0.5～1.0	30～50	1	1	0.25～1
托吡卡胺	0.5～1.0	20～40	0.25	0.5	<0.25

(二) 合成解痉药

1. 季胺类解痉药　与叔胺类解痉药比较,有以下特点:① 脂溶性低,口服吸收差;② 不易通过血脑屏障,中枢神经系统作用少;③ 对胃肠道解痉作用较强,并有不同程度的神经节阻滞作用,可致体位性低血压、阳痿等不良反应;中毒量可出现箭毒样神经肌肉阻滞作用,引起呼吸麻痹。

2. 叔胺类解痉药　叔胺类的颠茄制剂是缓解消化性溃疡症状的重要药物,能解除胃肠平滑肌痉挛,消除绞痛。但是,常产生口干、视物模糊等不良反应。现有的阿托品代用品的作用性质、不良反应、禁忌证与阿托品相似。本类药物均含叔胺基团,特点:① 脂溶性高,口服易吸收;② 易通过血脑屏障,故有中枢作用;③ 具有阿托品样胃肠解痉作用,还可抑制胃酸分泌。

(三) 选择性 M_1 受体拮抗剂

合成解痉药的药理作用、临床应用等特性见表 5-5。

表 5-5　合成解痉药的药理作用、临床应用等特性

分　类	药　物	药理作用	临床应用	不良反应
季胺类解痉药	溴甲阿托品	解除胃肠道痉挛及抑制胃酸分泌作用较强	胃及十二指肠溃疡,胃酸过多,胃炎,痉挛性大肠炎	较少,敏感者可见口干、排尿困难、便秘
	溴丙胺太林	对胃肠道 M 受体选择性较高,抑制胃肠道平滑肌作用较强而持久,抑制腺体分泌,不易通过血脑屏障,中枢作用弱	胃、十二指肠溃疡,胃肠痉挛,胃炎,胰腺炎,多汗症,妊娠呕吐	口干、视物模糊、排尿困难、心悸、便秘、头痛等
叔胺类解痉药	地美戊胺	强度与阿托品相似,作用快,易透过血脑屏障	胃溃疡、胃酸过多、急性胃炎、幽门痉挛等	口干、视物模糊
	贝那替嗪	除上述作用外,尚具安定作用	伴有焦虑症的溃疡患者	
选择性 M_1 受体拮抗剂	哌仑西平	选择性阻断胃壁细胞上的 M_1 胆碱受体,抑制胃酸分泌	胃十二指肠溃疡、急性胃黏膜出血及胃泌素瘤	青光眼及前列腺肥大患者慎用

第四节　N 受体拮抗剂

一、神经节阻断药

【药理作用】

神经节阻断药(ganglionic blocking drug)能选择性地与神经节细胞 N_N 受体结合,竞争性地拮抗乙酰胆碱与受体结合,使乙酰胆碱不能引起神经节细胞除极化,从而阻断了神经冲动在神经节中的传递。

神经节阻断药对交感神经节和副交感神经节都有阻断作用,其综合效应常视两类神经对该器官支配以何者占优势而定。例如,交感神经对血管的支配占优势,故用药后主要表现为血管扩张作用,尤其对小动脉,可使血管床血流量增加,加之静脉扩张,回心血量减少及心输出量降低,使血压明显下降,尤以坐位或立位时血压下降显著。又如,胃肠道、眼、膀胱等平滑肌和腺体则以副交感神经占优势,因此用药后常出现便秘、扩瞳、口干、尿潴留等。

【临床应用】

神经节阻断药可用于麻醉时控制血压,以减少手术区出血。也可用于主动脉瘤手术,用以降压和控制因手术剥离而撕拉组织所造成交感神经反射,使患者血压升高不明显。偶用于其他抗高血压药无效的急进型高血压脑病和高血压危象患者。除美卡拉明(mecamylamine)和樟磺咪芬(trimetaphan camsilate)外,其他药物已基本不用。

二、骨骼肌松弛药

骨骼肌松弛药(skeletal muscular relaxant)是一类作用于神经肌肉接头后膜的 N_M受体,产生神经肌肉阻滞的药物,故亦称为神经肌肉阻滞药(neuromuscular blocking agent)。根据它们的作用方式和特点,分为两类,即除极化型肌松药和非除极化型肌松药。

(一)除极化型肌松药

除极化型肌松药(depolarizing muscular relaxant)又称非竞争型肌松药(noncompetitive muscular relaxant)。这类药物与神经肌肉接头后膜的 N_M受体结合,产生与乙酰胆碱相似但较持久的除极化作用,在除极化开始时骨骼肌可有短暂的肌束颤动,而后即长期处于不应期状态,经过一段时间后,运动终板的极化状态虽可以恢复,但仍不能对乙酰胆碱起反应,只有在药物作用完全消失后,对乙酰胆碱的敏感性才逐渐恢复。此时,神经肌肉的阻滞方式已由除极化(Ⅰ相)转变为非除极化(Ⅱ相),此二相作用的结果使神经肌肉的化学传递出现较短时间的阻断,从而使骨骼肌松弛。骨骼肌松弛的特点:① 最初可出现短时肌束颤动,与药物对不同部位的骨骼肌除极化出现的时间先后不同有关;② 连续用药可产生快速耐受性;③ 乙酰胆碱酯酶抑制剂不仅不能拮抗其肌松作用,反能加强其肌松作用;④ 治疗剂量并无神经节阻断作用。目前临床应用的除极化型肌松药只有琥珀胆碱。除极化型肌松药作用机制见图 5-7。

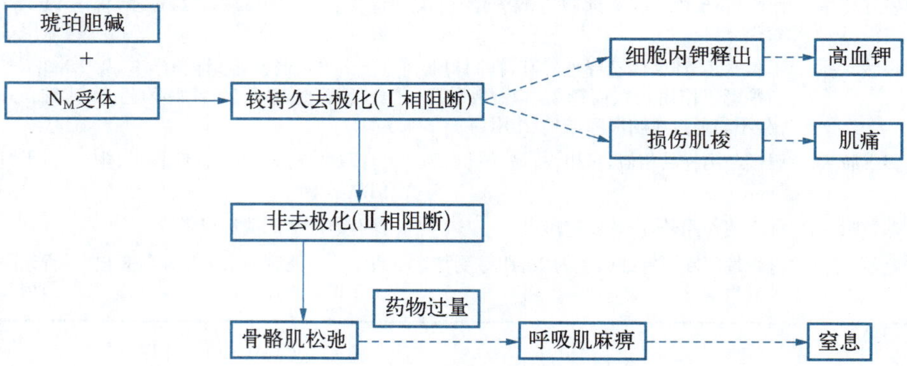

图 5-7 除极化型肌松药作用机制

琥 珀 胆 碱

琥珀胆碱(suxamethonium)又称司可林(scoline),由琥珀酸和两个分子的胆碱组成。

【体内过程】

琥珀胆碱进入体内后即可被血液和肝脏中的假性胆碱酯酶迅速水解为琥珀酰单胆碱,肌松作用明显减弱,然后可被进一步水解为琥珀酸和胆碱,肌松作用完全消失。约 2%药物以原型经肾排泄,其余以代谢产物从尿液排出。

【药理作用】

静脉注射 10~30 mg 琥珀胆碱后,即可见短暂的肌束颤动,尤以胸腹部肌肉明显。1 min 后即转为松弛,通常从颈部肌肉开始，逐渐波及肩胛、腹部和四肢。2 min 时作用达高峰，5 min 内作用消失。肌松部位以颈部和四肢肌肉最明显，面、舌、咽喉和咀嚼肌次之，呼吸肌无力作用不明显，肺通气量仅降低 25%。

【临床应用】

静脉注射作用快而短暂，对喉肌的麻痹力强，故适用于气管内插管、气管镜、食管镜检查等短时操作。静脉滴注也可用于较长时间手术。本药可引起强烈的窒息感，故清醒患者禁用，可先用硫喷妥钠行静脉麻醉后，再给琥珀胆碱。

【不良反应】

(1) 窒息：过量可致呼吸肌麻痹，严重窒息可见于遗传性胆碱酯酶活性低下者，用时需要备有人工呼吸机。

(2) 肌束颤动：其主要危害是损伤肌梭，引起肌肉酸痛甚至形态和结构的改变。此反应一般 3～5 日可自愈。

(3) 血钾升高：由于肌肉持久性除极化而释放钾离子，使血钾升高。故在烧伤、广泛软组织损伤、偏瘫及脑血管意外等疾病存在时，应禁用本药，以免产生高钾血症性心脏骤停。

(4) 其他：增加腺体分泌、促进组胺释放等。特异质反应尚可表现为恶性高热。

【药物相互作用】

本药在碱性溶液中可分解，故不宜与硫喷妥钠混合使用。凡可降低假性胆碱酯酶活性的药物都可使其作用增加，如胆碱酯酶抑制剂、环磷酰胺、氮芥、普鲁卡因、可卡因等。氨基糖苷类抗生素如卡那霉素及多黏菌素 B 也有肌肉松弛作用，与琥珀胆碱合用时，易致呼吸麻痹，应注意。

(二) 非除极化型肌松药

非除极化型肌松药(nondepolarizing muscular relaxant)又称竞争型肌松药(competitive muscular relaxants)。这类药物能与乙酰胆碱神经肌肉接头的 N_M受体结合，而本身并不激动受体，从而竞争性阻断乙酰胆碱的除极化作用，使骨骼肌松弛。

本类药物特点：① 骨骼肌松弛前无肌束颤动；② 肌松作用可被同类药物增强；③ 乙酰胆碱酯酶抑制剂可拮抗其肌松作用，故过量时可用适量的新斯的明解救；④ 兼有不同程度神经节阻断作用和释放组胺作用；⑤ 吸入性全麻药和氨基糖苷类抗生素能延长和增强此类药物的作用。

本类药物多为天然生物碱及其类似物，按其化学结构可分为苄基异喹啉类和类固醇铵类。属苄基异喹啉类(benzylisoquinolines)药主要有筒箭毒碱、阿曲库铵、多库铵和米库铵等；类固醇铵类主要包括泮库铵、哌库铵、罗库铵和维库铵等。筒箭毒碱为经典药物，但其作用时间较长，用药后作用不易逆转，不良反应多，目前临床已少用。

筒 箭 毒 碱

筒箭毒碱(d-tubocurarine)是从美洲生产的植物浸膏箭毒中提出的生物碱，右旋体具有药理活性。口服难吸收，静脉注射后 3～6 min 起效，头颈部小肌肉首先受累；然后波及四肢、颈部和躯干的其他肌肉；继之因肋间肌松弛，出现腹式呼吸，如剂量加大，最终可致膈肌麻痹，患者呼吸停止。由于筒箭毒碱的作用维持时间较长，如及时进行人工呼吸，应用新斯的明，可挽救生命。肌肉松弛恢复时，其次序与肌松时相反，即膈肌麻痹恢复最快。

其 他 药 物

表 5-6 中除筒箭毒碱之外的这些药物目前已基本上取代了传统的筒箭毒碱，用作麻醉辅助药。

表 5-6 非除极化型肌松药分类及其特点

药 物	分 类	药理特性	起效时间(min)	持续时间(min)	消 除 方 式
筒箭毒碱(tubocurarine)	天然生物碱	长效 竞争性肌松药	3～6	80～120	肾脏、肝脏消除
阿曲库铵(atracurium)	苄基异喹啉	中效 竞争性肌松药	2～4	30～40	霍夫曼消除，血浆胆碱酯酶水解

续 表

药　物	分　类	药理特性	起效时间(min)	持续时间(min)	消除方式
多库铵(doxacurium)	苄基异喹啉	长效竞争性肌松药	4～6	90～120	肾脏消除
米库铵(mivacurium)	苄基异喹啉	短效竞争性肌松药	2～4	12～18	血浆胆碱酯酶水解
泮库铵(pancuronium)	类固醇铵	长效竞争性肌松药	4～6	120～160	肾脏、肝脏消除
哌库铵(pipecuronium)	类固醇铵	长效竞争性肌松药	2～4	80～120	肾脏消除,肝脏代谢和清除
罗库铵(rocuronium)	类固醇铵	中效竞争性肌松药	1～2	30～40	肝脏消除,肾脏其次
维库铵(vecuronium)	类固醇铵	中效竞争性肌松药	2～4	30～40	肝脏消除,肾脏其次

小　结

乙酰胆碱直接激动M受体和N受体,产生M样作用和N样作用。M样作用:心血管抑制作用,胃肠道、泌尿道平滑肌收缩,腺体分泌增加,缩瞳;N样作用:可引起交感、副交感神经节兴奋,骨骼肌收缩。

M受体激动剂毛果芸香碱,对眼及腺体的作用强,眼的作用为缩瞳、降低眼内压、调节痉挛,临床主要用于青光眼和缩瞳,主要对抗散瞳作用。口服可缓解口腔干燥症、阿托品中毒的解救。滴眼时应压迫内眦。

胆碱酯酶抑制剂分为易逆性胆碱酯酶抑制剂和难逆性胆碱酯酶抑制剂。易逆性胆碱酯酶抑制剂以新斯的明为代表,可逆性抑制乙酰胆碱酯酶,作用特点是对骨骼肌兴奋作用最强,与抑制乙酰胆碱酯酶、直接激动骨骼肌运动终板上的N_M受体有关。临床可用于重症肌无力、手术后腹气胀及尿潴留、阵发性室上性心动过速的治疗。难逆性胆碱酯酶抑制剂主要指有机磷酸酯类,有机磷酸酯类与乙酰胆碱酯酶结合牢固,形成磷酰化胆碱酯酶,不易水解乙酰胆碱,引起中毒症状。急性毒性时根据中毒的程度不同可出现M样症状、N样症状和中枢神经系统症状。急性中毒防治措施为消除毒物和使用解毒药物阿托品和(或)胆碱酯酶复活药。

M受体拮抗剂阿托品药理作用广泛:抑制腺体分泌;扩瞳,升高眼内压和调节麻痹;松弛内脏平滑肌;低剂量阿托品部分患者表现为心率轻度短暂减慢,中高剂量阿托品阻断窦房结M受体,使心率加快,阿托品对血管与血压无明显影响,大剂量解除微血管痉挛,但与M受体拮抗无关;随剂量增大,中枢神经系统由兴奋转入抑制。阿托品的临床应用:各种内脏绞痛;减少全身麻醉时呼吸道腺体的分泌、严重盗汗和流涎症;虹膜睫状体炎、眼底检查和验光配镜;缓慢型心律失常;感染中毒性休克;解救有机磷酸酯类中毒。山莨菪碱血管痉挛的解痉作用的选择性较高,主要用于感染性休克,也可用于内脏平滑肌绞痛;东莨菪碱在治疗剂量时可引起中枢神经系统抑制;主要用于麻醉前给药、晕动病、震颤麻痹等。

N受体拮抗剂分为N_N受体和N_M受体拮抗剂。N_M受体拮抗剂也称骨骼肌松弛药,可分为除极化型肌松药和非除极化型肌松药。除极化型肌松药有琥珀胆碱。非除极化型肌松药有阿曲库铵、多库氯铵和米库氯铵等,主要用作麻醉辅助药。

【思考题】

1. 患者,女,29岁。误服"敌敌畏"约160 mL,约25 min后急诊入院。体格检查:患者流涎,大汗淋漓;小便失禁;瞳孔直径1～2 mm ,对光反射迟钝;反复呕吐,呕吐物有特殊蒜臭气味;呼吸困难,听诊肺部湿啰音;心率130次/分,血压基本正常;四肢及面部肌纤维颤动,言语不清,精神恍惚,烦躁不安,无抽搐。实验室检查:血常规正常,胆碱酯酶活性30%。诊断:急性有机磷酸酯类中毒(重度中毒)。立即对患者进行抢

救,洗胃,同时给予解救药物阿托品和氯解磷定。请问:

(1) 该患者有机磷酸酯类中毒的机制是什么?

(2) 阿托品的作用机制是什么?

(3) 氯解磷定的作用机制是什么?

2. 感染中毒性休克患者,可用山莨菪碱抢救,其用药的依据是什么?
3. 胆绞痛或肾绞痛患者,为什么用镇痛药哌替啶时要合用阿托品?

(宛　蕾)

※ 课程 PPT

第五章
课程 PPT

第六章

肾上腺素受体激动剂和拮抗剂

学习目标

【知识目标】

1. 掌握　去甲肾上腺素的药理作用、不良反应及禁忌证；肾上腺素、多巴胺、异丙肾上腺素和酚妥拉明的药理作用及临床应用；肾上腺素作用的翻转概念；β受体拮抗剂的药理作用、临床应用、不良反应和禁忌证。

2. 熟悉　间羟胺的作用特点及临床应用；麻黄碱的药理作用、临床应用、主要不良反应及禁忌证；酚苄明的药理作用、临床应用及主要不良反应。

3. 了解　肾上腺素受体激动剂的构效关系及分类；去氧肾上腺素的临床应用；β受体拮抗剂的分类。

【能力目标】

能够利用章节知识指导患者合理使用肾上腺素受体激动剂和拮抗剂。

【素质目标】

1. 通过学习，进一步树立救死扶伤的医学职业精神。

2. 培养学生的社会责任感。

1898年，人类首次从肾上腺提取物中分离出肾上腺素。随后1901年，肾上腺素的化学式被解析出来，其化学结构和纯化产物也相继被注册专利。1904年，德国化学家在实验室中合成肾上腺素，这是人类历史上第一个人工合成的激素。

1946年，α受体激动剂去甲肾上腺素被从人体中分离出来。之后的几十年，科学家们针对肾上腺素在临床暴露出来的不良反应和选择性差等弊端，开发出了肾上腺素家族的“新后代”——β受体激动剂异丙肾上腺素和β_2受体激动剂沙丁胺醇、特布他林。在20世纪70年代又开发了一批受体选择性更高、作用时间更长的β_2受体激动剂，代表药物有克伦特罗、福莫特罗、沙美特罗等。2011年，新一代超长效β_2受体激动剂(ultra-LABA)茚达特罗获得美国食品药品监督管理局(Food and Drug Administration, FDA)批准，它也是首个在中国上市并获准用于稳定期慢性阻塞性肺疾病维持治疗的ultra-LABA。

第一个用于临床的β受体拮抗剂普萘洛尔于1964年被发明出来；20世纪70年代后期，第二代β受体拮抗剂阿替洛尔、美托洛尔相继出现。1980～1990年，α受体拮抗剂哌唑嗪和α_1受体拮抗剂特拉唑嗪被研制出来；90年代后又出现了α/β受体拮抗剂拉贝洛尔和卡维地洛。

资料来源：

陈炜，杨健，2019.茚达特罗合成研究进展.中国医药工业杂志，50(5)：490－498.

黎卓熹，吴海涛，蔡子濠，等，2023.心血来潮：肾上腺素的诞生与发展.大学化学，38(2)：147－153.

第一节　肾上腺素受体激动剂

肾上腺素受体激动剂(adrenoreceptor agonist)是一类化学结构与药理作用同肾上腺素、去甲肾上腺素相似的药物,能与肾上腺素受体结合并激动受体,产生肾上腺素样作用,又称拟肾上腺素药(adrenomimetic drug)。该类药属于胺类,而作用又与交感神经兴奋的效应相似,故又称拟交感胺类(sympathomimetic amine)。

一、构效关系及分类

(一) 构效关系

肾上腺素受体激动剂基本化学结构是β-苯乙胺,苯环、侧链α或β碳原子及末端氨基的氢被不同基团取代时,可人工合成多种肾上腺素受体激动剂(图6-1)。

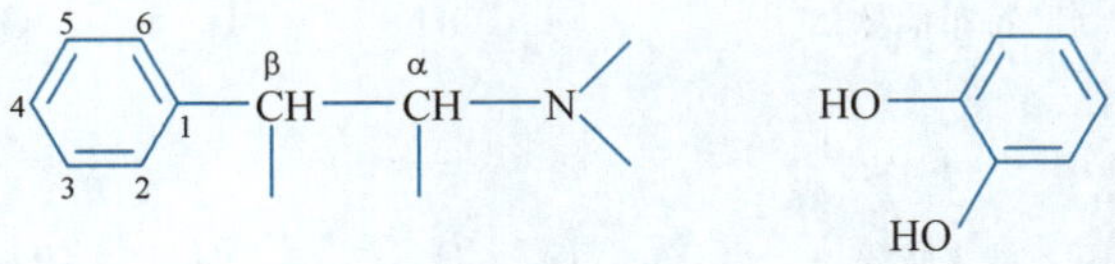

β-苯乙胺　　儿茶酚

图6-1　β-苯乙胺及儿茶酚的结构

1. *苯环上化学基团的不同*　肾上腺素、去甲肾上腺素、异丙肾上腺素、多巴胺和多巴酚丁胺等在苯环第3、4位碳上都有羟基,形成儿茶酚,故称儿茶酚胺类(catecholamines, CA)。它们对外周可产生明显的肾上腺素受体激动作用,容易被COMT灭活,作用时间短,对中枢作用弱。如果去掉一个羟基,其外周作用将减弱,而作用时间延长。如将两个羟基都去掉,则外周作用减弱,中枢作用加强,如麻黄碱。

2. *烷胺侧链α碳原子上氢原子被取代*　如被甲基取代,可阻碍MAO的氧化,作用时间延长;易通过储存型摄取所摄入,在神经元内存在时间长,可发挥促进递质释放的作用,如间羟胺和麻黄碱。

3. *氨基上氢原子被取代*　氨基上氢原子被烷基取代,药物对β受体作用加强。例如,去甲肾上腺素氨基末端的氢被甲基取代,则为肾上腺素,可增加对β_1受体的活性;例如,被异丙基取代,则为异丙肾上腺素,可进一步增加对β_1、β_2受体的作用,而减弱对α受体的作用。去氧肾上腺素虽然氨基上的氢被甲基取代,但由于苯环上缺少4位碳羟基,仅保留其对α受体的作用,而对β受体几乎无作用,因此为α受体激动剂。取代基团从甲基到叔丁基,对α受体的作用逐渐减弱,对β受体的作用却逐渐加强。

4. *烷胺侧链β碳原子上羟基被取代*　中枢作用减弱,α、β受体激动作用增强,如麻黄碱中枢作用弱于甲基苯丙胺,但扩张支气管、升高血压和加快心率作用较强。肾上腺素受体激动剂的化学结构见表6-1。

表6-1　肾上腺素受体激动剂的化学结构

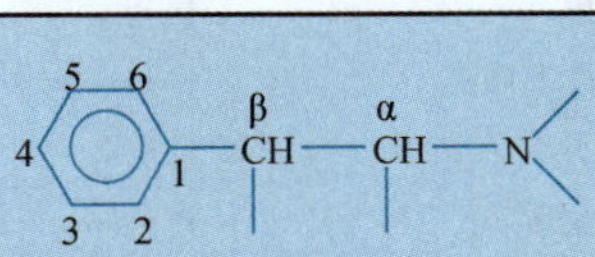

药物名称	苯环5位	苯环4位	苯环3位	苯环2位	碳链β碳	碳链α碳	氨基氢原子
1. 非选择性α受体激动剂							
去甲肾上腺素	H	OH	OH	H	OH	H	H
间羟胺	H	H	OH	H	OH	CH_3	H
2. α_1受体激动剂							
去氧肾上腺素	H	H	OH	H	OH	H	CH_3
甲氧明	OCH_3	H	H	OCH_3	OH	CH_3	H
3. α、β受体激动剂							
肾上腺素	H	OH	OH	H	OH	H	CH_3
多巴胺	H	OH	OH	H	H	H	H
麻黄碱	H	H	H	H	OH	CH_3	CH_3

续 表

药 物 名 称	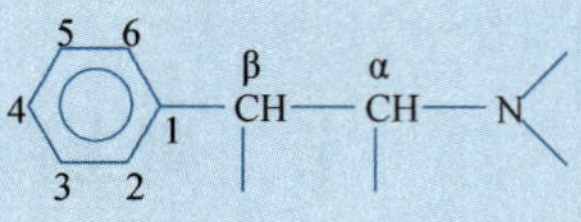						
	苯环5位	苯环4位	苯环3位	苯环2位	碳链β碳	碳链α碳	氨基氢原子
4. 非选择性β受体激动剂							
异丙肾上腺素	H	OH	OH	H	OH	H	HC—CH_3 | CH_3
5. $β_1$受体激动剂							
多巴酚丁胺	H	OH	OH	H	H	H	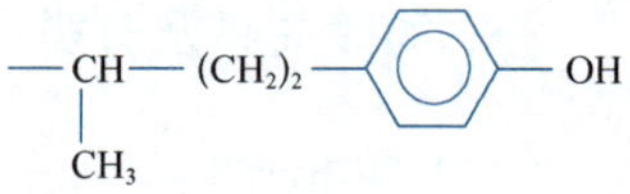
6. $β_2$受体激动剂							
特布他林	OH	H	OH	H	OH	H	CH_3 | C—CH_3 | CH_3
沙丁胺醇	H	OH	CH_2OH	H	OH	H	CH_3 | C—CH_3 | CH_3

（二）分类

按照化学结构中是否具有儿茶酚胺结构，肾上腺素受体激动剂分为儿茶酚胺类和非儿茶酚胺类。而按照对肾上腺素受体亚型的选择性不同，肾上腺素受体激动剂可分为三大类：α肾上腺素受体激动剂（α adrenoreceptor agonists，α受体激动剂）；α、β肾上腺素受体激动剂（α，β adrenoreceptor agonists，α、β受体激动剂）；β肾上腺素受体激动剂（β adrenoreceptor agonists，β受体激动剂）。肾上腺素受体激动剂对不同肾上腺素受体的作用及作用方式的比较见表6-2。

表6-2 肾上腺素受体激动剂对不同肾上腺素受体的作用及作用方式的比较

分 类	药 物	对不同肾上腺素受体作用的比较			作 用 方 式	
		α受体	$β_1$受体	$β_2$受体	直接作用	释放递质
α受体激动剂	去甲肾上腺素	+++	++	±	+	—
	间羟胺	++	+	+	+	+
	去氧肾上腺素	++	±	±	+	±
	甲氧明	++	—	—	+	—
α、β受体激动剂	肾上腺素	++++	+++	+++	+	—
	多巴胺	+	++	±	+	+
	麻黄碱	++	++	++	+	+
β受体激动剂	异丙肾上腺素	—	+++	+++	+	—
	多巴酚丁胺	+	++	+	+	±

肾上腺素受体激动剂对肾上腺素受体亚型的选择性与药物的剂量或浓度有关，如肾上腺素小剂量主要以激动β受体为主，剂量增加时可同时激动α、β受体，大剂量则以激动α受体为主。

二、α受体激动剂

去甲肾上腺素

去甲肾上腺素（noradrenaline，NA；norepinephrine，NE）是去甲肾上腺素能神经末梢释放的主要递质，也可由肾上腺髓质少量分泌。药用的去甲肾上腺素是人工合成品，化学性质不稳定，见光易分解失效，在中性尤其在碱性溶液中迅速氧化变色而失效；在微酸性溶液中较稳定，常用其重酒石酸盐。

【体内过程】

去甲肾上腺素经口服后在胃内因局部作用可使胃黏膜血管收缩，在肠内易被碱性肠液破坏，经过肠黏膜和肝脏时被代谢，故口服无效。皮下或肌内注射时，因血管剧烈收缩，吸收很少，且易发生局部组织坏死，故一般采用静脉滴注给药。去甲肾上腺素极性较高，不易通过血脑屏障，没有中枢作用。内源性和外源性去甲肾上腺素也可被去甲肾上腺素能神经末梢所摄取，进入囊泡储存（储存型摄取）；去甲肾上腺素通过代谢型摄取被非神经细胞摄取后，大多被 COMT 和 MAO 代谢而失活。肝脏是外源性去甲肾上腺素的主要代谢器官。大部分摄入的去甲肾上腺素首先在 COMT 催化下代谢为活性很低的间甲去甲肾上腺素，其中一部分再经 MAO 的作用脱胺形成 3-甲氧-4-羟扁桃酸（vanillyl-mandelic acid，VMA）。部分去甲肾上腺素或其间甲化合物尚可与硫酸或葡萄糖醛酸结合，经肾脏排泄。由于去甲肾上腺素进入体内后迅速被摄取和代谢，故作用时间短暂。

【药理作用】

去甲肾上腺素非选择性激动 α_1 和 α_2 受体，对心脏 β_1 受体作用较弱，对 β_2 受体几乎无影响。主要作用部位为血管和心脏（表 6-2）。

（1）血管：激动血管 α_1 受体，使血管收缩，特别是小动脉和小静脉几乎全部收缩。各器官血管收缩程度与该部位受体分布密度和去甲肾上腺素剂量有关。皮肤黏膜血管收缩最明显，其次是肾脏血管；对脑、肝、肠系膜甚至骨骼肌的血管也都有收缩作用。冠状血管舒张，主要是由于心脏兴奋，心肌的代谢产物（如腺苷）增加，从而舒张血管，同时因血压升高，冠状血管的灌注压力增高，冠状动脉血流量增加。

（2）心脏：激动心脏 β_1 受体，作用较肾上腺素弱，使心肌收缩力加强，心率加快，传导加速，心输出量增加。在整体情况下，可因血压升高而反射性兴奋迷走神经使心率减慢。由于去甲肾上腺素的强烈收缩血管作用，总外周阻力增加，心脏的射血阻力增加，使心输出量不变或有所降低。剂量过大时，心脏自律性增加，可引起心律失常，但较肾上腺素少见。

（3）血压：小剂量静脉滴注时，心脏兴奋，收缩压升高，此时血管收缩作用尚不十分强烈，故舒张压升高不明显而脉压加大。较大剂量时，血管强烈收缩使外周阻力增高，故收缩压升高的同时舒张压也明显升高，脉压变小（图 6-2）。

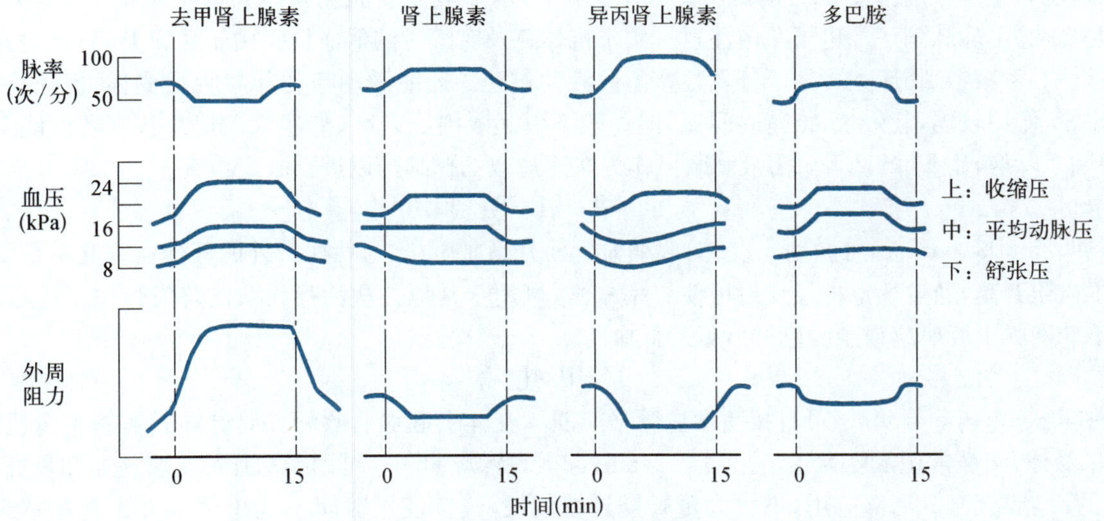

图 6-2　静脉注射去甲肾上腺素、肾上腺素、异丙肾上腺素及多巴胺作用比较

（4）其他：对机体代谢的影响较弱，只有在大剂量时才出现血糖升高。对中枢作用也较肾上腺素弱。可增加孕妇子宫的收缩频率。

【临床应用】

（1）休克：静脉滴注去甲肾上腺素，可使收缩压维持在 90 mmHg 左右，以保证心、脑等重要器官的血液供应。去甲肾上腺素使用时间过长或大剂量应用可使血管持续强烈收缩,加重组织缺氧;外周阻力增加,升高血压,可使心输出量下降,从而加重微循环障碍,应注意避免。去甲肾上腺素可用于早期神经源性休克。在感染中毒性休克中,当补充血容量后血压仍不回升或外周阻力显著降低、心输出量显著减少时,可短期小剂量(0.5～30μg/min)应用。

(2) 上消化道出血:1～3 mg 适当稀释后食管或胃内用药,使局部黏膜血管收缩,产生止血效果。

(3) 药物中毒性低血压:中枢抑制剂中毒引起的低血压,去甲肾上腺素静脉滴注可使血压升高,维持在正常水平。氯丙嗪中毒时引起的低血压,应选用去甲肾上腺素,而不宜选用肾上腺素。

【不良反应】

(1) 局部组织缺血坏死:静脉滴注时间过长、浓度过高或药液漏出血管,可引起局部缺血坏死,如发现药液外漏或注射部位皮肤苍白,应更换注射部位,可行局部热敷,并用普鲁卡因或 α 受体拮抗剂(如酚妥拉明)做局部浸润注射,以扩张血管。

(2) 急性肾衰竭:滴注时间过长或剂量过大,可使肾脏血管剧烈收缩,肾血流量减少,产生少尿、无尿及急性肾衰竭,故用药期间尿量不少于 25 mL/h,否则应立即减量或停药,必要时用甘露醇等脱水药利尿。

【禁忌证】

高血压、动脉硬化症、器质性心脏病患者、无尿患者与孕妇禁用。

间 羟 胺

间羟胺(metaraminol)为人工合成品,性质较稳定。主要作用于 α 受体,对 $β_1$ 受体作用较弱。间羟胺可被去甲肾上腺素能神经末梢摄取,进入囊泡,通过置换作用促使囊泡中的去甲肾上腺素释放,间接发挥作用。因不易被 MAO 破坏,故作用较持久。间羟胺收缩血管、升高血压作用较去甲肾上腺素弱而持久,略增加心肌收缩力,使休克患者的心输出量增加。对心率影响不明显,有时可反射性引起心率减慢。间羟胺升压作用明显,维持时间长,比去甲肾上腺素较少引起心悸和少尿等不良反应,还可肌内注射,故临床上常将其作为去甲肾上腺素的代用品,用于各种休克早期和其他低血压状态。短时间内连续应用间羟胺时,可因囊泡内去甲肾上腺素减少,效应逐渐减弱,产生快速耐受性。禁忌证同去甲肾上腺素。

去氧肾上腺素

去氧肾上腺素(phenylephrine)为人工合成品,主要激动 $α_1$ 受体,又称 $α_1$ 受体激动剂。作用与去甲肾上腺素相似而较弱,基本没有 β 受体激动作用。可使血管收缩(尤其是皮肤黏膜内脏等血管),外周阻力增加,使舒张压升高,除可静脉滴注外也可肌内注射。用于抗休克及麻醉时的低血压。由于血压升高,反射性兴奋迷走神经可使心率减慢,临床上可用于阵发性室上性心动过速。还能激动瞳孔开大肌 $α_1$ 受体,使瞳孔扩大,与阿托品比较,作用较弱,起效快,维持时间短,但一般不引起眼内压升高(老年人前房角狭窄者可能引起眼压升高)和调节麻痹,用 1%～2.5% 溶液滴眼可作为快速短效的扩瞳药以进行眼底检查。

甲 氧 明

甲氧明(methoxamine)可激动 $α_1$ 受体,收缩血管而升高血压,除冠状血管外的其他血管几乎都呈收缩反应。由于血压升高,通过迷走神经反射可使心率减慢,可用于其他方法治疗无效的阵发性室上性心动过速,也可用于蛛网膜下腔麻醉或全身麻醉所致的低血压。

羟 甲 唑 啉

羟甲唑啉(oxymetazoline)可直接激动血管平滑肌 α 受体引起血管收缩。对鼻黏膜血管平滑肌 $α_2$ 受体作用＞$α_1$ 受体,滴鼻常用浓度为 0.05%,5～10 min 起效,持续约 6 h。可用于治疗鼻黏膜充血和鼻炎,还可用于滴眼治疗结膜充血。局部应用,不宜大量长期连续使用,连续使用时间不宜超过 7 天。偶有局部刺激症状,儿童大剂量使用可出现中枢神经系统抑制,有冠心病、高血压、甲状腺功能亢进、糖尿病等严重器质性和代谢性疾病的患者慎用。

三、α、β 受体激动剂

肾 上 腺 素

肾上腺素(adrenaline, AD)是肾上腺髓质嗜铬细胞合成和分泌的主要激素,药用肾上腺素是从家畜肾上腺提取或人工合成的，常用其盐酸盐。理化性质与去甲肾上腺素相似，性质极其不稳定，遇光易分解，在中性尤其碱性溶液中迅速氧化变色而失效。

【体内过程】

肾上腺素口服后在碱性肠液及肠黏膜和肝内被破坏，吸收很少，口服无效。能收缩血管，皮下注射吸收缓慢，肌内注射比皮下注射吸收快。肌内注射作用维持 10～30 min，皮下注射作用维持 1 h 左右，重症患者可采用静脉给药。肾上腺素在体内的摄取与代谢途径与去甲肾上腺素相似。

【药理作用】

肾上腺素能激动 α 受体和 β 受体，产生较强的 α 受体和 β 受体作用，主要作用部位为心脏、血管和其他平滑肌。

（1）心脏：作用于心肌、窦房结和传导系统的 β_1 受体，加强心肌收缩力，加速传导，加快心率，提高心肌兴奋性。由于心肌收缩力增强，心率加快，故心输出量增加。肾上腺素又能舒张冠状血管，改善心肌的血液供应，作用迅速，因此肾上腺素是一个强效的心脏兴奋药。其不利的一面是提高心肌代谢，使心肌耗氧量增加，加上心肌兴奋性提高，如剂量大或静脉注射过快，可引起心律失常，如室性心动过速，甚至引起心室颤动。

（2）血管：可激动血管平滑肌上的 α 受体，使血管收缩；激动 β_2 受体，使血管舒张。肾上腺素对不同部位血管的作用取决于体内各部位血管的肾上腺素受体分布密度和给药剂量大小。在小动脉及毛细血管前括约肌肾上腺素受体密度高，作用较强；而静脉和大动脉的肾上腺素受体密度低，作用较弱。皮肤黏膜、肾血管以 α 受体占优势，故皮肤黏膜血管收缩为最强烈；内脏血管（尤其是肾血管）也显著收缩；对脑和肺血管收缩作用十分微弱，有时由于血压升高而被动地舒张；在骨骼肌、肝脏血管平滑肌上以 β_2 受体占优势，故小剂量肾上腺素往往使这些血管舒张。肾上腺素也能舒张冠状血管，增加冠状血管的血流量，原因除可激动冠状动脉 β_2 受体外，还与心脏兴奋、使心肌的代谢产物（如腺苷）增加以及血压升高、提高冠状血管的灌注压力有关。

（3）血压：小剂量肾上腺素兴奋心脏 β_1 受体，心输出量增加，收缩压升高；激动 β_2 受体，使得骨骼肌血管舒张，因此舒张压下降，脉压变大，此时身体各部位血液重新分配，更适合紧急状态下机体能量供应的需要。较大剂量或快速静脉滴注时，α 受体兴奋占优势，血管收缩，收缩压和舒张压均升高。肾上腺素典型的血压改变为双相反应，即给药后血压迅速出现明显的升高，而后出现微弱的降低，后者持续作用时间较长。如预先给予 α 受体拮抗剂再给予肾上腺素，表现出肾上腺素对血管 β_2 受体的激动作用，肾上腺素的升压作用可被翻转，呈现明显的降压反应。此外，肾上腺素尚能作用于肾小球旁器细胞上的 β_1 受体，促进肾素的分泌。

（4）平滑肌：肾上腺素能激动支气管平滑肌的 β_2 受体，发挥强大舒张支气管的作用，并能抑制肥大细胞释放组胺等过敏性物质，激动支气管黏膜血管的 α_1 受体，使其血管收缩，降低毛细血管的通透性，有利于消除支气管黏膜水肿。使 β_2 受体占优势的胃肠道平滑肌张力降低、自发性收缩频率和幅度减小；对子宫平滑肌的作用与性周期、充盈状态和给药剂量有关，妊娠末期能抑制子宫张力和收缩。肾上腺素的 β_2 受体激动作用可使膀胱逼尿肌松弛，而激动 α_1 受体使尿道内括约肌收缩，可引起排尿困难和尿潴留。

（5）代谢：能提高机体代谢，治疗剂量下肾上腺素可增加耗氧量为 20%～30%；激动 α_1 受体和 β_2 受体可使肝糖原分解、糖异生增加；由于激动 α_2 受体降低胰岛素释放作用大于 β_2 受体激动促胰岛素释放作用，加上激动胰岛 β_2 受体促胰高血糖素释放，故其升高血糖作用较去甲肾上腺素显著；肾上腺素还可通过激动 β_2 受体降低外周组织对葡萄糖的摄取。肾上腺素激活甘油三酯酶加速脂肪分解，使血液中游离脂肪酸升高，可能与激动 β_2、β_3 受体有关。

（6）中枢神经系统：肾上腺素不易通过血脑屏障，治疗量对中枢神经系统无明显影响，仅在大剂量时可出现中枢兴奋症状。

【临床应用】

（1）心脏骤停：用于溺水、麻醉和手术过程中的意外、药物中毒、传染病和心脏传导阻滞等所致的心脏骤停。对电击所致的心脏骤停，可用肾上腺素配合心脏除颤器或利多卡因等除颤，一般用心室内注射，同时必须进行有效的人工呼吸和心脏按压等。

(2) 过敏性疾病

1) 过敏性休克：肾上腺素为过敏性休克的首选药物。过敏性休克为各种过敏因素引起小血管扩张和毛细血管通透性增加、支气管痉挛及黏膜水肿而导致患者血压下降、呼吸困难。肾上腺素能激动 α_1 受体，收缩小动脉和毛细血管前括约肌，降低毛细血管的通透性，升高血压；激动 β_1 和 β_2 受体，改善心功能，减少过敏介质释放，扩张支气管，减轻支气管黏膜水肿，改善通气，逆转休克病理过程，迅速解除症状。一般肌内注射，也可缓慢静脉滴注，但必须控制滴速和用量，以免引起血压骤升和心律失常等不良反应。

2) 支气管哮喘：控制支气管哮喘的急性发作。肾上腺素能激动 β_2 受体，激活腺苷酸环化酶，使 cAMP 增加，扩张支气管，减少过敏介质释放；激动 α_1 受体，减轻支气管黏膜水肿。肌内注射能于数分钟内奏效。

3) 血管神经性水肿及血清病：肾上腺素可迅速缓解血管神经性水肿、血清病、荨麻疹等过敏反应性疾病的症状。

(3) 与局麻药配伍：合适浓度的肾上腺素加入局麻药注射液中，可延缓局麻药的吸收，减少吸收中毒，同时又可延长局麻药的麻醉时间。

(4) 局部止血：当鼻黏膜和齿龈出血时，用含 0.1%盐酸肾上腺素的纱布或棉球填塞出血处可有效止血。

【不良反应】

主要不良反应为心悸、烦躁、头痛和血压升高等，用量过大或肌内注射误入血管内，或静脉注射过快，可引起血压骤升，甚至发生脑出血，也可引起心律失常，甚至心室颤动。故应严格掌握剂量，老年人慎用。

【禁忌证】

禁用于高血压、器质性心脏病、脑动脉硬化、甲状腺功能亢进和糖尿病患者。

多 巴 胺

多巴胺(dopamine, DA)是去甲肾上腺素生物合成的前体，属儿茶酚胺类，为中枢神经系统神经递质，药用为人工合成品。

【体内过程】

多巴胺口服易在肠和肝中被破坏而失效。一般用静脉滴注给药，分布广泛，不易通过血脑屏障，故外源性多巴胺没有中枢作用。$t_{1/2}$ 短暂，在体内迅速经 MAO 和 COMT 代谢灭活，代谢产物 3,4-二羟苯乙酸和 3-甲氧四羟苯乙酸随尿液排出。

【药理作用】

多巴胺主要激动 α、β_1 受体和 D_1 受体。

(1) 心血管系统：多巴胺对心血管的作用与用药浓度有关，作用于血管的 α 受体和 D_1 受体，而对 β_2 受体的影响较弱。D_1 受体兴奋时，血管扩张。小剂量时主要作用于肾脏、肠系膜和冠状动脉的 D_1 受体，使血管扩张。较大剂量的多巴胺可作用于心脏 β_1 受体，使心肌收缩力加强，心输出量增加，可增加收缩压和脉压，但对舒张压无明显影响或轻微增加，这是心输出量增加而肾和肠系膜动脉阻力下降、其他血管阻力基本不变使总外周阻力变化不大的结果。大剂量多巴胺激动血管 α 受体，使血管收缩，外周阻力增加，血压升高。多巴胺亦可间接促进神经末梢释放去甲肾上腺素，产生心血管效应。

(2) 肾脏：多巴胺直接作用于肾小管 D_1 受体，使肾血管扩张，肾血流量和肾小球的滤过率增加，有排钠利尿作用。当剂量过大时，由于 α 受体作用及 β_1 受体作用引起的肾素分泌增加，能使肾血管明显收缩，肾血流量减少，尿量减少。

【临床应用】

多巴胺用于抗休克，如感染性中毒休克、心源性休克及出血性休克等，对伴有心肌收缩性减弱及尿量减少而血容量已补足的休克患者疗效较好。此外，尚可与利尿药联合用于急性肾衰竭。也可用于洋地黄和利尿药无效的急性心功能不全。

【不良反应】

一般较轻，偶见恶心、呕吐。如剂量过大或滴注过快可出现心动过速、心律失常和肾血管收缩导致肾功能下降等，一旦发生，应减慢静脉滴注速度或停药。

【禁忌证】

禁用于嗜铬细胞瘤。室性心律失常、闭塞性血管病、心肌梗死、动脉硬化高血压患者慎用。

麻黄碱

麻黄碱(ephedrine)是从中药麻黄中提取的生物碱,现已人工合成。

【体内过程】

麻黄碱口服易吸收,可通过血脑屏障,中枢作用明显。吸收后在体内仅少量脱胺氧化,60%～75%以原型经肾脏排出,一次给药作用可维持3～6 h。

【药理作用】

麻黄碱的作用和肾上腺素相似,能激动α、β受体,也能促进肾上腺素能神经末梢释放递质,间接发挥拟肾上腺素作用。与肾上腺素比较,麻黄碱有下列特点:性质稳定,口服有效;拟肾上腺素作用弱而持久;中枢兴奋作用较显著;易产生快速耐受性。

(1) 心血管系统:兴奋心脏,使心肌收缩力加强、心输出量增加。在整体情况下由于血压升高,反射性减慢心率,这一作用抵消了它直接加快心率的作用,故心率变化不大。麻黄碱使冠状动脉、脑血管、肌肉血管扩张,血流量增加;肾、脾等内脏和皮肤黏膜血管收缩,血流量减少。麻黄碱能引起收缩压和舒张压的升高,脉压增大,升高血压作用缓慢而持久。

(2) 支气管平滑肌:松弛支气管平滑肌作用较肾上腺素弱,起效缓慢但作用时间长。

(3) 中枢神经系统:具有较显著的中枢兴奋作用,兴奋大脑皮质和皮质下中枢,引起精神兴奋、不安和失眠等。

(4) 快速耐受性:短期内反复使用麻黄碱、间羟胺等药物,作用可逐渐减弱,停药数小时后可以恢复。一般认为,麻黄碱产生快速耐受性的机制包含受体逐渐饱和与递质逐渐耗损等因素。

【临床应用】

(1) 支气管哮喘:用于预防发作和轻症的治疗,对于支气管哮喘急性发作和重症效果较差。

(2) 鼻腔黏膜充血引起鼻塞:可用0.5%～1%溶液滴鼻消除黏膜肿胀。

(3) 防治某些低血压状态:如用于防治硬膜外和蛛网膜下腔麻醉所引起的低血压。

(4) 荨麻疹和血管神经性水肿:缓解荨麻疹和血管神经性水肿的皮肤黏膜症状。

【不良反应】

有时可出现中枢兴奋症状如焦虑不安、失眠等,夜间服药可同时服用镇静催眠药对抗。连续滴鼻治疗过久,可产生反跳性鼻黏膜充血或萎缩。禁忌证同肾上腺素。

四、β受体激动剂

(一) β_1、β_2受体激动剂

异丙肾上腺素

异丙肾上腺素(isoprenaline)是人工合成品,常用其硫酸盐或盐酸盐,化学结构是去甲肾上腺素氨基上的一个氢原子被异丙基所取代,为经典的β_1、β_2受体激动剂。

【体内过程】

异丙肾上腺素口服易在肠道被破坏而失效,气雾剂吸入和舌下给药吸收较快,吸收后主要在肝及其他组织中被COMT所代谢。异丙肾上腺素被MAO代谢作用弱,也较少被去甲肾上腺素能神经所摄取,因此其作用维持时间较肾上腺素、去甲肾上腺素略长。

【药理作用】

异丙肾上腺素对β受体有很强的激动作用,对β_1和β_2受体没有选择性,对α受体几乎无作用。

(1) 心脏:对心脏的β_1受体具有很强的激动作用,使心肌收缩力加强,心率加快,传导加速,心输出量和心肌耗氧量增加。与肾上腺素比较,异丙肾上腺素加快心率、加速传导的作用较强,对窦房结有显著兴奋作用,也能引起心律失常,但较少引起心室颤动。

(2) 血管和血压:作用于血管平滑肌β_2受体,使骨骼肌血管舒张,对肾血管和肠系膜血管舒张作用较弱,

对冠状血管也有舒张作用。小剂量静脉滴注由于心脏兴奋和外周血管舒张，使收缩压升高而舒张压略降，脉压变大，此时冠状动脉血管流量增加；但如果静脉注射给药，则可引起舒张压明显下降，降低了冠状血管的灌注压，冠状动脉有效血管流量不增加。

(3) 支气管平滑肌：激动支气管平滑肌 β_2 受体，使支气管平滑肌松弛，舒张支气管平滑肌作用比肾上腺素略强，也可抑制组胺等过敏性物质的释放，但对支气管黏膜的血管无收缩作用，故消除黏膜水肿的作用不如肾上腺素。久用可产生耐受性。

(4) 其他：增加糖原的分解，增加组织的耗氧量，与肾上腺素升高血中游离脂肪酸作用相似，而升高血糖作用较弱。不易通过血脑屏障，中枢兴奋作用弱。

【临床应用】

(1) 支气管哮喘：舌下或喷雾给药，用于控制支气管哮喘急性发作，疗效快而强。

(2) 心脏骤停：适用于心室自身节律缓慢、房室传导阻滞或窦房结功能衰竭而并发的心脏骤停，常与去甲肾上腺素或间羟胺合用以进行心室内注射。

(3) 房室传导阻滞：治疗Ⅱ度房室传导阻滞，采用舌下含药或静脉滴注给药。

(4) 感染性休克：适用于中心静脉压高、心输出量低的感染性休克，但要注意应在补足血容量的基础上再用本品。

【不良反应与注意事项】

常见的不良反应为心悸、头晕、头痛、皮肤潮红等。用药中应注意控制心率。由于支气管哮喘患者已处于缺氧状态，加之气雾剂的剂量不易掌握，如药物剂量过大，可致心肌耗氧量增加，引起心律失常，甚至出现心动过速及心室颤动。

【禁忌证】

禁用于冠心病、心肌炎、甲状腺功能亢进等患者。

(二) β_1 受体激动剂

多巴酚丁胺

多巴酚丁胺(dobutamine)为人工合成品，其化学结构和体内过程与多巴胺相似，口服无效，临床上静脉给药。血浆 $t_{1/2}$ 为 2 min，应用时采用连续静脉滴注给药。

【药理作用】

多巴酚丁胺主要激动 β_1 受体。临床使用含有右旋多巴酚丁胺和左旋多巴酚丁胺的消旋体。前者拮抗 α_1 受体，后者激动 α_1 受体。两者都激动 β 受体，但前者激动 β 受体的作用为后者的 10 倍，消旋多巴酚丁胺的作用是两者的综合表现。由于其对 β_1 受体激动作用强于 β_2 受体，故主要表现为激动 β_1 受体。

与异丙肾上腺素比较，其正性肌力作用比正性频率作用显著，对心率影响不明显，这可能与外周阻力变化不大和心脏 α_1 受体也参与了正性肌力作用有关，而外周阻力变化不大，可能是 α_1 受体介导的血管收缩作用与 β_2 受体介导的血管舒张作用相抵消所致；在静脉滴注速度过快或浓度过高时，则可引起心率加快。多巴酚丁胺对肾和肠系膜等血管无直接扩张作用。药物引起的肾血流量增加是由心输出量增多所致。

【临床应用】

多巴酚丁胺用于心脏手术后、心肌梗死或中毒性休克并发心力衰竭，静脉短期滴注可增加心输出量，改善心功能，继发性排尿增多，有利于消除水肿。

【不良反应】

多巴酚丁胺用药期间可引起血压升高、心悸、头痛、气短等不良反应。偶致室性心律失常，由于可使心肌耗氧增多，偶见心肌梗死患者梗死面积增加，应引起重视。连续给药时可于 24～26 h 出现耐受性。心肌梗死和高血压患者慎用，心房颤动及梗阻性肥厚型心肌病患者禁用。

(三) β_2 受体激动剂

β_2 受体激动剂有沙丁胺醇、克伦特罗、特布他林等，他们主要激动 β_2 受体，对支气管平滑肌有强而持久的舒张作用，对心脏的效应较小。临床上主要用于支气管哮喘的治疗，详见作用于呼吸系统药物。

第二节　肾上腺素受体拮抗剂

肾上腺素受体拮抗剂(adrenoreceptor antagonists)能与肾上腺素受体结合，从而产生拮抗去甲肾上腺素能神经递质或肾上腺素受体激动剂的作用，但药物本身没有内在活性。这类药物按其对 α 受体和 β 受体选择性的不同，分为 α 受体拮抗剂、β 受体拮抗剂及 α、β 受体拮抗剂 3 类。

一、α 受体拮抗剂

α 受体拮抗剂能选择性地与 α 受体结合，其本身不激动肾上腺素受体，却能妨碍去甲肾上腺素能神经递质及肾上腺素受体激动剂与 α 受体结合，从而产生抗肾上腺素作用。其药理作用主要包括对血管、心脏及其他部位平滑肌的作用。

(1) 血管：由于拮抗 α_1 受体可抑制内源性儿茶酚胺引起的血管收缩反应，使外周血管阻力降低，血压下降。降低血压的作用强度与给予拮抗剂时交感神经系统的活性有关。对血压正常者仰卧位时血压影响较小，直立时因为拮抗了代偿性血管收缩，可使血压明显降低。

本类药物也能抑制外源性儿茶酚胺收缩血管、升高血压的作用，能将肾上腺素的升压作用翻转为降压作用，这个现象称为"肾上腺素作用的翻转"(adrenaline reversal)(表 6 - 3)。这是因为 α 受体拮抗剂选择性地拮抗了与血管收缩有关的 α 受体，与血管舒张有关的 β 受体未被拮抗，而使血管舒张作用得以充分地表现出来。对于主要作用于血管 α 受体的去甲肾上腺素，本类药物只能取消或减弱其升压效应而无"翻转作用"，对于主要作用于 β 受体的异丙肾上腺素的降压作用则无影响(表 6 - 3)。

表 6 - 3　肾上腺素受体拮抗剂对儿茶酚胺处理犬血压的影响

儿茶酚胺	未给拮抗剂	给予 α 受体拮抗剂后	给予 β 受体拮抗剂后
肾上腺素	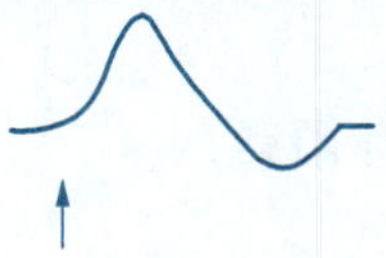	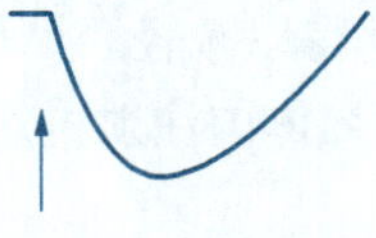	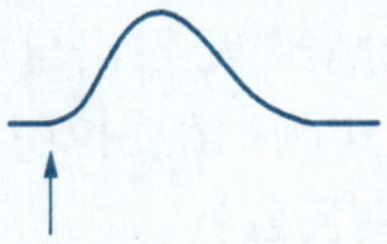
去甲肾上腺素	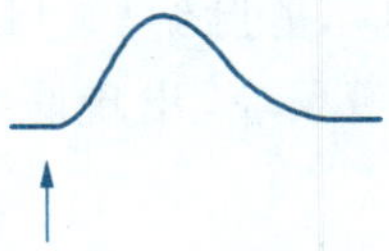	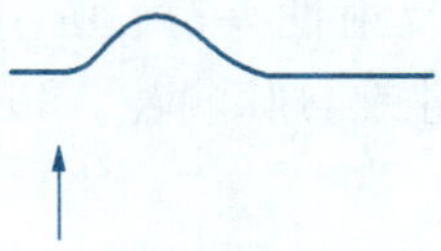	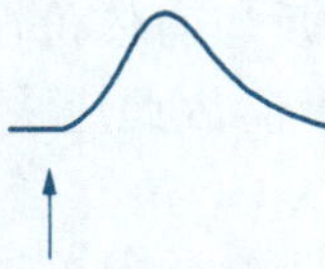
异丙肾上腺素	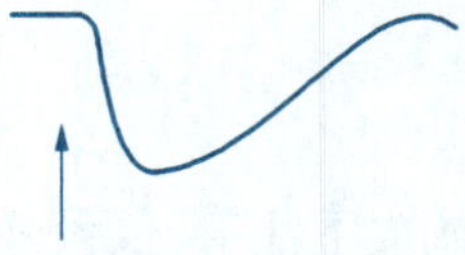		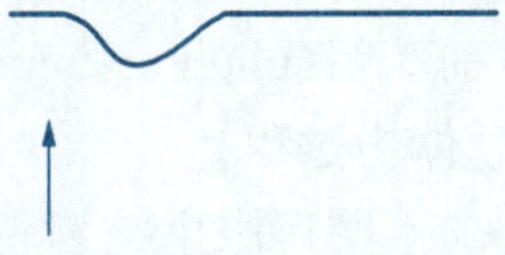

(2) 心脏：有兴奋心脏的作用，使心肌收缩力增强，心率加快，心输出量增加。这种兴奋作用除了由血管扩张、血压下降、反射性兴奋交感神经引起外，还可能是拮抗神经末梢突触前膜 α_2 受体，从而促进去甲肾上腺素释放，激动心脏 β_1 受体的结果。

(3) 其他部位平滑肌：α_1 受体拮抗剂能拮抗膀胱、尿道及前列腺组织上的 α_1 受体，抑制其收缩，从而降低其张力，减少阻力。根据其对 α_1、α_2 受体的选择性不同，可分为非选择性 α 受体拮抗剂(α_1、α_2 受体拮抗剂)、选择性 α_1 受体拮抗剂和选择性 α_2 受体拮抗剂。

(一) α_1、α_2 受体拮抗剂

此类药物对 α_1、α_2 受体具有相似的亲和力，拮抗 α_1、α_2 受体。根据药物作用及维持时间不同，又将其分为

短效类及长效类α受体拮抗剂。短效类药物为咪唑啉(imidazoline)衍生物,它们与α受体结合较疏松,容易解离;同时由于拮抗突触前膜α_2受体,使去甲肾上腺素释放增加,竞争性结合α受体,故作用维持时间短,属于竞争性α受体拮抗剂,常用的药物有酚妥拉明、妥拉唑啉。长效类药物的化学结构为氯化烷基胺,与α受体结合牢固,作用维持时间长,属于非竞争性α受体拮抗剂,常用的药物有酚苄明。

酚妥拉明

【体内过程】

酚妥拉明(phentolamine),口服生物利用度低,仅为注射给药的20%。口服后30 min血药浓度达峰值,作用维持时间为3~6 h;肌内注射作用维持时间为30~45 min。大多以无活性的代谢物从尿液排泄。

【药理作用】

酚妥拉明对血管平滑肌α_1受体的拮抗作用,使血管扩张,降低肺动脉压和外周血管阻力,血压下降,反射性兴奋交感神经,加上拮抗突触前膜α_2受体,拮抗负反馈作用,使去甲肾上腺素释放增加,兴奋心脏,增强心肌收缩力,加快心率,增加心输出量。对静脉和小静脉的α_1受体拮抗作用比对小动脉的作用强,直立时外周静脉淤血增多,易引起体位性低血压。偶可致心律失常。此外,有拟胆碱作用,可使胃肠平滑肌兴奋;还有组胺样作用,使胃酸分泌增加,引发皮肤潮红等。

【临床应用】

(1) 肾上腺嗜铬细胞瘤的治疗和术前用药:因瘤细胞分泌大量肾上腺素及去甲肾上腺素而引起高血压,酚妥拉明拮抗α_1受体,产生迅速而强大的降压作用,降低肾上腺嗜铬细胞瘤所致的血压升高。

(2) 因静脉滴注去甲肾上腺素外漏引起的局部皮肤缺血坏死,可皮下浸润注射。

(3) 外周血管痉挛性疾病:如肢端动脉痉挛性疾病、手足发绀和血栓闭塞性脉管炎等。

(4) 休克:能舒张小血管,降低外周阻力,增加心肌收缩力,使心输出量增加,从而改善休克状态时的内脏血液灌注,解除微循环障碍,防止肺水肿的发生,用于外周血管阻力高、心输出量低的休克患者的治疗,但给药前必须补足血容量。临床上主张合用去甲肾上腺素,目的是对抗去甲肾上腺素对α_1受体的激动作用,使血管收缩作用不致过分剧烈,保留其激动β_1受体而产生的增强心肌收缩力的作用。

(5) 顽固性充血性心力衰竭:心力衰竭时,因心输出量不足,交感张力增加,外周阻力增高,肺充血和肺动脉压力升高,易产生肺水肿。应用酚妥拉明可扩张血管、降低外周阻力;明显降低心脏后负荷、左室舒张末压与肺动脉压,心输出量增加,心力衰竭得以减轻。

(6) 其他:酚妥拉明口服或阴茎海绵体内注射可用于诊断或治疗阳痿。

【不良反应】

常见的反应有体位性低血压和反射性兴奋心脏引起的不良反应,静脉给药过快可引起心率加快、心律失常和心绞痛,因此应采用缓慢注射或静脉滴注。口服可有胃肠道反应,出现腹痛、腹泻、呕吐和诱发溃疡病等。

酚苄明

酚苄明(phenoxybenzamine)为人工合成品。

【体内过程】

酚苄明口服生物利用度20%~30%,因刺激性强,不做肌内或皮下注射,仅做静脉注射。静脉注射酚苄明后,其分子中的氯乙胺基需要环化形成乙烯亚胺基,才能与α受体结合而拮抗α受体,故起效慢,1 h后可达最大效应,但作用强大。因脂溶性高,大剂量用药可积蓄于脂肪组织中,然后缓慢释放,且代谢产物与α受体结合牢固,故作用持久。主要经肝代谢,经肾及胆汁排泄。一次用药,12 h排泄50%,24 h排泄80%,作用可维持3~4日,1周后尚有少量残留于体内。

【药理作用】

酚苄明能扩张血管,降低外周阻力和增加心输出量,加快心率。血压正常者静卧时其降压作用不明显,但当直立时因为拮抗了代偿性血管收缩,可引起血压明显降低。由于血压降低反射性兴奋交感神经,加上拮抗突触前膜α_2受体作用和对储存型摄取、代谢型摄取的抑制作用,可使心率加快。在高浓度应用时,还具有抗5-羟色胺及抗组胺作用。

【临床应用】

酚苄明主要用于治疗嗜铬细胞瘤和良性前列腺增生引起的排尿困难。

【不良反应】

常见的不良反应有体位性低血压、心悸、鼻塞、嗜睡、疲乏等，口服可致恶心、呕吐。

（二）α_1受体拮抗剂

此类药物对动脉和静脉的 α_1 受体有较高的选择性拮抗作用，使外周血管阻力降低，血压下降。对突触前膜上 α_2 受体无明显作用，因此在拮抗去甲肾上腺素和肾上腺素升压作用的同时，无促进神经末梢释放去甲肾上腺素和明显加快心率作用，也不增加肾素的分泌。临床常用的本类药物有哌唑嗪、特拉唑嗪、多沙唑嗪等，主要用于原发性高血压、慢性充血性心力衰竭和良性前列腺增生的治疗。

（三）α_2受体拮抗剂

育 亨 宾

育亨宾（yohimbine）能选择性地拮抗 α_2 受体，可促进去甲肾上腺素能神经末梢释放去甲肾上腺素，增加交感神经张力，导致血压升高，心率加快。主要作为科研的工具药。

二、β受体拮抗剂

β受体拮抗剂能选择性地与β受体结合，竞争性拮抗去甲肾上腺素能神经递质或肾上腺素受体激动剂与β受体的结合，从而拮抗其β拟肾上腺素作用。β受体拮抗剂与激动剂呈典型的竞争性拮抗，使激动剂的量-效曲线平行右移。例如，普萘洛尔竞争性拮抗异丙肾上腺素致心率增加作用具体见图 6-3。

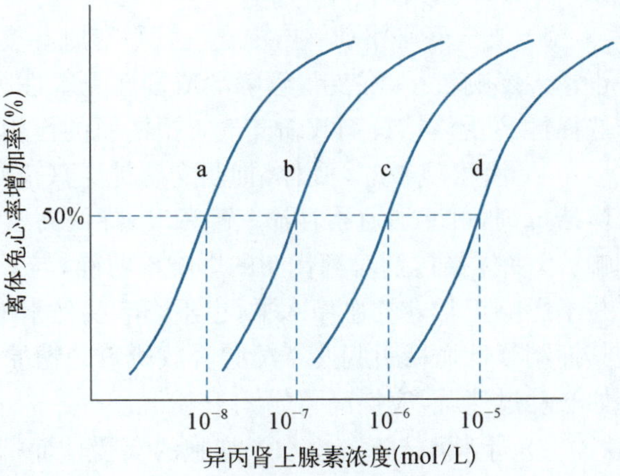

图 6-3　普萘洛尔竞争性拮抗异丙肾上腺素致心率增加作用

a 曲线表示加入普萘洛尔的浓度为 0；b 曲线表示加入普萘洛尔的浓度为 10^{-8} mol/L；c 曲线表示加入普萘洛尔的浓度为 10^{-7} mol/L；d 曲线表示加入普萘洛尔的浓度为 10^{-6} mol/L

（一）β受体拮抗剂的共性

β受体拮抗剂可根据其选择性分为非选择性的（β_1、β_2 受体拮抗剂）和选择性的（β_1 受体拮抗剂）两类。本类药物中有些除具有β受体拮抗作用外，还具有一定的内在拟交感活性，因此上述两类药物又可分为有内在拟交感活性及无内在拟交感活性两类。

【体内过程】

β受体拮抗剂口服后在小肠吸收，但由于受脂溶性高低的影响及其通过肝脏时的首过消除，其生物利用度差异较大。本类药物主要经肝代谢、肾排泄。脂溶性高的药物主要在肝脏代谢，少量以原型从尿液排泄，脂溶性小的药物主要以原型从肾脏排泄。本类药物的 $t_{1/2}$ 多数在 3～6 h，索他洛尔的 $t_{1/2}$ 可达 10～20 h，属长效β受体拮抗剂。β受体拮抗剂的分类及药理学特性见表 6-4。

表 6-4　β受体拮抗剂分类和药理学特性

药物名称	β受体拮抗作用		内在拟交感活性	膜稳定作用	脂溶性（$\lg K_p$）	口服生物利用度（%）	血浆 $t_{1/2}$（h）	首过消除（%）	主要消除器官
	β_1	β_2							
非选择性β受体拮抗剂									
普萘洛尔	+	+	0	++	3.65	25	2～5	60～70	肝
索他洛尔	+	+	0	0	—	95	10～20	—	肾
噻吗洛尔	+	+	0	0	2.1	50	3～5	25～30	肝
吲哚洛尔	+	+	++	±	1.75	75	3～4	10～13	肝、肾
选择性 β_1 受体拮抗剂									
美托洛尔	+	—	0	±	2.15	40	3～4	50～60	肝

续 表

药物名称	β受体拮抗作用		内在拟交感活性	膜稳定作用	脂溶性(lgK_p)	口服生物利用度(%)	血浆 $t_{1/2}$(h)	首过消除(%)	主要消除器官
	$β_1$	$β_2$							
阿替洛尔	+	—	0	0	0.23	50	5~8	0~10	肾
艾司洛尔	+	—	0	0	—		0.13	—	红细胞内酯酶分解
α、β受体拮抗剂									
拉贝洛尔				±	—	20	4~6	60	肝

【药理作用】

(1) β受体拮抗作用

1) 心脏:对心脏的作用是这类药物的主要作用。其对处于静息状态的正常心脏几乎没有影响,但当心脏交感神经支配占优势时(如运动或病理情况),其拮抗心脏$β_1$受体作用明显,产生负性频率和负性肌力作用,使心率减慢,延缓心房和房室结的传导,延长心电图的P-R间期,减弱心肌收缩力,减少心输出量,降低心肌耗氧量。

2) 血管:短期给予非选择性β受体拮抗剂,拮抗$β_2$受体介导的舒血管作用,加上心脏功能受到抑制,反射地兴奋交感神经,激动α受体,可导致血管收缩和外周阻力增加,冠状动脉、肝脏、肾脏和骨骼肌等器官组织血流量减少。β受体拮抗剂对正常人血压影响不明显,而对高血压患者具有降压作用,其调节机制复杂,详见第十六章相关内容。

3) 支气管平滑肌:拮抗支气管平滑肌$β_2$受体,使支气管平滑肌收缩而增加呼吸道阻力。但这一作用对正常人影响较小,在支气管哮喘或慢性阻塞性肺疾病的患者中,这种拮抗作用能诱发致命性的支气管收缩。选择性$β_1$受体拮抗剂收缩支气管平滑肌的作用较弱。

4) 代谢:拮抗β受体,抑制交感神经兴奋所引起的脂肪分解。长期应用不具有内在拟交感活性的β受体拮抗剂,可增加血浆甘油三酯浓度,降低高密度脂蛋白,而具有内在拟交感活性者对血脂影响较小或无影响。β受体拮抗剂对糖代谢的影响不明确,与α受体拮抗剂合用时可拮抗肾上腺素的升血糖作用。普萘洛尔并不影响正常人的血糖水平,也不影响胰岛素的释放,但能延缓使用胰岛素后低血糖反应的恢复,这可能是其抑制了低血糖引起儿茶酚胺释放所致的糖原分解,故对使用胰岛素的糖尿病患者,易掩盖其低血糖反应,如心动过速等,应提高警惕。

5) 肾素:拮抗肾小球旁细胞的$β_1$受体而抑制肾素的释放,这可能是其降低血压作用的原因之一。

(2) 内在拟交感活性(intrinsic sympathomimetic activity, ISA):有些β受体拮抗剂与β受体结合后,既有拮抗β受体作用,又有微弱的激动β受体作用,称为内在拟交感活性,其本质属于β受体的部分激动剂,由于激动作用较弱,一般被其β受体拮抗作用所掩盖而不表现出来,但体内去甲肾上腺素减少时或预先给予利血平以耗竭体内儿茶酚胺,使药物的β受体拮抗作用无从发挥,如再给予具有内在拟交感活性的β受体拮抗剂,其激动β受体的作用便可表现出来,可致心率加快、心输出量增加等。内在拟交感活性较强的药物在临床应用时,其抑制心收缩力、减慢心率和收缩支气管的作用一般来说要比无内在拟交感活性的药物弱。

(3) 膜稳定作用:大剂量应用药物时,有些β受体拮抗剂具有局部麻醉作用和奎尼丁样作用,这两种作用均与其降低细胞膜对离子的通透性有关,故称为膜稳定作用。这一作用与β受体的拮抗作用无关,在治疗量时,与治疗作用无关。

(4) 其他:普萘洛尔有抗血小板聚集作用;β受体拮抗剂尚有降低眼内压作用,可能是减少房水形成所致。

【临床应用】

(1) 心律失常:拮抗心脏$β_1$受体,减慢心率和传导,对多种原因引起的快速型心律失常(如窦性心动过速、全麻药或拟肾上腺素药引起的心律失常等)有效,对交感神经兴奋引起的心律失常疗效较佳。

(2) 高血压:β受体拮抗剂是治疗高血压的基础药物之一,能有效控制原发性高血压,可单独应用,也可与其他抗高血压药联合使用。

(3) 心绞痛和心肌梗死:拮抗心脏$β_1$受体,降低心肌耗氧量,增加缺血区供血,对心绞痛有良好疗效。对于心肌梗死，早期应用β受体拮抗剂可降低心肌梗死患者的复发率和猝死率。

（4）充血性心力衰竭：在心肌状况严重恶化之前早期应用β受体拮抗剂，对扩张型心肌病所致的心力衰竭治疗作用明显。

（5）甲状腺功能亢进：普萘洛尔用于治疗甲状腺功能亢进。可降低机体对儿茶酚胺的敏感性，降低交感神经活性，而且抑制甲状腺素（T_4）转变为三碘甲状腺原氨酸（T_3），因而能有效控制甲状腺功能亢进症状，如激动不安、心动过速和心律失常等，能降低基础代谢率。

（6）青光眼：局部应用噻吗洛尔等可降低房水生成速率，降低眼内压，常用于青光眼的治疗。与毛果芸香碱相比，其不影响瞳孔大小和视力。

（7）其他：普萘洛尔适用于治疗偏头痛、减轻肌震颤等，也用于嗜铬细胞瘤和肥厚型心肌病。

【不良反应】

常见不良反应有头昏、失眠等中枢神经系统症状和恶心、呕吐、轻度腹泻等消化道系统症状。偶见过敏性皮疹和血小板减少等。如应用不当可引起严重的不良反应。

（1）心血管反应：对心脏的β_1受体拮抗作用，可出现心脏功能抑制，特别是心功能不全、窦性心动过缓和房室传导阻滞的患者，由于心脏活动中交感神经占优势，故对本类药物敏感性增高，会引起或加重心力衰竭。具有内在拟交感活性的β受体拮抗剂较少引起心动过缓、心功能抑制。对血管平滑肌β_2受体的拮抗作用可使外周血管收缩甚至痉挛，导致四肢发冷，皮肤苍白或发绀，出现雷诺症状或间歇性跛行，甚至可引起脚趾溃烂和坏死。

（2）诱发或加重支气管哮喘：由于对支气管平滑肌β_2受体的拮抗作用，非选择性β受体拮抗剂可使呼吸道阻力增加，诱发或加重哮喘；选择性β_1受体拮抗剂及具有内在拟交感活性的药物一般不引起上述不良反应，但这类药物的选择性往往是相对的，故对哮喘患者仍应慎用。

（3）反跳现象：长期应用无内在拟交感活性的β受体拮抗剂后突然停药，可使原来病情加重，如心绞痛加剧，甚至引起心肌梗死或猝死、血压升高、严重心律失常等。其机制与受体上调有关。因此长期用药者在病情控制后应逐渐减量直至停药。

（4）其他：偶见眼-皮肤黏膜综合征，个别患者有幻觉、失眠和抑郁症状。糖尿病患者使用胰岛素同时应用β受体拮抗剂，可加强降血糖作用，并易掩盖降血糖药引起的低血糖症状（如心动过速等）而出现严重后果，应提高警惕。

【禁忌证】

禁用于窦性心动过缓、重度房室传导阻滞、严重左心功能不全、外周血管痉挛和支气管哮喘的患者。慎用于心肌梗死及肝功能不良患者。

（二）常用β受体拮抗剂

1. β_1和β_2受体拮抗剂

普萘洛尔

普萘洛尔（propranolol）是最早应用于临床的β受体拮抗剂，仅左旋体有拮抗β受体的作用。

【体内过程】

普萘洛尔口服吸收完全，但首过消除率为60%～70%，生物利用度仅为30%，血浆蛋白结合率大于90%，血浆药物达峰时间为1～3 h，$t_{1/2}$为2～5 h。肝功能减退，$t_{1/2}$可延长。大剂量给药时，肝脏的消除功能饱和，生物利用度可提高。易于通过血脑屏障和胎盘屏障，也可通过乳汁分泌。代谢产物90%以上经肾排泄。该药个体差异大，不同个体口服相同剂量的普萘洛尔，血浆药物浓度相差可达25倍，故用药剂量应个体化。

【药理作用】

普萘洛尔具有较强的β受体拮抗作用，对β_1和β_2受体的选择性很低，没有内在拟交感活性。用药后使心率减慢，心收缩力减弱和心输出量减少，冠状动脉血流量下降，心肌耗氧量明显减少，可使高血压患者血压降低，支气管阻力有一定程度的增高。

【临床应用】

普萘洛尔临床主要用于治疗心律失常、心绞痛、高血压、甲状腺功能亢进等。

【不良反应】

可出现眩晕、神志模糊(尤见于老年人)、精神抑郁、反应迟钝等中枢神经系统不良反应,支气管痉挛及呼吸困难、充血性心力衰竭较少见,偶尔可见发热、咽痛、粒细胞缺乏、皮疹(过敏反应)、血小板减少、出血倾向。

【禁忌证】

支气管哮喘,心源性休克,心脏传导阻滞(Ⅱ度、Ⅲ度房室传导阻滞),重度或急性心力衰竭,窦性心动过缓等。

索他洛尔

索他洛尔(sotalol)兼有β受体拮抗作用和延长心肌动作电位时程电生理活性的药物。小剂量时表现为β受体拮抗作用,可延长窦房结周期和房室结不应期,减慢房室传导;较大剂量时,可延长心房、心室动作电位时程和有效不应期。口服吸收完全,生物利用度高,$t_{1/2}$长,血浆蛋白结合率低,且首过消除率低,80%～90%以原型从尿液排泄。临床用于各种心律失常,包括室性心律失常、室上性心律失常,以及心房颤动、心房扑动转复正常窦性节律的维持治疗,也可用于高血压及心绞痛。

吲哚洛尔

吲哚洛尔(pindolol)生物利用度高,作用类似普萘洛尔,但强度是普萘洛尔的6～15倍,有较强的内在拟交感活性,主要表现在激动β_2受体方面,激动血管平滑肌β_2受体,使血管扩张,且减慢心率及减少心输出量的作用较弱,因此,对心脏储备力降低或易出现心动过缓的高血压患者使用该类药物较好。

2. β_1受体拮抗剂

美托洛尔

美托洛尔(metoprolol)口服几乎完全吸收,首过消除率为25%～60%,生物利用度为40%～75%。食物可增加其吸收,血药浓度为空腹时的1～1.4倍。血浆峰浓度的个体差异很大(可达17倍),可能与体内的代谢受遗传因素影响有关,快代谢型者$t_{1/2}$为3～4 h;慢代谢型者$t_{1/2}$可达7～55 h。肝脏代谢,仅10%以原型从尿液排泄。美托洛尔有较弱的膜稳定作用,无内在拟交感活性。对β_1受体有较高的选择性,但较大剂量时对血管及支气管平滑肌β_2受体也有作用。临床可用于治疗心律失常、心绞痛、高血压、心肌梗死、甲状腺功能亢进及嗜铬细胞瘤等。

阿替洛尔

阿替洛尔(atenolol)无膜稳定作用及内在拟交感活性,对β_1受体有较高选择性,而对支气管及血管的β_2受体影响甚小。临床应用与美托洛尔相似。

艾司洛尔

艾司洛尔(esmolol)是一种作用时间很短的β_1受体拮抗剂,$t_{1/2}$约8 min。紧急情况下可静脉给药。

三、α、β受体拮抗剂

本类药物对α、β受体的拮抗作用选择性不强,临床主要用于高血压的治疗。

拉贝洛尔

拉贝洛尔(labetalol)口服吸收迅速,生物利用度为20%～40%,血浆蛋白的结合率为50%,99%在肝脏代谢,只有少量以原型从肾脏排出。$t_{1/2}$为4～6 h。

【药理作用与临床应用】

拉贝洛尔在化学结构上有两个手性中心,有4种立体异构体,即(R, R)-型、(R, S)-型、(S, R)-型及(S, S)-型。每一种异构体可显示不同的活性,拮抗受体的选择性各不相同,(R, R)-型主要拮抗β受体,对β_2受体具有某些内在拟交感活性,可引起血管舒张;(S, R)-型几乎没有β受体拮抗作用,对α受体的拮抗作用最强;(R, S)-型几乎没有α、β受体拮抗作用;(S, S)-型缺乏β受体拮抗作用。临床应用的拉贝洛尔为上述4种异构体消旋混合物,主要拮抗α_1受体和β_1受体,部分激动β_2受体,其对β受体的拮抗作用为α受体的5～10倍。有较弱的膜稳定作用及内在拟交感活性。多用于中度和重度的高血压、心绞痛,静脉注射可用于高血压危象,它与单纯β受体拮抗剂相比能降低卧位血压和外周阻力,一般不降低心输出量,降低血压时也很少引起心率加快。对支气管平滑肌收缩作用不强,但对哮喘患者仍不利。

【不良反应】

常见的不良反应有体位性低血压、眩晕、乏力、幻觉、胃肠道障碍等，本药致支气管平滑肌收缩的作用虽不强，但对哮喘患者仍可致支气管痉挛。哮喘及心功能不全者禁用。儿童、孕妇及脑出血患者忌用。

卡维地洛

卡维地洛(carvedilol)为非选择性β受体和α_1受体拮抗剂，还具有抗氧化作用，抑制氧自由基引起的脂质过氧化和平滑肌增殖。有研究表明，其为β受体偏倚(向)激动剂，通过β受体β-抑制蛋白的偏倚激动，表现出心肌细胞凋亡抑制效应。口服首过消除明显，生物利用度为22%，血浆蛋白结合率为95%，经肝脏代谢消除，$t_{1/2}$为6～8 h。降压作用迅速且维持时间长。临床用于治疗高血压和充血性心力衰竭。

小　结

去甲肾上腺素主要激动α受体，对心脏β_1受体作用较弱，对β_2受体几乎无作用。临床用于休克、上消化道出血和药物中毒性低血压。不良反应主要是局部组织缺血坏死和急性肾衰竭。肾上腺素主要激动α和β受体。临床主要用于心脏骤停、过敏性疾病，与局麻药配伍用于局部麻醉及局部止血。异丙肾上腺素主要激动β受体，对α受体几乎无作用。临床主要用于支气管哮喘、心脏骤停、房室传导阻滞、感染性休克。多巴胺激动α、β_1受体和D_1受体，小剂量时可使肾及肠系膜血管扩张，肾血流量及肾小球滤过率增加；临床主要用于抗休克，对于休克伴有心收缩力减弱及尿量减少者尤为合适，可与利尿药合用治疗急性肾衰竭。

短效类α受体拮抗剂酚妥拉明使血管扩张，血压下降，反射性兴奋交感神经，使心脏兴奋。临床主要用于嗜铬细胞瘤的治疗与术前用药、外周血管痉挛性疾病、去甲肾上腺素漏出血管外、休克和顽固性充血性心力衰竭等。β受体拮抗剂分为非选择性β受体拮抗剂和选择性β_1受体拮抗剂。β受体拮抗剂对心脏的作用是其主要的药理作用，临床主要用于心血管疾病(心律失常、高血压、心绞痛和心肌梗死、充血性心力衰竭)等的治疗。不良反应为抑制心功能、诱发或加重哮喘及反跳现象。

【思考题】

1. 患者，男，28岁。电击伤导致出现心脏骤停，15 min后送至医院，立即给予气管插管呼吸机辅助呼吸，并行心脏按压、心肺复苏及药物治疗，心脏未能复跳，随即行开胸心脏按压，心脏除颤及肾上腺素、利多卡因、阿托品等治疗。10 min后，心脏恢复跳动，抢救同时急送重症监护病房。体检：患者神志不清，体温36.7℃，脉搏85次/分，呼吸20次/分(呼吸机辅助呼吸)，血压130/80 mmHg。双侧瞳孔等圆等大，直径约为3 mm，对光反射迟钝。住院治疗1个月后，能够生活自理，出院。请问：
   (1) 试分析此病例中选用肾上腺素治疗的药理学依据。
   (2) 肾上腺素还有哪些临床应用？
2. 为什么肾上腺素是过敏性休克的首选药？
3. 请分析“肾上腺素作用的翻转”产生的机制及临床意义。
4. 试述β受体拮抗剂的药理作用和临床应用。

(张　玲)

※ 课程PPT

第六章
课程PPT

第七章

中枢神经系统递质及其受体

学习目标

【知识目标】

1. 掌握　中枢神经受体的分布及功能。
2. 熟悉　中枢神经递质的基本类型。
3. 了解　相关神经系统疾病的发病机制及治疗药物的作用。

【能力目标】

能理解和掌握中枢神经系统的递质与受体，为后续学习中枢神经系统药物的药理学特征打好基础。

【素质目标】

能根据药物对中枢神经系统递质与受体的影响为患者合理选药、预测不良反应。

中枢神经系统(central nervous system, CNS)结构复杂，含有大量不同类型的神经元和胶质细胞。神经细胞间存在多种形式的突触联系，通过多种神经递质作用于相应受体传递信息，从而介导繁杂而精细的功能调节。第二次世界大战后，对神经心理药物的研究大大促进了对脑内递质的研究。20世纪60年代，人们了解到脑中黑质纹体束的通道是以多巴胺为神经递质。1973年，美国药理学家甘达丝·伯特(Candace Pert)在脑内发现了吗啡受体；1976年，美籍华裔内分泌学学家李卓浩从下丘脑提取物中找到了含31个氨基酸的β-内啡肽，并人工合成。

作用于中枢神经系统的药物是最早被人类发现并使用的药物之一，主要通过影响中枢突触传递的不同环节而改变人体的生理或病理过程。目前临床使用的中枢神经系统药物，大多数通过影响神经递质合成释放过程或作用于受体，从而影响中枢神经系统功能，产生各种中枢作用。

资料来源：

李佩珊，许良英，1999. 20世纪科学技术简史. 2版. 北京：科学出版社.

第一节　中枢神经递质的概念

在中枢神经系统中，突触传递最重要的方式是神经化学传递，即通过神经递质进行传递。神经递质(neurotransmitter)主要在神经元中合成，并储存于突触体内，在冲动传导过程中被释放到突触间隙后，立即与相应的突触后膜受体结合，使离子通道开放并产生突触后去极化电位或超极化电位，引发突触后神经元兴奋性升高或降低，从而产生生理效应。其作用特点为传递信息快、作用强、选择性高。

一、中枢神经递质

神经系统内存在许多化学物质，但作为神经递质必须具备下列几个条件。

(1) 生物合成：突触前神经元内具有合成神经递质的物质及酶系统，能够合成该递质。例如，胆碱能神经末梢有胆碱乙酰化酶，去甲肾上腺素能神经末梢存在酪氨酸羟化酶等。

(2) 囊泡储存：神经递质通常储存于神经元轴突末梢的囊泡中，可防止被细胞质中其他酶破坏。

(3) 释放：神经冲动到达时，储存的神经递质被释放入突触间隙。

(4) 作用于受体：能与突触前膜或突触后膜的受体结合发挥特定的生理作用。

(5) 灭活：神经递质发挥生理效应后通过灭活机制迅速终止生理效应，以保持突触传递的灵活性。灭活的方式有两种：一种是被酶破坏，如乙酰胆碱主要被胆碱酯酶水解失活；另一种是被突触前膜或后膜摄取，如神经末梢所释放的去甲肾上腺素大部分又被突触前膜摄取（称为重摄取或再摄取），其余部分被非神经组织（如心肌、平滑肌及肝脏等）摄取。

(6) 药理学验证：用递质拟似剂或受体拮抗剂能加强或拮抗递质的作用。

二、中枢神经递质的分类

目前，中枢神经系统内仅有少数突触的神经递质比较明确，而大多数神经递质至今尚未得到充分阐明。根据化学结构不同，中枢神经递质主要分为5类，即胆碱类、单胺类、氨基酸类、肽类、其他类。胆碱类主要是乙酰胆碱。单胺类包括儿茶酚胺（多巴胺、去甲肾上腺素、肾上腺素）、吲哚胺和5-羟色胺。氨基酸类包括γ-氨基丁酸、甘氨酸、牛磺酸、β-丙氨酸、谷氨酸、天冬氨酸等。肽类包括内源性阿片肽、P物质、神经加压素、胆囊收缩素（CCK）、生长抑素、血管升压素和缩宫素、神经肽Y等。其他类有组胺、核苷酸类、一氧化氮、一氧化碳等。

第二节　中枢神经递质与受体

已知中枢神经递质达100余种，其中大多数是肽类。现介绍几种重要的递质、受体及其功能。

一、乙酰胆碱

乙酰胆碱是脑内第一个被发现的神经递质，其作用广泛，选择性不高。由于缺乏高灵敏性、特异性检测脑内乙酰胆碱方法，对其了解程度远低于单胺类神经递质。

（一）中枢乙酰胆碱能通路

脑内的胆碱能神经元分布主要存在以下两种类型。

1. *局部分布的中间神经元*　主要参与局部神经回路的组成。在纹状体、隔核、伏隔核、嗅结节等神经核团均有较多的胆碱能中间神经元，其中纹状体最多。

2. *胆碱能投射神经元*　这些神经元在脑内分布较集中，分别组成胆碱能基底前脑复合体和胆碱能脑桥-中脑-被盖复合体。阿尔茨海默病的病理改变特征之一就是基底前脑复合体胆碱能神经元明显丢失。

（二）脑内乙酰胆碱受体

绝大多数脑内胆碱能受体是M受体（>90%），N受体仅占不到10%。脑内的M或N受体的药理特性与外周相似。

M受体属于G蛋白偶联受体，由单一肽链组成，含有7个跨膜区域。通过重组DNA克隆等分子生物学技术，目前已发现5种M受体亚型（M_1～M_5），脑内以M_1受体为主，占M受体总数的50%～80%。M受体在中枢分布广泛，密度较高的脑区包括大脑皮质、海马、纹状体、伏隔核、隔核、缰核、脚间核、上丘、下丘和顶盖前区等。

(三)中枢乙酰胆碱功能

中枢乙酰胆碱主要涉及觉醒、学习、记忆及运动功能调节。M受体激动剂可使脑电图出现低幅快波的觉醒活动。M受体拮抗剂则可取消激动剂的这种作用,出现高幅慢波的睡眠脑电活动。

学习、记忆障碍是阿尔茨海默病的突出症状。阿尔茨海默病患者的梅奈特(Meynert)基底核胆碱能神经元明显减少,神经元丢失的程度与学习记忆障碍的程度密切相关。目前临床最常用的抗阿尔茨海默病药物是中枢胆碱酯酶抑制剂,其主要药理作用是提高中枢乙酰胆碱水平。

脑内乙酰胆碱-多巴胺平衡失调时会出现明显的运动障碍。如多巴胺系统功能低下而乙酰胆碱系统功能相对过强,可出现帕金森病的症状;相反,则出现亨廷顿病的症状。治疗前者可使用M受体拮抗剂,后者则使用M受体激动剂。

二、去甲肾上腺素与肾上腺素

脑内去甲肾上腺素能神经元胞体分布相对集中在脑桥及延髓的网状结构,密集于蓝斑核,主要形成3束投射纤维,支配大脑皮质各区、边缘系统以及小脑、延髓、脊髓等。此外,在脑桥、延髓外侧、大脑脚被盖网状结构中也较松散地聚集着一些去甲肾上腺素能神经元核团,主要投射到基底前脑和隔区。

脑内肾上腺素受体也存在α_1、α_2和β_1、β_2、β_3亚型,其功能与觉醒、情感、痛觉调节、学习和记忆、心血管调节和药物依赖等生理、病理机制有关。例如,利血平能降低脑内去甲肾上腺素水平,诱发抑郁;碳酸锂抑制脑内去甲肾上腺素释放并促进其再摄取,使突触间隙去甲肾上腺素浓度降低而产生抗躁狂作用。

三、多巴胺

多巴胺是脑内最重要的一种神经递质,在脑内相对集中分布于纹状体、黑质和苍白球。

(一)脑内多巴胺能神经通路及功能

1. 黑质-纹状体通路　胞体位于黑质致密区,主要支配纹状体,该通路所含有的多巴胺含量占全脑含量的70%,是锥体外系运动功能的高级中枢。当此通路功能减弱时可引起帕金森病,而功能亢进则出现多动症。

2. 中脑-边缘系统通路　胞体位于顶盖腹侧区,主要支配伏隔核和嗅结节,其功能与情绪、情感有关。

3. 中脑-皮质通路　胞体主要位于顶盖腹侧区,主要支配大脑皮质的一些区域,如前额叶、扣带回、内嗅脑和梨状回的皮质,主要参与认知、思想、感觉和推理能力的调控。

4. 结节-漏斗通路　胞体主要位于弓状核和室周核,投射至漏斗核和正中隆起,主管腺垂体的内分泌功能。

目前认为,Ⅰ型精神分裂症主要与中脑-边缘系统通路、中脑-皮质通路的功能失常,并伴有脑内多巴胺受体增多有关。抗精神分裂症药通过拮抗这两条通路的D_2受体发挥疗效。阻滞黑质-纹状体通路和结节-漏斗通路,分别引起锥体外系不良反应和内分泌方面改变。

(二)脑内多巴胺受体

脑内多巴胺受体有5种亚型(D_1~D_5)。目前发现,D_1和D_5亚型受体的分子同源性超过80%,且都与兴奋性G蛋白偶联,故统称为D_1样受体(D_1-like receptor),可导致细胞内cAMP聚集并激活蛋白激酶A;而D_2、D_3、D_4受体同源性约45%,常与抑制性G蛋白偶联,统称为D_2样受体(D_2-like receptor),D_2样受体负性调控蛋白激酶A。

黑质纹状体系统存在D_1样受体(D_1和D_5亚型)和D_2样受体(D_2和D_3亚型),其中D_3亚型主要位于突触前膜,是多巴胺自身受体,负反馈调控多巴胺自身的合成、释放等。中脑-边缘系统通路、中脑-皮质通路主要存在D_2样受体(D_2、D_3和D_4亚型)。值得注意的是,D_4亚型特异性存在于这两条多巴胺通路,该亚型与精神分裂症的发生发展关系密切。目前发现氯氮平对D_4亚型具有高亲和力,锥体外系不良反应和内分泌影响极小。结节-漏斗通路主要存在D_2亚型,是研究D_2亚型受体的理想生物材料。

四、5-羟色胺

脑内5-羟色胺(5-hydroxytryptamine,5-HT)能神经元主要集中在脑桥、延髓中线旁的中缝核群,共组成9个5-HT能神经核团(B_1~B_9),其中中脑核群含量最高,其次是黑质、红核、丘脑及丘脑下部、杏仁核,含量较低的是尾核和海马。5-HT受体有7种类型（$5-HT_1$～$5-HT_7$），每种受体均存在不同亚型，如$5-HT_1R$细分为$5-HT_{1A}R$、$5-HT_{1B}R$、$5-HT_{1C}R$、$5-HT_{1D}R$、$5-HT_{1E}R$和$5-HT_{1F}R$。5-HT的功能是维持情绪稳定，参与体温、睡眠、内分泌等调节。中枢5-HT功能异常可能与厌食、紧张、偏头痛、抑郁症、精神分裂症、癫痫、帕金森病、阿尔茨海默病等多种神经精神疾病有关。5-HT再摄取转运蛋白是多类抗抑郁药的作用靶点，如西酞普兰、帕罗西汀等选择性5-HT再摄取抑制剂都是通过提高突触间隙5-HT含量，增强5-HT神经传递功能而产生抗抑郁作用的。

五、γ-氨基丁酸

γ-氨基丁酸（γ-aminobutyric acid，GABA）是脑内最重要的抑制性神经递质，脑内约30%的突触以GABA为神经递质，在哺乳动物脑内分布广泛但不均匀，黑质中浓度最高，外周组织含量极少。目前仅发现两条长轴突投射的GABA能通路：小脑-前庭外侧核通路以及从纹状体投射到中脑黑质的通路；其余大多数是短轴突的GABA能神经元，主要分布于大脑皮质、海马和小脑。

（一）脑内GABA受体

GABA受体有3种主要亚型：$GABA_A$、$GABA_B$、$GABA_C$。$GABA_A$受体是中枢神经系统中最主要的GABA受体，属于化学门控Cl^-通道受体，在突触后膜形成Cl^-通道。$GABA_B$受体在中枢神经系统中较少，属于G蛋白偶联受体，主要分布于突触前膜，通过关闭钙通道负反馈调节神经递质释放。$GABA_C$受体也属于化学门控Cl^-通道受体，主要分布于视网膜，近年来发现在海马、皮质和垂体等也有分布。印防己毒素可阻滞$GABA_C$受体的Cl^-通道。

$GABA_A$受体由5种不同的亚基（如α、β、γ、δ和ρ等）组成，每个亚基都是一条多肽链，含4个跨膜区，5个亚基围绕组成中空的Cl^-通道，而且每一个$GABA_A$受体都必须包含一个α亚基、一个β亚基和一个γ亚基。β亚基上有GABA的结合点，其他部位也存在各种调节GABA受体Cl^-通道的药物如苯二氮䓬类、巴比妥类、印防己毒素、乙醇等的结合位点，这些位点与相应药物结合，导致$GABA_A$受体构象改变，从而影响其与GABA的亲和力以及Cl^-通道的氯电导变化。其中，位于$α_1$亚基和$γ_2$亚基界面的苯二氮䓬类调节位点最引人注目。当苯二氮䓬类位点激动剂如地西泮结合苯二氮䓬类位点后可增强$GABA_A$受体与GABA的亲和力，从而增强Cl^-通道的开放频率，增强GABA能神经元的传递作用，从而产生抗焦虑、镇静催眠、抗惊厥等作用；而β-咔啉类化合物具有反向激动剂的特性，使$GABA_A$受体通道的开放频率降低。

（二）脑内GABA功能

有研究发现，GABA在癫痫、阿尔茨海默病、帕金森病和亨廷顿病的发病机制中具有重要作用。脑内谷氨酸脱羧酶（glutamate decarboxylase，GAD）活性降低，GABA含量减少，是惊厥和癫痫的主要病因之一；阿尔茨海默病患者额叶皮质的$GABA_B$受体结合率减少68%；帕金森病患者相关脑区GAD活性显著下降，亨廷顿病患者尾核和壳核中$GABA_A$受体明显减少，而苍白球中$GABA_A$受体代偿增加，相关脑区GAD活性显著降低；精神分裂症患者海马、前扣带皮质和内侧前额叶皮质的中间神经元减少，GAD表达量和$GABA_A$受体结合率下降，GABA能突触传递下调。增加GABA合成，抑制其降解或摄取的药物，GABA受体激动剂和变构激动剂均能增强GABA能突触传递，产生抗焦虑、催眠、抗惊厥、中枢性肌肉松弛和全身麻醉作用。苯二氮䓬类、巴比妥类和全麻药均为$GABA_A$受体的变构激动剂（图7-1）。

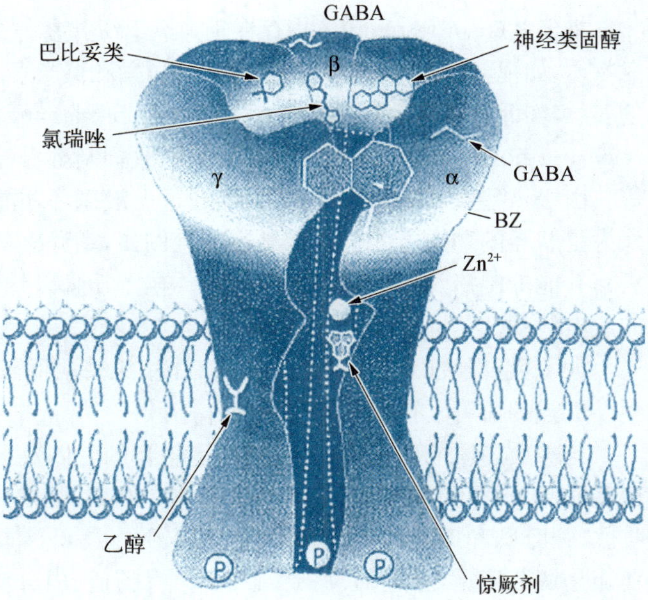

图7-1 GABA受体结构

GABA，γ-氨基丁酸；BZ，苯二氮䓬类

此外,GABA 也参与疼痛、神经内分泌和摄食行为等的调节。

六、谷氨酸

谷氨酸(glutamate, Glu)是中枢神经系统内主要的兴奋性氨基酸,脑内 50%以上的兴奋性突触以谷氨酸为神经递质。作为递质的谷氨酸可储存在突触囊泡内,也可存在于末梢胞质中。谷氨酸一旦被释放后,可与兴奋性氨基酸受体结合,诱发突触后神经元去极化,产生兴奋性突触后电位(excitatory postsynaptic potential, EPSP)。天冬氨酸也可产生相似作用,但其去极化作用比谷氨酸触发慢,恢复也慢,并伴大而稳定的膜电导增加。

谷氨酸受体分为两类:一类为离子通道型受体,包括 *N*-甲基-*D*-天冬氨酸(*N*-methyl-*D*-aspartate, NMDA)受体、α-氨基-3-羟基-5-甲基-4-噁唑丙酸(α-amino-3-hydroxy-5-methyl-4-isoxazole, AMPA)受体及红藻氨酸(kainic acid, KA)受体,它们与离子通道偶联,形成受体通道复合物,介导快信号传递;另一类属于代谢型谷氨酸受体(metabotropic glutamate receptor, mGluR),与膜内 G 蛋白偶联,被激活后通过 G 蛋白效应酶、脑内第二信使等组成的信号转导系统起作用,产生较缓慢的生理反应。

1. NMDA 受体　在脑内分布广泛,尤其在海马及大脑皮质分布最密集,是目前研发神经精神疾病治疗药物的重要靶标。NMDA 受体在神经系统发育过程中也发挥着重要作用,参与调节神经元的存活,树突、轴突的发育以及突触可塑性的形成等。NMDA 受体也与学习、记忆有密切关系。谷氨酸通过作用于 NMDA 受体,在多种疾病的发病机制中(如缺血性脑病、低血糖脑损害、癫痫、脑外伤和老年性中枢退行性疾病等)发挥作用。

由于谷氨酸的代谢过程难以干预,目前药物研发的目标主要集中于谷氨酸受体。例如,苯环己哌啶(phencyclidine)、氯胺酮是 NMDA 受体的非竞争性拮抗剂,为精神活性药物。美金刚通过非竞争性拮抗 NMDA 受体,阻滞钙通道开放,能改善中度至重度老年痴呆患者的认知功能,是第一个研发成功的作用于 NMDA 受体的阿尔茨海默病治疗药物。

2. 非 NMDA 受体　包括 AMPA 受体及 KA 受体,属于化学门控离子通道受体。AMPA 受体在脑内的分布与 NMDA 受体几乎平行,两者在突触传递及谷氨酸的兴奋神经毒性作用中有协同作用。

3. 代谢型谷氨酸受体　自身受体激活可拮抗谷氨酸的兴奋神经毒性,保护神经元。海马区长时程增强(long-term potentiation, LTP)的形成依赖代谢型谷氨酸受体的功能。

七、神经肽

神经肽(neuropeptide)泛指存在于神经组织并参与神经系统功能作用的内源性活性物质,是一类特殊的信息物质,如视上核和室旁核神经元分泌升压素和催产素;下丘脑内其他肽能神经元能分泌多种调节腺垂体活动的多肽,如促甲状腺激素释放激素(thyrotropin-releasing hormone, TRH)、促性腺激素释放激素(gonadotropin-releasing hormone, GnRH)、生长激素释放抑制激素(growth hormone release inhibiting hormone, GHRIH)等。由于这些肽类物质在分泌后,要通过血液循环才能作用于效应细胞,因此称为神经激素。但这些目前被认为是肽类的物质可能也是神经递质。例如,室旁核具有调节交感和副交感神经活动的作用(其递质为催产素),并能抑制痛觉(其递质为升压素)。在下丘脑以外脑区存在 TRH 和相应受体,TRH 能直接影响神经元的放电活动。

大多数神经肽起效、降解均较慢,作用维持时间较长。然而也有例外,如血管紧张素原经酶解后则成为活性更强的血管紧张素Ⅰ发挥生理作用。

与经典递质相似,各种神经肽都有各自的受体及不同的受体亚型。几乎所有的神经肽受体都属于 G 蛋白偶联受体家族。神经肽是其天然配体。例如,脑内具有吗啡样活性的多肽,即阿片肽,包括 β-内啡肽、脑啡肽、强啡肽和孤啡肽,分别对 μ 受体、δ 受体及 κ 受体、孤阿片受体有高亲和力。阿片肽及其受体主要生理功能是调节痛觉,对运动、呼吸、心血管、胃肠道、内分泌以及免疫系统功能亦有调节作用。脑内还存在胃肠肽,如胆囊收缩素,其有抑制摄食行为的作用。许多胆碱能神经元中含有血管活性肠肽,可能有加强乙酰胆碱作用的功能。此外,脑内还有其他肽类物质,如 P 物质(与痛觉传入活动有关)、神经降压肽(具有降血压、升血糖、降体温、增加毛细血管通透性等生理作用)等。迄今已发现的神经肽有 100 多种,数目远远超过小分子神经递质,多与痛觉、睡眠、情绪、学习与记忆乃至神经系统本身的分化和发育有关。

作用于中枢神经系统的前药及主要机制见表 7-1。

表 7-1　作用于中枢神经系统的药物按作用机制分类表

作用靶点	作用机制	代表药物	主要药理作用或应用
乙酰胆碱受体	激动 M_1 受体	毛果芸香碱	觉醒
	拮抗 M_1 受体	哌伦西平、东莨菪碱	中枢抑制、抗帕金森病
	激动 M_2 受体	6-β-乙酰氧基去甲托烷	中枢抑制
	拮抗 M_2 受体	阿托品	中枢兴奋
	激动 N 受体	烟碱	惊厥
	抑制胆碱酯酶	毒扁豆碱、他克林	催醒、抗老年痴呆
去甲肾上腺素受体	促进去甲肾上腺素释放	麻黄碱、苯丙胺	中枢兴奋
	抑制去甲肾上腺素释放	锂盐	觉醒、抗躁狂
	抑制去甲肾上腺素摄取	可卡因、丙米嗪	欣快、抗抑郁
	抑制去甲肾上腺素灭活	单胺氧化酶抑制剂(MAOIs)	抗抑郁
	耗竭去甲肾上腺素储存	利血平	安定、抑郁
	激动 α 受体	去甲肾上腺素	兴奋
	激动 α_2 受体	可乐定	降血压、镇静
	拮抗 α_2 受体	育亨宾	升血压、兴奋
	拮抗 β 受体	普萘洛尔	降血压、噩梦、幻觉
多巴胺受体	激动多巴胺受体	阿扑吗啡	催吐
	拮抗多巴胺受体	丙米嗪、氯氮平	安定、抗精神病、镇吐
	生成多巴胺	左旋多巴	抗帕金森病
5-羟色胺受体	激动 5-羟色胺受体	麦角酸二乙胺	精神紊乱、幻觉、欣快
	拮抗 5-羟色胺受体	二甲麦角新碱	中枢抑制
GABA 受体	激动 GABA 受体	蝇蕈醇	抑制兴奋、抗焦虑、催眠、抗惊厥
	增强 GABA 作用	苯二氮䓬类	镇静、催眠、抗惊厥
	拮抗 GABA 受体	荷包牡丹碱	精神紊乱、阵挛抽搐、抗镇静
阿片受体	激动阿片受体	阿片类(吗啡、哌替啶)	镇痛、镇静、呼吸抑制
	拮抗阿片受体	纳洛酮	吗啡中毒

小　结

脑内乙酰胆碱受体主要是 M 受体,分布广泛,主要与觉醒、学习、记忆、运动及内脏活动等生理功能有关。脑内肾上腺素受体也存在 α 和 β 亚型,广泛分布于脑内,与觉醒、情感、痛觉调节、学习和记忆、心血管调节和药物依赖等有关。多巴胺受体有 5 种亚型,大部分集中在纹状体、黑质和苍白球,与运动协调、情绪情感、内分泌功能等有关。5-羟色胺受体目前所知有 7 种类型,主要维持情绪和情感的稳定,参与体温、睡眠、内分泌等调节。GABA 是主要的抑制性神经递质,$GABA_A$ 受体和 $GABA_B$ 受体广泛分布于整个中枢神经系统,在癫痫、老年痴呆、帕金森病和亨廷顿病的发病机制中具有重要作用。谷氨酸是主要的兴奋性氨基酸,其受体有 NMDA 受体、AMPA 受体、KA 受体及代谢型谷氨酸受体,参与兴奋性突触传导,并在学习、记忆、神经元的可塑性、神经系统发育及一些疾病发病机制中发挥作用。已发现的神经肽有 100 多种,各种神经肽都有各自的受体及不同的受体亚型,多与痛觉、睡眠、情绪、学习与记忆乃至神经系统本身的分化和发育有关。

【思考题】

1. 简述脑内主要神经递质的类型。
2. 简述中枢神经系统受体及效应。
3. 患者,女,23 岁。既往有头部外伤史,近 2～3 年经常在白天正常活动中突然大叫一声、跌倒在地、意识丧失,并出现四肢强直、眼球上翻、口吐白沫、面色发绀、瞳孔散大、对光反射消失、尿失禁、先强直后阵挛,后逐渐停止,意识恢复。每次发作持续 3～5 min,每月发作 1～2 次,今日发作 1 次就诊。查体:体温 36.7℃,呼吸 21 次/分,脉搏 80 次/分,血压 95/70 mmHg,无明显神经系统阳性体征。最终患者被确诊为癫痫。请问:
   (1) 该疾病的发生可能与哪些中枢性神经递质有关?
   (2) 这些递质分别作用哪些受体?

(张　玲)

※ 课程 PPT

第七章
课程 PPT

第八章

麻醉药

学习目标

【知识目标】

1. 掌握　局部麻醉药的作用机制和利多卡因、丁卡因的作用特点，以及吸入麻醉药恩氟烷、异氟烷、七氟烷、地氟烷和静脉麻醉药丙泊酚的作用特点。

2. 熟悉　血/气和脑/血分配系数、最小肺泡浓度的概念、吸入麻醉药的应用。

3. 了解　复合麻醉的概念和用药目的。

【能力目标】

能将本章节知识应用于临床实践，合理应用麻醉药，预防麻醉药引起的不良反应。

【素质目标】

1. 通过学习麻醉药的发展史，传承我国传统医药文化。

2. 通过学习常用麻醉药常用方法，培养在临床麻醉中分析问题和解决问题的能力，做好围术期用药指导。

中国是最早使用麻醉药物的国家，早在两千多年前就已经有了关于麻醉药应用的记载。我国东汉时期古代著名医学家华佗发明了"麻沸散"；宋代的窦材在《扁鹊心书》中记载了麻醉剂"睡圣散"，其主要成分为曼陀罗中的东莨菪碱，具有抑制腺体分泌和中枢镇静的功效；元代的医学家危亦林在《世医得效方》中提及"草乌散"，主要功效成分为川乌所含有的乌头碱，外用可麻痹周围神经末梢，具有局部麻醉和镇痛的作用；明代的医学家张景岳在《资蒙医经》中记载了以羊踯躅为主材的蒙汗药配方，其含有梫木毒素，因此具备较强的镇痛作用，对头、颈和腹部的麻醉效果最明显。西方最早的麻醉药可追溯到18世纪后期，1844年，美国牙医霍勒斯·韦尔斯(Horace Wells)将氧化亚氮用于拔牙前的麻醉，是近代麻醉学的开端。1846年，乙醚的使用标志着麻醉学进入了吸入麻醉时期。1884年，卡尔·柯勒(Carl Koller)首次将可卡因用于眼角膜作体表麻醉；1904年根据可卡因的化学结构特点，人工合成了低毒性的普鲁卡因，直至现在普鲁卡因仍是常用局麻药物。1934年硫喷妥钠应用于临床，成为现代静脉麻醉的主要药物。1942年肌肉松弛药筒箭毒碱应用于外科手术。目前吸入性全麻药中最古老的氧化亚氮仍在临床广泛使用，乙醚、甲氧氟烷等现已基本不用，由恩氟烷、异氟烷、七氟烷、脱氟烷等替代。静脉全麻药除硫喷妥钠外，尚有氯胺酮、依托咪酯、丙泊酚等作用更好的药物在临床使用；各种新型肌肉松弛剂也替代了筒箭毒碱。此外，电针麻醉、低温麻醉也相继应用于临床。

资料来源：

江玉，和中浚，2011. 中国古代麻醉术发明史．医学与哲学(人文社会医学版)，32 (2)：74－76.

张胜婷，刘瑞，彭蜀晋，等，2015. 麻醉药物发展史略．化学教育，36 (18)：77－81.

麻醉药(anesthetics)是指通过对中枢或外周神经作用，使患者全身或用药局部痛感觉减轻或暂时消失的药物。前者称全身麻醉药，后者称局部麻醉药。

第一节 局部麻醉药

局部麻醉药(local anesthetics)简称局麻药,指在患者神志清醒状态下,局部给予适当浓度药物后,能在给药部位暂时、完全、可逆性阻滞神经细胞膜上的 Na^+ 通道,干扰神经冲动传导,暂时消除患者局部感觉甚至运动功能的药物。理想的局麻药应具备性质稳定,无明显局部刺激和组织损伤,吸收后无严重全身毒性,麻醉作用发生快、维持时间长等特点。

常用的局麻药在化学结构上由芳香环、中间链和胺基团组成。根据中间链化学特性可将局麻药主要分为酯类和酰胺类。酯类代表药物包括普鲁卡因、丁卡因等;酰胺类代表药物包括利多卡因、布比卡因等;其他,如氨基酮类代表药物有达克罗宁。芳香环具有亲脂性,胺基有弱碱性,与氢离子结合后具有亲水性,因此局麻药同时具备亲脂性和亲水性。亲水性有利于其在体内穿透细胞和组织液,迅速转运与分布;药物的脂溶性有利于通过各种生物膜,到达疏水性的神经纤维。脂溶性越高,药物的脂质膜的通透性越强、递送速度越快、与 Na^+ 通道受体的亲和力越大,疗效和毒性亦越大,治疗指数越小。

【体内过程】

局麻药在吸收前已完成麻醉功能,一般药物代谢模式不完全适合局麻药的情况。局麻药属于弱碱性药物,大多数局麻药的 pK_a 值介于 8.0~9.0,常用局麻药制剂大多是胺盐溶液(pH=5.0~7.0),此 pH 范围内局麻药更稳定。给药方式多采用局部注射给予,药物吸收进入血液循环后,先分布到血液循环丰富的组织,如脑、肺、肝、肾等;再缓慢分布到血液循环较差的组织,如肌肉、肠、皮肤等。酯类局麻药主要被血浆中的假性胆碱酯酶水解,故其 $t_{1/2}$ 短;针对患有先天性假性胆碱酯酶的异常,或因肝硬化、严重贫血、恶病质和晚期妊娠等引起酶量减少的患者,应减少酯类局麻药用量。酰胺类局麻药如利多卡因在肝经脱烷基化代谢降解,因此肝功能降低的患者对这类药物的代谢减慢,$t_{1/2}$ 明显延长,发生药物不良反应的可能性增大。代谢物主要经肾脏排泄,当尿液 pH 偏酸时,药物排出增加。

【作用机制】

局麻药通过非解离型进入神经内,以解离型作用于神经细胞膜内侧,通过与神经细胞膜上的电压门控性 Na^+ 通道受体结合,改变 Na^+ 通道蛋白构象,使 Na^+ 通道关闭、阻滞 Na^+ 内流,阻断动作电位和神经冲动的产生和传导,产生局麻作用(图 8-1)。局麻药的作用具有频率依赖性和电压依赖性,频率依赖性即使用依赖性(use dependence),表现为开放的通道越多,受药物阻滞的通道也越多,效应越大;电压依赖性指膜内电位升高可使局麻药阻滞作用增强,可能是由于开放状态的 Na^+ 通道有利于解离型局麻药进入 Na^+ 通道受体结合位点。因此,与静息态相比,处于兴奋状态的神经对局麻药更敏感。

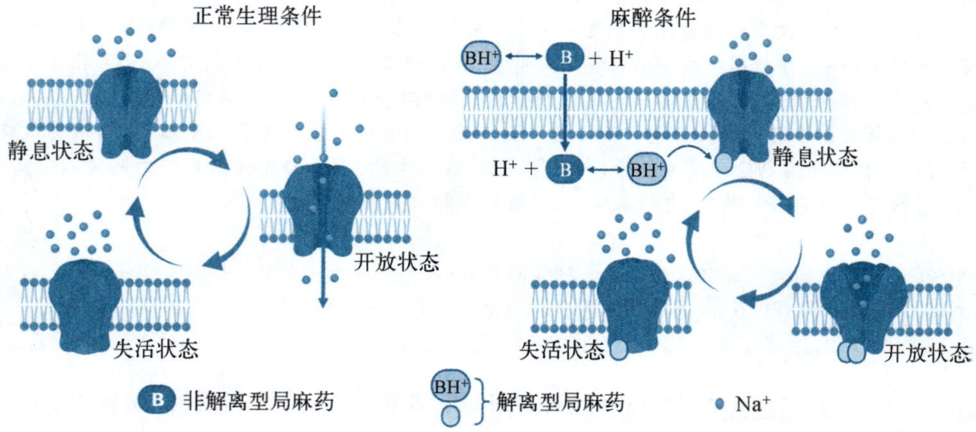

图 8-1 局麻药的作用机制

局麻药以非解离型穿过细胞膜,以解离型结合神经细胞膜内侧的电压门控性 Na^+ 通道、阻滞 Na^+ 内流,阻断动作电位和神经冲动的产生和传导

【药理作用】

局麻药可使神经冲动兴奋阈升高、传导速度减慢、动作电位幅度降低或不应期延长，导致神经完全丧失兴奋性和传导性。局麻药对神经冲动传导的阻滞作用与神经纤维的类型和直径、神经电活动频率和膜电位大小及与局部 pH 和 Na^{+}、Ca^{2+} 浓度相关。无髓鞘的神经纤维（交感、副交感神经节后纤维）和直径较细的有髓鞘神经纤维（感觉和运动神经纤维）最先受到阻滞。局麻药对混合神经产生作用时，依次消失的是痛觉、冷觉、温觉、触觉、压觉，最后发生运动麻痹；神经放电频率越高、膜电位电负性越小的神经纤维对局麻药越敏感；不同部位达到麻醉所需的麻醉药浓度大小不同，依次为肋间＞骶管＞硬膜外腔＞臂丛＞坐骨神经丛；由于局麻药多为弱碱性药物，通常体液 pH 偏高时，非解离型较多，麻醉作用较强；体液 pH 偏低时，非解离型较少，麻醉作用较弱；细胞外 Na^{+} 和 Ca^{2+} 浓度增高则麻醉作用减弱。当局麻作用结束后，神经冲动传导的恢复则按相反顺序进行。

【临床应用】

(1) 表面麻醉(surface anaesthesia)：将穿透性强的局麻药涂抹于黏膜表面，用于黏膜下神经末梢麻醉及浅表手术。常用药物有丁卡因、利多卡因等。

(2) 浸润麻醉(infiltration anaesthesia)：将局麻药于皮下或手术视野附近组织进行注射，使局部神经末梢麻醉。加用少量肾上腺素，可减缓局麻药的吸收，延长作用时间。常用药物有布比卡因、利多卡因、甲哌卡因等。

(3) 传导麻醉(conduction anaesthesia)：将局麻药注射到外周神经干附近，阻断神经冲动传导，使该神经所分布的区域麻醉。常用药物有布比卡因、利多卡因、丁卡因等。

(4) 蛛网膜下腔麻醉(subarachnoidal anaesthesia)：又称脊髓麻醉或腰麻(spinal anaesthesia)，从腰椎蛛网膜下腔注射麻醉药，依次阻断交感神经纤维、感觉纤维、运动纤维传导。常用于下腹部手术和下肢手术。常用药物有利多卡因、丁卡因等。

(5) 硬膜外麻醉(epidural anaesthesia)：从硬膜外腔注射麻醉药，药物沿神经鞘扩散，穿过椎间孔阻断神经根。由于硬膜外腔终止于枕骨大孔，不与颅腔相通，药液不扩散至脑组织，无蛛网膜下腔麻醉时头痛或脑脊膜刺激现象。常用药物有布比卡因、罗哌卡因等。

(6) 区域镇痛(regional analgesia)：用于围术期镇痛，通常与阿片类药物联合应用，可减少阿片类药物的用量。常用药物有罗哌卡因、甲哌卡因、布比卡因等。

【不良反应】

局麻药吸收入血并达到足够浓度，可引起局部或全身的不良反应，但临床常规麻醉剂量一般对全身影响很小。

(1) 中枢神经系统：局麻药对中枢神经系统的作用是先兴奋后抑制。初期表现为眩晕、兴奋不安、肌肉震颤，进一步产生神志错乱及全身性强直-阵挛性惊厥，最后出现昏迷、呼吸麻痹。相比中枢神经兴奋性神经元，中枢神经抑制性神经元对局麻药更敏感、先被局麻药抑制，因此引起脱抑制而出现兴奋现象。局麻药引起的惊厥是边缘系统兴奋灶扩散所致。苯二氮䓬类能加强边缘系统 GABA 能神经元抑制作用，预防惊厥发作。后期转为抑制，可因抑制呼吸中枢引起呼吸衰竭而死亡，因此中毒昏迷时应着重维持呼吸及循环功能。

(2) 心血管系统：局麻药能够抑制心肌细胞 Na^{+} 内流，具有心肌细胞膜稳定作用。大剂量、高浓度局麻药可导致心肌收缩性减弱、不应期延长、传导减慢及血管平滑肌松弛、血压下降等。硬膜外麻醉时出现频率较高。初期由于中枢兴奋作用表现为血压上升、心率加快，后期表现为心率减慢、血压下降、传导阻滞直至心搏停止。防治心脏毒性应以预防为主，掌握药物浓度和一次允许的极限剂量，并采用分次小剂量给药。心肌对局麻药耐受性较高，中毒后常见呼吸先停止，故宜采用人工呼吸抢救。

(3) 过敏反应：较为少见。酯类局麻药引起过敏反应的发生率高于酰胺类，故对酯类局麻药过敏者可改用酰胺类局麻药。

常用局麻药

(一) 酯类

最早人工合成并用于临床的酯类局麻药是普鲁卡因(procaine)，但由于其麻醉效价强度低、起效较慢、作用时间短,目前在临床已被逐步替代。目前临床常用酯类局麻药主要有丁卡因、丙美卡因等。

丁卡因

丁卡因(tetracaine)是长效酯类局麻药。亲脂性高,与神经脂质结合快、亲和力大,起效快;常用于口腔、耳鼻喉黏膜表面麻醉、传导麻醉、硬膜外麻醉和蛛网膜下腔麻醉;由于局部吸收后的全身毒性较大,一般不用于浸润麻醉。丁卡因吸收入血后,在血中被胆碱酯酶水解速度较普鲁卡因慢,故作用时间较长。临床用于眼部麻醉时可采用0.5%～1%溶液滴眼,无角膜损伤等不良反应。

丙美卡因

丙美卡因(proparacaine)属于短效酯类局麻药。临床主要用于各种眼科手术及眼底检查的表面麻醉,给药20 s后起效,药效可持续15 min,无散瞳作用。药效持续期间应防止异物进入眼内并禁止揉擦眼睛;不宜长期使用,以避免发生角膜损伤、视力减退或伤口愈合延迟。患有癫痫病、心脏病、甲状腺功能亢进或有呼吸问题的患者尤其慎用。

(二) 酰胺类

利多卡因

利多卡因(lidocaine)属于中效局麻药,是首个合成的临床应用最广泛的酰胺类局麻药。对黏膜穿透力较强、扩散广、起效快,经黏膜吸收的速度与静脉注射相似,一般不用于蛛网膜下腔麻醉。利多卡因吸收入血后,90%经肝脏代谢酶CYP3A4和CYP1A2代谢生成活性产物单乙基甘氨酰二甲苯胺及甘氨酰二甲苯胺;加少量肾上腺素,能减慢其吸收,延长作用时间和减少吸收后出现的严重不良反应。临床主要用表面麻醉、浸润麻醉、传导麻醉和硬膜外麻醉。此外,还可用于抗心律失常(详见第十九章)。

布比卡因

布比卡因(bupivacaine)属于长效酰胺类局麻药。其麻醉效价强度和麻醉维持时间与丁卡因相似,主要用于浸润麻醉、传导麻醉、蛛网膜下腔麻醉和硬膜外麻醉;对感觉神经的阻断作用优于对运动神经的阻断,尤其适用于分娩期和手术后患者预留导管输入药液止痛。由于布比卡因与Na^+通道受体结合后解离速度慢,当其结合并抑制心肌细胞膜上Na^+通道时,可明显导致严重的室性心律失常和心肌抑制。

左旋布比卡因(levobupivacaine)为新型长效局麻药,是布比卡因的异构体,相对毒性较低,尤其适用于临床需要较大剂量局麻药及较长时间持续给药的情况。

罗哌卡因

罗哌卡因(ropivacaine)是纯左旋异构体的长效酰胺类局麻药。麻醉效价强度和维持时间与布比卡因相似,阻断痛觉的作用较强而对运动的作用较弱,作用时间长,但对心脏的毒性明显低于后者。临床主要用于硬膜外麻醉和区域阻滞镇痛。罗哌卡因对子宫和胎盘血流几乎无影响,适用于产科手术麻醉。

阿替卡因

阿替卡因(articaine)属中、短效酰胺类局麻药。同剂量下麻醉强度大于利多卡因,对感觉和运动神经阻滞作用好。脂溶性高、组织渗透力强、起效快,临床常用于口腔及鼻咽局部麻醉,适用于操作时间短且需要快速麻醉的手术,如拔牙、牙髓治疗等牙科手术和非卧床脊髓麻醉。安全范围大,副作用小,对心血管系统影响较小。

甲哌卡因

甲哌卡因(mepivacaine)局麻效能高、持续时间长,但不扩张血管,使用时可不加用肾上腺素。临床可用于表面麻醉、浸润麻醉、神经阻滞和硬膜外麻醉;适用于腹部、四肢及会阴部手术。

(三) 氨基酮类

达克罗宁

达克罗宁(dyclonlne)属于氨基酮类局麻药。可阻断多种神经冲动传导,抑制触觉和痛觉;多用于皮肤及黏膜麻醉、局部止痛止痒,如喉镜及气管镜检查前的准备、创伤引起的局部软组织疼痛(烧伤、溃疡等)、骨关节疾病局部对症止痛以及男性早泄。

常用局麻药的特点和临床应用比较分别见表8－1和表8－2。

表 8-1 常用局麻药的特点

	pK_a 值	脂溶性	蛋白结合率（%）	相对麻醉强度	起效时间（min）	维持时间（h）
普鲁卡因	8.9	0.6	6	1	1～3	0.75～1
氯普鲁卡因	9.1	0.4	4	4	3～5	0.5～0.75
丁卡因	8.5	80	76	14	1～3	2～3
利多卡因	7.9	2.9	70	4	2～5	2～3
罗哌卡因	8.1	2.9	94	16	5～10	4～8
丙胺卡因	7.9	0.9	55	2	5～10	2.5～3
布比卡因	8.1	28	96	16	5～10	1～2
依替卡因	7.9	141	94	16	5～15	4～8

注：相对麻醉强度指与普鲁卡因相比的麻醉效价。

表 8-2 常用局麻药的临床应用

分 类	药 物	特 点	应 用
酯 类	盐酸丁卡因	黏膜的穿透力强；毒性大；一般不用于浸润麻醉	常用于口腔和耳鼻喉黏膜表面麻醉、传导麻醉、硬膜外麻醉和蛛网膜下腔麻醉
	盐酸丙美卡因	极易穿透黏膜	各种眼科手术及眼底检查的表面麻醉
酰胺类	盐酸利多卡因	作用快、强、持久；穿透力强、安全范围较大；无扩张血管作用；对组织无刺激性；用于抗室性心律失常	全能局麻药，主要用于传导麻醉和硬膜外麻醉
	盐酸布比卡因	局麻作用较利多卡因强且持久	浸润麻醉、传导麻醉和硬膜外麻醉
	盐酸罗哌卡因	作用时间短；心肌毒性小，有明显收缩血管作用，对子宫和胎盘血流几乎无影响	硬膜外、臂丛阻滞和局部浸润麻醉；适用于产科手术麻醉，围手术期镇痛

第二节 全身麻醉药

全身麻醉药(general anesthetics) 简称全麻药，能可逆性抑制中枢神经系统功能，引起感觉、意识和反射暂时性消失、骨骼肌松弛，以便于进行外科手术的药物。镇痛是麻醉作用中最基本、最重要的作用。此外，全麻药还具有催眠、肌松、遗忘、意识消失和抑制异常应激反应等多种作用。理想的全麻药应具备麻醉诱导期短、停药后麻醉恢复期平稳且迅速、麻醉深度易于控制、无明显局部刺激和其他不良反应、安全范围大等特点。

全麻药包括吸入麻醉药和静脉麻醉药两类。

一、吸入麻醉药

吸入麻醉药(inhalation anesthetics)是一类脂溶性较大、化学性质不活泼的气体或分子量小、沸点低的挥发性液体；经呼吸道吸入给药，用于全身麻醉的诱导和维持。亚麻醉浓度的吸入麻醉药还可用于临床镇静和镇痛。

【体内过程】

(1) 吸收：吸入性麻醉药脂溶性高，易透过肺泡扩散吸收入血，最终透过多重生物膜抵达外周组织器官或透过血脑屏障作用于中枢神经系统。药物吸收速度受肺通气量、吸入气中的药物浓度、血/气分布系数和脑/血分配系数等因素的影响。肺通气量大、肺血流量丰富、吸入气中的药物浓度高，则麻醉药物吸收速度快。

(2) 分布：药物在各组织中的分布与局部血流量、药物在组织中的溶解度、组织容积和脑/血分配系数有关。组织血流越快(如脑、心、肺和肝)，药物分布越快；脑/血分布系数大，药物越易进入脑组织，脑中吸入麻醉药分压上升越慢,诱导期越长。大多数吸入麻醉药的多脂溶性较大,因此当给药时间延长时,药物易在脂质中蓄积。吸入性麻醉药进入中枢后最先在大脑皮质发挥抑制作用,最后在延髓发挥抑制作用。随着麻醉程度加深,各种神经功能抑制的表现依次出现。

(3) 消除:主要经过肺呼出而消除。除氧化亚氮外,药物吸收后均有极少部分被肝脏代谢或肾脏排泄。麻醉程度过深时,增加肺通气量可加速药物排出。血/气和脑/血分配系数小的药物,体内消除快。

血/气分布系数:指血液中药物浓度与吸入气(肺泡气)中的药物浓度达到平衡(分压相等)时的比值。此系数大的药物,在血中溶解度高,达到血/气分压平衡状态较慢,麻醉诱导期较长,通过提高吸入气中药物浓度可缩短麻醉诱导期。

脑/血分配系数:指脑组织中药物浓度与血液中药物浓度达平衡时的比值。此系数大的药物,易进入脑组织,麻醉作用较强;反之药物进入脑组织的量较少,停止给药后易排出,患者苏醒快。

最小肺泡浓度(minimum alveolar concentration, MAC):指在一个大气压力下,能使50%的患者痛感消失的肺泡气最低有效浓度,代表吸入麻醉药的麻醉效价强度;MAC值越小,药物的麻醉效价强度越强。各种全麻药都有其恒定的MAC值,相当于该药物的ED_{50}值。

【作用机制】

全麻药作用机制尚未完全明了。有研究表明,脂溶性高的全麻药容易进入神经细胞膜脂质层,通过干扰神经细胞膜上的配体门控离子通道而发挥作用。其中,$GABA_A$受体-Cl^-通道复合物可能是全麻药的作用靶点。全麻药通过促进GABA对$GABA_A$受体作用,使Cl^-内流增加,细胞膜超极化,抑制性突触传递增加,最终达到麻醉作用。

【药理作用】

(1) 抑制中枢神经系统:吸入麻醉药对中枢神经系统具有强而广泛的抑制作用。不同种类的神经元和神经通路对药物的敏感性不同,其中脊髓背角的胶质细胞最为敏感,延髓的呼吸中枢和血管运动中枢最不敏感,极高浓度的药物才会导致呼吸和循环衰竭。

(2) 抑制循环系统:所有含氟麻醉药可不同程度抑制心肌收缩、扩张外周血管、降低心肌耗氧量和血压;且可以减弱压力感受器的敏感性,导致内脏血流量减少。

(3) 抑制呼吸系统:可扩张支气管、降低呼吸中枢对CO_2的敏感性。所有含氟药物还能降低潮气量和每分通气量,抑制缺氧导致的代偿性换气;但在麻醉诱导期时,对呼吸道有刺激性,可能引起咳嗽甚至支气管痉挛。

(4) 松弛骨骼肌和子宫平滑肌:含氟药物能够不同程度地松弛骨骼肌,能与非去极化型肌松药协同作用。能明显松弛子宫平滑肌,导致产程延长以及产后出血增多。

【不良反应】

(1) 恶性高热综合征:属于特异质反应,除氧化亚氮外,所有吸入麻醉药均可引起,极罕见。表现为高热(体温可达43℃),伴有心动过速、血压升高、酸中毒、高血钾、肌强直和骨骼肌细胞内游离Ca^{2+}浓度异常升高,严重者可致死亡。琥珀胆碱可触发此反应。可静脉注射丹曲林(dantrolene)以阻滞Ca^{2+}释放;同时采用物理降温、纠正电解质及酸碱平衡紊乱及其他对症疗法。

(2) 心血管系统:不同程度抑制心脏和血管功能,降低平均动脉压,扩张血管,可致心律失常。

(3) 呼吸系统:所有吸入麻醉药均呈剂量依赖性抑制呼吸系统功能。降低潮气量、呼吸频率及对CO_2反应;抑制气道纤毛功能,轻度扩张支气管;气管插管麻醉可预防此症。呼吸抑制可采用呼吸机补偿。麻醉时正常反射消失,胃内容物可反流并被吸入肺中,引发支气管痉挛和术后肺炎。氟烷对心血管和呼吸抑制作用最强,氧化亚氮和乙醚最弱。

(4) 肝、肾毒性:所有含氟的吸入麻醉药对肝脏功能均有一定影响。甲氧氟烷因导致严重肾损害而被弃用;恩氟烷也可引起。

(5) 其他毒性:吸入麻醉药可降低脑代谢率,增加脑血流,增加颅内压;恩氟烷、氟烷和异氟烷可引起癫痫样脑电波。长期接触可致头痛、警觉性降低和孕妇流产;长期接触氧化亚氮可降低蛋氨酸合成酶活性,引起巨幼红细胞贫血。

【药物相互作用】

阿片类镇痛药和镇静催眠药可增强本类药物麻醉作用；骨骼肌松弛药可增强本类药物的肌松效果，合用时麻醉药剂量应减少；含氟吸入麻醉药，尤其是氟烷可增加心肌对儿茶酚胺的敏感性；β受体拮抗剂可增强本类药物的心肌抑制作用。

常用吸入麻醉药

乙 醚

乙醚(diethyl ether)目前已极少使用。为澄明易挥发的液体，带异常刺激性臭味，曾是临床使用最为广泛的吸入麻醉药。稳定性差，遇光、遇热和在氧气中发生化学变化生成过氧化物及乙醛而毒性增强，具有易燃易爆、刺激呼吸道腺体分泌、胃肠道反应较重等缺点；且麻醉诱导期和苏醒期长，易发生意外。此外，尚有箭毒样作用，肌松作用较强。

氟 烷

氟烷(halothane)是第一个用于临床的含氟吸入麻醉药。无色透明液体，微带水果香味，沸点 50.2℃，不燃不爆，化学性质不稳定，遇光缓慢分解，可与碱石灰反应生成毒性物质，溶于橡胶而较少溶于聚乙烯制品，对多种金属有腐蚀作用。麻醉效价强度高，血/气分布系数较小，故麻醉诱导期短，停药后苏醒快(约 1 h)。镇痛作用较弱，中枢性骨骼肌松弛作用常难达到手术要求，一般需要加用阿片类镇痛药和(或)骨骼肌松弛药。氟烷对心血管系统功能呈剂量依赖性抑制，患者处于酸血症或缺氧状态时，易致心律失常；可扩张脑血管，升高颅内压；反复应用偶致肝炎或肝坏死。心功能不全、休克、中毒性心肌损害、有恶性高热倾向、肝脏疾病、剖宫产以及与肾上腺素合用的手术患者禁用。

异氟烷和恩氟烷

异氟烷(isoflurane)与恩氟烷(enflurane)为同分异构体，是目前临床应用最广的吸入麻醉药。与氟烷相比，异氟烷和恩氟烷理化性质更稳定，不与碱石灰反应，对橡胶、塑料和金属器具亦无腐蚀性；麻醉效价强度稍低，但麻醉诱导期短而平稳，麻醉深度易于调节；对心血管系统抑制作用亦低于氟烷。骨骼肌松弛作用强于氟烷，但仍需要加用骨骼肌松弛药。

异氟烷可致流产，产科慎用；有恶性高热史及对卤素麻醉剂交叉过敏者禁用。

恩氟烷可加重肾损害，故原有肾功能障碍或肾移植者慎用；剂量过大可致惊厥，癫痫和对含卤素的吸入麻醉剂过敏者禁用。

七 氟 烷

七氟烷(sevoflurane)是目前临床应用最广的吸入麻醉药之一。与恩氟烷和异氟烷有相似的理化特性和麻醉效价强度。但性质不如前者稳定，在超过 48℃下可被碱石灰分解。麻醉诱导期短，平稳，停药后患者苏醒快，对呼吸道无明显刺激，对心血管功能影响低于恩氟烷和异氟烷，致惊厥作用也小于恩氟烷。临床适合于小儿和门诊手术麻醉。

地 氟 烷

地氟烷(desflurane)化学性质非常稳定，几乎不在体内代谢。在所有含氟吸入麻醉剂中，地氟烷具有最小的血/气分配系数、脑/血分配系数和油/气分配系数，麻醉效价强度相对较低。麻醉诱导期和苏醒期很短且平稳，骨骼肌松弛作用比其他含氟吸入麻醉药强，对心血管功能的影响较小。但对呼吸道有刺激性，可引起咳嗽、屏气、喉头痉挛和窒息。

氧 化 亚 氮

氧化亚氮(nitrous oxide)亦称笑气。1772 年合成，1844 年用于临床麻醉，是目前尚在使用的最老的气体麻醉药。无色、微甜、无刺激性、室温下理化性质稳定，不在体内代谢。血/气分布系数小，麻醉诱导期短且苏醒快，吸入后 30～40 s 起效。其 MAC 值大，麻醉效价强度低，但镇痛作用较好，用于麻醉时，患者感觉舒适愉快。对心肌有轻度抑制作用，对呼吸和肝肾功能无不良影响。临床主要用于诱导麻醉或复合麻醉，以减少其他药物用量及不良反应。氧化亚氮是消耗大气臭氧层的主要化合物之一，临床使用应注意相关规定。

临床常用吸入麻醉药的理化特点和理想吸入麻醉药的特性分别见表 8-3、表 8-4。

表 8-3 临床常用吸入麻醉药的特点

	分配系数			沸点(℃)	代谢(%)	最小肺泡浓度(MAC)(成人)		麻醉诱导时间	呼吸道刺激性
	血/气	脑/血	油/气			100% O_2	70% N_2O		
恩氟烷	1.9	1.4	98	56.5	2.0	1.63	0.57	很短	轻度
异氟烷	1.46	2.6	98	48.5	0.2	1.2	0.50	很短	明显
七氟烷	0.65	1.7	53	58.5	3.0	1.8	0.60	极短	微弱
地氟烷	0.42	1.3	18.7	23.5	0.02	6.5	2.80	极短	明显
氟烷	2.4	2.6	224	50.5	20～30	0.78	0.29	短	无
氧化亚氮	0.47	1.1	1.4	−89	不代谢	104	—	极短	无
乙醚	12.1	1.1	65	34.6	—	2.0	—	长	极明显

表 8-4 理想吸入麻醉药的特性

血/气溶解度	低
最小肺泡浓度(MAC)	＜10%
心血管系统	对心脏功能无影响或仅有轻度抑制
呼吸系统	无刺激性；轻度支气管扩张作用
代谢	低度生物转化；代谢物无活性、无毒性
给药方式	容易实施；适合于低和高流量系统
费用	低
苏打-石灰(CO_2 吸收剂)	与挥发性吸入麻醉药无相互反应，无结合，无降解产物
耐受性	无刺激鼻性，呼吸吸入时感觉舒服
防护剂	不需要
稳定性	对紫外线、塑胶制品和金属无腐蚀性且稳定

二、静脉麻醉药

静脉麻醉药(intravenous anesthetics)为非挥发性全麻药，经静脉给药后通过血液循环作用于中枢神经系统而引起全身麻醉作用。根据起效快慢可分为两类，即快速起作用的静脉麻醉药如丙泊酚、短效巴比妥类和依托咪酯等；以及起效较慢的静脉麻醉药如苯二氮䓬类和氯胺酮。静脉麻醉药单独使用的范围不广，一般仅适用于短时间、镇痛要求不高的小手术。临床上主要用于吸入性麻醉的诱导以及复合全身麻醉。

1. 优点

(1) 操作简单方便，不需要特殊仪器和设备，适合医院外现场急救外科。

(2) 麻醉诱导迅速，苏醒亦快，适合诱导麻醉。

(3) 不易燃易爆，无手术室污染。

(4) 单用或与阿片类、氧化亚氮合用于短期即可完成的小手术。

(5) 与阿片类药物芬太尼合用可稳定心功能、增强镇静作用和加深诱导麻醉。

(6) 苯二氮䓬类麻醉前给予除使患者镇静外，可使患者处于记忆缺失状态。

2. 缺点

(1) 麻醉深度不易掌握、镇痛作用较差、肌松作用亦差。

(2) 排出较慢。

(3) 剂量则因个体差异不易准确掌握，麻醉深度不易调控，临床应用受限。

(4) 患者可能存在反射反应和精神症状等。

理想静脉麻醉药的特性见表 8-5。

表 8-5 理想静脉麻醉药的特性

物理特性	药物相溶性和稳定性 溶于水：不用助溶剂 注射部位无疼痛，外漏出血管无组织损伤
药代动力学特性	高脂溶性，非离子化形式高，作用发生快 剂量反应陡峭，体内蓄积性小 麻醉恢复主要与药物代谢成无活性代谢物有关
药效学特性	麻醉作用发生快，无明显中枢兴奋作用 低于麻醉浓度即有镇痛作用 无器官毒性(心脏和呼吸抑制，肝毒性和免疫抑制) 不诱发卟啉病和恶性高热 无高敏反应、不促进组胺释放 麻醉手术后无恶心和呕吐，无拟精神反应和宿醉

常用静脉麻醉药物

丙 泊 酚

丙泊酚(propofol)为烷基苯酚化合物，室温下呈油状。属于短效静脉麻醉药，用于全身麻醉的诱导和维持。

【体内过程】

丙泊酚血浆蛋白结合率为98%，分布半衰期为2～4 min，中间消除半衰期为60～70 min，终末消除半衰期超过24 h；分布容积为600～1000 L；主要通过肝脏迅速代谢生成无活性的水溶性化合物，然后经肾脏排出；事先给予芬太尼使丙泊酚的清除率降低30%左右。

【作用机制】

丙泊酚一方面增强 $GABA_A$受体诱导的 Cl^- 通道开放，引起神经元的超极化；另一方面拮抗 NMDA 受体，抑制嗅皮质以及脊髓多突触兴奋性的传递，最终发挥麻醉作用。

【药理作用】

丙泊酚可快速诱导麻醉，麻醉平稳、渐进，苏醒快；能降低脑血流、脑代谢、脑氧耗和颅内压。麻醉舒适感强，醒后无明显宿醉感。可作诱导麻醉、复合麻醉和静脉滴注维持麻醉，或强化监护期患者镇静。

【临床应用】

丙泊酚适用于诱导和维持全身麻醉。也可用于加强患者进行机械通气时的镇静作用、无痛人工流产手术等。

【不良反应】

丙泊酚对心血管和呼吸系统有抑制作用；注射过快可致呼吸和(或)心跳暂停、血压下降、心动过缓等，使心肌对肾上腺素的敏感性增加。

【禁忌证】

禁用于产科麻醉，以及颅内压升高和脑循环障碍患者。局部刺激可引起疼痛(发生率50%左右)。

环 泊 酚

环泊酚(ciprofol)是丙泊酚的衍生物，作用机制与丙泊酚相似；具备良好的麻醉性能，几乎无残留效应。不同于近年上市的其他麻醉药物，环泊酚是中国首个自主化合物创新静脉麻醉药，具有完全自主知识产权。

依 托 咪 酯

依托咪酯(etomidate)为强效超短时非巴比妥类催眠药，麻醉效价强度高，无明显镇痛作用，麻醉前的兴奋(如随意运动、咳嗽及呃逆等)发生率高。可在体内经分子内重排形成封闭的环状结构而脂溶性提高。其麻醉作用机制与增强 $GABA_A$受体诱导的 Cl^- 通道开放有关。静脉注射给药后20 s后起效，持续时间约5 min，增加剂量作用时间可相应延长；临床适用于短小手术和外科处置，以及诱导麻醉。对呼吸和循环系统的影响较小，可用于心功能储备不全患者诱导麻醉。主要不良反应为注射部位发生疼痛及阵挛性肌肉收缩，术后偶有恶心呕吐或局部血栓性静脉炎等。

苯 二 氮 䓬 类

苯二氮䓬类是应用最广泛的镇静催眠药。其中，地西泮、劳拉西泮、咪哒唑仑及瑞马唑仑也用于静脉麻醉,作为麻醉诱导剂或麻醉补充剂。本类药物静脉给予诱导麻醉时间长,但安全范围大,呼吸抑制轻微,有明显镇静、嗜睡和抗焦虑作用。50%以上患者出现记忆缺失。本类药物无明显镇痛作用,可用于不需要镇痛的手术,如内镜检查、心脏复律术和心导管插入术,以及诱导麻醉。地西泮静脉给予足以致患者昏迷、意识丧失。地西泮和劳拉西泮不溶于水,其静脉注射剂需要用非水性溶媒,因此静脉注射有明显局部刺激作用。劳拉西泮和咪哒唑仑与地西泮作用类似,但剂量分别为地西泮的 1/2 和 1/3。瑞马唑仑是咪达唑仑类似物,具备起效快、消除快、镇静效果可控性好、对循环和呼吸系统的抑制作用轻以及几乎无注射痛的特点。

氯 胺 酮

临床所用的氯胺酮(ketamine)是右旋氯胺酮和左旋氯胺酮两对映异构体的消旋体,其中右旋氯胺酮的麻醉效价为左旋氯胺酮的 4 倍。对体表镇痛作用明显,内脏镇痛作用差,但诱导迅速。麻醉时意识并不完全消失,眼睑和角膜反射及肢体运动存在,常保持睁眼和凝视状态,有梦幻,肌张力增加,血压上升;此状态又称分离麻醉(dissociative anesthesia)。

【体内过程】

氯胺酮脂溶性高,与血浆蛋白结合弱,易于透过血脑屏障,给药后首先进入脑组织,随后迅速再分布到肝、肺等血流丰度的组织器官。停止给药后患者苏醒迅速主要是由于药物再分布。仅 2.5%以原型经尿排出;主要经肝微粒体酶 CYP2B 和 CYP3A 代谢,转化为具有麻醉活性的去甲氯胺酮,去甲氯胺酮进一步转化成羟基代谢物,最后与葡萄糖醛酸结合成为无药理活性的水溶性代谢物,由肾排出。

【作用机制】

氯胺酮主要通过拮抗兴奋性神经递质与 NMDA 受体相互作用、选择性阻断痛觉冲动从丘脑向新皮质传导,同时兴奋脑干及边缘系统,从而使意识模糊、短暂记忆缺失及痛觉完全消失。

【药理作用】

(1) 中枢神经系统作用:氯胺酮镇痛作用强,静脉注射后意识逐渐消失,表现为眼睛睁开凝视,眼球震颤,肌张力增加,有时出现不自主肌肉活动。眼睑、角膜和喉反射不受抑制。可使脑血流量和脑耗氧量增加,颅内压随脑血流量增加而增高。氯胺酮麻醉苏醒期可出现精神运动性反应,表现为噩梦、幻觉、谵妄、恐怖感等。

(2) 心血管系统:氯胺酮既有直接抑制心肌的作用,又有通过兴奋交感神经中枢而间接地兴奋心血管系统的作用,临床上的表现是这两方面作用的综合结果。

(3) 呼吸系统作用:临床剂量的氯胺酮注射缓慢,对呼吸影响轻微。当静脉注射过快或过量,或加用麻醉性镇痛药,可导致显著呼吸抑制甚至呼吸暂停。婴儿和老人表现更为明显。

(4) 其他作用:可使眼压轻度增高,可能是由于眼外肌张力不平衡所致。可增加妊娠子宫的收缩力强度和频率。不影响肝肾功能。

【临床应用】

氨胺酮可用于诱导麻醉、烧伤患者清创植皮或短时体表小手术麻醉;由于肝的首过消除,去甲氯胺酮在血浆中的浓度较高,具有一定镇痛作用,可作为小儿基础麻醉。

【不良反应】

主要不良反应是苏醒期产生幻觉、噩梦等精神运动性反应。个别患者可出现复视、视物变形,甚至一过性失明。另外,对于一般患者,可使其血压升高、心率增快;但对于休克或心功能不全患者,可使其血压剧降,甚至心脏停搏。

【禁忌证】

不适用于心血管系统疾病、高血压、脑血管意外、颅内动脉高压、甲状腺功能异常等患者。

第三节　复合麻醉

目前,各种全麻药单独使用都不够理想。因此,临床为了确保手术中或手术后安全,达到满意的镇痛、骨骼肌松弛等外科条件，减轻不良反应，常将两种及以上的麻醉药或麻醉辅助药同时或先后使用，这种麻醉药物的使用方案称为复合麻醉(combined anesthesia)。复合麻醉主要应用于麻醉前给药、基础麻醉、诱导麻醉、合用肌松药、低温麻醉、控制性降压和神经安定镇痛术。

1. 麻醉前给药(premedication) 指患者进入手术室前应用的药物。手术前夜常用苯巴比妥或地西泮使患者消除患者紧张情绪。次晨再服地西泮使患者短暂缺失记忆。注射阿片类镇痛药的目的是增强麻醉效果，注射阿托品的目的是防止唾液及支气管分泌所致的吸入性肺炎，并防止反射性心律失常。

2. 基础麻醉(basal anesthesia) 在患者麻醉前给予大剂量巴比妥类催眠药，使患者进入深睡眠状态后再施行药物麻醉，可使麻醉药用量减少，麻醉平稳。

3. 诱导麻醉(induction of anesthesia) 首先采用诱导期短的硫喷妥钠或氧化亚氮，使患者平稳而快速地进入外科麻醉期，避免诱导期的不良反应，后改用其他麻醉药维持效果。

4. 合用骨骼肌松弛药 在麻醉时注射骨骼肌松弛药，以满足手术时肌肉松弛的要求。

5. 低温麻醉(hypothermal anesthesia) 合用氯丙嗪并配合物理降温使体温下降至较低水平(28～30℃)，降低心、脑等重要器官的耗氧量，以便于截止血流，进行心脏外科手术。

6. 控制性降压(controlled hypotension) 加用短时作用的血管扩张药如硝普钠或钙通道阻滞剂，使血压适时适度下降，并抬高手术部位，以减少出血。常用于止血比较困难的颅脑手术。

7. 神经安定镇痛术(neuroleptanalgesia)和神经安定麻醉术(neuroleptanesthesia) 在某些外科小手术或烧伤换药时，强安定药氟哌利多与镇痛药芬太尼合用，或者氟哌利多与氧化亚氮合用，达到良好的安定、镇痛和短时麻醉作用。

各类复合麻醉药的用药详情参见表8-6。

表8-6 复合麻醉药的用药详情

用药目的	常用药物
镇静、解除精神紧张	巴比妥类、地西泮
短暂性记忆缺失	苯二氮䓬类、氯胺酮、东莨菪碱
基础麻醉	巴比妥类、水合氯醛
诱导麻醉	硫喷妥、氧化亚氮
镇痛	阿片类
骨骼肌松弛	琥珀胆碱、筒箭毒碱类
抑制迷走神经反射	阿托品类
降温	氯丙嗪
控制性降压	硝普钠、钙通道阻滞剂

小结

局部麻醉药简称局麻药，通过结合并关闭神经细胞膜上的电压门控性 Na^+ 通道受体、阻滞 Na^+ 内流，阻断动作电位和神经冲动的产生和传导，从而产生局麻作用。常用的局麻药根据中间链类型主要分为酯类和酰胺类。前者有丁卡因等，后者包括利多卡因、布比卡因等。丁卡因作用亲脂性高，穿透力强，作用较持久，一般不用于浸润麻醉。利多卡因麻醉效价强度高、起效快、作用维持时间较长，安全范围较大，能穿透黏膜，无扩张血管作用及对组织几乎没有刺激性，可用于各种形式的局部麻醉。

全身麻醉药是指能使患者达到程度不同的感觉、意识和反射暂时消失，骨骼肌松弛，以便于外科手术进行的药物。其包括吸入麻醉药和静脉麻醉药两类。吸入麻醉药脂溶性高、易进入神经细胞膜脂质层，阻滞 Na^+ 通道、抑制神经细胞去极化以及相关递质释放，最终阻滞神经信号传导。作用强度以最小肺泡浓度来代表。临床常用吸入麻醉药主要有氟烷、恩氟烷、异氟烷、七氟烷、地氟烷、氧化亚氮。静脉麻醉药通过血液循环作用于中枢神经系统引起全身麻醉。根据起效快慢,全麻药可分为快速起作用的静脉麻醉药(包括丙泊酚、依托咪酯等)和起效较慢的静脉麻醉药(主要有苯二氮䓬类和氯胺酮)。丙泊酚属于短效静脉麻醉药,可用于全身麻醉的诱导和维持。苯二氮䓬类中地西泮、劳拉西泮和咪哒唑仑也用于静脉麻醉。本类药物有抗焦虑和镇静作用,麻醉作用较长。氯胺酮为中效麻醉剂,分离麻醉,可引起颅内压增加。静脉麻醉药单独使用的范围不广,一般仅适用于短时间、镇痛要求不高的小手术。临床上主要用于吸入性麻醉的诱导以及复合全身麻醉。

复合麻醉根据其用药目的和方式可分为麻醉前给药、基础麻醉、诱导麻醉、合用骨骼肌松弛药、低温麻醉、控制性降压、神经安定镇痛术和神经安定麻醉术。

【思考题】

1. 简述局麻药的作用机制和不良反应;临床常见的几种局部麻醉方法应分别选用哪些局麻药?
2. 理想的吸入麻醉药应该具备什么条件?
3. 患者,女,38岁,65 kg。因“头痛、头晕2年,加重3天”入院。CT见左颅占位性病变:可疑脑膜瘤。拟择期行全麻下颅内占位切除术。术前查体发育正常,心肺腹未见异常,血尿便常规正常。患者入室监测血压130/80 mmHg,心率71次/分,呼吸16次/分,意识状态良好,成功在右下肢建立静脉通路,全麻慢诱导:哌替啶100 mg,地西泮10 mg,依托咪酯20 mg,丙泊酚50 mg,芬太尼0.1 mg。术中出血约800 mL,血压下降,加速补液好转。随后出血量增加,血压下降且不平稳,给予全血400 mL,红细胞2 U,血浆400 mL,并加压补液,血压持续下降,最低降至50/40 mmHg。应用血管活性药物,血压波动在70～90/40～70 mmHg。术后见患者周身荨麻疹,右下肢尤为严重,此时方考虑过敏性休克。立即肾上腺素0.2 mg静脉注射,地塞米松10 mg,苯海拉明20 mg,抗过敏治疗,血压回升至110/70 mmHg,荨麻疹消退,体征平稳,监测2 h拔管,患者无不适,转回病房。请问:
   (1) 麻醉诱导药物是否需要精简?
   (2) 回顾病例,过敏原是什么?
   (3) 观察2 h即转回普通病房,能否防范这类易过敏体质迟发过敏反应?

(刘　悦)

※ 课程 PPT

第八章
课程 PPT

第九章

镇静催眠药

学习目标

【知识目标】

1. 掌握　苯二氮䓬类药物的药理作用、作用机制、主要临床应用和不良反应。
2. 熟悉　巴比妥类药物的作用特点及应用。
3. 了解　新型镇静催眠药的作用特点及应用。

【能力目标】

1. 应用本章知识对睡眠功能障碍及焦虑症患者进行合理用药。
2. 对镇静催眠药药物中毒进行诊断及抢救。

【素质目标】

1. 培养坚持以患者为中心，对睡眠功能障碍及焦虑症患者具有充分理解关心的人文精神。
2. 形成防止本类药物滥用的概念，培养合理应用镇静催眠药的思维和能力。

古代镇静催眠主要借助于酒类饮料和一些中草药。19世纪欧洲开始使用溴剂、水合氯醛、副醛和舒砜那等进行镇静催眠。1903年巴比妥问世，1912年合成苯巴比妥，上述药物逐渐被巴比妥类替代。巴比妥类具有典型剂量依赖性，剂量过大可引起昏迷甚至死亡。20世纪50年代合成的氯丙嗪和甲丙氨酯也可用于镇静催眠。1961年合成的氯氮䓬具有明显抗焦虑作用，过量应用也无中枢麻醉作用，由此开发了地西泮等几十个苯二氮䓬类药物以用于临床。苯二氮䓬类作用可靠，副作用较小，几乎完全取代了巴比妥类用于镇静催眠。但BZs长期使用也有滥用和成瘾等不良反应。20世纪80年代后期，新一代非苯二氮䓬类，如唑吡坦、扎来普隆、佐匹克隆等上市。这些药物治疗指数高，安全性好，基本不影响正常的生理睡眠结构，不产生耐受性、依赖性，停药后很少产生反跳性失眠，上市后得到广泛认同，已成为治疗失眠症的标准药物，有逐步取代苯二氮䓬类药物的趋势。但是，目前仍无能真正模拟生理性睡眠的镇静催眠药用于临床。

资料来源：

魏欣，杨圣俊，任炳南，等，2015. 新型镇静催眠药的临床应用及其进展. 中国医院用药评价与分析，15(6)：841-843.

正常生理性睡眠可分为非快动眼睡眠和快动眼睡眠。

1. 非快动眼睡眠（non-rapid-eye movement sleep，NREMS）　又称正相睡眠，正常睡眠首先由此期开始。随着睡眠由浅入深，脑电图中α波逐渐减少，频率变慢，最后完全消失，出现每秒4～6次的慢波和每秒0.5～3次的梭形慢波。非快动眼睡眠时相，人体循环系统、呼吸系统和交感神经系统的活动水平降低，全身肌张力明显下降但仍保持一定的紧张度；血压下降、心率和呼吸频率减慢，脑血流减慢，脑代谢降低，机体总能量消耗减少，而垂体的促激素分泌增多。非快动眼睡眠时相占睡眠总时间的70%～75%。根据睡眠深度的不同又分为入睡期（瞌睡）、浅睡期（浅睡眠）、熟睡期和深睡期4个阶段。在前两个阶段，大脑对外界刺激仍保持一定反应，易受外界干扰。后两个阶段又称熟睡阶段（深睡眠），也称慢波睡眠（slow wave sleep，SWS），此期生长激素的分泌达到高峰,而肾上腺类固醇分泌达到最低,与机体的合成代谢有关,有助于躯体休息和能量储备,利于机体的发育和疲劳的消除。但此期易发生夜惊、梦游。

2. 快动眼睡眠(rapid-eye movement sleep, REMS) 又称去同步化睡眠或异相睡眠。眼动图上出现两眼同向的快速协同运动。脑电图上出现低波幅 θ 波与 β 波活动,同时可见间歇性低幅 α 波。快动眼睡眠期交感神经兴奋,表现为呼吸由深慢、均匀变得浅快、不规则,脉搏、血压升高等。同时,全身肌肉松弛,出现弥散而频繁的肌肉抽动,尤以面部和手部为多见,婴幼儿常见微笑、皱眉等动作。多梦是本期的另一主要特征,该期被唤醒者绝大多数主诉正在做梦。梦境一般只发生在快动眼睡眠期,因此该期也称梦睡期。快动眼睡眠时相占睡眠总时间的 25%~30%,此期有助于儿童脑生长和成人脑修复;与近期学习能力、记忆和理解的关系尤为密切。

正常成人入睡后数分钟即进入非快动眼睡眠的第 1、2 期,大多 30~45 min 后进入第 3、4 期。一般在入睡后 75~90 min 进入快动眼睡眠,5~20 min 后又逐渐进入非快动眼睡眠第 1、2 期,约 90 min 后再次出现快动眼睡眠。一般非快动眼睡眠/快动眼睡眠每夜轮转 4~6 个周期,值恒定。如果某种睡眠被剥夺则会出现代偿,如缩短快动眼睡眠,会出现噩梦,有反跳现象,停药困难,长期使用有成瘾性。

镇静催眠药(sedative-hypnotic)是一类通过对中枢神经系统的抑制而达到缓解过度兴奋和引起近似生理性睡眠的药物。一般能引起中枢神经系统轻度抑制,使患者由兴奋、激动和躁动转为安静的药物称为镇静药(sedatives);能促进和维持近似生理睡眠的药物称催眠药(hypnotics)。镇静药和催眠药之间并无明显界限,同一种药物,在较小剂量时起镇静作用,在较大剂量时则起催眠作用。镇静催眠药能有效帮助和改善睡眠,能避免失眠对人体造成的严重危害,治疗失眠,提高睡眠质量。该类药物按化学结构分为苯二氮䓬类、巴比妥类和其他镇静催眠药。传统的镇静催眠药,如巴比妥类等都是普遍性中枢抑制剂,随剂量逐渐增加而产生镇静、催眠、抗惊厥和麻醉作用,中毒量可致呼吸麻痹而死亡。但 20 世纪 60 年代开始应用的苯二氮䓬类有较好的抗焦虑和镇静催眠作用,安全范围大,几乎已完全取代了巴比妥类等传统镇静催眠药。20 世纪 80 年代后期开发的新一代非苯二氮䓬类催眠药,有逐步取代苯二氮䓬类药物的趋势。

第一节 苯二氮䓬类

苯二氮䓬类(benzodiazepines, BZ)多为 1,4-苯并二氮䓬的衍生物。临床常用的有 20 余种。虽然他们结构相似,但不同衍生物之间,抗焦虑、镇静催眠、抗惊厥、肌肉松弛和安定的作用则各有侧重。本节只讨论主要用于镇静催眠的衍生物,包括地西泮、氟西泮(flurazepam)、氯氮䓬(chlordiazepoxide)、硝西泮(nitrazepam)、氯硝西泮(clonazepam)、劳拉西泮(lorazepam)、奥沙西泮(oxazepam)、三唑仑(triazolam)、阿普唑仑(alprazolam)、艾司唑仑(estazolam)、咪达唑仑(midazolam)等。根据药物作用维持时间的长短,可以将苯二氮䓬类药物分为:① 长效类,如地西泮、氟西泮、氯氮䓬等;② 中效类,如硝西泮、艾司唑仑等;③ 短效类,如奥沙西泮、三唑仑、咪达唑仑等。常用苯二氮䓬类药物作用时间及分类见表 9-1。

表 9-1 常用苯二氮䓬类药物作用时间及分类

分 类	药 物	达峰时间(h)	$t_{1/2}$(h)	代谢物有无活性[$t_{1/2}$(h)]
长效类	地西泮	1~2	30~56	有活性(80)
	氟西泮	1~2	40~100	有活性(80)
	氯氮䓬	2~4	15~40	有活性(80)
	夸西泮	2	39	有活性(73)
中效类	阿普唑仑	1~2	12~15	无活性
	艾司唑仑	2	10~24	无活性
	劳拉西泮	2	10~20	无活性

续 表

分　类	药　物	达峰时间(h)	$t_{1/2}$(h)	代谢物有无活性[$t_{1/2}$(h)]
短效类	替马西泮	2～3	10～15	无活性
	氯硝西泮	1	18～28	弱活性
	三唑仑	1	2～3	有活性(7)
	奥沙西泮	2～4	6～10	无活性

【体内过程】

苯二氮䓬类药物口服吸收快而完全。其中，三唑仑吸收最快，奥沙西泮和氯氮䓬口服和肌肉给药吸收均较慢而不规则。苯二氮䓬类药物血浆蛋白结合率较高，其中地西泮可达 99%；脂溶性亦较高，静脉注射后可迅速分布于脑组织，随后再分布而蓄积于脂肪和肌肉组织，故中枢抑制作用出现快且维持时间短。该类药物主要经肝药酶代谢，代谢物具有与母体药物相似的药理活性，有的代谢物 $t_{1/2}$ 长于母体药物。此外，地西泮也经胆汁排泄，有肝肠循环，口服 6～12 h 血药浓度可出现第 2 次高峰，其作用持久，连续用药有一定的蓄积作用。苯二氮䓬类药物及其代谢物最终均与葡萄糖醛酸结合而失活，经肾排出。但肝功能、年龄(老年)和同时饮酒可抑制本类药物在体内的氧化代谢过程，从而使 $t_{1/2}$ 延长。

【作用机制】

$GABA_A$受体在中枢主要分布于皮质，其次为边缘系统和中脑，再次为脑干和脊髓。$GABA_A$受体是 Cl^- 通道的门控受体，由 α($α_{1\sim6}$ 亚型)、β($β_{1\sim3}$ 亚型)和 γ($γ_{1\sim3}$ 亚型)等 5 个亚单位构成 Cl^- 通道。β 亚单位上有 GABA 结合位点，α 和 γ 亚单位上有苯二氮䓬(BZ)结合位点，即 BZ 受体。当 GABA 与 $GABA_A$受体结合时，Cl^- 通道开放，Cl^- 内流，使神经细胞膜超极化，产生抑制效应。苯二氮䓬与 BZ 受体结合后，通过改变 $GABA_A$受体构象，促进 GABA 与 $GABA_A$受体的结合，使 Cl^- 通道开放的频率增加，更多的 Cl^- 内流，增强 $GABA_A$ 受体的作用，呈现中枢抑制效应(图 9－1)。

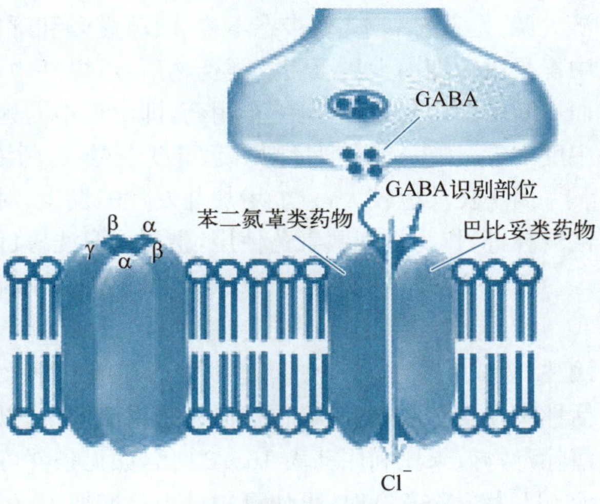

图 9－1　苯二氮䓬类药物作用机制示意图

GABA，γ－氨基丁酸

$GABA_A$受体 α 亚单位的亚型与不同的效应有关，如抗惊厥、镇静催眠等效应主要是 $α_1$ 亚型的作用；抗焦虑效应主要是 $α_2$ 亚型的作用；肌肉松弛作用由 $α_2$，$α_3$ 和 $α_5$ 介导；遗忘效应则与 $α_1$ 和 $α_5$ 有关。不同类型的亚单位组合形成不同 $GABA_A$受体或 BZ 受体亚型，如 BZ_1(即 $ω_1$，包含 $α_1$ 亚单位)，BZ_2(即 $ω_2$，包含 $α_2$ 或 $α_3$ 亚单位)。药物作用于不同受体亚型，产生相应的药理学效应或不良反应。新型的镇静催眠药唑吡坦主要作用于 BZ_1 受体亚型，对 BZ_2 的亲和力很低，因此只具有镇静催眠作用。常见苯二氮䓬类药物如地西泮和咪达唑仑可作用于 $α_1$～$α_6$ 亚型，而氟硝西泮主要作用于 $α_1$ 亚型、$α_2$ 亚型、$α_5$ 亚型。

【药理作用与临床应用】

苯二氮䓬类药物具有非常相似的药理作用，但又各有特点。例如，三唑仑吸收快，起效快，无蓄积，无后遗效应，是较理想的催眠药物；但缺点是 $t_{1/2}$ 短，用药后易产生清晨失眠和白天焦虑。氟西泮 $t_{1/2}$ 较长，很少发生清晨失眠和白天焦虑，但由于其主要代谢产物有活性，易蓄积。故本类药物在临床应用上应有所区别。

(1) 抗焦虑作用：苯二氮䓬类药物小于镇静剂量时即有良好的抗焦虑作用，显著改善紧张、忧虑、激动和失眠等症状。这可能是选择性作用于边缘系统的结果。主要用于焦虑症，常选用地西泮。持续性焦虑状态患者宜选用长效类药物，如地西泮和氟西泮。间断性严重焦虑患者则宜选用中、短效类药物，如氯硝西泮、三唑仑和奥沙西泮等。

(2) 镇静和催眠作用：苯二氮䓬类药物缩短睡眠诱导时间，延长睡眠持续时间。苯二氮䓬类药物之前的催眠药均缩短快动眼睡眠，停药后则代偿性反跳延长，而使梦魇增多。本类药物对快动眼睡眠影响较小，停药后代偿性反跳较轻,由此引起的停药困难亦较小,这是其优点之一。但连续应用苯二氮䓬类药物,亦可因引起明显的依赖性而发生停药困难,应予警惕。

由于本类药物安全范围大,镇静作用发生快而确实,且可产生暂时性记忆缺失,用于麻醉前给药,可缓和患者对手术的恐惧情绪,减少麻醉药用量而增加其安全性,使患者对术中的不良刺激在术后不复记忆。这些作用均优于吗啡和氯丙嗪。同理,本类药物临床也常用于心脏电击复律或内镜检查前给药,多用地西泮静脉注射。

(3) 抗惊厥和抗癫痫作用:所有苯二氮䓬类药物都有抗惊厥作用,其中地西泮和三唑仑的作用尤为明显,主要通过抑制病灶的放电向周围脑区扩散而终止或减轻发作。临床用于辅助治疗破伤风、子痫、小儿高热惊厥和药物中毒性惊厥。地西泮静脉推注是目前临床上控制癫痫持续状态的首选药。其他类型的癫痫发作则以硝西泮和氯硝西泮的疗效为较好(详见第十章)。

(4) 中枢性肌肉松弛作用:有动物实验表明,本类药物对去大脑强直有明显肌肉松弛作用。对人类大脑损伤所致的肌强直也有缓解作用。但也有研究表明,其疗效并不比其他中枢抑制剂更佳。

【不良反应】

治疗量连续用药可出现头昏、嗜睡、乏力等反应,长效类药物尤易发生。大剂量偶致共济失调。过量急性中毒可致昏迷和呼吸抑制,但安全范围大,发生严重后果者少。静脉注射对心血管有抑制作用,治疗量口服则无此作用。同时应用其他中枢抑制剂、吗啡和乙醇等可显著增强其毒性。其因可透过胎盘屏障和随乳汁分泌,孕妇和哺乳期妇女忌用。本类药物虽无明显肝药酶诱导作用,但长期用药仍可产生一定耐受性,需要增加剂量。久服可发生依赖性,停药时出现反跳和戒断症状(失眠、焦虑、激动、震颤等)。与巴比妥类药物相比,本类药物的戒断症状发生较迟、较轻。三唑仑对有些病例易致激惹和攻击行为,在英国等国家已经停用,我国已将其列入国家一类精神药品。

【中毒和解救】

镇静催眠药中毒占药物中毒的第一位,其主要表现为嗜睡、情绪不稳定、注意力不集中、记忆力减退、共济失调、发音含糊不清、步态不稳、眼球震颤和呼吸抑制。根据临床表现可分为急性中毒和慢性中毒。急性中毒是由短期内大量服用这类药物所致;慢性中毒是长期服用此类药物,对药物产生了耐受性和依赖性,从而不断增加用药量,一旦终止用药,即出现不同程度的药物戒断症状。一般应用 5～10 倍催眠剂量时可引起中度中毒,10～15 倍剂量则引起重度中毒,血药浓度高于 8～10 mg/100 mL 时,有生命危险。

因不良反应较大,且能增加并发症的发生,对镇静催眠药中毒不主张以中枢兴奋药(士的宁、尼可刹米、洛贝林等)作为常规解毒药使用,主要采取洗胃、促进药物排出及对症处理等常规疗法。

(1) 洗胃:立即用 1∶4 000～1∶5 000 高锰酸钾溶液或生理盐水、温开水反复洗胃。

(2) 促进毒物排泄:① 快速输注,静脉滴注 5%～10%葡萄糖溶液或生理盐水。② 利尿脱水,快速静脉滴注 20%甘露醇,或于甘露醇中加入呋塞米静脉滴注。③ 导泻,洗胃后由胃管注入硫酸钠溶液,或注入药用活性炭浮悬液,以促进毒物排泄。禁用硫酸镁,以避免镁离子吸收后加重中枢神经系统抑制。④ 血液透析,清除毒物效果比利尿药大 15～30 倍,如无条件可行腹膜透析。⑤ 碱化尿液,静脉滴注 5%碳酸氢钠,维持尿液 pH 为 7.8～8.0 时,可使毒物排出量增加 10 倍。

(3) 解除呼吸抑制:人工呼吸机通气效果较好。一般急性中毒患者给予贝美格静脉滴注,苯二氮䓬类中毒者应用苯二氮䓬类药物拮抗剂——氟马西尼治疗。

(4) 防止并发症:对症处理,维持血压,肺部感染者可用抗生素,出现皮疹时可用抗组胺药,休克患者给予抗休克处理,并维持水电解质平衡。

附:苯二氮䓬类药物拮抗剂——氟马西尼

氟马西尼(flumazenil)为 BZ 受体特异性拮抗剂,其既可与苯二氮䓬类竞争性结合高亲和力结合位点(BZ 受体,包括 $\alpha_{1\sim6}$ 亚型),也能拮抗反向激动剂的效应。氟马西尼本身无明显药理作用,但能逆转或减轻苯二氮䓬类药物的中枢神经抑制作用,而对巴比妥类和三环类抗抑郁药过量引起的中枢抑制无效。氟马西尼可作为苯二氮䓬类中毒的诊断和治疗用药,也可用于改善酒精性肝硬化患者的记忆缺失等症状。不良反应有恶心、呕吐、颜面潮红,也可出现头昏、精神错乱等;对癫痫患者有可能诱导发作;对已产生苯二氮䓬躯体依赖性的患者可能促发严重的戒断症状;对同时服用苯二氮䓬和三环类抗抑郁药的患者可能诱发癫痫和出现心律失常;滴注过快可出现焦虑、心悸、恐惧等不适感,少数患者可见血压升高,心率加快。

第二节　巴比妥类

巴比妥类(barbiturates)为巴比妥酸在 C_5 位上进行取代而得到的一类中枢抑制剂(图 9-2)。取代基长而有分支如异戊巴比妥(amobarbital)或双键如司可巴比妥(secobarbital),则作用强而维持时间短;以苯环取代如苯巴比妥则有较强的抗惊厥作用;C_2 位的 O 被 S 取代如硫喷妥钠(thiopental),则脂溶性增高,静脉注射立即生效,但维持时间很短。按作用维持时间的长短,巴比妥类药物可分为长效、中效、短效、超短效 4 类(表 9-2)。

图 9-2　巴比妥酸和巴比妥类药物的结构

表 9-2　巴比妥类药物的作用与用途

亚　类	药　物	显效时间(h)	作用维持时间(h)	主要用途
长　效	苯巴比妥	0.5～1	6～8	抗惊厥
	巴比妥	0.5～1	6～8	镇静、催眠
中　效	戊巴比妥	0.25～0.5	3～6	抗惊厥
	异戊巴比妥	0.25～0.5	3～6	镇静、催眠
短　效	司可巴比妥	0.25	2～3	抗惊厥、镇静、催眠
超短效	硫喷妥	静脉注射,立即	0.25	静脉麻醉

【体内过程】

巴比妥类药物为弱酸性药物,口服或注射均易吸收,快速分布于各组织体液中,易透过胎盘屏障进入胎儿体内。药物的脂溶性和体液 pH 是影响药物吸收的主要因素。主要被肝微粒体酶代谢,经肾排泄。

【作用机制】

巴比妥类药物在非麻醉剂量时主要抑制多突触反应,减弱易化,增强抑制。此作用主要见于 GABA 能神经传递的突触。巴比妥类增强 GABA 介导的 Cl^- 内流,减弱谷氨酸介导的除极化。但与苯二氮䓬类不同,巴比妥类是通过延长 Cl^- 通道开放时间而增加 Cl^- 内流,引起超极化。较高浓度时,则抑制 Ca^{2+} 依赖性动作电位,抑制 Ca^{2+} 依赖性递质释放,并且呈现拟 GABA 作用,即在无 GABA 时也能直接增加 Cl^- 内流。

【药理作用与临床应用】

巴比妥类药物是普遍性中枢抑制剂。对中枢神经系统的作用具有由量变到质变的变化。小剂量时能使过度的兴奋恢复到正常,即镇静作用;中剂量时能诱导、加深和延长睡眠,即催眠作用;较大剂量时能解除骨骼肌强烈的抽搐,即抗惊厥作用;大剂量时能使意识感觉消失,但易恢复,即麻醉作用;10 倍催眠量时则可抑制呼吸,甚至致死。

由于本类药物的安全性远不及苯二氮䓬类药物,且较易发生依赖性,其应用已日渐减少,目前在临床上主要用于抗惊厥、抗癫痫和麻醉。由于巴比妥类药物均能诱导肝药酶,其中苯巴比妥作用最强,且能促进肝细胞葡萄糖醛酸转移酶的生成,增强葡萄糖醛酸与血中胆红素的结合能力,故可用于防治新生儿黄疸,以及治疗高胆红素血症和肝内胆汁淤积性黄疸。

【不良反应与禁忌证】

(1) 后遗效应:催眠剂量的巴比妥类药物可致眩晕和困倦,精细运动不协调,必要时可饮茶对抗;操作机械者不宜使用苯巴比妥。

(2) 呼吸抑制作用：中等剂量即可轻度抑制呼吸中枢，故严重肺功能不全和颅脑损伤致呼吸抑制者禁用。

(3) 耐受性和依赖性：巴比妥类药物连续久服可引起耐受性和依赖性。突然停药易发生反跳现象。此时，快动眼睡眠时间延长，梦魇增多，迫使患者继续用药，终至成瘾。成瘾后停药，戒断症状明显，表现为激动、失眠、焦虑，甚至惊厥。

(4) 过敏反应：皮疹、药物热、剥脱性皮炎等，以皮疹多见。

(5) 其他：罕见视力受累、色觉改变、结膜炎、眼睑下垂及复视。

【药物相互作用】

巴比妥类药物诱导肝药酶促使药物本身迅速破坏，同时也使其他药物代谢加速，如香豆素类、氯丙嗪、氯霉素、多西环素、皮质激素、雄激素、雌激素及甲硝唑等，影响这些药物的疗效。巴比妥类药物使噻替哌的骨髓抑制作用加强。若与乙醇合用，则相互加强对中枢的抑制作用。巴比妥类药物还可使哮喘恶化。

第三节 其他镇静催眠药

一、水合氯醛和甲喹酮

水合氯醛

水合氯醛(chloral hydrate)镇静、催眠、抗惊厥作用强、快、久，无后遗作用。口服易吸收，用于催眠，约15 min起效，维持6～8 h。此药不缩短快动眼睡眠的时间，停药时也无代偿性快动眼睡眠时间延长。安全范围小，对胃有刺激性，须稀释后口服或直肠给药。久服可引起耐受性、依赖性和成瘾性。

甲喹酮

甲喹酮(methaqualone)主要作用于大脑皮质，具有镇静和催眠作用。催眠作用强且起效快，其催眠作用强度为苯巴比妥的3～8倍。可提高睡眠质量，而醒后无不快感。安全性较好。主要用于失眠、神经衰弱及麻醉前给药。肝功能不全者慎用，精神病患者不宜使用，孕妇禁用。过量中毒可引起呼吸抑制。长期使用本品可产生耐受性和依赖性，连续使用一般不宜超过3个月。

二、褪黑素及褪黑素受体激动剂

褪黑素(melatonin)是松果体分泌的一种胺类神经内分泌激素。褪黑素受体T_1、褪黑素受体T_2(MT_1和MT_2)主要位于下丘脑视交叉上核，参与维持睡眠-觉醒周期的昼夜节律，可改善睡眠时相延迟综合征、时差反常、夜班作业等睡眠昼夜生物节律失调相关的睡眠障碍。外源性褪黑素体内$t_{1/2}$短，药效不确定，主要作为膳食补充剂添加于“改善睡眠”的保健食品，可用于成年及老年失眠者，不宜用于未成年人。

三、雷美替胺

雷美替胺(ramelteon)是目前临床使用的MT_1和MT_2激动剂，可缩短睡眠潜伏期、提高睡眠效率、增加总睡眠时间，且对睡眠结构没有明显影响，尤其适用于入睡困难及生物节律紊乱性失眠患者。连续用药6个月，未发现类似苯二氮䓬类常见的“宿醉”现象、反跳性失眠及戒断症状等不良反应，长期治疗失眠，可作为不能耐受前述催眠药物患者以及已经发生药物依赖患者的替代治疗。其主要不良反应为偶见头晕、嗜睡、疲劳等。雷美替胺口服吸收迅速，但首过消除作用明显，其活性代谢产物$t_{1/2}$为2～5 h，长于原型药。主要经肝脏CYP1A2代谢，CYP2C9对其也有作用，但作用较小，与这些酶有相互作用的药物可能会降低或提高雷美尔通的生物利用度。肝功能障碍者慎用。

四、阿戈美拉汀

阿戈美拉汀(agomelatine)既是褪黑素受体激动剂，也是5-羟色胺受体拮抗剂，因此具有抗抑郁和催眠双重作用。能够改善抑郁障碍相关的失眠，缩短睡眠潜伏期，增加睡眠连续性。主要用于抗抑郁、抗焦虑、调整睡眠节律及调节生物钟等。常见不良反应有头疼、头晕、嗜睡、失眠、偏头痛，恶心、腹泻、便秘、上腹部疼痛，多汗，背痛，视觉疲劳等。阿戈美拉汀口服后吸收迅速，个体间差异较大。服药后 1～2 h 达到血浆峰浓度。血浆蛋白结合率为 95%。主要经肝脏 CYP1A2(90%)和 CYP2C9/19(10%)代谢，主要代谢产物羟化阿戈美拉汀和去甲基阿戈美拉汀均无活性。阿戈美拉汀消除速率快，平均消除半衰期为 1～2 h，主要以代谢产物的形式经尿液排泄。肝功能障碍者慎用。

五、新一代非苯二氮䓬类催眠药

新一代非苯二氮䓬类催眠药亦称为第三代镇静催眠药，包括佐匹克隆、艾司佐匹克隆、唑吡坦和扎来普隆等。本类药物的化学结构虽然与苯二氮䓬类不同，但其作用位点与苯二氮䓬类相同。本类药物口服吸收良好，0.5 h 达高峰，药物代谢排泄快，$t_{1/2}$为 3～6 h，经肾脏代谢。药物治疗指数高，安全性高。基本不改变正常的睡眠结构，久服不产生耐受性和依赖性，停药后很少产生反跳性失眠，重复应用极少积聚，使用较为安全。因此上市后得到广泛认同，已成为治疗失眠症的标准药物，有逐步取代苯二氮䓬类药物的趋势。不良反应与患者的个体敏感性有关，偶尔有思睡、头昏、口苦、恶心和健忘等，主张短期使用，用药时间不应超过 4 周。

佐匹克隆和艾司佐匹克隆

佐匹克隆(zopiclone)是一种环吡咯酮衍生物。口服生物利用度为 80%，1.5～2.0 h 后可达血药浓度峰值。血浆蛋白结合率为 45%，血浆 $t_{1/2}$为 3.5～6.5 h。连续多次给药无蓄积作用。体内分布广泛，45%～80%从肾脏排泄，16%从粪便排出，部分变成 CO_2经肺呼出，也可经唾液和乳汁排出。具有类似苯二氮䓬类药物的镇静催眠、抗焦虑、肌松和抗惊厥等作用。其催眠特点是入睡快，延长睡眠时间，明显增加慢波睡眠，轻度减少快动眼睡眠，提高睡眠质量，减少夜间觉醒和早醒次数，是短期治疗失眠症安全有效的药物。主要用于各种因素引起的失眠症，包括时差、工作导致失眠及手术前焦虑导致失眠等。常见不良反应有恶心、便秘、咽干、食欲缺乏、乏力、困倦、头痛、精神错乱等。久用有成瘾报道。长期服用突然停药出现焦虑、震颤、失眠、神志模糊等反跳现象，一般不严重。用药时间不应超过 4 周。

艾司佐匹克隆(eszopiclone)为佐匹克隆的右旋单一异构体，用于短期及慢性失眠的治疗。临床前及临床研究表明其对 BZ 受体的亲和力是佐匹克隆左旋体的 50 倍。佐匹克隆右旋体的 LD_{50}为 1 500 mg/kg，左旋体的 LD_{50}为 300 mg/kg，而消旋体的 LD_{50}为 850 mg/kg。因此，艾司佐匹克隆具有疗效强、毒性低等优势。

唑　吡　坦

唑吡坦(zolpidem)为咪唑吡啶类，口服吸收迅速，存在首过消除，生物利用度为 70%。血浆蛋白结合率为 92%。血浆 $t_{1/2}$为 2.5～3.0 h。经肝脏完全代谢，50% 从肾脏排泄，30%从粪便排泄。乳汁中有微量分泌。主要作用于 BZ_1受体亚型(α_1亚型)，故镇静催眠作用较强，而抗焦虑、肌肉松弛和抗惊厥作用均较弱。能显著缩短入睡时间，同时减少夜间觉醒次数，增加总睡眠时间，改善睡眠质量，适于入睡困难者。次晨无明显后遗作用，极少产生“宿醉”现象，也不影响次晨的精神活动和动作的机敏度。常规剂量不产生耐受性。停药后无反跳现象。不良反应少，偶有恶心、呕吐、头晕、嗜睡等。老年人和肝功能不良者剂量应减半，防止损伤肝脏。服用唑吡坦时不能饮酒，并且在与其他中枢抑制剂同时使用时需要警惕。可能有依赖作用，限于短期使用，在严密医疗监护下最长可使用 4 周。

扎　来　普　隆

扎来普隆(zaleplon)化学结构类似于吡唑坦，可能通过 γ-氨基丁酸-苯二氮䓬(GABA－BZ)受体复合物发挥作用。口服后吸收迅速且完全，1 h 血药浓度达到峰。首过消除明显，生物利用度为 30%，血浆蛋白结合率为 60%，血浆 $t_{1/2}$为 0.93 h。在肝脏代谢，主要代谢酶为醛氧化酶，其次为 CYP450，特别是 CPY3A4 亚型。代谢物 71% 经肾脏排泄，17%从粪便排出。作用于 BZ_1受体亚型，易化 GABA 的抑制作用。主要有镇静催眠作用，能缩短入睡时间，适用于入睡困难的失眠症的短期治疗。不良反应较轻，常见的有背痛、头痛、眩晕等。长期用药突然停药有震颤和失眠等停药反应。依赖性和成瘾性低。可增强乙醇的中枢抑制作用，用药期间禁止过量饮酒。轻、中度肝脏损伤患者应适当减少剂量，严重的肝脏损伤患者不建议使用。轻、中度肾脏损伤患者可不调整剂量，但对严重的肾脏损伤患者还需要进一步研究(表 9－3)。

表 9-3 其他镇静催眠药给药途径、作用与用途及主要不良反应

药名	给药途径	作用与用途	主要不良反应
水合氯醛	口服	催眠作用较强,大剂量有抗惊厥作用	类似巴比妥类,安全范围较小
	直肠	用于子痫、破伤风、小儿高热等惊厥	黏膜刺激、恶心、呕吐、心肌抑制
甲丙氨酯	口服	镇静、抗焦虑、中枢性肌松作用,口服易吸收,催眠效果较好,适用于老年失眠患者	嗜睡和运动失调,过敏反应,耐受性、成瘾、戒断症状,癫痫病史者禁用,诱导肝药酶
甲喹酮	口服	似中效巴比妥类,镇静、催眠和抗惊厥,局部麻醉、止咳和抗组胺等。主要用于催眠	口干、恶心、呕吐、头痛,反应迟钝、不安等,依赖性,戒断症状
雷美替胺	口服	MT_1和MT_2激动剂,无反跳及依赖等不良反应,适用于生物节律紊乱的失眠,可长期使用	偶见头晕、嗜睡、疲劳等
阿戈美拉汀	口服	MT_1和MT_2激动剂和5-羟色胺受体拮抗剂,具有抗抑郁和催眠双重作用,主要用于抗抑郁、抗焦虑、调整睡眠节律及调节生物钟等	常见头疼、头晕、嗜睡、失眠、偏头痛,恶心、腹泻、便秘、上腹部疼痛,多干,背痛,视觉疲劳等
佐匹克隆 吡唑坦 扎来普隆	口服	引起近似生理睡眠,无明显后遗作用,适用于中老年失眠、烦躁不安及惊厥	思睡、头昏、口苦、恶心和健忘等

小 结

苯二氮䓬类药物的作用与脑内$GABA_A$受体密切相关,在中枢各个水平增强GABA能神经的抑制作用。随着剂量增加,依次产生抗焦虑、镇静催眠、抗惊厥、抗癫痫及中枢性肌肉松弛等作用,安全范围大,即使极高剂量,也很少引起外科麻醉或致死性的呼吸抑制,是目前临床常用的镇静催眠药。巴比妥类药物的作用机制为激动GABA受体,增加Cl^-内流,较高浓度时能直接增加Cl^-内流。以剂量依赖的方式抑制中枢神经系统,依次产生镇静、催眠、抗惊厥、麻醉、昏迷,最后可引起死亡,目前较少用于失眠的治疗。新一代非苯二氮䓬类催眠药催眠机制可能与苯二氮䓬类药物相似,引起近似生理性睡眠,无明显后遗作用,主要用于中老年患者失眠、烦躁不安和惊厥。雷美替胺是MT_1和MT_2激动剂,无反跳及依赖等不良反应,适用于生物节律紊乱的失眠,可长期使用。阿戈美拉汀既是MT_1和MT_2激动剂,也是5-羟色胺受体拮抗剂,具有抗抑郁和催眠双重作用。

【思考题】

1. 简述苯二氮䓬类药物作用机制及临床应用。
2. 试述可能影响驾驶的药物有哪些?
3. 患者,女,89岁。被家属发现意识不清2 h,呼之不应,床头发现"氯硝西泮"药物减少约100片。诊断:氯硝西泮中毒。请问:
   (1) 苯二氮䓬类药物中毒的特异性解救药物是什么?
   (2) 应该怎样救治?

(蒋青松)

※ 课程 PPT

第九章
课程 PPT

第十章

抗癫痫药和抗惊厥药

学习目标

【知识目标】

1. 掌握　苯妥英钠、苯巴比妥、卡马西平、丙戊酸钠、乙琥胺、扑米酮、硫酸镁的药理作用、临床应用和不良反应。

2. 熟悉　拉莫三嗪、托吡酯、奥卡西平、左乙拉西坦的作用特点及应用。

3. 了解　各类癫痫的药物选择和抗癫痫药应用注意事项。

【能力目标】

1. 能将抗癫痫药、抗惊厥药的药理学基础理论与临床应用相结合。

2. 为癫痫和惊厥的临床合理用药打下基础。

【素质目标】

1. 坚持以患者为中心，帮助患者树立战胜癫痫的信心，给予患者充分的人文关怀。

2. 通过学习抗癫痫药的发展历程，建立医学认知不断进步、终身学习的观念。

第一节　抗癫痫药

癫痫(epilepsy)是一种由多种病因引起的慢性脑部疾病，脑部神经元高度同步化，常具有自限性的异常放电所导致的综合征，以反复性、发作性、短暂性和刻板性的中枢神经系统功能失常为特征。根据2017年国际抗癫痫联盟的分类(图10-1)，癫痫分为以下4种类型：① 局灶性起源的癫痫：根据患者的意识情况，分为意识清楚和意识受损，这两种情况都包括运动性发作和非运动性发作；② 全面性起源的癫痫：包括运动性发作和非运动性发作；③ 未知起源的癫痫：包括运动性发作和非运动性发作；④ 不能归类的癫痫：指根据目前的临床表现和所有的检查项目，不能确定其分类的癫痫。

癫痫是神经内科最常见的疾病之一，给个人、家庭和社会带来严重的影响，世界卫生组织(World Health Organization，WHO)已将癫痫列为重点防治的神经精神疾病之一。现代医学提出抗癫痫治疗的目标是完全控制惊厥，无或仅有轻微不良反应，保持正常的生活方式。目前，癫痫最常用、最重要的治疗手段仍是药物治疗，抗癫痫药(antiepileptic drugs，AED)合理、规范、适时和正确的使用，约70%癫痫患者的病情可得到有效控制。药物治疗的目的在于减少或防止癫痫的发作。抗癫痫药作用机制复杂，大概分为两类，其一是降低兴奋性(包括 Na^+ 通道阻滞剂、钙通道阻滞剂、谷氨酸受体拮抗剂等)；其二是增加抑制性(包括 $GABA_A$ 激动剂、升高GABA水平、钾通道调节剂等)，它们可抑制病灶区神经元的异常放电或遏制病灶区的异常放电向正常组织扩散，从而控制癫痫的发作。

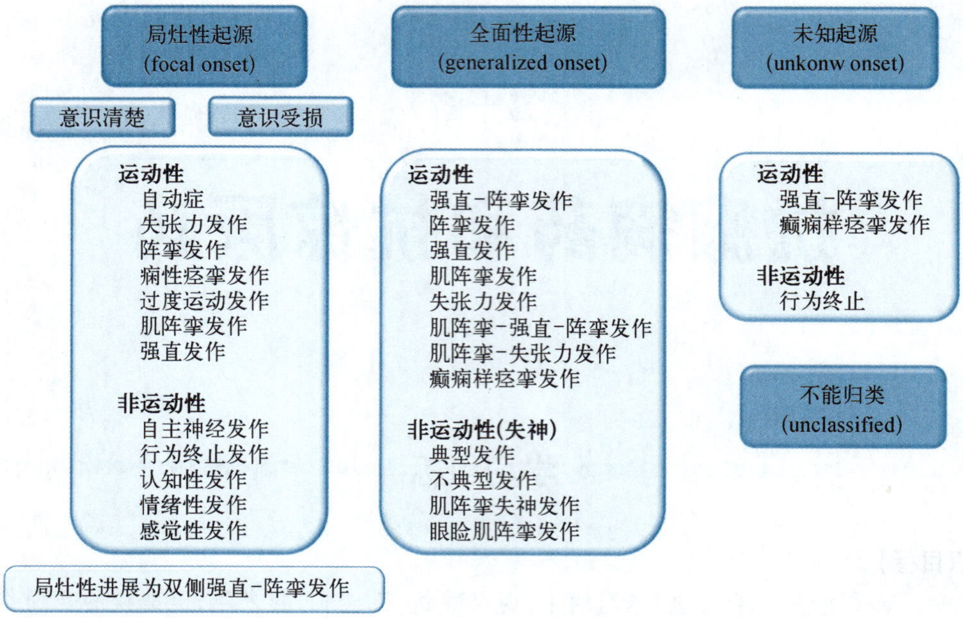

图 10-1　2017 年国际抗癫痫联盟癫痫分类扩展版

癫痫的现代药物治疗起始于 1857 年的溴化钾,但其不良反应较大,随后在 1912 年发现巴比妥类药物的疗效较溴剂好而不良反应相对较少,因此逐渐取代了溴剂,但巴比妥类药物因有显著的镇静作用,并且对部分患者的认知功能有影响,现也多被其他抗癫痫药替代。1937 年,第一个根据动物模型研制的抗癫痫药苯妥英钠上市,开创了抗癫痫药的新时代,以后又陆续开发出扑米酮(1952 年)、乙琥胺(1960 年)、卡马西平(1963 年)等药物,但疗效还不够理想,采用联合用药时不良反应发生率亦较高。随后 1974 年广谱抗癫痫药丙戊酸钠应用于临床,开创了癫痫治疗的新纪元。

1987 年以后,新型抗癫痫药陆续用于临床,如唑尼沙胺(1989 年)、拉莫三嗪(1991 年)、加巴喷丁(1993 年)、托吡酯(1995 年)、噻加宾(1997 年)、奥卡西平(1999 年)、左乙拉西坦(2000 年)、普瑞巴林(2005 年)等,具有疗效好、不良反应少、抗癫痫谱广的特点。2008 年后上市的新型抗癫痫药也被称为第三代抗癫痫药,包括拉考沙胺(2008 年)、醋酸艾司利卡西平(2009 年)、吡仑帕奈(2012 年)、布瓦西坦(2016 年)等,为癫痫患者带来了新的选择和机遇,但考虑其临床应用时间偏短,其长期的疗效和安全性尚有待进一步验证。所有已上市药物中,丙戊酸钠、卡马西平、托吡酯、拉莫三嗪、奥卡西平和左乙拉西坦是目前临床最为常用的抗癫痫药。

资料来源:

肖波,龙泓羽,2021.浅谈抗癫痫药物应用现状与前景展望.中华神经科杂志,54(1):5-8.

一、常用抗癫痫药

苯妥英钠

苯妥英钠(phenytoin sodium)是一种抗癫痫药,也是抗惊厥药。

【体内过程】

苯妥英钠呈碱性,刺激性大,不宜进行肌内注射。口服吸收不规则,个体差异大,可受食物影响,每日 0.3～0.6 g,连续服药 6～10 日达到有效血药浓度。血浆蛋白结合率为 85%～90%,主要在肝脏代谢为羟基苯妥英,此代谢存在遗传多态性和人种差异。存在肝肠循环,主要经肾排泄。$t_{1/2}$为 7～42 h,长期使用 $t_{1/2}$ 可延长,为 15～95 h。苯妥英钠有效血药浓度为 10～20 mg/L,超过 20 mg/L 时易产生毒性反应,超过 40 mg/L 时往往出现严重毒性反应。由于血药浓度个体差异较大,故临床应注意剂量个体化,注意监测血药浓度。

【药理作用】

苯妥英钠可阻止异常放电向病灶周围的正常脑组织扩散,但不能抑制癫痫病灶异常放电。苯妥英钠对各种组织的可兴奋膜,包括神经元和心肌细胞膜具有稳定作用,可降低其兴奋性。苯妥英钠抗癫痫作用机制尚未完全阐明,可能与以下机制有关:① 苯妥英钠明显阻滞高频异常放电神经元的 Na^+ 通道,抑制其高频反复放电，而对正常的低频放电并无明显影响。苯妥英钠主要与失活状态的 Na^+ 通道结合，阻止 Na^+ 内流，称为 Na^+ 通道阻滞，这可能是苯妥英钠抗惊厥作用的主要机制。② 苯妥英钠还能选择性阻滞 L 型和 N 型钙通道，此作用也呈频率依赖性，较高浓度时苯妥英钠能抑制 K^+ 外流，延长动作电位时程和不应期。③ 苯妥英钠能显著抑制钙调素激酶的活性，进而抑制突触前膜的磷酸化，导致 Ca^{2+} 依赖性递质如谷氨酸等释放减少；抑制突触后膜磷酸化，减弱递质受体结合后引起的去极化反应。

【临床应用】

(1) 抗癫痫：苯妥英钠对癫痫强直-阵挛性发作和局灶性发作非常有效，对失神发作无效，也不适用于婴幼儿时期的癫痫性脑病，由于不良反应较大，不作为一线药，目前主要用于惊厥性癫痫持续状态或局灶性发作持续状态。

(2) 治疗神经痛：可治疗如三叉神经、舌咽神经和坐骨神经等疼痛，也可用于隐性营养不良型大疱性表皮松解症和发作性舞蹈手足徐动症。

(3) 抗心律失常：以室性心律失常为主，特别是洋地黄中毒所致快速型心律失常。

【不良反应】

(1) 局部刺激：苯妥英钠碱性较强，对胃肠道有刺激性，口服易引起食欲减退、恶心、呕吐、腹痛等消化道症状，宜饭后服用。静脉注射可发生静脉炎。儿童长期应用常见齿龈增生，与药物自唾液排出刺激胶原组织增生有关，应加强口腔卫生和按摩齿龈，停药 3～6 个月后可自行消退。

(2) 神经系统：神经系统不良反应与剂量相关，常见眩晕、头痛，严重者可出现语言障碍、精神错乱，甚至昏睡、昏迷等，调整剂量或停药后该不良反应可减轻或消失。

(3) 造血系统：长期使用可引起叶酸缺乏，少数患者出现巨幼红细胞贫血和粒细胞缺乏，罕见再生障碍性贫血。

(4) 骨骼系统：可加速维生素 D 代谢，引起维生素 D 缺乏症、佝偻病、骨软化等。

(5) 过敏性反应：皮疹、红斑狼疮、紫癜等。

丙戊酸钠

丙戊酸钠(sodium valproate)为广谱抗癫痫药，在世界各国广泛应用，是治疗癫痫的常用药物之一。

【体内过程】

丙戊酸钠口服吸收迅速，生物利用度达 80% 以上，1～4 h 血药浓度达峰值，血浆蛋白结合率约为 90%，$t_{1/2}$ 为 8～15 h，大部分在肝脏代谢为丙戊二酸并与葡萄糖醛酸结合由肾排泄。

【药理作用】

丙戊酸钠不能抑制癫痫病灶的异常放电，但能阻止异常放电的扩散。丙戊酸钠的确切抗癫痫作用机制尚不清楚，可能的机制包括：① 增强 GABA 能抑制性神经递质的功能。提高谷氨酸脱羧酶的活性，使 GABA 合成增多；促进 GABA 释放；抑制 GABA 转运体，减少 GABA 的摄取；抑制 GABA 转氨酶，减慢 GABA 的代谢；提高突触后膜对于 GABA 的反应性，增强 GABA 能神经突触后抑制。② 丙戊酸钠能减少 NMDA 受体数目，NMDA 受体是离子型谷氨酸受体，因此能减弱神经元兴奋性神经递质谷氨酸的反应。③ 丙戊酸钠还能阻滞 Na^+ 通道和 L 型钙通道，开放钾通道。

【临床应用】

丙戊酸钠为广谱抗癫痫药，对各种类型癫痫均有效，主要用于单纯或复杂失神发作、全面强直性-阵挛发作和肌阵挛发作的治疗，为全面强直性-阵挛发作和失神发作的一线药，对婴儿良性肌阵挛癫痫、婴儿痉挛有一定疗效，对于肌阵挛性失神发作需要加用乙琥胺或其他抗癫痫药，丙戊酸钠能有效控制非常难治的癫痫综合征，在治疗复杂类型癫痫方面，具有十分突出的优势。此外，还可用于治疗热性惊厥、运动障碍、舞蹈症、精神分裂症等。

【不良反应】

相对于其他抗癫痫药，丙戊酸钠不良反应轻微，大多数患者应用后耐受性良好。主要不良反应有以下几种。

(1) 消化系统：恶心、呕吐、食欲减退，饭后服用或逐渐加量可减轻。

(2) 中枢神经系统：极少数患者出现中枢神经系统反应，如嗜睡、平衡失调、不安和震颤等。

(3) 肝肾功能：少数患者可出现肝脏毒性，避免2岁以下儿童等高危患者使用可明显降低肝毒性的发生率，故在用药期间应定期检查肝功能。孕妇慎用。禁用于肝肾功能不全、卟啉病患者。

卡马西平

卡马西平(carbamazepine)结构类似三环抗抑郁药，最初用于治疗三叉神经痛，20世纪70年代开始用于治疗癫痫。

【体内过程】

卡马西平口服吸收缓慢且不规律，4～6 h血浆浓度达到高峰。血浆蛋白结合率约为76%。经肝脏代谢，主要代谢产物为10,11-环氧化卡马西平，占原型药的20%～40%，仍有抗癫痫作用。卡马西平代谢产物大部分经肾脏排泄，少部分随粪便排出。单次给药 $t_{1/2}$ 约为36 h，因卡马西平为肝药酶诱导剂，能加速自身代谢，故连续用药后 $t_{1/2}$ 可缩短。

【药理作用】

卡马西平能抑制癫痫病灶的异常放电，并能阻止异常放电的扩散，其作用机制可能与降低神经细胞膜对 Na^+ 和 Ca^{2+} 的通透性，从而降低神经元的兴奋性、延长不应期有关；也有研究发现，卡马西平可作用于腺苷受体，抑制去甲肾上腺素摄取和释放，增强GABA的突触后作用。

【临床应用】

(1) 抗癫痫：卡马西平是一类应用非常广泛的抗癫痫药，对于各类型癫痫均有不同程度的疗效，是局灶性发作的一线药，对强直-阵挛性发作亦有效，但对典型或不典型失神发作效果差。

(2) 治疗神经性疼痛：卡马西平还可用于治疗三叉神经痛和舌咽神经痛等神经性疼痛，可作为三叉神经痛缓解后的长期预防性用药。

(3) 其他：预防或治疗躁狂症、抑郁症、中枢性尿崩症和酒精癖的戒断综合征等。

【不良反应】

常见的不良反应有复视、眩晕、恶心、呕吐、共济失调、手指震颤等，多见于用药后1～2周，可自行缓解。中枢神经系统不良反应常常与剂量相关，所以在初始治疗时采用小剂量开始并缓慢加量的策略。少见皮疹、心血管反应、低钠血症和水中毒。偶见轻度的粒细胞减少，可不作为停药指征，但需要密切监测。罕见骨髓抑制，包括再生障碍性贫血和粒细胞缺乏等。

苯巴比妥

苯巴比妥(phenobarbital)是巴比妥类中最有效的一个抗癫痫药。

【体内过程】

苯巴比妥口服吸收完全但较缓慢，一般6～18 h血药浓度达峰值。血浆蛋白结合率约为40%，脑组织和骨骼肌内浓度高，并能透过胎盘。$t_{1/2}$ 为50～140 h，小儿为40～70 h。48%～65%的苯巴比妥在肝脏代谢，转化为羟基苯巴比妥，大部分与葡萄糖醛酸或硫酸盐结合，经肾脏排出，27%～50%的药物以原型从肾脏排出，可透过胎盘和分泌入乳汁。本药为肝药酶诱导剂，能够加速自身和其他药物的代谢。

【药理作用】

苯巴比妥能抑制病灶的异常放电，同时还能提高病灶周围正常组织的兴奋阈值、限制异常放电的扩散。抗癫痫作用机制可能涉及：① 作用于突触后膜上的GABA受体，产生拟GABA作用，延长 Cl^- 通道开放时间，膜超极化，降低细胞兴奋性；② 降低突触前膜对 Ca^{2+} 的通透性，减少 Ca^{2+} 依赖性神经递质(去甲肾上腺素、乙酰胆碱和谷氨酸等)的释放；③ 较高浓度时可阻滞电压依赖性 Na^+ 通道和钙通道。

【临床应用】

苯巴比妥具有起效快、疗效好和价格低廉等优点，临床上主要用于防治癫痫全面强直-阵挛发作及癫痫持续状态。对单纯的局灶性发作及精神运动性发作也有一定效果，但对失神发作和婴儿痉挛效果较差。因其中枢抑制作用明显，一般不作为首选。

【不良反应】

用药初期可出现嗜睡、精神萎靡、共济失调等中枢抑制作用，长期使用耐受后可消失。偶见叶酸缺乏和低钙血症，罕见巨幼红细胞贫血和骨软化，大剂量时可产生眼球震颤、共济失调和严重的呼吸抑制。本药为肝药酶诱导剂，与其他药物联合应用时应注意调整剂量。禁用于严重肺功能不全、支气管哮喘及颅脑损伤呼吸中枢抑制者。

乙 琥 胺

乙琥胺(ethosuximide)属于琥珀酰亚胺类，是修饰巴比妥酸的环状结构时得到的药物。

【体内过程】

乙琥胺口服吸收完全，2～4 h 血药浓度达峰。血浆蛋白结合率低，表观分布容积约为 0.7 L/kg。控制失神发作的有效血浆浓度为 40～100 μg/mL，儿童需要 4～6 日血浆浓度达稳态水平，成人需要更长时间。成人的 $t_{1/2}$ 为 40～50 h，儿童为 30 h。经肝脏代谢，约 25% 原型药及肝药酶代谢产物羟乙基衍化物经肾脏排出。

【药理作用】

乙琥胺的作用机制可能是：① 选择性阻滞丘脑神经元 T 型钙通道，T 型 Ca^{2+} 电流是丘脑神经元的起搏电流，导致失神发作中产生有节律的皮质放电，乙琥胺可降低其阈值；② 较高浓度乙琥胺还能抑制 Na^+-K^+-ATP 酶和 GABA 转氨酶。

【临床应用】

乙琥胺临床主要用于失神性发作，对肌阵挛性发作也有一定的疗效，对其他类型癫痫无效。

【不良反应】

不良反应发生率低，常见有以下几点。

(1) 消化道反应：恶心、呕吐和腹部疼痛等，与剂量有关，随服药时间延长而减轻。

(2) 中枢神经系统：如头痛、头晕、困倦、嗜睡、欣快、呃逆等。对于有精神病史的患者，可引起焦虑、抑郁、短暂的意识丧失、攻击行为等精神行为异常。

(3) 偶见嗜酸性粒细胞增多或粒细胞缺乏，严重者发生再生障碍性贫血，用药期间应定期检查血常规。

(4) 偶可加重癫痫发作，当失神发作伴有强直阵挛性发作时，应与抗强直阵挛性发作药物合用，可先服用苯巴比妥 2～3 周，确定其适宜剂量后，再加用乙琥胺。

扑 米 酮

扑米酮(primidone)化学结构和药理作用与苯巴比妥类似。扑米酮在体内约 25% 氧化为苯巴比妥，另一部分分解为苯乙基丙二酰胺，扑米酮及其代谢产物均有抗癫痫活性，长期服用可在体内蓄积。扑米酮主要用于治疗癫痫强直阵挛性发作、局灶性发作，但不作为一线药物，仅在苯妥英钠、卡马西平、苯巴比妥单用或合用无效时使用。可作为精神运动性发作的辅助用药，对失神性发作无效。不宜与苯巴比妥合用。扑米酮常引起嗜睡、恶心、呕吐、眩晕、共济失调、复视等反应，偶见巨幼红细胞贫血、粒细胞减少症和血小板减少症，用药期间应定期检查血常规，骨骼系统不良反应有骨质疏松和佝偻病。约 10% 患者因毒性反应严重而停药，严重肝肾功能不全者禁用。

拉 莫 三 嗪

拉莫三嗪(lamotrigine)为苯基三嗪类化合物，是一种新型的抗癫痫药。

【体内过程】

拉莫三嗪口服吸收迅速、完全，2～4 h 血药浓度达高峰，生物利用度达 98%，血浆蛋白结合率约为 55%，在肝脏代谢为葡萄糖醛酸结合物，约 10% 的原型药和代谢产物由尿中排泄，2%通过粪便排泄。$t_{1/2}$ 约为 12 h，与肝药酶诱导剂如卡马西平、苯妥英钠等联用时，$t_{1/2}$ 减为 7 h，与肝药酶抑制剂丙戊酸钠合用时，$t_{1/2}$ 延长约 1 倍。

【药理作用】

拉莫三嗪是一种电压依赖性 Na^+ 通道阻滞剂，减少 Na^+ 内流，增加神经元膜稳定性，阻止病灶异常放电。能稳定突触前膜，抑制谷氨酸和天冬氨酸的释放，也抑制谷氨酸诱发的动作电位的爆发。

【临床应用】

(1) 单药治疗：是 12 岁以上儿童及成人的局灶性发作、原发性和继发性强直-阵挛性发作的一线治疗药物。目前暂不推荐 12 岁以下儿童采用单药治疗。

(2) 辅助治疗：2 岁以上儿童及成人难治性癫痫的辅助治疗，临床上常用丙戊酸钠联合小剂量拉莫三嗪。

【不良反应】

常见不良反应有恶心、头痛、视物模糊、眩晕、共济失调等,发生率与给药剂量相关。偶见皮疹,一般为斑丘疹,通常在治疗开始的前8周出现,停用拉莫三嗪后消失,反应不严重时可不撤药。罕见血管神经性水肿和史-约综合征(Stevens-Johnson syndrome)。禁用于已知对拉莫三嗪过敏的患者。

托吡酯

托吡酯(topiramate)是新型广谱抗癫痫药,口服吸收迅速、生物利用度高、蛋白结合率低,主要以原型经尿排出,$t_{1/2}$为19～23 h。托吡酯用于初诊为癫痫患者的单药治疗或曾经合并用药现转为单药治疗的癫痫患者,也用于成人及2～16岁儿童局灶性起源癫痫的加用治疗。托吡酯的可能作用机制有:① 阻滞电压依赖性Na^+通道;② 通过兴奋性氨基酸的AMPA受体,抑制谷氨酸介导的兴奋性神经毒性;③ 增强GABA介导的神经抑制作用;④ 轻度抑制碳酸酐酶产生抗惊厥作用。托吡酯具有较高的安全性和耐受性,不良反应轻,最常见的不良反应主要是中枢神经系统相关的症状,包括嗜睡、头晕、疲劳、共济失调、注意力受损、意识模糊、感觉异常和思维异常等。不常见的不良反应有焦虑、忧郁、情绪不稳、遗忘、食欲缺乏、失语、复视、恶心、视觉异常和体重减轻等。罕见肾石症的报道。

奥卡西平

奥卡西平(oxcarbazepine)是卡马西平衍生物,作用和卡马西平相似,与卡马西平相比具有口服吸收好、生物利用度高、血浆蛋白结合率低和不良反应少的优点,且药酶诱导作用弱。奥卡西平$t_{1/2}$为1～2 h,在体内迅速转变为10-羟基代谢产物,此代谢产物也具有抗癫痫作用,其$t_{1/2}$为8～12 h。奥卡西平主要以10-羟基代谢产物与葡萄糖醛酸结合形式通过肾脏排泄。可单独或与其他抗癫痫药联合用于局灶性及全面性癫痫发作的治疗。其作用机制可能是阻滞脑细胞的电压依赖性Na^+通道,进而阻止病灶放电的扩散。用药初期可出现轻度的不良反应,如乏力、头痛、头晕等,继续用药后不良反应可消失。偶见胃肠功能障碍、皮肤潮红、血细胞计数下降等。

左乙拉西坦

左乙拉西坦(levetiracetam)是吡拉西坦类药物,为新型口服抗癫痫药。左乙拉西坦主要用于成人及4岁以上儿童癫痫患者局灶性和原发全面性癫痫的加用治疗,对于局灶性发作、肌阵挛发作等具有较好的治疗效果,是局灶性发作联合用药的一线药物。此外,左乙拉西坦对双相情感障碍、神经痛的治疗和偏头痛的预防等也有一定作用。左乙拉西坦的抗癫痫机制可能为:① 与脑内突触囊泡蛋白SV2A结合,左乙拉西坦与SV2A在脑内有很高的亲和性,能够抑制癫痫性放电;② 阻滞海马CA1区锥体神经元高电压激活的N型钙通道;③ 解除负性变构剂(变构拮抗剂)对GABA和甘氨酸能神经元的抑制作用,间接增强中枢抑制作用;④ 抑制大脑皮质GABA受体下调,并将下调的受体滞留于海马区从而增强GABA对神经元回路的抑制作用。与同类药物相比,左乙拉西坦具有以下优点:① 安全范围大,用药安全、不良反应少;② 主要代谢途径不通过肝药酶系统,与其他抗癫痫药间无相互作用;③ 口服吸收迅速完全,绝对生物利用度接近100%,呈线性药代动力学特性。

加巴喷丁

加巴喷丁(gabapentin)为GABA衍生物,主要用于成人和12岁以上儿童伴或不伴继发性全身发作的局灶性发作的辅助治疗,也可用于3～12岁儿童的局灶性发作的辅助治疗。加巴喷丁也是第一个被批准用于治疗所有神经性疼痛疾病的药物。主要不良反应包括嗜睡、眩晕、步态不稳、疲劳感。小剂量开始,缓慢地增加剂量,多数患者都能耐受。儿童偶尔出现急躁易怒,停药以后逐渐消失。

普瑞巴林

普瑞巴林(pregabalin)与中枢神经系统中α_2-δ位点(电压门控钙通道的一个辅助性亚基)具有高度亲和力,能阻滞电压依赖性钙通道,减少Ca^{2+}依赖性神经递质的释放,临床主要用于治疗广泛性焦虑障碍、外周神经痛以及辅助治疗局灶性癫痫发作。在抗癫痫方面,与加巴喷丁相比,普瑞巴林具有剂量低、毒副作用少、持续时间长的优势。主要不良反应有血管性水肿、头晕、嗜睡、共济失调、意识模糊、乏力、视物模糊、口干、体重增加及思维异常(主要为集中精力困难/注意困难)等。

苯二氮䓬类

苯二氮䓬类具有抗癫痫及抗惊厥作用,作用机制与增强脑内GABA的抑制功能及提高Ca^{2+}依赖性K^+

电导有关，有助于减弱神经元的兴奋性。临床常用于癫痫治疗的苯二氮䓬类有地西泮、硝西泮和氯硝西泮。地西泮是癫痫持续状态的首选药，起效快，且较其他药物安全。硝西泮主要用于癫痫小发作，特别是肌阵挛性发作及婴儿痉挛等。氯硝西泮是苯二氮䓬类中抗癫痫谱比较广的抗癫痫药，对癫痫失神发作疗效较地西泮强，静脉注射也可治疗癫痫持续状态。对肌阵挛性发作、婴儿痉挛也有效。氯巴占(clobazam)也属于苯二氮䓬类，具有良好的抗焦虑及抗惊厥效果，适用于治疗对其他抗癫痫药无效的难治性癫痫，可以单独使用，也可以作为辅助治疗药物。

二、抗癫痫药应用注意事项

癫痫是一种慢性疾病，需要长期甚至终身用药，在选用抗癫痫药时应注意以下几点。

(1) 根据癫痫发作类型和治疗后的效果合理选择药物(表 10－1)，先从最低治疗量开始，逐渐调整至能获得理想疗效且不出现毒性反应的剂量。

(2) 单纯型癫痫选用一种有效药物即可，用单一药物难以起效或混合型癫痫常需要合并用药。

(3) 治疗过程中不宜随意停药和更换药物，确需要更换药物时应逐渐过渡，更换药物期间可在原药上加用新药物，待其发挥疗效后将原药减量渐停。突然换药或停药，均可导致癫痫复发，应予避免。

(4) 强直-阵挛性发作和局灶性发作在完全控制 2～5 年后，失神性发作在完全控制 1 年后，可考虑终止治疗。但停药必须缓慢减量，停药后若复发，需要重新给药如前。精神运动性发作一般需要小剂量长期维持。

(5) 长期使用抗癫痫药的患者，需要密切注意毒副作用，定期进行相关检查，并采取相应的措施。

表 10－1 常见癫痫发作类型抗癫痫药选择

发作类型	一线药物	添加药物	可考虑药物	可能加重发作的药物
全面强直阵挛发作	丙戊酸、拉莫三嗪、卡马西平、奥卡西平、左乙拉西坦、苯巴比妥	左乙拉西坦、托吡酯、丙戊酸、拉莫三嗪、氯巴占		
强直或失张力发作	丙戊酸	拉莫三嗪	托吡酯、卢非酰胺	卡马西平、奥卡西平、加巴喷丁、普瑞巴林、噻加宾、氨己烯酸
失神发作	丙戊酸、拉莫三嗪、乙琥胺	丙戊酸、拉莫三嗪、乙琥胺	氯硝西泮、氯巴占、左乙拉西坦、托吡酯、唑尼沙胺	卡马西平、奥卡西平、苯妥英钠、加巴喷丁、普瑞巴林、噻加宾、氨己烯酸
肌阵挛发作	丙戊酸、左乙拉西坦、托吡酯	左乙拉西坦、丙戊酸、托吡酯	氯硝西泮、氯巴占、唑尼沙胺	卡马西平、奥卡西平、苯妥英钠、加巴喷丁、普瑞巴林、噻加宾、氨己烯酸
局灶性发作	卡马西平、拉莫三嗪、奥卡西平、左乙拉西坦、丙戊酸	卡马西平、左乙拉西坦、拉莫三嗪、奥卡西平、加巴喷丁、丙戊酸、托吡酯、唑尼沙胺、氯巴占	苯妥英钠、苯巴比妥	

第二节 抗 惊 厥 药

惊厥是中枢神经系统过度兴奋而引起的症状，表现为全身骨骼肌强烈的不自主收缩，常见于高热、子痫、破伤风、癫痫强直阵挛性发作以及某些药物中毒等引起中枢神经的过度兴奋。常用的抗惊厥药物有巴比妥类、部分苯二氮䓬类、水合氯醛及硫酸镁等。

硫 酸 镁

硫酸镁(magnesium sulfate)因给药途径不同可产生完全不同的药理作用，口服硫酸镁有泻下及利胆作用；外敷可以消肿；注射给药则引起中枢抑制、骨骼肌松弛和降低血压等全身作用。Mg^{2+} 是维持体内多种生物酶功能活性不可或缺的一种阳离子，能影响神经冲动的传递和维持肌肉的应激性。Mg^{2+} 与 Ca^{2+} 化学性质相似,竞争性拮抗 Ca^{2+} 引起的神经末梢乙酰胆碱的释放,使乙酰胆碱释放减少,阻滞神经肌肉接头的传递,产生箭毒样的肌松作用。血液中 Mg^{2+} 浓度为 2.0~3.5 mg/100 mL,低于此浓度时,神经和肌肉组织的兴奋性升高。同理,Mg^{2+} 过量中毒时可用 Ca^{2+} 来解救。

临床上硫酸镁主要用于缓解子痫、破伤风等惊厥,也可用于高血压危象的救治,常采用肌内注射或静脉滴注给药;口服用于治疗便秘、肠内异常发酵和胆绞痛;50%溶液外敷患处能消炎去肿。硫酸镁注射的安全范围较窄,常见出汗、口干、恶心、呕吐、心慌等,减慢注射速度症状可消失;浓度过高可引起呼吸抑制、血压剧降和心脏骤停而致死。肌腱反射消失是呼吸抑制的先兆,中毒时应立即进行人工呼吸,并缓慢静脉注射葡萄糖酸钙或氯化钙紧急抢救。

小　结

目前,癫痫最常用、最重要的治疗手段仍是药物治疗,抗癫痫药的合理、规范、适时和正确使用,可使 70% 的癫痫患者的发作得到有效控制。抗癫痫药可通过两种方式来消除或减轻癫痫发作,一是直接抑制中枢病灶神经元的病理性过度放电;二是提高病灶周围正常脑组织的兴奋阈,防止异常放电的扩散。抗癫痫药的作用机制与增强 GABA 介导的抑制性突触的传递功能、抑制电压依赖性的 Na^{+} 通道降低神经元的兴奋性、抑制电压依赖性钙通道以及影响谷氨酸递质等有关。有些抗癫痫药是单一作用机制,有些抗癫痫药可能是多重作用机制,了解抗癫痫药的作用机制是正确选择药物、了解药物之间相互作用的基础。

丙戊酸钠和卡马西平为广谱抗癫痫药,对于各类型癫痫均有不同程度的疗效,且不良反应较其他传统抗癫痫药轻,因此是目前临床经常使用的传统抗癫痫药。新型抗癫痫药如拉莫三嗪、托吡酯和左乙拉西坦等,与传统药疗效相当,却具有特异性强、安全性高、耐受性好、药物间相互影响小等特点,目前在临床也广泛使用。根据发作类型和综合征分类选择药物是癫痫治疗的基本原则,初始治疗的药物选择非常重要,选药正确可以增加治疗的成功率。

【思考题】

1. 患儿,男,6 岁。2 岁时被诊断为癫痫,其后一直服用抗癫痫药,数日前因外出导致停药,9 日后患儿突然出现紧咬牙关、双眼上翻、四肢抖动和口吐白沫等症状,频繁抽动 10 余次,最后一次抽动持续 1 h 不缓解,紧急入院。诊断:原发性全身强直-阵挛性癫痫持续状态。请问:
   (1) 对于原发性全身强直-阵挛性癫痫持续状态,可以选用哪些药物治疗?
   (2) 这些药物的作用机制是什么?
2. 简述丙戊酸钠的药理作用、临床用途和不良反应。
3. 可用于癫痫强直阵挛性发作和失神性发作的药物分别有哪些?

(熊玉霞)

※ 课程 PPT

第十章
课程 PPT

第十一章

治疗精神障碍的药物

学习目标

【知识目标】

1. 掌握　氯丙嗪、丙米嗪、选择性5-羟色胺再摄取抑制剂和碳酸锂的药理作用、临床应用和不良反应。

2. 熟悉　选择性5-羟色胺及去甲肾上腺素再摄取抑制剂、去甲肾上腺素及特异性5-羟色胺能抗抑郁药、抗精神病药氯氮平、利培酮、奥氮平、喹硫平、齐拉西酮和阿立哌唑的作用特点。

3. 了解　5-羟色胺平衡抗抑郁剂、选择性5-羟色胺再摄取激活剂、选择性去甲肾上腺素再摄取抑制剂、去甲肾上腺素和多巴胺再摄取抑制剂、MAO抑制剂的作用特点。

【能力目标】

能将本章知识应用于临床实践，合理使用抗抑郁药、心境稳定剂和抗精神病药。

【素质目标】

树立以患者为中心的合理用药观，在保证治疗效果同时避免药物严重不良反应的发生。

精神障碍(mental disorder)是一类具有诊断意义的精神方面的问题，特征为认知、情绪、行为等方面的改变，可伴有痛苦体验和(或)功能损害。根据《中国精神障碍分类与诊断标准(第三版)》(*Chinese Classification and Diagnostic Criteria of Mental Disorders*，CCDM-3)，精神障碍归并为十大类。本章节主要介绍抗抑郁药、心境稳定剂和抗精神病药，而常用的抗焦虑症药苯二氮䓬类的介绍见第九章。

第一节　抗抑郁药

20世纪50年代以前，除了电休克外主要使用巴比妥类药物、溴剂和中枢兴奋药等治疗抑郁障碍，但疗效不理想且不良反应明显。50年代初期，偶然发现抗结核药异丙烟肼(MAO抑制剂)具有提高患者情绪作用，随后异丙肼等MAO抑制剂陆续用于抑郁障碍的治疗，但其由于起效缓慢且具有严重的不良反应，多已淘汰。50年代后期，三环类抗抑郁药上市，取代单胺氧化酶抑制剂，作为抗抑郁首选药达30年之久，代表药物有丙米嗪、阿米替林等，后因不良反应多，在20世纪80～90年代后逐渐被新型抗抑郁药取代。

80年代后期，选择性5-羟色胺再摄取抑制剂、选择性5-羟色胺和去甲肾上腺素再摄取抑制剂、去甲肾上腺素能及特异性5-羟色胺能抗抑郁药等陆续用于临床，具有起效快、不良反应少而轻、抗抑郁谱广的特点，目前选择性5-羟色胺再摄取抑制剂及选择性5-羟色胺和去甲肾上腺素再摄取抑制剂已经成为临床治疗抑郁症的主流药物。

21世纪以来,围绕氯胺酮、麦角酸酰二乙胺、裸盖菇素(迷幻蘑菇有效成分)和3,4-亚甲二氧甲基苯丙胺等致幻类精神毒品研究不只为抑郁障碍的致病提供了新的思路,还指导了抗抑郁药的开发,其中盐酸艾司氯胺酮于2019年4月在中国上市。

资料来源:

CARRILLO P, PETIT A C, GAILLARD R, et al., 2020. The next psychoactive drugs: from imipramine to ketamine. Bull Acad Natl Med, 204(9): 1034-1042.

ZIMMERMANN K S, RICHARDSON R, BAKER K D, 2020. Esketamine as a treatment for paediatric depression: questions of safety and efficacy. The Lancet Psychiatry, 7(10): 827-829.

抑郁障碍(depressive disorder)是由多种因素引起的情感障碍性疾病,以显著而持久的心境低落为主要特征,且心境低落与其处境不相称,严重者可出现自杀冲动和行为,其具有高发病率、高复发率、高自杀率、高致残率和社会负担重等特点,严重危害人类的身心健康,已成为全球性的公共卫生问题。

抑郁障碍的发生与遗传、生物化学、神经内分泌、神经可塑性、心理、社会和环境等多种因素有关,其发病机制复杂,至今尚未完全清楚,目前主要的研究学说有以下5个方面:① 单胺类神经递质及其受体学说;② 炎症反应学说;③ 下丘脑-垂体-肾上腺(hypothalamus-pituitary-adrenal, HPA)轴功能失调学说;④ 神经营养因子学说;⑤ 多因素综合作用学说。其中,单胺类神经递质及其受体学说认为,中枢单胺类神经递质5-羟色胺、去甲肾上腺素和多巴胺的功能不足与抑郁障碍关系密切,尤其是5-羟色胺信号减弱被公认为是抑郁障碍的生物学基础。目前常用的抗抑郁药均以该学说为基础,通过提高中枢单胺递质功能或改变受体敏感性发挥抗抑郁作用。

抗抑郁药(antidepressant drug)是指一组主要用来治疗以情绪抑郁为突出症状的药物,根据其化学结构和作用机制可以将抗抑郁药分为10类(表11-1)。这些药物大多基于单胺类神经递质及其受体学假说而研发,所以在药理作用、临床应用方面相似,但是不同抗抑郁药对各种神经递质的作用有所差异,也使不同种类的药物在临床应用方面各具特点。

表11-1 常用抗抑郁药分类及作用机制

分类	机制	代表药物
单胺氧化酶抑制剂(MAOIs)	抑制中枢神经末梢MAO,使多巴胺、5-羟色胺和去甲肾上腺素等单胺类递质分解减少	吗氯贝胺
三环类抗抑郁药(TCAs)	非选择性抑制去甲肾上腺素和5-羟色胺的再摄取,升高去甲肾上腺素和5-羟色胺浓度	丙米嗪
选择性5-羟色胺再摄取抑制剂(SSRIs)	选择性地抑制突触前膜5-羟色胺运载体,抑制5-羟色胺的再摄取,增加突触间隙5-羟色胺浓度	氟西汀
选择性5-羟色胺及去甲肾上腺素再摄取抑制剂(SNRIs)	同时抑制去甲肾上腺素和5-羟色胺的再摄取,升高去甲肾上腺素和5-羟色胺浓度	文拉法辛
去甲肾上腺素及特异性5-羟色胺能抗抑郁药(NaSSAs)	拮抗突触前α_2受体,增强去甲肾上腺素能神经的传导,拮抗中枢的5-HT_2和5-HT_3受体,调节5-羟色胺功能	米氮平
5-羟色胺平衡抗抑郁药	非选择性影响5-羟色胺和去甲肾上腺素再摄取,具有拮抗剂/摄取抑制剂双重作用	曲唑酮
选择性5-羟色胺再摄取激活药	促进突触前膜5-羟色胺再摄取,抑制了应激所导致的海马细胞萎缩,修复其损伤	噻奈普汀
选择性去甲肾上腺素再摄取抑制剂(NARIs)	选择性抑制突触前膜去甲肾上腺素的再摄取,增强中枢神经系统去甲肾上腺素的功能	瑞波西汀
去甲肾上腺素及多巴胺再摄取抑制剂(DARIs)	阻滞多巴胺和去甲肾上腺素的再摄取,增加突触间隙多巴胺和去甲肾上腺素浓度	安非他酮
N-甲基-*D*-天冬氨酸(NMDA)受体拮抗剂	拮抗NMDA受体,提高中枢谷氨酸水平	艾司氯胺酮

一、单胺氧化酶抑制剂

单胺氧化酶抑制剂(monoamine oxidase inhibitors, MAOIs,MAO抑制剂)是20世纪50年代发现的第

一代抗抑郁药，最早用于治疗结核病，后来发现患者用药后有言语增多、失眠和欣快感等中枢兴奋作用，于1957年试用于抑郁患者并获得成功，因而开始用于治疗抑郁症。第一代MAO抑制剂包括异卡波肼(isocarboxazid)、苯乙肼(phenelzine)及反苯环丙胺(tranylcypromine)等，由于这些药物与许多药物及含酪胺丰富的食物发生相互作用，引起高血压危象、急性黄色肝萎缩等严重不良反应而被淘汰。直到可逆性选择性MAO-A抑制剂如吗氯贝胺(moclobemide)被研制，临床又重新使用此类药物。

【药理作用】

MAO抑制剂抑制中枢神经末梢MAO，使多巴胺、5-羟色胺和去甲肾上腺素等单胺类递质分解减少，发挥抗抑郁作用。MAO抑制剂与拟交感药物或含酪胺丰富的食物(如奶酪、啤酒和酵母等)合用，因MAO被抑制，削弱对酪胺和拟交感胺的降解作用而使其大量进入血液循环并置换神经末梢囊泡中去甲肾上腺素，导致严重的高血压危象。目前有研究者认为，脑、肝脏及胃肠道MAO存在MAO-A和MAO-B两种同分异构体，若MAO-A被抑制则发生抗抑郁反应。传统MAO抑制剂对MAO-A、MAO-B两型均有抑制作用，而新型MAO抑制剂对MAO-A的选择性高，可降低发生高血压危象的风险。另外，新型单胺氧化酶抑制剂对MAO抑制作用还具有可逆性，酶抑制后其活性8～10 h后恢复，而传统MAO抑制剂的抑制作用时间长达2周。

【临床应用】

临床主要用于非典型抑郁障碍、伴有焦虑、惊恐或疼痛等症状的抑郁障碍。三环类抗抑郁药治疗无效者也可使用MAO抑制剂。新型MAO抑制剂吗氯贝胺降低了传统MAO抑制剂与药物相互作用的危险，克服了传统MAO抑制剂的肝脏毒性和引发高血压危象的不足，同时还具有不增加体重、不影响性功能及认知功能等优点，但仍应注意体位性低血压及潜在的食物、药物间相互作用。

【不良反应】

MAO抑制剂不良反应较其他抗抑郁药严重。常见的有恶心、口干、失眠、便秘、视物模糊、体位性低血压、水肿、排尿不畅等，高血压危象及急性黄色肝萎缩是最严重的不良反应。新型MAO抑制剂不良反应少见，偶有视物模糊、恶心等。

二、三环类抗抑郁药

三环类抗抑郁药(tricyclic antidepressants, TCAs)化学结构为一个中央杂环与两个苯环连接构成的三环，故称为三环类抗抑郁药。三环类抗抑郁药抑制神经元突触前膜对突触间隙的5-羟色胺和去甲肾上腺素的再摄取，提高突触间隙单胺递质含量，消除患者情绪低落的抑郁症状。但由于三环类抗抑郁药具有肾上腺素受体、M受体、组胺受体拮抗作用，具有明显的中枢神经系统和心血管毒性等不良反应，已逐渐被一些新型抗抑郁药选择性5-羟色胺再摄取抑制剂取代。常见药物包括丙米嗪(imipramine)、多塞平(doxepin)、氯米帕明(clomipramine)、阿米替林(amitriptyline)、地昔帕明(desipramine)、去甲替林(nortriptyline)，目前临床较常用的是氯米帕明和阿米替林。

【体内过程】

三环类抗抑郁药口服生物利用度17%～56%，血浆蛋白结合率68%～95%，三环类抗抑郁药在体内广泛地分布于肝、脑、肾和心脏等组织，药物在肝脏经肝药酶羟基化和去甲基化代谢，然后与葡萄糖醛酸结合经尿排出，部分去甲基产物，如去甲替林，仍具药理活性，$t_{1/2}$为30～48 h，达稳态时间为5～14日。三环类抗抑郁药的血药浓度并不总是与疗效平行，但与不良反应的发生及严重程度相关。

【药理作用】

(1) 中枢作用：三环类抗抑郁药为非选择性单胺摄取抑制剂，主要拮抗5-羟色胺和去甲肾上腺素递质的再摄取，从而使突触间隙的递质浓度增高，促进突触传递功能而发挥抗抑郁作用，抑郁障碍患者连续用药后，情绪提高、精神振奋，其抗抑郁作用通常在用药后几周出现。此外，三环类抗抑郁药还可拮抗D_2受体，引起锥体外系症状等。

(2) 自主神经系统：三环类抗抑郁药能拮抗M受体，引起阿托品样作用；拮抗肾上腺素受体和H_1受体，引起过度镇静、嗜睡和体重增加。

(3) 心血管系统：三环类抗抑郁药能抑制多种心血管反射，导致心律失常，这与它抑制心肌中去甲肾上腺素的再摄取有关。此外，其还可以引起体位性低血压。丙米嗪对心脏有喹尼丁样抑制作用，因此心血管疾病患者慎用。

【临床应用】

三环类抗抑郁药主要用于各类抑郁障碍，其中丙米嗪可用于内源性抑郁障碍、更年期抑郁障碍、反应性抑郁障碍，但对双相情感障碍的抑郁症状效果差。丙米嗪、阿米替林和氯米帕明均可用于焦虑症、惊恐症和遗尿症治疗，氯米帕明是强迫症首选药物。

【不良反应】

不良反应有过度镇静、嗜睡和记忆力减退等；口干、视物模糊、眼内压增高、排尿困难、便秘等；体位性低血压、心动过速或传导阻滞；头昏、细微震颤，偶见癫痫发作、药疹和粒细胞减少症。过量服用可导致急性中毒，表现为谵妄、昏睡或昏迷，心律失常是最常见的致死原因。

【禁忌证】

严重心、肝、肾功能不全；青光眼；12 岁以下儿童、孕妇、癫痫、前列腺肥大、肠麻痹和三环类抗抑郁药过敏者慎用；由于三环类抗抑郁药抑制去甲肾上腺素的再摄取，MAO 抑制剂减少去甲肾上腺素灭活，两者合用可导致去甲肾上腺素浓度过高而引起血压增高和惊厥，故禁与 MAO 抑制剂联用。

三、选择性 5-羟色胺再摄取抑制剂

选择性 5-羟色胺再摄取抑制剂(selective serotonin reuptake inhibitors, SSRIs)是 20 世纪 80 年代开发的一类新型抗抑郁药，通过选择性地抑制突触前膜 5-羟色胺运载体，拮抗前膜对 5-羟色胺的再摄取，增加突触间隙 5-羟色胺的浓度，从而增强 5-羟色胺功能而发挥作用。选择性 5-羟色胺再摄取抑制剂对各种类型抑郁障碍均有效，且安全性高，是目前临床上应用最多的一线抗抑郁药。常见药物有氟西汀、帕罗西汀、舍曲林、氟伏沙明、西酞普兰和艾司西酞普兰。

氟 西 汀

氟西汀(fluoxetine)为二环类化合物，于 1988 年上市，为抑郁障碍治疗的里程碑之一。

【体内过程】

氟西汀口服吸收好，不受进食影响，达峰值时间为 6～8 h，血浆蛋白结合率为 80%～95%，经肝 CYP2D6 代谢为去甲氟西汀，具有与氟西汀相同的药理活性，氟西汀及其活性代谢产物对 CYP2D6 和 CYP3A4 有抑制作用。原型药物及代谢物主要由尿中排泄，可经乳汁分泌排泄。氟西汀短暂给药的 $t_{1/2}$ 为 1～3 日，长期给药的 $t_{1/2}$ 为 4～16 日，多次给药需要数周才达到稳态血药浓度。

【药理作用】

氟西汀是一种强效选择性 5-羟色胺再摄取抑制剂，抑制 5-羟色胺再摄取作用比抑制去甲肾上腺素再摄取强 200 倍；对 5-HT_{2C} 受体有拮抗作用，增加皮质去甲肾上腺素和多巴胺的释放；对肾上腺素受体、M 受体、组胺受体、$GABA_B$ 受体等几乎无亲和力，因此相关的镇静作用、抗胆碱作用及对心血管的作用不明显。氟西汀对抑郁障碍的疗效与三环类抗抑郁药相当，耐受性与安全性却优于三环类抗抑郁药。

【临床应用】

氟西汀临床用于各类抑郁障碍，能明显改善患者的抑郁心情及伴随的焦虑症状和睡眠障碍，该药对伴发心血管症状的抑郁障碍疗效肯定，耐受性好。还能治疗强迫性神经症和贪食症。

【不良反应】

偶见全身或局部过敏，胃肠道功能紊乱(如恶心、呕吐、消化不良、腹泻、吞咽困难等)以及头痛、头晕、乏力、厌食、体重下降、震颤、惊厥、睡眠紊乱、性欲降低等。肝功能不全者 $t_{1/2}$ 延长，需要减少用药剂量或降低用药频率。氟西汀与 MAO 抑制剂合用时可导致 5-羟色胺综合征，早期表现为激惹不安、恶心、呕吐，继而出现强直、惊厥、心动过速、高血压、自主神经功能紊乱，最后可引起意识障碍昏迷，严重者可致死。近年来，陆续有报道氟西汀可使患者暴力倾向增强，增加自杀风险，大剂量可能导致药物性孤独症等，2010 年 2 月，欧洲药品管理局警告氟西汀会增加先天性心血管出生缺陷。

帕罗西汀

帕罗西汀(paroxetine)为强效选择性 5-羟色胺再摄取抑制剂，通过增加突触间隙 5-羟色胺浓度而发挥抗抑郁作用；有轻度的抗胆碱能作用，可能与其镇静效果相关；有较弱的去甲肾上腺素再摄取抑制作用，可能与其进一步抗抑郁效果有关；对 NOS 有抑制作用，可能与其所致性功能障碍有关。口服吸收完全，食物和药物均不影响其吸收，血浆蛋白结合率为 93%，可分布于全身各组织器官，也可通过乳腺分泌，主要在肝脏代谢，生成尿苷酸化合物，最后经肾脏排出，小部分从胆汁分泌经粪便排出，$t_{1/2}$约 21 h，对 CYP2D6 有较强抑制作用。可用于各种类型的抑郁障碍，强度与氟西汀相似，但起效快，耐受性好。对于严重抑郁障碍以及其他抗抑郁药无明显疗效的患者，帕罗西汀仍有效。孕妇、儿童一般不用。不良反应与氟西汀类似。由于帕罗西汀为 CYP2D6 的底物和抑制剂，其长期拟 5-羟色胺作用可导致 5-羟色胺受体低敏，突然停药可引起戒断症状。

舍曲林

舍曲林(sertraline)，作用机制同氟西汀，是一种强效 5-羟色胺再摄取抑制剂；可与 σ_1受体结合并对多巴胺再摄取有一定抑制作用，可能与其抗焦虑作用相关。口服吸收缓慢，6～8 h 可达血药峰值，血浆蛋白结合率为 98%，主要在肝脏通过脱甲基途径代谢，形成葡萄糖醛酸结合物，分别随尿和粪便等量排出，$t_{1/2}$为 24～26 h。用于治疗抑郁障碍和强迫症，包括伴随焦虑，有或无躁狂史的抑郁障碍，以及抑郁性疾病的相关症状。对女性(孕妇除外)和老年患者比较适宜。主要不良反应为食欲或体重下降、性功能减低、口干、恶心、腹泻、震颤、出汗等。

氟伏沙明

氟伏沙明(fluvoxamine)为目前已知的选择性较高的 5-羟色胺再摄取抑制剂，对 σ_1受体有较强的作用。对去甲肾上腺素和多巴胺影响弱，无兴奋、镇静作用，无抗胆碱、抗组胺作用，也不影响 MAO 活性，对心血管系统无影响，也不引起体位性低血压。口服吸收快而完全，连续用药 10 日之内达稳态血药浓度，$t_{1/2}$为 15～20 日。适用于治疗各类抑郁障碍和强迫症，并能有效治疗焦虑症、惊恐障碍。此外，少年儿童和老年人应用该药安全有效。氟伏沙明为 CYP1A2 的底物和抑制剂，故氟伏沙明抑制自身代谢，增减给药量和血药浓度变化不成比例，加之其 $t_{1/2}$短，故撤药时可引起血药浓度急剧下降，易产生戒断症状。

西酞普兰和艾司西酞普兰

西酞普兰(citalopram)含两种对映体，*R* 和 *S*，故为消旋体，对 5-羟色胺再摄取抑制作用的选择性更强，对其他神经递质及受体影响较小，不影响认知和精神运动性行为。其中，*R*-西酞普兰有轻微抗组胺作用和 CYP2D6 抑制作用。主要用于抑郁性精神障碍(内源性及非内源性抑郁)、抑郁障碍及焦虑症的治疗。本药不良反应少，主要表现为出汗、恶心和口干，镇静作用最轻微，故特别适用于抑郁障碍的长期治疗及躯体疾病伴抑郁。

艾司西酞普兰(escitalopram)为西酞普兰的左旋体，其作用为右旋体的 100 倍。临床用于重症抑郁障碍和广泛性焦虑症的治疗。约 5%的患者出现恶心、便秘、多汗、口干、阳痿、失眠、疲劳、头痛、嗜睡、焦虑等不良反应。偶见轻度躁狂或低钠血症，有惊厥史的患者应慎用。

四、选择性 5-羟色胺及去甲肾上腺素再摄取抑制剂

选择性 5-羟色胺及去甲肾上腺素再摄取抑制剂(selective serotonin and noradrenalin reuptake inhibitors, SNRIs)，主要药物有文拉法辛(venlafaxine)、度洛西汀(duloxetine)及米那普仑(milnacipran)，是继选择性 5-羟色胺再摄取抑制剂后，20 世纪 90 年代开发研制的抗抑郁药。

【体内过程】

选择性 5-羟色胺及去甲肾上腺素再摄取抑制剂口服易吸收，其中文拉法辛生物利用度为 96%～100%，蛋白结合率低，仅 27%，度洛西汀的血浆蛋白结合率高达 90%。主要在肝脏代谢，部分原型药和其代谢产物主要经肾脏排泄。度洛西汀对肝药酶 CYP2D6 有抑制作用，可能会引起某些药物间相互作用。

【药理作用】

选择性 5-羟色胺及去甲肾上腺素再摄取抑制剂阻断 5-羟色胺和去甲肾上腺素的再摄取，对多巴胺再摄取有轻度抑制作用，增加前额叶皮质多巴胺含量，不抑制 MAO 活性，对 M 受体、H_1受体以及肾上腺素受体的亲和力均较低或无。因此，无明显的抗胆碱能作用和过度镇静等不良反应。

【临床应用】

选择性5-羟色胺及去甲肾上腺素再摄取抑制剂主要用于抑郁障碍,伴焦虑症状的抑郁障碍,广泛性焦虑症,糖尿病周围神经炎引起的疼痛及纤维肌痛等慢性疼痛。尤其适用于女性患者。

【不良反应】

选择性5-羟色胺及去甲肾上腺素再摄取抑制剂安全性好,不良反应少,最常见的不良反应为头痛、头晕、恶心、口干、便秘、食欲下降、疲乏、嗜睡、出汗、尿潴留和尿不尽等。禁与MAO抑制剂、5-羟色胺受体激动剂联用,以避免出现中枢5-羟色胺综合征。

五、去甲肾上腺素及特异性5-羟色胺能抗抑郁药

米氮平(mirtazapine)是去甲肾上腺素及特异性5-羟色胺能抗抑郁药(noradrenalin and specificity serotonergic antidepressants, NaSSAs)的代表药。其抗抑郁作用不是通过阻断转运体对单胺递质的再摄取而是通过拮抗突触前膜α_2受体,间接促进去甲肾上腺素和5-羟色胺释放发挥抗抑郁作用,同时还能拮抗突触后膜的$5-HT_{2A}$、$5-HT_{2C}$和$5-HT_3$受体,仅保留$5-HT_{1A}$受体的作用,增加多巴胺的释放。它也是一种H_1受体拮抗剂,具有镇静和微弱的抗胆碱作用。米氮平起效比选择性5-羟色胺再摄取抑制剂快,适用于各种抑郁障碍,尤其是伴有焦虑、失眠的抑郁障碍,对其他类抗抑郁药无效的抑郁障碍也可试用。米氮平耐受性好,不良反应较少,最常见的不良反应为镇静和体重增加,血胆固醇和甘油三酯含量升高,其他不良反应有恶心、呕吐、心动过速,偶见体位性低血压,禁用于急性闭角性青光眼患者。

六、5-羟色胺平衡抗抑郁药

曲唑酮和奈法唑酮

5-羟色胺平衡抗抑郁药的代表药物有曲唑酮(trazodon)和奈法唑酮(nefazodone),可拮抗$5-HT_{2A}$受体,增加$5-HT_{1A}$受体对5-羟色胺的反应,选择性地抑制5-羟色胺和去甲肾上腺素的再摄取,有相对较强的H_1受体、α_2受体拮抗作用,具有抗焦虑、镇静催眠、改善性功能等多重作用。曲唑酮的活性代谢产物氯苯基哌嗪是5-羟色胺受体的直接激动剂,故曲唑酮被视为5-羟色胺平衡激动/拮抗剂。临床用于各种轻、中度抑郁障碍,对重度抑郁效果稍差;因有镇静作用,适用于伴焦虑和失眠的轻、中度抑郁。不良反应比三环类抗抑郁药少,程度也轻,最常见的不良反应是嗜睡、头疼、体位性低血压、口干、恶心、呕吐,少数可能引起阴茎异常勃起。低血压和室性心律失常患者禁用。禁止与MAO抑制剂联用,可加强中枢抑制剂的抑制作用,也不宜和抗高血压药联用。

七、选择性5-羟色胺再摄取激活药

噻奈普汀

选择性5-羟色胺再摄取激活药(selective serotonin reuptake activators, SSRAs)结构上属于三环类抗抑郁药,但两者药理作用并不相同。代表药噻奈普汀(tianeptine),是一种与选择性5-羟色胺再摄取抑制剂作用完全相反的药物,噻奈普汀可促进突触前膜5-羟色胺的再摄取,增加囊泡中5-羟色胺的储存,并改变其活性,使突触间隙5-羟色胺浓度降低,对5-羟色胺的合成及突触前膜的释放无影响。在动物实验中能增强海马锥体细胞的自发性活动,抑制应激所导致的海马细胞萎缩,修复其损伤。与M受体和H_1受体亲和力低,极少引起心血管系统不良反应。临床上用于各种抑郁障碍,尤其是老年抑郁障碍,对焦虑伴胃肠症状有明显作用,对酒精中毒患者在戒酒期间出现的人格和行为紊乱有一定作用。常见不良反应有上腹疼痛、口干、厌食、恶心、呕吐、胀气、便秘、失眠/多梦、虚弱、眩晕、头痛、心动过速等。禁止与MAO抑制剂联用,未满15岁的儿童禁用。

八、选择性去甲肾上腺素再摄取抑制剂

瑞波西汀

瑞波西汀(reboxetine),通过对去甲肾上腺素再摄取的选择性阻断,提高脑内去甲肾上腺素的活性,不影

响多巴胺及 5-羟色胺的再摄取，它与肾上腺素能、胆碱能、组胺、多巴胺以及 5-羟色胺受体的亲和力较低。主要治疗抑郁障碍，长期治疗能有效预防复发。本药耐受性好，不良反应较少，常见不良反应为口干、便秘、失眠、勃起困难、排尿困难、尿潴留、心率加快、静坐不能、眩晕或体位性低血压。该药主要被 CYP3A4 代谢，能抑制 CYP3A4 活性的药物如酮康唑，可能会增加本药的血药浓度。

九、去甲肾上腺素及多巴胺再摄取抑制剂

安非他酮

安非他酮(amfebutamone)对 5-羟色胺的摄取及 MAO 活性均无明显影响，因能阻滞多巴胺和去甲肾上腺素的再摄取从而产生抗抑郁作用。用于治疗抑郁障碍，常见的不良反应有神经精神系统紊乱，主要是激越和精神失常；胃肠道功能紊乱，主要是恶心、呕吐；神经系统功能紊乱，主要是癫痫、头痛和睡眠失调；皮肤不适。不产生体重增加、苯丙胺类成瘾性、体位性低血压及延长心肌传导等不良反应。

十、其他抗抑郁药

锂盐可用于治疗双相情感障碍。植物类圣约翰草的提取物，为一种天然药物，不良反应少。氟哌噻吨/美利曲辛复方制剂，用于各种神经症(尤其是焦虑)、慢性疲劳综合征等。褪黑素受体激动剂阿戈美拉汀用于抑郁发作，焦虑症和睡眠障碍。艾司氯胺酮(esketamine)鼻喷剂能在数小时内显著减轻抑郁症状，降低自杀风险，于 2022 年 1 月获得我国上市批准。

第二节　心境稳定剂

心境稳定剂(mood stabilizer)，不仅用于治疗躁狂发作，还能调整情绪稳定，防止双相情感障碍复发。目前公认的心境稳定剂包括锂盐、抗精神分裂症药(如氯氮平、喹硫平等)、抗癫痫药(如卡马西平、丙戊酸钠、拉莫三嗪等)和钙通道阻滞剂(如维拉帕米)。本节主要介绍锂盐，最常用的是碳酸锂，碳酸锂不仅可以治疗躁狂发作，还可以预防躁狂抑郁的复发。

碳酸锂

【体内过程】

碳酸锂(lithium carbonate)口服吸收快且完全，2～4 h 血药浓度达高峰。锂离子先分布于细胞外液，然后逐渐蓄积于细胞内，不与血浆蛋白结合。锂通过血脑屏障进入脑组织和神经细胞需要一定时间，因而虽吸收快但起效较慢。碳酸锂主要经肾排泄，约 80%由肾小球滤过，在近曲小管与 Na^+ 竞争性重吸收，故增加钠的摄入可促进其排泄，而缺钠或肾小球滤过减少时，可导致体内锂蓄积，引起中毒。

【药理作用】

治疗剂量碳酸锂对正常人的精神行为无明显的影响，但对躁狂发作及精神分裂症的躁狂、兴奋症状具有抑制作用。碳酸锂发挥药理作用的成分是锂离子，其可能的作用机制如下：① 锂离子置换细胞内钠离子，抑制钠离子产生动作电位，降低细胞兴奋性；② 锂显著抑制中枢神经递质去甲肾上腺素和多巴胺释放、促进神经元突触的再摄取，使突触间隙中去甲肾上腺素和多巴胺浓度降低；③ 锂可增加乙酰胆碱的生物合成，增强中枢乙酰胆碱的功能；④ 抑制腺苷酸环化酶和磷脂酶 C 介导的第二信使系统。

【临床应用】

碳酸锂对躁狂发作有显著疗效，特别是对急性躁狂和轻度躁狂疗效显著，有效率为 60%～80%。锂盐对抑郁症状也有一定疗效。长期用碳酸锂可降低双相情感障碍躁狂和抑郁的反复发作。锂盐还可治疗强迫症、周期性精神病、经前期紧张症等。锂盐与抗精神病药合用可治疗分裂情感性障碍和精神分裂症。

【不良反应】

碳酸锂不良反应多，安全范围窄。碳酸锂最适浓度为 0.8～1.5 mmol/L，超过 1.5 mmol/L 即可出现中毒

反应，应随时监测。轻度中毒(1.5～2.0 mmol/L)，主要表现为食欲差、恶心、呕吐、腹泻、腹痛、口干、多尿、头晕、耳鸣、共济失调、视物模糊及手部细小震颤等；中度中毒(2～3 mmol/L)，主要表现为精神错乱、眼球震颤、癫痫发作、腱反射增强或减弱、肌纤维束颤动、腹泻及呕吐等；重度中毒(＞2.5 mmol/L)，表现为全身性不断抽搐、肾衰竭甚至死亡。一旦发生中毒，应立即停药。

第三节 抗精神病药

精神分裂症(schizophrenia)是一组常见的病因未明的以思维、情感、行为之间不协调，精神活动与现实脱离为主要表现特征的一类精神疾病。根据临床症状，精神分裂症可分为Ⅰ型和Ⅱ型，Ⅰ型以幻觉、妄想和思维紊乱等阳性症状为主；Ⅱ型以情感淡漠、意志缺失和主动性缺乏等阴性症状为主。抗精神病药主要应用于治疗精神分裂症，尤其对Ⅰ型精神分裂症患者疗效较好，而对Ⅱ型精神分裂症患者治疗效果较差，甚至使病情加重。第一代拮抗 D_2受体的典型抗精神病药如氯丙嗪、氟哌啶醇、奋乃静、舒必利、三氟拉嗪、氯普噻吨、五氟利多和硫利达嗪等，第二代抗精神病药与多种受体有亲和力的非典型抗精神病药包括氯氮平、利培酮、奥氮平、喹硫平和齐拉西酮，以及近年上市的阿立哌唑和氨磺必利等。

【作用机制】

精神分裂症发病机制复杂，至今尚未完全清楚，精神分裂症的病因假说涉及的神经递质主要有多巴胺、谷氨酸、5-羟色胺和 GABA。目前普遍被接受的是多巴胺和(或)多巴胺/5-羟色胺平衡失调假说，现今常用的抗精神分裂症药以该假说为基础，以多巴胺和 5-羟色胺受体为靶标实现抗精神分裂的作用。

(1) 拮抗中脑-边缘系统和中脑-皮质系统多巴胺受体：多巴胺是中枢神经系统内一种重要的兴奋性神经递质，与脑内多巴胺受体结合后参与人类神经精神活动的调节，见图 11-1。目前有研究者认为，多巴胺活动亢进与精神分裂症Ⅰ型阳性症状有关，而多巴胺功能低下与阴性症状有关。临床常用的抗精神病药大多通过拮抗中脑-边缘和中脑-皮质通路 D_2受体而发挥作用。典型抗精神病药对 D_2受体有较高的亲和力，通过拮抗中脑-边缘通路和中脑-皮质通路 D_2受体，消除精神病患者的阳性症状，但同时因拮抗黑质-纹状体通路 D_2受体产生锥体外系不良反应。非典型抗精神病药选择性拮抗边缘系统和皮质 D_2受体，而对纹状体 D_2受体亲和力差，或拮抗 5-羟色胺受体，对精神分裂症阴性症状疗效较好，且锥体外系反应轻，几乎无锥体外系不良反应。

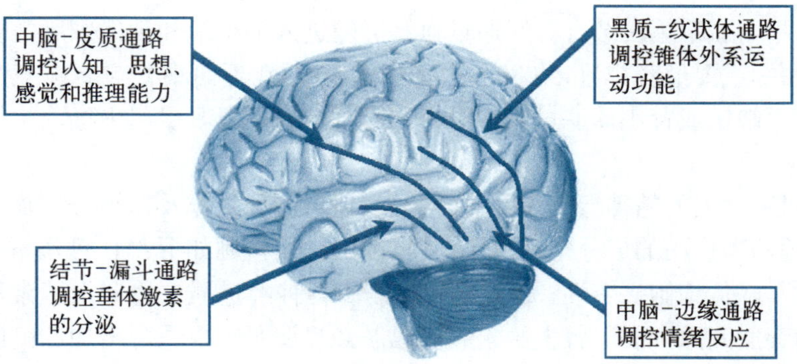

图 11-1 大脑多巴胺通路及其功能示意图

(2) 拮抗 5-羟色胺受体：5-羟色胺是一种神经递质，它与许多精神疾病，如抑郁、焦虑、强迫症和精神异常的症状有关。5-羟色胺假说认为，过量的 5-羟色胺可导致精神分裂症，非典型抗精神病药如氯氮平和利培酮通过拮抗 5-羟色胺受体，减轻精神分裂症的阳性症状，对阴性症状有良好的疗效，而且锥体外系不良反应轻微。

1949 年，法国的一位外科医生莱伯利特(Laborit)在研究防治外科休克的药物时发现异丙嗪比其他药物作用强，且能对中枢神经系统产生抑制作用。莱伯利特的这一发现使斯潘西亚实验室的研究人员产生了兴趣，他们合成了普马嗪的氯化衍生物即氯丙嗪。莱伯利特认为该药很理想，不仅有抗休克作用，而且能消除患者术前紧张情绪。莱伯利特推想这种抗休克药是否也能抗精神病，1952 年精神科医生哈蒙(Harmon)用该药对一名躁狂症患者进行治疗后，患者狂躁不安的症状很快消失，作用持续了几个小时。此后数以千计的精神病患者也服用了莱伯利特送来的药物，效果显著，同年这一新药由隆尼普莱尼克公司在巴黎投放市场，从此开始精神药物治疗精神病的新纪元。其后的奋乃静、氟哌啶醇、硫利达嗪等多巴胺受体拮抗剂陆续用于临床，这些药物统称为第一代抗精神病药。

20 世纪 70 年代，第一个 5-羟色胺/多巴胺受体拮抗剂氯氮平问世，标志第二代抗精神病药的开端。20 世纪 90 年代至今，利培酮、奥氮平、喹硫平和齐拉西酮等新型第二代抗精神病药不断问世。21 世纪初，随着阿立哌唑获批上市，依匹派唑、卡利拉嗪和卢美派隆等第三代抗精神病药相继用于临床。

资料来源：

Braslow J T，Marder S R，2019. History of Psychopharmacology. Annu Rev Clin Psychol，15：25-50.

Danilov D S，2017. A current view on the history of atypical antipsychotics. Zh Nevrol Psikhiatr Im S S Korsakova，117(5)：85-93.

一、经典抗精神病药

经典抗精神病药(typical antipsychotics)，也称为第一代抗精神病药，疗效确切，可缓解大部分患者的急性期阳性症状，也可控制部分慢性患者的症状。但是，这类药物的不良反应较多，使患者不堪耐受，在临床上的应用已越来越少，逐渐被新一代药物所取代。但在我国，由于这些药物价格便宜，在临床上仍有应用。

氯 丙 嗪

氯丙嗪(chlorpromazine)是第一个用于临床的吩噻嗪类抗精神病药，为第一代抗精神病药的典型代表，氯丙嗪选择性低，除拮抗多巴胺受体外，还对 α 受体、M 受体和 H_1 受体有拮抗作用，因此作用广泛，不良反应也多。

【体内过程】

氯丙嗪口服吸收慢且不规则，2～4 h 血药浓度达高峰，食物和抗胆碱药可明显延缓其吸收，不同个体间血药浓度可相差 10 倍，给药时应注意剂量个体化。肌内注射吸收迅速，15～30 min 血药浓度达到高峰。血浆蛋白结合率 90%以上，$t_{1/2}$ 约 6 h。脂溶性高，在体内分布广泛，易透过血脑屏障，脑内浓度可达血浆浓度的 10 倍。主要在肝脏代谢，代谢物如 7-羟氯丙嗪仍具有药理活性，药物及代谢产物经肾缓慢排泄。由于蓄积于脂肪组织，停药后数周乃至半年后，仍有药物从尿中排出。在体内的消除和代谢随年龄递减，因此老年患者须减量。

【药理作用】

(1) 中枢神经系统作用

1) 抗精神病作用和神经安定作用：Ⅰ型精神分裂症患者用药后，能迅速控制兴奋躁动状态，逐渐消除幻觉、妄想，患者恢复理智，情绪安定，生活自理，但一般需要连续用药 6 周～6 个月才能充分显效。氯丙嗪长时间服用且症状不能改善者，易产生锥体外系反应、幻听和流涎等症状。氯丙嗪对Ⅱ型精神分裂症和抑郁症无效，甚至会加重病情。氯丙嗪对中枢神经系统有较强的抑制作用，这种抑制作用也称为神经安定作用，能显著减少动物的自发活动，减少攻击行为，使其在安静环境内易诱导入睡，但仍对外界刺激保持良好的觉醒反应。患者用药后表现为安定、镇静、情感淡漠、迟钝、对周围事物不感兴趣，有嗜睡感，在安静环境中易诱导入睡，但易觉醒。正常人用药后也有同样的表现，但理智正常。氯丙嗪的安定作用易产生耐受性，作用逐渐减弱。氯丙嗪对多巴胺 D_2 受体有较高的亲和力，通过拮抗中脑-边缘系统和中脑-皮质系统的 D_2 受体，消除精神分裂症患者的阳性症状，但同时因拮抗黑质-纹状体通路的 D_2 受体而产生锥体外系反应。

2) 镇吐作用：氯丙嗪小剂量可拮抗延髓第四脑室底部催吐化学感受区 D_2 受体，大剂量则直接抑制呕吐中枢，具有较强的镇吐作用，但对前庭刺激(晕车、晕船)引起的呕吐无效。氯丙嗪也可治疗顽固性呃逆，其机制可能是氯丙嗪抑制了延髓催吐化学感受区旁的呃逆中枢调节部位。

3) 对体温调节的影响：可抑制下丘脑体温调节中枢，从而抑制机体的体温调节作用，使体温随环境温度的变化而升降。低温环境再配合物理降温，氯丙嗪可使温度降至更低；相反在炎热天气，氯丙嗪可使体温升高。氯丙嗪的降温作用不但能降低发热机体的体温，还能降低正常体温，这点与解热镇痛药不同，后者只降低发热体温而对正常体温无降低作用。

(2) 对自主神经系统的作用：氯丙嗪拮抗外周 α 受体引起血管扩张、血压下降，可反转肾上腺素的升压作用，因此氯丙嗪引起的低血压状态不能用肾上腺素治疗。氯丙嗪降血压作用由于连续用药可产生耐受性，且不良反应多，故不宜用于高血压治疗。氯丙嗪还能拮抗 M 受体，可引起口干、视物模糊和便秘等。

(3) 对内分泌系统的影响：氯丙嗪拮抗下丘脑结节-漏斗通路 D_2受体，使垂体内分泌的调节受到抑制。减少催乳素释放抑制因子的释放，增加催乳素分泌；抑制促性腺激素释放激素的释放，雌激素、孕激素分泌减少；抑制促肾上腺皮质激素的释放，使糖皮质激素分泌减少；抑制垂体生长激素的释放，引起生长发育迟缓。

【临床应用】

(1) 精神分裂症：氯丙嗪能够明显缓解Ⅰ型精神分裂症的阳性症状，对妄想型疗效尤为突出，对急性患者效果显著，但不能根治，需要长期甚至终身治疗。此外，氯丙嗪还用于预防精神分裂症的复发，对其他精神病伴发的兴奋、躁动、紧张、妄想和幻觉等症状有疗效，对各种器质性精神病(如脑动脉硬化性和感染中毒性精神病等)和症状性精神病的兴奋、幻觉和妄想症状也有效，但剂量要小，症状控制后须立即停药。对慢性精神分裂症患者疗效较差。对Ⅱ型精神分裂症和抑郁障碍无效，甚至会加重病情。

(2) 呕吐和顽固性呃逆：氯丙嗪可用于药物(如强心苷、吗啡等)和疾病(如尿毒症、恶性肿瘤和放射病等)所致的呕吐，但对晕动病引起的呕吐无效。对顽固性呃逆也具有显著疗效。

(3)低温麻醉：氯丙嗪配合物理降温(冰袋、冰浴)可降低患者体温，减少重要脏器的耗氧量，用于低温麻醉。氯丙嗪合用其他中枢抑制剂(哌替啶和异丙嗪)，可使患者深睡而呈“人工冬眠”状态，能降低体温、基础代谢及组织耗氧量，增强患者对缺氧的耐受力，减轻机体对伤害性刺激的反应，并可使自主神经传导阻滞及中枢神经系统反应性降低，有利于患者度过危险的缺氧、缺能期，而用于严重创伤、感染性休克、中枢性高热、高热惊厥及甲状腺危象等病症的辅助治疗，但临床现已基本弃用。

【不良反应】

(1) 一般不良反应：包括中枢抑制症状(嗜睡、淡漠、无力等)、M 受体拮抗症状(视物模糊、口干、无汗、便秘、眼压升高等)和 α 受体拮抗症状(鼻塞、血压下降、体位性低血压及反射性心悸等)。因局部刺激性较强，需要深部肌内注射。静脉注射可引起血栓性静脉炎，应予生理盐水或将葡萄糖注射液稀释后缓慢注射。为防止体位性低血压，注射后应静卧休息 1～2 h，然后再缓慢起立。

(2) 锥体外系反应：长期大剂量服用氯丙嗪后可出现以下 3 种反应：① 帕金森病，多见于中、老年人，表现为肌张力增高、面容呆板、动作迟缓、肌肉震颤和流涎等。② 静坐不能，以中、青年人多见，表现为坐立难安、反复徘徊。③ 急性肌张力障碍，多见于青少年，出现在用药后第 1～5 日，患者可由于舌、面、颈及背部肌肉痉挛而出现强迫性张口、伸舌、斜颈、呼吸运动障碍及吞咽困难。上述 3 种反应是由于氯丙嗪拮抗了黑质-纹状体通路的多巴胺受体，使纹状体中的多巴胺功能减弱，继而使乙酰胆碱的功能相对增强引起。减少药量或停药后锥体外系反应可减轻或自行消除，也可使用中枢抗胆碱药(如苯海索)等缓解症状。长期服用氯丙嗪后，部分患者还可出现一种特殊而持久的运动障碍，即迟发性运动障碍(tardive dyskinesia)，表现为口-舌-颊三联症：吸吮、舔舌、咀嚼的不自主刻板运动，以及四肢舞蹈样动作，停药后难以消失，非典型抗精神病药氯氮平能减轻此症状。其机制可能是因多巴胺受体长期被拮抗，引起受体敏感性增加或反馈性促进突触前膜多巴胺释放增加。因此，抗胆碱药反使症状加重，而抗多巴胺药可减轻此反应症状。

(3) 药源性精神异常：氯丙嗪自身引起的精神异常，表现为意识障碍、萎靡、淡漠、消极、抑郁、兴奋、躁动、幻觉、妄想等，要注意与原有精神疾病的症状加以鉴别。目前尚缺乏有效治疗措施，严重时应停药。

(4) 惊厥与癫痫：少数患者用药过程中出现局部或全身抽搐，脑电图可见癫痫样放电。有惊厥或癫痫病史者慎用，必要时可加用抗癫痫药。

(5) 过敏反应：常见皮疹、接触性皮炎、哮喘、紫癜等。

(6) 心血管和内分泌系统反应：出现体位性低血压、房室传导阻滞、室性心律失常等，多见于老年伴动脉硬化、高血压患者。冠心病患者易致猝死，应慎用。长期用药还会引起内分泌系统紊乱，如乳腺增大、泌乳、闭经、排卵延迟、抑制儿童生长等。

(7) 急性中毒：一次性服用大剂量氯丙嗪后，可致急性中毒，表现为昏睡、血压下降、休克和心肌损害，应立即对症治疗。

(8) 其他：少数患者出现肝损害、黄疸，罕见粒细胞减少症、溶血性贫血和再生障碍性贫血等，一旦发现应立即停药或换药。

【药物相互作用】

氯丙嗪能增强镇静催眠药、镇痛药、抗组胺药和乙醇等的中枢抑制作用，特别是与吗啡、哌替啶等合用时要密切注意呼吸抑制和血压降低的问题。氯丙嗪可抑制多巴胺受体激动剂和左旋多巴的作用。氯丙嗪的去甲基代谢物阻止神经末梢摄入胍乙啶，逆转胍乙啶的降压作用。肝药酶诱导剂可加速氯丙嗪的代谢，应注意调整剂量。

【禁忌证】

氯丙嗪禁用于严重中枢抑制或昏迷者，严重肝肾功能不全者，严重心血管(心力衰竭、重症高血压)等疾病患者，有惊厥与癫痫史者，乳腺增生症和乳腺癌者等禁用。

奋乃静、氟奋乃静及三氟拉嗪

奋乃静(perphenazine)、氟奋乃静(fluphenazine)及三氟拉嗪(trifluoperazine)是吩噻嗪类中哌嗪衍生物，药理作用与氯丙嗪相似，抗精神病作用主要与其拮抗中脑-边缘通路及中脑-皮质通路的 D_2受体有关。与氯丙嗪相比，奋乃静、氟奋乃静及三氟拉嗪抗精神病作用及锥体外系反应强，而镇静作用弱，对心血管系统、造血系统及肝脏的不良反应较氯丙嗪轻。奋乃静镇吐作用较强，镇静作用较弱，对慢性精神分裂症的疗效优于氯丙嗪。氟奋乃静和三氟拉嗪对行为退缩和情感淡漠等症状有较好疗效，适用于慢性精神分裂症和精神分裂症偏执型。

硫利达嗪

硫利达嗪(thioridazine，甲硫达嗪)是吩噻嗪类中哌啶衍生物，此药抗幻觉、妄想作用不如氯丙嗪，但镇静作用强，且锥体外系不良反应小，作用缓和，老年人易耐受。

氟哌啶醇

氟哌啶醇(haloperidol)是 1958 年合成的第一个丁酰苯类抗精神分裂药，属于高效抗精神病药，抗精神病作用与其拮抗中脑-边缘通路及中脑-皮质通路的 D_2受体、促进脑内多巴胺的转化有关，有很好的抗兴奋躁动和抗幻觉妄想作用，镇吐作用亦较强，镇静作用较弱，拮抗 α 受体及 M 受体的作用较弱。主要用于各种急慢性精神分裂症，阳性症状疗效肯定，可用于对吩噻嗪类治疗无效者。对阴性症状及伴发的抑郁症状疗效不肯定。主要的不良反应为锥体外系反应，降低剂量时症状可减轻或消失。偶可引起失眠、头痛、口干及消化道症状。大剂量长期使用可引起心律失常、心肌损伤，有猝死病例报告、心功能不全者禁用。

五氟利多

五氟利多(penfluridol)属二苯基丁酰哌啶类，是口服长效抗精神病药，抗精神病作用与其拮抗脑内多巴胺 D_2受体有关，抗精神病作用强而持久，一次用药可维持数日至一周。其长效的原因与其储存于脂肪组织缓慢释放入血有关。亦有镇吐作用，镇静作用较弱，对心血管功能影响较轻。适用于急、慢性精神分裂症，更适用于病情缓解者的维持治疗。五氟利多的不良反应以锥体外系反应最常见。

舒必利

舒必利(sulpiride)属苯甲酰胺类，选择性拮抗中脑-边缘系统 D_2受体，对纹状体、多巴胺受体亲和力较低，因此其锥体外系不良反应较少。舒必利起效快，有药物电休克之称。对急、慢性精神分裂症疗效较好，减轻幻觉和妄想症状；对伴发抑郁症状的精神分裂症有治疗作用；对长期用其他药物无效的难治性病例也有一定疗效。主要的不良反应为失眠、烦躁、泌乳素水平升高和高泌乳素血症。使血中儿茶酚胺浓度升高，因此高血压和嗜铬细胞瘤患者禁用；可诱发躁狂，故躁狂患者禁用。

二、非典型抗精神病药

非典型抗精神病药(atypical antipsychotics)又称非经典抗精神病药，与第一代药物相比，其不仅拮抗中枢多巴胺受体,同时对5-羟色胺受体也有较强的拮抗作用,且对中脑-边缘系统的选择性远高于纹状体系统。对Ⅰ型精神分裂症阳性症状的治疗作用与第一代药物无明显差异,但对精神分裂症患者的阴性症状、认知障碍和情感障碍的改善作用较第一代药物有较大优势。由于临床作用谱广、对精神分裂症的阳性和阴性症状均有效、不良反应相对较小、锥体外系反应发生率低等优点,现已成为治疗精神分裂症的一线药物。常见药物包括氯氮平、奥氮平、利培酮、喹硫平、齐拉西酮和阿立哌唑等。

氯 氮 平

氯氮平(clozapine)属于苯二氮䓬类,为第一个非经典的抗精神病药。氯氮平可特异性拮抗中脑-边缘通路和中脑-皮质通路D_4受体,而对黑质-纹状体通路D_2受体的拮抗作用弱,故锥体外系反应轻微。还可拮抗5-HT_{2A}受体,协调5-羟色胺与多巴胺系统的相互作用和平衡,能直接抑制脑干网状结构上行激活系统,具有强大镇静催眠作用,为广谱神经安定药。此外,氯氮平也能拮抗M_1受体、H_1受体和α受体。氯氮平适用于急性与慢性精神分裂症的各个亚型,对幻觉妄想型、青春型效果好。也能减轻与精神分裂症有关的情感症状(抑郁、负罪感、焦虑)。对一些用传统抗精神病药治疗无效或疗效不佳的患者,改用本药可能有效。较少发生锥体外系和内分泌方面的不良反应,但可引起粒细胞减少,严重者可致粒细胞缺乏,可能由于免疫反应引起,一般不宜作为首选药,如需使用应进行血常规检查。

奥 氮 平

奥氮平(olanzapine)是在氯氮平的基础上经结构改造研发的,为苯二氮䓬类衍生物,成功地克服了氯氮平粒细胞减少的不良反应,并且明显加强了对精神分裂症阴性症状的治疗作用。奥氮平对5-羟色胺、D_1、D_2、α、H_1等多种受体有亲和力,其中与5-HT_{2A}受体的结合能力最强。奥氮平能够有效降低中脑-边缘系统多巴胺能神经元的放电现象,但对黑质-纹状体通路的影响却非常小,显示出很高的选择性,使奥氮平较少发生锥体外系反应。奥氮平适用于精神分裂症和其他有严重阳性症状(妄想、幻觉、思维障碍、敌意和猜疑)和(或)阴性症状(情感淡漠、情感和社会退缩、言语贫乏)的精神病的急性期和维持治疗。常见的不良反应是嗜睡和体重增加。与第一代药物相比,其疗效好、作用持久、不良反应少,因此能更大程度地改善患者生命质量,为一线药物。

利 培 酮

利培酮(risperidone)对5-HT_2受体和D_2受体有很高的亲和力,对其他受体作用弱。利培酮对精神分裂症阳性症状及阴性症状均有效,对阳性症状的疗效与第一代药物相似,对阴性症状的疗效好,镇静作用小,没有明显的抗胆碱能不良反应。适于治疗首发急性患者和慢性患者,对精神分裂症患者的认知功能障碍和继发性抑郁亦具治疗作用。利培酮常见不良反应有失眠、焦虑、激越、头痛等。利培酮具有有效剂量小、用药方便、见效快、不良反应相对较轻和价格低廉等优点,易被患者接受,治疗依从性优于其他抗精神病药,是目前应用较多的抗精神分裂症药物之一,为一线药物。

齐 拉 西 酮

齐拉西酮(ziprasidone)为选择性5-HT_{2A}和D_2受体拮抗剂,是一种新型抗精神分裂症药物。对急性或慢性、初发或复发精神分裂症均有很好疗效,不仅能快速持久地控制精神分裂症患者的阳性和阴性症状,并能有效改善患者的认知功能和抑郁焦虑症状,长期使用能有效防止复发。本药具有良好的安全性和耐受性,与已广泛使用的奥氮平、利培酮等相比,对阴性症状疗效更好或相当,不引起体重增加和血清泌乳素水平升高。可用于帕金森病患者的精神病治疗。

阿 立 哌 唑

阿立哌唑(aripiprazole)是一种喹诺酮衍生物,对多巴胺能神经元有双向调节作用,与多巴胺D_2受体、D_3受体、5-HT_{1A}受体和5-HT_{2A}受体有很高的亲和力,阿立哌唑是通过对D_2受体和5-HT_{1A}受体的部分激动作用及对5-HT_{2A}受体的拮抗作用来产生抗精神分裂症作用的,具有稳定多巴胺系统活性的作用。阿立哌唑对精神分裂症阳性和阴性症状都有效,长期应用还可降低精神分裂症的复发率,改善情绪和认知功能障碍。其锥体外系反应及升高血清催乳素水平的作用比传统的抗精神病药或前述的非典型抗精神病药小,耐受性与安慰剂相似。

小 结

5-羟色胺信号减弱被公认为是抑郁症的生物学基础，目前常用的抗抑郁药多以该学说为基础，通过提高中枢5-羟色胺递质功能或降低受体敏感性发挥抗抑郁作用。常用的抗抑郁药有选择性5-羟色胺再摄取抑制剂、去甲肾上腺素及特异性5-羟色胺能抗抑郁剂、选择性5-羟色胺再摄取抑制剂、5-羟色胺平衡抗抑郁剂等。这些药物和其他一些新型抗抑郁药和5-HT_2受体拮抗剂凭借在安全性和耐受性方面的优势已经成为一线推荐药物。传统抗抑郁药包括三环类抗抑郁药等，由于其耐受性和安全性问题，作为二线推荐药物，单氨氧化酶抑制剂可以有效治疗抑郁障碍，常用于其他抗抑郁药治疗无效的抑郁障碍患者，但由于其安全性和耐受性问题，以及药物对饮食的限制问题，作为三线推荐药物。氯丙嗪拮抗中枢D_2，具有抗精神病、神经安定、镇吐、降低体温以及拮抗α受体及M受体、影响内分泌等药理作用，临床用于控制精神分裂症，各种原因引起的呕吐和顽固性呃逆；亦用于低温麻醉。长期大剂量服用氯丙嗪后可出现帕金森病、静坐不能、急性肌张力障碍和迟发性运动障碍等锥体外系反应。利培酮、奥氮平、喹硫平作为一线药物选用。目前典型药物氯丙嗪、奋乃静、氟哌啶醇和舒必利在我国不少地区仍在广泛使用。

【思考题】

1. 患者，男，56岁。临床诊断：精神分裂症，注射氯丙嗪后在体位改变时突然出现头昏、黑矇、心慌，监测血压50/30 mmHg，给予相应处理后，血压仍很低，考虑短暂使用升压药，请问能选择肾上腺素吗？为什么？
2. 患者，男，68岁。临床诊断：抑郁障碍，使用氯米帕明治疗2个月后，抑郁症状明显改善，但近几天患者出现排尿不畅，为什么？还有哪些抗抑郁药有同样的不良反应？
3. 试述抗抑郁药的分类及其代表药。

（罗 映）

※ 课程 PPT

第十一章
课程 PPT

第十二章

镇痛药

学习目标

【知识目标】

1. 掌握 吗啡的药理作用及作用机制、临床应用、不良反应及中毒解救；哌替啶的药理作用、临床应用和不良反应。

2. 熟悉 芬太尼（及其衍生物）、美沙酮、羟考酮及其他常用镇痛药的作用特点及临床用途；阿片受体拮抗剂的药理作用和临床应用；镇痛药的应用原则。

3. 了解 镇痛药发展简史及分类、阿片受体和内源性阿片肽的分型及意义。

【能力目标】

1. 客观分析和理性认识以吗啡为代表的中枢性镇痛药的药物作用二重性特点及内涵。

2. 运用本章知识，实施临床镇痛药的合理应用。

【素质目标】

1. 通过学习药物发展史，培养爱国热情和献身祖国医药事业责任感。

2. 通过对阿片受体的分布广及亚型多的特点以及中枢镇痛药选择性低的制约因素的了解，培养并树立传承与创新的科研精神。

1803 年，德国化学家弗莱德里克·威廉·亚当·泽尔蒂纳首次从阿片（又称鸦片）中分离出吗啡，他用分离得到的白色结晶分别在狗和自己身上进行了实验，结果狗服用后很快昏睡过去，用强刺激法也无法使其苏醒；他服下部分结晶后也长眠不醒。据此他根据希腊神话中的睡梦之神“Morpheus”的名字将这些物质命名为“Morphine”（吗啡）。19 世纪，大量鸦片流入我国，导致百万中国人吸食成瘾并被其毒害。1847 年确定了吗啡的分子式，1902 年正式确定其化学结构并人工合成了吗啡，逐步发现其具有强大的镇痛作用，同时伴有严重的不良反应。

1939 年，在研究阿托品的类似物时意外发现第一个人工合成的镇痛药哌替啶，开启了人工合成镇痛药的时代。1942 年，合成了烯丙吗啡，首次发现有拮抗吗啡的作用。第二次世界大战后，人工合成了大量的镇痛药，如双氢埃托啡、纳丁啡、芬太尼、苏芬太尼、阿芬太尼和瑞芬太尼等。

1962 年，我国著名学者邹冈和他的导师张昌绍首次证明吗啡镇痛作用部位在中枢第三脑室周围黑质，并在《生理学报》上发表了这项研究成果，被国内外研究学者誉为研究吗啡作用原理的“里程碑”。

1973 年，科学家发现中枢内存在阿片受体，1975 年从大脑中分离出内源性阿片肽，20 世纪 90 年代证实了体内存在 μ、κ 和 δ 等阿片受体，为新型镇痛药的开发奠定了重要基础。

资料来源：

苏娅萍，2024. 奥赛利定的作用机制、药理作用以及临床应用. 中国药物滥用防治杂志，30（4）：583－586.

晏庭林，李琳，刘新社，2009. 阿片受体及阿片肽研究进展. 中国药物依赖性杂志，18（5）：375－379.

杨溢秦，郭丹，马敏，2002. 内源性阿片肽家族的结构特点和生理功能. 南京军医学院学报，24(2)：102－106.

DEWIRE S M，YAMASHITA D S，ROMINGER D H，et al.，2013. A G protein-biased ligand at the μ-opioid receptor is potently analgesic with reduced gastrointestinal and respiratory dysfunction compared with morphine. J Pharmacol Exp Ther, 344(3): 708 - 717.

疼痛是机体因实际或潜在的组织损伤而产生的一种保护性反应,并伴有恐惧、紧张等不愉快情绪。疼痛除了感觉上的痛苦与情绪上的不安外,还可导致生理功能紊乱甚至诱发休克。因此,临床上合理使用镇痛药缓解剧痛并预防休克是十分必要的。但是,疼痛的部位和性质也是诊断疾病的重要根据,所以在疾病确诊前不宜轻易使用镇痛药,以免遮盖病情,贻误疾病的诊断与治疗。

广义的镇痛药(analgesics)包括麻醉性镇痛药和非甾体抗炎药类非麻醉性镇痛药。本章介绍的麻醉性镇痛药(narcotic analgesics),是指一类作用于中枢神经系统、能解除或缓解疼痛并改变其不良情绪反应,对其他感觉无明显影响,并保持意识清醒的药物。此类药物镇痛作用强大,多用于各类剧痛,反复应用易致依赖性,必须按《麻醉药品和精神药品管理条例》严加管理。麻醉性镇痛药按其与阿片受体的关系可分为 4 类: 阿片受体激动剂,如吗啡、哌替啶、芬太尼等;阿片受体部分激动剂,如喷他佐辛、纳布啡等;阿片受体拮抗剂,如纳洛酮;非阿片类中枢性镇痛药,如曲马多、罗通定等。麻醉性镇痛药常见不良反应有镇静、恶心、呕吐、便秘等,呼吸抑制是其最常见的死亡原因,耐受性和依赖性是危害较大的不良反应。

第一节 阿片受体和内源性阿片肽

一、阿片受体

基于我国学者邹冈等对吗啡作用部位的研究,学者戈尔德斯坦(Goldstein)采用放射自显影技术相继发现在脑内和脊髓内存在着阿片受体(opioid receptor)。目前有研究已证实,中枢神经系统内至少存在 3 种介导阿片类药物药理效应的"经典型阿片受体",分别为 μ(包括 μ_1、μ_2)受体、κ(包括 κ_1、κ_2、κ_3)受体和 δ(包括 δ_1、δ_2)受体,均为 G 蛋白偶联受体。1994 年,研究者还发现一种与经典阿片受体有高度同源性的受体,称为阿片样受体(opioid receptor-like, ORL)或 FQ 孤啡肽。除了 μ 受体、δ 受体、κ 受体和 ORL_1 外,推测还有其他几种阿片样受体,如 ε 受体、λ 受体、ι 受体和 ζ 受体,关于它们的结构及功能有待进一步的研究。

阿片受体在中枢神经系统广泛分布,但分布并不均匀,在脊髓胶质区、丘脑内侧、脑室和中脑导水管周围灰质阿片受体密度较高,这些结构与痛觉的整合及感受有关;边缘系统和蓝斑核阿片受体的密度最高,这些结构与情绪及精神活动有关;与缩瞳相关的中脑盖前核,与呼吸中枢、咳嗽反射和交感神经中枢有关的延髓孤束核,与胃肠活动(恶心、呕吐反射)有关的脑干极后区、迷走神经背核等结构均有阿片受体分布。此外,在中枢神经系统以外也有阿片受体存在,如肠道平滑肌上的阿片受体可对胃肠道平滑肌产生作用,心肌中存在的阿片受体可能与缺血预处理心肌保护作用有关。

镇痛、镇静、缩瞳、呼吸抑制、成瘾性等吗啡类药物的典型作用主要由 μ 受体介导,目前使用的大部分阿片类镇痛药物都属于 μ 受体激动剂。κ 受体也有镇痛和呼吸抑制作用。δ 受体具有镇痛、呼吸抑制等作用。吗啡类药物对不同类型的阿片受体,亲和力和内在活性均不完全相同(表 12 - 1)。

二、内源性阿片肽

1975 年休斯(Hughes)等首次从猪脑组织中分离得到两种 5 肽,这两种小分子肽具有和吗啡相似的生物效应,且效应可被纳洛酮逆转,于是命名为脑啡肽,即脑内的吗啡肽,又称内源性阿片肽(endogenous opioid peptides, EOP)。目前已知的内源性阿片肽大致分为 3 类: ① 脑啡肽(enkephalin),包括甲啡肽(methionine enkephalin)和亮啡肽(leucine enkephalin);② 内啡肽(endorphin),β-内啡肽具有比甲啡肽更强的阿片样生物活性;③ 强啡肽和孤啡肽,强啡肽是目前已知的活力最强的内源性阿片肽,它的生物活性比亮啡肽强 700

倍。内源性阿片肽是阿片受体的内源性配体,在体内的分布与阿片受体基本一致,以中枢神经系统分布为主,肾上腺髓质、胃肠道等外周组织器官上也有分布。特定的内源性阿片肽对特定的受体有很高的选择性,主要表现为它们对特定受体的亲和力有很大的差异性。例如,亮啡肽与δ受体有很高的亲和力,而强啡肽则对κ受体有很高的亲和力(表 12-1)。

表 12-1 阿片受体及其内源性阿片肽

受体	功　能	内源性阿片肽亲和力	主要激动剂
μ	脊髓上及脊髓镇痛、镇静、呼吸抑制、欣快、缩瞳、抑制肠蠕动、恶心呕吐、依赖性	内啡肽>脑啡肽>强啡肽	吗啡、哌替啶、芬太尼、美沙酮
κ	脊髓镇痛、呼吸抑制、镇静	强啡肽>>脑啡肽、内啡肽	布托啡诺、纳布啡
δ	脊髓镇痛、平滑肌效应、呼吸抑制	脑啡肽>内啡肽、强啡肽	

三、阿片类药物分类

按镇痛作用强度临床常用阿片类镇痛药可分为强阿片药和弱阿片药,前者包括吗啡、哌替啶、羟考酮、芬太尼类等,用于全身麻醉诱导和维持的辅助用药、术后镇痛、中至重度癌痛和慢性痛、严重创伤和急性心肌梗死等引起的急性疼痛;弱阿片药如可待因、双氢可待因,主要用于轻至中度急慢性疼痛和癌痛的治疗。

四、阿片类药物的作用机制

阿片类药物的镇痛作用是通过直接抑制脊髓背侧角痛觉上行传入通路和激活脑干的下行抑制性通路,减少疼痛信号传导来实现的。痛觉向中枢传导过程中,痛觉刺激感觉神经末梢并释放谷氨酸和 P 物质等递质,作用于相应受体从而完成痛觉冲动向中枢的传递引起疼痛。阿片类药物和内源性阿片肽可激动感觉神经突触前、后膜上的阿片受体,通过 G 蛋白偶联机制,抑制腺苷酸环化酶,通过两条直接的调节通路发挥作用(图 12-1):关闭突触前膜电压敏感钙通道,减少神经递质(如乙酰胆碱、去甲肾上腺素、谷氨酸、5-羟色胺以及 P 物质等)的释放;开放突触后膜钾通道,使突触后膜处于超极化状态,从而抑制冲动传导,最终减弱或阻滞痛觉信号的传递,产生镇痛作用。吗啡类药物通过激动脊髓胶质区、丘脑内侧、第三脑室及导水管周围灰质μ受体,模拟内源性阿片肽而发挥镇痛作用,作用于边缘系统和蓝斑核的阿片受体,则可减缓疼痛所引起的不愉快、焦虑等情绪和致欣快。阿片类药物还可作用于外周感觉神经元上的受体,对伴随组织炎症时的疼痛可能有很重要的作用。此外,阿片类药物的作用还部分与促进内源性阿片肽释放相关。例如,吗啡直接作

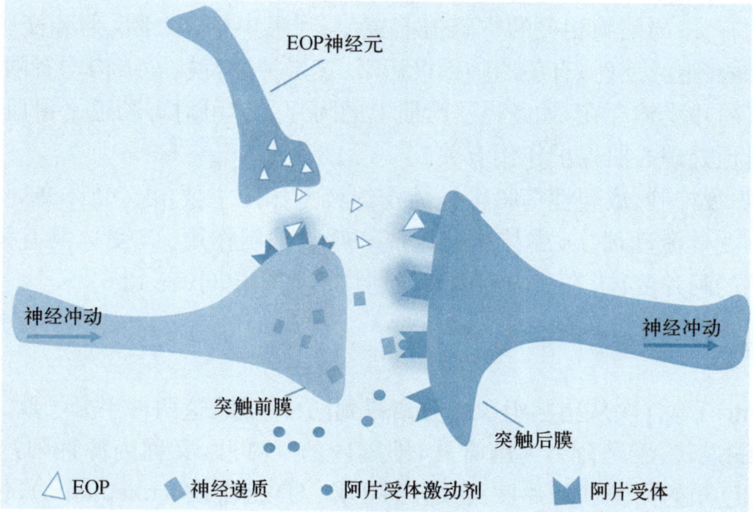

图 12-1 阿片类镇痛药作用机制示意图

EOP 为内源性阿片肽;阿片受体激动剂激动阿片受体,抑制神经冲动传导,产生镇痛作用

用于 μ 受体，同时这种作用又可能激发内源性阿片肽的释放，这些阿片肽通过激动 κ 受体和 δ 受体产生新的作用。因此，即使是选择性的阿片受体激动剂也可能影响多种突触，导致复杂的作用。

有研究发现，G 蛋白偶联的 μ 受体与配体结合后，下游除了经典的 G 蛋白依赖型通路外，还存在参与介导阿片样副作用的 β-抑制蛋白通路。基于上述研究基础，德威尔（DeWire）等学者设计合成了 μ 受体偏向性激动剂奥赛利定。富马酸奥赛利定注射液于 2023 年在我国正式获国家药品监督管理局的上市批准，是一种镇痛效应强、不良反应较少的阿片受体激动剂。

第二节 阿片受体激动剂

阿片受体激动剂（opioid agonist）是指主要作用于 μ 受体的激动剂。吗啡是典型代表，自 1943 年哌替啶合成以来，又相继合成了一系列阿片受体激动剂，其中芬太尼及其衍生物是临床麻醉应用最广的麻醉性镇痛药。

一、天然生物碱类阿片受体激动剂

吗 啡

阿片（opium）是罂粟科植物罂粟未成熟蒴果浆汁的干燥物，含有 20 多种天然生物碱。吗啡（morphine）为纯天然阿片类生物碱，约占阿片含量的 10%。历经二百余年，吗啡仍然是目前使用较广泛的阿片类药物之一，其因止痛效果确切、价格低廉而被推荐为阿片类镇痛药物的标准用药，通常也作为其他阿片类药物临床评估的参考。

【构效关系】

阿片生物碱都有一个基本骨架——氢化菲核（图 12－2）。吗啡的 3 位和 6 位羟基，具有重要的药理作用（表 12－2）。3 位羟基被甲氧基取代，成为可待因，镇痛作用减弱；若 3 位和 6 位羟基均被甲氧基取代，则成为蒂巴因，无镇痛作用。叔胺氮上甲基被烯丙基取代，即生成吗啡的拮抗剂，如纳洛酮。氧桥破坏，就形成阿扑吗啡，失去镇痛效能却产生很强的催吐作用。吗啡的两个羟基若均乙酰化，则生成海洛因（heroin），海洛因通过血脑屏障的速度远大于吗啡。

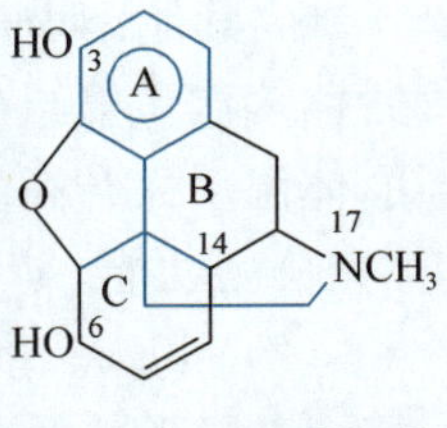

图 12－2 吗啡化学结构

表 12－2 吗啡衍生物的化学结构

药 物	取代部位和基团				取代后效应
	3 位	6 位	14 位	17 位	
可待因	—OCH_3	—OH	—H	—CH_3	激动剂
海洛因	—$OCOCH_3$	—$OCOCH_3$	—H	—OH	激动剂
烯丙吗啡	—OH	—OH	—H	—$CH_2CH{=}CH_2$	部分激动剂
纳洛酮	—OH	═O	—OH	—$CH_2CH{=}CH_2$	拮抗剂

【体内过程】

吗啡口服易吸收，但首过消除明显，其生物利用度约为 30%，皮下、肌内和静脉注射无首过消除。血浆蛋白结合率约为 30%，脂溶性低，亲水性强，在机体内分布广泛，但组织穿透力弱，只有极少部分（静脉注射后不到 1%）能够透过血脑屏障发挥镇痛作用。单次静脉注射数分钟即可起效，30 min 达最大效应，作用持续 2～3 h；皮下和肌内注射最大效应时间为 45～90 min，作用持续 3～4 h。主要在肝脏代谢，其中约 70% 与葡萄糖醛酸结合，5%～10% 脱甲基成为去甲吗啡，主要代谢产物吗啡－6－葡萄糖醛酸（morphine－6－glucuronide，M6G）具有较强的镇痛和呼吸抑制作用，在吗啡的镇痛和延迟性呼吸抑制的发生中起一定作用。吗啡的代谢产物和部分游离吗啡,主要经肾脏排出,少量经由乳汁和胆汁等途径排泄,$t_{1/2}$一般在 1.7～3 h,肾功能不全的患者,可导致吗啡-6-葡萄糖醛酸蓄积,延长吗啡作用时间。

【药理作用】

吗啡主要激动 μ 受体,对 κ 受体和 δ 受体具有较弱的激动作用,产生广泛的中枢神经系统作用和外周平滑肌作用。

(1) 中枢神经系统

1) 镇痛:吗啡激动脊髓胶质区、丘脑内侧、第三脑室及导水管周围灰质的阿片受体,提高痛阈,产生强大的镇痛作用。吗啡对内脏和躯体的疼痛都有效,对神经性疼痛效果较差;对持续性慢性钝痛的效果大于间断性锐痛;疼痛出现前应用较疼痛出现后应用的效果更好。

2) 镇静:吗啡激动边缘系统和蓝斑核的阿片受体,具有明显的镇静作用。在产生镇痛作用的同时,改善疼痛所引起的焦虑、紧张、恐惧等情绪反应,甚至产生欣快感和幸福感,这被认为是阿片类药物滥用的重要原因。出现嗜睡、精神朦胧、神志障碍等,但并不造成记忆丧失,安静时易诱导入睡,但易唤醒,若和其他中枢抑制剂如镇静催眠药合用,可引起很深的睡眠。大剂量吗啡的镇静作用更明显,且无封顶效应。

3) 镇咳:吗啡激动延髓孤束核阿片受体,直接抑制咳嗽中枢,使咳嗽反射减轻或消失,从而产生镇咳作用。

4) 呼吸抑制:吗啡可抑制脑桥呼吸调整中枢并降低呼吸中枢对 CO_2 的敏感性,产生呼吸抑制作用。呼吸抑制程度与剂量相关,小剂量表现为呼吸频率减慢,大剂量可引起不规则或周期性呼吸,并最终导致呼吸暂停。呼吸抑制是吗啡急性中毒的主要致死原因。但遵循阿片类药物应用指导原则的患者,尤其是癌性疼痛患者,极少会发生呼吸抑制。

5) 缩瞳:吗啡的缩瞳作用是通过兴奋支配瞳孔的副交感神经引起瞳孔括约肌收缩,针尖样瞳孔是吗啡过量急性中毒的特征性体征。

6) 其他:吗啡兴奋第四脑室底部的催吐化学感受区致恶心、呕吐。吗啡注射后引起的恶心、呕吐多为短暂性,多次重复给药后可消失。吗啡还能改变下丘脑体温调节中枢的调节机制,降低体温,但长期大剂量应用,体温反而升高。吗啡可抑制下丘脑促性腺激素释放激素和促肾上腺皮质激素释放激素等的释放,影响机体内分泌功能。

(2) 外周平滑肌作用

1) 胃肠道平滑肌:吗啡激动外周和中枢的阿片受体,减少胃肠节律性蠕动,提高胃肠道平滑肌张力,胃排空延迟,可延缓口服药物的吸收;减少胃酸分泌;肠排空时间延迟及肛门括约肌痉挛,使肠内容物在结肠内停留时间延长,水分被大量吸收,易引起便秘,是该类药物治疗腹泻的基础。

2) 胆道平滑肌:治疗量吗啡引起胆道平滑肌收缩及奥狄括约肌痉挛性收缩,升高胆囊内压,可致上腹不适,甚至加重或诱发胆绞痛,合用阿托品可部分缓解。

3) 其他平滑肌:吗啡提高输尿管平滑肌及尿道内括约肌张力,可致术后患者发生尿潴留,偶可加重肾结石所致的肾绞痛;吗啡还能降低子宫张力,对抗催产素对子宫的收缩作用,延长产程,产妇禁用;大剂量可引起支气管收缩,诱发或加重哮喘,可能与吗啡促进组胺释放有关。

(3) 心血管系统:吗啡降低交感中枢张力及促组胺释放作用,能扩张外周血管,降低血压,对多数人的血压、心率一般无明显影响,但对一些心血管系统处于应激状态的患者,可能发生体位性低血压。吗啡抑制呼吸使体内 CO_2 蓄积,间接扩张脑血管,导致脑血流量增加而升高颅内压。此外,吗啡还可能通过激动阿片受体对心肌缺血性损伤具有保护作用。

(4) 免疫抑制:吗啡可能通过影响淋巴细胞增殖、抗体生成和趋化性等抑制机体的免疫功能,其作用机制尚未明确,这可能是神经系统与免疫功能间的一条重要联系纽带。有研究发现,长期滥用阿片类药物的人群,免疫功能普遍低下,对感染的易感性增加,艾滋病感染率、肿瘤发生率和转移率均高于普通人群。

【临床应用】

(1) 镇痛:吗啡对多种原因引起的疼痛均有效。因为其易引起耐受性和成瘾性,所以一般仅限短期用于:① 其他镇痛药物无效的急性锐痛和严重创伤、烧伤等引起的剧痛;② 血压正常的心肌梗死引起的剧痛;

③ 胆绞痛、肾绞痛等内脏平滑肌痉挛引起的绞痛，需要加用阿托品等解痉药，目前不主张吗啡作为这类疾病的一线药。吗啡长期使用仅限于缓解癌痛，主要针对常伴有严重的持续性疼痛的晚期癌症患者，为提高其生存质量，可常规给予止痛药物，推荐使用吗啡的控释或缓释制剂。

（2）心源性哮喘辅助治疗：吗啡对左心衰竭导致急性肺水肿而引起的呼吸困难有良效，吗啡的可能作用机制包括扩张外周血管，降低外周阻力，减少回心血量，减轻心脏的前后负荷，有利于肺水肿的消除；镇静作用有利于消除患者的紧张、焦虑和恐惧情绪，缓解呼吸短促感觉；抑制呼吸，降低呼吸中枢对 CO_2 的敏感性，减弱过度的反射性呼吸兴奋，使呼吸由浅快变深慢。禁用于伴有休克、昏迷、痰液过多和严重肺部疾病的患者。

（3）止泻：阿片酊或复方樟脑酊可用于治疗急慢性腹泻。如伴感染，还应联合应用有效的抗感染药物。但是，由于目前已有特异性作用于胃肠道的止泻药物，且无中枢作用及阿片的其他不良反应，故本类药物已少用。

【不良反应】

（1）吗啡常见的不良反应有嗜睡、眩晕、恶心、呕吐、呼吸抑制、瘙痒、便秘、排尿困难等。吗啡促进外周组织胺的释放，可能是诱发瘙痒的重要原因，主要发生在口唇和躯干。其中，便秘不易出现耐受，是长时间使用阿片类药物患者最突出的并发症。还有部分较少见的不良反应，如震颤、肌强直、颅内压升高、胆道痉挛、腹部痉挛、体位性低血压、尿潴留和过敏等。此外，长期大剂量使用吗啡，可以导致免疫抑制和痛觉过敏，相关机制暂不明确。

（2）耐受性及依赖性

1）吗啡常规剂量连用 2～3 周可产生耐受性，用药剂量越大、用药间隔时间越短，耐受性出现越快。阿片类药物间存在交叉耐受。耐受性机制不明，可能涉及药物与受体解偶联、腺苷酸环化酶的适应性上调和体内生成抗阿片类物质等。

2）依赖性：可分为精神依赖性和躯体依赖性。精神依赖是社会心理问题，表现为患者出现病态人格，把觅药行动作为生命的第一需要，明知有害仍强制性寻求药物。躯体依赖是机体对药物的一种适应状态，遇机体突然停药、迅速减量或使用阿片受体拮抗剂时可出现戒断综合征，表现为易激惹、焦虑、震颤、发热、出汗、全身关节痛、流泪、流涕、恶心、呕吐、腹痛、腹泻等甚至虚脱、意识丧失等，给药后上述症状立即消失。吗啡的戒断症状于上次给药后的 6～10 h 出现，36～48 h 达到高峰，随后逐渐减弱，5 日左右大部分症状消失。

3）阿片类药物脱毒治疗：美沙酮为 μ 受体激动剂，它的特点是戒断症状出现晚且症状明显低于其他阿片类药物。因此，美沙酮常作为辅助性戒除阿片成瘾的药物，具体措施包括：① 替换，短效阿片类逐渐过渡为美沙酮（$t_{1/2}$ 为 35 h），再逐渐减量，可佐以可乐定和镇静剂；② 维持，长期使用美沙酮维持耐受状态和生理依赖性，可减少非法觅药活动；③ 接受心理辅导和其他治疗。

（3）急性中毒：吗啡过量可导致急性中毒，表现为昏迷、瞳孔极度缩小（严重缺氧时则瞳孔散大）、呼吸深度抑制、血压降低甚至休克，多死于呼吸麻痹。抢救：人工呼吸、适量给氧、静脉注射阿片受体拮抗剂纳洛酮。纳洛酮对吗啡的呼吸抑制有显著效果，若无效则吗啡中毒的诊断存疑。

【禁忌证】

吗啡能通过胎盘或乳汁抑制新生儿呼吸，同时能对抗催产素对子宫的兴奋作用而延长产程，故禁用于分娩止痛及哺乳妇女止痛。因为其可抑制呼吸，抑制咳嗽反射以及释放组胺而致支气管收缩和脑血管扩张，故禁用于慢性阻塞性肺疾病、支气管哮喘、肺源性心脏病以及颅内压增高的患者。肝功能障碍、肾功能严重减退患者慎用吗啡。

可　待　因

可待因（codeine）属菲类化合物，是从罂粟中分离出来的一种天然阿片类生物碱，具有镇咳、镇痛和镇静作用，其镇咳作用为吗啡的 1/4，镇痛作用仅为吗啡的 1/12～1/7，但强于一般解热镇痛药，镇静作用不明显，药物成瘾性弱于吗啡。临床上常将它作为镇咳药使用，用于各种原因引起的干咳和刺激性咳嗽，也常与非甾体抗炎药配伍制成复方制剂用于中等程度疼痛。

二、人工合成阿片受体激动剂

哌 替 啶

哌替啶(pethidine)是第一个全合成的阿片类药物,于1939年人工合成阿托品类似物时发现其具有吗啡样作用,为苯基哌啶衍生物,结构类似于抗胆碱药。

【体内过程】

哌替啶口服易吸收,但其生物利用度仅为肌内注射的一半,故临床常注射给药。血浆蛋白结合率为60%,可迅速分布至各脏器和肌肉组织,也可通过胎盘屏障进入胎儿体内。血浆 $t_{1/2}$ 为3~5 h,哌替啶主要在肝脏进行生物转化,主要代谢产物为哌替啶酸和去甲哌替啶,经肾排泄,尿呈酸性时加快其排泄,少量以原型从尿中排出。去甲哌替啶有中枢兴奋作用,肾功能不良时可大量蓄积中毒产生肌震颤、抽搐和惊厥等。

【药理作用】

哌替啶主要激动 μ 受体,其药理作用与吗啡基本相似。哌替啶的镇痛强度约为吗啡的1/10,作用持续时间2~4 h。镇静、致欣快、呼吸抑制和扩血管作用与吗啡相当,无明显中枢镇咳作用和缩瞳作用。延迟胃排空、增高胆道压力、延迟膀胱排空和导致便秘等作用较吗啡轻。大剂量也可引起支气管平滑肌收缩,对妊娠末期宫缩和缩宫素的作用均无影响,不延长产程。大剂量使用可导致血压下降,其中部分是由组胺释放所致,故临床上不能大剂量使用。哌替啶还具有局麻药性质,周围神经阻滞可改变神经传导并有止痛作用。哌替啶还能制止寒战,包括全身麻醉、硬膜外麻醉、寒冷和输血反应等所致的寒战,并伴有氧消耗降低,有研究表明,此作用可能由 κ 受体介导。

【临床应用】

(1) 镇痛:哌替啶的成瘾性较吗啡慢而轻,因此取代吗啡用于各种剧痛,如创伤、手术后及晚期癌症等原因引起的疼痛;对内脏绞痛应配伍阿托品;用于分娩止痛时,须监护本药对新生儿的抑制呼吸作用,产妇临产前2~4 h不能使用。

(2) 心源性哮喘:哌替啶作为吗啡的替代药用于心源性哮喘的辅助治疗,作用机制同吗啡。

(3) 麻醉前给药:麻醉前给药能消除患者术前紧张和恐惧情绪,减少麻醉药的药量并缩短诱导期。

【不良反应】

哌替啶同样具有 μ 受体激动剂的相关不良反应,如眩晕、恶心、呕吐、体位性低血压和呼吸抑制等,较少引起便秘和尿潴留。出现瞳孔散大、口干、心动过速等阿托品样表现。反复应用也可成瘾,较吗啡慢而轻,突然停药亦可发生戒断症状,但持续时间较短。禁忌证同吗啡。

芬太尼及其衍生物

芬太尼(fentanyl)是1960年人工合成的 μ 受体激动剂,属强效、短效麻醉性镇痛药,药理作用与吗啡类似,镇痛强度为吗啡的60~100倍。芬太尼及其衍生物是现今临床麻醉中使用最广泛的镇痛药。起效快,静脉注射1 min即起效,4 min达高峰。肌内注射7~8 min起效,维持1~2 h。肌内注射生物利用度为67%,血浆蛋白结合率为80%,脂溶性高,可透过胎盘屏障。主要在肝脏代谢,约10%的原型药与代谢产物由肾脏排出,血浆 $t_{1/2}$ 为3~4 h。芬太尼临床主要用于静脉复合麻醉和麻醉辅助用药,或与氟哌利多配伍制成"安定镇痛剂",用于大面积烧伤换药及小手术麻醉。也用于各种疼痛,包括手术过程中及术后的镇痛,芬太尼透皮贴剂和患者自控型电离子透入芬太尼给药系统是慢性疼痛、癌痛以及手术后镇痛的重要工具。不良反应有恶心、呕吐、便秘,静脉注射时可能引起胸壁肌肉强直,需要使用肌肉松弛剂对抗,注射过快可出现呼吸抑制,孕妇、心律失常患者慎用,支气管哮喘、重症肌无力和对本药特别敏感的患者禁用。有弱成瘾性,不宜与单胺氧化酶抑制剂合用。

苏芬太尼(sufentanil)是1970年合成的强阿片类镇痛药,特异性 μ 受体激动剂,对 δ 受体也有微弱激动作用,镇痛效果是吗啡的1 000倍、阿芬太尼的40~50倍。静脉给药后3~4 min就能发挥最大药效,有良好的血流动力学稳定性,苏芬太尼主要用于复合麻醉,可用于麻醉诱导和麻醉维持,也用于手术后镇痛、分娩镇痛和无痛内镜检查等。不良反应与禁忌证同芬太尼。

阿芬太尼(alfentanil)是1976年合成的芬太尼类阿片类镇痛药,静脉注射后1 min起效,但作用时间短

(约 10 min)。小剂量阿芬太尼可用于镇静催眠,阿芬太尼持续输注用于短小手术,间断静脉注射除用于麻醉外还可以用于术后止痛。不良反应与禁忌证同芬太尼。

瑞芬太尼(remifentanil)于 1990 年合成,1996 年被批准用于临床,2003 年在中国上市,是一种超短效亲脂性芬太尼衍生物,具有起效快、作用时间短、消除快、无蓄积、苏醒迅速、可控性强等特点,非常适宜临床输注给药,不论输注时间多长,停药后药效能够很快终止,而且无术后恢复延迟之虑,被称为 21 世纪真正可预测的阿片药物。瑞芬太尼静脉给药后,1 min 可达有效浓度,持续时间仅 5～10 min。主要用于心脏和大血管手术麻醉,儿科手术麻醉、产妇手术麻醉无痛分娩、术后镇痛等。不良反应同芬太尼,此外瑞芬太尼还存在停药后痛觉过敏,需要及时衔接采用其他镇痛方法。

美沙酮

美沙酮(methadone)是 1937 年合成的用于替代吗啡的 μ 阿片受体激动剂。美沙酮口服吸收完全,生物利用度高,30 min 起效,3 h 达血药浓度峰值,血浆蛋白结合率达 90%,主要分布在肺、肝、肾和脾脏,在肝脏代谢为去甲美沙酮,经尿液、胆汁、粪便排出。美沙酮药理作用与吗啡相似,镇痛强度和效果与吗啡相当,其他如镇静、呼吸抑制以及对平滑肌和心血管系统的作用较吗啡弱。与吗啡比较,具有作用时间较长、产生耐受性缓慢、药物依赖性低的特点,对美沙酮成瘾的患者突然停药所产生的戒断症状也明显轻于吗啡,患者能够耐受,但持续时间较长。1960 年,美国的研究发现该药能控制海洛因的戒断症状,开始将其用于戒毒治疗。近 30 年来,美沙酮已成为欧美国家主要戒毒药物。20 世纪 70 年代初,香港实施美沙酮治疗计划,取得满意的效果,1993 年我国卫生部颁布《阿片类成瘾常用戒毒疗法的指导原则》,首选美沙酮进行戒毒(脱毒)治疗。因此,美沙酮临床应用有:① 吗啡、海洛因等成瘾的脱毒治疗;② 创伤、手术和晚期癌症等所致剧痛。不良反应与吗啡类似,但程度较轻,以轻微便秘、出汗和镇静常见。

羟考酮

羟考酮(oxycodone)为半合成阿片受体激动剂,是 μ 受体、κ 受体双重激动剂,等效止痛作用强度为吗啡的 2 倍,现作为吗啡的替代品用于中重度疼痛治疗,可控制非阿片类药物无法缓解的轻到重度疼痛,特别是缓解内脏痛更有效,成为术后镇痛主要选择的药物。羟考酮常见便秘、恶心、嗜睡、眩晕、呕吐、瘙痒、头痛、口干、出汗和乏力等典型阿片类镇痛药不良反应。

第三节 阿片受体部分激动剂

阿片受体部分激动剂(opioid receptor partial agonist)主要部分激动 μ 受体或 κ 受体,体内给药可表现为不同程度的拮抗作用。这类药物以镇痛作用为主,呼吸抑制作用较弱,成瘾性较小。

喷他佐辛

喷他佐辛(pentazocine)可部分激动 κ、μ 受体,对 κ 受体的激动作用大于 μ 受体。

【体内过程】

喷他佐辛口服易吸收,但首过消除大,生物利用度低。口服后 1～3 h、肌内注射后 15～45 min 达峰浓度。血浆蛋白结合率为 35%～64%,亲脂性强,体内分布广泛,容易透过血脑屏障和胎盘屏障,血浆 $t_{1/2}$ 为 3～5 h。主要在肝脏代谢,代谢物和少量原型药随尿排出。用药效果的个体差异较大,可能与本药在肝内代谢速率的个体差异有关。

【药理作用】

喷他佐辛镇痛作用是吗啡的 1/3,呼吸抑制作用是吗啡的 1/2,而且加大剂量并不按比例增加其呼吸抑制作用。大剂量(60～90 mg)产生的精神症状,可用大剂量的纳洛酮拮抗。对胃肠平滑肌的作用较吗啡弱,很少引起便秘。对心血管系统的作用与吗啡不同,大剂量不仅不会降低血压,反而加快心率,升高血压,可能与药物提高血浆中去甲肾上腺素水平有关。由于在体内表现为对 μ 受体有一定的拮抗作用,能减弱吗啡的镇痛作用,而且对吗啡成瘾的患者,可促进戒断症状的产生,因其成瘾性很小,被列入非麻醉药品。

【临床应用】

喷他佐辛适用于各种疼痛，如癌性疼痛、创伤性疼痛、手术后疼痛，也可用于手术前或麻醉前给药，作为外科手术麻醉的辅助用药。

【不良反应】

常见的不良反应有困倦、眩晕、轻微头疼、出汗。剂量增大可引起烦躁、血压升高、心率加快，有时可引起焦虑、噩梦、幻觉等。大剂量喷他佐辛引起的呼吸抑制和中毒症状，可用纳洛酮对抗。但需要注意，有长期服药成瘾的报道。

布托啡诺

布托啡诺(butorphanol)与喷他佐辛相似，主要激动 κ 受体，对 μ 受体作用弱。其镇痛效力为喷他佐辛的20倍，呼吸抑制作用较吗啡轻，对心血管系统可增加肺动脉压、肺血管阻力、全身动脉压和心脏工作负荷，因而不能用于心肌梗死的止痛。临床上主要用于麻醉前用药和中度至重度疼痛，如术后、外伤、癌症、肾或胆绞痛等的镇痛。常见不良反应有镇静、恶心和出汗，对阿片类药物依赖的患者，可诱发戒断症状，心肌梗死患者不宜应用。

纳布啡

纳布啡(nalbuphine)激动 κ 受体、μ 受体的作用弱于布托啡诺，因而体内拮抗 μ 受体作用强于布托啡诺。镇痛强度稍弱于吗啡，呼吸抑制轻，对心血管的影响与吗啡相似但较弱，对心输出量和外周血管阻力无明显影响。主要用于中度至重度疼痛如创伤、术后、癌症、肾或胆绞痛的止痛，以及心肌梗死和心绞痛患者的止痛。不良反应少，但仍可能产生耐受性和依赖性。

第四节 阿片受体拮抗剂

纳洛酮和纳曲酮

纳洛酮(naloxone)和纳曲酮(naltrexone)都是阿片受体的完全拮抗剂，对几种阿片受体都有拮抗作用，对 μ 受体的亲和力最高，对其他受体的亲和力则较低。

【体内过程】

纳洛酮口服无效，注射给药后药效维持时间较短，1～4 h。主要在肝脏通过葡萄糖苷化而失活。纳曲酮口服吸收良好，作用时间较长，口服 100 mg 纳曲酮可以在 48 h 内有效地对抗海洛因的作用。

【药理作用】

纳洛酮或纳曲酮本身无内在活性，单独使用无明显的药理作用，对使用吗啡的患者，可以在 1～2 min 消除吗啡几乎所有的药理作用。对吗啡过量中毒的患者，可以有效地消除呼吸抑制、意识模糊、瞳孔缩小、肠蠕动减弱等中毒症状。对成瘾的患者可以迅速诱导出戒断症状。

【临床应用】

(1) 拮抗麻醉性镇痛药急性中毒的呼吸抑制。

(2) 拮抗麻醉性镇痛药的残余作用，如娩出的新生儿因受其母体中麻醉性镇痛药影响而致呼吸抑制。

(3) 阿片类药物成瘾者的鉴别诊断，用此药可激发戒断症状，有诊断价值。

(4) 促醒作用，用于全麻催醒及抗休克和某些昏迷患者，可能通过胆碱能作用而激活生理性觉醒系统使患者清醒。

【不良反应】

不良反应少见，偶可出现嗜睡、恶心、呕吐、高血压、心动过速和烦躁不安。

甲基纳曲酮

甲基纳曲酮(methylnaltrexone)为外周阿片受体拮抗剂，与纳曲酮相比，其脂溶性低，不易通过血脑屏障，因此它能阻断阿片外周受体，但不干扰阿片类药物的中枢镇痛作用，也不出现阿片类药物的戒断综合征。

对阿片类药物的不良反应有良好的治疗作用，可缓解阿片类药物的不良反应，如便秘、胃肠功能紊乱、恶心、呕吐、瘙痒症和胆囊挛缩等。

第五节 非阿片类中枢性镇痛药

曲马多

曲马多(tramadol)是20世纪70年代末开发的一种结构与可待因类似的中枢镇痛药。口服吸收好，20～30 min起效，维持3～6 h，肌内注射后1～2 h产生峰效应，镇痛持续时间为5～6 h。肝脏内代谢，代谢物*O*-去甲曲马多有药理活性，对μ受体的亲和力约为曲马多的200倍，代谢物主要经肾脏排出。曲马多镇痛强度约为吗啡的1/10，其镇痛机制未明，曲马多对μ受体的亲和力相当于吗啡的1/6 000，对κ受体和δ受体的亲和力更弱，不足以产生强大的镇痛作用，现有研究表明曲马多及其代谢物还可能通过抑制5-羟色胺和去甲肾上腺素的再摄取，提高对脊髓疼痛传导的抑制作用来镇痛。曲马多不产生欣快感，镇静和镇咳作用弱；治疗剂量不抑制呼吸，大剂量则可使呼吸频率减慢，但程度较吗啡轻；对心血管系统基本无影响，不引起缩瞳，也不引起括约肌痉挛，无组胺释放作用。曲马多由于镇痛作用强大而成瘾性低，故而广泛应用于临床，多用于各种术后止痛、癌痛、分娩痛等的治疗。但随着曲马多的广泛使用，曲马多成瘾的问题应引起关注，长期大剂量服用曲马多可致中枢神经兴奋、呼吸抑制，并可产生耐受性和成瘾性及其他不良反应。2008年1月1日，我国将曲马多列为精神药品进行管理，中国是世界上第一个采取这样管理措施的国家。

氟吡汀

氟吡汀(flupirtine)是一种新型的止痛药，为作用于中枢神经系统的选择性神经元钾通道开放剂，为非阿片类镇痛药，不产生依赖性和耐受性。具有止痛，肌肉松弛和神经保护三重功效。主要用于各种类型的中等程度的急性疼痛的治疗，如外科手术、创伤等引起的疼痛以及头痛/偏头痛及腹部痉挛等，氟吡汀的术后镇痛效果与喷他佐辛相似，但中枢系统的不良反应明显少于后者。在癌痛方面，氟吡汀的镇痛效果明显强于喷他佐辛和曲马多，而且不良反应少，耐受性好。常见疲倦、头晕、头痛、恶心、呕吐、胃部不适、便秘、口干等不良反应，停药后多自行消失。

布桂嗪

布桂嗪 (bucinnazine)的镇痛作用约为吗啡的1/3。口服10～30 min后或皮下注射10 min后起效，持续3～6 h。呼吸抑制和胃肠道作用较轻。临床多用于偏头痛、三叉神经痛、炎症性及外伤性疼痛、关节痛、痛经及晚期癌痛。偶有恶心、头晕、困倦等神经系统反应，停药后即消失。有一定的成瘾性。

四氢帕马丁和罗通定

四氢帕马丁(tetrahydropalmatine)为中药延胡索中的生物碱，又称延胡索乙素，有效部分为左旋体，即罗通定(rotundine)。本类药物有镇静、安定、镇痛和中枢性肌肉松弛作用。镇痛作用较哌替啶弱，但较解热镇痛药作用强。镇痛作用与脑内阿片受体及前列腺素无关，无明显的成瘾性。罗通定口服吸收后，10～30 min起效，维持2～5 h。对慢性持续性钝痛效果较好，对创伤或手术后疼痛或晚期癌症的止痛效果较差。可用于治疗胃肠及肝胆系统等引起的钝痛、一般性头痛及脑震荡后头痛，也可用于痛经及分娩止痛。本类药物对产程及胎儿均无不良影响。

第六节 镇痛药应用的基本原则

WHO癌症疼痛治疗专家委员在全球范围内推行癌痛治疗计划，提出了简便易行，且具有广泛指导意义的止痛药临床应用五项基本原则，合理使用镇痛药，可以提高患者的生活质量，最大限度地减少药物依赖的发生,减少药物的不良反应。

1. 阶梯用药原则　按阶梯用药是指在选用镇痛药时,应由弱到强,逐级增加(图12-3)。

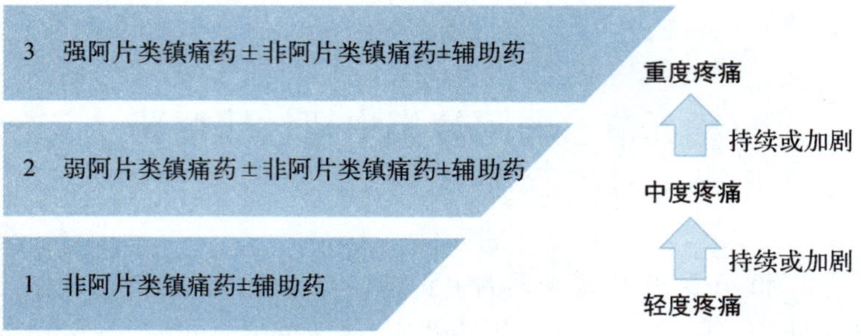

图12-3　癌症三阶梯疗法示意图

2. 按时给药原则　按时给药而不是按需给药,维持有效血药浓度,使患者的疼痛得到持续的缓解,可减少患者不必要的痛苦及机体的耐受性。

3. 个体化用药原则　阿片类药物用药剂量的个体差异很大,应根据患者情况进行调整,个体化最适剂量就是能使疼痛得到控制而无大的不良反应的剂量。

4. 尽可能口服给药原则　口服给药简便、经济,既可免除创伤性给药的不适,又能增加患者的独立性,有利于长期用药。口服吸收慢,血药浓度峰值出现晚,不易产生药物依赖性,慢性疼痛和癌痛患者长期使用以控缓释阿片类药物为主的治疗时,成瘾的发生率极低。

5. 注意具体细节原则　对应用镇痛药的患者应注意监护,密切观察其反应,并做出及时处理,尽可能使患者在获得最佳疗效的同时减少不良反应。

小　结

麻醉性镇痛药是临床应用最久也是迄今最有效的镇痛药物,代表药吗啡通过激动μ阿片受体产生如下药理作用:① 中枢系统作用,如镇痛、镇静、镇咳、呼吸抑制、缩瞳等。② 外周平滑肌作用,提高胃肠道平滑肌张力,使胃排空延迟,延缓口服药物吸收;使胆道平滑肌收缩,升高胆囊压力,可致上腹不适等。③ 心血管系统作用,扩张外周血管,降低血压,但也可能发生体位性低血压等。④ 免疫抑制,抑制机体免疫功能。按镇痛作用强度,临床常用阿片类镇痛药可分为强阿片药和弱阿片药,前者包括吗啡、哌替啶、羟考酮、芬太尼类等,用于全身麻醉诱导和维持的辅助用药、术后镇痛、中至重度癌痛和慢性痛、严重创伤和急性心肌梗死等引起的急性疼痛;弱阿片药如可待因、双氢可待因,主要用于轻至中度急慢性疼痛和癌痛的治疗。喷他佐辛为代表的阿片类部分激动剂是具有中、强效镇痛作用的一类药物,与非阿片类中枢性镇痛药曲马多等均具有成瘾性小的特点,但仍要注意不可滥用。纳洛酮和纳曲酮都是阿片受体拮抗剂。麻醉性镇痛药常见不良反应有镇静、恶心、呕吐、便秘等,呼吸抑制是其最常见的死亡原因,耐受性和依赖性是危害较大的不良反应。在镇痛药的应用中,一方面强调不盲目滥用,但另一方面也要避免因为担心依赖性而过于谨慎导致用量不足。

【思考题】

1. 吗啡与哌替啶的药理作用与临床应用有何区别?
2. 喷他佐辛与吗啡合用,对吗啡的镇痛作用会产生怎样的影响?为什么?
3. 患者,女,20岁。因头颈部疼痛肌内注射哌替啶(度冷丁)50 mg,3 min后出现面色发绀、呼吸困难、血压下降,经补液、给氧后情况仍无好转。请问:
   (1) 请分析患者这些症状是什么反应?
   (2) 可以用哪些药物进行抢救?

4. 患者，男，60 岁。有中度慢性阻塞性肺疾病史。车祸导致髋部严重受伤，来院就诊。因疼痛难忍，医师考虑使用镇痛药进行治疗。请问：

(1) 请问可推荐使用哪些镇痛药？

(2) 镇痛药在使用过程中，有哪些特殊注意事项？

（郑雅鑫）

※ 课程 PPT

第十二章
课程 PPT

第十三章

解热镇痛抗炎药和抗痛风药

学习目标

【知识目标】

1. 掌握　阿司匹林、对乙酰氨基酚、布洛芬的药理作用、临床应用及不良反应。
2. 熟悉　双氯芬酸、吲哚美辛和选择性 COX－2 抑制剂等药物的作用特点和不良反应。
3. 了解　抗痛风药的分类及作用特点。

【能力目标】

具备合理使用解热镇痛抗炎药的能力。

【素质目标】

1. 加强药物作用的二重性观念。
2. 通过学习并理解解热镇痛抗炎药的构效关系，拓展创新思维。

古人用柳树皮的浸出液缓解炎症、疼痛及发热，后来证明其中发挥作用的成分是水杨酸。1899 年，德国化学家霍夫曼成功合成了具有解热镇痛抗炎作用的乙酰水杨酸(阿司匹林)。该化合物的合成和问世结束了古人用草根、树皮解热镇痛的原始方法，是医学上的一大进步。但在长期大剂量使用阿司匹林的过程中，发现了很多不良反应，如胃肠道反应，包括溃疡、出血或穿孔；听力损伤甚至失聪等。1948 年，首个非水杨酸类的非甾体抗炎药保泰松问世，其因具有显著的镇痛抗炎疗效，一度很受欢迎。但是，保泰松具有严重的骨髓抑制和肝毒性等不良反应，十余年后，保泰松的应用逐渐受到限制。20 世纪 60 年代，有了吲哚类药品，如吲哚美辛，疗效显著，但不良反应如胃肠道刺激症状、头晕、肾毒性等同样突出。因此，该类药物也被限制使用。以后又相继推出双氯芬酸、布洛芬、萘普生、吡罗昔康等。1971 年，发现不同结构的非甾体抗炎药均可通过抑制 COX 而产生抗炎镇痛作用。20 年后，发现 COX 存在两种同工酶，即 COX－1 和 COX－2。一般认为 COX－1 是结构酶，维持人体的生理功能；COX－2 是可诱导酶，参与炎症性前列腺素的合成。但目前认为，COX－1 和 COX－2 在功能上有重叠和互补性，共同发挥对机体的保护作用。1998 年和 1999 年，根据 COX 理论研制的两个特异性 COX－2 抑制剂相继问世，包括塞来昔布、罗非昔布等。这类药物的诞生使人们再次充满希望，然而，在 2004 年，临床研究发现在服用罗非昔布 18 个月以上的患者中，发生确定性心血管事件的相对危险增加，提示选择性 COX－2 抑制剂也并非安全，罗非昔布因此撤市，为了安全起见，给塞来昔布、美洛昔康也加上黑框警告。因此，解热镇痛抗炎药的发展一直是在曲折中前进，科研工作者在研发新的 COX 抑制剂及老药新用等方面的不懈努力是对他们的实事求是和探索精神最好的诠释。

资料来源：

汪芳，2016.纵览阿司匹林发展历史.中国全科医学，19(26)：3129－3135.

BEALES I L P，2020. Selective COX－2 inhibitors are safe and effective. BMJ，368：311.

第一节 解热镇痛抗炎药

解热镇痛抗炎药(antipyretic-analgesic and anti-inflammatory drug)是一类具有解热、镇痛作用,大多数还有抗炎、抗风湿作用的药物。由于其化学结构中不含甾核,为与具有抗炎作用且化学结构中含有甾核的糖皮质激素类药物相区别,常称之为非甾体抗炎药(nonsteroidal anti-inflammatory drug, NSAID)。尽管化学结构不同,但是大多非甾体抗炎药具有解热、镇痛、抗炎等较为相似的药理作用,且具有抑制环氧合酶(cyclooxygenase, COX,又称环氧酶),使前列腺素(prostaglandin, PG)合成减少的作用机制。

COX是催化花生四烯酸代谢为前列腺素和血栓素的限速酶,至少存在2种同工酶,即COX-1和COX-2。一般认为,COX-1是结构型,在血管、胃、肾和血小板等绝大多数组织中表达,参与血小板聚集、血管舒缩、胃黏膜血流以及肾血流量的调节,维持细胞、组织和器官生理功能的稳定。COX-2为诱导型,在炎症损伤刺激单核细胞、巨噬细胞、血管平滑肌、内皮细胞或成纤维细胞时可诱导COX-2表达,COX-2是触发后续炎症反应的关键环节。目前认为,COX-1和COX-2在功能上有重叠和互补性,共同发挥对机体的保护作用。非甾体抗炎药的共同作用及作用机制如下:

1. 解热作用 下丘脑的体温调节中枢通过对产热及散热两个过程的精细调节,维持体温的相对恒定。病理条件下,病原微生物、非微生物抗原等刺激血液单核细胞和组织巨噬细胞,产生并释放肿瘤坏死因子(tumor necrosis factor, TNF)、白介素-1β(interleukin-1β, IL-1β)、白介素-6(interleukin-6, IL-6)、干扰素等内热原。内热原引起下丘脑PGE_2合成和释放增加,而PGE_2作为中枢性发热介质作用于体温调节中枢,使体温调定点上移,引起发热。非甾体抗炎药仅对内热原所致发热有效,而对脑室内直接注射微量PGE_2所致发热无效,表明其解热作用机制是抑制了下丘脑COX,从而阻断PGE_2合成,使体温调节中枢的体温调定点恢复到正常水平。非甾体抗炎药只能降低发热者的体温至正常状态,对正常人的体温无影响。

发热是机体非常重要的防御反应,也是诊断疾病的重要依据。一般情况下应确诊后再解热。非甾体抗炎药解热为对症治疗,体温过高或持久发热易引起头痛、失眠、谵妄甚至昏迷,小儿高热易致惊厥,严重者可危及生命,及时应用解热镇痛药可以缓解上述症状。但使用解热镇痛药不当会掩盖病情,延误治疗,应特别注意。

2. 镇痛作用 解热镇痛药仅有中等程度镇痛作用,对临床常见的慢性钝痛如头痛、牙痛、神经痛、肌肉或关节痛、痛经等镇痛效果良好,对各种严重创伤性急性剧痛及内脏平滑肌绞痛无效。因不产生欣快感与成瘾性,故临床应用广泛。

在炎症或组织损伤部位,前列腺素合成增多。前列腺素不但本身具有致痛作用,而且可提高痛觉感受器对缓激肽等致痛物质的敏感性。解热镇痛药可抑制炎症时前列腺素的合成,发挥镇痛作用。对直接刺激感觉神经末梢引起的急性锐痛无效,而对慢性钝痛(主要为炎性疼痛)有效。镇痛作用部位主要在外周,同时也可通过脊髓和其他皮质下中枢发挥镇痛作用。

3. 抗炎作用 除苯胺类外,非甾体抗炎药均具有抗炎作用。前列腺素是活性很强的炎症介质,不仅具有强效扩张血管作用,还可与炎症局部的组胺、缓激肽和白三烯等发生协同作用,从而增加血管通透性,导致炎症局部充血、水肿和疼痛等炎症反应。非甾体抗炎药通过抑制炎症部位的COX,减少前列腺素合成,抑制参与炎症反应的中性粒细胞游走、聚集及向血管内皮黏附和向内皮下间隙转移,抑制缓激肽释放,稳定溶酶体膜并抑制溶酶体酶释放,降低血管对缓激肽和组胺的敏感性等,减轻炎症的红、肿、热、痛等反应,发挥其抗炎作用,但不能根除病因。

非甾体抗炎药根据对COX作用的选择性可分为非选择性COX抑制剂和选择性COX抑制剂两大类,其中非选择性COX抑制剂按化学结构的不同,又可分为水杨酸类、苯胺类、芳基丙酸类、乙酸类、烯醇酸类、吡唑酮类等。

一、非选择性COX抑制剂

(一) 水杨酸类

水杨酸类药物包括阿司匹林、二氟尼柳等。

阿 司 匹 林

阿司匹林(aspirin)又名乙酰水杨酸(acetylsalicylic acid),1893年合成,1899年投入市场后至今已有110余年,但是其新的药理作用和临床用途仍不断被发现。

【体内过程】

阿司匹林口服后易从胃和小肠上部吸收。0.5～2 h血药浓度达峰值。在吸收过程中及吸收后,胃黏膜、血浆、红细胞及肝中的酯酶等迅速将其水解为水杨酸。因此,阿司匹林血浆浓度低,$t_{1/2}$仅15 min左右。水杨酸也具有药理活性,以水杨酸盐的形式迅速分布至全身组织,也可进入关节腔、脑脊液,并可通过胎盘。水杨酸的血浆蛋白结合率高达80%～90%。体内水杨酸盐约1/4被氧化代谢,1/4以原型由肾脏排泄,其余与甘氨酸结合,少部分与葡萄糖醛酸结合后自肾排泄。

肝对水杨酸的代谢能力有限。服用较小剂量(1 g以下)时,阿司匹林被水解生成的水杨酸量较少,按一级动力学消除,水杨酸$t_{1/2}$为2～3 h;当阿司匹林剂量大于1 g时,水杨酸生成量增多,与甘氨酸、葡萄糖醛酸的结合已饱和,则以零级动力学消除,其$t_{1/2}$延长为15～30 h。如再增大阿司匹林剂量,血中游离水杨酸浓度将急剧上升,可出现中毒症状。因此,长期大量用药治疗风湿性及类风湿性关节炎时,为保证用药的安全性与有效性,应逐渐增加剂量,并根据患者用药后的反应及监测的血药浓度,确定给药剂量及间隔时间,并在治疗过程中调整剂量。水杨酸盐是弱酸性药物,过量中毒时服用碳酸氢钠以碱化尿液促进其解离,减少肾小管对水杨酸盐重吸收,加速其排泄。

【药理作用与临床应用】

阿司匹林是非选择性COX抑制剂,对COX-1和COX-2的抑制作用相当,通过共价修饰作用使COX-1分子中的第530位丝氨酸(Ser530)或COX-2分子中的第516位丝氨酸(Ser516)乙酰化而导致COX失活。具有多种药理作用。

(1) 解热镇痛:作用较强,适用于头痛、牙痛、肌肉痛、神经痛、痛经、感冒发热以及癌症患者的轻、中度疼痛。

(2) 抗炎抗风湿:作用较强,可使急性风湿热患者迅速退热,关节红、肿及疼痛等症状缓解,血沉下降,患者主观感觉好转。对类风湿性关节炎也可迅速镇痛,减轻关节炎症。最大耐受剂量(一般成人每日3～5 g)能使风湿热症状在用药后24～48 h明显好转,故可作为急性风湿热的鉴别诊断依据。用药量达最大耐受量时应监测血药浓度,保证治疗的安全性和有效性。

(3) 抗血栓形成:血栓素A_2(thromboxane A_2, TXA_2)是诱发血小板聚集和血栓形成的重要内源性物质。小剂量阿司匹林抑制血小板的COX,抑制TXA_2的合成。大剂量阿司匹林也同时抑制血管内皮细胞PGI_2的合成,而PGI_2是TXA_2的生理对抗剂,其合成减少可促进血栓形成。阿司匹林对血小板中COX的敏感性远高于血管内皮细胞,因此,常用小剂量阿司匹林(75～150 mg/d)预防血栓形成。对缺血性心脏病,包括稳定型、不稳定型心绞痛及进展性心肌梗死患者能降低病死率及再梗死率。此外,对血管形成术及旁路移植术也有效。对一过性脑缺血发作者,服用小剂量阿司匹林可防止脑血栓形成。

(4) 其他:长期规律性服用小剂量阿司匹林可降低结肠癌的患病风险;儿科用于皮肤-黏膜-淋巴结综合征(川崎病)的治疗。此外,还可治疗放射诱发的腹泻、驱除胆道蛔虫等。

【不良反应】

短期服用,不良反应较少;长期大量服用则不良反应多且较重。

(1) 胃肠道反应:最为常见。口服直接刺激胃黏膜,引起上腹不适、恶心、呕吐。血药浓度高时则可刺激延髓催吐化学感应区,也可致恶心及呕吐。较大剂量口服用于抗风湿治疗时,可引起胃溃疡及无痛性胃出血,原有溃疡病患者则可加重症状。阿司匹林引起的胃肠道反应与其减少具有胃黏膜保护作用的PGE_2生成有关。餐后服用、同服抗酸药或选用肠溶阿司匹林片可缓解胃肠道不良反应。

(2) 凝血障碍：小剂量阿司匹林可抑制血小板聚集，延长出血时间。长期或大剂量服用还可抑制凝血酶原生成，引起凝血障碍，出血时间、凝血时间延长，加重出血倾向，维生素 K 可以预防。手术前一周应停用阿司匹林，肝功能不全、凝血酶原合成功能低下者慎用阿司匹林。

(3) 水杨酸反应：阿司匹林用药剂量过大可出现头痛、眩晕、恶心、呕吐、耳鸣、视力及听力减退，严重者出现高热、精神错乱甚至惊厥、昏迷，称为水杨酸反应。一旦出现水杨酸反应应立即停药，采用碳酸氢钠碱化尿液，加速排泄。

(4) 阿司匹林哮喘：某些哮喘患者服用阿司匹林或其他非甾体抗炎药后可诱发哮喘，称为阿司匹林哮喘。由于药物抑制了 COX，使前列腺素合成受阻，脂氧合酶途径生成的白三烯增多，内源性支气管收缩物质占优势，导致支气管痉挛，诱发哮喘发作。肾上腺素仅部分对抗阿司匹林所致的支气管收缩，疗效有限，可用糖皮质激素治疗。

(5) 过敏反应：偶见皮疹、荨麻疹、血管神经性水肿及过敏性休克。

(6) 瑞氏综合征(Reye syndrome)：病毒感染伴有发热的儿童和青少年服用阿司匹林后，偶可出现肝脂肪变性、脑病，即瑞氏综合征，以肝衰竭合并脑病为突出表现，虽少见，但预后差，病死率高。故水痘或流行性感冒等病毒感染患儿不宜用阿司匹林退热，可选用对乙酰氨基酚。

【禁忌证】

阿司匹林禁用于胃溃疡、低凝血酶原血症、严重肝损害、维生素 K 缺乏症、血友病、哮喘、鼻息肉、慢性荨麻疹患者。

【药物相互作用】

阿司匹林与双香豆素合用时，会提高血液中游离型双香豆素浓度，导致双香豆素抗凝作用增强，易致出血；与甲苯磺丁脲合用，可增强其降血糖作用，易致低血糖反应；与肾上腺皮质激素合用，可使肾上腺皮质激素抗炎作用增强，但诱发消化性溃疡的作用也会增加。此外，阿司匹林与一些弱酸性药物如氨甲蝶呤、青霉素、呋塞米、丙戊酸等合用时，因竞争肾小管主动分泌的载体，各自的游离血药浓度也会增加。

二氟尼柳

二氟尼柳(diflunisal)又名二氟苯水杨酸，为水杨酸衍生物，口服吸收完全，药物浓度达峰时间为 2～3 h，血浆蛋白结合率为 90%，约 90%与葡萄糖醛酸结合后排泄，$t_{1/2}$ 为 8～12 h。具有解热、镇痛、抗炎作用，抗炎作用强于阿司匹林且维持时间长，但解热作用很弱。主要用于轻、中度疼痛，如术后、骨骼肌扭伤及癌症疼痛等，也可用于骨性关节炎、类风湿类关节炎的治疗。不良反应发生率较低，胃肠道刺激症状小于阿司匹林。消化道溃疡、水杨酸过敏、哺乳期妇女、心功能不全、高血压或有体液潴留倾向者禁用。

(二) 苯胺类

对乙酰氨基酚

对乙酰氨基酚(acetaminophen)又名扑热息痛(paracetamol)，是非那西丁(phenacetin)的活性代谢产物。

【体内过程】

对乙酰氨基酚口服易吸收，药物浓度达峰时间为 0.5～1 h。治疗量下，绝大部分在肝脏与葡萄糖醛酸或硫酸结合而失活，$t_{1/2}$ 为 2～4 h。较大剂量时，因结合反应达饱和后，少量药物经肝微粒体混合功能氧化酶代谢为 *N*-乙酰苯醌亚胺。*N*-乙酰苯醌亚胺是有毒的代谢中间体，可与谷胱甘肽结合而解毒。长期用药或过量中毒导致体内谷胱甘肽耗竭时，毒性产物以共价键形式与肝、肾中重要的酶和蛋白质不可逆性结合，引起肝细胞、肾小管细胞损伤。

【药理作用与临床应用】

对乙酰氨基酚的解热镇痛作用缓和持久，强度与阿司匹林相似，但几乎无抗炎和抗风湿作用，对血小板功能、凝血时间和尿酸水平亦无明显影响。临床常用于感冒发热、头痛、关节痛、神经痛和肌肉痛等，不适合用阿司匹林的患者可选用对乙酰氨基酚替代。对不宜使用阿司匹林的患者如血友病、消化性溃疡、过敏者，退热镇痛时宜选用本药。

【不良反应】

治疗量短期使用对乙酰氨基酚时，很少产生不良反应，偶见过敏反应，如皮疹，严重者伴有药物热及黏膜损害。长期或过量使用可引起肝、肾损害,可出现肝细胞坏死、肾绞痛或急、慢性肾衰竭(镇痛药性肾病),可能与毒性代谢产物 N-乙酰苯醌亚胺蓄积有关。临床不宜长期大剂量使用,肝肾功能异常者慎用。急性中毒的治疗措施包括洗胃、催吐,应用乙酰半胱氨酸或巯乙胺以补充谷胱甘肽。

(三) 芳基丙酸类

布洛芬

布洛芬(ibuprofen)又名异丁苯丙酸,为苯丙酸的衍生物。口服吸收完全,药物浓度达峰时间 1~2 h,血浆蛋白结合率大于 99%,可缓慢进入关节腔滑液,并在此保持高浓度。主要经肝脏代谢,代谢物由尿液排泄,$t_{1/2}$为 2 h。布洛芬具有解热、镇痛及抗炎作用,临床主要用于风湿及类风湿性关节炎的治疗,也可用于一般解热、镇痛。疗效与阿司匹林相似,但严重不良反应的发生率明显低于阿司匹林和吲哚美辛,对因消化道不良反应而无法耐受其他非甾体抗炎药的患者,可服用该药。不良反应有轻微的消化不良、皮疹;胃肠出血较少见,但长期服用时仍应注意;偶见视物模糊及中毒性弱视,出现视力障碍者应立即停药。

萘普生

萘普生(naproxen)又名甲氧萘丙酸。口服吸收迅速而完全,食物、氢氧化铝或氧化镁减少其吸收,碳酸氢钠促进其吸收。血浆蛋白结合率大于 99%,$t_{1/2}$为 14 h。主要通过肝代谢,原型药物及代谢产物自尿中排出。该药的解热和镇痛作用较强,分别是阿司匹林的 22 倍和 7 倍;该药可抑制血小板聚集。临床主要用于风湿和类风湿性关节炎、骨性关节炎、强直性脊柱炎和各种类型的风湿性肌腱炎的治疗,对各种疾病引起的疼痛和发热也具有良好缓解作用。其显著特点是毒性低,胃肠道和神经系统的不良反应均明显低于阿司匹林和吲哚美辛,但不良反应表现多于布洛芬。长期服用可能会增加心血管病风险。对阿司匹林过敏者禁用。

萘丁美酮

萘丁美酮(nabumetone)的化学结构与萘普生相似,但为非酸性化合物。该药为无活性前药,吸收入血后迅速代谢为甲氧基萘乙酸而发挥解热、镇痛和抗炎作用。因原药无活性,故吸收过程中对胃肠道无明显刺激作用,对胃肠黏膜 COX 的抑制作用也很轻。甲氧基萘乙酸的 $t_{1/2}$ 约 26 h,血浆蛋白结合率约为 99%,主要分布于肝、肺、心和肠道等组织,也可进入关节腔滑液、纤维囊组织和炎性渗出物中。甲氧基萘乙酸主要在肝脏代谢为非活性物质。临床主要用于类风湿性关节炎和骨性关节炎的治疗。不良反应较少,对出血和凝血功能几乎无影响,偶可出现恶心、呕吐、腹痛、腹泻、便秘和消化不良等胃肠道反应。

氟比洛芬

氟比洛芬(flurbiprofen)又名氟布洛芬,在分子结构中引进了一个氟原子,使其在同类药物中作用较强。该药口服吸收良好,药物浓度达峰时间为 1.5 h,$t_{1/2}$约 6 h。临床主要用于治疗类风湿性关节炎、强直性脊柱炎、骨关节炎、外伤疼痛和其他疼痛。氟比洛芬滴眼液可用于眼科手术后的炎症反应、人工晶状体植入术后的囊样黄斑水肿。该药耐受性较好,对阿司匹林无效或不能耐受者仍可选用。

氟比洛芬酯

氟比洛芬酯(flurbiprofen axetil)是无活性前体药,需要在血液中被酯酶水解为氟比洛芬后发挥药理作用,注射液可用于术后镇痛和癌症疼痛。孕妇、儿童慎用。

洛索洛芬

洛索洛芬(loxoprofen)是无活性前体药,吸收后经羟基化转变成活性代谢物,对胃肠道的刺激性较小。口服吸收迅速,药物浓度达峰时间为 30 min,并以较高的浓度分布于肝、肾、血浆中,血浆蛋白结合率为 97%;原型药及其代谢产物与葡萄糖醛酸结合后主要经尿迅速排泄,$t_{1/2}$ 约 75 min。临床主要用于类风湿性关节炎、骨性关节炎、腰痛、肩周炎、颈肩臂综合征的治疗;也可用于术后、外伤以及拔牙后的镇痛。不良反应少见,偶可发生胃部不适、食欲缺乏、恶心、呕吐、便秘、腹泻、头痛、皮疹、胸闷、瘙痒等。也可发生肝肾功能异常。

(四) 乙酸类

吲哚美辛

吲哚美辛(indomethacin)又名消炎痛,为人工合成的吲哚衍生物。

【体内过程】

吲哚美辛口服吸收迅速而完全,药物浓度达峰时间约 3 h,血浆蛋白结合率约 90%,主要经肝脏去甲基代谢，代谢物从尿、胆汁、粪便排泄，10%～20%以原型由尿排泄，$t_{1/2}$为 2～3 h。

【药理作用与临床应用】

吲哚美辛是最强的 COX 抑制剂之一，也可抑制磷脂酶 A_2 和磷脂酶 C，抑制中性粒细胞迁移以及 T 细胞和 B 细胞增殖，其镇痛及抗炎作用强于阿司匹林，抗炎作用比阿司匹林强 10～40 倍，对炎性疼痛有较好的镇痛效果。但不良反应多，临床仅用于其他药物不能耐受或疗效不好的患者，包括急性风湿性关节炎、类风湿性关节炎、骨性关节炎、强直性脊柱炎、癌症发热及其他不易控制的发热等。

【不良反应】

吲哚美辛的不良反应多见，发生率为 30%～50%，20%的患者须停药。大多数与剂量过大有关。

(1) 胃肠道反应：恶心、呕吐、腹泻、诱发或加重溃疡，严重者发生出血或穿孔；还可引起急性胰腺炎。

(2) 中枢神经系统：25%～50%患者可发生头痛、眩晕；偶见精神失常等。

(3) 造血系统：可引起粒细胞减少症、血小板减少症、再生障碍性贫血等。

(4) 过敏反应：常见皮疹，严重者发生哮喘。

【禁忌证】

吲哚美辛禁用于孕妇、儿童、机械操作人员、溃疡病、精神失常、癫痫、帕金森病及肾病患者。

双氯芬酸

双氯芬酸(diclofenac)为邻氨基苯甲酸衍生物，能够抑制 COX，具有解热、镇痛和抗炎作用，是欧洲常用的非选择性非甾体抗炎药，COX-2 选择性抑制剂罗美昔布是其衍生物。该药口服吸收迅速，首过消除显著，生物利用度为 50%，血浆蛋白结合率为 99%。主要在肝代谢，代谢产物随尿液(65%)和胆汁(35%)排泄。该药对 COX-2 的抑制作用强，并具有降低中性粒细胞内游离花生四烯酸水平的作用。临床主要用于风湿性关节炎、类风湿性关节炎、骨性关节炎、强直性脊柱炎的长期对症治疗；也可用于肌肉骨骼疼痛、术后痛和痛经等的短期治疗。不良反应较轻，发生率为 20%，其中 2%的患者需要停药。大剂量或长期使用时偶见溶血性贫血、骨髓抑制和肝肾功能异常，须密切观察肝肾功能变化。

醋氯芬酸

醋氯芬酸(aceclofenac)与双氯芬酸相似，为邻氨基苯甲酸衍生物，能够抑制 COX，具有解热、镇痛和抗炎作用。临床适应证同双氯芬酸，但较双氯芬酸起效更快，临床疗效更好，不良反应发率更低。

舒林酸

舒林酸(sulindac)又名苏林大，是具有亚砜结构的前体药。本身不具有药理活性，但在体内转化为硫化代谢物后具有较强的 COX 抑制作用，其解热、镇痛、抗炎作用强度不及吲哚美辛的一半，但作用较持久。舒林酸的 $t_{1/2}$为 7 h，硫化代谢物的 $t_{1/2}$为 16～18 h。临床除可用于各种原因引起的疼痛，如痛经、牙痛、外伤和手术后疼痛，还可用于骨关节炎、类风湿性关节炎、慢性关节炎、肩周炎、颈肩腕综合征、腱鞘炎及轻中度癌性疼痛的治疗。不良反应较吲哚美辛少而轻，发生率约 25%，其中严重胃肠道反应的发生率为吲哚美辛的 1/16，对肾脏的毒性相对较低。

（五）烯醇酸类

吡罗昔康

吡罗昔康(piroxicam)化学结构为苯噻嗪类。口服吸收完全，药物浓度达峰时间为 2～4 h，血浆蛋白结合率为 99%，主要经肝代谢，代谢产物及少量原型药物从尿和粪便排泄。一次给药后可出现多个血药浓度峰值，该药可能存在肝肠循环，作用持久。属于非选择性 COX 抑制剂，抗炎作用强；并能抑制中性粒细胞激活及迁移，但这一作用与其抑制 COX 无关。给药后 7～12 日，关节腔滑液中的药物浓度与血药浓度接近。临床用于风湿性和类风湿性关节炎的治疗，对急性痛风、肩周炎、腰肌劳损、痛经也有一定疗效，其疗效与阿司匹林及吲哚美辛相当。由于该药为强效镇痛抗炎药，对胃肠道刺激作用较为明显，长期服用或剂量过大可致消化道出血、溃疡；低剂量时，胃肠道反应发生率为 20%；其他不良反应有头痛、头晕、耳鸣、皮疹等。

氯诺昔康

氯诺昔康(lornoxicam)化学结构与吡罗昔康相似。口服吸收迅速而完全，药物浓度达峰时间为 2.5 h。血浆蛋白结合率为 99%，$t_{1/2}$为 3～5 h。属于非选择性 COX 抑制剂，可减少 IL-6 的生成，产生镇痛、抗炎作用;尚可激活内源性阿片肽系统,发挥中枢性镇痛作用。治疗量可刺激软骨组织中蛋白多糖合成,促进软骨生成,从而防止类风湿性关节炎对骨和关节的破坏。临床主要用于轻中度疼痛、手术中或手术后疼痛、骨性关节炎以及类风湿性关节炎的治疗。不良反应发生率较低,可出现头晕、头痛、恶心、呕吐、胃痛、腹泻、皮肤潮红等。

(六) 吡唑酮类

保泰松

【体内过程】

保泰松(phenylbutazone)口服吸收完全迅速,药物浓度达峰时间约为 2 h,血浆蛋白结合率为 90%,$t_{1/2}$为 50~65 h。主要经肝脏代谢,肾脏排泄,羟化物为其活性代谢产物,血浆蛋白结合率也很高,$t_{1/2}$长达数日,故长期服用保泰松时,羟化物可在体内蓄积,产生毒性。

【药理作用与临床应用】

保泰松抗炎、抗风湿作用强而解热镇痛作用较弱。临床主要用于风湿性及类风湿性关节炎,强直性脊柱炎,尤以急性进展期疗效较好。

【不良反应】

不良反应较多且严重,包括胃肠道反应、肝肾损害、神经系统、血液系统损害、水钠潴留、过敏反应等。

二、选择性 COX-2 抑制剂

塞来昔布

塞来昔布(celecoxib)对 COX-2 的选择性强,比 COX-1 约高 375 倍,治疗剂量下对 COX-1 几乎无作用。口服吸收良好,进食延缓其吸收,空腹给药药物浓度达峰时间为 2~3 h,血浆蛋白结合率约为 97%,$t_{1/2}$为 10~12 h。主要经肝脏 CYP2C9 代谢,代谢物主要经粪便排泄,虽然该药并非为 CYP2D6 的底物,但仍可抑制该酶活性。因此,与某些经 CYP2C9 和 CYP2D6 代谢或影响这两个酶活性的药物合用时,应注意药物间相互作用。临床主要用于急、慢性骨关节炎和类风湿性关节炎的治疗,也可用于术后镇痛、牙痛及痛经。与传统的非甾体抗炎药比较,其主要特点是消化性溃疡的发生率明显降低,但其可抑制肾脏 COX,从而诱发高血压和水肿。临床使用对 COX-2 选择性强的药物时,应遵循最小有效量和最短疗程的原则,一般不作为非甾体抗炎药的首选药。该药对血小板 TXA_2合成无影响,但可抑制 PGI_2合成,所以对于有心血管疾病倾向的患者,应避免使用包括塞来昔布在内的 COX-2 选择性抑制剂,以免诱发血栓、高血压等心血管疾病的发生。常见不良反应为上腹疼痛、腹泻与消化不良等消化道症状。

尼美舒利

尼美舒利(nimesulide)对 COX-2 的选择性强,与塞来昔布相似。口服吸收良好,且不受食物影响,生物利用度大于 90%,绝大部分经肝脏代谢,$t_{1/2}$为 2~4.7 h。尼美舒利的解热、镇痛和抗炎作用很强,口服时解热作用比对乙酰氨基酚强 200 倍,镇痛作用比阿司匹林强 24 倍。其作用机制除与 COX-2 的选择性抑制有关外,还包括抑制中性粒细胞激活、减少细胞因子生成等。临床用于类风湿性关节炎、骨性关节炎、术后或创伤后疼痛、痛经、上呼吸道感染引起的发热等,但不作为首选。有阿司匹林哮喘病史的患者急需使用非甾体抗炎药时,可考虑选用尼美舒利。该药胃肠道不良反应发生率低,但可致重症肝炎和重症肝损害。禁用于对阿司匹林及其他非甾体抗炎药过敏者。

美洛昔康

美洛昔康(meloxicam)对 COX-2 的抑制具有一定选择性,约为 COX-1 的 10 倍。口服吸收较慢,$t_{1/2}$约 20 h,每日给药 1 次。虽然该药可抑制 TXA_2合成,但即使患者的用药剂量超过常用量,对体内血小板的功能也无明显抑制,其机制不清。适应证同吡罗昔康。胃肠道不良反应发生率低,剂量过大或长期用药可致消化道出血、溃疡。

三、解热镇痛药的复方制剂

解热镇痛药的不良反应较多,而且有的药物具有严重不良反应。为增加疗效,减少不良反应,该类药物常与其他药物配伍使用。常用的解热镇痛药配方较多,按照其组分可分为 4 类:① 解热镇痛药如阿司匹林等；② 中枢兴奋药如咖啡因，可解除患者的疲乏感和嗜睡症状；③ 中枢抑制剂如巴比妥和苯巴比妥，与小剂量解热镇痛药合用呈现协同作用；④ 抗组胺药如氯苯那敏等，可减轻感冒患者的头痛、鼻塞等。值得注意的是，久用非那西丁可致肾乳头坏死、肾盂癌等，氨基比林和安替比林可诱发粒细胞减少。因此，这 3 种药物已不再单独使用，仅作为复方的一种成分。

第二节　抗痛风药

痛风(gout)是一种由于嘌呤代谢紊乱和(或)尿酸排泄减少导致高尿酸血症，尿酸钠沉积于骨关节、肾脏和皮下等部位所致的急、慢性炎症和组织损伤为特征的代谢性疾病。尿酸是人体内嘌呤代谢的终产物，溶解性低，很多动物体内存在尿酸氧化酶，可将其转化为溶解性较高的尿囊素。尽管痛风往往伴有高尿酸血症，但是多数高尿酸血症患者并未出现尿酸盐结晶的沉积和痛风发作，称之为无症状高尿酸血症，此时无须进行痛风的预防性治疗。关于痛风病理生理学的研究发现，尿酸盐结晶被关节的滑膜细胞吞噬后，可释放溶酶体酶、前列腺素和白介素-1(interleukin-1，IL-1)等炎症因子。这些炎症因子可诱发中性粒细胞向关节间隙迁移趋化，并进一步将炎症反应放大。巨噬细胞也参与了后期炎症反应的发生，巨噬细胞在吞噬和消化尿酸盐结晶的同时，通过释放大量炎性介质而加重炎症反应，最终造成局部的严重炎症和疼痛。抗痛风药主要针对痛风发生的病理生理学机制，可通过抑制尿酸合成、促进尿酸排泄或抑制炎症反应而发挥抗痛风作用。痛风急性发作的治疗主要采用非水杨酸类非甾体抗炎药和秋水仙碱，慢性痛风的主要治疗目的是降低血中尿酸含量，常用丙磺舒和别嘌醇等。

秋水仙碱

秋水仙碱(colchicine)又名秋水仙素，是一种生物碱，因最初从百合科植物秋水仙中提取出来而得名。

【体内过程】

口服后在胃肠道吸收迅速，药物浓度达峰时间为 0.5～2 h，血浆蛋白结合率为 10%～34%。经肝代谢，从胆汁和肾脏排出，肝病患者从肾脏排泄增加。

【药理作用与临床应用】

秋水仙碱对急性痛风性关节炎有选择性抗炎作用，用药后数小时关节红、肿、热、痛等症状即可逐渐消退，但对一般性疼痛及其他类型关节炎并无作用。秋水仙碱对血中尿酸浓度及尿酸排泄无明显影响，故对慢性痛风无效。秋水仙碱的抗痛风机制尚不十分清楚，可能是该药与中性粒细胞的微管蛋白结合，从而阻止微管蛋白聚合形成微管，降低中性粒细胞的迁移、趋化和吞噬功能。该药也抑制白三烯 B_4 的形成。临床用于治疗痛风性关节炎的急性发作及预防复发性痛风性关节炎的急性发作。秋水仙碱也可抑制细胞的有丝分裂，用于治疗白血病、乳腺癌等。

【不良反应】

秋水仙碱的不良反应较多，与剂量相关，口服较静脉注射安全性高。

(1) 胃肠道症状：最常见，用药早期出现食欲缺乏、腹痛、腹泻、呕吐等，发生率可达 80%，严重者可致脱水及电解质紊乱。长期用药可出现严重的出血性胃肠炎或吸收不良综合征。

(2) 肌肉、周围神经病变：表现为近端肌无力或血清肌酸激酶增高。在肌细胞受损时同时出现周围神经轴突性病变，表现为麻木、刺痛和无力。肌神经病变少见，往往在长期用药者和有轻度肾功能不全者才可能出现。

(3) 骨髓抑制：血小板减少，中性粒细胞下降，甚至出现再生障碍性贫血，有时可危及生命。

(4) 休克：表现为少尿、血尿、抽搐及意识障碍。死亡率高，多见于老年人。

(5) 其他：脱发、皮疹、发热、肝损害及致畸等。

【禁忌证】

秋水仙碱禁用于骨髓增生低下患者、肝肾功能不全患者、孕妇及哺乳期妇女。

丙 磺 舒

丙磺舒(probenecid)又名羧苯磺胺。口服吸收完全,血浆蛋白结合率为85%~95%。少量游离型药物经肾小球滤过,大部分药物经肾近曲小管中段分泌入原尿。在偏酸性环境中,原尿中的丙磺舒经被动扩散几乎全被重吸收。尿酸也经肾小球滤过,并在肾近曲小管中段分泌入原尿,在肾近曲小管重吸收;丙磺舒可竞争性抑制尿酸的重吸收,增加尿酸盐排泄而降低血中尿酸盐水平,临床主要用于慢性痛风的治疗。丙磺舒也可竞争性抑制青霉素和头孢菌素在肾小管的分泌,提高其血药浓度,产生协同作用。然而,丙磺舒无镇痛和抗炎作用,治疗初期因尿酸盐自关节部位转移入血,血尿酸盐浓度增高,可使痛风症状短暂性加重。碱化尿液并增加饮水量可促进尿酸排泄,防止尿结石形成。少数患者可见胃肠道反应、皮疹和发热。

别 嘌 醇

别嘌醇(allopurinal)系次黄嘌呤异构体。口服易吸收,约70%经肝脏代谢为有活性的别黄嘌呤(alloxanthine)。别嘌醇$t_{1/2}$为1~3 h,别黄嘌呤$t_{1/2}$为18~30 h,两者均可抑制黄嘌呤氧化酶,使尿酸生成减少。别嘌醇临床用于原发性和继发性高尿酸血症,尤其是因尿酸生成过多引起的高尿酸血症;反复发作的痛风或慢性痛风;尿酸性肾结石或尿酸性肾病。该药是痛风间歇期首选标准治疗药物。耐受性较好,不良反应发生率为3%~5%,可见皮疹、腹泻、腹痛、低热、暂时性转氨酶升高或粒细胞减少。

苯 溴 马 隆

苯溴马隆(benzbromarone)又名苯溴香豆素。口服易吸收,主要在肝脏代谢,代谢物也有一定活性。主要通过抑制肾近曲小管对尿酸的重吸收,促进尿酸排泄,降低尿酸水平而产生抗痛风作用。用药后可缓解关节红、肿、热、痛等症状,并能使痛风结节消散。临床用于慢性痛风、原发性或继发性高尿酸血症。少数患者出现恶心、腹胀、肾绞痛、痛风急性发作和皮疹等不良反应。

非 布 索 坦

非布索坦(febuxostat)是首个非嘌呤结构的黄嘌呤氧化酶抑制剂,与别嘌醇相比,非布索坦对黄嘌呤氧化酶有高选择性抑制作用,其代谢物也具有抑制黄嘌呤氧化酶作用。临床疗效优于别嘌醇,可大幅度降低血尿酸水平。除黄嘌呤氧化酶外,非布索坦对体内其他与嘌呤和嘧啶代谢相关酶无影响,因此,耐受性好,不良反应少,在治疗高尿酸血症及痛风方面有很好的应用前景。

小 结

非甾体抗炎药是一类具有解热、镇痛作用,而且大多数还有抗炎、抗风湿作用的药物,其机制是抑制COX,减少前列腺素合成;只能使发热者的体温至恢复正常,对正常人的体温无影响;仅有中等程度镇痛作用,对临床常见的慢性钝痛如头痛、牙痛、神经痛、肌肉或关节痛、痛经等镇痛效果良好,因不产生欣快感与成瘾性,故临床应用广泛。

阿司匹林是非甾体抗炎药中的代表药物。阿司匹林非选择性抑制COX,对COX-1和COX-2的抑制作用相当,解热镇痛作用较强,适用于头痛、牙痛、肌肉痛、神经痛、痛经、感冒发热以及癌症患者的轻、中度疼痛;控制急性风湿热的疗效迅速而确切;小剂量抗血栓形成;小剂量阿司匹林长期规律性服用可降低结肠癌风险;儿科用于皮肤-黏膜-淋巴结综合征的治疗。不良反应包括胃肠道反应、凝血障碍、水杨酸反应、阿司匹林哮喘、过敏反应及瑞氏综合征等。

对乙酰氨基酚的解热镇痛作用缓和持久,几乎无抗炎和抗风湿作用。临床常用于感冒发热、头痛、关节痛、神经痛和肌肉痛等。

吲哚美辛是最强的COX抑制剂之一,但不良反应多。

布洛芬是有效的COX抑制剂,疗效与阿司匹林相似,但严重不良反应的发生率明显低于阿司匹林和吲哚美辛。

痛风急性发作的治疗主要采用非水杨酸类非甾体抗炎药和秋水仙碱,慢性痛风的主要治疗目的是降低血中尿酸含量,常用丙磺舒和别嘌醇等。

【思考题】

1. 患者，男，42 岁。因“双手关节疼痛、肿胀 2 年”入院。2 年前出现双手掌指关节和腕关节肿胀、疼痛伴晨僵；查体：双侧掌指关节和腕关节压痛(＋)，肿胀，活动受限；血沉：120 mm/h，类风湿因子：1 260 U/mL；抗环瓜氨酸抗体：486 U/mL，X 线片见双侧掌指关节和腕关节骨破坏、关节间隙狭窄。临床诊断为类风湿性关节炎。治疗：阿司匹林 1 克/次，一日 3 次，饭后服用，用药 2 日症状改善。但患者服药后上腹部不适，用药 10 日后漱口后有牙龈出血。请问：
   (1) 使用阿司匹林治疗的依据是什么？
   (2) 除阿司匹林外，还可选用哪些药物治疗？
   (3) 阿司匹林的不良反应和用药注意事项是什么？
2. 比较阿司匹林与氯丙嗪的降温特点。
3. 比较非甾体抗炎药与镇痛药的镇痛作用及用途。

（龚其海）

※ 课程 PPT

第十三章
课程 PPT

第十四章

治疗中枢神经系统退行性疾病的药物

学习目标

【知识目标】

1. 掌握　左旋多巴的药理作用及临床应用、不良反应；卡比多巴和苯海索的药理作用及临床应用。

2. 熟悉　治疗帕金森病和阿尔茨海默病药物的分类；他克林、多奈哌齐、普拉克索、罗匹尼罗、司来吉兰、雷沙吉兰、托卡朋、恩他卡朋、加兰他敏和美金刚等的作用特点。

3. 了解　治疗帕金森病和阿尔茨海默病药物的发展简史，其他类型治疗阿尔茨海默病药物的特点。

【能力目标】

1. 能把治疗帕金森病、阿尔茨海默病的药物的药理学基础理论与临床实际相结合。

2. 能运用本章关键知识指导临床相关疾病药物治疗的合理使用。

【素质目标】

1. 加强关爱和尊重老年人的思想观。

2. 通过学习中枢神经系统退行性疾病药物建立医学科学的传承与创新理念。

中枢神经系统退行性疾病是指一组由慢性进行性中枢神经退行性变性而产生的疾病的总称，其中帕金森病和阿尔茨海默病同属中枢神经系统退行性疾病，病理表现为脑和（或）脊髓发生神经元退行性变性、脱失。这类疾病还包括亨廷顿病、肌萎缩侧索硬化病等。本组疾病的病因和发病机制尚不清楚，兴奋毒性（excitotoxicity）、细胞凋亡（apoptosis）和氧化应激（oxidative stress）等假说受到广泛重视。随着社会发展和人口老龄化的出现，本组疾病已成为仅次于心血管疾病和癌症的位列第三位的严重疾病。除帕金森病患者通过合理用药可延长寿命和改善生活质量外，其他疾病的治疗效果均不理想。随着分子神经生物学及人类功能基因组学研究的发展，对本组疾病发病机制的深刻认识将有助于相应的药物及其他治疗手段研究取得突破。

治疗帕金森病的药物发展到现在经历了4代。① 第一代（20世纪60年代以前）：中枢抗胆碱能药苯海索和金刚烷胺，因不良反应大，现已少用；② 第二代（20世纪60年代）：左旋多巴自1967年应用于临床，一直是治疗帕金森病最有效的药物，是帕金森病治疗史上的一个里程碑；③ 第三代（20世纪70年代）：第一个多巴胺受体激动剂溴隐亭上市，以及1997年后上市的普拉克索和罗匹尼罗，推迟了患者使用左旋多巴类药物的时间，弥补其不足；④ 第四代（20世纪90年代）：MAO－B抑制剂司来吉兰（1993年）和雷沙吉兰（2006年）、COMT抑制剂托卡朋（1997年）和恩他卡朋（1999年），作为左旋多巴的辅助剂，可增强其疗效降低其不良反应。

资料来源：

高洁，张惠娟，2002.帕金森病治疗药物的特点.中国组织工程研究，6(14)：2127－2129.

刘丹，孙卓，王洪媛，2014.金刚烷胺及其类似物抗帕金森病的研究进展.北方药学(12)：99－100.
CACABELOS R，2017. Parkinson's disease：from pathogenesis to pharmacogenomics. Int J Mol Sci，18(3)：551.
FABBRI M，FERREIRA J J，RASCOL O，2022. COMT inhibitors in the management of Parkinson's disease. CNS Drugs，36(3)：261－282.
HISAHARA S，SHIMOHAMA S. Dopamine receptors and Parkinson's disease. Int J Med Chem，2011：403039.
MUSOLINO N R，PASSOS V Q，2005. Prolactinomas resistentes a agonistas dopaminérgicos：diagnóstico e manejo [Dopamine-agonist resistant prolactinomas：diagnosis and management]. Arq Bras Endocrinol Metabol，49(5)：641－650.
TAN Y Y，JENNER P，CHEN S D，2022. Monoamine Oxidase-B Inhibitors for the treatment of Parkinson's disease：past，present，and future. J Parkinsons Dis，12(2)：477－493.
WEINER W J，2006. Levodopa-Toxic or neuroprotective? Nature Clin Pract Neurol，2(10)：518－519.

第一节　治疗帕金森病的药物

帕金森病(Parkinson's disease，PD)是一种以黑质-纹状体通路退变为主要特征的神经系统变性疾病，临床典型症状为静止震颤、肌强直、运动迟缓和共济失调，严重患者伴有记忆障碍和痴呆。帕金森病的发病机制尚未阐明，与遗传、环境因素、感染、衰老、过多的自由基形成、氧化应激及神经生长因子缺乏等有关，是多种机制协同作用的结果。目前提出的多种病因学说中，多巴胺缺失学说得到较广泛的认可，该学说认为帕金森病是由于黑质多巴胺神经元退行性变性，使纹状体内多巴胺减少，造成黑质-纹状体通路多巴胺能神经功能减弱，与多巴胺神经在功能上处于动态平衡的胆碱能神经功能相对占优势，造成多巴胺和乙酰胆碱功能不平衡。目前常用的治疗帕金森病的药物正是基于该学说，通过恢复黑质-纹状体通路多巴胺能神经传导或通过抑制黑质胆碱能神经功能过强而改善其临床症状。

常用的治疗帕金森病的药物分为拟多巴胺药和抗胆碱药两类，两类药物治疗作用的目的在于恢复多巴胺能和乙酰胆碱能神经系统功能的平衡状态，两者合用可增强疗效。其中，拟多巴胺药包括左旋多巴、多巴胺受体激动剂、MAO 抑制剂和 COMT 抑制剂等。一些新型的治疗帕金森病的药物如 α_2 受体拮抗剂、腺苷 A_2A 受体拮抗剂或治疗策略如细胞治疗、基因治疗等正在探索之中。尽管药物治疗并不能完全治愈帕金森病，但正确使用可缓解帕金森病患者的痛苦，提高其生命质量。

一、拟多巴胺药

(一) 左旋多巴及其增效剂

左 旋 多 巴

左旋多巴(levodopa)是儿茶酚胺类神经递质酶促合成过程的中间代谢产物，是多巴胺递质的前体物质，现已人工合成。

【体内过程】

左旋多巴口服后由小肠迅速吸收，1～2 h 血药浓度达峰值，$t_{1/2}$ 为 1～3 h。口服后，绝大多数的左旋多巴在外周被氨基酸脱羧酶脱羧成为多巴胺，只有 1%～3%的原型药物进入中枢转化成多巴胺而发挥作用。若合用外周多巴脱羧酶抑制剂，不仅减少左旋多巴的用量，还能减少左旋多巴在外周的代谢，使之进入脑内的量增多，并可减少外周多巴胺引起的不良反应。口服后 80%的左旋多巴在 24 h 内降解成多巴胺代谢物，主要为 3－甲氧基－4－羟苯乙酸和二羟苯乙酸，经肾脏排泄。

【药理作用】

多巴胺是一种重要的神经递质，但不能透过血脑屏障，因此不能通过补充多巴胺来治疗帕金森病。左旋多巴为多巴胺合成的前体物质，本身并无药理活性，左旋多巴在脑内多巴脱羧酶的作用下生成多巴胺，补充了纹状体中多巴胺的不足，加强多巴胺能神经元的功能，恢复多巴胺能和乙酰胆碱能神经系统功能的平衡状态，改善帕金森病症状。

【临床应用】

左旋多巴可广泛用于治疗各种类型的帕金森病患者，多数帕金森病患者可获得理想的疗效，但对吩噻嗪类抗精神病药引起的锥体外系症状无效。

左旋多巴的疗效可持续3～5年，左旋多巴的功效对约半数患者会越来越弱，病症会越来越不受控制，还会出现运动症状波动、运动障碍和神经障碍等"长期治疗综合征"，目前认为可能有以下两方面原因：① 左旋多巴 $t_{1/2}$短，在血液和脑组织内的浓度波动明显；② 随病情进展，多巴胺能神经元不断变性、死亡导致其缓冲能力下降，造成对多巴胺受体的脉冲式刺激。对于比较年轻，且症状相对较轻的帕金森病患者，发生"长期治疗综合征"的风险较高，对远期治疗造成更大困难，因此须延迟左旋多巴类药物的应用，改用风险较低的药物。

左旋多巴在临床上很少单独应用，目前常用的是其复方制剂(左旋多巴和外周多巴脱羧酶抑制剂)，如左旋多巴＋苄丝肼、左旋多巴＋卡比多巴、左旋多巴＋卡比多巴＋恩他卡朋等。

【不良反应】

左旋多巴的不良反应分为早期反应和长期反应两大类。

(1) 早期反应：大多是由于左旋多巴在体内生成的多巴胺所引起。

1) 胃肠道反应：治疗早期可出现厌食、恶心、呕吐，这是由于多巴胺刺激延髓催吐化学感受区所致。连续用药或与外周多巴脱羧酶抑制剂同服，可明显减轻胃肠道反应。偶见消化性溃疡出血或穿孔。

2) 心血管反应：部分患者早期可出现轻度体位性低血压，头晕，偶见晕厥。继续用药低血压症状减轻。此外，由于多巴胺兴奋β受体，可导致心律失常。若与MAO抑制剂、拟肾上腺素药合用或剂量过大，可使血压升高。

(2) 长期反应：约50%的患者在长期服用左旋多巴后，出现"长期治疗综合征"，表现为：① 运动过多症，手足、躯体和舌不自主运动，也称为运动障碍；② 运动症状波动，出现"开-关"现象(on-off phenomena)，即患者突然多动不安(开)，而后又出现肌强直而运动不能(关)，两种现象可交替出现，严重妨碍患者的日常活动；③ 精神障碍，包括幻觉、妄想、躁狂、失眠、焦虑、噩梦和情感抑郁等。

【药物相互作用】

维生素 B_6是多巴脱羧酶的辅酶，可增强外周组织脱羧酶的活性，使多巴胺生成增多，增强外周不良反应；非选择性MAO抑制剂可阻碍多巴胺失活，加重多巴胺的外周作用，引起高血压危象；抗精神病药和利血平可引起类似震颤麻痹的症状，前者拮抗多巴胺受体，后者耗竭中枢多巴胺，使左旋多巴失效，因此不宜合用。

【禁忌证】

严重精神病患者、闭角型青光眼患者、黑色素瘤病史和不明皮肤损伤的患者禁用。心血管疾病患者、消化性溃疡患者慎用。

卡比多巴和苄丝肼

卡比多巴(carbidopa)和苄丝肼(benserazide)是左旋多巴增效剂。对左旋芳香氨基酸脱羧酶有较强的抑制作用，不易透过血脑屏障，与左旋多巴合用时，可减少左旋多巴在外周组织脱羧，减轻外周不良反应，同时使进入中枢的左旋多巴增多，提高脑内多巴胺的浓度，增强左旋多巴疗效。单用无效，是左旋多巴治疗帕金森病的重要辅助药，常与左旋多巴组成复方制剂使用。

(二) 多巴胺受体激动剂

多巴胺受体激动剂(dopamine receptor agonist)是一种功能与多巴胺相似，但化学结构不同的一类药物，能特异性激动多巴胺受体，发挥拟多巴胺作用。可作为一线药物，在帕金森病早期单独使用，推迟左旋多巴的应用，延缓帕金森病病情发展；也可与复方多巴合用，提高疗效，减少左旋多巴的用量，减少或避免发生症状波动与运动障碍。尽管其疗效不及左旋多巴，但由于此类药物能够推迟应用左旋多巴，并有神经保护作用，目前多倾向用于治疗早期患者。此类药物包括麦角类衍生物(如溴隐亭、培高利特)与非麦角类衍生物(如普拉克索、罗匹尼罗)两类，由于培高利特存在致瓣膜损伤和腹膜后纤维化的风险，于2007年退出市场。

溴隐亭

溴隐亭(bromocriptine)为半合成的麦角生物碱,是 D_2 受体强激动剂,对 D_1 类受体(含 D_1、D_5)具有部分拮抗作用;对外周多巴胺受体、α 受体也有较弱的激动作用。本药疗效优于金刚烷胺和抗胆碱药,对强直、少动患者效果好。由于其不良反应较多,仅适合不能耐受左旋多巴治疗的帕金森病患者。不良反应与左旋多巴相似,有恶心、呕吐、体位性低血压、运动障碍和精神症状等,呈剂量依赖性,停药症状消失。禁用于精神病、心肌梗死、活动性消化性溃疡患者;不宜与抗高血压药、吩噻嗪类、H_2 受体拮抗剂合用。

普拉克索

普拉克索(pramipexole)是选择性的 D_3 受体激动剂,为非麦角类衍生物。由于患者对其耐受性好,且 1 周以内即可达到治疗浓度,被美国神经病学学会、运动障碍学会,以及《中国帕金森病治疗指南》推荐为一线治疗药物。单独应用可治疗较轻的帕金森病;与左旋多巴联合用于重症帕金森病,降低左旋多巴用量或减轻波动现象等不良反应,并有利于改善患者情绪。其机制可能为清除自由基,加强中脑多巴胺能神经细胞的营养。主要不良反应有妄想、幻觉、精神失常,有时可引起突然昏睡,少数人不能耐受本药。

罗匹尼罗

罗匹尼罗(ropinirole)系非麦角类衍生物,为 D_2 受体激动剂,单用治疗轻型帕金森病有效,对重症病例可减轻左旋多巴引起的不良反应。不良反应少见,有时可引起突然昏睡。

吡贝地尔

吡贝地尔(piribedil)为 D_2、D_3 受体激动剂。可单用或与左旋多巴合用,改善老年人智能缺陷所致注意力、记忆力下降或眩晕。单用治疗以震颤为主要症状的患者。不良反应为轻微胃肠道反应,如恶心、呕吐、胀气。停药反应大,须逐渐减少剂量,直至治疗完全终止。可引起体位性低血压。可能出现嗜睡和(或)突然入睡。禁用于循环衰竭及急性心肌梗死患者。

(三) MAO-B 抑制剂

多巴胺降解需要 MAO 和 COMT 参与,MAO 抑制剂和 COMT 抑制剂可单独使用,也可联合使用,与左旋多巴合用可降低左旋多巴使用量、提高疗效、减轻不良反应。

司来吉兰

司来吉兰(selegiline)是选择性 MAO-B 抑制剂。体内存在于肠道的 MAO-A 型和主要存在于中枢的 MAO-B 型,共同参与酪胺和多巴胺的降解。司来吉兰口服吸收迅速,易通过血脑屏障,选择性抑制 MAO-B,抑制纹状体中多巴胺的降解,延长多巴胺的有效作用时间,能够增强左旋多巴的疗效。主要作为治疗帕金森病的辅助药物,可增强和延长左旋多巴的疗效,减少左旋多巴的用量和外周不良反应,消除长期单用左旋多巴出现的“开-关”现象。两者合用安全有效,利于缓解症状,延长患者寿命。

雷沙吉兰

雷沙吉兰(rasagiline)是第二代 MAO-B 抑制剂,抑制 MAO-B 的作用优于第一代司来吉兰 5～10 倍,对各期帕金森病患者的症状均有改善作用,且具有神经保护作用。其代谢产物为无活性的非苯丙胺物质,安全性优于第一代药物。

(四) COMT 抑制剂

COMT 为左旋多巴和多巴胺的另一代谢酶,COMT 抑制剂可使脑内的左旋多巴水平升高,从而增强左旋多巴的作用效果,迅速缓解帕金森病患者的临床症状,是一种理想的抗帕金森病辅助药物。COMT 抑制剂有第一代的硝替卡朋和第二代的托卡朋和恩他卡朋,目前常用的是托卡朋和恩他卡朋。

托卡朋

托卡朋(tolcapone)属第二代 COMT 抑制剂,其抑制 COMT 的选择性高、毒性低。口服吸收率为 60%,与血浆蛋白结合达 99.8%,易通过血脑屏障进入脑内。托卡朋是唯一能同时抑制外周和中枢 COMT 的药物。当与左旋多巴合用时,对各期帕金森病都有效,能明显改善患者临床症状。因其可引起明显腹泻和肝损害,欧洲已禁用。

恩他卡朋

恩他卡朋(entacapone)属第二代 COMT 抑制剂,是有效的外周 COMT 抑制剂,但单用无效。与左旋多巴合用能治疗临床各期帕金森病,可明显改善病情,稳定帕金森病患者的日常生活能力和运动功能,尤其适用于伴有症状波动的患者。长期应用的常见不良反应为腹泻。

二、抗胆碱药

本类药物主要通过改善纹状体多巴胺和乙酰胆碱两个神经递质系统的相对平衡而发挥治疗作用。抗胆碱药是左旋多巴问世前的一个多世纪里治疗帕金森病最有效的药物。目前抗胆碱药仅用于轻症或由于不良反应和禁忌证不能耐受左旋多巴以及左旋多巴治疗无效的患者。

苯海索

苯海索(benzhexol)口服易吸收,通过拮抗胆碱受体而减弱黑质-纹状体通路中的乙酰胆碱作用,抗震颤效果好,并可改善运动障碍和肌强直。对强直和运动迟缓的疗效较差。由于疗效不明显,不良反应较多,现已少用。有人认为本类药可加重帕金森病患者的痴呆症状,痴呆症状明显者慎用。闭角型青光眼、前列腺肥大者慎用。

三、神经保护剂和其他新型药物

目前有研究发现,许多化合物具有神经保护作用,能延缓疾病的进程。其包括抗氧化剂、抗凋亡剂、氨基酸受体拮抗剂、胶质源性的神经生长因子、辅酶 Q_{10}、抗炎药物等。腺苷 A_2A 受体拮抗剂、α_2 受体拮抗剂、新型谷氨酸受体拮抗剂和神经营养生长因子在帕金森病治疗中的应用备受关注,有望成为治疗帕金森病的新药。

第二节 治疗阿尔茨海默病的药物

阿尔茨海默病(Alzheimer's disease, AD)是一种与年龄高度相关的、以进行性认知障碍和记忆损害为主的中枢神经系统退行性疾病。表现为记忆力、判断力、抽象思维等一般智力的减弱或丧失,但视力、运动能力等则不受影响。病理改变主要为大脑皮质弥漫性萎缩,脑沟回增宽,脑室扩大,神经元大量减少,并伴有老年斑,神经原纤维缠结、胆碱乙酰化酶及乙酰胆碱含量显著减少等病变。随着人口老龄化,阿尔茨海默病已经成为威胁人类晚年生活质量的主要疾病之一,其发病率呈逐年上升的趋势,痴呆症中约有70%为阿尔茨海默病。

阿尔茨海默病的病因仍未阐明,至今仍没有能确切有效的逆转认知障碍或阻止病程发展的特效治疗药物,因此阿尔茨海默病的临床治疗效果不佳。目前,多奈哌齐、利斯的明、加兰他敏、他克林和美金刚等治疗阿尔茨海默病的药物,只能部分缓解或改善阿尔茨海默病症状。近年来,随着阿尔茨海默病病理机制的进一步阐明,开发能够有效延缓疾病进程及预防阿尔茨海默病发生的药物成为重点,其中以淀粉样蛋白和 tau 蛋白为靶点开发的药物及多种神经保护剂得到了广泛研究,为阿尔茨海默病的治疗带来新的希望。

阿尔茨海默病在20世纪90年代的治疗模式是改善阿尔茨海默病症状的对症治疗模式。FDA分别于1993年、1996年、2000年和2002年批准乙酰胆碱酯酶抑制剂:他克林、多奈哌齐、卡巴拉汀及加兰他敏,2003年批准NMDA受体拮抗剂美金刚用于临床,美金刚是目前治疗阿尔茨海默病的一线药,可改善阿尔茨海默病症状,但不能明显改善疾病进程,且有效期短。

阿尔茨海默病在目前的治疗模式是改善疾病进程的对本治疗模式+对症治疗模式:抗β-淀粉样蛋白治疗、免疫治疗和 tau 蛋白去磷酸化治疗是目前的研究热点,但研究难度很大,2010年拉曲吡啶(Dimebon)Ⅲ期临床试验失败,γ-分泌酶抑制剂司马曲特(Semagacestat)于2011年宣布终止;正在研发中的β-淀粉样蛋白抗体巴匹珠单抗(Bapineuzumab)和苏兰珠单抗(Solanezumab)、阿尔茨海默病疫苗和免疫球蛋白值得关注。2019年11月02日,治疗阿尔茨海默病的我国原创新药甘露特钠上市,甘露特钠为低分子酸性寡糖化合物,其机制可能涉及改善肠道菌群失调导致的中枢神经系统炎症等。

资料来源：

蔡金霞，黄明光，胡传活，等，2022.他克林对脂多糖诱导小鼠睾丸支持细胞炎性损伤的保护作用.西南农业学报，35(03)：700－706.

BENJAMIN B，BURNS A，2007. Donepezil for Alzheimer's disease. Expert Rev Neurother，7(10)：1243－1249.

BIRKS J，2006. Cholinesterase inhibitors for Alzheimer's disease. Cochrane Database Syst Rev，704(1)：CD005593.

BLENNOW K，ZETTERBERG H，HAASS C，et al.，2013. Semagacestat's fall：where next for AD therapies. Nat Med，19(10)：1214－1215.

HULL M，SADOWSKY C，ARAI H，et al.，2017. Long-term extensions of randomized vaccination trials of ACC-001 and QS-21 in mild to moderate Alzheimer's disease. Curr Alzheimer Res，14(7)：696－708.

IUPAC，FISCHER J，GANELLIN C R，2006. Analogue-based drug discovery. Hoboken：John Wiley.

KISHI T，MATSUNAGA S，OYA K，et al.，2017. Memantine for Alzheimer's disease：an updated systematic review and meta-analysis. J Alzheimers Dis，60(2)：401－425.

WANG X，SUN G，FENG T，et al.，2019. Sodium oligomannate therapeutically remodels gut microbiota and suppresses gut bacterial amino acids-shaped neuroinflammation to inhibit Alzheimer's disease progression. Cell Res，29(10)：787－803.

一、乙酰胆碱酯酶抑制剂

他 克 林

他克林(tacrine)是第一个批准上市的治疗阿尔茨海默病的药物，为第一代可逆性胆碱酯酶抑制剂，通过多环节增加脑中乙酰胆碱、多巴胺功能。临床上与磷脂酰胆碱合用治疗阿尔茨海默病，可延缓病程6～12个月，并提高患者的认知能力和自理能力。最常见的不良反应为肝毒性，成为患者终止治疗的主要原因。他克林的治疗作用是多方面共同作用的结果，由此改善阿尔茨海默病患者脑功能，也是目前最有效的治疗药物，由于对肝脏毒性较大，限制其临床应用。

多 奈 哌 齐

多奈哌齐(donepezil)为第二代可逆性乙酰胆碱酯酶抑制剂，是临床治疗阿尔茨海默病最常用的药物。

【体内过程】

多奈哌齐口服后吸收良好，进食和服药时间对药物吸收无影响，生物利用度为100%，达峰时间为3～4 h，$t_{1/2}$约为70 h。代谢产物主要经肾脏排泄，少量以原药形式经尿排出。

【药理作用】

多奈哌齐能特异性、可逆性地抑制脑组织中的乙酰胆碱酯酶，使脑内乙酰胆碱的含量增加，外周不良反应很少，但对心脏(心肌)或小肠(平滑肌)无作用，多奈哌齐较他克林选择性抑制中枢乙酰胆碱酯酶的作用更为明显，能改善轻、中度阿尔茨海默病患者的认知能力和临床综合功能。

【临床应用】

多奈哌齐适用于轻、中度阿尔茨海默病患者，是治疗阿尔茨海默病的首选用药之一，能改善患者的认知功能，延缓病情发展。具有剂量小、毒性低和价格相对较低等优点。

【不良反应】

多奈哌齐常见的不良反应为腹泻、肌肉痉挛、乏力、恶心、呕吐和失眠，通常是轻微和短暂的，无须停药，1～2日可缓解。偶见高血压、心房颤动、谵妄、震颤、呼吸困难、视物模糊等症状。过敏者禁用。

【药物相互作用】

多奈哌齐可能会影响抗胆碱活性药物，与琥珀酰胆碱、其他神经肌肉阻滞剂或胆碱能激动剂联合用药可能有协同作用。

利 斯 的 明

利斯的明(rivastigmine)是第二代乙酰胆碱酯酶抑制剂。能选择性抑制大脑皮质和海马乙酰胆碱酯酶活性，而对纹状体、脑桥/髓质以及心脏中的乙酰胆碱酯酶活性几乎无影响，可减慢淀粉样蛋白前体的形成。

临床用于轻、中度阿尔茨海默病患者,改善认知功能障碍,提高记忆力、注意力和方位感。不良反应轻至中度,最常见的不良反应是恶心、呕吐、眩晕、腹泻等,可自行消失。具有安全、耐受性好、几乎无毒性等优点。多奈哌齐和卡巴拉汀是目前国内外临床处方量最大、应用最普遍的阿尔茨海默病患者痴呆症状改善药物。

加兰他敏

加兰他敏(galanthamine)属于第二代乙酰胆碱酯酶抑制剂,易通过血脑屏障,对神经元中的乙酰胆碱酯酶有高度选择性,抑制神经元中乙酰胆碱酯酶的能力比抑制血液中丁酰胆碱酯酶的能力强 50 倍,增强神经肌肉接头传导。用于治疗轻、中度阿尔茨海默病患者,临床有效率为 50%~60%,疗效与他克林相当。不良反应轻,早期(2~3 周)阿尔茨海默病患者可有恶心、呕吐及腹泻等胃肠道反应,稍后即消失,无肝脏毒性。

石杉碱甲

石杉碱甲(huperzine A)是我国学者于 1982 年从中药千层塔中提取的生物碱,是一种高选择性可逆性胆碱酯酶抑制剂,作用强度仅次于多奈哌齐。石杉碱甲易通过血脑屏障,抑制乙酰胆碱酯酶,具有显著改善记忆和认知功能的作用。有研究表明,其作用明显优于国外同类治疗药物,可用于老年性记忆功能减退及阿尔茨海默病患者。常见不良反应为恶心、头晕、腹痛、多汗、视物模糊等,一般可不需要处理,严重者可用阿托品拮抗。有严重心动过缓、低血压、心绞痛、肠梗阻及支气管哮喘患者慎用。

二、谷氨酸受体拮抗剂

美金刚

美金刚(memantine)是一种电压依赖性、中等程度亲和力的 NMDA 拮抗剂,被批准用于治疗中度和重度阿尔茨海默病的药物。谷氨酸能神经递质功能障碍(尤其是 NMDA 受体功能损害时)会表现出神经退行性痴呆的临床症状和疾病进展。作用机制可能是干扰谷氨酸能兴奋性毒性或通过影响海马神经元的功能而改善症状。美金刚可阻断谷氨酸浓度病理性升高导致的神经元损伤,美金刚适度结合 NMDA 受体,既可拮抗 NMDA 受体过度激活所引起的兴奋毒性,也可保留正常学习和记忆所需要的 NMDA 受体活性。应用美金刚后阿尔茨海默病患者的认知功能显著改善,延缓了日常生活能力的进行性下降。美金刚的不良反应通常为轻中度,可见(发生率低于 2%)幻觉、头晕、头痛和疲倦等。

三、其他

阿尔茨海默病发病机制复杂,相关的假说包括胆碱能神经异常学说、兴奋性氨基酸毒性学说、代谢障碍学说、自由基与凋亡学说和基因遗传学说等。基于以上学说,临床常用的药物除了上述的胆碱酯酶抑制剂和谷氨酸受体拮抗剂外,还有神经细胞生长因子增强剂、改善脑血液循环和脑细胞代谢的药物、钙拮抗剂、激素类药物、非甾体抗炎药物、自由基清除剂和抗氧化剂以及毒蕈碱受体激动剂等,尽管这些药物效果并不十分理想,但对改善阿尔茨海默病症状有重要作用。而近年上市的针对 Aβ 的单克隆抗体如仑卡奈单抗(lecanemab)为阿尔茨海默病的疾病修饰治疗药物,对改善阿尔茨海默病症状、延缓疾病进程可能有较好作用(表 14-1)。

表 14-1 其他常见治疗阿尔茨海默病药物

药物类别	药理作用	临床应用	代表药
1. 神经细胞生长因子增强剂	提高神经营养因子水平,增强神经细胞功能,刺激神经轴突生长;抑制神经元重摄取腺苷,具有神经保护作用	轻、中度早老性痴呆	AIT 082、丙戊茶碱
2. 代谢激活剂	促进大脑对磷脂和氨基酸的利用,增强大脑对蛋白质的合成,提高大脑对葡萄糖的利用率和能量储备,改善脑代谢和脑循环	轻、中度阿尔茨海默病及老年人智力障碍	吡拉西坦、奥拉西坦、普拉西坦和罗拉西坦
3. 改善脑血液循环	增加脑血流量和能量代谢	轻、中度阿尔茨海默病和血管性痴呆	双氢麦角碱
4. 钙拮抗剂	选择性扩张脑血管,减少钙离子内流造成的神经细胞损伤或死亡	阿尔茨海默病、血管性痴呆和混合性痴呆	尼莫地平、氟桂利嗪

续 表

药物类别	药 理 作 用	临床应用	代 表 药
5. 激素类药物	雌激素可以延缓阿尔茨海默病的发生，改善认知功能，但雌激素替代治疗可增加发生妇科肿瘤的风险	轻、中度阿尔茨海默病	雌激素
6. 非甾体抗炎药物	可能抑制与老年斑形成有关的炎症反应抗氧化损伤作用	极轻度的阿尔茨海默病	阿司匹林、替尼达普
7. 自由基清除剂和抗氧化剂	清除自由基、抗氧化	轻、中度阿尔茨海默病	维生素 E
8. 毒蕈碱受体激动剂	选择性 M_1 受体激动剂，大脑皮质和纹状体摄取率较高，可改善阿尔茨海默病患者的认知功能和行为能力	轻、中度阿尔茨海默病	占诺美林，米拉美林
9. 单克隆抗体	通过减少大脑中聚集的 Aβ 发挥疗效	阿尔茨海默病或轻度阿尔茨海默病引起的轻度认知障碍	阿杜那单抗、仑卡奈单抗

小 结

临床用于治疗帕金森病的药物有左旋多巴、多巴胺受体激动剂、COMT 抑制剂、MAO 抑制剂等，但仍无根治帕金森病的药物。左旋多巴是多巴胺递质的前体物质，在脑内多巴脱羧酶的作用下生成多巴胺，加强多巴胺能神经元功能，改善帕金森病症状。左旋多巴可广泛用于各种类型的帕金森病患者，且疗效理想，但左旋多巴的稳定疗效在 3～5 年后约半数患者会失效，还会出现严重的“长期治疗综合征”。

乙酰胆碱酯酶抑制剂为目前最常用的治疗阿尔茨海默病的药物，他克林是第一个上市的可逆性乙酰胆碱酯酶抑制剂，通过多环节增加脑中乙酰胆碱功能，由于对肝脏毒性较大，限制其临床应用。多奈哌齐为第二代可逆性乙酰胆碱酯酶抑制剂，适用于轻、中度阿尔茨海默病患者，是阿尔茨海默病治疗的首选用药之一。

【思考题】

1. 治疗帕金森病和阿尔茨海默病药物的分类及其代表药物？
2. 左旋多巴与哪些药合用能增强疗效，为什么？
3. 患者，男，39 岁。临床诊断：精神分裂症。长期使用氯丙嗪治疗后出现了肌张力增高、面容呆板、动作迟缓、肌肉震颤和流涎等帕金森病表现。请问：
   (1) 氯丙嗪长期使用产生此不良反应的机制是什么？
   (2) 从药理学的角度给出该不良反应的处理方案。

(吴建明)

附：其他具有中枢作用的药物

本章其他具有中枢作用的药物主要包括兴奋大脑皮质的药物、兴奋延髓呼吸中枢的药物及促进脑功能恢复的药物等。

兴奋大脑皮质的药物是一类在治疗剂量下选择性兴奋大脑皮质，提高其功能活动的药物，临床常用于颅脑外伤后昏迷和中枢抑制剂中毒所致意识障碍。因本类药物还具有改善注意力和减少攻击行为等作用，亦用于治疗儿童精神迟钝、儿童注意缺陷多动障碍。

兴奋延髓呼吸中枢的药物又称呼吸兴奋药，是在治疗剂量下主要兴奋呼吸中枢，用于解除或改善呼吸抑制状态的药物。此类药物中,某些药物不但兴奋呼吸中枢,而且兴奋中枢神经系统的其他部位,提高其功能活动,亦称为苏醒药。

促进脑功能恢复的药物,由于作用靶点不明确,作用机制复杂。其包括促进脑组织对氧、氨基酸、葡萄糖和磷脂的利用,增加蛋白质合成,改善脑代谢;促进大脑皮质及海马释放乙酰胆碱,保护神经细胞膜,增加脑血流量等。临床常用于治疗多种急慢性脑功能障碍。例如,脑卒中、脑外伤、老年痴呆症、椎基底动脉供血不足、儿童智力发育迟缓、药物及乙醇中毒等。

一、兴奋大脑皮质的药物

咖　啡　因

咖啡因(caffeine)为咖啡豆和茶叶的主要生物碱。此外,茶叶还含有茶碱(theophylline),两者均属黄嘌呤类生物碱,药理作用相似。

【体内过程】

咖啡因口服、直肠给药和肌内注射均易吸收。体内分布广泛,其脂溶性高,吸收后可迅速到达中枢神经系统,主要在肝脏转化,产物由肾脏排泄,也可经乳汁和唾液排泄。

【药理作用】

咖啡因具有兴奋中枢神经系统和心肌、松弛平滑肌及利尿作用。其中枢作用较强,外周作用较弱。

(1) 中枢神经系统的作用:小剂量(50～200 mg)口服即可使精神振奋,睡意消失,疲劳减轻,思维敏捷,提高工作效率;剂量增加(200～500 mg)时,可使精神紧张、手足震颤、头痛和失眠;较大剂量时可直接兴奋延髓呼吸中枢和血管运动中枢,使呼吸加快加深、血压升高,在呼吸中枢受到抑制时,此作用更为明显。中毒剂量时兴奋脊髓,可使动物发生阵挛性惊厥。

(2) 心血管系统的作用:咖啡因直接兴奋心脏、扩张血管(冠状血管和肾血管等),此外周作用常被兴奋迷走中枢及血管运动中枢的作用所掩盖,无治疗意义。但其扩张小支气管和肺泡平滑肌时,可使肺小动脉扩张,肺血流量增加,有利于缓解各种原因引起的轻度呼吸抑制。此外,咖啡因可直接作用于大脑小动脉的肌层,增加脑血管阻力,减少脑血管搏动的幅度,使脑血流量减少,常与解热镇痛抗炎药合用治疗脑血管扩张所致头痛。

(3) 其他作用:咖啡因可舒张支气管平滑肌和胆道平滑肌;亦可增加肾小球滤过率,减少肾小管对水和电解质的重吸收而产生利尿作用;还可刺激胃酸和胃蛋白酶分泌。

【临床应用】

主要用于对抗中枢抑制状态,如严重传染病和中枢抑制剂物(镇静催眠药、镇痛药、H_1受体拮抗剂等)过量引起的昏睡及呼吸和循环的抑制等,可肌内注射安钠咖(苯甲酸钠咖啡因)。对吗啡引起的呼吸抑制疗效较好。此外,咖啡因还常与麦角胺配伍治疗偏头痛,与解热镇痛药配伍治疗一般性头痛,与溴化物合用治疗神经官能症。

【不良反应】

咖啡因的不良反应少见,剂量较大时可致激动、不安、失眠、头痛、心悸、恶心、呕吐,剂量过大可引起心动过速、呼吸加快、反射亢进。中毒剂量可致惊厥。乳婴高热时易致惊厥,应选用无咖啡因的复方解热药。消化道溃疡患者不宜久用。

哌　甲　酯

哌甲酯(methylphenidate)系人工合成药品,化学结构与具有中枢兴奋作用的拟交感胺——苯丙胺相似。

【体内过程】

哌甲酯口服易吸收,2 h达血浆峰浓度,与血浆蛋白结合少,脑内药物浓度高于血浆药物浓度,一次服药作用维持4 h,80%哌甲酯酯解为利他林酸,随尿液排出。$t_{1/2}$约为2 h。

【药理作用】

哌甲酯中枢兴奋作用较温和,可改善精神活动,活跃情绪、解除疲乏感、消除睡意及缓解抑郁症状;亦可产生轻度欣快感和食欲缺乏;交感作用很弱;较大剂量可兴奋呼吸中枢;中毒剂量可致惊厥。作用机制与促进去甲肾上腺素和多巴胺等脑内神经递质的释放和抑制这些递质的再摄取有关。

【临床应用】

哌甲酯主要用于对抗巴比妥类药物和其他中枢抑制剂中毒引起的呼吸抑制与昏睡；亦可用于治疗小儿遗尿症，因它可兴奋大脑皮质使患儿易被尿意唤醒；还用于治疗发作性睡病和轻度抑郁症；对儿童多动症也有效，该病是由于脑干网状结构上行激活系统内去甲肾上腺素、多巴胺、5-羟色胺等递质中某一种递质缺乏所致，哌甲酯能促进这类递质的释放，可使70%～80%的患儿控制多动症状，使注意力集中、自制力增强、学习能力提高。

【不良反应】

哌甲酯不良反应较少，偶有失眠、焦虑、心悸、厌食、口干等。大剂量时可使血压升高而致眩晕、头痛等，甚至惊厥。长期服用可产生耐受性和依赖性，抑制儿童生长发育。癫痫、高血压、严重焦虑、青光眼及6岁以下儿童禁用。

匹 莫 林

匹莫林(pemoline)药理作用与临床应用与哌甲酯相似，但作用维持时间长，只需要每日用药1次。临床主要用于儿童多动症、轻度抑郁症和发作性睡病等。常见不良反应为失眠、厌食和体重减轻。心血管不良反应极少。

甲 氯 芬 酯

甲氯芬酯(meclofenoxate)主要兴奋大脑皮质，促进脑细胞代谢，增加神经细胞对糖类的利用，改善脑细胞能量代谢。对中枢抑制状态的患者有兴奋作用。临床用于颅脑外伤后昏迷、脑动脉硬化及中毒所致意识障碍、老年性精神病、儿童精神迟钝及小儿遗尿症等。作用出现缓慢，需要反复用药。为避免失眠，应上午服药。

二、兴奋延髓呼吸中枢的药物

尼 可 刹 米

尼可刹米(nikethamide)系人工合成药物，其代谢产物为烟酰胺，可直接兴奋延髓呼吸中枢，提高呼吸中枢对CO_2的敏感性；也可刺激颈动脉体和主动脉体化学感受器而反射性兴奋呼吸中枢，使呼吸加深加快。呼吸中枢受抑制时其兴奋作用更为显著。对大脑皮质和脊髓的兴奋作用较弱，不易引起惊厥，对血管运动中枢亦有较弱的兴奋作用，剂量过大可引起中枢神经系统广泛兴奋而导致惊厥。作用温和、安全范围较大，但一次静脉注射，作用仅维持5～10 min；皮下注射和肌内注射后吸收好，显效快。临床常用于各种原因所致中枢性呼吸抑制，也可用于人工呼吸和长时间吸氧治疗后促进自主呼吸的恢复。通常间歇多次给药。常见不良反应少而轻，主要有恶心、呕吐、烦躁不安等，过量可致血压上升、心动过速、呕吐、咳嗽、出汗、肌肉震颤及强直。

二 甲 弗 林

二甲弗林(dimefline)系人工合成品，可直接兴奋呼吸中枢，作用比尼可刹米强100倍，也强于贝美格，能显著改善呼吸功能，使肺换气量及动脉血氧饱和度提高，血中CO_2分压降低。其作用机制可能与拮抗中枢γ-氨基丁酸受体有关。主要用于治疗药物中毒和传染病引起的呼吸抑制。对肺性脑病有较好的促醒作用。常见不良反应有恶心、呕吐、皮肤烧灼感等。本药安全范围小。过量易导致肌肉震颤和惊厥。吗啡中毒者慎用，因吗啡中毒时可兴奋脊髓，而二甲弗林亦可兴奋脊髓。故二甲弗林应小剂量慎用。

洛 贝 林

洛贝林(lobeline)是从山梗菜提取的生物碱，现可人工合成。治疗量对呼吸中枢无直接兴奋作用，可通过刺激颈动脉体和主动脉体的化学感受器，反射性兴奋呼吸中枢，使呼吸加快。对血管运动中枢和迷走神经中枢亦有反射性兴奋作用。其作用短暂，仅数分钟，但安全范围大，不易引起惊厥。临床常用于治疗新生儿窒息、小儿感染性疾病引起的呼吸衰竭以及一氧化碳中毒。剂量较大可兴奋迷走中枢而致心动过缓、传导阻滞。过量时可因兴奋交感神经节及肾上腺髓质而致心动过速呼吸抑制甚至惊厥。

贝 美 格

贝美格(bemegride)系人工合成品，直接兴奋呼吸中枢和血管运动中枢，作用迅速，维持时间短(10～20 min)，主要用于巴比妥类和水合氯醛等中枢抑制剂中毒解救的辅助用药；亦可用于降低硫喷妥钠麻醉的深度以加速恢复。用量过大或注射过快也可导致惊厥。故应严格控制给药剂量和速度。

三、促进脑功能恢复的药物

吡拉西坦

吡拉西坦(piracetam)是γ-氨基丁酸的衍生物,具有激活、保护和修复脑细胞的作用。其作用机制主要涉及:① 促进脑组织对氧、氨基酸、葡萄糖和磷脂的利用,增加蛋白质合成,提高大脑中 ATP/ADP 值,改善脑代谢;② 促进中枢海马释放乙酰胆碱,增加前额叶皮质 M 受体的密度;③ 作用于前额叶皮质,通过受体的变构效应,抑制 AMPA 受体的脱敏和失活,增强 AMPA 受体的功能;④ 增加脑血流量;⑤ 增强脑部两半球间神经信息的传递。

吡拉西坦临床广泛用于老年痴呆、血管性痴呆、脑血管意外、脑动脉硬化和脑外伤等原因引起的思维与记忆功能减退及轻、中度脑功能障碍;亦可用于儿童智能发育迟缓;对巴比妥类、一氧化碳、氰化物、乙醇中毒后的意识恢复有一定疗效。

吡拉西坦不良反应可见口干、呕吐、食欲低下、失眠等,偶见轻度肝功能损伤。

托莫西汀

托莫西汀(atomoxine hydrochloriden)系选择性皮质下区去甲肾上腺素再摄取抑制剂,能提高突触间隙去甲肾上腺素的浓度,早期用于治疗抑郁症,后来发现对注意缺陷多动症疗效良好,为用于治疗注意缺陷多动障碍的非中枢兴奋药物。作为《中国注意缺陷多动障碍防治指南》中的主要推荐药物,常用于治疗 7 岁以上儿童、青少年及成人注意缺陷多动障碍,可提高注意力,改善症状,间接促进认知功能。疗效与哌甲酯相当。因不改变皮质下多巴胺水平,不加重运动障碍和诱发抽动,更适合用于注意缺陷多动障碍合并抽动障碍的患儿。亦用于注意缺陷多动障碍合并抑郁或焦虑的患者。治疗剂量不良反应较少。服药初期可见恶心、食欲下降、头痛、头晕、疲倦等,服药后 1～2 周消失。

※ 课程 PPT

第十四章
课程 PPT

第十五章

利尿药和脱水药

学习目标

【知识目标】

1. 掌握　常用的传统利尿药的作用机制、药理作用、临床应用、不良反应。
2. 熟悉　新型利尿药、脱水药的药理作用、临床应用、不良反应。
3. 了解　尿液形成的生理基础。

【能力目标】

1. 能把利尿药、脱水药药理学基础理论与临床实际相结合。
2. 能应用本章节关键知识指导临床相关疾病的合理用药。

【素质目标】

1. 初步树立以患者为中心，合理使用利尿药与脱水药观念。
2. 通过学习利尿药的发展史，建立医学科学的传承与创新理念。

氯噻嗪是人类历史上第一个合成的无汞中效利尿药(20世纪50年代)，具有划时代意义。随后的10年，在氯噻嗪的结构上进一步修改合成了氢氯噻嗪、依他尼酸和阿米洛利等利尿药。其中，氢氯噻嗪利尿效价比氯噻嗪高10多倍，迄今仍是中效利尿药的代表药。高效利尿药依他尼酸毒性大，较为少用。之后高效利尿药呋塞米问世，至今临床仍然常用。布美他尼是在呋塞米的结构基础上改造而来高效利尿药。托拉塞米是20世纪90年代初问世的新一代磺酰脲类长效高效利尿药。低效利尿药氨苯蝶啶、醛固酮拮抗剂螺内酯于20世纪50～60年代问世。之后经历30年FDA才批准第2个醛固酮拮抗剂伊普利酮上市。以上均为传统的排钠利尿药。在20世纪末期新型排水利尿药研究成果不断涌现。1998年合成的托伐普坦为抗利尿激素 V_2 受体拮抗剂，于2009年9月22日获得美国FDA批准。

资料来源：

田裕望，朱文玲，2018.利尿剂发展简史.临床药物治疗杂志，16(1)：84-88.

第一节　利尿药

利尿药(diuretic)是作用于肾脏，增加电解质和(或)水排出，增加尿量的药物。传统利尿药按利尿效能分为高效利尿药(呋塞米、布美他尼、托拉塞米等)；中效利尿药(氢氯噻嗪、氯噻酮、吲达帕胺和美托拉宗等)及低效利尿药(螺内酯、氨苯蝶啶、阿米洛利和乙酰唑胺等)。新型利尿药为选择性抗利尿激素 V_2 受体拮抗剂，代表药物为托伐普坦。

一、肾脏泌尿生理及利尿药作用部位

肾脏是维持机体内环境稳态的重要器官，机体通过肾脏生成和排出尿液，清除大部分终产物，维持机体水电解质平衡及酸碱平衡。其中肾单位(图 15-1)发挥的作用尤为重要，包括肾小球的滤过、肾小管的主动分泌及再吸收等。传统利尿药的利尿作用机制主要是通过减少肾小管和(或)集合管对 Na^+ 再吸收，影响肾小管和集合管分泌功能而实现排钠、排水、利尿作用。新型利尿药通过选择性拮抗抗利尿激素 V_2 受体，实现排水、利尿作用。

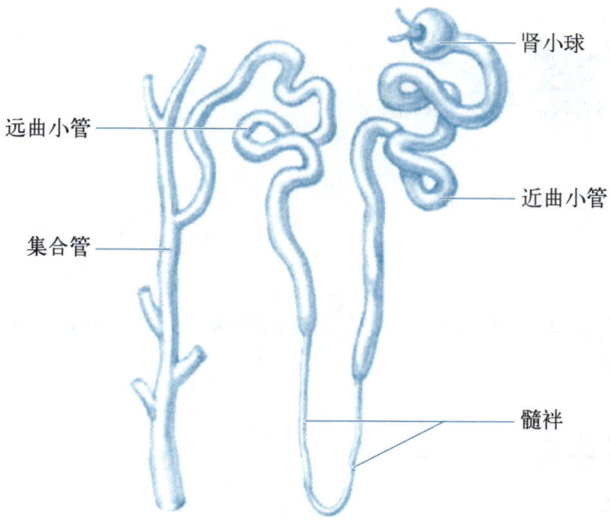

图 15-1　肾单位示意图

(一) 肾小球

血液流经肾小球毛细血管网时，血浆中水和小分子物质被滤过，形成原尿，其多少取决于肾血流量和有效滤过压。肾血流量受神经和体液的调节，一般情况下保持相对稳定。正常成人在安静状态下，24 h 形成约 180 L 原尿，其中含 Na^+ 约 60 g，球管平衡造成 99%的原尿在肾小管再吸收，导致终尿仅 1～2 L，其中含 Na^+ 仅 3～5 g。只能增加肾血流量和肾小球有效滤过压的药物的利尿效应极弱。

(二) 肾小管

1. 近曲小管　对水具有高度通透性，原尿中约 85%的 $NaHCO_3$、40%的 NaCl、60%的水，以及葡萄糖、氨基酸等可滤过的小分子物质在近曲小管被再吸收。近曲小管管腔液的渗透压保持恒定，再吸收的 Na^+ 约占原尿中 Na^+ 量的 60%～65%。其中，$NaHCO_3$ 和 NaCl 的再吸收与终尿的形成最为密切。

原尿中约有 85%的 $NaHCO_3$ 在近曲小管再吸收。近曲小管管腔内 Na^+ 可通过 Na^+-H^+ 反向转运系统与管腔膜侧上皮细胞内 H^+ 按 1∶1 进行交换，进入近曲小管上皮细胞内，然后由 Na^+-K^+-ATP 泵将 Na^+ 自基质膜侧泵出细胞，进入组织间液。若管腔膜侧上皮细胞内 H^+ 生成减少，则 Na^+-H^+ 交换减少，$NaHCO_3$ 再吸收减少。近曲小管上皮细胞内 H^+ 由 H_2CO_3 解离生成。在进行 Na^+-H^+ 交换后，H^+ 分泌进入管腔，与管腔液内 HCO_3^- 形成 H_2CO_3，而 HCO_3^- 和 H_2CO_3 不能被肾小管上皮细胞直接转运，而是由 H_2CO_3 脱水生成 CO_2，CO_2 通过简单扩散的方式迅速透过近曲小管上皮细胞膜，在细胞内再水化为 H_2CO_3。肾小管管腔内 H_2CO_3 的脱水反应和肾小管上皮细胞内 CO_2 的再水化反应均需要碳酸酐酶的催化。碳酸酐酶抑制剂乙酰唑胺能使肾小管上皮细胞内 H^+ 生成减少，管腔膜侧 Na^+-H^+ 交换减少，肾小管中 $NaHCO_3$ 排出增多而产生较弱的利尿作用(图 15-2)。部分噻嗪类也能抑制碳酸酐酶，但这并不是它们产生利尿作用的主要机制。

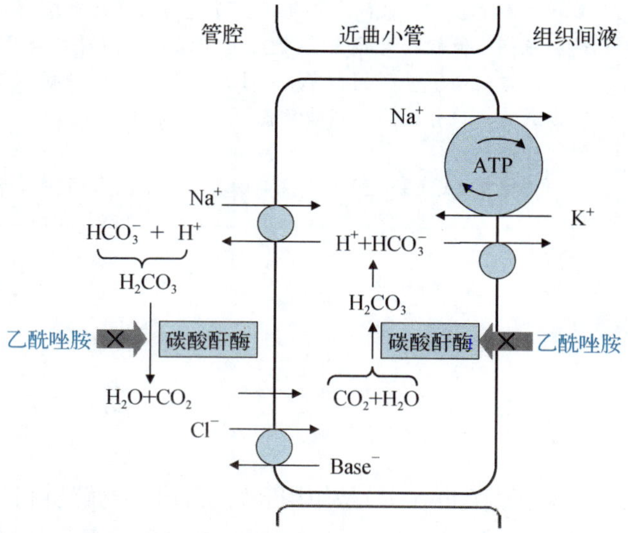

图 15-2　近曲小管的 Na^+-H^+ 交换及乙酰唑胺的主要作用靶点

$Base^-$，碱根离子

原尿中约有 40%的 NaCl 在近曲小管再吸收。近曲小管管腔液中 Na^+ 浓度比肾小管上皮细胞内高，管腔膜侧对 Na^+ 的通透性大，Na^+ 可顺浓度差扩散入上皮细胞内，随即 Na^+ 被肾小管上皮细胞基质膜侧 Na^+-K^+-ATP 泵转入组织间液，使细胞内的 Na^+ 保持在较低的水平。因此，抑制 Na^+-K^+-ATP 泵可产生较弱的利尿效应，强心苷的利尿作用机制部分与此有关。

目前尚无单纯作用于近曲小管的高效利尿药，原因是药物抑制了近曲小管对 Na^+、水的再吸收后，使近曲小管管腔内尿液增多，肾小管扩张，使尿液再吸收面积加大，尿流速度减缓，肾小管出现代偿性再吸收 Na^+、水增多的现象。

2. 髓袢降支细段　此段对 Na^+ 和尿素不易通透，对水则通透性高，管腔液在此段因髓质组织间液的高渗透压，水被再吸收，使髓袢降支细段管腔液的渗透压逐渐增高。

3. 髓袢升支细段　与髓袢降支细段相反，此段对水不易通透，但对 Na^+ 和 Cl^- 通透性很高，对尿素通透性中等。当降支细段中高渗的管腔液进入本段时，Na^+ 和 Cl^- 扩散到管腔外，造成内髓组织间液高渗。

4. 髓袢升支粗段的髓质和皮质部　该段是呋塞米等高效利尿药的主要作用部位(图 15-3)。原尿中 20%～35%的 Na^+ 在该段再吸收。髓袢升支粗段 NaCl 的再吸收依赖于管腔膜侧 Na^+-K^+-$2Cl^-$ 同向转运体，可将 1 个 Na^+、1 个 K^+ 和 2 个 Cl^- 同向转运到细胞内，其驱动力来自基质膜侧 Na^+-K^+-ATP 泵对胞内 Na^+ 泵至细胞间液的作用。进入胞内的 Cl^- 通过基质膜侧离开细胞，而 K^+ 则沿着管腔膜侧的钾通道进入小管腔内，形成 K^+ 的再循环，造成管腔内的正电位，驱使 Mg^{2+} 和 Ca^{2+} 的再吸收。因此，作用于髓袢升支粗段髓质和皮质部的呋塞米等高效利尿药，通过抑制 Na^+-K^+-$2Cl^-$ 同向转运体，不仅增加 NaCl 的排出，也增加 Mg^{2+} 和 Ca^{2+} 的排出。

当原尿流经髓袢升支粗段的髓质和皮质部时，随着 NaCl 的再吸收，水不被再吸收，小管液由肾乳头部流向肾皮质时逐渐由高渗变为低渗，这是肾脏的稀释功能。被再吸收的 NaCl 与尿素共同使髓质间质渗透压成为高渗状态。当尿液流经开口于髓质乳头的集合管时，由于管腔内液体与高渗髓质间存在明显的渗透压差，在抗利尿激素作用下大量的水被集合管再吸收，这是肾脏对尿液的浓缩功能。呋塞米等高效利尿药明显减少髓袢升支粗段髓质和皮质部对 NaCl 的再吸收，降低肾脏的稀释和浓缩功能，排出大量接近等渗的尿液，呈现强大的利尿作用。

5. 远曲小管和集合管　原尿中 10%～15% Na^+ 在远曲小管和集合管被再吸收。在远曲小管起始部相对不通透水，主要影响尿液的稀释功能。此段的 Na^+ 主要通过管腔侧膜的 Na^+-Cl^- 同向转运体进行转运，可将 1 个 Cl^-，1 个 Na^+ 同向转运到肾小管上皮细胞内，然后由 Na^+-K^+-ATP 泵将 Na^+ 自基质膜侧泵出细胞。另外，Ca^{2+} 通过管腔侧膜钙通道和基质膜侧 Na^+-Ca^{2+} 交换被再吸收，甲状旁腺激素可调节这一过程。噻嗪类利尿药如氢氯噻嗪主要通过阻断远曲小管起始部 Na^+-Cl^- 同向转运体，增加 Na^+ 的排出，抑制肾脏的稀释功能，产生利尿作用(图 15-4)。噻嗪类利尿药还通过在此部位增强甲状旁腺激素的作用，使尿 Ca^{2+} 排出减少。

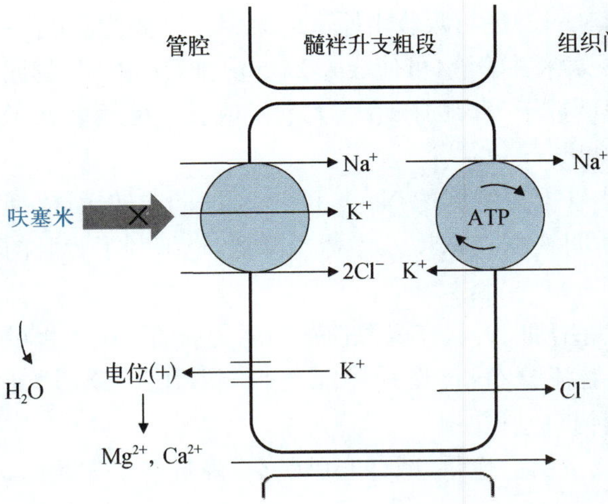

图 15-3　髓袢升支粗段细胞的 Na^+-K^+-$2Cl^-$ 同向转运体及呋塞米主要的作用靶点

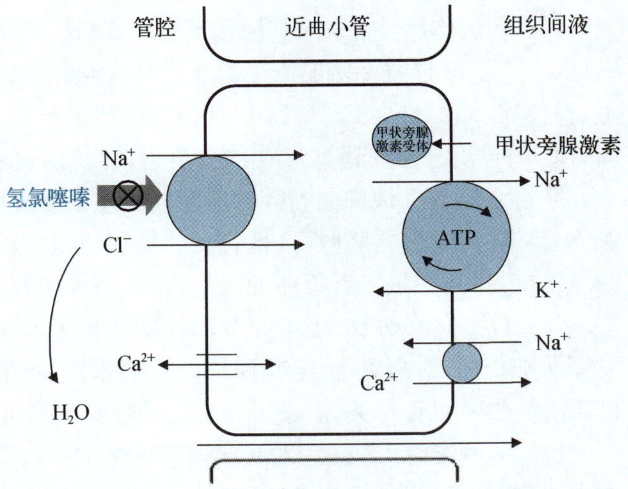

图 15-4　远曲小管近端细胞的 Na^+-Cl^- 同向转运体及氢氯噻嗪的主要作用靶点

在远曲小管远端和集合管，Na^+ 再吸收方式除进行 Na^+-H^+ 交换外，同时还有 Na^+-K^+ 交换过程。后者是在醛固酮调节下进行的，小管液中的 Na^+ 通过管腔侧膜 Na^+ 通道进入细胞内，而小管上皮细胞的 K^+ 则分泌至小管液中。细胞内 Na^+ 自基质膜侧由 Na^+-K^+-ATP 泵转出细胞，进入组织间液。醛固酮可通过增加渗透酶蛋白的合成而增强管腔膜侧 Na^+ 的内流，同时可兴奋基质膜侧的 Na^+-K^+-ATP 泵。醛固酮通过这些作

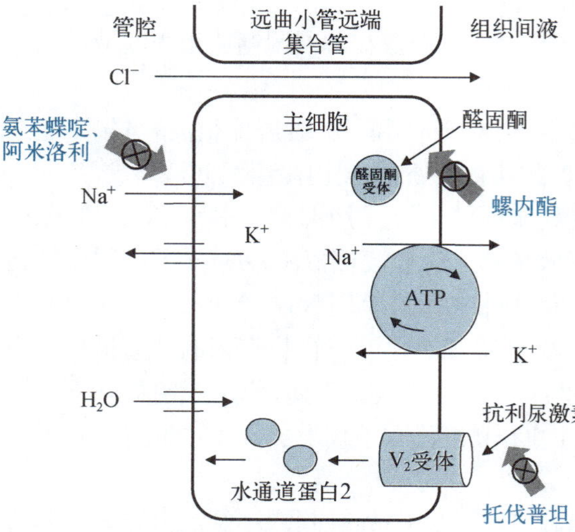

图 15-5 远曲小管远端、集合管细胞的 Na^+-K^+ 交换及螺内酯、氨苯蝶啶、阿米洛利和托伐普坦的主要作用靶点

用增加远曲小管远端、集合管对 Na^+ 的再吸收并分泌 K^+。由于 Na^+ 进入细胞的驱动力超过 K^+ 的分泌，可产生显著的管腔负电位。该负电位驱动 Cl^- 通过旁细胞途径吸收入血，也成为 K^+ 从该处肾小管上皮细胞分泌入肾小管腔的动力。当使用醛固酮抑制剂螺内酯或直接抑制 Na^+ 通道的药物氨苯蝶啶和阿米洛利时，它们可通过抑制 Na^+-K^+ 交换引起排钠保钾的较弱的利尿作用，故尿 K^+ 的排出是减少的(图 15-5)。呋塞米、氢氯噻嗪等高、中效利尿药由于排钠作用较强，代偿性引起远曲小管远端和集合管 Na^+-K^+ 交换增加，故尿 K^+ 的排出是增多的。抗利尿激素通过与集合管上皮细胞抗利尿激素受体结合调控水通道蛋白 2(aquaporin, AQP2)表达及向细胞膜转移，增加集合管对水的通透性，水的重吸收增多，尿量减少。抗利尿激素受体有 V_{1a}、V_{1b} 和 V_2 三种亚型，其中 V_2 受体主要分布于肾脏集合管细胞的基底侧膜。新型利尿药托伐普坦通过拮抗肾脏集合管的 V_2 受体，阻断集合管对水的重吸收，产生利尿作用。

二、传统利尿药

(一) 高效利尿药

呋 塞 米

呋塞米(furosemide)属于磺酰类化合物，是邻氨基苯甲酸衍生物，排钠、排水的利尿作用强大且迅速。

【体内过程】

呋塞米口服吸收率约 60%，口服后 15～60 min 生效，1～2 h 达峰值，维持 6～8 h。静脉注射 3～5 min 起效，0.33～1 h 达峰，维持 2 h。血浆蛋白结合率为 91%～97%。88%原型药主要通过肾小球滤过或肾小管分泌排出。$t_{1/2}$ 为 30～60 min，但肝肾功能严重受损者 $t_{1/2}$ 可至 11～20 h。

【药理作用】

(1) 利尿作用：呋塞米利尿作用强大、迅速，能使肾小管对 Na^+ 的再吸收由原来的 99.4%下降为 70%～80%。在水、电解质平衡保持正常水平时，持续给予大剂量呋塞米并输液，可使成人 24 h 内排 50～60 L 的尿液，并使尿 Na^+、Cl^-、Ca^{2+}、Mg^{2+} 和 K^+ 的排泄增多，排出大量近于等渗的尿液。大剂量或长期使用呋塞米时，Cl^- 的排出量往往超过 Na^+ 的排出量，容易出现低氯碱血症。

呋塞米特异性地抑制髓袢升支粗段髓质部和皮质部肾小管上皮细胞的 Na^+-K^+-$2Cl^-$ 同向转运体，抑制 Na^+、K^+ 和 Cl^- 再吸收，降低肾脏的稀释功能；因肾脏髓质间液 Na^+ 浓度及渗透压降低，也抑制了肾脏的浓缩功能，排出大量接近等渗的尿液，产生强大的利尿作用。

(2) 对肾血流动力学影响：静脉注射呋塞米可使肾血流量增加 30%，在内源性肾功能受损的情况下仍可发挥保护作用，对急性肾衰竭有利。呋塞米改变肾皮质内血流分布，该作用可能与影响肾脏 COX、增加 PGE_2、扩张肾血管有关，而非甾体抗炎药吲哚美辛可减弱这种扩血管作用。

(3) 其他作用：静脉注射呋塞米能迅速扩张容量血管，减少回心血量，减轻心脏负荷，降低左室充盈压，在利尿作用发生之前缓解急性肺水肿。

【临床应用】

(1) 治疗各类严重水肿：用于急性肺水肿、脑水肿、充血性心力衰竭、肾炎和肾病综合征等严重水肿性疾病。静脉注射呋塞米能迅速扩张容量血管，减少回心血量，在利尿作用发生之前迅速有效缓解急性肺水肿。另外，呋塞米的高效利尿作用可明显减少血容量，使血浆渗透压升高，进而使脑组织间液向血液转移、脑水肿减轻。对于其他利尿药处理效果不佳的严重水肿，呋塞米仍可能有效。

(2) 急、慢性肾衰竭：急性肾衰竭须早期应用呋塞米，可预防各种原因(如失水、休克、中毒、麻醉意外以及循环功能不全等)导致的肾脏血流灌注不足诱发的急性肾衰竭。少尿或无尿患者应用呋塞米最大剂量后24 h 仍无效时应停药。

(3) 高钾血症及高钙血症：抑制尿 K^+、Ca^{2+} 的再吸收,降低血钾、血钙。通过联合静脉输入生理盐水而明显促进 K^+、Ca^{2+} 的排泄。这对于迅速控制高钾血症及高钙血症有一定的临床意义。

(4) 高血压：不作为原发性高血压的常规用药,但当噻嗪类利尿药疗效不佳,尤其当伴有肾功能不全或出现高血压危象时,可短期应用呋塞米控制血压。

(5) 急性药物中毒：主要用于巴比妥类、水杨酸类、氟化物、碘化物等经肾排泄药物急性中毒的抢救。通过配合静脉输入生理盐水而促进过量药物的排泄,须尽早使用。

(6) 抢救严重的威胁生命的稀释性低钠血症：尤其是当血钠浓度低于 120 mmol/L 时,用呋塞米配合静脉输入高渗盐水,以干扰肾脏的浓缩功能。

【不良反应】

(1) 水电解质紊乱：为最常见的不良反应。常为过度利尿所引起,表现为低血容量、低血钾、低血钠、低氯碱血症等。其中以低血钾最为常见,一般用药后 1～4 周出现,表现为恶心、呕吐、腹胀、肌无力及心律失常等,严重时可引起心肌、骨骼肌及肾小管的器质性损害及肝昏迷。故用药期间,应注意严密监测血钾浓度,及时补充钾盐或加服保钾利尿药。长期应用呋塞米还可引起低血镁。当低血钾与低血镁同时存在时,如不纠正低血镁,即使补充 K^+ 也不易纠正低血钾,因为 Na^+-K^+-ATP 泵的激活需要 Mg^{2+}。

(2) 高尿酸血症：长期用呋塞米时,多数患者可出现高尿酸血症,并诱发痛风。主要机制一方面是由于利尿后血容量降低、细胞外液浓缩,使尿酸经近曲小管的再吸收增加;另一方面是由于呋塞米和尿酸相互竞争有机酸分泌途径,导致尿酸排出减少。

(3) 耳毒性：呈剂量依赖性,表现为眩晕、耳鸣、听力减退或暂时性耳聋,可发生永久性耳聋。呋塞米静脉快速注射每分钟剂量大于 4～15 mg 时容易发生耳毒性,多为暂时性,少数为不可逆性。当呋塞米用于肾功能不全或与氨基糖苷类抗生素等耳毒性药物联合应用时更易发生耳毒性。耳毒性的发生与内耳淋巴液电解质成分如 Na^+、Cl^- 浓度的升高,耳蜗管基底膜毛细胞受损密切相关。应避免呋塞米与氨基糖苷类、第一/二代头孢菌素类及苯海拉明等抗组胺药物合用。

(4) 其他：引起血糖升高、低密度脂蛋白和甘油三酯的上升及高密度脂蛋白的降低,以及引起氮质血症、间质性肾炎、粒细胞减少症、血小板减少性紫癜和再生障碍性贫血等。

晚期肝硬化、痛风、听力下降、糖尿病和血脂异常者慎用呋塞米。对磺胺药和噻嗪类利尿药过敏者,对本药亦可能过敏,需要禁用呋塞米。严重肝损害者因该药易导致水电解质紊乱而诱发肝昏迷,故禁用呋塞米。

布美他尼

布美他尼(bumetanide)口服吸收迅速,生物利用度为 59%～89%。口服 30 min 后血药浓度达峰值,1 h 利尿最为显著,持续 4～5 h。静脉内给药后 10 min 显效,30 min 作用达峰值,维持约 2 h。血浆蛋白结合率约 95%。约 50%在肝代谢后主要经胆汁排出,50%以原型经肾小管分泌排出。其利尿作用及对肾血流量的影响与呋塞米相似,排钠作用比呋塞米强,而耳毒性仅为呋塞米的 1/6,故听力有缺陷宜选用布美他尼替代治疗各种顽固性水肿。布美他尼引起低血钾、低血镁的发生率均较呋塞米少且轻,对尿酸的排泄和对糖代谢影响也较轻。

托拉塞米

托拉塞米(torasemide)口服易吸收,生物利用度为 80%～90%,血浆蛋白结合率为 97%～99%,80%药物经肝转化,仅 20%以原型经肾排泄。利尿作用是呋塞米的 3 倍,持续时间可达 24 h。该药除抑制肾小管髓袢升支 Na^+-K^+-$2Cl^-$ 同向转运体外,还抑制远曲小管和集合管醛固酮与其受体的结合以及抑制 TXA_2 的缩血管作用。不良反应少于呋塞米,对尿酸的排泄几乎无影响,对糖和脂代谢无不良影响。由于托拉塞米经肾消除量少,几乎无肾脏蓄积,故肾衰竭患者用药较安全。

(二) 中效利尿药

氢氯噻嗪

氢氯噻嗪(hydrochlorothiazide)是临床上广泛应用的噻嗪类利尿药。

【体内过程】

氢氯噻嗪口服吸收较好,生物利用度在80%以上,2 h起作用,达峰时间约为4 h,作用持续时间为6~12 h。$t_{1/2}$为8~10 h,主要以原型从肾小管分泌排泄,少量由胆汁排泄。对于肾功能受损者,$t_{1/2}$延长。

【药理作用】

(1)利尿作用:温和、持久。氢氯噻嗪作用于肾皮质部远曲小管起始部位,抑制Na^+-Cl^-的共同转运,使远曲小管起始部位对Na^+的再吸收减少,管腔内Na^+浓度升高,远曲小管和集合管的Na^+-K^+交换增加,K^+分泌增多。氢氯噻嗪对碳酸酐酶有轻度抑制作用,故H^+分泌减少,Na^+-H^+交换减少,HCO_3^-的排泄增加。长期服用氢氯噻嗪还可引起低血镁。值得注意的是,氢氯噻嗪促进甲状旁腺激素增加肾小管对Ca^{2+}的再吸收,故尿Ca^{2+}含量降低。

(2)抗尿崩症作用:氢氯噻嗪明显减少尿崩症患者尿量。其作用机制不详,可能是由于:① 氢氯噻嗪增加NaCl的排出,导致血浆渗透压降低,减轻口渴感并减少饮水量,继而尿量减少;② 氢氯噻嗪通过抑制磷酸二酯酶,继而使细胞内cAMP的含量增加,从而提高远曲小管及集合管细胞对水的通透性。

(3)降压作用:除与早期排钠利尿作用有关外,还与长期用药后降低血管平滑肌细胞内Ca^{2+}浓度有关。

(4)对肾血流动力学和肾小球滤过功能的影响:氢氯噻嗪使肾小管对水、Na^+再吸收减少,肾小管内压力升高,流经远曲小管的水和Na^+增多,继而刺激致密斑并通过管-球反射,使肾素、血管紧张素分泌增加,引起肾血管、肾小球入球和出球小动脉收缩,肾血流量和肾小球滤过率下降。当肾小球滤过率小于30 mL/min时,氢氯噻嗪不能发挥利尿作用,且进一步损害肾功能。

【临床应用】

(1)水肿性疾病:包括充血性心力衰竭、肝硬化腹水、肾病综合征和急慢性肾炎水肿,以及肾上腺皮质激素和雌激素所致的水钠潴留等水肿。对心源性水肿的效果较好,肾性水肿的疗效与肾功能损伤程度相关,轻者效果好,重者则效果差。

(2)高血压:是常用抗高血压药,单独或与其他抗高血压药联合应用,主要用于治疗原发性高血压。

(3)尿崩症:用于肾性尿崩症及抗利尿激素无效的垂体性尿崩症。

(4)高尿钙伴有肾石症:主要用于预防钙盐成分为主的结石。

【不良反应】

(1)水电解质紊乱:较为常见是低血钠、低血钾、低血镁和低氯性碱血症,还可引起高钙血症。

(2)高尿酸血症及糖脂代谢异常:高尿酸血症的发生机制与呋塞米相似。长期使用氢氯噻嗪可使血清甘油三酯及低密度脂蛋白量增加,同时伴有高密度脂蛋白的下降;还可降低糖耐量,使血糖升高。

严重肝损害者因氢氯噻嗪易引起水电解质紊乱而诱发肝昏迷,故须慎用氢氯噻嗪。高尿酸血症、痛风、高钙血症或血脂紊乱、糖尿病、胰腺炎和红斑狼疮患者慎用氢氯噻嗪。无尿和对磺胺过敏者禁用本类药物。

氯噻酮

氯噻酮(chlortalidone)为非噻嗪类利尿药。口服吸收不完全,血浆蛋白结合率低,排泄和代谢均较慢。口服2 h起效,利尿持续时间为24~72 h。适应证及不良反应与噻嗪类相似。

吲达帕胺

吲达帕胺(indapamide)为非噻嗪类利尿药。主要利尿作用机制是抑制肾小管Na^+-Cl^-的共同转运。该药还具有阻滞钙通道、增加PGE_2和PGI_2,继而松弛血管平滑肌等作用,故低剂量时降压作用明显,临床主要用于高血压的基础降压。无代谢方面的严重不良反应。

美托拉宗

美托拉宗(metolazone)为非噻嗪类利尿药。口服美托拉宗后1 h显效,可维持12~24 h。利尿作用与噻嗪类相似,但无抑制碳酸酐酶的作用。主要用于水肿治疗,也用于治疗高血压。当肾小球滤过率小于100 mL/min时,美托拉宗利尿效果差。

(三)低效利尿药

螺内酯

螺内酯(spironolactone)是人工合成的甾体化合物,其化学结构与醛固酮相似,具有抗醛固酮作用。

【体内过程】

螺内酯血浆蛋白结合率>90%，$t_{1/2}$仅为10 min。在肝代谢生成活性代谢产物烯睾丙内酯，口服后1日起效，2～3日达高峰，停药后作用可持续2～3日。约10%以原型经肾排泄，其余以结合型无活性代谢产物形式经肾和胆道排泄。

【药理作用与作用机制】

(1) 利尿作用弱，抑制 Na^+ 再吸收量还不到3%，起效缓慢，作用持久。

螺内酯及其代谢产物烯睾丙内酯的结构与醛固酮相似，两者均是醛固酮的竞争性拮抗剂，与醛固酮竞争醛固酮受体，阻碍醛固酮诱导蛋白的合成，抑制 Na^+-K^+ 交换，减少 Na^+ 的再吸收和 K^+ 的分泌，表现为排钠、保钾、排水作用。因此，螺内酯的利尿作用与体内醛固酮的水平有关，只有当体内有醛固酮存在时，螺内酯才发挥作用，对于切除肾上腺的动物则无效。

(2) 抗心肌纤维化作用。

【临床应用】

(1) 肝硬化腹水、肾病综合征等醛固酮升高的水肿。

(2) 充血性心力衰竭。

(3) 原发性醛固酮增多症的诊断和治疗。

由于螺内酯利尿作用较弱，较少单用，常与高、中效利尿药合用以增强利尿作用并预防低血钾的发生。

【不良反应】

(1) 高钾血症：肾损害、少尿和无尿时易发生。肾功能不良者禁用螺内酯。

(2) 性激素样不良反应：久用螺内酯可引起性激素样不良反应，表现为男性乳房女性化和性功能障碍，女性多毛症和月经失调等。

(3) 其他：胃肠道反应；长期或大剂量使用螺内酯可引起行走不协调、头痛等中枢神经系统表现。

氨苯蝶啶

氨苯蝶啶(triamterene)口服吸收迅速，服药后2～4 h起效，$t_{1/2}$为1.5～2 h，作用可持续7～9 h。氨苯蝶啶由肝代谢，主要经肾排泄。氨苯蝶啶可直接阻滞远曲小管和集合管上皮细胞管腔膜侧 Na^+ 通道，抑制管腔液中 Na^+ 再吸收，减少 K^+ 排泄，其利尿作用不依赖醛固酮。多与高效、中效利尿药合用，以增强利尿效应，维持血钾平衡。主要不良反应为高钾血症，故肝肾功能不全者慎用或禁用，高钾血症禁用。可抑制二氢叶酸还原酶，引起叶酸缺乏。

阿米洛利

阿米洛利(amiloride)生物利用度为15%～20%，$t_{1/2}$约为6 h，口服后2 h出现利尿作用，可持续10～24 h，主要以原型经肾排泄。作用机制与氨苯蝶啶相似。当醛固酮分泌过多，或与其他利尿药合用时，阿米洛利的保钾作用更为明显。保钾、利尿作用强于氨苯蝶啶和螺内酯。阿米洛利在远曲小管还抑制 Ca^{2+} 的排出。临床应用与氨苯蝶啶相似。长期服用可引起高钾血症。

乙酰唑胺

乙酰唑胺(acetazolamide)可逆性抑制近曲小管和远曲小管的碳酸酐酶，抑制 H_2CO_3 的水解和合成，但利尿作用较弱。另外，乙酰唑胺还抑制房水生成，有降低眼内压作用。临床主要用于辅助治疗青光眼和某些水肿性疾病，特别是预防和治疗急性高山病引起的肺水肿和脑水肿，纠正代谢性碱中毒等。长时间使用乙酰唑胺，机体容易出现代谢性酸中毒，故临床上很少把乙酰唑胺单独作为利尿药使用。

三、新型利尿药

托伐普坦

托伐普坦(tolvaptan)是一种非肽类抗利尿激素 V_2 受体拮抗剂，与 V_2 受体的亲和力是抗利尿激素的1.8倍，能显著抑制集合管对水的重吸收，发挥利尿作用。与传统利尿药不同的是，托伐普坦主要是排水，不引起明显的电解质丢失，还可以升高低钠血症患者的血钠水平，而对血钾的影响不大。托伐普坦适用于各种疾病引起的高容量性或等容量性低钠血症，包括心力衰竭、肝硬化腹水及抗利尿激素分泌异常综合征等疾病，也可用于袢利尿药和其他利尿药治疗效果不佳的心力衰竭所致的体液潴留。常见不良反应为口干、渴感、乏力、眩晕、恶心、低血压和高血糖,也可出现高钠血症及肝损伤。因此,托伐普坦在使用过程中必须密切监测血钠浓度,有基础肝脏疾病患者慎用,低容量性低钠血症和高血钠症患者禁用。

第二节 脱水药

脱水药又称渗透性利尿药或组织脱水药,脱水作用取决于溶液中药物分子本身所发挥的高渗透压作用。这类药物静脉给药时,升高血浆渗透压及肾小管腔液的渗透压而产生脱水及利尿作用。主要包括甘露醇、山梨醇和高渗葡萄糖等。

甘露醇

甘露醇(mannitol)为多糖醇,临床用 20%的高渗溶液,是临床最常用的脱水药。

【体内过程】

甘露醇口服不吸收,临床采用静脉给药,一般在 10～15 min 起效,经 2～3 h 作用达峰;极少向组织分布,主要以原型经肾排泄。仅 20%经肝转变为糖原或经胆道排泄,$t_{1/2}$ 为 100 min。

【药理作用与作用机制】

(1) 脱水作用:甘露醇不易从毛细血管渗入组织,能迅速提高血浆渗透压,使组织间液水分向血浆转移而产生组织脱水作用,减轻组织水肿,故降低眼内压、颅内压。

(2) 利尿作用:静脉注射甘露醇后,迅速增加尿量。甘露醇产生排钠利尿作用的机制之一是通过稀释血液而增加循环血容量及肾小球滤过率,其次是存在于肾小管的甘露醇几乎不被再吸收,继而明显增加肾小管管腔液的渗透压,间接抑制肾的稀释和浓缩功能。此外,甘露醇还能扩张肾血管、增加肾髓质血流量,使髓质间液 Na^+ 和尿素易随血流移走,也有助于降低髓质高渗区的渗透压而利尿。

【临床应用】

(1) 脑水肿:首选用于脑瘤、颅脑外伤和缺氧等引起的脑水肿。

(2) 青光眼:甘露醇降低青光眼患者的房水量及眼内压,故短期用于急性青光眼发作,或青光眼术前使用。

(3) 预防急性肾衰竭:甘露醇在肾小管液中发生渗透效应,减少水分再吸收,维持足够的尿流量,并使肾小管内有害物质得以稀释,从而防止肾小管坏死。甘露醇还能改善急性肾衰竭早期的血流动力学,对伴有低血压者,能较好地维持肾小球滤过率。

【不良反应】

(1) 水电解质平衡紊乱:稀释性低钠血症最常见。

(2) 渗透性肾病(或称甘露醇肾病):主要发生于大剂量快速静脉滴注时。表现为肾小管上皮细胞肿胀,空泡形成,尿量减少,甚至引起急性肾衰竭。

(3) 注射过快时可引起一过性头痛、眩晕和视物模糊。

禁用于充血性心力衰竭和活动性颅内出血。

山梨醇

山梨醇(sorbitol)是甘露醇的同分异构体,其水溶性较高,一般制成 25%的高渗液使用。山梨醇的脱水作用同甘露醇,但作用较弱,持续时间短。山梨醇进入体内,部分在肝转化为果糖被代谢,故疗效不如甘露醇。

高渗葡萄糖

高渗葡萄糖(hypertonic glucose)为 50%葡萄糖溶液,常作为脱水药使用,具有脱水及渗透性利尿作用。葡萄糖易被代谢,并能部分地从血管弥散到组织中,故脱水及渗透性利尿作用较甘露醇弱且维持时间短。50%葡萄糖治疗脑水肿时,易引起反跳现象。因此,一般常与甘露醇交替使用治疗脑水肿。

小 结

利尿药是作用于肾脏，增加电解质和(或)水排出，增加尿量的药物。利尿药分为高效利尿药(呋塞米、布美他尼、托拉塞米等)，中效利尿药(氢氯噻嗪、氯噻酮、吲达帕胺和美托拉宗等)和低效利尿药(螺内酯、氨苯蝶啶和阿米洛利为保钾利尿药；乙酰唑胺为碳酸酐酶抑制剂)。新型利尿药托伐普坦为选择性抗利尿激素 V_2 受体拮抗剂。脱水药是指能使组织脱水的药物，又称渗透性利尿药(甘露醇、山梨醇、高渗葡萄糖等)，其中脱水作用最强的是甘露醇。呋塞米主要用于各类严重水肿，急、慢性肾衰竭，高钾血症，高钙血症，急性药物中毒以及抢救严重威胁生命的稀释性低钠血症等。氢氯噻嗪主要用于水肿性疾病、高血压、尿崩症及高尿钙伴有肾石症等。甘露醇静脉注射用于脑水肿、青光眼及预防急性肾衰竭等。利尿药的不良反应主要包括水电解质平衡紊乱、代谢紊乱等。甘露醇禁用于充血性心力衰竭和活动性脑出血。

【思考题】

1. 请问呋塞米、氢氯噻嗪的药理作用、临床用途与不良反应是什么？
2. 患者，女，22 岁。车祸中头部严重受伤，颅内压升高，但无活动性颅内出血，药物治疗方案中宜首选什么药物降低颅内压，为什么？
3. 患者，女，52 岁。主诉头晕、心慌、运动受限、平躺气喘及下肢水肿 2 个月，经彩色多普勒检查射血分数为 39%，左室舒张末期容积 53 mL。患者有充血性心力衰竭病史，临床诊断：充血性心力衰竭。临床用药：地高辛和呋塞米。治疗 1 周后，以上症状明显缓解，但出现多发性室性期前收缩，检查血钾浓度较低，医生给患者补充氯化钾，1 周后心电图恢复正常，检查血钾浓度也恢复正常。停用氯化钾，把呋塞米换为氢氯噻嗪，并联合使用螺内酯。请问：

   (1) 为什么呋塞米可以用于心源性水肿？

   (2) 为什么在后期治疗方案中，医生给患者停用氯化钾，把呋塞米换为氢氯噻嗪，并联合使用螺内酯？

(杨丹莉)

※ 课程 PPT

第十五章
课程 PPT

第十六章

抗高血压药

学习目标

【知识目标】

1. 掌握　常用抗高血压药的作用特点、临床应用和不良反应。
2. 熟悉　抗高血压药分类及其代表药；其他抗高血压药的作用特点、临床应用和不良反应。
3. 了解　抗高血压药的应用原则。

【能力目标】

能把抗高血压药的药理学基础理论与临床实际相结合，合理使用抗高血压药。

【素质目标】

提高医患沟通素质，加强高血压的预防与治疗管控，有效减少高血压并发症的发生。

扩血管药肼屈嗪是早期临床应用的抗高血压药(1951 年)。中效利尿药氢氯噻嗪自 20 世纪中叶用于治疗高血压，迄今仍为常用的基础抗高血压药。钙通道阻滞剂硝苯地平于 1975 年用于治疗高血压。目前临床常用硝苯地平缓释剂或长效钙通道阻滞剂氨氯地平治疗高血压。肾上腺素受体拮抗剂普萘洛尔于 1965 年开始用于治疗高血压，哌唑嗪于 1977 年用于治疗高血压。除了这两个肾上腺素受体拮抗剂常用于治疗高血压外，迄今还有美托洛尔、阿替洛尔、卡维地洛等肾上腺素受体拮抗剂用于治疗高血压。1965 年，研究人员从蛇毒中分离出一种可以抑制血管紧张素转换酶(angiotensin-converting enzyme，ACE)活性而阻断血管紧张素Ⅰ转化为血管紧张素Ⅱ的多肽，由于这种物质还有增强缓激肽的作用，故又称缓激肽增强肽。在此基础上开发出第一个口服有效的非肽类血管紧张素转化酶抑制剂(angiotensin converting enzyme inhibitor，ACEI)——卡托普利，卡托普利于 1981 年正式应用于临床。卡托普利的诞生是抗高血压药史上的重要里程碑。迄今已有几十种 ACEI 问世。氯沙坦是第一个用于临床的血管紧张素受体 1 型拮抗剂(1995 年)，目前应用于临床的血管紧张素受体 1 型拮抗剂还有厄贝沙坦、缬沙坦和替米沙坦等。肾素抑制剂雷米克林于 2005 年用于治疗高血压。

资料来源：

嵇汝运，1995.抗高血压药物.济南：山东科学技术出版社.

张文，2008.治疗高血压药物的发展历史.中国执业医师(3)：33－37.

朱灿，宋兵，张宇晨，2018.心血管病的药物治疗新进展.天津：天津科学技术出版社.

第一节　概　　述

高血压(hypertension)是以体循环动脉血压增高为主要表现的临床综合征。目前我国成年人高血压的诊断标准为非同日 3 次血压超过 140/90 mmHg(表 16-1)。它是最常见的心血管疾病,亦是心血管疾病最主要的危险因素。高血压包括原发性高血压(高血压病)和继发性高血压。持续血压升高可引起心室重构及冠状动脉、脑血管和(或)肾等血管重塑,继而诱发心力衰竭、心肌梗死、脑卒中和(或)慢性肾脏疾病等严重并发症,致残率、致死率高。通过药物治疗有效控制血压,可显著改善此类患者的预后。凡能降低血压并用于高血压治疗的药物均称为抗高血压药(antihypertensive drug, hypotensive drug)。

表 16-1　高血压分类

分　类	收缩压(mmHg)		舒张压(mmHg)
高血压	≥140	和(或)	≥90
1 级高血压(轻度)	140～159	和(或)	90～99
2 级高血压(中度)	160～179	和(或)	100～109
3 级高血压(重度)	≥180	和(或)	≥110
单纯收缩期高血压	≥140	和	<90

注:当收缩压和舒张压分属于不同级别时,以较高的分级为准。

血压调节有赖于神经调节和体液调节系统,前者主要包括交感神经-肾上腺素系统,后者则包括肾素-血管紧张素系统(renin-angiotensin system, RAS)、激肽释放酶-激肽系统等。抗高血压药是通过调节上述血压调节系统中的不同环节而发挥作用,按照药物作用机制可将抗高血压药分类如下,其作用部位见图 16-1。

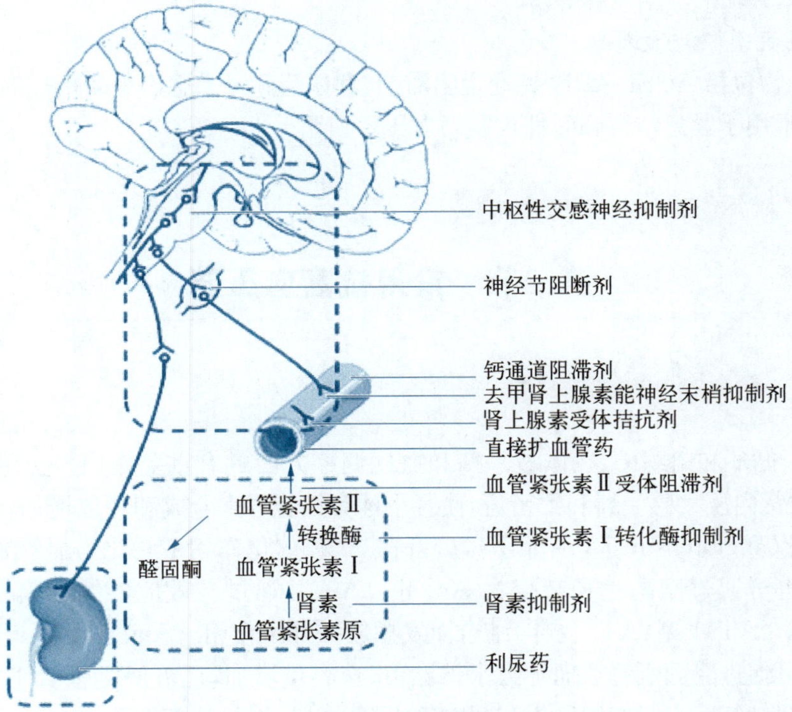

图 16-1　抗高血压药的作用部位

(一) 肾素-血管紧张素系统(RAS)抑制剂

1. ACEI　卡托普利、依那普利等。

2. 血管紧张素Ⅱ受体阻滞剂(angiotensin Ⅱ receptor blocker, ARB)　氯沙坦、厄贝沙坦、坎地沙坦、缬沙坦等。

3. 肾素抑制剂　阿利吉仑。

(二) 钙通道阻滞剂

1. 二氢吡啶类　硝苯地平、氨氯地平、非洛地平、尼群地平等。

2. 非二氢吡啶类　地尔硫䓬、维拉帕米等。

(三) 利尿药

1. 低效利尿药　螺内酯。
2. 中效利尿药　氢氯噻嗪和吲达帕胺等。
3. 高效利尿药　呋塞米等。

(四) 交感神经系统抑制剂

1. 中枢性抗高血压药　可乐定、甲基多巴和莫索尼定等。
2. 神经节阻断药　美加明和樟磺咪芬等。
3. 交感神经末梢抑制剂　利血平和胍乙啶等。
4. 肾上腺素受体拮抗剂

1) β受体拮抗剂：普萘洛尔和阿替洛尔等。

2) α_1受体拮抗剂：哌唑嗪和特拉唑嗪等。

3) α、β受体拮抗剂：拉贝洛尔、卡维地洛等。

(五) 血管扩张药

1. 直接扩张血管药　肼屈嗪、硝普钠等。
2. 钾通道开放药　二氮嗪、米诺地尔、吡那地尔等。

(六) 新型抗高血压药

1. 前列腺素合成药　沙克太宁等。
2. 5-羟色胺受体拮抗剂　酮色林等。
3. 内皮素受体拮抗剂　波生坦等。

常用抗高血压药物包括ACEI、ARB、钙通道阻滞剂、利尿药和肾上腺素受体拮抗剂。临床给药方式以口服为主，静脉给药通常用于紧急情况临时性控制高血压。

第二节　常用抗高血压药

一、ACEI

RAS广泛分布于循环和组织中，在体液平衡和血压调控方面具有重要作用。交感神经张力增加、低血钠或低血容量可刺激肾内压力感受器和致密斑，使肾小球旁细胞肾素合成和释放增加，继而将血管紧张素原转化为血管紧张素Ⅰ(angiotensin Ⅰ，AngⅠ)，后者在ACE催化作用下转化为血管紧张素Ⅱ(angiotensin Ⅱ，AngⅡ)，AngⅠ也可通过糜酶途径转变为AngⅡ。AngⅡ通过与效应器细胞膜上的血管紧张素受体(angiotensin receptor，AT)1型(AT_1受体)结合而发挥较强升压作用。AngⅡ激动AT_1受体后可直接促使血管平滑肌收缩，也可促进醛固酮释放而导致水钠潴留、血容量增加，还可使交感活性增加。过多的AngⅡ能促进血管平滑肌细胞增殖、心肌细胞肥大和凋亡等，导致心脏、血管病理性重构。

ACEI是通过与ACE中含Zn^{2+}的位点结合而发挥作用。ACEI根据活性基团的化学特征分为：① 含巯基类，卡托普利；② 不含巯基类，依那普利、贝那普利、赖诺普利、雷米普利和福辛普利等。越来越多的临床研究证明，ACEI不但降压效果确切，而且能干预心血管事件，提高患者生存率。

卡托普利

卡托普利(captopril)是临床最早使用的ACEI，目前仍常用。

【体内过程】

卡托普利口服吸收迅速，生物利用度约为70%，食物可降低其吸收。给药后15 min发挥药效，1 h后血药浓度达峰，血浆蛋白结合率为30%，主要分布在外周各组织，$t_{1/2}$约2 h。

【药理作用】

(1) 降压作用：抑制 ACE，减少 AngⅡ和醛固酮的生成，进而降低 AngⅡ收缩血管及醛固酮水钠潴留的效应，使外周阻力、血容量下降，继而使血压下降。同时，卡托普利还能减少缓激肽降解，增强激肽系统的作用，促使舒血管因子(NO、PGI_2等)的释放，进而发挥降低外周血管阻力和抗血栓作用。此外，AngⅡ浓度的降低，弱化了 AngⅡ对交感神经冲动的易化作用，故血压进一步降低。卡托普利在降低血压的同时，对心率几乎无影响。

(2) 抗心血管重构效应：扩张血管，降低心室前、后负荷，特别是减少了 AngⅡ、醛固酮的生成，抑制心肌细胞肥大、心脏间质纤维化和减少了心肌细胞凋亡，逆转心室重构。

(3) 对肾脏的作用：降低肾血管阻力，缓解肾小球囊内压，增加肾脏血流，促进水钠排出，保护肾功能。由于其扩张肾小球出球小动脉的作用大于扩张入球小动脉的作用，因此肾小球滤过率保持不变或者轻度下降。卡托普利能预防糖尿病患者微量白蛋白尿进一步发展为大量蛋白尿，延缓肾损害，对其他各种非糖尿病肾病也有类似作用。

(4) 延缓动脉粥样硬化的进展：抑制血管平滑肌细胞的迁移与增生，减轻氧化应激和炎症反应，并改善血管内皮功能。此外，降低血小板内 Ca^{2+}浓度，维持血小板稳态，并增加 NO 和 PGI_2的生成，对抗 AngⅡ诱导的血小板凝集、血栓形成。

值得注意的是，卡托普利虽然阻止 AngⅠ转变为 AngⅡ，从而降低 AngⅡ收缩血管、升高醛固酮水平的作用，但长期使用卡托普利可激活糜酶途径而生成 AngⅡ和醛固酮，使得醛固酮水平有恢复的趋势，产生“醛固酮逃逸现象”。

【临床应用】

(1) 高血压：卡托普利是目前常用的抗高血压药，具有靶器官保护作用。对于中度高血压，单用卡托普利常可达到降压标准，对高肾素型高血压的疗效更佳。卡托普利特别适用于高血压合并糖尿病、胰岛素抵抗、左室肥厚或心力衰竭的患者。卡托普利与利尿药和(或)钙通道阻滞剂联合用于重度或顽固性、难治性高血压。此外，用于降低高危人群心血管事件发生，协助治疗糖尿病性肾病及其他肾病。

(2) 预防和治疗充血性心力衰竭：见第二十章。

【不良反应】

(1) 咳嗽：无痰干咳是卡托普利的常见不良反应，咳嗽并非剂量依赖性，通常发生在用药 1 周至数月，程度不一，夜间更为多见。这是导致患者停药的主要原因之一，一般停药后数日咳嗽便可缓解。卡托普利引起无痰干咳主要因为缓激肽堆积、P 物质增加，刺激气管而引起支气管痉挛所致。

(2) 低血压：首剂使用卡托普利或加量之后常出现。

(3) 高钾血症：较常见于老年人、充血性心力衰竭、肾功能受损、糖尿病等患者。

(4) 急性肾衰竭：主要发生于肾动脉阻塞或肾动脉硬化者，卡托普利扩张肾小球出球小动脉的效应更为明显，继而使该类患者的肾灌注压、肾滤过率降低，甚至出现急性肾衰竭。禁用于双侧肾动脉狭窄患者。

(5) 血管神经性水肿：罕见，但有致命危险。症状不一，从轻度胃肠功能紊乱至喉头水肿、呼吸困难而死亡等，多发生在用药治疗第 1 个月内。

(6) 青霉胺样反应：少数患者可出现中性粒细胞减少症、皮疹、味觉异常等。这与卡托普利含巯基相关。

(7) 胎儿畸形：孕妇服用卡托普利可引起胎儿肺发育不良、生长延缓、肾发育障碍等。禁用于孕妇及哺乳期妇女。

【药物相互作用】

卡托普利与螺内酯、氨苯蝶啶或阿米洛利等保钾利尿药联合使用或同时补充钾盐时，可能引起血钾过高；与氢氯噻嗪等利尿药、影响交感神经活性的抗高血压药或其他扩血管药合用时，降压作用增强，可能引起低血压；与内源性前列腺素合成抑制剂如吲哚美辛合用，会使本药降压作用减弱。

依那普利

依那普利(enalapril)是不含巯基的长效、高效 ACEI，属前药，须转化为有活性的依那普利拉(enalaprilat)才能起效，后者能与 ACE 持久结合而发挥抑制作用。口服后 1～2 h 起效，4～6 h 达峰，$t_{1/2}$为 11 h，一次给药即可维持 24 h。依那普利抑制 ACE 的作用比卡托普利强 10 倍，适用于各期原发性高血压、恶性高血压及充血性心力衰竭。不良反应与卡托普利相似,发生率低于10%,且因不含巯基,故无典型青霉胺样反应。

赖诺普利

赖诺普利(lisinopril)为依那普利拉的赖氨酸衍生物,是含羧基的ACEI。口服6 h后血药浓度达峰,降压作用可持续24 h左右,生物利用度为25%,在体内不被代谢,几乎均以原型经肾排泄,肾功能减退者宜减小用药量,$t_{1/2}$为12 h。赖诺普利药理作用与依那普利相似,所不同的是赖诺普利无须代谢,为直接有效的ACEI。用于高血压和充血性心力衰竭的治疗。

二、ARB

目前临床上使用的ARB又称AT_1受体拮抗剂。与ACEI不同的是,ARB通过直接阻断受体环节抑制RAS,抑制AngⅡ所致的血管收缩及醛固酮释放的效应,故专一性更强。ARB不作用于激肽系统,因而该类药不引起激肽诱发的无痰性干咳以及血管神经性水肿。目前应用于临床的AT_1受体拮抗剂有氯沙坦、厄贝沙坦、坎地沙坦、缬沙坦和替米沙坦等。

氯沙坦

氯沙坦(losartan)是20世纪90年代开始用于临床的第一个非肽类AT_1受体拮抗剂,迄今临床上仍常用。

【体内过程】

氯沙坦口服吸收快,首过消除明显,生物利用度为33%,血浆蛋白结合率为98.7%,给药后1 h作用达峰,$t_{1/2}$约为2 h。氯沙坦被CYP450酶系统代谢为5-羧酸代谢产物EXP3174,后者血药浓度在给药后3~4 h达峰,$t_{1/2}$为6~9 h。

【药理作用】

(1) 降低血压:对大多数高血压患者而言,用药3~6周可达最大降压效果,能够有效地控制血压。

(2) 具有靶器官保护效应:改善肾功能,减轻左心室肥厚。

氯沙坦在体内转化为EXP3174,后者拮抗AT_1受体的作用比母药强15~30倍。两者可选择性地与AT_1受体结合,竞争性地拮抗AT_1受体,继而对抗AngⅡ引起的血管收缩、醛固酮分泌、血管平滑肌增殖、心肌细胞肥大、心肌纤维化,以及交感神经活性增强等作用。

【临床应用】

(1) 高血压:适用于各年龄组的轻、中度高血压,对伴有充血性心力衰竭、糖尿病和慢性肾病高血压患者疗效佳。与ACEI相比,氯沙坦不仅降压作用良好,且无ACEI的血管神经性水肿、咳嗽等不良反应,故对ACEI不能耐受的高血压患者可选用氯沙坦。值得注意的是,原发性醛固酮增多症患者通常对抑制RAS的抗高血压药物反应性差。

(2) 充血性心力衰竭:见第二十章。

【不良反应】

长期使用氯沙坦,可引起低血压、高血钾等。孕妇、哺乳期妇女及双侧肾动脉狭窄者禁用。

厄贝沙坦

厄贝沙坦(irbesartan)能特异性地拮抗AT_1受体,抑制AngⅡ所引起的血管收缩和醛固酮的释放,产生降压作用,单用或与氢氯噻嗪等其他抗高血压药联合治疗原发性高血压。口服厄贝沙坦的血药浓度达峰时间为1~1.5 h,$t_{1/2}$为11~15 h,血浆蛋白结合率约为90%,以原型或代谢物经胆道和肾排泄。

三、钙通道阻滞剂

钙通道阻滞剂(calcium channel blocker, CCB)亦称钙拮抗剂(calcium antagonist)。目前用于临床的主要钙通道阻滞剂是选择性阻滞细胞膜上L-亚型电压依赖性钙通道继而减少细胞外Ca^{2+}内流的药物,包括硝苯地平、氨氯地平、非洛地平、尼群地平等二氢吡啶类与地尔硫䓬、维拉帕米等非二氢吡啶类。

【药理作用】

(1) 对心脏的作用

1) 负性肌力作用:Ca^{2+}在心肌细胞兴奋-收缩耦联过程中的作用至关重要,钙通道阻滞剂可以作用于心肌细胞动作电位 2 期(平台期),阻滞胞外 Ca^{2+} 内流,限制胞质 Ca^{2+} 浓度水平升高,减弱心肌收缩力,出现负性肌力作用。二氢吡啶类钙通道阻滞剂在离体实验中均表现出负性肌力作用,但在体研究中却发现硝苯地平不仅没有明显的负性肌力作用,甚至可呈现轻微的正性肌力作用,这归因于硝苯地平对外周血管强大的扩张作用所导致的交感神经活性反射性增高,从而抵消了药物本身的负性肌力作用。维拉帕米、地尔硫䓬对外周血管的扩张能力较硝苯地平弱,不引起交感神经反射性兴奋,因而这两种药物在临床上表现为负性肌力作用。

2) 负性频率及负性传导作用:窦房结和房室结是慢反应细胞,窦房结的自律性主要依赖于动作电位 4 期 Ca^{2+} 内流的自动除极,房室结的传导性主要依赖于动作电位 0 期 Ca^{2+} 内流的除极。维拉帕米、地尔硫䓬阻滞窦房结及房室结的细胞膜上钙通道,最终表现为心率下降,传导减慢。这一作用是维拉帕米、地尔硫䓬治疗快速型心律失常的理论基础。维拉帕米对心脏的抑制作用较地尔硫䓬更为明显。

(2) 对血管的作用

1) 扩张血管作用:血管平滑肌收缩同样有赖于 Ca^{2+},血管平滑肌由于其肌质网发育差,储钙能力不佳,因此血管收缩过程更依赖于胞外 Ca^{2+} 内流,钙通道阻滞剂通过阻滞 Ca^{2+} 内流可使血管平滑肌松弛,血管扩张。故钙通道阻滞剂对缺乏平滑肌的容量血管影响相对较小,对平滑肌丰富的阻力血管、冠状动脉的扩张作用更为明显。硝苯地平对外周血管的扩张作用较维拉帕米、地尔硫䓬强,可引起交感神经活性反射性增高,最终导致心率增快。对静脉的扩张作用不强,不易引起体位性低血压。

2) 抗动脉粥样硬化作用:Ca^{2+} 在动脉粥样硬化过程中扮演着诸多角色,钙通道阻滞剂可以限制 Ca^{2+} 内流,减轻钙超载导致的动脉壁损害;还可通过抑制炎症反应、氧化应激、脂质过氧化,保护内皮细胞等抗动脉粥样硬化。

(3) 对肾脏的作用:扩张肾入球小动脉,增加肾血流量,还有一定排钠利尿的功能。

(4) 其他作用:对支气管、胃肠道、输尿管及子宫等其他器官的平滑肌均有松弛作用,但是不同部位的平滑肌对药物的敏感性不同;与一般扩血管药相比,钙通道阻滞剂不易致水钠潴留,对血钾、血尿酸、血脂及血糖等亦无明显影响。

【临床应用】

(1) 高血压:是常用的抗高血压药物,适用于各型高血压,在降压的同时不降低心输出量。对伴有肾功能障碍或糖尿病的高血压具有一定的优势。

(2) 心绞痛:见第十八章。

(3) 心律失常:以非二氢吡啶类应用为主。具体见第十九章。

(4) 其他疾病:肥厚型心肌病、雷诺病、蛛网膜下腔出血、消化道溃疡和支气管哮喘等。

硝苯地平

硝苯地平(nifedipine)是二氢吡啶类常用的代表药之一,目前常用其缓释剂或控释剂治疗高血压。

【体内过程】

硝苯地平口服吸收快而完全,生物利用度约 60%,血浆蛋白结合率约 95%,口服约 20 min 后可出现降压作用,1～2 h 血浆药物浓度达峰值;舌下含服约 3 min 起效,血浆药物达峰时间为 20～30 min。首过消除明显,主要经肝 CYP3A4 代谢,经肾排泄。$t_{1/2}$约为 4 h。老年人及肝功能受损者首过消除减少,药物 $t_{1/2}$ 相对延长,故上述患者用药需要酌情减量。

【药理作用】

(1) 降压作用:快而强。外周阻力高者,降压作用明显。心率反射性加快。硝苯地平通过阻滞细胞膜 L 型电压依赖性钙通道而降低细胞内 Ca^{2+} 浓度,松弛外周血管平滑肌,外周血管阻力下降,降低血压。

(2) 抗心肌缺血:硝苯地平还可通过扩血管、减轻心脏的前后负荷继而降低心肌耗氧量、扩张冠状动脉等,改善缺血心肌的供血供氧。

(3) 其他作用:扩血管、抗血小板聚集和血栓形成、松弛支气管平滑肌等。

【临床应用】

(1) 高血压:为常用抗高血压药,对各型高血压均有降压作用,与 β 受体拮抗剂或利尿药合用可增强硝苯地平降压效果,并减少不良反应。由于其 $t_{1/2}$短,故目前多推荐使用硝苯地平缓释剂或控释剂治疗高血压。

(2) 心绞痛：见第十八章。

(3) 其他疾病：还可缓解雷诺病、支气管哮喘和动脉粥样硬化等。

【不良反应】

头晕、头痛，颜面潮红及足踝水肿等不良反应较为常见，踝部水肿为毛细血管前血管扩张所致，而非水钠潴留。由于硝苯地平对外周血管扩张作用强，可引发交感神经活性反射性增强，出现心率加快、心输出量增加及血浆肾素活性增高等不良反应。对硝苯地平过敏者禁用。

【药物相互作用】

个别患者联合应用硝苯地平与β受体拮抗剂抗高血压时，可能诱发低血压；硝苯地平可增加血浆地高辛浓度；硝苯地平与双香豆素类、华法林、苯妥英钠、奎尼丁和奎宁等血浆蛋白结合率高的药物联合应用时，可使这些药物的游离浓度发生改变。与西咪替丁同用时，硝苯地平的血浆浓度增加，应注意调整剂量。

氨氯地平

氨氯地平(amlodipine)属二氢吡啶类钙通道阻滞剂，作用与硝苯地平相似，但对血管选择性更高。降压作用起效较慢，服药后1～2周才出现明显的降压作用，6～8周降压效果达峰值，$t_{1/2}$长达35～50 h，维持时间较长。无快速降压所致的心动过速、头痛等不良反应，不引起反射性交感神经活性增加，适用于高血压和缺血性心脏病等疾病的治疗。

维拉帕米

维拉帕米(verapamil)为苯烷胺类代表药，抑制心脏作用比扩血管作用强。

【体内过程】

维拉帕米口服90%以上被吸收，生物利用度为20%～35%。血浆蛋白结合率为87%～93%，1～2 h起效，持续6 h。静脉给药2 min起效，2～5 min效应达峰，作用持续约2 h。主要经肝脏代谢，肾脏排泄。代谢产物去甲维拉帕米仍有活性。

【药理作用】

(1) 对心脏具有负性肌力、负性频率和负性传导等作用：具有抗快速型室上性心律失常作用。

(2) 抗心肌缺血作用：对外周动脉血管的扩张作用和对心脏的抑制作用可以降低心肌耗氧量，而扩张冠状动脉可增加心肌供血。

(3) 降压作用。

【临床应用】

(1) 高血压：伴有快速型室上性心律失常或者心绞痛的高血压尤为适合。

(2) 房性期前收缩或阵发性室上性心动过速：静脉注射适用于治疗快速型室上性心律失常。具体见第十九章。

(3) 心绞痛：伴有快速型室上性心律失常的心绞痛尤为适合维拉帕米。具体见第十八章。

【不良反应】

维拉帕米对心脏的过度抑制可引起心动过缓(50次/分以下)、Ⅱ度或Ⅲ度房室传导阻滞，甚至引发心脏停搏、心力衰竭等。还可导致低血压、头晕或眩晕等不良反应，偶可致肢体冷痛、麻木及烧灼感等。禁忌证包括重度低血压、充血性心力衰竭、Ⅱ～Ⅲ度房室传导阻滞、病态窦房结综合征、预激综合征伴心房颤动或心房扑动、心源性休克和心动过缓等。

四、利尿药

高血压急症或危象时应短期使用呋塞米。对于顽固性高血压或难治性高血压，在采用其他降压方案疗效均差时可联合使用螺内酯。中效利尿药氢氯噻嗪是常用的基础抗高血压药。

氢氯噻嗪

氢氯噻嗪是基础抗高血压药。自20世纪50年代中期迄今常用于临床治疗高血压。

【降压作用】

氢氯噻嗪口服后1 h产生降压效应，作用持续时间为12 h。氢氯噻嗪降压作用温和、持久，一般用药2～4周达最大疗效。氢氯噻嗪的降压效应与饮食中摄入钠量有关，如限制食盐摄入能增强降压作用，若盐摄入过多则减弱其效应。此外，离体实验发现，氢氯噻嗪对离体血管没有直接松弛作用。氢氯噻嗪降压作用与排钠效应密切相关。

氢氯噻嗪的降压机制包括初期用药通过排钠利尿，使血容量减少、心输出量减少而降压。用药 3～4 周后，因利尿排钠作用使血管平滑肌细胞内 Na^+ 减少，经 Na^+-Ca^{2+} 交换机制，使细胞内 Ca^{2+} 含量减少，血管平滑肌松弛。同时，血管平滑肌细胞内 Ca^{2+} 减少，导致血管壁对缩血管物质的反应性降低，血管张力减弱而降压。此外，氢氯噻嗪尚可诱导动脉壁产生激肽、PGE_2 等扩血管物质，使血管扩张，血压下降。由于氢氯噻嗪的排钠利尿效应可代偿性引起血浆肾素活性增高，RAS 激活，从而不利于降低血压。因此，氢氯噻嗪与 β 受体拮抗剂、ACEI 等降低 RAS 活性的药物合用可产生协同效应。

【临床应用】

单独使用氢氯噻嗪可治疗轻度高血压，氢氯噻嗪也可作为基础抗高血压药与其他抗高血压药合用来治疗中重度高血压，尤其适用于伴有充血性心力衰竭的高血压患者。

氢氯噻嗪与其他抗高血压药合用，不仅可以增强疗效，还可减轻其他药物引起的水钠潴留，但要防范过度降压。氢氯噻嗪可降低高血压并发症如脑卒中和心力衰竭的发生率和死亡率。糖脂、尿酸代谢紊乱的高血压患者应使用非噻嗪类的中效利尿药吲达帕胺等控制血压。

五、肾上腺素受体拮抗剂

（一）β 受体拮抗剂

β 受体拮抗剂可治疗快速型心律失常、心绞痛、高血压和甲状腺功能亢进等疾病。常用的 β 受体拮抗剂有普萘洛尔、美托洛尔、阿替洛尔、比索洛尔、倍他洛尔、纳多洛尔和噻吗洛尔等。其中，普萘洛尔是常用的抗高血压药，不仅价廉、安全有效，而且尚能降低脑卒中、心肌梗死等心脑血管并发症的发生率和死亡率。

普萘洛尔

普萘洛尔为非选择性 β 受体拮抗剂，无内在拟交感活性作用，是抗高血压的常用药物。

【降压作用】

普萘洛尔 $t_{1/2}$ 约为 4 h，每日坚持用药，口服 2～3 周才出现降压作用，能有效地控制高血压患者的血压。在用药初期，普萘洛尔可使患者心率减慢、心输出量降低、血压略降或不变，长期用药后可使收缩压和舒张压均下降。值得注意的是，长期使用普萘洛尔可升高血浆甘油三酯水平，降低血浆高密度脂蛋白水平。

普萘洛尔降压作用机制是通过多环节产生：① 拮抗心脏 $β_1$ 受体，抑制心肌收缩力并减慢心率，使心输出量减少，血压降低；② 拮抗肾小球旁细胞的 $β_1$ 受体，抑制肾素的分泌，从而阻断 RAS，使血管扩张，血压下降；③ 拮抗交感神经末梢突触前膜 $β_2$ 受体，抑制其正反馈作用而减少去甲肾上腺素的释放；④ 拮抗中枢兴奋性神经元的 β 受体，减弱其支配外周交感神经的功能，使血管扩张、血压下降；⑤ 改变压力感受器的敏感性；⑥ 增加前列环素的合成。

【临床应用】

普萘洛尔用于原发性高血压的治疗。单独用于轻中度高血压，也可与氢氯噻嗪、卡托普利、硝苯地平或哌唑嗪等联合应用于中重度高血压。尤其适用于心输出量及肾素活性偏高的患者或伴心绞痛、快速型室上性心律失常的高血压患者。亦可用于高血压伴有偏头痛、焦虑症等患者。

普萘洛尔临床用药剂量个体差异较大，口服后血药浓度可相差约 20 倍，需要个体化用药。高血压合并糖尿病的患者不宜选用普萘洛尔降压，因其抑制儿茶酚胺对糖原的分解作用，延缓使用胰岛素后血糖水平的恢复。若长期给药的患者骤然停用，可诱发血压升高、快速型心律失常或心绞痛加剧，甚至诱发心肌梗死等，故停药时必须逐渐减量。

（二）$α_1$ 受体拮抗剂

$α_1$ 受体拮抗剂是人工合成的喹啉类衍生物，通过选择性拮抗血管平滑肌突触后膜的 $α_1$ 受体，使血管扩张，血压下降。此类药物有哌唑嗪、特拉唑嗪和多沙唑嗪等。

哌唑嗪

哌唑嗪（prazosin）是常用的抗高血压药。

【体内过程】

哌唑嗪口服吸收较好,生物利用度为60%~70%,30 min起效。1~3 h血药浓度达峰,血浆蛋白结合率为92%。主要经肝脏代谢、胆汁排泄,约10%以原型经肾排出。

【药理作用】

(1) 降压作用:哌唑嗪选择性拮抗血管平滑肌突触后膜α_1受体,使血管平滑肌松弛,产生中等偏强的降压作用。对突触前膜的α_2受体几乎无作用,不影响突触前膜的负反馈功能,在降压同时不增加去甲肾上腺素释放和血浆肾素活性。对心率、心输出量、肾血流量和肾小球滤过率均无明显影响。长期使用哌唑嗪可产生降低血清总胆固醇、甘油三酯、低密度脂蛋白和极低密度脂蛋白,升高高密度脂蛋白等有利的调血脂作用。

(2) 松弛膀胱及尿道平滑肌:哌唑嗪阻断膀胱颈、前列腺包膜和腺体、尿道平滑肌α_1受体的作用,使膀胱及尿道平滑肌松弛,减轻前列腺增生患者的排尿困难。

(3) 扩张静脉和动脉:降低充血性心力衰竭患者的心脏前、后负荷。

【临床应用】

(1) 高血压:尤其适用于中度高血压或伴有肾功能障碍、良性前列腺增生或动脉粥样硬化者,与其他抗高血压药合用可增强降压效果。

(2) 其他疾病:充血性心力衰竭,见第二十章;良性前列腺增生等,见第六章。

【不良反应】

哌唑嗪常见的不良反应有眩晕、疲乏、口干和鼻塞等。某些个体在首次给药后30~60 min出现首剂现象,表现为首次用哌唑嗪时出现严重的体位性低血压、心悸和晕厥等。首次剂量减半并于睡前服用的方法可避免出现首剂现象。一般连续服用数次后首剂现象即可消失。哌唑嗪还可导致阳痿、尿频或失禁、耳鸣及口干等不良反应。

特拉唑嗪

特拉唑嗪为选择性α_1受体拮抗剂,降压作用较弱,特拉唑嗪单用或与其他抗高血压药合用治疗高血压。与哌唑嗪相似,特拉唑嗪亦可改善前列腺增生患者的排尿困难。长期应用可产生有利的调血脂作用。口服每日给药1次即可。首剂现象较少见。

(三) α、β受体拮抗剂

拉贝洛尔

拉贝洛尔对α和β受体均具有竞争性拮抗作用,对β受体的拮抗作用强于对α受体的拮抗作用,而对β_1和β_2受体无选择性。降压作用温和,对心输出量和心率无明显影响,适用于各型高血压的治疗,合用利尿药可增强其降压效果,静脉注射用于高血压危象。

卡维地洛

卡维地洛选择性阻断α_1受体和非选择性拮抗β受体,同时该药还是β受体的偏倚激动剂。卡维地洛拮抗α_1受体的作用约为拉贝洛尔的1/2,阻断β受体的作用较拉贝洛尔强3~5倍。降压作用肯定,对心输出量及心率影响较小,适用于轻中度高血压或伴有肾功能不全、糖尿病等高血压患者,还可用于充血性心力衰竭,对心脏具有保护作用。基本不影响血脂代谢。

第三节 其他抗高血压药

一、作用于交感神经系统的其他抗高血压药

(一) 中枢性抗高血压药

中枢神经系统存在抑制性和兴奋性两类神经元,是调控外周交感神经活动的主要因素。兴奋性神经元被激活可引起外周交感神经兴奋,使血管收缩、血压上升和心率加快。抑制性中枢神经元的α_2受体和咪唑啉

受体被激活后，可使外周交感神经被抑制，继而导致血管扩张、血压下降和心率减慢。可乐定为第一代中枢性抗高血压药，甲基多巴、莫索尼定为第二代中枢性抗高血压药。

可乐定

可乐定(clonidine)激动延髓孤束核的抑制性神经元突触后膜 α_2受体和延髓腹外侧区嘴部的 I_1咪唑啉受体，使中枢发放的交感神经冲动减少，外周血管阻力降低而产生中等偏上的降压作用，伴心肌收缩力、心输出量的下降和心率减慢。值得注意的是，可乐定还有抑制胃肠道蠕动和胃液分泌等作用，同时对肾血管有扩张作用。因此，可乐定用于治疗中重度高血压，尤其适合兼有溃疡病的原发性高血压或肾性高血压。临床上常与利尿药等其他抗高血压药合用控制重度和难治性高血压。可乐定亦用于缓解吗啡类药物成瘾。静脉给药时可乐定可短暂性升高血压，是因为其兴奋外周血管平滑肌上 α_1受体。不良反应还有嗜睡、性欲降低、阳痿等。长期使用突然停药可出现血压骤升、头疼和心悸等交感神经功能亢进现象。禁用于可乐定过敏者和高空作业或驾驶机动车辆的人员。

甲基多巴

甲基多巴(methyldopa)通过血脑屏障后在脑内可转化为 α-甲基去甲肾上腺素，后者选择性激动中枢抑制性神经元 α_2受体，减少中枢发出的交感神经冲动而产生降压作用。其降压作用特点与可乐定相似，作用较可乐定温和、持久(约 24 h)。可用于中度高血压，尤适用于肾性高血压或伴有肾功能障碍的高血压，与利尿药等其他抗高血压药合用可产生协同降压作用，用于重度高血压或难治性高血压的治疗。

莫索尼定

莫索尼定(moxonidine)口服吸收不受食物影响，生物利用度为 88%，$t_{1/2}$为 2～3 h。降压作用可维持 24 h。莫索尼定选择性激动中枢延髓腹外侧区嘴部的 I_1咪唑啉受体，长期用药降压效果较好。相对可乐定而言，该药选择性较高，故无镇静、嗜睡及停药所致的反跳现象，但仍有口干、头晕等不良反应。

（二）神经节阻断药

神经节阻断药与乙酰胆碱竞争交感和副交感神经的神经节细胞 N_N受体，阻断自主神经冲动的传递。交感神经节被阻断后则产生强大的降压作用；副交感神经节被阻断则引起广泛而严重的不良反应。本类药的代表药有美加明、樟磺咪芬等，曾用于其他药物无效的重度高血压、高血压危象或手术麻醉时控制血压，目前临床上较少使用。

（三）交感神经末梢抑制剂

交感神经末梢抑制剂主要作用于去甲肾上腺素能神经末梢，耗竭囊泡内递质，阻断外周去甲肾上腺素缩血管作用，从而降低血压，交感神经末梢抑制剂主要包括利血平和胍乙啶等。

利血平

利血平(reserpine)通过与囊泡膜上胺泵结合，使去甲肾上腺素不被囊泡再摄取，同时抑制囊泡膜摄取多巴胺合成去甲肾上腺素。大剂量利血平还能破坏囊泡膜并阻止去甲肾上腺素与 ATP 结合，使囊泡内递质的合成与储存减少直至耗竭，继而使交感神经功能减弱、血压下降。利血平降压作用起效缓慢、作用温和，但持久，同时可使心率减慢。口服给药 1 周才起效，停药后尚能持续降压 3～4 周。利血平单用一般主要用于轻度高血压，与噻嗪类利尿药等其他抗高血压药合用可产生协同降压效应，用于中重度高血压或难治性高血压的治疗。利血平尚有镇静、安定作用，以及引起鼻塞、胃酸分泌过多、胃肠运动增加及腹泻等副交感神经亢进症状。长期大剂量应用尚可能引起抑郁症及心律失常、性功能障碍和消化性溃疡等不良反应。

胍乙啶

胍乙啶(guanethidine)降压作用机制与利血平相似，大量静脉注射胍乙啶时可先出现短暂的血压上升，随后呈现持久的降压作用。这是因为胍乙啶被大量摄入囊泡，置换了囊泡内去甲肾上腺素。降压作用强而持久，给药后 24 h 起效，停药后可维持 1～2 周，但降压作用较利血平起效快，维持时间短。同时，伴心率减慢、心输出量及肾血流量降低，故易引起水钠潴留。目前临床上较少单独使用胍乙啶降压，但对于重度高血压或难治性高血压可考虑胍乙啶与利尿药等其他抗高血压药联合使用。胍乙啶降压时阻力血管和容量血管均扩张，因而容易导致严重的体位性或运动性低血压及心脑血流灌注不足等。心、脑、肾供血不足的患者及嗜铬细胞瘤患者应禁用胍乙啶。由于胍乙啶不易透过血脑屏障，故无与利血平类似的中枢抑制作用。

二、血管扩张药

(一) 直接扩张血管药

肼屈嗪

肼屈嗪(hydralazine)降压作用快且强,扩张动脉后反射性兴奋交感神经,导致心率、心输出量、心肌耗氧量和血浆肾素活性增加以及水钠潴留,故与利尿药或β受体拮抗剂合用治疗中重度高血压。肼屈嗪主要扩张动脉而对静脉影响较小,相对不易引起体位性低血压。口服吸收快而完全,主要在肝脏代谢,其中乙酰化速率受遗传因素影响,慢乙酰化者血药浓度高。女性慢乙酰化型患者连续5个月以上应用大剂量肼屈嗪容易出现类风湿性关节炎或全身性红斑狼疮样综合征。肼屈嗪可诱发心绞痛,老年人或伴有冠心病的高血压患者应慎用肼屈嗪。

硝普钠

硝普钠(sodium nitroprusside)又名亚硝基铁氰化钠,通过释放NO激活鸟苷酸环化酶,促进血管平滑肌细胞环磷鸟苷酸生成,继而降低细胞内Ca^{2+}浓度,导致血管平滑肌松弛,直接扩张小动脉和小静脉,是一种快、强、短效的抗高血压药。通过调整滴注速度,硝普钠可将血压维持于所需水平,但停药后5 min血压可恢复至给药前水平。主要用于治疗高血压危象、高血压脑病、恶性高血压和嗜铬细胞瘤发作引起的血压升高。因硝普钠扩张小动脉和小静脉、减轻心脏前、后负荷,故还可用于急、慢性心功能不全以及高血压合并心力衰竭的患者。该药在肝脏代谢后经肾排泄。有恶心、呕吐、精神不安、肌肉痉挛、头痛、出汗或发热等不良反应。长期或过量给药可致代谢物成分硫氰化物蓄积而中毒,引起急性精神病或甲状腺功能低下等,故用药时须严密监测血浆硫氰化物浓度或不良反应。值得注意的是,硝普钠水溶液不稳定,遇光、热或长时间储存易发生分解并产生有毒的硫氰化物,使用时应避光。肝肾功能不全及甲状腺功能低下者慎用,孕妇禁用。

(二) 钾通道开放药

钾通道开放药(potassium channel openers)是一类新型的血管扩张药。该类药有二氮嗪和米诺地尔、吡那地尔、尼可地尔等。

二氮嗪

二氮嗪(diazoxide)为噻嗪类药物,无排钠利尿作用,可以激活ATP敏感的钾通道,促进细胞内K^+外流,使胞膜超极化,减少细胞外Ca^{2+}内流,松弛血管平滑肌,扩张小动脉,降低外周阻力而降压,作用快且强。临床常静脉注射二氮嗪治疗高血压危象、高血压脑病及恶性高血压等。常见不良反应有心率加快、心输出量增加、眩晕、头痛、恶心和面部发红等,久用可致肾素分泌增加和水钠潴留,并可导致高血糖和高尿酸血症。

米诺地尔

米诺地尔(minoxidil)口服吸收完全,降压作用强而持久,可维持24 h以上。同时,伴有交感神经反射性兴奋所致心率加快、心输出量增加,以及血浆肾素活性增高和水、钠潴留,故常与噻嗪类利尿药或β受体拮抗剂联合使用,治疗严重的原发性高血压或肾性高血压及其他抗高血压药无效的难治性高血压。本身无活性,必须经肝脏转化为活性代谢产物米诺地尔硫酸酯后才能发挥降压作用。长期应用米诺地尔可引起多毛症。

吡那地尔

吡那地尔(pinacidil)为血管扩张药,作用强,可使收缩压和舒张压均下降,用药后1～3 h血压下降达最低值,降压作用可维持约6 h,主要用于轻中度高血压,常与利尿药或β受体拮抗剂合用以增强疗效,减轻水肿和心率加快等不良反应。

三、前列腺素合成药

沙克太宁

沙克太宁(cicletanine)属于呋喃吡啶类药物,降压作用温和、持久,可持续6～10 h,用于各型高血压。降压作用机制系增加前列环素的合成,直接松弛血管平滑肌、扩血管。沙克太宁还有抑制血管平滑肌增殖的作用,对血管壁脆化具有一定的保护作用。

四、5-羟色胺受体拮抗剂

酮色林

酮色林(ketanserin)口服后吸收迅速,0.5～2 h 血药浓度达峰值,血浆蛋白结合率约为 95%。具有选择性拮抗 5-HT_{2A}受体和轻度拮抗 α_1受体及对抗儿茶酚胺和 AngⅡ所致的血管收缩和血小板聚集作用。单用或与其他抗高血压药联合使用控制各型高血压,亦用于控制手术前、后以及妊娠高血压等急性高血压发作。还可用于治疗充血性心力衰竭和雷诺病等。

五、内皮素受体拮抗剂

波生坦

波生坦(bosentan)是特异性内皮素(ET)受体的拮抗剂,能与 ET_A和 ET_B受体竞争性结合,对 ET_A受体的亲和力比对 ET_B受体的亲和力稍高。波生坦能降低肺动脉高压的肺血管阻力、一定程度逆转肺血管重构,减轻肺纤维化。轻度肝脏损伤患者应慎用波生坦,严重肝损伤的患者禁用波生坦。

六、肾素抑制剂

肾素抑制剂能选择性抑制 RAS 的第一个环节,使血管紧张素原生成 AngⅠ减少,进而 AngⅡ的生成减少,血压下降,且肾素抑制剂具有一定的抗交感作用,能改善心力衰竭患者的血流动力学。阿利吉仑(aliskiren)是目前用于临床的非肽类肾素抑制剂,单独使用可以剂量依赖性地降低人体 AngⅡ水平和血压值,与氢氯噻嗪、缬沙坦和氨氯地平联合使用降压疗效增强。在患者肾功能异常情况下避免联合使用阿利吉仑。

七、醛固酮拮抗剂

螺内酯是醛固酮拮抗剂,与其他抗高血压药联合用于难控性高血压。

依普利酮(eplerenone)是一种新型选择性醛固酮受体拮抗剂,每日口服 1 次,可减轻心、脑和肾等靶器官的损害,改善 2 型糖尿病患者微量蛋白尿,改善高血压患者的预后。

第四节　抗高血压药应用原则

高血压的治疗包括非药物治疗和药物治疗,非药物治疗是指改变生活方式,消除引起血压升高的危险因素,其中,限盐、限酒、控制体重和适当运动是治疗轻度高血压的重要非药物治疗措施。对于非药物治疗无效的轻中重度高血压,应采用药物治疗。抗高血压药治疗能控制轻中度高血压病情,减少并发症的发生率和死亡率,提高生活质量;对于重度高血压,则可延缓病情发展,延长患者寿命。由于抗高血压药物种类繁多,用药者的个体差异和病情的复杂性不一,因此,临床必须根据病情合理选用药物。对于高血压患者而言,应用抗高血压药的目标不仅是降低血压,更重要的是改善靶器官功能和逆转或防止靶器官病理性重构,降低高血压并发症的发生率和病死率。

抗高血压药物治疗的原则是:① 有效治疗与终身治疗,将血压控制在 140/90 mmHg 以下,由于原发性高血压病病因不明,无法根治,因此,一经确诊,经非药物治疗无效的情况下须终身药物治疗。② 根据病情及合并症选用合适的抗高血压药物。③ 个体化治疗,结合患者的具体情况,采取综合治疗措施,有效控制血压。④ 保护靶器官,选用对靶器官具有保护作用的药物,如 ACEI、AT_1受体拮抗剂等。⑤ 联合用药,联合用药的目的是增强疗效,减少不良反应,因为单药治疗会引发各种反馈调节机制,这种机制会减缓治疗作用,因此,现主张尽早联合治疗。目前临床常用抗高血压药,如 RAS 抑制剂(ACEI/ARB)、钙通道阻滞剂、利尿药和交感神经系统抑制剂等,其中任意两类药物联合使用都可行,但须结合具体病情,避免相应的禁忌。如果两药联用仍不能达到目标血压,可在原药基础上加量,或采取 3 种甚至 3 种以上药物联用。

根据病情及合并症选用合适的抗高血压药：高血压合并支气管哮喘、慢性阻塞性肺疾病患者宜用利尿药、ACEI 和哌唑嗪等，不宜用 β 受体拮抗剂；高血压合并肾功能不良宜用卡托普利、硝苯地平、甲基多巴、可乐定等，不宜使用噻嗪类和胍乙啶；高血压合并窦性心动过速宜用 β 受体拮抗剂、维拉帕米等；高血压合并消化性溃疡者宜用可乐定，不宜用利血平；高血压伴潜在性糖尿病或痛风时不宜常规使用噻嗪类基础抗高血压药；高血压伴精神抑郁不宜使用利血平和甲基多巴；高血压伴肾动脉狭窄不宜用 ACEI 和 AT_1 受体拮抗剂。

小 结

根据药物作用部位及作用机制不同，可将抗高血压药分成六大类。第一类是 RAS 抑制剂，包括 ACEI、ARB 和肾素抑制剂等。第二类是钙通道阻滞剂，包括二氢吡啶类和非二氢吡啶类等。第三类是利尿药，其中氢氯噻嗪为基础抗高血压药。第四类是交感神经系统抑制剂，包括中枢性抗高血压药，神经节阻断药，交感神经末梢抑制剂，肾上腺素受体拮抗剂(β 受体拮抗剂，α_1 受体拮抗剂和 α、β 受体拮抗剂)。第五类是血管扩张药，如直接扩血管药和钾通道开放药。第六类是新型抗高血压药，包括前列腺素合成药、5-羟色胺受体拮抗剂和内皮素受体拮抗剂等。目前，国内外常用的抗高血压药是 ACEI、ARB、钙通道阻滞剂、中效利尿药和 α_1 或 β 受体拮抗剂等。药物治疗高血压的原则是，有效治疗与终身治疗，根据病情及合并症选用合适的抗高血压药物，保护靶器官，个体化治疗，联合用药。

【思考题】

1. 抗高血压药包括哪几类药物？每类请列出 1 个代表药。
2. 请问 ACEI 与 ARB 的药理作用和不良反应有什么不同？
3. 患者，男，60 岁。因"头晕、头痛、心慌入院"入院，查体：体温 37.0℃，心率：105 次/分，血压 165/105 mmHg，心电图：窦性心动过速，心律不齐。彩色多普勒检查发现患者双侧肾动脉狭窄。血生化检查：空腹血糖为 11 mmol/L。临床诊断为中度高血压、2 型糖尿病。医生给予美托洛尔、氨氯地平、二甲双胍进行治疗后头晕头疼症状缓解，血压、心率和血糖降低至正常范围。请分析医生为什么选择该治疗方案控制患者血压。

(杨丹莉)

※ 课程 PPT

第十六章
课程 PPT

第十七章

调血脂药和抗动脉粥样硬化药

学习目标

【知识目标】

1. 掌握 调血脂药和抗动脉粥样硬化药的分类及其代表药;他汀类药物的药理作用、临床应用和不良反应;贝特类药物的药理作用和不良反应。

2. 熟悉 常用胆汁酸结合树脂、烟酸类、胆固醇吸收抑制剂、PCSK9 抑制剂、抗氧化药、$n-3$ 型多烯脂肪酸类药物的药理作用和临床应用特点。

3. 了解 动脉粥样硬化发病机制。

【能力目标】

1. 能把调血脂药、抗动脉粥样硬化药的药理学基础理论与临床实际相结合。

2. 能运用本章关键知识指导临床相关疾病治疗药物合理使用。

【素质目标】

1. 通过学习动脉粥样硬化发病机制,培养辩证思维能力。

2. 通过学习调血脂药的发展史,激发树立勇于探索、不断创新的科学精神。

1955 年,阿特休尔(Altschul)等发现大剂量的烟酸可降低血浆胆固醇,之后科学家合成了肌醇烟酸酯、烟酸异戊醇酯和烟酰胺等前药,1980 年得到了阿昔莫司。1962 年,苯氧基烷酸类药物氯贝丁酯被发现,临床研究发现其不良反应较多且严重,现已少用,后科学家们又发现了吉非贝齐、苯扎贝特、非诺贝特、环丙贝特和利贝特等。1976 年,日本远藤章(Akira Endo)等微生物学家从真菌桔青霉的代谢物中获得美伐他汀,其因不良反应严重而未用于临床;1978 年,默克公司阿尔弗雷德·阿尔伯茨(Alfred Alberts)和同事从红曲霉菌、土曲霉菌培养物中分离得到洛伐他汀,1987 年洛伐他汀获批上市;普伐他汀是美伐他汀的开环活性代谢产物;辛伐他汀是洛伐他汀侧链的甲基化衍生物;氟伐他汀及阿托伐他汀、瑞舒伐他汀和匹伐他汀是人工全合成品。普罗布考 1977 年被用于临床,可明显降低血浆胆固醇和低密度脂蛋白,但因有较强降血浆高密度脂蛋白作用而不被重视,后发现其可明显改善冠状动脉粥样硬化,目前在临床应用较广泛。2002 年,单环β-内酰胺类胆固醇吸收抑制剂依折麦布上市;2021 年,我国自主研发的新型抑制剂海博麦布上市。2015 年,抑制 PCSK9 的阿利西尤单抗和依洛尤单抗分别获欧洲药品管理局(European Medicines Agency, EMA)和美国 FDA 批准上市;2020 年,首个 siRNA PCSK9 抑制剂 inclisiran 获 EMA 批准上市,2023 年我国自主研发的托莱西单抗获批上市。

资料来源:

BAO X, LIANG Y, CHANG H, et al., 2024. Targeting proprotein convertase subtilisin/kexin type 9 (PCSK9): from bench to bedside. Signal Transduction Targeted Therapy, 9(1): 13-61.

TOBERT J A, 2003. Lovastatin and beyond: the history of the HMG-CoA reductase inhibitors. Nature Reviews Drug Discovery, 2(7): 517-526.

第一节 动脉粥样硬化和血脂异常

动脉粥样硬化(atherosclerosis,AS)是心脑血管疾病的重要病理学基础,主要发生在大动脉和中动脉,尤其是冠状动脉、主动脉、颈动脉和脑动脉。抗动脉粥样硬化则是防治心脑血管病的重要措施。血脂紊乱、血管内皮损伤、氧化应激、血管平滑肌细胞(vascular smooth muscle cell, VSMC)的移行和增生以及泡沫细胞的形成等在动脉粥样硬化的发病过程中具有重要意义(图 17-1)。目前临床主要通过使用调血脂药、抗氧化药、保护血管内皮药物和多烯脂肪酸类药物等防治动脉粥样硬化。

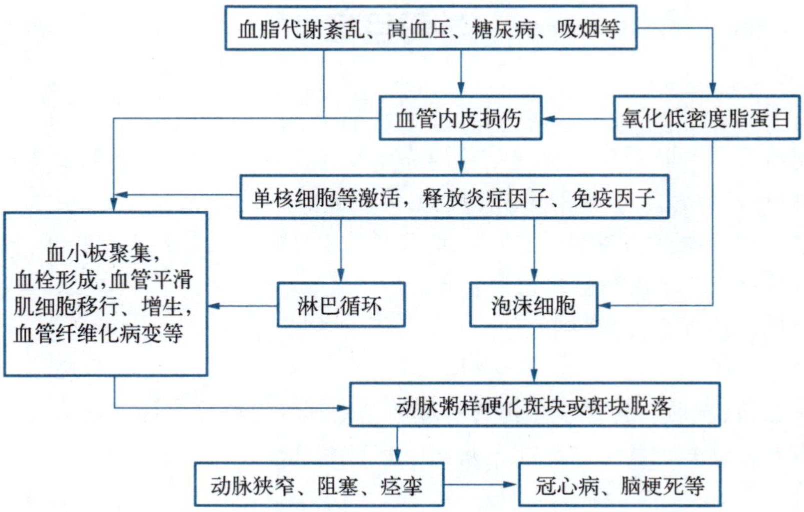

图 17-1 动脉粥样硬化主要发病机制示意图

血脂以胆固醇酯和甘油三酯为核心,外包胆固醇和磷脂构成球形颗粒,再与载脂蛋白相结合,形成溶于血浆的脂蛋白进行血脂的转运和代谢。脂蛋白分为乳糜微粒(chylomicron, CM)、极低密度脂蛋白(very low density lipoprotein, VLDL)、中间密度脂蛋白(intermediated-density lipoprotein, IDL)、低密度脂蛋白(low density lipoprotein, LDL)和高密度脂蛋白(high density lipoprotein, HDL)以及脂蛋白(a)[lipoprotein(a), Lp(a)]。其中,VLDL、IDL 在血管代谢的情况见图 17-2。高脂蛋白血症是指血浆中 VLDL、IDL、LDL 及 Lp(a)浓度高出正常值,是导致高血压、冠心病、动脉粥样硬化、脑血管意外的主要危险因素。高脂蛋白血症分型见表 17-1。

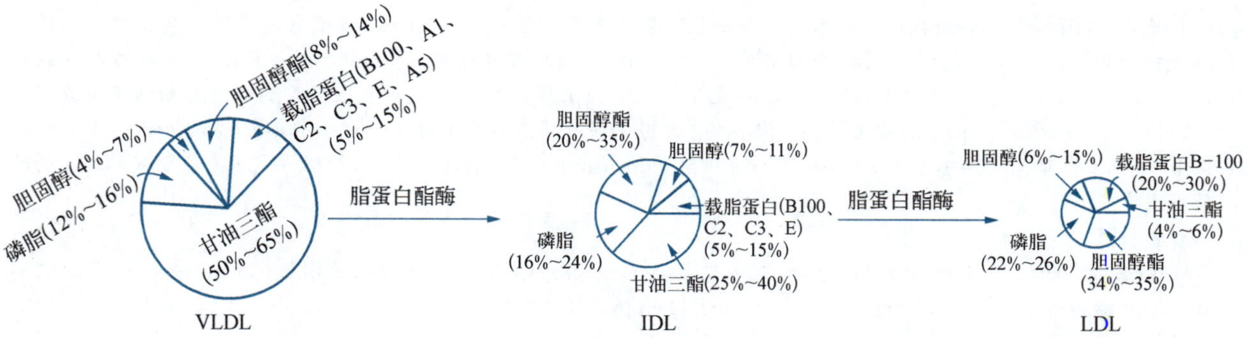

图 17-2 VLDL 在血管代谢的示意图

表 17-1　高脂蛋白血症的分型

分　型	升高的脂蛋白	血脂变化	
		甘油三酯(triglyceride, TG)	总胆固醇(total cholesterol, TC)
Ⅰ	CM	↑↑↑	↑
Ⅱa	LDL	—	↑↑
Ⅱb	VLDL、LDL	↑↑	↑↑
Ⅲ	IDL	↑↑	↑↑
Ⅳ	VLDL	↑↑	↑
Ⅴ	CM、VLDL	↑↑	↑

第二节　调血脂药

一、HMG-CoA 还原酶抑制剂(他汀类药物)

羟甲基戊二酰辅酶 A(hydroxylmethylglutaryl coenzyme A，HMG-CoA)还原酶是合成胆固醇的限速酶，能够催化 HMG-CoA 生成甲羟戊酸(mevalonic acid，MVA)，后者再经过异戊二烯化合成鲨烯，最后转化成为胆固醇。他汀类药物是 HMG-CoA 还原酶的结构类似物，能有效降低血浆总胆固醇和 LDL，是目前临床应用最成熟的调血脂药之一，作用机制明确、调脂作用强。

洛伐他汀

洛伐他汀(lovastatin)为前药，必须经代谢生成活性产物才能产生作用。

【体内过程】

食物可促进洛伐他汀的吸收，首过消除较高。$t_{1/2}$约为 3 h。与多数他汀类药物一样，洛伐他汀主要经肝脏 CYP3A4 代谢后，约 70%经粪便排泄，约 30%经尿排泄。

【作用机制】

洛伐他汀可竞争性抑制 HMG-CoA 还原酶活性，阻断肝脏合成胆固醇，诱导肝脏 LDL 受体代偿性表达增多或活性增强，从而促进血 LDL 向肝脏转移，并通过生物转化将胆固醇转变为胆汁酸排出体外，降低血浆 LDL 水平。LDL 受体和 HMG-CoA 还原酶的启动子区均具有类固醇反应元件，这些基因的转录在类固醇蓄积时会被抑制，而洛伐他汀可减少胆固醇等类固醇含量，继而可解除这种抑制，使 HMG-CoA 还原酶和 LDL 受体表达增加。最终，洛伐他汀降低血胆固醇约 30%。

VLDL 由肝脏合成，含有数种载脂蛋白、胆固醇和甘油三酯等。VLDL 自肝脏释放入血后，被血管壁的脂蛋白脂肪酶(lipoprotein lipase，LPL)降解为 IDL、LDL。一方面，洛伐他汀抑制胆固醇的合成，继而使 VLDL 的合成一定程度减少；另一方面，洛伐他汀降低血 LDL 的效应亦可加快 VLDL 代谢。故该药可降低血浆 VLDL 水平。

【药理作用】

(1) 调血脂作用：可剂量依赖性地降低血浆总胆固醇和 LDL 水平。大剂量时可降低血甘油三酯和 VLDL。用药 2 周出现明显疗效，4～6 周达高峰，血 HDL 略有升高。长期应用洛伐他汀可促使动脉粥样硬化斑块消退，减轻冠状动脉狭窄的程度。

(2) 非调血脂作用：可改善血管内皮对扩血管物质的反应性，抑制血管平滑肌细胞的增殖和迁移，减少胶原纤维的合成；抑制单核细胞的黏附，减轻动脉壁的巨噬细胞及泡沫细胞的形成，延缓动脉粥样硬化病程。另外，洛伐他汀还具有抗炎、抗氧化、减少内皮素生成、抑制血小板聚集、提高纤溶活性、抗血栓和稳定粥样斑块等作用,这些作用均与该药抗动脉粥样硬化相关。

【临床应用】

洛伐他汀主要用于高胆固醇血症Ⅱa型或混合型高脂血症如Ⅱb型或Ⅲ型高脂血症的治疗。也可用于2型糖尿病和肾病综合征引起的高胆固醇血症。单独用药或与胆汁酸结合树脂或(和)烟酸类合用能有效降低血浆LDL。对较严重的高甘油三酯血症和高乳糜微粒血症疗效差,对纯合子家族性高脂血症无效。

【不良反应】

洛伐他汀最常见的不良反应为胃肠道不适。少见的不良反应有肝功能异常、皮疹、头晕、头痛、失眠、阳痿等。罕见的不良反应有肌炎、肌痛和横纹肌溶解。当出现全身性肌肉疼痛、僵硬和乏力时应警惕肌病的发生。

普伐他汀

普伐他汀(pravastatin)是美伐他汀的活性代谢产物,亲水性较强,起效快,主要被谷胱甘肽结合以及被二羟基二醇脱氢酶代谢。药理作用、临床用途和不良反应等与洛伐他汀相似。

辛伐他汀

辛伐他汀(simvastatin)为洛伐他汀侧链的甲基化衍生物,为前药,口服吸收后水解转化成活性代谢产物发挥作用。抑制HMG-CoA还原酶的作用较洛伐他汀强1倍。长期应用能明显延缓动脉粥样硬化病变进展,减少心脏事件和不稳定心绞痛的发生。

氟伐他汀

氟伐他汀(fluvastatin)是第一个人工全合成的他汀类药物,主要经肝CYP2C9代谢,羟基化代谢产物仍具有活性。口服吸收迅速、完全,血浆蛋白结合率为98%。能同时阻断HMG-CoA还原酶的底物和产物,产生调血脂作用。同时,该药还具有抗血小板聚集和改善胰岛素抵抗的作用。相对其他HMG-CoA还原酶抑制剂而言,氟伐他汀不易引起肌病。

阿托伐他汀

阿托伐他汀(atorvastatin)口服吸收1～2h血药浓度达峰值,经肝脏代谢,酶抑制作用70%源于代谢产物,半衰期长。降低血浆LDL、VLDL水平及升高血浆HDL的作用强于洛伐他汀。该药对纯合子家族性高胆固醇血症也有效,是第一个批准用于治疗混合型高脂血症和家族性高胆固醇血症的HMG-CoA还原酶抑制剂,不良反应较少。

瑞舒伐他汀

瑞舒伐他汀(rosuvastatin)属长效的他汀类药物,口服约5h血药浓度达峰值,生物利用度为20%。该药被肝脏大量摄取,血浆蛋白(主要是清蛋白)结合率为90%。主要以原型排泄,约10%经CYP2C9代谢。降低血浆总胆固醇、LDL作用显著,同时能降低甘油三酯。

匹伐他汀

匹伐他汀(pitavastatin)口服约1h血药浓度达峰值,生物利用度可达60%。主要吸收部位是十二指肠和大肠,血浆蛋白结合率在96%以上。相对其他HMG-CoA还原酶抑制剂而言,匹伐他汀服药剂量小,对血糖水平的影响小。

二、胆汁酸结合树脂

胆汁酸结合树脂为碱性阴离子交换树脂,不被消化酶水解,可结合肠道内胆汁酸中胆固醇的阻断其重吸收。考来烯胺、考来替泊和考来维仑属于本类药物。

考来烯胺和考来替泊

【体内过程】

考来烯胺(cholestyramine)和考来替泊(colestipol)口服不被胃肠道吸收,在小肠与胆汁酸结合形成不溶性化合物,经肠道排泄。

【作用机制】

胆固醇在肝脏转化为胆汁酸经胆汁排泄,其中,7α-羟化酶是将胆固醇生物转化为胆汁酸的关键酶。同时,胆汁酸对7α-羟化酶活性起负反馈调节作用。生理情况下,经胆总管排泄至肠道的胆汁酸约95%可进行肝肠循环，继而被反复利用。

考来烯胺和考来替泊在肠道与胆汁酸结合形成胆汁酸螯合物，阻滞了胆汁酸的肝肠循环和反复利用，使胆汁酸的排泄率提高10倍；胆汁酸水平降低可反馈激活7α-羟化酶，促进肝脏将胆固醇转化为胆汁酸，继而降低血浆总胆固醇含量。而药物所致的总胆固醇水平降低又可导致LDL受体和HMG-CoA还原酶的表达增多及活性增高。其中，LDL受体的上调，促使血浆LDL向肝内转移代谢，使血浆总胆固醇和LDL浓度均下降；HMG-CoA还原酶活性增加，但不能补偿胆固醇的减少。同时，由于肠道胆汁酸被药物络合，外源性胆固醇的吸收减少，最终可明显降低血浆总胆固醇和LDL水平。

【药理作用】

考来烯胺和考来替泊可明显降低血浆总胆固醇、LDL水平，但对HDL几乎无影响；作用强度与剂量有关，当用到最大剂量时，血浆LDL可降低20%～35%。

【临床应用】

考来烯胺和考来替泊主要用于治疗以总胆固醇和LDL升高为主的高脂血症，如Ⅱa型高脂血症。Ⅱb型高脂血症则需要加服其他降甘油三酯的药物。考来烯胺和考来替泊对纯合子家族性高脂血症无效，原因是该类高脂血症患者的LDL受体为遗传性缺陷。

【不良反应】

恶心、腹胀、消化不良和便秘为考来烯胺和考来替泊常见的不良反应。药物和胆汁酸结合可降低食物脂肪的吸收，大剂量应用时可引起脂肪泻、骨质疏松。

【药物相互作用】

考来烯胺和考来替泊与香豆素类抗凝药、噻嗪类、保泰松、巴比妥类、强心苷、甲状腺素、四环素、万古霉素、脂溶性维生素、铁、镁、锌或叶酸等合用时，可影响这些药物的吸收。考来烯胺与他汀类、普罗布考或烟酸等合用，具有协同降血脂作用，应在服用此药后4 h再服用上述药物。

考来维仑

考来维仑(colesevelam)与考来烯胺和考来替泊相比，与胆汁酸的亲和力更强，服药剂量更小，胃肠道不良反应和与其他药物间的相互作用也更低。

三、贝特类药物

吉非贝齐

【体内过程】

吉非贝齐(gemfibrozil)口服吸收迅速而完全，与食物同服可使吸收率达90%以上，达峰时间为2～4 h，血浆蛋白结合率为92%～96%，经肝脏代谢，66%～70%以原型经肾排泄，$t_{1/2}$为1.5～2 h。

【作用机制】

吉非贝齐调血脂作用机制尚未完全被阐明，其调血脂作用与其激活过氧化物酶体增殖物激活受体-α(peroxisome proliferators activated receptor-α，PPAR-α)密切相关。具体机制如下：① 抑制脂肪酸合成的限速酶，即乙酰辅酶A羧化酶，减少脂肪酸合成；促进肝脏、横纹肌的脂肪酸氧化，两者均使甘油三酯合成的原料缺乏，进而减少肝脏合成VLDL。② 增加LPL、载脂蛋白A1和载脂蛋白A2的表达，同时降低LPL的抑制因子载脂蛋白C3的表达。LPL可促进外周血管VLDL核心的甘油三酯分解为脂肪酸和单酯酰甘油；载脂蛋白A2为LPL必备的辅因子，同时它还可激活肝脂肪酶，促进肝脏VLDL的甘油三酯分解。另外，LPL还参与VLDL、IDL等和HDL之间的载脂蛋白和磷脂的转换，而载脂蛋白A1可激活血浆中卵磷脂胆固醇酯酰转移酶，并识别HDL受体，是HDL的主要载脂蛋白。故吉非贝齐可降低血浆VLDL和LDL，升高HDL。

【药理作用】

(1) 调血脂作用：对血浆VLDL和甘油三酯浓度降低作用尤为明显，可一定程度降低总胆固醇和LDL浓度，升高HDL水平。

(2) 非调血脂作用：可通过抑制血小板的反应性和聚集，降低某些凝血因子的活性，减少纤溶酶原激活物抑制物的产生以及抑制炎症因子等非调血脂作用,发挥抗动脉粥样硬化的作用。

【临床应用】

吉非贝齐对血浆 VLDL 和甘油三酯含量明显增高的高脂血症如Ⅱb 型、Ⅲ型、Ⅳ型高脂血症有效。长期应用可明显降低冠心病的死亡率。同时,应监测血浆 LDL,当 LDL 水平升高时,可联合应用小剂量的 HMG-CoA 还原酶抑制剂。

【不良反应】

胃肠道反应为吉非贝齐最常见不良反应。少见疲倦、头痛、皮疹、脱发、肌炎、肌病、横纹肌溶解、胆石增加、阳痿和贫血等。吉非贝齐与他汀类联合应用,可能导致肌痛和横纹肌溶解。肝肾功能不全、妊娠及胆石症患者禁用。

非诺贝特

非诺贝特(fenofibrate)为第二代苯氧基烷酸类调血脂药,为前药,口服后在体内迅速水解成活性代谢产物,$t_{1/2}$为 19～26 h,主要经肾排泄。降低血浆 LDL 的作用较吉非贝齐稍强,还能降低血尿酸水平、增加胰岛素敏感性。非诺贝特治疗Ⅳ型高脂血症的效果比治疗Ⅱ型高脂血症好。不良反应发生率为 2%～15%,可引起肌炎、肌病和横纹肌溶解综合征。

苯扎贝特

苯扎贝特(benzafibrate)口服易吸收,94.6%经尿排泄。能显著降低血浆甘油三酯浓度、升高 HDL 水平,其降低血浆 LDL 的作用较吉非罗齐强,还可降低 Lp(a)水平。对不同类型的原发性和继发性异常脂蛋白血症有效,尤其是对高甘油三酯血症伴 HDL 不足和非胰岛素依赖性糖尿病患者的疗效较为明显,可减缓动脉粥样硬化过程和降低心血管死亡率。

四、烟酸类药物

烟 酸

【体内过程】

烟酸(nicotinic acid)口服 30～60 min 血药浓度达峰值,生物利用度为 95%。约 90%的药物以原型和主要代谢产物烟酰甘氨酸经肾脏排泄。

【作用机制】

G 蛋白偶联受体 109A(GPR109A)是一种烟酸受体,烟酸调血脂的作用主要是通过结合 GPR109A 产生的,但机制尚未完全阐明,可能为:① 通过作用于 GPR109A,抑制脂肪细胞脂解,同时降低 cAMP 的水平,使脂肪酶活性降低,抑制脂肪组织水解甘油三酯,减少游离脂肪酸向肝内转移,抑制 VLDL 的生成,进而降低血浆内 IDL 和 LDL 水平;② 在肝脏,烟酸通过促进 VLDL 的载脂蛋白 B 的降解以及抑制脂肪酸的酯化共同减少甘油三酯的合成;③ 通过 LPL 途径增加外周血 VLDL 的清除率,促进甘油三酯分解;④ 通过抑制载脂蛋白 A1 的代谢,使其增加,升高血浆 HDL 浓度。

【药理作用】

(1) 调血脂作用:降低血浆 VLDL、LDL 和 Lp(a)水平,升高血 HDL 水平。降低 LDL 作用慢而弱,与胆汁酸结合树脂和他汀类药物合用作用可增强。

(2) 非调血脂作用:烟酸可减少血液内纤维蛋白原的形成,具有抑制 TXA_2、增加 PGI_2 合成的作用,产生抑制血小板聚集和扩张血管效应,最终延缓动脉粥样硬化病程。

【临床应用】

烟酸可用于Ⅱ型、Ⅲ型、Ⅳ型和Ⅴ型高脂血症,能有效降低血浆 VLDL 和 LDL 水平。通常在烟酸治疗前 2 周内,血清总胆固醇和甘油三酯会降低,如果用药后 1～2 个月血浆总胆固醇或甘油三酯水平仍不降低,应停药。

【不良反应】

多数患者使用烟酸后可发生血管扩张所致的皮肤潮红、瘙痒、低血压和血管性头痛,可用阿司匹林缓解。大剂量烟酸可引起肝功能障碍、高血糖、葡萄糖耐量异常和痛风等。

有胆囊疾病或黄疸、糖尿病、痛风、消化性溃疡和药物过敏等病史者应慎用。重症低血压、肝脏疾病和活动性消化性溃疡应禁用。

阿昔莫司

阿昔莫司(acipimox)为烟酸的衍生物,口服1～3 h血药浓度达峰值,不与血浆蛋白结合。调血脂作用与烟酸相似,但不易引起血糖和血尿酸升高,对Ⅳ型高脂血症能显著地降低血浆甘油三酯水平,对Ⅱ型高脂血症患者能降低血浆总胆固醇和甘油三酯水平。伴有2型糖尿病或伴痛风的患者宜选用阿昔莫司。

五、胆固醇吸收抑制剂

依折麦布

【体内过程】

依折麦布(ezetimibe)口服4～12 h血药浓度达峰值,$t_{1/2}$为22 h。主要在小肠和肝脏与葡萄糖醛酸结合,由胆汁及肾脏排出。因仅有极小量进行氧化代谢,所以很少与其他药物产生相互影响。

【作用机制】

依折麦布通过作用于小肠壁上的甾醇载体转运蛋白(NPC1L1)来抑制饮食和胆汁中的胆固醇跨小肠壁转运,可抑制全部肠内胆固醇吸收的54%,从而减少肠内胆固醇向肝脏输送,同时减少肝脏胆固醇储存,增加血液内的胆固醇清除。因外源性胆固醇的减少,代偿性地增加了HMG-CoA还原酶的活性,该药可导致体内胆固醇的合成增加。

【药理作用】

依折麦布可中度降低LDL(少于20%)。由于其对内源性胆固醇无抑制作用,而他汀类药物的作用机制为减少肝脏中胆固醇的合成,故两药联用有协同降低胆固醇的作用,在降低高胆固醇血症患者的总胆固醇、LDL、载脂蛋白B和甘油三酯及提高HDL水平等方面均优于两种药物单独应用。

【临床应用】

依折麦布用于纯合子家族性高胆固醇血症、纯合子谷甾醇血症(或植物甾醇血症)和原发性高胆固醇血症;作为饮食控制以外的辅助治疗,可单独或与他汀类联合应用于治疗原发性(杂合子家族性或非家族性)高胆固醇血症。

【不良反应】

依折麦布不良反应轻微且呈一过性。常见胃肠道反应,偶见谷丙转氨酶、谷草转氨酶、血液肌酸激酶和γ-谷氨酰转移酶升高,肝功能检测异常,咳嗽,肌肉痉挛等。活动性肝病和不明原因的血清转氨酶持续升高的患者应禁用。

海博麦布

海博麦布(hybutimibe)相较依折麦布,结构中改变的羟基使该药葡萄糖醛酸化转化率增加,故随尿液排出的比例高于依折麦布,减少了药物蓄积。调血脂作用和临床用途与依折麦布相似。

六、PCSK9抑制剂

依洛尤单抗

【体内过程】

依洛尤单抗(evolocumab)皮下注射3～4日血药浓度达峰值,绝对生物利用度为72%,$t_{1/2}$为11～17日。

【作用机制】

依洛尤单抗可与PCSK9特异性结合,阻断血液中的PCSK9与肝细胞表面的LDL受体结合,从而抑制PCSK9介导的LDL受体降解,并使LDL受体顺利循环回到肝细胞表面,增加了受体的数量,导致LDL分解代谢增强。

【药理作用】

依洛尤单抗可显著降低血浆LDL(可达60%);高剂量给药还可升高HDL水平,降低甘油三酯和Lp(a)水平。

【临床应用】

依洛尤单抗用于原发性高胆固醇血症和混合型血脂异常的治疗,且是首个获批用于成人或12岁以上青少年纯合子家族性高胆固醇血症的 PCSK9 抑制剂;对他汀类药物联合依折麦布治疗无效的患者,可用依洛尤单抗联合治疗。

【不良反应】

依洛尤单抗常见过敏、局部注射部位反应,偶见鼻咽炎、上呼吸道感染、头晕、头痛、背痛、乏力、恶心及腹泻等。

阿利西尤单抗

阿利西尤单抗(alirocumab)皮下注射 3～7 日血药浓度达峰值,其调血脂作用与依洛尤单抗相似,用于原发性高胆固醇血症和混合型血脂异常的治疗,注射部位反应发生率略高于依洛尤单抗。

第三节 抗动脉粥样硬化药

一、抗氧化药

普罗布考

【体内过程】

普罗布考(probucol)口服吸收少(2%～8%)且不规则,食物可增加其吸收。脂溶性强,主要分布于脂肪组织和肾上腺,$t_{1/2}$为 20～50 日,3～4 个月达稳态浓度。服药后约 84%以原型从粪便排出。

【药理作用】

(1) 抗氧化作用: 作用较强。作为亲脂性抗氧化剂,被氧化为普罗布考自由基,从而阻断脂质过氧化物的产生,减少氧化型低密度脂蛋白(ox-LDL)的形成及其引起的单核细胞黏附和迁移、内皮细胞损伤、泡沫细胞的形成等一系列的病变过程,消退或缩小已形成的动脉粥样硬化斑块。

(2) 调血脂作用: 降低 10%～20%的血浆总胆固醇水平,降低 5%～15%的血浆 LDL 水平,血浆 HDL 水平降低。普罗布考降低总胆固醇的最大效应发生于用药后 1～3 个月。其机制可能包括: ① 通过非 LDL 受体途径和 LDL 受体途径促使 LDL 从血浆中清除。增加胆固醇酯转移酶的量和活性,加速胆固醇酯向其他脂蛋白的转移并被具有脂蛋白受体活性的细胞吸收。普罗布考还可通过非 LDL 受体途径清除纯合子家族性高胆固醇血症患者的 LDL。② 通过提高胆固醇转移蛋白(cholesterol transfer protein,CETP)和载脂蛋白 E 的血浆浓度使 HDL 颗粒中胆固醇减少,特别是 HDL_2减少,但 HDL_3增加。因而,尽管 HDL 颗粒变小,但 HDL 的数量和活性提高,促进胆固醇的逆向转运。

【临床应用】

普罗布考用于各型高胆固醇血症,包括纯合子和杂合子家族性高胆固醇血症及黄色瘤的治疗。抗氧化和调血脂的双重作用使普罗布考抗动脉粥样硬化疗效较为明显,可阻滞动脉粥样硬化疾病的发展。

【不良反应】

普罗布考常见不良反应为胃肠道反应。少见的不良反应有头痛、头晕、感觉异常、失眠、耳鸣和皮疹等。罕见 Q-T 间期延长、室性心动过速和血小板减少等。

心肌损害、严重室性心律失常、心源性晕厥、Q-T 间期延长、血钾或血镁过低以及对普罗布考过敏者禁用。

维生素 E

维生素 E(vitamin E)口服吸收 50%～80%,肝脏内代谢,经胆汁和肾脏排泄。维生素 E 可减少自由基的生成,保护细胞膜结构;防止脂质过氧化,阻止 ox-LDL 的生成。另外,维生素 E 可减少白三烯的合成,增加 PGI_2的释放等,抑制动脉粥样硬化的发展。可作为动脉粥样硬化的辅助治疗用药。

二、多烯脂肪酸类

多烯脂肪酸类又称多不饱和脂肪酸类(polyunsaturated fatty acid, PUFA),根据不饱和键在脂肪链中开始出现的位置，分为 $n-3$(或 $\omega-3$)型及 $n-6$(或 $\omega-6$)型。

(一) $n-3$ 型多烯脂肪酸

$n-3$ 型多烯脂肪酸主要有二十碳五烯酸(eicosapentaenoic acid, EPA)和二十二碳六烯酸(docosahexaenoic acid, DHA)，主要来自海洋生物的油脂，存在于海洋生物藻、鱼和贝类。

【药理作用】

(1) 调血脂作用：降低血浆甘油三酯及 VLDL 水平，升高血浆 HDL 水平。EPA 和 DHA 调血脂作用机制包括：① 通过抑制肝脏合成甘油三酯、载脂蛋白 B100 等，减少 VLDL 的生成；② 通过提高卵磷脂-胆固醇酯酰转移酶活性，促进血浆 VLDL 的分解和 HDL 的升高；③ 通过促进脂肪酸氧化分解以及抑制肝脏脂肪合成酶活性，最终减少甘油三酯的合成。另外，DHA 还能通过抑制 HMG-CoA 还原酶的活性，降低血胆固醇、VLDL 和 LDL 的水平。

(2) 非调血脂作用：EPA 和 DHA 有多方面的非调血脂抗动脉粥样硬化作用。其包括：① 具有舒张血管、抗血小板聚集和抗血栓作用。EPA 和 DHA 经过环氧化酶和脂氧化酶的酶代谢作用可生成一系列类二十烷酸，参与花生四烯酸代谢，生成 PGI_3 及 TXA_3 取代原有代谢产物 PGI_2 和 TXA_2。PGI_2 可舒张血管及抗血小板聚集、防止血栓形成；TXA_2 则可使血管痉挛、促进血小板聚集和血栓形成。PGI_3 的作用与 PGI_2 相同，但 TXA_3 的作用与 TXA_2 的作用相反。② 其他：抑制 PDGF 释放，从而抑制血管平滑肌细胞增殖和迁移；增加红细胞的可塑性，改善微循环；对于动脉粥样硬化早期的白细胞-内皮细胞炎性反应的多种细胞因子表达呈明显的抑制作用。

【临床应用】

$n-3$ 型多烯脂肪酸用于高甘油三酯血症；长期应用能预防动脉粥样硬化形成，并使斑块消退；能明显改善心肌梗死患者的预后。

【不良反应】

$n-3$ 型多烯脂肪酸不良反应少见。大剂量或长期应用，可使出血时间延长。

(二) $n-6$ 型多烯脂肪酸

来源于植物油的 $n-6$ 型多烯脂肪酸主要包括月见草油、γ-亚麻酸等。

月见草油

月见草油(evening primrose oil)是从月见草的种子提炼出来的油脂，含约 70%的亚麻油酸和 6%～9%的 γ-亚麻酸。具有降低血浆总胆固醇、LDL 水平和升高 HDL 水平等调血脂作用及抗血小板聚集等作用。

三、保护动脉内皮药

目前常用的动脉内皮保护药主要为低分子量肝素和类肝素等硫酸多糖，如依诺肝素、瑞维肝素、洛吉肝素、硫酸皮肤素和硫酸软骨素 A(chondroitin sulfate A)等。它们的分子表面带有大量负电荷，可中和多种血管活性物质，保护动脉内皮；还具有抗血栓形成，降低血浆 LDL、VLDL 和升高血浆 HDL 的作用，并可以阻滞血管平滑肌细胞的增殖迁移。临床上用它们治疗冠心病、脑血管疾病等。肝素由于抗凝作用强、不能口服等缺陷，此方面的用途已被淘汰。

小 结

血管内皮损伤、氧化应激和血脂异常等在动脉粥样硬化的发病过程中具有重要意义，目前临床主要通过使用调血脂药、抗氧化药、保护血管内皮药物和多烯脂肪酸类药物等措施防治动脉粥样硬化。调血脂药包括主要降低总胆固醇和 LDL 的药物如 HMG-CoA 还原酶抑制剂(洛伐他汀等)、胆汁酸结合树脂(考来烯胺等)、胆固醇吸收抑制剂(依折麦布等)和 PCSK9 抑制剂(依洛尤单抗等)；主要降低甘油三酯及 VLDL 的药物如贝特类(吉非贝齐等)和烟酸类。另外，还有其他类抗动脉粥样硬化药如抗氧化药普罗布考和维生素 E、多烯脂肪酸类和保护动脉内皮药(低分子量肝素)。

【思考题】

1. 对于高胆固醇血症造成高心肌梗死危险的患者,应如何进行药物治疗?
2. 对于罹患纯合子家族性高胆固醇血症的患者,应如何制定调血脂药的治疗方案?
3. 患者,女,73 岁。因"心悸 3 个月"入院。各项检查结果显示,血压:178/104 mmHg;血脂:总胆固醇 4.67 mmol/L,甘油三酯 0.76 mmol/L,LDL-C 3.54 mmol/L,HDL-C 1.46 mmol/L;冠状动脉 CT 结果显示右冠状动脉、左冠状动脉前降支、回旋支弥漫性钙化斑块,继发管腔狭窄。临床诊断:高血压、冠状动脉粥样硬化。请问:

   (1) 针对该患者,可考虑的治疗药物选择有哪些?

   (2) 常见的调血脂药有哪些类型?

(曹　蔚)

※ 课程 PPT

第十七章
课程 PPT

第十八章

抗心绞痛药

学习目标

【知识目标】

1. 掌握　硝酸甘油、普萘洛尔、硝苯地平、维拉帕米抗心绞痛的作用特点和应用。

2. 熟悉　抗心绞痛药的药物分类及其代表药；硝酸甘油、普萘洛尔、硝苯地平、维拉帕米的不良反应和禁忌证。

3. 了解　心绞痛的分型、病理生理基础及药物相互作用。

【能力目标】

能够熟练掌握心绞痛的急救及合理用药。

【素质目标】

树立以患者为中心的合理用药理念，减少药物的不良反应，缓解患者生命病痛，挽救患者生命。

第一节　概　　述

心绞痛(angina pectoris)是冠状动脉供血不足，心肌急剧、暂时缺血与缺氧所引起的临床综合征，表现为阵发性胸骨后压榨性疼痛或闷胀感，可放射至心前区、左上肢、颈、咽、下颌及上腹部等。心绞痛通常呈阵发性发作，持续时间一般较短，3～5 min 会逐渐消失。心绞痛持续发作得不到及时缓解则可发展为急性心肌梗死。

一、心绞痛的分型

参照缺血性心脏病的命名及诊断标准，心绞痛的分型诊断为：① 劳累性心绞痛，系体力劳累、情绪激动或其他足以增加心肌耗氧量的情况所诱发的心绞痛，包括稳定型心绞痛、初发型心绞痛及恶化型心绞痛。② 自发性心绞痛，系发生与冠状动脉血流储备量减少有关，而与体力或脑力活动引起心肌耗氧量增加无明显关系，疼痛程度较重，时限较长，包括卧位型心绞痛、变异型心绞痛、急性冠状动脉功能不全和梗死后心绞痛等。③ 混合性心绞痛，其特点是患者既可在心肌耗氧量增加时发生心绞痛，亦可在心肌耗氧无明显增加时发生心绞痛。

另外，临床上心绞痛还可习惯性分为：① 稳定型心绞痛，是临床最常见的心绞痛，主要是由于冠状动脉粥样硬化斑块或斑块破碎后血栓形成阻塞血管，加之心肌耗氧量增加，造成心肌急性或慢性相对性心肌缺血所引起。② 不稳定型心绞痛，是指稳定型心绞痛和心肌梗死之间的中间状态，包括除劳累性心绞痛以外的上述其他心绞痛。③ 变异型心绞痛是由于冠状动脉痉挛，导致冠状动脉血流量减少，心肌供血绝对不足所致，多无明显诱因，常在休息时发作。

二、心绞痛的主要病理生理基础

心绞痛的主要病理生理机制是心肌供氧减少，或心肌耗氧量增加，或两者均存在，导致心肌供需与耗氧平衡失调，致心肌暂时性缺血缺氧，引起心前区疼痛。稳定型心绞痛多在冠状动脉粥样硬化斑块或斑块破碎后形成的血栓造成管腔狭窄、供血减少，加之劳累或情绪激动等情况下发生。不稳定型心绞痛相对更为复杂、严重。

决定心肌耗氧量的主要因素有：① 心室壁肌张力，是最为主要的影响因素之一，心室壁肌张力越大，耗氧量越大。它与心室内压、心室容积成正比。血压升高可使心室内压增加，而回心血量增加可使心室容积增加。② 心率，心脏收缩的频率越快，耗氧越多。③ 心肌收缩力，心肌收缩力越强，耗氧则越多。

冠脉循环具备很大的储备能力，其血流量主要受冠脉循环的通畅度及心肌耗氧量的影响。心肌耗氧量可调节冠状动脉血流量的变化。一般来说，心肌对氧的基础摄取率已接近最高限度，心肌耗氧量需求的增加难以通过有效地提高心肌对氧的基础摄取率来满足，而只能通过增加冠状动脉血流量来满足。例如，人安静时冠状动脉血流量为225～250 mL/min，约占心输出量的5%；激烈运动时，可增加7～8倍。心肌缺血时，由于局部代谢产物等刺激，使缺血局部的血管处于扩张状态，以增加缺血区的血流灌注。当冠状动脉粥样硬化斑块或斑块破碎形成血栓或冠状动脉痉挛造成管腔过度狭窄时，局部血管代偿性扩张将不足以弥补冠心病所致的血流量下降。心绞痛的主要病理生理基础见图18-1。

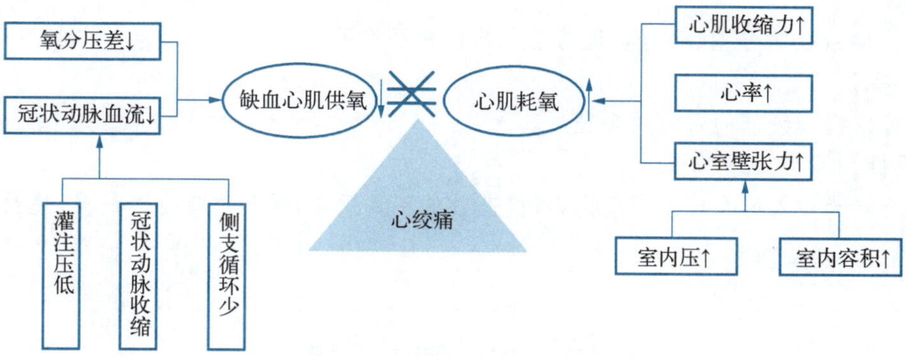

图18-1 心绞痛的主要病理生理基础示意图

冠状动脉血流量在心室壁各层的分配是不同的，心外膜下层的血流量高于心内膜下层。较大的冠状动脉在心外膜外，不受心肌收缩的压迫。血流自心外膜冠状动脉行经较细的心肌内动脉继而到达心内膜下血管丛，在这个过程中，灌注压逐渐降低。同时，因受心肌收缩的挤压，血管阻力增加，导致冠状动脉血流量从心外膜下到心内膜下呈梯度减少，故心内膜下相对更易发生心肌缺血。因此，心率加快、舒张期缩短可使冠状动脉灌流时间缩短；心室壁张力升高可使冠状动脉微循环网压力增加；而心室内压升高可使冠状动脉的灌注压降低等，以上诸多因素均可降低心肌血流，尤其减少心内膜血流。因此，降低心肌耗氧量以及扩张冠状动脉以改善缺血心肌供血是抗心绞痛的主要对策。

第二节 常用抗心绞痛药

一、硝酸酯类药物

硝酸酯类药物包括硝酸甘油、硝酸异山梨酯、单硝酸异山梨酯、戊四硝酯。其均有硝酸多元酯结构，脂溶性高，分子中的—N—NO_2是发挥疗效的关键结构。此类药物作用相似，只是显效快慢、维持时间和不良反应的程度有所不同。

硝酸甘油

【体内过程】

硝酸甘油(nitroglycerin)脂溶性高，易于通过黏膜、皮肤吸收，首过消除明显，生物利用度约 8%，不宜口服给药。舌下含服硝酸甘油因可避免首过消除，生物利用度可达 80%。舌下含服一般 1～2 min 起效，作用持续时间 20～30 min，$t_{1/2}$ 为 1～4 min。经皮肤吸收作用持续时间达 24 h。硝酸甘油吸收后在肝脏代谢，生成二硝基代谢物、一硝基代谢物及无机亚硝酸盐，然后与葡萄糖醛酸结合从尿中排出。

【作用机制】

硝酸甘油作为前体药，在血管谷胱甘肽转移酶作用下，被降解释放 NO，与 NO 受体-可溶性鸟苷酸环化酶活性中心的 Fe^{2+} 结合，激活鸟苷酸环化酶，促进血管平滑肌细胞内 cGMP 的生成增多，继而激活 cGMP 依赖性蛋白激酶(如蛋白激酶 G)，引起一系列生物学效应，减少细胞内 Ca^{2+} 释放和细胞外 Ca^{2+} 内流，使细胞内 Ca^{2+} 浓度降低，肌球蛋白去磷酸化，松弛血管平滑肌细胞，扩张血管(图 18-2)。

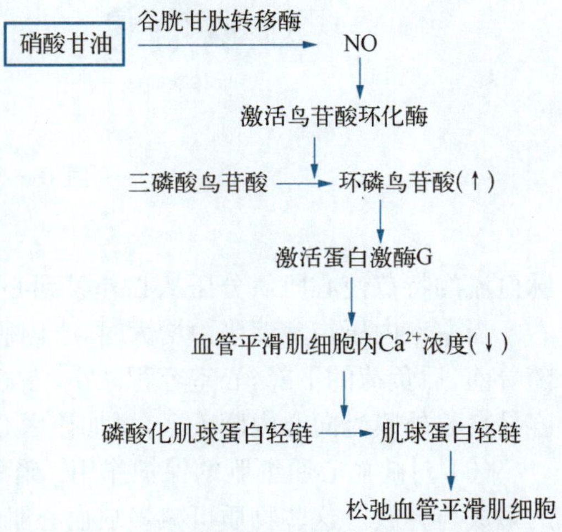

图 18-2　硝酸甘油舒张血管平滑肌的分子机制示意图

血管内皮舒张因子(endothelium derived relaxing factor, EDRF)，即 NO，是血管内皮细胞释放的扩血管物质。血管内皮细胞内含有一氧化氮合酶，该酶被激活后，可促使内源性 NO，从血管内皮细胞弥散到血管平滑肌细胞内，与 NO 受体结合后，松弛血管平滑肌细胞，扩张血管。硝酸甘油本身就是 NO 的供体，它无须借助于血管内皮细胞即可产生扩血管作用，故硝酸甘油对内皮受损血管仍可产生扩张作用。

【药理作用】

硝酸甘油对全身血管平滑肌的直接松弛作用，是其防治心绞痛的作用基础。硝酸甘油扩张静脉，降低前负荷，使心室壁张力下降；扩张动脉，降低后负荷，使左心室压下降，两者使得心脏耗氧量降低；硝酸甘油还扩张较大的冠状动脉，建立侧支循环，改善缺血区的血流分布，增加缺血区心肌供血。

(1) 扩张外周血管，改善血流动力学，降低心肌耗氧量：硝酸甘油对静脉血管平滑肌的松弛作用大于动脉。它通过扩张静脉，增加静脉储备量，使回心血量减少，减轻心脏前负荷，缩小心脏容积，降低心室壁张力，从而减少心肌耗氧量。由于重力影响，在立位或坐位时，硝酸甘油使回心血量减少更多，故该体位缓解心绞痛效果较卧位更好。硝酸酯类药物也能扩张动脉，降低心脏射血阻抗，减少左心室的后负荷，使左室压与室壁张力降低，降低左心室做功，减少心肌耗氧量。虽然硝酸甘油扩张动脉、降低血压的效应会引起反射性心脏兴奋，导致心率加快与心肌收缩力加强，继而增加心肌耗氧量。但在正确使用前提下，上述效应综合后，硝酸甘油可使心肌耗氧量明显降低。通过全身给药和冠状动脉局部直接给药的对照试验研究发现，硝酸甘油降低心肌耗氧量与其抗心绞痛密切相关。而联合使用 β 受体拮抗剂可对抗硝酸甘油降压效应所致的反射性心脏兴奋。

(2) 改善心脏局部血流动力学，增加缺血局部血液供应：硝酸甘油降低心肌耗氧量所产生的继发作用和扩张冠状动脉可改善局部心肌血流动力学，增加缺血局部血液供应，缓解心肌缺血。一般认为这是硝酸甘油使冠脉供血重新分布的结果。

1) 硝酸甘油扩张输送性冠状动脉和侧支血管，增加缺血区心肌血供：一方面，硝酸甘油对较大的心外膜冠状动脉与直径大于 100 μm 小冠状动脉的扩张作用敏感。它通过扩张痉挛冠状动脉、输送性冠状动脉、心外膜下冠状动脉和连结分支的侧支血管等，开放或增加侧支血流，使冠状动脉的灌注压差增加。另一方面，硝酸甘油对冠脉阻力血管的敏感性低。硝酸甘油降低心肌耗氧量后，机体通过冠状动脉的自身调节机制使心肌非缺血区血管阻力增加，而缺血区冠状动脉阻力血管则因明显的缺血缺氧、乳酸等代谢物的堆积而处于代偿性扩张状态。这样，冠状动脉血液能更多地流向缺血区，增加缺血区供血、供氧(图 18-3)。

2) 硝酸甘油降低左室内压与室壁张力，改善心肌顺应性，增加心内膜下区供血：心脏血管分布与冠状动

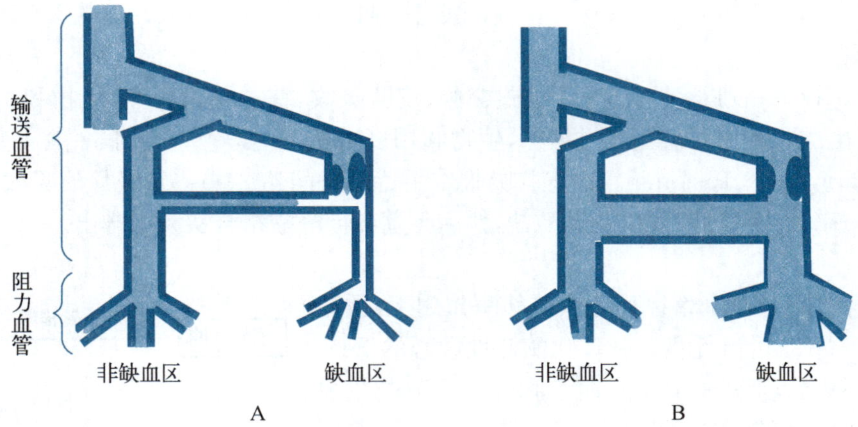

图 18-3 硝酸甘油建立侧支循环的示意图

A. 对照组;B. 硝酸甘油处置组

脉血流的特点使心肌氧分压从心外膜到心内膜呈梯度下降,心外膜下氧分压是心内膜下氧分压的 1.5 倍左右。当左室内压与室壁张力增大时,心内膜下氧分压降低,心内膜下区易发生心肌缺血。应用硝酸甘油后,随着前、后负荷的下降,心室容积减小、左心室内压和室壁张力降低,加之冠状动脉灌注压差的加大,血液更容易自心外膜流向心内膜下区,增加该区心肌的供血、供氧。

(3) 对缺血心肌细胞的保护作用:硝酸甘油释放的 NO,可促进内源性 PGI_2、降钙素基因相关肽等物质的生成与释放。这些物质可减轻缺血心肌细胞的钙超载等所致的心肌损伤,增强缺血心肌细胞的膜稳定性,提高心室颤动阈值,发挥保护缺血心肌的作用。治疗量的硝酸甘油能降低心脏负荷,改善左心室功能,使心肌耗氧量明显减少。

(4) 抑制血小板聚集:硝酸甘油释放 NO,激活血小板中鸟苷酸环化酶,使 cGMP 生成增多,降低血小板聚集和黏附,防止血栓形成。

【临床应用】

(1) 心绞痛:硝酸甘油对各型心绞痛均有效,包括稳定型、不稳定型及变异型心绞痛。它是治疗稳定型心绞痛的首选药。舌下含服或喷雾吸入硝酸甘油能迅速缓解心绞痛症状,有效中止发作,并可预防发作。硝酸甘油可反射性增加交感神经张力而使心率加快。因此,硝酸甘油常与β受体拮抗剂或非二氢吡啶类钙通道阻滞剂联合用于防治心绞痛,疗效优于单独用药。

(2) 急性心肌梗死:早期使用硝酸甘油能降低心脏负荷,增加缺血心肌供血,减轻心肌缺血性损伤,防止心肌梗死面积扩大。但应用时,硝酸甘油不可过量,否则可降低冠状动脉灌注压,加重心肌缺血。

(3) 心力衰竭:包括急性左心衰竭和慢性充血性心力衰竭。硝酸甘油扩张动、静脉,降低心脏的前、后负荷,利于衰竭心脏功能的恢复。急性左心衰竭采用静脉给药。

(4) 其他

1) 高血压危象:系周围血管阻力突然上升,收缩压明显增高,出现心绞痛、肺水肿和高血压脑病等多种症状。

2) 急性呼吸衰竭和肺动脉高压:硝酸甘油可扩张肺血管,降低肺血管阻力,改善肺通气。

【不良反应】

(1) 一般性不良反应:多为血管舒张所致,如搏动性头痛、颜面潮红,继续使用可逐渐减轻。外周血管舒张作用偶可致体位性低血压和晕厥。首次含服硝酸甘油时,易发生体位性低血压。大剂量时由于过度降低血压,可反射性引起交感神经兴奋,使心率加快,心肌耗氧量增加。为减少硝酸甘油上述不良反应,应用时可从小剂量开始。

(2) 大剂量或频繁用药可引起高铁血红蛋白血症。

(3) 连续用药 2~3 周可产生耐受性。不宜长期连续应用,应采用小剂量、间歇给药法。每日用药应给予足够的无药间歇期(约>8 h),以避免或减少耐受性的发生。停药 1~2 周后耐受性可消失。

（4）长期接触硝酸酯类药物可产生“依赖性”。如果突然停药，可能产生严重的心肌缺血、心肌梗死，甚至猝死。故应逐渐减量直至停用。

硝酸甘油可使颅内压升高，因此，颅脑外伤、颅内出血者禁用。对由严重主动脉瓣狭窄或肥厚型梗阻性心肌病引起的心绞痛，不宜用硝酸甘油。

硝酸异山梨酯

硝酸异山梨酯(isosorbide dinitrate)属于长效硝酸酯类，作用较弱。舌下含服起效比硝酸甘油稍慢，作用维持时间较长。口服 40～60 min 起效，持续 3～5 h，可预防用药。肝脏的活性代谢产物为异山梨醇-2-单硝酸酯，仍具有扩血管及抗心绞痛作用。硝酸异山梨酯个体差异较大，某些患者容易发生体位性低血压等扩血管所致的不良反应。

单硝酸异山梨酯

单硝酸异山梨酯(isosorbide mononitrate)是硝酸异山梨酯的活性代谢产物，口服迅速吸收，生物利用度近 100%。服用 1 h 血药浓度达峰，$t_{1/2}$约为 5 h，作用维持 8 h。作用与硝酸异山梨酯相同。适用于防治心绞痛发作、心肌梗死后和肺动脉高压的治疗。用药初期可出现血压下降，偶见头痛、头晕、心悸等。

二、β受体拮抗剂

β受体拮抗剂为数众多，如非选择性β受体拮抗剂普萘洛尔、吲哚洛尔、噻吗洛尔及选择性β受体拮抗剂美托洛尔、阿替洛尔、醋丁洛尔，具有α和β受体拮抗作用的药物卡维地洛等。

【作用机制】

（1）降低心肌耗氧量：β受体拮抗剂通过减慢心率、抑制心肌的收缩力及降血压等效应，减少心脏做功，降低心肌耗氧量。

心绞痛发作时交感神经活性增强，心肌局部和血液中儿茶酚胺的含量增高，激动心脏β_1受体，使心肌收缩力增加、心率加快；激动血管平滑肌细胞的α受体，继而收缩血管平滑肌，增加血管阻力和左心室后负荷，以上作用均导致心脏做功增加，心肌耗氧量增加。在应用β受体拮抗剂后，对心脏产生负性肌力、负性频率作用及降血压的效应，使心脏做功减少，心肌耗氧量降低。降低心肌耗氧量是β受体拮抗剂抗心绞痛的主要作用机制。临床研究发现，β受体拮抗剂抗心绞痛的疗效与用药后心率减慢和心肌收缩性减弱的程度成正比。用药后要求静息心率降至 55～60 次/分，严重心绞痛患者如无心动过缓症状，心率可降至 50 次/分。但是，β受体拮抗剂对心脏的负性肌力作用使得心脏射血时间延长和心脏射血不完全，继而导致心室容积扩大，一定程度地拮抗此类药物降低心肌耗氧量作用。临床上，当β受体拮抗剂治疗心绞痛药物效果不满意时，可联合使用二氢吡啶类钙通道阻滞剂或硝酸酯类药物等抗心绞痛药，以抵消彼此的不利影响，产生协同效应。

（2）增加缺血区血液供应：本类药降低心肌耗氧量，减少正常供血区对血液的需求量，使该区血管的管径缩小，阻力增高。然而缺血心肌的血管因缺血缺氧处于代偿性扩张状态，加之对心脏的负性频率作用使心脏舒张期延长、冠状动脉灌注时间增加以及负性肌力作用使心肌对冠状动脉的压迫减弱等诸多因素，均有利于血液向心肌缺血区尤其是心内膜下区域流动，增加缺血区的血液供应，一定程度上改善缺血心肌的供血、供氧。

（3）改善心肌代谢：心肌缺血时，交感神经活性亢奋，心肌局部和血液中儿茶酚胺的含量增高，脂肪分解酶活性增高，继而游离脂肪酸增多。心肌组织代谢游离脂肪酸产生能量的比例由正常时的 20%～50%增加到 60%～90%，游离脂肪酸代谢消耗大量的氧，加重心肌缺血缺氧的程度。β受体拮抗剂可抑制脂肪酶活性，降低游离脂肪酸的含量，减少心肌对游离脂肪酸摄取，改善心肌缺血区对葡萄糖的摄取和利用，增加葡萄糖代谢产生的能量，降低心肌耗氧量。

（4）增加心脏供氧：促进氧合血红蛋白解离，增加心脏的供氧。

【临床应用】

β受体拮抗剂是治疗心绞痛的一线药物，可单独应用，也可与硝酸酯类药物或钙通道阻滞剂合用。与普萘洛尔相比，选择性β_1受体拮抗剂较少诱发或加重支气管哮喘，因此目前更倾向于使用选择性β_1受体拮抗剂,如美托洛尔、阿替洛尔及比索洛尔。β受体拮抗剂的使用剂量应个体化,从较小剂量开始,逐级增加剂量,以达到24 h抗心肌缺血的效果。

(1) 稳定型心绞痛:β受体拮抗剂能降低心肌梗死后稳定型心绞痛患者死亡和再梗死的风险。在无禁忌证的前提下,β受体拮抗剂可作为稳定型心绞痛的初始选择药物。由于此类药物对心脏具有负性频率和负性传导的作用,以及降低血压的效应,故特别适用于伴有心率加快和高血压的患者。β受体拮抗剂与硝酸酯类药物合用时可减少后者耐受性的产生。

(2) 不稳定型心绞痛:对于此型心绞痛,β受体拮抗剂的疗效取决于冠状动脉的病变类型和程度。若以冠状动脉器质性病变为主则疗效较好,而以冠状动脉痉挛为主则疗效相对较差。需要注意的是,β受体拮抗剂特别是非选择性β受体拮抗剂不宜应用于变异型心绞痛。原因是其可拮抗冠状动脉的β_2受体,相对增强对α受体的兴奋性,故不利于冠状动脉痉挛的缓解,甚至加重变异型心绞痛患者的冠状动脉痉挛。

三、钙通道阻滞剂

钙通道阻滞剂是20世纪70年代以来用来防治缺血性心脏病的一类常用药物。常用于抗心绞痛的钙通道阻滞剂有硝苯地平、维拉帕米、地尔硫䓬、普尼拉明(prenylamine)、哌克昔林(perhexiline)和氨氯地平等。

【作用机制】

(1) 降低心肌耗氧量

1) 扩张血管,降低心脏负荷,降低心肌耗氧量:钙通道阻滞剂阻断血管平滑肌细胞钙通道,抑制细胞外钙内流,舒张血管平滑肌,扩张血管,降低心脏的前、后负荷,继而降低心肌耗氧量,其中对小动脉扩张尤其明显。在钙通道阻滞剂中,二氢吡啶类硝苯地平对血管的扩张作用最强,非二氢吡啶类地尔硫䓬次之,维拉帕米较弱。其中,硝苯地平由于扩张血管的作用强,可引起反射性心率加快。

2) 抑制心肌收缩力,减慢心率,降低心肌耗氧量:该类药阻断心脏工作肌细胞的外钙内流,抑制心肌收缩力;阻断窦房结细胞外钙内流,减慢窦性频率;阻断房室结细胞外钙内流,减慢房室传导,降低心室率,以上因素均降低心肌耗氧量。其中,对心脏的直接抑制作用以维拉帕米最强,地尔硫䓬次之,硝苯地平较弱。

(2) 增加缺血心肌供血:钙通道阻滞剂扩张冠状动脉,缓解冠状动脉痉挛,促进侧支循环建立,增加冠状动脉供血,使心外膜向心内膜下的血液输送明显增加,从而改善缺血心肌的供血。

1) 扩张冠状动脉:钙通道阻滞剂对动脉的扩张作用较静脉强,对冠状动脉扩张作用最为敏感,可扩张输送性冠状动脉和小冠状动脉血管,尤其是硝苯地平等二氢吡啶类钙通道阻滞剂对处于痉挛状态的冠状动脉的解痉作用特别敏感,可明显增加冠状动脉的血流量。

2) 促进侧支循环建立:缺血心肌区的血管因缺血缺氧处于代偿性扩张状态,钙通道阻滞剂扩张侧支循环动脉,加之心脏前、后负荷降低,以及其对心脏的负性肌力等因素,导致心室壁张力下降,继而使血液易于流向心内膜下区,增加缺血区的供血供氧。

3) 抑制血小板聚集。

(3) 保护缺血心肌:心肌缺血、缺氧时能量代谢障碍,细胞内钙超载,可诱导细胞凋亡。通过阻断钙通道,减轻心肌细胞钙超载,从而发挥保护缺血心肌的作用。

【临床应用】

钙通道阻滞剂是治疗心绞痛的常用药物,通过改善冠状动脉血流和(或)减少心肌耗氧发挥防治心绞痛作用,用于防治稳定型和不稳定型心绞痛发作。对变异型心绞痛或以冠状动脉痉挛为主的心绞痛的药物防治措施,以硝苯地平的疗效最佳。

本类药物不仅无收缩支气管平滑肌作用,而且有一定程度的舒张支气管平滑肌作用,故对伴有支气管哮喘和阻塞性肺疾病患者更为适用。钙通道阻滞剂能扩张外周血管,故适用于伴有外周血管痉挛性疾病的心绞痛患者。非二氢吡啶类钙通道阻滞剂如地尔硫䓬和维拉帕米能减慢房室传导,常用于伴有心房颤动或心房扑动的心绞痛患者。

钙通道阻滞剂可与硝酸酯类或β受体拮抗剂合用防治心绞痛。其中,β受体拮抗剂可减轻二氢吡啶类钙通道阻滞剂引起的反射性心动过速。值得注意的是,非二氢吡啶类特别是维拉帕米和β受体拮抗剂的联合用药时，对心脏的传导阻滞和心肌收缩力的抑制作用更明显，故老年人、已有心动过缓或左心室功能不良的患者应避免这样的联合用药。

第三节　其他抗心绞痛药

一、减轻症状、改善缺血的抗心绞痛药

尼可地尔（nicorandil）是一种新型的血管扩张药，既能释放 NO，增加血管平滑肌细胞内 cGMP 生成，又能激活血管平滑肌细胞膜上钾通道，使钾外流增加，膜超极化，抑制钙内流。临床主要用于变异型心绞痛。

吗多明（molsidomine）代谢物作为 NO 的供体，释放出 NO。临床采用舌下含服或喷雾吸入治疗稳定型心绞痛及心肌梗死伴高充盈压患者。

曲美他嗪（trimetazidine）通过调节心肌能量代谢，抑制脂肪酸氧化，改善心肌缺血及左心功能，缓解心绞痛。

地拉草（dilazep）具有明显、持久的选择性扩张冠状动脉作用，可增加冠状动脉血流量，临床用于心绞痛的治疗。

二、改善预后的药物

1. 抗血小板聚集的药物　临床研究证实，慢性稳定型心绞痛患者服用阿司匹林可降低心肌梗死的风险。阿司匹林通过抑制环氧化酶和 TXA_2 的合成达到抗血小板聚集的作用。最佳剂量范围为 75～150 mg/d。不能耐受阿司匹林的患者，可改用氯吡格雷替代治疗。

2. 调血脂药　他汀类药物、胆汁酸结合树脂、贝特类药物、烟酸类药物和低分子量肝素类药物等可以预防冠状动脉粥样硬化。

3. ACEI　在稳定型心绞痛患者中，合并糖尿病、心力衰竭或左心室收缩功能不全的高危患者均应该使用 ACEI。

小　结

降低心肌耗氧量，改善缺血心肌供血是抗心绞痛的主要对策。临床上用于抗心绞痛的药物主要有硝酸酯类、β 受体拮抗剂和钙通道阻滞剂等。缓解稳定型心绞痛首选药物是硝酸甘油，但口服首过消除明显，宜含服。非选择性 β 受体拮抗剂适合于伴有高血压或心率加快等心绞痛患者，但伴有支气管哮喘或慢性阻塞性肺疾病的心绞痛以及变异型心绞痛患者禁忌使用。钙通道阻滞剂可用于稳定型和不稳定型心绞痛，对伴有支气管哮喘或阻塞性肺疾病或伴有外周血管痉挛性疾病的患者使用钙通道阻滞剂更佳。二氢吡啶类钙通道阻滞剂硝苯地平适用于变异型心绞痛者；伴有心房颤动或心房扑动的心绞痛患者选择非二氢吡啶类钙通道阻滞剂如地尔硫䓬和维拉帕米等。不稳定型心绞痛应尽快改善冠状动脉血流量和降低心肌耗氧量以控制症状，防止病情恶化。

【思考题】

1. 为什么硝酸甘油常与 β 受体拮抗剂合用治疗心绞痛？
2. 患者，男，42 岁。患有原发性高血压及高胆固醇血症，并且有慢性支气管哮喘；因最近常在休息时出现心前区疼痛，持续时间较短，而住院治疗。临床诊断：变异型心绞痛。请问：

   (1) 对于该患者，医生应选择什么药物治疗方案为佳？

(2) 拟选用药物的抗心绞痛机制及主要不良反应有哪些?

3. 简述抗心绞痛药物种类及主要代表药物?

(吴　红)

※ 课程 PPT

第十八章
课程 PPT

第十九章

抗心律失常药

学习目标

【知识目标】

1. 掌握　抗心律失常药的经典分类；各类代表药物的药理作用及临床应用；快速型心律失常的药物选用。

2. 熟悉　心律失常的发生机制；抗心律失常药的作用机制。

3. 了解　正常心肌电生理和抗心律失常药的致心律失常作用。

【能力目标】

能根据不同心律失常类型合理选择抗心律失常药。

【素质目标】

通过理解抗心律失常药的致心律失常作用，培养自然科学中的哲学观念。

1914年在应用奎宁治疗疟疾时，意外发现其纠正了患者合并的心房颤动。1918年确定奎尼丁可用于心房颤动的转复。20世纪50年代普鲁卡因胺用于抗室性心律失常；60年代，利多卡因在心肌梗死室性心律失常中得到广泛的应用；80年代，普鲁帕酮、氟卡尼、恩卡尼等药物相继合成，使Ⅰ类抗心律失常药发展达到顶峰。但90年代初，心律失常抑制试验结果公布，发现在心肌梗死后伴室性期前收缩的患者中，应用Ⅰ类抗心律失常药虽可使室性期前收缩减少，但总死亡率上升。由此注意到，抗心律失常药普遍存在致心律失常作用的问题。90年代末，Ⅲ类抗心律失常药胺碘酮、索他洛尔由于对多种离子通道有阻滞作用，抗心律失常作用强、适用范围广、不良反应相对较小，成为抗心律失常药的选择热点，使抗心律失常药焦点从Ⅰ类转向Ⅲ类，陆续开发出了决奈达隆、伊布利特、维纳卡兰等新型药物。近年来，有学者根据药物作用靶点提出八大类、32亚类的新型分类方法，但尚未得到临床公认。

资料来源：

EYAL S，2018. The fever tree：from malaria to neurological diseases. Toxins (Basel)，10(12)：491.

JONES B，BURNAND C，2021. Antiarrhythmic drugs. Anaesthesia & Intensive Care Medicine，22(5)：319 - 323.

LEI M，WU L，TERRAR D A，et al.，2018. Modernized classification of cardiac antiarrhythmic drugs. Circulation，138(17)：1879 - 1896.

PUGSLEY M K，2002. Antiarrhythmic drug development：historical review and future perspective. Drug development research，55(1)：3 - 16.

心律失常(arrhythmia)是心血管系统常见的病症表现，表现为心动频率和节律的异常，包括快速型与缓慢型。缓慢型心律失常包括窦性心动过缓、传导阻滞等。快速型心律失常包括房性及室性期前收缩、心房纤颤及心房扑动、室性心动过速及心室颤动等。其中，某些快速型心律失常如心室颤动可诱发心源性猝死，必须及时纠正。心律失常的治疗有药物和非药物治疗(起搏器、电复律、导管消融及手术等)，药物治疗在抗心律失常方面发挥重要作用，但抗心律失常药同时存在致心律失常的毒副作用。要合理使用抗心律失常药，必须熟悉心律失常发生的电生理基础及药物作用机制和特点。

第一节 心律失常的电生理学基础

一、正常心肌细胞的电生理特性

根据电生理特性，可将心肌细胞分为快反应细胞和慢反应细胞。快反应细胞包括心房肌细胞、心室肌细胞、房室束细胞、束支细胞和末梢蒲肯野细胞；慢反应细胞包括窦房结和房室结细胞。根据生理功能，心肌细胞又可分工作细胞和自律细胞。前者包括心房肌及心室肌细胞，具有收缩性、兴奋性、传导性而无自律性；后者包括分布在窦房结、房间束与结间束、房室交界、房室束和浦肯野纤维中的一些特殊分化的心肌细胞，具有自律性、兴奋性、传导性而无收缩性。无论工作细胞还是自律细胞，其电生理特性都与细胞膜上的离子通道活动有关，跨膜离子流决定着细胞静息电位和动作电位的形成。

(一) 静息电位

静息电位(resting potential，RP)是指安静状态下心肌细胞膜两侧的电位差，具有外正内负的特点。心脏不同组织部位细胞的静息电位有所不同，心室肌、心房肌细胞静息电位为−80 ～−90 mV，窦房结细胞静息电位为−50 mV～−60 mV，浦肯野纤维静息电位为−90 mV～−95 mV。由于决定静息电位的离子电流主要是 Na^+ 和 K^+，静息状态时，K^+ 电导远远大于 Na^+ 电导，因此，静息电位接近于 K^+ 平衡电位。

(二) 动作电位

动作电位(action potential，AP)是指一个阈上刺激作用于心肌细胞引起的一个可扩布的去极化膜电位，由特定离子通道的开放和带电离子的跨膜运动所引发。心脏正常功能的维持依赖于组成心脏的各部位心肌细胞动作电位的整体协调与平衡。由于不同心肌细胞具有不同种类和特性的离子通道，因而不同部位的心肌细胞具有不同特征的动作电位(图 19-1)。

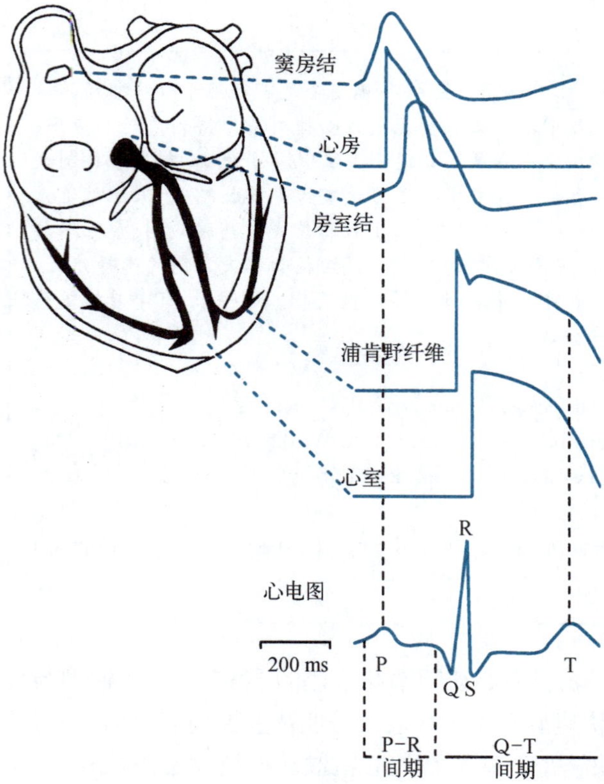

图 19-1 心脏不同部位细胞的动作电位特征及其与心电图的关系

1. *快反应细胞的动作电位* 快反应细胞的动作电位可分为 0 期、1 期、2 期、3 期、4 期。0 期除极由 Na^+ 电流介导，速度快、振幅大。其整个动作电位时程(action potential duration，APD)有多种内向电流和外向电流参与(图 19-2)。

心房肌细胞动作电位与心室肌细胞相比，有以下特点：① 1 期复极较迅速，平台期不明显，因为心房肌 I_{to} 电流较强而 $I_{Ca(L)}$ 较弱；② 3 期复极和静息期有乙酰胆碱激活的钾通道(即乙酰胆碱依赖性钾通道(I_{KACh}))参与。

浦肯野细胞的动作电位与心室肌细胞相比，一个显著区别是具有 4 期自动除极过程。浦肯野细胞 I_{K1} 电流较强，静息电位可达−90 mV。其 0 期最大除极速率高；I_{to} 电流较强，1 期复极速度较快；平台期持续时间长，可达 300～500 ms。

2. *慢反应细胞的动作电位* 窦房结细胞的动作电位与心室肌细胞相比，0 期去极化幅度小，没有 1 期和 2 期，由 0 期直接过渡到 3 期，具有 4 期自动除极过程。此外，窦房结产生动作电位各时相的离子电流也与快反应细胞不同。0 期去极化是 $I_{Ca(L)}$ 激活引起的，激活过程较慢，故 0 期的去极化速度低。3 期复极主要是由

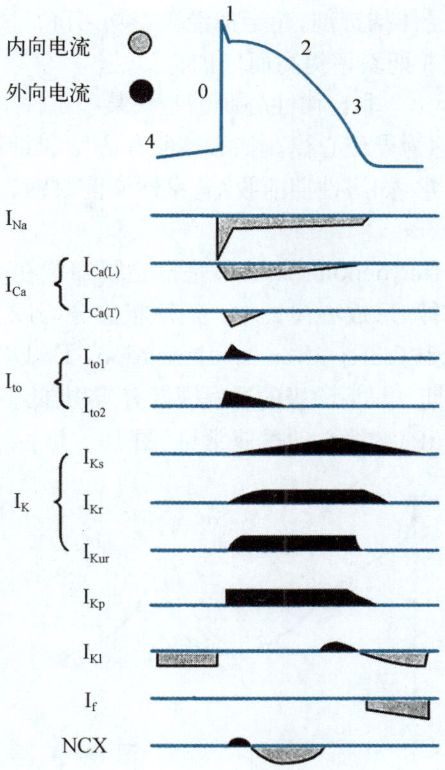

图 19－2 参与形成心室肌细胞动作电位的离子通道与电流

0 期：除极期，电压门控性钠通道激活，Na^+ 内流产生去极化。

1 期：快速复极早期，Na^+ 通道失活，瞬时外向钾通道 I_{to} 激活，K^+ 外流。

2 期：平台期，是内向电流与外向电流平衡的结果。内向电流有 $I_{Ca(L)}$、$I_{Na^+/Ca^{2+}}$ 及慢钠通道电流；最重要的是 $I_{Ca(L)}$ 失活缓慢，在整个平台期持续存在；$I_{Na^+/Ca^{2+}}$ 参与平台期的维持并增加平台的高度；慢钠通道电流参与平台期的维持。外向电流有 I_{K1}、I_K 和平台钾通道电流 I_{Kp}。$I_{Ca(L)}$ 的失活和 I_K 的逐渐增强最终终止了平台期而进入快速复极末期(3 期)。

3 期：快速复极末期，电流有 I_K、I_{K1} 和生电性钠泵电流。早期主要是 I_K 的作用，后期 I_{K1} 的作用逐渐增强。

4 期：静息期，钠泵、Na^+－K^+－ATP 酶、钙泵和 Na^+－Ca^{2+} 交换体(Na^+－Ca^{2+} exchanger，NCX)等共同作用，参与 Na^+、Ca^{2+} 以及 K^+ 的重新平衡，恢复到除极前的状态。

于 $I_{Ca(L)}$ 的失活和 I_K 的激活形成的，I_{KACh} 也参与了 3 期复极(图 19－3)。4 期由多种电流介导产生，包括 I_K 介导 K^+ 外流、起搏电流(I_f)、T－型 Ca^{2+} 电流 $I_{Ca(T)}$ 以及生电性钠泵电流等。

房室结细胞动作电位的 0 期除极速度与幅度略高于窦房结，而 4 期去极化速度较低。

无论快反应细胞还是慢反应细胞，其动作电位时程中均有多种内向电流及外向电流的参与，这些电流的变化不仅导致细胞动作电位特征的改变，亦可引起与心律失常发生密切相关的心脏电生理特征(自律性、兴奋性及传导性)的改变。现有抗心律失常药基本通过影响 I_{Na}、$I_{Ca(L)}$、I_f、I_{Kr}、I_{Ks}、I_{Kur} 等电流而改变心脏的自律性、兴奋性及传导性而发挥抗心律失常作用。

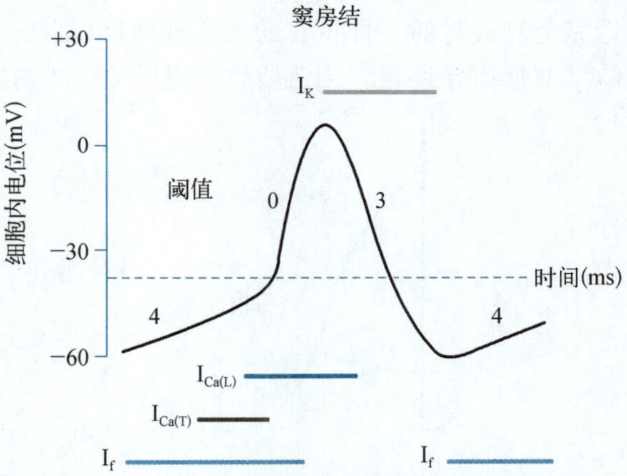

图 19－3 窦房结细胞动作电位时程中参与的电流

(三) 有效不应期

有效不应期(effective refractory period，ERP)是指在膜电位复极达－60 ～－50 mV 之前这段时间，对刺激不能产生可扩布的动作电位，这段时间称为有效不应期。它反映快钠通道恢复有效开放所需的最短时间。其时间长短一般与动作电位时程相应，但程度可有不同。不相应时易形成折返激动，诱发心律失常。一个动作电位时程中，有效不应期所占的比例越大，就意味着心肌细胞不起反应的时间越长，越不易发生快速型心律失常。

二、心律失常的发生机制

窦房结是心脏的正常起搏点，窦房结的兴奋沿着正常传导通路依次传导下行，直至整个心脏兴奋，完成一次正常的心脏节律。这其中的任一环节发生异常，都会产生心律失常。

(一) 自律性改变

1. 窦性心律失常　由窦房结自律性改变而引起的心律失常称为窦性心律失常。窦房结起搏电流为钙内流，钙内流增加导致自律性升高，形成窦性心动过速。阻断起搏电流(I_f)或钙电流(I_{Ca})均可使 4 期的去极化速率下降。β受体拮抗剂、迷走神经兴奋均可降低窦房结的自律性。反之,儿茶酚胺释放、β受体激动和心肌缺血等均可使4期斜率提高而增加自律性。

2. 异位心律　非自律性心肌细胞在某些条件下出现异常自律性,形成新的起搏点,代替了正常情况下窦房结的功能,称为异位心律。如心房肌和心室肌细胞在缺血、缺氧等条件下出现自律性,向周围组织扩布就会产生心律失常,如房性期前收缩、室性期前收缩、心室颤动等。

(二) 后除极

后除极(after-depolarization)是指心肌细胞在一个动作电位后产生一个提前的除极化。后除极的扩布可触发异常节律,形成心律失常。后除极又分为以下几个阶段。

1. 早后除极(early after-depolarization, EAD)　是一种发生在完全复极之前的后除极,通常发生于复极过程中的2、3期。早后除极的诱发因素有药物、低血钾等。早后除极所触发的心律失常以尖端扭转型(torsade de pointes, TdP)室性心动过速常见(图19-4)。

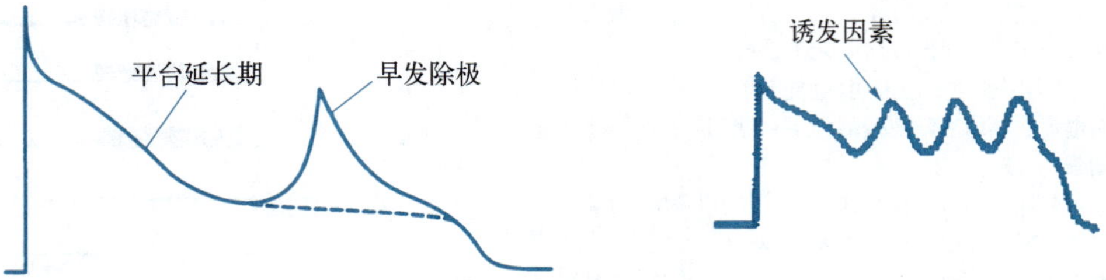

图19-4　早后除极及其触发活动

2. 迟后除极(delayed after-depolarization, DAD)　是在细胞内钙超载情况下,发生在动作电位完全或接近完全复极时的一种短暂的振荡性除极(图19-5)。DAD大都由于心肌细胞内 Ca^{2+} 浓度增加及由 Na^+-Ca^{2+} 交换而导致 Na^+ 内流所致。迟后除极的诱发因素有强心苷中毒、细胞外高钙及低钾等。

图19-5　迟后除极及其触发活动

(三) 折返

折返(reentry)是指一次冲动下传后,又顺着另一环形通路折回而再次兴奋原已兴奋过的心肌,是引发快速型心律失常的重要机制之一,形成过程如图19-6所示,病理情况下某些部位的心肌细胞出现传导减慢,发生单向传导阻滞,进而形成折返环路,导致部分心肌反复兴奋。

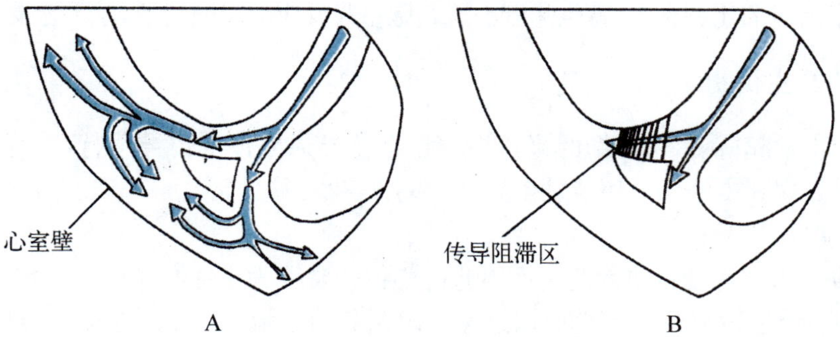

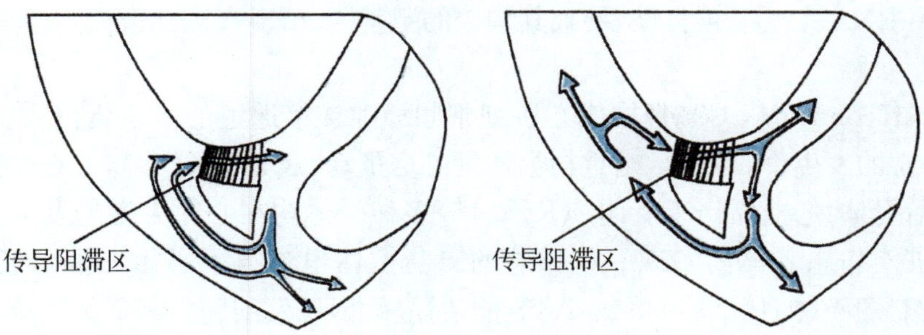

C D

图 19-6 折返形成机制

A. 正常传导过程；B. 传导减慢并发生单向传导阻滞；C. 传导阻滞区反向导通；D. 折返形成

折返分为解剖性折返和功能性折返。解剖性折返发生在心房，表现为心房颤动及心房扑动(图 19-7A)；在房室结附近，若有异常侧支返回心房，可在心房、房室结和心室间形成解剖性折返，如预激综合征(图 19-7B)。折返发生在心室，则可形成心室颤动(图 19-7C)。功能性折返是指在冲动向前扩布途中，若遇到心肌缺血损害而使传导被阻断，从而使冲动由另一通道以较缓慢的速度扩布，其后再回到原来的位点。病理条件下，心肌细胞传导障碍是诱发折返的重要原因。

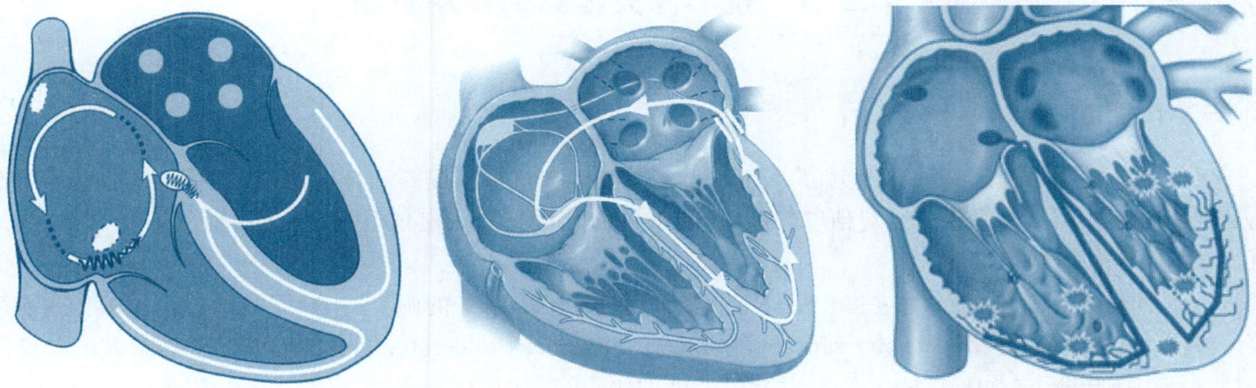

A B C

图 19-7 几种不同类型的折返形成

A. 折返与心房扑动；B. 预激综合征中房室折返环路；C. 折返与心室颤动

(四) 心律失常发生的分子机制

心律失常发生的分子机制是一个极其复杂的过程，涉及多种离子通道、基因缺陷、小分子 RNA(microRNA, miRNA)、缝隙连接蛋白、受体(心脏 M_3受体、AT_1受体等)、特殊自身抗体。

1. 离子通道与心律失常　心肌细胞膜上存在多种离子通道，产生如 I_{Na}、I_{Ca}、I_{Kr}、I_{Ks}、I_{Kur}、I_{K1}、I_{to}、I_{KACh}等电流，这些通道分子表达和功能平衡是维持心脏正常功能的基础。病理情况下，离子通道蛋白结构及表达异常，导致钠、钾、钙、氯电流异常和平衡失调，进而产生心律失常。例如，编码 I_{Na}、I_{Kr}、I_{Ks}通道的基因发生突变，引起 Na^+内流增加或 K^+外流减少，心肌复极减慢，导致长 Q-T 间期综合征。对 I_{Na}抑制过强则出现传导阻滞，易诱发折返激动而致心律失常。I_{Kur}电流主要存在于心房，其功能亢进与房性心律失常(如心房颤动)发生密切相关。心房扑动及某些快速型室性心律失常发生时，动作电位时程的缩短是 $I_{Ca(L)}$电流在起主导作用。

2. 基因缺陷与心律失常　多种心律失常与基因缺陷有关。例如，钾通道蛋白 KCNQ1 的 *S140G* 基因突变可上调 I_{Ks}，加快复极，缩短有效不应期并导致家族性心房颤动；$KCNQ_1$、$KCNH_2$、SCN_{5A}、ANK_2、*Ankyrin B*、*CACNA1C* 等多个基因缺陷都与长 Q-T 间期综合征的发生密切相关。

3. 其他

(1) 心脏中的 miRNA 能通过调控其靶基因 mRNA 的翻译过程参与心肌细胞正常的电生理网络系统。

在病理因素影响下,miRNA 间平衡被打破,导致其调控的靶基因 mRNA 表达改变,心脏电生理出现异常,诱发心律失常的发生。

(2) 缝隙连接蛋白(connexin, Cx)是构成心肌细胞间缝隙连接通道的基本蛋白质。Cx_{43}表达减少可增加缺血性室性心律失常的发生率,心房 Cx_{43}重构会诱发心房颤动。Cx_{40}同样参与了心律失常的发生。

(3) M_3受体、AT_1受体、心肌雷诺丁受体 2(RyR_2)等多种受体均在心律失常的发生、发展过程中发挥重要作用。此外,在心脏疾病患者体内发现一些特殊的自身抗体也参与了心律失常乃至猝死的发生。如抗 Na^+-K^+-ATP 酶的自身抗体,使 Na^+-K^+-ATP 酶活性减低,诱发细胞内钙平衡失调,导致室性心动过速和猝死;抗 $I_{Ca(L)}$ 自身抗体,使心室肌和心房肌细胞 $I_{Ca(L)}$ 增加,导致心肌细胞动作电位平台期延长及早后除极的发生,触发扩张型心肌病患者心律失常及猝死的发生。

多种药物能诱发长 Q-T 间期综合征,如 $Ⅰ_a$类抗心律失常药奎尼丁,Ⅲ类抗心律失常药索他洛尔,抗精神病药硫利达嗪,抗组胺药特非那定及抗菌药红霉素等。这些药物都有阻滞快速激活 I_{Kr},延长心肌复极时间的作用。其诱发尖端扭转型室性心动过速发生的原因系由于 APD 过度延长引发早后除极的触发活动及复极不均一所致。

第二节 抗心律失常药的作用机制

一、降低自律性

抗心律失常药可通过降低动作电位 4 期斜率(如 β 受体拮抗剂)、提高动作电位的发生阈值(如钠通道或钙通道阻滞剂)、增加静息电位绝对值(如腺苷和乙酰胆碱)、延长动作电位时程(如钾通道阻断药)等方式降低异常自律性。

自律细胞 4 期自动除极斜率主要由 I_f决定,I_f受细胞内 cAMP 水平的调节。cAMP 可通过与超极化激活环核苷酸门控阳离子通道(hyperpolarization-activated cyclic nucleotide-gated channel, HCN)C 末端的环核苷酸结合结构域结合,增强 I_f内向电流,自动除极速度加快。β 受体拮抗剂通过拮抗 β 受体,降低细胞内 cAMP 水平而减小 I_f,从而降低动作电位 4 期斜率。

钠通道阻滞剂可提高快反应细胞动作电位的发生阈值;钙通道阻滞剂可提高慢反应细胞动作电位的发生阈值。

腺苷和乙酰胆碱通过 G 蛋白偶联的腺苷受体和乙酰胆碱受体,激活乙酰胆碱敏感钾通道,促进钾外流,增加静息膜电位绝对值。钾通道阻滞剂通过阻滞钾外流而延长动作电位时程。

二、减少后除极

迟后除极的发生与细胞内钙超载有关,钙通道阻滞剂通过抑制细胞内钙超载而减少迟后除极,钠通道阻滞剂可抑制迟后除极的 0 期去极化。早后除极的发生与动作电位时程过度延长有关,缩短动作电位时程的药物可减少早后除极。

三、消除折返

抗心律失常药主要通过抑制传导或延长有效不应期消除折返。例如,钙通道阻滞剂和 β 受体拮抗剂可减慢房室传导,消除房室结折返所致的室上性心动过速;钠通道阻滞剂和钾通道阻滞剂可延长快反应细胞的有效不应期,钙通道阻滞剂(维拉帕米)和钾通道阻滞剂可延长慢反应细胞的有效不应期。

第三节　抗心律失常药的分类和常用药物

一、抗心律失常药分类

经典的抗心律失常药分类法已沿用了近 30 年，由沃恩·威廉姆斯（Vaughan Williams）提出，又经唐纳德·C.哈里森（Donald C. Harrison）等补充而完善。沃恩·威廉姆斯分类法根据药物作用的电生理特点，将化学结构不同的抗心律失常药分为 4 类。这种分类简洁明了，易于理解和掌握，但过于简单，多种药物无法列入。近年来，有学者在经典分类基础上，根据作用机制，提出了一个更加详细和准确的分类方法，包括八大类 32 亚类药物，但过于复杂，多个类别迄今尚无上市应用于临床的药物，故尚未得到临床公认，所以本章节仍然采用经典分类。

（一）Ⅰ类——钠通道阻滞剂

钠通道阻滞剂通过阻滞心肌和心脏传导系统的钠通道，降低动作电位 0 期除极上升速率和幅度，减慢传导速度，延长动作电位时程和有效不应期，但对静息膜电位无影响。根据通道复活时间（药物对通道产生阻滞作用到阻滞作用被解除的时间，$T_{recovery}$）的不同，本类药物又分为 3 个亚类，即Ⅰ$_a$、Ⅰ$_b$、Ⅰ$_c$。

1. Ⅰ$_a$类——适度阻滞钠通道　$T_{recovery}$为 1～10 s，以延长有效不应期最为显著。药物包括奎尼丁、普鲁卡因胺、丙吡胺等。

2. Ⅰ$_b$类——轻度阻滞钠通道　$T_{recovery}$<1 s，降低自律性。药物包括利多卡因、苯妥英钠、美西律等。

3. Ⅰ$_c$类——明显阻滞钠通道　$T_{recovery}$>10 s，减慢传导的作用最强。药物包括普罗帕酮、恩卡尼、氟卡尼等。

（二）Ⅱ类——β受体拮抗剂

β受体拮抗剂抑制交感神经兴奋所致的 I_f、I_{Na}和 $I_{Ca(L)}$增加，表现为减慢 4 期舒张期除极速率而降低自律性，减慢动作电位 0 期上升速率而降低传导性。药物包括普萘洛尔、阿替洛尔、美托洛尔等。

（三）Ⅲ类——延长动作电位时程药

延长动作电位时程药抑制多种钾电流，延长动作电位时程和有效不应期，对动作电位幅度和除极化速率影响小。药物包括胺碘酮、决奈达隆、索他洛尔等。

（四）Ⅳ类——钙通道阻滞剂

钙通道阻滞剂抑制 $I_{Ca(L)}$电流，降低窦房结自律性，减慢房室结传导。药物包括维拉帕米和硫氮䓬酮等。

二、常用抗心律失常药

（一）Ⅰ类——钠通道阻滞剂

1. Ⅰ$_a$类

奎　尼　丁

奎尼丁（quinidine）是茜草科植物金鸡纳树树皮中所含的一种生物碱，是奎宁的右旋光异构体。

【体内过程】

奎尼丁口服后吸收良好，1～2 h 血药浓度达峰。生物利用度为 72%～87%。有效血药浓度为 2～5 μg/mL，大于 6 μg/mL 易致中毒。血浆蛋白结合率为 80%～90%，组织内药物浓度较血药浓度高 10～20 倍，尤其是心肌中浓度较高。表观分布容积为 2～3 L/kg，$t_{1/2}$为 5～7 h。经肝 CYP3A4 代谢，其羟化代谢产物仍有活性。代谢产物及原型药物经肾排泄，尿 pH 自 7 提高到 8，肾脏排泄下降 50%，但因尿中原型者少，故碱化尿液不会影响血药浓度。

【药理作用】

奎尼丁能阻滞钠通道和心脏多种钾通道。低浓度（1 μmol/L）阻滞 I_{Na}、I_{Kr}，较高浓度还可阻滞 I_{Ks}、I_{K1}、I_{to}

及 $I_{Ca(L)}$；此外，奎尼丁亦具有明显抗胆碱作用和拮抗外周血管 α 受体的作用。奎尼丁不仅阻滞激活状态的钠通道，还使通道复活减慢，因此明显降低异位起搏点及除极化组织的自律性、传导性及延长除极化组织的不应期。

(1) 降低自律性：奎尼丁可明显降低异位起搏点如浦肯野纤维的自律性，但对正常窦房结影响微弱，对病态窦房结综合征者的窦房结也无抑制作用。

(2) 减慢传导速度：降低心房、心室、浦肯野纤维等细胞的 0 期上升最大速率和幅度，减慢传导速度，将病理情况下的单向传导阻滞变为双向阻滞，从而取消折返。但其抗胆碱作用可加快房室传导，奎尼丁在治疗心房扑动或心房纤颤可能导致心室频率加快。因此，在应用奎尼丁时应先用强心苷类药物抑制房室传导，以防止心室率过快。

(3) 延长不应期：奎尼丁阻滞多种钾通道，减少 K^+ 外流，延长心房、心室、浦肯野纤维的有效不应期和动作电位时程，其中以有效不应期的延长更为明显，因而可以取消折返。此外，心脏局部病变时，常因某些浦肯野纤维末梢部位有效不应期缩短，造成邻近细胞复极不均而形成折返，此时奎尼丁使这些末梢部位有效不应期延长而趋向均一化，从而减少折返的形成。

【临床应用】

奎尼丁是广谱抗心律失常药，适用于心房纤颤、心房扑动、室上性和室性心动过速的转复和预防，频发室上性和室性期前收缩的治疗。目前对心房纤颤、心房扑动患者虽多采用电转律术，但奎尼丁仍有应用价值，转律前合用强心苷和奎尼丁可以减慢心室频率，转律后用奎尼丁维持窦性节律。预激综合征时，用奎尼丁可以终止室性心动过速。

【不良反应】

(1) 约有 1/3 患者出现各种不良反应。用药初期，常见的有胃肠道反应，如恶心、呕吐、腹泻。长期用药，可出现头痛、头晕、耳鸣、视物模糊等金鸡纳反应及药物热、血小板减少等过敏反应。

(2) 心脏毒性较为严重，2%～8%的患者应用奎尼丁可出现 Q-T 间期延长和尖端扭转型室性心动过速。中毒浓度可致房室及室内传导阻滞。其 α 受体拮抗作用可使血管扩张、心肌收缩力减弱、血压下降。其抗胆碱作用可增加窦性频率，加快房室传导，治疗心房扑动时易加快心室率，因此应先给予钙通道阻滞剂、β 受体拮抗剂或地高辛以减慢房室传导，降低心室率。

(3) 奎尼丁晕厥或猝死是偶见而严重的毒性反应。发作时患者意识丧失，四肢抽搐，呼吸停止，出现阵发性室上性心动过速，甚至心室颤动。可能是奎尼丁过量时心室内弥漫性传导障碍及 Q-T 间期过度延长所致。也有个别敏感者及长 Q-T 间期综合征患者在治疗量即引起的尖端扭转型心律失常。后者是一种早后除极，发生机制可能与动作电位时程延长及复极的不均一有关。发作时宜立即进行人工呼吸，胸外心脏按压，电除颤等抢救措施。药物抢救可用异丙肾上腺素及乳酸钠，后者提高血液 pH，能促 K^+ 进入细胞内，降低血钾浓度，减少 K^+ 对心肌的不利影响。同时，血液偏于碱性可增加奎尼丁与血浆蛋白的结合而降低游离奎尼丁的浓度，从而降低毒性。

【禁忌证】

心力衰竭、低血压、严重窦房结病变、高度房室传导阻滞患者及孕妇禁用奎尼丁。

【药物相互作用】

奎尼丁是 CYP2D6 的抑制剂，可导致多种抗抑郁药代谢减慢；能抑制 P-糖蛋白活性，与地高辛合用使后者肾清除率降低而增加其血药浓度；与双香豆素、华法林合用，可竞争血浆蛋白，使后者游离血药浓度增加，抗凝血作用增强；肝药酶诱导剂苯巴比妥能加速奎尼丁在肝中的代谢，减弱奎尼丁的作用。奎尼丁有 α 受体拮抗作用，与其他血管舒张药有相加作用。合用硝酸甘油应注意诱发严重体位性低血压。

普鲁卡因胺

普鲁卡因胺(procainamide)又名普鲁卡因酰胺，是局麻药普鲁卡因的衍生物，自 20 世纪 50 年代起就用于心律失常的治疗。该药对血浆酯酶的耐受性强，作用持久。

【体内过程】

普鲁卡因胺口服易吸收，1 h 血药浓度达高峰。生物利用度为 80%，$t_{1/2}$ 为 3～6 h。在肝中约一半被代谢成仍具活性的 *N*-乙酰普鲁卡因胺，仍具抗心律失常作用，延长动作电位时程作用与母药相当，但基本无钠通道阻滞作用。

【药理作用】

普鲁卡因胺对心肌的直接作用与奎尼丁相似但较弱，能降低浦肯野纤维自律性，减慢传导速度，取消折返，延长心房、心室及浦肯野纤维动作电位时程、有效不应期，其中有效不应期相对延长。但它仅有微弱的抗胆碱作用，不拮抗 α 受体。普鲁卡因胺以抑制房室结以下传导为主，因此，对房性心律失常的作用较奎尼丁弱，对室性心律失常的作用略优于奎尼丁。

【临床应用】

普鲁卡因胺对房性、室性心律失常均有效，但主要用于室性心律失常。静脉注射用于危重病例的急性治疗，但对急性心肌梗死导致的持续性室性心律失常，普鲁卡因胺不作首选。

【不良反应】

口服普鲁卡因胺有胃肠道反应，静脉给药(血药浓度＞10 μg/mL)可致低血压和传导减慢，严重者可发生尖端扭转型室性心动过速。过敏反应如皮疹、药物热、粒细胞减少症等常见。大剂量可致窦性停搏，房室传导阻滞等心脏抑制作用。长期应用少数患者可出现红斑性狼疮样综合征。

丙 吡 胺

【体内过程】

丙吡胺(disopyramide)口服吸收较好，口服后 0.5～3 h 血药浓度达峰，$t_{1/2}$ 为 6～9 h，主要经肾排泄，其中 40%～60%为原型，35%为肝代谢产物。

【药理作用】

丙吡胺作用与奎尼丁相似。降低浦肯野纤维自律性，减慢传导速度，延长心房、心室肌细胞动作电位时程、有效不应期，且两者延长一致。其明显抗胆碱作用也参与了对动作电位时程、有效不应期的影响。

【临床应用】

丙吡胺可用于治疗多种室上性或室性心律失常，尤其适用于预防心房颤动电击复律后的复发和预防心肌梗死后的心律失常。

【不良反应】

较强的抗胆碱能作用可引起口干、便秘、排尿不畅或尿潴留、视觉障碍及中枢神经兴奋等，少数可能有皮疹、低血糖及粒细胞减少症等。还引起 Q-T 间期延长，易产生尖端扭转型室性心动过速。青光眼、前列腺肥大、Ⅱ度以上的房室传导阻滞、病态窦房结综合征患者禁用。左心功能不全、房室传导阻滞者慎用。

2. $\mathrm{I_b}$ 类

利 多 卡 因

【体内过程】

利多卡因口服吸收良好，但首过消除明显，生物利用度低，仅 1/3 进入血液循环，且口服易致恶心呕吐，故常采用静脉滴注给药。血浆蛋白结合率约 70%，在体内分布广泛，心肌中药物浓度为血药浓度的 3 倍。主要在肝中经脱乙基化而代谢，仅 10%以原型经肾排泄，$t_{1/2}$ 约 2 h。

【药理作用】

利多卡因能抑制浦肯野纤维和心室肌细胞 Na^+ 内流，促进 K^+ 外流，对 ATP 敏感的钾通道也有明显阻滞作用。对激活和失活状态的钠通道都有阻滞作用，当通道恢复至静息态时，阻滞作用迅速解除。因此，利多卡因对除极化的组织(如缺血区)作用强，对正常心肌组织的电生理特性影响小，对于缺血或强心苷中毒所致的除极化型心律失常有较强抑制作用。

(1) 降低自律性：利多卡因降低 4 期除极斜率，提高兴奋阈值，降低自律性。治疗量(2～5 μg/mL)能降低浦肯野纤维的自律性，对窦房结没有影响，仅在其功能失常时才有抑制作用。

(2) 减慢传导速度：利多卡因对传导速度的影响比较复杂。治疗浓度对希氏束-浦肯野纤维的传导速度没有影响，但细胞外 K^+ 浓度较高则能减慢传导速度。血液趋于酸性时将增强其减慢传导的作用。心肌缺血部位细胞外 K^+ 浓度升高而血液偏于酸性，利多卡因对之有明显的减慢传导作用，这可能是其防止急性心肌梗死后心室颤动的原因之一。对血钾降低或部分(牵张)除极者，因促 K^+ 外流使浦肯野纤维超极化而加速传导速度。大量高浓度(10 μg/mL)的利多卡因则通过明显抑制 0 期上升速率而减慢传导。

(3) 相对延长有效不应期：利多卡因抑制参与动作电位复极 2 期的少量 Na^+ 内流，缩短浦肯野纤维及心室肌的动作电位时程、有效不应期，且缩短动作电位时程更为显著，故为相对延长有效不应期。由于心房肌细胞动作电位时程短，钠通道处于失活状态的时间短，利多卡因的阻滞作用也弱，对房性心律失常疗效差。

【临床应用】

利多卡因是一窄谱抗心律失常药，心脏毒性低，主要用于室性心律失常，如心脏手术、心导管手术、急性心肌梗死及强心苷中毒所致的室性心动过速、室性期前收缩及心室颤动。

【不良反应】

肝功能不良者静脉注射利多卡因过快，可出现中枢症状，如嗜睡、头晕、兴奋、语言和吞咽困难，较大剂量时出现烦躁不安、肌肉抽搐等。剂量过大还可引起心率减慢、房室传导阻滞和低血压等。眼球震颤是利多卡因毒性反应的早期信号。Ⅱ度房室传导阻滞、Ⅲ度房室传导阻滞、严重低血压和严重心力衰竭患者禁用；利多卡因可诱发癫痫，有癫痫史者禁用。心力衰竭、肝功能不良者长期静脉滴注可产生药物蓄积，儿童及老年人应减量。

美 西 律

【体内过程】

美西律(mexiletine)口服吸收迅速、完全。口服后约 3 h 血药浓度达高峰，作用维持 8 h，生物利用度为 90%，血浆蛋白结合率 60%，主要在肝代谢，约 10%以原型从肾排泄，$t_{1/2}$约 12 h。

【药理作用】

美西律抑制 Na^+ 内流，促进 K^+ 外流，降低自律性，减慢传导。抑制 0 期上升速率作用强于利多卡因。缩短浦肯野纤维及心室肌的动作电位时程、有效不应期(以缩短动作电位为主，相对延长有效不应期)。

【临床应用】

美西律主要用于治疗室性心律失常，特别对心肌梗死后急性室性心律失常有效。

【不良反应】

美西律主要不良反应为胃肠道反应，如恶心、呕吐，长期应用可见神经症状，如震颤、眩晕、共济失调等。

苯 妥 英 钠

苯妥英钠为乙内酰脲类抗癫痫药，也是治疗强心苷中毒所致快速型心律失常的首选药物。

【药理作用】

苯妥英钠与利多卡因相似，抑制失活态的钠通道，降低部分除极的浦肯野纤维 4 期自动除极速率，降低自律性。促进 K^+ 外流，缩短动作电位时程和有效不应期，相对延长有效不应期。苯妥英钠能与强心苷竞争 Na^+-K^+-ATP 酶，抑制强心苷中毒所致的触发活动。

【临床应用】

苯妥英钠主要用于治疗室性心律失常，特别对强心苷中毒引起的室性心律失常有效，亦可用于心肌梗死、心脏手术、心导管术等所引发的室性心律失常，但疗效不如利多卡因。

【不良反应】

苯妥英钠常见中枢不良反应有头昏、眩晕、震颤、共济失调等。快速静脉注射容易引起低血压，高浓度可引起心动过缓。禁用于孕妇以及低血压、窦性心动过缓、Ⅱ度房室传导阻滞、Ⅲ度房室传导阻滞患者。

3. $Ⅰ_c$类

普 罗 帕 酮

【体内过程】

普罗帕酮(propafenone)口服吸收完全，但首过消除明显，生物利用度<20%。口服后 2～3 h 作用达高峰，维持 6～8 h。血浆蛋白结合率为 95%～97%，$t_{1/2}$为 3.5～4 h，但约 10%慢代谢患者的 $t_{1/2}$ 可长达 10～32 h。

【药理作用】

普罗帕酮能明显阻滞钠通道，对开放及失活状态钠通道均有作用，因此，可减慢心房、心室及浦肯野纤维的传导。也阻滞钾通道，延长心肌细胞动作电位时程、有效不应期。因减慢传导的程度超过延长有效不应期的程度，故易引起折返而有致心律失常的作用。此外，普罗帕酮化学结构与普萘洛尔相似，还具有弱的β受体拮抗作用和弱的慢钙通道阻滞作用，因此有轻微的负性肌力作用。

【临床应用】

普罗帕酮长期口服用于维持室上性心动过速(如心房纤颤)的窦性心律。也用于室性心律失常的治疗。

【不良反应】

普罗帕酮常见胃肠道反应，恶心、呕吐、味觉改变等。其严重的不良反应是致心律失常作用，如少数用药者出现心动过缓、房室传导阻滞。还可加重折返性室性心动过速，加重心力衰竭，引起体位性低血压。孕妇、哺乳期妇女以及急性心肌梗死、明显低血压、病态窦房结综合征、心力衰竭、房室传导阻滞患者禁用。

氟 卡 尼

氟卡尼(flecainide)口服吸收迅速完全，生物利用度约90%，主要在肝代谢，$t_{1/2}$约14 h。阻滞钠通道作用强于Ⅰ$_a$和Ⅰ$_b$类药物，明显减慢心肌细胞0期最大上升速率并降低幅度，减慢传导速度。对I_{Kr}、I_{Ks}有明显阻滞作用，延长心房、心室有效不应期、动作电位时程。氟卡尼属广谱抗心律失常药，对室上性及室性心律失常均有效，对房室折返性心动过速有效率为90%以上。但致心律失常的发生率较高，包括室性心动过速或心室颤动、房室传导阻滞、诱发折返性心律失常和长Q－T间期综合征，原因与其过度阻滞I_{Na}、I_{Kr}有关。其他主要不良反应有头晕、乏力、恶心等。

(二) Ⅱ类——β受体拮抗剂

激动β受体可增加$I_{Ca(L)}$、起搏电流(I_f)，病理条件下可触发早后除极及迟后除极致心律失常。β受体拮抗剂可减慢心率，减少细胞内钙超载，抑制后除极引发的自律性提高而抗心律失常。

β受体拮抗剂的研发较快，用于抗心律失常的主要有普萘洛尔、美托洛尔、阿替洛尔、纳多洛尔、醋丁洛尔、噻吗洛尔、阿普洛尔、艾司洛尔、兰地洛尔等。这些药物的药理作用及药代动力学特征不尽相同，但β受体拮抗作用是其抗心律失常的共同基础。

普 萘 洛 尔

【药理作用】

普萘洛尔非选择性拮抗β受体，降低窦房结、心房传导纤维及浦肯野纤维的自律性，在运动及情绪激动时尤其明显；还能降低儿茶酚胺所致的迟后除极的发生，减慢房室结传导，延长房室结的有效不应期。

【临床应用】

普萘洛尔主要用于室上性心律失常。特别是交感神经亢进、甲状腺功能亢进及嗜铬细胞瘤等所致窦性心动过速效果良好。与强心苷或地尔硫䓬合用，控制心房扑动、心房纤颤及阵发性室上性心动过速时的室性频率过快效果较好。应用于心肌梗死患者，可减少心律失常的发生，缩小心肌梗死范围，降低死亡率。此外，还可用于运动或情绪变动所致室性心律失常，减少肥厚型心肌病所致的心律失常。

【不良反应】

普萘洛尔可致窦性心动过缓、房室传导阻滞，并可能诱发心力衰竭、哮喘、低血压等。长期应用对脂质代谢和糖代谢有不良影响，故高脂血症、糖尿病患者应慎用。突然停药可产生反跳现象。严重窦性心动过缓、窦房阻滞、高度房室传导阻滞、心源性休克患者禁用。

阿 替 洛 尔

阿替洛尔为长效β_1受体拮抗剂，心脏选择性强，能抑制窦房结及房室结自律性，减慢房室结传导，对希氏束-浦肯野纤维系统也有抑制作用。可用于室上性心律失常，减慢心房扑动、心房颤动时的心室率。对室性心律失常亦有效。口服2～3 h达峰，$t_{1/2}$约7 h。不良反应与普萘洛尔相似，但因选择性作用于β_1受体，可用于糖尿病及哮喘患者，但剂量不宜过大。

艾 司 洛 尔

艾司洛尔属短效β_1受体拮抗剂，具有选择性抑制窦房结及房室结自律性、传导性作用。主用于室上性心律失常，减慢心房扑动、心房颤动时的心室率。静脉给药后数秒钟起效，$t_{1/2}$为9 min。不良反应有低血压，轻度抑制心肌收缩。

(三) Ⅲ类——延长动作电位时程药

这类药物通过阻滞电压依赖性钾通道,有效延长动作电位时程及有效不应期,消除折返引起的心律失常和抑制房室传导。此外,本类药物还具有阻滞 Na^+、Ca^{2+} 等多种离子通道及拮抗肾上腺素受体作用。目前常用的药物有胺碘酮、索他洛尔、决奈达隆和多非利特。

胺 碘 酮

胺碘酮(amiodarone)分子中含 2 个碘原子,其结构与甲状腺素相似,抗心律失常作用及其毒性反应与其作用于细胞核甲状腺受体有关。

【体内过程】

胺碘酮口服吸收缓慢,生物利用度为 35%～65%,静脉注射 10 min 起效,血浆蛋白结合率为 95%,表观分布容积高达 66 L/kg。胺碘酮几乎全部在肝中代谢,初步代谢成脱乙基物,仍有活性,具有较强的阻滞钠通道作用。长期口服后 $t_{1/2}$ 平均约 40 日,全部清除需要 4 个月。停药作用可持续 4～6 周。主要经胆汁由肠道排泄,故肾功能减退者不需要减量应用。

【药理作用】

胺碘酮对心脏多种离子通道如 I_{Na}、$I_{Ca(L)}$、I_{K1}、I_K、I_{to} 等有阻滞作用,还有非竞争性拮抗 α 受体和 β 受体作用及扩张血管平滑肌作用,能扩张冠状动脉,增加冠状动脉血流量,降低心肌耗氧量。

(1) 降低自律性:主要降低窦房结和浦肯野纤维的自律性,与其阻滞钠和钙通道及拮抗 β 受体作用有关。

(2) 减慢传导速度:减慢浦肯野纤维和房室结的传导速度,也与阻滞钠、钙通道有关。临床还见其能轻度减慢心室内传导。对心房肌的传导速度影响少。

(3) 延长不应期:口服数周后,心房肌、心室肌和浦肯野纤维的动作电位时程、有效不应期都明显延长,延长 Q－T 间期及 QRS 波。其延长动作电位时程的作用无反向使用依赖性,不依赖于心率的减慢。使用依赖性(use dependence),又称为通道活性状态依赖性或心率依赖性(rate dependence),是指心率越快时,药物对离子通道的作用越强,常见于钠通道和钙通道阻滞剂。反向使用依赖性(reverse use depenpence)则与之相反,心率越慢时,药物对离子通道的作用越强,见于多种钾通道阻滞剂。具有反向使用依赖性的药物易诱发尖端扭转型室性心动过速。

【临床应用】

胺碘酮是广谱抗心律失常药,可用于心房扑动、心房颤动、室上性心动过速和室性心动过速。用于心房颤动可恢复及维持窦性节律。对危及生命的室性心动过速及心室颤动可静脉给药,约对 40%患者有效。长期口服能防止室性心动过速和心室颤动的复发。对伴有器质性心脏病者,还能降低猝死率。

【不良反应】

胺碘酮常见的心血管反应有窦性心动过缓、房室传导阻滞及 Q－T 间期延长。长期应用可见角膜褐色微粒沉着,通常无症状,停药后微粒可逐渐消失;少数患者发生甲状腺功能亢进或减退及肝坏死;个别患者出现间质性肺炎或肺纤维化。长期应用须定期查肺功能、肺部 X 线检查和监测血清 T_3、T_4。

【药物相互作用】

胺碘酮与Ⅰ、Ⅱ、Ⅳ类抗心律失常药合用可能互相增强作用,引起窦性心动过缓甚至心脏停搏。胺碘酮经肝 CYP3A4 代谢,西咪替丁抑制 CYP3A4 使胺碘酮血药浓度增加,利福平诱导 CYP3A4 使胺碘酮血药浓度降低。胺碘酮可致地高辛、华法林等血药浓度增加。

【禁忌证】

窦性心动过缓和窦房阻滞患者、高度传导阻滞及 Q－T 间期延长者、甲状腺功能异常者、碘过敏者、孕妇和哺乳期妇女禁用。

决 奈 达 隆

决奈达隆(dronedarone)是一种苯并呋喃的衍生物,在结构上与胺碘酮相似,但无碘取代基。与胺碘酮相似,决奈达隆表现出全部 4 类抗心律失常药的特性。主要作用于心房 I_{KACh},用于心房颤动、心房扑动患者维持窦性频率。因不含碘,甲状腺及其他器官不良反应较胺碘酮明显降低,但对严重心力衰竭和左心收缩功能不全者,可能增加患者死亡风险。其脂溶性较胺碘酮低,$t_{1/2}$ 为 12 h。

索他洛尔

索他洛尔属于新一代抗心律失常的药物，临床应用疗效确切，现已广泛应用于临床。

索他洛尔原为β受体拮抗剂，后因发现还能阻滞延迟整流钾电流明显延长动作电位时程而归为Ⅲ类抗心律失常药。索他洛尔通过拮抗β受体降低自律性，减慢房室传导；通过阻滞 I_K，延长心房肌、心室肌及浦肯野纤维的动作电位时程和有效不应期。口服吸收快，无首过消除，生物利用度达 90%～100%，血浆蛋白结合率低，$t_{1/2}$ 为 12～15 h。几乎全部以原型经肾排泄。主要用于严重的室性心律失常，也可治疗阵发性室上性心动过速及心房颤动。对小儿室上性及室性心律失常也有效。不良反应较少，可导致原有心律失常加重或出现新的心律失常，严重时可出现尖端扭转型室性心动过速。

多非利特

多非利特(dofetilide)是一种特异性 I_{Kr} 阻滞剂，不影响其他离子通道功能。口服吸收好，生物利用度>90%，约 20%经肝脏 CYP3A4 代谢，80%以原型经肾排泄，肾功能不良者应减量，肾衰竭患者禁用。可延长心房和心室的动作电位时程和有效不应期，增加剂量可使 Q－T 间期延长。不影响 P－R 间期和 QRS 波时间，也不影响心脏传导速度和窦房结功能，无负性肌力作用。因其延长动作电位时程的作用具有反向使用依赖性，因此易诱发尖端扭转型室性心动过速。长期口服可维持心房颤动或心房扑动复律后的窦性心律。主要毒性反应是诱发尖端扭转型室性心动过速。

（四）Ⅳ类——钙通道阻滞剂

该类药物主要通过阻滞慢钙通道，减少 Ca^{2+} 内流而使窦房结的兴奋性下降，房室结传导性下降，不应期延长。主要用于室上性心律失常的治疗，为窄谱抗心律失常药。

维拉帕米

【体内过程】

维拉帕米口服吸收迅速完全，2～3 h 血药浓度达高峰。首过消除较为明显，生物利用度为 10%～30%。在肝代谢，代谢产物去甲维拉帕米仍有药理活性。血浆蛋白结合率可达 90%，$t_{1/2}$ 为 3～7 h。

【药理作用】

维拉帕米对激活和失活态的 L 型钙通道均有阻滞作用，对 I_{Kr} 通道也有阻滞作用。表现为以下几方面。

(1) 降低窦房结自律性，降低缺血时心房、心室和浦肯野纤维的异常自律性，减少或取消后除极所致触发活动。

(2) 减慢房室结传导，可终止房室结折返，防止心房扑动、心房颤动引起的心室率加快。

(3) 延长窦房结、房室结的有效不应期。由于 Ca^{2+} 内流也参与快反应电活动的复极过程，维拉帕米较高浓度也能延长浦肯野纤维的动作电位时程和有效不应期。

【临床应用】

维拉帕米治疗室上性和房室结折返引起的心律失常效果好，为阵发性室上性心动过速首选药。对急性心肌梗死、心肌缺血及强心苷中毒引起的室性期前收缩有效。

【不良反应】

维拉帕米常见不良反应有颜面潮红、头痛、眩晕、恶心、便秘等。静脉注射过快可出现血压下降、心动过缓，严重者可致心脏停搏。

【禁忌证】

Ⅱ度房室传导阻滞、Ⅲ度房室传导阻滞、心功能不全、心源性休克等患者禁用。老年人，肾功能低下者慎用。

同类药物还有地尔硫䓬(diltiazem)和苄普地尔(bepridil)。地尔硫䓬电生理作用与维拉帕米相似，对房室传导有明显抑制作用。口服起效较快，可用于阵发性室上性心动过速。可使心房颤动患者心室频率降低。苄普地尔作用类似维拉帕米，能延长心房肌、心室肌的有效不应期，延长心电图中 Q－T 间期，用于治疗房室结性折返性心动过速等。

（五）其他类

腺苷

腺苷(adenosine)作用于 G 蛋白偶联的腺苷受体，激活心房、房室结、心室的 I_{KACh}，缩短动作电位时程，降低自律性。同时阻滞 $I_{Ca(L)}$，延长房室结有效不应期，抑制交感神经兴奋所致迟后除极。

腺苷不宜口服，静脉注射后迅速起效，$t_{1/2}$ 约 10 s。可被体内大多数组织细胞所摄取，并被腺苷脱氨酶灭活，使用时需要静脉快速注射给药，否则，药物在到达心脏前即被灭活。临床用于迅速终止折返性室上性心动过速，静脉快速注射给药可致短暂心脏停搏。治疗量下多数患者会出现胸闷、呼吸困难。

第四节　抗心律失常药的用药原则和药物选择

一、用药原则

用药原则：① 先单独用药，再联合用药；② 以最小剂量取得满意的临床效果；③ 先考虑降低危险性，再考虑缓解症状；④ 减少药物的不良反应，尤其是致心律失常作用。

药物治疗最满意的效果是恢复并维持窦性节律，其次是减少或取消异位节律，再次是控制心室频率，维持一定的循环功能。

二、抗心律失常的药物选择

应从心律失常的类别、病情的紧迫性、患者的心功能及医师对各个药物的了解及应用经验等多种因素考虑。

1. 窦性心动过速　应针对病因进行治疗，需要时选用β受体拮抗剂，也可选用维拉帕米。有心功能不全者，首选洋地黄制剂。

2. 房性期前收缩　一般不需要药物治疗，若频繁发作，并引发阵发性房性心动过速，可用β受体拮抗剂、维拉帕米、地尔硫䓬或Ⅰ类抗心律失常药。

3. 心房纤颤或扑动　转律用奎尼丁(宜先给强心苷)、普鲁卡因胺、胺碘酮；减慢心室率用β受体拮抗剂、强心苷类、维拉帕米。转律后用奎尼丁、丙吡胺预防复发。

4. 阵发性室上性心动过速　多由房室结折返导致，常用具有延长房室结不应期的药物。急性发作，宜选用维拉帕米，亦可选用β受体拮抗剂、强心苷类、腺苷等。慢性或预防发作可选用强心苷类、胺碘酮、奎尼丁、普鲁卡因胺。

5. 室性期前收缩　宜选普鲁卡因胺、丙吡胺、美西律或其他Ⅰ类抗心律失常药及胺碘酮，急性心肌梗死时宜用利多卡因，强心苷中毒者用苯妥英钠。

6. 阵发性室性心动过速　转律用利多卡因、普鲁卡因胺、丙吡胺、美西律、胺碘酮、奎尼丁等。维持用药与治疗室性期前收缩相同。

7. 心室颤动　选利多卡因、普鲁卡因胺和胺碘酮。

第五节　抗心律失常药的致心律失常作用

几乎所有的抗心律失常药都具有一定的致心律失常作用，其发生率为 6%～36%，其机制与心脏电冲动形成或传导障碍有关。易患因素和诱因包括反复发作或持续性室性心动过速、左室功能不全、心肌缺血、传导阻滞、Q-T 间期延长、电解质(K^+、Mg^{2+} 等)平衡紊乱、药物使用不当、肝肾功能差、药物配伍不合理等。$Ⅰ_c$类药恩卡尼、氟卡尼等易致持续性室性心动过速；$Ⅰ_a$类药奎尼丁和Ⅲ类药索他洛尔、溴苄铵等易致尖端扭转型室性心动过速；β受体拮抗剂、钙通道阻滞剂等易致室上性心律失常。

1. $Ⅰ_a$类药物　“奎尼丁晕厥”是由于奎尼丁诱发尖端扭转型室性心动过速所致。其发生率为 0.5%～9%，大多数患者在用药后的 1 周内发生，少数患者可在用药一年后发生。普鲁卡因胺的致心律失常发生率远低于奎尼丁，其致心律失常主要发生在静脉给药时。Q－T 间期过度延长，心动过缓，慢性充血性心力衰竭，以及低血钾、低血镁等电解质紊乱均可提高药物致心律失常的可能性。

2. I_c类药物　1988 年心律失常抑制试验（cardiac arrhythmia suppression trial，CAST）的临床研究表明，这类药物可增加心肌梗死后患者的病死率，主要原因是增加患者致死性心律失常的发生率。该类抗心律失常药诱发的心律失常多为单一形态的持续室性心动过速，其发生与折返形成密切相关。

3. Ⅲ类药物　通过延长动作电位时程和有效不应期能有效地终止折返激动，抑制程序电刺激诱发的室性心动过速，降低除颤阈值。然而 1994 年对 *d*-索他洛尔进行的临床试验结果显示，该药不但没有降低心肌梗死后患者的病死率，反而使其增加。与安慰剂组比，*d*-索他洛尔使患者死亡率增加一倍。女性患者病死率明显高于男性，病死率发生可能与 *d*-索他洛尔诱发尖端扭转型室性心动过速密切相关。

小　结

抗心律失常药主要针对快速型心律失常，主要通过影响心肌细胞膜的 Na^+、Ca^{2+} 及 K^+ 转运，影响心肌细胞动作电位的各时程，降低自律性、减少后除极及消除折返而纠正心律失常。主要有四类：Ⅰ类药物通过阻滞心肌和心脏传导系统的钠通道，降低动作电位 0 期除极上升速率和幅度，减慢传导速度，延长动作电位时程和有效不应期产生作用。Ⅰ类药物又包括 3 个亚类，即 I_a、I_b、I_c。I_a类适度阻滞钠通道，以延长有效不应期最为显著，药物包括奎尼丁、普鲁卡因胺等。I_b类轻度阻滞钠通道，降低自律性，药物包括利多卡因、苯妥英钠、美西律等。I_c类明显阻滞钠通道，减慢传导性的作用最强，包括普罗帕酮、氟卡尼等。Ⅱ类药物通过拮抗β受体，抑制交感神经兴奋所致的 I_f、I_{Na} 和 $I_{Ca(L)}$ 增加，降低自律性，减慢传导。药物包括普萘洛尔、美托洛尔等。Ⅲ类药物抑制多种钾电流，延长动作电位时程，包括胺碘酮、决奈达隆等。Ⅳ类药物通过阻滞钙通道，降低自律性，减少或取消后除极所致触发活动，减慢房室结传导，终止房室结折返，延长窦房结、房室结的有效不应期，包括维拉帕米和地尔硫䓬等。各类抗心律失常药均有一定致心律失常作用，选择药物时必须全面考虑。

【思考题】

1. 快速型心律失常的发生的机制有哪些？药物是如何发挥抗心律失常作用的？
2. 简述抗心律失常药的分类，并各举一个代表药物。
3. 奎尼丁严重的毒性反应是什么？如何进行抢救？
4. 为什么抗心律失常药会导致心律失常？如何防治？
5. 患者，男，55 岁。2 年前出现心慌，自觉心脏乱跳，自测脉搏不齐，经心电图检查后，诊断为心房纤颤。服用普罗帕酮片后心房纤颤纠正，恢复为窦性心律，但近日心率减慢，只有 45 次/分。请问：
   (1) 普罗帕酮治疗心房纤颤的机制是什么？
   (2) 患者心率减慢的原因是什么？
   (3) 还有哪些药物可以用来治疗心房纤颤？

（张海港）

※ 课程 PPT

第十九章
课程 PPT

第二十章

抗心力衰竭药

学习目标

【知识目标】

1. 掌握　ACEI、ARB、醛固酮受体拮抗剂(MRA)、血管紧张素受体脑啡肽酶抑制剂(ARNI)、钠-葡萄糖耦联转运体 2(SGLT2) 抑制剂、利尿药和β受体拮抗剂抗心力衰竭的药理作用、临床应用和不良反应。

2. 熟悉　治疗心力衰竭药物的分类；ARNI、ACEI、ARB、MRA 抗心力衰竭的作用机制；强心苷类药物的药理作用、临床应用、不良反应及防治；I_f通道抑制剂伊伐布雷定及可溶性鸟苷酸环化酶激动剂维立西呱的作用及临床应用。

3. 了解　SGLT2 抑制剂的作用机制以及血管扩张药、非强心苷类正性肌力药的作用及临床应用。

【能力目标】

能针对不同类型的心力衰竭，合理使用抗心力衰竭药。

【素质目标】

1. 通过学习，培养质疑、探究、发现及解决问题的能力。

2. 对于心力衰竭患者的治疗，树立治疗“心”须给予“心”意识，即要有治愈、帮助、安慰之“心”。

自 1785 年英国医师威廉・威瑟林(William Withering)首次报道洋地黄用于治疗水肿以来，抗心力衰竭的药物治疗已有 200 多年历史。随着心力衰竭病理生理学机制的逐渐明确，心力衰竭的治疗模式也在不断演变：从 20 世纪 20 年代的心脏模式(洋地黄时期)到 50～60 年代的心肾模式(洋地黄类药＋利尿药)，再到 70～80 年代的血流动力学治疗策略(强心药＋利尿药＋扩血管药)，逐渐转变为神经内分泌的综合调控。RAS 抑制剂如 ACEI 或 ARB 和 MRA、ARNI、β受体拮抗剂以及 SGLT2 抑制剂形成了“新四联”标准治疗方案。在此基础上，现今全球上市了首个独立于新四联的可溶性鸟苷酸环化酶激动剂维立西呱。至此，开启了治疗心力衰竭“细胞-信号通路”的新途径。

资料来源：

KOMAJDA M，LECHAT P，GROSGOGEAT Y，1988. First-line treatment of cardiac insufficiency：digitalis glycosides，diuretics，vasodilator agents or new cardiotonic agents.Presse Med，17(15)：747－750.

METRA M，TOMASONI D，ADAMO M，et al.，2023. Worsening of chronic heart failure：definition，epidemiology，management and prevention. A clinical consensus statement by the Heart Failure Association of the European Society of Cardiology. Eur J Heart Fail，25(6)：776－791.

第一节 概 述

心力衰竭(heart failure, HF)是多种原因导致心脏结构和(或)功能的异常改变,使心室收缩和(或)舒张功能发生障碍,引起的一组复杂临床综合征。根据起病急缓,心力衰竭分为急性和慢性心力衰竭;根据左室射血分数(left ventricular ejection fraction, LVEF),心力衰竭可分为射血分数降低的心力衰竭(HF with reduced EF, HFrEF,LVEF≤40%),射血分数保留的心力衰竭(HF with preserved EF, HFpEF, LVEF≥50%)和射血分数轻度降低的心力衰竭(HF with mid-range EF, HFmrEF,LVEF 为41%~49%)。此外,射血分数改善的心力衰竭(HF with improved EF, HFimpEF)为 HFrEF 的一个亚组。心力衰竭发病的病理生理过程极为复杂,涉及神经内分泌的激活、细胞信号传导及心肌能量代谢障碍等。目前针对心力衰竭治疗仍以药物为主。

一、心功能和结构的变化

1. 心功能的改变 心力衰竭患者心功能改变主要体现在收缩或舒张功能障碍引发心脏泵血功能低下以及由此引起的一系列血流动力学变化。心脏泵血功能低下引起心输出量、射血分数(ejection fraction, EF)和心脏指数降低,以及左心室舒张末压、右室舒张末压及右房压升高。这些参数改变与心力衰竭的病情严重程度相关。

2. 结构的改变 结构的改变包括心肌细胞数量减少及排列紊乱、心肌外细胞基质改变、心脏淀粉样变、心肌肥厚和心室重构等。多种因素可导致心脏结构改变,如神经内分泌过度激活、局部慢性炎症、活性氧增加、自噬及心肌细胞能量生成障碍等。心脏机械效能的减弱进而加剧心脏收缩和舒张功能障碍。

二、神经内分泌变化

潜在的心功能障碍会触发一系列神经内分泌补偿机制,包括 RAS 和交感神经系统(sympathetic nervous system, SNS)的激活,利尿钠肽如心房利尿钠肽和脑利尿钠肽、精氨酸加压素(arginine vasopressin, AVP)、内皮素等体液因子的释放。

1. 交感神经系统的激活 心力衰竭早期,心脏泵功能下降,输出量减少,反射性兴奋交感神经系统,使心肌收缩力增强,心输出量增加。机体通过这种快速调节,补偿并维持血流动力学的稳定性。但是,长期交感神经系统激活致血管收缩、管壁增厚及血管顺应性降低,心脏后负荷增加;同时引起心率加快甚至诱发心律失常及猝死,并使心肌耗氧量增加、心肌细胞凋亡、坏死和细胞内 Ca^{2+} 过多引发系列毒性作用。此外,长期交感神经系统激活,会导致心肌细胞 β 受体信号转导改变,包括以下几种情况。

(1) β_1受体下调:如β_1受体密度降低及数目减少。

(2) β_1受体与 G_s 蛋白脱偶联:心力衰竭时 G_s 蛋白量减少、活性降低,G_i蛋白量增多或活性增加,G_s/G_i值下降,使心脏对β_1受体激动剂反应性降低。同时,腺苷酸环化酶活性下降,细胞内 cAMP 含量减少,细胞内 Ca^{2+} 减少,心肌收缩功能障碍。

(3) G 蛋白偶联受体激酶活性增加:G 蛋白偶联受体激酶能使已被激动剂占领并与 G 蛋白相偶联的 β 受体磷酸化,然后抑制阻碍素结合到磷酸化受体,使受体与 G 蛋白脱偶联而脱敏。心力衰竭时,β_1受体下调与 G 蛋白偶联受体激酶和阻碍素有关。

交感神经系统长期激活,儿茶酚释放增加,激活肾小球旁系细胞的β_1受体致肾素分泌增加,促进 RAS 激活,两者共同加重心力衰竭。

2. RAS 是由一系列肽类激素及相应酶组成的重要体液平衡调节系统。主要参与调节心血管功能及水电解质平衡,维持机体内环境的相对稳定。心力衰竭早期,心脏泵功能下降,输出量减少和肾血流量减少致 RAS 被激活,补偿早期受损的心功能,维持心输出量及血流动力学的稳定。然而,长期激活 RAS,AngⅡ生成增加,作用于血管、肾及肾上腺、心脏及中枢等部位的 AT_1受体,使全身小动脉强烈收缩、醛固酮及垂体加压素分泌增多,引起心脏负荷加重;同时促使血管或心脏局部生长因子释放,细胞外基质合成增加,血管壁增厚及顺应性下降、心肌肥厚及心脏重塑等。在心力衰竭更晚期阶甚至于会出现免疫激活的炎症状态、活性氧增加等病理生理改变。此外,RAS激活也可促进交感神经的激活,从而进一步加重心力衰竭恶化。

3. 利尿钠肽系统　利尿钠肽是一类心脏循环激素,具有利钠、利尿、舒张血管、抑制RAS、抗血管平滑肌细胞及内皮细胞增殖等作用。利尿钠肽包括心房利尿钠肽、脑利尿钠肽和C型利尿钠肽(CNP),其中对心脏起关键作用的是心房利尿钠肽和脑利尿钠肽。慢性心力衰竭患者心房利尿钠肽和脑利尿钠肽水平升高,然而,具有生物活性的利尿钠肽利用率降低及作用减弱。产生这种现象的原因与以下几个因素有关:① 降解利尿钠肽的脑啡肽酶和利尿钠肽受体(natriuretic peptide receptor, NPR)介导的利尿钠肽清除率增加,以及非活性的脑利尿钠肽前体(proBNP)尤其是N末端脑利尿钠肽前体(NT-proBNP)水平增加;② 利尿钠肽受体表达下调、利尿钠肽受体脱敏和下游信号传导抑制,使靶器官对利尿钠肽的反应性降低;③ RAS、交感神经系统和内皮素-1的过度激活对利尿钠肽系统的反调节。利尿钠肽是心力衰竭患者诊断和预后中最成熟的生物标志物,尤其NT-proBNP水平与急性和慢性心力衰竭的症状严重程度、血流动力学和较高死亡率密切相关。

4. 其他内分泌改变　精氨酸加压素、内皮素等体液因子分泌增加,NO、降钙素基因相关肽等减少均可加重心力衰竭。

综上,RAS和交感神经系统激活的相互促进,以及精氨酸加压素和内皮素的分泌增加,共同加重心血管损伤及心力衰竭;RAS、交感神经系统、精氨酸加压素和内皮素反调节利尿钠肽的分泌,加重心力衰竭。与之相反,利尿钠肽可反调节RAS和交感神经系统的激活,有利机体心血管的保护(图20-1)。

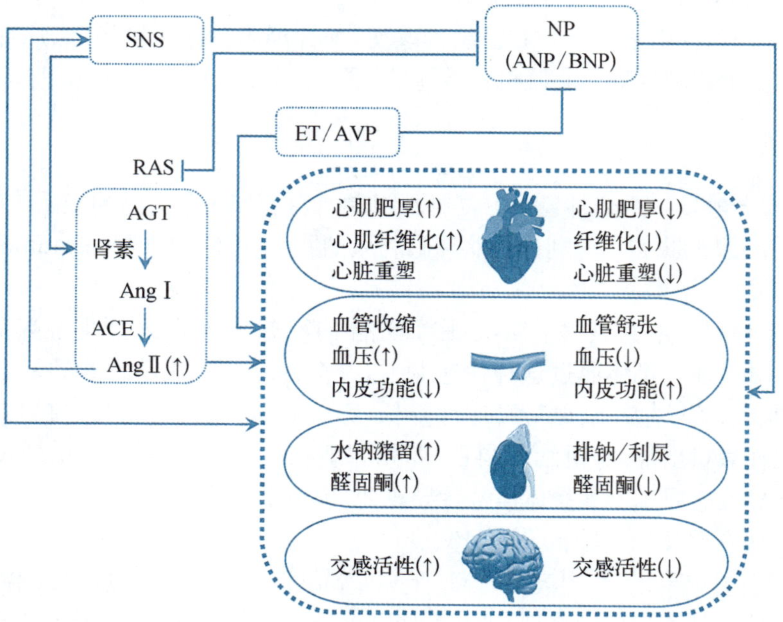

图20-1　心力衰竭时神经内分泌的调节

AGT,血管紧张素原;ACE,血管紧张素转换酶;SNS,交感神经系统;RAS,肾素-血管紧张素系统;NP,利尿钠肽;ANP,心房利尿钠肽;BNP,脑利尿钠肽;ET,内皮素;AVP,精氨酸加压素;Ang Ⅰ,血管紧张素Ⅰ;Ang Ⅱ,血管紧张素Ⅱ

三、能量代谢障碍及细胞信号通路传导异常

(一)能量代谢障碍

心肌细胞能量的主要来源依靠线粒体氧化磷酸化(约95%),能量代谢消耗的底物40%~60%来自脂肪酸,其他包括乳酸、葡萄糖、酮体和氨基酸。心力衰竭患者,脂肪酸供能明显降低,酮体、氨基酸和乳酸供能增加。这些供能来源的改变直接影响线粒体氧化磷酸过程,导致ATP生成减少甚至于使心肌处于能量匮乏状态,由此引发心力衰竭患者的心脏工作效率明显下降。神经内分泌过度激活、活性氧及炎症又可加重心肌能

量代谢障碍。

（二）一氧化氮-可溶性鸟苷酸环化酶-环磷酸鸟苷信号通路传导异常

环磷酸鸟苷（cGMP）在介导心肌和血管舒张中发挥重要作用，一氧化氮-可溶性鸟苷酸环化酶-环磷酸鸟苷（NO－sGC－cGMP）信号通路负责调控 cGMP 的生成。在心力衰竭患者体内，NO 或可溶性鸟苷酸环化酶的生物利用度明显降低，致 cGMP 减少或缺乏，进而导致持续的氧化应激、自噬异常、细胞凋亡、心肌纤维化和心脏重塑。

四、心力衰竭涉及的其他病理生理过程

心肌细胞电解质紊乱会加剧心力衰竭和心源性死亡。心力衰竭患者心肌细胞膜上钠氢交换蛋白 1（Na^+/^+H exchanger1，NHE－1）表达增加，心肌细胞内 Na^+ 增加，促使 Na^+/Ca^{2+} 反向转运，细胞外 Ca^{2+} 大量内流入细胞内致钙超载，加快心力衰竭进程及提高心律失常风险。此外，心力衰竭患者心肌细胞自噬/线粒体自噬障碍、促红细胞生成素降低、活性氧增加及 NLRP3 炎症小体激活引发的心脏局部的慢性炎症等改变也促进了心力衰竭的发生与发展。

五、治疗心力衰竭药物的分类

根据药物作用及作用机制，治疗心力衰竭的药物可分为以下几类。

1. RAS 抑制剂

作用于 RAS 的药物共有 4 类，目前用于心力衰竭治疗的药物主要是以下 3 类。

（1）ACE 抑制剂：如卡托普利、依那普利、福辛普利、雷米普利等。

（2）血管紧张素受体拮抗剂：如氯沙坦、缬沙坦等。

（3）盐皮质激素受体拮抗剂：如螺内酯、依普利酮等。

2. 血管紧张素受体脑啡肽酶抑制剂　如沙库巴曲缬沙坦等。

3. β 受体拮抗剂　如比索洛尔、美托洛尔和卡维地洛等。

4. 钠-葡萄糖耦联转运体 2 抑制剂　如恩格列净、达格列净和索格列净等。

5. 利尿药　如氢氯噻嗪、呋塞咪和布美他尼等。

6. 其他

（1）正性肌力药：强心苷类如地高辛；非强心苷类正性肌力药包括儿茶酚胺类如多巴酚丁胺、磷酸二酯酶抑制剂如米力农等和钙增敏药如左西孟旦等。

（2）I_f通道抑制剂：如伊伐布雷定等。

（3）可溶性鸟苷酸环化酶激动剂：如维立西呱等。

（4）血管扩张药：如肼屈嗪和硝酸异山梨酯等。

第二节　治疗心力衰竭的常用药物

一、RAS 抑制剂

（一）ACEI

该类药物的代表药物主要有卡托普利、依那普利、福辛普利（fosinopril）、雷米普利（ramipril）等。

【作用机制】

（1）减轻心脏负荷：ACEI 抑制体循环及局部组织中 ACE，使 AngⅡ形成减少，减弱 AngⅡ的缩血管作用；ACEI 抑制缓激肽降解，促进 NO 和 PGI_2生成，扩张血管。两者共同导致心脏后负荷减轻。ACEI 减弱 AngⅡ引起的醛固酮释放，减轻水钠潴留，可降低心脏前负荷。

(2) 抑制心肌肥厚、心室及血管重构：ACEI 可抑制促生长因子释放，长期应用(>6 个月)小剂量(不影响血压的剂量)ACEI，能有效阻止和逆转心肌纤维化、心肌肥厚及心脏重塑，亦可逆转已出现的纤维组织和肌层内冠状动脉壁的增厚，提高血管顺应性。

(3) 改善血流动力学：ACEI 减少 AngⅡ形成和抑制缓激肽降解使血管扩张，降低全身血管阻力(对动脉作用大于静脉)，使平均动脉压、肺楔压、右房压降低并增加心输出量；同时还可降低左室充盈压及左室舒张末压，以及改善室壁张力和心脏的舒张功能。ACEI 还可降低肾血管阻力，增加肾血流量，增加肾小球滤过率，增加尿量，缓解心力衰竭症状。此外，ACEI 也能扩张冠状血管，增加冠状动脉血流量，保护缺血心肌，减轻缺血再灌注损伤，同时减少心律失常的发生。

(4) 降低交感神经活性：ACEI 可抑制交感神经激活，减少儿茶酚胺释放，并可恢复下调的 β 受体数量，并增加 G_s 蛋白量进而增强腺苷酸环化酶活性，以此进一步改善心功能。

(5) 保护血管内皮细胞：ACEI 减少 Ang Ⅱ的生成，减轻局部炎症及活性氧生成，防止或逆转血管内皮细胞的功能损伤，改善血管舒张功能。ACEI 还能抗动脉粥样硬化，改变动脉粥样硬化的斑块结构，从而提高血管顺应性。此外，ACEI 亦具有保护血管内皮并降低血栓形成的可能性。

【临床应用】

(1) 心力衰竭：主要用于既往或目前有症状的慢性 HFrEF 的患者，使用 ACEI 有助于降低心力衰竭发病率及死亡率。

(2) 高血压：作为高血压治疗的常用药。

(3) 心肌梗死：与其舒张冠状血管以增加心肌供血供氧，减轻心脏负荷有利于降低心肌耗氧量有关。此外，还与其对抗 Ang Ⅱ 致血栓生成以及防止动脉粥样硬化和稳定斑块、避免斑块破裂出血有关。

(4) 糖尿病肾病及其他肾病：ACEI 舒张肾小球出球小动脉的作用大于入球小动脉，可降低糖尿病肾病及其他肾病患者肾内压，减少蛋白尿形成。尤其对糖尿病肾病效果较好，但多囊肾和肾动脉狭窄患者不宜应用。

(二) ARB

代表药物包括氯沙坦、缬沙坦、厄贝沙坦、坎地沙坦及阿利沙坦酯等。

【作用机制】

ARB 高度选择性阻断 Ang Ⅱ与 AT_1受体结合，拮抗包括 ACE 及糜酶等非 ACE 途径形成的 Ang Ⅱ对心脑肾及血管的损伤。此外，ARB 还可使 Ang Ⅱ生成增加，Ang Ⅱ通过激动 AT_2受体保护心血管。然而，ARB 对缓激肽降解无影响，因此，缺乏缓激肽对心血管的保护，但同时避免了缓激肽所致咳嗽、低血糖及血管神经性水肿等不良反应。

【临床应用】

干咳或血管神经性水肿的心力衰竭患者不能耐受 ACEI 时，ARB 可替代 ACEI。

(三) 醛固酮受体拮抗剂

醛固酮是肾上腺皮质分泌的一种盐皮质激素，醛固酮水平升高与心力衰竭发生发展密切相关。在未经治疗或经 ACEI、利尿药治疗的心力衰竭患者中，醛固酮血浆浓度与疾病的严重程度成比例升高。经 ACEI 治疗出现的继发性醛固酮分泌增加，被称为醛固酮突破现象。醛固酮与盐皮质激素受体结合，不仅通过水钠潴留加重心力衰竭，还可直接或通过炎症、氧化应激、内皮功能障碍等途径使心肌纤维化、坏死及肥厚性重塑改变，甚至出现严重心律失常等。

【作用机制】

盐皮质激素受体拮抗剂(mineralocorticoid receptor antagonists，MRA)拮抗醛固酮与其受体结合，直接拮抗 RAS 所致的醛固酮增加，从而引起心力衰竭的病理生理影响；并可减轻 ACEI 所致醛固酮突破现象，以及对抗利尿药所致低钠引发的醛固酮分泌增加带来的不利影响。此外，MRA 还可抑制活性氧的形成。MRA 通过以上作用防治心室肥厚及心肌纤维化，并改善血流动力学及临床症状，降低心力衰竭患者死亡率。

临床常用于治疗心力衰竭的 MRA 药物有螺内酯和依普利酮，螺内酯属于非选择性 MRA，除拮抗醛固酮作用外，还可与其他皮质激素（如糖皮质激素、雄激素）的受体结合，因此长期应用螺内酯会产生性激素样不良反应如男性乳腺增生。依普利酮是新型的选择性醛固酮受体拮抗剂，对醛固酮受体具有高度选择性，可避免螺内酯的抗性激素不良反应，是治疗心力衰竭安全有效的药物。

【临床应用】

（1）心力衰竭：主要用于估算肾小球滤过率（eGFR）＞30 mL/（min·1.73 m^2），且血清钾＜5.0 mEq/L 的射血分数低下的心力衰竭患者，可降低发病率及死亡率。

（2）醛固酮增多相关性水肿：如肝硬化所致腹水。

二、血管紧张素受体脑啡肽酶抑制剂

脑啡肽酶（enkephalinase，NEP）是一种中性内肽酶，主要作用是降解机体内源性血管活性物质如利尿钠肽、AngⅡ、内皮素、肾上腺髓质素和缓激肽等。因此，拮抗脑啡肽酶对利尿钠肽的降解，同时抑制 AngⅡ对利尿钠肽系统的反向调节，成为治疗心力衰竭的重要途径。

【药理作用与作用机制】

沙库巴曲缬沙坦（sacubitril valsartan）是全球第一个上市的血管紧张素受体脑啡肽酶抑制剂（angiotensin receptor neprilysin inhibitor，ARNI）类药物，由脑啡肽酶抑制剂（沙库巴曲）和 ARB（缬沙坦）以 1∶1 摩尔比例结合而成的共晶体。沙库巴曲在体内代谢为活性产物 LBQ657 来抑制脑啡肽酶的活性，减少脑利尿钠肽降解，产生利钠利尿、增强内皮功能及抑制纤维化等作用；此外，其还可对抗 RAS、交感神经及内皮素对利尿钠肽的反向调节而保护心血管。然而，Ang Ⅱ 亦是脑啡肽酶的底物，沙库巴曲抑制脑啡肽酶，使 Ang Ⅱ不能降解，进一步导致血中 Ang Ⅱ水平升高，加重心血管损伤。ARB 类的代表药物缬沙坦可高度选择性阻断 AT_1受体，拮抗 Ang Ⅱ可致血管收缩、醛固酮释放、垂体加压素分泌、肾脏对水钠重吸收及激活交感神经等，沙库巴曲和缬沙坦两者共同发挥心血管保护作用。ARNI 还可降低急慢性、新发心力衰竭患者血浆 NT－proBNP 水平，显著降低心力衰竭事件发生率和心血管死亡率，并可降低肾脏复合事件风险。

【临床应用】

（1）心力衰竭：主要用于心功能Ⅱ/Ⅲ级 HFrEF 患者，降低住院率、心血管死亡率及猝死风险。

（2）高血压：作为常用药物用于高血压治疗。

【不良反应】

不良反应发生率较低，单用 ARNI 外周水肿发生率约 2.6%，面部潮红发生率＜2%；疲乏和头晕主要发生在治疗初期或剂量调整期间。较明显的不良反应包括以下几方面。

（1）血管性水肿：严重时可能发生致命性喉头水肿，用药期间应注意观察。

（2）低血压：尤其在与其他抗高血压药物联用时容易发生。从小剂量开始治疗，低血压持续者需要减量或暂停该药。

（3）高钾血症：高血钾抢救不及时会导致心脏骤停。应定期监测血清钾，尤其是对于存在高钾血症风险的患者，如严重肾受损、糖尿病、醛固酮减少症等患者。

（4）肾功能受损：ARNI 较缬沙坦具有更好的肾脏保护作用，肾功能受损发生率低，但仍可能会出现。用药期间需要监测肾功能，尤其双侧或单侧肾动脉狭窄患者。非甾体抗炎药可导致肾受损的风险增加，应避免合用。

（5）对胎儿的影响：在妊娠早期，沙库巴曲缬沙坦可致胎儿肾功能减弱甚至死亡，孕妇慎用或禁用。

【禁忌证】

对本药过敏者、曾发生血管性水肿的患者禁用；本药不宜与 ACEI 合用，必须联用时，应在停止 ACEI 治疗 36 h 之后才能服用本药；在糖尿病患者中，禁止与肾素抑制剂阿利吉仑联用。

三、β 受体拮抗剂

交感神经过度激活及随之而来的 β 受体下调、信号传导异常和功能障碍被认为是心力衰竭发生和进展的重要原因，亦被认为是心力衰竭预后不良的重要预测因素。β受体拮抗剂在受体水平纠正β受体功能障碍，是治疗心力衰竭的一种有效策略。但是，β受体拮抗剂种类多，各药的药理特性不同，且对心力衰竭的疗效存在明显差异。目前，被证明对心力衰竭治疗效果明显的药物有 3 种，即比索洛尔(bisoprolol)、卡维地洛和美托洛尔缓释剂。

【作用机制】

(1) 抑制交感神经过度激活，上调β受体敏感性。

1) 拮抗心脏上 β_1 受体，对抗过量儿茶酚胺对心脏的毒性作用，如防止过量儿茶酚胺所致大量 Ca^{2+} 内流引发的能量消耗及线粒体损伤，避免心肌细胞坏死。

2) 上调衰竭心肌细胞β受体数量并恢复其信号转导功能，改善其对儿茶酚胺的敏感性。3 种常用于心力衰竭治疗的β受体拮抗剂物中，以美托洛尔和比索洛尔作用明显。卡维地洛无上调β受体作用，但其可拮抗 α 受体所致外周血管收缩，降低心脏负荷，且还具有抗氧化作用，这些作用均有利心力衰竭的治疗。

(2) 抑制 RAS 的激活：β受体拮抗剂阻断肾小球旁细胞上的 β_1 受体，减少肾素分泌抑制 RAS，拮抗 RAS 持续激活对心血管的不良影响，改善衰竭心脏的结构及功能。

(3) 抗心肌缺血及抗心律失常作用：急或慢性的心肌缺血均可导致心肌能量代谢异常，进而引发心肌细胞功能及结构改变，恶性心律失常是心力衰竭患者死亡的主要原因。β受体拮抗剂通过抗心肌缺血作用改善心肌能量代谢，同时通过抗心律失常作用有效降低死亡率及防止猝死。

(4) 对心功能及血流动力学的作用：长期应用β受体拮抗剂，通过减慢心率延长左室充盈时间并增加心肌血液灌注，以及降低心肌耗氧量，明显改善心功能及血流动力学。

(5) 其他：可降低 ET_1、TNF-α、IL-6 等细胞因子水平及抗氧化性损伤而改善心功能，延缓心力衰竭进程。

【临床应用】

β受体拮抗剂主要用于基础病因是扩张型心肌病、目前或既往有症状的慢性 HFrEF 患者。

四、钠-葡萄糖耦联转运体 2 抑制剂

钠-葡萄糖耦联转运体 2(sodium-glucose cotransporter 2, SGLT2)主要位于近曲小管前段上皮细胞膜，负责原尿中>90%葡萄糖的重吸收。剩余≤10%葡萄糖经近端小管后段的 SGLT1 重吸收。SGLT2 抑制剂与 SGLT2 转运蛋白结合，抑制 SGLT2 对葡萄糖和钠的重吸收，促进尿糖、尿钠排泄。目前，该类药物主要有达格列净(dapagliflozin)、恩格列净(empagliflozin)及索格列净(soxagliflozin)，可用于射血分数降低的心力衰竭患者的治疗。达格列净、恩格列净分别于 2021 年和 2022 年在我国获批用于心力衰竭患者的治疗。

【体内过程】

不同 SGLT2 抑制剂药代动力学存在差异，且有些药物的药代动力学参数尚不明确。3 种用于治疗心力衰竭的 SGLT2 抑制剂的主要药代动力学参数如下(表 20-1)。

表 20-1　用于治疗心力衰竭的 SGLT2 抑制剂的药代动力学参数

	达格列净	恩格列净	索格列净
生物利用度(%)	78	60	N/A
药物浓度达峰时间(h)	1.0～1.5	1.0～1.5	2
蛋白结合率(%)	91	86.2	N/A
药物代谢酶	UGT1A9	UGT1A3 UGT1A8 UGT1A9 UGT2B7	UGT3A4 UGT1A1 UGT1A9 UGT2B7
$t_{1/2}$(h)	12.9	12.4	13.5～20.7

续　表

	达格列净	恩格列净	索格列净
清除部位	肠道、胆汁及肾脏	N/A	N/A
尿排泄率(%)	75	54	N/A
粪排泄率(%)	21	41	N/A

注：UGT，尿苷二磷酸-葡萄糖醛酸转移酶；N/A，缺失或无法提供的信息。

【作用机制】

SGLT2 抑制剂治疗心力衰竭的具体机制尚未完全明确，可能涉及：① SGLT2 抑制剂与肾脏近曲小管 SGLT2 结合，抑制 SGLT2 对葡萄糖和钠的转运，产生排钠、利尿作用。持续的尿钠排泄导致血容量减少和血压降低，减轻心脏前、后负荷，改善心力衰竭患者的血流动力学。② 改善心脏能量代谢。③ 抑制炎症反应及降低氧化应激。④ 改善血管功能。⑤ 预防心脏重塑。⑥ 抑制心肌细胞钠氢交换体 1 及提高心力衰竭患者促红细胞生成素水平等。

【临床应用】

(1) 治疗心力衰竭：无论是否合并糖尿病，心功能Ⅱ/Ⅲ级、LVEF≤40%及有症状的慢性 HFrEF 的心力衰竭患者使用 SGLT2 抑制剂，可降低心力衰竭患者住院率和心血管死亡率。

(2) 心力衰竭住院风险预防：2 型糖尿病无论是有心血管疾病还是心血管高危风险的患者，都可使用 SGLT2 抑制剂预防心力衰竭住院风险。

(3) 2 型糖尿病：见第二十三章。

【不良反应】

治疗剂量不良反应轻且短暂。与磺脲类药物或胰岛素联用可能出现低血糖。低血压(发生率低)、电解质平衡紊乱如低镁及高钾、血糖正常的糖尿病酮症酸中毒发生率低、生殖器及泌尿生殖道感染、脑卒中或周围血管疾病及肾功能损伤等。

【禁忌证】

孕妇和哺乳期妇女、肾功能减退者、症状性低血压或收缩压<95 mmHg 者不宜使用；半年内反复发生泌尿生殖感染的患者不宜使用；周围血管疾病及糖尿病足溃疡等患者应慎用。

五、利尿药

利尿药是急性心力衰竭患者缓解临床症状、改善远期预后的基础治疗。用于急性心力衰竭治疗的主要是袢利尿药如呋塞米和布美他尼。

【作用机制】

促进 Na^+ 排泄，减少血管壁细胞 Ca^{2+} 含量，血管壁张力及外周阻力下降，减轻心脏后负荷。促进排钠、排水，减轻心脏前负荷，有效消除或缓解静脉淤血及其所引发的肺水肿和外周水肿；降低房室舒张压及室壁肌张力，并改善心内膜下血液灌注。

【临床应用】

凡是有容量负荷增加(如水肿、明显充血和淤血)的急性心力衰竭患者均应在初始治疗中静脉给予利尿药，但对于有低灌注表现的急性心力衰竭患者，在达到足够灌注量前应避免应用利尿药。利尿药的选择以袢利尿药为主，如呋塞米或布美他尼。对于存在利尿药抵抗的患者，可适当增加袢利尿药的剂量，但应密切注意其恶化预后的风险如神经内分泌的过度激活与电解质紊乱。对于低钠血症、射血分数降低的患者，在逆转潜在因素和限制自由饮水仍不能改善低钠血症时，可考虑在急性期或对有肾损害倾向患者应用托伐普坦。但需要注意的是，利尿药不能降低患者的病死率。

第三节 其他治疗心力衰竭的药物

一、正性肌力药

多数正性肌力药物对心力衰竭疗效欠佳,且部分药物会带来严重不良反应。大量临床数据证明,强心苷类药物中的地高辛是唯一可降低心力衰竭住院风险的正性肌力药。

(一)强心苷类药物

强心苷类(cardiac glycosides)药物临床用于治疗心力衰竭已有200多年。目前临床常用药物主要有地高辛(digoxin)和去乙酰毛花苷(deslanoside)。下文以地高辛为代表介绍强心苷类药物。

【药理作用】

(1) 对心脏的作用

1) 正性肌力作用:治疗剂量强心苷类药物通过适度抑制心肌细胞膜上 Na^+-K^+-ATP 酶(20%～40%)来增强心收缩力。但当 Na^+-K^+-ATP 酶活性被抑制率>30%时,可能出现中毒反应;当达到或超过60%～80%时,导致严重中毒反应。

2) 负性频率作用:对正常心率影响小,对于心率加快者或伴有心房颤动的心力衰竭患者,强心苷类药物可明显减慢其心率。主要原因与其加强心收缩力,心输出量增加致反射性兴奋迷走神经有关。

3) 对传导组织及心肌电生理特性的影响:治疗量药物通过提高迷走神经活性,降低窦房结自律性、减慢房室结传导及缩短心房有效不应期。过量药物会致房室传导阻滞、窦性心动过缓甚至窦性停搏。此外,过量药物抑制 Na^+-K^+-ATP 酶,使浦肯野纤维的自律性提高及缩短有效不应期,引发室性心律失常等严重不良反应。

(2) 对神经内分泌的作用:治疗量强心苷类药物可直接抑制交感活性及增强迷走神经活性;抑制RAS及促进心房利尿钠肽分泌和恢复心房利尿钠肽受体的敏感性。中毒剂量药物兴奋延髓极后区催吐化学感受区而引起呕吐;明显兴奋交感神经中枢,引起快速型心律失常。严重中毒时还引起中枢神经兴奋症状,如行为失常、精神失常、谵妄甚至惊厥。

(3) 对肾脏的作用:对心力衰竭患者有较为明显利尿作用,但对正常人或非心源性水肿患者的利尿作用较弱。

【临床应用】

(1) 心力衰竭:强心苷类药物不再是治疗心力衰竭的主要药物,一般用于无法耐受高剂量其他药物治疗的严重心力衰竭,或其他药物治疗后仍有症状的心力衰竭患者,包括慢性心力衰竭、新发心力衰竭或心力衰竭住院的患者等。伴有心房颤动或心室率快的心力衰竭是强心苷类药物的最佳适应证;对基础病因是瓣膜病、高血压、先天性心脏病的心力衰竭患者疗效良好;对继发于严重贫血、甲状腺功能亢进及维生素 B_1 缺乏症致能量产生障碍的心力衰竭患者疗效较差;对肺源性心脏病、严重心肌损伤或活动性心肌炎如风湿活动期的心力衰竭患者疗效差,且易发生强心苷中毒;对心肌外机械因素引起的心力衰竭,包括严重二尖瓣狭窄及缩窄性心包炎患者无效。

(2) 心律失常

1) 心房纤颤:强心苷类药物抑制房室传导,使心房过多冲动不能穿透房室结下传至心室,从而控制心室频率。

2) 心房扑动:强心苷类药物能不均一地缩短心房有效不应期引起折返激动,使心房扑动转为心房纤颤,再通过其抑制房室传导作用,控制心室频率。

【不良反应】

强心苷类药物安全范围低,不良反应较严重。主要包括:① 胃肠道反应,如厌食、恶心、呕吐、腹泻,剧烈呕吐可致钾的丢失而加重强心苷中毒，应减量或停药，并注意补钾。② 神经系统反应，包括眩晕、头痛、疲倦、失眠、谵妄等；还有黄视、绿视及视物模糊等视觉障碍及色觉障碍。视觉障碍及色觉障碍是中毒的先兆，也常作为停药的指征。③ 心脏毒性，可出现各种心律失常，最多见的是室性期前收缩，也可出现室性二联律、三联律及室性心动过速甚至心室颤动等。此外，还可出现房室传导阻滞及窦性心动过缓甚至窦性停搏。

【中毒防治】

用药过程中应监测血药浓度，如地高辛浓度≥3.0 ng/mL 可确诊为中毒；了解诱发中毒的因素如低血钾、高血钙、低血镁、心肌缺血缺氧等；警惕中毒先兆及停药指针如室性期前收缩、窦性心律过缓(心率＜60 次/分)及色视障碍等。强心苷类药物中毒的治疗，首先是停药；对室性期前收缩，可单独静脉滴注或口服氯化钾，但对并发传导阻滞的中毒者不能补钾，否则易致心脏停搏；对较为严重的过速性心律失常如室性二联律、三联律，在补钾基础上加用苯妥英钠；对出现室性心动过速或心室颤动患者，需要用利多卡因；对危及生命的极严重中毒者，宜用地高辛抗体的 Fab 片段静脉注射。阿托品用于缓慢型心律失常治疗。

(二) 非强心苷类的正性肌力药

该类药物长期应用可增加病死率，甚至缩短生存时间，故不宜作常规治疗用药。儿茶酚胺类如多巴胺常静脉滴注多用于急性心力衰竭或进展性心力衰竭短期维持循环；多巴酚丁胺主要用于强心苷类药物反应不佳的严重左心功能不全和心肌梗死后心功能不全者，但其降低肺动脉压作用不强，久用易脱敏失效，且多巴酚丁胺可增加死亡风险；异波帕明(ibopamine)早期应用可减缓病情恶化，但不降低病死率。磷酸二酯酶抑制剂如米力农(milrinone)、氨力农(amrinone)和依诺昔酮(enoximone)，通过抑制磷酸二酯酶增加细胞内 cAMP 水平及细胞内 Ca^{2+} 浓度而发挥正性肌力作用，但其在心力衰竭治疗中临床获益不明显，相反，米力农可使全因死亡率增加 28%，米力农仅作为严重急性心力衰竭患者短期静脉给药。钙增敏药如左西孟旦(simendan)临床可用于其他药物治疗效果不佳、需要增加心肌收缩力的急性失代偿心力衰竭的短期治疗。

二、I_f通道抑制剂

心率增加与心血管死亡之间密切相关。伊伐布雷定(ivabradine)是全球第一个选择性 I_f通道抑制剂，通过抑制窦房结中的 I_f通道减慢心率，且不影响心肌收缩力、血压、心内传导或心室复极时间。伊伐布雷定具有频率依赖性(即基础心率越高，其降低心率幅度越大)，剂量依赖性和高度选择性(即低或中等剂量，对其他离子通道无影响)三大药理特性。

临床主要用于：

(1) 慢性心力衰竭的稳定期：对于Ⅱ～Ⅳ级心功能、LVEF≤35%的窦性心律患者。① 已使用 ACEI/ARB/ARNI、β 受体拮抗剂和 MRA，且 β 受体拮抗剂已达到目标剂量或最大耐受剂量，心率仍≥70 次/分的患者。② 心率≥70 次/分，对 β 受体拮抗剂禁忌或不能耐受患者。

(2) 血流动力学稳定后的急性心力衰竭：当 β 受体拮抗剂暂时无法耐受，可考虑小剂量起始使用，并根据患者心率、血压等调整剂量。

(3) 心力衰竭易损期：窦性心律且心率≥70 次/分，尽早联合伊伐布雷定有助于改善心力衰竭患者左心室功能，改善心力衰竭症状，降低心力衰竭患者易损期内再住院风险，并且有利于这一时期内 β 受体拮抗剂剂量的上调。

但应注意以下几点，有过敏史者慎用或禁用；不宜与 CYP3A4 抑制剂联用；孕妇、哺乳期妇女及育龄妇女禁用。此外，患者存在以下情况不宜应用，如心源性休克、急性心肌梗死、不稳定型心绞痛、急性心力衰竭失代偿期、重度低血压(＜90/50 mmHg)等。

三、可溶性鸟苷酸环化酶激动剂

维立西呱(vericiguat)是世界首个可溶性鸟苷酸环化酶(soluble guanylate cyclase，sGC)激动剂，于 2022 年 5 月在我国获批用于治疗心力衰竭。可溶性鸟苷酸环化酶激动剂独立于 ARNI、ACEI 或 ARB 和 β 受体拮抗剂，对心力衰竭患者的治疗有更好的补充作用。

【药理作用】

可溶性鸟苷酸环化酶是NO信号途径中的关键酶,当NO与可溶性鸟苷酸环化酶结合时,该酶催化细胞内cGMP的合成,cGMP作为第二信使,在调节血管紧张度、心收缩力和心脏重塑中发挥作用。维立西呱可不依赖于NO直接激活可溶性鸟苷酸环化酶,然后经sGC-cGMP途径促使cGMP形成;同时也可与NO协同,增加可溶性鸟苷酸环化酶对NO的敏感性。因此,即使在低NO条件下,维立西呱也能产生cGMP,恢复心力衰竭心脏受损的NO-sGC-cGMP通路,减轻氧化应激、改善血管内皮功能及血管张力,提高心肌舒张功能及逆转不良心室重塑等。

【临床应用】

心力衰竭的失代偿期经静脉给予利尿药等治疗后,病情稳定、射血分数降低的慢性心力衰竭患者,维立西呱可降低心力衰竭的发生率及住院率。

【不良反应与注意事项】

维立西呱不良反应少且轻。与抗高血压药物、硝酸类药物、西地那非联用,可能出现低血压。维立西呱对肝肾功能和电解质影响小,一般情况无须常规监测。维立西呱不经CYP450代谢,药物相互作用少,但西地那非和维立西呱作用于同一信号通路,不良反应可能叠加,不推荐两者联用。维立西呱可能会对胎儿造成伤害,故孕妇禁用。哺乳期服药不建议母乳喂养。此外,虽然维立西呱具有良好的药代动力学特征,但需要食物辅助其吸收。

四、血管扩张药

常用血管扩张药包括硝酸酯类、硝普钠、α-受体拮抗剂(乌拉地尔)及重组人脑利尿钠肽。血管扩张药可降低心脏前后负荷,仍是治疗急性心力衰竭的重要部分,特别是对伴有高血压的急性心力衰竭治疗有效。除特定血管扩张药应用的禁忌证之外,收缩压>110 mmHg的急性心力衰竭患者可安全使用血管扩张药;收缩压在90~110 mmHg的患者可酌情谨慎使用血管扩张药;收缩压<90 mmHg或有症状性低血压的患者避免使用血管扩张药。现临床主要应用的代表药物是肼屈嗪和硝酸异山梨酯,多用于因高钾血症、肾功能不全或其他禁忌证不能耐受其他常用抗心力衰竭药治疗的射血分数低下患者。此外,慢性心力衰竭、新发心力衰竭和心力衰竭住院患者亦可应用血管扩张药。

小 结

根据LVEF,心力衰竭可分为射血分数降低的心力衰竭(HFrEF, LVEF≤40%),射血分数保留的心力衰竭(HFpEF, LVEF≥50%)和射血分数轻度降低的心力衰竭(HFmrEF,LVEF为40%~50%);射血分数改善的心力衰竭(HFimpEF)为HFrEF的一个亚组。治疗心力衰竭的药物主要包括RAS抑制剂(ACEI如卡托普利或ARB如缬沙坦、醛固酮受体拮抗剂如螺内酯)、ARNI如沙库巴曲缬沙坦、β受体拮抗剂如卡维地洛和SGLT2抑制剂如恩格列净,以上药物构成了心力衰竭治疗的新四联。ARNI主要用于心功能Ⅱ/Ⅲ级HFrEF患者;ACEI主要用于既往或目前有症状的慢性HFrEF患者。ARNI不宜与ACEI联用,必须联用时至少需要间隔36 h;当心力衰竭患者因不良反应患者不能耐受ACEI时,常以ARB替代;MRA主要用于eGFR>30 mL/(min·1.73 m^2)、血清钾<5.0 mEq/L的射血分数低下的心力衰竭患者;β受体拮抗剂主要用于目前或既往有症状的慢性HFrEF患者;SGLT2抑制剂对于无论是否合并糖尿病,心功能Ⅱ/Ⅲ级、LVEF≤40%及有症状的慢性HFrEF患者均可应用。

利尿药是急性心力衰竭患者缓解临床症状、改善远期预后的基础治疗,静脉给药主要用于容量负荷增加的急性心力衰竭患者的初始治疗。此外,还有其他治疗心力衰竭的药物,包括传统的正性肌力药如地高辛、非强心苷类正性肌力药如儿茶酚胺类的多巴酚丁胺、磷酸二酯酶抑制剂的米力农和钙增敏药的左西孟旦,以及I_f通道抑制剂如伊伐布雷定、可溶性鸟苷酸环化酶激活药如维立西呱和扩血管药如肼屈嗪和硝酸异山梨酯,这些药物仍在某些类型心力衰竭的治疗中具有重要作用。

【思考题】

1. 患者，男，68 岁。因“多饮、多尿 23 年，双下肢水肿 6 年，胸闷、气短及夜间阵发性呼吸困难 10 日”入院。23 年前不明诱因出现多饮、多尿，当地医院检查，发现空腹血糖 7.8 mmol/ L，糖化血红蛋白 7.5%，餐后血糖 12.8 mmol/L，诊断为 2 型糖尿病。医生建议控制饮食控制，同时给予二甲双胍治疗。因患者喜饮酒且不能很好地控制饮食，血糖控制不理想。6 年前，患者常开始感到乏力，时有下肢水肿，自行在药店购买利尿药呋塞米服用药症状有所缓解，但未就医检查及治疗。10 日前，患者淋雨后出现咳嗽、胸闷、气短，双下肢明显水肿，1 天前出现夜间不能平卧及呼吸困难而入院。入院检查：体温 37. 8℃，脉搏 96 次/分，呼吸 20 次/分，血压 165/93 mmHg。糖化血红蛋白 10.36%（正常值 4%～6%），空腹血糖 13.18 mmol/L（正常值 3.9～6.1 mmol/L），NT - proBNP 1 593 ng/mL 血钾 2.6 mmol/L（3.5～5.5 mmol/L），肝肾功能正常。心脏彩超：左心室肥厚、LVEF：35%。入院诊断：2 型糖尿病合并高血压，2 型糖尿病合并心力衰竭。请问：
   (1) 该患者入院后应首先需要选择哪些治疗心力衰竭的药物？选择的依据是什么？
   (2) 该患者病情况稳定后，需要选择哪些抗心力衰竭药？依据是什么？
   (3) 对该患者，是否同时启动新四联治疗，为什么？
2. 治疗心力衰竭的新四联包括哪几类药物？各类药物中的代表药物分别有哪几种？
3. ANRI 与 ACEI 联用时，为什么必须间隔至少 36 h？
4. 强心苷类药物中毒的临床表现有哪些？如何预防及治疗？

（秦大莲）

※ 课程 PPT

第二十章
课程 PPT

第二十一章

影响自体活性物质的药物

学习目标

【知识目标】

1. 掌握　氯苯那敏和氯雷他定的药理作用、临床应用和不良反应。
2. 熟悉　影响组胺、5-羟色胺、前列腺素、白三烯、NO、血管紧张素和内皮素及其受体的药物。
3. 了解　其他药物的特点及应用。

【能力目标】

应用本章知识对过敏反应性疾病患者进行合理用药。

【素质目标】

1. 坚持以患者为中心，对过敏反应性疾病患者具有充分理解关心的人文精神。
2. 能通过了解患者的职业特点，进行个体化用药，以保障患者用药安全。

自体活性物质(autacoid)是一大类由机体多种组织产生，作用于局部或邻近的靶器官(部分可进入血液循环)，产生特定的生理或病理作用，主要在局部代谢的内源性活性物质，亦称局部激素(local hormone)。自体活性物质包括组胺、5-羟色胺、前列腺素、白三烯、NO、激肽类、腺苷、P物质、利尿钠肽、血管紧张素、降钙素基因相关肽、神经肽Y、血管活性肠肽等。其中部分可同时具有一定的递质、调质、激素等功能。

1927年，贝斯特(Best)从新鲜的肝和肺组织分离获得一种与过敏反应有关的物质，随后证明是天然存在于机体多种组织的胺类物质，根据“组织”的希腊语“histos”，将其命名为“histamine”(组胺)。1937年，博韦(Bovet)和斯托布(Staub)发现2-isopropyl-5-methylphenoxy-ethyldiethyl-amine能避免组胺导致的豚鼠死亡，拮抗组胺导致的平滑肌痉挛、减轻过敏性休克症状，但其因毒性太大而无临床价值。1944年，博韦及其同事报道了组胺受体特异性拮抗剂马来酸吡拉明，而后苯海拉明被发现。1966年阿射(Ash)和希尔德(Schild)首次报道并命名了H_1受体，1980年无镇静作用的H_1受体拮抗剂被开发用于过敏性疾病，即第二代H_1受体拮抗剂，但是由于心脏毒性，其中特非那定和阿司咪唑分别于1998年和1999年撤市。1950年前合成的抗组胺药物对组胺所致的胃酸分泌无影响，1970年布莱克(Black)首次报道了抑制胃酸分泌的化合物，发现了H_2受体拮抗剂西咪替丁，1972年布莱克等正式将其命名H_2受体。1983年阿朗(Arrang)等报道H_3受体存在于中枢神经系统突触前膜，调节组胺的合成与释放，首次命名了H_3受体。1999年洛夫伯格(Lovenberg)等得到了H_3受体的分子克隆。近20年来，H_3受体的激动剂拟被开发为胃保护剂、抗炎药、抗惊厥药，以及用于心功能不全、心肌梗死、脓毒性休克的治疗，而H_3受体的拮抗剂被开发用于肥胖、认知功能障碍和儿童注意力缺陷型多动症患者。2000年欧达(Oda)等首次分子克隆了H_4受体，现有研究表明H_4受体可能在骨髓再生、免疫反应、哮喘和鼻息肉形成等方面起调节作用。

资料来源：

吴银华，方红，2013.组胺和抗组胺药的百年进展.杭州：2013年浙江省医学会皮肤病学学术年会.

第一节　组胺和作用于组胺受体的药物

一、组胺及组胺受体激动剂

组胺(histamine)是广泛存在于人体组织的自身活性物质，由组氨酸经组氨酸脱羧酶(histidine decarboxylase，HDC)催化脱羧形成，主要存在于组胺能神经和肥大细胞中，少量存在于血管内皮细胞，主要经组胺-*N*-甲基转移酶(histidine-*N*-methyl transferase，HNMT)代谢成甲基组胺(methyl histamine)，进一步由MAO-B和醛脱氢酶的作用而形成甲基咪唑乙酸(methyl imidazole acetic acid)。存在于肥大细胞和嗜碱性粒细胞的颗粒中的组胺主要参与机体免疫反应。抗原与肥大细胞等细胞膜表面IgE结合，细胞脱颗粒释放组胺，增加毛细血管的通透性。存在于胃肠嗜铬细胞和脑神经元的组胺则主要起神经递质的作用。

组胺主要通过激动组胺受体发挥作用，组胺受体有H_1、H_2、H_3和H_4 4种亚型。① H_1为G_q蛋白偶联受体，主要存在于平滑肌、内皮细胞和中枢神经系统，2-甲基组胺(2-methyl histamine)为其激动剂；H_1受体被激动，激活细胞膜上的磷脂酶C，增加肌醇三磷酸(inositol triphosphate，IP_3)和甘油二酯(diacylglycerol，DAG)水平，兴奋胃肠道和支气管平滑肌，增加毛细血管的通透性，扩张血管，引起晕动病和抑制睡眠。② H_2受体为G_s蛋白偶联的受体，主要存在于胃、心脏和肥大细胞，英普咪定(impromidine)为其特异性的激动剂；H_2受体被激动，激活腺苷酸环化酶，增加cAMP水平，促进胃酸分泌、扩张血管、兴奋心脏和负反馈抑制肥大细胞释放组胺。③ H_3为G_i蛋白偶联受体，主要存在于外周和中枢神经系统神经末梢突触前膜，α-甲基组胺(α-methyl histamine)为其激动剂；H_3受体被激动，抑制腺苷酸环化酶，降低cAMP水平，调节中枢和外周组胺及其他递质的释放，H_3基因敲除的动物摄取食物增多和体重增加。④ H_4受体为G_i蛋白偶联受体，主要存在于白细胞(特别是嗜酸性粒细胞)和肥大细胞，4-甲基组胺(4-methyl histamine)为其激动剂；H_4受体被激动，抑制腺苷酸环化酶，降低cAMP水平，主要与白细胞的趋化有关；H_4受体也存在于骨髓、胸腺、脾脏、结肠和小肠中。

组胺的临床应用已逐渐减少，主要作为诊断药物，如用于胃酸缺乏症，以及作为哮喘和变应性皮肤病诊断的阳性对照药物。人工合成的H_1受体激动剂倍他司汀(betahistine)用于内耳眩晕病、慢性缺血性脑血管病和头痛等。而H_2受体激动剂培他唑(betazole)主要用于检查胃酸分泌功能。总之，组胺受体激动剂的临床价值不大，但其拮抗剂在临床上却有重大价值。根据组胺受体亚型选择性有H_1、H_2、H_3和H_4受体拮抗剂，目前只有前两类药物广泛用于临床。

二、H_1受体拮抗剂

人工合成的H_1受体拮抗剂多具有与组胺相似的乙基胺结构，对H_1受体有较强亲和力，但无内在活性，故能竞争性拮抗H_1受体的作用。根据体内过程与药理作用特点，将H_1受体拮抗剂分为第一代、第二代和第三代。以苯海拉明(diphenhydramine)、异丙嗪(promethazine)、曲吡那敏(pyribenzamine)、氯苯那敏(chlorphenamine)等为代表的第一代H_1受体拮抗剂因具有较强中枢抑制而逐渐被无镇静作用或镇静作用轻微的第二代H_1受体拮抗剂取代，第二代抗组胺药有阿司咪唑(astemizole)、特非那定(terfenadine)、氯雷他定(loratadine)、西替利嗪(cetirizine)等。部分第二代H_1受体拮抗剂如特非那定、阿司咪唑等由于有明显心脏毒性已被撤市。不良反应更少的第三代H_1受体拮抗剂如非索非那定(fexofenadine)、地氯雷他定(desloratadine)、左西替利嗪(levocetirizine)等已经上市。现有研究认为，地氯雷他定、西替利嗪、左西替利嗪等实际为H_1受体的反向激动剂。

【体内过程】

多数H_1受体拮抗剂口服吸收良好，血药浓度2 h左右达到高峰，第一代H_1受体拮抗剂作用持续4～6 h，异丙嗪作用持续6～12 h，布可利嗪作用持续16～18 h，美克洛嗪作用持续12～24 h，组织分布广，易通过血脑屏障，肝代谢后，经尿排泄。第二代H_1受体拮抗剂特非那定、阿司咪唑和氯雷他定肝代谢产物具有活性，作用持续时间超过 12 h,不容易通过血脑屏障。而超过 60% 的西替利嗪以原型经肾排泄。

【药理作用】

(1) 抗外周组胺 H_1受体效应:H_1受体拮抗剂可拮抗组胺引起的胃、肠、气管、支气管和子宫平滑肌收缩;能部分拮抗组胺因激动 H_1受体导致的血管扩张、通透性增加、组织水肿和血压下降。

(2) 中枢作用:第一代 H_1受体拮抗剂有镇静与嗜睡作用,以苯海拉明、异丙嗪作用最强;赛庚啶和曲吡那敏次之,氯苯那敏最小,而苯茚胺略有中枢兴奋作用。第二代 H_1受体拮抗剂不能透过血脑屏障,没有明显中枢作用。

(3) 其他作用:多数第一代 H_1受体拮抗剂如苯海拉明、异丙嗪、美克洛嗪和布可利嗪等有抗胆碱样作用,从而产生抗晕止吐作用,第二代 H_1受体拮抗剂该作用则不明显。

常见 H_1受体拮抗剂的作用特点见表 21-1。

表 21-1 常见 H_1受体拮抗剂的作用特点

药　物	镇静催眠	抗晕止吐	抗胆碱
苯海拉明	+++	++	+++
异丙嗪	+++	++	+++
曲吡那敏	++	−	−
氯苯那敏	+	−	++
布可利嗪	+	+++	+
美克洛嗪	+	+++	+
赛庚啶	++	+	++
苯茚胺	略兴奋	−	++
阿司咪唑	−	−	−
特非那定	−	−	−
氯雷他定	−	−	−
西替利嗪	−	−	−
氮草司汀	−	−	−
左卡巴斯汀	−	−	−

注:+++,作用强;++,作用中等;+,作用弱;−,无作用。

【临床应用】

(1) 皮肤黏膜过敏反应性疾病:用于由组胺释放所引起的荨麻疹、枯草热和过敏性鼻炎等皮肤黏膜过敏反应疾病。对昆虫咬伤引起的皮肤瘙痒和水肿也有良效。对药疹和接触性皮炎有止痒效果。对慢性过敏性荨麻疹与 H_2受体拮抗剂合用效果比单用好。第二代 H_1 受体拮抗剂氮草司汀尚能抗 5-羟色胺、白三烯等作用,因而可用于支气管哮喘的预防。

(2) 晕动病及呕吐:苯海拉明、异丙嗪、布可利嗪、美克洛嗪对晕动病、妊娠呕吐以及放射病呕吐有镇吐作用。

(3) 失眠:对中枢有明显抑制作用的异丙嗪、苯海拉明可用于失眠的辅助治疗。

【不良反应】

第一代 H_1受体拮抗剂常见镇静、嗜睡、乏力等不良反应,故服药期间应避免驾驶车、船及进行高空作业。此外,尚有消化道反应及头痛、口干、排尿困难和视物模糊等。布可利嗪和美克洛嗪可致动物畸胎,妊娠早期禁用。第二代 H_1受体拮抗剂特非那定和阿司咪唑可阻滞心肌细胞膜的钾通道,致 Q-T 间期延长,引起尖端扭转型室性心动过速,可致晕厥、心脏停搏,由于两药主要由肝 CYP3A4 代谢,在与 CYP3A4 抑制剂合用时更易发生,因而两药在中国、美国等部分国家撤市。氯雷他定、西替利嗪以及特非那定的代谢产物非索非那定无此不良反应。

三、H_2受体拮抗剂

H_2受体拮抗剂以含有甲硫乙胍的侧链代替 H_1受体拮抗剂的乙基胺链,能拮抗组胺激动 H_2受体引起的胃酸分泌，对 H_1 受体无作用。目前临床常用的有西咪替丁(cimetidine)、雷尼替丁(ranitidine)、法莫替丁(famotidine)、尼扎替丁(nizatidine)、罗沙替丁(roxatidine)和乙溴替丁(ebrotidine)等，主要用于消化性溃疡的治疗，具体内容详见第二十九章。

四、作用于 H_3 受体的药物

H_3 受体主要存在于外周和中枢神经系统组胺能神经末梢突触前膜，负反馈调节中枢和外周组胺及其他递质(乙酰胆碱、去甲肾上腺素、多巴胺和5-羟色胺等)的释放。H_3 受体的激动剂正被开发为胃保护剂、抗炎药物、抗惊厥药物，以及用于心力衰竭、心肌梗死、脓毒性休克的治疗。

早期的 H_3 受体拮抗剂如布立马胺(burimamide)对 H_3 受体和 H_2 受体均有拮抗作用，对前者的亲和力比后者高100倍。噻普酰胺(thioperamide)为高选择性 H_3 受体拮抗剂，主要用于实验研究。目前 H_3 受体的拮抗剂正被开发用于肥胖、认知功能障碍和儿童注意力缺陷型多动症等患者，如clobenpropit能刺激γ-氨基丁酸释放，产生神经保护效应，正开发作为促智药和阿尔茨海默病治疗药物；ciproxifan开发用于改善老年睡眠障碍、阿尔茨海默病以及作为精神分裂症的辅助用药。

五、作用于 H_4 受体的药物

H_4 受体高表达于骨髓和白细胞，调节白细胞从骨髓的释放与浸润，也表达于肝脏、结肠、小肠、脾脏、睾丸、胸腺、扁桃体和气管，调节肥大细胞的趋化；clobenpropit可激动 H_4 受体。目前，H_4 受体拮抗剂正开发用于过敏反应性疾病如哮喘等。

第二节 5-羟色胺和影响5-羟色胺的药物

1868年，在血液凝固后的血清中发现了一种可以引起血管收缩的因子，命名为血清素(serotonin)。1935年，厄斯巴马(Erspamer)等发现在肠道嗜铬细胞、血小板和中枢神经系统中共同存在一种含有吲哚结构的物质，两年后，将其命名为“enteramin”。1948年罗泊特(Rapport)等从血清和肌肉中发现了一种能使血管收缩的吲哚胺类物质，其由吲哚和乙胺两部分组成，与血清素的结构相同。1952年，enteramin和血清素被证明是同一物质，即5-羟色胺。1957年，加杜姆(Gaddum)等提出至少存在两种5-羟色胺受体：M型和D型。1979年，佩鲁特卡(Peroutka)等利用放射性配基结合实验首次证明了5-HT_1 和5-HT_2 亚型的存在。分子与功能方面的研究表明，现有16种5-羟色胺受体存在，目前已克隆7个亚型。现有研究发现，5-羟色胺及其受体在抑郁、焦虑、精神分裂症、偏头痛、摄食障碍、睡眠、认知功能等方面有重要作用，其激动剂和拮抗剂具有广泛的临床应用前景。

资料来源：

王蕾，李德宇，1993.5-羟色胺及5-羟色胺类药物的研究进展.新乡医学院学报，4：339-343.

一、5-羟色胺及其受体

5-羟色胺又名血清素，广泛存在于动物、昆虫和植物体内，其结构为吲哚乙胺，是色氨酸(tryptophan)在色氨酸羟化酶(tryptophan hydroxylase)作用下生成5-羟色氨酸(5-hydroxytryptophane，5-HTP)，然后由5-羟色氨酸脱羧酶(5-HTP decarboxylase，5-HTPDC)脱羧基而生成5-羟色胺。突触间隙的5-羟色胺大部分可经重摄取来终止其生理功能，另一部分则被线粒体表面的MAO脱氨而成5-羟吲哚乙醛(5-hydroxyindole acetaldehyde)，然后经醛脱氢酶快速氧化生成5-羟基吲哚乙酸(5-hydroxyindole acetic acid，5-HIAA)。5-羟色胺主要分布于人体胃肠道、中枢神经系统和血小板。消化道肠嗜铬细胞颗粒合成释放的5-羟色胺约占90%，作为自体活性物质，其主要调节肠道运动；其释放的部分5-羟色胺弥散到血液，可被血小板摄取和储存，参与凝血和伤口愈合。5-羟色胺还可作为神经递质分布于中枢神经系统和肠道神经丛，

通过作用于相应受体而调节机体情绪、食欲、睡眠和认知等多种生理功能。

1. 5-羟色胺受体　非常复杂,目前有7个亚型的功能研究较多,其中仅5-HT_3亚型为离子通道偶联的受体,其余皆为G蛋白偶联受体。

(1) 5-HT_1受体:包括5-HT_{1A}受体、5-HT_{1B}受体、5-HT_{1D}受体、5-HT_{1E}受体、5-HT_{1F}受体和5-HT_{1P}受体等。前5者为G_i蛋白偶联的受体,其中5-HT_{1A}受体主要分布在中缝核、皮质和海马;5-HT_{1B}主要分布在黑质、基底神经节、海马回和苍白球;5-HT_{1D}受体主要分布在黑质、颅内血管和苍白球;5-HT_{1E}受体主要分布在皮质和纹状体;5-HT_{1F}受体主要分布在皮质和海马。而5-HT_{1P}受体为G_o蛋白偶联受体,主要分布在肠道神经丛。选择性5-HT_{1A}受体激动剂具有抗焦虑和抗抑郁作用。5-HT_{1B}受体存在于啮齿类动物的中枢神经系统中,而在人类的大脑没有发现5-HT_{1B}受体。5-HT_{1D}受体激活可能是舒马普坦治疗偏头痛的作用机制。5-HT_{1E}受体的生理与药理作用特征仍在研究之中。5-HT_{1F}可能与偏头痛的病理机制有关。

(2) 5-HT_2受体:主要包括5-HT_{2A}、5-HT_{2B}和5-HT_{2C},均为G_q蛋白偶联受体。5-HT_{2A}受体主要分布在血小板、平滑肌和大脑皮质;5-HT_{2B}受体主要分布在胃底;5-HT_{2C}受体主要分布在黑质、脉络膜、下丘脑和海马。5-HT_{2A}受体与很多神经精神疾病如抑郁、焦虑、精神分裂、偏头痛、睡眠障碍等均有关联。5-HT_{2B}受体与焦虑、急性偏头痛等有关。5-HT_{2C}受体的功能与运动减少、厌食以及偏头痛的发生有关。

(3) 5-HT_3受体:为离子通道偶联受体,主要分布在极后区、内嗅区皮质、额叶皮质和海马以及副交感神经。5-HT_3受体可调节多巴胺和乙酰胆碱的释放,可能还参与γ-氨基丁酸的调节,其选择性拮抗剂可对抗放疗、化疗药物引起的恶心、呕吐,还可提高记忆力和具有抗焦虑作用。

(4) 5-HT_4受体:为G_s蛋白偶联受体,主要分布在中枢神经系统和肠肌神经元、平滑肌。5-HT_4受体主要参与突触重塑和记忆处理过程,与情绪和奖赏反应也有关系。

(5) 5-HT_5受体:为G_i蛋白偶联受体,有5-HT_{5A}、5-HT_{5B}两种受体被克隆,主要分布在中枢神经系统如海马。5-HT_5受体的药理学特征及功能与5-HT_{1D}受体相似,与行为控制、进食、焦虑和抑郁有关,对大脑的发育也有一定作用。

(6) 5-HT_6受体:为G_s蛋白偶联受体,主要分布于海马、纹状体。5-HT_6受体与行为障碍有关,与一些抗精神病药(如氯氮平)和抗抑郁药(如氯米帕明)亲和力很高。

(7) 5-HT_7受体:为G_s蛋白偶联受体,主要分布于海马、下丘脑和胃肠道,可能与情绪、学习、神经内分泌以及自主神经的活动有关。

2. 5-羟色胺受体介导的生理作用

(1) 心血管系统:主要通过激动5-HT_2受体收缩大多数内脏血管平滑肌,肾和肺、脑血管尤为明显,而内皮完整的心脏血管和骨骼肌血管平滑肌则表现为舒张。5-羟色胺静脉注射后,实验动物血压呈三相反应,机体首先通过化学感受器5-HT_3受体使心率减慢、输出量减少、血压短暂下降;其次,缩血管效应导致持续数分钟的血压升高;最后,由于骨骼肌血管舒张引起长时间的血压降低。此外,5-HT_2受体激动,可引起血小板聚集,但其生理意义尚不清楚。

(2) 平滑肌:通过激动胃肠道平滑肌5-HT_2受体和肠神经系统神经节细胞的5-HT_4受体,收缩胃肠道平滑肌,增加胃肠道张力,加快肠蠕动;激动肠神经系统5-HT_4受体使乙酰胆碱释放增加。5-羟色胺通过直接作用于支气管平滑肌5-HT_2受体,以及促进支气管迷走神经末梢释放乙酰胆碱,可致支气管平滑肌收缩。

(3) 神经系统:尽管5-羟色胺不能通过血脑屏障,但其存在于多个脑区。5-羟色胺为褪黑素和促黑色素细胞因子的前体。通过作用于受体,5-羟色胺可能参与食欲、睡眠、体温、痛觉和血压等多种生理功能的调节,并可能与焦虑、抑郁、偏头痛等多种疾病有关。激动胃肠道和延髓呕吐中枢5-HT_3受体参与呕吐反射调节,5-HT_4受体和5-HT_{1P}受体也在肠道神经系统功能发挥起重要作用。与组胺一样,5-羟色胺也是疼痛、瘙痒等感觉神经末梢的强刺激剂,昆虫叮咬和植物刺伤可刺激局部5-羟色胺释放,引起疼痛、瘙痒等反应。

二、5-羟色胺受体激动剂

5-羟色胺本身尚无重要临床药用价值,而5-羟色胺受体的激动剂物已应用于临床。

1. $5-HT_{1B}$和$5-HT_{1D}$受体激动剂 主要为5-羟色胺的衍生物，代表药物为舒马普坦(sumatriptan)，能选择性激动脑和脑脊膜血管平滑肌$5-HT_{1B}$受体和$5-HT_{1D}$受体，导致血管收缩，对其他受体没有明显作用。主要用于急性偏头痛发作治疗，其作用与麦角类相当或更强，已成为最主要的抗偏头痛药物，在急性发作后要尽早使用，但不推荐用于预防。舒马普坦口服生物利用度为14%～17%，1.5 h起效，$t_{1/2}$为1～2 h；那拉曲坦(naratriptan)口服生物利用度为70%，2 h起效，$t_{1/2}$为5.5 h；佐米曲普坦(zolmitriptan)口服生物利用度为40%，1.5 h起效，$t_{1/2}$为2.8 h，代谢产物活性更强；夫罗曲坦(frovatriptan)3 h起效，$t_{1/2}$为27 h。普坦类药物的主要不良反应包括感觉异常、肌无力、颈痛、冠状动脉痉挛性胸闷和不适、心律失常，禁用于缺血性心脏病患者。此外，肝肾功能不良、外周血管疾病患者禁用那拉曲坦，外周血管疾病患者禁用夫罗曲坦。

2. $5-HT_{1A}$受体激动剂 丁螺环酮(buspirone)、伊沙匹隆(ipsapirone)等为选择性$5-HT_{1A}$受体部分激动剂，为有效的非苯二氮䓬类抗焦虑药，无明显镇静与抗癫痫作用，用于轻度到中度的不伴惊恐发作的一般性焦虑患者。主要不良反应为头晕、困倦、短暂记忆丢失和兴奋。

3. $5-HT_4$受体激动剂 西沙必利(cisapride)选择性激动肠壁神经节丛神经细胞的$5-HT_4$受体，促进神经末梢乙酰胆碱的释放，增加上消化道胃肠动力，提高食管括约肌张力，促进胃排空，临床用于治疗胃食管反流症和胃肠动力失调疾病。主要经肝CYP3A4代谢，$t_{1/2}$为10 h，由于可致Q-T间期明显延长，目前在美国为限制性使用药物。同类药物伦扎必利(renzapride)，还能拮抗$5-HT_3$受体，主要用于伴便秘的肠易激综合征。替加色罗(tegaserod)为$5-HT_4$受体部分激动剂，主要用于肠易激综合征，以及慢性便秘患者，但由于心血管不良反应，已撤市。

4. 促5-羟色胺释放和再摄取抑制剂 芬氟拉明(fenfluramine)和右芬氟拉明(dexfenfluramine)可促进中枢5-羟色胺递质释放和抑制5-羟色胺再摄取，增加中枢细胞外5-羟色胺的水平，间接激动5-羟色胺受体。其由于强大的抑制食欲作用曾广泛用于体重控制和肥胖症治疗，右芬氟拉明是消旋体芬氟拉明作用的2倍，代谢产物为强的$5-HT_{2B}$受体激动剂。其由于可致严重的肺动脉高压和心瓣膜异常而撤出市场。

5. 选择性5-羟色胺再摄取抑制剂 有氟西汀、西酞普兰、舍曲林、帕罗西汀等，选择性抑制5-羟色胺再摄取，增加中枢神经末梢突触间隙5-羟色胺的水平，间接激动5-羟色胺受体。广泛应用于抑郁症治疗，能明显改善抑郁症症状，且无明显的心脏毒性和抗胆碱不良反应。

6. 麦角生物碱(ergot alkaloid) 按化学结构分为胺生物碱和肽生物碱两类，可影响5-羟色胺受体、α受体和多巴胺受体。美西麦角(methysergide)和麦角新碱属于胺生物碱。美西麦角是$5-HT_{2B}$受体的拮抗剂，其次拮抗$5-HT_{2C}$受体、$5-HT_{1A}$受体，对子宫平滑肌影响小，用于偏头痛的预防和反复发作的搏动性头痛的治疗，但不用于急性偏头痛的治疗。主要不良反应为腹膜后、胸膜等组织纤维化。麦角新碱主要激动$5-HT_2$受体，其次是α受体，部分激动多巴胺受体，因明显兴奋子宫平滑肌而被广泛用于产后出血。麦角胺(ergotamine)属肽生物碱，其结构与多巴胺、5-羟色胺和去甲肾上腺素相似，为α受体的部分拮抗剂、$5-HT_2$受体的部分激动剂。能明显收缩血管，减少动脉搏动，可显著缓解偏头痛，用于偏头痛的诊断、频繁发作的中度偏头痛和非频繁发作的重度偏头痛急性发作时的治疗，有时合用咖啡因。

三、5-羟色胺受体拮抗剂

赛庚啶和苯噻啶

赛庚啶(cyproheptadine)和苯噻啶(pizotifen)选择性拮抗$5-HT_2$受体，还具有H_1受体拮抗作用和较弱的抗胆碱作用。可用于荨麻疹、湿疹、接触性皮炎、皮肤瘙痒和过敏性鼻炎等的治疗。也可用于预防偏头痛发作，其作用机制尚不清楚。不良反应主要为口干、恶心、乏力、嗜睡。由于兴奋下丘脑摄食中枢，使食欲增加，体重增加。青光眼、前列腺肥大及尿闭患者忌用，驾驶员及高空作业者慎用。

酮色林

酮色林选择性拮抗平滑肌等组织的$5-HT_2$受体(拮抗$5-HT_{2A}$受体作用强、拮抗$5-HT_{2C}$受体作用弱)，兼具H_1受体拮抗作用和较弱的血管α_1受体拮抗作用。可对抗5-羟色胺引起的血小板聚集。主要用于治疗高血压和血管痉挛性疾病。同类药物利坦色林(ritanserin)仅有强的$5-HT_2$受体拮抗作用(拮抗$5-HT_{2A}$受体作用强于$5-HT_{2C}$)，几乎无H_1受体和α_1受体拮抗作用。与抗精神病药合用，可以减轻阴性症状,也用于神经障碍的治疗。

昂丹司琼

昂丹司琼(ondansetron)口服吸收好,由肝 CYP1A2、CYP2D6 和 CYP3A4 代谢,可选择性拮抗 5-HT_3 受体,镇吐作用强大,主要用于手术和癌症患者化疗伴发的严重恶心、呕吐,对放射性、妊娠呕吐也有效,但是对晕动病呕吐无效。主要不良反应有头痛、便秘或腹泻等,伴长 Q-T 间期的患者慎用。同类药物有格拉司琼(granisetron)、多拉司琼(dolasetron)等。

第三节 膜磷脂代谢产物类药物及其拮抗剂

1930 年,两名美国的妇产科医生发现精液能使人子宫平滑肌收缩、舒张。1935 年,冯·奥伊勒(Von Euler)等报道了精液和副生殖腺中含有使平滑肌收缩和降压的活性物质,并证明其是一种脂溶性酸,因相信其为前列腺分泌物的一部分,故命名为前列腺素。1962 年,有学者发现前列腺素为系列化合物家族,至少含有 PGE_1 和 $PGF_{1\alpha}$,随后更多前列腺素被鉴定,并发现均为不饱和的二十碳烯酸。1964 年,有学者利用来源于绵羊精囊腺的花生四烯酸成功合成了 PGE_2。1971 年,多个学者证明阿司匹林的作用机制是抑制前列腺素合成。5 年后,TXA_2 和 PGI_2 被发现。1979 年,瑞士生物化学家本特·塞缪森(Bengt Samuelsson)在白细胞发现了一种结构类似前列腺素的物质,并将其命名为白三烯(leukotriene, leukocyte + triene)。1988 年,丹尼尔·西蒙斯(Daniel Simmons)发现了 COX-2;1991 年,有学者成功分子克隆 COX-2。随后的研究表明,COX 两种亚型(COX-1 和 COX-2)的生理及病理功能有所不同,COX-1 为结构型,而 COX-2 为诱导型。1996 年 5-脂氧合酶抑制剂齐留通上市。1998 年,第一个高选择性 COX-2 抑制剂塞莱昔布上市,1999 年罗非昔布上市,随后多个选择性 COX-2 抑制剂相继上市,但是由于心血管风险,2004 年罗非昔布撤市。目前,由于心血管风险和肝损伤,高选择性 COX-2 抑制剂只有塞莱昔布、帕瑞昔布、艾托昔布仍在销售,而在美国只允许塞莱昔布销售。

资料来源:

康茜,陈钢,曹文娟,等,2016.COX-1 及其抑制剂的研究进展.中国抗生素杂志,41(10):727-734,750.

一、膜磷脂-花生四烯酸代谢通路

磷脂酶 A_2(phospholipase A_2,PLA_2)催化细胞膜磷脂衍生为花生四烯酸(arachidonic acid,AA)和血小板活化因子,进而构成了具有广泛、高效生物活性的庞大化合物家族。二十碳烯酸类主要包括花生四烯酸及其代谢产物前列腺素类、白三烯类和血栓素类等。花生四烯酸为全顺式-5,8,11,14-二十碳烯酸,为 ω-6 多不饱和脂肪酸,涉及 COX,脂氧合酶(lipoxygenase, LO),CYP450 表氧化酶(epoxygenase)和异十二烷(isododecane)等 4 个代谢途径,其中以 COX 途径(图 21-1)为主,其次是脂氧合酶途径。

1. COX 途径　花生四烯酸经 COX 途径生成前列腺素及其类似物。前列腺素是一类具有 20 个碳原子的不饱和脂肪酸,基本骨架是前列烷酸,由五碳环(环戊烷核心)和两条侧链组成。

COX 催化花生四烯酸形成不稳定的环内过氧化物 PGG_2,然后在氢过氧化物酶作用下生成 PGH_2。PGH_2 在异构酶和还原酶作用下,形成较稳定的 PGE_2 和 $PGF_{2\alpha}$;而在 PGI_2 合成酶催化下生成前列环素 PGI_2,在 TXA_2 合成酶催化下生成 TXA_2。

COX 可能存在多种异构酶,COX-1 和 COX-2 是其最主要形式,COX-3 是 COX-1 剪接变体,也称为 COX-1b 或 COX-1v。COX-1 存在于一些正常细胞、组织中,如血小板、胃黏膜和肾脏等,为结构型 COX,主要参与维持凝血与抗凝平衡、胃黏膜保护和肾血流调节等生理功能;COX-2 为诱导型 COX,除存在于一些正常的细胞和组织外,主要在病理状态,如在细胞因子和炎症介质诱导下高表达,参与发热、炎症和疼痛等过程。同时,不同组织的花生四烯酸的终产物可能不同,如 PGI_2 合成酶富含于血管壁内皮细胞,主要合成 PGI_2;而 TXA_2 合成酶富含于血小板,主要合成 TXA_2;肾脏主要生成 PGE_2 及 $PGF_{2\alpha}$。

2. 脂氧合酶途径　脂氧合酶包括 5-LO、12-LO 和 15-LO,5-LO 是其中最重要的代谢途径。5-LO 主要表达于白细胞和其他免疫细胞,主要分布于白细胞、肺和气管等细胞和组织,可催化花生四烯酸产生

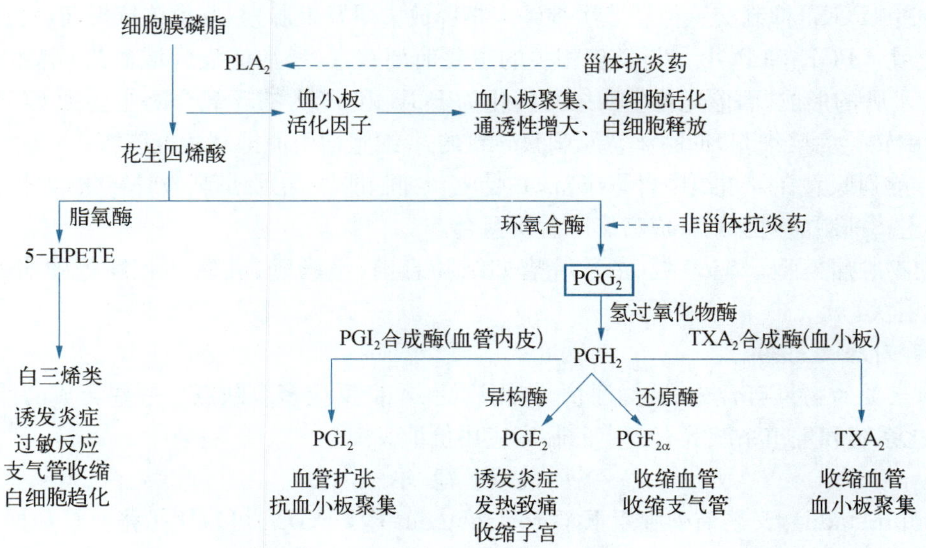

图 21-1　COX 途径

5-HPETE，5-羟过氧化二十碳四烯酸；TXA_2，血栓素 A_2；PGI_2，前列腺素 I_2；PGE_2，前列腺素 E_2；$PGF_{2\alpha}$，前列腺素 $F_{2\alpha}$；PGG_2，前列腺素 G_2；PGH_2，前列腺素 H_2；PLA_2，磷脂酶 A_2

LTA_4、LTB_4、LTC_4 和 LTD_4 等，其中 LTC_4 和 LTD_4 是强烈收缩支气管的物质和引起过敏反应的慢反应物质。12-LO 催化花生四烯酸生成 12-羟基二十碳四烯酸（12-hydroxyeicosatetraenoic acid，12-HETE），低浓度时促进血管平滑肌增殖和迁移，促进醛固酮释放。15-LO 催化花生四烯酸生成脂氧素，体外可致冠状动脉收缩。

3. CYP450 表氧化酶途径和异十二烷途径　前者主要在微粒体 P450 单氧化物酶的作用下生成表氧二十碳烯酸，可导致血管平滑肌舒张。后者主要是经非酶过程转化为异前列烷等异十二烷类。

二、前列腺素类药物

（一）前列腺素和血栓素的主要作用

前列腺素和血栓素主要影响血管、呼吸道、消化道和生殖器官等平滑肌的功能，并对血小板、单核细胞、肾脏、传出神经和中枢神经系统、内分泌器官、脂肪组织和眼等均有明显作用。

1. 平滑肌

（1）血管平滑肌：TXA_2 和 $PGF_{2\alpha}$ 能强烈收缩血管，以静脉血管更为显著；在睾酮作用下，TXA_2 还能促进血管平滑肌细胞分裂和增殖。PGE_2 和 PGI_2 可激活腺苷酸环化酶，升高 cAMP 水平，降低平滑肌细胞内钙离子浓度，松弛小动脉平滑肌。

（2）胃肠道平滑肌：多数前列腺素、血栓素和白三烯能作用于胃肠平滑肌，但由于受体的亚型不同其作用可能相反，如 $PGF_{2\alpha}$ 强烈收缩纵肌和环肌，PGE_2 收缩纵肌、松弛环肌，而 PGI_2 仅有弱的收缩环肌作用。

（3）呼吸道平滑肌：PGI_2 和 PGE_2 松弛呼吸道平滑肌，PGD_2、TXA_2 和 $PGF_{2\alpha}$ 则使呼吸道平滑肌收缩。

（4）子宫平滑肌：$PGF_{2\alpha}$、TXA_2 和低浓度 PGE_2 收缩子宫平滑肌，而 PGI_2 和高浓度 PGE_2 导致其松弛。

2. 血小板　低浓度 PGE_2 促进血小板聚集，而高浓度 PGE_2 则抑制血小板聚集。PGD_2 和 PGI_2 抑制血小板聚集，而 TXA_2 促进其聚集。

3. 中枢和外周神经系统

（1）睡眠：有实验表明，向动物脑室注射 PGD_2 可产生生理性睡眠。向动物下丘脑后部注射 PGE_2 可致其失眠。

（2）发热：致热原促使 IL-1 释放，IL-1 又使 PGE_2 的合成和释放增加，而 PGE_2 的增加则可使体温升高，此途径可被阿司匹林类解热镇痛药物阻断。外源性 $PGF_{2\alpha}$ 和 PGI_2 也可诱导体温升高，而 PGD_2 和 TXA_2 无明显升高体温的作用。

(3) 神经传递：PGE_1 抑制交感神经节后神经末梢释放去甲肾上腺素，非甾体抗炎药后可抑制此效应。

4. *炎症与免疫* PGE_2和 PGI_2是与炎症相关的主要前列腺素，增加炎症区域血流，增加血管通透性，促进白细胞移出和水肿的形成，而催化花生四烯酸转化为 PGE_2和 PGI_2的环氧合酶主要为 COX－2。PGE_2和 TXA_2抑制 B 细胞转化为浆细胞，抑制丝裂原刺激导致的 T 细胞增殖而抑制免疫应答。

5. *骨代谢* 前列腺素在骨组织中含量丰富，并受成骨细胞诱导，主要是刺激骨转化，如骨再吸收和成骨，以 PGE_2作用为主。抑制前列腺素合成将影响骨折愈合。

6. *肿瘤* 动物肿瘤模型研究表明，多种肿瘤如结肠息肉、结肠癌、乳癌和肺癌等肿瘤的发生、发展与 COX－2 的表达有关。

（二）常用前列腺素药物

天然前列腺素类药物具有合成难、代谢快、作用广泛、不良反应多等缺点。一些合成的前列腺素药物在心血管系统、消化系统和生殖系统等有一定的临床应用价值。

前 列 地 尔

前列地尔(alprostadil)，又名前列腺素 E_1(prostaglandin E_1，PGE_1)可直接扩张血管和抑制血小板聚集，增加血流量，改善微循环。静脉滴注后，主要分布在肝、肺、肾等组织，经肾脏排泄，血浆 $t_{1/2}$为 5～10 min。静脉或动脉输注可治疗动脉导管未闭和严重肢体缺血。与抗高血压药和血小板聚集抑制剂有协同作用。阴茎注射前列地尔可诊断和治疗阳痿。不良反应有呼吸停止、面部皮肤潮红、腹泻、头痛、低血压、心动过速、可逆性骨质增生和注射局部红肿热痛等。孕妇和哺乳期妇女禁用。

依 前 列 醇

依前列醇(epoprostenol)，又名前列腺环素(prostaglandin I_2，PGI_2)能明显舒张血管和抑制血小板聚集。依前列醇的 $t_{1/2}$为 2～3 min，经肺循环时不被代谢。依前列醇可替代肝素用于体外循环和肾透析时防止血栓形成，也可用于缺血性心脏病、多器官功能衰竭、外周血管痉挛性疾病和肺动脉高压。不良反应主要为血压下降、低剂量引起心动过缓而高剂量产生继发性心动过速、颜面部潮红、头痛和胃肠道反应等。伊洛前列素(iloprost)是 PGI_2衍生物，作用和应用与 PGI_2相同，但性质稳定。

米 索 前 列 醇

米索前列醇(misoprostol)为人工合成的 PGE_1的 15－脱氧，16－羟基化的衍生物，能抑制基础胃酸分泌以及组胺、五肽胃泌素等引起的胃酸分泌。治疗胃溃疡和十二指肠溃疡的治愈率与 H_2受体拮抗剂近似，对 H_2受体拮抗剂无效者也有效。对吸烟者的溃疡愈合也有良好疗效。其不升高血清胃泌素水平，对防止溃疡复发较其他抗溃疡药更佳。也可用于诱导宫缩和勃起功能障碍。人工合成的罗沙前列醇(rosaprostol)能减少胃液分泌，保护胃、十二指肠黏膜，对心血管功能、子宫、胃肠道活动和血小板功能几乎无影响。恩前列素则为 PGE_2衍生物，可抑制胃液分泌，有细胞保护作用。能增加结肠和子宫的收缩，孕妇慎用或不用。

地 诺 前 列 酮

地诺前列酮(dinoprostone)，又名前列腺素 E_2(prostaglandin E_2，PGE_2)为天然的 PGE_2制剂，在整个妊娠期均可引起宫缩，其阴道栓剂可用于 2～3 个月妊娠的流产。恶心、呕吐、腹泻、发热、头痛等为其主要不良反应，有急性盆腔炎、心、肺、肾和肝脏疾病患者慎用。

卡 前 列 素

卡前列素(carboprost)，又名 15－甲基 $PGF_{2\alpha}$，为人工合成 $PGF_{2\alpha}$的衍生物，活性强于 $PGF_{2\alpha}$，作用时间长，不良反应小，使用方便，终止妊娠后能很快恢复月经和生育功能，对下丘脑-垂体-卵巢轴没有明显影响，主要用于其他药物无效的宫缩无力导致的产后顽固性出血，以及终止早期妊娠。有恶心、呕吐、头晕、腹泻等不良反应。有哮喘、高血压、肝病、肾病者慎用。

硫 前 列 酮

硫前列酮(sulprostone)为 PGE_2类似物，高选择性收缩子宫平滑肌，作用强而持久。子宫颈管软化和扩张作用优于卡前列素。临床用于抗早期妊娠、扩张子宫颈及中期引产；对产后宫缩乏力所致出血也有良效。

三、白三烯及其拮抗剂

（一）白三烯的药理作用

5-LO作用于5-LO激活蛋白，催化花生四烯酸生成白三烯，包括LTA_4、LTB_4、LTC_4、LTD_4、LTE_4、LTF_4和LTG_4等。除外LTA_4和LTB_4，后五者又称为半胱氨酸白三烯（CysLT），其中，LTD_4和LTF_4为LTC_4的代谢产物，LTG_4为LTE_4的代谢产物。白三烯为体内重要的炎症介质，作用于G蛋白偶联受体，引起支气管平滑肌收缩和增加血管通透性，LTB_4还是白细胞的趋化因子。

1. 呼吸系统　白三烯特别是LTC_4和LTD_4，可强烈收缩支气管，增加呼吸道微血管通透性、引起黏膜水肿，增加黏液分泌，其作用是组胺的1 000倍以上。

2. 心血管系统　白三烯可抑制心肌收缩力，收缩冠状动脉，减少冠状动脉血流量，从而导致心肌抑制。也收缩肺、肾和肠系膜血管，但可作用于毛细血管后微静脉，引起明显的渗出，其作用是组胺的1 000倍以上。

3. 炎症和过敏反应　白三烯可增加血管内皮细胞的通透性，促进炎症细胞向炎症区域游走和移行，从而参与急性炎症反应。白三烯与慢性炎症如哮喘、炎症性肠病等的发病密切相关。白三烯是引起过敏反应的重要介质。LTD_4和LTC_4是最重要的过敏性慢反应物质，白三烯是强的T细胞、单核细胞和巨噬细胞趋化因子。较高浓度下还能使嗜酸性粒细胞黏附、脱颗粒，释放细胞因子和化学因子，产生氧自由基。

4. 胃肠道　人结肠上皮细胞合成LTB_4，炎症性肠疾病患者结肠黏膜LTB_4表达明显增加。

（二）白三烯拮抗剂

白三烯受体组织分布广泛。CysLT受体有$CysLT_1$和$CysLT_2$两种亚型，前者对经典拮抗剂敏感。$CysLT_1$对LTD_4的亲和力高于对LTC_4和LTE_4的亲和力。$CysLT_1$受体主要分布在肺和肠道平滑肌、脾脏和外周血白细胞。$CysLT_2$受体主要分布在心、脾脏、外周白细胞、肾上腺髓质和脑。CysLT受体在被白三烯激动后，促进内皮细胞黏附、肥大细胞释放趋化因子、介导哮喘、炎症反应和过敏性休克的产生。LTB_4受体有BLT_1和BLT_2两种亚型，其中BLT_1对LTB_4的亲和力较高，主要表达在白细胞、胸腺和脾脏，参与白细胞趋化，介导炎症反应和过敏反应；BLT_2组织分布广泛，如脾脏、白细胞、卵巢、肝脏和肠道均有BLT_2的分布，其功能尚不清楚，可能与免疫有关。白三烯拮抗剂主要包括5-LO抑制剂和白三烯受体拮抗剂，可用于鼻炎、风湿性关节炎、哮喘、银屑病、肠炎等多种炎症性疾病。

1. $CysLT_1$受体拮抗剂　扎鲁司特、孟鲁司特和普鲁司特为LTD_4结构类似物，竞争性拮抗$CysLT_1$受体，松弛支气管平滑肌，用于季节性过敏性鼻炎、荨麻疹和哮喘的治疗。EPL-55712为羟乙酰苯类药物，目前正处于研发中，能拮抗$CysLT_1$受体，对抗LTD_4或LTE_4引起的豚鼠支气管和回肠平滑肌收缩，降低皮肤毛细血管的通透性。

2. LTB_4受体拮抗剂　能抑制白细胞趋化、游走和聚集，兼有抗氧化和减轻细胞损伤作用。LY-293111具有抑制中性粒细胞趋化和聚集作用，正开发用于慢性阻塞性肺疾病的预防。

3. 5-LO抑制剂　齐留通口服吸收迅速，$t_{1/2}$为2.5 h，经肝CYP1A2、CYP2C8/9和CYP3A4代谢。可抑制5-LO，减少LTB_4和CysLT的生成，用于支气管哮喘发作的预防和轻中度慢性支气管哮喘的治疗，可减少糖皮质激素的用量。动物研究表明，齐留通单用或合用伊马替尼对慢性白血病的控制有益。不良反应主要为鼻窦炎、恶心和咽喉部疼痛。

四、血小板活化因子

血小板活化因子（platelet activating factor，PAF）是一类生物活性强的磷脂，在特异刺激下，可由中性粒细胞、嗜碱性粒细胞、血小板、单核巨噬细胞、肥大细胞、内皮细胞及受损的组织细胞等经PLA_2途径或非酶促途径产生，通过作用于G蛋白偶联的血小板活化因子受体，产生广泛的生理和病理作用。

1. 血小板活化因子的生物效应　血小板活化因子可介导白细胞的许多功能，如白细胞的趋化、氧化应激反应、血小板聚集和降解、参与炎症反应和过敏反应、增加血管通透性，并参与了花生四烯酸在吞噬细胞中的代谢。可能在中毒性休克、支气管哮喘、动脉粥样硬化、心脑缺血、消化道溃疡、肾脏疾病、过敏反应、银屑病等疾病过程中具有重要的作用。

2. 血小板活化因子受体拮抗剂　血小板活化因子与许多炎症相关疾病的病理过程关系密切，血小板活化因子受体拮抗剂可能具有明显的抗炎作用。寻找和开发血小板活化因子的选择性拮抗剂对防治炎症相关性疾病有重要价值。具有血小板活化因子选择性抑制作用的药物主要有结构上与血小板活化因子类似的天然药物如银杏苦内酯 B(ginkgolide B)、海风藤酮(kadsurenone)等和以植物成分(如木脂素类等)为母体的合成药物等，在哮喘、脓毒症等动物模型上有较好的疗效，但在临床研究中对人体的疗效有限。第二代 H_1 受体拮抗剂卢帕他定(rupatadine)同时具有血小板活化因子受体拮抗作用。

第四节　血管活性肽类药物

血管活性肽(vasoactive peptide)是一类生物活性多肽，大多分布于神经组织，在自主神经系统和中枢神经系统起着重要作用。有的直接作用于血管平滑肌，收缩血管，如 Ang Ⅱ、内皮素、抗利尿激素、神经肽 Y 和尾加压素；有的则产生舒张血管作用，如激肽类、血管活性肠肽、利尿钠肽、神经降压肽、P 物质、降钙素基因相关肽和肾上腺髓质素等。

在 20 世纪 20～30 年代，弗雷(Frey)等从尿液中获得一种降压物质，并发现从唾液、血浆、胰腺等组织也可得到结构相似的物质，因为胰腺是富含此物质的器官，因而以胰腺的一个旧希腊名称“kallikreas”将这种物质命名为激肽释放酶(kallikrein，胰舒血管素)。1937 年 沃勒(Werle)等利用激肽释放酶使血浆一些无活性前体转变成为活性物质，1948 年命名此活性物质为胰激肽(kallidin，赖氨酰缓激肽)，并发现其裂解于某血浆球蛋白，同时命名此蛋白为胰激肽原(kallidinogen)。1949 年席尔瓦(Silva)等发现胰蛋白酶和某些蛇毒作用于某些血浆蛋白能生成使血压降低、肠道缓慢收缩的物质，并将这种物质命名为缓激肽(bradys+ kinein，bradykinin)。20 世纪 50 年代中期，Ang Ⅰ和 Ang Ⅱ被发现，Ang Ⅱ由 Ang Ⅰ裂解而来，并命名催化此反应的酶为 ACE。1960 年，埃利奥特(Elliott)等分离得到九肽的缓激肽并人工合成，以后又发现激肽为多一个赖氨酸的十肽的缓激肽，后来证明这属于天然存在的结构与作用相似的一组肽类物质，统称为激肽(kinins)。胰激肽和缓激肽专指血浆中的激肽。1971 年，布托普(Bothrops)从巴西蛇毒中分离出 ACEI，1977 年证明 ACE 和激肽酶是同一酶。1980 年，雷戈利(Regoli)等把激肽受体分为 B_1 和 B_2 两型，20 世纪 80 年代中期研制了第一代激肽受体拮抗剂，20 世纪 90 年代研制了第二代激肽受体拮抗剂。1988 年，第一个能用于临床的非肽类的 Ang Ⅱ受体阻滞剂氯沙坦研制成功。1981 年，有学者发现了利尿钠肽，2001 年上市了脑利尿钠肽抑制剂奈西立肽。

资料来源：

田维康，靳岚，2013. 血管活性肠肽的研究进展. 药物生物技术，20(6)：560-563.

一、激肽类

1. 生物合成和代谢　激肽是一类强力扩血管肽，由激肽释放酶作用于蛋白底物激肽原生成，包括胰激肽、甲二磺酰赖氨酰缓激肽(methyl-disulfona-mide bradykinin)和缓激肽，前两者均含缓激肽结构。激肽释放酶存在于血浆、肾、胰、肠、汗腺和唾液腺等组织，能被胰蛋白酶、因子Ⅻ和其自身激活。血中激肽释放酶的生物学特性与组织中的不同。激肽原是激肽的前体和激肽释放酶的底物，主要存在于血浆、淋巴和组织间液。血浆中存在高分子量激肽原(high molecular weight kininogen，HMWK)和低分子量激肽原(low molecular weight kininogen，LMWK)，前者为血浆激肽释放酶的底物，后者透过毛细血管壁后成为组织中激肽释放酶的底物。

缓激肽由血浆中血浆激肽释放酶催化裂解 HMWK 生成，是血中激肽的主要形式。LMWK 透过毛细血管壁成为组织中激肽原，经组织腺体中的激肽释放酶催化生成胰激肽，是尿中激肽的主要形式；而经胃蛋白酶或胃蛋白酶样物质催化生成甲二磺酰赖氨酰缓激肽。

激肽被激肽酶水解而失活。激肽酶包括激肽酶Ⅰ和激肽酶Ⅱ，前者由肝脏合成，只存在于血液中，主要是水解羧基末端精氨酸残基；后者即 ACE，存在于血液和组织中，主要是水解羧基末端-苯丙氨酸-精氨酸残基，除了水解激肽，还将 Ang Ⅰ转化成为 AngⅡ。

2. 药理作用　激肽通过作用于细胞膜激肽受体发挥作用，激肽受体有 B_1 和 B_2 亚型。B_1 分布局限，其功能尚不清楚，可能参与了炎症反应过程；B_2 为 G 蛋白偶联受体，组织分布广泛，与钙动员、氯离子转运、NO 生成以及磷脂酶 C、PLA_2 和腺苷酸环化酶的激活有关。

激肽能使肠、心、肾、骨骼肌和肝动脉扩张、增加毛细血管通透性，其强度是组胺的 10 倍，其机制可能与直接作用于动脉血管平滑肌，或促进 NO、PGI_2、PGE_2 释放有关；激肽能收缩静脉血管平滑肌，其机制可能与直接刺激静脉血管平滑肌，或促进 $PGF_{2\alpha}$ 释放有关。

组织损伤可迅速释放激肽，引起炎症反应的红、肿、热症状，通过作用于皮肤和内脏感觉传入神经末梢，可引起剧烈疼痛。激肽可引起胃肠、呼吸道和子宫等内脏平滑肌收缩，诱发哮喘。也有证据表明，激肽对某些心血管疾病、缺血性脑损伤细胞有保护作用。

3. 影响激肽释放酶-激肽系统的药物

(1) 抑肽酶(aprotinin)：主要自牛肺提取，由 58 个氨基酸组成，为激肽释放酶抑制剂，抑制激肽原形成激肽，也能抑制胰蛋白酶、糜蛋白酶等蛋白水解酶。用于减少动脉搭桥手术患者对血液制品的需求、治疗血浆激肽过高的急性胰腺炎、中毒性休克等和改善肿瘤症状。其由于高死亡率和可致肾坏死已于 2007 年撤市。

艾卡拉肽

艾卡拉肽(ecallantide)为人工合成的 60 个氨基酸的多肽，皮下注射的 $t_{1/2}$ 为 1.5～2.5 h，经肾排泄。抑制激肽释放酶，减少缓激肽生成。主要用于遗传性血管性水肿。最新的临床试验表明，艾卡拉肽不宜用于 ACE 抑制剂所致的血管性水肿。主要不良反应为头痛、乏力、恶心、腹泻等，严重的不良反应为过敏反应。

(2) 激肽酶Ⅱ抑制剂：即 ACEI，如卡托普利等可抑制激肽酶Ⅱ，减少缓激肽的降解，增强缓激肽的作用，主要用于高血压、心力衰竭和糖尿病性肾病的治疗。具体见第十六章和第二十章等。

(3) 作用于 B_2 激肽受体的药物：第一代 B_2 受体拮抗剂主要用于动物实验，几乎没有临床价值。第二代 B_2 受体拮抗剂艾替班特(icatibant)为人工合成的 10 肽，具有 B_2 受体选择性高、作用强、作用时间长(大于 1 h)、口服有效等特点，可用于控制 16 岁以上患者遗传性血管性水肿的急性发作。第三代非肽类 B_2 受体拮抗剂 FR173657、FR172357 在炎症、疼痛、哮喘等治疗方面有良好的应用前景。B_2 受体激动剂可能对高血压、心肌肥厚等有良效，处于研发中。B_1 受体拮抗剂 SSR240612 在炎症、神经性疼痛方面的应用也处于研究中。

二、内皮素

内皮素(endothelins, ET)为最早从血管内皮分离的血管收缩性物质，是含两个二硫键的 21 个氨基酸多肽。前内皮素原(prepro-ET，ppET)在内肽酶作用下生成大内皮素，而后在内皮素转化酶(endothelin converting enzyme，ECE)作用下生成内皮素。内皮素有 ET_1、ET_2 和 ET_3 三个亚型。ET_1 主要由血管内皮细胞产生，但神经元、星形胶质细胞、子宫内膜、Sertoli 细胞、肾小球系膜、乳腺内皮等细胞也可生成；ET_2 主要由小肠和肾脏产生；ET_3 高表达于脑，也产生于胃肠道、肺和肾。内皮素主要被中性内肽酶降解和被 ET_B 受体清除。

内皮素受体为 G 蛋白偶联受体，有 ET_A 受体和 ET_B 受体两种亚型，前者与 ET_1 有高亲和力，而后者与 ET_1 和 ET_3 的亲和力相当。ET_A 受体主要分布在平滑肌细胞，介导血管收缩，血压升高；而 ET_B 受体主要分布于血管内皮，介导 PGI_2 和 NO 的释放，降低血压。此外，ET_B 受体还分布在血管平滑肌细胞，介导血管收缩。

1. 内皮素的生理作用

(1) 心血管系统：静脉注射 ET_1 先出现血压短暂下降，之后血压持久升高。前者与促 PGI_2 和 NO 的释放有关，后者为血管平滑肌收缩所致。能增强心肌收缩力，作用强而持久，使心肌耗氧量增加，还可收缩冠状动脉，加重心肌缺血。

(2) 肾脏：收缩肾小球血管，滤过率下降，尿量减少。

(3) 呼吸系统：强烈收缩气管、支气管平滑肌；收缩肺血管，引起肺动脉高压。

(4) 细胞分裂：促使血管平滑肌、心肌和肾小球系膜细胞增殖。

2. 内皮素抑制剂　内皮素参与了高血压、心肌肥厚、心力衰竭、冠心病、心肌梗死、呼吸系统疾病如哮喘、肺动脉高压以及肾衰竭等多种疾病的病理过程，因而内皮素抑制剂可能存在良好的临床价值。

(1) 内皮素转化酶抑制剂(ECE inhibitor, ECEI):是一类具有良好开发前景的心血管类药物,磷酸阿米酮(phosphoramidone)为第一个ECEI,但特异性较低,几乎无临床应用价值。一些选择性更高的药物处于研究中。

(2) 内皮素受体拮抗剂:非选择性ET_A受体和ET_B受体拮抗剂波生坦,口服生物利用度为50%,经肝脏代谢,$t_{1/2}$为5 h,主要用于肺动脉高压的治疗;选择性ET_A受体拮抗剂西他生坦(sitaxsentan)、达卢生坦(darusentan)和安贝生坦(ambrisentan)口服生物利用度更高,$t_{1/2}$为10~15 h,对肺动脉高压、高血压等疾病有较好疗效。

内皮素抑制剂的不良反应主要表现为肝功能异常、头痛、低血压、心率加快、皮肤潮红、水肿、恶心、呕吐、致畸等,要严密监测肝功能和血常规。西他生坦还可抑制华法林代谢,影响凝血功能。

三、P物质

P物质(substance P, SP)是由11个氨基酸组成的神经多肽,为速激肽家族成员之一,与速激肽有共同的、活性必需的羧基末端序列,与神经激肽A(neurokinin A)共同由前速激肽原差异剪接形成。P物质作为神经递质主要分布于中枢系统,而分布于胃肠道既是递质,又是局部激素。

P物质的功能并不完全清楚,在皮肤、肌肉和关节等感觉神经末梢介导疼痛向中枢的传递,还可能与行为、抑郁、焦虑、恶心、呕吐有关。P物质通过作用于血管内皮细胞,促进其释放NO,产生强大的血管舒张作用,降压作用显著;也能引起静脉血管、胃肠道、子宫和支气管平滑肌的强烈收缩;刺激唾液分泌、排钠利尿等。

P物质主要通过激动G蛋白偶联受体神经激肽-1受体发挥作用。阿瑞匹坦(aprepitant)口服生物利用度约60%,经肝CYP3A4代谢,$t_{1/2}$为9~13 h,是第1个批准用于治疗化疗药物引起的呕吐的NK_1受体拮抗剂,也可用于手术后呕吐的预防。福沙吡坦(fosaprepitant)为阿瑞匹坦的前药,注射给药。同类药物维替吡坦(vestipitant)正开发用于呕吐、抑郁和耳鸣等疾病。

四、利尿钠肽

利尿钠肽是一类存在于心房及其他组织的含28个氨基酸的肽类物质,具有排钠利尿、血管扩张等作用,主要包括心房利尿钠肽(atrial natriuretic polypeptide, ANP)、脑利尿钠肽(brain natriuretic peptide, BNP)、C型利尿钠肽(type C natriuretic peptide, CNP)、肾利尿钠肽(urodilatin, Uro)和D型利尿钠肽(dendroaspis natriuretic peptide, DNP)等。ANP主要在心房合成,其次是心室、中枢和外周神经元和肺;BNP主要在心脏中合成;CNP的合成主要在中枢神经系统,其次是血管内皮、肾和小肠。血液循环中的利尿钠肽主要为ANP,BNP浓度很低,几乎无CNP。Uro为肾远曲小管分泌的、仅存在于尿液的利尿钠肽。DNP先是从绿色树眼镜蛇的毒液中分离得到,随后发现人血浆中也存在DNP,心力衰竭时其血浆水平明显升高。利尿钠肽受体为膜受体,有ANP_A受体、ANP_B受体、ANP_C受体3种亚型,ANP_A受体和ANP_B受体含鸟苷酸环化酶。ANP、BNP和Uro均为ANP_A受体的内源性配体,CNP为ANP_B受体的内源性配体。利尿钠肽主要被肝、肾和肺中的中性内肽酶分解,也可与ANP_C受体结合后被清除。

ANP通过作用于ANP_A受体,使cGMP水平增加,增加肾小球滤过率,减少近曲小管Na^+重吸收,具有很强的排钠利尿、舒张血管、降低血压等作用;BNP和Uro的作用与ANP相似,Uro的利尿作用更强;CNP选择性激动ANP_B受体,几乎无排钠利尿作用,而扩血管作用强。

奈西立肽(nesiritide)为含32个氨基酸的重组人BNP,持续静脉给药用于急性失代偿性心力衰竭的治疗,但可引起致命性肾损害。乌拉立肽(ularitide)为人工合成的Uro类似物,正开发用于严重心力衰竭和伴水钠滞留的肝硬化,并能改善肾功能。血管肽酶抑制剂如山帕曲拉(sampatrilat)等可同时抑制中性内肽酶和ACE,增加利尿钠肽水平、降低AngⅡ的含量,用于高血压和慢性心力衰竭的治疗,目前仍处于开发中。

五、肾素-血管紧张素系统及其影响药物

肾素-血管紧张素系统与循环功能的调节密切相关,可导致血管收缩、血压升高、心血管重构等。ACEI和AT_1受体拮抗剂主要用于高血压、充血性心力衰竭的治疗,对糖尿病肾病等也有明显改善作用,具体药物

见第十六章和第二十章等相关章节。

第五节　影响腺苷及其受体的药物

一、腺苷及其受体

腺苷(adenosine)为内源性嘌呤核苷，在细胞内外均由腺苷酸裂解生成，也可来自腺苷同型半胱氨酸。腺苷在体内浓度可达 300 nmol/L，而在损伤和应激状态下可明显增加，如缺血可使其浓度升高为微摩尔水平。细胞内腺苷水平升高可作为氧消耗增加和兴奋性递质释放增加的判定指标。细胞外腺苷可经腺苷平衡转运体转移至细胞内。腺苷脱氨酶和腺苷激酶(adenosine kinase，ADK)是降解腺苷的关键酶。双嘧达莫对腺苷平衡转运体和腺苷脱氨酶有抑制作用。腺苷受体为 G 蛋白偶联受体，主要有 A_1、A_{2A}、A_{2B}和 A_3四个亚型，其中 A_1和 A_3为 G_i蛋白家族，而 A_{2A}和 A_{2B}为 G_s蛋白家族。此外，A_1也与 G_o蛋白偶联，A_3和 A_{2B}也与 G_q蛋白偶联。咖啡因为 A_1受体、A_{2A}受体和 A_{2B}受体的拮抗剂。

二、腺苷的生物学效应及影响腺苷类的药物

腺苷通过激动腺苷受体，产生很复杂的生物学效应，如改变血管反应性、调节体温、低氧适应调节、炎症反应和免疫调节等，特别是参与了缺血预适应调节。缺血预适应(ischemic preconditioning)是指组织短暂低氧/缺血会产生对自身或其他组织器官的随后较长时间缺血损伤的明显保护效应。

1. A_1受体　属 $G_{i/o}$受体，广泛存在于全身。A_1受体激动后可抑制囊泡释放兴奋性递质，降低细胞的兴奋性，使心肌自律性降低、心率减慢，从而治疗心律失常；使肾入球小动脉收缩，肾血流量降低；抑制脂肪分解，抑制胰岛素和胰高血糖素释放；降低体温，A_1受体缺失的小鼠体温明显升高，生存率下降；引起睡眠、镇痛作用；介导缺血预适应，但是具体信号通路的调节并不清楚。

2. A_{2A}受体　属 G_s受体，存在于基底神经节、脉管系统、血小板，调节心肌耗氧量和冠状动脉血流。降低中枢神经系统多巴胺能神经活性，维持觉醒，控制抑郁，参与神经元退变，抑制免疫，抑制血小板聚集，参与血管生成。

3. A_{2B}受体　属 $G_{s/q}$受体，使支气管平滑肌收缩，保持血管完整性，参与神经轴突的延长，也可能参与缺血预适应和疼痛调节。

4. A_3受体　属 $G_{i/q}$受体，参与心肌缺血预处理，参与气管、支气管平滑肌的收缩，参与中性粒细胞活化、脱颗粒，参与神经元退变过程和细胞增殖过程。

由于腺苷受体分布广泛，效应复杂，激动剂开发难度较大，目前以拮抗剂和反向激动剂的开发为主，如 A_{2A}受体拮抗剂开发试用于神经元退变，抑制缺血性损伤引起的炎症反应性免疫细胞过度激活；A_1受体拮抗剂开发用于改善肾功能。

第六节　一 氧 化 氮

一氧化氮(nitric oxide，NO)广泛存在机体组织器官，由血管内皮细胞产生并释放，其化学性质活泼、半衰期只有几秒，作为重要的第二信使，参与机体多种生理和病理过程。

一、一氧化氮的产生

L-精氨酸在体内经一氧化氮合酶(nitricoxide synthase，NOS)催化转变成 *L*-胍氨酸的同时，释放出

NO。NOS 有 3 种亚型，分别为：① 诱导型 NOS(inducible NOS，iNOS，即 NOS_2)，主要表达于巨噬细胞和平滑肌细胞；② 神经元型 NOS(neuronal NOS，nNOS，即 NOS_1)，主要表达于神经元和骨骼肌，为结构型 NOS；③ 内皮细胞型 NOS(endothelial NOS，eNOS，即 NOS_3)，主要表达于内皮细胞和神经元，为结构型 NOS。在 eNOS 和 nNOS 的调节通路中，NO 的合成受到药物和细胞质 Ca^{2+} 浓度调控，细胞质 Ca^{2+} 与钙调蛋白形成复合物，然后激活 eNOS 和 nNOS，而 iNOS 则不受 Ca^{2+} 调节，炎症介质可诱导 iNOS 基因的转录激活，导致 iNOS 的表达和 NO 的产生。NO 可与铁和血红蛋白发生作用，激活鸟苷酸环化酶。NO 可通过超氧化物和超氧化阴离子灭活代谢。

二、一氧化氮的生理及药理作用

NO 能与可溶性鸟苷酸环化酶的血红素结合并激活鸟苷酸环化酶，催化三磷酸鸟苷(guanosine triphosphate，GTP)生成 cGMP，cGMP 进一步激活蛋白激酶 G(protein kinase G，PKG)，PKG 使其下游通路蛋白磷酸化而产生相应效应。

1. *血管和血液* NO 增加细胞内 cGMP 含量，激活 PKG，降低细胞质 Ca^{2+} 水平，舒张血管平滑肌。抑制内皮细胞血小板黏附，抑制单核细胞、中性粒细胞黏附，降低氧化型低密度脂蛋白的形成，抑制动脉粥样硬化形成。

2. *呼吸系统* 吸入 NO 能扩张肺血管，降低肺动脉和静脉的张力；改善肺通气/换气功能障碍患者肺的氧合能力。

3. *神经系统* NO 为中枢神经系统递质，不能储存，突触后 NMDA 受体激动使 Ca^{2+} 内流增加，激活 NOS，释放 NO，扩散至突触前膜，作为逆向信使促进神经递质的释放，调节突触可塑性，参与脑发育和学习记忆过程。在外周组织，特别是生殖道，NO 为非胆碱能/非肾上腺素能神经元的调质，舒张阴茎海绵体血管平滑肌，引起阴茎勃起。

4. *炎症* NO 能激活 COX－2，促进炎症性前列腺素的产生，扩张血管，增加血管通透性，促进水肿等急性炎症反应；NO 对关节炎等慢性炎症过程也有明显影响。无论在急性炎症还是慢性炎症，持久、过量的 NO 产生均可放大组织损伤。

三、一氧化氮的应用

1. *NO 气体* 吸入 NO 气体可用于治疗肺动脉高压、急性缺氧和心肺复苏等。

2. *NO 供体* 某些药物可作为 NO 供体，在体内释放 NO 或 NO 类物质。例如，硝酸甘油、硝普钠、呋喃唑酮、有机硝酸盐(organic nitrate)和亚硝酸盐(organic nitrite)，均可释放出 NO，扩张血管，可用于高血压、心绞痛和阳痿等疾病的治疗。NO－阿司匹林(nitro-aspirin)也能释放 NO，研发用于治疗结肠癌和其他肿瘤。

3. *磷酸二酯酶(phosphodiesterase，PDE)抑制剂* NO 主要通过激活鸟苷酸环化酶，增加 cGMP 浓度而发挥作用，而磷酸二酯酶抑制剂能抑制 cGMP 的降解，同样可以使 cGMP 的水平增加，产生类似 NO 的作用。西地拉非(sildenafil)为选择性 PDE－5 抑制剂，$t_{1/2}$ 为 3～4 h，临床用于治疗勃起功能障碍，其不良反应主要为扩张血管和食管等处的平滑肌，增强 NO 供体药物的作用而增加心血管风险，均可能与其升高 NO 水平有关。同类药物他达那非(tadalafil)和伐地那非(vardenafil)的 $t_{1/2}$ 比西地拉非长，分别为 17 h 和 4～5 h。他达那非还可用于早泄的治疗。

4. *NOS 抑制剂* 对于炎症和脓毒血症，抑制 iNOS 是有益的；而对于神经退行性疾病，抑制 nNOS 则是必需的。因此，选择性 NOS 抑制剂的开发可能更具有临床价值，如选择性 iNOS 抑制剂对关节炎等可能有治疗作用。

小 结

自体活性物质包括组胺、5－羟色胺、前列腺素、白三烯、NO、激肽类、腺苷等，作用于局部或邻近的靶器官，具有重要的生理及病理作用，相应的激动剂和拮抗剂广泛用于相关疾病的防治。

组胺 H_1受体拮抗剂氯雷他定等主要用于皮肤黏膜过敏反应性疾病，H_2受体拮抗剂西咪替丁等主要用于消化性溃疡。5-羟色胺受体亚型众多，其激动剂如普坦类用于急性偏头痛、丁螺环酮等为抗焦虑药、西沙必利用于胃食管反流症等胃肠动力失调、芬氟拉明则抑制食欲；其拮抗剂如赛庚啶用于荨麻疹和过敏性鼻炎等、酮色林用于高血压和血管痉挛性疾病、昂丹司琼则镇吐作用强大。膜磷脂代谢产物前列腺素类药物前列地尔用于动脉导管未闭、严重肢体缺血等；依前列醇用于防止血栓形成和缺血性心脏病等；地诺前列酮、卡前列素、硫前列酮等主要用于产科；LTD_4受体拮抗剂扎鲁司特用于季节性过敏性鼻炎，普鲁司特主要用于哮喘；5-LO 抑制剂齐留通可预防或减轻支气管哮喘。血管活性肽类药物中，抑肽酶用于治疗血浆激肽过高症和改善肿瘤症状；B_2受体拮抗剂艾替班特用于遗传性血管性水肿；ET_A和 ET_B受体拮抗剂波生坦用于肺动脉高压；NK_1受体拮抗剂阿瑞匹坦用于化疗药物引起的呕吐；ANP_A激动剂奈西立肽用于严重心力衰竭。NO 吸入用于肺动脉高压、急性缺氧和心肺复苏。

【思考题】

1. 试述氯雷他定的作用机制和临床应用。
2. 组胺受体拮抗剂有几类？分别用于什么疾病的治疗？
3. 患者，女，19 岁。因急性荨麻疹给予氯雷他定 10 mg 口服。15 min 后，患者大汗淋漓、面色苍白，继而出现呼吸困难，意识不清，对光反射减弱，测血压降至 75/45 mmHg。立即给予吸氧、静脉注射地塞米松等进行抢救。20 min 后，患者神志清晰、呼吸平稳，血压逐渐回升，休克症状缓解。患者在此期间未使用其他药物。请问：

   (1) 患者出现休克最可能的原因是什么？

   (2) 氯雷他定可能引起哪些严重不良反应？

（蒋青松）

※ 课程 PPT

第二十一章
课程 PPT

第二十二章

肾上腺皮质激素类药物

学习目标

【知识目标】

1. 掌握　糖皮质激素类药物的药理作用、临床应用及不良反应。

2. 熟悉　糖皮质激素类药物的体内过程、作用机制、药物相互作用；盐皮质激素类药物的作用和应用特点。

3. 了解　糖皮质激素类药物的分类；了解促皮质素及皮质激素抑制剂的作用特点及临床应用。

【能力目标】

能根据病情选择适当的糖皮质激素类药物，并给予患者正确的用法和疗程，对不良反应采取适当的防治措施。

【素质目标】

进一步培养药物作用二重性的哲学思维，树立防止糖皮质激素类药物滥用的合理用药观念。

1849 年，托马斯·艾迪生(Thomas Addison)及其同事报道了艾迪生病(Addison's disease)(一种肾上腺皮质功能低下的疾病)，几年后，研究人员证明双侧肾上腺切除术在实验动物中是致命的。1936 年，科研人员自肾上腺皮质提取物中制备了多种固醇化合物结晶，1948 年人工制备了可的松并开始临床研究。1950 年，菲利普·肖瓦特·亨奇(Philip Showalter Hench)、爱德华·卡尔文·肯德尔(Edward Calvin Kendall)和塔德乌什·赖希施泰因(Tadeus Reichstein)因"在肾上腺皮质激素、其结构和生物效应方面的发现"共同获得当年的诺贝尔生理学或医学奖。同时，促肾上腺皮质激素也作为药物开始应用于临床。1958 年，又发现了地塞米松，此后，相继开发出倍他米松、倍氯米松、丙酮化氯新龙等药物。近年对有关肾上腺皮质激素类快速作用及膜受体的新认识，使本类药物的作用机制得到了新的阐明，也为临床应用提供了更好的理论基础。

资料来源：

BRUNTON L L, KNOLLMANN B C, 2023. Goodman & Gilman's the pharmacological basis of therapeutics. 14th edition. New York: McGraw-Hill Education.

肾上腺皮质包括球状带、束状带和网状带 3 层。球状带只能合成盐皮质激素(mineralocorticoid)；束状带是合成糖皮质激素的重要场所；网状带主要合成性激素。肾上腺皮质激素(adrenocortical hormones)是肾上腺皮质分泌的激素总称，属甾体类化合物。盐皮质激素主要有醛固酮(aldosterone)和去氧皮质酮(desoxycorticosterone)；糖皮质激素有氢化可的松(hydrocortisone)和可的松(cortisone)等，其分泌和生成受促肾上腺皮质激素(corticotrophin, ACTH)的调节(图 22 - 1)，而 ACTH 的分泌受昼夜节律的影响；性激素类有雌激素、孕激素和雄激素。临床常用的皮质激素主要是指糖皮质激素。

肾上腺皮质激素的基本结构为甾核(固醇核)，甾核 A 环 C_4、C_5 之间的双键，C_3 上的酮基，C_{20} 上的羰基是保持其生理功能的必需基团。糖皮质激素的结构特征是甾核 C 环 C_{11} 有氧（如可的松）或羟基（如氢化可的松），D 环 C_{17} 上有 α-羟基，其由于对糖代谢的作用强，对水盐代谢作用弱，故称为糖皮质激素，同时其因具有明显的抗炎作用，又称甾体类抗炎药。盐皮质激素结构的特征是甾核 D 环的 C_{17} 无 α-羟基及 C 环 C_{11} 无氧（如去氧皮质酮）或虽有氧但与 18 位碳结合（如醛固酮），因其对水盐代谢作用较强，对糖代谢作用很弱，故称为盐皮质激素。为了提高临床疗效，降低不良反应，对该类药物的结构进行改造，合成一系列的皮质激素类药物（图 22-2、图 22-3）。

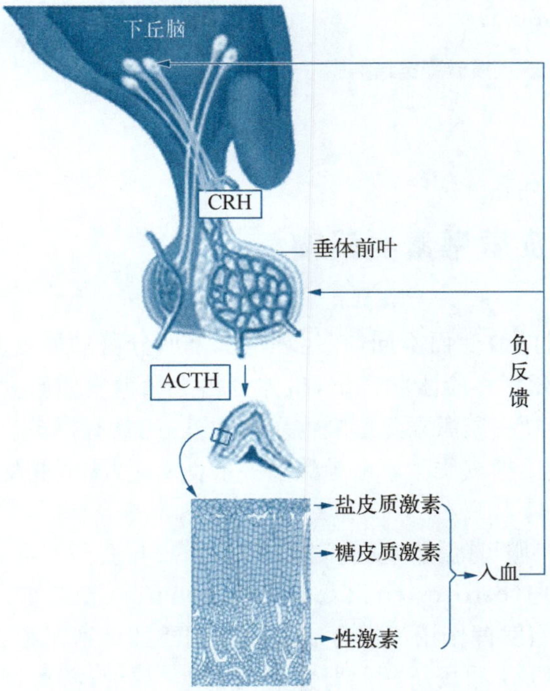

图 22-1　肾上腺皮质激素分泌的调节

CRH：促皮质激素释放激素；ACTH：促肾上腺皮质激素

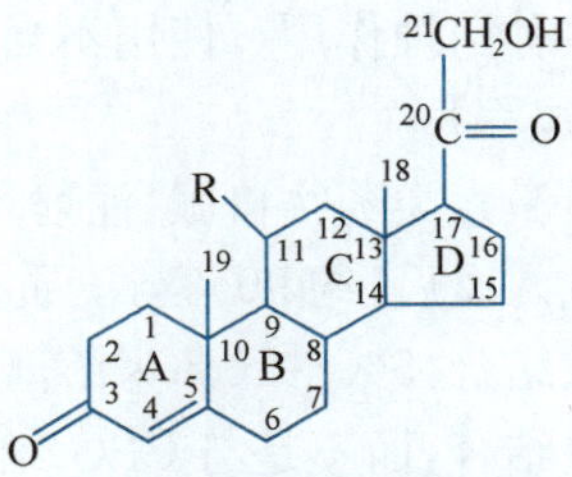

图 22-2　肾上腺皮质激素的基本结构

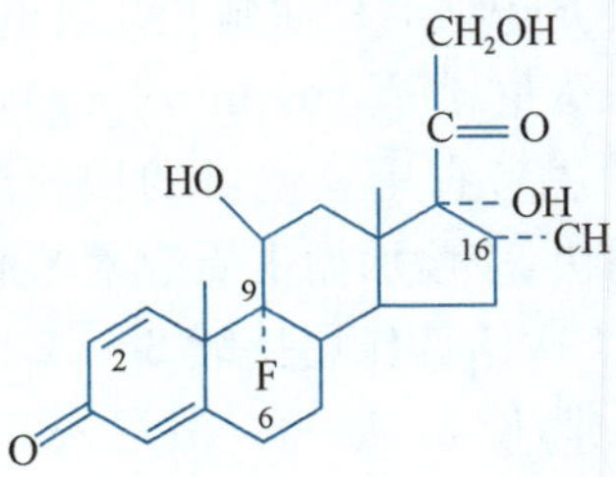

地塞米松
(dexamethasone)

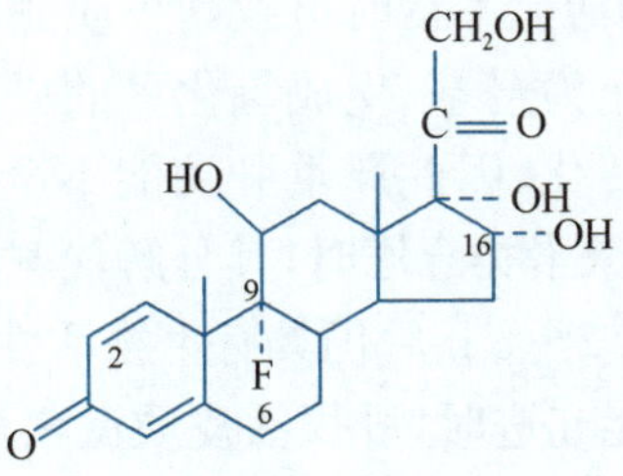

曲安西龙
(triamcinolone)

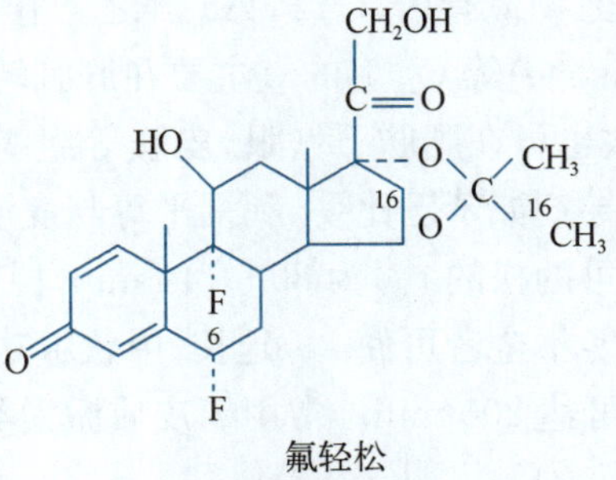

氟轻松
(fluocinolone)

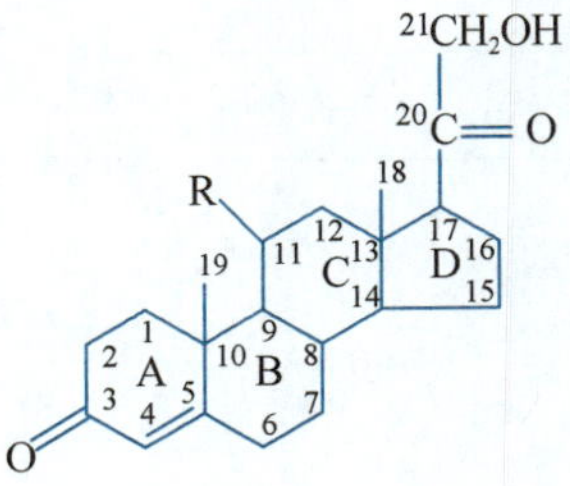

去氧皮质酮
(desoxycortone)

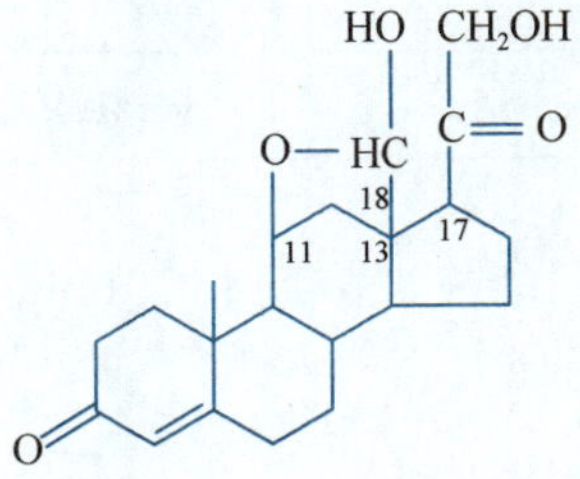

醛固酮
(aldosterone)

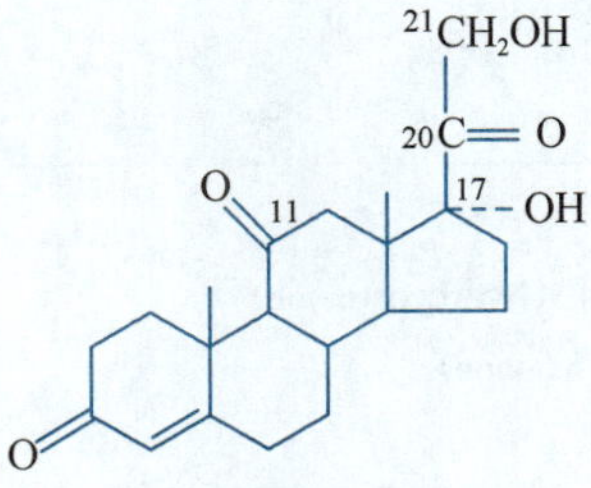

可的松
(cortisone)

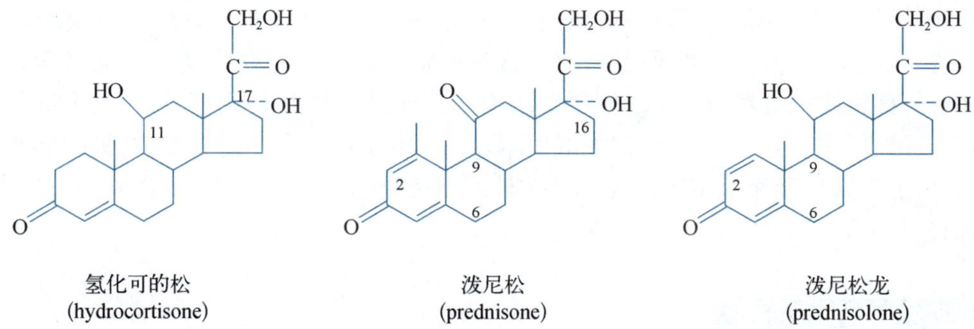

图 22-3 肾上腺皮质激素类结构图

第一节 糖皮质激素类药物

糖皮质激素类药物作用广泛、复杂，且随着剂量的改变而不同，在生理情况下所分泌的糖皮质激素主要维持机体正常的物质代谢，缺乏时可代谢失调以致死亡。应激状态下，机体分泌大量糖皮质激素，通过允许作用等适应内外环境变化。药理剂量(超生理剂量)糖皮质激素除影响物质代谢外，还具有抗炎、免疫抑制和抗休克等多种药理作用。使用不当或长期大剂量使用糖皮质激素可导致多种不良反应，甚至危及生命。

【体内过程】

糖皮质激素类药物口服、注射均可较好吸收。口服可的松或氢化可的松后 1～2 h 血药浓度达峰。氢化可的松吸收入血后，约 90%与皮质类固醇结合球蛋白(corticosteroid binding globulin, CBG)结合，约 5%与白蛋白松散结合，5%～10%为游离药物，可对靶细胞发挥作用。但合成皮质类固醇如地塞米松在很大程度上与白蛋白结合，而不是与 CBG 结合。肝是合成 CBG 的场所，肝、肾疾病时 CBG 减少，游离型激素增多。雌激素可促进 CBG 合成，减少游离型激素，但游离型激素减少时，可反馈性增加 ACTH 的释放，使游离型激素达正常水平。

糖皮质激素在肝脏转化，经尿排出。其代谢过程主要由 CYP3A 亚家族介导，其中 CYP3A4 对代谢糖皮质激素类药物最有效，CYP3A5 次之。肝肾功能不良时可致糖皮质激素类药物半衰期延长。可的松与泼尼松(prednisone)等 C_{11}上的氧主要在肝脏转化为羟基，生成氢化可的松和泼尼松龙(prednisolone)，方有明显活性，其次也可在脂肪、骨、眼、皮肤等组织转化，因此严重肝功能不全的患者宜用氢化可的松或泼尼松龙。肝药酶诱导剂如苯巴比妥、利福平等与皮质激素类合用时，其分解代谢加快，应增加糖皮质激素的剂量。

氢化可的松的 $t_{1/2}$为 80～144 min，但在 2～8 h 后仍具有生物活性，1 次给药作用持续 8～12 h。剂量大或肝肾功能不全者可使 $t_{1/2}$延长；甲状腺功能亢进时，肝灭活皮质激素加速，使 $t_{1/2}$缩短。泼尼松龙因不易被灭活，$t_{1/2}$可达 200 min。常用糖皮质激素类药物特点的比较见表 22-1。

表 22-1 常用糖皮质激素类药物的特点

药 物	药理作用*			等效口服剂量(mg)
	抗 炎	局部应用	水盐代谢	
短效				
氢化可的松(hydrocortisone)	1	1	1	20
可的松(cortisone)	0.8	0	0.8	25
中效				
泼尼松(prednisone)	4	0	0.3	5
泼尼松龙(prednisolone)	5	4	0.3	5

续　表

药　　物	药理作用*			等效口服剂量 (mg)
	抗　炎	局部应用	水盐代谢	
甲泼尼龙(methylprednisolone)	5	5	0.25	4
甲基泼尼松(meprednisone)	5	—	0	4
曲安西龙(triamcinolone)	5	5	0	4
对氟米松(paramethasone)	10	—	0	2
氟泼尼松龙(fluprednisolone)	15	7	0	1.5
长效				
倍他米松(betamethasone)	25～40	10	0	0.6
地塞米松(dexamethasone)	30	10	0	0.75

* 此部分数值是指效价强度。

【作用机制】

糖皮质激素作用的基本机制是由细胞内糖皮质激素受体(glucocorticoid receptor，GR)介导的基因效应。糖皮质激素受体有 GR_{α} 和 GR_{β} 两种构型，GR_{α} 与激素结合产生经典的激素效应，而 GR_{β} 作为 GR_{α} 的拮抗体而起作用。在缺乏激素配体的情况下，糖皮质激素受体主要在细胞质中与热休克蛋白(heat shock protein，HSP)90、HSP40、HSP70 等形成寡聚复合物。血浆和间质液中的游离激素进入细胞并与糖皮质激素受体结合，诱导其构象变化，使其与 HSP 分离并二聚化。随之激素-受体复合物易位进入细胞核，与靶基因启动子序列的糖皮质激素反应成分(GRE)或负性糖皮质激素反应成分(nGRE)结合，影响基因转录，改变相关蛋白水平，进而发挥多种作用(图 22－4)。

除了与 GRE 结合外，激素-受体复合物还与其他转录因子(如 AP1 和 NF－κB)形成复合物，作用于不含 GRE 的启动子，以帮助调节其反应基因的转录。这些转录因子对生长因子、促炎细胞因子等具有广泛的调节作用，并在很大程度上介导糖皮质激素的抗生长、抗炎和免疫抑制等作用。

非基因快速效应是糖皮质激素发挥作用的另一重要机制，包括非基因受体介导效应(与细胞膜类固醇受体相关)、非基因的生化效应(直接影响细胞能量代谢)、直接抑制阳离子循环等。此外，糖皮质激素受体具有棕榈酰化基序，发生 *S*－棕榈酰化修饰后可介导受体的膜定位。这种受体可与各种膜相关蛋白或胞质蛋白直接相互作用并对其产生影响，而不需要进入细胞核和诱导转录作用。

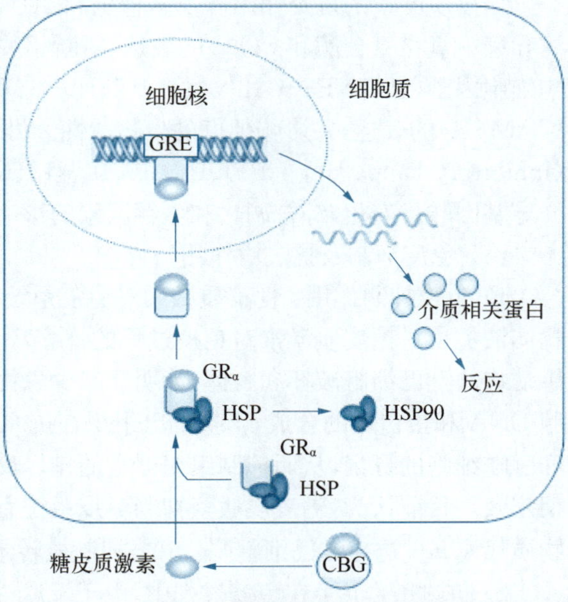

图 22－4　糖皮质激素作用机制示意图(基因效应)

CBG，皮质类固醇结合球蛋白；GRE，糖皮质激素反应成分；HSP，热休克蛋白；GR，糖皮质激素受体

【药理作用】

(1) 对代谢的影响

1) 糖代谢：糖皮质激素在维持血糖的正常水平和肝脏与肌肉的糖原含量方面具有重要作用。其机制是：① 促进糖异生(gluconeogenesis)，特别是利用肌肉蛋白质代谢中的一些氨基酸及其中间代谢物作为原料合成糖；② 减慢葡萄糖分解为 CO_2 的氧化过程，有利于中间代谢产物如丙酮酸和乳酸等在肝脏和肾脏再合成葡萄糖，增加血糖的来源；③ 减少机体组织对葡萄糖的利用。

2) 蛋白质代谢：糖皮质激素能加速胸腺、肌肉、骨等组织蛋白质分解，增加尿中氮的排泄量；大剂量糖皮质激素还能抑制蛋白质合成。因此，长期应用可引起胸腺、淋巴组织萎缩，肌肉蛋白质含量下降，成骨细胞活力减退，骨质形成障碍等。故在用药期间应高蛋白、低糖饮食；用于伴有严重损失蛋白质的肾病及多种影响蛋白质代谢疾病的患者时,需要合用蛋白质同化类激素。

3) 脂质代谢:短期使用对脂质代谢无明显影响。长期大剂量使用可增高血浆胆固醇,激活四肢皮下的脂酶,促使皮下脂肪分解,并重新分布在面部、上胸部、颈背部、腹部和臀部,表现为满月脸、水牛背,形成向心性肥胖。

4) 水电解质代谢:糖皮质激素有一定盐皮质激素样作用,长期大量应用时,作用较明显。此外,还可通过增加肾小球滤过率,拮抗抗利尿激素的作用及减少肾小管对水的重吸收而产生利尿作用。糖皮质激素过多时,亦可减少肠道对钙的吸收和抑制肾小管对钙的重吸收、促进尿钙排泄,长期应用会致骨质脱钙。

(2) 允许作用:糖皮质激素对有些组织细胞无直接作用,但可为其他激素发挥作用创造有利条件,称为允许作用(permissive action)。例如,糖皮质激素可增强儿茶酚胺的缩血管作用及胰高血糖素的升血糖作用等。

(3) 抗炎作用:糖皮质激素抗炎作用强大,对多种原因所致的炎症反应均有效,如细菌、病毒所致感染性炎症以及物理性(烧伤、创伤)、化学性(酸、碱)、免疫性和无菌性(缺血性组织损伤)等非感染性炎症。在炎症初期,糖皮质激素能降低毛细血管的通透性,抑制白细胞的浸润及吞噬反应,减少各种炎性因子释放,减少渗出,减轻水肿,从而缓解红、肿、热、痛等症状。在炎症后期,糖皮质激素通过抑制毛细血管和成纤维细胞的增生,抑制胶原蛋白合成和肉芽组织的增生,防止粘连及瘢痕形成,减轻后遗症。但糖皮质激素抗炎不抗菌,且炎症反应是机体的一种防御机制,炎症后期更是组织修复的重要过程,若使用不当可致感染扩散、创面愈合延迟。因此,糖皮质激素在治疗感染性疾病时,必须与足量有效的抗菌药联合。

糖皮质激素的抗炎作用涉及多种机制:① 诱导炎症抑制蛋白(如膜联蛋白Ⅰ)生成和抑制某些靶酶(如诱导型一氧化氮合酶和 COX)的表达,阻断相关炎性介质如 PGE_2、PGI_2、NO 等产生,发挥抗炎作用。② 影响细胞因子(如 TNF-α、IL-1、IL-2、IL-6、IL-8)的产生和在转录水平直接抑制黏附分子(如 E-选择素、ICAM-1)的表达,并影响他们的生物活性。另外,糖皮质激素还可增加多种抗炎因子如 NF-κB 抑制蛋白 1(inhibitory kappa B1, IκB1)、IL-10、IL-12、IL-1RA 的表达。③ 诱导炎症细胞凋亡,由糖皮质激素受体介导基因转录变化,综合凋亡和生存因素的影响,激活胱天蛋白酶和特异性核酸内切酶导致细胞凋亡。

(4) 免疫抑制及抗过敏作用

1) 免疫抑制作用:糖皮质激素对免疫系统有多方面抑制作用。小剂量主要抑制细胞免疫,大剂量能干扰体液免疫。糖皮质激素对免疫过程的许多环节都有抑制作用:抑制巨噬细胞对抗原的吞噬和处理,使敏感动物的淋巴细胞破坏和解体,能明显减少急性淋巴细胞白血病患者的淋巴细胞数量,也能抑制人体淋巴细胞 DNA 和蛋白质的合成,干扰淋巴组织在抗原作用下的分裂和增殖,阻断敏感化 T 细胞所诱发的单核细胞和巨噬细胞的募集,从而抑制组织器官的排斥反应和皮肤迟发性过敏反应,对自身免疫性疾病亦具有一定近期疗效。目前认为,糖皮质激素抑制免疫系统有多种机制:① 诱导淋巴细胞 DNA 降解;② 影响淋巴细胞的物质代谢;③ 诱导淋巴细胞凋亡;④ 抑制核转录因子 NF-κB 活性。

2) 抗过敏作用:在免疫过程中,由于抗原-抗体反应引起肥大细胞脱颗粒而释放组胺、5-羟色胺、过敏性慢反应物质、缓激肽等,从而引起一系列过敏性反应症状。糖皮质激素能减少上述过敏介质的释放,减轻过敏性症状。

(5) 抗休克作用:大剂量糖皮质激素已广泛用于各种严重休克,特别是中毒性休克。其抗休克作用机制与下列因素有关:① 扩张痉挛收缩的血管和兴奋心脏、加强心脏收缩力;② 抑制某些炎性因子的产生,减轻全身炎症反应综合征及组织损伤,使微循环血流动力学恢复正常,改善休克状态;③ 稳定溶酶体膜,减少心肌抑制因子(myocardial depressant factor, MDF)的释放,有助于终止或延缓休克的发展;④ 提高机体对细菌内毒素的耐受力;⑤ 抗休克作用还可能与其诱导丙酮羟化酶,抑制糖酵解,减少乳酸形成,纠正酸中毒;减轻脂质过氧化损伤;减少 TXA_2 形成,抑制血小板聚集,防止弥散性血管内凝血发生等有关。

(6) 其他作用

1) 血液及造血系统:糖皮质激素能刺激骨髓造血功能,使红细胞和血红蛋白含量增加;大剂量可使血小板增多,提高纤维蛋白原浓度,缩短凝血酶原时间;刺激骨髓中的中性粒细胞释放入血使中性粒细胞数增多,但降低其游走、吞噬、消化及糖酵解等功能,减弱对炎症区的浸润与吞噬活动。糖皮质激素在减少淋巴细胞方面存在明显的动物种属差异。对于皮质激素敏感的动物，淋巴细胞数量减少主要由于细胞的溶解和死亡，而对皮质激素不敏感的物种，其淋巴细胞数量减少则与血液中淋巴细胞向其他组织如骨髓分布有关。

2）中枢神经系统：氢化可的松可减少脑中 GABA 浓度，提高中枢的兴奋性，有些患者长期大量应用或对药物的敏感性高，即使很小剂量亦可引起欣快、激动、失眠等，偶可诱发精神失常，且能降低大脑的兴奋阈，促使癫痫发作，故精神病患者和癫痫患者宜慎用，大剂量对儿童能致惊厥。

3）消化系统：糖皮质激素能使胃蛋白酶和胃酸分泌增加，提高食欲，促进消化。但大剂量应用可诱发或加重胃及十二指肠溃疡。

4）骨骼：长期大量应用本类药物时可出现骨质疏松，特别是脊椎骨，故可有腰背痛，甚至发生压缩性骨折、鱼骨样及楔形畸形。糖皮质激素抑制成骨细胞的活力、减少骨中胶原的合成、促进胶原和骨基质的分解，使骨盐不易沉积，骨质形成发生障碍。此外，大量糖皮质激素还可促进钙从尿中排出，拮抗维生素 D 对钙吸收的影响。

5）退热作用：糖皮质激素用于严重的中毒性感染如肝炎、脑膜炎、败血症及晚期癌肿的发热，具有迅速而良好的退热作用。可能与糖皮质激素提高机体对细菌内毒素的耐受力，稳定溶酶体膜，减少内源性致热原的释放，降低体温调节中枢对致热源的敏感性有关。但在病因明确之前不可滥用糖皮质激素，以免掩盖症状延误诊断。

6）增强应激能力：应激状态下，机体对皮质激素的需要量明显增加，而机体分泌量一般不能满足需要，应及时适量补充糖皮质激素。肾上腺皮质受损患者（如艾迪生病），抗感染和耐受应激的能力下降。糖皮质激素增强应激能力的机制可能与增强心血管对儿茶酚胺的反应性及其抗炎、抗过敏作用，以及允许作用有关。

7）内分泌系统：长期给予糖皮质激素可抑制垂体释放 ACTH、生长激素、促甲状腺激素和黄体生成素。

【临床应用】

（1）严重急性感染或治疗炎症及预防某些炎症后遗症

1）严重急性感染：主要用于中毒性感染或同时伴有休克者，如中毒性菌痢、暴发型流行性脑脊髓膜炎、猩红热等，且仅作为辅助治疗。适用冲击疗法，静脉给予氢化可的松，首剂 200～300 mg，日剂量可超过 1 g，以后逐渐减量，疗程不超过 5 日。激素治疗期间须配合使用足量有效的抗菌药。因疗程短可迅速停药。

病毒性感染一般不用糖皮质激素，因其可降低机体的防御功能反使感染扩散、加剧。但其对严重传染性肝炎、流行性腮腺炎、麻疹和乙型脑炎等，也有缓解症状的作用。

对于多种结核病的急性期，尤其是以渗出为主的结核病，如结核性脑膜炎、胸膜炎、心包炎、腹膜炎等，在早期应用抗结核药的同时辅以短程糖皮质激素，可迅速退热，减轻炎症渗出，使积液消退，减少愈合过程中发生的纤维增生及粘连。在有效抗结核药物的作用下，小剂量糖皮质激素的辅助治疗并不引起结核病灶的恶化。

2）治疗炎症及预防某些炎症后遗症：机体重要器官或部位的炎症，如风湿性心瓣膜炎、脑炎、心包炎、损伤性关节炎、睾丸炎以及烧伤后瘢痕挛缩等，因炎症损害或恢复时产生粘连和瘢痕，将引起严重功能障碍。早期应用糖皮质激素可减少炎性渗出，减轻愈合过程中纤维组织过度增生及粘连，防止后遗症的发生。对眼科疾病如虹膜炎、角膜炎、视网膜炎和视神经炎等非特异性眼炎，应用后也可迅速消炎止痛、防止角膜混浊和瘢痕粘连的发生。但有角膜溃疡者禁用。

（2）自身免疫性疾病、过敏性疾病及器官移植排斥反应

1）自身免疫性疾病：对严重风湿热（累及心脏时）、风湿性心肌炎、风湿性及类风湿性关节炎、全身性红斑狼疮、自身免疫性贫血和肾病综合征等，应用糖皮质激素后可缓解症状。对于多发性皮肌炎，糖皮质激素为首选药。多每日或隔日给药。一般采用综合疗法，不宜单用，以免引起不良反应。

2）过敏性疾病：如荨麻疹、血管神经性水肿、支气管哮喘和过敏性休克等。此类疾病一般发作快，消失也快，治疗主要应用肾上腺素受体激动剂和抗组胺药物。对严重病例或其他药物无效时，可应用糖皮质激素辅助治疗，目的是抑制抗原-抗体反应所引起的组织损害和炎症过程。

3）器官移植排斥反应：糖皮质激素是器官移植免疫抑制方案的关键组成部分。移植手术时给予大剂量的泼尼松（50～100 mg），并合用其他免疫抑制剂（如环孢霉素 A），疗效较好。

（3）抗休克治疗：对于脓毒血症休克患者，静脉给予小剂量氢化可的松既可提高存活率，亦有助于治疗

肾上腺皮质功能不全。但对经液体复苏或(和)使用血管活性药物后能够恢复血流动力学稳定性者,不建议使用糖皮质激素。如果上述治疗不能恢复血流动力学的稳定性,可使用氢化可的松 200 mg/d 连续静脉滴注。当血管活性药物撤离时应停用激素。对严重脓毒症无休克患者,一般不主张应用糖皮质激素。此外,对过敏性休克,糖皮质激素为次选药,可与肾上腺素、葡萄糖酸钙合用。

(4) 血液病:糖皮质激素多用于治疗儿童急性淋巴细胞白血病,现多采取与抗肿瘤药联合的多药并用方案;此外,还可用于再生障碍性贫血、粒细胞减少症、血小板减少症和过敏性紫癜等的治疗。停药后易复发。

(5) 局部应用:对一般性皮肤病如湿疹、肛门瘙痒、接触性皮炎等均有较好疗效。常采用氢化可的松、氢化泼尼松或氟轻松等软膏、霜剂或洗剂局部用药,当肌肉韧带或关节劳损时,可将醋酸氢化可的松或醋酸氢化泼尼松混悬液加入 1%普鲁卡因注射液肌内注射,也可将其注入韧带压痛点或关节腔内以消炎止痛。

(6) 替代疗法 (replacement therapy):用于急、慢性肾上腺皮质功能不全,肾上腺危象,先天性肾上腺皮质增生症。原发性肾上腺功能不全的患者,每日给予 20～30 mg 的氢化可的松,同时补充适量的盐皮质激素。应激状态下增加剂量。急性肾上腺皮质功能不全时,每 8 h 静脉注射 100 mg 的氢化可的松,直到病情稳定。然后逐渐减量,5 日内达到维持剂量。

(7) 恶性肿瘤:糖皮质激素对晚期乳腺癌和转移性乳腺癌、肿瘤骨转移和肝转移引起的疼痛、胸膜和肺转移引起的呼吸困难、脑转移引起的颅内压迫症状均有一定疗效。对前列腺癌术后雌激素疗效不佳者,泼尼松可明显改善症状。

【不良反应与禁忌证】

(1) 长期大剂量应用引起的不良反应

1) 医源性肾上腺皮质功能亢进症:又称类肾上腺皮质功能亢进,是长期应用过量糖皮质激素致物质代谢和水盐代谢紊乱的结果。表现为满月脸、水牛背、皮肤变薄、水肿、多毛、痤疮、低血钾、高血压、高血脂、糖尿病等,即向心性肥胖或库欣综合征。停药后症状可自行消失。必要时加用抗高血压药、降糖药治疗,并采取低盐、低糖、高蛋白饮食及加用氯化钾等措施。

2) 诱发或加重感染:全身性应用糖皮质激素会影响固有免疫和获得性免疫,造成的感染风险呈剂量依赖性增加,长期应用易诱发感染或使潜在的病灶扩散。尤其是原有疾病已使抵抗力降低的疾病如白血病、再生障碍性贫血、肾病综合征等患者更易发生。可使原来静止的结核病灶扩散恶化,故应用于结核时应合用抗结核药。而吸入性和外用糖皮质激素通常不增加全身感染风险。可通过局部给药、隔日给药和预防感染等措施降低感染风险。

3) 消化系统并发症:糖皮质激素刺激胃酸、胃蛋白酶的分泌并抑制胃黏液分泌,降低胃肠黏膜的抵抗力,可诱发或加剧胃、十二指肠溃疡,甚至造成消化道出血或穿孔,以及严重中毒性肝损伤。少数患者可致胰腺炎及脂肪肝。

4) 心血管系统并发症:长期应用,由于增强血管对其他血管活性物质的反应性和水钠潴留引起高血压。促进皮下脂肪分解和升高血浆胆固醇,诱发动脉粥样硬化性疾病。血栓栓塞性并发症(肺栓塞和深静脉血栓形成)的发生风险也增高。使用期间应关注血脂、血压及容量状况,进行血流动力学、凝血功能检查和心血管病变相关检测,必要时可进行预防性抗凝治疗。

5) 骨骼和肌肉:儿童、绝经妇女和老人多见骨质疏松,严重者出现自发性骨折。与糖皮质激素促进蛋白质分解、抑制其合成,增加钙、磷排泄有关。高脂血症引起的血管栓塞会导致骨缺血性坏死(股骨头无菌性坏死)。肌病少见,表现为近端肌无力甚至肌萎缩。为防止骨丢失和肌萎缩,可鼓励患者进行负重锻炼,补充蛋白质、维生素 D 和钙盐,必要时加用抗骨质疏松药。

6) 眼部并发症:长期应用会增加白内障和青光眼的患病风险。糖皮质激素性青光眼与小梁网的细胞外基质沉积,房水流出阻力增加有关。后囊下白内障与糖皮质激素的使用时间及剂量关系密切,时间越长、剂量越大,发生白内障的概率越大。此外,还可能出现眼球突出和中心性浆液性脉络膜视网膜病变等罕见眼科并发症。长期应用中到大剂量糖皮质激素治疗的患者,应定期进行眼科检查,及早发现眼部并发症。

7) 神经精神症状:包括睡眠紊乱,谵妄、意识模糊或定向障碍等神经症状和情绪不稳、躁狂、抑郁等精神病性症状。有癫痫或精神病史者禁用或慎用。

8）其他：由于抑制生长激素的分泌和造成负氮平衡，儿童用药可出现生长迟缓。心脏病患者用药可导致心力衰竭。妊娠前 3 个月大剂量使用糖皮质激素可能影响胎儿唇、口腔的发育，提高唇裂、腭裂等发生率。

（2）停药反应

1）医源性肾上腺皮质功能不全：长期应用尤其是连续多日给药的患者，减量过快或突然停药，特别是当遇到感染、创伤、手术等严重应激情况时，可引起肾上腺皮质功能不全或肾上腺危象。因长期应用糖皮质激素，反馈性抑制垂体-肾上腺皮质轴致 ACTH 释放减少，肾上腺皮质萎缩，表现为恶心、呕吐、乏力、低血压和休克等，需要及时抢救。防治：逐步减量至最低有效维持剂量，停药前需要逐步过渡到隔日疗法。使用一般>3 个月；停用激素后需要连续应用 ACTH 7 日左右；在停药 1 年内如遇应激情况（如感染或手术等），应及时给予足量的糖皮质激素。

肾上腺皮质功能恢复时间与药物剂量、用药时间和个体差异有关。垂体分泌 ACTH 的功能一般需要经 3～5 个月恢复；ACTH 致肾上腺皮质细胞增生功能的恢复需要 6～9 个月，甚至 1～2 年。

2）反跳现象：长期应用糖皮质激素的患者对激素产生了依赖性或病情尚未完全控制，突然停药或减量过快而致原有疾病复发或恶化。常需要加大剂量再行治疗，待症状缓解后再缓慢减量、停药。

（3）禁忌证：心脏病或高血压伴心力衰竭、严重的精神病和癫痫，活动性消化性溃疡病，新近胃肠吻合术，骨质疏松，骨折，创伤修复期，青光眼，角膜溃疡，肾上腺皮质功能亢进，严重高血压，糖尿病，抗菌药不能控制的感染如水痘、麻疹、霉菌感染等。禁忌证和适应证并存时，应全面分析，权衡利弊，慎重决定。对病情危急的适应证，虽有禁忌证存在，仍可考虑使用，待危急情况缓解后，尽早停药或减量。

【药物相互作用】

糖皮质激素和水杨酸盐均可降低胃黏膜保护能力，两者合用可使消化性溃疡的危险性加大。糖皮质激素可使水杨酸盐的消除加快，降低其疗效；糖皮质激素与强心苷和利尿药合用，要注意补钾；苯巴比妥和苯妥英钠等肝药酶诱导剂能加速糖皮质激素代谢，合用需要调整剂量；糖皮质激素可升高血糖，因而降低口服降血糖药或胰岛素的作用；糖皮质激素可使口服抗凝血药的效果降低，两药合用时口服抗凝血药的剂量需要加大。

第二节　盐皮质激素类药物

盐皮质激素主要有醛固酮（aldosterone）和去氧皮质酮（desoxycorticosterone）。对维持机体正常的水电解质代谢起重要作用。

【体内过程】

醛固酮在肠内不易吸收，而肌内注射吸收良好，血浆蛋白结合率为 70%～80%，经肝 5β-还原酶和 3α-羟类固醇脱氢酶代谢失活，无蓄积作用。

去氧皮质酮在肠内吸收不良，且易被破坏，现主要用其油溶制剂进行肌内注射，在体内经 11β-羟化酶转化为孕二醇，从尿中排泄。

【药理作用】

醛固酮主要与肾脏远曲小管和集合管细胞胞质内受体结合形成药物-受体复合物，然后移位至细胞核，调节特异性 mRNA 转录，合成多种醛固酮诱导蛋白，进而使管腔膜对 Na^+ 的通透性增大，线粒体内 ATP 合成增多，管周膜上 Na^+-K^+-ATP 酶活性增强，从而促进 Na^+ 的重吸收及 K^+ 的排出，产生保钠排钾作用。

去氧皮质酮在机体内的分泌量小，具有与醛固酮相似的保钠排钾作用。其保钠作用只有醛固酮的 1%～3%，但大于氢化可的松。

【临床应用】

去氧皮质酮与糖皮质激素如氢化可的松合用作为临床替代疗法，治疗慢性肾上腺皮质功能减退症，以纠正患者失钠、失水和钾潴留等，恢复水电解质的平衡。在替代治疗中，有的患者单用糖皮质激素即可见效，较重的患者或单用糖皮质激素无效的患者，可加用去氧皮质酮治疗。替代疗法的同时，每日需要补充食盐 6～10 g。

第三节　促肾上腺皮质素和皮质激素抑制剂

一、促肾上腺皮质素

ACTH 由垂体前叶合成分泌，其合成和分泌受到下丘脑促肾上腺皮质素释放激素(corticotropin releasing hormone，CRH)的调节，对维持机体肾上腺正常形态和功能具有重要作用。在生理情况下，下丘脑、垂体和肾上腺三者处于动态平衡，ACTH 缺乏，将引起肾上腺皮质萎缩、分泌功能减退。ACTH 还控制自身释放的短负反馈调节。

ACTH 口服后在胃内被胃蛋白酶破坏而失效，只能注射应用。$t_{1/2}$约为 15 min。其主要作用是促进糖皮质激素的分泌，但必须在皮质功能完好时方能发挥作用。一般在 ACTH 给药后 2 h，肾上腺皮质才开始分泌氢化可的松。临床上利用此作用诊断脑垂体前叶-肾上腺皮质功能水平状态及长期使用糖皮质激素停药前后的皮质功能水平，以防止因停药而发生皮质功能不全。ACTH 制剂多从牛、猪、羊的垂体提取，过敏反应发生率高。人工合成的 ACTH 仅有 24 个氨基酸残基，免疫原性相对较低，过敏反应发生率低。

二、皮质激素抑制剂

盐皮质激素抑制剂，如抗醛固酮药中的螺内酯等。皮质激素抑制剂可代替外科的肾上腺皮质切除术，临床常用的有米托坦和美替拉酮等(图 22－5)。

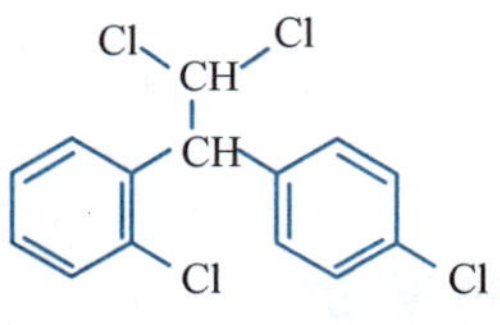

米托坦

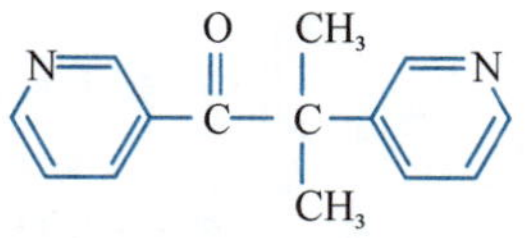

美替拉酮

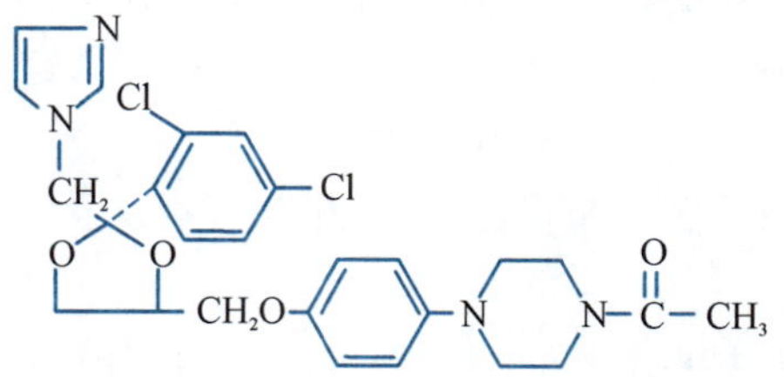

酮康唑

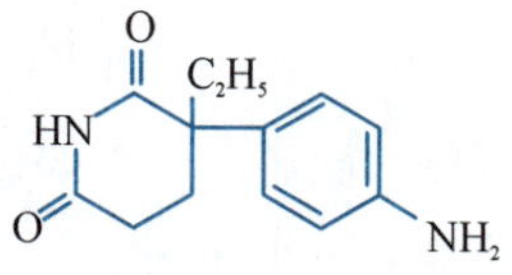

氨鲁米特

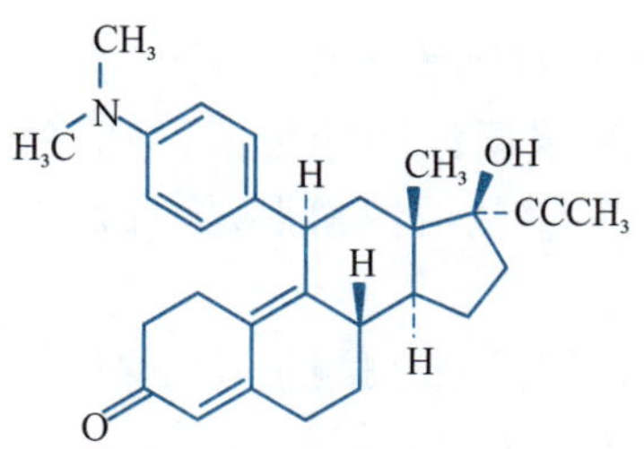

米非司酮

图 22－5　某些皮质激素抑制剂的化学结构

米托坦

米托坦(mitotane)能相对选择性地作用于肾上腺皮质细胞,对肾上腺皮质的正常细胞或瘤细胞都有损伤作用,尤其是选择性地作用于肾上腺皮质束状带及网状带细胞,使其萎缩、坏死。还可抑制 CYP11A1,从而减少类固醇的合成。用药后血、尿中氢化可的松及其代谢物迅速减少。因不损伤球状带,醛固酮分泌不受影响。

临床主要用于无法切除的皮质癌、切除复发癌以及皮质癌术后辅助治疗。

不良反应主要有消化道不适、中枢抑制及运动失调等,减小剂量这些症状可以消失。若由于严重肾上腺功能不全而出现休克或严重创伤时,可给予肾上腺皮质类固醇类药物。

美替拉酮

美替拉酮(metyrapone)是 CYP11B1 的相对选择性抑制剂,能抑制 11β-羟化反应,干扰 11-去氧皮质酮转化为皮质酮,抑制 11-去氧氢化可的松转化为氢化可的松,而降低其血浆水平;又能反馈性地促进 ACTH 分泌,导致 11-去氧皮质酮和 11-去氧氢化可的松代偿性增加,故尿中 17-羟类固醇排泄也相应增加。

美替拉酮临床用于治疗肾上腺皮质肿瘤和产生 ACTH 的肿瘤所引起的氢化可的松过多症和皮质癌,还可用于垂体释放 ACTH 功能试验。

不良反应可见眩晕、消化道反应等。

氨鲁米特

氨鲁米特(aminoglutethimide)能抑制芳香化酶,阻止胆固醇转化为孕烯醇酮,从而阻断肾上腺皮质激素的合成。氨鲁米特临床主要与美替拉酮或酮康唑合用,以减少对米托坦无反应的肾上腺皮质癌所致库欣综合征患者的类固醇分泌。为防止肾上腺功能不足,可给予生理剂量的氢化可的松。

酮康唑

酮康唑(ketoconazole)是一种 CYP 抑制剂和抗真菌剂。因抑制多种参与类固醇生成的 P450(如 CYP11A1),能有效减少肾上腺和性腺类固醇的生成。由于哺乳类动物组织对其敏感性远较真菌为低,对人体类固醇合成的抑制作用仅在高剂量时才会出现。酮康唑主要用于治疗库欣综合征和前列腺癌。由于抑制 P-糖蛋白和 CYP3A4 改变药物转运和代谢,酮康唑可能导致严重的药物相互作用。

米非司酮

米非司酮(mifepristone)具有很强的抗孕激素活性,可作为避孕药使用。高剂量米非司酮通过拮抗糖皮质激素受体发挥抗糖皮质激素活性。米非司酮主要用于对其他治疗方法无效的异位 ACTH 分泌或肾上腺癌患者。

阿比特龙、依托咪酯、奥西洛司他(osilodrostat)等亦被用于库欣综合征的治疗。

小 结

肾上腺皮质激素类药包括糖皮质激素、盐皮质激素和促肾上腺皮质素及皮质激素抑制剂三大类。临床主要应用糖皮质激素,药理剂量的糖皮质激素具有抗炎、免疫抑制、抗休克作用,且可影响血液及造血系统、中枢神经系统、消化及骨骼系统;临床主要用于严重急性感染或治疗炎症及预防炎症后遗症,自身免疫性疾病、过敏性疾病及器官移植排斥反应,抗休克治疗,血液病,替代疗法,局部应用及恶性肿瘤。虽然临床应用广泛,但长期应用糖皮质激素不良反应多,当适应证与禁忌证并存时,要权衡利弊,谨慎使用。开始糖皮质激素治疗前,要评估和治疗已有疾病,以避免共存疾病增加激素相关不良反应的风险。在确保达到治疗目标的情况下使用最小剂量和最短持续时间,并在用药期间严密监测相关不良反应,及时处理。

【思考题】

1. 糖皮质激素在治疗感染性休克时应注意什么?
2. 如何预防或减轻突然停用糖皮质激素导致医源性肾上腺皮质功能不全?

3. 患者，女，23 岁。因“双下肢及面部渐进性水肿伴憋气半个月”入院。16 岁时发现先天性心脏病——房间隔缺损，未特殊治疗予观察。同年，颜面部出现蝶形红斑、发热，就诊发现患“系统性红斑狼疮”，尿蛋白(+++)，予以口服甲泼尼龙 36 mg、每日 1 次治疗，后改为甲泼尼龙 4 mg，每日 1 次，面部红斑缓解消退，并于 2 年前停药至今。半个月前患者自觉双下肢及面部渐进性水肿，下肢水肿指压后凹陷，可恢复，面部出现蝶形红斑，伴憋气，不能平卧。近 3 日出现咳嗽、咳白色泡沫痰、痰中血丝。入院诊断：① 系统性红斑狼疮(狼疮活动期)；② 心力衰竭；③ 先天性心脏病(房间隔缺损)；④ 狼疮性肾炎；⑤ 肾功能异常。入院后予甲泼尼龙 0.5 g 冲击治疗，联合丙种球蛋白以及羟氯喹治疗，辅以奥美拉唑、瑞巴派特、哌拉西林他唑巴坦治疗。激素冲击治疗 2 日后，甲泼尼龙序贯减量至 160 mg、每日 1 次，2 日后减至 80 mg、每日 1 次，80 mg 应用 8 日后减量至 60 mg、每日 1 次，后患者心力衰竭、肾衰竭好转，无活动性出血，无胸闷、气短，自主尿量在 2 000～2 500 mL，肌酐在 221 μmol/L，予出院转专科治疗。请问：
(1) 该患者为什么选用甲泼尼龙治疗？药理学依据是什么？
(2) 该患者为什么要辅以奥美拉唑、瑞巴派特、哌拉西林他唑巴坦治疗？
(3) 你对该患者出院后的健康监测有什么建议？

(吴艳娜)

※ 课程 PPT

第二十二章
课程 PPT

第二十三章

胰岛素和其他降血糖药

学习目标

【知识目标】

1. 掌握　胰岛素及其他降血糖药的药理作用、临床应用和不良反应。
2. 熟悉　治疗糖尿病药物的分类，胰岛素耐受的产生原因。
3. 了解　糖尿病的临床表现、分型，机体对血糖的代谢及调节。

【能力目标】

1. 能够理解胰岛素及其他降血糖药的药理学基础。
2. 能够运用本章知识指导临床降血糖药的合理使用。

【素质目标】

1. 树立以患者为中心的理念，理解药物对保障人类健康的重要作用。
2. 通过学习胰岛素及其他降血糖药发展史，建立医学科学的传承与创新理念。

1921 年，加拿大的外科医生弗雷德里克·班廷(Frederick Banting)克服重重困难从犬胰岛中首次成功提取得到胰岛素，班廷因此被称为“胰岛素之父”。1922 年 1 月，胰岛素第一次成功地用于人体试验。班廷和另一名科学家约翰·麦克劳德共同分享了 1923 年诺贝尔生理学或医学奖。

实际上，早在 1918 年胍类药物被发现具有降血糖作用，1926 年胍类药物正式用于临床，几年后其虽因肝毒性而被终止，但双胍类口服降糖药却在此基础上逐渐诞生。1942 年，法国内科医师马塞尔·简本(Marcel Janbon)在应用磺胺类衍生物治疗伤寒时发现，许多患者发生了低血糖；1955 年报道了一种可用于治疗糖尿病的磺胺类衍生物对氨苯磺酰丁脲(carbutamide)，但其由于毒性作用大而被淘汰；1956 年，对该药的化学结构略加改动，推出了第一代磺酰脲类口服降糖药甲苯磺丁脲。口服降血糖药的发现和使用为糖尿病的治疗提供了新的临床用药选择。

1965 年 9 月，我国科学家成功合成世界上第一个人工合成有活性的蛋白质——结晶牛胰岛素，标志着人类在探索生命奥秘的征途中迈出了重要一步。

自 20 世纪 80 年代天然胰高血糖素样肽-1(GLP-1)被发现，其作用于受体后产生的降血糖等生物效应逐渐被阐明。此后，艾塞那肽、利拉鲁肽等 GLP-1 受体激动剂(GLP-1RA)作为一类新型降血糖药物被广泛关注并研究和应用。

资料来源：

中华医学会内分泌学分会，中华医学会糖尿病学分会，2020.胰高糖素样肽-1(GLP-1)受体激动剂用于治疗 2 型糖尿病的临床专家共识.中华内科杂志，59(11)：836-846.

KLEINSORGE H，1998. Carbutamide — the first oral antidiabetic. A retrospect. Exp Clin Endocrinol Diabetes，106(2)：149-151.

LAVABRE-BERTRAND T，FAILLIE J L，2021. The discovery of hypoglycaemic sulphonamides - Montpellier，1942. Therapie，76(6)：559-566.

糖尿病(diabetes mellitus，DM)是一组以慢性血糖升高为特征的代谢疾病群。主要的病理基础是体内胰岛素的绝对或相对缺乏以及靶组织对胰岛素不敏感。表现为高血糖、高尿糖、多尿、多饮、多食、体重减轻(三多一少)。如不及时治疗或治疗措施不当，晚期常出现酮症酸中毒和高渗性非酮症酸中毒、感染、大血管病变、微血管病变和神经病变等。中华医学会糖尿病学分会《国家基层糖尿病防治管理指南(2022)》审定的糖尿病诊断标准是当空腹静脉血浆葡萄糖≥7.0 mmol/L 或葡萄糖负荷后 2 h 或餐后随机血糖≥11.1 mmol/L 时可诊断为糖尿病。

糖尿病可分为 4 种临床类型。

(1) 1 型糖尿病：β 细胞显著减少或消失导致胰岛素含量显著下降或绝对缺乏。

(2) 2 型糖尿病：胰岛素抵抗背景下的胰岛素分泌缺陷。

(3) 妊娠糖尿病(gestational diabetes mellitus，GDM)：在妊娠期间诊断为糖尿病。

(4) 其他特殊类型糖尿病：包括 β 细胞功能遗传缺陷、胰岛素作用遗传缺陷、胰腺外分泌疾病(如囊性纤维化)和药物或化学物质诱发所致的糖尿病，其他内分泌疾病所致的糖尿病，感染所致的糖尿病，不常见的免疫介导性糖尿病，其他与糖尿病相关的遗传综合征。

糖尿病的治疗强调“早期治疗，长期治疗，综合治疗，治疗措施个体化”。药物治疗是糖尿病患者治疗的重要组成部分，包括胰岛素，促胰岛素分泌剂如磺酰脲类、格列奈类、GLP-1 受体激动剂和二肽基肽酶-4(dipeptidyl peptidase-4，DPP-4)抑制剂以及 GLP-1/葡萄糖依赖性促胰岛素多肽(glucose-dependent insulinotropic polypeptide，GIP)双受体激动剂等，非促胰岛素分泌剂如双胍类、胰岛素增敏剂、α-葡萄糖苷酶抑制剂、醛糖还原酶抑制剂、胰淀粉样多肽类似物和 SGLT2 抑制剂等。在饮食和运动等不能使血糖控制达标时，应及时采用药物治疗。

第一节 胰 岛 素

胰岛素(insulin)是由胰岛 β 细胞分泌的一种分子量为 56 kDa 的酸性蛋白质，等电点为 5.3～5.4，具有促进合成代谢的作用，是维持血糖稳定的主要激素。

【化学结构】

胰岛素由两条多肽链(A、B 链)组成。A 链有 21 个氨基酸，B 链有 30 个氨基酸，其间通过两个二硫键相连。B 链的 20～29 位氨基酸是两个胰岛素单体相互作用形成二聚体进而形成六聚体的重要区域，该区域的氨基酸组成及排列顺序改变，则胰岛素单体间的相互作用力和稳定六聚体的形成也随之改变。

【分类】

1. 按结构和来源不同分类

(1) 动物胰岛素：胰岛素结构具有物种差异性(表 23-1)，其中猪、牛胰岛素与人胰岛素结构最为相似，为药用胰岛素的重要来源，这种胰岛素由于结构上存在差异，可成为抗原，引起过敏反应。与人胰岛素相比，猪胰岛素中有 1 个氨基酸不同，免疫原性较弱；牛胰岛素中有 3 个氨基酸不同，免疫原性较强。

表 23-1 胰岛素结构的物种差异性

物种	B30	A8	A10
人	苏氨酸	苏氨酸	异亮氨酸
猪	丙氨酸	苏氨酸	异亮氨酸
牛	丙氨酸	丙氨酸	缬氨酸

注：B30，B 链第 30 位；A8，A 链第 8 位；A10，A 链第 10 位。

(2) 半合成人胰岛素：将猪胰岛素 B 链第 30 位丙氨酸，置换成与人胰岛素相同的苏氨酸，即半合成人胰岛素。

（3）生物合成胰岛素：包括重组人胰岛素和人胰岛素类似物。前者为通过基因重组技术获得的高纯度人胰岛素，其氨基酸排列顺序及生物活性与人体本身的胰岛素完全相同；后者为通过生物工程合成得到的更适合人体生理需要的胰岛素类似物，能更好地模拟内源性胰岛素的分泌过程。

2. 按起效快慢、活性达峰时间及作用持续长短分类

（1）短效胰岛素：最常用的一种普通胰岛素，皮下注射后起效快，达峰时间短，持续时间短；包括正规胰岛素（regular insulin）和中性胰岛素（neutral insulin）（pH6.6～8.0），适用于重症糖尿病的初始治疗及有酮症酸中毒等严重并发症者。

（2）中效胰岛素：低精蛋白锌胰岛素（neutral protamine hagedorn），较普通胰岛素起效慢，达峰时间长，持续时间长；珠蛋白锌胰岛素（globin zine insulin），国内产品多为酸性溶液。

（3）长效胰岛素：精蛋白锌胰岛素（protamine zinc insulin），由超量鱼精蛋白锌吸附短效胰岛素形成的缓释剂。碱性蛋白质（如精蛋白）与普通胰岛素结合，可使其等电点提高到7.3，接近体液pH，再加入微量锌使之稳定，经皮下及肌内注射后，在注射部位发生沉淀，再缓慢释放、吸收，使作用时间延长。人胰岛素类似物如甘精胰岛素（insulin glargine）和地特胰岛素（insulin detemir）等作用时间可超过20 h。

（4）预混胰岛素：为了同时满足快速起效和长时维持的需要，将胰岛素短效制剂（R）和中效制剂（N）或长效制剂（L）进行不同比例的混合，产生作用时间介于两者之间的预混胰岛素。例如，30R是指将30%的短效胰岛素与70%的中效胰岛素混合，70/30是指70%的长效精蛋白锌胰岛素与30%的短效人胰岛素混合。

（5）人胰岛素类似物：与人胰岛素相比控制血糖的能力相似，但在模拟生理性胰岛素分泌和降低低血糖发生风险方面胰岛素类似物优于人胰岛素。主要包括速效人胰岛素类似物，如门冬胰岛素（insulin aspart）和赖脯胰岛素（insulin lispro）等。

临床上常用的胰岛素制剂的来源、给药途径及相关参数见表23－2。

表23－2　临床上常用的胰岛素制剂的来源、给药途径及相关参数

分　类	药　名	来　源	给药途径	起效时间（h）	达峰时间（h）	持续时间（h）
人胰岛素类似物	门冬胰岛素	基因工程	皮下注射	0.1～0.2	1～2	4～5
	赖脯胰岛素	基因工程	皮下注射	0.25	0.5～1	2～4
短　效	正规胰岛素	动物、基因工程	皮下注射/肌内注射/静脉注射	皮下注射0.5～1	皮下注射2～4	皮下注射5～7
	中性胰岛素	动物、基因工程	皮下注射/肌内注射/静脉注射	皮下注射0.5～1	皮下注射1～3	皮下注射5～8
中　效	低精蛋白锌胰岛素	基因工程	皮下注射	1.5～4	6～10	12～24
长　效	精蛋白锌胰岛素	基因工程	皮下注射	4～6	14～20	24～36
	甘精胰岛素	基因工程	皮下注射	2～4	/	20～24
	地特胰岛素	基因工程	皮下注射	2～4	/	20～24
预　混	30R，50R，70/30	基因工程	皮下注射	0.5	2～8	24

【体内过程】

普通胰岛素制剂易被消化酶破坏，口服无效，必须注射给药；皮下注射吸收快，尤以前臂外侧和腹壁较为明显；代谢快，主要在肝、肾灭活，经谷胱甘肽转氨酶还原后，再由蛋白水解酶水解成短肽或氨基酸，也可被肾胰酶直接水解，10%以原型自尿液排出，因此，严重肝肾功能不良者会影响其灭活。短效胰岛素为无色透明液体，溶解度高，皮下注射起效迅速，作用时间短，可静脉注射，适用于重症糖尿病的初始治疗及有酮症酸中毒等严重并发症者。中效低精蛋白锌胰岛素和长效精蛋白锌胰岛素均为乳白色浑浊液体，不可静脉注射。速效人胰岛素类似物门冬胰岛素和赖脯胰岛素的主要特点为皮下注射后局部吸收更快。长效人胰岛素类似物甘精胰岛素和地特胰岛素的主要特点为注射后可在皮下形成微沉淀，在24 h内不断被吸收入血，起到长效的作用，其释放比传统胰岛素制剂更贴近正常人胰岛素。

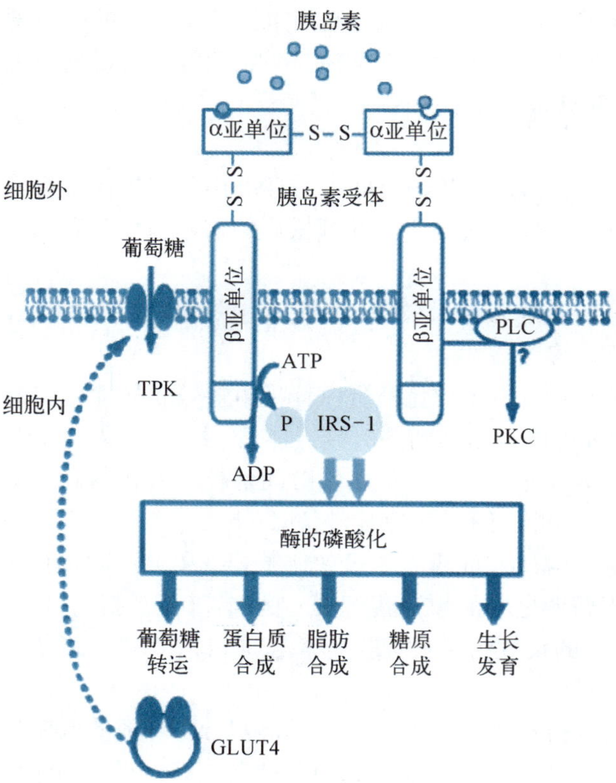

图 23-1 胰岛素受体及其作用机制

α 亚单位、β 亚单位,胰岛素受体亚单位;-S-S-,二硫键;GLUT,葡萄糖转运蛋白;IRS-1,胰岛素受体底物-1;TPK,酪氨酸蛋白激酶;PLC,磷脂酶 C;PKC,蛋白激酶 C

【作用机制】

胰岛素属多肽类激素,分子量较大,一般认为它不易进入靶细胞,而是作用于细胞膜上的胰岛素受体,通过第二信使发挥作用。

胰岛素受体(insulin receptor, IR)是由 2 个 α 亚单位和 2 个 β 亚单位通过二硫键连接组成的异四聚体。2 个 α 亚单位位于细胞质膜的外侧,其上有胰岛素的结合位点;2 个 β 亚单位是跨膜蛋白,其细胞内部分具有酪氨酸蛋白激酶(tyrosine protein kinase, TPK)作用,起信号转导作用。具体过程主要包括,当胰岛素与胰岛素受体的 α 亚单位结合后,迅速引起 β 亚单位的自身磷酸化,进而激活 β 亚单位上的 TPK,继而催化细胞内其他蛋白的酪氨酸残基磷酸化,从而启动了磷酸化的连锁反应,产生降血糖等生物效应(图 23-1)。胰岛素还可使葡萄糖转运蛋白(glucose transporter, GLUT)从细胞内重新分布到细胞膜,增加 GLUT 的合成并提高其活性,从而加速葡萄糖的转运。

【药理作用】

(1) 对代谢的影响

1) 糖代谢:促进肝脏、骨骼肌及脂肪组织等对葡萄糖的摄取和利用,促进葡萄糖转变为糖原并储存于肌肉及肝脏内,抑制糖原分解和糖异生。使血糖的利用增加而来源减少,从而降低血糖。

2) 脂肪代谢:促进脂肪合成并抑制其分解,减少游离脂肪酸和酮体的生成,增加脂肪酸的转运,纠正酮症酸中毒的各种症状。

3) 蛋白质代谢:增加氨基酸的转运和核酸、蛋白质的合成,抑制蛋白质分解并抑制其转化为葡萄糖。

(2) K^+转运:胰岛素和葡萄糖同用时,可通过激活 Na^+-K^+-ATP 酶,促进 K^+内流,增高细胞内 K^+浓度。糖原合成时,进入细胞内的 K^+增加,可以改善细胞内缺 K^+和细胞外高 K^+状态。

(3) 促生长作用:胰岛素的结构与胰岛素样生长因子(insulin like growth factor, IGF)相似,现已从人血中分离出 IGF-1 和 IGF-2。人体各组织中均含有 IGF-1 受体,胰岛素可与 IGF-1 受体结合,发挥促生长作用。胰岛素的促生长作用与促进蛋白质、脂肪和核酸等合成有关。

(4) 其他作用:胰岛素能引起交感神经兴奋和骨骼肌血管扩张,可加快心率,加强心肌收缩力并减少肾血流量,在伴有相应疾病时应给予充分注意。

【临床应用】

(1) 糖尿病:胰岛素是治疗糖尿病的主要药物,对胰岛素缺乏的各型糖尿病均有效。主要用于以下几种情况。

1) 1 型糖尿病患者的维持治疗用药。

2) 2 型糖尿病经饮食控制或其他降糖药未获得良好效果者。

3) 发生各种急性或严重并发症的糖尿病患者,如酮症酸中毒、高渗性昏迷或乳酸酸中毒伴高血糖时。

4) 糖尿病患者处于应激状态时(如合并重度感染、高热、消耗性疾病、妊娠、创伤及手术等)。

(2) 纠正细胞内缺钾或高钾血症:纠正细胞内缺钾时可与葡萄糖、氯化钾合用组成极化液(GIK)合剂,防治心肌梗死和心律失常;治疗高血钾时,只需要与葡萄糖合用即可。

(3) 危重患者辅助治疗:与 ATP、辅酶 A 组成能量合剂。

【不良反应】

(1) 低血糖反应:最常见。注射过量胰岛素或未按时进餐或运动过度时易发生。正规胰岛素能迅速降低血糖，当血糖降至一定程度时，患者会出现饥饿感、出汗、心跳加快、焦虑、震颤等症状，严重者引起昏迷、惊厥及脑损伤，甚至休克、死亡。长效胰岛素降血糖作用较慢，不出现上述症状，主要表现为头痛、精神情绪紊乱和运动障碍。为防止低血糖症的严重后果，应提前告知患者此不良反应，以便及早发现并摄食或饮用糖水等。严重者应立即静脉注射50%葡萄糖。此外，在糖尿病患者中还应注意鉴别低血糖昏迷、酮症酸中毒性昏迷和非酮症性糖尿病昏迷。

(2) 过敏反应：常见于应用动物胰岛素或非纯化胰岛素者，因胰岛素制剂的抗原性而产生相应抗体所致。一般反应轻微且短暂，少数人出现瘙痒、荨麻疹和血管神经性水肿等，极少数严重患者可出现过敏性休克。可用其他物种动物的胰岛素高纯度胰岛素或人胰岛素代替，相应症状用组胺 H_1 受体阻断药处理，重症时可用糖皮质激素。

(3) 胰岛素抵抗：是指外周靶组织对内和(或)外源性胰岛素的敏感性和反应性降低，使正常浓度的胰岛素不能发挥相应的效应，需要超常量胰岛素才能引起正常量反应的现象。

1) 急性抵抗：常由于并发感染、创伤、手术和情绪激动等应激状态所致。与血中拮抗胰岛素作用的物质增多或因酮症酸中毒时血中大量游离脂肪酸和酮体妨碍葡萄糖的摄取、利用有关，也与pH降低减少胰岛素与受体的结合等有关。出现急性耐受时，需要短时间内增加胰岛素剂量到数百至数千单位。处理方法是正确处理诱因，调节酸碱平衡和水电解质平衡，加大胰岛素剂量，常可取得良好疗效。

2) 慢性抵抗：产生慢性抵抗的原因较为复杂(系指每日需用200 U以上的胰岛素且无并发症者)。可能是体内产生了抗胰岛素受体的抗体；也可能是胰岛素受体数量的变化，如高胰岛素血症时靶细胞膜上胰岛素受体数目减少；还可能是靶细胞膜上葡萄糖转运系统失常。处理方法是换用高纯度胰岛素或人胰岛素，并适当调整剂量。

(4) 脂肪萎缩：注射部位皮下脂肪萎缩，女性多于男性。应用高纯度胰岛素则很少发生脂肪萎缩。

【药物相互作用】

(1) 口服降糖药与胰岛素有协同作用；口服抗凝血药、水杨酸盐、磺胺类药物、氨甲蝶呤可与胰岛素竞争血浆蛋白，增强胰岛素的作用；乙醇、氯霉素可加强胰岛素的作用。

(2) 肾上腺皮质激素、甲状腺素可升高血糖，可对抗胰岛素的降糖作用；口服避孕药、噻嗪类利尿药可减弱胰岛素的降糖作用；β受体拮抗剂可阻断肾上腺素的升血糖作用，与胰岛素合用时，需要注意调整用药剂量，以防引起低血糖。

第二节 其他降血糖药

目前常用的其他降血糖药可分为促胰岛素分泌剂(磺酰脲类药物、格列奈类药物、GLP-1受体激动剂、DPP-4抑制剂和GLP-1/GIP双重受体激动剂)和非促胰岛素分泌剂(双胍类药物、格列酮类药物、α-葡萄糖苷酶抑制剂和醛糖还原酶非竞争性抑制剂、胰淀粉样多肽类似物、SGLT2抑制剂)。

一、促胰岛素分泌剂

(一) 磺酰脲类药物

磺酰脲类(sulfonylureas)药物是使用历史最长的其他降血糖药，用于控制2型糖尿病所致的高血糖。按其发现的时间顺序分为三代：第一代有甲苯磺丁脲(tolbutamide)和氯磺丙脲(chlorpropamide)，临床均已弃用。第二代磺酰脲类降糖药作用比第一代强，降糖效果受其他药物的影响和干扰少，不良反应轻且少，按降糖作用由强到弱依次为格列本脲(glyburide)、格列波脲(glibornuride)、格列吡嗪、格列齐特(gliclazide)和格列喹酮(gliquidone)等。第三代为格列美脲，既能促进胰岛素分泌又能增加机体对胰岛素的敏感性，其促胰岛素分泌作用具有血糖依赖性，即血糖高时其作用增强，血糖低时其作用则减弱，不会导致长时间的高胰岛素水平，也具有较低的低血糖发生率。为全天保持稳定的血药浓度，有效控制血糖，减少低血糖发生，现已有磺酰脲类品种的缓(控)释剂型面世,如格列吡嗪控释片和格列齐特缓释片等。各种磺酰脲类降糖药的化学结构见表 23-3。

表 23-3 磺酰脲类降糖药的化学结构

药 名	R1	母 核	R2
格列本脲	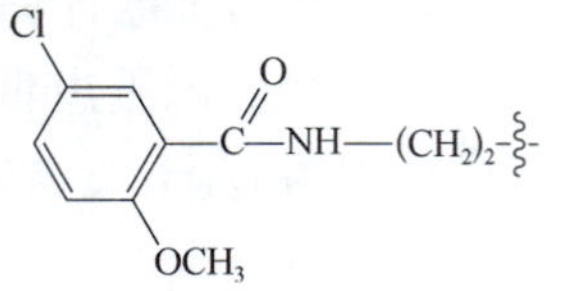	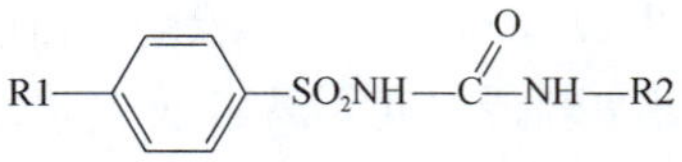	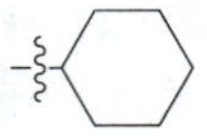
格列吡嗪	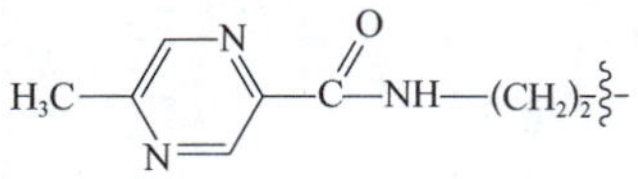	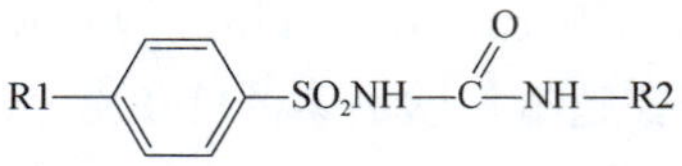	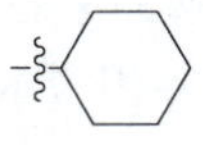
格列齐特	H_3C-ξ-	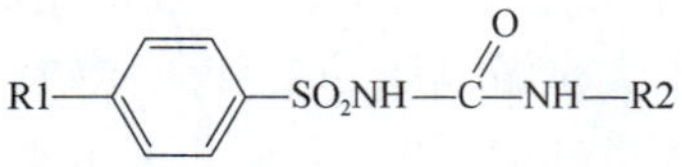	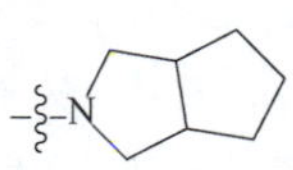
格列美脲	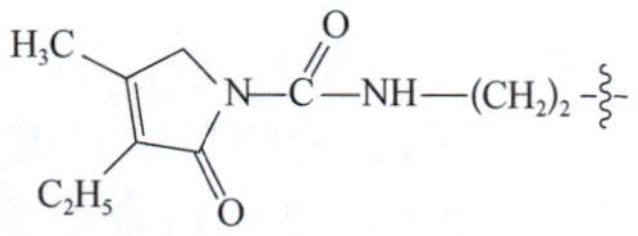	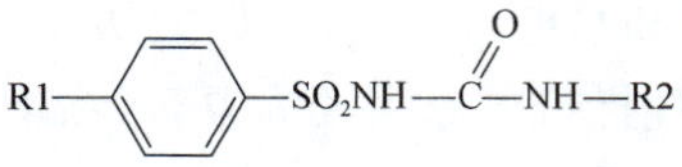	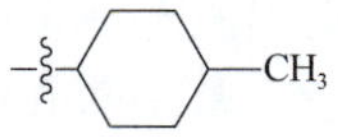

【药理作用与作用机制】

(1) 降血糖作用:对正常人和胰岛功能尚存的糖尿病患者均有降低血糖作用,但对 1 型糖尿病、严重糖尿病患者或完全切除胰腺的糖尿病患者则无效。

降糖机制可能涉及多个方面。

1) 主要是通过促进胰岛 β 细胞释放胰岛素而发挥降糖作用:胰岛 β 细胞膜含有磺酰脲受体及与之相偶联的 ATP 敏感性钾通道、电压依赖性钙通道。当磺酰脲类药物与其受体结合后,可阻滞 ATP 敏感性钾通道,从而阻止 K^+ 外流,致使细胞膜去极化,电压依赖性钙通道开放增强,胞外 Ca^{2+} 内流,胞内游离 Ca^{2+} 浓度增加后,触发胞吐作用及胰岛素的释放。

2) 增加胰岛素与靶组织及受体的结合能力:长期服用且胰岛素已恢复至给药前水平的情况下,其降血糖作用仍然存在,这可能与抑制胰高血糖素的分泌、提高靶细胞对胰岛素的敏感性有关。

3) 促进葡萄糖的利用及糖原和脂肪的合成。

(2) 影响凝血功能:第二代磺酰脲类(格列齐特、格列波脲)可使血小板数目减少,黏附力减弱,纤溶酶原活性增加,因而对预防或减轻糖尿病微血管并发症有一定作用。

(3) 抗利尿作用:格列本脲、氯磺丙脲有轻度的抗利尿作用,但不降低肾小球滤过率,这是促进抗利尿激素分泌和增强其作用的结果。

【体内过程】

磺酰脲类药物在胃肠道吸收迅速且完全,血浆蛋白结合率很高。其中多数药物经肝 CYP2C9 氧化成羟基化合物,并迅速从尿中排出。磺酰脲类药物的药代动力学特性见表 23-4。

表 23-4 磺酰脲类药物的药代动力学参数

药 物	达峰时间(h)	维持时间(h)	蛋白结合率(%)	消 除	$t_{1/2}$(h)	每日剂量(mg)	
格列本脲	2~6	16~24	90~95	肝代谢	10~16	2.5~20	1~2 次/日
格列吡嗪	1~2	8~12	>90	肝代谢	2~4	2.5~30	1~2 次/日
格列齐特	2~6	10~20	95	肝代谢	6~12	80~320	1~2 次/日
格列喹酮	2~3	8	>90	肝代谢	1.5	30~180	1~3 次/日
格列美脲	2~3	24	99.5	肝代谢	5	1.0~8.0	1~2 次/日

【临床应用】

(1) 用于胰岛功能尚存且饮食控制无效的轻、中度2型糖尿病患者，也用于对胰岛素耐受的患者；还可与胰岛素配伍。

(2) 用于尿崩症，氯磺丙脲多用。

【不良反应】

(1) 胃肠道反应：较常见，主要表现为胃肠不适、恶心、呕吐、厌食、腹泻等，也可致黄疸和肝损害。

(2) 低血糖：较严重的不良反应，为持久性的低血糖症。老人及肝肾功能不良者易发生，故老年糖尿病患者及肝肾功能不良者慎用。新型磺酰脲类降糖药较少引起低血糖。

(3) 其他：皮肤过敏、嗜睡、眩晕、共济失调等，少数患者出现粒细胞减少症及溶血性贫血。

【药物相互作用】

(1) 部分血浆蛋白结合率高的药物可竞争性抑制本类药物与血浆蛋白结合；丙磺舒和青霉素可抑制本类药物的肾小管分泌排泄；氯霉素等肝药酶抑制剂可抑制本类药物代谢；肝药酶诱导剂可加快本类药物的代谢。

(2) 糖皮质激素、噻嗪类利尿药等可对抗本类药物的降糖作用。

格列吡嗪

格列吡嗪(glipizide)为第二代磺酰脲类降糖药，其降糖的强度是甲苯磺丁脲的100倍。经肝CYP2C9代谢为无生物活性产物(降糖作用)，故患者长期使用时，不易出现低血糖反应。有抑制血小板聚集及促进纤维蛋白溶解的作用，也可降低血中甘油三酯和胆固醇的浓度。故可用于防治糖尿病引起的脂代谢紊乱等并发症。少数患者服用后可出现胃肠道反应。适用于餐后血糖高的糖尿病患者。

格列齐特

格列齐特(glicalzide)为第二代磺酰脲类药物，主要经肝CYP2C9，其次经CYP2C19代谢，其降糖的强度为甲苯磺丁脲的10倍，作用较温和，无明显的不良反应。适用于老年糖尿病患者和肥胖糖尿病患者。由于格列齐特可通过降低血小板的粘连和聚集起到抗血小板栓塞的作用，故它还可用于防治由糖尿病引起的心脑血管病变及视网膜毛细血管病变等并发症。

格列美脲

格列美脲(glimepiride)为第三代磺酰脲类药物，主要经肝CYP2C9代谢，其降糖作用仅次于格列本脲。格列美脲具有多重降糖效应，可增强机体对胰岛素的敏感性，还具有模拟胰岛素的作用，2型糖尿病患者应用格列美脲代替第二代磺酰脲类药物(格列本脲或格列齐特)治疗，能够改善机体的胰岛素抵抗。

(二) 格列奈类药物

格列奈类药物是新型口服降糖药，在我国上市的有瑞格列奈(repaglinide)、那格列奈(nateglinide)和米格列奈(mitiglinide)，为非磺酰脲类促胰岛素分泌药。

瑞格列奈

瑞格列奈为氨甲酰甲基苯甲酸衍生物，是第一个进餐时服用的葡萄糖调节药物，又被称为“餐时血糖调节剂”。口服吸收迅速，15 min起效，30 min血药浓度达峰值，经肝CYP2C8和CYP3A4代谢，$t_{1/2}$为1 h。最大的优点是可以模拟胰岛素的生理性分泌，与食物同时服用，有效地控制餐后高血糖，降糖作用为格列本脲的3～5倍，其作用机制是通过阻断胰腺β细胞中的ATP敏感性钾通道来刺激胰岛素分泌。

主要适用于2型糖尿病患者，老年糖尿病患者也可服用，且适用于糖尿病肾病者。其结构中不含硫，故对磺酰脲类药物过敏患者仍可使用。

(三) GLP－1受体激动剂和DPP－4抑制剂

胰高血糖素样肽-1(glucagons-like peptide 1，GLP－1)是一种含有30个氨基酸残基的多肽类激素，由小肠L细胞伴随进食而分泌，脂质和碳水化合物均可有效地刺激该激素的分泌。GLP－1与胰岛β细胞膜表面的GLP－1受体结合，通过一系列生理生化过程，促进胰岛素分泌并抑制胰高血糖素分泌。此外，GLP－1可刺激β细胞增殖、抑制β细胞的凋亡。该作用为葡萄糖依赖性的，在血糖正常或低血糖时不会发生。GLP－1在体内易被DPP－4降解，半衰期仅2 min左右。因此，使用GLP－1受体激动剂和DPP－4抑制剂均可达到治疗糖尿病的目的。目前上市的GLP－1受体激动剂有利拉鲁肽(liraglutide)、艾塞那肽(exenatide)、贝那鲁肽(benaglutide)、利司那肽(lixisenatide)、度拉糖肽(dulaglutide)、司美格鲁肽(semaglutide)和聚乙二醇洛塞那肽(polyethylene glycol loxenatide);DPP－4抑制剂有西格列汀(sitagliptin)、维格列汀(vildagliptin)、沙格列汀(saxagliptin)、利格列汀(linagliptin)、阿格列汀(alogliptin)和瑞格列汀(retagliptin)等。

利拉鲁肽

利拉鲁肽为GLP－1受体激动剂,其作用优于艾塞那肽;GLP－1受体激动剂的作用优于DPP－4抑制剂中的西格列汀。

每日皮下注射1次,可在任意时间注射,无须根据进餐时间给药;注射部位可选择腹部、大腿或者上臂,不可肌内注射或静脉注射。该药皮下注射生物利用度约为55%,口服后t_{max}为9～13 h,血浆蛋白结合率高达98%,$t_{1/2}$为12～14 h。

临床用于控制成人2型糖尿病患者的血糖以及单用二甲双胍或磺酰脲类药物最大可耐受剂量治疗后血糖仍控制不佳的患者,与二甲双胍或磺酰脲类药物联合应用效果更佳。胰岛素治疗的肥胖2型糖尿病患者加用利拉鲁肽降糖效果与胰岛素加量的降糖效果相当,但可明显降低患者体重,减少每日胰岛素用量,改善胰岛β细胞的功能,同时具有良好的安全性。与二甲双胍联合治疗,无须改变二甲双胍的剂量,但与磺酰脲类药物联用时,应考虑减少磺酰脲类药物的剂量以降低低血糖的风险。主要不良反应为胃肠道反应。不推荐用于中重度肝肾功能减退者,禁用于1型糖尿病患者或糖尿病酮症酸中毒患者。

西格列汀

西格列汀是最早上市的DPP－4抑制剂。通过抑制DPP－4而减少GLP－1在体内的失活,增加GLP－1在体内的水平。

口服生物利用度约为87%,口服后平均达峰时间为1～4 h,蛋白结合率约为38%。极少在肝脏代谢。约80%以原型经肾脏排泄,$t_{1/2}$为12.4 h。临床上用于2型糖尿病的治疗。常见的不良反应包括上呼吸道感染、鼻咽炎、头痛、胃肠道不适和低血糖。慎用于中度或重度肾功能不全者。

(四) GLP－1/GIP双重受体激动剂

替尔泊肽(tirzepatide)主要用于改善成人2型糖尿病患者的血糖,可作为患者饮食和运动的补充。它是全球首个也是目前FDA批准的唯一GLP－1/GIP双重受体激动剂。GLP－1受体具有促进胰岛素分泌、降低血糖和减轻体重等作用,而GIP受体在高血糖时增加胰岛素分泌、在低血糖时则刺激胰高血糖素的释放。

替尔泊肽将GLP－1和GIP两种肠促胰岛素的作用整合至一个单分子中,通过激活人体的GLP－1受体和GIP受体发挥双重作用,从而达到控制血糖、减轻体重的目标。但尚未在有胰腺炎病史的患者中进行过研究,故不适用于1型糖尿病患者。

常见的不良反应包括恶心、腹泻、食欲下降、呕吐、便秘、消化不良和胃腹痛。

二、非促胰岛素分泌剂

(一) 双胍类药物

现国内常用的双胍类药物(biguanides)有二甲双胍(metformin),原来使用的苯乙双胍(phenformin)已被淘汰。

【体内过程】

双胍类药物口服易吸收。二甲双胍结构稳定,不与血浆蛋白结合,以原型通过有机阳离子转运体(OCT2、GLUT2)转运经尿液排出,清除迅速,$t_{1/2}$为1.7～4.5 h,生物利用度为50%～60%。

【药理作用】

双胍类能明显降低糖尿病患者的血糖水平,但对正常人血糖无影响。作用机制包括促进肌肉等外周组织摄取葡萄糖,抑制葡萄糖异生,抑制或延缓葡萄糖在胃肠道吸收,抑制胰高血糖素的释放等。长期使用二甲双胍还可降低血浆游离脂肪酸和甘油三酯水平,且不刺激胰岛素分泌过多而造成的高胰岛素血症从而减少胰岛素抵抗的发生,有利于延缓心血管并发症的发生;二甲双胍与磺酰脲类联合应用,具有明显的协同作用,既可改善胰岛素分泌不足的问题,改善外周组织对糖利用的不足,又可抵消磺酰脲类引起体重增加的不良反应。

【临床应用】

许多国家和国际组织制定的糖尿病相关指南中推荐二甲双胍作为2型糖尿病患者控制高血糖的一线药物和联合用药中的基础药物，但对年龄超过60岁的人，二甲双胍的作用不明显。此外，二甲双胍对单用饮食控制无效的肥胖人群具有一定的减轻体重作用。

【不良反应】

不良反应以胃肠道反应最常见。罕见的严重不良反应是诱发乳酸性酸中毒，原因可能与其促进肌肉等组织葡萄糖的无氧糖酵解、增加乳酸的产生有关。均具有剂量依赖性，因此在使用时要严格控制剂量，服药应从小剂量开始，逐渐加量则可减少不良反应的发生。需要注意的是，单独使用双胍类药物不导致低血糖反应，但二甲双胍与胰岛素或促胰岛素分泌剂联合使用时，可增加低血糖反应发生的危险性。

【禁忌证】

(1) 2型糖尿病伴有酮症酸中毒、肝及肾功能不全、肺功能不全、心力衰竭、急性心肌梗死、严重感染、外伤、重大手术以及临床有低血压和缺氧的情况。

(2) 糖尿病合并严重的慢性并发症(如糖尿病肾病、糖尿病眼底病变)。

(3) 静脉肾盂造影或动脉造影前。

(4) 酗酒者。

(5) 严重心、肺疾病患者。

(6) 维生素 B_{12}、叶酸和铁缺乏的患者。

(7) 身体状况较差的患者(如营养不良、脱水)。

(二) 格列酮类药物

胰岛素抵抗和胰岛β细胞功能缺陷是引起2型糖尿病的主要病理生理机制，胰岛素增敏剂(insulin action enhancers)对改善胰岛素抵抗具有重要意义。常用的胰岛素增敏剂为格列酮类药物。

格列酮类药物也称噻唑烷二酮类化合物(thiazolidinedion, TZD)，其基本结构是5-取代苄基噻唑烷-2,4-二酮，目前临床上使用的格列酮类药物有罗格列酮(roseglitazone)和吡格列酮(pioglitazone)，该类药物能增强肌肉和脂肪组织对胰岛素的敏感性，改善胰岛β细胞功能，显著改善胰岛素抵抗及相关代谢紊乱，对2型糖尿病及其心血管并发症均有明显疗效。

【作用机制】

格列酮类药物是过氧化物酶体增殖物激活受体γ(peroxisome proliferator-activated receptor γ, PPARγ)的配体。PPARγ是一种核受体，主要分布在脂肪组织，参与糖脂代谢相关基因的调节。格列酮类药物改善胰岛素抵抗及降糖的机制与竞争性激活PPARγ和调节胰岛素反应性基因的转录等有关。

(1) 活化的PPARγ与几种核蛋白形成异源二聚体复合物，导致脂肪细胞分化产生大量小脂肪细胞，增加了脂肪细胞总量，提高和改善了机体对胰岛素的敏感性；PPARγ活化还可促进循环的脂肪酸被脂肪细胞摄取。

(2) 增强胰岛素信号传递，PPARγ可阻止或逆转高血糖对酪氨酸蛋白激酶的毒性作用，促进胰岛素受体底物-1的磷酸化。罗格列酮尚可增加胰岛素受体数量。

(3) 降低脂肪细胞瘦素、IL-6和TNF-α的表达，因TNF-α通过干扰胰岛素受体酪氨酸磷酸化和增加对抗丝氨酸磷酸化的作用，能引起对体内、外胰岛素的抵抗。

(4) 通过升高脂联素(adiponectin)水平改善胰岛β细胞功能。

(5) 增加外周组织GLUT1及GLUT4等的转录和蛋白合成，增加基础葡萄糖的摄取和转运。

(6) 抑制血管内皮生长因子(vascular endothelial growth factor, VEGF)介导的血管增生反应，降低血管并发症的发生概率。

【药理作用】

(1) 改善胰岛素抵抗、降低高胰岛素血症和高血糖：通过增强肌肉及脂肪组织对胰岛素的敏感性而降低血糖，减轻胰岛素抵抗。在口服常规降糖药无效而改用胰岛素控制仍欠佳的患者中，加用罗格列酮可明显减少每日胰岛素用量，使血糖和糖化血红蛋白稳定地维持于理想水平，并使低血糖的发生率也明显降低。

(2) 纠正脂质代谢紊乱：可降低血浆高胰岛素及甘油三酯水平，升高总胆固醇和高密度脂蛋白胆固醇水平，增强低密度脂蛋白对氧化修饰的抵抗能力。

(3) 改善胰岛β细胞功能：能增加患者胰腺胰岛的面积、密度和胰岛中胰岛素含量而对胰岛素的正常分泌无影响，可通过减少细胞死亡来阻止胰岛β细胞的衰退，还可通过降低游离脂肪酸水平对β细胞功能起保护作用。

(4) 对2型糖尿病血管并发症的防治作用：可抑制血小板聚集、炎症反应和内皮细胞的增生，抗动脉粥样硬化。还可延缓蛋白尿的发生，使肾小球的病理改变明显减轻。

【临床应用】

格列酮类药物主要用于治疗其他降糖药疗效不佳的2型糖尿病患者，尤其是有胰岛素抵抗的糖尿病患者。

【不良反应】

(1) 心力衰竭：格列酮类药物最严重的不良反应是增加充血性心力衰竭发生的可能性。其原因可能与罗格列酮直接作用于肾脏集合管、增加内皮细胞的通透性有关。水分重吸收增加，容量负荷的增加促进充血性心力衰竭的发生。罗格列酮在很多国家已撤市。

(2) 肝毒性：格列酮类药物可能引起程度不等的肝毒性，严重者需要进行肝移植甚至导致死亡。尤以曲格列酮(troglitazone)较为明显，其肝毒性危害已经超过了其治疗作用，因此不得不撤出市场。

(3) 骨毒性：近年来，无论是动物模型还是人体试验皆表明格列酮类药物对骨有明显的不良反应。在小鼠实验中，罗格列酮可致骨质丢失和骨髓脂肪组织增加。格列酮类药物还可抑制绝经后妇女的骨生成、降低骨矿物质密度。

(4) 一般不良反应：呼吸道感染、头痛和轻度贫血，低血糖者罕见。

【注意事项】

(1) 格列酮类药物仅在胰岛素存在的前提下才可发挥作用，故不宜用于1型糖尿病或糖尿病酮症酸中毒患者。

(2) 使用格列酮类药物前必须进行肝功常规检查，且需要定期检查，有肝病或肝损害者不宜使用。

(3) 格列酮类药物与其他降糖药或胰岛素联合应用时，有发生低血糖的可能，联合应用时，应根据患者的实际血糖情况酌情调整合用药物的剂量。

(4) 肾损害患者单用格列酮类药物无须调整剂量，但不可与二甲双胍合用。

(5) 老年患者服用格列酮类药物时无须因年龄而调整使用剂量。

(6) Ⅰ、Ⅱ级心力衰竭患者慎用格列酮类药物。

(三) α-葡萄糖苷酶抑制剂

α-葡萄糖苷酶抑制剂(α-glucosidase inhibitors)是一类以延缓肠道碳水化合物吸收来治疗糖尿病的口服降糖药。目前用于临床的有阿卡波糖(acarbose)、伏格列波糖(vogloibose)、米格列醇(miglitol)等。

【体内过程】

α-葡萄糖苷酶抑制剂口服后很少吸收，约50%由肠道排出，35%在肠道代谢，代谢物可被吸收并经肾排泄。

【药理作用】

食物中的淀粉(多糖)经口腔唾液、胰淀粉酶消化成含少数葡萄糖分子的单糖、双糖和三糖，进入小肠在α-葡萄糖苷酶作用下分解为单糖后被吸收。α-葡萄糖苷酶抑制剂通过竞争性抑制小肠的各种α-葡萄糖苷酶，使淀粉类分解为葡萄糖的速度减慢，从而减缓肠道内葡萄糖的吸收，控制餐后血糖的升高，使血糖平稳且缓慢地维持在一定水平。不增加胰岛素分泌。其中抑制葡萄糖淀粉酶的作用最强，其次是蔗糖酶和麦芽糖酶等，对乳糖酶和乳糖吸收消化无影响。但淀粉等的消化只被延缓，并未完全阻断，长期应用无热量损失。

【临床应用】

(1) 糖尿病：由于降糖作用较弱，主要用于轻、中度2型糖尿病患者。对应用磺酰脲类或胰岛素疗效不佳者，加用α-葡萄糖苷酶抑制剂可明显降低餐后血糖，作用持久稳定，血糖波动减小，可适当减少磺酰脲类或胰岛素的用量。

(2) 减少糖耐量,降低心血管事件的发生:阿卡波糖对糖耐量减低人群进行干预,可以减少其心血管事件及新发高血压的危险。

【不良反应】

α-葡萄糖苷酶抑制剂药物吸收少,几乎无全身不良反应。常见不良反应是以消化不良为主的胃肠道症状,如腹胀、嗳气、肛门排气增多,甚至腹泻或便秘,多不影响治疗。但伴有溃疡患者慎用。

肠道不良反应在控制饮食和继续用药中会逐渐减轻甚至消失。因为未消化的碳水化合物在到达小肠中下段后,通过刺激α-葡萄糖苷酶的活性而被吸收,导致肠道不良反应减轻,同时也避免了能量的损失。

(四) 醛糖还原酶非竞争性抑制剂

依帕司他(epalrestat)是一种可逆性的醛糖还原酶(aldose reductase)非竞争性抑制剂。醛糖还原酶是聚醇代谢通路中的关键限速酶,其活性升高可导致多种糖尿病并发症的发生。依帕司他可有效地抑制醛糖还原酶活性,从而改善糖尿病周围神经病变的症状和周围神经传导速度,对糖尿病神经病变具有对因治疗作用。

饭前口服依帕司他,1 h后血药浓度达峰值。主要分布于消化道、肝脏及肾脏,24 h后约80%由粪便排出、约8%经尿道排出。临床用于糖尿病神经病变。偶见过敏、胃肠道不适和轻度的肝肾功能异常等不良反应。

(五) 胰淀粉样多肽类似物

普兰林肽(pramlintide)为胰淀粉样多肽(amylin,淀粉不溶素)的一种合成类似物,是至今继胰岛素之后第二个获准用于治疗1型糖尿病的药物。

胰淀粉样多肽是一种由37个氨基酸残基构成的多肽激素,在餐后由胰岛β细胞释放,具有减慢食物在小肠吸收、抑制肝糖原产生、调节血糖水平等作用。由于天然胰淀粉样多肽在溶液中不稳定,易水解,具有黏稠性大、易凝集的特点,因而不适用于治疗。

普兰林肽是人工合成的一种稳定的胰淀粉样多肽类似物,是胰淀粉样多肽第25、28和29位上的氨基酸被脯氨酸取代而成。普兰林肽可延缓葡萄糖的吸收,抑制胰高血糖素的分泌,减少肝糖生成和释放,因而具有降低糖尿病患者体内血糖波动频率和波动幅度,改善总体血糖的作用。

该药经皮下注射给药,给药时间为每次主餐前。生物利用度为30%～40%,给药后20 min血药浓度达峰值。主要经肾脏代谢和排泄,$t_{1/2}$为50 min。

临床可用于1型糖尿病和2型糖尿病的辅助治疗,主要用于单用胰岛素以及联合应用胰岛素和磺酰脲类药物和(或)二甲双胍仍无法取得预期疗效的糖尿病患者。普兰林肽可与胰岛素合用,但不能取代胰岛素。普兰林肽与胰岛素合用时,可适度减轻患者体重。但是二药不要放置在同一注射器或在同一部位给药,以免降低生物利用度。

普兰林肽与胰岛素合用时,出现低血糖反应(特别是1型糖尿病患者)概率增加,严重低血糖反应通常在普兰林肽给药后3 h内发生。驾驶汽车、操作重型机械或从事其他危险活动的患者应慎用。其他严重不良反应包括关节痛、咳嗽、头晕、疲劳、头痛、咽炎等。

(六) SGLT2抑制剂

SGLT2抑制剂是一类近年来受到高度重视的新型口服降糖药,其能阻断近曲小管中的SGLT2转运蛋白和促进尿糖、尿钠排泄。目前上市的SGLT2抑制剂有达格列净、恩格列净、卡格列净(canagliflozin)、艾托格列净(ertugliflozin)、依格列净(ipragliflozin)、鲁格列净(luseogliflozin)和贝格列净(bexagliflozin)等。

【作用机制】

正常人每日约有180 g葡萄糖从肾小球滤过,但这些葡萄糖又会被肾小管完全重吸收,所以尿中没有糖。SGLT2负责90%的肾脏葡萄糖重吸收,2型糖尿病患者肾小管细胞SGLT2表达和摄糖能力增加,SGLT2抑制剂对胰岛素的分泌没有影响,具有高选择性和特异性,可减少近曲小管对葡萄糖的重吸收,调节肾脏通透性,促进糖从尿中排泄,从而降低血糖水平。

【临床应用】

(1) 不能耐受二甲双胍的2型糖尿病患者。

(2) 饮食和运动不能使血糖得到满意控制的成人2型糖尿病患者。

(3) 对二甲双胍或其他降糖药治疗血糖不达标的 2 型糖尿病患者,可与其他药物联合治疗。

(4) 2 型糖尿病合并糖尿病肾病患者。

【不良反应】

SGLT2 抑制剂常见泌尿系统和生殖系统感染及与血容量不足相关的不良反应,糖尿病酮症酸中毒较罕见。此外,用药过程中还应警惕急性肾损伤。

小 结

胰岛素是由胰岛 β 细胞分泌的酸性蛋白质,具有促进合成代谢的作用,是维持血糖稳定的主要激素。动物胰岛素中从猪和牛的胰腺中提取得到的猪、牛胰岛素与人胰岛素结构最为相似,具有一定免疫原性。通过现代生物技术已得到高纯度人胰岛素和人胰岛素类似物,具有较低的免疫原性并能模拟内源性胰岛素分泌过程,广泛应用于 1 型糖尿病的治疗,但在应用过程中应密切观察药物的不良反应。目前用于临床的其他降血糖药种类较多,但大致可分为促胰岛素分泌剂和非促胰岛素分泌剂。促胰岛素分泌剂包括磺酰脲类药物、格列奈类药物、GLP-1 受体激动剂、DPP-4 抑制剂和 GLP-1/GIP 双重受体激动剂,非促胰岛素分泌剂包括双胍类药物、格列酮类药物、α-葡萄糖苷酶抑制剂和醛糖还原酶非竞争性抑制剂、胰淀粉样多肽类似物、SGLT2 抑制剂等。不同的药物其作用机制不同,临床适应证也有所差别,不良反应也不一样,在应用过程中应密切观察。

【思考题】

1. 1 型糖尿病可选用的治疗药物有哪些?其药理作用、作用机制及主要不良反应是什么?
2. 双胍类药物、磺酰脲类药物以及 α-葡萄糖苷酶抑制剂的药理作用及临床应用是什么?
3. 患者,女,65 岁。因"多饮、多尿十余年,伴视物模糊 1 年加重半个月"入院。临床诊断:2 型糖尿病,视网膜病变,神经病变。请问:
   (1) 针对血糖,该患者可选用哪些治疗药物?其药理作用及机制是什么?
   (2) 针对其神经病变,该患者可选用什么治疗药物?在应用中应该注意什么?

(李小强)

※ 课程 PPT

第二十三章
课程 PPT

第二十四章

甲状腺激素和抗甲状腺药

学习目标

【知识目标】

1. 掌握　硫脲类药物的药理作用及其机制、临床应用及不良反应。

2. 熟悉　甲状腺激素的生物合成、分泌，生理和药理作用以及临床应用；碘和碘化物的药理作用、临床应用及不良反应。

3. 了解　甲状腺激素的调节。

【能力目标】

能将本章知识应用于临床实践，合理使用甲状腺激素及抗甲状腺药。

【素质目标】

1. 通过学习，树立正确的世界观、人生观和价值观；培养严谨的工作作风和良好的职业道德。

2. 自觉遵守学术道德规范、医学伦理和法律法规。

甲状腺激素缺乏可导致青少年出现呆小病，成人则出现黏液性水肿。1891 年，英国医生乔治·默里(George Murray)获取绵羊甲状腺提取物，他的丹麦同行将绵羊甲状腺提取物应用于黏液性水肿的治疗，获得成功。1914 年美国医学家爱德华·卡尔文·肯德尔从数吨牛甲状腺提取物中获得少量含碘的结晶物质，1926 年英国科学家哈灵顿(Harrington)分析其化学成分并将其确定为 T_4，1927 年英国科学家巴格尔(Badger)成功合成甲状腺素。此后，甲状腺素开始广泛用于临床。

1825 年，帕里(Parry)首次报告甲状腺功能亢进，格雷夫斯(Graves)和巴塞多(Basedow)分别于 1835 年和 1840 年详细报告此病，因而甲状腺功能亢进被称为“Parry 病”“Graves 病”“Basedow 病”。在硫脲类抗甲状腺药尚未应用于临床之前，手术一直是甲状腺功能亢进的唯一治疗方法，至今已有一百多年的历史。1943 年硫脲类用于甲状腺功能亢进治疗，1947 年丙硫氧嘧啶获批用于治疗甲状腺功能亢进，5 年后甲巯咪唑上市。丙硫氧嘧啶因可抑制甲状腺激素的合成，并能抑制 T_4转化为 T_3，而成为欧亚许多国家临床甲状腺功能亢进治疗的重要手段。2009 年 FDA 警告该药除可导致严重粒细胞减少外，还可导致严重的肝损伤，不再将其推荐为非妊娠成人和儿童甲状腺功能亢进治疗的一线药物。放射性碘(^{128}I)最早于 1934 年用于机体生理功能研究，1941 年汉密尔顿(Hamilton)等首次把^{131}I用于甲状腺功能亢进患者，1946 年^{131}I广泛用于临床甲状腺功能亢进的治疗，由于其疗效好和疗程短的优点，至今仍为美国甲状腺功能亢进治疗的首选方案。

资料来源：

CONNELLY K J, PARK J J, LAFRANCHI S H, 2022. History of the thyroid. Horm Res Paediatr, 95(6): 546 - 556.

ORLOFF L A, PARANGI S, 2023. History of thyroid surgery in the last century. Thyroid, 33(9): 1029 - 1038.

RIVKEES S A, SZARFMAN A, 2010. Dissimilar hepatotoxicity profiles of propylthiouracil and methimazole in children. Clin Endocrinol Metab, 95(7): 3260 - 3267.

ROSS D S, BURCH H B, COOPER D S, et al., 2016. American thyroid association guidelines for diagnosis and management of hyperthyroidism and other causes of thyrotoxicosis. Thyroid: official journal of the American Thyroid Association, 26(10): 1343 - 1421.

甲状腺是人体内最大的内分泌腺。甲状腺激素(thyroid hormone)是由甲状腺腺泡上皮细胞分泌的维持机体正常代谢和生长发育所必需的激素,包括甲状腺素(thyroxine, T_4)和三碘甲状腺原氨酸(triiodothyronine, T_3)。青少年甲状腺激素分泌过少可导致呆小病(克汀病),成人则可引起黏液性水肿;甲状腺激素分泌过多则可引起以代谢亢进及神经、循环和消化等系统兴奋性增高为主要表现的临床综合征,即甲状腺功能亢进(hyperthyroidism)(简称甲亢)。

治疗甲状腺功能亢进的药物统称抗甲状腺药(antithyroid agent),其通过抑制甲状腺激素的合成与分泌,暂时或长期缓解甲状腺功能亢进症状。目前常用的药物有硫脲类、碘和碘化物、放射性碘和β受体拮抗剂等。

第一节 甲状腺激素

甲状腺激素是体内唯一已知的有生物活性的含碘化合物。T_3是甲状腺激素主要的生理活性物质,其活性约为T_4的4倍。但甲状腺分泌T_4的量较T_3多,正常人每日释放T_4 70～100 μg、T_3 15～30 μg。甲状腺内的滤泡旁细胞还分泌降钙素,从而参与血浆Ca^{2+}水平的调节。

【构效关系】

甲状腺激素是氨基酸的衍生物,在其结构中均含有无机碘(图24-1)。两个苯环(环Ⅰ和环Ⅱ)以醚键或硫醚键相连并相互垂直,环Ⅰ带羧基的侧链与环Ⅱ的酚羟基是维持活性的基本结构;环Ⅰ3位和5位的碘参与受体的结合,而环Ⅱ5′位的碘妨碍与受体的结合,降低其活性,如T_4和3,3′,5′-三碘甲状腺原氨酸(reverse 3,3′,5′-triiodothyronine, rT_3)。

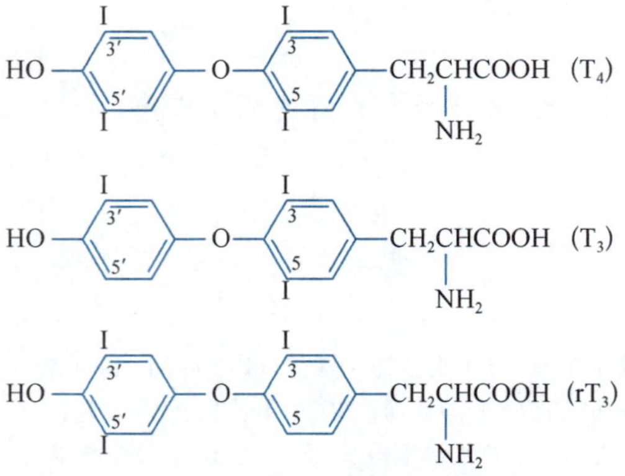

图24-1 甲状腺激素结构

【碘的摄取以及甲状腺激素的合成、释放、调节和降解】

(1) 碘的摄取:甲状腺具有高度摄碘和浓集碘的能力,人体每天从饮食摄取100～200 μg碘,其中1/3碘进入甲状腺。腺泡细胞靠碘泵主动摄取血液循环中的碘化物。碘的转运受多种离子如硫氰酸盐、高氯酸盐的抑制;促甲状腺激素(thyroid stimulating hormone, TSH)促进钠-碘共输送体的功能,该功能受自控调节机制控制。当甲状腺内碘减少时,摄取增加;反之则摄取减少。正常情况下,甲状腺中碘化物的浓度可达血浆浓度的25倍,在甲状腺功能亢进时可达250倍。

(2) 甲状腺激素合成:摄入的碘化物于腺泡上皮细胞顶端微绒毛处被过氧化物酶氧化成较高氧化状态的活性碘,活性碘再与甲状腺球蛋白分子中的酪氨酸残基结合,分别生成一碘酪氨酸(monoiodotyrosine, MIT)和二碘酪氨酸(diiodotyrosine, DIT)。在过氧化物酶作用下,一分子MIT和一分子DIT耦联生成T_3,或两分子的DIT耦联成T_4。合成的T_4和T_3仍在甲状腺球蛋白分子上,储存在腺泡腔内胶质中。

(3) 甲状腺激素释放:腺泡内胶体由腺泡细胞顶膜部位被胞饮入细胞后,与溶酶体融合。在蛋白水解酶作用下,裂解出T_3、T_4,经基底膜入血液循环。正常情况下,甲状腺中储存的激素大约每日释放1%。正常人体血液循环中,每日约含有100 nmol T_4,全部来自甲状腺;而T_3大约只有5 nmol来自甲状腺,其余35 nmol则是由外周血中的T_4在肝肾等组织中经5′-脱碘酶作用后脱碘形成。因此,T_3的水平不仅与甲状腺功能相关,还与外周组织5′-脱碘酶活性相关。甲状腺功能亢进时,甲状腺中的T_4合成及外周组织中T_4向T_3的转换均增加,因此,甲状腺功能亢进时T_3的增加更为显著,有时只表现为T_3升高而T_4正常。

(4) 甲状腺激素调节:下丘脑可分泌促甲状腺激素释放激素,促进垂体前叶分泌TSH,TSH可促进甲状腺细胞增生及T_3、T_4的合成、释放。血中游离T_3、T_4浓度过高时,又可对下丘脑及垂体前叶产生负反馈调节作用(图24-2)。应激、食物含碘量均可影响甲状腺激素的合成与释放。

(5) 甲状腺激素降解：见下文【体内过程】。

【体内过程】

T_3较 T_4的吸收率高且恒定。T_3的吸收率为 90%～95%；T_4的吸收率为 50%～75%，且因肠内容物的影响而不恒定。严重的黏液性水肿时口服吸收不良，需要肠外给药。T_3与血浆蛋白结合率约 99.5%，T_4与血浆蛋白结合率约 99.95%。甲状腺激素可通过胎盘并可进入乳汁。肝、肾及骨骼肌是甲状腺激素降解的主要部位。80%的 T_4在外周组织脱碘酶的作用下脱碘，T_4脱碘转化为 T_3实际是活化的过程。T_3再脱碘后转变成二碘、一碘以及不含碘的甲状腺氨酸，并与葡萄糖醛酸或硫酸结合而经肾排泄。T_3的 $t_{1/2}$为 2 日，用药后 6 h 内起效，24 h 左右作用达高峰；T_4的 $t_{1/2}$为 5 日，用药后 24 h 内无明显作用，最大作用在用药后 7～10 日。由于 T_4和 T_3的 $t_{1/2}$均超过 1 日，每日只需要用药 1 次。甲状腺激素可以通过胎盘和进入乳汁，因此孕妇和哺乳期妇女应慎用。

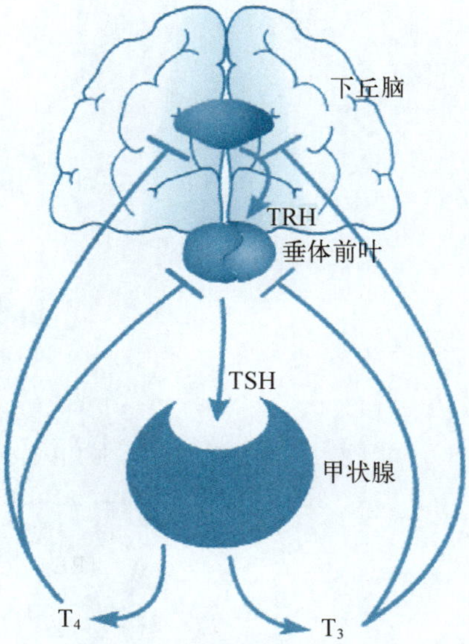

图 24-2　甲状腺激素分泌的调节

TRH，促甲状腺激素释放激素；TSH，促甲状腺激素；T_4，甲状腺素；T_3，三碘甲状腺原氨酸

【作用机制】

甲状腺激素作用于甲状腺激素受体(thyroid hormone receptor, TR)发挥生理或药理作用。TR 为核受体超家族的成员，是具有 DNA 结合能力的非组蛋白，发挥核转录因子的作用。TR 分子量为 52 kDa，由 4 个功能区组成，分别是 A/B 区、DNA 结合区域、铰链区和配体结合区域，每个区域都有其各自的功能。TR 有 9 个亚型，不同亚型在组织中广泛表达，但是各亚型具有一定的组织特异性。TR 是 T_3的天然受体，TR 与 T_3的亲和力比与 T_4的高 10 倍，因此 TR 又被称为 T_3受体。甲状腺激素的分子作用机制可分为基因效应和非基因效应两类。

(1) 基因效应：通常需要数小时后才能显示出其效应，为甲状腺激素作用的典型分子机制，即血液中游离的 T_3或 T_4与血浆结合蛋白(plasma binding protein, PB protein)结合运送至靶细胞后被释放出。游离的 T_3或 T_4被靶细胞摄取后，T_3可直接转运到细胞核，T_4经脱碘可转化为 T_3。T_3与 TR 结合形成复合物。当 TR 未与配体结合时，与视黄酸 X 受体(retinoic acid X receptor, RXR)形成异源二聚体，存在于细胞核内。当 T_3与该异源二聚体结合后，异源二聚体复合物释放出共阻遏蛋白，同时与共活化因子相结合，这一过程有利于异源二聚体- T_3复合物与甲状腺激素反应元件(thyroid hormone response elements, TRE)的结合，启动下游基因的转录(图 24-3)。

(2) 非基因效应：T_3或 T_4也可与细胞表面或核外 TR 结合但不入核，不引起靶基因的转录和蛋白的表达，但可导致细胞质内信号转导系统激活产生生物学效应。

【生理作用与药理作用】

(1) 维持正常生长发育：甲状腺激素对维持机体生长发育十分重要，尤其是骨骼和脑的发育，分泌不足或过量都可引起疾病。母亲缺碘或使用抗甲状腺药可导致胎儿或婴幼儿神经细胞轴突和树突形成障碍、神经髓鞘形成延缓，引起呆小病(克汀病)，表现为身材矮小、肢体粗短、智力低下。

(2) 对代谢的影响

1) 产热效应：甲状腺激素可提高大多数组织的耗氧量、增加产热效应，提高基础代谢率，尤以心、肝、骨骼肌和肾脏明显。甲状腺功能亢进者的基础代谢率可增高 60%～80%，常有消瘦、无力、怕热多汗等症状；而甲状腺功能低下患者的基础代谢率可降低 30%～50%，常有畏寒等症状。

2) 对三大物质代谢的作用。

A. 糖代谢：甲状腺激素促进小肠黏膜对糖的吸收，增强糖原分解、抑制糖原合成，并加强肾上腺素、胰高血糖素、糖皮质激素和生长激素的升高血糖作用；同时，它还能促进外周组织对糖的利用，也有降低血糖的作用，但甲状腺功能亢进患者则可能出现外周组织糖利用障碍。

B. 脂肪代谢：促进脂肪酸氧化，增强儿茶酚胺与胰高血糖素对脂肪的分解作用；既促进胆固醇的合成，又加速胆固醇的降解，具有双重作用，但后者作用强于前者，故甲状腺功能亢进时血中胆固醇浓度降低。

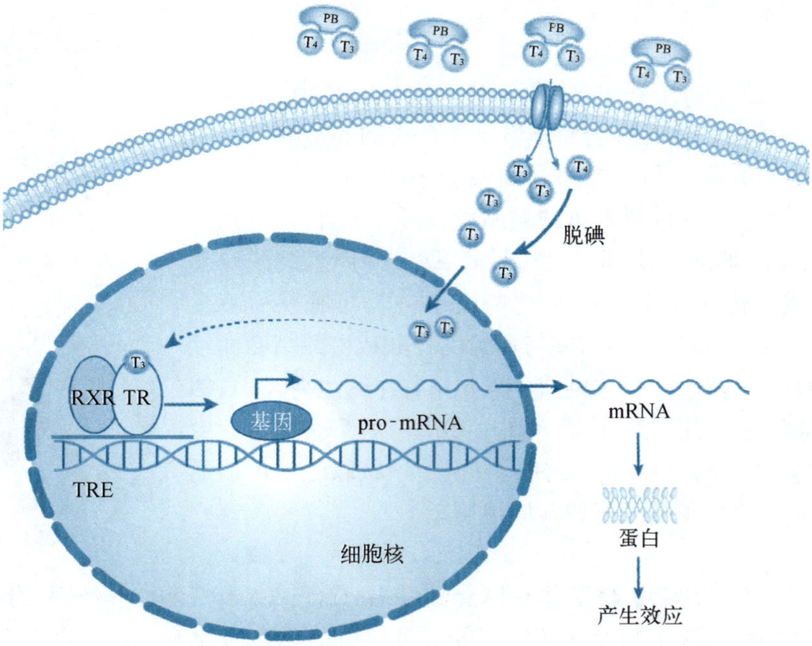

图 24－3　甲状腺激素作用机制示意图

RXR，视黄酸 X 受体；TR，甲状腺激素受体；TRE，甲状腺激素反应元件；

PB，血浆结合蛋白；T_4，甲状腺素；T_3，三碘甲状腺原氨酸

C. 蛋白质代谢：正常情况下甲状腺激素主要是促进蛋白质合成，特别是使骨骼、骨骼肌和肝等蛋白质合成明显增加。然而，甲状腺激素分泌过多，反而会使蛋白质特别是骨骼肌中的蛋白质大量分解，从而出现消瘦、乏力的症状。

3）对水盐代谢的影响：T_3、T_4亦与水盐代谢有关，甲状腺功能低下者钠、氯潴留，细胞间液增加，大量黏蛋白沉积于皮下组织，产生黏液性水肿。

（3）提高神经系统的兴奋性：甲状腺激素对已分化成熟的神经系统有影响。甲状腺激素可易化儿茶酚胺的效应（允许作用），表现为交感神经系统效应的亢进。甲状腺功能亢进患者可出现神经过敏、急躁、骨骼肌震颤等现象。

（4）心血管效应：甲状腺激素能提高机体对儿茶酚胺类的反应性。甲状腺功能亢进，可出现心动过速、心肌肥大、脉压升高；甲状腺功能减退，可出现心肌收缩力减弱、心动过缓、脉压降低和外周血管阻力升高。

【临床应用】

（1）甲状腺功能减退

1）呆小病：呆小病的甲状腺功能减退始于胎儿或新生儿，应尽早诊治。常口服甲状腺片，开始先用较小剂量，后逐渐增加，至症状明显好转时即以此量维持，并随时调整剂量。若治疗过晚，则智力仍然低下。

2）黏液性水肿（myxedema）：一般服用甲状腺片，从小量开始，逐渐增大至足量。老年、循环系统严重疾病及垂体功能减退者须谨慎，以防过量诱发或加重心脏病；垂体功能低下的患者宜先用皮质激素再给予甲状腺激素，以防发生急性肾上腺皮质功能不全。

（2）单纯性甲状腺肿：由于缺碘所致者应补碘。临床上无明显原因者可给予适量甲状腺激素，以补充内源性激素的不足，并可抑制促甲状腺激素过多分泌，以缓解甲状腺组织代偿性增生肥大。

（3）T_3抑制试验：对摄碘率高的患者作鉴别诊断用。给药前先测定摄碘率作为对照，然后令患者服用T_3，T_3可明显抑制摄碘率。若抑制值大于对照值 50%者为单纯性甲状腺肿，小于对照值 50%者为甲状腺功能亢进。

【不良反应】

（1）甲状腺功能亢进症状：甲状腺激素过量时可引起甲状腺功能亢进症状，出现心悸、手震颤、多汗、体

重减轻、失眠等不良反应，重者可腹泻、呕吐、发热、脉搏快而不规则，甚至有心绞痛、心力衰竭、骨骼肌震颤或痉挛。一旦发现这些反应必须立即停药，并用β受体拮抗剂对抗。停药1周后再从小剂量开始应用。有心血管疾病患者慎用。

（2）其他：长期服用T_4可加速骨转化过程，引起骨质疏松。

左甲状腺素钠

左甲状腺素钠（sodium levothyroxine）为人工合成的四碘甲状腺原氨酸钠盐，在外周组织中被转化为T_3，然后与T_3受体结合发挥作用。

左甲状腺素钠主要用于治疗单纯性甲状腺肿；甲状腺肿切除术后，用于预防甲状腺肿的复发；甲状腺功能减退的替代治疗；甲状腺癌术后的抑制与补充治疗；与抗甲状腺药合用治疗甲状腺功能亢进；甲状腺抑制试验。

第二节　抗甲状腺药

目前，治疗甲状腺功能亢进的方法有抗甲状腺药、放射性碘治疗及手术治疗。在美国，由于同位素^{131}I的疗效可靠、疗程短，多为治疗甲状腺功能亢进的首选方案；而在欧洲、日本、中国和其他国家及地区，抗甲状腺药多为治疗甲状腺功能亢进的首选方案。

一、硫脲类药物

硫脲类（thioureas）药物是最常用的抗甲状腺药。它分为两类：硫氧嘧啶类（thiouracil）药物，包括丙硫氧嘧啶（propylthiouracil，PTU）和甲硫氧嘧啶（methylthiouracil，MTU）；咪唑类（imidazole）药物，包括甲巯咪唑（methimazole，MMI）和卡比马唑（carbimazole）。其中，丙硫氧嘧啶和甲巯咪唑为临床最常用的药物（图24－4）。

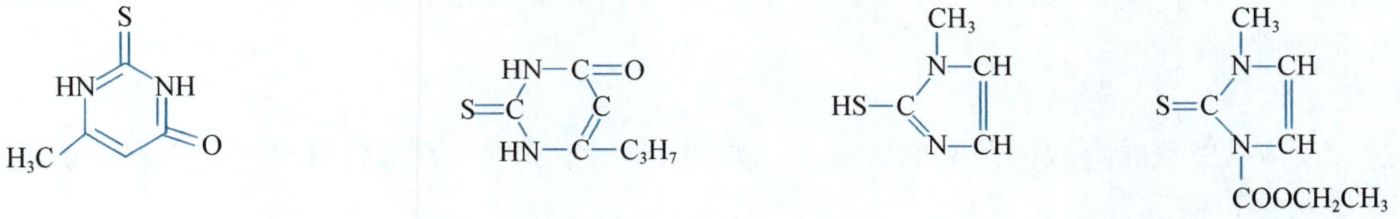

甲硫氧嘧啶　丙硫氧嘧啶　甲巯咪唑　卡比马唑

图24－4　硫脲类药物的化学结构

【体内过程】

（1）硫氧嘧啶类药物：口服后吸收迅速，20～30 min迅速吸收入血，药物浓度达峰时间为2 h，生物利用度约为80%。分布于全身组织，但在甲状腺集中较多，血浆蛋白结合率约为75%。能通过胎盘，易进入乳汁。主要在肝脏代谢，约60%被破坏，部分结合葡萄糖醛酸后从肾脏排出。丙硫氧嘧啶的$t_{1/2}$约为75 min，作用快，作用时间短。

（2）咪唑类药物：甲巯咪唑口服后由胃肠道迅速吸收，吸收率为70%～80%。广泛分布于全身，但浓集于甲状腺，在血液中不和蛋白质结合。甲巯咪唑主要经CYP450和黄素单加氧酶代谢，甲巯咪唑及代谢物75%～80%经尿排泄，易通过胎盘并能经乳汁分泌。

甲巯咪唑的$t_{1/2}$为4～6 h，但在甲状腺组织中药物浓度可维持16～24 h，其疗效与甲状腺内药物浓度有关，而后者的高低又与每日给药量呈正相关。卡比马唑是甲巯咪唑的衍生物，在体内转化成甲巯咪唑而发挥作用，不适合甲状腺危象的治疗。

【药理作用】

（1）抑制甲状腺激素的合成：硫脲类药物可抑制甲状腺激素的合成，但对已合成的甲状腺激素无影响。

此类药物通过抑制甲状腺过氧化物酶介导的酪氨酸的碘化及耦联，使氧化碘不能结合到甲状腺球蛋白上，从而抑制甲状腺激素的生物合成。但其因不影响碘的摄取，也不影响已合成的激素释放和发挥作用，故需要待体内储存的甲状腺激素消耗后才能显效。用药后症状改善常需要2～3周，基础代谢率恢复需要1～2个月。丙硫氧嘧啶还能抑制外周组织的 T_4 转化为 T_3，迅速控制血清中生物活性较强的 T_3 水平，因此在重症甲状腺功能亢进、甲状腺危象时该药可列为首选。

(2) 免疫抑制作用：硫脲类药物尚有免疫抑制作用，能轻度抑制免疫球蛋白的生成，使血液循环中甲状腺刺激性免疫球蛋白(thyroid stimulating immunoglobulin, TSI)水平下降。因此，对自身免疫性甲状腺功能亢进患者除能控制高代谢症状外，还有一定的对因治疗作用。

【临床应用】

(1) 甲状腺功能亢进的内科治疗：抗甲状腺药是甲状腺功能亢进的基础治疗，最大优点为对甲状腺组织无破坏，治愈后甲状腺功能保持正常，但缺点是单纯的抗甲状腺药治疗的治愈率只有40%，复发率高达50%～60%，而且所需疗程长。适用于轻、中度患者和不宜手术或放射性碘治疗患者。

甲巯咪唑和丙硫氧嘧啶均为主要治疗药物。因为丙硫氧嘧啶的肝脏毒性大于甲巯咪唑，所以一般首选甲巯咪唑。甲巯咪唑有导致胎儿发育畸形的可能，妊娠早期(1～3个月)甲状腺功能亢进可优先考虑使用丙硫氧嘧啶。甲状腺危象、甲巯咪唑疗效差且不愿意接受 ^{131}I 和手术治疗者也可使用丙硫氧嘧啶。抗甲状腺药的治疗疗程一般为18～24个月，持续低剂量的甲巯咪唑给药能够提高甲状腺功能亢进的缓解率。

(2) 甲状腺功能亢进手术治疗的术前准备：为减少甲状腺次全切除手术患者在麻醉和手术后的合并症，防止术后发生甲状腺危象，在手术前应先服用硫脲类药物，使甲状腺功能恢复或接近正常。用硫氧嘧啶类后TSH分泌增多，致使腺体增生和血管增生，组织脆而充血，因此需要在手术前2周左右加服大剂量碘剂，使甲状腺缩小、变硬、减少充血，以利于手术的进行。

(3) 甲状腺危象的辅助治疗：甲状腺功能亢进患者由于精神刺激、感染、手术、外伤等诱因，使甲状腺激素突然大量释放入血，导致病情恶化，患者出现高热、心力衰竭、肺水肿和电解质紊乱等而危及生命，称甲状腺危象。除须对症治疗外，主要应给大剂量碘剂以抑制甲状腺激素释放，并同时应用丙硫氧嘧啶抑制新激素合成及外周组织 T_4 转变为 T_3，疗程一般为3～7日。若与β受体拮抗剂合用则疗效更好。甲状腺危象时不适合选用甲巯咪唑。

【不良反应】

(1) 过敏反应：甲巯咪唑较丙硫氧嘧啶多见。常见荨麻疹、斑疹，停药后可自行消退。少数可发生剥脱性皮炎等严重过敏反应。

(2) 消化道反应：有厌食、呕吐、腹痛和腹泻等症状。

(3) 粒细胞缺乏：为严重的不良反应，老年人较易发生。甲巯咪唑较多见白细胞减少，但较少出现严重的粒细胞缺乏，其引起粒细胞缺乏与剂量有依赖关系。一般发生在治疗后的2～3个月，故应定期检查血常规，若用药后出现咽痛或发热，应立即停药进行相应检查。中性粒细胞低于 $1.5\times10^9/L$ 应立即停药并给予支持治疗，可应用广谱抗生素和重组人粒细胞集落刺激因子或重组人粒细胞-巨噬细胞集落刺激因子。特别注意与甲状腺功能亢进本身所引起的白细胞总数偏低相区别。

(4) 甲状腺肿和甲状腺功能减退：长期应用后，可使血清甲状腺激素水平显著下降，反馈性增加TSH分泌而引起腺体代偿性增生，腺体增大充血，重者可产生压迫症状，还可能诱发甲状腺功能减退。

(5) 嗅觉系统损害：使用甲巯咪唑时可出现。

(6) 肝损害和胆汁淤积：甲巯咪唑引起的肝损害主要表现为黄疸，胆红素明显升高，停药后，可完全但缓慢地恢复。丙硫氧嘧啶在体内形成的活性代谢产物具有肝细胞毒性，可引起不同程度的肝细胞坏死，主要表现为转氨酶升高，偶可引起肝坏死。需要注意的是，甲状腺功能亢进本身可导致转氨酶增高，丙硫氧嘧啶治疗者30%可出现急性转氨酶轻度增高，但随病情缓解肝功能好转。胆汁淤积主要发生于甲巯咪唑治疗者，病变为小管内胆汁淤积和轻度门静脉周围炎，停药后可缓解。必要时可加用保肝药物治疗。

(7) 血管炎：可引起抗中性粒细胞胞质抗体相关血管炎以及药物性狼疮，较常见于亚洲人群。丙硫氧嘧啶比甲巯咪唑多见。轻者可表现为发热、肌肉痛、关节痛等、眼葡萄膜炎和巩膜炎、痛性坏死性紫癜性皮损等;严重者可出现咯血、呼吸衰竭、血尿、蛋白尿及肾衰竭,还可出现中枢神经系统受累症状。其发生机制可能与丙硫氧嘧啶诱导抗体、氧自由基的产生,造成血管内皮的损伤有关。血管炎通常可在停药后缓解,但严重病例可能需要大剂量糖皮质激素和(或)免疫抑制剂治疗。

(8) 胰岛素自身免疫综合征:较罕见,表现为低血糖反应,多在甲巯咪唑治疗 2～3 个月发生。甲巯咪唑可引起机体产生胰岛素自身抗体,抗体与进食后释放的胰岛素结合导致胰岛素不能发挥生理效应,出现血糖升高;而升高的血糖进一步刺激胰岛素的释放,导致血中有大量与胰岛素自身抗体结合的胰岛素。与抗体结合的胰岛素很易解离,在进食后的血糖高峰过后,胰岛素逐渐解离,造成不适当的高游离胰岛素血症,从而引起低血糖。

【禁忌证】

硫脲类药物禁用于结节性甲状腺肿合并甲状腺功能亢进及甲状腺癌患者,严重肝损害者,白细胞严重缺乏患者,对硫脲类药物过敏者。

【药物相互作用】

(1) 高碘食物或药物的摄入可使甲状腺功能亢进病情加重,明显延缓硫氧嘧啶类药物的起效时间、延长用药时间,一般不应同用。

(2) 磺胺类药物、对氨基水杨酸、对氨基苯甲酸、保泰松、巴比妥类、酚妥拉明和磺酰脲类药物等都能不同程度地抑制甲状腺功能,如与硫脲类药物同用,可能增强其抗甲状腺效应,应予注意。

(3) 甲巯咪唑与抗凝药合用,可增强抗凝药物的抗凝作用,导致出血。

二、碘和碘化物

碘(iodine)和碘化物(iodide)都是人体必需的微量元素,正常人每日需要碘 100～150 μg。目前常用的碘化物包括碘化钾、碘化钠和复方碘溶液(卢戈液,Lugol's solution,含碘 5%、碘化钾 10%)等,都以碘化物形式从胃肠道吸收、以无机碘离子形式存在于血液中。除甲状腺可摄取碘离子外,胆汁、唾液、汗、泪及乳汁中也存在碘离子。

【药理作用】

碘和碘化物是治疗甲状腺疾病最古老的药物,不同剂量的碘化物对甲状腺功能可产生不同的作用。

(1) 小剂量碘可促进甲状腺激素的合成:碘是甲状腺激素合成的原料,当碘摄入不足时,甲状腺激素合成减少,可反馈促使 TSH 分泌增多,刺激甲状腺组织增生肥大,导致单纯性甲状腺肿(也称地方性甲状腺肿,俗称"大脖子病")。小剂量碘剂作为供碘原料可以促进合成甲状腺素,纠正垂体 TSH 分泌过多,从而使肿大的甲状腺缩小。

(2) 大剂量碘具有抗甲状腺作用:大剂量碘可抑制甲状腺激素的释放,作用机制与其抑制谷胱甘肽还原酶,使甲状腺球蛋白对蛋白水解酶不敏感,甲状腺激素不能和甲状腺球蛋白解离;以及抑制过氧化物酶、影响酪氨酸碘化和碘化酪氨酸的缩合,使 T_3、T_4 合成减少有关。药物作用迅速,用药 1～2 日起效,10～15 日达最大效应。此时若继续用药,反使碘的摄取受阻,细胞内碘离子浓度下降,失去抑制甲状腺激素合成的效应,导致甲状腺功能亢进的症状复发。因此,碘化物不能单独用于甲状腺功能亢进内科治疗。此外,大剂量碘剂还能抑制 TSH,使增生腺体缩小变硬、血管减少。

【临床应用】

(1) 小剂量碘用于防治单纯性甲状腺肿:早期使用小剂量碘化钾或复方碘溶液疗效好,晚期病例疗效差。如腺体太大或已有压迫症状者应考虑手术治疗。

(2) 大剂量碘用于甲状腺功能亢进的术前准备和甲状腺危象的治疗。

1) 甲状腺功能亢进的手术前准备:在硫脲类药物控制症状的基础上,术前给予碘剂,使腺体缩小变硬、血管网减少、充血减轻,有利于手术。其因抗甲状腺作用在用药后 2 周达高峰,故宜于手术前 2 周加服。

2) 甲状腺危象的治疗:可将碘化物加到 10%葡萄糖溶液中静脉滴注,也可服用复方碘溶液,并在 2 周内逐渐停服,需要同时配合服用硫脲类药物。

【不良反应】

(1) 过敏反应：给药后立即或几小时后可发生，主要表现为皮疹、药物热、皮炎和血管神经性水肿，严重者可因上呼吸道黏膜水肿及严重喉头水肿而窒息。停药后即可消退，必要时可给予抗过敏治疗。

(2) 慢性碘中毒：长期应用可表现为口腔及咽喉灼烧感、唾液分泌增多和眼刺激等症状，停药后可消退。

(3) 诱发甲状腺功能紊乱：长期服用碘化物可诱发甲状腺功能亢进。碘可进入乳汁并通过胎盘引起新生儿甲状腺肿，故孕妇及哺乳期妇女慎用。

三、放射性碘

碘的放射性同位素有^{131}I、^{125}I、^{123}I等几种。^{125}I的$t_{1/2}$较长(60日)，^{123}I的$t_{1/2}$较短(13 h)，不便应用于临床。^{131}I的$t_{1/2}$为8.1日，用药后一个月它的放射性可消除约90%，2个月可消除99%，因而比较适中。

【药理作用】

放射性^{131}I和稳定性碘具有相同的生理生化特性，甲状腺组织同样对它有高度的吸收和浓集能力。口服或静脉给予^{131}I后，^{131}I可被甲状腺摄取。

^{131}I是一种不稳定的放射性核素，在衰变过程中可发射γ射线和β射线，在腺泡中产生β粒子和γ射线(能穿过组织)，其中99%的β粒子，在组织内的射程为0.5～2 mm，其辐射作用只限于甲状腺内，而对周围组织基本无损伤。因此，放射性^{131}I治疗甲状腺功能亢进是一种安全而简便的方法。此外，^{131}I还产生γ射线(占1%)，可在体外测得，故小剂量口服或静脉注射^{131}I可用于甲状腺摄碘功能的检测。

【临床应用】

(1) 甲状腺疾病的治疗：2022版《中国甲状腺功能亢进症和其他原因所致甲状腺毒症诊治指南》指出：^{131}I是Graves病所导致的甲状腺功能亢进的主要治疗方法之一。

^{131}I的适应证包括抗甲状腺药疗效差或多次复发，抗甲状腺药过敏或出现其他不良反应，有手术禁忌证或手术风险高，有颈部手术或外照射史，病程较长，老年患者(特别是伴有心血管疾病患者)，合并肝功能损伤，合并白细胞或血小板减少，合并骨骼肌周期性瘫痪，合并心房颤动，计划半年后妊娠的患者。

^{131}I治疗甲状腺功能亢进的治愈率为85%以上。治疗后2～4周症状减轻，甲状腺体积缩小；6～12周甲状腺功能可恢复至正常。

^{131}I一直是美国医生首选的治疗甲状腺功能亢进方法。近年来的趋势则是增加了抗甲状腺药的使用，而减少了^{131}I的使用。

(2) 甲状腺功能的测试：小量^{131}I可用于甲状腺摄碘功能测试。^{131}I摄取率是诊断甲状腺功能亢进的传统检测手段，目前已被第二代、第三代免疫测定方法检测血清TSH所取代。如今，^{131}I摄取率主要用于鉴别甲状腺毒症的病因。

【不良反应】

(1) 早期反应：少数患者在服药后2周内出现恶心、呕吐、头晕、乏力等反应；少数患者有皮疹和瘙痒，一般较轻，可自行消失；某些患者可出现一过性甲状腺功能亢进状加重，一般为暂时性的，极个别严重者要住院观察。有少数患者在治疗7～10日后出现放射性甲状腺炎，个别可诱发甲状腺危象。一些学者认为^{131}I治疗甲状腺功能亢进可以加重突眼症状，但对此看法不一。

(2) 后期并发症：接受治疗10年后，有40%～70%的患者出现甲状腺功能减退，为甲状腺激素合成分泌或生理效应不足所致。故应严格控制剂量并密切观察有无不良反应，一旦发生甲状腺功能低下立即补充甲状腺激素对抗。^{131}I治疗后引起的一过性甲状腺功能减退，症状较轻，经6～9个月可自行消失。另一种是永久性甲状腺功能减退，针对甲状腺功能减退，只要补充适量的甲状腺素，就可以维持正常的甲状腺功能。

【禁忌证】

因为^{131}I可透过胎盘，进入乳汁，禁用于孕妇、哺乳期妇女。由于儿童的甲状腺组织对辐射较敏感，禁用于20岁以下患者。^{131}I也禁用于严重心、肝、肾衰竭或活动性结核患者；确诊或可疑有甲状腺癌患者；外周血白细胞$<3\times10^9$/L或中性粒细胞$<1.5\times10^9$/L患者；浸润性突眼症患者；甲状腺危象；甲状腺摄碘不能或摄碘功能低下者；TSH依赖性甲状腺功能亢进患者。

四、β受体拮抗剂

β受体拮抗剂临床用于控制甲状腺功能亢进症状、甲状腺危象的辅助治疗或甲状腺手术前的准备用药。尤其是老年患者、静息心率超过 90 次/分或合并心血管疾病的甲状腺功能亢进患者，更推荐使用β受体拮抗剂。

主要用其拮抗β受体的作用，控制甲状腺功能亢进者的交感肾上腺系统兴奋症状如心动过速、心律失常、手指颤抖和情绪激动等；也能适当抑制甲状腺激素分泌及外周组织 T_4脱碘成为 T_3。

β受体拮抗剂不干扰硫脲类药物对甲状腺的作用，且作用迅速，对甲状腺功能亢进所致的心率加快、心肌收缩力增强等交感神经活动增强的表现很有效。若与硫脲类药物合用则疗效迅速而显著。

小　结

甲状腺激素包括 T_4和 T_3，对维持机体正常代谢和生长发育十分重要，可用于青少年和成人的甲状腺功能减退、单纯性甲状腺肿的治疗。

目前治疗甲状腺功能亢进的方法主要有抗甲状腺药及手术治疗。抗甲状腺药通过抑制甲状腺激素的合成与分泌暂时或长期缓解甲状腺功能亢进状。硫脲类是最常用的抗甲状腺药，包括硫氧嘧啶类、咪唑类。其中丙硫氧嘧啶和甲巯咪唑为临床最常用的药物。一般首选甲巯咪唑。

小剂量碘用于防治单纯性甲状腺肿，大剂量碘可用于甲状腺功能亢进的术前准备和甲状腺危象的治疗。^{131}I 除可以治疗甲状腺功能亢进外，还可鉴别甲状腺毒症的病因。

β受体拮抗剂可用于控制甲状腺功能亢进状、甲状腺危象的辅助治疗以及甲状腺手术前的准备用药。

【思考题】

1. 甲状腺功能亢进手术术前准备应用哪些药物及其药理依据是什么？
2. 硫脲类药物治疗甲状腺功能亢进的作用机制是什么？用药早期为何会出现甲状腺肿大？
3. 患者，女，38 岁。因“心悸多汗半年，高热 3 日、昏迷 1 日”入院。入院前半年，患者自感多汗、心悸，易饥饿，体形消瘦。入院检查：体温 39℃，呼吸 26 次/分，血压 120/60 mmHg，心率 150 次/分，FT_3 15.82 pmol/L，FT_4 46.13 pmol/L，TSH 0.02 U/mL。诊断为甲状腺功能亢进。请问：
   (1) 该患者适宜使用哪些药物治疗？
   (2) 拟考虑的治疗药物的药理作用和作用机制是什么？

（黄起壬　周　颖）

※ 课程 PPT

第二十四章
课程 PPT

第二十五章

性激素和生殖系统药物

学习目标

【知识目标】

1. 掌握　缩宫素兴奋子宫的作用特点、应用、不良反应及注意事项;抗前列腺增生药及抗勃起功能障碍药西地那非的作用机制。

2. 熟悉　雌激素、孕激素及雄激素的作用及临床应用;药物避孕的原理及方法。

3. 了解　性激素的分泌与调节;抗雌激素类药的临床用途;前列腺素和米非司酮以及外用避孕药的主要作用方式;酚妥拉明及育亨宾抗勃起功能障碍的作用。

【能力目标】

具备合理使用性激素及作用于生殖系统药物的能力。

【素质目标】

1. 通过学习缩宫素的量效关系,培养精细化用药的理念。

2. 根据妇女雌激素、孕激素的周期性变化设计给药方案,培养临床用药的辩证思维能力。

第一节　概　　述

性激素(sex hormone)为性腺分泌的一类甾体激素,包括雄激素、雌激素和孕激素。临床应用的性激素类药大多为其人工合成品及其衍生物。目前常用的女用避孕药(contraceptive)大多数为雌激素及孕激素的复合制剂,男用避孕药较少使用,大多数为雄激素、孕激素或孕激素-雄激素复合剂。

一、性激素的分泌与调节

性激素分泌受下丘脑-垂体-性腺轴的调节。下丘脑分泌的促性腺激素释放激素促进腺垂体分泌卵泡刺激素(follicle stimulating hormone, FSH)和黄体生成素(luteinizing hormone, LH)。卵泡刺激素能刺激卵巢中的卵泡发育与成熟并使其分泌雌激素,对男性则刺激睾丸中的精子生成;黄体生成素能促进女性卵巢黄体生成并使其分泌孕激素,对男性则促进睾丸间质细胞分泌雄激素。

性激素对下丘脑及腺垂体的激素分泌有正、负反馈调节作用,主要通过3种途径实现。① 长反馈:性激素向下丘脑及腺垂体的反馈。例如,在排卵前雌激素水平较高,可直接或间接通过下丘脑促进腺垂体分泌黄体生成素,导致排卵,该过程是正反馈调节。在黄体期,雌、孕激素水平都较高,通过负反馈减少下丘脑促性腺激素释放激素及卵泡刺激素、黄体生成素分泌,进而抑制排卵。常用的女用避孕药就是经这一负反馈调节而设计的。② 短反馈:垂体分泌的卵泡刺激素及黄体生成素通过负反馈作用减少下丘脑促性腺激素释放激素的分泌。③ 超短反馈:下丘脑分泌的促性腺激素释放激素又可作用于下丘脑本身,并调节促性腺激素释放激素的分泌。

妇女的月经周期受神经内分泌调节。在一个月经周期中，下丘脑分泌的促性腺激素释放激素、腺垂体分泌的卵泡刺激素和黄体生成素、卵巢激素以及子宫内膜均呈现周期性变化。在卵泡早期，由于卵泡还未发育成熟，雌激素与孕激素分泌量少，对腺垂体卵泡刺激素和黄体生成素分泌的反馈抑制作用较弱，血中卵泡刺激素和黄体生成素逐渐增高。卵泡刺激素促进雌激素分泌，当雌激素分泌达到一定水平时，反馈抑制腺垂体卵泡刺激素分泌，使血中卵泡刺激素的水平有所下降（雌激素不抑制黄体生成素）。在卵泡晚期，卵泡逐渐发育成熟，雌激素水平持续升高，在排卵前一日左右，形成月经周期中雌激素的高峰（第 1 次高峰）。在这一雌激素峰的作用下，下丘脑促性腺激素释放激素分泌增强，刺激黄体生成素与卵泡刺激素的分泌，以黄体生成素的分泌明显增加而形成黄体生成素峰，在孕激素配合下，刺激卵泡破裂、排卵，发展成为黄体。进入黄体期，黄体细胞在黄体生成素的作用下分泌较多的孕激素与雌激素（第 2 次高峰）。孕激素和雌激素浓度升高负反馈抑制下丘脑促性腺激素释放激素分泌，黄体生成素与卵泡刺激素的血浓度下降。若未受精，数日后黄体开始退化，雌激素和孕激素水平下降，对腺垂体的负反馈抑制减弱，卵泡刺激素和黄体生成素的分泌又开始增加，重复进入下一个卵巢周期。若受孕，胎盘分泌人绒毛膜促性腺激素，并刺激月经黄体转化为妊娠黄体，继续分泌孕激素和雌激素，以适应妊娠需要。

二、性激素的作用机制

性激素为甾体激素，与靶细胞核内的相应受体特异性结合形成复合物并作用于 DNA，通过影响靶基因 mRNA 转录和蛋白质合成产生生物学效应。

第二节　雌激素类药和抗雌激素类药

一、雌激素类药

卵巢分泌的天然雌激素（estrogens）主要为雌二醇（estradiol，E_2）。从孕妇的尿液中提取的雌酮（estrone，E_1）、雌三醇（estriol，E_3）及其他雌激素大多为雌二醇在肝脏的代谢产物。天然雌激素及其代谢产物的活性较低，雌二醇、雌酮、雌三醇的生理活性强度比为 100∶10∶3。临床常用的雌激素类药物大多是以雌二醇为母体人工合成的高效甾体衍生物，主要有炔雌醇（ethinylestradiol）、炔雌醚（quinestrol）及戊酸雌二醇（estradiol valerate）等。近年来，结合雌激素妊马雌酮因可口服、长效、不良反应较少等优点而被广泛应用。尼尔雌醇为雌三醇的衍生物，是一种长效雌激素。此外，人工合成的一些结构简单的非甾体类同型物也具有雌激素样作用，如己烯雌酚等。

【体内过程】

天然雌激素口服可经胃肠吸收，易在肝内迅速破坏，生物利用度低，需要注射给药。雌二醇首先经肝和肠 CYP3A4、其次经 CYP1A2 代谢为雌酮和雌三醇，其代谢产物大多以葡萄糖醛酸或硫酸酯形式随尿排出；部分可经胆汁入肠，形成肝肠循环。人工合成的衍生物如炔雌醇、炔雌醚等，吸收后在脂肪组织储存再缓慢释放，不易在肝内代谢，口服疗效高，作用维持时间长。经酯化的衍生物如苯甲酸雌二醇等肌内注射后吸收缓慢，作用维持时间延长。口服己烯雌酚后在肝内缓慢代谢，疗效高，维持时间长。此外，大多数雌激素可经皮肤和黏膜吸收，可制成贴片经皮给药，也可制成霜剂或栓剂用于阴道发挥局部作用。

【生理作用与药理作用】

(1) 对生殖系统的影响：对于未成年女性，促进性器官和第二性征的发育与成熟。对于成熟女性，维持女性第二性征，并在孕激素的协同下，使子宫内膜产生周期性变化，形成月经周期；增强子宫平滑肌对缩宫素的敏感性。此外，雌激素亦可刺激阴道上皮增生，使浅层细胞角化。

(2) 对排卵的影响：小剂量可促进性腺激素分泌，促进排卵；大剂量则通过下丘脑-垂体系统的负反馈机制,减少促性腺激素释放激素、黄体生成素和卵泡刺激素分泌而抑制排卵。

(3) 对乳腺的影响:小剂量刺激乳腺导管与腺泡的生长发育;大剂量则抑制催乳素对乳腺的刺激作用,减少乳汁分泌。

(4) 对代谢的影响:雌激素可致水、钠潴留,使血压升高;增加骨骼的钙盐沉积,加速骨骺闭合,预防绝经期妇女骨质丢失;降低低密度脂蛋白、升高高密度脂蛋白;降低糖耐量。

(5) 其他:雌激素还可增加凝血因子Ⅱ、凝血因子Ⅶ、凝血因子Ⅸ、凝血因子Ⅹ的活性,促进血液凝固。因此,在应用较大剂量的雌激素避孕药时有发生血栓的风险。此外,雌激素还具有抗雄激素作用。

【临床应用】

(1) 绝经期综合征:更年期妇女因卵巢功能降低,雌激素分泌减少,下丘脑促性腺激素释放激素分泌增加,产生如面颊红热、出汗、恶心、失眠、肥胖和情绪不安等的一系列内分泌平衡失调所致的症状,又称更年期综合征。雌激素替代疗法可反馈性抑制促性腺激素释放激素分泌,减轻以上症状。对于绝经后和老年性骨质疏松症,适量补充雌激素,可减少骨质丢失,预防骨折发生。对因雌激素缺乏所致的老年性阴道炎和阴道干燥症,局部用药有效。

(2) 卵巢功能不全及闭经:原发性或继发性卵巢功能低下者,雌激素替代治疗可促进子宫、外生殖器及第二性征发育。雌激素与孕激素联用,可产生人工月经周期。

(3) 功能性子宫出血:由于体内雌激素水平较低,子宫内膜创面修复不良,可引起持续少量的阴道出血。雌激素可促进子宫内膜增生,修复出血创面而止血。

(4) 乳房胀痛及回乳:大剂量雌激素可干扰催乳素对乳腺的刺激作用,减少乳汁分泌而回乳消痛。

(5) 晚期乳腺癌:绝经期妇女卵巢已停止分泌雌二醇,肾上腺分泌的雄烯二酮在周围组织可转化为雌酮,而雌酮对乳腺的持续作用可能是导致乳腺癌的重要原因。大剂量雌激素能抑制垂体分泌促性腺激素,减少雌酮的产生,可用于绝经后5年以上的乳腺癌患者,缓解率可达40%。但因雌激素可促进肿瘤生长,绝经前及绝经后5年以内的乳腺癌患者禁用。

(6) 前列腺癌:大剂量雌激素可抑制垂体促性腺激素的分泌,使睾丸萎缩及雄激素分泌降低,且雌激素具有抗雄激素作用,故可用于前列腺癌的治疗。

(7) 避孕:雌、孕激素合用可避孕。

(8) 痤疮:青春期痤疮(粉刺)常因雄激素分泌过多,刺激皮脂腺大量分泌,导致腺管堵塞并继发感染所致。雌激素能抑制雄激素分泌,具有抗雄激素作用,可用于痤疮的治疗。

(9) 其他:雌激素能增加骨钙沉积,与雄激素合用可治疗老年性骨质疏松。雌激素尚有升高白细胞作用,可用于放射线引起的白细胞减少症的治疗。有报道,长期应用小剂量雌激素可有效预防冠心病和心肌梗死等心血管疾病。

【不良反应】

(1) 常见厌食、恶心、呕吐及头昏等,从小剂量开始逐渐加量可减轻症状。

(2) 长期大剂量应用可引起子宫内膜过度增生,引起子宫出血,故子宫内膜炎症患者慎用。雌激素可增加子宫癌的发生率,绝经期妇女应用雌激素,可使子宫癌发生率增加5~7倍,且与剂量和时间有关,故在治疗更年期综合征时应用最低有效量,并尽量缩短疗程。

(3) 长期大量使用可致水、钠潴留,引起高血压、水肿并加重心力衰竭。雌激素主要在肝内代谢,肝功能不良者可致胆汁淤积性黄疸。因此,高血压、肝功能不良者慎用。

二、抗雌激素类药

本类药物竞争性拮抗雌激素受体,从而抑制或减弱雌激素的作用。临床常用药物有他莫昔芬、氯米芬及雷洛昔芬等。

他莫昔芬是雌二醇的竞争性拮抗剂,能与乳腺癌细胞的雌激素受体结合,不刺激转录或作用极微弱,但可抑制依赖雌激素才能持续生长的肿瘤细胞。用于乳腺癌术后的辅助治疗、晚期乳腺癌或治疗后复发患者,特别是绝经后年龄60岁以上且雌激素受体阳性的患者疗效较好。他莫昔芬对血浆脂质代谢、子宫内膜和骨的作用仍保留雌激素性质，无拮抗作用。不良反应较多，包括胃肠道反应、继发性抗雌激素作用、神经精神症状、大剂量长期应用可导致视力障碍（如白内障）、骨髓抑制等。

氯米芬（clomifene）的结构与己烯雌酚相似，为三苯乙烯衍生物，可竞争性与雌激素受体结合，干扰雌二醇的负反馈调节，促进促性腺激素释放激素和促性腺激素分泌，刺激卵巢分泌雌激素，诱发排卵。临床可用于避孕药引起的闭经及月经紊乱，对无排卵型不育症、黄体功能不全、多囊卵巢等亦有一定疗效，可改善经前紧张征、乳溢症状。不良反应一般与剂量有关，主要有卵巢肿大和囊肿形成、面部潮红、腹部和盆腔不适或疼痛。禁用于卵巢囊肿、妇科肿瘤患者和肝肾功能不全者。

雷洛昔芬为选择性雌激素受体调节剂，主要用于预防和治疗绝经后妇女骨质疏松症。

第三节　孕激素类药

1930 年，弗莱恩发现周期性排卵在破裂时释放出一种黄色物质，后经法国学者确认这种黄色物质为黄体，它能使子宫易于妊娠。20 世纪 20 年代，人们一直致力于用黄体提取物来治疗月经不调。1934 年，哥伦比亚大学的维拉德·爱伦和温特斯坦内、哥廷根大学的爱尔弗来德·布特纳恩特和斯洛特以及瑞典的威兹坦和哈特曼，几乎同时宣布分离到了这种有效成分。由于发现它能助孕，将其取名为孕酮。它能有效地防止妊娠早期几个月里发生的流产。随着大量使用孕酮来预防早期的流产，其不良反应也日益显现。这种甾体物质昂贵，注射剂量大；且由于首过消除，大多口服无效。1938 年，修林小组将乙炔甾酮转化为 17－乙炔睾酮，使其和孕酮更为相似。1953 年 9 月，滨克斯邀请著名的药品制造商向他提供有潜在孕激素活性的原料，通过对近 300 种化合物用兔和大鼠进行筛选，明确其中 15 种有抑制排卵的作用。1956 年，首次大规模的孕酮临床试验在波多黎各进行。1958 年，有学者发现甲地孕酮是当时最有效的排卵抑制剂。1960 年，史密斯合成了在 18 位用乙基取代甲基的孕酮衍生物。1975 年奥格农合成了去氧孕酮。

资料来源：

PIETTE P，2018. The history of natural progesterone，the never-ending story. Climacteric，21(4)：308－314.

天然孕激素（progestins）主要为卵巢黄体分泌的黄体酮（progesterone），在妊娠 3～4 个月直至分娩，因黄体萎缩而由胎盘分泌。天然孕激素体内含量很低，且口服无效。临床应用的孕激素均为人工合成品及其衍生物，按化学结构可分为两类。

（1）17α－羟孕酮类：为黄体酮衍生物，如甲羟孕酮（medroxyprogesterone）、甲地孕酮、氯地孕酮（chlormadinone）及长效的羟孕酮己酸酯等。

（2）19－去甲睾酮类：结构与睾酮相似，为炔孕酮（ethisterone）衍生物，如炔诺酮（norethisterone）、炔诺孕酮（norgestrel）、醋炔诺酮（norethisterone acetate）及双醋炔诺醇（ethynodiol diacetate）等。本类药除具有孕激素作用外，还具有轻微的雄激素样作用。

【体内过程】

黄体酮经口服后，在胃肠道和肝脏迅速被破坏，首过消除明显，需要注射或舌下给药。$t_{1/2}$ 仅 15 min。人工合成的高效炔诺酮、甲地孕酮等在肝脏被破坏得较慢，可口服给药。油剂肌内注射因局部吸收缓慢而发挥长效作用。血浆蛋白结合率高，主要经肝脏 3α－羟基类固醇脱氢酶和 3β－羟基类固醇脱氢酶以及 5α－还原酶和 5β－还原酶代谢，其次经 CYP3A4 代谢，代谢产物多与葡萄糖醛酸结合，从肾排出。

【药理作用】

（1）生殖系统：具有助孕、安胎作用。月经后期，在雌激素作用基础上，孕激素促进子宫内膜继续增厚、充血、腺体增生并分支，由增殖期转为分泌期，有利于受精卵的着床和胚胎发育。在妊娠期，孕激素能降低子宫对缩宫素的敏感性，抑制宫缩，起保胎作用。

（2）乳腺：与雌激素共同促进乳腺的腺泡发育，为哺乳做准备。

（3）神经内分泌：抑制垂体黄体生成素的分泌，从而抑制卵巢排卵。

(4) 体温：可轻度升高体温，使月经周期的黄体期基础体温轻微升高。

(5) 代谢：对抗醛固酮，促进钠、氯离子排泄，从而产生利尿作用；促进蛋白分解代谢，增加尿素氮排泄；可增加血中低密度脂蛋白。

【临床应用】

孕激素主要用于替代治疗和避孕。

(1) 功能性子宫出血：黄体功能不足可引起子宫内膜的不规则成熟与脱落，导致子宫持续性出血，或因雌激素持续刺激子宫内膜，增生过度而致子宫出血。孕激素可使子宫内膜同步转为分泌期，在行经期，有助于子宫内膜全部脱落。

(2) 痛经和子宫内膜异位症：雌、孕激素复合避孕药可抑制子宫的痉挛性收缩而缓解痛经。可使异位的子宫内膜萎缩退化。

(3) 子宫内膜腺癌、前列腺肥大和前列腺癌：大剂量孕激素可使子宫内膜癌瘤体萎缩退化，缓解患者病情，改善症状；大剂量孕激素可反馈性抑制腺垂体分泌间质细胞刺激激素，从而减少睾酮分泌，促进前列腺细胞萎缩退化，可用于前列腺肥大和前列腺癌的治疗。

(4) 先兆流产与习惯性流产：因黄体功能不足引起的先兆流产，可用大剂量孕激素安胎；对习惯性流产的疗效不确切。19-去甲睾酮类孕激素因有雄激素样作用，会致女胎男性化，不宜用于先兆流产与习惯性流产的治疗。

【不良反应】

孕激素不良反应较少，偶见恶心、呕吐、头痛或乳房胀痛。19-去甲睾丸类孕激素大剂量使用可致肝功能减退，可使女性胎儿男性化。大剂量黄体酮可致胎儿生殖器畸形。

第四节 雄激素类药和同化激素类药

一、雄激素类药物

天然雄激素(androgens)主要是由睾丸间质细胞合成和分泌的睾酮(testosterone)，肾上腺皮质、卵巢与胎盘也可少量分泌，活性强。临床多用人工合成的睾酮衍生物，如甲睾酮(methyltestosterone)、十一酸睾酮、丙酸睾酮。

【体内过程】

睾酮口服易被肝破坏，生物利用度很低。临床多用其油剂肌内注射。睾酮酯化衍生物吸收缓慢，作用较强，维持时间长，如丙酸睾酮、十一酸睾酮等。甲睾酮不易被肝脏破坏，可口服或舌下给药。

【药理作用】

睾酮在靶组织经甾体5α-还原酶转变成活性更强的二氢睾酮。与其他甾体激素的作用机制一致，睾酮和二氢睾酮也通过与细胞内受体结合而发挥作用。

(1) 生殖系统：促进青春期男性生殖器官发育和第二性征的出现，维持男性生殖器官的功能，促进精子的生成和成熟。大剂量雄激素可反馈性抑制垂体分泌促性腺激素，减少卵巢分泌雌激素，且有直接的抗雌激素作用。

(2) 同化作用：能明显促进蛋白质合成、减少蛋白质分解，减少尿素生成，形成正氮平衡，促进生长发育、肌肉和体重增加。伴有水、钠、钙、磷等潴留。皮肤变黑增厚。

(3) 增强骨髓造血功能：骨髓造血功能低下时，雄激素可直接刺激骨髓造血功能，较大剂量的雄激素也可促进肾脏分泌促红细胞生成素，刺激骨髓造血，使红细胞生成增多。

(4) 免疫增强作用：雄激素可促进免疫球蛋白合成，使机体免疫功能和抗感染能力增强。

【临床应用】

(1) 睾丸功能不全的替代疗法：对无睾症或类无睾症(睾丸功能不足)及男子性功能低下者，可用雄激素替代疗法。

(2) 功能性子宫出血：雄激素具有抗雌激素作用，可使子宫平滑肌及血管收缩，子宫内膜萎缩而止血，对更年期妇女尤为适用。对严重出血患者，临床应用三合激素(己烯雌酚、黄体酮和丙酸睾酮的混合物)注射止血，停药后易发生撤退性出血。

(3) 晚期乳腺癌及卵巢癌：可暂时缓解症状，可能与抗雌激素作用有关，也可能与其反馈性抑制腺垂体分泌促性腺激素释放激素，进而使卵巢雌激素分泌减少有关。此外，还能对抗催乳素对癌组织的刺激作用。

(4) 贫血：丙酸睾酮或甲睾酮可显著增强骨髓的造血功能，可用于再生障碍性贫血及其他贫血的治疗。

(5) 虚弱：由于雄激素的同化作用，各种消耗性疾病、术后恢复期、肌萎缩、老年性骨质疏松症等可用小剂量雄激素治疗，使患者食欲增加，加快体质恢复。常用男性化作用较弱的睾酮衍生物，如苯丙酸诺龙(nandrolone phenylpropionate)、司坦唑醇(stanozolol)。

【不良反应】

(1) 女性患者久用可致痤疮、多毛、声音变粗、乳腺退化、性欲改变等男性化现象。男性性欲亢进，但久用可致睾丸萎缩，精子生成减少。

(2) 胆汁淤积性黄疸：17α 位有烷基取代的睾酮类药物易降低肝内毛细胆管的排泄功能，引起胆汁淤积性黄疸。用药中若发现黄疸或肝功能异常，应立即停药。

【禁忌证】

雄激素类药禁用于孕妇及前列腺疾病患者。

二、同化激素类药物

临床应用雄激素虽有较强的同化作用，但用于女性或非性腺功能不全的男性，常出现雄激素样作用，从而限制了它的临床应用。因此，有学者合成了同化作用较好而雄激素样作用较弱的睾酮的衍生物，即同化激素(anabolic steroids)，如司坦唑醇、苯丙酸诺龙及美雄酮(methandienone)等。

第五节 避孕药

公元前 421 年，在亚里士多德提到用薄荷类植物来避孕之时，希波克拉底认识到野生胡萝卜的种子能防止妊娠。1921 年，哈波兰特提出卵巢分泌的性激素可能被证实是有效的避孕方法。基于这一原理变化，数十年后第一个抑制排卵(即避孕)的药物便产生了。1937 年，与天然雌激素类似的合成分子——乙烯雌二醇首次合成。直到今天，乙烯雌二醇仍然是复方口服避药中雌激素组分的金标准。1950 年，由迪杰拉司从墨西哥甘薯中提取出来的植物类固醇——薯蓣皂苷元合成天然孕激素的类似物炔诺酮，第一个复方口服避孕药于 1960 年在美国上市。几乎所有关于最早复方口服避孕药的研究都是由物理学家格里格瑞·平克斯进行的，他被称为"口服避孕药之父"。自此，其他的激素避孕方法也发展起来，包括只含孕激素的片剂，只含孕激素的针剂(每 3 个月 1 次)和复方针剂(每月 1 次)，只含孕激素的皮埋剂(有效期为 2～5 年)。男用避孕药发展缓慢，目前主要有雄激素、孕激素、孕激素-雄激素复合剂及非激素类避孕药——棉酚，但均具有一定的缺点，目前还没有推广使用。

资料来源：

HUBER L R, HOGUE C J, STEIN A D, et al., 2006. Contraceptive use and discontinuation: findings from the contraceptive history, initiation, and choice study. Am J Obstet Gynecol, 194(5): 1290－1295.

避孕药(contraceptive drug)是指能够阻碍受孕或防止妊娠的药物，一般常指口服避孕药。生育是一个复杂的生理过程，包括精子和卵子的形成、成熟、排放、受精、着床及胚胎发育等多个环节。阻断其中任何一个环节均能达到避孕或终止妊娠的目的。避孕药是一种方便、安全且行之有效的避孕方式，现有的避孕药主要为女用避孕药，男用药较少。

一、女用避孕药

(一) 常用甾体避孕制剂

本类药物多为不同类型的雌激素和孕激素配伍组成的复方制剂。目前常用的甾体避孕药多属此类。

【药理作用】

(1) 抑制排卵：卵巢中卵泡的成熟和排卵需要卵泡刺激素和黄体生成素的共同作用。外源性给予雌激素时，通过负反馈机制抑制下丘脑分泌促性腺激素释放激素，减少腺垂体卵泡刺激素的分泌，进而抑制卵泡的发育和成熟过程；同时孕激素又抑制黄体生成素释放，两者协同作用，抑制排卵。一些雌激素、孕激素的复方制剂，主要通过该机制发挥避孕作用。代表制剂有口服避孕片 0 号、避孕片 1 号、避孕片 2 号及复方己酸孕酮注射液等。此类制剂避孕成功率在 99%以上。

(2) 改变子宫颈黏液黏稠度：可使子宫颈黏液的分泌显著减少，黏稠度增加，不利于精子进入子宫腔。

(3) 抗着床作用：通过抑制子宫内膜的正常增殖，使内膜变薄、萎缩退化，不利于受精卵着床。本类药物不受月经周期的限制，排卵前、排卵期及排卵后服用，均可影响受精卵着床。

(4) 改变输卵管的功能：雌激素具有增强输卵管节律性收缩作用，孕激素则相反。避孕药改变正常月经周期内的雌、孕激素水平，从而影响输卵管的正常收缩和受精卵运行速度，使其不能按时到达子宫腔而难以植入受孕。

【临床应用】

(1) 短效口服避孕药：主要包括复方炔诺酮片、复方甲地孕酮片及复方炔诺孕酮片等，其成分见表 25-1。用法是，从月经周期第 5 日开始，每晚服药 1 片，连服 22 日，不能间断。一般在停药后 2～4 日就可以发生撤退性出血，形成人工月经周期。下次服药仍从月经来潮第 5 日开始。如停药 7 日仍未来月经，则应立即开始服下一周期的药物。偶尔漏服时，应于 24 h 内补服 1 片。

(2) 长效口服避孕药：是以长效雌激素类药物炔雌醚与不同孕激素类如炔诺孕酮或氯地孕酮等配伍而成的复方片剂。用法是，从月经来潮当日算起，第 5 日服 1 片，最初两次间隔 20 日，以后每月服 1 次，每次 1 片。避孕成功率为 98.3%。

(3) 长效注射避孕药：如复方己酸孕酮注射液，即避孕针 1 号。用法是，第 1 次在月经周期的第 5 日深部肌内注射 2 支，以后每隔 28 日或在每次月经周期的第 11～12 日注射 1 次，每次 1 支。注射后一般于 14 日左右月经来潮。如发生闭经，仍应按时给药，不可间断。

(4) 埋植剂：左炔诺孕酮硅胶棒、左炔诺孕酮聚己内酯棒，植入上臂内侧或股内侧。

(5) 多相片剂：为了使服用者的激素水平近似月经周期水平并减少月经期间出血的发生率，可将避孕药制成多相片剂，如炔诺酮双相片、三相片和炔诺孕酮三相片。

表 25-1 常用甾体避孕制剂的成分

制剂名称	雌激素(含量)(mg)	孕激素(含量)(mg)
短效口服避孕药		
复方炔诺酮片(口服避孕药片 1 号)	炔雌醇(0.035)	炔诺酮(0.6)
复方甲地孕酮片(口服避孕药片 2 号)	炔雌醇(0.035)	甲地孕酮(1.0)
复方炔诺孕酮片	炔雌醇(0.03)	炔诺孕酮(0.3)
长效口服避孕药		
复方炔诺孕酮乙片(长效避孕片)	炔雌醚(3.0)	炔诺孕酮(12.0)
复方氯地孕酮片	炔雌醚(3.0)	氯地孕酮(12.0)
复方次甲氯地孕酮片	炔雌醚(3.0)	16-次甲氯地孕酮(12.0)
长效注射避孕药		
复方己酸孕酮注射液(避孕针 1 号)	戊酸雌二醇(5.0)	己酸孕酮(250.0)
复方甲地孕酮注射液	雌二醇(3.5)	甲地孕酮(25.0)

续　表

制　剂　名　称	雌激素（含量）(mg)	孕激素（含量）(mg)
探亲避孕药		
甲地孕酮片（探亲避孕片1号）		甲地孕酮(2.0)
炔诺酮片（探亲避孕片）		炔诺酮(5.0)
双炔失碳酯片（避孕片53号）		双炔失碳酯(7.5)

【不良反应】

低剂量应用较为安全，吸烟（特别是35岁以上者）可大大增加不良反应发生率。

(1) 类早期妊娠反应：少数人用药后2～3个月可发生类早期妊娠反应，坚持服药反应可减轻或逐渐消失。主要为雌激素所致，长效制剂类早期妊娠反应发生率相对较高。

(2) 子宫不规则出血：按时服药一般不会发生，如按时服药仍发生者，可加服炔雌醇。久服后部分人可出现月经量减少，经期缩短。如连续闭经2个月，应停药。

(3) 凝血功能异常：有报道甾体避孕药可引发血管栓塞和血栓性静脉炎。吸烟者其发生率增加，应予注意。

(4) 其他：少数人可产生面部黄褐斑，一旦出现应停药。该类药物可引起乳汁减少，还可经乳汁影响胎儿，哺乳期妇女不宜使用。凡患有肝脏疾病、心脏病、糖尿病、肾炎、严重高血压者，均不宜服用。

【药物相互作用】

肝药酶诱导剂苯巴比妥、苯妥英钠、扑米酮、利福平等可加速甾体避孕药在肝内的代谢，降低避孕效果；雌激素可降低双香豆素的抗凝作用，可使三环类抗抑郁药代谢减慢，合用时应注意。

（二）抗早期及中期妊娠药

避孕失败可用刮宫、电吸等补救手段进行人工流产，亦可用药物终止妊娠。此类药主要有米非司酮、前列腺素类等。

米非司酮

【体内过程】

米非司酮口服易吸收，生物利用度约40%，药物浓度达峰时间为1～3 h，$t_{1/2}$为20～40 h。血药浓度峰值与剂量不呈线性关系，平均驻留时间与剂量呈正相关，多次小剂量给药也能达到单次大剂量终止早期妊娠的疗效。主要经胆汁分泌，自粪便排出。

【药理作用与临床应用】

米非司酮竞争性拮抗孕酮受体和糖皮质激素受体，与孕酮受体的亲和力比黄体酮强5倍。抗雄激素活性较弱，无雌激素和盐皮质激素活性。其抗早期妊娠的作用为拮抗子宫孕酮受体，引起子宫蜕膜破坏（尤其是蜕膜的血管内皮细胞），使胚泡脱落，进而绒毛膜促性腺激素分泌减少。在此基础上，黄体分泌孕酮减少，进一步加快蜕膜破坏。孕酮水平降低并拮抗孕酮受体，增加子宫前列腺素产生，使子宫内膜对前列腺素的收缩作用敏感，并使宫缩同步化。此外，米非司酮还能软化和扩张子宫颈，最终促使胚胎排出。

由于本药的抗孕激素作用可阻断排卵、阻止受精卵着床或延缓子宫内膜发育，可作为一次性避孕措施，在事后紧急避孕中有很好的避孕效果。

单用本药的完全流产率较低，约60%。合用人工合成的前列腺素制剂可明显提高流产率，减少不良反应的发生。与米索前列醇序贯给药（口服米非司酮200 mg 48 h后，服米索前列醇0.6 mg）终止早期妊娠，流产成功率为93%～99%。

【不良反应】

米非司酮的不良反应有恶心、呕吐、头晕、腹痛、子宫痉挛性疼痛等。个别患者可出现阴道出血，出血可持续8～17日。

【药物相互作用】

米非司酮不能与利福平、卡马西平、灰黄霉素、巴比妥类、苯妥英钠及非甾体抗炎药等合用，以免产生药物相互作用。贫血患者或应用抗凝剂者慎用。

前列腺素类

前列腺素类收缩子宫平滑肌和扩张子宫颈作用强，故临床可用于抗早期妊娠、扩张子宫颈和中期引产等。现多用人工合成前列腺素衍生物，其主要优点为性质稳定、不易被破坏，对子宫平滑肌选择性高，不良反应小，不需要静脉注射或反复给药。常以肌内注射或阴道(栓剂)给药。常用药物包括卡前列甲酯(carboprost methylate)、米索前列醇、甲烯前列素(metneprost)等。米索前列醇因用量小，可口服，胃肠不良反应少且轻，应用较为普遍。

(三) 外用避孕药

目前常用的杀精子剂包括壬苯醇醚(nonoxynol)及苯扎氯铵(benzalkonium chloride)等。本类药物可迅速杀死阴道内精子，但不杀伤阴道杆菌，故毒性小。制备的半透明药膜置入阴道深部后能快速溶解，发挥杀精作用，同时还可形成黏液，阻碍精子运动。

二、男用避孕药

男用避孕药包括激素类避孕药(如雄激素、孕激素、孕激素-雄激素复合剂等)及非激素类避孕药(如棉酚)。

(一) 雄激素

临床上可作为男用避孕药的雄激素有庚酸睾酮(testosterone enanthate)、十一酸睾酮、戊酸睾酮(testosterone pentanoate)等。庚酸睾酮 $t_{1/2}$ 相对短，需要每 2 周肌内注射 1 次。戊酸睾酮和十一酸睾酮 $t_{1/2}$ 较长，分别每 6 周和每 4 周注射 1 次即可。睾酮类雄激素药物通过增加血中雄激素水平，反馈性抑制垂体促性腺激素卵泡刺激素和黄体生成素的分泌，进而抑制精子的产生，达到避孕目的。临床可用于男用避孕、男性青春期发育迟缓、男性性功能减退、绝经女性晚期乳腺癌的姑息治疗等。庚酸睾酮反复应用可引起血脂和脂蛋白改变，使高密度脂蛋白胆固醇降低、低密度脂蛋白胆固醇升高，还可引起睾丸萎缩、性欲亢进、痤疮、体重增加以及血红蛋白增加等不良反应。十一酸睾酮最常见的不良反应为注射部位胀痛、痤疮，性欲改变(使用期间性欲增强，停药后减弱)。戊酸睾酮对血脂影响小，对性功能未见明显影响。

(二) 孕激素

环丙孕酮

环丙孕酮(cyproterone)为强效孕激素，有明显的竞争性抗雄激素作用。大剂量时可抑制促性腺激素分泌，降低睾丸内雄激素结合蛋白的产生，抑制精子生成，干扰精子的成熟过程。环丙孕酮可影响肝功能、糖代谢及肾上腺皮质功能等。可抑制性功能，故未成年者禁用环丙孕酮。

(三) 孕激素-雄激素复合剂

较大剂量的孕激素和雄激素可反馈性抑制垂体促性腺激素的分泌，从而抑制精子的发生。两者合用具有协同作用，可减少各药剂量，降低不良反应的发生。孕激素直接作用于睾丸，影响精子产生；某些孕激素还具有抗雄激素作用，导致精子发生停滞。雄激素可补充体内睾酮的不足，用以维持正常性功能。推荐药有雄激素＋长效醋酸甲孕酮，雄激素＋左炔诺孕酮，雄激素＋庚酸炔诺酮等。

(四) 非激素类避孕药

棉　酚

棉酚(gossypol)为棉花根、茎和种子中提取的一种黄色酚类物质，作用于睾丸细精管的生精上皮，减少精子数量直至无精。停药后可逐渐恢复。经健康男子试用，每日 20 mg，连服两个月即可达节育标准，有效率在 90%以上。不良反应有乏力、食欲减退、恶心、呕吐、低血钾、心悸及肝功能改变等。此外，可致生精上皮萎缩，部分损害仍可恢复生育能力，若全部受损易导致永久性不育。现已少用。

第六节　子宫平滑肌兴奋药和子宫平滑肌松弛药

一、子宫平滑肌兴奋药

子宫平滑肌兴奋药是一类可选择性兴奋子宫平滑肌，使子宫产生节律性收缩或强直性收缩的药物。前者主要用于催产、引产，后者主要用于产后止血或促进子宫复原等。其作用强弱与药物剂量或子宫的功能状态有关。该类药物主要包括缩宫素、麦角生物碱和前列腺素等。

缩　宫　素

缩宫素(oxytocin)又称催产素(pitocin)，其前体物质由丘脑下部合成，沿下丘脑-垂体束转运至神经垂体，在转运过程中，前体物质转化为九肽的缩宫素。缩宫素可从猪、牛神经垂体提取分离，也可人工合成。从动物神经垂体提取的缩宫素含少量血管加压素(vasopressin，抗利尿激素)。

【体内过程】

缩宫素在胃肠道易被消化酶破坏，口服无效。临床上常肌内注射、静脉滴注或鼻黏膜给药，肌内注射吸收良好，3～5 min 起效，作用时间维持 20～30 min，$t_{1/2}$ 为 5～12 min。静脉滴注起效快，持续滴注维持药效。尽管鼻黏膜给药作用较弱，但较方便，可用于产后止血或子宫复原。可透过胎盘，大部分经肝、肾、血浆中缩宫素酶迅速破坏，少部分以结合型由尿排出。

【药理作用】

(1) 兴奋子宫平滑肌：可直接兴奋子宫平滑肌，增加收缩力和收缩频率。作用强度与子宫生理状态、激素水平和用药剂量关系密切。小剂量(2～5 U)可加强妊娠末期子宫底部的节律性收缩，使收缩幅度增大，张力增加，同时松弛子宫颈，有利于胎儿顺利娩出，宫缩的性质与正常分娩相似。大剂量(5～10 U)则使子宫产生持续性强直收缩，不利于胎儿娩出，甚至有引起胎儿窒息的危险。雌激素可提高子宫平滑肌对缩宫素的敏感性，而孕激素却降低其敏感性。妊娠早期的雌激素水平低，孕激素含量高，子宫平滑肌对缩宫素的敏感性低，有利于胎儿的正常发育。妊娠后期，雌激素水平逐渐升高，临产时达高峰，子宫对缩宫素的敏感性最强，小剂量的缩宫素即可引起子宫强烈收缩。

子宫平滑肌存在缩宫素受体，为 G 蛋白偶联受体，其密度随妊娠过程不断增加，临产时达高峰，与子宫对缩宫素的敏感性平行。缩宫素通过激动子宫平滑肌上的缩宫素受体，引起子宫平滑肌收缩，子宫颈松弛，促进胎儿娩出。在缩宫素减少或其受体密度降低时，分娩过程延长。此外，缩宫素还能激动子宫内膜和蜕膜细胞上的缩宫素受体，增加 $PGF_{2\alpha}$ 及其活性代谢产物的产生与释放，可进一步兴奋子宫平滑肌，松弛子宫颈，促进胎儿娩出。

(2) 其他：缩宫素可使乳腺腺泡周围的肌上皮细胞收缩，促进排乳。大剂量缩宫素能直接扩张血管，导致血压下降，反射性地加快心率，使心输出量增加，并兼有抗利尿作用。

【临床应用】

(1) 催生和引产：对于胎位正常、无产道障碍而宫缩乏力的产妇，可用小剂量的缩宫素催产，以增加子宫的节律性收缩，促进分娩。对于死胎、过期妊娠或需要提前中断妊娠者，可用其引产。用药过程中应根据宫缩、胎儿情况和血压等调整剂量，确保用药安全性和有效性。

(2) 产后止血：产后出血时，立即皮下或肌内注射大剂量缩宫素，可迅速引起子宫强制性收缩，从而压迫子宫肌层内血管而达到止血目的。因缩宫素作用时间较短，常需要与麦角制剂合用，以维持宫缩状态。

【不良反应】

偶有恶心、呕吐、心率增快或心律失常。可致过敏反应，甚至过敏性休克。过量易致子宫强直收缩，有致胎儿窒息或子宫破裂的危险，应严格掌握适应证，并注意剂量，避免发生子宫强直性收缩。

【禁忌证】

产道异常、胎位不正、头盆不称、前置胎盘、3 次妊娠以上的经产妇或有剖宫产史者、高血压、冠心病、过敏史者禁用。

垂体后叶素

垂体后叶素(pituitrin)是从猪、牛的垂体后叶中提取的粗制品，内含缩宫素和抗利尿激素。两者化学结构相似，均为含二硫键的九肽，只有两个氨基酸不同，故其作用也相似，但强弱不同。垂体后叶素对子宫平滑肌的选择性低，不良反应多，作为子宫平滑肌兴奋药现已少用。目前，其利用抗利尿作用而用于尿崩症的治疗，利用收缩血管作用而用于子宫出血及肺出血等的治疗。主要不良反应有心悸、胸闷、恶心、腹痛及过敏反应等。如出现以上不良反应，应立即停药。

麦角生物碱

麦角(ergot)是寄生在黑麦中的一种麦角菌的干燥菌核,因其在麦穗上突出如角而得名。现已可通过人工培养方法生产。麦角生物碱为麦角中多种生物碱的总称,是麦角酸的衍生物,按化学结构分为两类,一是氨基酸麦角生物碱类,以麦角胺为代表。麦角胺难溶于水,口服吸收差而不规则,收缩血管作用较强而持久;二是氨基麦角生物碱类,以麦角新碱(ergometrine)和甲麦角新碱(methylergometrine)为代表,易溶于水,口服、皮下注射或肌内注射均吸收快而完全,代谢和排泄较快,对子宫平滑肌的兴奋作用强,但作用维持时间较短。

【药理作用】

(1) 兴奋子宫:麦角碱类能选择性地兴奋子宫平滑肌,其作用也取决于子宫的功能状态,妊娠子宫对麦角碱类比未妊娠子宫敏感。在临产时或产后最敏感。与缩宫素不同,麦角碱类的作用比较强而持久,剂量稍大即引起子宫强直性收缩,对子宫体和子宫颈的兴奋作用无明显差别,因此,不宜用于催产和引产。麦角新碱的作用最快最强。

(2) 收缩血管:麦角胺能直接收缩末梢血管,剂量过大可损伤血管内皮细胞,长期使用可导致肢端干性坏疽。能收缩脑血管,减少脑动脉搏动幅度,缓解偏头痛。

(3) 拮抗 α 受体:氨基酸麦角碱类可拮抗 α 受体,使肾上腺素的升压作用翻转,麦角新碱无此作用。

(4) 中枢抑制:麦角毒的氢化物称氢麦角毒(dihydroergotoxine),氢麦角毒具有抑制中枢、舒张血管(主要抑制血管运动中枢)和降低血压等的作用。

【临床应用】

(1) 子宫出血:临床可用于产后、刮宫或其他原因引起的子宫出血。

(2) 产后子宫复原:产后子宫复原缓慢者易引起出血或感染,麦角类制剂可促进宫缩,加快子宫复原。

(3) 偏头痛:麦角胺与咖啡因均能收缩脑血管,减少搏动幅度,治疗偏头痛。咖啡因可促进麦角胺吸收,克服麦角胺单用时吸收不良且不规则的缺点,两药合用可增强疗效。

(4) 中枢抑制:氢麦角毒与异丙嗪、哌替啶组成冬眠合剂。

【不良反应】

注射麦角新碱可引起恶心、呕吐、血压升高,伴有妊娠毒血症的产妇应慎用。偶见过敏反应,严重者出现呼吸困难。长期使用可损坏血管内皮细胞,患有肝脏或外周血管疾病者更加敏感。

【禁忌证】

麦角生物碱禁用于催产、引产、胎盘未娩出前,高血压、动脉粥样硬化及冠心病患者。

前列腺素

前列腺素为自体活性物质,存在于机体各部位,具有广泛的生理和药理作用。可作为子宫兴奋药的前列腺素主要有地诺前列酮、地诺前列素和卡前列甲酯等。它们显著兴奋子宫平滑肌,作用不受激素水平影响,各期妊娠子宫均较敏感,分娩前敏感性最高。地诺前列酮、地诺前列素在增强子宫平滑肌节律性收缩的同时,尚能松弛子宫颈,因此前列腺素可用于妊娠中期、足月引产。

二、子宫平滑肌松弛药

子宫平滑肌松弛药又称抗分娩药,是一类可抑制宫缩,使宫缩力减弱,具有保胎作用的药物。临床用于早产、流产及痛经的治疗。主要有 $β_2$受体激动剂、硫酸镁、钙通道阻滞剂及前列腺素合成酶抑制剂等。

(一) $β_2$受体激动剂

子宫平滑肌细胞膜上分布有 $β_2$受体,当其激动时,松弛子宫平滑肌,抑制宫缩。

沙丁胺醇

沙丁胺醇(salbutamol)能兴奋子宫平滑肌上的 $β_2$受体,激活腺苷酸环化酶,使 cAMP 增加,进而抑制子宫平滑肌收缩,使血管平滑肌松弛,增加子宫胎盘的血流量,改善宫内供氧环境。主要用于防治早产。

利托君

利托君(ritodrine)的化学结构与异丙肾上腺素相似,为选择性 $β_2$受体激动剂,可使子宫平滑肌松弛,降低宫缩强度与频率,使宫缩时间缩短。对妊娠和非妊娠子宫均有抑制作用,可用于防止早产。兼有激动 $β_1$受体作用，可兴奋心脏，故严重心血管疾病患者禁用。

（二）硫酸镁

硫 酸 镁

硫酸镁中的镁离子作用广泛，通过拮抗 Ca^{2+} 的作用，使子宫平滑肌松弛，降低子宫对缩宫素的敏感性，从而抑制宫缩。主要用于防止早产和妊娠高血压综合征。但因不良反应较多，一般不作为首选。

此外，有研究表明，钙通道阻滞剂、缩宫素受体拮抗剂如阿托西班（atosiban）以及前列腺素合成酶抑制剂均有不同程度抑制子宫平滑肌作用。

第七节 抗前列腺增生药

阿夫唑嗪是第一个治疗良性前列腺增生的药物，为 α 受体拮抗剂，效果较好，但需要每日用药 3 次。1985 年，长效的 α 受体拮抗剂特拉唑嗪首次在德国上市。该药口服吸收好，起效时间快，半衰期长，其成功开发使得每日只需要 1 次服药治疗良性前列腺增生成为可能。后续类似的 α 受体拮抗剂也逐渐上市。1992 年，首个 5α-还原酶抑制剂非那雄胺进入临床。由于专利原因，该药独霸市场 10 余年。2003 年，又一 5α-还原酶抑制剂度他雄胺面市。迄今，以 5α-还原酶抑制剂为主的药物治疗已经替代前列腺经尿道切除术，成为多数良性前列腺增生患者的治疗首选。尽管许多病例存在明确的手术指征，但过去 10 年间美国良性前列腺增生患者手术病例数下降了 60%。

资料来源：

陈鸿杰，陈一戎，2011. 度他雄胺治疗良性前列腺增生的研究进展. 中华男科学杂志，17(1)：63－67.

WILT T J, HOWE R W, RUTKS I R, et al., 2002. Terazosin for benign prostatic hyperplasia. Cochrane Database Syst Rev (4)：CD003851.

前列腺增生症即良性前列腺增生（benign prostatic hyperplasia，BPH），亦称前列腺肥大（prostatic hypertrophy），是老年男性的常见疾病，一般在 50 岁左右发病。良性前列腺增生的病因尚未被阐明，目前认为与年龄增长及雄激素睾酮有关。睾酮是男性体内的性激素，在前列腺内睾酮通过 5α-还原酶作用，转化成活性更强的双氢睾酮（dihydrotestosterone，DHT），双氢睾酮与雄激素受体结合后刺激前列腺增生。此外，遗传、吸烟、饮酒、性生活、高血压、肥胖、糖尿病等与前列腺增生有关，还有其他多种激素和生长因子通过各种途径作用于前列腺组织细胞，使前列腺增生肥大。药物治疗可缓解良性前列腺增生的症状，原则上只适用于无手术指征的患者。目前治疗前列腺增生常用药物主要包括 α_1 受体拮抗剂、5α-还原酶抑制剂及雄激素受体拮抗剂等。

一、α_1 受体拮抗剂

特 拉 唑 嗪

特拉唑嗪（terazosin）为选择性 α_1 受体拮抗剂。

【体内过程】

特拉唑嗪口服吸收完全，食物对其吸收影响很小，生物利用度为 90%。主要分布在消化道、肝、肾及膀胱等部位，易通过胎盘屏障，药物浓度达峰时间为 1～3 h，$t_{1/2}$ 约为 12 h，血浆蛋白结合率为 90%～94%。主要在肝脏代谢，40%从尿液排出（原型 10%），60%从粪便排出（原型约 20%）。

【药理作用】

特拉唑嗪拮抗 α_1 受体，扩张容量血管和阻力血管，降低外周血管阻力；松弛膀胱、前列腺及包膜平滑肌，降低尿道和膀胱的阻力及压力，明显缓解良性前列腺增生的临床症状。

【临床应用】

特拉唑嗪适用于轻、中度原发性高血压及良性前列腺增生。对症状较轻、前列腺体积增生较小的患者有良好的疗效。

【不良反应】

不良反应主要有恶心、头痛、头晕、无力、心悸、体位性低血压等，可自行消失，必要时可减量。对特拉唑嗪过敏者禁用。

阿夫唑嗪

【体内过程】

阿夫唑嗪(alfuzosin)口服吸收良好，生物利用度为 64%，药物浓度达峰时间为 0.5～3 h。在治疗浓度范围内，药物的消除呈线性动力学，$t_{1/2}$为 5～7 h，血浆蛋白结合率为 90%。大部分经肝 CYP3A4 代谢失活，主要经胆汁和粪便排泄。

【药理作用与临床应用】

阿夫唑嗪较特拉唑嗪对血压的影响较小。主要适用于轻、中度高血压及良性前列腺增生，尤其是梗阻症状较为明显的良性前列腺增生患者。

【不良反应】

用药剂量过大或高血压患者用药数小时后易出现体位性低血压，应避免大剂量用药，高血压患者也应慎用。胃肠道不良反应如恶心、胃痛、腹泻等较常见，其他尚可出现头晕、胸痛、乏力、皮疹、面部潮红等症状。

多沙唑嗪

【体内过程】

多沙唑嗪(doxazosin)口服吸收迅速，进食使其吸收延迟约 1 h，但临床疗效无明显降低。生物利用度约 65%，药物浓度达峰时间为 2～3 h，血浆蛋白结合率达 98%，$t_{1/2}$为 9～22 h。经肝脏 CYP2C19、CYP2D6、CYP2C19 和 CYP3A4 代谢，主要由粪便排泄。

【药理作用与临床应用】

多沙唑嗪为长效选择性 α_1受体拮抗剂，可使周围血管扩张，血压降低，对心输出量影响不大。作用于前列腺和膀胱颈平滑肌的 α_1受体，使膀胱颈、前列腺、前列腺包膜平滑肌松弛，尿道和膀胱阻力降低，从而减轻前列腺增生的尿道阻塞症状。主要用于原发性高血压及良性前列腺增生的治疗。

【不良反应】

头晕、头痛、倦怠等不良反应较常见，也可出现嗜睡、水肿、恶心、鼻炎、体位性低血压、心悸、眩晕、口干、视觉异常、神经质、性功能障碍、腹泻、多尿、胸痛和全身疼痛等不良反应。体位性低血压、水肿和呼吸困难常为剂量依赖性。偶见心动过速、外周末梢缺血。

坦洛新

【体内过程】

坦洛新(tamsulosin)口服吸收缓慢，食物可减慢其吸收，但食物可增加其生物利用度。药物浓度达峰时间为 6～8 h，$t_{1/2}$为 10 h。在肝脏经 CYP3A4 、CYP2D6 代谢，主要经尿排泄，尿中原型药为 12%～14%。

【药理作用与临床应用】

坦洛新可选择性拮抗 α_{1A}和 α_{1D}受体亚型(对前者的亲和力是后者的 3～20 倍)。尿道、膀胱颈部及前列腺存在的 α_1受体主要为 α_{1A}受体，逼尿肌主要是 α_{1D}受体。因此，坦洛新能选择性地作用于前列腺与膀胱颈部平滑肌，缓解梗阻症状，改善良性前列腺增生患者的排尿困难、夜间尿频及残尿感等症状。不影响前列腺的大小，很少影响血管平滑肌的张力。临床用于治疗良性前列腺增生。

【不良反应】

偶见血压下降、心率加快、头晕、恶心、胃部不适、食欲缺乏等症状。还可见皮疹、鼻塞、水肿、吞咽困难等不良反应。与抗高血压药合用时，应密切注意血压变化。肾功能不全患者慎用。

二、5α-还原酶抑制剂

非那雄胺

【体内过程】

非那雄胺(finasteride)为 4-氮类固醇化合物，口服可吸收，生物利用度为 60%，不受食物影响，药物浓度达峰时间约 2 h，给药后 6～8 h 完全吸收，$t_{1/2}$ 为 6 h，血浆蛋白结合率为 93%，经肝 CYP3A4 代谢，口服剂量 56%～60% 由粪便排出。

【药理作用】

非那雄胺与睾酮和 NADPH 竞争性抑制 5α-还原酶，阻断睾酮转化为二氢睾酮，消除二氢睾酮诱发的前列腺增生。对雄激素受体无亲和力。

【临床应用】

非那雄胺临床用于治疗良性前列腺增生。起效慢，用药 3 个月后才会发挥满意疗效，开始时可与 α_1 受体拮抗剂合用。

【不良反应与禁忌证】

常见性欲下降、阳痿及射精量减少、乳房不适、皮疹等不良反应。妇女及儿童禁用。

依立雄胺

【体内过程】

依立雄胺(epristeride)口服吸收迅速，不受食物影响，给药后 0.25 h 即能测出血药浓度，药物浓度达峰时间为 3～4 h，$t_{1/2}$ 为 7.5 h，血浆蛋白结合率为 97.0%。主要经胃肠道排泄。

【药理作用与临床应用】

依立雄胺非竞争性抑制 5α-还原酶，使增生的前列腺萎缩，从而改善前列腺增生的相关症状。对睾酮和 NADPH 均无竞争作用，提高睾酮的浓度并不会减弱依立雄胺的抑制作用。临床用于治疗良性前列腺增生。因药物起效慢，一般需要连续服用 4 个月以上方可评价是否有效。

【不良反应】

可见恶心、食欲减低、头晕、失眠、性欲下降、射精量下降、耳鸣等不良反应。

三、雄激素受体拮抗剂

氟他胺

【体内过程】

氟他胺(flutamide)口服吸收迅速而完全，原型药及其活性代谢产物 2-羟基氟他胺的血浆蛋白结合率均在 85%以上，后者的 $t_{1/2}$ 为 6 h、药物浓度达峰时间为 2 h。在前列腺和肾上腺中，原型药及 2-羟基氟他胺分布最多，大部分通过尿液排出。

【药理作用与临床应用】

药物原型及代谢产物 2-羟基氟他胺均可竞争性拮抗雄激素受体，并与雄激素受体结合成复合物，进入前列腺细胞核，抑制 DNA 合成，拮抗雄激素的促前列腺增生作用。临床用于治疗良性前列腺增生。

【不良反应】

偶有肝损害、精子数减少、面潮红以及血清睾酮反馈性升高等内分泌紊乱现象。少数患者有乳头疼痛、男性乳房女性化、腹泻等。妇女，儿童及肝功能障碍者禁用。

舍尼通

舍尼通(cernilton)又名普适泰，可特异性拮抗二氢睾酮与前列腺雄激素受体的结合，从而抑制前列腺增生。临床主要用于良性前列腺增生及慢性、非细菌性前列腺炎。

第八节　抗勃起功能障碍药

西地那非由美国辉瑞公司研发，最早作为一个用于治疗心血管疾病的 5-磷酸二酯酶抑制剂而进入临床研究，希望该药能够通过释放生物活性物质 NO 来舒张心血管平滑肌，达到扩张血管缓解心血管疾病的目的。但意外的是，西地那非对心血管疾病的作用并不能达到预期效果。1991 年 4 月,西地那非的临床研究宣告失败,但受试者报告的一项不良反应引起了研究人员的高度注意。研究人员发现,受试者在领过试药之后都不愿意交出余下的药物。追查之下,发现该药对性生活有改善。此后,研究人员就西地那非对阴茎海绵体平滑肌的作用展开了研究,西地那非于 1998 年 3 月在美国上市,成为一个非常成功的抗勃起功能障碍药。

资料来源:

GHOFRANI H A, OSTERLOH I H, GRIMMINGER F, 2006. Sildenafil: from angina to erectile dysfunction to pulmonary hypertension and beyond. Nat Rev Drug Discov, 5(8): 689 - 702.

勃起功能障碍(erectile dysfunction,ED)又称阳痿(impotence),是指男性阴茎持续地或反复地不能达到或维持足够硬度的勃起以完成满意的性生活。勃起功能障碍是男性的常见病,在 40～70 岁的男性中的发病率高达 52%,全球有数亿男性患有不同程度的勃起功能障碍。目前用于治疗勃起功能障碍的药物根据其作用机制可分为 4 类。① 周围促动型,如西地那非、酚妥拉明;② 中枢促动型,如十一酸睾酮;③ 周围启动型,如前列腺素 E_1;④ 中枢启动型,如阿扑吗啡等。

一、周围促动型

西地那非

【体内过程】

西地那非(sildenafil)口服迅速吸收,生物利用度约为 40%,高脂饮食可致 C_{max}降低约 30%;$t_{1/2}$约 4 h,血浆蛋白结合率约 96%,主要通过肝脏 CYP3A4 和 CYP2C9 代谢,代谢物为 N-去甲西地那非,约为原药活性的 50%。主要以代谢产物的形式从粪便中排出。

【药理作用】

当性刺激时,阴茎海绵体血管内皮细胞上的一氧化氮合酶催化 L-精氨酸和氧分子反应生成 NO,NO 激活鸟苷酸环化酶,使 GTP 转化为 cGMP,后者主要经 PDE-5 降解。cGMP 刺激血管平滑肌上的 cGMP 依赖蛋白激酶,促进 Na^+-Ca^{2+} 交换,使细胞内 Ca^{2+} 浓度降低,从而松弛血管,血流灌入阴茎海绵体促使阴茎勃起。西地那非可通过抑制阴茎海绵体内的 PDE-5,提高 cGMP 的浓度,促进阴茎海绵体平滑肌松弛,使阴茎勃起。在无性刺激时,作用微弱。

【临床作用】

西地那非适用于功能性和器质性原因引起的勃起功能障碍,如服用药物(抗抑郁药、抗高血压药等)或疾病(高血压、糖尿病、抑郁症、前列腺根治切除术后等)等原因导致的勃起功能障碍。

【不良反应】

(1) 心血管系统:心肌梗死、心源性猝死、心律失常、低血压、心力衰竭、心肌病等。

(2) 泌尿生殖系统:勃起时间长、异常勃起、血尿等。

(3) 神经系统:焦虑、癫痫发作等。

(4) 特殊感觉及眼症状:复视、短暂视觉丧失或视力下降、视物模糊、光感增强、结膜炎、眼出血、眼肿胀和压迫感、眼内压增高、玻璃体剥离、黄斑周围水肿等。

【禁忌证】

正使用硝酸甘油、硝普钠或其他有机硝酸盐者,以及勃起功能正常者及儿童禁用西地那非。

同类药物还有伐地那非和他达拉非(tadalafil)等。

育亨宾

育亨宾是从育亨宾树皮中提得的吲哚类生物碱。

【体内过程】

育亨宾口服易吸收,$t_{1/2}$仅 35 min,用药 5～7 日后才能显效,服药后 5～6 周疗效最佳,其代谢产物为 3-甲氧基-4-羟基苯乙醇,仍具活性且可发挥长期效应。

【药理作用与临床应用】

育亨宾拮抗神经节 α_2 受体，使血管平滑肌扩张，阴茎血流量增加；拮抗中枢 α_2 受体，促进去甲肾上腺素释放，增加外周交感神经兴奋性，从而诱发阴茎充血而勃起。用于功能性勃起功能障碍，对器质性勃起功能障碍无效。

【不良反应】

不良反应主要为中枢和胃肠症状，一般能耐受；偶见有头痛、头晕、皮肤潮红、震颤、激动、排尿困难、恶心、腹泻及胃部不适等。严重肾病及对其过敏者禁用，伴有肾病、心脏病、溃疡病患者慎用。

酚妥拉明

酚妥拉明通过拮抗 α_1 和 α_2 受体，抑制肾上腺素和去甲肾上腺素作用，促使血管扩张，外周阻力下降，使阴茎海绵体平滑肌舒张，阴茎勃起。临床可用于治疗勃起功能障碍。

二、中枢促动型

十一酸睾酮

十一酸睾酮(testosterone undecanoate)为睾酮的衍生物。口服易吸收，在肠壁和肝脏被代谢失活。肌内注射的药效为口服的 6 倍。通过改善神经内环境，激动雄激素受体，促进勃起功能。临床主要用于治疗内分泌性的勃起功能障碍。可刺激前列腺生长，改变性欲，还可引起水钠潴留、血红蛋白升高及氯离子水平降低等。

三、周围启动型

前列腺素 E_1

前列腺素 E_1(PGE$_1$)又名前列地尔，与阴茎海绵体的 PGE$_1$ 受体结合，刺激阴茎海绵体平滑肌细胞产生腺苷酸环化酶，使 ATP 转化为 cAMP，从而降低细胞内钙离子浓度，松弛阴茎海绵体平滑肌。还可抑制交感神经末梢释放去甲肾上腺素，扩张血管，减低阴茎海绵体的阻力、增加动脉血流量而使阴茎勃起。主要用于心理性、神经性、内分泌性和轻度血管性勃起功能障碍。给药方式为海绵体注射或尿道滴入，主要不良反应为注射部位疼痛、纤维化等。

四、中枢启动型

阿扑吗啡

阿扑吗啡(apomorphine)又称去水吗啡，主要作用于中枢，激动多巴胺受体，使阴茎海绵体血管扩张充血而勃起。亦可激活一氧化氮合酶，使 NO 合成增加，促进血液流动，最后导致阴茎勃起。阿扑吗啡不是阿片制剂，不会引起成瘾，也不会改变性欲。主要不良反应有恶心、呕吐、打哈欠、嗜睡、疲乏、头晕和低血压等。

小　结

性激素包括雄激素、雌激素和孕激素。常用的女用避孕药大多为雌激素及孕激素的复合制剂；男用避孕药较少使用，大多数为雄激素、孕激素或孕激素-雄激素复合剂。性激素分泌受下丘脑-腺垂体-性腺轴的调节。子宫平滑肌兴奋药包括缩宫素、麦角生物碱和前列腺素等，可选择性兴奋子宫平滑肌，使子宫产生节律性收缩或强直性收缩的药物；缩宫素主要用于催产、引产，麦角生物碱主要用于子宫出血或促进产后子宫复旧等，其作用强弱与药物剂量或子宫的功能状态有关。子宫平滑肌松弛药主要有 β_2 受体激动剂、硫酸镁、钙通道阻滞剂及前列腺素合成酶抑制剂等，可使宫缩力减弱，具有保胎作用，临床用于早产、流产及痛经的治疗。治疗前列腺增生常用药物主要包括 α_1 受体拮抗剂、5α-还原酶抑制剂及雄激素受体拮抗剂等。治疗勃起功能障碍的药物如西地那非、十一酸睾酮、前列腺素 E_1、阿扑吗啡等。西地那非可通过抑制阴茎海绵体内的 PDE-5，在无性刺激时，西地那非在常用剂量下不起作用。

【思考题】

1. 孕妇,26 岁,孕 1 产 0。因"停经 39 周,规律腹痛 12 h"于 8:00 入院,入院时查:左枕前位,宫缩 3 次/10 min,持续时间 30 s,强度+,宫口 2 cm,S−2,胎心监护正常;12:00 查宫口 3 cm,胎心正常,宫缩 1～2 次/10 min,持续 25 s,强度+,考虑继发性宫缩乏力,查骨盆无异常,给予人工破膜(羊水清)以促进宫缩;14:00 再次查宫口 3 cm,宫缩仍为 1～2 次/10 min,持续 25 s,强度+,胎心正常。临床诊断:① 39 周妊娠临产孕 1 产 0。② 左枕前位。③ 继发性宫缩乏力。请问:
   (1) 为加强宫缩,应选择哪种促进宫缩的药物?
   (2) 使用所选择的药物有哪些注意事项?
2. 比较缩宫素与麦角生物碱对子宫平滑肌的作用特点及用途。
3. 简述孕激素类药物的临床用途。
4. 简述抗前列腺增生药的分类及代表药。
5. 简述抗勃起功能障碍药西地那非作用机制。

(李利生)

※ 课程 PPT

第二十五章
课程 PPT

第二十六章

治疗骨质疏松的药物

学习目标

【知识目标】

1. 掌握　双膦酸盐类(依替膦酸钠、阿仑膦酸钠、利噻膦酸钠等)和重组人甲状旁腺激素的作用、用途及不良反应。

2. 熟悉　雌激素、选择性雌激素受体调节剂、降钙素的作用特点,活性维生素D和钙剂在防治骨质疏松中的作用。

3. 了解　雷奈酸锶、维生素 K_2、地舒单抗、罗莫佐单抗等在骨质疏松防治中的应用。

【能力目标】

能将本章知识应用于临床实践,合理使用各类治疗骨质疏松的药物。

【素质目标】

树立以患者为中心的合理用药观,在保证治疗效果同时避免药物严重不良反应的发生。

1885年,欧洲病理学家波默(Pommer)首先提出"骨质疏松"一词,意为骨质减少,组织学上可见布满空隙的骨骼;1948年,奥尔布赖特(Albright)指出本病为骨小梁形成减少,蛋白质代谢异常的一种疾病。1955年,西森斯(Sissions)则明确骨质疏松是骨支持组织含量减少,而矿物质成分仍保持较高水平的一种骨内结构改变,至1990年第三届国际骨质疏松大会上,才明确提出其定义。营养疗法、药物治疗、运动治疗、物理疗法等是其主要的治疗手段。治疗骨质疏松的药物大致可以分为骨吸收抑制剂、骨形成促进剂、基础补充剂(骨矿化促进剂)、其他(包括中药),这些药物大多是在已发现的骨代谢调节因子的基础上研制而成的,其作用机制的研究主要建立在20世纪化学、生物学和医学等学科领域所取得的重大成就基础之上,如雌激素与其受体的发现、钙代谢调节激素与其受体的发现等。

资料来源:

刘忠厚,向青,苏楠,等,2002.骨质疏松的概述.北京:全国骨矿研究年会.

中华医学会骨质疏松和骨矿盐疾病分会,2023.原发性骨质疏松症诊疗指南(2022).中国全科医学,26(14):1671-1691.

第一节　概　　述

骨骼是由骨基质(包含有机质和无机质)和骨骼细胞组成的坚硬的结缔组织。直接参与骨调控机制的骨骼细胞主要有骨源性始祖细胞(osteoprogenitor cell)、成骨细胞(osteoblast)、骨衬细胞(bone-lining cell)、骨细胞(osteocyte)和破骨细胞(osteoclast)。在骨代谢过程中,成骨细胞主要负责骨基质的合成、分泌和矿化,而破骨细胞能分泌酸性物质及多种溶酶体酶,消化吸收骨基质,两者处于动态平衡,是维持正常骨量的关键。

骨质疏松症(osteoporosis)是一种以骨量减少,骨微结构破坏,导致骨强度下降,骨脆性增加,易发生骨折为特征的全身性骨骼疾病,本质上是一种骨代谢平衡失常的疾病,其发病机制主要涉及骨量的丢失与骨重塑过程异常,包括骨转换加快、骨矿化延迟及局部骨吸收和骨形成失衡,此外,还包括骨小梁结构的异常和不耐骨疲劳性损伤等病理生理的变化。目前,临床上用于诊断骨质疏松症的通用指标是发生了脆性骨折及(或)骨密度下降。双能X射线吸收法(dual energy X-ray absorptiometry, DXA)测定骨密度是WHO推荐的通用骨质疏松症诊断标准(表26-1)。骨密度通常用T值表示,T值=(骨密度实测值-同种族同性别正常青年人峰值骨密度)/同种族同性别正常青年人骨密度标准差。T值通常用于表示绝经后妇女或大于50岁的男性的骨密度水平,而对于儿童、绝经前妇女及小于50岁的男性,骨密度水平建议用Z值,Z值=(骨密度测定值-同种族同性别同龄人骨密度均值)/同种族同性别同龄人骨密度标准差。

表26-1 基于DXA测定的骨密度分类标准

诊断	T 值
正常	T值$\geqslant -1.0$
骨量低下	$-2.5 < T$值< -1.0
骨质疏松	T值$\leqslant -2.5$
严重骨质疏松	T值$\leqslant -2.5$+脆性骨折

骨质疏松症以骨骼疼痛、脊柱变形和发生脆性骨折为典型临床特点,包括原发性和继发性两类。原发性骨质疏松症可进一步分为退行性骨质疏松症和特发性骨质疏松症。退行性骨质疏松症主要由于性激素分泌生理性减少或因增龄而引起生理性退变导致,故又可细分为绝经后骨质疏松症(Ⅰ型)和老年性骨质疏松症(Ⅱ型)。本章所涉及药物主要针对原发性骨质疏松症,包括基础补充剂、骨吸收抑制剂、骨形成促进药等。

第二节 基础补充剂

钙剂及维生素D是目前预防和治疗骨质疏松的基础用药,也称骨矿化促进药(mineralization drugs),能够促进骨矿物质沉积,多与抗骨质疏松症药物联合使用。

一、钙剂

Ca^{2+}是体内重要的二价阳离子,约99%存在于骨骼中,少量存在于细胞外液和细胞内,具有重要的生理功能。

营养与健康状况的监测数据显示,中国居民每日膳食约摄入元素钙400 mg,尚需要额外补充元素钙,钙吸收主要在肠道,以口服疗效最好,青少年及70岁以上的老人通常每日钙需要量为800~1 200 mg,成人每日需要量为800~1 000 mg,绝经后妇女每日需要量为1 000~1 500 mg,钙耐受上限一般为2.5 g/d,中国营养学会推荐骨质疏松患者每日补充钙量为1 200~1 500 mg。临床使用的钙剂品种众多,含元素钙的量也相差甚远,应以每日所服的元素钙为准,且应考虑其吸收利用率和安全性问题等。常用钙剂可分为无机钙和有机钙。

(一)无机钙

无机钙主要包括碳酸钙、碳酸氢钙(calcium bicarbonate)、磷酸钙(calcium phosphate)、磷酸氢钙(dibasic calcium phosphate)、氯化钙(calcium chloride)、氢氧化钙(calcium hydroxide)以及用动物骨骼或贝壳加工而成的生物钙(biocalcium)等。无机钙制剂(除生物钙外)含钙量高,但水溶性差,需要在酸性环境中解离成 Ca^{2+} 才能被吸收。而经高温煅烧的生物钙离子化程度高,易于吸收利用,但多含有有害的重金属,碱性较强,对胃肠道刺激较大,长期使用有可导致重金属中毒。

(二) 有机钙

有机钙主要包括葡萄糖酸钙(calcium gluconate)、乳酸钙(calcium lactate)、枸橼酸钙(calcium citrate)、氨基酸螯合钙(amino acid chelate calcium)等,有机钙制剂与无机钙相比具有溶解性好、生物利用度高、口感好等优点,但含钙量较低,Ca^{2+} 易于和食物中的草酸、植酸等结合形成沉淀而影响其吸收。氨基酸螯合钙,能在小肠绒毛膜上皮细胞以主动转运的方式随氨基酸同时吸收入血,吸收率较高,螯合钙还能在血浆中持续解离,提高组织细胞对钙的利用率。

【临床应用】

(1) 预防和治疗钙缺乏症,如骨质疏松、手足抽搐、骨发育不全、佝偻病。

(2) 孕妇及哺乳期妇女、绝经期妇女钙的补充。

【不良反应】

不良反应有嗳气、便秘、腹部不适,过量可出现高钙血症。对于有高钙血症和高尿钙患者,应避免补充钙剂,超大剂量补充钙剂可能增加肾结石和心血管疾病的风险。

【药物相互作用】

钙剂不宜与洋地黄类药物合用;含酒精和咖啡因的饮料、烟草以及富含纤维素的食物均会抑制钙吸收;维生素 D、避孕药、雌激素能增加钙吸收;钙剂与噻嗪类利尿药合用时,易发生高钙血症,与含钾药物合用时,应注意心律失常的发生。

二、维生素 D 及其活性代谢物

维生素 D(vitamin D)为类固醇衍生物,参与调节骨中钙和磷的沉积,有助于肠道钙质的吸收和骨骼对钙的利用,也是血浆中钙重要的调节剂,通过血液循环输送到全身各组织,并被相应的酶激活,与靶组织中相应的受体结合,并最终引起血浆中钙浓度升高。现有维生素 D_2～维生素 D_7 6 种诱导体,其中,维生素 D_2(vitamin D_2)[又称麦角骨化醇(ergocalci ferol)]以及维生素 D_3(vitamin D_3)[又称胆钙化醇(cholecalciferol)]是代表,两者在人体具有相同的生物活性和代谢途径。维生素 D_3 在肝脏中转化为骨化二醇(calcifediol),即 25-羟维生素 D_3[25-hydroxy cholecalciferol, 25-(OH)-D_3],然后在肾脏转化为活性更高的骨化三醇(calcitriol),即 1,25-二羟维生素 D_3[1, 25-dihydroxycholecalciferol, 1,25-$(OH)_2$-D_3]。药用主要为阿法骨化醇(1α-OH-D_3)和骨化三醇,前者可在肝脏转化为骨化三醇。

【药理作用】

维生素 D 可促进肠道对钙磷的吸收,增加血钙及血磷,与甲状旁腺素一起促进骨钙动员,减少肾排泄,具有成骨和溶骨双重作用,当钙磷充足时能促进成骨,当血钙降低或吸收不足时则可以促进溶骨来增加血钙水平。此外,还能促进骨矿化。

【临床应用】

(1) 绝经后及老年性骨质疏松症。

(2) 慢性肾衰竭,尤其是接受血液透析的患者肾性骨营养不良,需要使用活性维生素 D。

(3) 甲状旁腺功能减退及佝偻病。

【不良反应】

主要不良反应为头痛、腹痛、恶心、皮疹、腹泻及尿路感染,偶见食欲减退、呕吐、血肌酐升高等。

【药物相互作用】

维生素 D 及其活性代谢物与噻嗪类利尿药合用会增加高钙血症的危险,对正在进行洋地黄类药物治疗的患者,应谨慎使用。

第三节 骨吸收抑制剂

一、双膦酸盐类

双膦酸盐(bisphosphonates)是目前临床上应用最广泛的抗骨质疏松症药物,与骨骼羟基磷灰石具有高亲和力,能够特异性结合到骨重建活跃部位,抑制破骨细胞活性,从而抑制骨吸收,增加骨密度。临床常用双膦酸盐类药物按照时间可分为第一代不含氮双膦酸盐,如依替膦酸钠(etidronate disodium)、氯屈膦酸二钠(clodronate disodium);第二代含氮双膦酸盐如帕米膦酸二钠(disodium rice phosphonate)、阿仑膦酸钠(alendronate sodium);第三代具有杂环结构的含氮双膦酸盐如伊班膦酸钠(Ibandronate)、利噻膦酸钠(risedronate)、唑来膦酸(zoledronic acid)。口服双膦酸盐被认为是目前治疗骨质疏松的一线药物。

【构效关系】

双膦酸盐是稳定且亲骨的无机焦磷酸盐的类似物,基本化学结构为两个碳-磷键(P－C－P)取代焦磷酸盐的氧磷键(P－O－P),两个磷酸基团相互对称地与同一个碳原子相连,具有与焦磷酸盐相似的性能,但不易被酶水解,双膦酸盐中的P－C－P基本结构是其产生抑制骨吸收活性的必要条件,膦酸根上的氧原子能与钙离子螯合,形成二配位体而发挥抑制骨吸收活性,并有助于药物向细胞内转运(图26－1、图26－2),R_1侧链一般为羟基,R_2侧链决定了药物抗骨吸收效果(图26－1)。

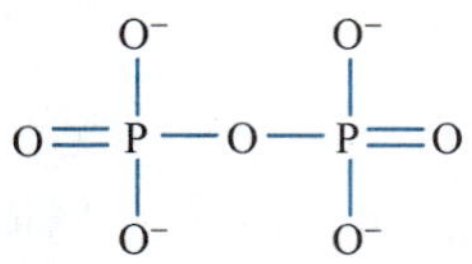

图26－1 焦磷酸盐

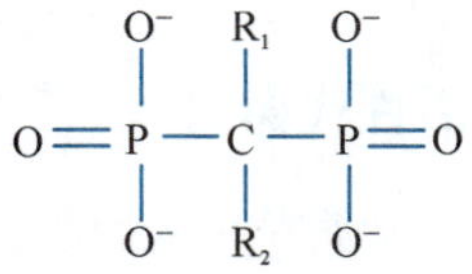

图26－2 双膦酸盐

【体内过程】

口服双膦酸盐的吸收主要在胃肠道,其生物利用度在动物和人体都非常低,吸收率一般为1%～10%;吸收后主要沉积于骨骼,不沉积于其他器官;在血浆$t_{1/2}$很短,为1 h、在骨内的$t_{1/2}$很长,最长的可达10余年;主要通过肾脏排泄。常见双膦酸盐类抗骨质疏松药特性见表26－2。

表26－2 常见双膦酸盐类抗骨质疏松药物

药物名称	第几代	R_1	R_2	相对效力	骨髓半衰期
依替膦酸钠	一	—OH	$—CH_3$	1	/
帕米膦酸二钠	二	—OH	$—CH_2—CH_2—NH_2$	100	300 d
阿仑膦酸钠	二	—OH	$—CH_2—CH_2—CH_2—NH_2$	1 000	10.5 y
利塞膦酸钠	三	—OH	$—CH_2—C_5H_4N$	5 000	134～224 h
伊班膦酸钠	三	—OH	$—C_2H_4—N(CH_3)—C_5H_{11}$	10 000	10.5 y
唑来膦酸	三	—OH	$—CH_2—C_3H_3N_2$	20 000	167 h

注:相对效力均为与依替膦酸钠比较所得。

【作用机制】

双膦酸盐与骨骼羟磷灰石有高度的亲和力,能特异性地结合到骨转换活跃的骨表面上,作用机制尚未完全阐明,目前认为可能的机制是:① 骨骼羟磷灰石的焦磷酸(P－O－P)通过破骨细胞膜上的氨酰－tRNA合成酶,与ATP可逆性结合,而在R_2侧链上不含氮原子的双膦酸盐(P－C－P),由于结构与焦磷酸相似,与

ATP 结合成不被水解的 ATP 类似物，使细胞能量受阻，抑制多种代谢酶而影响细胞的生存与功能，使破骨细胞活性降低；② R_2侧链上含氮原子的双膦酸盐虽不与氨酰- tRNA 合成酶结合，但能抑制破骨细胞甲羟戊酸代谢通路，抑制胆固醇及类戊二烯脂质如异戊烯二磷酸法尼焦磷酸（焦磷酸法尼酯）和香叶基焦磷酸的合成，而这两者为小分子鸟苷三磷酸酶（小分子 GTP 酶）转录后修饰所必需，小分子 GTP 酶可调节破骨细胞的各种重要功能如细胞形态、细胞骨架的排列、膜刷状缘的形成及细胞凋亡等，含氮双膦酸盐通过抑制该代谢途径抑制小分子 GTP 酶的活性而促进破骨细胞凋亡。双膦酸盐可通过上述两种方式抑制巨噬细胞分化为破骨细胞、破骨细胞成熟、阻止破骨细胞向骨基质部位的募集、诱导破骨细胞凋亡，二代和三代双膦酸类还能促进新骨形成。

【药理作用】

（1）抑制骨吸收：通过抑制破骨细胞的活性，减少和降低对骨的吸收，降低骨转换，矫正骨质疏松时骨转换失调导致过度骨吸收的失衡状态，骨矿物含量增加。

（2）抑制骨矿化作用：各种双膦酸盐可不同程度地抑制钙化及矿化，阻抑骨溶解的作用。

（3）辅助抗肿瘤作用：双膦酸盐中唑来膦酸、伊班膦酸钠具有抑制肿瘤细胞扩散、浸润和黏附于骨基质表面，抑制新生血管生成等作用。

【临床应用】

（1）骨质疏松症：双膦酸盐类是预防治疗骨质疏松最重要的一类药物，特别适用于合并有高骨代谢的骨质疏松症，也是类固醇所致骨质疏松及对雌激素治疗禁忌患者的首选治疗药物。

（2）肿瘤并发的高钙血症及骨痛：双膦酸盐可用于多发性骨髓瘤、乳腺癌、前列腺癌及肺癌等恶性肿瘤骨转移引起的骨代谢异常所致的高钙血症，降低骨病、骨痛和骨折的发生率。

（3）变形性骨炎：阿仑膦酸钠、帕米膦酸二钠、利塞膦酸钠、唑来膦酸等双膦酸盐类药物治疗后新产生的板层骨可逐渐取代变形性骨炎发生时病理性编织骨。短期用药后疗效可维持数年。

【不良反应】

口服可引起胃肠道功能紊乱，包括腹痛、恶心、呕吐、腹泻或便秘，现有消化道问题可能会加重等；低钙、低磷血症；可引起骨骼疼痛、肌肉疼痛、视觉障碍、头痛、眩晕、耳鸣、过敏反应罕见；静脉给药时有一过性发热和流感样症状；有报道可引起肾损害；个案报道有引起下颌骨坏死，骨坏死与药物暴露时间有关，口腔疾病史如感染、拔牙或颌面部手术可加重这一不良反应。

依替膦酸钠

依替膦酸钠为第一代的双膦酸盐类药物。可用于绝经后骨质疏松症和老年性骨质疏松症，依替膦酸钠可影响骨矿化，干扰骨形成，持续应用可导致软骨症或诱发骨折，间歇性、周期性用药或服药期间补充钙剂和适量的维生素 D 可预防。还可导致头痛、皮肤瘙痒、皮疹等不良反应。肾损害者、孕妇及哺乳期妇女慎用。

阿仑膦酸钠

阿仑膦酸钠为第二代羟基二膦酸盐类骨吸收抑制剂，最常用。阿仑膦酸钠消除了抑制正常骨矿化的作用，抗骨吸收作用较第一代药物显著提高，其抑制骨吸收作用约为依替膦酸钠的 1 000 倍，达到治疗量的 6 000 倍时才影响骨矿化，一般不会引起骨矿化障碍。临床用于绝经后骨质疏松、男性骨质疏松症。还可用于糖皮质激素诱发的骨质疏松症。上消化道反应是患者停药的最主要原因，偶有血钙降低、短暂白细胞升高，尿红细胞及白细胞升高、头痛、骨骼肌疼痛等，罕见皮疹或红斑。

利噻膦酸钠

利噻膦酸钠为第三代高效骨吸收抑制剂。主要用于治疗和预防绝经后骨质疏松症，也可用于老年性骨质疏松症。

伊班膦酸钠

伊班膦酸钠为第三代双膦酸盐类药物，主要用于预防和治疗绝经后骨质疏松症、伴有或不伴有骨转移的恶性肿瘤引起的高钙血症以及治疗恶性肿瘤溶骨性骨转移引起的骨痛。

唑来膦酸

唑来膦酸是目前最高效的第三代双膦酸盐类抗骨吸收药物，只需要小剂量即可发挥抑制骨吸收作用。

用于预防绝经后骨质疏松症,只需要一年用药一次。临床还用于恶性肿瘤溶骨性骨转移引起的骨痛和恶性肿瘤引起的高钙血症。最常见的不良反应是流感样症状,出现发热、疲乏、寒战、关节痛等。其他不良反应与同类药物相似,严重肾功能损伤患者慎用。

二、降钙素

降钙素(calcitonin)是一种钙调节激素,主要由哺乳动物的甲状腺内的滤泡旁细胞(C细胞)和低等动物的终腮体产生,由32个氨基酸组成,第1位和第7位氨基酸以二硫键结合,C端为脯氨酰基。目前临床常用的降钙素为鲑鱼降钙素和鳗鱼降钙素,其活性比人降钙素强数十倍。

【作用机制】

降钙素与破骨细胞上的降钙素受体结合,激活腺苷酸环化酶,使胞内cAMP含量增加,激活蛋白激酶C以及增加细胞内钙离子水平而发挥作用。

【药理作用】

(1)降血钙:在正常情况下,降钙素对人体血钙的影响很弱,但高钙血症时,其分泌增加,能抑制骨钙释放入血液和细胞外液,血钙仍持续进入骨组织内,从而降低血钙。降钙素还能抑制肾近曲小管对钙、磷的重吸收,使尿钙、磷排泄增加。小剂量尚可抑制肠钙的吸收,而大剂量则能增加肠钙吸收。

(2)抑制破骨细胞活性:降钙素作用于破骨细胞降钙素受体,迅速抑制破骨细胞的活性,长期作用则抑制其增殖,减少破骨细胞数量,强烈抑制成熟的破骨细胞的骨吸收和溶骨作用,降低骨转换,对骨骼起保护作用。还可使破骨细胞分裂为单核细胞,使破骨细胞寿命缩短,或通过组织骨髓单核细胞(即前破骨细胞)的融合而降低破骨细胞的形成率。

(3)镇静镇痛作用:降钙素具有独特的外周及中枢镇静镇痛作用,其机制不清,可能与抑制疼痛介质(如前列腺素)的合成与释放或通过降低血钙而调节疼痛受体的敏感性,提高痛阈,或直接作用于下丘脑而产生,特别是对于与骨骼相关的疼痛,如骨质疏松骨折、肿瘤骨转移等的疼痛效果较好。也能增加其他止痛剂镇痛效果。

【临床应用】

(1)骨质疏松症的预防和治疗:降钙素是目前临床上治疗高转换型骨质疏松症的首选药物之一,特别适用于雌激素禁忌或对雌激素不能耐受的早期或晚期绝经后骨质疏松症患者以及老年性骨质疏松症,尤其适合伴有明显骨痛的骨质疏松症。

(2)佩吉特病(Paget disease)(变形性骨炎)、Sudeck骨萎缩(反应性神经营养不良症)及骨瘤引起的溶骨等。

(3)高钙血症:乳腺癌、肺癌或肾癌、骨髓瘤和其他恶性肿瘤骨转移所致的大量的骨溶解和高钙血症;高钙血症危象。

【不良反应】

不良反应可表现为皮疹、荨麻疹,过敏性休克,应用前应做皮试;面部潮红、发热、胸部压迫感、心悸等;消化道常见恶心、呕吐、腹泻、食欲下降等;神经系统可见头痛、头晕、步态不稳,偶出现手足抽搐、耳鸣等。对降钙素过敏者、孕妇及哺乳期妇女禁用。支气管哮喘或其他过敏性疾病史患者慎用。

鲑鱼降钙素

鲑鱼降钙素(salmon calcitonin),临床有注射剂和喷鼻剂两种剂型。喷鼻剂使用方便,但效果略逊于注射剂。长期使用鲑鱼降钙素处理骨质疏松症会导致癌症发病率增加,因此,鲑鱼降钙素使用时间应控制在6个月以内。

鳗鱼降钙素类似物

鳗鱼降钙素类似物依降钙素(elcatonin),化学结构上用乙烯键替代二硫键,增加了降钙素的稳定性,同时又保留了鱼类降钙素的高效能。

三、雌激素及选择性雌激素受体调节剂

机体内雌激素的缺乏将导致破骨细胞数量增加并抑制其凋亡。雌激素能抑制骨吸收,是防治女性绝经

后骨质疏松症的首选药物。但是，长期应用雌激素容易导致乳房胀痛、阴道出血，增加乳腺癌及子宫内膜癌的危险性。目前，临床上常将雌激素与孕激素联合使用以减轻药物不良反应，称为激素替代治疗(hormone replacement therapy)，是公认的绝经后骨质疏松的预防和治疗的有效方法。

（一）雌激素类

雌激素为脊椎动物的卵巢、睾丸、胎盘或肾上腺皮质所产生的十八碳固醇类激素，主要包括17β-雌二醇、雌三醇和雌酮。临床所用雌激素有天然和合成两大类。

【药理作用】

(1) 抑制破骨细胞活性：雌激素受体在成骨细胞和破骨细胞均有分布，雌激素可通过作用于雌激素受体，缩短破骨细胞的寿命，对抗成骨细胞凋亡，进而维持骨钙含量。

(2) 减少骨吸收：骨保护素抑制破骨细胞成熟；胰岛素生长因子(IGF-1 和 IGF-2)、转换生长因子(TGF-β)刺激成骨细胞生成，促进骨形成；高浓度 PGE_2 刺激骨吸收，IL-1 参与破骨细胞的形成及活化，促进机体产生 PGE_2，IL-6 募集破骨细胞，刺激骨吸收，肿瘤坏死因子可刺激骨吸收。雌激素可通过上调或下调上述相关细胞因子而减少骨吸收。

(3) 通过与钙调激素的相互作用间接抑制骨吸收：雌激素可降低骨对甲状旁腺激素的敏感性，促进降钙素分泌，进而抑制骨吸收；雌激素还能增强肝 25-羟化酶、肾 1α-羟化酶活性，提高骨化三醇水平，促进肠钙的吸收。

【临床应用】

雌激素主要运用在激素替代疗法中防治绝经相关的骨质疏松，减少绝经后的快速骨丢失，降低骨折风险，缓解骨质疏松造成的疼痛等。也可用于改善围绝经期和绝经早期症状，如潮热、多汗等血管舒缩症候群及阴道萎缩、干涩等。

【不良反应】

口服雌激素早期可见厌食、恶心、胀气等，症状随着用药剂量逐渐增加而减轻。长期大剂量使用雌激素可导致乳房胀痛、阴道出血、子宫内膜过度增生、乳腺癌发生率提高，还可增加心血管疾病的发生率。对仍有子宫的妇女建议雌激素与孕激素联合以降低发生子宫内膜癌及乳腺癌的危险。患有雌激素/孕激素依赖性肿瘤、严重肝肾损害、系统性红斑狼疮综合征及近期患有血栓性疾病者禁用。

尼尔雌醇

尼尔雌醇(nilestriol)为雌三醇的衍生物，口服易吸收，在体内转变成雌三醇，雌三醇为雌二醇的代谢产物，药理作用与雌二醇相似而较弱，对子宫内膜增生作用很弱，作用维持时间久，适用于围绝经期妇女的雌激素替代疗法。

替勃龙

替勃龙(tibolone)主要成分为7-甲基异炔诺酮。具有雌、孕激素及极弱的雄激素活性，能够稳定妇女更年期卵巢功能衰退的下丘脑-垂体系统，对生育期妇女则能抑制排卵。能提高血浆内啡肽水平，减轻颜面潮红、出汗、头痛等，尚能增强性欲和稳定情绪。适用于绝经期后所引起的多种症状，特别是治疗骨质疏松症。常见胃肠道不适，偶见体重增加、阴道出血、面部汗毛增生、胫骨前水肿等。孕妇、有心脑血管病史、怀疑有激素依赖性肿瘤及不明原因阴道出血者禁用。严重肝肾功能障碍、癫痫、偏头痛者慎用。

结合雌激素

结合雌激素(conjugated estrogens)为从妊娠马的尿液中提取的水溶性天然结合型雌激素混合物，主要含雌酮硫酸钠与马烯雌酮硫酸钠。能促进降钙素分泌，降低骨对甲状旁腺激素反应，提高骨化三醇浓度，改善肠钙、磷吸收和肾小管钙、磷的重吸收；抑制骨吸收因子(如 IL-1、IL-6、TNF-α)的释放；刺激局部骨生长因子[如胰岛素样生长因子-1、转化生长因子(transforming growth factor, TGF)]的分泌；分别起到促进骨胶原形成和抑制骨吸收作用。

（二）选择性雌激素受体调节剂

选择性雌激素受体调节剂是一类人工合成的非激素制剂，已被用作抗骨质疏松一线用药，其治疗效果与雌激素相似，且对乳腺、心脏等没有潜在毒副作用。其包括雷洛昔芬、他莫昔芬、巴多昔芬、奥培米芬等。

雷洛昔芬

雷洛昔芬(raloxifene)通过与不同靶组织的雌激素受体结合,选择性地产生雌激素样作用(如骨骼、心脏)或抗雌激素作用(如子宫、乳腺)。能提高绝经后妇女骨量,增加骨矿盐密度。而对绝经后乳腺组织及子宫内膜无刺激作用。另外,能降低血清总胆固醇和低密度脂蛋白胆固醇,对高密度脂蛋白胆固醇和甘油三酯水平无影响。

用于预防和治疗绝经后妇女的骨质疏松症,能降低椎体骨折发生率。常见潮热和下肢痉挛及静脉血栓栓塞等。不适用于潮热症状明显的绝经后妇女的骨质疏松患者。

四、单克隆抗体

地舒单抗(denosumab)是一种 NF-κB 受体激活蛋白配体(receptor activator of NK-κB ligand, RANKL)抑制剂,是一种重组人免疫球蛋白(IgG2)抗体,对 RANKL 有亲和力和特异性,与 RANKL 结合,地舒单抗阻止成骨细胞 RANKL/RANK 相互作用,抑制破骨细胞功能及形成,从而减少骨吸收,增加骨密度、改善皮质骨和松质骨的强度。地舒单抗被批准用于治疗高骨折风险的绝经后骨质疏松症及高骨折风险的男性骨质疏松症。主要不良反应包括低钙血症、齿龈肿痛、牙周感染、深部感染(肺炎、蜂窝组织炎等)、皮疹、皮肤瘙痒、肌肉或骨痛等,低钙血症患者禁用。

第四节 骨形成促进药

骨形成促进药指通过促进成骨细胞活性,进而促进骨形成的药物,临床常用甲状旁腺激素类似物。

甲状旁腺激素

甲状旁腺激素(parathyroid hormone, PTH)是甲状旁腺的主细胞分泌的含 84 个氨基酸的单链多肽激素,其中 1～34 位氨基酸具有生物活性,临床常用重组人甲状旁腺激素。

【作用机制】

PTH 促进骨形成的分子机制可能与调节成骨细胞、骨细胞和骨髓质细胞的早期反应基因 *c-fos*、*c-jun* 及 IL-6 的表达有关。小剂量 PTH 激动成骨细胞 PTH 受体,通过腺苷酸环化酶系统,促进骨骼重建,使新的骨组织沉积在骨膜、表皮内层和骨小梁的表面,增加骨强度,改善骨的微观结构。大剂量 PTH 通过 PTH 受体激活磷脂酶 C,加强破骨细胞功能使骨吸收效应超过成骨效应,导致骨量丢失,出现纤维性骨炎等。PTH 还可激活肾远曲小管细胞基侧膜面钙通道,增强管腔侧 Na^+-Ca^{2+} 交换,促进 Ca^{2+} 的重吸收;并能显著抑制远端近曲小管对磷的重吸收,促进近曲小管骨化三醇的合成,降低其代谢降解和失活。

【药理作用】

(1) 调节钙磷代谢:PTH 是肾脏和骨骼中钙、磷代谢的主要调节剂,其生理作用包括骨代谢的调控;促进肾小管对钙、磷的重吸收;并通过骨化三醇促进肠钙吸收。

(2) 刺激成骨细胞,增加骨量:PTH 对成骨细胞的刺激作用高于破骨细胞,治疗剂量能刺激成骨细胞致新骨生成,而成骨细胞生存期较破骨细胞长几倍,PTH 能增加骨量、改善骨质量。

特立帕肽

特立帕肽(teriparatide, RhPTH1-34)为重组人甲状旁腺激素类似物,为重组人甲状旁腺激素氨基端 1～34 片段,可通过增加成骨细胞的活性及数量而促进骨生长。

【体内过程】

特立帕肽经肝脏清除并可在肝外清除(清除率女性为 62 L/ h,男性为 94 L/ h),分布容积约为 1.7 L/kg 体重。皮下给药时,其半衰期约为 1 h,

【临床应用】

特立帕肽临床上可用于治疗有骨折高风险的绝经后骨质疏松症。

【不良反应】

不良反应常见恶心、肢体疼痛、头痛、眩晕、呼吸困难、高胆固醇血症、低血压、疲乏、胸痛等。同时，特立帕肽能升高血清尿酸浓度。在动物实验中，特立帕肽可使骨肉瘤发病率增加，但在人体，尚缺乏足够证据。

第五节　其他治疗骨质疏松的药物

一、锶盐

锶是人体必需的微量元素之一，为亲骨元素，人工合成的锶盐雷奈酸锶（strontium ranelate）是 1 分子雷奈酸和 2 个稳定的锶原子组成的大分子络合物，为新一代治疗骨质疏松的药物。雷奈酸锶可通过促进成骨祖细胞增殖而促进骨形成，同时，还能抑制破骨细胞活性，是具有双重作用的抗骨质疏松药物。

雷奈酸锶口服生物利用度为 25%，食物或钙影响其吸收，维生素 D 对锶吸收没有影响，血浆蛋白结合率低。对骨组织有很高的亲和力，锶不被代谢，$t_{1/2}$ 约为 60 h。主要用于预防和治疗绝经后骨质疏松症。常见恶心、腹泻、静脉血栓栓塞等不良反应，少数患者可出现超敏反应。不宜用于严重肾损害患者。

二、四烯甲萘醌

四烯甲萘醌（menatetrenone）是维生素 K_2 的一种同型物，是 γ-羧化酶的辅酶，在 γ-羧基谷氨酸的形成中起着重要作用，γ-羧基谷氨酸是骨钙素发挥正常生理功能所必需的，可提高骨量，四烯甲萘醌具有促进骨形成和抑制骨吸收的双重作用，在多个环节影响骨代谢平衡。可用于提高骨质疏松患者骨量，降低骨折发生风险。主要不良反应包括胃部不适、腹痛、皮肤瘙痒、水肿和转氨酶暂时轻度升高等。需要注意的是，其与华法林合用可影响抗凝血药的效果，导致华法林抗凝作用大大减弱，因此服用华法林的患者禁忌使用该药物。

三、依普黄铜

依普黄酮（ipriflavone）为植物雌激素，有雌激素样抗骨质疏松作用，但又无雌激素对生殖系统的影响。依普黄酮可促进骨细胞增殖、促进骨胶原合成和骨基质矿化，增加骨量；还可减少破骨细胞前体细胞的增殖和分化，抑制成熟破骨细胞活性，降低骨吸收；通过雌激素样作用增加降钙素分泌，间接产生抗骨吸收作用。临床上用于改善原发性骨质疏松症症状，提高骨量减少者的骨密度。

四、罗莫佐单抗

罗莫佐单抗（romosozumab）是硬骨抑素单克隆抗体，通过抑制硬骨抑素的活性，拮抗其对骨代谢的负向调节作用，在促进骨形成的同时抑制骨吸收，可用于治疗具有高骨折风险或其他抗骨质疏松症药物治疗失败或者不耐受的绝经后骨质疏松症，疗程为 12 个月，目前，在我国尚未上市。罗莫佐单抗可能会增加心肌梗死、脑卒中和心血管病死亡的风险，脑卒中或者具有其他心血管风险因素的患者慎用。

小　结

预防和治疗骨质疏松的药物主要包括基础补充剂（骨矿化促进药）、骨吸收抑制剂及骨形成促进药。钙剂及维生素 D 常作为基础补充剂与其他抗骨质疏松的药物联合使用。阿法骨化醇和骨化三醇可促进肠道对钙磷的吸收，具有成骨和溶骨双重作用。双膦酸盐类有较强的抑制骨吸收及增加骨密度的作用。阿伦膦酸钠最常用，治疗量下不影响骨矿化，长期用药安全性好。降钙素能适度抑制破骨细胞的生物活性和减少破骨细胞的数量，具有镇静镇痛作用，也是临床上治疗高转换型骨质疏松症的首选药物之一；雌激素能直接或间接抑制骨吸收，是防治女性绝经后骨质疏松症的首选药物，易导致乳房胀痛、阴道出血，同时增加乳腺癌及子宫内膜癌的危险性，临床上可与孕激素合用以降低其不良反应。选择性雌激素受体调节剂雷洛昔芬能提高骨量，增加骨矿盐密度，对绝经后乳腺组织及子宫内膜无刺激作用。重组人甲状旁腺激素具有促进骨形成、增加成骨细胞分泌胶原、促进基质形成及基质矿化等作用。雷奈酸锶、维生素 K_2 及依普黄酮对骨代谢有双重作用。罗莫佐单抗等新型治疗药物被成功研发，将对骨质疏松骨折的防治带来更大程度的改善。

【思考题】

1. 试分析比较不同品种双膦酸盐类药物的药效作用特点、临床应用及不良反应。
2. 绝经期后骨质疏松症(Ⅰ型)与老年性骨质疏松症(Ⅱ型)在治疗药物上有何不同?
3. 患者，女，59 岁。因“怕冷乏力 2 年，加重半年”门诊收治入院。2 年前患者出现怕冷、乏力，诊断为“骨质疏松”，长期口服钙片；半年前患者出现全身酸软乏力，膝关节乏力严重，休息后稍缓解；5 个月前在外院就诊后提示骨关节炎，长期口服盐酸氨基葡萄糖。否认高血压、冠心病、糖尿病等慢性病史。查体情况正常，具体略。辅助检查：双侧膝关节 DR，双膝关节退变。DXA 检查：腰椎 1(L1)，−2.5；腰椎 3(L3)，−2.9；腰椎 4(L4)，−2.7；L1～L2，−2.5；L1～L3，−2.6；L1～L4，−2.7；L2～L3，−2.7；L2～L4，−2.7；L3～L4，−2.8。随机指尖血糖：8.3 mmol/L。临床诊断：骨质疏松、膝关节退行性病变。临床用药方案：唑来膦酸 静脉注射 1 次；维生素 D_2 注射液 15 mg 肌内注射 1 次；口服骨化三醇软胶囊 1 粒/次，1 次/日；盐酸氨基葡萄糖胶囊 1 粒/次，2 次/日。请问：
   (1) 该患者使用的各种药物在预防和治疗中起什么作用?
   (2) 试分析该患者为什么要联合使用维生素 D_2 和骨化三醇?

(颜晓燕)

※ 课程 PPT

第二十六章
课程 PPT

第二十七章

影响免疫功能的药物

学习目标

【知识目标】

1. 掌握　常见免疫抑制剂及免疫增强药的药理作用、临床用途及主要不良反应。
2. 熟悉　免疫抑制剂及免疫增强药的分类。
3. 了解　免疫应答的病理生理基础。

【能力目标】

1. 通过学习，能将免疫抑制剂及免疫增强药的药理学基础理论与临床实践相结合。
2. 能发现临床常见免疫疾病的用药问题并运用理论知识指导临床合理用药。

【素质目标】

1. 树立以患者为中心的职业责任感，减少免疫抑制剂及免疫增强药的不合理用药。
2. 通过学习免疫抑制剂的发展史，初步培养医学科学的创新探索理念。

免疫系统的主要功能是识别和清除异物，以维持机体的内环境稳定。先天免疫或天然免疫具有广泛的免疫活性，无须抗原诱导，特异性低；适应性免疫或获得性免疫是抗原特异性的，依赖于抗原暴露或接触，特异性高。先天免疫的主要效应器包括补体、单核巨噬细胞、自然杀伤细胞(natural killer cell，NK 细胞)、树突状细胞、肥大细胞和不同的粒细胞亚群，主要促进自身炎症；适应性免疫主要效应细胞包括不同的 T 细胞亚群、B 细胞和浆细胞以及记忆 B 细胞，主要参与自身免疫的发展。正常的免疫应答反应在抗感染、抗肿瘤及抗器官移植排斥方面起重要调节作用。当机体免疫功能异常时，可出现过敏反应、自身免疫性疾病、免疫缺陷病和免疫增殖病等，表现为机体的免疫功能低下或免疫功能过度增强，甚至可致死亡。影响免疫功能的药物主要发挥免疫抑制和免疫增强作用，调节疾病状态下的免疫系统失衡，从而防治机体免疫功能异常所致疾病。

第一节　免疫抑制剂

免疫抑制剂是一类对机体的免疫反应具有抑制作用的药物，能抑制与免疫反应有关的细胞因子产生及免疫细胞的活化和增殖。免疫抑制剂在临床上主要用于器官移植抗排斥反应和一些自身免疫性病，如类风湿性关节炎、系统性红斑狼疮、自身免疫性溶血性贫血等。临床常用的免疫抑制剂大致可分为糖皮质激素、钙调磷酸酶抑制剂(calcineurin inhibitor)、抗增殖抗代谢药及抗体类药物等。大多数免疫抑制剂对免疫系统的抑制作用缺乏特异性和选择性，既抑制异常免疫反应，又抑制正常免疫功能。因此，长期使用的不良反应较多,如降低机体抗感染能力、增加恶性肿瘤的发生率、影响生育能力等。临床上应根据免疫功能异常的性质和病程的阶段合理选择药物。

人类在与病魔作斗争的过程中,一直在苦苦寻觅着疗效好、使用安全的免疫抑制剂。早在1914年,有研究报道有机化合物苯可导致免疫抑制。1943年,德军轰炸意大利巴里港一个装有芥子气的美国船,引起大爆炸,大批水兵出现血常规血细胞水平下降。1948年,约有150名晚期癌症患者接受氮芥化疗,氮芥化疗后来成为一种模式用来发现其他免疫抑制剂。环磷酰胺是较早由氮芥演化而来并得到广泛应用的免疫抑制剂,用于肾病综合征、系统性红斑狼疮、类风湿性关节炎等,但其因较明显的不良反应限制了临床应用。1949年,爱德华·卡尔文·肯德尔与菲利普·肖瓦特·亨奇发现并阐明了糖皮质激素的结构和生物学效应,并因此获得1950年诺贝尔生理学或医学奖。糖皮质激素至今仍是临床中最常用的免疫抑制剂之一,广泛用于过敏性疾病、组织器官移植的排斥反应及某些自身免疫性疾病。1962年,约瑟夫·默里(Joseph Murray)医生首次成功实施了尸体肾移植,并以硫唑嘌呤作为免疫抑制剂,使肾移植的存活时间有了突破性进展。1972年,氨甲蝶呤得到应用,它对细胞免疫及体液免疫均有免疫抑制作用。1970年左右,科研人员在真菌代谢产物中发现了一种具有强烈免疫抑制作用的物质——环孢素A(cyclosporine A,CsA)。1978年,环孢素A作为免疫抑制剂首次用于临床,可有效治疗移植后的排斥反应;自20世纪80年代,环孢素A被推广应用于各种器官和组织的移植手术作为抗排异药物。1989年,西罗莫司首次被用于抗移植排斥,可有效预防并减轻排斥反应。1998年,来氟米特在美国上市,适应证是成人活动性类风湿性关节炎。

近十几年以来,干预免疫细胞和免疫分子以及免疫反应特定过程的药物层出不穷,TNF-α拮抗剂的问世,为多种风湿免疫病的治疗带来了革命性突破。由惠氏公司研发的依那西普于1998年获批用于疼痛性关节炎。随着分子生物学的发展,20世纪80年代以来,研究者们开发了一系列针对淋巴细胞表面标志、黏附分子、细胞因子及其受体的单克隆抗体药物。1986年,第一个治疗性抗体——莫罗单抗-CD3(muromonab-CD3)上市,用于治疗器官移植患者产生的急性排异反应。1997年利妥昔单抗上市,这是一种嵌合人-鼠的单克隆抗体。2002年,阿达木单抗获批用于其他药物治疗欠佳的中、重度活动性类风湿性关节炎。2010年,托珠单抗获批用于治疗成人类风湿性关节炎。2012年,首个Janus激酶抑制剂托法替布在美国批准上市,用于治疗中度至重度活动性类风湿性关节炎、溃疡性结肠炎等。医学研究者们对免疫抑制剂的探索从未停止,新型药物的不断出现,使免疫抑制物在临床应用中占有越来越重要的地位。

资料来源:

韩永鹏,2010.免疫抑制剂的发展和应用.医学理论与实践,23(11):1322-1325.

刘章锁,张军军,2003.免疫抑制剂发展及应用的哲学思考.河南医学研究,12(4):358-360.

王晓霞,王洪,刘丹,2020.抗风湿免疫治疗药物临床试验进展.中国临床药理学杂志,36(20):3367-3371.

杨跃梅,沈倍奋,2014.抗体-药物偶联物药物用抗体研究进展.国际药学研究杂志,41(6):617-622.

一、糖皮质激素

20世纪60年代,糖皮质激素作为免疫抑制剂在临床上使用。常用的药物有泼尼松、泼尼松龙和地塞米松等,可以抑制免疫反应中的多个环节。常规剂量的糖皮质激素可以抑制白介素的合成和释放,阻止免疫球蛋白和细胞表面受体结合,减少淋巴细胞产生细胞因子,抑制T细胞的激活;大剂量使用时可以直接造成淋巴细胞的溶解和凋亡,快速有效地抑制免疫反应。糖皮质激素可以单独或联合其他免疫抑制剂治疗器官移植排异反应、自身免疫性疾病及过敏反应性疾病,联合治疗时可以减少其他免疫抑制剂的用量。

二、钙调磷酸酶抑制剂

环 孢 素

环孢素(ciclosporin)是从真菌的代谢产物中分离得到的由11个氨基酸组成的环肽,现已能人工合成。

【体内过程】

环孢素可口服或静脉注射给药。口服吸收慢而不完全,生物利用度为20%~50%,微乳制剂可提高生物利用度;由于脂溶性很强,水溶性差,静脉制剂中含蓖麻油,注射前需要用生理盐水或5%葡萄糖稀释。分布在全身组织中,血浆蛋白结合率约90%,大部分经肠道和肝脏中CYP3A4、CYP3A5代谢,主要经胆汁分泌由粪便排出,药物浓度达峰时间为3~4 h,$t_{1/2}$为10~27 h,体内过程个体差异明显,给药剂量应个体化。

【作用机制】

环孢素与靶细胞胞质的受体相结合形成复合物后与钙调磷酸酶结合,抑制由钙离子激发的活化T细胞核因子(nuclear factor of active T cells, NFAT)细胞质内成分的脱磷酸作用，使细胞质内 NFAT 无法进入细胞核，从而阻止 IL-2 等细胞因子的基因转录，使 T 细胞对特异性抗原的刺激无免疫应答反应。另外，环孢素还可促进 TGF-β 的表达，抑制 IL-2 刺激的 T 细胞的增殖，减少细胞毒性 T 细胞(cytotoxic T cell, Tc 细胞)的产生。

【药理作用】

环孢素能选择性抑制 T 细胞介导的细胞免疫和胸腺依赖性抗原的体液免疫。环孢素作用于 T 细胞活化的早期，可使辅助性 T 细胞(T helper cell, Th 细胞)明显减少；促进 Tc 细胞的产生；抑制活化的 T 细胞产生干扰素 γ(interferon gamma, IFN-γ)；部分抑制 T 细胞依赖的 B 细胞反应；对巨噬细胞和 NK 细胞无明显的抑制作用，但可间接通过抑制干扰素的产生而影响 NK 细胞的活力。

【临床应用】

(1) 器官移植：广泛用于肾、肝、肺、心脏、皮肤、角膜、骨髓及其他器官移植，防止移植后的排异反应，可单独应用，也可与小剂量的糖皮质激素联合使用。

(2) 自身免疫性疾病：适用于其他治疗药物无效的难治性自身免疫性疾病，如系统性红斑狼疮、肾病综合征、类风湿性关节炎、难治性自身免疫性血小板减少性紫癜等，也能减轻大疱性天疱疮及类天疱疮的皮肤损害。

(3) 其他：还可用于葡萄膜炎、重型再生障碍性贫血，局部用药治疗接触性皮炎、银屑病。

【不良反应】

(1) 肾毒性：发生率高达 70%～100%，有剂量、时间依赖性，多为可逆性。可出现血清尿素氮、肌酐增高。应严格控制剂量，并监测肾功能。

(2) 肝毒性：多见于用药早期，临床表现为血清胆红素、转氨酶、乳酸脱氢酶、碱性磷酸酶升高等。多为一过性肝损害，减量后可缓解。

(3) 神经系统毒性：长期用药可出现震颤、惊厥、癫痫发作、精神失常、共济失调、昏迷等，减量或停药后可缓解。

(4) 其他：长期用药有可能诱发肿瘤，以淋巴瘤和皮肤肿瘤多见。另外，长期用药还可引起继发感染，多为病毒感染。

他克莫司

他克莫司(tacrolimus)，又名 FK506，是最早从链霉菌属培养基中分离得到的 23 元大环内酯类抗生素。

【体内过程】

他克莫司口服在空肠和十二指肠吸收，生物利用度约 20%，高脂饮食可降低其吸收；血浆蛋白结合率>98%，经肝 CYP3A4 酶代谢，$t_{1/2}$ 约 12 h，大部分药物经胆汁排泄。

【作用机制】

与环孢素相似，他克莫司与 T 细胞内的 FK506 结合蛋白-12(FK506 binding protein-12, FKBP-12)结合，形成他克莫司-FKBP-12-钙-钙调素-钙调磷酸酶复合物，从而抑制钙调磷酸酶的活性，抑制 T 细胞的激活和 IL-2 等基因转录。

【药理作用】

他克莫司作用于细胞周期的 G_0 期，抑制刀豆素 A、T 细胞受体的单克隆抗体、CD3 复合体或其他细胞表面受体介导的淋巴细胞的增殖，但对 IL-2 刺激引起的淋巴细胞增殖无抑制作用；他克莫司还可抑制 Ca^{2+} 依赖性的 T 细胞和 B 细胞的活化，尚可抑制 T 细胞依赖的 B 细胞产生免疫球蛋白的能力，还能抑制如 IL-2、IL-3 及 IFN-γ 等淋巴因子的生成与 IL-2 受体的表达，具有强大的免疫抑制作用。

【临床应用】

他克莫司主要用于器官移植抗排异反应，其对肝脏有较强的亲和力，抗排异同时可促进肝细胞再生和修复，用于肝移植患者，效果优于环孢素；也可用于肾移植和骨髓移植等多种器官的同种异体移植的抗排异；还可用于免疫性肝炎、类风湿性关节炎、肾病综合征等自身免疫性疾病。

【不良反应】

与环孢素相比，他克莫司神经毒性和肾毒性发生率更高，表现为头痛、震颤、失眠、畏光等，严重时可出现运动不能、缄默症、癫痫发作等,多在静脉注射时发生。他克莫司可直接或间接影响肾小球滤过率,诱发急性或慢性肾毒性。增加机会性感染风险。大剂量具有生殖毒性,长期用药有可能诱发非霍奇金淋巴瘤和皮肤癌等。还可致胃肠道反应,如便秘、腹泻、恶心、呕吐等。此外,可引起血小板减少、贫血及皮疹、瘙痒等。

三、抗增殖抗代谢药

本类药物包括细胞毒性药物(烷化剂),如环磷酰胺;抗代谢药,包括氨甲蝶呤、硫唑嘌呤、吗替麦考酚酯和来氟米特;增殖信号抑制剂[哺乳动物雷帕霉素靶蛋白(mammalian target of rapamycin, mTOR)抑制剂],如西罗莫司。

西罗莫司

西罗莫司(sirolimus)又名雷帕霉素,是从链霉菌的发酵产物中提取获得一种31元环大环内酯类抗生素。

【体内过程】

西罗莫司口服吸收迅速,药物浓度达峰时间为1～2 h,生物利用度约15%,高脂饮食可减少其吸收,血浆蛋白结合率约为92%,经肝CYP3A4代谢,主要经粪便排泄,仅少量经尿排泄,对肾移植后肾功能稳定的患者,其$t_{1/2}$约为62 h。

【药理作用】

西罗莫司与FKBP-12形成活性复合物,但并不抑制钙调磷酸酶的活性,而是通过与mTOR结合,并抑制其活性阻遏由细胞因子驱动的T细胞和B细胞的活化增殖。

【临床应用】

西罗莫司适用于13岁及以上的肾移植患者,预防器官排斥反应。常与钙调磷酸酶抑制剂和糖皮质激素类合用,尤其对慢性排异反应疗效好,与环孢素有协同作用,可减轻环孢素的肾毒性,提高其治疗指数。

【不良反应】

肾移植患者应用西罗莫司,可发生剂量依赖性的血清胆固醇和甘油三酯水平升高。其他不良反应包括贫血、白细胞减少症、血小板减少症、发热和胃肠道反应等。

环磷酰胺

环磷酰胺(cyclophosphamide,CTX)为烷化剂,其免疫抑制作用强大而持久,不仅杀伤增殖期淋巴细胞,也能影响静止期细胞,使循环中的淋巴细胞数目减少。B细胞较T细胞对环磷酰胺更敏感,环磷酰胺还能明显降低NK细胞的活性,从而抑制初次和再次体液和细胞免疫反应。临床上常用于防止排异反应和移植物抗宿主反应,以及长期应用糖皮质激素不能缓解的多种自身免疫性疾病。不良反应主要为骨髓抑制等。

吗替麦考酚酯

吗替麦考酚酯(mycophenolate mofetil)又名霉酚酸酯,是一种真菌性抗生素霉酚酸的2-乙基酯类衍生物,即霉酚酸的前药。

【体内过程】

吗替麦考酚酯口服吸收迅速,生物利用度较高,吸收后经肝羧酸酯酶1和肝羧酸酯酶2水解为有活性的产物霉酚酸。后者血浆蛋白结合率高达98%,主要经肝葡萄糖醛酸基转移酶代谢,随胆汁排泄,代谢产物在肠道细菌的作用下重新转化为霉酚酸,形成肝肠循环,$t_{1/2}$为16～17 h。

【药理作用】

吗替麦考酚酯在体内能选择性、可逆性抑制嘌呤核苷酸从头合成途径的关键酶——次黄嘌呤单核苷酸脱氢酶,使鸟嘌呤核苷酸的合成减少,从而抑制T细胞、B细胞的增殖。机体细胞合成嘌呤核苷酸有从头合成途径和补救途径,T细胞和B细胞主要依靠从头合成途径,而机体内其他细胞则可依靠补救途径合成嘌呤核苷酸。因而,吗替麦考酚酯能选择性抑制T细胞及B细胞的增殖、抗体的产生、细胞的黏附和迁移等功能。

【临床应用】

(1) 器官移植:主要与环孢素和糖皮质激素联合用于肾脏、肝脏和心脏移植,能显著减少急性排异反应的发生。

(2) 自身免疫疾病:用于银屑病和类风湿性关节炎疗效较好,对系统性红斑狼疮肾炎、系统性红斑狼疮血管炎和重症 IgA 肾病也有一定疗效。

(3) 卡氏肺囊虫病：由于抑制了卡氏肺囊虫生长需要的次黄嘌呤单核苷酸脱氢酶的活性，因而有预防卡氏肺囊虫感染的作用。

【不良反应】

吗替麦考酚酯最主要不良反应是白细胞减少、腹泻和呕吐，也可使某些感染的机会增加，尤其是与巨细胞病毒相关的脓毒血症。

硫唑嘌呤及氨甲蝶呤

硫唑嘌呤(azathioprine)和氨甲蝶呤为嘌呤类抗代谢药，通过干扰嘌呤代谢而抑制细胞 DNA、RNA 及蛋白质的合成，抑制 T 细胞、B 细胞和 NK 细胞的功能，能同时抑制细胞免疫和体液免疫，但不抑制巨噬细胞的功能。T 细胞较 B 细胞对该类药物更加敏感，主要用于肾移植排异反应和类风湿性关节炎、红斑狼疮样综合征等自身免疫性疾病。不良反应主要为骨髓抑制等。

来 氟 米 特

来氟米特(leflunomide)为具有抗增殖活性的异唑类免疫调节剂，其机制主要是抑制二氢乳酸脱氢酶的活性，从而影响活化淋巴细胞的嘧啶合成。其体内活性主要通过其活性代谢产物 A_{771726}(M1)产生。口服来氟米特，药物浓度达峰时间为 6～12 h，生物利用度约为 80%，$t_{1/2}$约 10 日。来氟米特进入血液后迅速代谢为 M1，M1 在体内进一步代谢后经肾脏及胆汁排出。来氟米特主要用于成人类风湿性关节炎、系统性红斑狼疮等自身免疫性疾病，以及器官移植抗排异反应。不良反应主要表现为白细胞下降、瘙痒、食欲下降、腹泻、恶心、乏力、头晕、轻度肝损伤、皮疹等。

四、抗体类药物

抗淋巴细胞表面抗原的单克隆和多克隆抗体被广泛用于器官移植排异反应。单克隆抗体克服了多克隆抗体在效应和毒性方面的差异性，但其特异性作用靶点非常局限。

抗胸腺细胞球蛋白

抗胸腺细胞球蛋白(antithymocyte globulin)是从用人胸腺细胞免疫的动物血清中分离纯化得到的 γ-球蛋白，含有细胞毒性抗体，能与人的 T 细胞表面的 CD2、CD3、CD4、CD8、CD11a、CD18、CD25、CD44、CD45 等分子结合，在血清补体参与下，使外周血淋巴细胞裂解，对 T 细胞和 B 细胞均有破坏作用，对 T 细胞作用更强。该药能非特异性抑制细胞免疫反应(如迟发性超敏反应、移植排异反应等)，亦可抑制抗体的形成(限于胸腺依赖性抗原)，还可结合到淋巴细胞表面，抑制淋巴细胞表面抗体对抗原的识别。可有效抑制各种抗原引起的初次免疫应答，对再次免疫应答作用较弱。主要用于防治器官移植排异反应，在抗原刺激前给药作用较强。与硫唑嘌呤或糖皮质激素类等合用于肾移植排斥反应，可提高器官移植的成功率，并可明显减少糖皮质激素用量，对糖皮质激素耐受的患者用该药效果更好。该药还可用于治疗白血病、多发性硬化症、重症肌无力等。常见不良反应有寒战、发热、血小板减少、关节疼痛和血栓性静脉炎等。静脉注射可能引起血清病及过敏性休克，还可引起蛋白尿、血尿等，停药后可消失。

莫罗单抗-CD3

莫罗单抗-CD3(muromonab-CD3)为小鼠抗人 T 细胞 CD3 单克隆抗体，与多克隆抗体相比，其免疫抑制特异性较强。CD3 为 T 细胞受体复合物的单一组分，与抗原识别、细胞信号转导及细胞增殖有关。莫罗单抗-CD3 通过与 T 细胞表面的 CD3 糖蛋白结合，阻止抗原与抗原识别复合物结合，或抑制 T 细胞活化及细胞因子释放，最终抑制 T 细胞参与的免疫反应。临床上主要用于防止心、肝、肾脏移植时的排异反应，尤其是急性排异反应。可与环孢素、糖皮质激素类合用。最主要的不良反应为"细胞因子释放综合征"，常在初始剂量时产生，临床表现可从感冒样症状直至休克样反应，用药前预先给予大剂量糖皮质激素可以减轻。中枢神经系统不良反应表现为头痛、癫痫、脑水肿、无菌性脑膜炎等。另外，其免疫抑制作用可能诱发感染(病毒感染常见)和肿瘤(淋巴细胞增生性疾病及皮肤癌常见)。由于不良反应，该药在临床上的应用受到限制。

新一代 CD 分子单克隆抗体药物，通过遗传学方法改造，使之更加"人源化"，可减轻抗体反应。抗 CD25 抗体如达克珠单抗(daclizimab)为鼠互补决定区(CDR)/人 IgG1 的人源化单克隆抗体，可与环孢素和糖皮质激素联合用于预防肾移植患者的急性排异反应。巴利昔单抗(basiliximab)为鼠-人嵌合单克隆抗体,能特异地与激活的T细胞上的CD25抗原结合,从而阻断T细胞增殖;临床上多与环孢素及糖皮质激素为基础的免疫抑制剂联合使用,预防肾移植术后的早期急性器官排异反应。抗CD20单克隆抗体利妥昔单抗(rituximab)是一种鼠-人嵌合蛋白抗体,通过靶向B细胞表面的CD20抗原,促使B细胞凋亡,适用于成人中重度处于活动期的类风湿性关节炎患者,还可用于非霍奇金淋巴瘤、慢性淋巴细胞白血病的治疗。其他免疫抑制剂的作用特点见表27-1。

表27-1 其他免疫抑制剂的作用特点

药　物	药理作用	临床应用	不良反应
托珠单抗(tocilizumab)	是靶向IL-6受体的人源性单克隆抗体,通过阻止IL-6信号转导,进而抑制Th17细胞生成以及炎症因子的表达	治疗类风湿性关节炎、全身型幼年特发性关节炎、细胞因子释放综合征等疾病	感染,胃肠道损害,输液反应
托法替布(tofacitinib)	通过靶向抑制Janus激酶,阻滞细胞内Janus激酶信号通路传导,抑制免疫细胞的活化,减少促炎因子	适用于氨甲蝶呤疗效不佳或对其药物无法耐受的成年中、重度活动性类风湿性关节炎患者	严重感染,恶性肿瘤,血栓,胃肠道穿孔
巴瑞替尼(baricitinib)	抑制IL-6等多种炎性因子和Janus激酶的磷酸化及转录激活子的活化	成年中、重度活动性类风湿性关节炎患者	同托法替布
依那西普(etanercept)	属肿瘤坏死因子拮抗剂,阻断肿瘤坏死因子与细胞表面受体结合,进而阻滞肿瘤坏死因子介导的炎症通路	治疗成年中、重度活动性类风湿性关节炎和强直性脊柱炎患者	局部注射的刺激反应,感染,过敏反应

第二节 免疫增强药

免疫增强药是一类能增强机体免疫力的药物,大多数免疫增强药能够对身体起到双向调节的作用,将过高或过低的免疫功能调节到正常水平,临床主要用其免疫增强作用,用于治疗免疫功能低下相关的疾病、免疫缺陷病、慢性感染及肿瘤的辅助治疗。

1907年,法国巴斯德研究所的卡尔梅特(Calmette)和介朗(Guerin)将有毒力的牛型分枝杆菌分离物在5%甘油胆汁马铃薯培养基上培养,历经13年,传230代后使致病力完全丧失,获得减毒株,于1921年成功研制牛结核杆菌的减毒疫苗,并作为口服疫苗首次在婴儿中进行试验。1923年以后在全世界广泛使用。1928年将这株细菌取名为卡介菌(bacille Calmette-Guerin),用卡介菌制成的活苗称卡介苗。1948年,相关研究正式确认了卡介苗预防结核病的效果。在国外,很早就有人发现了卡介苗的免疫增强作用,从20世纪60年代开始,相继有人将卡介苗用于治疗癌症,如浅表膀胱癌、黑色素瘤等。国内将其作为免疫增强剂使用也已有超过40年的历史。此外,左旋咪唑原为抗肠蠕虫药,1971年发现了其免疫增强作用。干扰素首先发现其抗病毒作用,后发现他们具有重要免疫调节作用。

资料来源:

卫江波,2013.结核病疫苗发展简史.中华微生物学和免疫学杂志,33(1):65.

卡介苗

卡介苗(bacillus Calmette-Guérin vaccine, BCG vaccine)为牛结核杆菌的减毒疫苗,为非特异性免疫增强药。

【药理作用】

卡介苗有免疫佐剂作用,能增强与其合用的各种抗原的免疫原性,加速诱导免疫应答,提高机体细胞和体液免疫水平,作用环节包括增强多种免疫细胞如T细胞、B细胞和NK细胞活性,提高巨噬细胞的吞噬能力和杀伤肿瘤细胞、细菌的能力,促进IL-1的产生等。

【临床应用】

卡介苗除用于预防结核病外，还可用于肿瘤的辅助治疗，如黑色素瘤、白血病、肺癌、乳腺癌、消化道肿瘤等，可延长患者的存活期。

【不良反应】

不良反应有注射局部红斑、硬结和溃疡；寒战、高热、全身不适等；反复瘤内注射偶可发生过敏性休克，甚至死亡。免疫功能极低者与有活动性肺结核病者禁用；结核菌素反应呈阳性者慎用。

左旋咪唑

左旋咪唑(levamisole)为广谱驱肠蠕虫药，1971 年发现其具有免疫增强作用。

【体内过程】

左旋咪唑消化道吸收良好，药物浓度达峰时间为 2～4 h。主要在肝脏代谢，经肾脏排泄。原药及其代谢产物的 $t_{1/2}$分别为 4 h 和 16 h，但一次给药的免疫药理作用可持续 5～7 日，故常用每周 1 次的治疗方案。

【药理作用】

左旋咪唑对免疫功能正常的人或动物的抗体形成无显著影响，但可使低下的细胞免疫功能恢复正常，如增强或恢复免疫缺陷患者对各种抗原的迟发型超敏反应，提高 T 细胞的 E 花环形成率，促进植物血凝素诱导淋巴细胞的增殖反应，还能增强巨噬细胞和中性多形核白细胞的趋化与吞噬功能等。其机制可能涉及激活环核苷酸磷酸二酯酶，从而降低淋巴细胞和巨噬细胞内 cAMP 含量。

【临床应用】

左旋咪唑主要用于免疫功能低下者，降低其感染发生率，降低患者对抗微生物药物的依赖性；改善多种自身免疫性疾病如类风湿性关节炎、系统性红斑狼疮综合征等的免疫功能异常症状；辅助治疗多种肿瘤，在肿瘤手术及放疗后用药可以延长缓解期，降低复发率，延长寿命，亦可减轻抗癌药物所致的骨髓抑制、出血和并发感染。

【不良反应】

不良反应主要有消化道反应(如恶心、呕吐、腹痛等)、神经系统反应(如头晕、失眠等)和过敏反应(如荨麻疹)。长期连续用药可出现可逆性粒细胞减少。偶见肝功能异常，肝炎活动期患者、妊娠早期及原有血吸虫病患者禁用。肾功能异常者慎用。

白介素-2

白介素-2(interleukin-2, IL-2)也称 T 细胞生长因子(T cell growth factor, TCGF)，主要由 Th 细胞产生，现临床上使用的是重组人 IL-2。IL-2 与相应细胞的 IL-2 受体结合后，能诱导 Th 细胞和 Tc 细胞增殖，激活 B 细胞产生抗体，活化巨噬细胞，增强 NK 细胞和淋巴因子激活的杀伤细胞(lymphokine-activated killer cell, LAK 细胞)的活性以及诱导 INF-γ 产生。临床上主要用于治疗黑色素瘤、肾细胞癌、霍奇金淋巴瘤等。还可用于其他免疫缺陷病和自身免疫性疾病的治疗。不良反应有全身性反应如寒战、发热，使用非甾体抗炎药可减轻；胃肠道反应如恶心、呕吐、腹泻、食欲缺乏等；皮肤反应如弥漫性红斑，可伴灼热或瘙痒；神经系统不良反应如幻觉、妄想、定向障碍等；还可因中性粒细胞受损引起感染扩散。此外，用药时有可能产生毛细血管渗漏综合征，表现为血管弹性消失、血浆蛋白渗出、血管外液体聚集、可导致严重的心血管毒性反应如低血压、器官血液灌注不足，甚至可能引发死亡。

干扰素

干扰素(interferon, IFN)是一组由单核细胞和淋巴细胞产生的细胞因子，为具有多种功能的活性蛋白质，包括 IFN-α、IFN-β 和 IFN-γ。干扰素具有高度的种属特异性，动物源性的干扰素对人无效。现在临床使用的是 DNA 重组技术生产的重组人干扰素。

【体内过程】

干扰素口服不吸收，主要经肌内或皮下注射，IFN-α 吸收率为 80%以上，IFN-β 和 IFN-γ 吸收率较低。药物浓度达峰时间为 4～8 h，$t_{1/2}$为 2～4 h，主要在肾脏和肝脏代谢。

【药理作用】

干扰素具有抗病毒、抗肿瘤和免疫调节三大作用，以 IFN-γ 的免疫调节活性最强。干扰素能与细胞表面的特异性受体结合，增强巨噬细胞的吞噬活性、T 细胞的特异性细胞毒作用以及 NK 细胞的杀伤作用，调节抗体生成，抑制受病毒感染细胞增殖，从而增强免疫活性。小剂量增强免疫功能，大剂量则抑制免疫功能。

【临床应用】

临床上，干扰素可用于慢性乙型肝炎、丙型肝炎、病毒性角膜炎、带状疱疹、水痘等病毒感染。还可通过增强免疫功能和直接抑制肿瘤细胞的生长而用于肿瘤的治疗，对成骨肉瘤疗效较好，对多发性骨髓瘤、肾细胞癌、淋巴瘤、毛细胞白血病、黑色素瘤、乳腺癌、肝癌、肺癌等也有一定疗效等。

【不良反应】

不良反应有发热、流感样症状和神经系统症状如嗜睡、精神紊乱等。大剂量可致可逆性血细胞减少，以白细胞和血小板减少为主。偶见过敏反应、肝肾功能障碍及注射局部疼痛、红肿等。

转移因子

转移因子(transfer factor，TF)是从健康人的淋巴组织、脾、扁桃体等提取的核酸肽，不被 DNA 酶、RNA 酶及胰酶所破坏，无抗原性。可将供体的细胞免疫信息转移给受体，使受体的淋巴细胞转化并增殖分化为致敏淋巴细胞，获得供体样的特异性和非特异性的细胞免疫功能，其作用可持续 6 个月。对细胞免疫有双向调节作用，对体液免疫无明显影响。临床主要用于原发或继发性细胞免疫缺陷病的替代疗法，但对胸腺发育不全或 T 细胞功能完全缺失的患者，单用无效。也用于治疗重症带状疱疹、病毒性心肌炎、各型病毒性肝炎等，以及自身免疫疾病如系统性红斑狼疮、类风湿性关节炎等。还试用于肿瘤的辅助治疗，减轻放疗和化疗引起的不良反应。转移因子不良反应少，注射局部有酸、胀、痛感，少见皮疹、皮肤瘙痒、短暂发热等。

胸腺素 α_1

胸腺素 α_1(thymosin α_1)是由胸腺上皮细胞合成和分泌的一组活性的多肽类，少数已提纯，现已成功采用基因工程技术生物合成。可诱导 T 细胞分化成熟，还可调节成熟 T 细胞的多种功能，增强免疫应答，尚有直接的抗病毒和抗肿瘤作用。与其他细胞因子具有协同作用。临床上主要用于肿瘤、艾滋病、先天性免疫缺陷、某些自身免疫性疾病及病毒感染。少数可出现过敏反应。

异丙肌苷

异丙肌苷(isoprinosine)为肌苷与乙酰基苯甲酸和二甲氨基异丙醇酯以 1∶3∶3 组成的复合物，具有免疫增强作用。能诱导 T 细胞分化成熟，并增强其功能；增强单核-巨噬细胞和 NK 细胞的活性，促进 IL-1、IL-2 和干扰素的产生；对 B 细胞无直接作用，但可促进 T 细胞依赖性抗原引起的抗体产生。尚具抗病毒作用。临床用于急性病毒性脑炎和带状疱疹等病毒性感染；与化疗、放疗或干扰素配伍治疗肿瘤，可提高疗效，并恢复患者低下的免疫功能；对类风湿性关节炎等自身免疫性疾病也有一定的疗效，可缓解症状。不良反应少，安全范围较大。

人血丙种球蛋白

人血丙种球蛋白(human normal immunoglobulin)为从健康人血中提得的丙种球蛋白制剂，含有正常人血中存在的多种抗体，主要含有对抗麻疹、病毒性肝炎、流行性感冒、流行性腮腺炎、风疹、脊髓灰质炎、流行性乙型脑炎、疱疹等感染病毒的抗体，亦含有少量的抗伤寒、副伤寒、百日咳、猩红热等所感染细菌的抗体以及抗白喉、破伤风的抗毒素。具有增强体液免疫的作用，主要用于麻疹、水痘、传染性肝炎等病毒性感染的防治，还可用于过敏性鼻炎、湿疹等内源性过敏性疾病，以及原发性或继发性免疫球蛋白缺乏症。偶可发生过敏反应(如荨麻疹、喉头水肿，严重者可发生过敏性休克)，肌内注射时局部可有疼痛。

小 结

影响免疫功能的药物主要包括免疫抑制剂和免疫增强药。免疫抑制剂主要用于器官移植抗排斥反应和一些自身免疫性疾病。其中，钙调磷酸酶抑制剂环孢素和他克莫司是临床常用的免疫抑制剂，有肾毒性和神经毒性，他克莫司不良反应发生率更高。糖皮质激素、抗增殖抗代谢药、抗体类药物免疫抑制作用弱于环孢素和他克莫司，常与其联合用药。免疫增强药在临床上主要用于治疗与免疫功能低下相关的疾病，免疫性缺陷性疾病、难治性的感染性疾病及恶性肿瘤的辅助治疗等。常见的免疫增强药有微生物来源的卡介苗；人或动物免疫产物如胸腺素、转移因子、干扰素、白介素等；化学合成药物如左旋咪唑、异丙肌苷等。

【思考题】

1. 患者，女，45 岁。心脏移植术后，给予环孢素和泼尼松抑制排异反应，术后 34 日发生肺曲霉病，给予两性霉素 B 和利福平，合并用药 1 周后发生排异反应。请问：
   (1) 患者合并用药后发生排异反应的原因是什么？并给出应对策略。
   (2) 患者发生肺曲霉病的可能原因是什么？
   (3) 免疫抑制剂常见的不良反应有哪些？
2. 简述临床常用的免疫抑制剂的分类，并列举其代表药物。
3. 试述免疫增强药的临床用途。

（伍怡颖）

※ 课程 PPT

第二十七章
课程 PPT

第二十八章

呼吸系统药物

学习目标

【知识目标】

1. 掌握　糖皮质激素类药物在呼吸系统疾病的临床应用；沙丁胺醇、特布他林的药理作用、临床应用；氨茶碱的药理作用、作用机制及临床应用；色甘酸钠的药理作用及临床应用。

2. 熟悉　异丙托溴铵、噻托溴铵的药理作用及临床应用；可待因、右美沙芬、喷托维林的镇咳作用特点及临床应用；刺激性祛痰药和黏痰溶解药的作用机制。

3. 了解　支气管哮喘的病理改变和发病机制；外周镇咳药的药理作用特点及临床应用。

【能力目标】

1. 能将平喘药、镇咳药药理学基础理论与临床实践相结合。

2. 能将本章节关键知识用来指导呼吸系统疾病治疗药物的合理使用。

【素质目标】

1. 通过学习平喘药的发展史，建立医学科学的传承与创新理念。

2. 合理应用镇咳药，防止其滥用。

我国的起源于神农氏、成书于公元前一世纪左右的《神农本草经》记载了植物麻黄对咳嗽气喘有效。古埃及人对哮喘已有一定认识，并采用焚香混合物奇斐(kyphi)进行治疗；公元前450年希波克拉底认为，哮喘是一种特殊的呼吸道疾病。1872年，有报道以氯仿搽剂揉胸可以治愈哮喘。1886年，哮喘被认为与枯草热有联系，1905年肾上腺素被认为可用于哮喘的治疗，1907年肾上腺素试用于哮喘并证明疗效确实，1910年肾上腺素用于急性哮喘的控制。在20世纪30～50年代，哮喘被当作是一种精神性疾病，并以心理治疗为主要手段。1949年，可的松商业化产品上市后，成为治疗哮喘的主要药物。美国的内科医生和药理学家罗杰·奥图尼安(Roger Altounyan)终身罹患哮喘，想寻找治疗哮喘有效的药物来摆脱对糖皮质激素的依赖，他查阅到古埃及人利用阿密茴松弛肌肉的资料，1965年他从阿密茴中分离到活性成分呋喃并色酮，经过结构改造后得到吸入性预防哮喘发作的药物色甘酸钠，色甘酸钠为第一个肥大细胞膜的稳定剂。1968年，选择性β_2受体激动剂沙丁胺醇上市，并开始用于哮喘的治疗。1972年，首个吸入性糖皮质激素二丙酸倍氯米松上市。1996年，5-脂氧酶抑制剂齐留通上市，并有速释与缓释两种制剂，2008年，齐留通速释制剂撤出美国市场。

资料来源：

白彭，孙永昌，2013.吸入疗法历史.中华结核和呼吸杂志，36(7)：555-556.

呼吸系统疾病为临床常见病和多发病，其常见症状是咳嗽、咳痰和喘息等。在进行对因治疗的同时，应用平喘药、镇咳药和祛痰药缓解相应症状，能有效预防并发症的发生。

第一节　平喘药

哮喘是由免疫性和非免疫性等多种因素共同参与、以呼吸道炎症和呼吸道高反应性并存为特征的疾病。临床表现为反复发作的喘息、气急、胸闷或咳嗽等症状。凡能缓解或消除哮喘及喘息症状的药物，称为平喘药，根据药物作用机制和作用部位不同可将平喘药分为三类。① 抗炎平喘药：如糖皮质激素类药物。② 支气管扩张药：常用β受体激动剂、茶碱类和M受体拮抗剂。③ 抗过敏平喘药：色甘酸钠等药物。

一、抗炎平喘药——糖皮质激素类药物

糖皮质激素类(glucocorticoid，GC)药物用于治疗哮喘已有60多年历史，具有广泛的抗炎作用，是目前抗炎作用最强的抗炎平喘药。其可通过多个环节产生抗炎平喘作用，主要作用机制包括：① 抗炎作用，抑制多种参与哮喘发病的炎症细胞的功能，并抑制多种炎症性细胞因子、黏附分子和趋化因子的产生，如诱导生成脂皮素1(lipocortin 1)，从而抑制磷脂酶A_2活性，并抑制花生四烯酸分解产生前列腺素类、白三烯类、TX A_2和血小板活化因子等炎症介质；可稳定溶酶体膜，抑制溶酶体蛋白水解酶类的释放。② 抗过敏和免疫抑制作用，减少组胺、缓激肽和5-羟色胺等过敏介质的释放，抑制免疫细胞的功能。③ 增强支气管及血管平滑肌对儿茶酚胺的敏感性，缓解支气管平滑肌痉挛和黏膜充血水肿。④ 抑制气道高反应性，降低哮喘患者吸入冷空气、抗原、胆碱受体激动剂及运动后引起的支气管收缩。

倍氯米松

倍氯米松(beclomethasone)为地塞米松的衍生物。其局部抗炎作用比地塞米松强。气雾吸入后可直接作用于气道而发生抗炎平喘作用。吸收作用极小，几乎无全身不良反应，长期应用亦不明显抑制肾上腺皮质功能。长期低剂量或短期高剂量可用于中度或重度哮喘患者；对皮质激素依赖者，可代替泼尼松全身给药；严重哮喘患者需要与支气管扩张药联合应用。因起效较慢，不宜用于急性发作和哮喘持续状态的抢救。长期吸入可发生口腔白念珠菌感染，也可引起声音嘶哑、喉部不适等反应，喷药后应及时漱口。

其他同类药物还有布地奈德(budesonide)、曲安奈德(triamcinolone)、氟替卡松(fluticasone)。作用与倍氯米松相似，均为局部强效糖皮质激素类药物，吸入起效快，作用时间较长，主要用于慢性持续性哮喘的长期治疗，不良反应亦与倍氯米松相似。布地奈德不良反应少，对下丘脑-垂体-肾上腺皮质轴抑制作用弱。

二、支气管扩张药

(一) β受体激动剂

本类药物因激动β受体，激活腺苷酸环化酶，促进细胞内ATP转变为cAMP，升高细胞内cAMP浓度，进而激活cAMP依赖的蛋白激酶，使支气管平滑肌松弛。其对各种刺激引起支气管平滑肌痉挛均有强大的舒张作用，同时亦抑制肥大细胞释放过敏介质，有利于缓解和消除支气管哮喘的发作。根据药物对β受体作用的选择性，可分为非选择性β受体激动剂和选择性β受体激动剂。

1. 非选择性β受体激动剂　对$β_1$受体和$β_2$受体均有激动作用，且多数药物对α受体亦有强大的激动作用(详见第六章)。肾上腺素对α受体和β受体都有强大激动作用，其舒张支气管作用主要是激动$β_2$受体，同时激动$α_1$受体可使支气管黏膜血管收缩，减轻水肿，有利于气道畅通，现仅作皮下注射，以缓解支气管哮喘急性发作。麻黄碱与肾上腺素作用相似，但作用更温和、缓慢、持久，口服有效，主要用于轻症和预防哮喘发作。异丙肾上腺素平喘作用强大，可吸入给药。由于对$β_1$受体和$β_2$受体无选择性，可致心率增快、心悸、肌震颤等不良反应。

2. 选择性β受体激动剂　对$β_2$受体有较强选择性，对心脏$β_1$受体作用弱，常规剂量口服或吸入给药很少产生心血管反应。

沙丁胺醇

【体内过程】

沙丁胺醇口服 30 min 起效,生物利用度为 30%,1～3 h 血药浓度达峰,维持 6 h。经肝脏代谢灭活,产物从尿液和粪便中排泄;$t_{1/2}$为 2.7～5 h。雾化吸入生物利用度为 10%,10～15 min 作用达高峰,可维持 3～6 h,$t_{1/2}$为 3.8 h;大部分药物被吞咽,经消化道吸收。

【药理作用】

沙丁胺醇选择性激动支气管平滑肌及肥大细胞 β_2受体,产生松弛支气管平滑肌、抑制肥大细胞释放过敏介质等作用。对 β_2受体的激动作用强于对心脏 β_1受体的作用,其兴奋心脏的作用仅为异丙肾上腺素的 1/10。

【临床应用】

沙丁胺醇用于治疗支气管哮喘、其他原因引起的支气管痉挛、喘息性支气管炎及慢性阻塞性肺疾病伴喘息的治疗。气雾吸入用于控制哮喘急性发作及预防运动性哮喘。口服用于频发性或慢性哮喘的症状控制和预防发作。

【不良反应】

(1) 骨骼肌震颤:用药早期好发于四肢和颜面部,症状随着用药时间延长而逐渐减轻或消失。这是由于药物兴奋骨骼肌慢收缩纤维的 β_2受体,使其收缩加快,影响快慢纤维之间的协调所致。

(2) 心脏反应:治疗量少见,多在大剂量时发生,可见窦性心动过速,故甲状腺功能亢进患者慎用。

(3) 代谢异常:β_2受体激动剂可增加肌糖原分解,使血中乳酸和丙酮酸升高,糖尿病患者应注意引起酮症酸中毒。

(4) 血钾降低:过量使用或与糖皮质激素合用时,兴奋骨骼肌细胞膜上的 β_2受体,使 Na^+-K^+-ATP 酶激活,降低血钾。必要时需要补充钾盐。

(5) 耐受性:长期使用可使部分患者疗效降低,停药 1～2 周可恢复敏感性,应有计划地与其他类型的平喘药交替使用,但不能盲目频繁地大剂量使用本品。

克伦特罗(clenbuterol)为强效选择性 β_2受体激动剂,效价约为沙丁胺醇的 100 倍。可气雾吸入、口服、注射和直肠内给药,治疗量时不良反应轻。

特布他林(terbutaline)作用与沙丁胺醇相似,强度稍弱于沙丁胺醇;既可口服,又可气雾吸入,是选择性 β_2受体激动剂中唯一可皮下注射的药物。用于皮下注射时可替代肾上腺素控制哮喘急性发作,重复用药易致蓄积作用。

福莫特罗(formoterol)为新型长效选择性 β_2受体激动剂,作用强而持久,一次吸入给药 2～5 min 起效,作用可持续 12 h,口服作用维持 24 h。兼有强大的支气管平滑肌扩张作用和明显的抗炎作用。用于哮喘持续状态、运动诱发哮喘和夜间性哮喘以及其他原因引起的急性支气管痉挛的治疗。不良反应与其他 β_2受体激动剂相似。

班布特罗(bambuterol)为特布他林的前药,口服吸收后缓慢代谢成为特布他林,2～6 h 血药浓度达峰值,作用维持 24 h,可选择性激动 β_2受体,松弛支气管平滑肌、抑制内源性致痉物质的释放、消除和减轻水肿。用于支气管哮喘、喘息性支气管炎和慢性阻塞性肺疾病的治疗。

沙美特罗(salmeterol)为新型选择性长效 β_2受体激动剂,一次吸入给药 5～15 min 起效,扩张支气管作用可持续 8～12 h。兼有强大的抑制肺肥大细胞释放过敏介质的作用,可抑制吸入抗原诱发的早期和迟发相反应,从而降低气道高反应性。用于哮喘(包括运动诱发哮喘和夜间性哮喘)、可逆性气道阻塞和喘息性支气管炎的治疗。不良反应与其他 β_2受体激动剂相似。

(二) 茶碱类

茶碱(theophylline)为甲基黄嘌呤衍生物,难溶于水,是一类常用的平喘药。

【体内过程】

茶碱口服吸收快而完全,2～3 h 达峰值,有效血药浓度为 10～20 μg/L,生物利用度为 64%～96%,血浆蛋白结合率约 60%,约 90%经肝 CYP2E1 氧化和经甲基化代谢灭活,10%以原型从尿中排出。成人 $t_{1/2}$为 5～6 h,儿童 $t_{1/2}$为 3.5 h。

【药理作用】

(1) 平喘作用：主要作用机制包括以下几点。① 抑制磷酸二酯酶使 cAMP 降解减少，支气管平滑肌细胞内 cAMP 水平升高，松弛支气管平滑肌，但治疗量的茶碱在体内有效血浆浓度范围内对组织内磷酸二酯酶活性的抑制作用仅为 5%～20%。② 拮抗腺苷受体，阻断腺苷诱发的支气管平滑肌收缩。③ 促进肾上腺髓质释放儿茶酚胺，间接发挥 β_2 受体激动剂的作用，使支气管平滑肌扩张。④ 抑制气道平滑肌细胞外钙离子内流和细胞内质网储存钙离子释放，干扰钙离子的转运。

(2) 抗炎作用：小剂量可抑制肥大细胞、嗜酸性粒细胞、巨噬细胞、T 细胞等的功能，减少炎症介质的释放，降低毛细血管的通透性，抑制支气管炎症，降低气道反应性。

(3) 增强膈肌收缩力并促进支气管纤毛运动：减轻膈肌疲劳，从而改善慢性阻塞性肺疾病患者的呼吸功能；促进纤毛运动而加速纤毛清除痰液，有助于哮喘治疗。

(4) 其他作用：① 利尿作用，增加肾小球滤过率，抑制肾小管对钠离子、氯离子的重吸收。② 强心作用，增强心肌收缩力，增加心输出量。③ 松弛胆道平滑肌，解除胆管痉挛。

【临床应用】

(1) 支气管哮喘和喘息性支气管炎：因茶碱类药物松弛支气管平滑肌的作用不及 β_2 受体激动剂，且起效缓慢，故口服用于慢性哮喘的维持治疗和预防急性发作。静脉注射或静脉滴注给药用于哮喘持续状态及 β_2 受体激动剂不能控制的严重哮喘。

(2) 慢性阻塞性肺疾病：扩张支气管、降低肺动脉压、抗炎、增强膈肌的收缩力和改善气道通气功能，对患者的气促症状有明显改善作用。

(3) 心源性哮喘：可作为辅助治疗。

(4) 胆绞痛：与镇痛药合用。

【不良反应】

不良反应发生率与血药浓度密切相关，血药浓度＞20 μg/mL 时易发生。

(1) 胃肠道反应：可能存在较强刺激性，口服后引起恶心、呕吐、食欲减退。

(2) 中枢兴奋：多见烦躁不安、失眠、易激动等反应。

(3) 急性毒性：静脉注射浓度过高或速度过快，可引起心动过速、心律失常、血压骤降、谵妄、惊厥及昏迷，甚至因呼吸、心脏停搏而死亡。故静脉注射时应充分稀释，并缓慢注射防止急性毒性反应的发生。同时严格掌握适应证和用药量，并及时调整剂量亦是避免茶碱类药物中毒的主要措施。

氨茶碱(aminophylline)为茶碱与乙二胺的复盐，水溶解度较茶碱大 20 倍，碱性较强，口服易引起胃肠道刺激症状。饭后服用、与氢氧化铝同服或服用肠溶片可减轻刺激。急性哮喘或哮喘持续状态时，常静脉注射给药，可迅速缓解症状。

胆茶碱(cholinophylline)为茶碱与胆盐的复盐，水溶性较茶碱和氨茶碱更高。口服对胃黏膜刺激性小，疗效不及氨茶碱，用于对氨茶碱不能耐受的患者。

二羟丙茶碱(diprophylline)为茶碱衍生物，又名甘油茶碱，水溶性较高，作用较弱，对胃肠道刺激性较小，主要用于胃肠道刺激症状明显而不能耐受氨茶碱的患者。

多索茶碱(doxofylline)为茶碱衍生物，松弛支气管平滑肌作用较强，为氨茶碱的 10～15 倍，亦有镇咳作用。用于支气管哮喘和其他伴有支气管痉挛的肺部疾病的患者。

(三) M 受体拮抗剂

异丙托溴铵

异丙托溴铵(ipratropium bromide)又名溴化异丙阿托品，为阿托品的异丙基衍生物。其因具有季铵基团，雾化吸入时不易从气道吸收，咽下后也不易从消化道吸收。可选择性拮抗支气管平滑肌的 M_1 和 M_3 受体，抑制鸟苷酸环化酶的活性，减少细胞内 cGMP 合成，使 cAMP 相对增加，在局部发挥松弛支气管平滑肌的作用。对呼吸道腺体分泌和心血管系统无明显作用。对控制哮喘急性发作的疗效不如肾上腺素受体激动剂，对于某些迷走神经亢进诱发的哮喘发作疗效较好。主要用于防治支气管哮喘和喘息性支气管炎，尤其适用于因使用 β 受体激动剂产生心动过速、肌震颤而不能耐受者。不良反应少见，少数患者有口干、口苦感、干咳、喉部不适等。青光眼患者禁用。

噻托溴铵

噻托溴铵(tiotropium)为季铵衍生物,是一种长效抗胆碱药。对 M_1 受体和 M_5 受体的亲和力较高,对呼吸道 M_3 受体选择性强,因而松弛支气管平滑肌作用更强,可持久扩张支气管。每日雾化吸入给药一次,疗效维持 24 h 以上。对老年性哮喘,特别是对高迷走神经活性的哮喘患者更为适用。同时,可改善慢性阻塞性肺疾病患者的通气功能,阻遏病情恶化,提高其生活质量。

三、抗过敏平喘药

(一) 肥大细胞膜稳定药

色甘酸钠

【体内过程】

色甘酸钠(disodium cromoglycate)口服吸收率仅 1%,主要用其微粒粉末吸入给药。5%～10%被肺组织吸收入血,15 min 血药浓度达峰值。血浆蛋白结合率为 60%～75%。以原型从胆汁和尿排出。$t_{1/2}$约 80 min。

【药理作用】

色甘酸钠无直接松弛支气管及其他平滑肌的作用,可抑制特异性和非特异性刺激引起的气道痉挛。其作用机制是:① 选择性稳定肺组织的肥大细胞膜,减少细胞外钙离子向细胞内转运,阻止肥大细胞脱颗粒释放组胺及白三烯等过敏介质;② 抑制引起支气管痉挛的某些反射或逆转哮喘患者炎症靶细胞功能的改变。

【临床应用】

色甘酸钠主要用于支气管哮喘的预防性治疗,须在接触哮喘诱因前 7～10 日用药。对外源性(过敏性)哮喘疗效较好;亦可预防运动引起的速发性和迟发性哮喘反应;对内源性(感染性)哮喘疗效较差。也可用于治疗过敏性鼻炎、溃疡性结肠炎及其他胃肠道食物过敏性疾病。

【不良反应】

色甘酸钠不良反应发生率低。少数患者因粉末的刺激可引起呛咳、气急甚至诱发哮喘,必要时可与少量异丙肾上腺素合用预防哮喘。

奈多罗米钠

奈多罗米钠(nedocromil sodium)具有较强的抗炎作用,能抑制肥大细胞及支气管上皮细胞释放多种炎症介质,作用强于色甘酸钠。吸入给药能降低哮喘患者的气道反应。可预防性治疗哮喘、喘息性支气管炎。不良反应轻微,偶有恶心、呕吐、咽部刺激、头痛、咳嗽等。儿童、孕妇慎用。

曲尼司特

曲尼司特(tranilast)药理作用与色甘酸钠相似,稳定肥大细胞和嗜碱性粒细胞膜,阻止脱颗粒,减少组胺、5-羟色胺、白三烯等过敏介质释放。用于治疗支气管哮喘及其他过敏性疾病。常见不良反应为胃肠道反应,如恶心、腹部不适、腹痛等。

(二) H_1受体拮抗剂

酮替芬

酮替芬(ketotifen)除具有较强的抑制过敏介质释放作用外,还具有 H_1受体拮抗作用与拮抗白三烯和 5-羟色胺的作用。疗效优于色甘酸钠。对各种类型的哮喘有一定的预防作用,对儿童哮喘的疗效优于成年人。对糖皮质激素依赖型哮喘患者,可减少激素用量。亦可用于过敏性鼻炎、慢性荨麻疹和食物过敏的治疗。部分患者用药第一周可出现嗜睡、困倦、乏力、头晕和口干等不良反应,继续用药不良反应可自行缓解或消失。驾驶员、精密机械操作者和孕妇慎用。

(三) 抗白三烯药

1. 白三烯受体拮抗剂

扎鲁司特

【体内过程】

扎鲁司特(zafirlukast)口服可吸收,平均 3 h 血药浓度达峰,血浆蛋白结合率为 99%,肝内经 CYP2C9 代谢，经胆汁排泄，$t_{1/2}$为 8～16 h。

【药理作用】

扎鲁司特为 LTD_4结构类似物，可选择性拮抗 $CysLT_1$受体，可拮抗 LTC_4、LTD_4、LTE_4引起的炎症效应。可拮抗 LTD_4、抗原、冷空气、运动、二氧化硫和血小板激活因子诱导的支气管平滑肌痉挛，抑制气管炎症及抗原诱导的迟发性支气管收缩反应。

【临床应用】

扎鲁司特用于轻、中度哮喘患者的预防和治疗，可单用或作为糖皮质激素的替换用药用于糖皮质激素抵抗型哮喘患者；尤其适用于阿司匹林过敏或有阿司匹林哮喘的患者，也可用于伴有鼻息肉、过敏性鼻炎的患者；但不宜单独用于治疗急性哮喘。严重哮喘患者，在吸入糖皮质激素和 β_2受体激动剂使用基础上加用，可减少糖皮质激素的用量。

【不良反应】

扎鲁司特不良反应可见轻度头痛、鼻炎、咽炎、胃肠道反应，转氨酶增高，停药可消失。孕妇及哺乳期妇女慎用。

同类药物孟鲁司特(montelukast)，主要用于支气管哮喘、过敏性鼻炎和荨麻疹。不良反应有胃肠功能紊乱、过敏、睡眠障碍、增加出血风险等。而普鲁司特(pranlukast)与扎鲁司特的药理作用和临床应用相似。

2. 5－LO 抑制剂

齐　留　通

【体内过程】

齐留通(zileuton)口服吸收迅速，血药浓度平均 1.7 h 达峰值，血浆蛋白结合率为 93%，经肝 CYP1A2、CYP2C9 和 CYP3A4 代谢，代谢产物 95%从尿排泄，5%经胆汁排泄，$t_{1/2}$为 2.5 h。

【药理作用】

齐留通为 5－LO 抑制剂，通过抑制花生四烯酸代谢的 5－LO，而抑制白三烯(LTB_4、LTC_4、LTD_4和 LTE_4)的合成，扩张支气管平滑肌，减轻呼吸道炎症、气道水肿。

【临床应用】

齐留通用于 12 岁以上慢性支气管哮喘的治疗和预防，一般不用于急性支气管哮喘的控制。

【不良反应】

不良反应有转氨酶升高，睡眠障碍、行为异常，鼻窦炎、恶心、咽喉痛等。

第二节　镇咳药

咳嗽是呼吸道受到刺激时机体产生的一种保护性反射活动，有利于排出呼吸道内的分泌物或异物，以保持呼吸道的通畅性与清洁。但频繁或剧烈的咳嗽不仅给患者带来痛苦和体能消耗，影响工作、休息和睡眠，还可引起肺泡壁弹性组织损伤，使病情加重或引起并发症，故在进行对因治疗的同时应适当使用镇咳药。

镇咳药(antitussive drug)是作用于咳嗽反射弧的不同环节，抑制咳嗽反射的药物。根据药物作用部位的不同，镇咳药可分为中枢性镇咳药和外周性镇咳药两类。

一、中枢性镇咳药

中枢性镇咳药能直接抑制延髓咳嗽中枢发挥镇咳作用，可分为成瘾性镇咳药(阿片类生物碱及其衍生物)和非成瘾性镇咳药(合成镇咳药)。

可　待　因

可待因又称甲基吗啡，为阿片生物碱之一，是吗啡的甲基化产物。其作用与吗啡相似，具有中枢性镇咳与中度镇痛作用，作用强度分别为吗啡的 1/4 和 1/12～1/7，作用可持续 4～6 h，镇咳剂量不抑制呼吸，成瘾性也较吗啡弱。临床主要用于各种原因引起的剧烈干咳和刺激性干咳，对胸膜炎干咳伴有胸痛者尤为适用，也用于中等强度疼痛的缓解。不良反应有恶心、呕吐和便秘等。大剂量可致中枢兴奋和烦躁不安。反复使用可产生依赖性，应控制使用。

右 美 沙 芬

右美沙芬(dextromethorphan)为人工合成的吗啡衍生物，中枢性镇咳作用与可待因相似或略强，无镇痛作用。适用于无痰干咳和频繁剧烈咳嗽。偶有头晕、嗜睡、口干、便秘等不良反应。反复使用无成瘾性。

喷 托 维 林

喷托维林(pentoxyverine)为人工合成的非成瘾性中枢镇咳药。既有中枢镇咳作用亦有外周镇咳作用：① 选择性抑制咳嗽中枢，强度为可待因的 1/3；② 局部麻醉作用，抑制呼吸道感受器，有助于止咳；③ 轻度阿托品样作用，能松弛支气管平滑肌，缓解支气管痉挛。适用于上呼吸道炎症引起的干咳。偶有轻度头晕、恶心、口干、便秘等。青光眼、前列腺肥大和心功能不全患者慎用。

二、外周性镇咳药

外周性镇咳药通过抑制咳嗽反射弧中的感受器、传入神经、传出神经和效应器中任何一环节的传导而产生镇咳作用。

苯 丙 哌 林

苯丙哌林(benproperine)为非成瘾性镇咳药，抑制肺及胸膜牵张感受器引起的肺-迷走神经反射，亦能抑制咳嗽中枢和松弛支气管平滑肌，是具有外周和中枢双重作用的强效镇咳药。其镇咳作用比可待因强 2～4 倍。口服后 15～60 min 显效，镇咳作用维持 4～7 h，可用于各种原因引起的咳嗽。偶有轻度口干、头晕、嗜睡、胃部烧灼感和皮疹等不良反应。

苯 佐 那 酯

苯佐那酯(benzonatate)为丁卡因的衍生物，具有较强的局部麻醉作用，可抑制肺牵张感受器及感觉神经末梢，阻断咳嗽反射的传入冲动而产生镇咳作用。其对咳嗽中枢亦有抑制作用。用药后 20 min 左右显效，作用维持 3～4 h，可用于呼吸系统疾病如胸膜炎和支气管炎等引起的咳嗽，也用于喉镜、支气管镜等检查或支气管造影前预防呛咳。不良反应可见轻度嗜睡、头晕、鼻塞、口干等，偶见过敏性皮炎。服用时勿将药丸咬碎，以免引起口腔麻木。

盐 酸 那 可 汀

盐酸那可汀(noscapine hydrochloride)为外周性镇咳药，可抑制肺牵张反射引起的咳嗽，镇咳作用大致与可待因相当，镇咳作用维持 4 h，具有兴奋呼吸中枢的作用，可用于各种原因引起的干咳。偶引起轻度嗜睡和头痛，无成瘾性。不宜用于痰多患者。

其他外周性镇咳药包括：① 二氧丙嗪(dioxopromethazine)，兼有抗组胺、抗炎、解除平滑肌痉挛、局部麻醉和中枢抑制作用，临床用于治疗咳嗽及过敏性疾病。② 依普拉酮(eprazinone)，兼有中枢镇咳、镇静、抗组胺、抗胆碱、局麻和黏痰溶解作用。③ 普诺地嗪(prenoxdiazin)，具有局部麻醉和解除平滑肌痉挛作用。

第三节 祛 痰 药

祛痰药(expectorant)是能使痰液变稀或黏稠度降低而易于排出的药物。气道上的痰液刺激气管黏膜而引起咳嗽。黏痰积于小气道内可使气道狭窄而致喘息。因此，祛痰药可排除呼吸道内积痰，减少对呼吸道黏膜的刺激，间接起到镇咳、平喘作用，有利于控制继发感染。祛痰药主要分为：① 痰液稀释药，包括恶心性祛痰药和刺激性祛痰药，可增加痰液中水分含量，稀释痰液；② 黏痰溶解药，包括黏痰溶解药和黏痰调节药，通过降低痰液黏稠度或调节黏液成分，使痰液易于排出。

一、痰液稀释药

（一）恶心性祛痰药

氯 化 铵

氯化铵（ammonium chloride），口服对胃黏膜可产生局部刺激作用，反射性增加呼吸道的分泌，使痰液变稀，易于排出。氯化铵吸收可使体液及尿液呈酸性。很少单独应用，常与其他药物配伍制成复方制剂。用于急、慢性呼吸道炎症痰多不易咳出的患者。亦可用于酸化尿液并促进碱性药物的排泄及某些碱血症。溃疡病与肝肾功能不全者慎用。

（二）刺激性祛痰药

愈创甘油醚

愈创甘油醚（guaifenesin），口服后刺激胃黏膜，引起恶心症状，反射性增加呼吸道分泌物的分泌，使痰液变稀，易于排出。亦有较弱的抗菌防腐作用，可减轻痰液的恶臭味。常与其他镇咳平喘药合用于慢性支气管炎多痰咳嗽的患者。不良反应有恶心、胃肠不适。

二、黏痰溶解药

（一）黏痰溶解药

乙酰半胱氨酸

乙酰半胱氨酸（acetylcysteine）为巯基化合物，性质不稳定，吸入后能与黏痰中连接黏蛋白肽链的二硫键结合，使之断裂。从而降低痰液的黏滞性，使痰液易于咳出。雾化吸入用于治疗黏稠痰阻塞气道，咳嗽困难。紧急时气管内滴入，可迅速使痰变稀，便于吸引排痰。因有特殊臭味，可引起恶心、呕吐、呛咳、流涕。因其对呼吸道有刺激性，可致支气管痉挛，加用异丙肾上腺素可避免。支气管哮喘患者慎用。不宜与青霉素、头孢菌素、四环素混合，以免降低抗生素活性。

裂解黏蛋白二硫键的药物还有羧甲司坦（carbocisteine）、厄多司坦（erdosteine）、美司钠（mesna）和半胱甲酯（mecysteine）。

脱氧核糖核酸酶

脱氧核糖核酸酶（deoxyribonuclease，DNAase）为从哺乳动物中提取的核酸内切酶，可使脓痰中的 DNA 迅速水解为核苷酸片段，进而产生继发性蛋白溶解，降低痰液黏稠度，使其易于咳出。适用于大量脓痰的呼吸道感染。长期使用可出现过敏反应（皮疹、发热等）。急性化脓性蜂窝织炎、支气管胸腔瘘的活动性结核患者禁用。

（二）黏液调节药

溴 己 新

溴己新（bromhexine）直接作用于支气管腺体，促进黏液分泌细胞的溶酶体酶释放，而裂解黏痰中的黏多糖。同时激动呼吸道胆碱受体，使呼吸道腺体分泌增加，使痰液变稀，易于咳出。可用于慢性支气管炎，哮喘及支气管扩张症痰液黏稠不易咳出的患者。少数患者可感胃部不适、恶心，偶见转氨酶升高。消化性溃疡、肝功不良者慎用。

氨溴索（ambroxol）为溴己新的活性代谢产物。作用强于溴己新，毒性小。雾化或口服后 1 h 内显效，可维持 3～6 h，亦可静脉注射。用于各种呼吸道疾病引起的黏痰咳出困难者。不良反应发生率低。表现为消化不良、胃部烧灼热，偶尔出现恶心、呕吐。过敏反应较少出现，常见的为皮疹。

小 结

临床常用的平喘药按药物作用机制和作用部位不同可分为抗炎平喘药、支气管扩张药和抗过敏平喘药。糖皮质激素是抗炎平喘药中抗炎作用最强，且有抗过敏作用的药物，长期应用可以改善哮喘患者肺功能、降低气道高反应性、降低发作的频率和程度，缓解症状，提高生活质量。支气管扩张药包括β受体激动剂、茶碱类和M受体拮抗剂。非选择性β受体激动剂，平喘作用强大，可吸入给药。选择性β受体激动剂对β_2受体有强大的兴奋性，对心脏β_1受体的亲和力低，常规剂量口服或吸入给药时很少产生心血管反应。茶碱类对气道平滑肌有直接松弛作用，主要抑制磷酸二酯酶，使细胞内cAMP水平升高，常用于慢性哮喘的维持治疗，以防止急性发作和慢性阻塞性肺疾病。抗胆碱药如噻托溴铵对气道平滑肌M_3受体选择性强，能扩张支气管，较β_2受体激动剂起效慢，对于老年性哮喘，特别是对高迷走神经活性的哮喘患者更为适用。抗过敏平喘药包括：① 肥大细胞膜稳定药，如色甘酸钠、奈多罗米钠；② H_1受体拮抗剂如酮替芬；③ 抗白三烯药如扎鲁司特等。

目前常用的镇咳药，根据其作用机制分为两类：① 中枢性镇咳药，直接抑制延髓咳嗽中枢而发挥镇咳作用；② 外周性镇咳药，通过抑制咳嗽反射弧中的感受器、传入神经、传出神经或效应器中任何一环节而发挥镇咳作用。有些药物兼有中枢和外周两种作用。祛痰药包括痰液稀释药和黏痰溶解药，前者口服后刺激胃黏膜引起恶心，反射性促进支气管腺体分泌，稀释痰液使其易于排出；后者使痰液中黏性成分分解或黏稠度下降，使其易于排出。

【思考题】

1. 平喘药分为哪几类？每类列举一个代表药并简述其平喘机制。
2. 镇咳药分为哪两类？列举每类药物的常用药物。
3. 患者，男，53岁。反复发作性胸闷、咳嗽、喘息、气促10年，复发加重2日。患者10年前出现反复发作性胸闷、咳嗽、喘息，气促呈季节性发作(均为每年的9月前后)，常伴有打喷嚏、流鼻涕、眼睛痒，呼吸困难等症状。临床诊断：支气管哮喘。请问：
   (1) 试给予药物预防和治疗方案。
   (2) 所采用药物的作用机制是什么？

（王　红）

※ 课程PPT

第二十八章
课程PPT

第二十九章

消化系统药物

学习目标

【知识目标】

1. 掌握　治疗消化性溃疡药物的类别、作用机制和代表药物的特点。
2. 熟悉　增强胃肠动力药、助消化药及止吐药的药理作用和临床应用。
3. 了解　止泻药、泻药、用于胆道和肝脏疾病以及治疗急性胰腺炎药物的药理作用和临床应用。

【能力目标】

能将本章节知识应用于临床实践，合理使用药物治疗消化系统疾病。

【素质目标】

树立以患者为中心的合理用药观，进一步确立合理使用药物的科学态度。

远古时期，就有溃疡这一疾病，有关胃溃疡的记载最早可见于公元前4世纪的古希腊医药之神阿斯克勒庇俄斯的神庙的石柱上。在1300年前，人们就知道中和胃酸对溃疡的治疗是有效的，从那以后胃酸控制治疗溃疡得到了进一步的发展。1910年，施瓦兹(Schwartz)提出“无酸无溃疡”观点，抗酸成为溃疡的主要治疗方案，1964年发现组胺可以刺激胃酸分泌，但是传统的组胺受体拮抗剂并不能抑制其导致的胃酸分泌，学者推测存在H_1和H_2受体亚型。针对组胺的结构，经过系列改造，20世纪60年代末得到了高效低毒的H_2受体拮抗剂西咪替丁，这也反证了H_2受体的存在。西咪替丁在1976年上市，通过对西咪替丁的结构改造，于1981年上市了雷尼替丁，同年又上市了法莫替丁。1987年上市了尼扎替丁，成为质子泵抑制剂出现前最新的H_2受体拮抗剂。1975年，有学者发现替莫拉唑能抑制多种因素导致的胃酸分泌，但是其有抑制碘摄取等严重毒性，经过结构改造，于1979年得到了奥美拉唑，后证明奥美拉唑为质子泵抑制剂并于1988年上市，后又有兰索拉唑、泮托拉唑和雷贝拉唑相继上市，2009年上市了右旋兰索拉唑。2019年，新型钾离子竞争性酸阻滞剂伏诺拉生在我国获批上市，为抑制胃酸分泌提供全新的选择策略。1958年，希腊内科医生利库迪斯(Lykoudis)应用抗生素治疗消化性溃疡。1982年，澳大利亚科学家罗宾·沃伦(Robin Warren)和巴里·马歇尔(Barry Marshall)提出幽门螺杆菌是引起胃溃疡的因素，并因此获得2005年诺贝尔生理学或医学奖。

资料来源：

BARON J H, 1994. The history of acid inhibition. Yale J Biol Med, 67(3-4): 97-106.

GRAHAM D Y, 2014. History of Helicobacter pylori, duodenal ulcer, gastric ulcer and gastri cancer. World J Gastroenterol, 20(18): 5191-5204.

第一节 治疗消化性溃疡的药物

消化性溃疡(peptic ulcer)主要指胃和十二指肠溃疡，是消化道常见病和多发病。其发病的主要原因是胃黏膜的防御因子(胃黏液、碳酸氢盐、前列腺素、NO、肽类和生长因子等)和黏膜攻击因子(胃酸、胃蛋白酶、促胃泌素、幽门螺杆菌感染和某些药物的损伤等)的动态平衡失调。临床治疗消化性溃疡的药物很多，治疗的基本原则是增强防御因子、抑制攻击因子，达到去除病因、控制症状、促进愈合、减少复发的目的。

目前临床治疗消化性溃疡的药物主要分为 4 种类型：① 抗酸药；② 抑制胃酸分泌药，其中包括质子泵抑制剂(H^+-K^+-ATP 酶抑制剂)、H_2受体拮抗剂、M 受体拮抗剂、胃泌素受体拮抗剂、钾离子竞争性酸阻滞药；③ 胃黏膜保护药；④ 抗幽门螺杆菌药。

一、抗酸药

抗酸药(antacids)又称胃酸中和药，是一类弱碱性的铝盐、镁盐或钙盐等化合物。口服后能直接中和过多的胃酸，降低胃内容物酸度，从而解除胃酸对胃、十二指肠黏膜的侵蚀和对溃疡面的刺激，同时胃内 pH 升高可使胃蛋白酶活性下降，从而发挥缓解疼痛和促进溃疡愈合的作用。除了中和胃酸，氢氧化铝、三硅酸镁等药物还可以形成胶状保护层，防止胃酸和胃蛋白酶对溃疡面的损伤。餐后服药可延长药物的作用时间，合理用药应在餐后 1 h 及临睡前各加服 1 次。主要用于胃、十二指肠溃疡及胃酸增多症的辅助治疗。抗酸药种类繁多，理化性质各有区别，临床上选药应考虑药物是否通过胃肠道吸收影响血液酸碱及电解质平衡，药物是否产气或沉淀影响胃肠道功能导致患者腹胀、嗳气和便秘。由于抗酸药作用时间短，较少单独使用，目前临床多使用复方制剂以增强疗效，减少不良反应，如氢氧化镁和氢氧化铝组成的镁铝合剂。

氢氧化铝(aluminium hydroxide)抗酸作用较强，难溶于水，不易吸收，故作用缓慢而持久。其可与胃液混合后形成凝胶覆盖于溃疡面和吸附胃酸产生保护作用；与胃酸中和生成氯化铝在溃疡面形成沉淀并与蛋白结合，有收敛、止血和致便秘的作用。用于胃及十二指肠溃疡、上消化道出血、反流性食管炎的治疗。长期用药可影响肠道对磷酸盐、四环素、地高辛、异烟肼、泼尼松等的吸收。

三硅酸镁(magnesium trisilicate)不溶于水，难以吸收，不易引起碱血症，但肾功能不良者长期服用可导致高镁血症。抗酸作用较弱且慢，但持久。中和胃酸时生成胶状二氧化硅，对溃疡面有保护作用；可吸附游离酸，较好地保护溃疡面。产物氧化镁可导致轻泻。

氢氧化镁(magnesium hydroxide)抗酸作用较强、迅速、持久。中和胃酸后生成的产物氯化镁仍然具有抗酸作用。镁离子有导泻作用，少量吸收经肾排出，如肾功能不良可引起血镁过高，表现为肌无力、低血压和中枢抑制。

碳酸钙(calcium carbonate)抗酸作用较强、迅速、持久。中和胃酸时可产生 CO_2 和氯化钙。CO_2 可引起腹胀和嗳气；进入小肠的 Ca^{2+} 可促进胃泌素分泌，引起反跳性胃酸分泌增多。Ca^{2+} 在碱性肠液中形成碳酸钙和磷酸钙沉淀，使肠黏膜对刺激敏感性降低而引起便秘。

碳酸氢钠(sodium bicarbonate)又称小苏打。作用强、迅速而短暂。中和胃酸时可产生 CO_2 气体从而引起腹胀、嗳气，刺激胃肠道引起胃酸分泌增加。未被中和的碳酸氢钠几乎全部吸收，能引起碱血症。主要用于复方制剂。

铝碳酸镁(hydrotalcite)抗酸作用迅速而持久，能中和胃酸，还能与胃蛋白酶和胆酸结合，防止其对胃黏膜的损害；增加胃黏液中 HCO_3^- 的储存，从而增强胃黏膜的抗酸缓冲能力；亦可促进前列腺素生成，促进胃黏膜修复。因含有铝离子和镁离子，相互抵消便秘和腹泻的不良反应，个别患者可能出现腹泻。主要用于胃及十二指肠溃疡、胆汁反流和反流性食管炎。

二、抑制胃酸分泌药

胃酸分泌是一个复杂、连续的过程，受神经、内分泌和旁分泌的共同调控。胃黏膜壁细胞基底膜上分布有 M 受体、胃泌素受体、H_2受体和前列腺素受体，当这些受体激动时，可激活 H^+-K^+-ATP 酶，驱动跨膜 H^+-K^+交换，将氢离子分泌到胃腔中。常用的抑制胃酸的药物主要通过拮抗 M 受体、H_2受体、胃泌素受体和影响 H^+-K^+-ATP 酶功能减少胃酸分泌。

（一）质子泵抑制剂

胃 H^+-K^+-ATP 酶（又名质子泵），存在于胃壁细胞。通过 H^+-K^+交换，将氢离子从壁细胞内转运到胃腔中，将钾离子从胃腔中转运到壁细胞内。壁细胞通过激动 M 受体、H_2受体和胃泌素受体，最终激活 H^+-K^+-ATP 酶而增加胃酸分泌。抑制 H^+-K^+-ATP 酶，就能抑制胃酸形成的最后环节，发挥强效而持久的胃酸分泌抑制作用。

奥美拉唑

奥美拉唑（omeprazole）由一个砜根连接苯咪唑环和吡啶环所成，左旋体和右旋体各占 50%。是首个上市的质子泵抑制剂。

【体内过程】

奥美拉唑在酸性环境中不稳定，多采用肠溶剂口服或静脉注射，首次口服给药生物利用度为 35%，随着用药次数增加，可能因胃内 pH 升高，使生物利用度上升为 60%。血浆药物浓度 1～3 h 达峰值。血浆蛋白结合率达 95%。其活性代谢产物不易透过壁细胞膜，增高了药物选择性和特异性。$t_{1/2}$为 0.5～1 h，但因抑制质子泵为非可逆性，故作用持久。大部分药物经肝 CYP2C19 催化代谢成羟基奥美拉唑，少部分经 CYP3A4 代谢为奥美拉唑砜，80%代谢产物由尿排出，其余随粪排出。CYP2C19 活性在人群中存在遗传多态性，慢代谢者血药浓度可比快代谢者高 10 倍左右，是造成血药浓度和药效个体差异的主要原因。

【药理作用】

（1）抑制胃酸分泌作用：可明显抑制正常人和溃疡患者的基础胃酸分泌和由于组胺、胃泌素和食物等刺激引起的胃酸分泌。奥美拉唑为弱碱性物质，口服后，可浓集于壁细胞分泌小管周围，在强酸性环境中转变为有活性的次磺酰胺衍生物。它的硫原子与 H^+-K^+-ATP 酶上的巯基结合，形成酶-抑制剂复合物，使 H^+-K^+-ATP 酶活性不可逆性失活，从而抑制质子泵功能，抑制胃酸分泌的最后环节而发挥作用。抑制胃酸分泌作用强而持久，每日口服 20 mg，连续服药 7 日，基础胃酸 pH 由 1.4 升高至 5.3，一次服用 40 mg，3 日后胃酸分泌仍然部分被抑制。

（2）抗幽门螺杆菌作用：体内试验证明，奥美拉唑可提高抗生素对幽门螺杆菌的根除率。可能通过抑制细菌 ATP 酶活性而抑制细菌生长。

（3）胃黏膜保护作用：动物实验证明，奥美拉唑对阿司匹林、乙醇和应激所致的胃黏膜损伤有预防保护作用，其作用机制可能与通过增加胃黏膜 NO 含量，扩张血管增加血流量有关。

【临床应用】

（1）消化性溃疡：每日 20 mg，胃溃疡 4～8 周为 1 个疗程，十二指肠溃疡 2～4 周为 1 个疗程，可缓解溃疡病症状，并促进溃疡愈合。与抗菌药合用根除幽门螺杆菌感染，防止复发。

（2）胃食管反流病（gastroesophageal reflux disease，GERD）：基本病因是胃-食管连接区的屏障功能减弱，导致胃内容物反流到食管腔，从而引起食管黏膜的损伤。抑制胃酸分泌是目前治疗 GERD 的主要措施。奥美拉唑可使胃液 pH 增高，减轻胃酸对食管黏膜的损害，促进破损的食管黏膜愈合。每日晨起服用 20 mg，4～6 周为 1 个疗程。

（3）佐林格-埃利森综合征（Zollinger-Ellison syndrome）：是位于胰腺或胰腺外的腺瘤体分泌大量胃泌素所致。其临床特征是血清胃泌素水平显著提高、胃酸过多分泌和重症消化道溃疡。抑制胃酸分泌是控制本病的有效方法，给药剂量应个体化，推荐每日 1 次，静脉滴注 60 mg 作为起始剂量。

（4）根除幽门螺杆菌：奥美拉唑与阿莫西林、克拉霉素或其他抗生素合用，可降低胃内酸度，减少抗生素的降解，产生协同作用，彻底根除胃内幽门螺杆菌。

【不良反应】

（1）胃肠道症状：恶心、呕吐、腹胀、腹痛、腹泻和便秘等。可能与用药后胃内酸度下降而影响消化功能有关。

（2）神经系统症状：头晕、头痛、失眠、嗜睡和外周神经炎等症状。长期用药可使既往存在的抑郁和焦虑症状加重。

(3) 升高血清胃泌素：胃黏膜G细胞分泌胃泌素受胃液pH的反馈机制调节，使胃酸分泌减少的药物或疾病可引起血清胃泌素水平升高，除引起胃灼热、反酸等症状外，还可刺激肠嗜铬样细胞增生，引起胃类恶性肿瘤。长期持续抑制胃酸分泌，可致胃内细菌过度滋长，亚硝酸类化合物浓度升高，增加致癌倾向。长期服用者，应定期进行胃镜检查。

(4) 其他：偶有口干、皮疹、粒细胞减少、溶血性贫血、转氨酶升高、肌肉和关节疼痛、外周神经炎、月经周期延长、男性乳房发育和阳痿等，较轻微，停药后可消失。

【药物相互作用】

奥美拉唑对肝CYP2C19有抑制作用，与地西泮、华法林和苯妥英钠等药合用，使这些药代谢减慢。血小板聚集抑制剂氯吡格雷作为前体药需要在体内经肝CYP2C19转化为活性产物才能起效，奥美拉唑与其合用，使氯吡格雷的转化受抑制，活性产物生成减少，抗血小板作用减弱。奥美拉唑抑酸作用可提高胃液pH，影响硫糖铝等黏膜保护剂的作用，因此在使用奥美拉唑30 min后，才可服用硫糖铝；联合用药时，影响铁剂、酮康唑、伊曲康唑或四环素等药物的吸收。肝功能减退者，用量应酌情减少。肾功能不全患者及老年人慎用。

兰索拉唑

兰索拉唑(lansoprazole)为第二代质子泵抑制剂，因在化学结构中引入氟元素，而增加该药的化学稳定性、脂溶性和生物利用度。其升高胃泌素和胃黏膜保护作用与奥美拉唑相似，抑制胃酸分泌和抗幽门螺杆菌作用较奥美拉唑强。口服易吸收，生物利用度约为85%，经肝药酶代谢，由肾脏排泄。兰索拉唑主要通过肝CYP2C19和CYP3A4进行代谢，且对CYP2C19有抑制作用。用于胃酸分泌过多相关疾病的防治。

泮托拉唑与雷贝拉唑

泮托拉唑(pantoprazole)与雷贝拉唑(rabeprazole)为第三代质子泵抑制剂，两药的抗溃疡病作用与奥美拉唑相似。一旦抑制胃酸分泌的作用完成，可持续很长时间。雷贝拉唑在抑制胃酸分泌和缓解溃疡症状，治愈黏膜损伤和抗幽门螺杆菌作用方面的疗效优于其他抗酸药。泮托拉唑和雷贝拉唑对肝微粒体酶系统的亲和力较奥美拉唑和兰索拉唑弱，对其他药物代谢的影响较小，不良反应轻。

(二) H_2受体拮抗剂

以含有甲硫乙胍的侧链代替H_1受体拮抗剂的乙基胺链，获得有选择性作用的H_2受体拮抗剂，由于化学结构与组胺相似，可竞争性拮抗内源性和外源性组胺引起的胃酸分泌，对乙酰胆碱和促胃液素引起的胃酸分泌也有抑制作用，对H_1受体无作用。常用H_2受体拮抗剂有西咪替丁、雷尼替丁、法莫替丁和尼扎替丁。

【体内过程】

H_2受体拮抗剂口服吸收良好、迅速，生物利用度为40%～90%，$t_{1/2}$为1.1～4 h，一次用药后，有效血药浓度维持8～12 h，血浆蛋白结合率低，体内分布广。以代谢产物或原型经肾排出。

【药理作用】

(1)抑制胃酸分泌：竞争性拮抗胃壁细胞上的H_2受体，能明显抑制基础胃酸及食物和其他因素所引起的夜间胃酸分泌。亦能明显抑制组胺、五肽胃泌素、M受体激动剂所引起的胃酸分泌。用药后胃液量及氢离子浓度下降。阻止氢离子向胃黏膜内逆向扩散，防止胃黏膜损伤，由于胃蛋白酶活性下降，能减少胃黏膜屏障的损伤，有利于胃黏膜的修复。

(2)免疫功能调节：西咪替丁作用于免疫活性细胞上H_2受体，减少组胺诱导性抑制因子生成，活化T细胞。

(3)其他：大剂量西咪替丁可对抗组胺扩血管和降压作用。西咪替丁还具有抗雄激素和促催乳素分泌作用。

【临床应用】

H_2受体拮抗剂可用于治疗胃溃疡和十二指肠溃疡、佐林格-埃利森综合征、反流性食管炎、急性上消化道出血等。西咪替丁还可用于多种原因引起的免疫功能低下，如肿瘤放化疗术后。

【不良反应】

(1) 消化系统：口干、腹胀、腹泻、便秘及可逆性转氨酶升高。

(2) 中枢神经系统：头晕、头痛、嗜睡、焦虑、定向障碍及精神错乱等。

(3) 心血管系统：心动过缓、面部潮红等。静脉注射偶见血压骤降、心率加快等。

(4) 泌尿系统：少数患者出现肾损害，如蛋白尿、急性间质性肾炎。

(5) 造血系统：可逆性白细胞或粒细胞减少，偶发溶血性贫血、血小板减少和再生障碍性贫血，应定期检查血常规。尼扎替丁对血液系统影响小。

(6) 内分泌系统：长期用药有抗雄激素和促催乳素分泌的作用，可引起性功能减退、精子数减少、男性乳房发育和女性溢乳等。可能与其抑制二氢睾丸素与雄激素受体相结合及增加血液雌二醇浓度有关。尼扎替丁对内分泌系统影响小。

(7) 其他：肌痛、脱发、皮疹和瘙痒等。

【药物相互作用】

(1) 西咪替丁能抑制肝药酶 CYP1A2、CYP2C9、CYP2D6、CYP2C18、CYP3A3 和 CYP3A4 活性，影响地西泮、苯巴比妥、苯妥英钠、卡马西平、华法林、普萘洛尔、奎尼丁、维拉帕米、茶碱等药物在体内代谢，合并用药可使血药浓度升高，作用增强，作用时间延长。

(2) H_2受体拮抗剂与阿司匹林、四环素和酮康唑同服时，可减少这类药物的吸收。

(3) 硫糖铝需要经胃酸分解后才能发挥作用，H_2受体拮抗剂抑制胃酸分泌，可降低硫糖铝的疗效。

(4) 抗酸药或甲氧氯普胺可减少 H_2受体拮抗剂的吸收，间隔 1 h 以上使用可减小影响。

(5) 西咪替丁可延缓咖啡因的代谢，合用时能增强咖啡因的作用、增加胃酸分泌甚至出现毒性反应，尤其是溃疡病患者。使用本药期间应忌咖啡因或咖啡饮料。

(三) M 受体拮抗剂

非选择性 M 受体拮抗剂(如阿托品、溴丙胺太林等)治疗量抑制胃酸分泌作用弱，不良反应多，单独使用时对溃疡的愈合作用不明显，因为松弛胃肠平滑肌后延长了胃排空时间，所以可引起继发性胃酸分泌增多，对治疗消化性溃疡价值不大。目前临床主要使用选择性拮抗胃壁细胞上的 M_1受体的药物，如哌仑西平。

哌仑西平

【体内过程】

哌仑西平(pirenzepine)口服吸收不完全，血药浓度达峰时间为 2～3 h，食物可使其生物利用度降为 25%，血浆蛋白结合率为 12%，$t_{1/2}$为 10～11 h。体内分布广，肝肾含量最高，其他组织含量少，不易透过血脑屏障，药物体内代谢少，大部分以原型经肾和肠道排出。

【药理作用】

哌仑西平对胃壁细胞上 M_1受体有高度亲和力，可选择性拮抗 M_1受体，抑制迷走神经兴奋引起的胃酸分泌，在低剂量时即可产生疗效，亦能抑制胃蛋白酶分泌。对唾液腺、平滑肌、心肌的 M 受体亲和力低。

【临床应用】

哌仑西平用于胃溃疡和十二指肠溃疡、应激性溃疡、急性胃黏膜出血和促胃泌素瘤，与 H_2受体拮抗剂合用可提高疗效。

【不良反应】

哌仑西平常见口干、头晕、头痛、嗜睡、眼干燥、视物模糊和调节麻痹等不良反应，反应严重者需要停药。对青光眼和前列腺肥大患者无明显影响，孕妇和有过敏史患者禁用。

(四) 胃泌素受体拮抗剂

丙谷胺

丙谷胺(proglumide)由于化学结构与胃泌素相似，可竞争性拮抗胃泌素受体，对基础胃酸分泌、多种刺激因子引起的胃酸分泌均有较强抑制作用；促进胃黏膜黏液生成，可保护胃黏膜、促进溃疡愈合；具有解痉作用。可用于胃溃疡，十二指肠溃疡和胃炎。也可用于急性上消化道出血。不良反应轻，偶有口干、腹胀、腹泻和粒细胞减少等。

(五) 钾离子竞争性酸阻滞药

钾离子竞争性酸阻滞药(potassium competitive acid blocker)是一类新型的抑制胃酸分泌药，通过竞争性阻滞钾离子与 H^+-K^+-ATP 酶结合，抑制氢离子与钾离子交换，发挥可逆的抑酸作用。

伏诺拉生

【体内过程】

伏诺拉生(vonoprazan)为吡咯类衍生物,弱碱性,pK_a为9.3,酸性环境中稳定,不需要制成肠溶制剂。口服给药不受进食影响,吸收迅速,血药浓度达峰时间为1.5~3 h,血浆蛋白结合率为85%~88%,主要通过CYP3A4代谢,部分通过CYP2B6、CYP2C19 、CYP2C9、CYP3A5和CYP2D6代谢,肾清除率为67.5%,$t_{1/2}$为4.3~8.9 h。

【药理作用】

伏诺拉生为活性药物,不需要转化激活,在酸性环境中能迅速质子化,通过氢键和静电相互作用与钾离子竞争质子泵的结合位点,可逆性抑制静息或激活状态H^+-K^+-ATP酶,阻断氢离子与钾离子交换,从而抑制胃酸分泌。

【临床应用】

伏诺拉生主要用于反流性食管炎,每日1次,每次20 mg,4~8周为1个疗程。

【不良反应】

伏诺拉生常见腹泻、便秘等不良反应;可引起肝损害、黄疸;药源性皮炎和荨麻疹;多形性红斑、中毒性表皮坏死松解症等。长期使用可增加良性胃息肉发生率。

三、胃黏膜保护药

胃黏膜处于胃酸、胃蛋白酶、反流的胆汁、理化刺激和药物等多种损害因子的侵蚀中,仍能保持结构的完整性和功能正常,得益于胃黏膜的保护屏障——细胞屏障和黏液-碳酸氢盐屏障。细胞屏障的结构由胃黏膜细胞顶部的细胞膜和细胞间的紧密连接组成,能抵抗胃酸和胃蛋白酶的侵蚀。黏液-碳酸氢盐屏障由黏液和碳酸氢盐组成,为双层黏稠的胶冻状液体。两者由胃黏膜细胞分泌混合成黏液层,覆盖于黏膜表面,防止胃酸、胃蛋白酶损伤胃黏膜,从而保护黏膜细胞。胃黏膜保护药通过增加胃黏液或碳酸氢盐的分泌,促进胃黏膜细胞合成前列腺素,增加胃黏膜血流量,促进组织修复和溃疡愈合。

(一)前列腺素类药物

胃黏膜能合成PGE_2及PGI_2,它们能抑制胃蛋白酶分泌,促进胃黏液和碳酸氢盐分泌,防止有害因子损伤胃黏膜。有实验证明,其能预防化学刺激引起的胃黏膜出血、糜烂与坏死,发挥细胞或黏膜保护作用。天然前列腺素代谢快,作用时间短,不良反应多。临床应用的是比较稳定的作用较强的前列腺素衍生物如米索前列醇和恩前列醇等。

米索前列醇

【体内过程】

米索前列醇口服吸收迅速,快速形成活性代谢产物米索前列酸,血药浓度达峰时间为1~1.5 h,生物利用度为70%~90%,一次用药后,有效血药浓度维持3 h,体内分布广,胃肠道、肝、肾中药物浓度高于血药浓度6~7倍。代谢产物约75%经肾排泄,15%经肠道排出。$t_{1/2}$为20~40 min。

【药理作用】

米索前列醇为PGE_1的衍生物,性质稳定,抗酸和抗溃疡的作用比PGE_1强,抗溃疡的机制是:① 促进胃黏液细胞分泌胃黏液和碳酸氢盐,增强胃黏液和碳酸氢盐屏障功能;② 阻碍胃蛋白酶分泌,阻碍胃蛋白酶和胃酸渗入胃黏膜,产生细胞保护作用;③ 抑制腺苷酸环化酶,减少cAMP生成,阻滞前列腺素-cAMP依赖性钙通道,从而抑制质子泵,减少胃酸分泌;④ 增加胃黏膜血流量,改善微循环,促进受损的胃黏膜上皮细胞的重建和增殖,加速溃疡愈合。

【临床应用】

米索前列醇主要用于胃溃疡和十二指肠溃疡及急性胃炎引起的消化道出血。尤其适用于以阿司匹林为代表的非甾体抗炎药引起的胃黏膜损伤、溃疡和出血。因不升高血清胃泌素,对防止溃疡复发效果较好。

【不良反应】

米索前列醇常见恶心、腹胀、腹泻、稀便等不良反应,与抗酸药(尤其是含镁离子的抗酸药)合用可加重此反应;偶见头晕、头痛等,不影响治疗。因能引起宫缩,导致流产,故孕妇及前列腺素过敏者禁用。

恩前列醇

恩前列醇(enprostil)为人工合成 PGE_2类似物,可使基础胃酸下降 71%,亦可明显抑制组胺、胃泌素等引起的胃酸分泌。能显著抑制胃泌素的释放,可用于长期服用奥美拉唑所致高胃泌素血症。具有细胞保护作用。主要用于胃溃疡和十二指肠溃疡的治疗,6 周和 8 周愈合率分别为 80%和 86%。不良反应同米索前列醇。

(二)其他药物

硫糖铝

【药理作用】

硫糖铝(sucralfate)是硫酸蔗糖和氢氧化铝的复合物,其主要作用为:① 不溶于水,口服不易吸收,在酸性胃液中聚合成黏性凝胶,牢固地黏附于上皮细胞和溃疡基底部,在溃疡面形成保护屏障,抵御胃酸和消化酶的侵蚀,促进黏膜上皮的再生和溃疡愈合;② 吸附胃蛋白酶和胆汁酸,抑制其活性,减少胃黏膜的损伤;③ 促进胃、十二指肠黏膜合成 PGE_2,增强胃、十二指肠黏膜的细胞屏障和黏液-碳酸氢盐屏障作用;④ 抑制幽门螺杆菌的繁殖,阻止幽门螺杆菌产生的蛋白酶、脂酶对胃黏膜的破坏;⑤ 增强表皮生长因子、碱性成纤维细胞生长因子的作用,使其聚集于溃疡区,促进溃疡愈合。

【临床应用】

硫糖铝用于治疗胃、十二指肠溃疡、反流性食管炎、慢性糜烂性胃炎和幽门螺杆菌感染以及对抗各种损伤因子对胃黏膜的损害。

【不良反应】

约有 2%患者可有便秘。小于 1%患者发生口干。偶有恶心、胃部不适、腹泻、皮疹、瘙痒及头晕等。因铝被部分吸收,铝负荷超载引起的肾衰竭患者禁用。

【药物相互作用】

(1) 硫糖铝在酸性环境中才发挥作用,所以不能与抗酸药、抑制胃酸分泌药、碱性药物和食物合用。

(2) 与苯妥英钠、吲哚美辛、布洛芬、地高辛、氨茶碱、四环素以及脂溶性维生素 A、维生素 D、维生素 E、维生素 K 合用,可降低上述药物的生物利用度。

(3) 可减少甲状腺素的吸收。

枸橼酸铋钾

【药理作用】

枸橼酸铋钾(bismuth potassium citrate)又名三钾二枸橼酸铋(colloidal bismuth subcitrate,胶体次枸橼酸铋),为铋的螯合物,其主要作用为:① 在酸性环境中与溃疡基底膜坏死组织中的蛋白或氨基酸结合,形成一层胶状的蛋白质-铋盐复合物屏障并覆盖于溃疡表面,抵御胃酸和胃蛋白酶对溃疡面的侵蚀,从而产生黏膜保护和促进溃疡愈合的作用;② 促进胃黏膜合成前列腺素,增加黏膜血流量,增加黏液和碳酸氢盐分泌,刺激黏膜细胞再生,增强胃黏膜屏障功能;③ 胶体铋可使幽门螺杆菌与胃上皮分离,随后细菌溶解,而杀灭幽门螺杆菌,降低溃疡的感染率和复发率;④ 与胃蛋白酶结合而降低其活性。

【临床应用】

枸橼酸铋钾用于胃溃疡、十二指肠溃疡、复合溃疡、慢性萎缩性胃炎、慢性浅表性胃炎、反流性食管炎和药物性溃疡等,疗效与 H_2受体拮抗剂相似,但复发率较低。与抗菌药合用可提高幽门螺杆菌的根除率,使复发率降低。

【不良反应】

枸橼酸铋钾服药期间可使口腔、舌、粪染黑。偶见恶心、便秘等消化道症状。口服胶体铋吸收较少,对人体影响甚微,严重肾病患者和孕妇禁用,以免引起血铋过高而出现急性可逆性脑病,表现为精神紊乱、肌肉痉挛性收缩、运动失调和步履艰难。牛奶、抗酸药可干扰其作用,应避免同时服用。

四、抗幽门螺杆菌药

幽门螺杆菌(*Helicalbacterium pylori*, Hp)是革兰氏阴性杆菌,存在于胃上皮表面和腺体内的黏液层中，可分泌尿毒素、空泡毒素、幽门螺杆菌过氧化氢酶和细胞毒素相关基因蛋白等，可引起黏膜上皮产生病理损害，同时释放白三烯，破坏胃黏膜，致使溃疡形成。幽门螺杆菌感染已被公认是消化性溃疡和慢性胃炎发生的主要原因之一。根除幽门螺杆菌不仅能促进溃疡愈合，还能明显降低溃疡的复发率，使绝大多数消化性溃疡患者彻底治愈。

常用的抗幽门螺杆菌的药物主要分为 3 类：① 抑制胃酸分泌药；② 胃黏膜保护药，如铋剂、硫糖铝等；③ 抗生素如阿莫西林(羟氨苄西林)、克拉霉素、甲硝唑、替硝唑、四环素和呋喃唑酮等。其中，抑制胃酸分泌药质子泵抑制剂和胃黏膜保护药抗幽门螺杆菌作用较弱，单独使用疗效较差但与抗生素联合使用可产生协同作用，故多 4 种或 3 种药物联合使用：标准剂量质子泵抑制剂＋标准剂量胃黏膜保护药铋剂(一日 2 次，餐前半小时口服)＋2 种抗生素(餐后口服)或标准剂量质子泵抑制剂＋2 种抗生素，临床上常用的联合用药方案有：① 兰索拉唑(或雷贝拉唑或奥美拉唑等质子泵抑制剂)＋枸橼酸铋钾＋阿莫西林(或甲硝唑或呋喃唑酮)＋克拉霉素(或左氧氟沙星或四环素或甲硝唑)；② 兰索拉唑(或奥美拉唑)＋阿莫西林(或甲硝唑或呋喃唑酮)＋克拉霉素(或左氧氟沙星或四环素或甲硝唑)。14 日为 1 个疗程。可降低耐药性的发生，提高溃疡的治愈率。

第二节　消化道功能调节药

一、助消化药

助消化药多为消化液中的成分或促进消化液分泌的药物。能促进食物的消化，在消化液分泌不足时发挥替代作用。用于消化道分泌功能减弱，消化不良。有些药物能阻止肠道的过度发酵，也用于消化不良的辅助治疗。

稀盐酸(dilute hydrochloric acid)为 10％的盐酸溶液，可使胃内酸度增加，胃蛋白酶活性增强。适用于胃酸缺乏症，如慢性胃炎、胃癌、发酵性消化不良等。服用后可消除餐后胃部不适、腹胀、嗳气等消化不良症状。

胃蛋白酶(pepsin)来自猪、牛、羊等动物胃黏膜。能水解蛋白质为蛋白胨，也能水解多肽。主要在胃内发挥作用，最适 pH 为 2.0，常与稀盐酸合用，临床用于辅助治疗胃酸、消化酶分泌不足引起的消化不良和其他胃肠疾病。不宜与碱性药物和硫糖铝合用。

胰酶(pancreatin)来自猪、牛、羊等动物的胰腺。主要含胰蛋白酶、胰淀粉酶及胰脂肪酶。在中性和弱碱性环境中活性增强。可促进蛋白质、淀粉和脂肪的消化分解。主要用于消化不良、胰液分泌不足和慢性胰腺炎等引起的消化障碍。为防止胃酸破坏，一般制成肠衣片吞服。

乳酶生(biofermin)为干燥活乳酸杆菌制剂，能分解糖类产生乳酸，使肠内酸性增高，从而抑制肠内腐败菌的繁殖，减少由此造成的蛋白质发酵和产生 H_2S 气体。常用于消化不良，腹胀及小儿消化不良性腹泻。不宜与抗生素合用；不宜与吸附剂活性炭、白陶土等合用；亦不宜与碱性药物如抗酸药同时服用，以免中和乳酸，降低肠内酸度从而影响疗效。

二、止吐药与增强胃肠动力药

呕吐是一种复杂的反射活动，外周性诱发呕吐多由内脏及前庭功能紊乱、药物、妊娠、放疗、化疗等刺激延髓催吐化学感受区 H_1受体、M 受体、D_2受体、5－HT_3受体等引起。止吐药是一类通过不同环节拮抗上述受体而抑制呕吐反应的药物，根据其拮抗的受体类型不同可分为：① H_1受体拮抗剂；② M 受体拮抗剂；③ D_2受体拮抗剂；④ 5－HT_3受体拮抗剂；⑤ 5－HT_4受体激动剂。

(一) H_1受体拮抗剂

H_1受体拮抗剂包括苯海拉明、异丙嗪和美克洛嗪(meclizine)等，可通过抑制前庭功能，产生中枢镇静和止吐作用。可用于预防和治疗晕动病、内耳性眩晕病引起的呕吐。不良反应为中枢抑制、口干等阿托品样作用。

（二）M受体拮抗剂

东莨菪碱

东莨菪碱为M受体拮抗剂，其止吐作用主要为：① 拮抗中枢M受体抑制呕吐反射；② 阻断迷走神经和内脏神经传入的冲动；③ 降低内耳迷路感受器的敏感性，抑制前庭小脑通路的传导。主要用于防治晕动病和预防手术后恶心、呕吐。不良反应与阿托品相似，青光眼患者禁用，前列腺肥大患者慎用。

（三）D_2受体拮抗剂

甲氧氯普胺

甲氧氯普胺(metoclopramide)具有中枢和外周作用，拮抗中枢催吐化学感受区的D_2受体，较大剂量时也作用于5-HT_3受体，发挥止吐作用。亦能拮抗胃肠D_2受体，可引起从食管至近端小肠平滑肌收缩、增加贲门括约肌张力，松弛幽门平滑肌，加速胃的正向排空，促进肠内容物从十二指肠向回盲部推进，发挥胃肠促动药作用。口服生物利用度约为75%，易通过血脑屏障和胎盘屏障。$t_{1/2}$为4～6 h。主要用于胃肠功能失调所致的呕吐，对肿瘤化疗、放疗、手术后和药物所引起的各种呕吐也有效。对前庭功能紊乱所致的呕吐无效。亦可用于功能性胃肠道张力低下。不良反应有头晕、困倦和腹泻等；大剂量静脉注射或长期应用，可引起锥体外系反应，如帕金森病、急性肌张力障碍等；亦可引起高泌乳素血症，引起男子乳房发育、溢乳等。对胎儿有影响，孕妇禁用。

多潘立酮

多潘立酮(domperidone)不易通透血脑屏障，选择性拮抗外周D_2受体而止吐。亦能阻断多巴胺对胃肠肌层神经丛突触后胆碱能神经元的抑制作用，加强胃肠蠕动，促进胃的排空与协调胃肠运动，防止食物反流，发挥胃肠促动药的作用。生物利用度较低，$t_{1/2}$约为7 h，主要经肝代谢。对偏头痛、颅外伤及放疗所引起恶心、呕吐有效，对胃肠运动障碍性疾病亦有效。不良反应较轻，偶有轻度胃肠痉挛，注射给药可引起过敏。中枢作用小，无锥体外系反应，不干扰帕金森病治疗。

（四）5-HT_3受体拮抗剂

昂丹司琼

昂丹司琼为5-HT_3受体拮抗剂，选择性拮抗中枢及迷走神经5-HT_3受体而产生强大止吐作用。对顺铂、多柔比星和环磷酰胺等引起的呕吐有迅速而强大的止吐作用。对多巴胺受体激动剂阿扑吗啡引起的呕吐和前庭功能紊乱所致的呕吐无效。生物利用度约为60%，$t_{1/2}$为3～4 h。主要用于肿瘤化疗、放疗引起的恶心、呕吐。不良反应较轻，有头痛、头晕、困倦、腹泻和便秘等。哺乳期妇女禁用。

（五）5-HT_4受体激动剂

莫沙必利

莫沙必利(mosapride)选择性激动5-HT_4受体，促进乙酰胆碱的释放，刺激胃肠道而发挥促动力作用，改善功能性消化不良患者的胃肠道症状，不影响胃酸的分泌。用于治疗功能性消化不良伴有胃灼热、嗳气、恶心、呕吐、上腹胀、上腹痛等消化道症状；亦可用于胃食管反流性疾病、糖尿病性胃轻瘫及胃部分切除患者的胃功能障碍。主要不良反应为腹泻、腹痛、口干、皮疹、倦怠、头晕、不适、心悸等；也可出现心电图的异常改变。无明显致畸、致突变作用。与抗胆碱药(如阿托品、东莨菪碱等)合用，可能会减弱本药的作用。

三、止泻药与泻药

（一）止泻药

1. 抑制胃肠蠕动药

地芬诺酯

地芬诺酯(diphenoxylate)为人工合成哌替啶衍生物，在体内的代谢产物地芬诺酸止泻作用较母体强5倍。对肠道运动的作用类似于阿片类，激动肠道μ阿片受体，提高肠道平滑肌张力，抑制胃肠推进性蠕动。可用于急性功能性腹泻。治疗量时不良反应轻而少见，常见恶心、呕吐、头晕、头痛、嗜睡、腹胀及腹部不适等，减量或停药可消失。大剂量(40～60 mg)和长期服用可产生依赖性，过量时可导致严重中枢抑制甚至昏迷，应严格控制剂量。不宜与巴比妥类、阿片类等其他中枢抑制剂合用。

洛哌丁胺

洛哌丁胺(loperamide)结构类似于地芬诺酯,除直接抑制肠道蠕动外,还可抑制肠神经末梢释放乙酰胆碱和抑制肠道分泌。止泻作用快、强、持久。临床用于治疗各种原因引起的非感染性急慢性腹泻、肠易激惹综合征和炎症性肠疾病所致的腹泻。不良反应较少。有时出现恶心、呕吐、口干、腹痛、腹泻、头痛、眩晕、皮疹、瘙痒等症状。有一定依赖性,避免长期使用。禁用于2岁以下儿童及伴有高热和脓血便的菌痢患者。

2. 收敛药

鞣酸蛋白

鞣酸蛋白(tannalbin)含鞣酸50%,口服后在肠中释放出鞣酸能使肠黏膜表面的蛋白质凝固、形成沉淀,附着在肠黏膜表面形成保护膜,减少炎性渗出物,减轻刺激,发挥收敛、止泻作用。临床用于急性肠炎及各种非细菌性腹泻的治疗。

3. 吸附药

药用炭

药用炭(medicinal charcoal)又称活性炭,是不溶性粉末,颗粒很小,总面积很大,能吸附大量气体、毒物和肠道内细菌等,起保护、止泻和阻止毒物吸收的作用。可用于腹泻、食物中毒和胃肠胀气等。因活性炭影响儿童营养物质吸收,故3岁以下儿童或长期腹泻患者禁用。不宜与抗生素、维生素和消化酶等妨碍活性炭吸附的药物合用。

(二) 泻药

泻药(laxatives)是能增加肠内水分,促进蠕动,软化粪便或润滑肠道促进排便的药物;主要用于功能性便秘。按作用机制可分为容积性泻药、刺激性泻药和润滑性泻药3类。

1. 容积性泻药

硫酸镁与硫酸钠

硫酸镁和硫酸钠(sodium sulfate)也称盐类泻药。大量口服 $MgSO_4$ 和 Na_2SO_4 后,SO_4^{2-} 和 Mg^{2+} 在肠道难以吸收,形成高渗透压而抑制肠内水分的吸收,增加肠内容积、扩张肠道,刺激肠壁,促进肠道蠕动。此外,镁盐还能引起十二指肠分泌缩胆囊素,刺激肠液分泌和蠕动,强化硫酸镁的导泻作用。口服高浓度硫酸镁(33%)或用导管直接注入十二指肠,反射性引起胆总管括约肌松弛,胆囊收缩,促进胆汁排泄,发生利胆作用。

临床主要用于排除肠内毒物或结肠镜检查前排空肠内容物以及辅助排除一些肠道寄生虫。亦用于阻塞性黄疸、慢性胆囊炎。硫酸镁、硫酸钠泻下作用较剧烈,可引起反射性盆腔充血和失水,月经期妇女、孕妇、体弱及老年人慎用。

乳果糖

乳果糖(lactulose)又名半乳糖苷果糖,为半乳糖和果糖的双糖。在小肠内不被消化吸收,可提高肠腔内的渗透压,使水电解质更多地保留在肠腔内;而未被吸收的乳果糖进入结肠后被细菌分解成乳酸和其他有机酸,进一步提高肠腔内渗透压,增加肠蠕动而促进排便。乳酸能抑制结肠对氨的吸收,降低血氨。

乳果糖主要用于治疗慢性便秘,包括老人、儿童和孕妇的慢性便秘,也用于慢性门脉高压及肝性脑病。

2. 刺激性泻药

酚酞

酚酞(phenolphthalein)口服后在肠道内与碱性肠液和胆汁相遇形成可溶性钠盐,促进结肠蠕动。同时,其具有抑制肠内水分吸收作用。服药后6~8 h排出软便,作用温和,适用于习惯性便秘。口服酚酞约有15%被吸收。部分药物从肾脏排出,可使碱性尿液呈红色;部分药物随胆汁排泄,并有肝肠循环而延长其作用时间,一次服药作用可维持3~4日。偶有过敏性反应,如皮疹、皮炎、瘙痒、烧伤、肠炎及出血倾向等。长期可致水电解质丢失和结肠功能紊乱。

蒽醌类

富含于大黄、番泻叶、决明子和芦荟等植物的蒽醌苷成分,口服后被大肠内细菌分解为蒽醌,能增加结肠推进性蠕动并减少水电解质的吸收。用药后6~8 h可排软便或引起腹泻,常用于急、慢性便秘。大黄含有鞣酸,具有收敛作用,可引起继发性便秘。

3. 润滑性泻药 具有局部润滑肠壁并软化粪便,使粪便易于排出的作用;适用于老人及痔疮、肛门手术患者。

液体石蜡(liquid paraffin)为矿物油,胃肠道用药不被肠道消化吸收,并抑制肠内水分吸收,产生滑润肠壁和软化粪便的作用,使粪便易于排出。主要用于老年人和儿童便秘患者。长期应用妨碍脂溶性维生素 A、维生素 D、维生素 E、维生素 K 和钙、磷的吸收。

甘油(glycerol),以 50%浓度的甘油注入肛门,由于高渗压刺激直肠壁引起排便反应,加上局部润滑作用,数分钟内便可引起排便。适用于儿童及老年便秘者。不影响营养物质吸收。

第三节 治疗胆道和肝脏疾病的药物

一、利胆药

利胆药是具有促进胆汁分泌或促进胆囊排空作用的药物。胆汁的基本成分是胆汁酸,胆汁酸主要成分(95%)是胆酸、去氧胆酸和鹅去氧胆酸;次要成分是熊去氧胆酸和石胆酸等。胆汁酸能反馈性抑制胆汁酸合成;促进胆汁流动;促进脂质与脂溶性维生素吸收;调节胆固醇合成与消除等。临床常用利胆药的作用多数与胆汁酸有关。

苯丙醇

苯丙醇(phenylpropanol)强效促进胆汁分泌,促进小结石排出,但无溶石作用;对胆道平滑肌作用弱;可松弛胆道口奥狄括约肌,促进胆汁排泄。亦可增加食欲,促进消化。亦可促进胆固醇转变为胆酸,经胆汁分泌,从而降低血清胆固醇水平。用药后可减轻恶心、厌油、腹胀、腹痛等症状。临床主要用于胆囊炎、胆石症、胆道感染、胆道术后综合征及高胆固醇血症等。部分患者可出现胃肠道反应,减量或停药后可缓解,胆道完全阻塞患者禁用。

去氢胆酸

去氢胆酸(dehydrocholic acid)系半合成胆酸氧化的衍生物,可增加胆汁中的水分含量,使胆汁变稀,流动性提高,发挥胆道内冲洗作用。对脂肪的消化吸收也有促进作用。主要用于胆石症、急慢性胆道感染和胆囊术后促进引流管冲洗。禁用于胆道完全梗阻和严重肝肾功能减退者。

熊去氧胆酸

熊去氧胆酸(ursodeoxycholic acid)能抑制 HMG - CoA 还原酶,使胆固醇的合成减少,降低胆汁中胆固醇的含量;抑制肠道吸收食物和胆汁中的胆固醇,抑制胆固醇分泌,使进入胆汁中的胆固醇减少,并减少肠道其他胆盐的肝肠循环,拮抗疏水性胆酸的细胞毒作用;在结石表面形成卵磷脂-胆固醇液态层,促进结石溶解。临床用于治疗胆固醇性胆结石、胆汁反流性胃炎和胆汁淤积性疾病。对胆囊炎、胆道炎亦有治疗作用。不良反应少而轻,少于 5%患者发生腹泻、便秘、心动过速和过敏反应等。

牛胆酸钠

牛胆酸钠(sodium tauroglycocholate)由牛胆汁或猪胆汁提取制成。主要含牛磺胆酸钠和甘氨胆酸钠。口服可刺激肝细胞分泌胆汁(主要分泌固体成分),能促进脂肪乳化和吸收,有助于脂溶性维生素的吸收。临床用于长期胆瘘胆汁丧失的患者,以补充胆盐之不足,亦用于脂肪消化不良和慢性胆囊炎。

二、护肝药

治疗肝脏疾病的措施包括去除致病因子、改善和修复肝脏功能和结构,减轻肝脏损伤、坏死或促进肝细胞再生,并纠正其病理状态,防止或减慢病情恶化的速度,缓解临床症状等。在目前对肝病的治疗中,多数药物仅能起到对症和辅助治疗的作用,不能根治,常用的药物有以下几种类型。

（一）肝功能保护药

联苯双酯

【药理作用】

联苯双酯(bifendate)是我国研制的治疗肝炎的药物，是合成的五味子丙素中间体。具有降低谷氨酸氨基转移酶，增强肝脏解毒功能；减轻脂质过氧化、保护肝细胞、促进肝细胞再生，从而改善肝功能；增强微粒体CYP450活性等作用。临床试验表明，联苯双酯降低谷氨酸氨基转移酶效果显著，改善肝区疼痛、腹胀、乏力等肝炎症状效果佳，停药后谷氨酸氨基转移酶易上升，对肝大、脾大无效。复发后再次使用仍可降低谷氨酸氨基转移酶。

【临床应用】

联苯双酯临床用于急、慢性肝炎以及谷氨酸氨基转移酶升高者，用药3个月谷氨酸氨基转移酶才降至正常，易复发。

【不良反应】

不良反应轻可出现轻微胃肠道反应，停药后可出现转氨酶反跳，个别患者在治疗过程中可出现黄疸，病情加重，需要立即停药。

马洛替酯

【药理作用】

马洛替酯(malotilate)可增强肝细胞对氨基酸、核苷酸的摄取，促进肝细胞内核糖核酸和内质网载脂蛋白的合成；促进脂质向肝外输送，防止肝细胞发生脂肪变性和坏死，抑制肝纤维化的发展；亦可增加肝血流量和胆汁分泌，改善肝循环有利于肝功能的恢复。

【临床应用】

马洛替酯主要用于慢性肝炎和肝硬化代偿期，急性肝炎不宜使用。

【不良反应】

不良反应有恶心、呕吐、食欲缺乏、胃部不适、腹胀、腹泻、嗜睡、头痛、白细胞减少、红细胞减少和嗜酸性粒细胞增加。偶有瘙痒、皮疹、血清谷氨酸转氨酶活性和胆红素升高。小儿及孕妇慎用，肝脏有高度活动性病变的黄疸患者和对本药过敏者禁用。

（二）治疗肝性脑病的药物

肝性脑病(亦称肝昏迷)的发病机制复杂，多数患者可见血氨升高，对肝性脑病患者在综合治疗的基础上，可用降血氨药物治疗。

左旋多巴

左旋多巴口服后能透过血脑屏障进入脑细胞，经中枢多巴脱羧酶脱羧生成多巴胺，部分多巴胺转变为去甲肾上腺素拮抗伪递质(苯乙醇胺或去甲辛弗林)的作用，改善神经元之间的冲动传递，恢复大脑功能，使部分患者苏醒，对肝功能无改善作用。消化性溃疡、高血压、糖尿病、精神病、心律失常和闭角型青光眼患者禁用。

谷氨酸

谷氨酸(glutamic acid)能与血氨结合生成无毒的谷氨酰胺，经肾小管细胞将氨分泌于尿中而排出体外，使血氨降低；同时，参与血氨合成尿素的过程；此外，谷氨酸还参与脑内蛋白质及糖类的代谢，促进氧化过程，改善中枢神经系统功能。临床用于防治各种原因引起的肝昏迷、肝昏迷前期、肝昏迷恢复期和严重肝功能不全。静脉滴注过速可引起恶心、呕吐、腹痛、流涎、潮红，过量可发生低血钾和碱中毒。

乳果糖

乳果糖口服到达结肠后，被细菌分解为乳酸和乙酸，使肠道呈酸性，释放出 H^+ 与 NH_3 结合成 NH^{4+} 从肠道排出而降低血氨。乳果糖亦具有导泻作用(详见本章第二节)。主要用于血氨升高的肝性脑病，也用于导泻。常见不良反应有恶心、呕吐、腹痛、腹泻等。

（三）抗肝纤维化药

秋水仙碱为抗痛风和抗肿瘤药，近年来大量实验表明其可抑制四氯化碳引起的肝损伤，阻止结缔组织增生，减慢肝纤维化进程，减轻肝脏炎性细胞浸润，改善肝脏微循环，促进肝细胞增生和解毒作用；抑制前胶原纤维在微管的分泌和聚集，从而抑制肝纤维化。亦有抗肝炎病毒及降低丙氨酸氨基转移酶的作用。临床用于治疗肝纤维化。因本药不良反应多，非特殊需要，不宜选用。

第四节　治疗急性胰腺炎的药物

急性胰腺炎是比较常见的一种急腹症，是由多种病因（如大量饮酒、胆石症和暴饮暴食、手术与创伤、内分泌与代谢障碍、感染、药物因素等）导致胰酶在胰腺内被激活，引起胰腺组织自身消化、水肿、出血甚至坏死的炎症反应。临床以急性上腹痛、恶心、呕吐、发热和血胰酶增高为主要特点。临床轻者多见以胰腺水肿为主，病情常呈自限性，预后良好，而少数重症患者的胰腺发生出血坏死，常继发感染、腹膜炎和休克等多种并发症，病死率高。

急性胰腺炎的治疗目的主要包括抑制胰液分泌，对症支持治疗，并发症的监测和治疗。常用抑制胰液分泌的药物如抗胆碱药物阿托品、胃酸分泌抑制剂西咪替丁和奥美拉唑、氟尿嘧啶，抑肽酶能抑制胰蛋白酶、激肽酶、纤溶酶的分泌，以前为急性胰腺炎治疗的重要药物，但由于严重的并发症甚至可引起死亡，现已作为限制性使用药物。而生长抑素和奥曲肽等为主要治疗药物。

生长抑素

生长抑素（somatostatin）为存在于胃黏膜、胰岛、胃肠道神经、垂体后叶和中枢神经系统中的肽激素。

【药理作用】

（1）抑制生长激素、促甲状腺激素、胰岛素和胰高血糖素的分泌。

（2）减少胰腺的内外分泌以及胃、小肠和胆囊的分泌，降低酶活性，对胰腺细胞有保护作用。

（3）抑制5-肽胃泌素刺激引起的胃酸分泌，亦可抑制胃蛋白酶、胃泌素的释放。

（4）显著减少内脏血流，降低门静脉压力，降低侧支循环的血流和压力，减少肝脏血流量。

（5）影响胃肠道吸收和营养功能。

【临床应用】

（1）预防和治疗急性胰腺炎及其并发症。

（2）用于肝硬化门脉高压所致的食管静脉出血。

（3）消化性溃疡、应激性溃疡和糜烂性胃炎所致的上消化道出血。

（4）胰、胆、肠瘘的辅助治疗。

（5）其他：肢端肥大症、胃泌素瘤、胰岛素瘤及血管活性肠肽瘤。

奥曲肽

奥曲肽（octreotide）为一种人工合成的拟生长抑素八肽，具有与内源性生长抑素类似的作用，作用较强而持久，$t_{1/2}$较生长抑素长。

【体内过程】

奥曲肽肌内注射生物利用度为100%，皮下注射生物利用度约为60%。血浆蛋白结合率为65%，经肝脏代谢，$t_{1/2}$约2 h。

【药理作用】

（1）抑制生长激素、促甲状腺素、胃肠道和胰内分泌激素的病理性过多分泌，对胃酸、胰酶、胰岛素和胰高血糖素的分泌亦有抑制作用。

（2）降低胃运动和胆囊排空，抑制胆囊排空和缩胆囊素的分泌，减少胰腺分泌，对胰腺实质细胞膜有保护作用。

（3）抑制胃肠蠕动，减少内脏血流量、降低门脉压力，减少肠道过度分泌，并增强肠道对水和钠离子的吸收。

【临床应用】

(1) 重型胰腺炎。

(2) 门脉高压引起的食管静脉曲张出血。

(3) 应激性溃疡及消化道出血。

(4) 缓解由胃、肠及胰内分泌系统肿瘤所引起的症状。

(5) 胃肠道瘘管。

(6) 肢端肥大症。

【不良反应】

不良反应主要表现为头痛、甲状腺功能减退、心脏传导异常、胃肠道反应、胆结石、胰岛素释放减少等。

小 结

治疗消化性溃疡的药物包括抗酸药,抑制胃酸分泌药,胃黏膜保护药和抗幽门螺杆菌药。抗酸药单纯中和胃酸,可作对症使用。抑制胃酸分泌药包括质子泵抑制剂、H_2受体拮抗剂、M受体拮抗剂、胃泌素受体拮抗剂和钾离子竞争性酸阻滞剂。胃黏膜保护药通过增加胃黏液或碳酸氢盐的分泌,促进胃黏膜细胞合成前列腺素,增加胃黏膜血流量,促进组织修复和溃疡愈合。抗幽门螺杆菌药如胃黏膜保护药等,抗幽门螺杆菌作用较弱,需要与抗生素联合使用。

止吐药包括H_1受体拮抗剂如苯海拉明等和M受体拮抗剂如东莨菪碱等,两类药均用于预防和治疗晕动病、内耳性眩晕病引起的呕吐。甲氧氯普胺、多潘立酮通过拮抗D_2受体产生止吐作用。5-HT_3受体拮抗剂对多巴胺受体激动剂阿扑吗啡引起的呕吐和前庭功能紊乱所致的呕吐无效,主要用于肿瘤化疗、放疗造成的恶心、呕吐;5-HT_4受体激动剂用于功能性消化不良。止泻药包括抑制肠蠕动药、收敛药、吸附药,临床用于急、慢性功能性腹泻。泻药分为容积性泻药、刺激性泻药和润滑性泻药三类,常用药物有硫酸镁、酚酞等,临床主要用于功能性便秘。

口服鹅去氧胆酸或熊去氧胆酸能减少胆固醇的合成和分泌,有助于溶化胆固醇胆结石等。

联苯双酯和马洛替酯主要用于急、慢性肝炎;左旋多巴通过拮抗伪递质,谷氨酸和乳果糖可降低血氨,用于肝性脑病。生长抑素和奥曲肽主要通过抑制胰液分泌用于胰腺炎治疗。

【思考题】

1. 治疗消化性溃疡药物分为哪几类?代表药物和作用机制是什么?
2. 患者,男,38岁。嗳气、反酸、上腹胀反复发作6年。经常服用雷尼替丁,效果不佳。辅助检查心肺正常,B超未见肝胆胰脾肾异常,胃镜检查发现十二指肠球部溃疡,幽门螺杆菌阳性。临床诊断:十二指肠球部溃疡。试给予药物治疗方案,并说明依据。
3. 抗血小板药氯吡格雷能不能与奥美拉唑合用?请阐述其理由。是否所有的质子泵抑制剂都不能与氯吡格雷联用?

(罗 映)

※ 课程PPT

第二十九章
课程PPT

第三十章

血液系统和造血系统药物

学习目标

【知识目标】

1. 掌握　肝素、低分子量肝素、华法林、尿激酶、链激酶、组织型纤溶酶原激活物(t-PA)、维生素K、氯吡格雷、铁剂、维生素B_{12}、叶酸、抗血小板药物的药理作用机制、作用特点、临床应用和不良反应。

2. 熟悉　氨甲苯酸、氨甲环酸、右旋糖酐以及促红细胞、白细胞和血小板生成药的作用特点及应用。

3. 了解　凝血因子制剂、促血液成分生成的辅助性药物的特点和应用。

【能力目标】

1. 能把作用于血液及造血系统的药物的药理学基础理论与临床实际相结合。

2. 能将章节相关知识用于指导临床相关疾病药物治疗。

【素质目标】

通过学习抗凝血药物发展史，建立医学科学的传承与创新理念。

第一节　抗凝血药

机体通过血液中凝血和抗凝血、纤溶和抗纤溶系统的动态调节，维持血液的流动性，若该动态调节功能被打破，可导致血栓栓塞性疾病或出血性疾病。

血液凝固是血液形成血凝块的过程，是在机体多种凝血因子参与下的一系列蛋白水解、活化的连锁反应，是血管损伤后机体为了避免出血、血液丢失而发生的正常生理过程，包括内源性凝血途径、外源性凝血途径及共同凝血途径，最终生成纤维蛋白，形成血凝块，而纤维蛋白又可在机体抗凝因子作用下被降解而产生抗凝作用(图30-1)。

1916年，在约翰斯·霍普金斯大学的威廉·豪厄尔(William Howell)指导下，二年级学生麦克廉(McLean)在对促凝血制剂进行观察时，从犬肝脏分离到脂溶性抗凝血物质，Howell将其与后来发现的水溶性多糖统一命名为肝素。1933～1937年，人们逐渐获得了易于提取、安全性高、抗凝血作用强的肝素。1939年，布林克豪斯(Brinkhous)及其同事发现肝素的抗凝血作用是通过一种内源性血浆成分介导的，并将其命名为肝素辅因子，30年后得到了纯化的抗凝血酶Ⅲ。

20世纪20年代早期，北美和加拿大暴发牛群出血性疾病，只要经历小的创伤和手术，牛必然遭受致死性出血。1921年，兽医病理学家弗兰克·斯科菲尔德(Frank Schofield)通过实验发现这与牛群摄取了发霉的芳香三叶草有关，1929年美国北达科他州的兽医证明引起该疾病的原因是缺乏凝血酶原。1933年，威斯康星州大学的卡尔·保罗·林克(Karl Paul Link)及其同事从发霉的芳香三叶草提取出致出血的物质香豆素，经降解后得到双香豆素，双香豆素被认为是发酵而来的真菌毒素，并在1941年申请了专利。林克以香豆素为基础继续研发杀鼠药，1948年得到华法林并将其作为杀鼠药物在美国上市。1951 年，一位美国士兵服杀鼠药华法林自杀，用维生素 K 得以解救，开启了华法林作为人口服抗凝剂研究的大门，华法林于 1954 年批准上市，1978 年证明了其抑制环氧化物还原酶，干扰维生素 K 代谢的抗凝机制。

资料来源：

DUXBURY B M, POLLER L, 2001. The oral anticoagulant saga: past, present, and future. Clin Appl Thromb Hemost, 7(4): 269 - 275.

KRESGE N, SIMONI R D, HILL R L, 2005. Hemorrhagic sweet clover disease, dicumarol, and warfarin: the work of Karl Paul Link. J Biol Chem, 280(8): e6 - e7.

LINK K P, 1959. The discovery of dicumarol and its sequels. Circulation, 19(1): 97 - 107.

NISAR T, SUTHERLAND-FOGGIO H, HUSAR W, 2020. Rural origins of warfarin. Lancet Neurol, 19(1): 35.

WARDROP D, KEELING D, 2008. The story of the discovery of heparin and warfarin. Br J Haematol, 141(6): 757 - 763.

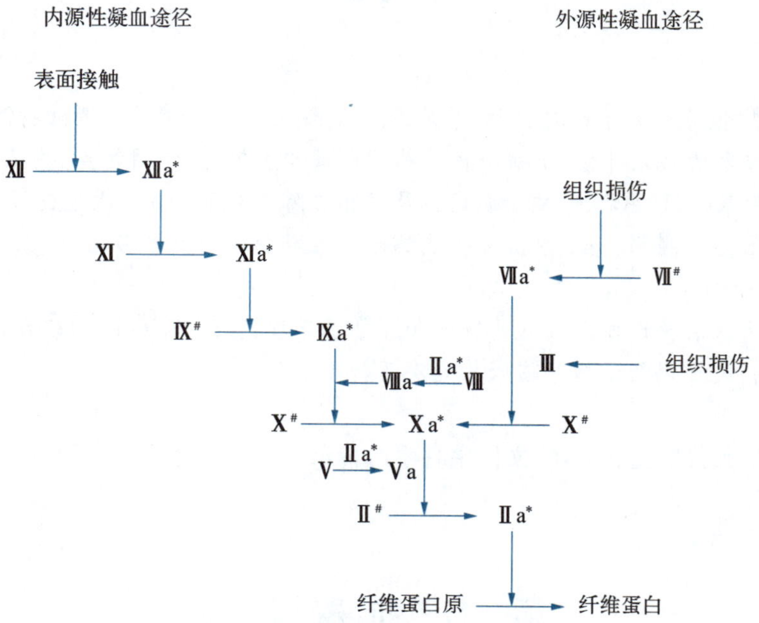

图 30 - 1　凝血过程及常用抗凝药作用靶点

* 为肝素主要作用点；# 为香豆素类药物主要作用点

肝　素

肝素(heparin)为机体肥大细胞和嗜碱性粒细胞分泌的氨基葡聚糖，机体组织中肺含量最高，但因最早发现于肝脏而得名。药用肝素主要从猪小肠黏膜或猪、牛肺中提取，化学结构为硫酸化的 *L* -艾杜糖醛酸、*D* -葡萄糖胺和 *D* -葡萄糖醛酸交替组成的氨基葡聚糖，天然肝素分子量为 5 000～30 000 Da，药用肝素分子量为 12 000～15 000 Da，其中硫酸根约占 40%。

【体内过程】

肝素为带大量负电荷的大分子氨基葡聚糖，口服后在肠道被破坏而失活，肌内注射易导致血肿，皮下注射吸收缓慢而不规则，所以常需要静脉给药。静脉注射后起效迅速，大部分被巨噬细胞内吞、降解，少量以原型从尿缓慢排泄。肝素静脉注射的 $t_{1/2}$ 为 1～5 h，可因剂量增加而延长。肺气肿、肺栓塞及肝肾功能严重障碍的患者，$t_{1/2}$ 明显延长。

【药理作用】

(1) 抗凝血作用：肝素在体内、体外均有强大的抗凝作用，可阻止血栓形成和延长血栓形成时间，但不能溶解血栓。静脉注射后迅速起效，血液凝固时间及部分凝血酶时间均明显延长，而对凝血酶原时间影响弱。

抗凝血酶Ⅲ(antithrombin Ⅲ, AT -Ⅲ)为一种丝氨酸蛋白酶抑制剂，为分子量 58 000 Da 的糖基化多肽，能等摩尔地与丝氨酸蛋白酶类凝血因子包括Ⅱa、Ⅻa、Ⅺa、Ⅸa、Ⅹa 的丝氨酸活性部位结合，使这些凝血因子失活，但在正常情况下该反应速度较慢。肝素与抗凝血酶Ⅲ赖氨酸结合，使抗凝血酶Ⅲ空间构象发生变化，活性中心精氨酸暴露，与凝血因子结合更易，可使Ⅹa凝血因子失活速率提高500～1 000倍，Ⅱa失活速率提高2 000～4 000倍，抗凝作用因而加强。肝素激活抗凝血酶Ⅲ后迅速解离，可循环利用，而抗凝血酶Ⅲ可被中性粒细胞弹性蛋白酶灭活，由于长期使用而耗竭。

（2）其他作用：除抗凝作用外，肝素可激活纤溶系统，抑制血小板聚集，促进血管内皮释放脂蛋白脂肪酶，抑制血管内皮细胞增生和产生抗炎作用。

【临床应用】

（1）血栓栓塞性疾病：肝素可抑制血栓的形成和扩大，临床主要用于心肌梗死、肺栓塞、脑血管栓塞、外周静脉血栓和心血管手术时栓塞等。对于急性动、静脉血栓形成，肝素可产生快速抗凝作用。

（2）弥散性血管内凝血：早期由于发生凝血使纤维蛋白原及其他凝血因子耗竭而发生严重的继发性出血，而早期静脉注射肝素可防止凝血因子的消耗。

（3）体外抗凝：用于输血、心导管检查、体外循环和血液透析等的抗凝。

（4）防止心肌梗死、脑梗死、心血管手术及外周静脉术后血栓形成：心肌梗死后用肝素可预防高危患者发生静脉血栓栓塞性疾病，并预防大块前壁心肌梗死患者发生动脉栓塞。

【不良反应】

（1）出血：过量易致出血，应严格控制用量，并严密监测凝血时间，一旦出血立即停药，用硫酸鱼精蛋白对抗，1.0～1.5 mg硫酸鱼精蛋白大约可对抗100 U肝素，但硫酸鱼精蛋白剂量过大本身也产生抗凝血作用。

（2）血小板减少：发生率约5%，多发生于肝素使用的第7～10日，其机制可能是肝素与血小板因子4形成复合物，刺激机体产生抗血小板特异性抗体。一旦出现血小板减少，应停药，由于肝素与低分子量肝素存在交叉反应，而不能将肝素换为低分子量肝素，但可换用重组水蛭素、阿加曲班和磺达肝癸钠等。

（3）过敏反应：偶见发热、哮喘、荨麻疹、鼻炎、结膜炎。

（4）转氨酶升高，但与肝功能异常无关，停药可消失；血钾升高，可能与肝素抑制醛固酮合成有关；长期使用可致骨质疏松。

【禁忌证】

血小板功能不全和血小板减少症、严重高血压、活动性肺结核、内脏肿瘤、溃疡、脑出血及亚急性心内膜炎、孕妇、先兆流产、肾功能不全、外科手术后及血友病患者。不能与碱性药物合用。

低分子量肝素

低分子量肝素(low molecular weight heparin, LMWH)是由普通肝素分离制备获得的，分子量为1 000～10 000 Da，平均分子量一般为4 500 Da，其药效学及药代动力学特性与普通肝素不同。

特点：由于分子量小，组分相对均一，皮下注射吸收比肝素规则，药代动力学特征更具可预见性，生物利用度为90%，$t_{1/2}$长于肝素，为4～5 h；由于分子量小，与抗凝血酶Ⅲ形成复合物后，不能结合凝血因子Ⅱa，因而与凝血因子Ⅹa结合选择性高，选择性抑制凝血因子Ⅹa活性（一分子凝血因子Ⅹa可催化大约1 000分子凝血酶生成），而对凝血因子Ⅱa及其他凝血因子作用较弱，不影响已形成的凝血酶，残存的凝血酶足以保证初级止血功能，所以抗血栓作用强，抗凝作用弱；主要用于高危患者的静脉血栓栓塞的预防，治疗静脉血栓形成、肺动脉栓塞、不稳定型心绞痛；出血发生率低于肝素，不需要监测活化部分凝血激酶时间(activated partial thromboplastin time, APTT)，但肾功能不良患者仍需要监测活化部分凝血活酶时间；血小板减少症和骨质疏松发生率低于肝素；严重出血可用鱼精蛋白对抗，但效果不及肝素；安全性高，毒性小，可用于门诊患者。

临床常用的低分子量肝素有替地肝素(tedelparin)、依诺肝素(enoxaparin)、瑞维肝素(reviparin)、弗希肝素(fraxiparin)、洛吉肝素(logiparin)、亭扎肝素(tinzaparin)、洛莫肝素(lomoparin)、那屈肝素(nadroparin)等，由于这些肝素的分子量和硫酸化程度不同，药代动力学特征不完全相同。

磺达肝癸钠

磺达肝癸钠(fondaparinux)为人工合成的戊糖聚合物，分子量为1 500 Da。皮下注射吸收完全而规则，达峰时间为2 h，血浆蛋白结合率为94%，主要以原型从肾脏排泄，$t_{1/2}$为17～21 h。仅与Ⅹa结合，因而选择性抑制Ⅹa活性。用途与低分子量肝素相似，更少见血小板减少等不良反应，肾功能不良患者禁用。

硫酸皮肤素

硫酸皮肤素(dermatan sulfate)主要存在于皮肤、血管、心瓣膜和肌腱,为由 *N*-乙酰氨基半乳糖和 *L*-艾杜糖醛酸双糖重复单位构成的氨基葡聚糖,药用硫酸皮肤素从猪皮和牛肺等组织中提取。硫酸皮肤素能激活血浆蛋白酶抑制剂肝素辅因子Ⅱ(HCⅡ),增强 HCⅡ对凝血酶活性的抑制作用。口服可吸收,体外具有抗凝作用,体内给药可用于治疗血栓性疾病,较少发生出血等不良反应。

达那肝素

达那肝素(danaparoid)是非肝素氨基葡聚糖混合物,含 84%硫酸乙酰肝素、12%硫酸皮肤素和 4%硫酸软骨素,平均分子量为 5 500 Da。达那肝素能增强抗凝血酶Ⅲ对Ⅹa 的灭活,治疗剂量下不明显延长凝血酶原时间(prothrombin time,PT)和活化部分凝血活酶时间。主要用于预防深部静脉血栓形成,也可用于肝素致血小板减少患者的抗凝。不良反应主要为出血,由于结构与肝素有一定的相似性而导致血小板减少,由于可致过敏而加重哮喘。

水蛭素

海克拉夫特(Haycraft)在 1884 年发现药用水蛭唾液中含有强抗凝活性的物质,并将其命名水蛭素(hirudin),1950 年分离得到该物质,1976 年明确其结构为含 65 个氨基酸的多肽。水蛭素为天然存在的最强的凝血酶抑制剂,其抗凝作用不依赖于抗凝血酶Ⅲ,能紧密结合凝血酶的催化位点和底物结合位点,使凝血酶的蛋白水解功能受到抑制,纤维蛋白生成受阻而发挥抗凝作用;也能灭活与纤维蛋白结合的凝血酶,对已形成的血栓有溶栓作用。

来匹卢定

来匹卢定(lepirudin)为重组水蛭素,氨基酸序列与天然水蛭素极为相似,仅氨基末端一个异亮氨酸被亮氨酸取代,63 位酪氨酸残基上无硫酸。口服不易吸收,需要注射给药。$t_{1/2}$为 1.3 h,大部分以原型经肾脏排出,肾功能不全者排出时间延长。主要用于肝素诱导血小板减少性血栓症;也用于预防手术后的血栓形成,防治冠状动脉成形术后再狭窄、不稳定型心绞痛、弥散性血管内凝血、血液透析中血栓形成以及急性心肌梗死后溶栓的辅助治疗等。对血小板影响小,较少引起出血,但存在抗原性。同类药物地西卢定(desirudin)为合成的重组水蛭素,63 位酪氨酸残基上无硫酸。比伐卢定(bivalirudin)为人工合成的由 20 个氨基酸组成的水蛭素类似短肽。

阿加曲班

阿加曲班(argatroban)为人工合成的精氨酸衍生物,属小分子的凝血酶抑制剂,与来匹卢定作用相似,抗凝作用不依赖于抗凝血酶Ⅲ,与凝血酶的催化位点紧密结合,对与纤维蛋白结合的血栓的作用优于肝素和水蛭素。静脉给药,血浆蛋白结合率约 54%,$t_{1/2}$为 40~50 min,经肝脏代谢,经胆汁排泄,肝功能不良的患者$t_{1/2}$可延长到原来的 3 倍,而肾功能不良患者不需要调整剂量。

华法林

华法林(warfarin)又名苄丙酮香豆素,为香豆素类抗凝剂(coumarin anticoagulants)的主要代表,其他香豆素类抗凝剂还有双香豆素(dicoumarol)、双香豆素乙酯(ethyl biscoumacetate,双香豆素醋酸乙酯)、醋硝香豆素(acenocoumarol,硝苄丙酮香豆素)等。它们均具有 4-羟基香豆素的结构,作用和用途相似,而所用剂量多少、作用快慢和维持时间长短有所不同。

【体内过程】

华法林口服在胃肠道吸收迅速,生物利用度近 100%,血浆蛋白结合率为 99.5%,主要与血液中白蛋白结合,分布容积很小。*S*-华法林主要经肝 CYP2C9 其次经 CYP2C19、CYP2C18 代谢,*R*-华法林主要经肝 CYP2C19、CYP2C8、CYP1A2 和 CYP3A4 代谢,代谢产物超过 90%经肾排泄,$t_{1/2}$约为 40 h。

【药理作用】

氢醌型维生素 K 是γ-谷氨酰羧化酶的辅酶,在此羧化反应发生的同时,氢醌型维生素 K 转变为维生素 K 环氧化物,维生素 K 环氧化物需要在维生素 K 环氧化物还原酶的作用下才能转变为氢醌型维生素 K,而香豆素类药物的结构与维生素 K 相似,能竞争性抑制维生素 K 环氧化物还原酶,阻止氢醌型维生素 K 的生成,从而阻止凝血因子Ⅱ、凝血因子Ⅶ、凝血因子Ⅸ、凝血因子Ⅹ以及抗凝蛋白 C 和抗凝蛋白 S 的前体谷氨酸

残基 γ-羧化，使凝血因子停留在前体阶段，发挥抗凝作用，故体外无抗凝作用。华法林对已经羧化的凝血因子无影响，由于需要等凝血因子Ⅱ、凝血因子Ⅶ、凝血因子Ⅸ、凝血因子Ⅹ、抗凝蛋白C和抗凝蛋白S耗竭后才产生作用，其清除时间分别为 50 h、6 h、24 h、36 h、8 h 和 30 h，因此起效时间至少需要 8～12 h，而真正达到良好的抗凝作用需要几日，停药后因各凝血因子的重新形成需要一定的时间，故作用时间可持续 3～14 日。需要注意的是，其由于也抑制了抗凝蛋白C和抗凝蛋白S的形成，在开始用药的 36 h 内可能会导致凝血倾向。

【临床应用】

华法林常规应用于血栓性疾病的预防和降低凝血倾向，如心房颤动和心脏瓣膜病所致血栓栓塞；心脏瓣膜修复术后患者需要长期服用华法林；肺栓塞、深部静脉血栓形成患者，用肝素或溶栓药后，常规用华法林维持 3～16 个月，预防复发。与肝素相比，香豆素类口服有效，但是起效慢，维持时间长，加上遗传因素导致剂量不易控制，必须密切监测凝血功能，可能将被口服的凝血因子Ⅹa 抑制剂和凝血因子Ⅱa 抑制剂所取代。

【不良反应】

华法林过量易引起出血，应密切监测凝血酶原时间。一旦发生出血倾向，应立即停药，给予维生素K对抗，一般在给药 24 h 后，凝血酶原时间可恢复正常；如果发生严重出血，还应配合使用复合因子Ⅸ浓缩剂或新鲜血浆。华法林易通过胎盘屏障，可导致胎儿凝血障碍，尚可致胎儿骨骼形成异常，所以孕妇禁用。华法林可致皮肤坏死，可能与抗凝蛋白C缺乏有关，还可增加骨质疏松的风险。

【药物相互作用】

华法林合用肝药酶抑制剂如西咪替丁等，可增强抗凝作用；合用肝药酶诱导剂如巴比妥类等，可减弱其抗凝作用；合用血浆蛋白结合率高的药物如保泰松、甲苯磺丁脲等时，可能增强抗凝作用；与广谱抗生素、血小板抑制剂如阿司匹林，可发生协同抗凝作用。

利伐沙班

利伐沙班(rivaroxaban)是噁唑烷酮类衍生物，口服容易吸收，不受食物影响，生物利用度为 80%～100%，2～4 h 达峰浓度，与白蛋白结合率大于 90%，2/3 由肝 CYP3A4、CYP3A5 和 CYP2J2 代谢，约 1/3 以原型经肾排泄，$t_{1/2}$为 7～11 h。

作为新型的口服抗凝药物，高度选择性地竞争抑制呈游离状态和与凝血酶原结合的凝血因子Ⅹa，对血小板聚集没有直接作用。与华法林相比，利伐沙班治疗窗宽，吸收不受食物与其他药物的影响，量效关系稳定，凝血因子Ⅹa 抑制可维持 24 h，出血风险低，剂量调整无须常规凝血功能监测。由于利伐沙班可以简化术后的抗凝治疗方案，主要用于预防髋关节和膝关节置换术后患者深静脉血栓和肺栓塞的形成，也可用于预防非瓣膜性心房纤颤患者脑卒中和非中枢神经系统性栓塞，降低冠状动脉综合征复发的风险等。常见不良反应有转氨酶升高、贫血、恶心、术后出血等。出血一旦发生，可考虑用安德剎特 α(andexanet alfa)对抗。同类药物有奥米沙班(otamixaban)、阿哌沙班(apixaban)等。

达比加群

达比加群(dabigatran)是合成的非肽类凝血酶直接抑制剂，与凝血酶的纤维蛋白特异结合位点特异结合，阻止纤维蛋白原裂解为纤维蛋白，抑制凝血酶诱导的血小板活化和聚集。具有可口服、强效、用药无须特殊凝血功能监测、与 CYP450 没有相互作用、与低分子量肝素有相似的效应等特点。一旦发生出血，可使用依达赛珠单抗(idarucizumab)对抗。

达比加群酯为达比加群前体药物，口服经胃肠吸收后，经肠道和肝羧酸酯酶转化为具有抗凝血活性的达比加群。胶囊剂型的生物利用度约 7%，2 h 达峰，血浆蛋白结合率达 35%，达比加群不被肝代谢，不影响肝药酶。主要以原型经肾排泄，$t_{1/2}$为 12～17 h。

达比加群对预防深静脉血栓和肺动脉栓塞有较好的作用。达比加群酯目前适应证仅为关节置换术后血栓形成的预防，特别适合需要长期用药时替代肝素，对深静脉血栓的作用并不优于肝素。达比加群临床研究用于包括非瓣膜性心房颤动、急性冠脉综合征、急性症状性静脉血栓形成和缺血性脑卒中等血栓形成，主要不良反应为胃肠出血、消化不良，可能与达比加群含酒石酸，可降低 pH 有关，还可增加心肌梗死的风险。肾功能不全者禁用。

第二节 抗血小板药

血小板具有黏附、聚集和释放功能，是血栓形成特别是动脉系统血栓形成的重要因素之一。血小板功能主要受三大类物质调节。第一类是产生于血小板，并作用于血小板内部的物质如 TXA_2、cAMP、前列腺素内环氧化物和 cGMP；第二类是产生于血小板并作用于血小板膜表面受体的物质如 5-羟色胺、PGD_2、PGE_2和二磷酸腺苷(adenosine diphosphate, ADP)等；第三类是产生于血小板外并作用于血小板膜上受体的物质如凝血酶、胶原、儿茶酚胺和 PGI_2等。抗血小板药(antiplatelet drug)是一大类能减少血小板聚集，抑制血栓形成的药物，根据血小板功能调节的环节分为三类：第一类为影响血小板代谢酶的药，如 TXA_2合成酶抑制剂(利多格雷)、COX 抑制剂(阿司匹林)、磷酸二酯酶抑制剂(双嘧达莫)和前列腺素类药物(PGI_2)等；第二类为 ADP 拮抗剂，如噻氯匹定和氯吡格雷等；第三类为血小板膜糖蛋白Ⅱb/Ⅲa 受体拮抗剂，如阿昔单抗等。

一、影响血小板代谢酶的药

(一) TXA_2 合成酶抑制剂

奥扎格雷

奥扎格雷(ozagrel)，注射给药的 $t_{1/2}$约 2 h，从肾排泄。抑制 TXA_2合成酶，减少 TXA_2的合成，抑制血小板聚集，解除血管痉挛。用于急性栓塞性脑梗死、蛛网膜下腔出血、手术后血管痉挛及其并发脑缺血症状的改善、支气管哮喘治疗。不良反应表现为转氨酶升高、胃肠道反应、过敏、出血倾向等。

利多格雷

利多格雷(ridogrel)抑制 TXA_2合成酶作用强，可减少 TXA_2的合成，中等程度拮抗 TXA_2受体，拮抗 TXA_2的作用。主要用于心肌梗死、心绞痛及缺血性脑卒中的治疗，但有研究表明其对血小板血栓及冠状动脉血栓的作用并不优于阿司匹林及水蛭素。不良反应主要为轻度胃肠道反应等。

吡考他胺(picotamide)同样为 TXA_2合成酶抑制剂和 TXA_2受体拮抗剂。伊非曲班为选择性 TXA_2受体拮抗剂。

(二) COX 抑制剂

阿司匹林

阿司匹林为 COX 抑制剂的代表药物，由于其含有乙酰基团结构，在小剂量时能使血小板 COX-1 乙酰化，持久抑制 COX-1，从而减少 TXA_2的生成，对其他 COX 酶的抑制作用弱。主要用于防治心脑血管血栓形成。

(三) 磷酸二酯酶抑制剂

双嘧达莫

双嘧达莫(dipyridamole)可通过多重机制发挥体内外抗凝作用，如激活腺苷酸环化酶、抑制磷酸二酯酶、抑制腺苷摄取，从而增加 cGMP 的浓度；可直接刺激血管内皮细胞产生 PGI_2、通过抑制 TXA_2合成酶减少血小板 TXA_2生成，从而抑制血小板聚集，但作用弱，多与阿司匹林、华法林等合用。口服易吸收，达峰时间约 75 min，血浆蛋白结合率高(91%～99%)，$t_{1/2}$为 10～12 h。由肝代谢，主要经肾脏排出。不良反应有头痛头晕、呕吐、腹泻、皮疹和瘙痒，罕见心绞痛和肝功能不全。

西洛他唑

西洛他唑(cilostazol)为磷酸二酯酶-3(phosphodiesterase-3, PDE-3)抑制剂，增加 cGMP 的浓度，口服易吸收，血浆蛋白结合率为 95%～98%，$t_{1/2}$为 1～13 h。由肝 CYP3A4 和 CYP2C19 代谢，主要经肾脏排泄。主要用于外周血管疾病导致的间歇性跛行。不良反应有头痛、腹泻、心率加快等。

(四) 前列腺素类药物

内源性 PGI_2由血管内皮细胞合成，具有强大的抗血小板聚集及松弛血管平滑肌作用，药用依前列醇为

PGI_2 人工合成品。PGI_2 通过激动 PGI_2 受体，激活腺苷酸环化酶，增加 cAMP 含量，促进细胞质内游离钙离子浓度降低，因而抑制血小板聚集和分泌，扩张血管，用于急性心肌梗死等。PGI_2 性质不稳定，作用时间短，$t_{1/2}$ 为 3～5 min。静脉滴注时常见头痛、眩晕、血压下降、心率增加等。

二、ADP 拮抗剂

血小板上存在的嘌呤能受体 P2Y 为 ADP 受体。ADP 激活 P2Y 受体，使血小板膜糖蛋白Ⅱb/Ⅲa 空间构象发生改变，纤维蛋白原结合位点充分暴露，促进纤维蛋白原与血小板膜糖蛋白Ⅱb/Ⅲa 结合，导致血小板聚集。血小板 P2Y 受体主要有 P2Y1 和 P2Y12 两种亚型，抑制其中一种均可产生抗血小板作用。

噻氯匹定

噻氯匹定(ticlopidine)为噻吩并吡啶的衍生物，能选择性和特异性地干扰 ADP 介导的血小板活化，不可逆地抑制血小板聚集和黏附。口服吸收迅速，生物利用度大于 80%，血浆蛋白结合率为 98%，经肝代谢，$t_{1/2}$ 约为 12 h，以肾排泄为主。作用缓慢，口服给药 3～5 日见效，5～6 日疗效达高峰，停药后作用可持续 10 日。该药不可逆拮抗 P2Y12 受体，从而抑制血小板聚集。可用于脑卒中、不稳定型心绞痛继发的心脑血管血栓的预防，疗效至少与阿司匹林相当，主要适用于阿司匹林不能耐受或者需要合用的患者。不良反应主要为过敏、恶心、呕吐、腹泻、出血，可发生严重的中性粒细胞减少和血小板减少。

氯吡格雷

氯吡格雷(clopidogrel)为继噻氯匹定之后的 P2Y12 受体拮抗剂，也属于噻吩并吡啶的衍生物。口服生物利用度大于 50%，血浆蛋白结合率为 94%～98%，主要经肝 CYP2C19 代谢为活性产物，$t_{1/2}$ 为 7～8 h，经肾和胆汁排泄。其主要优点是抗血小板聚集作用强于噻氯匹定，而不良反应轻，较少发生中性粒细胞减少和血小板减少。但仍有抗血小板作用较弱、起效比噻氯匹定慢(需要负荷剂量)和个体差异大的缺点。个体差异大主要是由于 CYP2C19 的遗传多态性决定。主要不良反应是胃肠道反应、栓塞性血小板减少。

普拉格雷

普拉格雷(prasugrel)属于新型噻吩并吡啶的衍生物，与噻氯匹定、氯吡格雷同样为前药。口服吸收迅速，生物利用度大于 79%，血浆蛋白结合率为 98%，在肠和血清酯酶、肝 CYP450 的作用下转化为活性产物，不可逆结合 P2Y12 受体。抗血小板聚集作用比氯吡格雷强，起效比噻氯匹定快，能有效地降低非致死性心脏病和卒中导致的死亡，主要不良反应为出血，威胁生命的出血风险高于氯吡格雷。

替格瑞洛

替格瑞洛(ticagrelor)是一种环戊基三嘧啶类化合物，口服生物利用度为 36%，血浆蛋白结合率大于 99%，经肝 CYP3A4 代谢，$t_{1/2}$ 约为 7 h，主要经胆汁排泄。替格瑞洛及其主要代谢产物可与血小板 P2Y12 受体可逆性结合并可抑制 P2Y12 受体。由于替格瑞洛与 P2Y12 受体结合是可逆的，停药后血小板功能很快得到恢复，在停药 1～5 日后出血率较低，更适合冠状动脉搭桥患者。作用比氯吡格雷强、快，更具出血可预见性，比氯吡格雷更能有效地降低心血管死亡率，本身具有活性而不依赖肝功能。缺点是 $t_{1/2}$ 短，需要每日 2 次服药，而依从性差；可引起呼吸困难等不良反应。此外，基于替格瑞洛与噻吩并吡啶类药物是一种不同化学分类的药物，因此将原中文用名“替卡格雷”更换为“替格瑞洛”。该药物为 P-糖蛋白的抑制剂，可能影响地高辛等药物的血药浓度。

三、血小板膜糖蛋白Ⅱb/Ⅲa 受体拮抗剂

阿昔单抗

阿昔单抗(abciximab)为血小板膜糖蛋白Ⅱb/Ⅲa 的人-鼠嵌合单克隆抗体，可竞争性地阻断纤维蛋白原与血小板膜糖蛋白Ⅱb/Ⅲa 受体结合，抑制血小板聚集。$t_{1/2}$ 短，为 10～30 min；而血小板结合时间长，停止静脉灌注后抑制作用可持续 18～48 h。具有作用强，不良反应少的特点。临床用于不稳定型心绞痛以及冠状动脉形成术后急性缺血性并发症的预防，可降低心肌梗死发生率。主要不良反应是出血，特别是胃肠道出血，可见血小板减少。

同类药物替罗非班(tirofiban)为人工合成的非肽小分子特异性血小板膜糖蛋白Ⅱb/Ⅲa 受体拮抗剂，具

有起效快、作用时间短(停药 4～8 h 后凝血参数可恢复正常)的特点。依替巴肽(eptifibatide)为响尾蛇毒液蛋白衍生的环七肽,对血小板膜糖蛋白Ⅱb/Ⅲa 受体选择性比阿昔单抗高,对玻璃黏附蛋白受体没有作用,$t_{1/2}$约为 2.5 h,而血小板结合时间短,作用时间较短,为 6～12 h。目前这些药物均需要静脉给药,可口服给药的特异性血小板膜糖蛋白Ⅱb/Ⅲa 受体拮抗剂正在研究中。

第三节 纤维蛋白溶解药

纤维蛋白溶解药能转化纤溶酶原为纤溶酶,从而溶解纤维蛋白,由于对已形成的血栓也有溶解作用,故此类药物也称为溶栓药。

链 激 酶

链激酶(streptokinase)为由β溶血性链球菌产生的一种蛋白质,分子量约 47 000 Da,本身没有酶活性,在与血浆纤溶酶原结合成复合物后,引起纤溶酶原构象变化,活性部位暴露,进一步催化纤溶酶原转变为纤溶酶,而纤溶酶能溶解刚形成的血栓中的纤维蛋白,使血栓溶解。$t_{1/2}$为 40～80 min。

链激酶主要用于急性血栓栓塞性疾病,如急性肺栓塞、深部静脉栓塞及导管给药所致的血栓及心梗的早期治疗,在血栓形成 6 h 内用药效果最佳。感染过链球菌的患者,体内有抗链激酶抗体,可拮抗其作用,故需要加大首剂负荷量;多次给药后机体易产生抗体,所以疗程一般不超过 4 日,之后可改用组织型纤溶酶原激活物(tissue-type plasminogen activator, t-PA)。

主要不良反应为注射部位血肿、过敏和出血。严重出血可用氨基己酸、对羧基苄胺等对抗。

尿 激 酶

尿激酶(urokinase)是从人尿中分离而得的类似胰蛋白酶的丝氨酸蛋白水解酶,是由肾脏产生的含 411 个氨基酸的双链丝氨酸蛋白酶,能直接激活纤溶酶原并将其转变为纤溶酶,溶解血栓。$t_{1/2}$为 15～20 min。临床用途和不良反应与链激酶相似,无抗原性但价格昂贵。

阿 尼 普 酶

阿尼普酶(anistreplase)为茴酰化纤溶酶原链激酶激活剂复合物。链激酶与赖氨酸纤溶酶原以 1∶1 形成的复合物,纤溶酶原由于被乙酰化而活性中心暂时被封闭,其进入血液后弥散到血栓的纤维蛋白表面,复合物的赖氨酸纤溶酶原活性部位与纤维蛋白结合,发生去乙酰化,活性部位重新开放,血栓中纤维蛋白表面的纤溶酶原激活为纤溶酶,从而溶解血栓。其抗栓作用具有较高的纤维蛋白溶栓作用选择性。$t_{1/2}$为 90 min 左右。主要用于发病 6 h 内的急性心肌梗死患者的血管再通。不良反应有出血、过敏及血压下降等。

阿 替 普 酶

血管内皮细胞能合成释放 t-PA,t-PA 为含 527 个氨基酸残基的丝氨酸蛋白酶,当循环中没有纤维蛋白存在时,t-PA 几乎没有纤溶酶原激活作用,对正常纤溶酶的产生没有明显影响,而与纤维蛋白、纤溶酶原结合为复合物后对纤溶酶原激活作用增加几百倍,发挥抗栓作用。阿替普酶(alteplase)为通过 DNA 重组技术制备获得的 t-PA,经肝脏代谢,$t_{1/2}$为 5 min 左右。临床上主要用于急性心肌梗死、脑卒中、肺栓塞的溶栓治疗,越早使用效果越好。价格昂贵,出血发生率相对较低,也可发生过敏反应、低血压等不良反应。

同类药物瑞替普酶(reteplase)为从大肠埃希菌中获得的重组单链非糖基化的人 t-PA,由 t-PA 的 527 个氨基酸中的 357 个氨基酸组成,$t_{1/2}$为 13～16 min。该药与纤维蛋白的亲和力小于阿替普酶与纤维蛋白的亲和力,因此在静脉灌注后能迅速进入血栓,发挥抗栓作用,从而降低出血风险。适应证和不良反应与阿替普酶相似。替奈普酶(tenecteplase)为从中华仓鼠卵巢细胞中获得的含 527 个氨基酸的修饰的人 t-PA cDNA 糖基化蛋白,与阿替普酶相比,其纤维蛋白选择性更高,更不易受到内源性纤溶酶原激活抑制剂的影响。

蚓 激 酶

蚓激酶(lumbrokinase)为从人工养殖的赤子爱胜蚓中提取的一组蛋白水解酶复合物,分子量为 16 000～45 000 Da。可以直接水解纤维蛋白,也可激活纤溶酶原并将其变成纤溶酶,间接水解纤维蛋白。主要用于短暂性脑缺血发作、脑梗死恢复期治疗和缺血性卒中二级预防，也可用于心肌梗死、不稳定型心绞痛、糖尿病血管并发症、眼底静脉血栓等血栓性疾病。为口服制剂。不良反应主要为轻度头痛、头晕、便秘、恶心等。

葡 激 酶

葡激酶(staphylokinase)为金黄色葡萄球菌合成的一种单链蛋白，由136个氨基酸组成，分子量为15 500 Da。药用品为重组葡激酶。作用机制与链激酶相同。$t_{1/2}$为70 min。主要用于急性心肌梗死等血栓栓塞性疾病。不良反应与链激酶相似。

第四节　促凝血药

促凝血药(coagulants)可通过激活凝血过程的某些凝血因子而参与凝血过程，主要用于某些凝血功能低下所致的出血性疾病的防治。

一、维生素 K

维生素K(vitamin K)为2-甲基-1,4-萘醌的衍生物，天然存在的维生素K_1、维生素K_2为脂溶性维生素，维生素K_1主要存在于绿色植物中，肠道细菌产生维生素K_2，并能把维生素K_1转变成维生素K_2。而维生素K_3、维生素K_4、维生素K_5由人工合成，主要为水溶性维生素。

【体内过程】

维生素K_1、维生素K_2口服吸收需要胆盐协助，维生素K_3、维生素K_4、维生素K_5从肠吸收不需要胆盐协助，可直接进入血液循环。各种维生素K肌内注射均可以很快被吸收，大部分以原型经胆汁或尿液排出。

【药理作用】

凝血因子Ⅱ、凝血因子Ⅶ、凝血因子Ⅸ、凝血因子Ⅹ、抗凝蛋白C和抗凝蛋白S前体在肝脏谷氨酸残基γ-羧化酶的作用下转变成凝血因子Ⅱ、凝血因子Ⅶ、凝血因子Ⅸ、凝血因子Ⅹ、抗凝蛋白C和抗凝蛋白S，该羧化酶的辅酶为氢醌型维生素K。在谷氨酸残基的γ-羧化作用的同时，氢醌型维生素K转化为氧化型维生素K，后者又在维生素K环氧化物还原酶的作用下，还原成氢醌型维生素K而循环再利用。

如果维生素K环氧化物还原酶被抑制，或维生素K摄取障碍，可使凝血因子Ⅱ、凝血因子Ⅶ、凝血因子Ⅸ、凝血因子Ⅹ合成减少，导致凝血酶原时间延长并引起出血。

维生素K_3微量脑室注射有明显镇痛作用，该作用可被纳洛酮拮抗，且维生素K_3与吗啡镇痛作用有交叉耐受现象。

【临床应用】

(1) 维生素K缺乏症：主要用于因阻塞性黄疸、胆瘘、胆汁分泌不足导致的维生素K吸收障碍；早产儿及新生儿肝脏维生素K合成不足、广谱抗生素长期使用导致维生素K合成不足等引起的出血性疾病。

(2) 抗凝药过量的解毒：双香豆素类或水杨酸过量引起的出血，维生素K可竞争性拮抗其抗凝的作用。

【不良反应】

不良反应少见，但维生素K_3具有一定毒性。静脉注射过快可出现面部潮红、出汗、胸闷、支气管痉挛，甚至血压急剧下降，危及生命。偶见过敏反应。口服维生素K_3、维生素K_4可引起恶心、呕吐等胃肠道反应；葡萄糖-6-磷酸脱氢酶缺乏症患者可诱发溶血性贫血。肝肾功能不全者慎用。

二、凝血因子制剂

凝 血 酶

凝血酶(thrombin)为胰蛋白酶样的丝氨酸蛋白酶，由凝血酶原转变而来，能切去血浆纤维蛋白原中肽A和肽B，催化血浆纤维蛋白原水解为纤维蛋白，此外也能使凝血因子Ⅺ转变为凝血因子Ⅺa、凝血因子Ⅷ转变为凝血因子Ⅷa、凝血因子Ⅴ转变为凝血因子Ⅴa。从猪、牛血中提取的无菌制剂，主要用于局部止血，应用于创口使血液凝固而止血;口服或局部灌注也用于消化道止血。必须直接与创面接触,才能起止血作用,严禁注射。遇酸、碱、重金属发生反应而降效,应新鲜配制使用。同类药物巴曲酶注射液为注射用蛇毒血凝酶。

凝血酶原复合物

凝血酶原复合物(prothrombin complex)由健康人血浆分离而得,为主要含有凝血因子Ⅱ、凝血因子Ⅶ、凝血因子Ⅸ、凝血因子Ⅹ的混合制剂。$t_{1/2}$为 18～32 h。主要用于先天性凝血因子Ⅸ缺乏的乙型血友病、肝脏疾病、香豆素类抗凝药过量,以及凝血因子Ⅱ、凝血因子Ⅶ、凝血因子Ⅸ、凝血因子Ⅹ等维生素 K 依赖性凝血因子缺乏所致的严重出血。不良反应有过敏反应,可产生血栓,肝病患者易引起弥散性血管内凝血,应慎用。

抗血友病球蛋白

抗血友病球蛋白(antihemophilic globulin)又名冻干人凝血因子Ⅷ、抗甲型血友病因子。含凝血因子Ⅷ及少量纤维蛋白原。目前已有纯的重组人凝血因子Ⅷ。主要用于甲型血友病、溶血性血友病、抗凝血因子Ⅷ抗体所致严重出血的治疗。输注过快可引起发热、头痛、荨麻疹等不良反应。

卡 巴 克 络

卡巴克络(carbazochrome)又名卡络抑钠、安特诺新、安络血。为肾上腺素的氧化产物,作用于血小板表面 α 受体,增加细胞内钙离子浓度,促进 5-羟色胺、ADP 和 TXA_2的释放,促使受损的毛细血管断端回缩、血小板黏附和聚集而发挥止血作用。用于治疗毛细血管脆性增加所致的出血,如视网膜出血、过敏性紫癜、肠道出血、鼻出血等。不良反应小,因含水杨酸,长期反复应用可产生水杨酸反应;用量过大可诱发精神失常,有精神病史或癫痫病史者慎用。

酚 磺 乙 胺

酚磺乙胺(etamsylate)通过促进血小板释放、提高毛细血管内皮细胞抵抗力、减少扩张血管和抑制血小板聚集的前列腺素的释放,能收缩血管、降低毛细血管通透性,增强血小板聚集和黏附,缩短凝血时间。静脉注射后可维持 4～6 h,主要以原型从肾排泄。用于防治手术前后的出血,也可用于血小板功能不良、血管脆性增加而引起的出血。不良反应有皮疹、恶心、头痛、低血压等,可出现过敏性休克。

三、抗纤维蛋白溶解药

氨 甲 苯 酸

氨甲苯酸(aminomethylbenzoic acid)又名对羧基苄胺、抗血纤溶芳酸、止血芳酸。为赖氨酸的类似物,与纤溶酶原和纤溶酶中的赖氨酸结合位点结合,阻断纤溶酶的作用、抑制纤维蛋白凝块的裂解而止血。生物利用度为 70%,$t_{1/2}$为 60 min。

临床主要用于纤溶酶过度活化、纤溶亢进所致的出血,如子宫、甲状腺、前列腺、肝、脾、胰、肺、肾上腺、脑等富含纤溶酶原激活物的脏器外伤或手术后的出血,以及鼻、喉、口腔局部止血,抗慢性渗血效果较好。常见不良反应有胃肠道反应。用量过大可致血栓形成或诱发心肌梗死。静脉注射过快可引起低血压。肾功能不全者禁用。

同类药物氨甲环酸(tranexamic acid)又名抗血纤溶环酸、止血环酸、凝血酸。生物利用度为 34%,$t_{1/2}$为 3.1 h。抗纤溶活性为氨甲苯酸的 7～10 倍,为临床最常用的制剂,但不良反应较氨甲苯酸多。氨基己酸(aminocaproic acid)的结构、作用特点和应用与氨甲苯酸相似,吸收迅速,12 h 内 50%以原型从肾清除,$t_{1/2}$为 2 h。不良反应表现为胃肠道反应、发热、血栓形成、低血压、肌溶解和肌痛等。

第五节 抗 贫 血 药

1831 年,皮埃尔·布劳(Pierre Blaud)首先用硫酸亚铁治疗"萎黄病"即贫血,至今硫酸亚铁仍广泛在世界各国使用;20 世纪 20 年代,科学家相信叶酸缺乏与疾病相关;1931 年,露西·威尔斯(Lucy Wills)发现叶酸为可避免妊娠贫血的营养物质；1941 年，米切尔(Mitchell)等首次从菠菜中提取到叶酸；1943 年，有研究得到了纯的叶酸晶体；1948 年，西德尼·法伯(Sidney Farber)合成了抗叶酸药物——氨甲蝶呤(《药典》(2020 版))；1960 年前后，叶酸作用的生化机制和对神经管发育的影响得到证实。20 世纪初，乔治·霍依特·惠普尔(George Hoyt Whipple)采用失血建立犬贫血模型，然后喂养各种食物治疗，结果发现大量摄入肝脏效果最佳；1926 年，乔治·理查兹·迈诺特(George Richards Minot)和威廉·帕里·莫菲(William Parry Murphy)等通过系列实验证明其为肝脏富含铁的缘故，但是也发现完整肝脏的摄入对恶性贫血效果不佳，而大量饮用肝汁则有效；1934 年，惠普尔、迈诺特和莫菲分享了当年的诺贝尔生理学或医学奖；1948 年，玛丽·肖·舒马(Mary Shaw Shorb)和卡尔·奥古斯特·福克斯(Karl August Folkers)从肝汁中分离到一种水溶性维生素——维生素 B_{12}；1956 年，维生素 B_{12} 的化学结构得到鉴定。

资料来源：

王方海，赵维，陈建芳，等，2016.补铁剂研究进展.药学进展，40(9)：680－688.

BASTIAN H，2008. Lucy Wills (1888－1964)：the life and research of an adventurous independent woman. J R Coll Physicians Edinb，38(1)：89－91.

FARBER S，DIAMOND L K，1948. Temporary remissions in acute leukemia in children produced by folic acid antagonist，4-aminopteroyl-glutamic acid. N Engl J Med，238(23)：787－793.

HODGKIN D C，KAMPER J，MACKAY M，et al.，1956. Structure of vitamin B_{12}. Nature，178(4524)：64－66.

MINOT GMINOT M D，HARVARD S D，et al.，1935. The development of liver therapy in pernicious anæmia：a Nobel lecture. The Lancet，225(5816)，361－364.

ROBSCHEITROBBINS F S，ELDEN C A，SPERRY W M，et al.，1928. Blood regeneration in severe anemia. Ⅻ. Potent influence of inorganic ash of apricots，liver，kidney，and pineapple. J Biol Chem，79(2)：563－576.

SPATARU T，2024. The miracle of vitamin B_{12} biochemistry. Reactions，5(1)：20－76.

贫血是血液系统最常见的疾病，为循环血液中的红细胞数目和(或)血红蛋白含量较长期低于正常值的病理现象。主要根据贫血的类型的不同(表 30－1)来选择不同的抗贫血药(antianemic drugs)。

表 30－1 常见贫血类型

类 别	表 现	缺 乏	治 疗
缺铁性贫血	红细胞体积小，血红蛋白含量低于正常水平	铁元素	铁剂
巨幼红细胞贫血	红细胞体积大，血红蛋白含量高，白细胞及血小板亦有异常	叶酸或维生素 B_{12}	叶酸或维生素 B_{12}
再生障碍性贫血	红细胞、粒细胞及血小板均减少	造血功能障碍	治疗较困难

一、铁剂

常用的铁剂有多种，硫酸亚铁(ferrous sulfate)为无机铁的代表，枸橼酸铁铵(ferric ammonium citrate)、富马酸亚铁(ferrous fumarate)、山梨醇铁(iron sorbitex)和右旋糖酐铁(iron dextran)等为有机铁。

【体内过程】

血红素铁比非血红素铁容易吸收，有机铁比无机铁容易吸收。酸性环境有利于无机铁溶解且有助于吸收，抗酸药等可妨碍铁的吸收；Fe^{2+} 比 Fe^{3+} 易以被动转运方式在小肠上段吸收，少部分主动转运吸收，因而还原性物质如果糖、半胱氨酸、维生素 C 等有助于铁的吸收。磷酸盐、鞣酸、考来烯胺、四环素等能与铁形成难溶性物质，影响铁吸收。

吸收入肠黏膜细胞的 Fe^{2+}，一部分氧化成 Fe^{3+} 与去铁蛋白结合成铁蛋白而储存，另一部分 Fe^{2+} 与转铁蛋白结合成复合物，再与细胞质膜上的转铁蛋白受体结合，然后通过受体介导的胞饮作用进入细胞内，而转铁蛋白被释出细胞外，恢复其转铁功能。当体内铁丰富时，转铁蛋白受体的合成减少而铁蛋白的产生增加；反之，当铁缺乏时，转铁蛋白受体合成增加，铁蛋白产生减少，以此增加铁的摄取利用，减少储存。

【药理作用】

铁剂可吸附在骨髓有核红细胞膜上，进入细胞内与线粒体原卟啉结合形成血红素，再与珠蛋白结合形成血红蛋白。铁是组成血红蛋白、肌红蛋白、血红素酶、金属黄素蛋白酶、过氧化氢酶等必需的元素。

【临床应用】

铁剂主要用于治疗铁的摄入缺乏、需要量增加、失血过多所致的缺铁性贫血。用药 10～15 日网织红细胞达高峰，4～8 周血红蛋白接近正常。血红蛋白正常后，常需要减半继续服药 2～3 个月，方可使体内铁储存恢复正常。

【不良反应】

无机铁的不良反应多于有机铁，常见呕吐、腹部不适、腹泻、腹痛等。也可发生便秘，可能是由于硫化氢与铁生成硫化铁，减少了硫化氢肠蠕动刺激作用。小儿误服过量铁剂(大于 1 g)可引起急性中毒，表现为恶心、呕吐、休克、血性腹泻、惊厥甚至死亡。解毒措施包括用碳酸氢钠洗胃，胃内给予去铁铵等。

二、叶酸

叶酸(folic acid)又称为维生素 B_9，由蝶啶、对氨基苯甲酸及谷氨酸组成，蛋黄、绿叶蔬菜、豆类、面包酵母、肝、肾等含量丰富，叶酸为水溶性，不耐热，易氧化。人体细胞不能合成叶酸，只能从食物中摄取。

【药理作用】

叶酸在食物中主要以叶酸多聚谷氨酸盐的形式存在，吸收后在十二指肠黏膜上皮细胞(富含二氢叶酸还原酶和甲基化酶)被转化成 N_5-甲基四氢叶酸(methyltetrahydrofolic acid)进入循环，然后转甲基给维生素 B_{12} 后其转化为四氢叶酸。

四氢叶酸作为辅酶，传递一碳单位，参与体内多种生化过程，包括嘌呤核苷酸的从头合成；胸腺嘧啶脱氧核苷酸的合成；某些氨基酸的互变，如同型半胱氨酸转变为甲硫氨酸、丝氨酸转变为甘氨酸等。如叶酸缺乏，上述生化反应则受阻，其中最明显的是导致 DNA 合成障碍，而 RNA 及蛋白质合成影响较小，引起巨幼红细胞贫血。

【临床应用】

叶酸主要作为各种原因所致的巨幼红细胞贫血的补充治疗，维生素 B_{12} 可促进叶酸的利用，两者合用效果更好。二氢叶酸还原酶抑制剂所致的巨幼红细胞贫血，必须用含四氢叶酸的制剂如亚叶酸钙(calcium folinate)治疗。对于维生素 B_{12} 缺乏所致的“恶性贫血”(pernicious anaemia)，单用叶酸只可纠正血细胞，不能改善神经症状。因此，治疗时应以维生素 B_{12} 为主，叶酸为辅。对缺铁性贫血无效。

三、维生素 B_{12}

维生素 B_{12}(vitamin B_{12})为含钴的水溶性 B 族维生素，动物和植物均不能合成，只有细菌和古生菌具有合成维生素 B_{12} 的酶。动物内脏、肉类、牛奶、蛋黄中广泛存在。具有辅酶活性的天然维生素 B_{12} 为甲钴铵和 5′-脱氧腺苷钴胺素。药用品常用氰钴胺，为灰色链霉菌发酵合成，性质稳定，价格较低，在体内转化为甲钴铵和 5′-脱氧腺苷钴胺素。另有羟钴胺、甲钴铵、硝钴胺等，价格更昂贵。

【体内过程】

酸性环境有利于食物中维生素 B_{12} 的释放，消化酶使与蛋白结合的维生素 B_{12} 解离，口服维生素 B_{12} 必须与胃壁细胞分泌的内因子形成复合物，免受肠道细菌破坏并进入远端回肠被其内吞受体(cubilin)识别而吸收入门静脉，然后通过钴胺素传递蛋白到达靶器官。

【药理作用】

维生素 B_{12} 在体内转化为具有活性的甲基钴铵和辅酶 B_{12}。甲基钴铵参与叶酸代谢，缺乏时妨碍四氢叶酸的循环利用，从而阻碍胸腺嘧啶脱氧核苷酸的合成，使 DNA 合成受阻，血细胞的成熟分裂停滞，导致巨幼细胞贫血；而辅酶 B_{12} 促进脂肪代谢的中间产物甲基丙二酰辅酶 A 转变成琥珀酰辅酶 A 参与三羧酸循环，人体缺乏时引起甲基丙二酸排泄增加和脂肪酸代谢异常，同时影响神经髓鞘脂类的合成及维持有鞘神经纤维的正常功能，出现神经损害的临床症状，因此维生素 B_{12} 对神经髓鞘脂质的合成及维持有鞘神经纤维功能的完整性也有重要作用。

【临床应用】

维生素 B_{12} 临床主要用于治疗维生素 B_{12} 缺乏所致的恶性贫血和巨幼红细胞贫血。也可用于氰化物中毒的解救，恶性贫血的辅助诊断，以及神经萎缩、神经炎、神经痛等神经系统疾病、肝脏疾病等的辅助治疗。

第六节　造血生长因子

造血生长因子是一类能刺激骨髓造血干细胞增殖与分化的糖蛋白。目前应用于临床的主要有促红细胞生成素、促白细胞生成药、促血小板生成药、促血液成分生成的辅助性药物等。

一、促红细胞生成素

1905 年，保罗·卡诺特(Paul Carnot)和德弗兰德(Deflandre)提出循环系统可能存在调控红细胞生成的生长因子，随后用实验证明来自贫血动物的血清能增加家兔红细胞数目，并命名此物质为红细胞生成素。1950 年，雷斯曼(Reissmann)等对该激素的来源和作用进行了确定，后来将其定义为促红细胞生成素。随后在贫血和红细胞增多患者身上进行了广泛研究。1977 年，三宅孝治(Takaji Miyake)及其同事从尿液中得到了纯化促红细胞生成素，随后得到了其分子克隆，产生了与人尿中促红细胞生成素相似的重组人促红细胞生成素，其于 1989 年获批上市。1983 年，研究者发现纯化小鼠粒细胞集落刺激因子。1986 年，研究者克隆了人粒细胞集落刺激因子。1987 年，获得了重组人粒细胞巨噬细胞集落刺激因子，其于 1991 年上市；1994 年又获得了巨核细胞集落刺激因子分子克隆；2003 年，罗米司亭上市；2008 年，小分子 TPO 受体激动剂艾曲波帕获批上市。

资料来源：

BROUDY V C, KAUSHANSKY K, SEGAL G M, et al., 1986. Tumor necrosis factor type alpha stimulates human endothelial cells to produce granulocyte/macrophage colony-stimulating factor. Proc Natl Acad Sci U S A, 83(19): 7467-7471.

GUARNIERI F, 2017. Analysis of the asymmetry of activated EPO receptor enables designing small molecule agonists. Vitam Horm, 105: 19-37.

JELKMANN W, 1986. Erythropoietin research, 80 years after the initial studies by Carnot and Deflandre. Respir Physiol, 63(3): 257-266.

KRESGE N, SIMONI R D, HILL R L, 2011. The purification of erythropoietin by eugene goldwasser. J Biol Chem, 286(6): e2-e3.

LOPEZ A, NICOLA N, BURGESS A, et al., 1983. Activation of granulocyte cytotoxic function by purified mouse colony-stimulating factors. J Immunol, 131(6): 2983-2988.

WEISER W Y, VAN NIEL A, CLARK S C, et al., 1987. Recombinant human granulocyte/macrophage colony-stimulating factor activates intracellular killing of Leishmania donovani by human monocyte-derived macrophages. J Exp Med, 166(5): 1436-1446.

【药理作用】

促红细胞生成素(erythropoietin, EPO)是一种为调控红细胞生成的、分子量为 34 000～39 000 Da 的糖蛋白，在胎儿和围产期新生儿期主要由肝脏分泌，而成人主要由肾间质成纤维细胞、皮质管周毛细血管和小管上皮细胞分泌，少量在肝脏产生。

EPO 激动骨髓红祖细胞表面特异性的 EPO 受体，刺激红祖细胞的增殖与分化，也能促进网织红细胞从骨髓的释放。此外，EPO 可引起血管收缩性高血压、刺激血管生成、增加铁吸收，保护缺血神经元。

临床使用的重组人红细胞生成素(recombinant human erythropoietin, r-HuEPO)是利用 DNA 重组技术合成的 r-HuEPO。$t_{1/2}$约为 5 h，内源性 EPO 和不同的 r-HuEPO 略有不同。

【临床应用】

EPO 临床用于慢性肾病、脊髓发育不良等多种原因所致的贫血，疗效确切；也用于改善肿瘤、化疗以及某些免疫性疾病如风湿性关节炎、艾滋病和严重寄生虫病所致的贫血，也能促进骨髓移植患者造血功能的恢复。铁是合成血红蛋白的原料，因此伴有铁缺乏的患者不敏感，如果适当补充一定量的铁和叶酸，EPO 的疗效会增加。

【不良反应】

常见的不良反应有血红蛋白和血细胞比容增加、血压升高、血栓形成,少见过敏反应。

达依泊汀 α(darbepoetin α)是一种长效的 EPO 制剂,通过基因工程和糖蛋白工程技术,对传统 EPO 结构加以改造,提高了其受体亲和力、半衰期和生物活性。主要用于治疗接受血液透析的成人慢性肾病患者的贫血。

二、促白细胞生成药

非格司亭

【药理作用与作用机制】

粒细胞集落刺激因子(granulocyte colony-stimulating factor, G-CSF)也称为集落刺激因子 3,是由血管内皮细胞、单核细胞、成纤维细胞以及其他免疫细胞合成的糖蛋白。天然存在的 G-CSF 有 174 个氨基酸和 180 个氨基酸两种形式,前者的重组体为目前药物的靶标。

G-CSF 与骨髓粒祖细胞表面特异性受体(CSF3R)结合,刺激已具有中性粒细胞定向分化能力的粒祖细胞增殖与分化,促进粒细胞的释放、增加成熟中性粒细胞的吞噬功能,延长其循环中的存活时间,增加骨髓造血干细胞动员进入外周血液。另外,G-CSF 可能为中枢神经系统的神经营养因子,调节神经可塑性,抑制神经元凋亡。

非格司亭(filgrastim)为重组人 G-CSF,约含 175 个氨基酸序列的糖蛋白,分子量为 18 kDa,与人 G-CSF 的结构略有不同,但其生物活性相似。

【临床应用】

非格司亭主要用于治疗严重中性粒细胞减少症,如肿瘤的化疗和放疗、骨髓移植、再生障碍性贫血、骨髓肿瘤浸润、艾滋病等患者的中性粒细胞减少症。用药后可使中性粒细胞增加,缩短中性粒细胞缺乏时间,降低由于中性粒细胞下降引起的细菌和真菌感染的发病率。还可动员骨髓造血干细胞进入外周血液,从而用于干细胞移植术。

【不良反应】

不良反应主要表现为过敏、骨痛,用于干细胞移植术时可罕见脾破裂。

沙格司亭

【药理作用与作用机制】

粒细胞-巨噬细胞集落刺激因子(granulocyte-macrophage colony stimulating factor, GM-CSF)也称为集落刺激因子 2,为白细胞生成因子,主要由单核细胞、T 细胞、肥大细胞、成纤维细胞、NK 细胞、血管内皮细胞合成。GM-CSF 是比 G-CSF 作用更广的多潜能造血生长因子,具体作用如下:① 能刺激早期和晚期粒祖细胞的增殖与分化,对红祖细胞和巨核细胞系祖细胞也有作用;② 促进中性粒细胞、嗜酸性粒细胞、嗜碱性粒细胞和单核细胞的合成与释放,增强成熟中性粒细胞的功能;③ 增加骨髓造血干细胞动员进入外周血液,但作用弱于 G-CSF。与 IL-2 共同作用刺激 T 细胞增殖和炎症部位的激活。

沙格司亭(sargramostim)为重组人 GM-CSF,为含 127 个氨基酸的糖蛋白,有 15 500 Da、15 800 Da 和 19 500 Da 3 种分子量,$t_{1/2}$与重组人 G-CSF 相似,为 2~7 h。

【临床应用】

沙格司亭主要用于化疗患者、骨髓移植患者、再生障碍性贫血患者、艾滋病患者中性粒细胞减少的治疗。

【不良反应】

不良反应比 G-CSF 多而重。表现为发热、不适、关节痛、肌肉疼痛、过敏反应、组织水肿和胸腔及心包积液。

三、促血小板生成药

血小板减少症是临床上常见疾病,常见于肿瘤放疗、化疗和骨髓移植患者,也见于特发性血小板减少性紫癜、骨髓增生异常综合征及慢性肝病等。促血小板生成素和白介素-11(interleukin-11, IL-11)是内源性调节血小板生成的主要物质。

白介素-11

【药理作用与作用机制】

白介素-11(interleukin-11, IL-11)为骨髓成纤维细胞和基质细胞产生的、分子量为65 000～85 000 Da的蛋白。药用为重组人IL-11,皮下注射的$t_{1/2}$为7～8 h。IL-11作用于特异性细胞表面受体IL-11Rα,增加外周血小板和中性白细胞的数目。

【临床应用】

IL-11主要用于治疗血小板减少症,也用于治疗非骨髓肿瘤化疗所致的血小板减少。

【不良反应】

不良反应常见水滞留、心动过速,可见疲劳、头痛、眩晕、稀释性贫血、呼吸困难和低血钾等,均为可逆性的反应。

促血小板生成素

【药理作用与作用机制】

促血小板生成素(thrombopoietin, TPO)也称为巨核细胞生长发育因子,主要为肝实质细胞和窦状隙细胞、肾近曲小管细胞以及骨髓等产生的分子量为45 000～75 000 Da的含322个氨基酸的糖基化蛋白。TPO作用于特异性细胞表面受体c-Mpl,刺激原巨核细胞系祖细胞生长,也刺激成熟巨核细胞和血小板聚集。重组人血小板生成素(rhTPO)为重组人促血小板生成素。

罗米司亭(romiplostim)为含2个相同单链亚单元,每个单链包含IgG Fc恒定区域的TPO模拟肽。$t_{1/2}$为1～34日,每周1次,皮下注射。

【临床应用】

rhTPO主要用于治疗实体瘤化疗药物引起的血小板减少。罗米司亭用于慢性特发性血小板减少症,特别是对甾体药物和免疫球蛋白不敏感患者以及脾切除患者。

【不良反应】

rhTPO可见过敏反应,偶有发热、肌肉酸痛、头晕等。罗米司亭常见头痛、肌痛、失眠、鼻咽炎、疲劳和鼻出血。

艾曲波帕

艾曲泊帕(eltrombopag)为口服非肽类小分子TPO受体激动剂。口服后2～6 h血药浓度达峰值,主要由CYP1A2、CYP2C8、UGT1A1和UGT1A3代谢,健康人$t_{1/2}$为21～32 h,而特发性血小板减少症患者$t_{1/2}$为26～35 h。临床主要用于治疗慢性特发性血小板减少症、慢性丙型肝炎相关的血小板减少症、严重再生障碍性贫血。不良反应主要表现为恶心、呕吐、消化不良、肌痛、感觉异常、月经过多等,肝功能损伤(表现为血转氨酶升高)、血栓栓塞是最常见的严重不良反应。

不同代数TPO药物比较见表30-2。

表30-2　不同代数TPO药物比较

代数	药物	优点	缺点
第一代(TPO重组蛋白)	rhTPO、聚乙二醇化人巨核细胞生长发育因子(PEG-rHuMGDF)等	有效改善化疗或放疗后骨髓抑制所造成患者血小板减少水平	部分患者体内出现人内源性TPO抗体,导致治疗无效
第二代(TPO受体激动剂)	罗米司亭、艾曲泊帕、阿伐曲波帕等	TPO受体激动剂,有效诱导巨核细胞分化及血小板生成	增强内源性血小板的产生,增加血栓栓塞的风险

四、促血液成分生成的辅助性药物

氨肽素

氨肽素(ampeptide elemente)是采用高科技工艺从哺乳动物毛爪中提取分离的水溶性蛋白质,能增强机体代谢和抗病能力,有助于血细胞增殖、分化、成熟与释放,增加白细胞和血小板数目。主要用于原发性血小板减少性紫癜、再生障碍性贫血、白细胞减少症。亦可用于银屑病。可见过敏反应。

维生素 B_4

维生素 B_4(vitamin B_4)又名磷酸氨基嘌呤、磷酸腺嘌呤,是核酸和某些辅酶的组成部分,参与体内 RNA 和 DNA 的合成。可促进白细胞生成,尤其是白细胞低下时作用更为明显。临床主要用于放疗、化疗、苯中毒等引起的粒细胞减少。治疗量下未见明显不良反应。

肌 苷

肌苷(inosine)又名次黄嘌呤核苷,该药直接透过细胞膜后转变为肌苷酸及磷酸腺苷,参与体内蛋白质的合成;活化丙酮酸氧化酶系,提高辅酶 A 的活性,促进肌细胞能量代谢,改善缺氧状态下的细胞代谢。主要用于白细胞减少症及血小板减少症。主要不良反应有胃部不适,静脉注射可引起颜面潮红、过敏反应。

利可君(leucogen)为半胱氨酸衍生物,口服后在十二指肠碱性条件下与蛋白结合形成可溶的物质迅速被肠所吸收,增强骨髓造血系统的功能。主要用于治疗肿瘤放、化疗引起的白细胞减少和血小板减少症。

鲨 肝 醇

鲨肝醇(batyl alcohol)为 α-正十八碳甘油醚,存在于动物体内,骨髓造血组织中含量较多。能促进白细胞增生,增强抗放射线的作用,对抗由于苯中毒和细胞毒类药物引起的造血系统抑制。用于治疗各种原因引起的白细胞减少症,如放射性、抗肿瘤药等所致的白细胞减少症。偶见口干、肠鸣音亢进。

第七节 血容量扩充药

血容量扩充药又称血浆代用品,能提高血浆胶体渗透压、增加血浆容量和维持血压的作用,能阻止红细胞及血小板聚集,降低血液黏滞性,从而改善微循环。目前最常用的是右旋糖酐、人血白蛋白等。

右 旋 糖 酐

右旋糖酐(dextran)为高分子的葡萄糖聚合物,由于聚合的葡萄糖分子数目不同,而产生不同分子量的产品。常用的有中分子右旋糖酐 70(dextran70,分子量为 75 000 Da)、低分子右旋糖酐 40(dextran40,平均分子量为 20 000~40 000 Da)和小分子右旋糖酐 10(dextran10,分子量为 10 000 Da)。

【药理作用】

右旋糖酐为血容量扩充药,能提高血浆胶体渗透压、增加血浆容量和维持血压,阻止红细胞及血小板聚集,降低血液黏滞性,从而有改善微循环的作用。其作用强度、维持时间依分子量由大至小而逐渐减弱。

临床上常用的有:① 中分子右旋糖酐,主要用作血浆代用品,用于低血容量性休克、出血性休克、创伤性休克及烧伤性休克等。② 低、小分子右旋糖酐,能改善微循环,预防或消除血管内红细胞聚集和血栓形成等,亦有扩充血容量作用,但作用较中分子右旋糖酐短暂,用于各种休克所致的微循环障碍、弥漫性血管内凝血、心绞痛、急性心肌梗死及其他周围血管疾病等。

【不良反应】

偶有过敏反应、关节痛、出血等不良反应,少见血压下降、呼吸困难和胸闷,罕见过敏性休克。

人 血 白 蛋 白

人血白蛋白(human serum albumin)能增加血容量和维持血浆胶体渗透压;能结合阴离子和阳离子,输送物质,也可将有毒物质输送到解毒器官;白蛋白还可作为氮源为组织提供营养。

人血白蛋白临床上可用于失血创伤、烧伤引起的休克;脑水肿及损伤引起的颅内压升高;肝硬化及肾病引起的水肿或腹水、低蛋白血症;新生儿高胆红素血症;心肺分流术、烧伤的辅助治疗、血液透析的辅助治疗和成人呼吸窘迫综合征。

不良反应表现为寒战、发热、颜面潮红、皮疹、恶心呕吐等,输注过快可导致肺水肿,偶见过敏反应。

小　结

肝素口服无效，常静脉给药，体内、体外均有强大的抗凝作用，作用迅速。用于血栓栓塞性疾病、弥散性血管内凝血（早期）、体外抗凝等。肝素不良反应可见自发性出血，可用硫酸鱼精蛋白解救。低分子肝素抗凝血因子Ⅹa＞凝血因子Ⅱa，抗血栓作用强。华法林口服胃肠道吸收迅速，起效慢，作用时间长，血浆蛋白结合率高。用于血管栓塞性疾病和术后血栓形成。利伐沙班口服可选择性抑制凝血因子Ⅹa，对血小板聚焦无直接作用。达比加群直接抑制凝血酶，可口服，用药无须特殊凝血功能监测。

噻氯匹定、氯吡格雷竞争血小板 ADP 受体 P2Y12，抗血小板聚集。噻氯匹定用于脑卒中、不稳定型心绞痛的继发血栓的预防。阿昔单抗拮抗血小板膜糖蛋白Ⅱb/Ⅲa 受体，用于降低心梗发病率和不稳定型心绞痛等。

链激酶用于急性血栓栓塞性疾病，有过敏反应，严重出血可用氨基己酸等对抗。尿激酶直接激活纤溶酶原转变成纤溶酶，无抗原性。t－PA 出血发生率相对较低。

维生素 K 主要用于维生素 K 缺乏症、双香豆素类或水杨酸过量引起的出血。氨甲苯酸、氨甲环酸用于纤溶亢进所致的出血。

铁剂用于缺铁性贫血。叶酸用于巨幼红细胞贫血。维生素 B_{12} 用于巨幼红细胞贫血及维生素 B_{12} 缺乏所致的恶性贫血。

EPO 用于多种原因所致的贫血。非格司亭用于严重中性粒细胞缺乏症。沙格司亭用于骨髓移植、肿瘤化疗、再生障碍性贫血或艾滋病有关中性粒细胞减少症。IL－11 用于血小板减少症。rhTPO 用于实体瘤化疗引起的血小板减少。

右旋糖酐能扩充血容，维持血压；抑制血小板和红细胞聚集，降低血液黏滞性，改善微循环。用于低血容量性休克、血栓形成等。

【思考题】

1. 简述肝素的主要作用机制；肝素过量引起的出血可选用哪类药物解救？
2. 患者，女，25 岁，孕 16 周。其父曾罹患萎缩性胃炎，此次进行产前检查，发现血红蛋白水平低于正常，医生怀疑为巨幼红细胞贫血。请问：
   (1) 试从药理学角度给出处理方案。
   (2) 常用的抗贫血药物是什么？其作用机制、临床应用是什么？

（吴建明）

※ 课程 PPT

第三十章
课程 PPT

第三十一章

抗菌药概论

学习目标

【知识目标】

1. 掌握　抗菌药常用术语的概念、抗菌药的作用机制,以及细菌产生耐药性的机制。
2. 熟悉　抗菌药的合理应用的基本原则、抗菌药联合应用后的可能效果。
3. 了解　机体、药物、病原微生物三者之间关系。

【能力目标】

能将本章知识应用于临床实践,合理使用抗菌药。

【素质目标】

树立以患者为中心的合理用药观,确立合理使用抗菌药的科学态度,避免滥用抗菌药。

化学治疗(chemotherapy)(简称化疗)是对病原微生物、寄生虫、恶性肿瘤所致疾病的药物治疗。抗微生物药(antimicrobial drug)是指治疗病原微生物所致疾病的药物,包括治疗细菌、病毒、立克次体、真菌、螺旋体、衣原体、支原体等所致感染性疾病。

机体、病原体与药物三者的相互关系是应用化疗药物治疗感染性疾病过程中应注意的问题。在感染性疾病的发生、发展和康复过程中,病原体起着重要的作用,但病原体不是唯一的决定因素,人体的免疫状态和防御功能对疾病的发生、发展与转归也有重要作用。当机体的防御能力不足以抵御和消灭入侵的病原体时,机体发生感染性疾病;反之,病原体不能致病,或即使发生疾病也能迅速康复。抗菌药的抑菌或杀菌作用是制止疾病发展与促进康复的有利因素,为机体彻底消灭病原体和机体康复创造有利条件。病原体可对药物产生耐药性,而使药物失去抗菌效果;在疾病治疗过程中药物的治疗作用是主要的,但同时药物也可产生不良反应,给患者带来不利影响,甚至导致治疗失败。

第一节　常用术语

抗菌药(antibacterial drugs)指对细菌有抑制或杀灭作用的药物,包括抗生素(如青霉素类和氨基糖苷类)和人工合成药物(如磺胺类和喹诺酮类等)。

抗生素(antibiotics)由各种微生物(包括细菌、真菌、放线菌属)产生的,能杀灭或抑制其他微生物的物质。抗生素分为天然抗生素和人工半合成抗生素,前者由微生物产生,后者是对天然抗生素进行结构改造而得到的半合成产品。

抑菌药(bacteriostatic drugs)指仅抑制细菌生长繁殖而无杀灭细菌作用的抗菌药,如四环素类、大环内酯类、磺胺类等。

杀菌药(bactericidal drugs)指不但具有抑制细菌生长繁殖，而且具有杀灭细菌作用的抗菌药，如青霉素类、头孢菌素类、氨基糖苷类等。

抗菌谱(antibacterial spectrum)指抗菌药的抗菌范围，包括窄谱(narrow spectrum)和广谱(broad/extended spectrum)两种，窄谱抗菌药指仅对某种或某一属细菌具有抗菌作用的药物，其抗菌谱窄，如异烟肼仅对结核分枝杆菌有作用。广谱抗菌药指对多种病原微生物有效的抗菌药。例如，第三、四代喹诺酮类抗菌药，不仅对革兰氏阳性菌、革兰氏阴性菌有很强的抗菌作用，而且对结核分枝杆菌、衣原体、支原体亦有作用。

最低抑菌浓度(minimum inhibitory concentration, MIC)指在体外培养细菌 18～24 h 后能抑制培养基内病原菌生长的最低药物浓度，是衡量抗菌药抗菌活性大小的一个指标。

最低杀菌浓度(minimum bactericidal concentration, MBC)指能够杀灭培养基内细菌或使细菌数减少 99.9%的最低药物浓度，这也是衡量抗菌药抗菌活性大小的一个指标。有的药物 MIC 与 MBC 很接近，如氨基糖苷类，有的药物 MBC 比 MIC 大，如 β-内酰胺类。

耐药性(bacterial resistance)指病原菌对抗菌药敏感性下降甚至消失的现象。这种病原菌也被称为耐药菌。细菌的耐药性可分为固有耐药性(intrinsic resistance，天然耐药性)和获得性耐药(acquired resistance)。病原菌对某种药物耐药后，对结构近似或作用性质相同的药物也显示耐药性，称之交叉耐药(cross resistance)。

化疗指数(chemotherapeutic index, CI)是评价化疗药物有效性与安全性的重要指标。以造成实验动物的半数致死量(median lethal dose, LD_{50})与感染病原体动物实验治疗的半数有效量(median effective dose, ED_{50})之比值，既可用 LD_{50}/ED_{50} 表示，也可用 LD_5/ED_{95} 表示。化疗指数越大，表明该化疗药物对机体的毒性越小，临床应用的价值越高。但化疗指数大小与某个不良反应的严重程度无直接关联，如几乎对机体无毒性的青霉素仍有可能发生过敏性休克等严重的不良反应。

抗生素后效应(post antibiotic effect, PAE)指抗生素或抗菌药作用于细菌一定时间撤药后，血药浓度已低于 MIC 或消失后，细菌生长仍持续受抑制的效应。例如，氨基糖苷类抗生素具有较长的抗生素后效应。

首次接触效应(first expose effect, FEE)指抗菌药在初次接触细菌时，有强大的抗菌效应，再度接触或连续与细菌接触，并不明显地增强或再次出现这种明显的效应，需要间隔相当时间以后才会再出现这种作用。氨基糖苷类抗生素具有明显的首次接触效应。

第二节　抗菌药的作用机制

抗菌药的作用机制主要是通过特异性干扰细菌的生化代谢过程，影响其结构和功能，使其失去正常生长繁殖的能力而达到抑制或杀灭细菌的作用。

1. *抑制细菌细胞壁的合成*　细菌细胞膜外有一层坚韧的细胞壁，其位于细胞质膜之外，能抗御菌体内强大的渗透压，具有保护和维持细菌正常形态的功能。而人体细胞无细胞壁，这也是抑制细菌细胞壁合成的抗菌药对人体细胞几乎没有毒性的原因。

细菌细胞壁主要结构成分是肽聚糖，又称黏肽，由 *N*-乙酰葡萄糖胺和与五肽相连的 *N*-乙酰胞壁酸重复交替联结而成。它构成网状巨大分子包围着整个细菌。革兰氏阳性菌细胞壁坚厚，肽聚糖含量为 50%～80%，菌体内含有多种氨基酸、核苷酸、蛋白质、维生素、糖、无机离子及其他代谢物，故菌体内渗透压高。

青霉素等的作用靶位是细胞质膜上的青霉素结合蛋白，通过抑制青霉素结合蛋白阻碍细胞壁合成，导致细菌细胞壁缺损。由于菌体内为高渗透压，在等渗环境中水分不断渗入，致使细菌膨胀、变形，在自溶酶影响下，细菌破裂溶解而死亡。

2. *改变细胞质膜的通透性*　细菌细胞质膜主要是由类脂质和蛋白质分子构成的一种半透膜，具有渗透屏障和运输物质的功能。多黏菌素类抗生素含有多个阳离子极性基团和一个脂肪酸直链肽，其阳离子能与细胞质膜中的磷脂结合，使膜功能受损；而制霉菌素和两性霉素 B 等多烯类抗生素则仅能与真菌细胞质膜中固醇类物质结合,形成孔道,使膜通透性改变,菌体内的蛋白质、氨基酸、核苷酸等外漏,造成真菌死亡。

3. *抑制蛋白质的合成* 细菌蛋白质的合成包括起始、肽链延伸及合成终止 3 个连续的阶段,通过细胞质内核糖体循环完成。细菌为原核细胞,其核糖体为 70S 核糖体复合物,由 30S 和 50S 亚基组成。哺乳动物是真核细胞,其核糖体为 80S 核糖体复合物,由 40S 与 60S 亚基构成,因而它们的生理、生化与功能不同,抗菌药对细菌的核糖体有高度的选择性毒性,而不影响哺乳动物的核糖体和蛋白质合成。

抗生素抑制细菌的蛋白质合成的作用靶点包括:① 氯霉素、林可霉素和大环内酯类抗生素能与细菌核糖体 50S 亚基结合,使蛋白质合成呈可逆性抑制。② 四环素能与核糖体 30S 亚基结合,阻止氨基酰 tRNA 与 30S 亚基的 A 位结合,从而抑制蛋白质合成。③ 氨基糖苷类抗生素能与 30S 亚基结合影响蛋白质合成的全过程,因而具有杀菌作用。

4. *影响细菌叶酸代谢* 细菌不能直接利用外环境中的叶酸,细菌生长繁殖所需的叶酸,必须由细菌利用结构较简单的原料自身合成。细菌以蝶啶、对氨基苯甲酸等为原料,在二氢蝶酸合酶作用下生成二氢蝶酸,二氢蝶酸与谷氨酸生成二氢叶酸,后者在二氢叶酸还原酶的作用下形成四氢叶酸,四氢叶酸作为一碳单位载体的辅酶参与了嘧啶核苷酸和嘌呤核苷酸的合成。磺胺类药物与对氨基苯甲酸结构相似,与对氨基苯甲酸竞争二氢蝶酸合酶,影响细菌体内的叶酸代谢,由于叶酸缺乏,细菌体内核苷酸合成受阻,导致细菌生长繁殖不能进行。

5. *抑制核酸的合成* 喹诺酮类抗菌药能抑制细菌 DNA 复制过程中的 DNA 回旋酶或拓扑异构酶,从而抑制 DNA 复制。利福霉素类抗生素(如利福平)能特异性地与 DNA 依赖性的 RNA 聚合酶(转录酶)的亚单位结合,抑制其活性,使转录过程受阻,从而抑制 mRNA 的转录。

第三节　细菌的耐药性

细菌的耐药性又称抗药性,一般是指细菌与药物多次接触后,对药物的敏感性下降甚至消失,致使药物对耐药菌的疗效降低或无效。

一、耐药性产生机制

1. *产生灭活酶* 细菌产生灭活抗菌药的酶使抗菌药失活是耐药性产生的最重要机制之一。灭活酶包括以下几种。

(1) 水解酶:如 β-内酰胺酶可水解青霉素或头孢菌素。该酶可由染色体或质粒介导。

(2) 钝化酶:又称合成酶,可催化某些基团结合到抗生素的羟基或氨基上,使抗生素失活。多数对氨基糖苷类抗生素耐药的革兰氏阴性杆菌能产生质粒介导的钝化酶,如乙酰转移酶作用于氨基上,磷酸转移酶及核苷转移酶作用于羟基上。上述酶位于细胞质膜外间隙,氨基糖苷类抗生素被上述酶钝化后不易与细菌体内的核糖体结合,从而引起耐药性。

2. *改变细菌细胞质膜通透性* 细菌可通过各种途径使抗菌药不易进入菌体,如革兰氏阴性杆菌的细胞外膜对青霉素等有天然屏障作用。正常情况下细菌外膜的通道蛋白以 OmpF 和 OmpC 组成非特异性跨膜通道,允许抗生素等药物分子进入菌体,当细菌多次接触抗生素后,菌株发生突变,使 OmpF 蛋白的结构基因失活而发生障碍,引起 OmpF 通道蛋白丢失,导致 β-内酰胺类、喹诺酮类等药物进入菌体内减少。铜绿假单胞菌还存在特异的 $OprD_2$ 蛋白通道,该通道允许亚胺培南通过,而当该蛋白通道丢失时,便产生特异性耐药。

3. *细菌体内靶位的改变*

(1) 改变靶位结构:细菌改变与抗生素结合部位的靶蛋白,使其与抗生素的亲和力降低,从而不能与抗生素结合,导致抗菌的失败。例如,肺炎链球菌对青霉素的高度耐药就是通过此机制产生的。

(2) 产生新的靶蛋白:细菌与抗生素接触之后产生一种新的原来敏感菌没有的靶蛋白,使抗生素不能与新的靶蛋白结合，产生高度耐药。

(3) 增加靶蛋白数量：靶蛋白数量增加后，仅一部分的靶蛋白与抗生素结合而失去功能，而仍有另一部分未被结合的靶蛋白维持细菌的正常形态与功能，形成耐药。

4. 影响主动外排系统　某些细菌能将进入菌体的药物泵出体外，这种泵因需要能量，故称主动外排系统(active efflux system)。细菌的主动外排系统由蛋白质组成，主要为膜蛋白。主动外排系统由转运子(efflux transporter)、附加蛋白(accessory protein)和外膜蛋白(outer membrane protein)组成，三者缺一不可，故又称三联外排系统。不同化学结构和性能各异的抗菌药均能借此系统被逐出耐药细菌菌体外，故这些耐药菌具有多药耐药性的特点。

5. 其他

(1) 细菌代谢途径的改变：金黄色葡萄球菌对磺胺类抗菌药的耐药，是由对药物具有拮抗作用的底物——对氨基苯甲酸的产量增多所致，其产量可为敏感菌的 20 倍。亦可能与耐药菌株直接利用外源性叶酸等有关。

(2) 产生生物膜：铜绿假单胞菌分为黏液型和非黏液型，黏液型铜绿假单胞菌可产生生物膜。生物材料及植入导管的广泛使用在增加感染的同时，也使生物膜相关感染性疾病易慢性化而难以治愈，生物膜对单一的抗生素耐药性极高。生物膜对膜内菌体起到屏障保护作用，降低菌体内抗菌药浓度及抗菌活性，增加细菌存活率，幸存的致病菌可再次游离致病，从而产生耐药性。由于生物膜中细菌处于多种代谢状态，在缺少某种代谢成分的条件下可产生耐药，如缺镁时，铜绿假单胞菌对氨基糖苷类、多黏菌素 B 耐药明显。

二、耐药基因的转移方式

细菌获得耐药可通过突变、垂直传递或水平转移等方式。垂直传递，即细菌通过繁殖将存在于染色质的天然耐药基因传给下一代细菌的方式。水平转移时，细菌的耐药基因存在于染色质外，可转移的 DNA 片段包括质粒(plasmids)、转座子(transposons, jumping genes)、整合子(integrons)。水平转移是导致社区感染(在医院外发生的感染)、医院感染/医院获得性感染(在医院发生的感染)细菌耐药性的主要方式。水平转移，即通过转导、转化、接合等方式将耐药性从供体细胞转移给其他细菌。

转导(transduction)：由噬菌体将一个细胞的基因传递给另一细胞的过程。由于噬菌体的蛋白外壳上带有细菌 DNA，如这些遗传物质含有耐药基因，则受体菌将获得耐药性。

转化(transformation)：是细菌从周围介质中吸收来自外源细菌的 DNA 而使其本身的基因型和表现型发生相应变化的方式。耐青霉素的肺炎球菌产生不同的青霉素结合蛋白，该青霉素结合蛋白与青霉素的亲和力低。编码这些不同的青霉素结合蛋白的基因可通过此方式获得。

接合(conjugation)：指细菌之间通过性菌毛或桥接进行基因传递的方式。编码多药耐药基因的 DNA 可能经此途径转移，它是耐药扩散的极其重要的机制之一。

三、避免细菌耐药性的措施

由于抗菌药的广泛应用，各种抗菌药的耐药发生率逐年增加。为了减少和避免耐药性的产生，应严格控制抗菌药的使用，合理使用抗菌药。可用一种抗菌药控制的感染决不联合使用多种抗菌药；窄谱抗菌药可控制的感染不用广谱抗菌药；严格掌握抗菌药预防应用、局部使用的适应证，避免滥用。

第四节　抗菌药的合理使用

由于抗菌药的使用，过去许多致死性的疾病已得到控制。但随着抗菌药的广泛使用，特别是滥用，也给治疗带来许多新问题，如毒性反应、过敏反应、二重感染、细菌产生耐药性等。因此，合理使用抗菌药日益受到重视。

一、抗菌药临床应用的基本原则

1. *尽早确定病原菌* 在患者出现症状之时，应尽早从患者的感染部位、血液、痰液等取样培养分离致病菌，并对其进行体外抗菌药敏感试验，从而有针对性地选用抗菌药。如果患者感染症状严重，可在临床诊断的基础上预测最可能的致病菌种，并根据细菌对各种抗菌药的敏感度与耐药性的变迁，选择适当的药物进行经验性的治疗。

2. *病毒性感染和发热原因不明患者* 感冒、上呼吸道感染等病毒性疾病，发病原因不明者(除病情严重并怀疑为细菌感染外)不宜用抗菌药，否则可使临床症状不典型和病原菌不易被检出，以致延误正确诊断与治疗。

3. *抗菌药剂量* 剂量要适当，疗程应足够。如剂量过小，不但无治疗作用，反易使细菌产生耐药性；剂量过大，不仅造成浪费，还会带来严重的不良反应。疗程过短易使疾病复发或转为慢性。

4. *皮肤黏膜等局部感染* 应尽量避免局部应用抗菌药，因其易发生过敏反应和产生耐药菌。

5. *预防应用及联合应用* 预防用药仅限于以下几种情况：

(1) 苄星青霉素、普鲁卡因青霉素或红霉素常用于风湿性心脏病患儿及常发生链球菌咽炎或风湿热的儿童和成人，以防风湿热的发作，而且需要数年以上疗程的预防用药，直到病情稳定。

(2) 若在流行性脑膜炎发病季节，可用磺胺嘧啶口服作为预防用药。

(3) 进入疟疾区的人群在进入前两周开始服用乙胺嘧啶与磺胺多辛的复方制剂，时间不宜超过 3 个月。

(4) 青霉素、阿莫西林、头孢唑啉可分别用于风湿性心脏病、先天性心脏病患者进行口腔、上呼吸道、尿道及心脏手术前。

(5) 青霉素或阿莫西林用于战伤、复合外伤、闭塞性脉管炎患者截肢手术后，以防止由产气荚膜杆菌引起的气性坏疽，对青霉素过敏者可用克林霉素或甲硝唑。

(6) 胃肠道、胸腹部手术后用药 1～3 日。

二、抗菌药的联合应用

(一) 抗菌药联合应用的意义

合理联合用药的主要优点是：① 发挥药物的协同抗菌作用以提高疗效；② 延迟或减少耐药菌的出现；③ 对混合感染或不能进行细菌学诊断的病例，联合用药可扩大抗菌范围；④ 联合用药可减少个别药剂量，从而减少不良反应。

滥用抗菌药的联合应用，可产生不利后果，如增加不良反应发生率；容易出现二重感染；耐药菌株更加增多；浪费药物；给人一种虚伪的安全感染，延误正确治疗。

(二) 联合用药的指征

联合用药的指征有：① 病原菌未明的严重感染；② 单一抗菌药不能控制的严重混合感染，如肠穿孔后腹膜炎的致病菌常有多种需氧菌和厌氧菌等；③ 单一抗菌药不能有效控制的感染性心内膜炎或败血症；④ 长期用药细菌有可能产生耐药者，如结核、慢性尿路感染、慢性骨髓炎等；⑤ 用以减少药物毒性反应，如两性霉素 B 和氟胞嘧啶合用治疗深部真菌感染，前者用量可减少，从而减少毒性反应；⑥ 临床感染一般二药联用即可，通常不必三药联用或四药联用。

(三) 联合用药可能产生的结果

两种抗菌药联合应用在体外或动物实验中可获得无关、相加、协同(增强)和拮抗等 4 种效果。抗菌药依其作用性质可分为四大类：第一类为繁殖期杀菌药，如青霉素类、头孢菌素类等；第二类为静止期杀菌药，如氨基糖苷类、多黏菌素等，它们对静止期、繁殖期细菌均有杀灭作用；第三类为速效抑菌药，如四环素类、氯霉素类与大环内酯类抗生素等；第四类为慢效抑菌药，如磺胺类等。第一类和第二类合用常可产生协同(增强)效应。例如，青霉素与链霉素或庆大霉素合用治疗肠球菌心内膜炎；青霉素破坏细菌细胞壁的完整性，有利于氨基糖苷类抗生素进入细胞内发挥作用。第一类与第三类合用可能产生拮抗效应。例如，青霉素类与氯霉素或四环素类合用。由于后者使蛋白质合成迅速被抑制，细菌处于静止状态，致使繁殖期杀菌的青霉素干扰细胞壁合成的作用不能充分发挥，使其抗菌活性减弱。第二类和第三类合用可产生增强或相加效应。第四类慢效抑菌药与第一类可以合用，如治疗流行性脑膜炎时，青霉素可以和磺胺嘧啶合用而提高疗效。

应该注意，上述资料多来自体外与动物实验在特定条件下的观察，与临床实际不尽相同，仅供参考。联合用药产生的作用也可因不同菌种和菌株而异，另外药物剂量和给药顺序也会影响治疗效果。

三、肝肾损害时抗菌药的应用

（一）肾损害

肾功能减退时，应用主要经肾排泄的药物宜减量或延长给药时间。对肾有毒的药物，如两性霉素B、万古霉素及氨基糖苷类等，宜避免使用。对肾功能无损害或损害不大的药物在一般情况下，可按常规给药，但要求肝功能必须正常。肾功能轻、中和重度减退的患者给药量分别为正常剂量的1/2～2/3，1/5～1/2和1/10～1/5。

（二）肝损害

肝功能减退者，应避免使用或慎用氯霉素、林可霉素、红霉素、利福平、四环素类等。早产和新生儿的肝脏对氯霉素的解毒功能较低，氯霉素列为禁用。

小结

化学治疗是对病原微生物、寄生虫、恶性肿瘤所致疾病的治疗。抗菌药指对细菌有抑制或杀灭作用的药物，包括抗生素和人工合成药物。抗生素是由各种微生物（包括细菌、真菌、放线菌属）产生的，能杀灭或抑制其他微生物的物质。评价抗菌药抗菌能力的指标为MIC和MBC，评价抗菌药有效性与安全性大小的指标为CI。抗菌药的作用机制包括抑制细菌细胞壁的合成、改变细胞质膜的通透性、抑制蛋白质的合成、影响细菌叶酸代谢和抑制核酸的合成等。细菌耐药性产生机制包括产生灭活酶、改变细菌细胞质膜通透性、细菌体内靶位的改变、影响主动外排系统、细菌代谢途径的改变和产生生物膜等。

抗菌药依其作用性质可分为四大类：第一类为繁殖期杀菌药，如青霉素类、头孢菌素类等；第二类静止期杀菌药，对静止期、繁殖期细菌均有杀灭作用；第三类速效抑菌药；第四类为慢效抑菌药。第一类和第二类合用常可产生协同（增强）效应。例如，青霉素与链霉素或庆大霉素合用。第一类与第三类合用可能产生拮抗效应。例如，青霉素类与氯霉素或四环素类合用。第二类和第三类合用可产生增强或相加效应。第四类慢效抑菌药与第一类可以合用。

【思考题】

1. 抗生素与抗菌药的概念区别是什么？抗生素的说法对吗？
2. 如何评价抗菌药的抗菌活性？
3. 抗菌药的合理使用原则是什么？试举例说明。

（陈晓红）

※ 课程PPT

第三十一章
课程PPT

第三十二章

β-内酰胺类和其他影响细胞壁合成的抗生素

学习目标

【知识目标】

1. 掌握　β-内酰胺类抗生素抗菌作用机制及耐药机制；青霉素、半合成青霉素的药理作用、临床应用、不良反应及过敏性休克的抢救措施；各代头孢菌素的特点及临床应用；其他影响细胞壁合成的抗生素特点和临床应用。

2. 熟悉　亚胺培南与西司他丁制剂组方的药理学基础、抗菌谱及临床应用；万古霉素的抗菌作用特点和不良反应。

3. 了解　β-内酰胺类抗生素的分类及其依据；β-内酰胺酶抑制剂的分类。

【能力目标】

1. 能将β-内酰胺类抗生素药理学基础理论与临床实际相结合。

2. 能根据不同类型的感染性疾病选择合适的β-内酰胺类抗生素进行用药。

【素质目标】

1. 初步树立以患者为中心的理念，关心理解患者，合理使用β-内酰胺类抗生素。

2. 通过学习青霉素的发现历程，领悟科学家的创新精神和多学科协作的重要性。

20世纪20年代，弗莱明(Fleming)发现了青霉菌分泌的抑菌物质，并称其为青霉素。之后弗洛里(Florey)在一种甜瓜上发现了可供大量提取青霉素的霉菌，并用玉米粉调制出了相应的培养液。1940年，弗洛里和钱恩(Chain)证实青霉素既能杀灭病菌，又不损害人体细胞。美国制药企业于1942年开始对青霉素进行大批量生产。青霉素对人类最突出的贡献是第二次世界大战规模最大的登陆战——诺曼底战役中，救治了无数迎着敌军炮火登陆而负伤的盟军士兵。1953年，中国第一批国产青霉素诞生，开启了我国生产抗生素的历史。

自青霉素投入使用以来，其因疗效好、对人体细胞毒性小且价格低廉而应用广泛，根据其基本结构已合成了多种青霉素衍生物，青霉素是临床上使用最为广泛的抗生素之一。

1945年布罗祖(Brotzu)发现了头孢菌素。1957年有研究者分离出头孢菌素P、头孢菌素N、头孢菌素C，1959年确定其基本结构为7-氨基头孢烷酸。1964年，有研究者采用半合成的方法改造其侧链制得第一个可供临床应用的头孢类抗生素头孢噻吩，以后又陆续合成多种新的衍生化合物。

资料来源：

CHRISTENSEN S B，2021. Drugs that changed society：history and current status of the early antibiotics：salvarsan，sulfonamides，and beta-lactams. Molecules，26(19)：6057.

COLE M S，HEGDE P V，ALDRICH C C，2022. β-lactamase-mediated fragmentation：historical perspectives and recent advances in diagnostics，imaging，and antibacterial design. ACS Infect Dis，8(10)：1992－2018.

LIMA L M, SILVA B N M D, BARBOSA G, et al., 2020. β-lactam antibiotics: an overview from a medicinal chemistry perspective. Eur J Med Chem, 208: 112829.

第一节　概　　述

β-内酰胺类抗生素(β- lactam antibiotics)指化学结构中具有β-内酰胺环的一类抗生素，是临床最常用的抗菌药，如青霉素类、头孢菌素类。近年一些非典型β-内酰胺类，包括碳青霉烯类、头霉素类、氧头孢烯类及单环β-内酰胺类也在临床发挥重要作用。此类药物具有相似的抗菌机制，通过抑制细菌细胞壁黏肽的合成，导致细菌细胞壁缺损而发挥抗菌作用，大多具有抗菌活性强、毒性低、临床疗效好等优点。β-内酰胺类抗生素的基本结构见图32-1。

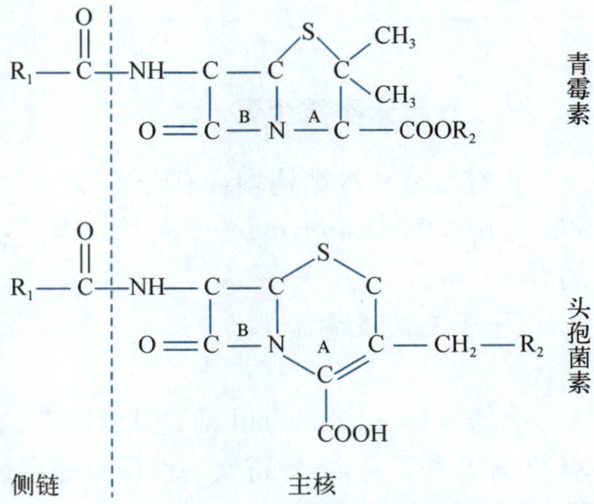

图32-1　β-内酰胺类抗生素基本结构

一、抗菌作用机制

β-内酰胺类抗生素的作用机制主要是通过作用于细菌体内的青霉素结合蛋白(penicillin binding protein, PBP)，抑制细菌细胞壁合成，使细胞壁缺损，外环境水分渗入，菌体膨胀裂解，同时借助细菌的自溶酶溶解作用，从而产生抗菌作用。各种细菌细胞质膜上的青霉素结合蛋白的数量与分子量不同，对β-内酰胺类抗生素的敏感性存在差异。分类学相近的细菌，其青霉素结合蛋白类型及其生理功能则相似的。例如，流感杆菌含8种，肺炎球菌含6种，金黄色葡萄球菌含5种，淋病奈瑟球菌含3种。根据分子量大小不同，青霉素结合蛋白分为两类，一类是大分子量(60 000～140 000 Da)，具有转肽酶和转糖基酶活性，参与细菌细胞壁合成。另一类为小分子量(4 000～5 000 Da)，具有羧肽酶活性，与细菌细胞分裂和形态维持有关。β-内酰胺类抗生素对已合成的细胞壁影响小，故对繁殖期细菌的作用较静止期细菌强。

二、耐药机制

(一) 产生水解酶

耐药菌能产生水解β-内酰胺类抗生素的β-内酰胺酶(包括青霉素酶、头孢菌素酶等)，使药物的β-内酰胺环水解裂开而失去抗菌活性。目前将β-内酰胺酶分为A、B、C和D 4类，其中A、C、D是含丝氨酸的β-内酰胺酶，活性位点有一个丝氨酸残基，帮助催化水解；B类β-内酰胺酶属于金属酶，发挥催化活性需要一个或两个金属离子的协助，可以催化水解除了单环外几乎所有的β-内酰胺类抗生素，且不易被β-内酰胺酶抑制剂所抑制。

(二) 酶与抗生素牢固结合

β-内酰胺酶可与某些耐酶β-内酰胺类抗生素迅速结合，使药物停留在细胞质膜外间隙中，不能到达作用靶位发挥作用。这种对β-内酰胺类的非水解机制的耐药现象又称“牵制机制”。

(三) 青霉素结合蛋白改变

耐药菌株青霉素结合蛋白与β-内酰胺类抗生素的亲和力降低，或产生新的青霉素结合蛋白使药物不能与之结合，从而出现耐药性。

(四) 改变菌膜通透性

β-内酰胺类抗生素不易透过革兰氏阴性菌的胞壁外膜，药物通常只能通过敏感革兰氏阴性菌胞壁外膜的非特异性与特异性两种通道进入菌体。敏感革兰氏阴性菌发生耐药主要是因为非特异性跨膜通道孔蛋白发生改变、表达减少或消失,导致进入菌体内的药物量减少。铜绿假单胞菌的胞壁外膜具有外膜孔蛋白特异性通道,只允许亚胺培南通过,耐药菌株的多膜孔蛋白发生改变使该药不能进入菌体内,可形成特异性耐药。

(五)增强药物外排

在细菌的细胞质膜上存在主动外排系统,为一组跨膜蛋白,细菌可以通过此组跨膜蛋白主动外排药物,从而形成了低水平的非特异性、多重性耐药。

(六)细菌自溶酶减少

某些金黄色葡萄球菌与β-内酰胺类抗生素结合后,可导致细菌自溶酶减少而产生耐药。

第二节 β-内酰胺类抗生素

一、青霉素类抗生素

青霉素类基本结构均含有母核6-氨基青霉烷酸(6-aminopenicillamc acid,6-APA),是由噻唑烷环(A)与β-内酰胺环(B)骈合而成。β-内酰胺环对抗菌活性起着关键作用,不同的侧链影响其抗菌谱及药代动力学特性。

(一)天然青霉素

青霉素

青霉素(benzylpenicillin)是从青霉菌的培养液中提取获得的。青霉菌培养液中至少含有F、G、K、X和双H等5种青霉素,青霉素的性质较稳定,抗菌作用较强,产量亦高,毒性低且价格低廉,是目前临床广泛应用的天然抗生素。

青霉素为有机酸,常用其钠盐或钾盐。其干燥粉末在室温中保存数年仍有抗菌活性。但溶于水后极不稳定,易被酸、碱、醇、氧化剂、金属离子等分解破坏,且不耐热,在室温中放置24 h大部分降解失效,还可生成具有抗原性的降解产物,故应临用现配。

【体内过程】

青霉素口服易被胃酸及消化酶破坏,吸收少且不规则,故不宜口服。肌内注射吸收迅速且完全。其因脂溶性低,进入细胞少,吸收后主要分布于细胞外液,能广泛分布于全身各部位如肝、胆、肾、肠道等以及体液如精液、关节液及淋巴液等。房水和脑脊液中含量较低,但炎症时渗入量可提高并达到有效治疗浓度。几乎全部以原型迅速经尿排泄,约10%经肾小球过滤。90%经肾小管分泌,$t_{1/2}$为0.5~1.0 h,无尿患者的消除$t_{1/2}$可达10 h。丙磺舒可与青霉素竞争肾小管分泌,两药合用时能提高青霉素的血药浓度,延长其$t_{1/2}$。

为了延长青霉素的作用时间,还可采用难溶制剂普鲁卡因青霉素(procaine benzylpenicillin)和苄星青霉素(benzathine benzylpenicillin)。他们的水悬剂或油制剂肌内注射后,在注射部位缓慢吸收。普鲁卡因青霉素一次注射40万U,可维持24 h;苄星青霉素溶解度极小,一次注射120万U,可维持15日。这两种制剂的血药浓度很低,只用于轻症感染患者或用于预防感染。

【抗菌作用】

青霉素主要作用于革兰氏阳性球菌和杆菌、革兰氏阴性球菌及各种致病螺旋体等。

青霉素对溶血性链球菌、草绿色链球菌、肺炎球菌等的作用强,对肠球菌敏感性较差。不产生青霉素酶的金黄色葡萄球菌及多数表皮葡萄球菌对青霉素敏感,但产生青霉素酶的金黄色葡萄球菌对之高度耐药。革兰氏阳性杆菌如白喉杆菌、炭疽杆菌、产气荚膜杆菌、破伤风杆菌、丙酸杆菌、乳酸杆菌等皆对青霉素敏感。革兰氏阴性球菌中脑膜炎球菌、淋病奈瑟球菌对青霉素高度敏感。百日咳杆菌、放线菌对青霉素敏感。致病螺旋体如梅毒螺旋体、钩端螺旋体和回归热螺旋体对青霉素高度敏感。但青霉素对真菌、原虫、立克次体、病毒等无作用。

【临床应用】

肌内注射或静脉滴注青霉素为治疗敏感革兰氏阳性球菌和杆菌、革兰氏阴性球菌及螺旋体所致感染的首选。如溶血性链球菌引起的蜂窝织炎、丹毒、猩红热、咽炎、扁桃体炎、心内膜炎等，肺炎球菌引起的大叶性肺炎、脓胸、支气管肺炎等，草绿色链球菌引起的心内膜炎，淋病奈瑟球菌所致的生殖道淋病；敏感金黄色葡萄球菌引起的疖、痈、败血症等，脑膜炎球菌引起的流行性脑脊髓膜炎均首选肌内注射或静脉滴注青霉素。青霉素与相应抗毒素配伍应用来治疗破伤风以及白喉患者。

【不良反应】

(1) 过敏反应：青霉素是化疗指数最大的抗生素。在一般用量下，其毒性不甚明显。过敏反应为最常见的不良反应，可发生血清病样反应、药疹、药物热、接触性皮炎、间质性肾炎、哮喘发作等，但多不严重，停药后可消失。最严重的不良反应是过敏性休克，多在注射后数分钟内发生，症状为呼吸困难、发绀、血压下降、肢体强直、惊厥、昏迷，抢救不及时可造成死亡。过敏反应的发生与药物剂量大小无关。对该药高度过敏者，极微量亦能引起休克。过敏反应是由青霉素降解产物青霉噻唑蛋白、青霉烯酸、6-氨基青霉烷酸高分子聚合物等致敏原所导致。

主要防治措施：① 应详细询问病史、用药史、药物过敏史及家族过敏史，对青霉素过敏者禁用；② 避免在饥饿时注射青霉素；③ 准备急救药物(如肾上腺素、氢化可的松等)和抢救设备；④ 初次使用、用药间隔 48 h 以上、换批号、换生产厂家都必须做皮肤过敏试验，皮试阳性者禁用；⑤ 用药期间应严密观察，患者每次用药后需要观察 30 min，无反应者方可离去；⑥ 一旦发生过敏性休克，应首先立即肌内注射肾上腺素 0.5～1.0 mg，严重者应稀释后缓慢静脉注射或滴注，必要时加入糖皮质激素和抗组胺药。同时，采用其他急救措施。

(2) 赫氏反应：应用青霉素等治疗梅毒、钩端螺旋体病、鼠咬热或炭疽等感染性疾病时，可出现症状加剧现象，表现为全身不适、寒战、发热、咽痛、肌痛、心跳加快等。这种反应可能是大量螺旋体被杀死后释放内毒素样物质进入机体内引起的全身性炎症反应。

(3) 其他：肌内注射青霉素可产生局部疼痛、红肿或硬结，可发生周围神经炎。大剂量青霉素钾盐或钠盐静脉滴注，可引起明显的水电解质紊乱，特别是对于肾功能下降的患者，此类患者可引起高钾血症或高钠血症，甚至引起心脏功能抑制。老年人、婴儿和肾功能减退患者鞘内注射或静脉滴注大剂量青霉素可引起腱反射增强、肌肉痉挛、抽搐、昏迷等神经系统反应，称青霉素脑病。

(二) 半合成青霉素

青霉素抗菌谱较窄、易被胃酸破坏、易产生耐药性。针对这些缺点，用酰胺酶水解羰基侧链，再进行修饰，可得到耐酸、耐酶、广谱等不同特性的多种半合成青霉素。

1. 口服耐酸青霉素

青霉素 V

青霉素 V(phenoxymethylpenicillin V)抗菌谱和抗菌活性同青霉素。耐酸，不耐酶，口服后不被破坏，约 60%在十二指肠被吸收。口服 0.5g 后约 1 h 达血药峰浓度 3～5 mg/L。食物可减少其吸收。蛋白结合率约 80%。给药量的 20%～35%以原型经尿排出，血消除 $t_{1/2}$ 约为 1 h。主要用于轻度敏感菌感染、恢复期的巩固治疗和感染复发的预防。

其他口服的青霉素有非奈西林(phenethicillin，苯氧乙青霉素)、海巴青霉素 V(haydrabamine phenoxymethylpenicillin V)等。

2. 耐酶青霉素　本类青霉素化学结构特点是增大了侧链基团，其通过空间位置障碍作用保护了β-内酰胺环，使其不易被青霉素酶水解。

甲氧西林

甲氧西林(methicillin)与青霉素相似，但耐青霉素酶，不易被酶水解破坏，对产青霉素酶的金黄色葡萄球菌有良好的作用。对青霉素敏感的葡萄球菌、各种链球菌和脑膜炎球菌的抗菌作用不及青霉素。

甲氧西林主要用于耐青霉素葡萄球菌所致的各种感染，如败血症、呼吸道感染、脑膜炎、软组织感染等，也可用于化脓性链球菌或肺炎球菌与耐青霉素葡萄球菌所致的混合感染。肺炎球菌、化脓性链球菌、其他链球菌或对青霉素敏感的葡萄球菌感染则不应采用该药治疗。

目前金黄色葡萄球菌对甲氧西林耐药菌株日益增多,发生原因为耐药菌产生新的青霉素结合蛋白 2a。该耐药菌株对所有 β-内酰胺类抗生素产生耐药,且对其他很多抗生素也耐药,称为耐甲氧西林金黄色葡萄球菌(methicillin resistant *Staphylococcus aureus*, MRSA)。

耐酶青霉素还包括苯唑西林(oxacillin,苯唑青霉素)、氯唑西林(cloxacillin)、双氯西林(dicloxacillin)等,他们的抗菌谱与甲氧西林相似,对产青霉素酶的金黄色葡萄球菌具有强大的杀菌作用,对链球菌具有抗菌作用但作用较青霉素弱。耐酶青霉素除甲氧西林外,其余耐酸、耐酶,口服后胃肠道吸收好,主要用于产青霉素酶的金黄色葡萄球菌所致的败血症、心内膜炎、肺炎等感染的治疗,亦可用于需要长期用药的慢性感染。不良反应主要为胃肠道反应,包括恶心、腹痛、腹胀、口干等;个别可发生过敏反应,主要表现为皮疹、荨麻疹。

3. 广谱青霉素　对革兰氏阴性和革兰氏阳性菌均有杀菌作用,耐酸,可口服,疗效与青霉素相当,但因不耐酶而对耐药金黄色葡萄球菌感染无效。

代表药物有氨苄西林(ampicillin)和阿莫西林(amoxicillin),特点是对革兰氏阴性菌作用优于青霉素,脑膜炎球菌、流感杆菌、百日咳杆菌、布氏杆菌、变形杆菌、沙门菌等革兰氏阴性菌对广谱青霉素敏感,广谱青霉素对军团菌亦有一定作用。临床主要用于治疗敏感菌所致的呼吸道、胃肠道、泌尿生殖道、软组织感染,以及心内膜炎、脑膜炎、败血症等。

广谱青霉素口服吸收好,氨苄西林口服后 2 h 血药浓度达峰值,分布广泛,肝、肾组织中血药浓度最高,胆汁中可达血药浓度的 4～10 倍,腹水、胸腔积液、乳汁和眼中可达有效浓度,主要经肾排出。不良反应为胃肠道反应、二重感染等。

4. 抗铜绿假单胞菌青霉素　对多数革兰氏阳性菌、革兰氏阴性菌有较好的作用,特别是对铜绿假单胞菌作用强大。药物与铜绿假单胞菌生存必需的青霉素结合蛋白形成多位点结合,对细菌细胞膜具有强大的穿透作用,因而对铜绿假单胞菌有效。

羧苄西林

羧苄西林(carbenicillin)是第一个用于治疗铜绿假单胞菌感染的青霉素类药物。该药为广谱青霉素类抗生素,对大肠埃希菌、沙门菌属和志贺菌属等革兰氏阴性菌的作用与氨苄西林相当,对铜绿假单胞菌、流感嗜血杆菌、变形杆菌属等其他革兰氏阴性杆菌作用较强,但对革兰氏阳性菌的作用较弱。常用于治疗烧伤继发铜绿假单胞菌感染,也可用于治疗铜绿假单胞菌、大肠埃希菌、变形杆菌引起的尿路感染。

替卡西林

替卡西林(ticarcillin)抗菌谱与羧苄西林近似,对革兰氏阳性菌的抗菌作用弱于青霉素,对革兰氏阴性菌的抑菌作用较羧苄西林强数倍。静脉给药后广泛分布于全身组织和体液,在肝、肾组织中浓度较高,其余依次为肺、脾、心、肠和脑组织。可透过血脑屏障进入脑脊液中,脑膜炎时可达血药浓度的 45%～89%,还可透过血眼屏障进入房水、玻璃体液,并可达治疗浓度,也可分泌至乳汁、唾液、腹水、胸腔积液以及滑膜液中。临床主要用于铜绿假单胞菌感染如败血症、肺炎等的治疗。也可用作普通变形杆菌和肠杆菌属细菌感染的治疗。

哌拉西林

哌拉西林(piperacillin)对铜绿假单胞菌等革兰氏阴性菌的抗菌作用强大,较氨苄西林和羧苄西林强;对革兰氏阳性菌的作用与氨苄西林相似,脆弱杆菌和多种厌氧菌对本药也敏感。不耐酶,对产青霉素酶的金黄色葡萄球菌无效。临床主要用于铜绿假单胞菌感染,以及其他敏感菌引起呼吸道、泌尿道、胆道感染及败血症的治疗。口服不吸收,可肌内注射和静脉滴注给药。血浆蛋白结合率为 17%～22%,分布较广,周围器官均可达有效浓度,在胆汁、前列腺和脑组织内浓度较高,$t_{1/2}$ 为 1 h。主要经肾脏排泄。不良反应较少,约 3% 的患者可出现皮疹、皮肤瘙痒等,少数患者可出现药物热和血清转氨酶、乳酸脱氢酶、血清胆红素增高。

5. 抗革兰氏阴性杆菌青霉素　对革兰氏阴性杆菌作用强,对革兰氏阳性杆菌作用弱。作用靶位是青霉素结合蛋白 2a,细菌结合药物后变为圆形,代谢受抑制,但细菌并不死亡。因此,本类药为抑菌药,若与作用于其他青霉素结合蛋白的抗菌药合用可提高疗效。代表药物有美西林(mecillinam)和替莫西林(temocillin)。

替莫西林

替莫西林主要作用于革兰氏阴性菌,对大肠埃希菌的作用是氨苄西林的数十倍,肠杆菌、肺炎杆菌、沙门菌属及志贺菌属对其亦敏感,对部分肠杆菌属细菌也有较强的作用。产酶流感杆菌、脑膜炎球菌、淋病奈瑟球菌及卡他莫拉菌对替莫西林高度敏感。对β-内酰胺酶稳定，因此对耐β-内酰胺酶类抗生素的多种肠杆菌属细菌仍有作用。临床主要用于肠杆菌属、流感杆菌和卡他莫拉菌所致的尿路与软组织感染。不良反应主要为胃肠道反应和过敏反应。

二、头孢菌素类抗生素

头孢菌素类(cephalosporins)抗生素主要是指冠头孢菌培养液中分离的多种抗菌成分之一——头孢菌素C，经裂解获得共同母核7-氨基头孢烷酸(7-amino-cephalosporinic acid，7-ACA)，在7-ACA上连接不同侧链而制成的一类半合成抗生素。本类抗生素的活性基团也是β-内酰胺环，作用机制与青霉素类相同，也是通过抑制细菌细胞壁的合成而达到杀菌作用。本类药也属繁殖期杀菌药，具有抗菌谱广、杀菌力强、对β-内酰胺酶较稳定以及过敏反应少等特点。头孢菌素类(尤其是第一代)与其他有肾毒性的药物如氨基糖苷类抗生素、强效利尿药合用可加重肾损害。有些头孢菌素类药物与乙醇同时应用可产生"双硫仑样"反应，故用药期间或停药3天内应忌酒。

根据头孢菌素的抗菌谱、对β-内酰胺酶的稳定性、抗革兰氏阴性菌活性、对肾脏的毒性作用及临床应用的差异，将其分为五代药物。

第一代头孢菌素：头孢噻吩、头孢唑啉(cefazolin)、头孢乙腈(cefacetrile)、头孢匹林(cefapirin)、头孢西酮(cefazedone)、头孢氨苄(cefalexin)、头孢拉定(cefradine)等。

第二代头孢菌素：头孢呋辛、头孢克洛(cefaclor)、头孢孟多(cefamandole)、头孢替安(cefotiam)、头孢尼西(cefonicid)、头孢雷特(ceforanide)等。

第三代头孢菌素：头孢噻肟、头孢他啶、头孢曲松(ceftriaxone)、头孢哌酮(cefoperazone)、头孢甲肟(cefmenoxime)等。

第四代头孢菌素：头孢匹罗、头孢吡肟(cefepime)等。

第五代头孢菌素：头孢洛林(ceftaroline fosamil)、头孢吡普(ceftobiprole)等。

(一) 第一代头孢菌素

第一代头孢菌素对革兰氏阳性菌抗菌作用较第二、三代强，但对革兰氏阴性菌作用弱，对厌氧菌和铜绿假单胞菌无效。可被细菌产生的β-内酰胺酶水解破坏而失去抗菌活性。$t_{1/2}$较短，对肾脏有一定毒性，不易透过血脑屏障。主要用于治疗敏感菌所致呼吸道和尿路感染，以及皮肤和软组织感染。

头孢噻吩

头孢噻吩(cephalothin)抗革兰氏阳性菌活性强，对葡萄球菌、链球菌、卡他球菌、淋病奈瑟球菌、大肠埃希菌、克雷伯菌、变形杆菌、流感嗜血杆菌及拟杆菌等革兰氏阳性菌敏感。可用于敏感菌所致的轻、中度呼吸道感染、尿路感染、皮肤及软组织感染。肾功能减退的老年患者大剂量使用，尤其是配伍用肾损害的药物可发生肾毒性。其他不良反应有皮疹、嗜酸性粒细胞增多、血栓性静脉炎等。

(二) 第二代头孢菌素

第二代头孢菌素抗菌谱较第一代广，对革兰氏阳性菌作用略逊于第一代或与其相当，但对革兰氏阴性菌的抗菌活性明显增强，对部分厌氧菌有效，对铜绿假单胞菌无效，对多数β-内酰胺酶较稳定，对肾脏的毒性比第一代有所降低，除头孢呋辛外其他均不易透过血脑屏障。可用于治疗敏感菌所致肺炎、胆道感染、菌血症、尿路感染和其他组织器官感染等。

头孢呋辛

头孢呋辛(cefuroxime)肌内注射或静脉注射，$t_{1/2}$约为1.2 h，以原型经尿排出。当脑膜炎时，头孢呋辛可通过血脑屏障。具有广谱抗菌作用，适应范围较广，可用于敏感菌所致的呼吸道、耳鼻喉、泌尿道、皮肤和软组织、骨和关节感染，以及淋病、败血症、脑膜炎等。

(三) 第三代头孢菌素

第三代头孢菌素对β-内酰胺酶稳定性较高，对革兰氏阴性菌抗菌活性强于第一、二代，对革兰氏阳性菌的作用不及第一、二代，对铜绿假单胞菌、厌氧菌有较强的抗菌作用。体内分布广泛，组织穿透力强，可渗入脑脊液，对肾脏几乎没有毒性。

头孢噻肟

头孢噻肟(cefotaxime)肌内注射 0.5 h 达血药浓度峰值,广泛分布于全身各种组织和体液中。正常脑脊液中的药物浓度很低,但脑膜炎时可达有效浓度。支气管分泌物、中耳溢液、胸腔积液、脓胸脓液、腹水、胆囊壁、胆汁、骨组织中亦可达有效浓度。可透过血-胎盘屏障进入胎儿血液循环,少量亦可进入乳汁。$t_{1/2}$ 为 1.5 h,约 80%经肾排泄,肾功能不全者 $t_{1/2}$ 可延长为 14.6 h。用于大肠埃希菌、肺炎杆菌、变形杆菌等引起的骨和关节感染、皮肤和软组织感染、耳部感染以及败血症的治疗,亦可用于婴幼儿脑膜炎的治疗。不良反应以药疹多见,亦会发生静脉炎、腹泻等。

头孢他啶

头孢他啶(ceftazidime)抗菌谱广,抗菌活力强,对 β-内酰胺酶具有高度的稳定性,对革兰氏阳性或阴性菌如铜绿假单胞菌、大肠埃希菌、克雷伯菌、变形杆菌、肠球菌、沙门菌、志贺菌、淋病奈瑟球菌、脑膜炎球菌、金黄色葡萄球菌、溶血性链球菌、肺炎球菌及产气杆菌等均具有较强作用。主要用于呼吸道感染、肝胆系统感染、腹腔感染、前列腺炎、皮肤和软组织感染、骨和关节感染、盆腔炎及烧伤等。

(四) 第四代头孢菌素

第四代头孢菌素对革兰氏阳性菌、革兰氏阴性菌均高效,对 β-内酰胺酶高度稳定。对耐药金黄色葡萄球菌、肠球菌、铜绿假单胞菌等的抗菌作用有很大的增强,对 β-内酰胺酶尤其是超广谱质粒酶、染色体介导的酶稳定,可用于治疗对第三代头孢菌素耐药的细菌感染。基本无肾脏毒性。

头孢匹罗

头孢匹罗(efpirome)对临床主要致病菌的抗菌作用较第三代头孢菌素强,具有广谱抗菌活性,对耐药葡萄球菌、耐青霉素的肺炎球菌及肠球菌均有效。对铜绿假单胞菌的效果与头孢他啶相似,对多数耐抗生素的病原菌均有良好疗效。可分布至肺、肾、前列腺、心、胆汁、痰液及腹水等,脑膜炎时可透过血脑屏障进入脑脊液。临床主要用于严重的呼吸道、尿道及皮肤和软组织等的感染。头孢匹罗不良反应较少,耐受性较好,不良反应包括皮疹、腹泻等。

(五) 第五代头孢菌素

头孢洛林

头孢洛林(ceftaroline fosamil)可与细菌细胞壁上的青霉素结合蛋白结合,抑制细菌肽聚糖的合成而最终导致细菌死亡或者溶解。此外,头孢洛林还可以与青霉素结合蛋白 2a 有效结合,因此头孢洛林对于 MRSA 具有较强的抗菌活性。头孢洛林对包括肺炎链球菌、金黄色葡萄球菌、MRSA 在内的大多数耐药革兰氏阳性菌、革兰氏阴性厌氧菌、革兰氏阳性厌氧菌具有较强的抗菌活性,并保留了第三、四代头孢菌素对革兰氏阴性菌的活性,对耐青霉素的多数革兰氏阴性菌也具有杀菌作用。头孢洛林推荐用于已被证明或强烈怀疑是由多药耐药或泛耐药菌引起的严重感染。本药安全性较高,耐受性较好。最常出现的不良反应是腹泻、恶心和皮疹等。

第三节　非典型 β-内酰胺类抗生素

一、碳青霉烯类抗生素

碳青霉烯类(carbopenems)抗生素因具有对 β-内酰胺酶稳定及毒性低等特点,已经成为治疗严重细菌感染最主要的抗菌药之一。其结构与青霉素类抗生素似,不同之处在于碳青霉烯类抗生素噻唑环上的硫原子为碳原子所取代,且 C_2 与 C_3 之间存在不饱和双键;此外,其 6 位羟乙基侧链为反式构象,使该类化合物与通常青霉烯的顺式构象显著不同,具有超广谱、极强的抗菌活性,以及对 β-内酰胺酶高度稳定。

亚胺培南

亚胺培南(imipenem)的抗菌作用强,抗菌谱极广,是对多药耐药或产 β-内酰胺酶菌株有良好抗菌作用的超广谱抗生素。抗菌谱包括链球菌、金黄色葡萄球菌、肠球菌、大肠埃希菌、克雷伯菌、不动杆菌部分菌株、流杆嗜血杆菌、变形杆菌、沙雷菌、铜绿假单胞菌等。但对 MRSA 无效。单独应用时，在体内稳定性差，约 80%以上可被肾细胞膜产生的肾脏脱氢肽酶Ⅰ分解破坏。西司他丁(cilastatin)是肾脏脱氢肽酶Ⅰ抑制剂，其本身无抗菌作用，但可保护亚胺培南在肾脏免遭破坏，使其原型药物在尿中回收率提高到 70%～80%。西司他丁还可阻止亚胺培南进入肾小管上皮组织，减轻其肾毒性，故临床使用的是亚胺培南与西司他丁 1∶1 配伍的制剂。

亚胺培南与西司他丁 1∶1 配伍的制剂用于敏感菌所致的各种感染，特别适用于多种细菌混合感染以及需氧菌和厌氧菌的混合感染，如腹膜炎、肝胆感染、腹腔内脓肿、阑尾炎、妇科感染、下呼吸道感染、皮肤和软组织感染、尿路感染、骨和关节感染以及败血症等。不良反应有过敏反应、胃肠道反应、肝损伤等。应用剂量大时，可发生惊厥、意识障碍等严重中枢神经系统不良反应。同类药物有法罗培南(faropenem)、多利培南(doripenem)等。美罗培南(meropenem)对肾脏脱氢肽酶Ⅰ稳定，所以不需要与肾脏脱氢肽酶Ⅰ抑制剂合用。

二、头霉素类抗生素

头霉素类(cephamycins)抗生素的化学结构与头孢菌素相似，仅其母核 7 - ACA 的第 7 位碳上多一个甲氧基，其抗菌谱和抗菌活性与第二代头孢菌素相似，但对大多数超广谱 β-内酰胺酶稳定，而且对厌氧菌的抗菌作用强于第三代头孢菌素。

头孢西丁

头孢西丁(cefoxitin)对革兰氏阴性菌、革兰氏阳性菌、厌氧菌有较强的抗菌作用，对 β-内酰胺酶高度稳定。抗菌谱包括大肠埃希菌、肺炎杆菌、吲哚阳性的变形杆菌和沙雷菌、克雷伯菌、流感杆菌、沙门菌、志贺菌等，对葡萄球菌和多种链球菌也有较好作用，对铜绿假单胞菌和肠球菌无效，对 MRSA 可能耐药。临床主要用于敏感菌所致的呼吸道感染、心内膜炎、腹膜炎、肾盂肾炎、尿路感染、败血症以及骨、关节、皮肤和软组织等的感染。不良反应多，但较轻微，可有皮疹、静脉炎、蛋白尿、嗜酸性粒细胞增多等，且肌内注射疼痛显著。一般不宜与头孢菌素合用，以免发生拮抗作用。本类药物还有头孢美唑(cefmetazole)、头孢替坦(cefotetan)、头孢米诺(cefminox)等。

三、单环 β-内酰胺类抗生素

单环 β-内酰胺类(monolactams)抗生素仅有一个 β-内酰胺环，对革兰氏阴性菌有较强的抗菌活性，对革兰氏阳性菌和厌氧菌无抗菌活性。该类药物不良反应少、分布广，并具耐酶、低毒等特点。临床用于大肠埃希菌、沙门菌属、克雷伯菌和铜绿假单胞菌等所致的下呼吸道、尿路、软组织感染以及脑膜炎、败血症的治疗。

氨曲南

氨曲南(aztreonam)是第一个被应用于临床的单环 β-内酰胺类抗生素，对青霉素结合蛋白 3 亲和力高，对青霉素结合蛋白 1a 亲和力中等，而对革兰氏阳性菌和厌氧菌的青霉素结合蛋白亲和力低。革兰氏阳性菌皆对其耐药。

对革兰氏阴性菌作用强，临床疗效好，不良反应少，对多种质粒和染色体介导的 β-内酰胺酶稳定。口服不吸收，肌内注射生物利用度为 89.5%。消除 $t_{1/2}$ 为 1.9 h，约 70%以原型由尿液排出。体内分布广，能分布到全身组织和体液中，乳汁中含量少，脑膜炎时脑脊液内可达有效浓度。肠杆菌属、流感嗜血杆菌、淋病奈瑟球菌对其非常敏感，对铜绿假单胞菌的作用与头孢哌酮相仿，不动杆菌、产碱杆菌、军团菌对其耐药。临床主要用于敏感革兰氏阴性菌所致的感染，特别是第三代头孢菌素及氨基糖苷类抗生素过敏或不耐受者，也可与阿米卡星、妥布霉素等合用于铜绿假单胞菌感染。不良反应少而轻微，偶见皮疹、红斑、瘙痒、药物热等过敏反应，亦可发生恶心、呕吐、食欲减退、腹泻等胃肠道反应，以及头痛、静脉炎等。

四、氧头孢烯类抗生素

氧头孢烯类(oxacephems)抗生素系头孢菌素母核 7 - ACA 的 1 位上的 S 被 O 取代而得，是对拟杆菌属等厌氧菌亦有较强抗菌活性的广谱抗生素。

拉氧头孢

拉氧头孢(latamoxef)抗菌谱广，对革兰氏阴性菌作用强，对β-内酰胺酶稳定，抗菌谱与第三代头孢菌素头孢噻肟近似，对多种革兰氏阴性菌有良好的抗菌作用。大肠埃希菌、流感杆菌、克雷伯菌、各型变形杆菌、肠杆菌属、枸橼酸杆菌、沙雷菌等对其高度敏感。拉氧头孢对厌氧菌有良好的抗菌作用。此外，该药耐β-内酰胺酶作用强大，因而很少发生耐药性。主要不良反应有皮疹、药物热等过敏反应。尚有肝肾损害、中性粒细胞减少和嗜酸性粒细胞增多等不良反应。拉氧头孢能引起严重的"双硫仑样"反应，能拮抗维生素K功能，减少凝血酶原，导致出血，严重者可致死亡。

第四节 β-内酰胺酶抑制剂和复方制剂

β-内酰胺酶抑制剂(β- lactamase inhibitors)没有或只有较弱抗菌活性，但可抑制β-内酰胺酶，从而保护了β-内酰胺类抗生素的活性。该类药物与β-内酰胺类抗生素联合应用或组成复方制剂使用，可增强后者的药效，使其抗菌谱扩大。目前已用于临床的有克拉维酸、舒巴坦和他唑巴坦等，其作用机制为不可逆的竞争性抑制β-内酰胺酶，此过程中本身也遭到破坏，因此被称为"自杀性酶抑制剂"(suicide inhibitor)。

克拉维酸

克拉维酸(clavulanic acid，棒酸)为广谱酶抑制剂，该药对普通细菌，如金黄色葡萄球菌、肠杆菌、淋病奈瑟球菌等质粒介导产生的酶有强大的抑制作用；对肺炎克雷伯菌、变形杆菌和脆弱类杆菌等染色体介导产生的酶有快速抑制作用，而且能作用于细菌细胞膜上的特定部位，与低浓度的β-内酰胺类抗生素共同影响细菌生长。

阿莫西林-克拉维酸钾(amoxicillin-potassium clavulanate)是克拉维酸钾与阿莫西林以1∶2组成的复方制剂。该制剂对胃酸稳定，口服吸收良好，食物对本品的吸收无明显影响。口服后，阿莫西林消除$t_{1/2}$约为1 h，8 h内尿排出率为50%～78%；克拉维酸消除$t_{1/2}$为0.76～1.4 h，8 h尿内排出率约为46%；两者的口服生物利用度分别为97%和75%。该制剂穿透性好，在腹腔渗出液、滑膜液、骨组织、女盆腔器官内均可达到有效抗菌浓度，还可透过胎盘，少量进入乳汁，但难以通过血脑屏障。临床主要用于产酶金黄色葡萄球菌、肠球菌、肠杆菌科细菌、脆弱类杆菌等引起的呼吸道、皮肤软组织、盆腔、尿路等的感染，以及淋菌性尿道炎、中耳炎、鼻窦炎、咽炎、扁桃体炎的治疗。不良反应有胃肠道反应及皮疹等，但多较轻微。

舒巴坦

舒巴坦(sulbactam)是半合成的β-内酰胺酶抑制剂，性质较克拉维酸稳定，抑酶谱也稍宽，但作用较弱，对金黄色葡萄球菌和多数革兰氏阴性杆菌产的β-内酰胺酶有较强的不可逆的抑制作用。体内药代动力学特点与氨苄西林、阿莫西林相似，注射给药后可分布至组织间液、腹腔液及脑膜炎症患者的脑脊液中。

头孢哌酮-舒巴坦(cefoperazone-sulbactam)是舒巴坦与头孢哌酮1∶1组成的复方制剂。头孢哌酮与舒巴坦均可很好地分布至机体各组织和体液中，包括胆汁、皮肤及子宫等。两药合用对革兰氏阴性杆菌具有明显的协同抗菌活性，是单用头孢哌酮的4倍，流感杆菌、产气杆菌、类杆菌、大肠埃希菌、不动杆菌、肺炎克雷伯菌等均对本药有较好的敏感性。主要应用于敏感产酶菌所引起的呼吸道、腹腔、盆腔、尿路等感染及败血症的治疗。不良反应与头孢哌酮相似，包括皮肤过敏、腹泻、药物热、可逆性中性粒细胞减少、血红蛋白及血细胞比容降低、一过性嗜酸性粒细胞增多、血小板减少和凝血酶原时间降低等。

美洛西林钠-舒巴坦钠(mezlocillin sodium-sulbactam sodium)为美洛西林钠和舒巴坦钠按4∶1组成的复方制剂。对多种革兰氏阳性菌和革兰氏阴性菌(包括需氧菌株和厌氧菌株)均有杀灭作用。体外试验表明，两药合用可增强对多种产酶菌株和金黄色葡萄球菌、大肠埃希菌的抗菌作用；与美洛西林单药比较，对不动杆菌属、产碱杆菌、产气杆菌、枸橼酸杆菌、痢疾杆菌、铜绿假单胞菌等的抗菌作用均有不同程度的增强。美洛西林钠-舒巴坦钠给药后迅速分布到各组织中，在血液、心、肺、肾、脾、肝中的浓度均很高，而正常人脑组织中的浓度很低。大部分药物(87%)由肾脏排泄。临床用于产酶耐药菌引起的中重度感染性疾病，包括呼吸系统、泌尿生殖系统、腹腔、盆腔、皮肤及软组织感染以及性病、淋病等的治疗。

他 唑 巴 坦

他唑巴坦(tazobactam)是舒巴坦的衍生物,自身抗菌作用较弱,为不可逆竞争性β-内酰胺酶抑制剂,与克拉维酸、舒巴坦不同的是对铜绿假单胞菌、阴沟杆菌、黏质沙雷菌所产生的染色体介导的β-内酰胺酶有一定的抑制作用。

哌拉西林-他唑巴坦(piperacillin-tazobactam)是他唑巴坦钠与哌拉西林 1∶8 的复方制剂,对耐哌拉西林的大肠埃希菌、肺炎杆菌、不动杆菌与变形杆菌等具有良好的抗菌作用。对铜绿假单胞菌及沙雷菌的作用较弱,但各类厌氧菌均对其敏感。注射给药后,胃肠道、胆汁、前列腺液、肾、女性生殖器官、皮肤组织均有较高浓度,且脑脊液中药物浓度较单用哌拉西林高,随尿排泄。常用于腹腔、下呼吸道、皮肤及软组织的各类混合感染和菌血症的治疗。不良反应较少发生,少数患者可发生恶心、腹泻、头痛及皮疹、皮肤瘙痒、血小板减少等。

第五节 其他影响细胞壁合成的抗生素

一、万古霉素

万古霉素(vancomycin)属糖肽类抗生素,是从链霉菌培养液中分离获得,化学性质稳定。过去使用较少,现在却因能够杀灭 MRSA 和耐甲氧西林表皮葡萄球菌(methicillin resistant *Staphylococcus epidermidis*, MRSE)而应用较多。去甲万古霉素(norvancomycin)是我国研究人员从诺卡菌属培养液中分离获得的,作用略强于万古霉素。万古霉素被认为是传统抗生素使用的最后一道防线。

【体内过程】

万古霉素口服难吸收,绝大部分经粪便排泄。药物广泛分布于各组织,静脉滴注正常人 $t_{1/2}$ 为 5～11 h,肾功能不全者 $t_{1/2}$ 可延长至 2～9 日。

【抗菌作用】

万古霉素仅对革兰氏阳性菌产生强大杀菌作用,特别是革兰氏阳性球菌,包括敏感葡萄球菌及 MRSA。其中,去甲万古霉素对大多数金黄色葡萄球菌的作用强于万古霉素,对表皮葡萄球菌的作用与万古霉素相似;去甲万古霉素是抗脆弱拟杆菌作用最强的抗生素。肺炎链球菌、草绿色链球菌和化脓性链球菌对本类药物高度敏感,棒状杆菌和梭形杆菌也有一定敏感性,但放线菌则敏感性较差,而对所有革兰氏阴性杆菌(极性大,不能穿过革兰氏阴性菌外膜)及厌氧菌无效。万古霉素类一般对肠球菌无杀菌作用,但与氨基糖苷类药物合用可产生协同杀菌作用。

【作用机制】

万古霉素可牢固地结合到敏感菌细胞壁前体肽聚糖五肽末端的 *D*-丙氨酰-*D*-丙氨酸,抑制肽聚糖合成中的糖基转移酶、转肽酶及 *D*-羧肽酶活性,阻止肽聚糖的进一步延长和交联,从而阻断细菌细胞壁合成,造成细菌细胞壁缺陷,最终破裂死亡。

【临床应用】

万古霉素主要用于对β-内酰胺类抗生素耐药和过敏者的严重革兰氏阳性菌感染所致的心内膜炎、肺炎、骨髓炎、假膜性肠炎等。尤其是对 MRSA、MRSE 感染具有重要的临床应用价值。

【不良反应】

(1) 老年人、肾功能不全患者以及大剂量长疗程用药,可出现耳鸣和听力减退的耳毒性。同服氨基糖苷类抗生素、呋塞米或依他尼酸可加重耳毒性。

(2) 用药后可发生蛋白尿、管型尿、血尿、少尿、氮质血症等肾损害,甚至肾衰竭,发生率约为 5%。

(3) 静脉滴注过快时,可出现面部、颈部、上肢、上身皮肤潮红、瘙痒、血压下降等红人综合征。可能与静脉注射万古霉素速度过快引起的组胺释放有关,去甲万古霉素和替考拉宁很少引起红人综合征表现。

(4) 偶有药物热、皮疹、瘙痒等过敏反应。静脉滴注也易引起血栓性静脉炎,而口服可引起呕吐、口腔异味感。偶见粒细胞减少。

由于具有明显的耳毒性和肾毒性,故肾功能不全患者、老年人、新生儿、早产儿及轻症感染患者不宜选用。

二、替考拉宁

替考拉宁(teicoplanin)是特定的游动放线菌经发酵、提取后得到的一种糖肽类抗生素,与万古霉素化学结构相近,抗菌谱相似,作用机制相同,但不良反应较少,抗菌活性更强。

【体内过程】

替考拉宁口服不吸收,肌内注射生物利用度为 94%。静脉注射后,迅速分布于皮肤、骨组织,以及肾、支气管、肺和肾上腺、白细胞,79%以原型从尿液中排出,$t_{1/2}$ 为 70～100 h。

【抗菌作用】

替考拉宁对肺炎球菌、化脓性链球菌、金黄色葡萄球菌、表皮葡萄球菌、粪肠球菌、梭状芽孢杆菌属、棒状杆菌属及李斯特菌属等具有较好的抗菌活性,较万古霉素强 2～4 倍。但部分表皮葡萄球菌和溶血葡萄球菌对其耐药,近年来粪肠球菌亦出现耐药株。对革兰氏阴性菌、分枝杆菌、真菌均无抗菌活性。

替考拉宁抑制细胞壁合成的途径与万古霉素相同,干扰新的肽聚糖合成过程,对青霉素类及头孢菌素类、大环内酯类、四环素和氯霉素、氨基糖苷类和利福平耐药的革兰氏阳性菌敏感。

【不良反应】

不良反应较万古霉素少,严重不良反应罕见。最常见的为肌内注射局部的轻微疼痛、暂时性的肝功能异常。偶见恶心、呕吐、眩晕、颤抖、嗜酸性粒细胞增多、粒细胞减少、血小板增多等。

三、特拉万星

特拉万星(telavancin)属脂糖肽类,是万古霉素的半合成衍生物,为快速杀菌抗生素,用于治疗耐药革兰氏阳性菌特别是 MRSA 感染。

特拉万星具有双重抗菌作用机制,一方面通过与包含肽 *D*-丙氨酰-*D*-丙氨酸的残基聚糖前体结合,阻碍底物与转糖苷酶和转肽酶相互作用,从而干扰肽聚糖交联和聚合,抑制细菌细胞壁合成。另一方面,还可以直接作用于细菌的细胞膜,引起膜电位快速去极化并增加膜通透性,由此破坏细菌细胞膜的屏障功能,同时胞内大量钾离子和 ATP 外漏导致细胞死亡。亲脂性疏水侧链的存在,大大增强了与肽 *D*-丙氨酰-*D*-丙氨酸的残基的结合能力,对肽聚糖的抑制作用比万古霉素强 10 倍。疏水侧链的长度决定了其对 MRSA 和万古霉素耐药肠球菌的抗菌活性。特拉万星的双重作用机制不但加快了杀菌速度,增强了抗菌能力,而且降低了其产生耐药性的风险。

特拉万星口服吸收差,只能经静脉给药。单次给药 $t_{1/2}$ 为 9 h,对金黄色葡萄球菌的抗生素后效应为 1～4 h,可每日给药 1 次。给药量的 2/3 以原型经肾脏排泄,肾损害时药物累积增加。

特拉万星对革兰氏阳性菌具有广谱抗菌作用,对金黄色葡萄球菌、凝固酶阴性葡萄球菌、肠球菌属、链球菌属等革兰氏阳性菌均有良好抗菌活性,且对耐药革兰氏阳性菌如 MRSA、MRSE 和 VanA 型肠球菌呈浓度依赖性杀菌作用,其活性优于万古霉素和替考拉宁。肾功能不全发生率高于万古霉素,动物实验发现其有致畸风险。

四、达巴万星

达巴万星(dalbavancin)是一种与万古霉素相似的新型半合成糖肽类抗生素。作用机制与万古霉素相同,与处于分裂期的革兰氏阳性菌细胞壁肽聚糖前体末端的氨基酰-*D*-丙氨酰-*D*-丙氨酸相结合,阻遏细胞壁的合成,从而抑制和杀灭细菌。用于治疗皮肤和软组织感染,对革兰氏阳性菌包括 MRSA、甲氧西林敏感金葡球菌、凝固酶阴性葡萄球菌、链球菌等具有抗菌活性,对耐青霉素和头孢曲松肺炎链球菌、替考拉宁不敏感凝固酶阴性葡萄球菌、非 VanA 型肠球菌具有活性;对厌氧菌也具有活性。单次给药,$t_{1/2}$ 为 187 h,可每周用药 1 次。

五、达托霉素

达托霉素(daptomycin)是从土壤腐生链霉菌属玫瑰色孢子中提取出来的具有独特环结构的脂肽类抗生素。

【作用机制】

不同于β-内酰胺类、氨基糖苷类、糖肽类和大环内酯类等其他类抗生素,达托霉素可通过多方面破坏细菌胞膜起到杀菌作用。另外,达托霉素抗菌机制也与抑制细菌细胞壁,以及 DNA、RNA 和蛋白质合成有关。

【抗菌作用与临床应用】

达托霉素具有在体外抗所有革兰氏阳性菌的作用,这些革兰氏阳性菌包括万古霉素耐药肠球菌、MRSA、糖肽类敏感和不敏感的金黄色葡萄球菌、凝固酶阴性葡萄球菌、棒状杆菌和耐青霉素的肺炎链球菌。达托霉素对耐药株的抗菌活性与传统的敏感株相似。对敏感株的 MIC 值,达托霉素是万古霉素的 1/4 倍。

达托霉素主要用于革兰氏阳性菌引起的皮肤、软组织感染,金黄色葡萄球菌引起的菌血症、心内膜炎,以及耐药菌引起的肾脏、骨髓等组织感染,达托霉素与万古霉素具有相同的或更好的疗效。但其不能用于肺炎治疗,因为其能与肺表面活性物质结合。

【不良反应】

达托霉素可产生肌肉、神经、肾脏和胃肠道的毒性。与他汀类合用更易发生肌病和横纹肌溶解,轻度的肌病可以通过测定血清肌酸激酶及停止治疗而逆转。在大约 4 倍于产生肌病的剂量时可出现轴突周围神经变性。

六、磷霉素

磷霉素(phosphomycin, fosfomycin)是 1967 年在西班牙土壤中分离出的放线菌属新霉素链霉菌培养液中得到的抗生素,现已人工合成。

【体内过程】

磷霉素口服的生物利用度为 30%～40%,一般静脉给药。与血浆蛋白不结合,$t_{1/2}$ 为 1.5～2.0 h,进入体内后组织分布广,以肾组织中浓度为最高,其次为心、肺、肝等组织,在胎儿循环、胆汁、乳汁、骨髓、脓液、脑、眼房水及支气管分泌物中也有相当浓度;可透过血脑屏障,炎症时脑脊液浓度可达同时期血药浓度的 50%以上。肌内注射或静脉注射后 24 h 内 90% 由尿中排出。

【作用机制及抗菌谱】

磷霉素分子结构与磷酸烯醇丙酮酸相似,故可竞争细胞壁黏肽合成初期的 UDP-*N*-乙酰葡萄糖胺-烯醇式丙酮酸转移酶,使细菌细胞壁的合成受到抑制而导致细菌死亡。与β-内酰胺类、氨基糖苷类、氟喹诺酮类联合用药均有良好的协同作用。

抗菌谱广,对革兰氏阳性菌、革兰氏阴性菌均有效。对葡萄球菌属、大肠埃希菌、沙雷菌属和志贺菌属等均有较高抗菌活性,对铜绿假单胞菌、变形杆菌属、产气杆菌、肺炎杆菌、链球菌和部分厌氧菌也有一定抗菌作用,但均较青霉素类和头孢菌素类效果差。

【临床应用】

口服磷霉素适用于敏感菌所致轻、中度感染,如皮肤软组织感染、尿路感染及肠道感染等。静脉给药可用于肺部感染、腹膜炎、败血症及骨髓炎等较重感染,严重病例宜与β-内酰胺类或氨基糖苷类抗生素联合应用。

【不良反应】

不良反应一般较轻,可引起胃肠道反应,如恶心、呕吐、食欲缺乏、腹胀、腹泻等,还可引起过敏性皮疹、转氨酶升高、肌内注射局部疼痛和硬结等。静脉用药可发生血栓性静脉炎、心悸等。

七、环丝氨酸

环丝氨酸(cycloserine)口服吸收较快,广泛分布到身体组织和体液之中,脑脊液中药物浓度与血液中的近似。大部分以原型从尿液中排出,约35%被代谢。MIC为25 mg/L。环丝氨酸通过抑制*D*-丙氨酸的消旋酶和合成酶可阻碍*N*-乙酰胞壁酸五肽的形成,从而抑制细菌细胞壁黏肽的合成,导致细胞壁缺损。环丝氨酸主要为二线抗结核药物,能抑制结核杆菌生长,但作用相对一线药较弱,对结核病的疗效也较低,单用可产生耐药性,但耐药性比其他抗结核药发生缓慢,与其他抗结核药之间无交叉耐药性。

八、杆菌肽

杆菌肽(bacitracin)是从枯草杆菌培养液中提取的多肽类抗生素。对革兰氏阳性菌(包括球菌和杆菌),尤其是金黄色葡萄球菌(包括产青霉素酶者)和链球菌具有强大抗菌活性,对脑膜炎球菌、淋病奈瑟球菌等革兰氏阴性球菌以及螺旋体、放线菌等也有一定作用,但革兰氏阴性杆菌(流感嗜血杆菌除外)大多耐药。抗菌作用机制为抑制细菌细胞壁合成过程中的磷酸化过程,从而阻碍细菌细胞壁的合成。此外,其对细菌细胞膜也有损伤作用。细菌对其产生耐药慢,耐药菌株较少。其因全身应用肾毒性大,仅局部用于治疗敏感菌引起的眼、耳、鼻、喉及皮肤感染。

小　结

β-内酰胺类抗生素作用机制是与青霉素结合蛋白结合,抑制细菌细胞壁合成,同时借助细菌的自溶酶溶解作用,从而产生抗菌作用。细菌对β-内酰胺类抗生素产生耐药的机制包括产生水解酶、酶与抗生素牢固结合、青霉素结合蛋白改变、改变菌膜通透性、增强药物外排及缺乏自溶酶等。

青霉素主要作用于革兰氏阳性球菌和杆菌、革兰氏阴性球菌以及各种致病螺旋体等,最常见的不良反应为过敏性休克。半合成青霉素包括口服耐酸青霉素(青霉素V)、耐酶青霉素(甲氧西林、氯唑西林等)、广谱青霉素(氨苄西林、阿莫西林)、抗铜绿假单胞菌青霉素(羧苄西林、哌拉西林等)、抗革兰氏阴性杆菌青霉素(替莫西林等)。

头孢菌素类作用机制同青霉素,具有抗菌谱广、杀菌力强、对β-内酰胺酶较稳定以及过敏反应少等特点。根据头孢菌素的抗菌谱、对β-内酰胺酶的稳定性、抗革兰氏阴性菌活性对肾脏的毒性作用和临床应用的差异可将其分为五代:第一代头孢菌素对革兰氏阳性菌作用较强,可被细菌产生的β-内酰胺酶水解破坏而失去抗菌活性,有一定肾毒性;第二代头孢菌素抗菌谱较第一代广,对革兰氏阴性菌作用明显加强,对多数β-内酰胺酶较稳定,肾毒性有所降低;第三代头孢菌素对革兰氏阴性菌作用强于第一、二代,对革兰氏阳性菌的作用不及第一、二代,对铜绿假单胞菌、厌氧菌有较强抗菌作用,对β-内酰胺酶稳定性较强,几乎没有肾毒性;第四代头孢菌素对革兰氏阳性菌、革兰氏阴性菌、耐药金黄色葡萄球菌、铜绿假单胞菌等作用强大,对β-内酰胺酶高度稳定,基本无肾脏毒性;第五代头孢菌素头孢洛林对包括肺炎链球菌、金黄色葡萄球菌、MRSA在内的大多数耐药革兰氏阳性菌、革兰氏阴性厌氧菌和革兰氏阳性厌氧菌均有较强作用,应用于由多药耐药或泛耐药菌引起的感染。

碳青霉烯类具有对β-内酰胺酶稳定以及毒性低等特点,代表药亚胺培南与肾脏脱氢肽酶Ⅰ抑制剂西司他丁1∶1的配伍制剂常用于多种细菌混合感染和需氧菌及厌氧菌的混合感染。单环β-内酰胺类抗生素对革兰氏阴性菌有较强作用,并具耐酶、低毒等特点。氧头孢烯类对拟杆菌属等厌氧菌有较强抗菌活性。β-内酰胺酶抑制剂与β-内酰胺类抗生素联合应用或组成复方制剂使用,可增强后者的药效,扩大其抗菌谱。

糖肽类抗生素仅对革兰氏阳性菌产生强大杀菌作用,包括敏感葡萄球菌及MRSA,主要用于对β-内酰胺类抗生素耐药和过敏者的严重感染。万古霉素具有耳毒性、肾毒性。替考拉宁、特拉万星等抗菌作用强、不良反应少,在临床发挥越来越重要作用。

【思考题】

1. 简述亚胺培南与西司他丁制剂组方的药理学基础、抗菌谱、临床应用。
2. 简述头孢菌素类抗生素的分类、代表药物及主要特点。

3. 患者，男，23 岁。受凉后感冒、咳嗽、咳痰，体温 40℃，X 线胸片显示双肺大片阴影，痰培养为肺炎链球菌，青霉素皮试阳性。请问：

(1) 该患者宜选择哪些 β-内酰胺类抗生素进行治疗？

(2) 拟选用药物的主要不良反应有哪些？

（胡　浩）

※ 课程 PPT

第三十二章
课程 PPT

第三十三章

大环内酯类和林可霉素类抗生素

学习目标

【知识目标】

1. 掌握　大环内酯类、林可霉素类抗生素的抗菌作用机制、抗菌谱及临床应用。

2. 熟悉　大环内酯类抗生素的耐药性及主要不良反应。

3. 了解　大环内酯类抗生素的体内过程；林可霉素类抗生素的主要不良反应。

【能力目标】

能根据大环内酯类、林可霉素类抗生素的作用特点，进行感染性疾病的针对性用药治疗，具备识别并合理处置药物不良反应的能力。

【素质目标】

培养坚持以患者为中心，具有关心和理解感染患者的医学人文精神；建立合理应用抗生素的理念。

第一节　大环内酯类抗生素

大环内酯类抗生素(macrolide antibintics)是一类在化学结构上含有14～16元的大内酯环的弱碱性抗生素。按其来源可分为天然品和半合成品两类；按其化学结构可分为以下几种。

(1) 14元大环内酯类：红霉素(erythromycin)、罗红霉素(roxithromycin)、克拉霉素(clarithromycin)、泰利霉素(telithromycin)和喹红霉素(cethromycin)等。

(2) 15元大环内酯类：阿奇霉素(azithromycin)。

(3) 16元大环内酯类：乙酰螺旋霉素(acetylspiramycin)、麦迪霉素(medecamyin)、麦白霉素(meleumycin)、交沙霉素(josamycin)和吉他霉素(kitasamycin)等。

按其发展情况可分为第一代大环内酯类抗生素、第二代大环内酯类抗生素和第三代大环内酯类抗生素。

1952年，麦奎尔(Mcguire)及其同事们从菲律宾群岛土壤中分离到了红霉素链霉菌，并从其代谢物中获得了红霉素。这是第一个大环内酯类抗生素，后经美国礼来(Eli Lilly)公司开发上市。1965年后，在哈里斯(Harris)及科里(Corey)等的努力下完成了对红霉素化学结构和全合成的研究。在此基础上，人们开发出其他第一代大环内酯类抗生素。

为克服第一代大环内酯类抗生素性质不够稳定、抗菌谱较窄、耐药率较高的缺点，20世纪80年代后人们开发出了克拉霉素、阿奇霉素等第二代大环内酯类抗生素。第二代大环内酯类抗生素对酸的稳定性有所提高，抗菌谱略有扩展，抗菌力也有提高，但抗耐药性无显著增强。

为改善本类药物的抗耐药性，现已开发以泰利霉素和喹红霉素为代表的第三代大环内酯类抗生素，以及主要用于抑制免疫的藤霉素、西罗莫司等。

资料来源：

KIRST H A，2014. Macrolide Antibiotics//MARINELLI F，GENILLOUD O. Antimicrobials. Berlin：Springer.

一、概述

【体内过程】

第一代大环内酯类抗生素如红霉素不耐酸，口服易被胃酸破坏，常需要做成肠溶片或酯化产物，以提高其稳定性，并促进其吸收，体内分布广泛，易进入各种体液及组织中，在扁桃体、内耳渗出液、肺组织、痰液、胸腔积液、腹水、前列腺液中均可达有效抗菌浓度，但不易透过血脑屏障，即使脑膜发炎时，也不易透过血脑屏障。第二代大环内酯类抗生素（如罗红霉素、克拉霉素、阿奇霉素等）和第三代大环内酯类抗生素（如泰利霉素、喹红霉素等）对酸稳定，口服吸收迅速，在各种组织、体液及细胞内均能达到较高药物浓度，且消除较慢，半衰期较长。此外，罗红霉素的吸收易受食物影响，应在饭前 1 h 或饭后 4 h 服用（表 33-1）。

表 33-1　常用大环内酯类抗生素及其主要药代动力学

大环内酯类抗生素	主要药代动力学特点
红霉素	不耐酸，口服吸收少，主要在肝脏代谢，经胆汁排泄，血浆蛋白结合率约 73%，$t_{1/2}$ 约 1.5 h
阿奇霉素	耐酸，口服吸收迅速，组织分布广，细胞内游离浓度高（为同期血药浓度的 10～100 倍），主要以原型经胆汁排泄，生物利用度约 37%，$t_{1/2}$ 长达 35～48 h
克拉霉素	耐酸，口服吸收迅速，经尿排出，生物利用度约 55%，$t_{1/2}$ 约 4.5 h
罗红霉素	耐酸，食物会降低药物吸收，以原型经胆汁和尿排泄，生物利用度约 80%，在血清及组织中能产生持续长时间的高浓度，$t_{1/2}$ 可达 12～15 h
泰利霉素	口服吸收良好，不受食物干扰，部分在肝代谢，少部分以原型经尿、粪排泄，$t_{1/2}$ 约 2 h

【作用机制】

大环内酯类抗生素不可逆地与细菌核糖体 50S 亚基结合，从而阻止 70S 亚基始动复合物的形成；也可以结合到细菌核糖体 50S 亚基 23S rRNA 的特殊靶位上，阻止肽酰基 tRNA 和 mRNA 自 A 位移向 P 位，进而阻止新的氨酰基 tRNA 结合到 A 位，抑制细菌蛋白质合成；还可与细菌核糖体 50S 亚基的 L_{22} 蛋白质直接结合，导致核糖体结构破坏，从而使肽酰基 tRNA 在肽链延长阶段较早地从核糖体上解离。革兰氏阳性菌体内药物蓄积量约为阴性菌的 100 倍，故对革兰氏阳性菌的作用强于阴性菌。因细菌的核糖体与哺乳动物的核糖体不同，故对哺乳动物核糖体无明显影响。

大环内酯类抗生素之间可出现交叉耐药。其耐药机制涉及：① 靶位改变，耐药菌产生的甲基化酶可使细菌核糖体 50S 亚基的 23S rRNA 上的腺嘌呤发生甲基化，降低 50S 亚基对大环内酯类抗生素的亲和力；② 产生灭活酶，耐药菌可产生红霉素酯酶和大环内酯 2-磷酸转移酶，水解本类抗生素；③ 通过耐药基因编码具有主动外排功能的蛋白质，将大环内酯类抗生素外排，使菌体内药物浓度降低。值得注意的是，细菌耐药性由单一耐药发展为多药耐药，如细菌同时对大环内酯类-林可霉素类-链阳菌素类耐药（macrolides-lincomycins-streptogramins resistance，MLSR）。

【抗菌作用】

大环内酯类抗生素属快速抑菌剂，高浓度时对高敏感菌也可产生杀菌作用。主要对革兰氏阳性菌有较高的抗菌活性，其中葡萄球菌、肺炎链球菌和白喉棒状杆菌对其高度敏感，肠球菌对其中度敏感；某些革兰氏阴性菌，如脑膜炎球菌、淋病奈瑟球菌、流感嗜血杆菌、百日咳鲍特菌等对大环内酯类抗生素较敏感。大环内酯类抗生素对嗜肺军团菌、空肠弯曲菌等也有抑制作用，对除脆弱拟杆菌和梭杆菌外的其他厌氧菌也有作用，对某些螺旋体、肺炎支原体、立克次体和衣原体也有抑制作用。

【非抗菌作用】

(1) 胃动力作用：通过激动胃动素受体和胆碱受体，可增强食管下端括约肌的张力，影响胃肠电活动，促进胃和胆囊排空，加快结肠运动。

(2) 免疫调节作用：可间接抑制如 IL-5、IL-6、IL-8 等细胞因子和可溶性细胞黏附分子的分泌，抑制活化 T 细胞中 NF-κB 的活性，促进嗜酸性粒细胞的凋亡，降低多形核白细胞的趋化作用。

(3) 调节气道分泌：可影响气道的氯通道，部分激活胆碱受体，抑制气道内黏膜下腺体的黏液腺细胞中钙离子内流，从而减少气道水分和黏液分泌。本类抗生素的抗炎作用也有利于抑制气道杯状细胞的增殖与黏液分泌。

(4) 抗肿瘤作用：可与其他抗肿瘤药(阿糖腺苷、放线菌素 D、高三尖杉酯碱、柔红霉素等)竞争与细胞膜 P-糖蛋白结合，并抑制其抗肿瘤活性，从而可抑制肿瘤细胞中的抗肿瘤药的主动外排，提高肿瘤细胞内的抗肿瘤药浓度，增强其抗肿瘤作用，并减少耐药性。本类药物的免疫调节作用也有利于抗肿瘤药更好地发挥作用。

(5) 抗寄生虫作用：阿奇霉素对间日疟和恶性疟的预防作用可分别达到 98%和 71%。

【临床应用】

(1) 军团菌病：治疗嗜肺军团菌、麦克达德军团菌或其他军团菌引起的肺炎及社区获得性肺炎。

(2) 支原体肺炎：对肺炎支原体感染，具有与四环素类相似的治疗效果。

(3) 衣原体感染：对衣原体引起的感染有效，以阿奇霉素为好。对于衣原体感染引起的婴儿肺炎和新生儿眼炎，因不宜使用四环素类，故本类药常作为替代药使用。

(4) 用于青霉素过敏或对青霉素耐药的革兰氏阳性菌(如金黄色葡萄球菌、链球菌、炭疽杆菌、产气荚膜梭菌、破伤风梭状杆菌)、放线菌、梅毒螺旋体等引起的感染。

(5) 其他：可用于百日咳、白喉带菌者、空肠弯曲菌引起的肠炎的治疗；也可用于治疗幽门螺杆菌感染；阿奇霉素和克拉霉素还可用于治疗分枝杆菌感染。

【不良反应】

(1) 局部刺激性：口服可引起胃肠道反应，如恶心、呕吐、胃痉挛、腹泻等；肌内注射可引起局部疼痛及坏死，不宜采用；静脉滴注可引起血栓性静脉炎，静脉滴注速度不宜过快。

(2) 肝毒性：为最严重的不良反应。红霉素尤其是依托红霉素可引起胆汁淤积性肝炎，而琥乙红霉素和硬脂酸红霉素则较少见肝毒性不良反应。

(3) 过敏反应：可引起过敏反应，表现为药疹、药物热、荨麻疹等。

(4) 其他：大剂量静脉滴注红霉素偶致一过性耳鸣、听觉障碍等；红霉素也偶可引起心律失常，如 Q-T 间期延长伴室性心动过速等。

【药物相互作用】

红霉素和克拉霉素通过抑制 CYP3A4，增强阿司咪唑、特非那定、卡马西平、皮质类固醇、环孢素、麦角碱类、茶碱、三唑仑、阿托伐他汀、洛伐他汀、辛伐他汀、丙戊酸及华法林等的作用。

二、常用大环内酯类抗生素

(一) 第一代大环内酯类抗生素

第一代大环内酯类抗生素包括红霉素、麦迪霉素、麦白霉素、乙酰螺旋霉素、交沙霉素、吉他霉素(表 33-2)等。多为天然品，抗菌谱相似，而抗菌活性以红霉素最强，相互之间可产生交叉耐药。

表 33-2 常用第一代大环内酯类抗生素及其主要药理学特点

第一代大环内酯类抗生素	主要药理学特点
红霉素	口服需要使用肠溶片或其酯化物，胆汁中药物浓度高。抗菌力强，病原体易对其产生耐药性。主要用于对青霉素过敏患者或耐青霉素革兰氏阳性菌感染
麦迪霉素	抗菌活性低于红霉素，对耐红霉素者有效，不良反应较红霉素轻，常见胃肠道反应

续 表

第一代大环内酯类抗生素	主要药理学特点
麦白霉素	同麦迪霉素
乙酰螺旋霉素	耐酸,口服易吸收,组织中浓度较高。抗菌活性小于红霉素
交沙霉素	体内过程与红霉素相似。对部分耐红霉素的金黄色葡萄球菌有效
吉他霉素	口服吸收后血药浓度较麦迪霉素高,抗菌活性较弱,耐药性产生较红霉素慢

(二) 第二代大环内酯类抗生素

第二代大环内酯类抗生素主要包括罗红霉素、阿奇霉素、克拉霉素(表 33-3)等,均为半合成品,对酸稳定,在血液、组织和细胞中的药物浓度较高,半衰期较长;增强了对流感嗜血杆菌、黏膜炎莫拉菌、空肠弯曲菌、厌氧菌、军团菌、衣原体、分枝杆菌和弓形虫等病原体的作用,对葡萄球菌的抗菌活性与红霉素相似或略强。对需氧革兰氏阳性球菌和流感嗜血杆菌等革兰氏阴性菌有明显的抗生素后效应。

表 33-3 常用第二代大环内酯类抗生素及其主要药理学特点

第二代大环内酯类抗生素	主要药理学特点
罗红霉素	抗菌谱与红霉素相似,对革兰氏阳性菌的作用比红霉素略差,对嗜肺军团菌的作用较强,对肺炎支原体和衣原体作用与红霉素相仿或略强,胃肠道反应较红霉素轻
阿奇霉素	抗菌谱比第一代大环内酯类抗生素广,抗菌活性优于第一代大环内酯类抗生素。对革兰氏阴性杆菌特别是流感嗜血杆菌及肠杆菌的抗菌活性比克拉霉素强。对沙眼衣原体、嗜肺军团菌及鸟分枝杆菌的活性与克拉霉素相似。对沙门菌、志贺菌及大肠埃希菌有抗菌活性。不良反应与红霉素类似,发生率较低
克拉霉素	抗菌谱与红霉素相似,对金黄色葡萄球菌、链球菌、军团菌、流感嗜血杆菌等的抗菌活性略强于红霉素,对幽门螺杆菌有较强作用。不良反应发生率略低

(三) 第三代大环内酯类抗生素

第三代大环内酯类抗生素主要包括泰利霉素、喹红霉素,均为酮基大环内酯类抗生素。其主要特点是:① 对酸稳定;② 因其对 23S rRNA 亲和力更强,故抗菌活性较强,对第一代大环内酯类抗生素和第二代大环内酯类抗生素敏感或耐药的病原体(包括 MLSR 菌株)均有作用;③ 不易产生耐药性,酮基大环内酯类抗生素无诱导耐药性,与第一代大环内酯类抗生素和第二代大环内酯类抗生素产品也无交叉耐药性。

第二节 林可霉素类抗生素

常用药物有林可霉素(lincomycin)和林可霉素的半合成品克林霉素。两者抗菌谱相同,但后者口服吸收更好、抗菌活性更高,不良反应较轻,故常用。

克 林 霉 素

【体内过程】

克林霉素(clindamycin)口服吸收完全,生物利用度为 87%,药物浓度达峰时间为 1 h;可广泛分布于体液及组织中,并达到有效浓度,其在骨组织中可达更高浓度,血浆蛋白结合率>90%,可透过胎盘,不能透过血脑屏障,但脑膜炎症时可达有效浓度;主要经肝代谢后随尿和胆汁排泄,约 10%以原型药物随尿排出,$t_{1/2}$为 2.5 h。

【作用机制】

克林霉素与细菌核糖体 50S 亚基结合,通过抑制肽酰基转移酶的活性,抑制肽链的延伸,从而抑制细菌蛋白质合成。因其作用部位与大环内酯类抗生素和氯霉素相同,故与大环内酯类抗生素和氯霉素合用时,因相互竞争结合部位,可产生拮抗作用。

细菌核糖体 23S rRNA 上的腺嘌呤发生甲基化而对大环内酯类抗生素产生耐药性,对克林霉素也可耐药,但克林霉素不是甲基化酶的诱导剂。克林霉素不是大环内酯类抗生素主动外排泵的底物,故通过主动外排机制对大环内酯类抗生素产生耐药的细菌,对克林霉素仍然敏感。

【抗菌作用】

克林霉素对革兰氏阳性球菌,包括金黄色葡萄球菌(MRSA 除外)、表皮葡萄球菌、溶血性链球菌、肺炎链球菌和草绿色链球菌有很强的抗菌活性;对革兰氏阳性杆菌,如白喉棒状杆菌、破伤风梭菌、产气荚膜梭菌、奴卡菌属等也敏感;对少数革兰氏阴性菌,如脑膜炎球菌、淋病奈瑟球菌、流感嗜血杆菌有一定作用;对多数厌氧菌,如消化球菌、消化链球菌、真杆菌、丙酸杆菌、双歧杆菌、梭杆菌、大多数放线菌、拟杆菌(包括脆弱拟杆菌)具有强大抗菌作用。但支原体、衣原体、革兰氏阴性杆菌、难辨梭菌、肠球菌大多耐药。

【临床应用】

(1) 厌氧菌感染:包括厌氧菌引起的脓毒症以及肺部、腹腔、女性盆腔感染,疗效显著。也可替代青霉素和甲硝唑用于厌氧菌引起的牙周及颌面感染。

(2) 革兰氏阳性球菌感染:尤其对金黄色葡萄球菌引起的急、慢性骨髓炎和化脓性关节炎非常有效;也可用于治疗对青霉素类及头孢菌素类过敏者出现的由溶血性链球菌引起的咽峡炎、皮肤软组织感染,以及肺炎链球菌引起的肺炎、脑膜炎、化脓性中耳炎等。

(3) 其他:静脉注射林可霉素类抗生素与口服乙氨嘧啶合用可有效治疗鼠弓形体在艾滋病患者引起的脑炎;林可霉素类抗生素也可与伯氨喹共同静脉注射治疗艾滋病患者中、轻度肺孢子虫性肺炎。

【不良反应】

(1) 胃肠道反应:常见恶心、呕吐、腹痛等。

(2) 二重感染:约 4%的患者可出现腹泻,除因药物对胃肠的刺激作用外,也与肠道菌群失调有关,特别是难辨梭菌引起的假膜性肠炎,严重者可致死。口服给药发生率比静脉给药高 3~4 倍。一旦出现,应给予万古霉素或甲硝唑治疗。

(3) 过敏反应:偶见皮疹、药物热、皮肤瘙痒等。

(4) 其他:偶致谷草转氨酶和谷丙转氨酶升高、粒细胞减少、血小板减少等;也可抑制神经肌接头传递,不宜与吸入麻醉药和骨骼肌松弛剂合用。

小　结

大环内酯类抗生素是临床常用的抗生素第一代大环内酯类抗生素如红霉素不耐酸,口服易被胃酸破坏,常需要做成肠溶片或酯化产物,以提高其稳定性,并促进其吸收,体内分布广泛,不易透过血脑屏障。第二代大环内酯类抗生素(如罗红霉素、克拉霉素、阿奇霉素等)和第三代大环内酯类抗生素(如泰利霉素、喹红霉素等)对酸稳定,口服吸收迅速,在各种组织、体液及细胞内均能达到较高药物浓度,且消除较慢,半衰期较长。

林可霉素类抗生素常用药物有林可霉素和林可霉素的半合成品克林霉素。两者抗菌谱相同,但后者口服吸收更好、抗菌活性更高,不良反应较轻。

【思考题】

1. 第二代半合成大环内酯类抗生素的抗菌特点有哪些?其主要临床应用范围是什么?
2. 林可霉素类抗生素的主要特点有哪些?为何其不宜与大环内酯类抗生素及氯霉素联合应用?
3. 患儿,女,10 岁。咳嗽、高热 2 天,右肺呼吸音减低,右肺纹理增粗,模糊,肺炎支原体 IgM 抗体(+)。临床诊断:肺炎支原体肺炎。请问:

(1) 可选用哪些抗生素进行治疗?

(2) 用药期间,患者应注意药物的哪些不良反应?

(刘　涛)

※ 课程 PPT

第三十三章
课程 PPT

第三十四章

氨基糖苷类和多黏菌素类抗生素

学习目标

【知识目标】

1. 掌握　氨基糖苷类抗生素的抗菌谱、抗菌机制、临床应用、不良反应；细菌对氨基糖苷类抗生素产生耐药性的机制。

2. 熟悉　妥布霉素、庆大霉素、阿米卡星、奈替米星等的特点及应用。

3. 了解　多黏菌素类抗生素特点及临床应用。

【能力目标】

能将本章知识应用于临床实践，合理使用氨基糖苷类及多黏菌素类抗生素。

【素质目标】

树立以患者为中心的合理用药观，避免氨基糖苷类及多黏菌素类抗生素严重不良反应的发生。

第一节　氨基糖苷类抗生素

一、概述

氨基糖苷类抗生素(aminoglycoside antibiotics)因化学结构中含有氨基环醇和氨基糖分子，并由配糖键连接成苷而得名。其包括两大类：一类为天然来源，来自链霉菌的有链霉素、卡那霉素、妥布霉素、大观霉素(spectinomycin)、新霉素(neomycin)等。来自小单胞菌的有庆大霉素、西索米星、小诺米星(micronomicin)、阿司米星(astromicin)等。另一类为半合成品，如奈替米星、依替米星、异帕米星、卡那霉素、阿米卡星、地贝卡星(dibekacin)、阿贝卡星(arbekacin)等。

1943 年，美国罗格斯大学瓦克斯曼(Waksman)教授指导研究生从链霉菌中分离获得人类历史上第一个氨基糖苷类抗生素——链霉素，1946～1947 年通过人类第一项随机、双盲、安慰剂对照的临床研究发现，其对肺结核有效，瓦克斯曼因此获得了 1952 年诺贝尔生理学或医学奖。

1957 年，研究人员从卡那霉素链霉菌中提取出卡那霉素，用于治疗革兰氏阴性菌感染，为了解决卡那霉素耐药菌株的问题，人们在卡那霉素的基础上进行结构改造，开发了阿米卡星、妥布霉素等新药。

1963 年，研究人员从小单胞菌发酵液中分离了庆大霉素。我国于 1965 年由中国科学院福建微生物研究所王岳教授牵头从福州湖泥中分离出庆大霉素产生菌——小单胞菌，于 1969 年投产并用于临床，当时正值建国 20 周年大庆，取名“庆大霉素”，同时因“庆大霉素”读音也与“Gentamycin”相似，因此此名称一直沿用。与新霉素和卡那霉素相比，庆大霉素因不存在 3 位磷酸化的羟基，故对假单胞菌的活性更强。庆大霉素的抗菌谱较广，抗菌活性强，价格低廉，对铜绿假单胞菌和志贺菌等革兰氏阴性菌有抗菌作用，且对革兰氏阳性菌中的金黄色葡萄球菌（包括其耐药株）也有很强的抗菌作用，且具有相对低的毒性，临床应用比较广泛。

1970 年发现的西索米星虽然抗菌活性优于庆大霉素，但毒副作用也远大于庆大霉素，故并未得到广泛应用。1974 年对西索米星进行结构修饰得到 1 - N -乙基化的西索米星即奈替米星，后者对部分产乙酰转移酶的菌株有抗菌活性，动物实验证实其耳、肾毒性比西索米星低。

目前已报道的天然和半合成氨基糖苷类抗生素的总数已超过 3 000 种，其中微生物产生的天然氨基糖苷类抗生素有近 200 种。2017 年，一种新型氨基糖苷类抗生素普拉佐米星(plazomicin)出现，于 10 月向 FDA 提交新药申请，普拉佐米星于 2018 年 6 月底获批上市，用于由某些肠杆菌科细菌感染引起的、治疗选择非常有限或无治疗选择的复杂性尿路感染。

多黏菌素类抗生素是 1947 年从多黏芽孢杆菌中分离出来的抗菌多肽。由于多黏菌素类抗生素抗菌谱窄，肾毒性较明显，特别是 20 世纪 80 年代后一些新的广谱抗菌药如第三代头孢菌素、碳青霉烯类等药物的出现和在临床的广泛使用，多黏菌素被弃用。近年来发现，多黏菌素治疗多药耐药革兰氏阴性菌感染（特别是鲍曼不动杆菌、铜绿假单胞菌和肺炎克雷伯菌）疗效较好，从而又引起了临床的关注。

资料来源：

EDSON R S, TERRELL C L, 1987. The aminoglycosides: streptomycin, kanamycin, gentamicin, tobramycin, amikacin, netilmicin, and sisomicin. Mayo Clin Proc, 62(10): 916 - 920.

RAJU T N, 1999. The Nobel chronicles. 1952: Selman Abraham Waksman (1888 - 1973). Lancet, 353(9163): 1536.

【体内过程】

(1) 氨基糖苷类抗生素的极性强，解离度均较大，口服均难吸收，多采用非肠道途径给药。肌内注射时吸收迅速而完全，血药浓度达峰时间为 0.5 h 左右。为避免血药浓度过高而导致不良反应，通常不主张静脉注射给药。

(2) 氨基糖苷类抗生素的血浆蛋白结合率均低，多数在 10%以下。其穿透力很弱，不能渗入机体细胞，在大多数组织中浓度较低；氨基糖苷类抗生素可渗入大多数体腔中，其分布容积近似于细胞外液体积。在肾皮质和内耳内、外淋巴液高浓度聚积，且在内耳外淋巴液中浓度下降得很慢，因而容易引起肾脏毒性和耳毒性。可透过胎盘屏障并聚积在胎儿血浆和羊水，但不能渗入机体细胞内，也不能透过血脑屏障，但在脑膜发炎时可透过血脑屏障。

(3) 代谢与排泄：氨基糖苷类抗生素主要以原型通过肾小球滤过，除奈替米星外，其他均无肾小管重吸收过程，因而排泄迅速，尿中排出率达 80%～90%，$t_{1/2}$ 为 2～3 h。但在肾衰竭患者体内，$t_{1/2}$ 延长 20～30 倍甚至 30 倍以上而致药物蓄积。

【作用机制】

(1) 氨基糖苷类抗生素的抗菌作用主要通过作用于细菌核糖体 30S，抑制细菌蛋白质合成的全过程而产生杀菌效应（图 34 - 1）。

1) 氨基糖苷类抗生素与细菌核糖体 30S 亚基结合，抑制 30S 始动复合物的形成。阻止氨酰 tRNA 在 A 位的正确定位，尤其是妨碍甲硫氨酰 tRNA 的结合，进而干扰功能性核糖体的组装，抑制 70S 始动复合物的形成。

2) 抑制核糖体移位，抑制肽酰 tRNA 从 A 位到 P 位，阻止肽链延伸。

3) 诱导 tRNA 与 mRNA 密码三联体错误匹配，引起完整核糖体的 30S 亚基错读遗传密码，造成错误的氨基酸插入肽链，导致异常的、无功能的蛋白质合成。

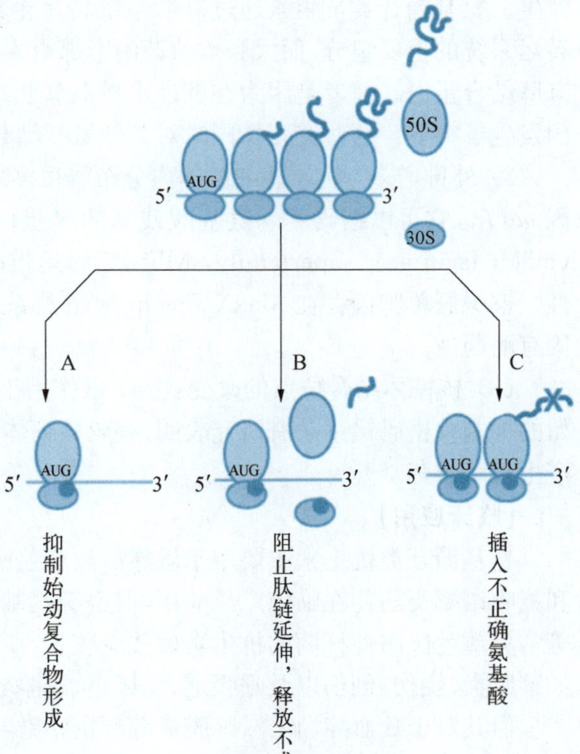

图 34 - 1　氨基糖苷类抗生素的作用原理

4) 阻碍终止密码子与 A 位结合,使合成好的肽链不能释放。

(2) 损伤细菌细胞质膜,破坏细胞质膜的完整性。

氨基糖苷类等杀菌性抗生素作用于细菌后,产生了大量的羟自由基,而抑菌性抗生素均未能促使羟自由基的产生。氨基糖苷类等杀菌性抗生素可激发三羧酸循环产生的 NADH 不断通过电子传递链发生氧化,导致 NADH 被大量消耗,进而引起细菌产生大量的超氧化物。超氧化物进一步损坏铁硫簇,使其释放出的亚铁离子通过芬顿反应产生大量的羟自由基,促使细菌胞内 DNA、蛋白和脂质损伤,最终导致细胞死亡。

【抗菌作用】

氨基糖苷类抗生素通过抑制细菌蛋白质合成起到杀菌作用,属静止期杀菌药。其杀菌作用特点包括杀菌作用呈浓度依赖性;仅对需氧菌有效,尤其对需氧革兰氏阴性杆菌的抗菌作用强;具有明显的抗生素后效应;具有首次接触效应;在碱性环境中抗菌活性增强等。

氨基糖苷类抗生素对各种需氧革兰氏阴性菌如大肠埃希菌、克雷伯菌属、肠杆菌属、变形杆菌属等具高度抗菌活性,对沙雷菌属、产碱杆菌属、布氏杆菌、沙门菌、志贺菌属、嗜血杆菌及分枝杆菌也具有抗菌作用。此外。对 MRSA 也具有较好抗菌活性。铜绿假单胞菌只对庆大霉素、阿米卡星、妥布霉素敏感,其中妥布霉素作用最强。链霉素、卡那霉素、阿米卡星还对结核分枝杆菌有效。

【耐药机制】

细菌对氨基糖苷类抗生素产生的耐药机制有以下几种。

(1) 酶的修饰钝化作用:这是细菌对氨基糖苷类抗生素产生耐药性最为重要的机制。耐药菌株产生灭活氨基糖苷类抗生素的酶主要包括乙酰化酶(acetylase)、腺苷酰化酶(adenylase)和磷酸化酶(phosphorylase),其可将乙酰基、腺苷酰基、磷酰基连接到氨基糖苷类的氨基或羟基上,使药物失去活性。不同类型的酶可灭活不同的氨基糖苷类抗生素,有些酶可对多种抗生素产生灭活作用,因而耐药菌在氨基糖苷类抗生素之间存在交叉耐药现象。

(2) 药物累积减少

1) 摄取减少:基因突变导致细胞质膜的不可渗透性,减少了氨基糖苷类抗生素的吸收,结果导致耐药产生。氨基糖苷类抗生素通过寡肽系统转运至细胞内,寡肽结合蛋白(oligopeptide binding protein)是寡肽转运系统的重要组分,而大肠埃希菌耐卡那霉素突变株的寡肽结合蛋白数目明显减少,有的突变株甚至不含寡肽结合蛋白。前者是因为在翻译水平上寡肽结合蛋白合成的减少,后者则是由于编码寡肽结合蛋白的基因发生了突变。这些突变株同时对其他氨基糖苷类抗生素包括链霉素、新霉素及依帕米星也具有耐药性。

2) 外排增多:病原性细菌体内分布着很多多药耐药外排系统,从大肠埃希菌中克隆到一个多药耐药基因 *mdfa*,它可以编码 410 氨基酸残基的膜蛋白 Mdfa,这种新的多药转运蛋白属于主要协助蛋白超家族(major facilitator superfamily, MFS)型转运蛋白,由质子电化学梯度驱动,具有排出新霉素、卡那霉素的活性。铜绿假单胞菌存在 MexXY-OprM 外排系统,使得铜绿假单胞菌对氨基糖苷类抗生素通常具有显著的固有耐药性。

(3) 核糖体结合位点的改变:链霉素作用于核糖体 30S 亚基,导致基因密码的错读,引起 mRNA 翻译起始的抑制及密码错读。有研究表明,编码核糖体蛋白的基因突变会使核糖体靶位点改变,使得细菌对链霉素产生显著耐药。

【临床应用】

氨基糖苷类抗生素主要用于敏感需氧革兰氏阴性杆菌所致的全身感染。虽然近年来有多种头孢菌素类和氟喹诺酮类药物在临床广泛应用,但由于氨基糖苷类抗生素对铜绿假单胞菌、肺炎克雷伯菌、大肠埃希菌等常见革兰氏阴性杆菌的抗生素后效应较长,所以,仍然被用于治疗需氧革兰氏阴性杆菌所致的严重感染,如脑膜炎、烧伤、创伤以及呼吸道、泌尿道、皮肤软组织、胃肠道及骨关节的感染等。

但其对于败血症、肺炎、脑膜炎等严重感染,单独应用时可能失败,需要联合应用其他抗革兰氏阴性杆菌的抗菌药,如广谱半合成青霉素、第三代头孢菌素及氟喹诺酮类抗菌药等。

【不良反应】

氨基糖苷类抗生素的主要不良反应是肾毒性和耳毒性,儿童和老年人更易发生。毒性的产生与用药剂量和疗程有关，有时在停药以后，毒性反应也不可逆转，故发现毒性反应的早期症状应立即停药，以避免或减少严重毒性的发生。

(1) 耳毒性：氨基糖苷类抗生素的耳毒性与其在内耳淋巴液中较高药物浓度有关。氨基糖苷类抗生素可影响内耳螺旋器内、外毛细胞的能量产生及利用，引起细胞膜上 Na^+-K^+-ATP 酶功能障碍，造成毛细胞损伤。耳毒性包括前庭功能障碍和耳蜗听神经损伤。前庭功能障碍主要表现为眩晕并伴有头昏、视力减退、眼球震颤、眩晕、恶心、呕吐和共济失调等。听神经损伤表现为耳鸣、听力减退和永久性耳聋。氨基糖苷类抗生素均有不同程度的耳毒性。新霉素、卡那霉索和链霉素等常引起前庭毒性，新霉素、卡那霉索和阿米卡星等则多引起听力损伤。能致子宫内胎儿耳毒性。临床上氨基糖苷类抗生素应避免与万古霉素、强效利尿药、止吐药、甘露醇等其他有耳毒性的药物合用。

(2) 肾毒性：氨基糖苷类抗生素是诱发药源性肾脏衰竭的最常见原因之一。氨基糖苷类抗生素主要以原型由肾脏排泄，并可通过细胞膜吞饮作用使药物大量蓄积在肾皮质，故可引起肾毒性。轻则引起肾小管肿胀，重则产生肾小管急性坏死，但一般不损伤肾小球。肾毒性通常表现为蛋白尿、管型尿、血尿等，严重时可产生氮质血症和导致肾功能降低。肾功能减退可使氨基糖苷类抗生素血浆浓度升高，这又进一步加重肾功能损伤和耳毒性。各种氨基糖苷类抗生素的肾毒性取决于其在肾皮质中的聚积量和其对肾小管的损伤能力，其发生率依次为新霉素＞卡那霉素＞庆大霉素＞妥布霉素＞阿米卡星＞链霉素。临床使用时避免合用有肾毒性的药物，如强效利尿药、顺铂、第一代头孢菌素类、万古霉素等药物。

(3) 神经肌肉阻滞：可引起血压下降、肢体瘫痪、呼吸衰竭和循环衰竭。最常见于大剂量腹膜内或胸膜内应用后，也偶见于肌内或静脉注射后。其原因可能是药物与钙离子络合，使体液内的钙离子含量降低，或与钙离子竞争，抑制神经末梢乙酰胆碱的释放，并降低突触后膜对乙酰胆碱敏感性，造成神经肌肉接头传递阻断，引起呼吸肌麻痹，可致呼吸停止。不同氨基糖苷类抗生素引起神经肌肉麻痹严重程度的顺序依次为新霉素＞链霉素＞卡那霉素＞奈替米星＞阿米卡星＞庆大霉素＞妥布霉素。

(4) 过敏反应：少见皮疹、发热、血管神经性水肿及剥脱性皮炎等。也可引起过敏性休克，尤其是链霉素，应特别注意，一旦发生，应静脉注射肾上腺素和钙剂等抢救。

二、主要的氨基糖苷类抗生素

链霉素

链霉素(streptomycin)是第一个氨基糖苷类抗生素，也是第一个用于治疗结核病的药物。链霉素口服吸收极少，肌内注射吸收快。容易渗入胸腔、腹腔、结核性脓腔和干酪化脓腔，并达有效浓度。90%可经肾小球滤过而排出体外，$t_{1/2}$ 为 5～6 h。

链霉素对铜绿假单胞菌和其他革兰氏阴性杆菌的抗菌活性最低，对土拉菌病和鼠疫有特效，常为首选，特别是与四环素联合用药已成为目前治疗鼠疫的最有效手段。与青霉素合用可治疗溶血性链球菌、草绿色链球菌及肠球菌等引起的心内膜炎。主要不良反应有耳毒性、肾毒性、神经肌肉阻滞和过敏反应。

庆大霉素

庆大霉素(gentamicin)口服吸收很少，肌内注射吸收迅速而完全。主要以原型由肾脏排出，$t_{1/2}$ 为 2 h。在肾皮质中积聚的药物可比血浆浓度高出数倍，停药 20 日后仍能在尿中检测到本药。庆大霉素是治疗各种革兰氏阴性杆菌感染的主要抗菌药，尤其对沙雷菌属作用更强，为氨基糖苷类抗生素中的首选药，庆大霉素可与青霉素或其他抗生素合用，协同治疗严重的革兰氏阳性球菌感染，对革兰氏阴性球菌无效。亦可用于术前预防和术后感染。还可局部用于皮肤、黏膜表面的感染以及眼、耳、鼻部的感染。不良反应主要有耳毒性、肾毒性，偶可发生过敏反应。

卡那霉素

卡那霉素(kanamycin)口服吸收极差，肌内注射易吸收。在胸腔液和腹腔液中分布浓度较高。$t_{1/2}$ 为 2～3 h。对多数常见革兰氏阴性杆菌和结核杆菌有效，目前仅与其他抗结核药合用，以治疗对第一线药物耐药性的结核病患者。也可口服用于肝昏迷或腹部术前准备的患者。主要不良反应有耳毒性、肾毒性和过敏反应。

妥布霉素

妥布霉素(tobramycin)口服难吸收,肌内注射吸收迅速,可渗入胸腔、腹腔、滑膜腔并达有效治疗浓度。24 h 内约有 93%以原型由肾脏排出。$t_{1/2}$为 1.6 h。可在肾脏中大量积聚。对肺炎克雷伯菌、肠杆菌属、变形杆菌属的抑菌或杀菌作用分别较庆大霉素强 4 倍和 2 倍;对铜绿假单胞菌的作用是庆大霉素的 2～5 倍,且对耐庆大霉素菌株仍有效,对其他革兰氏阴性杆菌的抗菌活性不如庆大霉素,在革兰氏阳性菌中仅对葡萄球菌有效。治疗铜绿假单胞菌所致的各种感染,通常应与能抗铜绿假单胞菌的青霉素类或头孢菌素类药物合用。不良反应主要为耳毒性(包括听力损害和前庭神经损伤)和肾毒性。

阿米卡星

阿米卡星(amikacin)是卡那霉素的半合成衍生物。肌内注射主要分布于细胞外液,不易透过血脑屏障。在给药后 24 h 内有 98.2%的药物以原型经尿排出。$t_{1/2}$为 2～3 h,肾功能减退时 $t_{1/2}$延长。阿米卡星是抗菌谱最广的氨基糖苷类抗生素,对革兰氏阴性杆菌和金黄色葡萄球菌均有较强的抗菌活性,但作用较庆大霉素弱。优点是对肠道革兰氏阴性杆菌和铜绿假单胞菌所产生的多种氨基糖苷类灭活酶稳定,故对于一些氨基糖苷类抗生素耐药菌感染,仍能有效控制,常作为首选药。与β-内酰胺类药物联合应用也可获协同作用。不良反应中耳毒性强于庆大霉素,肾毒性低于庆大霉素。

西索米星

西索米星(sisomicin)抗菌谱与庆大霉素近似,对金黄色葡萄球菌和大肠埃希菌、肺炎克雷伯菌、变形杆菌、肠杆菌、铜绿假单胞菌、志贺菌属等革兰氏阴性菌有效。对铜绿假单胞菌的抗菌作用比庆大霉素强,与妥布毒素近似。对沙雷菌的作用,低于庆大霉素,但高于妥布霉素。临床主要用于大肠埃希菌、志贺菌属、肺炎克雷伯菌、变形杆菌等革兰氏阴性菌所致的局部或系统感染,对尿路感染作用尤佳。不良反应有听力及肾损害,个别病例有口周、面部和四肢皮肤发麻,眩晕,耳鸣,偶有过敏性休克。可引起闭目难立征(闭目难立、暗处和洗脸时站不稳)中毒症状。大剂量使用可有尿闭、急性肾衰竭及神经系统症状。

奈替米星

奈替米星(netilmicin)是西索米星的 2-脱氧链霉胺 1 位上的氨基发生甲基取代而生成的半合成衍生物。奈替米星对肠杆菌科大多数细菌均具强大抗菌活性,对葡萄球菌和其他革兰氏阳性球菌的作用则强于其他氨基糖苷类抗生素。其显著特点是对多种氨基糖苷类钝化酶稳定,因而对 MRSA 及对庆大霉素、西索米星和妥布霉素耐药菌也有较好抗菌活性。另外,奈替米星与β-内酰胺类联合用药有显著协同作用。

临床主要用于治疗各种敏感菌引起的严重感染,也可与β-内酰胺类联合用于儿童及成人粒细胞减少伴发热患者和病因未明发热患者的治疗。不良反应常见可逆的肾损害,见于既往有肾损害和超过推荐剂量者。听神经毒性作用发生率和严重程度较其他氨基糖苷类抗生素低和轻,主要发生于肾功能不全的患者、长期和大量用药者,症状持续时间通常短暂,包括头晕、眩晕、耳鸣和听力减退。

依替米星

依替米星(etimicin)为一种新的半合成水溶性抗生素。为广谱抗生素,对大部分革兰氏阳性菌及革兰氏阴性菌有良好抗菌作用,尤其对大肠埃希菌、肺炎克雷伯菌、沙雷菌、奇异变形杆菌、嗜血流感杆菌及葡萄球菌属等有较高的抗菌活性。耳、肾毒性与庆大霉素相仿。

异帕米星

异帕米星(isepamicin)的抗菌谱与庆大霉素相似。最大特点为对细菌产生的多数氨基糖苷类钝化酶稳定,包括乙酰转移酶、核苷转移酶、磷酸转移酶,因此对庆大霉素、妥布霉素等临床常用氨基糖苷类耐药的菌株对本药仍敏感。异帕米星的耳毒性、肾毒性较阿米卡星、庆大霉素、妥布霉素等低。

第二节 多黏菌素类抗生素

多黏菌素(polymyxin)有多黏菌素 A、多黏菌素 B、多黏菌素 C、多黏菌素 D、多黏菌素 E、多黏菌素 M 等多种成分，其中多黏菌素 B(polymyxin B)、多黏菌素 E(polymyxin E)和多黏菌素 M(polymyxin M)用于临床，其他几种成分则因毒性太大已被淘汰。

【体内过程】

多黏菌素类抗生素口服不吸收，肌内注射后 2 h 血药浓度达峰值。药物的血浆蛋白结合率较低，可分布到全身，但由于分子量相对较大，不易渗入胸腔、关节腔和感染灶内，也难以透入脑脊液中。多黏菌素 E 在肺、肾、肝及脑组织中的浓度比多黏菌素 B 高。多黏菌素类抗生素体内代谢较慢，主要经肾脏排泄，尿排泄率可达 60%，但给药后 12 h 内仅有 0.1%经尿排出，随后才逐渐增加，故连续给药会导致药物在体内积蓄。$t_{1/2}$ 为 6 h，儿童较短，为 1.6～2.7 h。

【作用机制】

多黏菌素类抗生素可结合革兰氏阴性菌细胞外膜的脂多糖，其疏水尾毁坏细菌细胞膜，导致细菌细胞膜通透性增加，使细菌细胞内的重要物质外漏而造成细胞死亡。另外，多黏菌素类抗生素进入细菌细胞质后，也影响核糖体的功能。

多黏菌素类抗生素在治疗过程中很少出现耐药菌株，但可因发生脂多糖结构变化而耐药，耐药性一旦出现则在多黏菌素 B 与多黏菌素 E 之间存在交叉耐药性。

【抗菌作用】

多黏菌素类抗生素为杀菌药，对生长繁殖期和静止期细菌均有杀菌作用。属窄谱抗生素，只对某些革兰氏阴性杆菌具有强大抗菌活性，大肠埃希菌、肠杆菌属、克雷伯菌属、铜绿假单胞菌属等对其高度敏感。但变形杆菌、奈瑟菌、布氏杆菌、灵杆菌、霍乱弧菌等、所有革兰氏阳性菌以及真菌、厌氧菌均耐药。抗菌作用呈浓度依赖性，有一定的抗生素后效应。

【临床应用】

(1) 治疗某些革兰氏阴性菌引起的严重感染：用于治疗铜绿假单胞菌、肺炎克雷伯菌和大肠埃希菌等引起的严重致死性院内感染，如医院获得性肺炎、菌血症、尿路感染、脑膜炎等。

(2) 其他：口服给药用于肠道手术前准备或消化道感染，局部应用于创面、五官、呼吸道、泌尿道及鞘内革兰氏阴性杆菌感染。

【不良反应】

此药在常用量下即可出现明显不良反应，总发生率可高达 25%。

(1) 肾毒性：为常见不良反应，发生率为 15% ～ 55%，多黏菌素 B 较多黏菌素 E 多见，硫酸盐比甲磺酸盐明显。肾毒性表现为蛋白尿、血尿和管型尿，血肌酐和尿素氮增高，肌酐清除率下降，进一步引起肾损害甚至发生急性肾小管坏死。一般发生在用药后 4 日内，有时停药后肾损害仍能继续加重。

(2) 神经毒性：较肾毒性少见，通常较轻，立刻停药后可以恢复。轻者表现为头晕、面部麻木和周围神经炎，严重时出现意识混乱、昏迷、共济失调等。大剂量快速静脉滴注可导致神经肌肉阻滞，严重者出现呼吸抑制。这与氨基糖苷类抗生素引起的神经肌肉阻滞不同，为非竞争性阻滞，因此不能用新斯的明治疗，只能进行人工呼吸抢救。

小　结

氨基糖苷类抗生素属静止期杀菌药。其杀菌作用呈浓度依赖性；仅对需氧菌有效，尤其对需氧革兰氏阴性杆菌的抗菌作用强；具有明显的抗生素后效应；具有首次接触效应；可产生耳毒性、肾毒性、神经肌肉接头阻滞及过敏反应。

氨基糖苷类抗生素对各种需氧革兰氏阴性菌具高度抗菌活性。此外，对沙雷菌属、产碱杆菌属、布氏杆菌、沙门菌、志贺菌属、嗜血杆菌及分枝杆菌也具有抗菌作用。庆大霉素、阿米卡星、妥布霉素还对铜绿假单胞菌具抗菌活性，其中妥布霉素作用最强。链霉素、卡那霉素、阿米卡星还对结核分枝杆菌有效。临床主要用于这些敏感菌的感染治疗。

氨基糖苷类抗生素的抗菌机制主要是抑制细菌蛋白质合成,包括抑制始动复合物的形成;诱导 tRNA 与 mRNA 密码三联体错误匹配,导致异常的、无功能的蛋白质合成;阻止肽链延伸;阻碍终止密码子与 A 位结合,使合成的肽链不能释放。还能破坏细菌细胞膜的完整性。

细菌对氨基糖苷类抗生素产生的耐药机制包括酶的修饰钝化作用,药物累积减少,核糖体结合位点的改变。

多黏菌素类抗生素属窄谱抗生素,只对某些革兰氏阴性杆菌具有强大抗菌活性。肾毒性较大,近年来重新使用主要被用于治疗治疗某些革兰氏阴性菌引起的严重感染(主要是铜绿假单胞菌、肺炎克雷伯菌和大肠埃希菌等)。

【思考题】

1. 如何理解氨基糖苷类抗生素抑制菌体蛋白的合成可产生杀菌作用,而大环内酯类、四环素类和氯霉素抑制菌体蛋白合成却只产生抑菌作用?
2. 细菌对氨基糖苷类抗生素的耐药机制有哪些?
3. 患儿,男,4 岁。一个月前患呼吸道感染,经青霉素、链霉素治疗一周后,呼吸道疾病痊愈,家人感觉其听力明显减退,停药后,听力却继续减退,同时感到头痛、耳胀不适、常闻沉闷雷声。临床诊断:医源性耳聋。请问:
   (1) 该患者为什么会出现耳聋?
   (2) 为避免产生类似的耳聋患者,应采取哪些预防措施?

(陈晓红)

※ 课程 PPT

第三十四章
课程 PPT

第三十五章

四环素类抗生素和氯霉素

学习目标

【知识目标】

1. 掌握　四环素类抗生素的药理作用、作用机制、临床应用及主要不良反应。

2. 熟悉　氯霉素的药理作用、作用机制、临床应用及主要不良反应。

3. 了解　四环素类抗生素及氯霉素的体内过程特点。

【能力目标】

通过学习，初步具备合理选择四环素类抗生素、氯霉素防治立克次体、支原体、衣原体、螺旋体等感染的能力，积极防治其不良反应。

【素质目标】

1. 通过学习，培养医护人员应具备的高尚职业道德。

2. 使医护人员具有较强的沟通协调能力，能耐心提供四环素类抗生素、氯霉素的用药指导，从而提高患者用药的依从性。

第一节　四环素类抗生素

四环素类抗生素(tetracycline antibiotics)是一类具有共轭双键四元稠合环结构的抗生素。根据来源可将其分为天然四环素类抗生素和半合成四环素类抗生素两大类。天然四环素类抗生素均由链霉菌发酵产生，有金霉素(chlorotetracycline)、土霉素(oxytetracycline)及四环素等，半合成四环素类抗生素则有多西环素(doxycycline)、美他环素(methacycline)、米诺环素(minocycline)及替加环素(tigecycline)等。目前，临床上天然四环素类抗生素由于对一些致病菌的作用较差且耐药株日益增多等，正慢慢被半合成四环素类抗生素取代。

本类药物为酸、碱两性化合物，既可与酸生成盐，也可与碱生成盐。但因其在酸性环境中较稳定，故临床常用其盐酸盐。

1940年，美国氰胺公司的实验室开始筛选各种类型的土壤样品，1945年本杰明·达格尔(Benjamin Duggar)率领其同事们从密苏里大学的一个样品中找到了金霉素，于1948年将其命名为金霉素并上市，这就是第一个四环素类抗生素。1949年，辉瑞公司研发出土霉素，并于1950年开始销售。1952年，辉瑞公司的劳埃德·科诺菲尔(Lloyd Conover)用化学方法成功地把金霉素的氯原子用氢原子替代，得到了四环素，开创了半合成抗生素的新途径，随后人们通过对天然四环素类抗生素进行化学结构改造，获得了如多西环素、米诺环素等半合成四环素类药物。

1955年，我国卫生部中央生物制品研究所抗生素室完成了土霉素的试制，1957年由上海医药工业研究院成功研制四环素,1958年上海第三制药厂开始生产;1961年又成功研制盐酸四环素,当年正式投产。至20世纪90年代初,我国四环素生产进入全盛时期,全国约有上百家制药厂生产四环素原料药,其发酵生产水平、收率及产品质量等技术经济指标均已接近国际先进水平。

资料来源:

夏梦伟,付绍敏,刘波,2023.四环素类抗生素药物的发现、发展与合成:源于天然产物,用于人类健康.中国科学:化学,53(3):485-502.

一、概述

【体内过程】

(1) 吸收:天然四环素类抗生素的脂溶性低于半合成四环素类抗生素。四环素类抗生素口服可吸收但不完全,各类药物吸收率差异较大,其中金霉素最低(30%),土霉素、四环素和地美环素居中(60%~70%),而半合成四环素类抗生素中的多西环素和米诺环素最高(95%~100%)。本类药物是二价和三价金属离子如钙、镁、铁、锌、铝、铋等的络合剂,所以当胃肠道中存在大量二价和三价金属离子时,可妨碍本类药物的吸收。食物影响此类药物的吸收,服用间隔宜30 min以上,以免影响药效,但是多西环素和米诺环素的口服吸收不受食物的影响。

(2) 分布:四环素类抗生素在体内分布广泛,血浆蛋白结合率差异较大(40%~80%),易进入各组织和体液中,包括前列腺液、泪液、尿液、唾液、乳汁及滑膜液等,也可透过胎盘;除米诺环素外,其他四环素类抗生素在脑脊液均难达到有效治疗浓度;可蓄积于肝、脾、骨骼及牙中。

(3) 代谢和排泄:四环素类抗生素主要经肝代谢和肾排泄,四环素、土霉素和金霉素的 $t_{1/2}$ 为6~8 h,地美环素和美他环素的 $t_{1/2}$ 约为12 h,多西环素和米诺环素的 $t_{1/2}$ 为16~18 h。多西环素小部分经肾排泄,肾小管可以再吸收,大部分则以结合或者络合的无活性代谢产物的形式经过胆汁随粪便排出,且形成肝肠循环,但对肠道菌群无影响。米诺环素主要由肝脏代谢,其代谢产物如9-羟基米诺环素通常具有抑菌活性,主要通过肝胆系统排泄,少量(5%~12%)以原型药通过肾脏排泄。当肾损害时,多西环素从胃肠道的排泄量增加,成为主要的代谢途径。血液透析和腹膜透析不能有效清除血液中的多西环素及米诺环素。肾衰竭患者无须调整多西环素剂量,其他四环素类抗生素应该避免或减量应用。

【作用机制】

四环素类抗生素为快速抑菌剂,高浓度时可对某些细菌呈杀菌作用。四环素类抗生素的抑菌机制包括:① 需要经被动扩散和依赖能量的主动转运两种方式通过细菌细胞壁进入细菌体内,并与细菌核糖体30S亚基A位特异性结合,从而阻止70S始动复合物的形成。② 可抑制氨基酰tRNA进入A位,阻止肽链延伸;阻止终止因子进入A位,阻止已形成的肽链释放,从而抑制细菌蛋白质的合成。③ 可改变细菌细胞膜的通透性,导致细胞内重要物质的外漏。

因哺乳动物细胞膜缺乏主动摄取四环素类抗生素的转运系统,加之其核糖体对四环素类抗生素的敏感性较低,故四环素类抗生素对哺乳动物的蛋白合成影响较小。

【抗菌作用】

四环素类抗生素抗菌谱广,对大多数细菌均有作用,其对革兰氏阳性菌的抗菌活性大于对革兰氏阴性菌。目前革兰氏阳性菌中对四环素类抗生素较敏感的有金黄色葡萄球菌、链球菌等,但多耐药,现四环素类抗生素很少用于治疗革兰氏阳性菌引起的感染。革兰氏阴性菌虽耐药菌较多,但目前仍有90%的鼻疽假单胞菌以及多数布鲁菌、霍乱弧菌、杜克雷嗜血杆菌对四环素类抗生素敏感。四环素类抗生素对多数厌氧菌、嗜肺军团菌、空肠弯曲菌、幽门螺杆菌、鼠疫耶尔森菌、小肠结肠炎耶尔森菌、土拉热弗朗西丝菌、多杀巴斯德菌等也有抑制作用。此外,四环素类抗生素对其他病原体如立克次体、螺旋体、支原体、衣原体和放线菌也有抑制作用。

从抗菌活性上看,米诺环素>多西环素>美他环素>金霉素>四环素>土霉素。

细菌的耐药机制主要涉及:① 药物内流减少或外排增加,致细菌体内药物浓度降低。② 细菌产生的核糖体保护蛋白，阻碍四环素类抗生素与核糖体的结合。③ 细菌产生灭活酶，通过酶的作用对四环素类抗生素进行化学修饰，而使药物的抗菌活性消失或降低。

【临床应用】

因目前对四环素类抗生素耐药的病原体较多，而一些疗效好、不良反应较轻的抗菌药不断涌现，故目前四环素类抗生素只用于一些特殊感染。

(1) 立克次体感染：如斑疹伤寒、Q 热、恙虫病、鼠伤寒等，四环素类抗生素仍是首选药物，常用多西环素或四环素。一般用药后 24 h 临床症状即可明显改善。

(2) 支原体肺炎：多西环素和米诺环素可为首选药。其可缩短发热时间，缓解症状，改善肺功能。

(3) 衣原体感染：如性病淋巴肉芽肿、鹦鹉热、沙眼衣原体引起的非特异性尿道炎、衣原体引起的肺炎、支气管炎、鼻窦炎等，可首选多西环素，治疗效果良好。多西环素虽对沙眼有效，但对儿童有禁忌(主要是本类药物对骨骼、牙的影响)，故多用阿奇霉素。

(4) 螺旋体感染：对雅司病和回归热治疗效果良好，但对钩端螺旋体病的疗效次于青霉素。

(5) 细菌感染：一般常见的细菌感染，因耐药问题四环素类抗生素已较少使用。但一些特殊细菌感染，如炭疽病，多西环素既可用于预防，也可用于治疗；布鲁菌病用多西环素加利福平治疗有效；霍乱用多西环素有效；多西环素也可用于放线菌病；多西环素还可用于治疗由丙酸杆菌感染引起的痤疮。

【不良反应】

(1) 局部刺激：口服四环素类抗生素可产生胃肠刺激，引起恶心、呕吐、腹泻等；肌内注射可致剧痛，不宜采用；静脉滴注可引起静脉炎。

(2) 二重感染：正常人的口腔、鼻腔、肠道等处都有多种微生物寄生，菌群间维持平衡的共生状态。长期使用广谱抗菌药可造成体内正常菌群中的敏感菌被抑制，而非敏感菌如变形杆菌、葡萄球菌、大肠埃希菌、铜绿假单胞菌、艰难梭菌、念珠菌等大量繁殖，引起菌群失调，从而引起新的感染，称为二重感染或菌群交替症。常见的二重感染有以下几种。① 真菌病：常见致病菌为白假丝酵母菌。临床表现为鹅口疮、肠炎，可选用抗真菌药伊曲康唑、氟康唑等治疗。② 假膜性肠炎：由艰难梭菌引起，细菌产生外毒素，导致肠壁坏死、体液渗出，引起剧烈腹泻、脱水、休克等症状，严重时可危及生命。一旦出现应立即停药，并口服万古霉素或甲硝唑进行治疗。

(3) 影响骨骼、牙生长：四环素类抗生素可与新形成的骨骼、牙中的钙结合，导致牙齿黄染，牙釉质发育不全，即“四环素牙”；抑制胎儿和婴幼儿的骨骼发育。孕妇、哺乳期妇女及 8 岁以下儿童禁用。

(4) 肝、肾毒性：四环素类抗生素每日用量超过 2 g，可引起明显的肝损害，表现为黄疸、转氨酶升高等，尤其多见于孕妇和肾功能不良者；原有肾功能不良者用药后，可使肾功能恶化。因此，孕妇及肾功不良者应慎用。

(5) 其他：偶见过敏反应，同类药间有交叉过敏性；也可出现光敏反应；米诺环素较易引起前庭反应，表现为头晕、恶心、呕吐、共济失调等。

二、常用四环素类抗生素

四环素类抗生素中临床较常用的主要是多西环素和米诺环素，其中多西环素通常是本类药物的首选药。常用四环素类抗生素及其主要药理学特点见表 35－1。

表 35－1　常用四环素类抗生素及其主要药理学特点

四环素类抗生素	主要药理学特点
四环素	为天然品，口服吸收率为 60%～80%，易受食物及金属离子影响，脑脊液中的药物浓度为血药浓度的 1/4，但胆汁中浓度为血中的 10～20 倍。普通细菌多数耐药，不良反应较多且重，现已少用
多西环素	为半合成品，脂溶性较高。口服吸收快而完全，且不受食物影响，在前列腺、鼻窦、脑脊液及胆汁中药物浓度较高，肾功能的状态对其消除影响不大，故肾功能不良时仍可使用。抗菌活性为四环素的 2～10 倍，且对耐土霉素及四环素的菌株仍然有效，不良反应较轻，较少致皮疹和二重感染。为本类药物的首选药

续 表

四环素类抗生素	主要药理学特点
米诺环素	为半合成品,脂溶性最高,口服吸收最好,在脑脊液中药物浓度最高,但因易蓄积于脂肪组织,故消除较慢。抗菌活性高于多西环素,但易引起前庭反应和光敏反应。极易穿透皮肤,故主要用于治疗酒糟鼻和痤疮
替加环素	与米诺环素结构相似,属于甘氨酰环肽类抗生素。口服生物利用度较低,通常采用静脉给药,对 MRSA、耐青霉素肺炎链球菌和万古霉素耐药肠球菌等革兰氏阳性菌以及多数革兰氏阴性杆菌均具有良好的抗菌活性。主要用于复杂性腹腔感染、复杂性皮肤感染、社区获得性肺炎的重症患者;多药耐药鲍曼不动杆菌感染及碳青霉烯类耐药肠杆菌科细菌感染(不包括中枢神经系统感染和尿路感染)

第二节 氯霉素

氯霉素(chloramphenicol)是由委内瑞拉链霉菌产生的抗生素,其化学结构较简单,包括左旋体和右旋体。其右旋体无抗菌活性,而有毒性,现临床上使用的是人工合成的左旋体。

【体内过程】

氯霉素口服吸收快而完全,肌内注射吸收较慢且局部容易结成硬块,故不宜肌内注射;氯霉素容易穿透细胞膜,吸收后广泛分布于组织和体液中,其血浆蛋白结合率为 50%,在脑脊液中的药物浓度可达血药浓度的 45%～99%,也可进入胆汁、乳汁和房水,易透过胎盘;氯霉素主要经肝葡萄糖醛酸转移酶代谢,随尿排泄,尿中原型药物 5%～10%可达有效抗菌浓度,$t_{1/2}$ 为 2.5 h。本药为肝药酶多数亚型的抑制剂,如与某些经肝药酶代谢的药物合用,可使后者的血药浓度升高;如与肝药酶诱导剂合用,可加速氯霉素在肝内的代谢而降低其血药浓度。

【作用机制】

氯霉素能与细菌 70S 核糖体 50S 亚基上的肽酰基转移酶可逆性结合(其结合部位与大环内酯类和克林霉素相近,故合用时可因竞争结合部位而产生拮抗作用),阻止氨基酰 tRNA 的氨基酸末端与核糖体 50S 亚基的 A 位结合,进而阻止肽酰转移酶与氨基酸发生相互作用,阻止肽链延伸,从而抑制细菌蛋白质合成。

哺乳动物细胞的线粒体中也有 70S 核糖体。因此,氯霉素也可抑制哺乳动物细胞线粒体的蛋白质合成,尤其骨髓造血细胞对其更为敏感。

【抗菌作用】

氯霉素属快速抑菌剂,抗菌谱很广,但对某些细菌如流感嗜血杆菌、脑膜炎球菌、肺炎链球菌等也有杀菌作用。其对革兰氏阴性菌的抗菌活性大于革兰氏阳性菌。在需氧革兰氏阴性菌中,流感嗜血杆菌、百日咳鲍特菌、淋病奈瑟球菌、脑膜炎球菌对其尤为敏感,沙门菌属(伤寒和副伤寒沙门菌)、大肠埃希菌属、奇异变形杆菌、霍乱弧菌对其高度敏感;在需氧革兰氏阳性菌中,草绿色链球菌、白喉棒状杆菌、炭疽杆菌、金黄色葡萄球菌、溶血性链球菌、肺炎链球菌等对其较敏感,但 D 组链球菌、沙雷菌、肠杆菌属、肺炎克雷伯菌则对其敏感性较低;多数厌氧菌,如消化球菌、产气荚膜梭菌、梭形杆菌属、脆弱拟杆菌等也可被氯霉素抑制。

氯霉素对支原体、衣原体、立克次体和螺旋体也有作用,但对铜绿假单胞菌、结核杆菌、真菌和病毒则无作用。

病原体对氯霉素可缓慢产生耐药性,其耐药机制主要涉及:① 产生乙酰转移酶,使药物转变成乙酰氯霉素或二乙酰氯霉素而失活。② 外膜特异转运蛋白缺失,使外膜对药物的通透性降低;细菌核糖体相关基因突变,使药物与细菌核糖体的亲和力下降。

【临床应用】

因氯霉素可引起严重的不良反应,故其临床应用受限,现一般仅用于以下几种疾病。

(1) 伤寒:氯霉素曾是治疗伤寒的首选药物,目前则以第三代头孢菌素和氟喹诺酮类人工合成抗菌药作为首选药,但治疗复发病例仍可选用氯霉素,且效果良好。

(2) 细菌性脑膜炎和脑脓肿：引起细菌性脑膜炎和脑脓肿的常见致病菌为流感嗜血杆菌、脑膜炎球菌和肺炎链球菌。其中，氯霉素对流感嗜血杆菌具有杀菌作用，并能在脑脊液中形成较高的药物浓度，因此，不宜或无法使用青霉素类或第三代头孢菌素类药物的患者，可以使用本类药物进行治疗。

(3) 其他感染：严重的立克次体感染引起的斑疹伤寒、Q 热、恙虫病，一般首选四环素类抗生素，但若患者为儿童、孕妇或对四环素类抗生素过敏时，可考虑氯霉素；氯霉素滴眼液也可用于治疗敏感菌引起的眼部感染；对厌氧菌引起的感染，可联合其他药物进行治疗。

【不良反应】

(1) 血液系统毒性：为氯霉素最严重的不良反应，主要有两种表现。

1) 可逆性血细胞减少：较多见，表现为贫血、白细胞减少或血小板减少，其发生率及严重程度与用药剂量和疗程密切相关。血红蛋白合成有两个步骤在骨髓细胞的线粒体内进行，哺乳动物线粒体与细菌线粒体核糖体相似，大剂量氯霉素对骨髓造血细胞线粒体中 70S 核糖体也有抑制作用，可降低宿主线粒体铁螯合酶的活性，减少血红蛋白的合成，可伴有白细胞和血小板减少。若及时停药，血细胞减少可以恢复，但也有部分患者可能发展成致死性再生障碍性贫血或急性髓细胞白血病。

2) 再生障碍性贫血：发生率低，但死亡率高。表现为不可逆的血细胞减少。其发生率与用药剂量和疗程无关，发生机制不明，可能与氯霉素分子中的硝基被肠道细胞代谢成毒性的中间体有关，也可能与遗传因素有关。因此，用药期间应经常检查血常规，一旦发现问题，应立即停药。

(2) 灰婴综合征(gray syndrome)：早产儿及新生儿因肝脏缺乏葡萄糖醛酸转移酶，肾功能又不健全，故对氯霉素的消除能力很低，蓄积而干扰线粒体核糖体的功能。当大剂量使用氯霉素后，易出现呼吸和循环系统的衰竭，表现为腹胀、呕吐、皮肤苍白、发绀等中毒现象，故称灰婴综合征。多发生于用药后的第 2～9 日，且在症状出现后的 2 日内，死亡率可达 40%。因此，新生儿和早产儿禁用氯霉素，必须使用时，也应把剂量控制在每日≤25 mg/kg。

(3) 其他：有些人可出现恶心、呕吐等消化道反应；偶见末梢神经炎、视力下降、失眠、幻听等神经系统症状；也可引起溶血、二重感染和过敏反应等。

小 结

四环素类抗生素与氯霉素为经典的广谱抗生素，除对大多数细菌，包括革兰氏阳性菌与革兰氏阴性菌有抗菌活性外，对立克次体、支原体、衣原体及螺旋体也有作用。在对细菌的作用上，四环素类抗生素偏重对革兰氏阳性菌的作用，而氯霉素则偏重对革兰氏阴性菌的作用。由于一般细菌已普遍对四环素类抗生素产生了耐药性，故目前四环素类抗生素主要用于一些特殊病原体，如立克次体、支原体、衣原体等引起的感染。氯霉素使用受限的主要原因是其对血液系统的毒性和引起灰婴综合征。

【思考题】

1. 为什么一般细菌感染不主张常规使用广谱抗生素？为什么儿童不宜使用四环素类抗生素？
2. 患者，男，36 岁。发热伴皮疹 1 周，先后予以头孢菌素、地塞米松、奥司他韦治疗均未见明显好转。查体：T 39.5℃，P 102 次/分，R 22 次/分，BP 110/70 mmHg，精神萎靡，颜面潮红，结膜充血，躯干部散在红色斑疹，压之褪色，无瘙痒。腋窝下可见一直径 4 mm 皮疹，中心见焦痂。CT 提示腋窝下可见多发淋巴结肿大，血常规无异常，外斐反应 1∶320(正常＜1∶80)。经详细询问，该患近期有丛林接触史。临床诊断：恙虫病。请问：

   (1) 患者宜使用哪类药物治疗？

   (2) 此类药物的主要作用机制是什么？
3. 长时间使用四环素类抗生素引起白假丝酵母菌感染致鹅口疮的原因是什么？宜使用哪些药物治疗？

(班 涛)

※ 课程 PPT

第三十五章
课程 PPT

第三十六章

人工合成抗菌药

学习目标

【知识目标】

1. 掌握　喹诺酮类抗菌药的抗菌特点、耐药性、临床应用及不良反应；磺胺类抗菌药的分类、代表药、抗菌特点、临床应用及不良反应。

2. 熟悉　甲氧苄啶与磺胺类抗菌药的协同抗菌作用机制及临床应用。

3. 了解　呋喃妥因、呋喃唑酮和甲硝唑的特点。

【能力目标】

能够把有关喹诺酮类、磺胺类抗菌药的基础理论与基础知识与临床实践相结合。

【素质目标】

建立喹诺酮类和磺胺类抗菌药的合理用药意识，降低抗菌药药物的耐药性及不良反应发生率。

第一节　喹诺酮类抗菌药

一、概述

【构效关系】

喹诺酮类抗菌药基本化学结构是 4-喹诺酮母核，在此母核的 N_1、C_5、C_6、C_7、X(C_8)引入不同的基团，形成抗菌活性、药代动力学特点等不同的喹诺酮类(图 36-1)。C_6位引入氟原子，可使药物与 DNA 回旋酶亲和力增强，抗菌作用增强，并对金黄色葡萄球菌有抗菌活性；N_1修饰以环丙基团(环丙沙星)或噁嗪基团(氧氟沙星)，药物对革兰氏阳性菌抗菌作用则进一步增强，并对衣原体、支原体也具有杀灭作用。C_7位引入哌嗪环(如诺氟沙星)可提高对金黄色葡萄球菌及铜绿假单胞菌的抗菌作用，若哌嗪环被甲基哌嗪环取代(如培氟沙星)，则脂溶性增加，肠道吸收增强，细胞的穿透性提高，$t_{1/2}$延长。C_8位引入氯或氟，可进一步提高肠道吸收，延长 $t_{1/2}$，但药物的光敏反应也增强，如司帕沙星、氟罗沙星和洛美沙星。以甲氧基取代 C_8的氯或氟时，在提高疗效的同时可降低光敏反应，如莫西沙星和加替沙星。

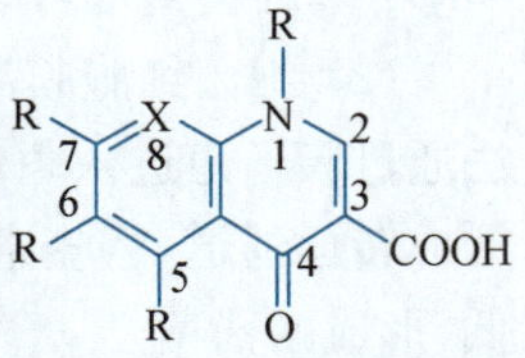

图 36-1　喹诺酮类抗菌药基本结构

【体内过程】

氟喹诺酮类药物的体内过程具有以下特点。

(1) 吸收：口服吸收良好，食物一般不影响药物的吸收，但与富含 Fe^{2+}、Ca^{2+}、Mg^{2+}的食物同服可降低药物的生物利用度。

(2) 分布：药物血浆蛋白结合率均较低，很少超过 40%(但莫西沙星和加雷沙星可高达 54%和 80%)。

体内分布广,组织和体液浓度高,可达有效抑菌或杀菌水平。培氟沙星、氧氟沙星、环丙沙星可通过正常或炎症血脑屏障进入脑脊液,并达到有效治疗浓度。$t_{1/2}$相对较长,大多为3~7 h。

(3)代谢与排泄:肝、肾两种消除方式均很重要。培氟沙星主要由肝脏代谢并通过胆汁排泄;氧氟沙星、左氧氟沙星、洛美沙星和加替沙星主要(80%以上)以原型经肾脏排出;其他多数药物的肝、肾消除两种方式兼有。

【抗菌作用】

氟喹诺酮类抗菌药属于广谱杀菌药,抗菌活性强,尤其对革兰氏阴性菌具有强大的杀菌作用。第三代喹诺酮类抗菌药对铜绿假单胞菌也有相当的作用,对金黄色葡萄球菌及产酶金黄色葡萄球菌也有良好的抗菌活性,某些药物对结核分枝杆菌、嗜肺军团菌、支原体及衣原体也有效。前三代喹诺酮类抗菌药对厌氧菌作用不明显,而第四代喹诺酮类抗菌药增加了对厌氧菌的作用,进一步增强了对支原体、衣原体及立克次体的抑制、杀灭作用,且多数的氟喹诺酮类抗菌药有较好的抗生素后效应。

【作用机制】

在革兰氏阴性菌中,DNA回旋酶是喹诺酮类抗菌药作用靶点,DNA回旋酶是2个A亚基(GyrA)和2个B亚基(GyrB)组成的四聚体蛋白酶。DNA在转录或复制过程中,A亚基先将正超螺旋后链切开缺口,B亚基结合ATP并催化其水解,使DNA的前链经缺口后移,A亚基再将此切口封闭,形成DNA负超螺旋。喹诺酮类抗菌药则作用于DNA回旋酶A亚基,形成药物-拓扑异构酶-DNA复合物,通过抑制其切口和封口功能,这样DNA单链暴露,导致mRNA与蛋白质合成失控,终使细菌死亡。

但有研究表明,这种复合物的形成过程是可逆的,因此复合物并不是喹诺酮快速杀菌的直接原因。有研究人员提出了染色体断裂假设,即喹诺酮类抗菌药的致死作用可能分为2步:第一步是药物与酶形成可逆的复合物,阻断细菌DNA的复制,诱导SOS修复(又称错误倾向修复)的发生并造成细胞丝状生长,此作用并不能快速致细菌死亡,但可能会造成慢性致死;第二步,即细胞致死阶段,需要较高浓度的喹诺酮类抗菌药,造成DNA缺口、染色体断裂,最终导致细菌死亡。

在革兰氏阳性菌中,拓扑异构酶Ⅳ是大多数喹诺酮类抗菌药的作用靶点,拓扑异构酶Ⅳ具有解除DNA结节,解环连体和松弛超螺旋的功能,协助染色体分配到子代细菌,喹诺酮类抗菌药通过抑制拓扑异构酶Ⅳ干扰细菌DNA复制而发挥抗革兰阳性菌的作用。

除此之外,喹诺酮类抗菌药还可诱导菌体DNA的SOS修复,导致DNA错误复制,基因突变,致细菌死亡。

【耐药机制】

随着喹诺酮类抗菌药的广泛应用,细菌的耐药性逐渐引起人们的重视,本类药物之间有交叉耐药现象,临床常见的耐药菌有金黄色葡萄球菌、肠球菌、大肠埃希菌和铜绿假单胞菌等。目前认为,其耐药机制由染色体介导引起。

(1)靶点改变:*GryA*基因的改变产生耐药可能有两种情况。一种是由于酶结构的改变引起空间上的障碍,阻止喹诺酮进入喹诺酮作用区;另一种是由于物理、化学变化干扰喹诺酮-酶-DNA相互作用。每一种*GryA*基因突变都可能造成对所有喹诺酮类抗菌药的交叉耐药。

(2)细菌细胞膜渗透性改变:细菌外膜孔蛋白OmpF的基因失活,导致膜通道关闭,喹诺酮类抗菌药无法通过膜通道进入菌体。此外,金黄色葡萄球菌含有一种多重药物主动外排的NorA蛋白,可在细胞质膜上形成转运通道,将喹诺酮类抗菌药自菌体内泵出。NorA蛋白过量表达时,使菌体内喹诺酮类抗菌药浓度降低,形成耐药菌。

(3)细菌主动药物外排机制:细菌对喹诺酮类抗菌药的外排主要与耐药小节分裂(RND)家族有关,包括钙离子、钴离子和镍离子的转运器等。大肠埃希菌、铜绿假单胞菌与氟喹诺酮类抗菌药耐药性有关的主动外排泵主要是acrAB-tolC系统,其属于质子依赖型。该系统包括药物质子转运子acrB、周质融合蛋白acrA和外膜通道蛋白tolC。内膜上的转运子acrB捕获细胞的药物,当药物与转运子结合时,tolC与acrAB复合体结合并打开其内在通道,将药物泵出细胞。

(4)细菌生物被膜的形成:细菌生物被膜是指多个细菌不可逆地黏附于机体或物体表面并被自身细胞分泌的基质所包被,细菌间的多糖蛋白复合物形成孔道维持细菌物质代谢。细菌生物被膜可以保护细菌逃避宿主免疫和抗菌药的杀伤作用，而游离于细菌外的药物对处于被膜中的细菌无效，产生耐药。近年来，随着生物医学材料的广泛应用，由导管、插管等造成的相关感染增多，而该类感染大多有细菌生物被膜存在，使得治疗困难加重。

【临床应用】

氟喹诺酮类抗菌药具有抗菌谱广、抗菌活性强、口服吸收良好、与其他类别的抗菌药之间无交叉耐药及价格低廉等特点。因此在目前临床抗感染治疗中，占有极为重要的地位。但应用过程中要注意按适应证选择用药。

(1) 泌尿生殖系统感染：环丙沙星、氧氟沙星、β-内酰胺类均可首选用于治疗单纯性淋病奈瑟球菌性尿道炎或宫颈炎，环丙沙星可首选用于治疗铜绿假单胞菌性尿道炎。对于急、慢性前列腺炎以及复杂性前列腺炎，氟喹诺酮类抗菌药均有较好治疗效果。

(2) 呼吸系统感染：常用于肺炎球菌、嗜血流感杆菌等引起的支气管炎，也可用于革兰氏阴性菌、金黄色葡萄球菌感染所致的肺炎和支气管炎，万古霉素与氧氟沙星或莫西沙星的联合应用可作为治疗青霉素高度耐药肺炎链球菌感染的首选用药。氟喹诺酮类抗菌药(除诺氟沙星)可替代大环内酯类用于支原体肺炎、衣原体肺炎、嗜肺军团菌引起的军团病。环丙沙星、左氧氟沙星可有效治疗结核病。

(3) 肠道感染与伤寒：首选用于治疗志贺菌引起的急、慢性菌痢和中毒性菌痢，也可用于沙门菌引起的伤寒或副伤寒及旅行性腹泻。

(4) 其他：用于革兰氏阴性杆菌感染所致的骨髓炎、关节炎、菌血症等。氟喹诺酮类抗菌药对脑膜炎球菌具有较强的杀菌作用，且其在鼻咽分泌物中浓度高，可用于鼻咽部带菌者。

【不良反应】

(1) 胃肠道反应：较常见，如胃部不适、消化不良、恶心、呕吐、腹泻等，与剂量密切相关。

(2) 中枢神经系统反应：轻症者表现为失眠、头昏、头痛，重症者出现幻觉等精神异常、抽搐甚至惊厥等，发生率为1.5%～9%。常在用药剂量过大、有精神病或癫痫病史、与茶碱类或非甾体抗炎药合用时出现。发生机制与药物阻断中枢γ-氨基丁酸受体，导致中枢神经兴奋有关。

(3) 皮肤反应及光敏反应：可出现皮疹、血管神经性水肿、皮肤瘙痒等。少数患者出现光敏反应，表现为光照部位皮肤出现瘙痒性红斑，严重者出现皮肤糜烂、脱落，停药后可恢复。用药期间应避免阳光和紫外线的照射。司帕沙星、洛美沙星、氟罗沙星诱发的光敏反应最常见。

(4) 软骨损害：软骨组织中的 Mg^{2+} 和药物结构上的 C_3 羧基、C_4 羰基形成络合物，并沉积于关节软骨，造成局部 Mg^{2+} 缺乏而致软骨损伤，有实验证明，喹诺酮类抗菌药可损伤幼龄动物软骨。因此，儿童、孕妇和哺乳期妇女不宜使用本类药物。

(5) 心脏毒性：罕见但后果严重。可见 Q-T 间期延长、尖端扭转型室性心动过速、心室颤动等，以司帕沙星最常见。

(6) 其他：大剂量或长期使用可见肝肾功能损伤。

二、常用氟喹诺酮类抗菌药

诺氟沙星

诺氟沙星(norfloxacin)又名氟哌酸，是第一个用于临床的氟喹诺酮类抗菌药，也是较为常用的抗菌药之一。口服吸收差，生物利用度低，$t_{1/2}$ 为 3.5～5 h，吸收后约 30%以原型经肾排泄。

诺氟沙星抗菌作用强，对革兰氏阴性菌如大肠埃希菌、志贺菌、肠杆菌科、弯曲菌、沙门菌极为有效。除对葡萄球菌属有一定的作用外，革兰氏阳性球菌的肺炎链球菌、溶血性链球菌可对其产生耐药性。对厌氧菌的作用差，对结核分枝杆菌、军团菌、支原体、衣原体无作用。

诺氟沙星主要用于敏感菌所致的上呼吸道、泌尿生殖道、肠道等感染，也可用于耳鼻喉科、外科、妇科、皮肤科等感染及无并发症急性淋病的治疗，也可外用治疗皮肤和眼部的感染。

环丙沙星

环丙沙星(ciprofloxacin)为广谱、高效抗生素，口服吸收不完全，血药浓度较低，必要时可静脉滴注以提高血药浓度。组织穿透力强,分布广泛。主要以原型由肾脏排泄。

体外抗菌实验中,环丙沙星对铜绿假单胞菌、流感嗜血杆菌、肠球菌、肺炎链球菌、金黄色葡萄球菌、嗜肺军团菌、淋病奈瑟球菌的抗菌活性高于多数氟喹诺酮类抗菌药。与其他种类的抗菌药无交叉耐药,对氨基糖苷类或第三代头孢菌素耐药的菌株仍具有抗菌活性。

环丙沙星主要用于革兰氏阴性杆菌所致的呼吸道、泌尿生殖道、消化道、骨与关节和皮肤软组织感染。而对耐药的革兰氏阳性菌所致的感染及铜绿假单胞菌引起的感染的治疗,则需要与其他抗菌药联合应用。其可诱发跟腱炎和跟腱撕裂,老年人和运动员慎用。

氧氟沙星

氧氟沙星(ofloxacin)抗菌活性强,对革兰氏阳性菌(包括 MRSA)、革兰氏阴性菌(包括铜绿假单胞菌)均有较强作用,对肺炎支原体、厌氧菌及结核分枝杆菌也有一定活性。口服生物利用度高达 95%,消除 $t_{1/2}$ 为 5～7 h。体内代谢少,70%～90%以原型由尿液排泄,胆汁中药物浓度为血药浓度的 7 倍。

氧氟沙星临床主要用于治疗敏感菌所致的上呼吸道感染、下呼吸道感染、泌尿生殖道感染、胆道感染、皮肤软组织感染及盆腔感染等。与其他抗结核药无交叉耐药,可作为治疗结核病的二线药物,与其他抗结核药合用。主要不良反应有胃肠道反应及转氨酶升高,偶见轻度中枢神经系统毒性反应。可诱发跟腱炎和跟腱撕裂。肾功能减退或老年患者应减量。

左氧氟沙星

左氧氟沙星(levofloxacin)是消旋氧氟沙星的左旋体,抗菌谱虽与氧氟沙星相同,但水溶性是后者的 8 倍,抗菌活性是氧氟沙星的 2 倍,抗菌谱及临床应用与氧氟沙星相似,对敏感菌引起的各种急慢性感染、难治性感染均有良好效果。不良反应发生率低,主要为胃肠道反应。

洛美沙星

洛美沙星(lomefloxacin)含有 2 个氟元素,口服生物利用度接近 98%。消除 $t_{1/2}$ 比前述几个药物长,可达 7 h 甚至 7 h 以上。70%以上的药物以原型由尿液排泄。

对革兰氏阴性菌、表皮葡萄球菌、链球菌和肠球菌的抗菌活性与氧氟沙星相似,对多数厌氧菌的抗菌活性低于氧氟沙星。与其他喹诺酮类抗菌药之间存在着部分交叉耐药性,但与其他类抗菌药之间无交叉耐药现象。

洛美沙星用于敏感细菌所致的消化道、呼吸道、泌尿道、耳鼻喉及皮肤软组织等的感染,以及敏感菌引起的全身性感染的治疗。诱发光敏反应和跟腱毒性的频率较高,可使裸鼠皮肤发生癌变。

氟罗沙星

氟罗沙星(fleroxacin)含有 3 个氟元素,口服生物利用度接近 100%。具有广谱、高效和长效的特点。$t_{1/2}$ 达 10 h 甚至 10 h 以上,可每日给药 1 次。50%～70%的药物以原型由尿液排泄,少量药物在肝脏代谢,肝肾功能减退或老年患者应减量。

氟罗沙星临床主要用于治疗敏感菌所致的呼吸系统、泌尿生殖系统、胃肠道及皮肤软组织感染。不良反应发生率高达 20%,主要为胃肠道反应,其次为神经系统反应,个别患者出现光敏反应。

莫西沙星

莫西沙星(moxifloxacin)第四代喹诺酮类抗菌药。口服吸收迅速,吸收后可迅速分布至体液及组织中,在支气管黏膜、肺泡巨噬细胞中药物均可达有效浓度。约有 22%的药物以原型和 50%的以结合型代谢物的形式经肾随尿排泄。$t_{1/2}$ 为 12～15 h。

莫西沙星对大多数革兰氏阳性菌、厌氧菌、结核分枝杆菌具有很强的抗菌活性,强于环丙沙星、氧氟沙星和左氧氟沙星。对大多数革兰氏阴性菌的作用与诺氟沙星相近。肺炎支原体、肺炎衣原体、肺炎军团菌等对其亦敏感。

莫西沙星临床可用于上述菌所致的急慢性支气管炎和上呼吸道感染,也可用于泌尿生殖系统和皮肤软组织感染等。不良反应发生率相对低,但严重不良反应如过敏性休克、心脏 Q－T 间期延长等亦呈上升趋势,故在选择使用时应注意。

曲伐沙星

曲伐沙星(trovafloxacin)为 1998 上市的第四代氟喹诺酮抗菌药新药。对抗革兰氏阳性菌和革兰氏阴性菌及厌氧菌的抗菌作用强大，是喹诺酮类抗菌药中对耐青霉素或耐青霉素肺炎球菌具有很高活性的药物之一。与曲伐沙星相关的不良反应包括肝毒性、胃肠道不适、中枢神经系统性不良反应、光毒性、肾毒性等，尤其以严重的肝毒性和神经毒性问题值得重视。

安妥沙星

安妥沙星（antofloxacin）具有广谱的抗菌作用，对革兰氏阴性菌包括流感嗜血杆菌、克雷伯菌属、变形杆菌属、枸橼酸杆菌、不动杆菌属、沙门菌等具有良好的抗菌活性；对革兰氏阳性球菌包括溶血性链球菌等也具有较好的抗菌作用，特别是对 MRSA、厌氧菌中的脆弱类杆菌及分枝杆菌也有一定的抗菌作用。安妥沙星口服给药后，1～2 h 达到峰浓度，$t_{1/2}$ 约 20 h，主要经肾脏代谢，人体对其具有较好的依从性，但存在潜在的心脏毒性问题。

贝西沙星

贝西沙星（besifloxacin）2009 年获批准用于敏感菌引起的细菌性结膜炎的治疗。其对 CDC 棒状杆菌 G 群、假白喉棒状杆菌、纹带棒状杆菌、流感嗜血杆菌、结膜炎摩拉克菌、金黄色葡萄球菌、表皮葡萄球菌、人葡萄球菌、缓症链球菌群、溶血性葡萄球菌、口腔链球菌、肺炎链球菌、唾液链球菌等数十种细菌具有抗菌活性。贝西沙星对氨基糖苷类、大环内酯类、β-内酰胺类抗菌药耐药的细菌均较为敏感。但体外试验发现，贝西沙星与其他喹诺酮类抗菌药存在交叉耐药。临床最常见的不良反应为眼部疼痛、视物模糊、眼涩。

西他沙星

西他沙星（sitafloxacin）具有广谱抗菌作用，不仅对革兰氏阴性菌有抗菌活性，而且显著增强了对革兰氏阳性菌的抗菌活性，对多种革兰氏阳性菌（如 MRSA、MRSE）、厌氧菌、分枝杆菌、溃疡分枝杆菌、支原体、衣原体等具有较强的抗菌活性。而且对临床分离的许多耐氟喹诺酮类抗菌药的菌株也具有抗菌活性，尽管西他沙星本身并无抗真菌作用，但是可以增强现有抗真菌药的活性，在治疗白念珠菌感染中有良好效果。用于治疗严重难治性细菌感染、复发性感染以及某些耐药菌感染。西他沙星具有良好的药代动力学特性，不良反应较少，与氧氟沙星相比，西他沙星具有轻微皮肤光毒性，并且因人种而异。有研究表明，西他沙星具有致惊厥作用。

第二节　磺胺类抗菌药

一、概述

【构效关系】

磺胺类抗菌药是人工合成的氨苯磺胺衍生物，分子中含有苯环、对位氨基和磺酰胺基，可分为以下 3 类。

（1）用于全身性感染的肠道易吸收类：苯磺胺分子中的磺酰胺基上 1 氢原子被杂环取代可得到肠道易吸收类，如磺胺嘧啶、磺胺甲噁唑等。

（2）用于肠道感染的肠道难吸收类：如将对位氨基上 1 个氢原子取代则可得到肠道难吸收类，如柳氮磺吡啶。

（3）外用类：化学结构同肠道感染的肠道难吸收类，如磺胺嘧啶银和磺胺醋酰钠。

【体内过程】

治疗全身感染的药物口服吸收迅速，体内分布广。磺胺类抗菌药的血浆蛋白结合率不同，磺胺嘧啶银为 20%～25%，其余大多为 80%～90%。主要在肝脏代谢，从肾脏以原型药、乙酰化物、葡萄糖醛酸结合物 3 种形式排泄。磺胺类抗菌药及其乙酰化物在碱性尿中溶解度高，在酸性尿液中易结晶析出，结晶物可造成肾损害。

【抗菌作用】

对大多数革兰氏阳性菌和阴性菌都有较强的抑制作用，通常对该类药物敏感的革兰氏阳性菌有溶血性链球

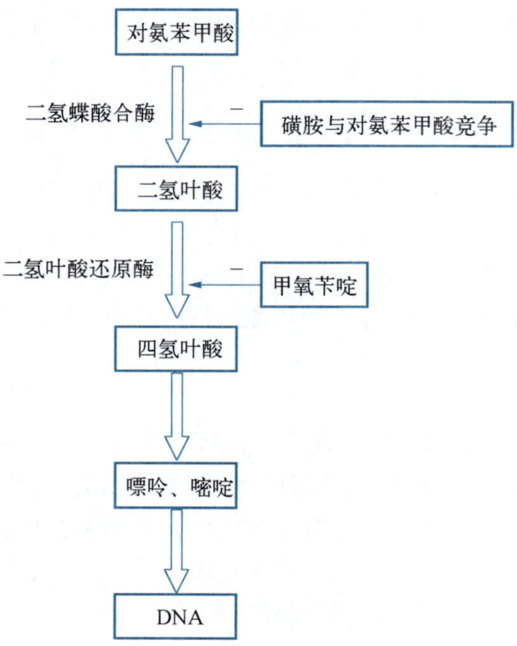

图 36－2　磺胺和甲氧苄啶作用机制

菌、脑膜炎球菌、淋病奈瑟球菌、鼠疫耶尔森菌、诺卡菌属；其次是大肠埃希菌、志贺菌、布鲁菌属、变形杆菌属、伤寒沙门菌；此外，也对沙眼衣原体、疟原虫、卡氏肺孢子虫、弓形虫滋养体有抑制作用。但是对支原体、立克次体、螺旋体无效。

【作用机制】

对磺胺类抗菌药敏感的细菌不能直接利用周围环境中的叶酸，必须以蝶啶、对氨基苯甲酸等为原料，在二氢蝶酸合酶作用下生成二氢叶酸，再进一步在二氢叶酸还原酶的作用下形成四氢叶酸，四氢叶酸活化后，可作为一碳基团载体的辅酶参与嘌呤核苷酸和嘧啶核苷酸的合成。磺胺类抗菌药与对氨基苯甲酸的结构相似，与对氨基苯甲酸竞争二氢蝶酸合酶，阻止细菌二氢叶酸合成，从而发挥抑菌作用(图 36－2)。由于人或哺乳动物能直接利用食物中的叶酸，故磺胺类抗菌药对哺乳动物细胞影响小。

【耐药机制】

对磺胺类抗菌药敏感的细菌，无论在体内或体外，反复接触磺胺类抗菌药后，均可产生耐药性。各磺胺类抗菌药之间有交叉耐药。其机制包括产生对磺胺类抗菌药低亲和力的二氢蝶酸合酶，或降低细菌对磺胺药的通透性，或改变代谢途径而直接利用外源性叶酸，或基因突变或质粒介导，合成过量的对氨基苯甲酸以对抗磺胺类抗菌药的作用，后者可能是最主要的耐药机制，如某些耐药性葡萄球菌可以合成比原有敏感菌株高 70 倍的对氨基苯甲酸。

【临床应用】

磺胺类抗菌药用于治疗诺卡菌属引起的感染，与乙胺嘧啶联合用药治疗弓形虫病。还可用于敏感菌引起的尿路感染和上呼吸道感染。用于脑膜炎球菌感染的预防，以及治疗溃疡性结肠炎(柳氮磺吡啶)，外用治疗烧伤(磺胺嘧啶银或磺胺米隆)等。

【不良反应】

(1) 泌尿系统损害：尿液中的磺胺药及其乙酰化物一旦在肾脏形成结晶，可产生尿道刺激和梗阻症状，如出现结晶尿、血尿、疼痛和尿闭等症状，甚至造成肾脏损伤。服药期间应同服等量碳酸氢钠以增加磺胺类抗菌药及其乙酰化物的溶解度，并适量增加饮水量，尿量每日保证不少于 1 500 mL，以降低药物在尿中的浓度，同时，注意定期检查尿液。

(2) 过敏反应：局部用药易发生，药物热和皮疹分别多发生于药后 5～10 日和 7～9 日。偶见多形性红斑、剥脱性皮炎，严重者可死亡。磺胺类抗菌药之间有交叉过敏反应，用药前应询问过敏史。

(3) 血液系统反应：可有粒细胞减少症、血小板减少症甚至再生障碍性贫血，虽然发生率极低但可致死。对葡萄糖－6－磷酸脱氢酶缺乏症患者，易引起溶血性贫血。用药期间应定期检查血常规。

(4) 消化系统反应：口服可引起恶心、呕吐、食欲缺乏，餐后服或同服碳酸氢钠可减轻反应。可有高胆红素血症和新生儿核黄疸，亦可发生肝损害，严重者出现急性肝坏死。

(5) 神经系统反应：少数患者出现头晕、头痛、乏力、失眠等症状，用药期间不应从事高空和驾驶工作。

二、常用磺胺类抗菌药

(一) 用于全身性感染的肠道易吸收类

磺胺嘧啶

磺胺嘧啶(sulfadiazine，SD)属中效磺胺类抗菌药，口服易吸收，$t_{1/2}$为 10～13 h。其血浆蛋白结合率是本类药物中最低者，为 20%～25%，易透过血脑屏障，在脑脊液中的药物浓度可达血药浓度的 40%～80%。磺胺嘧啶是治疗流行性脑脊髓膜炎的首选药，用于治疗诺卡菌属引起的肺部感染、脑膜炎、脑脓肿。与乙胺嘧啶联合用治疗弓形虫病。还可用于敏感菌引起的尿路感染和上呼吸道感染。使用时,应增加饮水量,必要时同服等量碳酸氢钠碱化尿液。与甲氧苄啶合用产生协同抗菌作用。

磺胺甲噁唑

磺胺甲噁唑(sulfamethoxazole,SMZ)属中效磺胺类抗菌药,$t_{1/2}$为10～12 h。血浆蛋白结合率较高(60%～80%),脑脊液中的药物浓度虽低于磺胺嘧啶,仍可用于流行性脑脊髓膜炎的预防。尿中浓度虽不及磺胺异噁唑,也可适用于治疗大肠埃希菌等敏感菌诱发的尿路感染,如肾盂肾炎、膀胱炎、单纯性尿道炎等。与甲氧苄啶合用产生协同抗菌作用。

(二)用于肠道感染的肠道难吸收类

柳氮磺吡啶

柳氮磺吡啶(sulfasalazine,SASP)口服很少吸收,大部分进入小肠远端和结肠。本身无抗菌活性,在肠道局部微生物作用下分解成磺胺吡啶和5-氨基水杨酸,磺胺吡啶有微弱的抗菌活性,5-氨基水杨酸具有抗炎和免疫抑制作用,因此,柳氮磺吡啶口服或灌肠用于治疗急性或慢性溃疡性结肠炎、节段性回肠炎;口服用于治疗类风湿性关节炎;栓剂用于溃疡性直肠炎。长期服药可产生恶心、呕吐、皮疹、药物热、粒细胞减少等不良反应。

(三)外用类

磺胺米隆

磺胺米隆(mafenide, SML)是对位氨甲基磺胺类抗菌药,抗菌活性不受脓液、坏死组织及对氨基苯甲酸的影响。抗菌谱广,对铜绿假单胞菌、金黄色葡萄球菌、破伤风梭菌有效,能迅速渗入创面和焦痂中,适用于烧伤或大面积创伤后的创面感染,并能提高植皮的成功率。不良反应有用药局部疼痛及烧灼感,大面积使用其盐酸盐可能导致酸中毒,应选用其乙酸盐。

磺胺嘧啶银

磺胺嘧啶银(sulfadiazine silver)兼有磺胺嘧啶的抗菌作用和银盐的收敛作用。抗菌谱广,对多数革兰氏阳性菌和阴性菌有良好的抗菌活性,对铜绿假单胞菌的抗菌作用显著强于磺胺米隆,并能促进创面的干燥、结痂及愈合。临床用于预防和治疗Ⅱ度或Ⅲ度烧伤、烫伤创面的感染。

第三节 其他人工合成抗菌药

一、抗菌增效剂

甲氧苄啶

甲氧苄啶(trimethoprim,TMP)可与多种抗菌药合用,增强后者抗菌效应,故又称抗菌增效剂。抗菌谱与磺胺甲噁唑相似,属抑菌药,抗菌活性比磺胺甲噁唑强数十倍,对大多数革兰氏阳性菌和阴性菌均有效,但是甲氧苄啶单独应用易引起细菌耐药,常与磺胺类抗菌药(磺胺嘧啶和磺胺甲噁唑)合用。

甲氧苄啶口服吸收迅速完全,血浆蛋白结合率为40%,广泛分布于组织和体液中,脑脊液中的药物浓度较高,炎症时接近血药浓度。大部分以原型从肾脏排出。

甲氧苄啶抗菌作用机制是抑制细菌二氢叶酸还原酶,使二氢叶酸不能还原为四氢叶酸,阻止细菌核酸的合成。毒性较小,对某些敏感的患者可引起叶酸缺乏症,导致巨幼红细胞贫血、粒细胞减少及血小板减少等,上述反应一般较轻,停药后可恢复。

复方磺胺甲噁唑

复方磺胺甲噁唑(cotrimoxazole,SMZco)是磺胺甲噁唑和甲氧苄啶按5∶1的比例制成的复方制剂,按此比例给药时,最终的血药峰浓度比与体外实验的最佳抗菌浓度比(20∶1)相似,两者的主要药代动力学参数相近,合用后可使细菌的叶酸代谢受到双重阻断(磺胺甲噁唑抑制二氢蝶酸合酶,而甲氧苄啶抑制二氢叶酸还原酶),抑制四氢叶酸的合成,发挥抗菌作用,甚至呈现杀菌作用,并可减少耐药菌株的产生。其抗菌活性是两药单独等量应用时的数倍至数十倍,使抗菌谱扩大,对磺胺类抗菌药已产生耐药的细菌如大肠埃希菌、伤寒沙门菌和志贺菌等仍有效。

复方磺胺甲噁唑临床广泛用于大肠埃希菌、变形杆菌、克雷伯菌引起的尿路感染;肺炎链球菌、流感嗜血杆菌及大肠埃希菌引起的慢性支气管炎反复发作;霍乱弧菌引起的霍乱;沙门菌引起的伤寒;志贺菌引起的肠道感染;卡氏肺孢子虫引起的肺炎;诺卡菌属引起的诺卡菌病;以及预防脑膜炎球菌引起的流行性脑脊髓膜炎等。不良反应与磺胺类抗菌药及甲氧苄啶相似。

二、硝基呋喃类抗菌药

呋喃妥因

呋喃妥因(nitrofurantoin,呋喃坦啶)尿中药物浓度高,特别是尿液呈酸性时,抗菌作用最佳。对金黄色葡萄球菌、表皮葡萄球菌、腐生葡萄球菌、肠球菌、大肠埃希菌、淋病奈瑟球菌、枯草杆菌等革兰氏阳性菌和革兰氏阴性菌均有良好的抗菌活性。临床主要用于敏感菌引起的尿路感染。毒性较低,最常见的不良反应为恶心、呕吐和腹泻,偶见寒战、发热、白细胞减少、粒细胞减少、溶血性贫血。对葡萄糖-6-磷酸脱氢酶缺乏症患者,尚可引起溶血性贫血,故禁用。

呋喃唑酮

呋喃唑酮(furazolidone)口服不易吸收,肠内浓度高,对沙门菌、志贺菌、肠杆菌属、弯曲菌属、金黄色葡萄球菌、粪肠球菌、霍乱弧菌、大肠埃希菌、肺炎克雷伯菌等均具有抗菌活性。主要用于治疗肠炎、痢疾、霍乱等肠道感染性疾病;栓剂可用于治疗阴道滴虫病。此外,还可用于治疗胃、十二指肠溃疡,对幽门螺杆菌的根除率为50%。不良反应同呋喃妥因。

呋喃西林

呋喃西林(furacilin)因口服毒性大而仅作局部或创面用药,主要作为表面消毒药。外用于化脓性中耳炎、结膜炎、泪囊炎、褥疮、伤口感染的治疗,也可用其进行膀胱冲洗治疗,若出现皮肤过敏反应则应立即停药。

小结

氟喹诺酮类抗菌药具有抗菌谱广、抗菌活性强、口服吸收良好、与其他类别的抗菌药之间无交叉耐药等特点。抗菌谱包括革兰氏阴性菌(包括铜绿假单胞菌)、金黄色葡萄球菌、产酶金黄色葡萄球菌。某些药物对结核分枝杆菌、嗜肺军团菌、支原体及衣原体也有效。第四代喹诺酮类抗菌药对厌氧菌具有抗菌活性。氟喹诺酮类抗菌药主要通过抑制革兰氏阴性菌DNA回旋酶或革兰氏阳性菌拓扑异构酶Ⅳ,阻碍细菌DNA复制而导致细菌死亡。氟喹诺酮类临床应用于敏感菌引起的泌尿生殖系统、呼吸系统感染、肠道感染与伤寒、骨髓炎、关节炎、菌血症等。

磺胺类抗菌药对大多数革兰氏阳性菌和阴性菌、沙眼衣原体、疟原虫等都有抑制作用,不良反应较多包括泌尿系统损害、过敏反应、血液系统反应等。磺胺甲噁唑和甲氧苄啶制成复方制剂发挥抗菌作用,甚至呈现杀菌作用,并可减少耐药菌株的产生。

呋喃唑酮口服不易吸收,肠内浓度高。主要用于治疗肠炎、痢疾、霍乱等肠道疾病。

【思考题】

1. 简述氟喹诺酮类抗菌药的共性。
2. 患者,男,34岁。因感冒发热咳嗽,某门诊给予"维C银翘片",以及乳酸左氧氟沙星注射液0.3 g,静脉滴注给药,一日2次,用药当天出现烦躁不安、精神亢奋症状,停止输药后症状逐渐缓解;再次用药时不适又出现,停药后症状自行消失,未做任何特殊处理。请问:

（1）患者用药后出现精神症状的原因是什么？

（2）左氧氟沙星的抗菌机制是什么？

3. 简述磺胺甲噁唑合用甲氧苄啶的药理学依据。

（滕　佳）

※ 课程 PPT

第三十六章
课程 PPT

第三十七章

抗结核药和抗麻风药

学习目标

【知识目标】

1. 掌握　一线抗结核药的药理作用、临床应用及主要不良反应。
2. 熟悉　结核病的化疗原则及抗麻风药氨苯砜的药理作用、临床应用及不良反应。
3. 了解　二线抗结核药的作用特点及临床应用。

【能力目标】

1. 能把抗结核药及抗麻风药的药理学基础理论与临床实际相结合。
2. 能运用章节相关知识指导临床结核病与麻风病治疗中化疗方案的设计。

【素质目标】

树立以患者为中心理念，能关心理解结核病和麻风病患者，合理使用抗结核药及抗麻风药。

1882年，德国细菌学家罗伯特·科赫(Robert Koch)首次报告了结核病的致病菌是结核分枝杆菌，这促使人们去寻找抗结核病的药物。人们曾用亚甲蓝、联氨、癸酸、油酸等治疗结核，但疗效都不好。

1943年，乌克兰裔美国微生物学家赛尔曼·A.瓦克斯曼(Selman A. Waksman)团队成功地从灰链丝菌的培养液中分离得到了链霉素，并证实其对试管中的结核杆菌有杀灭作用。随即，赛尔曼与梅约诊所(Mayo Clinic)的医生合作，首先将链霉素用于治疗肺结核的患者，并取得了成功，从此揭开了结核病治疗的新篇章。

1944年，人们发现苯甲酸和水杨酸能促进结核分枝杆菌呼吸，据此推测苯甲酸的衍生物可能有抗结核杆菌作用。1946年，瑞典科学家雷曼(Lehman)合成了对氨基水杨酸，这是第一个可口服的抗结核药。

1951年，德国科学多马克(Domagk)发现磺胺噻唑化合物或硫酸氨醇化合物有抑制结核杆菌的作用，随即他成功合成了氨硫脲。在对氨硫脲进行化学改造的过程中，意外发现其中间体异烟肼具有极强的抗结核作用。经过临床试验，1952年，异烟肼被罗氏(Roche)公司首先在美国上市，同年还推出了吡嗪酰胺。1956年，德国科学家利贝曼(Libemann)合成了乙硫异烟胺和丙硫异烟胺。

1957年，意大利的莱比特(Lepetit)药厂从地中海链丝菌中分离出了利福霉素A、利福霉素B、利福霉素C、利福霉素D、利福霉素E 5种成分，并发现利福霉素B最稳定且有抗结核作用，于是对其进行化学处理，于1961年合成了利福霉素VS。研究人员对利福霉素VS的继续改造，终于在1966年得到了利福平。此后，又进一步合成了新的衍生物利福定和利福喷丁。

资料来源：

何玲，2011.西医传入中国：结核病案例研究(1900—1967).上海：上海交通大学(博士学位论文).

王延涛，李爽，夏玉朝，等，2016.利福霉素的研究新进展.当代医学，22(6)：16-17.

王艳红，2006.抗结核药物的发展及应用.首都医药(22)：46-47.

HARRIES A D，2008.罗伯特·科赫与结核杆菌的发现：125年后面临来自艾滋病和结核病的挑战.国际结核病与肺部疾病杂志(中文版)，(3)：130-138.

第一节　抗结核药

结核病(tuberculosis)是由结核分枝杆菌(*Mycobacterium tuberculosis*)感染引起的一种慢性传染病。结核分枝杆菌是一种抗酸杆菌和细胞内寄生菌,可侵及全身多组织和器官,引起相应的结核病,如肺结核(最多见)、骨结核、淋巴结结核及肾结核等。

结核病主要依靠药物治疗。抗结核药(antituberculotic drug)是一类能抑制和杀灭结核分枝杆菌的药物,根据药物的疗效和机体的耐受情况可分为一线抗结核药和二线抗结核药。目前的一线抗结核药包括异烟肼、利福平、乙胺丁醇、吡嗪酰胺、利福布汀、利福喷丁和链霉素。其他抗结核药均属二线抗结核药。

一线抗结核药具有治疗效果好、毒性可耐受的特点。因此,绝大多数结核病患者都可被一线抗结核药治愈。二线抗结核药因疗效欠佳、毒性较大、患者不易耐受,故一般只在结核分枝杆菌对一线抗结核药耐药的情况下才考虑使用。近年来,一些抗结核新药的上市,对多药耐药和广泛耐药结核病的联合化疗有重要作用。

一、一线抗结核药

异　烟　肼

异烟肼(isoniazid)也称雷米封(rimifon),是异烟酸的酰肼类化合物,结构简单,分子量较小,性质稳定,易溶于水。

【体内过程】

异烟肼口服吸收快而完全,生物利用度可达 90%。其在体内扩散迅速,分布广泛,血浆蛋白结合率<10%,易透入各种结核病灶,如干酪样坏死组织、厚壁空洞及巨噬细胞等,也可透过胎盘,在胸腔积液、腹水、关节腔、淋巴结等体液和组织中浓度较高,其在脑脊液中的药物浓度与血药浓度相当。异烟肼主要经肝脏 CYP2E1 代谢成多种代谢产物,如乙酰异烟肼、异烟酸、异烟酰甘氨酸、乙酰肼及肼等,然后随尿排泄。

人类受遗传影响,对异烟肼乙酰化代谢的速度因人而异,一般可分为快乙酰化型和慢乙酰化型两种。异烟肼的半衰期在快乙酰化型者约为 1.1 h,而在慢乙酰化型者则为 2～5 h。如果采用每日服药法给药,则两种代谢型的患者在疗效和毒性上无明显差异;但若采用间歇给药法,则在疗效上慢代谢型优于快代谢型;而在不良反应上,快代谢型肝损害的发生率可能较高,而慢代谢型较易出现神经系统的损害。

【作用机制】

异烟肼进入体内后可被分枝杆菌的过氧化氢酶-过氧化物酶催化代谢,其中代谢产物烟酰基 NAD 异构体能抑制结核杆菌的烯酰基载体蛋白还原酶(alkenyl carrier protein reductase)和β-酮脂酰载体蛋白合成酶(β-ketoacyl carrier protein synthetase),从而阻断分枝杆菌细胞壁的重要成分——分枝菌酸的合成,影响细胞壁的结构和功能,使分枝杆菌失去抗酸作用而死亡。另一种产物烟酰基 NADP 异构体,能抑制分枝杆菌二氢叶酸还原酶,干扰细菌的核酸合成。其他的产物包括超氧化物、H_2O_2、烷基氢过氧化物和一氧化氮自由基等,也能损害分枝杆菌,导致细菌死亡。

【药理作用】

分枝菌酸只存在于分枝杆菌中,故异烟肼对结核分枝杆菌的抑制或杀灭作用具有高度选择性,其 MIC 为 0.025～0.05 μg/mL,对其他病原体均无效。异烟肼对繁殖期的结核杆菌有强大杀灭作用,而对静止期结核杆菌则仅产生抑制作用。

【耐药机制】

单用时结核杆菌易对异烟肼产生耐药性。但与其他抗结核药(除与其结构类似药,如乙硫异烟胺外)无交叉耐药性。其耐药机制可能是:① 异烟肼活化的酶基因发生突变,即结核杆菌的过氧化氢酶基因突变或缺失,使该酶不能激活异烟肼而使后者活性下降产生耐药;② 结核分枝杆菌中参与分枝菌酸生物合成的关键酶基因(*inh A*)发生错译突变,使异烟肼不能与靶位结合。

【临床应用】

异烟肼因抗结核作用强、易渗入各种结核病灶、价廉、使用方便(可口服)等优点,为治疗各型结核的一线药物。除用于预防和治疗早期轻症结核病时可单独使用外,一般均需要与其他抗结核药联合应用,以提高疗效,减少或延缓耐药菌株的产生。对粟粒性结核和结核性脑膜炎等重症患者应加大剂量,延长疗程,必要时注射给药。

【不良反应与禁忌证】

异烟肼不良反应的总体发生率约为5.4%,多数患者在常用剂量下耐受良好。

(1) 神经毒性:中枢神经系统反应,如头晕、头痛、兴奋、失眠、精神异常、诱发惊厥等;外周神经炎症状,如感觉异常、四肢麻木、肌肉震颤、步态不稳等。其发生机制可能与异烟肼与维生素 B_6 结构相似,前者可竞争性抑制机体对维生素 B_6 的利用或促进维生素 B_6 的排泄。因此,服用异烟肼期间,预防性给予维生素 B_6 可减少此类不良反应的发生。

(2) 肝毒性:可引起肝细胞损害,表现为转氨酶升高、黄疸、肝小叶坏死及肝炎等,嗜酒者、原有肝损害者及老年患者更易发生。其发生机制可能与异烟肼的代谢产物乙酰肼及肼可引起肝脏损伤有关。因此,服药期间应定期检查肝功能,一旦发现异常,应及时停药。肝功能不良者应慎用。

(3) 过敏反应等:如发热、各种皮疹,也可出现粒细胞缺乏、嗜酸性粒细胞增多、血小板减少及贫血等,还可出现伴抗核抗体的血管炎。也常引起恶心、呕吐、腹部不适等胃肠道症状。

【药物相互作用】

(1) 异烟肼可抑制肝药酶,抑制香豆素类抗凝血药、苯妥英、抗胆碱药、三环类抗抑郁药、抗高血压药、降血糖药的代谢,合用时应注意调整用量。

(2) 氢氧化铝等抗酸药可抑制异烟肼的吸收,不宜同时口服。

(3) 糖皮质激素可降低异烟肼的抗结核作用,合用时需要注意。

利 福 平

利福平(rifampicin)也称甲哌力复霉素,为利福霉素的衍生物,属于利福霉素类抗生素中的一种,呈橘红色结晶粉末,对光不稳定,可溶于有机溶剂及酸性水溶液。

【体内过程】

利福平口服易吸收,食物、巴比妥类药物和对氨基水杨酸可妨碍其吸收,故主张采用空腹顿服法给药。血浆蛋白结合率为89%,广泛分布在组织及体液中,如在各种结核病灶、巨噬细胞及脑脊液中均可达到有效浓度。利福平是肝药酶泛诱导剂,原型药物及其代谢产物主要经粪便和尿液排泄。利福平及其代谢物为橘红色,故患者的粪便、尿液、痰液、唾液、泪液、汗液及乳汁可带有橘红色。

【作用机制】

利福平通过抑制细菌DNA依赖性RNA聚合酶从而抑制细菌RNA的合成,发挥其抗病原体的作用。人和哺乳动物细胞的RNA聚合酶对利福平不敏感,故利福平对结核杆菌有较高的选择性。

【药理作用】

利福平具有广谱抗菌作用,对结核杆菌有杀菌作用,其抗结核作用与异烟肼相当,对繁殖期和静止期的细菌均有作用。由于穿透力强,对细胞内、外的结核杆菌都有作用。利福平对麻风杆菌及多种不典型的分枝杆菌也有很强的抗菌作用,对革兰氏阳性菌中的金黄色葡萄球菌、凝固酶阴性葡萄球菌也有杀灭作用,对革兰氏阴性菌中的大肠埃希菌、变形杆菌、假单胞菌属、克雷伯菌、军团菌、流感嗜血杆菌及脑膜炎球菌均有很强的抑制作用。利福平对沙眼衣原体也有抑制作用。

【耐药机制】

分枝杆菌及其他病原体可快速对利福平产生耐药性,其耐药机制主要是编码DNA依赖性RNA聚合酶的基因(*rpoB*)发生突变,致利福平作用靶点的DNA依赖性RNA聚合酶的结构发生改变。

【临床应用】

(1) 结核病:利福平常与异烟肼、吡嗪酰胺等联合用于治疗各型、各部位的结核病,但不单用,单用易产生耐药性。

(2) 麻风病：利福平是重要的抗麻风药，与其他抗麻风药联合治疗麻风病，尤其是对瘤型或边缘型麻风病，可快速控制其传染性，显效快，疗效好。

(3) 其他敏感菌引起的感染：利福平可用于治疗对其他抗菌药耐药的严重革兰氏阳性菌感染；也可作为脑膜炎球菌及流感嗜血杆菌性脑膜炎的预防用药。但因单用易使患者体内潜伏的结核杆菌产生耐药性，故对于非结核感染者，建议尽量不用此药。

(4) 沙眼衣原体感染：利福平在眼科用于治疗沙眼衣原体感染以及敏感菌感染。

【不良反应】

利福平在治疗结核病的常用量时，其不良反应发生率<4%，多数患者依从性良好。最常见的不良反应为胃肠道反应，表现为恶心、呕吐、腹痛、腹泻等。与老年、慢性肝病者、嗜酒者或与其他有肝毒性的药物合用则较易发生肝炎和肝衰竭，表现为转氨酶升高、肝大、黄疸等，甚至可因肝衰竭而致死。少数患者可出现过敏反应，如皮疹、瘙痒、哮喘、喉头水肿、呼吸困难等，若采用大剂量间歇给药，偶可引起“流感样综合征”，伴有发热、发冷和肌痛，有时会发展为急性肾衰竭、溶血性贫血和休克。

乙胺丁醇

乙胺丁醇(ethambutol)是人工合成的乙二胺衍生物，水溶性好，口服吸收率为75%～80%。其分布广泛，脑膜炎时可在脑脊液中达到有效浓度，可浓集于唾液、红细胞、肾和肺中。主要以原型经粪、尿排泄，$t_{1/2}$为3～4 h。乙胺丁醇只对繁殖期的结核杆菌有较强抑制作用，其作用机制主要是抑制分枝杆菌的阿拉伯糖基转移酶，抑制阿拉伯半乳糖的合成，阻碍分枝菌酸进入分枝杆菌的细胞壁，从而抑制分枝杆菌细胞壁的合成而发挥抗结核作用。此外，乙胺丁醇也能与二价金属离子络合，抑制结核杆菌DNA和RNA的合成，抑制结核杆菌的生长繁殖。结核杆菌可缓慢产生耐药性，但与其他抗结核药无交叉耐药性，且耐异烟肼和链霉素的结核杆菌仍对其敏感。临床上常与异烟肼、利福平等联合用于治疗结核病，包括初治和复治。常用量下不良反应发生率< 2%，其中最严重的毒性反应是球后视神经炎，表现为弱视、红绿色盲和视野缩小，若不及时停药可能出现视神经萎缩。此反应具有剂量相关性，当剂量控制在15 mg/(kg·d)时极少发生，而剂量超过25 mg/(kg·d)时则发生率明显增加，故临床用量应控制在15 ～25 mg/(kg·d)，且用药期间应定期做眼科检查，发现问题及时停药，并加用大剂量维生素B_1和扩血管药，可望恢复。其他不良反应有胃肠道反应、过敏反应及高尿酸血症，痛风患者慎用。

吡嗪酰胺

吡嗪酰胺(pyrazinamide)为烟酰胺的吡嗪衍生物。吡嗪酰胺口服吸收好，体内分布广，在肝、肺、脑脊液中的药物浓度与血药浓度相似，易进入巨噬细胞及干酪样坏死组织的结核杆菌中，被结核杆菌的吡嗪酰胺酶转化为有活性的吡嗪酸，后者抑制脂肪酸合成酶Ⅰ、破坏膜电位并干扰细菌能量的产生、结合细菌核糖体蛋白并抑制反式翻译，进而发挥抗结核作用。其体外抗结核作用弱，而体内作用强，尤其在巨噬细胞及干酪样坏死组织这种酸性环境中，可对结核杆菌产生杀灭作用，因此，吡嗪酰胺是杀灭细胞内结核杆菌的重要药物，有利于减少复发。单用时结核杆菌易产生耐药性，其耐药机制与结核杆菌吡嗪酰胺酶变构有关。临床上常与其他抗结核药一起组成联合治疗方案。最常见的严重不良反应是肝损害，常出现于大量用药时，即若剂量达到40～50 mg/(kg·d)，则会出现转氨酶升高、黄疸，偶见肝坏死。因此，用量宜控制在15～30 mg/(kg·d)。吡嗪酰胺还能抑制尿酸排泄引起高尿酸血症，诱发痛风。其他不良反应有胃肠道反应，过敏反应及关节痛等。

利福布汀

利福布汀(rifabutin)是含有螺哌嗪基的利福霉素衍生物，具广谱抗菌活性，对结核分枝杆菌的体外抗菌活性是利福平的2～4倍。具有高亲脂性，血浆蛋白结合率约85%。吸收后分布广泛，易进入组织和细胞内，生物利用度可达85%。高脂肪餐可使吸收减慢但并不影响吸收总量。利福布汀在肺组织中的浓度可达到血清中的10～20倍。其代谢后生成5种代谢产物，其中以25-*O*-去乙酰利福布汀和31-OH-利福布汀最为重要，前者的活性与母药相似，占药物全部抗菌活性的10%。口服用药量的53%经尿液排出，30%经粪便排出。其在血浆中清除缓慢，$t_{1/2}$为(45±17) h。作用机制与利福平相似，主要是抑制DNA依赖性RNA聚合酶,同时也抑制 DNA 合成。临床上与其他抗结核药物联合用于治疗结核分枝杆菌所致的多药耐药的各型结核病,也用于预防和治疗 HIV 感染者鸟分枝杆菌-胞内分枝杆菌复合体的广泛播散性感染。利福布汀和利福平存在高度交叉耐药,利福布汀对耐利福平菌株的敏感度不足 20%。不良反应有胃肠道反应、皮疹等,偶见骨髓抑制及肝损害。

利 福 喷 丁

利福喷丁(rifapentine)抗菌谱与利福平相似,为半合成广谱杀菌药,抗菌活性为利福平的 2~10 倍。利福喷丁口服吸收缓慢,在胃肠道中吸收不完全,但其微晶生物利用度可提高。血浆蛋白结合率> 98%。吸收后在体内分布广,尤其在肝组织中分布最多,其次为肾,其他组织中亦有较高浓度,但不易透过血脑屏障。利福喷丁主要在肝内去乙酰化,生成活性代谢产物 25 -去乙酰利福喷丁,其血浆蛋白结合率为 93%。因有肝肠循环,由胆汁排入肠道的原药部分可被再吸收。原药与其代谢产物 25 -去乙酰利福喷丁主要经胆汁随粪便排出,仅部分经尿液排出。$t_{1/2}$约 19.9 h。作用机制与利福平相似,临床常与其他抗结核药物联合用于初治与复治结核病,也可与其他抗麻风药联合用于麻风病的治疗。利福喷丁与利福平存在 100%交叉耐药,单独使用多产生耐药性。不良反应同利福平,但较轻微。

链 霉 素

链霉素为氨基糖苷类抗生素。其为极性分子,只分布于细胞外液,且难以透过血脑屏障,故只对细胞外的结核杆菌有较强的杀灭作用(仅次于异烟肼和利福平)。临床上主要用于播散性结核及结核性脑膜炎患者的强化治疗阶段。链霉素因单独使用易产生耐药性且长期应用可发生耳毒性,故临床应用时需要严格控制疗程(≤ 3 个月)和疗程总量(≤ 30 g)。

二、二线抗结核药

除一线抗结核药外,可用于治疗结核病的药物尚有对氨基水杨酸(para-aminosalicylic acid)、丙硫异烟胺(prothionamide)、环丝氨酸、紫霉素(viomycin)、卷曲霉素(capreomycin)、阿米卡星、罗红霉素、氟喹诺酮类(fluoroquinolones)、利奈唑胺(linazolid)、贝达喹啉(bedaquiline)及德拉马尼等。一般来说,这些药物的抗结核病疗效均比不上一线抗结核药,且患者依从性较差,故一般仅在一线抗结核药治疗失败后,需要补救治疗时才使用。

已有研究表明,贝达喹啉和德拉马尼两种抗结核新药无论对多药耐药、广泛耐药结核分枝杆菌,还是敏感的结核分枝杆菌均有明确的杀菌效果。原则上这类药不用于单药耐药和多药耐药结核病,只有在多药耐药和广泛耐药结核病化疗中,作为联合治疗方案时考虑选用。

这些常用药物的主要药理学特点、主要不良反应见表 37 - 1。

表 37 - 1 其他常用抗结核药的主要药理学特点及主要不良反应

药 物	主要药理学特点	主要不良反应
对氨基水杨酸	仅对结核杆菌有较弱的抑制作用,机制为抑制结核杆菌的二氢蝶酸合酶。耐药性产生较慢。在胸膜液和干酪组织中浓度高,脑脊液中浓度低	胃肠道反应多且症状严重,尚有过敏反应、血液系统损害、肝损害等
丙硫异烟胺	脑脊液中浓度较高,抗结核作用弱于异烟肼,不与异烟肼交叉耐药。可用于对异烟肼耐药者	胃肠道反应多而重,也可引起神经症状和肝损害
环丝氨酸	对革兰氏阳性及阴性菌均有作用,抗结核作用弱于链霉素,但结核杆菌对其不易产生耐药性	主要是神经系统反应,其次是胃肠道反应
紫霉素	为氨基糖苷类抗生素。抗结核作用与环丝氨酸相似,对耐异烟肼者有效	主要是第Ⅷ对脑神经的损害,也可引起肾毒性及过敏反应
卷曲霉素	只对人型、牛型结核杆菌和堪萨斯分枝杆菌有抗菌活性,其抗菌活性为链霉素的 1/2。机制为抑制细菌蛋白合成。单用结核杆菌可缓慢产生耐药性,但与多数抗结核药无交叉耐药性。主要适用于难治性肺结核的联合化疗	注射部位疼痛、肾毒性、第Ⅷ对脑神经损害、电解质紊乱、神经-肌接头阻滞,消化道反应,过敏反应等
阿米卡星	对多种分枝杆菌有抗菌活性,但抗结核杆菌作用不强,仅适用于对链霉素耐药者	耳毒性、肾毒性、过敏反应、中枢神经系统反应等

续　表

药　物	主要药理学特点	主要不良反应
罗红霉素	抗结核作用有限。故目前仅限于治疗多药耐药结核及非结核分枝杆菌感染。克拉霉素已获批用于鸟复合型分枝杆菌感染	详见第三十三章第一节
氟喹诺酮类	抗结核作用依次为莫西沙星＞司帕沙星＞左氧氟沙星＞氧氟沙星＞环丙沙星，单用易产生耐药性。抗结核作用不及异烟肼及利福平，且价格较高，故只用于多药耐药的成人结核杆菌感染	主要是胃肠道反应，过敏反应和光敏反应、神经系统症状等。可损害软骨及关节，故18岁以下儿童不宜合用
利萘唑胺	在体内外均有良好的抗分枝杆菌作用，其抗菌作用机制特殊，与其他抗结核药间无交叉耐药性，但因其价格昂贵，且在治疗期间可能会出现严重不良反应，故目前仅限于治疗多药耐药结核病患者	胃肠道反应，偶见皮疹和骨髓抑制
贝达喹啉	二芳基喹啉类抗分枝杆菌药，可抑制分枝杆菌 ATP(5′-三磷酸腺苷)合成酶，并通过抑制该酶的质子泵活性影响结核分枝杆菌 ATP 的合成。适用于作为联合治疗的一部分治疗成人多药耐药肺结核。不适用于治疗非耐药结核病。应避免与全身用药的利福霉素类药或其他强效 CYP3A4 诱导剂联用	胃肠道反应、关节疼痛、头痛等
德拉马尼	硝基咪唑嗯唑类衍生物，其作用的药理机制涉及抑制分枝杆菌细胞壁成分甲氧基分枝菌酸和酮基分枝菌酸的合成。与其他药联合用于治疗一部分成人多药耐药肺结核。与目前使用的抗结核药物无交叉耐药性	心悸、Q－T 间期延长；恶心、腹泻；头痛、头晕；关节或肌肉疼痛；低血钾、高尿酸血症等

三、结核病的化疗原则

抗结核药的出现，使结核病由不治之症变成了可治疾病，但若抗结核药使用不当，也可导致治疗的失败。因此，对结核病的化疗应遵循下列基本原则。

1. *早期用药*　结核病的诊断一旦确立，就应进行抗结核药物的治疗。早期结核病灶以渗出为主，抗结核药易于进入病灶组织；早期结核病灶中的结核杆菌生长繁殖旺盛，对抗结核药的敏感性高；早期病损较轻，及时治疗即可阻止病损的进一步加重，阻止或减少不可逆的病理性损害的出现。

2. *联合用药*　结核杆菌对大多数单用的抗结核药均易产生耐药性，而且任何抗结核药单用，其疗效均很有限。因此，为了提高抗结核治疗的效果，减轻大剂量单独用药引起的严重毒性反应，防止或延缓耐药性的产生，抗结核药应当联合用药。一般主张采用至少 2～4 个一线抗结核药组成联合治疗方案。例如，2SHRZ/4HR 方案，即用链霉素＋异烟肼＋利福平＋吡嗪酰胺先强化治疗 2 个月，后改为异烟肼＋利福平再继续巩固治疗 4 个月，总疗程为 6 个月。

3. *适量*　联合应用的每种药物剂量要适当。剂量不足，疗效差，既易导致耐药，又易导致治疗失败；而剂量过大，则易引发严重毒性反应，使患者难以坚持继续治疗。

4. *全程督导规律用药*　结核病与一般细菌感染不同。结核菌生长繁殖缓慢，易对抗结核药产生耐药性，且休眠期的结核菌对药物不敏感，是引起复发的根源，而且在治疗过程中患者病情变化也较缓慢。因此，治疗结核病必须要有足够的疗程。而疗程一长，患者的依从性常会下降，中途随意换药或不坚持全疗程治疗的情况时有发生，这些都是导致治疗失败的原因。因此，坚持全程督导，保证按计划规律用药，是保证成功治疗最重要的一环。

四、耐药结核病化疗方案的设计

多药耐药和广泛耐药结核病化疗方案的设计非专家的个人行为，应由专家组集体讨论决定。以下要素可供耐药结核病化疗方案设计时参考。

1. *药物效果*　有效的抗结核药是组成方案的核心药物。评价抗结核药有效性，主要有如下参考标准：① 被选药物没有在患者既往治疗失败的方案中被使用；② 药物敏感试验结果提示被选药物为敏感药物；③ 被选药物与已知耐药药物间没有较高的交叉耐药性。

2. *药物数量*　至少由 4 种有效的抗结核药和吡嗪酰胺组成。无 4 种有效的抗结核药组成方案时或方案中某种药物的有效性不确定或有疑问时，方案中药物使用的数量可超过 5 种，这些情况常见于广泛耐药结核病。

3. *药物剂量* 年龄和体重是药物剂量确定的基本要素。为避免新的耐药产生,应尽可能足量用药。明确会产生胃肠道反应或有较大不良反应的药物,可采用开始从低剂量递增的方法并在 1～2 周达到足量,如对氨基水杨酸、丙硫异烟胺和环丝氨酸等。

4. *用药方法* 原则上采用全程每日用药法和顿服法。吡嗪酰胺、乙胺丁醇和氟喹诺酮类药物应每日一次顿服。注射类抗结核药应每日一次给药,即不要将一日剂量分开使用。注射类抗结核药的间歇疗法(每周 3 次),可以在强化期延长或药物毒性对患者危害风险增大的情况下考虑实施,且该方法宜用在痰菌培养转阴后。

5. *用药阶段* 方案由两个阶段组成,第 1 阶段为强化期,第 2 阶段为继续期。强化期的最佳持续时间取决于痰菌培养是否转阴,如果转阴,意味着治疗成功的概率增加。因此,建议对于强化期结束时痰菌仍未转阴的患者,可酌情延长其强化期。

6. *疗程* 根据耐药和疗效情况而定,总疗程一般为 9～30 个月。

7. *治疗管理* 实施全程督导下的化疗管理模式。

第二节 抗麻风药

麻风病(lepriasis)是由麻风分枝杆菌(*Mycobacterium leprae*)感染引起的慢性传染病。麻风杆菌与结核分枝杆菌相似,也是细胞内寄生菌,主要侵犯皮肤组织细胞、内皮细胞和神经施万细胞,引起皮肤和浅表神经损伤。

抗麻风药主要包括能抑制或杀灭麻风杆菌的药物和改善麻风症状的药物两类。其中前一类药物包括砜类、利福霉素类及吩嗪类等。

一、常用抗麻风药

(一) 砜类抗麻风药

氨苯砜

【体内过程】

氨苯砜(dapsone)口服吸收快而完全。广泛分布于全身体液及组织中,在皮肤、肝、肌肉、肾脏中可达较高浓度,尤其在病变部位的皮肤中,药物浓度可高出正常皮肤数倍。氨苯砜主要在肝脏进行乙酰化代谢,慢乙酰化型患者的不良反应较多,其原型药及代谢物可经肾及胆汁排泄,经胆汁排泄部分可形成肝肠循环,从而引起药物在体内蓄积。

【作用机制】

氨苯砜的作用机制与磺胺类抗菌药相似,通过竞争性抑制细菌的二氢蝶酸合酶,从而干扰麻风分枝杆菌的叶酸代谢而发挥作用。

【药理作用】

氨苯砜的抗菌谱与磺胺类抗菌药相似,但对麻风杆菌有较强抑制作用,对氨基苯甲酸可拮抗其抗菌作用。单用时麻风杆菌易产生耐药性。

【临床应用】

氨苯砜虽为重要的抗麻风药,但因耐药问题,一般主张与其他抗麻风药联用,一般用药 3～6 个月可改善症状,但要消灭体内麻风杆菌至少需要连续用药 1～3 年。

【不良反应】

最常见的不良反应为溶血(尤其是葡萄糖-6-磷酸脱氢酶缺乏症患者),也可见高铁血红蛋白血症、胃肠道反应、神经系统反应及过敏反应如药疹,严重者可出现高热、淋巴结肿大、蛋白尿,甚至剥脱性皮炎、肝细胞坏死性黄疸等,称为氨苯砜综合征。一旦出现,需要立即停药,并进行相应处理,以免危及生命。在治疗瘤型麻风病患者时，若增量过快，可突然出现原有症状加剧，并出现结节性红斑、神经痛、虹膜睫状体炎等，称为麻风反应。必要时可用糖皮质激素及沙利度胺防治。

其他同类药尚有苯丙砜（solasulfone）、醋氨苯砜（acedapsone）和磺胺苯砜（acetosulfone），均为氨苯砜的衍生物。其抗麻风杆菌作用及不良反应均与氨苯砜相似，其中苯丙砜还兼有抗结核杆菌作用，而磺胺苯砜则兼有抗疱疹病毒作用。

（二）利福霉素类抗麻风药

利 福 平

利福平的体内过程、药理作用、作用机制和不良反应，详见本章第一节。利福平对麻风杆菌有快速杀灭作用，对麻风杆菌的 MIC<1 μg/mL，与氨苯砜合用可产生协同作用，并可延缓耐药性的产生，故也是重要的抗麻风药。

同类药尚有利福喷丁，详见本章第一节。

（三）吩嗪类抗麻风药

氯 法 齐 明

【体内过程】

氯法齐明（clofazimine）口服吸收率为 50%～70%。分布迅速而较广，但难入脑脊液。因可蓄积于网状内皮及皮肤中，并缓慢释放入血，故消除缓慢，$t_{1/2}$可长达 2 个月，主要随粪便排泄。

【药理作用与作用机制】

氯法齐明的抗菌机制不详，可能涉及其可与麻风杆菌 DNA 结合。对麻风杆菌有较弱的杀灭作用，对耐氨苯砜的麻风病患者治疗效果良好，兼有抗炎作用，可阻止麻风结节性红斑的形成和发展。

【临床应用】

氯法齐明主要用于对氨苯砜耐药或不能使用氨苯砜的各型麻风病患者。

【不良反应】

氯法齐明可引起皮肤红染和嗜酸性粒细胞性肠炎。

二、其他药物

沙 利 度 胺

沙利度胺（thalidomide）有较强的免疫抑制作用，对麻风病无治疗作用，但可显著抑制麻风杆菌裂解物引起的结节性红斑、发热等麻风反应，对各型麻风病在治疗过程中出现的麻风反应均有一定抑制作用。临床上常与其他抗麻风药合用，以防麻风反应。因其具有强烈的致畸作用，故孕妇和育龄期妇女禁用。

其他可用于麻风病治疗的药物尚包括氟喹诺酮类抗菌药中的氧氟沙星和培氟沙星、四环素类中的米诺环素、第二代大环内酯类中的罗红霉素和克拉霉素、抗结核药中的乙硫异烟胺等。

三、麻风病的常用化疗方案

为了提高疗效，减少耐药性的产生，WHO 推荐麻风病的化疗方案是多药物治疗（multi-drug therapy，MDT）方案。对多菌型患者应使用利福平＋氨苯砜＋氯法齐明治疗 24 个月，而对少菌型则可采用利福平＋氨苯砜的 6 个月的治疗方案。若已对利福平耐药，则可用氧氟沙星＋米诺环素＋罗红霉素＋氯法齐明先治疗 6 个月，再用氯法齐明＋米诺环素或氧氟沙星治疗 18 个月或用米诺环素＋克拉霉素＋氧氟沙星的方案进行治疗。

小 结

抗结核药根据其疗效和机体的耐受情况分为一线抗结核药和二线抗结核药。一线抗结核药是疗效好、毒性可耐受的药物，目前使用的一线抗结核药主要包括异烟肼、利福平、乙胺丁醇、吡嗪酰胺、利福布汀、利福喷丁和链霉素。二线抗结核药是除一线抗结核药以外的其他抗结核药。临床上治疗结核病首选一线抗结核药，除非结核杆菌已对一线抗结核药耐药或患者因某种原因不宜使用一线抗结核药时才用二线抗结核药。抗结核药的用药原则是“早期用药、联合用药、适量、全程督导规律用药”。

抗麻风药主要包括能抑制或杀灭麻风杆菌的药物和改善麻风症状的药物两类。其中前一类药物主要有砜类、利福霉素类和吩嗪类等；后一类主要是沙利度胺。由于麻风杆菌与结核杆菌均为繁殖速度慢的细菌，故都需联合用药，才能保证疗效，并减少耐药菌的产生。

【思考题】

1. 治疗结核病为什么疗程都需要6个月以上？
2. 异烟肼与利福平合用可能导致肝毒性的增加，为什么临床还常用包含此两药的联合用药方案？
3. 患者，男，35岁。因“低热、咳嗽，咳少量白痰月余”就诊。体检未见明显阳性体征，血白细胞45×10^{9}/L，中性粒细胞0.70，胸部X线片左第2肋间斑片阴影，结核菌素试验强阳性。临床诊断：肺结核。请问：
   (1) 该患者合适的药物治疗方案是什么？
   (2) 这些抗结核药物主要的不良反应是什么？

(曹　蕾)

※ 课程 PPT

第三十七章
课程 PPT

第三十八章

抗真菌药

学习目标

【知识目标】

1. 掌握 唑类抗真菌药的药理作用、作用机制、临床应用和不良反应。
2. 熟悉 两性霉素B的药理作用、作用机制、临床应用和不良反应。
3. 了解 其他抗真菌抗生素及抗真菌药的主要药理特点及临床应用。

【能力目标】

1. 通过学习，能把抗真菌药的相关药理学基础理论与临床实际相结合。
2. 能利用章节关键知识指导临床真菌感染的合理用药。

【素质目标】

1. 通过学习，初步培养以患者为中心的职业理念，关心理解患者，合理使用抗真菌药。
2. 通过学习抗真菌药发展史，建立医学科学的创新理念，并初步养成辩证的思维模式。

早在150年前，甲紫、碘酊、间苯二酚、苯甲酸和水杨酸等抗真菌药已在临床应用。1939年，奥克斯弗德(Oxford)从灰黄青霉菌中分离得到了灰黄霉素，但直到1958年金特尔(Gentles)发现灰黄霉素可治疗实验性豚鼠真菌病后，灰黄霉素才用于临床治疗真菌感染，较之1956年戈尔德(Gold)及其同事从链霉菌中发现的第一个抗真菌药两性霉素B晚了两年；1974年，我国自行从江西庐山土壤中分离出放线菌所产生的庐山霉素(即两性霉素B)，后被证明其与两性霉素B是同一物质。1963年，可口服可静脉滴注给药的抗真菌药氟胞嘧啶问世。1969年推出了咪康唑和克霉唑两个咪唑类药物，但因毒性较大不能满足临床治疗需要。1976年酮康唑问世，1980年研究者合成了伊曲康唑，1982年研究者合成了氟康唑。20世纪90年代，研究者开发了丙烯胺类药物特比萘芬，棘白菌素类药物卡泊芬净和米卡芬净。第一个三萜类葡聚糖合成酶抑制剂艾瑞芬净于2021年获批上市。2022年，新型四唑类小分子抗真菌药奥特康唑上市。

资料来源：

北京医学院附属第一医院抗生素研究室，华北制药厂抗生素研究所，1977.国产抗真菌抗生素庐山霉素的药理研究.中国抗生素杂志(4)：17-28.

刘锦燕，郑彧鸣，项明洁，2023.新型抗真菌药物研发进展及其作用靶点机制.中国感染与化疗杂志，23(1)：121-125.

王曦悦，刘润松，仲华，等，2023.新型抗真菌药物研发的现状及未来.中南药学，21(6)：1403-1411.

虞瑞尧，1994.抗真菌药40年的回顾与展望.药学实践与服务，12(2)：91-97.

张莉，张永信，2011.抗真菌药物的开发历程与研究进展.上海医药，32(7)：326-329.

真菌(*Fungus*)是一群有别于细菌的体积较大的不能进行光合作用的腐生性微生物。抗真菌药(antifungal agents)是一类能抑制或杀灭真菌的药物。临床上常用的抗真菌药包括抗真菌抗生素和人工合成抗真菌药两大类。

临床上常见的真菌感染大致可分为两大类，即浅部真菌感染和深部真菌感染。引起浅部真菌感染的主要致病真菌为表皮癣菌属、毛癣菌属和小芽孢癣菌属等,他们主要侵犯皮肤、黏膜的表浅部位和毛发、指(趾)甲等,引起各种癣病。引起深部真菌感染的主要致病真菌包括念珠菌属、隐球菌属、荚膜组织胞浆菌属、曲霉菌属、球孢子菌属、地丝菌属、孢子丝菌属和芽生菌属等,他们可侵犯皮下组织及内脏器官,引起深部真菌病。

第一节 抗真菌抗生素

临床上使用的抗真菌抗生素主要有多烯类和灰黄霉素。灰黄霉素毒性较大,现已有较好的抗真菌药替代,故临床很少使用。

两性霉素B

两性霉素 B(amphotericin B),是从结节链霉菌培养液中提取得到的多烯类抗生素。

【体内过程】

两性霉素 B 口服及肌内注射均难吸收,临床上常采用静脉滴注给药。血浆蛋白结合率为 90%~95%,除血液外,在其他体液中浓度均较低,不易进入脑脊液、玻璃体液及正常羊水。主要经肝代谢、尿排泄,其因大量与组织结合,$t_{1/2}$可达 15 日。

【作用机制】

两性霉素 B 能与真菌细胞膜的麦角固醇发生不可逆性结合,从而使真菌细胞膜形成膜孔或通道,增加真菌细胞膜的通透性,导致菌体内多种小分子物质,如氨基酸、核苷酸、电解质等流失,从而产生抗真菌作用。也可对真菌细胞膜产生氧化损伤作用。

细菌细胞膜不含固醇,且两性霉素 B 对真菌细胞膜中固醇的亲和力大于对哺乳动物细胞膜中的固醇,故对真菌有一定选择性。人肾小管细胞和红细胞也含类固醇,故两性霉素 B 可导致肾脏损害和溶血等毒性反应。

【抗菌作用】

两性霉素 B 对几乎所有真菌均有抗菌活性,但部分曲霉菌对其耐药,皮肤和毛发癣菌则大多对其耐药。其主要对深部真菌,如念珠菌、隐球菌、皮炎芽生菌、组织胞质菌、球孢子菌、孢子丝菌等有强大的抗菌活性。低浓度时抑菌,高浓度时杀菌。

敏感真菌对其较少耐药,耐药机制可能是基因突变致真菌细胞膜中麦角固醇缺乏,或因其不能透入真菌细胞壁所致。

【临床应用】

两性霉素 B 静脉滴注是治疗深部真菌感染的首选药物,适用于治疗真菌性肺炎、心内膜炎、尿路感染;对真菌性脑膜炎应鞘内注射给药;胃肠道真菌感染可口服给药;肺及支气管真菌感染可雾化吸入。

两性霉素 B 脂质体可减少两性霉素 B 在肾脏的分布,故肾毒性相对较低,适用于因肾损伤或药物毒性不能使用有效剂量的患者。

【不良反应】

(1) 急性毒性反应:静脉滴注时可出现寒战、高热、恶心、呕吐、血压下降、眩晕及呼吸过度等。在静脉滴注前,可预先给予非甾体抗炎药、H_1受体拮抗剂或糖皮质激素。

(2) 局部刺激:口服可引起恶心、呕吐、食欲缺乏、腹泻等胃肠道反应;静脉滴注可引起血栓性静脉炎;鞘内注射可引起背痛、下肢疼痛、颈项强直甚至下肢截瘫等。

(3) 肾毒性:因能损伤肾小管细胞,可出现氮质血症、血尿、蛋白尿、肾小管性酸中毒、钾和镁排泄增多等。不宜合用其他有肾毒性的药物如氨基糖苷类、万古霉素、卷曲霉素、多黏菌素类及环孢素等。用药期间应定期检查肾功能。

(4) 贫血:可能与损伤肾小管致促红细胞生成素分泌减少及损伤红细胞膜有关。应注意检查血常规。

(5) 其他:静脉滴注液浓度过高或滴注速度过快,可引起心动过速,甚至心室颤动或心脏停搏等,宜行心电图监护。肝毒性较少见。

制霉菌素

制霉菌素(nystatin)也属多烯类抗生素。其药理作用、作用机制、不良反应与两性霉素 B 相似,但其毒性更大,不宜全身应用。口服难吸收,可口服用于治疗消化道白念珠菌感染。也可局部用于治疗皮肤、口腔黏膜及阴道等部位的念珠菌感染。

第二节 人工合成抗真菌药

人工合成的常用抗真菌药,根据化学结构可分为唑类、丙烯胺类和嘧啶类。

一、唑类抗真菌药

唑类(azoles)抗真菌药也称吡咯类(pyrroles)抗真菌药,按化学结构可进一步分为咪唑类(imidazoles)和三唑类(triazoles)抗真菌药。常用咪唑类抗真菌药包括克霉唑、咪康唑、益康唑、酮康唑和联苯苄唑等,而常用三唑类抗真菌药则包括氟康唑、伏立康唑、伊曲康唑等。这两类药物均是目前临床上最常用的抗真菌药。

【体内过程】

酮康唑和三唑类抗真菌药口服易吸收。胃酸环境有利于酮康唑吸收,若同服抗酸药或抑制胃酸分泌药可降低其生物利用度,其他咪唑类抗真菌药则口服难吸收。唑类抗真菌药吸收后可广泛分布于全身,也可透过胎盘,但较难透过血脑屏障,仅氟康唑在脑脊液中浓度较高,可达血药浓度的 50%~60%。酮康唑主要经肝 CYP3A4,其次经 CYP2D6 代谢,随胆汁、尿液排泄;伏立康唑主要经肝 CYP2C9、CYP2C19、CYP3A4 和 CYP2C19 代谢,伊曲康唑主要经肝 CYP3A4 代谢;氟康唑则少量经肝代谢,主要以原型经肾排泄。氟康唑 $t_{1/2}$ 可长达 35 h,伊曲康唑为 20 h。

【作用机制】

唑类抗真菌药可抑制真菌 CYP450 依赖性的羊毛固醇-14-α-去甲基酶,导致麦角固醇合成障碍和前体物 14-去甲基羊毛固醇堆积。麦角固醇的合成障碍可使真菌细胞膜的完整性、流动性和不对称性受损,而 14-α-甲基固醇的堆积则导致某些膜结合酶,如 ATP 酶及电子传递系统酶等功能受损,从而产生抗真菌作用(图 38-1)。三唑类抗真菌药较咪唑类代谢慢,对真菌 CYP450 酶的选择性较咪唑类高,故 $t_{1/2}$ 长,抗菌活性更高,毒性较小。

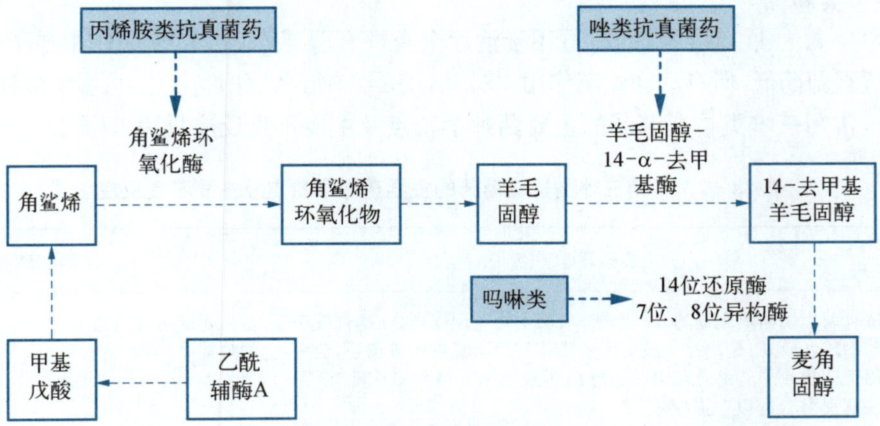

图 38-1 真菌细胞膜麦角固醇合成的主要过程及药物作用环节

抑制哺乳动物的固醇去甲基化作用远低于真菌,相差可达 250 倍,故对真菌选择性高。

【抗菌作用】

唑类抗真菌药抗真菌谱广,对浅部和深部真菌均有效,低浓度抑菌,高浓度杀菌。对其他病原体,如细菌、寄生虫等无作用。

其耐药机制涉及：① 药物作用靶酶(羊毛固醇-14-α-去甲基酶)基因突变，使药物与靶酶的亲和力下降；② 真菌细胞膜对药物的通透性下降或主动外排增加；③ 羊毛固醇-14-α-去甲基酶合成增加。同类药间存在交叉耐药性。

【不良反应】

(1) 胃肠道反应：较常见，表现为恶心、呕吐、食欲减退等，与用量有关。

(2) 肝损害：发生率为5%～10%，表现为可逆性转氨酶升高，停药后多能恢复，但也可引起严重的药物性肝炎，甚至致死。

(3) 过敏反应：偶致皮疹、瘙痒等。

(4) 抑制CYP450依赖性的羊毛固醇-14-α-去甲基酶：可导致睾酮及肾上腺皮质激素合成障碍，引起月经紊乱、男性乳房增大、性欲下降等。一般三唑类抗真菌药此作用较轻，而咪唑类抗真菌药此作用较强。

(一) 咪唑类抗真菌药

1. 主要药理学特点　① 除酮康唑外，口服均难吸收；② 对哺乳动物CYP450依赖性的羊毛固醇-14-α-去甲基酶抑制作用较强，故全身用药毒性较大，现多作局部应用，用于治疗浅部真菌感染。

2. 常用药物　常用咪唑类抗真菌药的主要药理学特点及主要不良反应见表38-1。

表38-1　常用咪唑类抗真菌药的主要药理学特点及主要不良反应

药　物	主要药理学特点	主要不良反应
酮康唑(ketoconazole)	口服易吸收，食物、抗酸药和抑制胃酸分泌药均妨碍其吸收。因存在严重肝毒性，现主要为局部应用治疗皮肤真菌感染	胃肠道反应、肝损害、月经紊乱、男性乳房增大、性欲下降等。局部应用可见刺痛，偶见瘙痒和荨麻疹等过敏反应
咪康唑(miconazole)	口服难吸收，主要局部应用治疗浅部真菌感染	局部用无明显不良反应
益康唑(econazole)	同咪康唑	同咪康唑
克霉唑(clotrimazole)	同咪康唑，抗真菌作用较弱	同咪康唑
联苯苄唑(bifonazole)	抗真菌作用较强，在真皮内活性持续时间较长。局部应用	用药局部可出现皮炎、脱皮、皮肤皲裂等

(二) 三唑类抗真菌药

1. 主要药理学特点　① 口服易吸收，适用于治疗全身性真菌感染；② 抗真菌作用强于咪唑类抗真菌药；③ 毒性较咪唑类抗真菌药低，但有动物致畸作用，孕妇慎用；④ 有肝药酶抑制作用，可影响多种合用药物的代谢。

2. 常用药物　常用三唑类抗真菌药的主要药理学特点及主要不良反应见表38-2。

表38-2　常用三唑类抗真菌药的主要药理学特点及主要不良反应

药　物	主要药理学特点	主要不良反应
氟康唑(fluconazole)	抗真菌作用为酮康唑的5～20倍；口服生物利用度高，在脑脊液中药物浓度较高；是治疗艾滋病患者隐球菌性脑膜炎的首选药，也可用于全身或局部由念珠菌及隐球菌所致感染。可与氟胞嘧啶、两性霉素B合用以增强疗效	常见胃肠道及过敏反应；可见转氨酶升高，偶见肝毒性症状
伊曲康唑(itraconazole)	抗真菌谱较氟康唑广，抗菌活性亦强于氟康唑；口服吸收好，血浆蛋白结合率高达99%，难入脑脊液，肝代谢物仍有活性；可用于治疗系统性真菌感染[系统性曲霉病及念珠菌病、隐球菌病(包括隐球菌性脑膜炎)]和局部真菌感染	可见胃肠道反应、过敏反应、低血钾等，肝毒性低于酮康唑，几乎不抑制雄激素合成，对内分泌影响小。对心脏有负性肌力作用
伏立康唑(voriconazole)	口服吸收快而完全，血浆蛋白结合率为65%，主要经肝代谢后随尿排出，$t_{1/2}$约6 h。抗真菌谱广，抗真菌活性大于氟康唑和伊曲康唑，对念珠菌属和曲霉菌属作用突出，对耐氟康唑及两性霉素B的真菌仍有效	主要为皮疹、暂时性视力障碍和转氨酶升高

续　表

药　物	主要药理学特点	主要不良反应
泊沙康唑 (posaconazole)	抗菌谱广，似伊曲康唑。口服吸收慢，高脂饮食可以提高生物利用度，组织分布广。可用于预防免疫功能低下患者侵袭性曲霉菌和念珠菌感染；也适用于治疗口咽念珠菌病，包括伊曲康唑和（或）氟康唑难治性口咽念珠菌病	主要为胃肠道反应，过敏反应，心律失常，Q-T间期延长，发热，转氨酶升高
艾沙康唑 (isavuconazole)	抗菌谱与伏立康唑相似，口服生物利用度高，组织分布广泛。主要用于治疗侵袭性曲霉病和侵袭性毛霉菌病	主要为胃肠道反应、转氨酶升高和低血钾

二、丙烯胺类抗真菌药

特比萘芬

特比萘芬（terbinafine）是人工合成的第二代丙烯胺类化合物，脂溶性较高。

【体内过程】

特比萘芬口服吸收良好，生物利用度为70%，药物浓度达峰时间为2 h。体内分布广泛，尤其在皮肤角质层、甲板、毛发和脂肪组织中易聚集并达较高浓度。主要经肝CYP2C9、CYP2B6、CYP2C8、CYP1A2、CYP3A4、CYP2C19和CYP2B6代谢，随尿排泄。$t_{1/2}$为16～17 h，但在皮肤、脂肪和甲板中的高浓度状态可持续较长时间。

【作用机制】

特比萘芬选择性抑制角鲨烯环氧化酶，阻止真菌麦角固醇的合成，并导致角鲨烯在真菌细胞中堆积，从而使真菌细胞膜结构破坏，通透性增加，产生抗真菌作用（图38-1）。

【抗菌作用】

特比萘芬为广谱抗真菌药，对浅部真菌和深部真菌均有抗菌活性，其中对浅部真菌有杀灭作用，对深部真菌只产生抑制作用。

【临床应用】

特比萘芬口服或局部应用，主要用于治疗皮肤癣菌引起的甲癣、手癣、足癣及体癣等，对深部真菌感染可与三唑类抗真菌药或两性霉素B等联合使用。

【不良反应】

局部应用可引起局部烧灼感和红斑；口服应用可引起胃肠道反应和皮肤反应。

三、嘧啶类抗真菌药

氟胞嘧啶

【体内过程】

氟胞嘧啶（flucytosine）口服吸收率为80%，药物浓度达峰时间为1～2 h。体内分布广泛，易透过血脑屏障，也可进入房水。主要以原型经肾排泄，$t_{1/2}$为3～6 h。

【作用机制】

氟胞嘧啶进入真菌细胞内，经嘧啶脱氨酶作用转为活性产物氟尿嘧啶。氟尿嘧啶是尿嘧啶的类似物，可作为伪底物替代尿嘧啶参与真菌的核酸代谢，从而干扰真菌DNA和RNA的合成，发挥抗真菌作用。哺乳动物细胞内缺乏嘧啶脱氨酶，故受其影响小。

【抗菌作用】

氟胞嘧啶抗真菌谱较两性霉素B窄，主要对深部真菌如隐球菌属、念珠菌属和球拟酵母菌有较高的抗菌活性，对着色真菌，少数曲霉菌属也有一定的抗菌活性，而对其他真菌则作用弱。

【临床应用】

氟胞嘧啶单用易产生耐药性，故常与两性霉素B合用治疗敏感真菌引起的全身性严重感染，如隐球菌脑膜炎；且两性霉素B破坏真菌细胞膜后，更利于氟胞嘧啶进入真菌内部，故可减少两药的剂量，降低毒性反应。

【不良反应】

(1) 胃肠道反应：可致恶心、呕吐、腹痛、腹泻等。

(2) 过敏反应：偶致皮疹、嗜酸性粒细胞增多等。

(3) 骨髓抑制：可引起白细胞减少、血小板减少、贫血或再生障碍性贫血等。与用量及其经肠道细菌转化为氟尿嘧啶有关。有潜在血液病者、正在进行放疗或使用有骨髓抑制作用药物者、合用两性霉素 B 者更易出现。需要定期检查血常规。

(4) 肝毒性：可致一过性转氨酶升高，偶见肝坏死。

(5) 肾毒性：少数患者可出现氮质血症、血肌酐升高等，故严重肾病者忌用。

(6) 致畸作用：动物实验发现有致畸作用，孕妇慎用。

(7) 神经系统反应：偶见暂时性精神错乱、头痛、头晕、幻觉、定向障碍等。

四、其他抗真菌药

棘白菌素类抗真菌药

常用的有卡泊芬净(caspofungin)、米卡芬净(micafungin)和阿尼芬净(anidulafungin)，均为半合成脂肽类水溶性药物。能非竞争性抑制真菌 1,3-β-*D*-葡聚糖合成酶，抑制真菌细胞壁的合成，导致真菌细胞壁结构不完整，从而引起真菌溶解死亡。哺乳动物细胞缺乏 1,3-β-*D*-葡聚糖合成酶，故对人体细胞影响小。本类药物对曲霉菌属和念珠菌属抗菌活力高，对某些丝状真菌和双相真菌亦有作用，对耐三唑类、两性霉素 B或氟胞嘧啶的念珠菌、曲霉菌也有较强的抗菌活性，新隐球菌因缺乏 1,3-β-*D*-葡聚糖合成酶，故对本类药物天然耐药。口服难吸收，主要采用静脉滴注方式给药。临床可用于治疗念珠菌性食管炎、念珠菌菌血症、侵袭性念珠菌病，也可用于治疗其他抗真菌药治疗无效或不能耐受的侵袭性曲霉病感染。主要不良反应为恶心、呕吐、发热、皮肤潮红及静脉炎等。

阿 莫 罗 芬

阿莫罗芬(amorolfine)为吗啉类抗真菌药。能选择性抑制真菌麦角固醇合成过程中的 14 位还原酶和 A7 位、8 位异构酶，阻止 14-α-甲基固醇转化为麦角固醇，使真菌细胞膜结构不完整，发挥抗真菌作用(图 38-1)。主要对皮肤癣菌、假丝酵母菌和霉菌有抗菌作用，其抗菌作用与药物浓度及接触时间有关。临床上主要采用局部用药治疗浅部真菌感染引起的皮肤癣病、甲癣和阴道假丝酵母菌病。主要不良反应为局部轻度烧灼感。

小　结

真菌感染分为浅部真菌感染和深部真菌感染两种。目前治疗浅部真菌感染的常用药物为咪唑类抗真菌药、特比萘芬、阿莫罗芬等；而治疗全身性深部真菌感染的常用药物为两性霉素 B、三唑类抗真菌药、氟胞嘧啶、棘白菌素类等。两性霉素 B 静脉滴注是治疗深部真菌感染的首选药物。

【思考题】

1. 两性霉素 B 与氟胞嘧啶合用治疗全身性真菌感染有何临床意义？
2. 咪唑类抗真菌药治疗浅部真菌感染，常出现复发现象，可能的原因有哪些？
3. 患者，男，32 岁。颈项僵硬，体温 39℃，脑脊液发现新型隐球菌。给予静脉注射两性霉素 B 治疗后，发现患者血细胞比容明显下降。请问：

   (1) 两性霉素 B 的作用机制是什么？

   (2) 分析患者用药后出现血细胞比容明显下降的原因。

(王　蕾)

※ 课程 PPT

第三十八章
课程 PPT

第三十九章

抗病毒药

学习目标

【知识目标】

1. 掌握　齐多夫定、阿昔洛韦、拉米夫定、利巴韦林、干扰素的药理作用和临床应用。
2. 熟悉　抗 HIV 药的种类与作用环节。
3. 了解　其他抗病毒药的药理作用和临床应用。

【能力目标】

1. 能把抗病毒药的相关药理学基础理论与临床实际相结合。
2. 能利用章节相关知识指导临床病毒感染的合理用药。

【素质目标】

1. 初步树立以患者为中心的职业理念，关心理解患者，合理使用抗病毒药。
2. 通过学习抗病毒药发展史建立医学科学的创新理念，并初步养成辩证的思维模式。

第一节　概　　述

病毒(virus)为一类无完整细胞结构和完整代谢酶系统的简单衍生物。它的内部以一种核酸(DNA 或 RNA)为核心，蛋白质包围在核心周围形成蛋白质衣壳。核酸和蛋白质衣壳共同组成核衣壳(nucleocapsid)，这是病毒的基本结构。有的病毒在核衣壳外层还有脂蛋白包膜。国际病毒分类委员会把病毒分为 DNA 病毒、RNA 病毒和反转录病毒 3 类。病毒虽然结构简单，但其致病性较强，临床传染性疾病中，由病毒感染引起的约占 75%。

病毒因缺乏完整的代谢酶系统，不能自营生活，只能侵入宿主细胞，借助于宿主细胞中的代谢酶系统、能量和营养物质才能进行自身复制和增殖。病毒的增殖过程一般包括吸附与穿入、脱壳、生物合成、组装、成熟与释放 4 个步骤(图 39－1、图 39－2)。

抗病毒药主要通过对上述病毒增殖过程的各个环节产生干扰或增强宿主的抗病毒能力而发挥作用。一般只能抑制病毒的增殖，而不能直接杀灭病毒，因此对病毒性疾病几乎无根治作用。大多数药物毒性较大，长期使用患者难以耐受，因此研发高效、低毒的抗病毒药是迫在眉睫的一项艰巨工作。

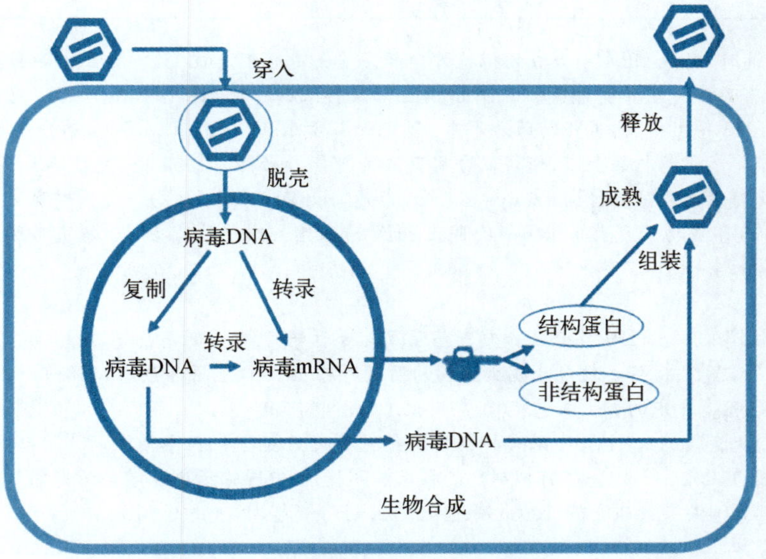

图 39-1 DNA 病毒的增殖过程

DNA，脱氧核糖核酸；mRNA，信使 RNA

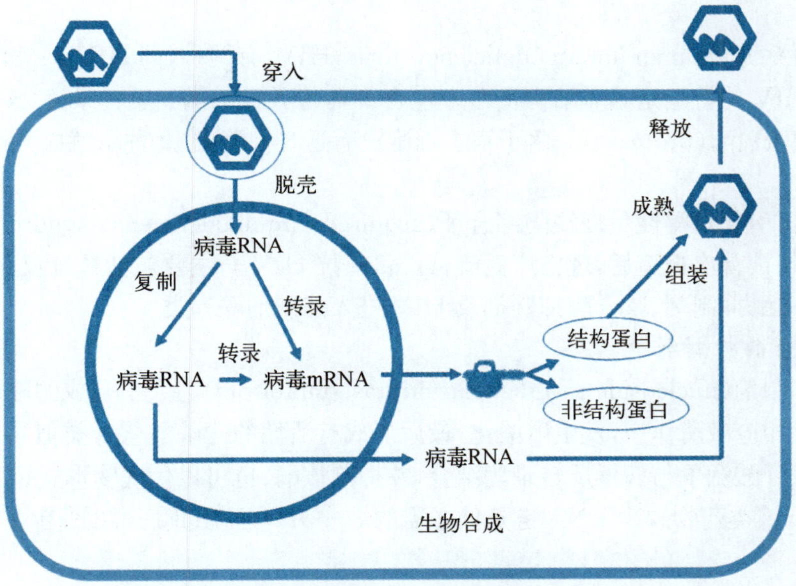

图 39-2 RNA 病毒的增殖过程

RNA，核糖核酸；mRNA，信使 RNA

第二节 常用抗病毒药

1959 年，有研究发现碘苷对某些 DNA 病毒有抑制作用，1961 年在临床上用碘苷治疗疱疹性角膜炎并获得成功，抗病毒药的研究从此拉开了序幕。

1974 年，英国博勒斯惠康(Burroughs Wellcome)公司研制出了第一个特异性抗疱疹病毒药阿昔洛韦，1977 年对其进行临床试验，1981 年上市，上市后阿昔洛韦一直是治疗疱疹病毒感染的首选药物。

1980 年后，艾滋病在全球广泛传播，促进了抗 HIV 药的研制。1985 年，美国国家癌症研究所的研究人员在对现有药物进行抗 HIV 活性筛选时,发现 1964 年合成的拟抗肿瘤药齐多夫定有显著抗 HIV 活性。英国博勒斯惠康公司与美国国家癌症研究所合作,将齐多夫定开发为第一个作用于 HIV 反转录酶的抗 HIV 药,并于 1987 年获批上市。第一个蛋白酶抑制剂沙奎那韦于 1995 年上市,同类药物茚地那韦、利托那韦于 1996 年上市。同年,第一个非核苷反转录酶抑制剂奈韦拉平也被批准上市。多种药物的上市,使得联合用药成为可能和必然。1995 年,美籍华裔科学家何大一提出了"鸡尾酒疗法",即高效抗反转录病毒治疗(high active antiretroviral therapy,HAART)。美国特莱默里斯(Trimeris)公司与 Roche 公司合作,于 2003 年成功开发上市了第一个阻止 HIV 进入宿主细胞的药物——恩夫韦肽。HAART 治疗中的新助力整合酶抑制剂拉替拉韦于 2007 年上市。

资料来源:

黄璐,陆毅,王卫彬,等,2018.HIV 整合酶抑制剂药物及其专利研究.中国新药杂志,27(19):2214-2220.

吉宁,赵行,曾昕,等,2018.核苷类抗疱疹病毒药物的研究进展.国际口腔医学杂志,45(3):351-357.

连明,刘祥洪,2015.齐多夫定的合成工艺优化.广州化工,43(4):93-98.

史卫国,贾启燕,刘克良,2010.HIV-1 融合抑制剂研究现状及发展趋势.药学学报,45(2):184-193.

王昀,江振洲,张陆勇,2014.HIV 蛋白酶抑制剂的临床应用进展.中国临床药理学与治疗学,19(10):1171-1176.

张骁,雍晓春,张韬,2010.艾滋病疫苗研发最新进展.中国制药信息,26(1):6-16.

常用抗病毒药主要有抗 HIV 药、抗流感病毒药、抗疱疹病毒药、抗肝炎病毒药和其他抗病毒药等。

一、抗 HIV 药

人类免疫缺陷性病毒(human immunodeficiency virus,HIV)有两种,即 HIV-1 和 HIV-2,属于反转录病毒(retrovirus)。HIV 的特点是其非结构蛋白中包含 3 种特异性的酶:反转录酶(reverse transcriptase)、整合酶(integrase)和蛋白酶(protease)。由于宿主细胞没有这 3 种酶,这 3 种酶就成为抗 HIV 药的特异性作用靶点。

人类感染 HIV 可引起获得性免疫缺陷综合征(acquired immunodeficiency syndrome,AIDS),简称艾滋病。艾滋病自 1981 年被首次报道后,现已广泛流行。目前抗 HIV 药主要包括核苷反转录酶抑制剂、非核苷反转录酶抑制剂、蛋白酶抑制剂、整合酶抑制剂及 HIV 进入抑制剂等 5 类。

(一)核苷反转录酶抑制剂

核苷反转录酶抑制剂(nucleoside reverse transcriptase inhibitors)为人工合成的嘧啶或嘌呤类似物。其须先在宿主细胞内经相应激酶作用,发生磷酸化,最后形成有活性的三磷酸核苷类似物。有活性的三磷酸核苷类似物可与相应核苷酸竞争与病毒反转录酶结合,并抑制该酶;也可以伪底物形式掺入病毒 DNA 中,阻止病毒 DNA 链的延伸(该类药物缺少 DNA 链延伸必需的 3′-OH),而阻止病毒的复制。

齐多夫定

齐多夫定(zidovudine),化学名为 3′-叠氮-3′-脱氧胸苷,为人工合成的胸苷类似物。

【体内过程】

齐多夫定口服吸收好,生物利用度为 60%~80%,药物浓度达峰时间约 1 h。体内分布较广,易进入细胞,在脑脊液中浓度可达血的 60%,可进入精液、乳汁及胎儿组织。主要经肝 UGT2B7 代谢为 5-葡萄糖醛酸基齐多夫定,然后随尿排泄。其 $t_{1/2}$ 约 1 h,但三磷酸齐多夫定在细胞内的 $t_{1/2}$ 可达 3 h。

【作用机制】

齐多夫定在宿主细胞内被胸苷激酶磷酸化,分别生成一磷酸齐多夫定和二磷酸齐多夫定,二磷酸齐多夫定再经核苷二磷酸激酶作用,转化为有活性的三磷酸齐多夫定。后者能与三磷酸胸苷竞争掺入病毒 DNA 中,阻止病毒 DNA 链的延伸(三磷酸齐多夫定无 DNA 链延伸所必需的 3′-OH)。

此外,宿主细胞内高浓度的一磷酸齐多夫定可竞争性抑制宿主细胞中胸苷激酶,使宿主细胞中三磷酸胸苷水平下降。哺乳动物细胞的 DNA 聚合酶 α 对齐多夫定敏感性低,但 DNA 聚合酶 γ(位于线粒体)则对齐多夫定较敏感,这是引起毒性反应的重要原因。

【药理作用】

齐多夫定对 HIV-1、HIV-2 和人类嗜 T 细胞病毒-1(human T-cell lymphotropic virus-1, HTLV-1)

和 HTLV－2 均有作用。病毒可因编码反转录酶的基因中密码子突变而产生耐药性。

【临床应用】

齐多夫定为第一个上市的抗 HIV 药，长期以来一直是治疗艾滋病的首选药物。主要适用于成人或儿童的 HIV 感染。可显著减少 HIV 经感染孕妇传给胎儿。常与其他抗 HIV 药合用，但不可与司他夫定合用（有拮抗作用）。

【不良反应与禁忌证】

（1）骨髓抑制：最常见，表现为贫血及粒细胞减少，应定期查血常规。

（2）骨骼肌及心肌毒性：表现为肌痛、肌无力及心电图异常等。停药多可恢复。

（3）其他：可致厌食、恶心等胃肠道反应；头痛、失眠、疲乏等神经系统反应；偶发致死性乳酸中毒及肝脂肪变性肥大。

临床常用核苷反转录酶抑制剂及其主要药理学特点见表 39－1。

表 39－1　临床常用核苷反转录酶抑制剂及其主要药理学特点

药　物	主要药理学特点
拉米夫定 (lamivudine)	对 HIV－1、HIV－2 和 HBV 均有作用，对耐齐多夫定的 HIV 也有效。口服生物利用度为 80%～86%，分布广，主要以原型经肾排泄，$t_{1/2}$为 5～7 h。不良反应主要为上呼吸道感染样症状，无明显骨髓抑制，偶致转氨酶升高
扎西他滨 (zalcitabine)	对 HIV－1、HIV－2 和 HBV 均有作用，但抗 HIV 作用弱于其他核苷反转录酶抑制剂类。口服生物利用度为 80%～90%，脑脊液中浓度较低，主要经肾排泄。$t_{1/2}$为 1～3 h。可引起剂量依赖性外周神经病、胰腺炎、口腔溃疡等
司他夫定 (stavudine)	对 HIV－1 和 HIV－2 均有作用，用于不能耐受齐多夫定患者或治疗失败者，但不可与齐多夫定合用（因齐多夫定对胸苷激酶的亲和力大于司他夫定，从而齐多夫定可抑制司他夫定磷酸化）。口服吸收好，脑脊液中药物浓度为血药浓度的 55%，主要经肾排泄，$t_{1/2}$为 1.7 h。主要不良反应为外周神经病变、乳酸性酸中毒、胰腺炎等
去羟肌苷 (didanosine)	对 HIV－1、HIV－2 和 HTLV－1 均有抗病毒活性。口服生物利用度受剂量、剂型、患者年龄等的影响，脑脊液中药物浓度为血药浓度的 20%，可透过胎盘，经肾排泄，$t_{1/2}$为 0.6～1.5 h。可致外周神经炎、胰腺炎和胃肠道反应。对齐多夫定耐药的 HIV 株仍有效
阿巴卡韦 (abacavir)	主要对 HIV－1 有抗病毒活性。与其他药物协同作用强。口服生物利用度为 83%，$t_{1/2}$为 1.5～2 h。常见过敏反应，为多器官全身反应，重者可出现血压过低甚至死亡
替诺福韦 (tenofovir)	对 HIV 和 HBV 均有良效，兼有免疫调节作用。口服吸收差，故临床常用其酯类前药。可用于艾滋病和 12 岁以上慢性乙型肝炎的治疗。主要不良反应有乳酸酸中毒、轻微肾毒性、轻度骨密度下降等
恩曲他滨 (emtricitabine)	对 HIV－1、HIV－2 和 HBV 均有作用，药物活性大于拉米夫定，耐药性发生率低于拉米夫定和司他夫定。口服吸收快，分布广，与血浆蛋白结合率低，在精液中的浓度为血浆的 4 倍，主要以原型经肾排泄，$t_{1/2}$为 10 h。不良反应主要有头痛、腹泻、恶心和皮疹。临床上可用于艾滋病和成人慢性乙型肝炎的治疗

（二）非核苷反转录酶抑制剂

非核苷反转录酶抑制剂（non-nucleoside reverse transcriptase inhibitors）可直接与病毒反转录酶的变构部位结合，引起反转录酶变构，封阻其活性中心，使之失去催化活性。与核苷反转录酶抑制剂不同，非核苷反转录酶抑制剂不需要在体内进行磷酸化激活；一般只对 HIV－1 有活性；都需要经 CYP450 代谢，故易发生药物相互作用。

奈韦拉平

【体内过程】

奈韦拉平（nevirapine）口服吸收率＞90%，药物浓度达峰时间为 4 h。易通过胎盘和进入乳汁，在脑脊液中浓度可达血的 45%。经 CYP3A4 和 CYP2B6 代谢后主要经尿液排出。为 CYP3A 诱导剂，可自我诱导使其 $t_{1/2}$ 由初始的 45 h 降为 2 周后的 25 h。

【药理作用】

奈韦拉平通过扩散进入宿主细胞，在细胞内与 HIV－1 的反转录酶的活化中心附近区域结合，诱导反转录酶发生变构，而失去酶活性。对 HIV－2 的反转录酶和动物的 DNA 聚合酶无作用。

耐药机制与编码反转录酶的基因密码子突变有关，但与齐多夫定无交叉耐药性。

【临床应用】

奈韦拉平单用极易产生耐药性，故需要联合其他抗反转录酶抑制剂用于成人及儿童 HIV-1 感染。单独用药可降低 HIV 母婴间传播。

【不良反应】

最常见皮疹、发热、乏力、头痛、嗜睡、恶心和转氨酶升高等不良反应。

其他常用非核苷反转录酶抑制剂及其主要药理学特点见表 39-2。

表 39-2 其他常用非核苷反转录酶抑制剂及其主要药理学特点

药 物	主要药理学特点
依非韦伦(efavirenz)	口服生物利用度约 50%，血浆蛋白结合率为 99%，脑脊液中药物浓度极低，主要经肝代谢消除，$t_{1/2}$为 40～50 h。常见神经系统反应、皮疹及转氨酶升高和血脂升高等不良反应
地拉韦啶(delavirdine)	口服生物利用度约 85%，血浆蛋白结合率为 98%，$t_{1/2}$约 6 h，脑脊液中药物浓度极低。常见皮疹、头痛、疲劳、恶心、腹泻及转氨酶升高等不良反应
依曲韦林(etravirine)	餐后吸收率可提高 50%，血浆蛋白结合率为 99.9%，经 CYP3A4、CYP2C9 和 CYP2C19 代谢，$t_{1/2}$为 41 h。抗 HIV-1 活性高于奈韦拉平、地拉韦啶，对人的 DNA 聚合酶 α、DNA 聚合酶 β、DNA 聚合酶 γ 无抑制作用。主要用于奈韦拉平、地拉韦啶产品治疗失败的成人 HIV-1 感染。常见皮疹、胃肠道反应、疲劳、外周神经病、头痛、高血压等不良反应
利匹韦林(rilpivirine)	饮食可提高 40%的吸收率，血浆蛋白结合率为 99%，经 CYP3A4 代谢，$t_{1/2}$为 37～47 h。作用似依曲韦林，与其可产生交叉耐药。用于成人 HIV-1 感染的初发者。常见皮疹、失眠、抑郁及 Q-T 间期延长等不良反应
多拉韦林(doravirine)	用于无既往抗反转录病毒药物治疗史的成年 HIV-1 感染患者，作用似依曲韦林，可与拉米夫定、替诺福韦联用。偶致恶心、头晕、异梦、腹泻等不良反应

(三) 蛋白酶抑制剂

HIV-1 蛋白酶是由 99 个氨基酸单体组成的二聚体，可在病毒增殖的后期裂解病毒前体多蛋白，形成有活性的病毒蛋白，如反转录酶、蛋白酶和整合酶。HIV 蛋白酶抑制剂能选择性地与病毒的蛋白酶活性中心可逆性结合，阻止病毒蛋白酶裂解前体多蛋白，不能形成有活性的病毒蛋白，从而抑制病毒的成熟。

利托那韦

【体内过程】

利托那韦(ritonavir)口服生物利用度>60%，高脂饮食可使生物利用度提高 15%，药物浓度达峰时间为 2～4 h。血浆蛋白结合率为 98%～99%。主要经 CYP3A 代谢，$t_{1/2}$为 3～5 h。可抑制 CYP3A4，与其他抗 HIV 药合用时，可提高其他药物的血药浓度。

【药理作用】

利托那韦可逆性地与 HIV 蛋白酶活性中心结合，抑制其裂解前体多蛋白的活性，从而形成无感染力的未成熟的 HIV 颗粒，对 HIV-1 的活性大于 HIV-2。

【临床应用】

利托那韦单用易产生耐药，宜与核苷反转录酶抑制剂或非核苷反转录酶抑制剂合用。

【不良反应】

(1) 胃肠道反应：食欲下降、恶心、胃痛、腹泻、味觉障碍等。

(2) 神经系统反应：偶见末梢及口周感觉异常。

(3) 代谢障碍：胆固醇及甘油三酯水平增加、脂肪异常分布(水牛背、躯干肥胖、面部及外周萎缩)，甚至引发胰腺炎，出现胰岛素抵抗等。

其他拟肽类 HIV 蛋白酶抑制剂尚有沙奎那韦(saquinavir)、茚地那韦(indinavir)、奈非那韦(nelfinavir)、氨普那韦(amprenavir)、洛匹那韦(lopinavir)、阿扎那韦(azanavir)、呋山那韦(fosamprenavir)、达芦那韦(darunavir)等。

非肽类蛋白酶抑制剂替拉那韦(tipranavir)，对耐拟肽类蛋白酶抑制剂的病毒株有效。与利托那韦合用可显著提高其血药浓度，用于治疗对其他蛋白酶抑制剂耐药者。

（四）整合酶抑制剂

HIV 整合酶能将病毒 DNA 插入宿主细胞 DNA 中，使病毒 DNA 能在宿主细胞内不断表达，形成新的病毒颗粒，并随宿主细胞的分裂传递给子代宿主细胞。整合酶只存在于病毒中，人体细胞内无相应的酶，整合酶抑制剂(integrase strand transfer inhibitors)对病毒有高度选择性。

拉替拉韦

【体内过程】

拉替拉韦(raltegravir)口服药物浓度达峰时间约为 3 h，血浆蛋白结合率为 83%。血浆中 70%为原型，30%与葡萄糖醛酸结合。约 51%以原型经粪排泄。

【药理作用】

拉替拉韦与 HIV－1 整合酶结合，抑制其转移活性，阻止病毒 DNA 插入宿主细胞 DNA 中。从而阻止病毒的增殖。与多种药物有协同作用。

【临床应用】

拉替拉韦适用于与其他抗反转录病毒药物(非核苷反转录酶抑制剂、核苷反转录酶抑制剂、蛋白酶抑制剂)联合使用。

【不良反应】

拉替拉韦常见腹泻、恶心、头痛、发热、疲劳等不良反应，严重皮肤和过敏反应亦有报告。

其他整合酶抑制剂尚有埃替格韦(elvitegravir)(埃替格韦为第一个喹诺酮类抗 HIV 药且具有良好的依从性)、多替拉韦(dolutegravir)、比克替拉韦(bictegravir)和卡替拉韦(cabotegravir)。比克替拉韦与恩曲他滨和丙酚替诺福韦组成固定剂量组合用于治疗 HIV－1 感染及 HIV 暴露后预防，不易产生耐药。卡替拉韦缓释注射液无须每日给药，仅需要每个月或每两个月给药 1 次。

（五）HIV 进入抑制剂

HIV－1 侵入宿主细胞的主要步骤是：① HIV－1 表面糖蛋白 gp120 与宿主 $CD4^+$ T 细胞膜上的 CD4 受体结合；② gp120 结合于宿主细胞膜表面的辅助受体 CCR5 和 CXCR4，发生构象改变；③ HIV－1 跨膜亚基 gp41 构象改变，形成六螺旋体结构，暴露融合肽，使病毒包膜与宿主细胞膜发生融合。阻止该过程的任一环节，均可抑制病毒入侵宿主细胞。HIV－1 进入抑制剂根据其主要作用环节可分为附着抑制剂(attachment inhibitors)、辅助受体抑制剂(co-receptor inhibitors)和融合抑制剂(fusion inhibitors)3 类。

恩夫韦肽

【体内过程】

恩夫韦肽(enfuvirtide)皮下注射生物利用度为 84.3%，药物浓度达峰时间为 4～8 h。血浆蛋白结合率为 92%，淋巴液浓度与血药浓度相近。经肝代谢，$t_{1/2}$ 为 3.8 h。

【药理作用与作用机制】

恩夫韦肽与病毒包膜糖蛋白的 gp41 亚单位上的第一个七次重复序列(HR1)相结合，阻止 HR1－HR2 六螺旋束的形成，从而抑制病毒颗粒与宿主细胞膜融合。也可与 gp120 结合，干扰 gp120 与 CXCR4 的相互作用，阻止病毒入侵宿主细胞。

【临床应用】

恩夫韦肽为第一个合成肽类融合抑制剂。适用于成人及 6 岁以上儿童 HIV 感染，可单用或与抗反转录酶药联用。

【不良反应】

(1) 局部反应：注射部位疼痛、发红、肿胀及硬结等。宜经常更换注射部位。

(2) 神经系统反应：失眠、焦虑、周围神经病变、疲乏等，偶有抑郁等。

(3) 代谢与内分泌系统反应：可能引起血糖升高，但无显著临床意义。

(4) 胃肠道反应：食欲缺乏、胰腺炎、腹泻、恶心等。

(5) 其他：嗜酸性粒细胞增多、血小板和中性粒细胞减少、结膜炎、淋巴结病变、肌痛等。

马拉韦罗

马拉韦罗(maraviroc)为CCR5辅助受体拮抗剂,通过阻断宿主细胞膜上的辅助受体CCR5,阻止病毒gp120与宿主细胞膜上的CCR5结合,从而阻止HIV入侵未被感染的宿主细胞。只阻断CCR5,只对HIV的R5病毒株有效,而对X4和R5X4病毒毒株则无效。口服生物利用度为23%~33%,分布广泛。主要由CYP3A4代谢,与具有CYP3A4诱导和(或)抑制作用的药物合用时,应适当调整剂量。可联用其他抗反转录病毒药物,用于治疗接受过治疗的成人R5型HIV-1感染者。常见不良反应为腹泻、恶心和头痛等。

其他HIV进入抑制剂尚有福斯特沙韦(fostemsavir)、伊巴珠单抗(ibalizumab)和艾博韦泰(albuvirtide)。伊巴珠单抗是首个用于治疗HIV感染的单克隆抗体。艾博韦泰是中国首个具有原创知识产权的长效HIV-融合抑制剂。

二、抗流感病毒药

流感病毒有A、B、C 3种类型,是引起流感的病原体。目前临床上使用的抗流感病毒药主要有M_2蛋白抑制剂和神经氨酸酶抑制剂。2018年上市了新机制药物——核酸内切酶抑制剂玛巴洛沙韦。

(一) M_2蛋白抑制剂

金刚烷胺和金刚乙胺

【体内过程】

金刚烷胺(amantadine)和金刚乙胺(rimantadine)口服均易吸收,分布广泛,鼻分泌物和唾液中浓度不小于血药浓度。金刚烷胺$t_{1/2}$为12~18 h,金刚乙胺$t_{1/2}$为24~36 h。

【药理作用】

金刚烷胺和金刚乙胺可阻止RNA病毒穿透宿主细胞,并选择性抑制甲型流感病毒具有离子通道作用的整合膜蛋白——M_2蛋白,从而抑制病毒脱壳;通过影响血凝素的处理过程而抑制病毒的组装。仅对亚洲甲型流感病毒有作用,金刚乙胺的作用比金刚烷胺强4~10倍。

【临床应用】

金刚烷胺和金刚乙胺适用于防治亚洲甲型流感病毒感染。金刚烷胺也可用于治疗帕金森病。

【不良反应】

(1) 胃肠道反应:食欲下降、恶心等。

(2) 神经系统反应:金刚烷胺较多见,而金刚乙胺反应较轻。表现为神经过敏、注意力分散、头昏等。可出现精神错乱、幻觉、癫痫发作甚至昏迷等严重神经毒性。

(3) 其他:金刚烷胺有致畸作用和胚胎毒性。孕妇、哺乳期妇女慎用。

(二) 神经氨酸酶抑制剂

神经氨酸酶抑制剂(neuraminidase inhibitors),通过抑制神经氨酸酶活性,可阻止成熟病毒的释放和在呼吸道的扩散。本类药物可抑制甲型和乙型流感病毒。

扎那米韦

【体内过程】

扎那米韦(zanamivir)口服生物利用度为2%,采用鼻内给药或干粉经口吸入给药,4%~17%的药物被吸收。$t_{1/2}$为2.5~5.1 h,约90%经尿排泄。

【药理作用】

扎那米韦竞争性抑制流感病毒A和流感病毒B的神经氨酸酶,干扰成熟病毒颗粒的聚集和释放。

【临床应用】

扎那米韦主要用于防治成人和7岁及以上儿童的甲型、乙型流感。

【不良反应】

扎那米韦局部应用依从性较好,可致咳嗽、支气管痉挛等,哮喘或慢性阻塞性肺疾病患者慎用。

奥司他韦

奥司他韦(oseltamivir)的药理作用、作用机制与扎那米韦相似。奥司他韦为前药,口服经胃肠道吸收后,被肝、肠内羧酸酯酶转化为活性代谢产物奥司他韦羧酸盐。活性代谢产物生物利用度可达 80%，并分布在肺、气管、支气管、中耳、上呼吸道和鼻窦等感染重要部位。活性代谢产物经肾小球滤过和肾小管分泌排泄，$t_{1/2}$为 6～10 h。用于治疗成人和 1 岁及以上儿童的甲型、乙型流感，也可用于成人和 13 岁及以上青少年的甲型、乙型流感的预防。建议尽早服药（症状出现后 48 h 内），越早效果越好，能够缩短病程，减少辅助用药。可见一过性胃肠道反应、神经系统反应、呼吸系统反应、过敏反应等不良反应。

帕拉米韦

帕拉米韦（peramivir）口服吸收迅速，以原型从肾脏清除，$t_{1/2}$为 7. 7～20.8 h。可每日给药 1 次。对甲型和乙型流感病毒均有效，包括高致病性的禽流感病毒。用于治疗甲型和乙型流感，可作为流感重症患者，无法接受吸入或口服扎那米韦和奥司他韦的替代选择。

（三）核酸内切酶抑制剂

玛巴洛沙韦

玛巴洛沙韦（baloxavir marboxil）又称巴洛沙韦酯，为前体药物，口服后可在体内经芳基乙酰胺脱乙酰酶代谢后转化为活性形式巴洛沙韦。其通过抑制流感病毒基因转录所需的 RNA 聚合酶酸性蛋白内切酶，也称帽状依赖型核酸内切酶，从而抑制流感病毒复制。表观终末消除半衰期为 79.1 h。在症状出现后 48 h 内单次剂量口服用药。适用于 12 周岁及 12 周岁以上单纯性甲型和乙型流感患者，包括既往健康或存在流感并发症高风险的患者。主要不良反应包括过敏反应、胃肠道反应和精神异常等。

三、抗疱疹病毒药

能感染人的疱疹病毒主要包括单纯疱疹病毒、水痘-带状疱疹病毒、巨细胞病毒和 EB 病毒等。单纯疱疹病毒Ⅰ型（herpes simplex virus-1，HSV－1）主要引起口唇疱疹、口腔溃疡和疱疹性角膜炎；单纯疱疹病毒Ⅱ型（herpes simplex virus-2，HSV－2）主要引起外生殖器及腰部以下皮肤疱疹及宫颈癌；水痘-带状疱疹病毒（varicella-zoster virus，VZV）主要引起水痘和带状疱疹；巨细胞病毒主要引起畸胎及新生儿病毒血症；爱泼斯坦-巴尔病毒（epstein-barr virus，EB 病毒，EBV）主要引起单核细胞增多症及鼻咽癌。临床所用抗疱疹病毒药多为核苷类似物。

阿昔洛韦

【体内过程】

阿昔洛韦（aciclovir）口服吸收率为 10%～30%。血浆蛋白结合率为 9%～33%，广泛分布于囊液、房水和脑脊液，脑脊液浓度为血液的 50%。$t_{1/2}$为 2.5～3 h。

【药理作用】

阿昔洛韦被病毒的胸苷激酶磷酸化为一磷酸阿昔洛韦，再经宿主细胞的 GMP 激酶和磷酸酶分别作用，转化为二磷酸阿昔洛韦和三磷酸阿昔洛韦。三磷酸阿昔洛韦能与内源性三磷酸脱氧鸟苷竞争与病毒 DNA 聚合酶的结合，并抑制病毒 DNA 聚合酶。也能以伪底物的形式掺入病毒正在复制的 DNA 中，其缺少 3′- OH，故能阻止病毒 DNA 链的延伸。

阿昔洛韦对疱疹病毒有较强抑制作用，对 HSV－1 作用最强，对 HSV－2 的作用约弱一半，对 VZV、EBV 及巨细胞病毒的作用则很弱。

【临床应用】

阿昔洛韦主要用于治疗 HSV 感染，常为首选药。对免疫功能低下者，可预防其感染 HSV、VZV 及巨细胞病毒。也可联合其他抗病毒药治疗乙型肝炎。

【不良反应】

局部应用阿昔洛韦有黏膜刺激作用，用于皮损的生殖器，可致一过性烧灼感。口服可致恶心、腹泻、头痛、皮疹等，罕见肾功能不全和神经毒性。

其他抗疱疹病毒药尚有伐昔洛韦（valaciclovir）、喷昔洛韦（penciclovir）、更昔洛韦（ganciclovir）、泛昔洛韦（famciclovir）、西多福韦（cidofovir）、碘苷（idoxuridine）、阿糖腺苷（vidarabine）等核苷类似药，以及膦甲酸钠（foscarnet sodium）、福米韦生（formivirsen）、多可沙诺（docosanol）等非核苷类似药。其中，更昔洛韦、西

多福韦、膦甲酸钠和福米韦生尚可用于巨细胞病毒感染治疗。

四、抗肝炎病毒药

肝炎病毒(hepatitis virus, HV)是引起病毒性肝炎的病原体。现已明确主要有甲型肝炎病毒(hepatitis A virus, HAV)、乙型肝炎病毒(hepatitis B virus, HBV)、丙型肝炎病毒(hepatitis C virus, HCV)、丁型肝炎病毒(hepatitis D virus, HDV)和戊型肝炎病毒(hepatitis E virus, HEV)。我国以HBV感染率最高。不同的肝炎病毒具有不同的核酸类型,HBV的核酸类型为不完全双股DNA,因此属于DNA嗜肝病毒。

目前,临床上使用的抗肝炎病毒药,大多对肝炎病毒特异性不高,治疗效果均不够理想,常需要与IFN-α等免疫调节剂合用。

拉米夫定

【体内过程】

拉米夫定口服吸收快,生物利用度为80%,药物浓度达峰时间为0.5~1.5 h。体内分布广泛。约70%以原型经肾排泄,$t_{1/2}$为5~7 h,细胞中的三磷酸拉米夫定的$t_{1/2}$可达17~19 h。

【药理作用与作用机制】

在宿主细胞中经相应激酶作用,磷酸化后形成有活性的三磷酸拉米夫定,与三磷酸胞苷竞争与HBV的DNA聚合酶和HIV的反转录酶结合,并抑制病毒的DNA聚合酶和反转录酶。且可以伪底物的形式掺入病毒的DNA中,阻止病毒DNA链的延伸,从而抑制病毒的增殖。

对HIV-1、HIV-2和HBV均有抗病毒活性。

【临床应用】

用于成人及儿童HIV感染和慢性乙型肝炎。长期治疗中,HBV对拉米夫定的耐药率会逐渐增高,需要合用其他抗HBV药。

【不良反应】

常见头痛、疲劳、恶心、呕吐、腹泻及上呼吸道感染样症状等,偶致胰腺炎和转氨酶升高。突然停药时,肝炎病情可能加重,可能诱发肝衰竭。

其他常用药物尚有阿德福韦(adefovir)、替诺福韦、恩替卡韦(enticavir)、恩曲他滨等。阿德福韦对HIV、HBV、HSV和巨细胞病毒等均有作用,且对耐拉米夫定病毒株也有较好抑制作用,主要不良反应为胃肠道不适,长期使用可见肾毒性。恩替卡韦对HBV DNA水平的抑制作用强于拉米夫定和阿德福韦,对拉米夫定耐药的HBV毒株仍有效。最常见不良反应主要为头痛、疲劳和眩晕等。

五、其他抗病毒药

(一)核苷类似药

利巴韦林

利巴韦林(ribavirin)又名三唑核苷,是人工合成的鸟苷类似物。

【体内过程】

利巴韦林口服生物利用度为45%,经肝代谢和经肾排泄,$t_{1/2}$为0.5~2 h,其三磷酸盐在红细胞内的$t_{1/2}$可达40日。

【药理作用】

利巴韦林在被病毒感染的宿主细胞内经腺苷激酶磷酸化后,作为病毒合成酶的竞争性抑制剂,抑制肌苷单磷酸脱氢酶、流感病毒RNA聚合酶和mRNA鸟苷转移酶,引起细胞内鸟苷三磷酸减少,损害病毒RNA和蛋白合成,从而产生抗病毒作用。

利巴韦林具有广谱抗病毒作用,对多种RNA病毒、DNA病毒及反转录病毒均有作用。对甲型和乙型流感病毒有较强抑制作用;体外对呼吸道合胞病毒、流感病毒、腺病毒、HAV和HCV、HIV-1等均有抑制作用。

【临床应用】

利巴韦林可用于呼吸道合胞病毒性支气管炎和肺炎;流行性出血热和拉沙热;上呼吸道病毒性感染、皮肤疱疹病毒感染、水痘、流行性腮腺炎、HIV 感染；与 IFN-α 合用治疗慢性丙型肝炎；局部用于单纯疱疹病毒性角膜炎等。

【不良反应】

气雾吸入利巴韦林无明显不良反应，首次使用鼻喷雾偶有刺激反应。全身用药可引起贫血、恶心、食欲减退、疲倦、失眠、头痛等。有致畸、致癌、胚胎毒性和性腺毒性，故孕妇不宜使用。

（二）生物制剂

干 扰 素

干扰素为一类由哺乳动物细胞在各种诱导剂作用下合成的强力细胞因子，为有广泛生物活性的蛋白质（主要是糖蛋白）。其中，人体内具有抗病毒作用的干扰素有 IFN-α、IFN-β 和 IFN-γ。几乎所有细胞在病毒感染及多种其他刺激下均可产生 IFN-α 和 IFN-β，但 IFN-γ 只由 T 细胞和 NK 细胞产生。目前临床上治疗病毒性肝炎多选用 IFN-α。

【体内过程】

干扰素口服无效，肌肉或皮下注射吸收率可达 80%，药物浓度达峰时间为 4～8 h。呼吸道分泌物、脑脊液、脑及眼中浓度较低。主要经肾和肝分解代谢，$t_{1/2}$ 为 2～4 h。

【作用机制】

干扰素能与细胞的特异性受体结合，触发细胞内复杂的信号传递途径并影响基因转录，调节多种生物效应。其可抑制病毒的穿入与脱壳、mRNA 的合成、病毒蛋白的合成、病毒的组装与释放等过程。一般情况下，IFN-α 和 IFN-β 抗病毒作用较强，而 IFN-γ 的抗病毒作用则较弱，但 IFN-γ 的免疫调节作用较强。

【药理作用】

(1) 抗病毒作用：为广谱病毒抑制剂，对 DNA 病毒相对不敏感。

(2) 抗肿瘤作用：详见第四十一章相关内容。

(3) 免疫调节作用：对体液免疫、细胞免疫均有调节作用，对巨噬细胞及 NK 细胞也有一定的免疫增强作用。

【临床应用】

(1) 恶性肿瘤：与其他抗肿瘤药合用可治疗多种恶性肿瘤。

(2) 病毒性疾病：可与其他抗病毒药合用于治疗乙型肝炎、丙型肝炎、顽固性尖锐湿疣、艾滋病、疱疹病毒感染及巨细胞病毒感染等。

【不良反应】

(1) 流感样综合征：寒战、发热、头痛、肌痛、关节痛、恶心、呕吐、腹泻等。预先给予非甾体抗炎药可缓解发热症状。

(2) 骨髓抑制：剂量限制性毒性，可见粒细胞缺乏、血小板减少等。

(3) 神经毒性：失眠、焦虑、抑郁、兴奋、易怒、精神错乱、行为异常等。出现抑郁及精神病症状应停药。

(4) 诱发自身免疫性疾病：可诱发甲状腺炎、血小板减少性紫癜、溶血性贫血、风湿性关节炎、荨麻疹、红斑狼疮样综合征、血管炎、糖尿病等。

胸 腺 素

胸腺素(thymosin)是人工合成的 28 肽化合物，为胸腺肽的第 5 组分。其抗病毒的作用机制可能是通过促进 T 细胞的成熟，使 T 细胞及 NK 细胞在被各种抗原或丝裂原激活后产生 IL-2、IFN-α 和 IFN-γ 以及多种淋巴因子，从而提高机体的免疫力。临床用于辅助治疗慢性肝炎、艾滋病、病毒性感染、肿瘤等。

（三）COVID-19 治疗药物

帕 克 洛 维

帕克洛维(paxlovid)为奈玛特韦(300 mg，2 片)和利托那韦(100 mg，1 片)的组合包装。奈玛特韦为新型冠状病毒(SARS-CoV-2)的主要蛋白酶 Mpro(也称 3C-样蛋白酶，3CLpro)的拟肽类抑制剂，其通过与 3CLpro 形成共价结合，抑制 3CLpro 活性，从而抑制病毒的复制。利托那韦本身无抗新型冠状病毒活性，其通过抑制 CYP3A 介导的奈玛特韦代谢，提高其血药浓度。用于治疗成人伴有进展为重症高风险因素的轻至中度新型冠状病毒感染患者。最常见不良反应有味觉障碍、腹泻、头痛和呕吐等。

来瑞特韦(leritrelvir)为国产口服小分子新型冠状病毒感染治疗药物,亦为3CLpro的拟肽类抑制剂。其无须联用利托那韦,单药治疗降低了因药物相互作用产生的诊疗风险。用于治疗轻中度新型冠状病毒感染的成年患者。主要不良反应为高甘油三酯血症和高脂血症。

小 结

目前虽有较多的抗病毒药,但这些药物一般只能抑制病毒的增殖,而无杀灭病毒作用。常用的抗病毒药主要分为:① 抗HIV药,根据作用机制可分为核苷反转录酶抑制剂、非核苷反转录酶抑制剂、蛋白酶抑制剂、整合酶抑制剂、HIV进入抑制剂5类;② 抗流感病毒药,根据作用机制分为M_2蛋白抑制剂、神经氨酸酶抑制剂、核酸内切酶抑制剂3类;③ 抗疱疹病毒药;④ 抗肝炎病毒药;⑤ 其他抗病毒药主要涉及抗病毒谱较广的药物,如核苷类似药和能调节免疫功能的生物制剂等,也包括了治疗COVID-19的药物。

【思考题】

1. 为什么目前还没有能杀灭病毒的药物?
2. 治疗艾滋病的化疗药物有哪些种类?
3. 患者,男,30岁,司机。因"发热、乏力、消瘦半年"就诊。半年前出现无明显诱因的发热,一般不超过38℃,伴乏力,全身不适和厌食,大便每日2~3次,正常稀便,无脓血,逐渐消瘦,半年体重下降约8 kg,睡眠尚可。既往5年前因急性化脓性阑尾炎手术而输过血,吸烟,不饮酒,有不洁性生活史。查体无明显异常发现,检验见血清抗HIV(+)。请问:
   (1) 可选用的治疗药物有哪些?
   (2) 所选用药物的作用机制是什么?

(王 蕾)

※ 课程PPT

第三十九章
课程PPT

第四十章

抗寄生虫药

学习目标

【知识目标】

1. 掌握　氯喹、青蒿素的药理作用和临床应用；伯氨喹的药理作用、临床应用和不良反应；乙胺嘧啶的药理作用和临床应用；甲硝唑的药理作用、临床应用和不良反应。

2. 熟悉　抗疟药的作用环节及分类；替硝唑、二氯尼特、氯喹的抗阿米巴作用特点和适应证。

3. 了解　抗血吸虫药、抗丝虫药和抗肠蠕虫药的药理作用及临床应用。

【能力目标】

1. 通过学习能将抗寄生虫药药理学基础理论与临床实际相结合。

2. 能将本章相关知识用于指导疟疾、阿米巴病、滴虫病、血吸虫病等的临床合理用药。

【素质目标】

1. 通过学习抗寄生虫药的发展史及分类建立医学科学的传承与创新理念。

2. 初步树立以患者为中心，关心理解患者，养成崇高的职业道德情操和以提高医疗水平为己任的社会责任感。

第一节　抗疟药

1万多年前的人类已受到疟疾的困扰，在中国的《黄帝内经》中有关于疟疾的较详细的记载，而用中草药治疗疟疾的历史已有几千年，东晋葛洪《肘后备急方》里最早记载使用青蒿治疗疟疾。16世纪，西班牙传教士发现印第安人用金鸡纳树皮粉治疗发热，开始了用金鸡纳树皮治疗疟疾的历史。1820年研究人员分离得到了金鸡纳生物碱和奎宁，1950年奎宁得到商业化人工合成。氯喹于1934年被发明，但其由于毒性而被忽略，1947年氯喹始用于疟疾的防治。伯氨喹于1944年被研究用于疟疾的治疗，1952年在美国上市。20世纪70年代初，以屠呦呦为代表的中国科技工作者，根据中医“青蒿截疟”的记载，并改变提取方法，成功从青蒿中分离获得有效成分青蒿素，青蒿素具有高效、速效、低毒的特点，后又在此结构基础上合成了双氢青蒿素。屠呦呦因在青蒿素发现中的重要作用，于2015年获诺贝尔生理学或医学奖。1992年，中国上市了蒿甲醚。1960年，甲硝唑开发用于阿米巴感染和滴虫感染的治疗，1964年奥硝唑被研究开发，1971年第二代药物替硝唑上市。1956年二氯尼特上市，1977～1990年研究人员对其进行了抗阿米巴作用研究，证明其对无症状带包囊的疗效和低毒性。

资料来源：

冷元红，万莉，袁萍，等，2013.抗疟疾药物的发现与发展.化学教育，34(7)：6-9.

疟疾是由雌按蚊叮咬将疟原虫传播给人体而引起的一种寄生虫传染病。临床表现以间歇性寒战、高热、出汗并伴有肝脾肿大和贫血为主要特点。寄生于人体的疟原虫主要有间日疟、三日疟、卵形疟和恶性疟4

种。前三者又称为良性疟，三日疟不常见而症状轻微；间日疟、卵形疟常复发；恶性疟症状较重，感染最广，死亡率最高。

抗疟药(antimalarial drug)是用于预防或治疗疟疾的药物。不同生长阶段的疟原虫对不同类型的抗疟药敏感性不同。故现有的抗疟药中尚无一种药物能对疟原虫生活史的各个环节都有杀灭作用。

一、疟原虫的生活史和抗疟药的作用环节

疟原虫的生活史可分为人体内的无性生殖阶段和雌按蚊体内的有性生殖阶段。

(一) 人体内的无性生殖阶段

1. 红细胞外期　受感染的雌按蚊叮咬人体时，将其唾液中的子孢子注入人体。子孢子侵入肝细胞中开始其红细胞前期发育和裂殖体增殖。经过 10～14 日，形成数以万计的裂殖体。此期不出现症状，为疟疾的潜伏期。

间日疟原虫可分为速发型和迟发型两种类型。两种类型的子孢子同时进入肝细胞，速发型子孢子在短时期内发育、繁殖成裂殖体。迟发型子孢子侵入肝脏后，可进入数月或一年余的休眠期，称为休眠子，休眠子可再次被激活，成为间日疟复发的根源。恶性疟原虫和三日疟原虫无休眠子，故不引起复发。

乙胺嘧啶对此期的裂殖体有杀灭作用，具有病因预防作用。伯氨喹对休眠子有杀灭作用，可阻止间日疟复发。

2. 红细胞内期　红细胞外期在肝细胞内生成的大量裂殖子破坏肝细胞而进入血液，侵入红细胞，经滋养体发育成裂殖体，并破坏红细胞，释放出大量裂殖子、疟色素及其他代谢产物，以及红细胞破坏产生的大量变性蛋白，刺激机体，引起寒战、高热等症状。从红细胞内释放出的裂殖子可再次侵入其他正常红细胞进行发育。如此周而复始，引起临床症状反复发作。不同种类的疟原虫完成无性生殖周期所需时间：间日疟 48 h，三日疟 72 h，恶性疟 36～48 h。对此期疟原虫有杀灭作用的药物有氯喹、青蒿素、奎宁等，可控制症状发作和预防临床症状发作。

(二) 雌按蚊体内的有性生殖阶段

红细胞内期疟原虫不断进行裂体增殖，经数个周期，细胞内裂殖子部分发育成雌、雄配子体。按蚊在吸患者血液时，雌、雄配子体随血液进入蚊体。两者结合成合子，进一步发育产生子孢子，移行至唾液腺内，使其成为感染人的直接传染源。乙胺嘧啶能抑制雌、雄配子体在蚊体内发育，伯氨喹能杀灭配子体，可控制疟疾传播和流行。

二、常用抗疟药

根据抗疟药作用的环节，将其划分为以下类型：① 主要用于控制症状的抗疟药，如氯喹、奎宁、甲氟喹、青蒿素、蒿甲醚和青蒿琥酯、双氢青蒿素等。② 主要用于控制复发和传播的抗疟药，如伯氨喹等。③ 主要用于病因性预防的抗疟药，如乙胺嘧啶、磺胺类和砜类等。

(一) 主要用于控制症状的抗疟药

氯　喹

氯喹(chloroquine)是人工合成的 4 -氨喹啉类衍生物。

【体内过程】

氯喹口服吸收迅速而完全，血药浓度达峰时间为 1～2 h，血浆蛋白结合率为 55%，广泛布于全身组织，肝、脾、肺、肾中的浓度是血浆药物浓度的 200～700 倍；脑组织中浓度为血浆药物浓度的 10～30 倍；红细胞内的浓度是血浆药物浓度的 10～20 倍，疟原虫入侵红细胞内的药物浓度比正常红细胞高出约 25 倍。大部分在肝脏经 CYP2C8 和 CYP3A4 代谢，产物去乙基氯喹仍有抗疟作用。少部分以原型从肾脏排泄。$t_{1/2}$ 随血药浓度下降而增加，为数日至数周，终末 $t_{1/2}$ 为 30～60 日。后遗效应持续数周或数月。

【作用机制】

氯喹抗疟作用机制复杂：① 抑制疟原虫繁殖，氯喹可插入 DNA 双螺旋链之间，与双螺旋链中的鸟嘌呤、胞嘧啶碱基对结合，形成 DNA -氯喹复合物，抑制 DNA 复制和 RNA 转录，并使 RNA 断裂，从而抑制疟原虫

的分裂繁殖；② 引起疟原虫溶解，红细胞内期裂殖体破坏红细胞后产生疟色素，其主要成分高铁原卟啉被认为是氯喹等抗疟药的高亲和性受体，其与氯喹结合后，破坏疟原虫的细胞膜，促进疟原虫溶解；③ 碱化效应，氯喹为弱碱性药物，易进入疟原虫体内，使虫体细胞液的 pH 升高，形成对蛋白质分解酶不利的环境，使疟原虫分解和利用血红蛋白的能力下降，导致必需氨基酸缺乏，从而抑制疟原虫的生长繁殖。

【药理作用与临床应用】

(1) 抗疟作用：对间日疟原虫、三日疟原虫，以及敏感的恶性疟原虫的红细胞内期的裂殖体有杀灭作用。能迅速治愈恶性疟；有效地控制间日疟的症状发作，也可用于症状抑制性预防。其特点是疗效高、起效快、作用持久。多数病例在用药后 24～48 h 体温降至正常，临床症状消退，48～72 h 血中疟原虫消失。由于此药在体内代谢和排泄都很缓慢，且在内脏组织中的分布广，停药后可逐渐释放入血，故作用持久。能延迟良性疟疾症状复发。对红细胞外期疟原虫无效，既不能病因性预防，也不能根治良性疟。临床主要用于控制疟疾的急性发作和根治恶性疟。

(2) 抗肠道外阿米巴病作用：氯喹在肝组织的浓度比血药浓度高数百倍，对阿米巴肝脓肿有效。对阿米巴痢疾无效。可用于甲硝唑治疗无效或禁忌的阿米巴肝脓肿。

(3) 免疫抑制作用：大剂量氯喹可抑制免疫反应，用于治疗类风湿性关节炎、系统性红斑狼疮。

【不良反应】

氯喹用于治疗疟疾时，不良反应较少，可有轻度头晕、头痛、胃肠不适和皮疹、视觉障碍等，停药后迅速消失。大剂量、长疗程用药可引起不可逆视网膜病、耳毒性、溶血、皮疹、白细胞减少、心血管反应及对肝脏和肾脏的损害。

奎　宁

奎宁(quinine)为奎尼丁的左旋体，是从金鸡纳树皮中提取的一种生物碱。

【药理作用与临床应用】

(1) 抗疟作用：奎宁对各种疟原虫的红细胞内期滋养体均有杀灭作用，能控制临床症状。但疗效不及氯喹且毒性较大。作用机制与氯喹相似，可与疟原虫的 DNA 结合，抑制 DNA 转录和蛋白质合成。主要用于耐氯喹或多药耐药的恶性疟，尤其是严重的脑型疟。奎宁在肝内迅速氧化失活并由肾排出，作用时间短、毒性较大，因此不用于症状抑制性预防。对红细胞外期疟原虫无效，对配子体亦无明显作用。

(2) 其他作用：兴奋子宫平滑肌、减弱心肌收缩力、抑制中枢神经系统和微弱的退热作用。

【不良反应】

(1) 金鸡纳反应：奎宁以及从金鸡纳树皮中提取的其他生物碱，在治疗剂量时引起一系列不良反应，称为金鸡纳反应，表现为恶心、呕吐、头痛、耳鸣、腹痛、腹泻、听力和视力减弱，甚至发生暂时性耳聋，重复给药多见，停药可恢复。

(2) 心血管反应：用药过量或静脉滴注速度过快时可致血压下降和致死性心律失常。静脉滴注时应减慢速度，密切观察患者血压和心脏的变化情况。

(3) 特异质反应：少数恶性疟患者尤其是葡萄糖-6-磷酸脱氢酶缺乏症患者，即使应用很小剂量也能引起急性溶血，发生寒战、高热、背痛、血红蛋白尿(黑尿)和急性肾衰竭，甚至导致死亡。

(4) 其他：奎宁能刺激胰岛 β 细胞，引起高胰岛素血症和低血糖。某些过敏患者可出现皮疹、瘙痒、哮喘等。奎宁对妊娠子宫有兴奋作用，故孕妇忌用。

甲　氟　喹

甲氟喹(mefloquine)系通过改变奎宁的结构而获得的 4-喹啉-甲醇衍生物。

【药理作用与临床应用】

甲氟喹可有效杀灭间日疟原虫和恶性疟原虫的红细胞内期裂殖体。对红细胞外期疟原虫和配子体无效。主要用于耐氯喹或多药耐药的恶性疟，与乙胺嘧啶和磺胺多辛合用可增强疗效，延缓耐药性的发生。半衰期较长(最长可达 30 日)，用于症状抑制性预防，每 2 周给药 1 次。

【不良反应】

不良反应常见恶心、呕吐、腹泻、腹痛和焦虑等，呈剂量相关性。半数患者有神经系统不良反应如头痛、眩晕、共济失调、听力或视力减退、失眠、忧虑、幻觉、偶发精神病等。

青蒿素

青蒿素(artemisinin)是从黄花蒿及其变种大头黄花蒿中提取的一种倍半萜内酯过氧化物。

【药理作用与临床应用】

青蒿素对各种疟原虫红细胞内期裂殖体均有快速杀灭作用,48 h 内使疟原虫从血液中消失。对红细胞外期疟原虫无效。青蒿素抗疟疾的作用机制尚未完全阐明,可能是血红素或 Fe^{2+} 催化青蒿素形成自由基,从而破坏疟原虫表膜和线粒体结构,导致疟原虫死亡。

青蒿素主要用于耐氯喹或多药耐药的恶性疟。青蒿素可透过血脑屏障,对凶险的脑型疟疾有良好的抢救效果。青蒿素与奎宁合用抗疟有相加作用;与甲氟喹合用有协同作用;与乙胺嘧啶或氯喹合用可产生拮抗作用。

青蒿素治疗疟疾最大的缺点是复发率高,口服给药时近期复发率可达 30%以上。这可能与其在体内消除快,代谢产物无抗疟活性有关。其与伯氨喹合用时,可使复发率降低至 10%左右。

【不良反应】

不良反应少见,少数患者出现轻度恶心、呕吐、腹泻等,偶有血清转氨酶升高、一过性心脏传导阻滞、白细胞减少和短暂发热。动物实验发现有胚胎毒性,孕妇慎用。

蒿甲醚和青蒿琥酯

蒿甲醚(artemether)为青蒿素的脂溶性衍生物。其溶解度较大,可制成澄明的油针剂注射给药。青蒿琥酯(artesunate)为青蒿素的水溶性衍生物。可经口、肌肉、静脉、直肠等多种途径给药。两药的抗疟作用及其作用机制与青蒿素相同,均能杀灭红细胞内期的裂殖体,具有高效、速效、低毒等特点。可用于耐氯喹恶性疟的治疗以及危重病例的抢救。

双氢青蒿素

双氢青蒿素(dihydroartemisinin)为青蒿素、蒿甲醚和青蒿琥酯的活性代谢产物。治疗有效率为 100%,复发率约 2%。不良反应较少,偶见皮疹、一过性的网织红细胞下降等。

咯萘啶

咯萘啶(malaridine)为苯并萘啶的衍生物。对红细胞内期疟原虫有杀灭作用,对耐氯喹的恶性疟亦有效。可用于治疗各种类型的疟疾,包括脑型疟。治疗剂量时不良反应少而轻微。表现为胃部不适、食欲减退、恶心、呕吐、头痛、头晕、皮疹和精神兴奋等。偶致窦性心动过缓,严重心、肝、肾脏疾病患者慎用。

(二)主要用于控制复发和传播的抗疟药

伯氨喹

伯氨喹(primaquine)是人工合成的 8-氨喹啉类衍生物。

【体内过程】

伯氨喹口服吸收完全,1~2 h 血药浓度达峰值,分布广泛,肝组织药物浓度较高,大部分在肝脏代谢,代谢产物经肾脏排泄。$t_{1/2}$ 为 3~6 h,有效血药浓度维持时间短,需要每日给药。

【药理作用与临床作用】

伯氨喹对间日疟原虫红细胞外期迟发型子孢子(休眠子)及各型疟原虫的配子体均有较强的杀灭作用,对疟原虫红细胞内期作用较弱,对恶性疟原虫红细胞内期无效,不能控制疟疾症状的发作,主要用于控制远期复发和传播。与血液裂殖体杀灭剂(如氯喹)合用,能根治间日疟,也是控制疟疾传播最有效的药物。疟原虫对此药很少产生耐药性。

【不良反应】

本药毒性较其他抗疟药高,治疗量即可引起头晕、恶心、呕吐、腹痛、发绀等不良反应。少数患者可出现粒细胞缺乏和药物热,停药后可消失。大剂量(60~240 mg/d)时,可导致高铁血红蛋白血症伴发绀。

严重的不良反应是少数特异质患者(葡萄糖-6-磷酸脱氢酶缺乏症患者)在小剂量时发生的急性溶血性贫血。一旦发生,应停药并对其进行对症治疗。葡萄糖-6-磷酸脱氢酶缺乏症患者、类风湿性关节炎患者、系统性红斑狼疮患者及有家族史者禁用。

（三）主要用于病因性预防的抗疟药

乙胺嘧啶

乙胺嘧啶(pyrimethamine)系人工合成的非喹啉类抗疟药,是目前病因性预防的首选药。

【药理作用与临床作用】

乙胺嘧啶对恶性疟和间日疟原虫的原发性红细胞外期有抑制作用,用于病因性预防。因排泄缓慢,作用较持久,服药1次预防作用可维持1周以上。仅对红细胞内期未成熟的裂殖体有抑制作用,可抑制滋养体的核分裂,对已成熟的裂殖体则无效。因而不能迅速控制症状,常需要在用药后第二个无性增殖期才能显效。此药不能直接杀灭配子体,但含药血液随配子体被按蚊吸入后,能阻止疟原虫在蚊体内的孢子增殖,产生控制传播的作用。

【作用机制】

乙胺嘧啶的抗疟作用机制与其抑制叶酸代谢有关。疟原虫不能利用环境中的叶酸和四氢叶酸,必须自身合成叶酸并转变为四氢叶酸后,才能在合成核酸的过程中被利用。这个过程需要二氢叶酸还原酶参与。乙胺嘧啶对疟原虫的二氢叶酸还原酶有较大的亲和力,可抑制其活性,从而阻止四氢叶酸的生成,阻碍核酸的合成。与二氢蝶酸合酶抑制剂磺胺类或砜类合用,在叶酸代谢的两个环节上起双重抑制作用,有协同作用,可延缓耐药性的发生。

【不良反应】

治疗量不良反应少,偶见皮疹。长期大剂量服用时,可因二氢叶酸还原酶受抑制干扰人体叶酸代谢而引起巨幼红细胞贫血、粒细胞减少。及时停药或用甲酰四氢叶酸治疗可恢复。此药略带甜味,易被儿童误服而中毒,表现为恶心、呕吐、胃部烧灼感、心悸、发热、发绀、眩晕、惊厥,甚至死亡。严重肝肾功能损伤患者慎用。动物实验证实其有致畸作用,孕妇禁用。

磺胺类和砜类

磺胺类和砜类可与对氨基苯甲酸竞争二氢蝶酸合酶,从而抑制疟原虫二氢叶酸的合成。其主要用于耐氯喹的恶性疟,单用时效果较差,仅抑制红细胞内期疟原虫,对红细胞外期疟原虫无效。与乙胺嘧啶或甲氧苄啶等二氢叶酸还原酶抑制剂合用,在叶酸代谢的两个环节起双重抑制作用,可增强疗效,并延缓耐药性的发生。常用药物为磺胺多辛和氨苯砜。

第二节 抗阿米巴病药和抗滴虫药

一、抗阿米巴病药

阿米巴病是由溶组织内阿米巴原虫引起,以滋养体和包囊两种形式寄生于人体肠道内。包囊是其传播的根源,人体经消化道感染阿米巴包囊,其在肠腔内脱囊并迅速分裂成为滋养体,在结肠内与肠道细菌共生。部分滋养体移向结肠,逐渐转变成新的包囊,此时并无症状,称为排包囊者,为阿米巴病重要的传染源。滋养体破坏肠黏膜和黏膜下层组织而引起急、慢性阿米巴痢疾。滋养体可经血流至肝和其他器官引起阿米巴炎症和脓肿,统称为肠外阿米巴病,如阿米巴肝、肺或脑脓肿。

抗阿米巴病药可分为作用于肠道内、肠道外及两者兼有作用的几种类型。绝大多数抗阿米巴病药对滋养体具有杀灭作用,少数药物对包囊具有杀灭作用,某些抗生素,如四环素、巴龙霉素等可直接杀灭滋养体或抑制共生菌群,发挥抗阿米巴病作用。

甲硝唑

甲硝唑(metronidazole)系人工合成的5-硝基咪唑类化合物。

【体内过程】

甲硝唑口服吸收迅速而完全。血药浓度达峰时间为1～3 h,生物利用度约为95%,血浆蛋白结合率为

20%,体内分布广,可渗入全身组织和体液,亦可通过血脑屏障和胎盘屏障,脑脊液中的药物浓度可达有效浓度。主要在肝脏代谢,代谢产物及少量原型药物经肾排泄,也可经乳汁排泄。$t_{1/2}$为 8～10 h。

【药理作用与临床作用】

(1) 抗阿米巴作用:甲硝唑对肠内、肠外阿米巴滋养体有强大杀灭作用。但对肠腔内阿米巴原虫和包囊无明显作用。治疗急性阿米巴痢疾和肠外阿米巴感染疗效显著。因其在肠道吸收完全,肠内浓度偏低,治疗阿米巴痢疾时宜与抗肠道内阿米巴药物交替使用,提高疗效,降低复发率。对无症状不排包囊者疗效差。

(2) 抗滴虫作用:甲硝唑对阴道滴虫亦有直接杀灭作用。口服后药物可出现于阴道分泌物、精液和尿液中,故对女性和男性泌尿生殖道滴虫感染均有良好疗效。甲硝唑是治疗阴道毛滴虫感染的首选药。治疗量不影响阴道内正常菌群的生长。

(3) 抗厌氧菌作用:甲硝唑对所有厌氧球菌、革兰氏阴性厌氧杆菌以及阳性厌氧芽孢杆菌均有较强的杀灭作用。对脆弱类杆菌尤为敏感。常用于厌氧菌引起的败血症、盆腔炎和骨髓炎等的治疗,亦可与抗菌药合用以防止妇科手术和胃肠外科手术时的厌氧菌感染。

(4) 抗贾第鞭毛虫作用:甲硝唑是目前治疗贾第鞭毛虫病最有效的药物。治愈率可达 90%。

【不良反应】

最常见不良反应有恶心、呕吐、头痛、口干、口腔金属味;偶见腹泻、腹痛;少数患者可出现白细胞暂时性减少、荨麻疹、红斑、瘙痒等;极少数患者出现眩晕、惊厥、共济失调、肢体麻木和感觉异常等神经系统症状,一旦出现,立即停药。甲硝唑可干扰乙醛代谢,如服药期间饮酒,可引起急性乙醛中毒,表现为腹部不适、恶心、呕吐、腹痛、腹泻甚至头痛和味觉改变等。故用药期间应禁酒。动物实验证明,长期、大量口服甲硝唑有致癌和致突变作用。因此,妊娠早期禁用,以防引起胎儿畸形。急性中枢神经系统疾病患者禁用。肝、肾疾病者酌情减量。

替 硝 唑

替硝唑(tinidazole)亦为咪唑类化合物。与甲硝唑相比,其 $t_{1/2}$为 12～24 h。对阿米巴痢疾和肠外阿米巴病的疗效与甲硝唑相当而毒性略低。也可用于治疗阴道毛滴虫感染。

依米丁和去氢依米丁

依米丁(emetine)是茜草科吐根属植物根中提取的一种异喹啉生物碱,又称吐根碱。其衍生物去氢依米丁(dehydroemetine)抗阿米巴作用更强,毒性略低。

【体内过程】

依米丁和去氢依米丁局部刺激性强,口服可引起恶心、呕吐,一般采用深部肌内注射。药物主要分布于肝、肺、肾、脾和肠,肝脏内浓度最高,肠壁浓度较低。经肾脏缓慢排泄,停药 1～2 个月后在尿液中仍可检测出药物,连续给药易发生蓄积性中毒。

【药理作用与临床作用】

依米丁和去氢依米丁对溶组织中的阿米巴滋养体有直接杀灭作用。对肠腔内的阿米巴滋养体无效。对滋养体的杀灭作用主要是通过抑制核糖体肽酰基-tRNA 的移位反应,从而抑制肽链的延伸,阻碍蛋白质合成,干扰滋养体的分裂与增殖。临床用于治疗急性阿米巴痢疾和阿米巴肝脓肿,可迅速控制临床症状。根治作用差。因毒性较大,仅限于甲硝唑治疗无效或禁用甲硝唑的患者。治疗应在医生严密监护下进行。

【不良反应】

依米丁和去氢依米丁选择性低、易蓄积,毒性大。

(1) 心脏毒性:常表现为心前区疼痛、心动过速、心律失常、低血压甚至心力衰竭,心电图表现为 T 波低平或倒置,Q-T 间期延长。

(2) 神经肌肉阻滞作用:表现为肌无力、疼痛和震颤等。

(3) 局部刺激:注射部位出现硬结、肌痛或坏死。

(4) 胃肠道反应:恶心、呕吐、腹痛、腹泻等。

儿童、孕妇和心、肝、肾疾病患者禁用。

二氯尼特

二氯尼特(diloxanide)为二氯乙酰胺类衍生物,通常用其糠酸酯(diloxanide furoate),是目前最有效的杀包囊药。口服吸收迅速,血药浓度1 h达峰,分布于全身。对于无症状或仅有轻微症状的排包囊者有良好疗效。单用对于急性阿米巴痢疾疗效不佳,但在甲硝唑控制症状后再用二氯尼特可直接杀灭小滋养体从而肃清肠腔内的包囊,有效防止复发。对肠外阿米巴病无效。不良反应轻微,偶尔出现恶心、呕吐和皮疹等。大剂量时可导致流产,但无致畸作用。

巴龙霉素

巴龙霉素(paromomycin)为氨基糖苷类抗生素,口服吸收少肠道浓度高。因抑制蛋白质合成,直接杀灭阿米巴滋养体,亦可抑制阿米巴共生性细菌,从而间接抑制肠道阿米巴原虫的生存与繁殖。临床用于治疗急性阿米巴痢疾。

氯喹

氯喹为抗疟药(详见本章第一节),亦有杀灭阿米巴滋养体的作用。仅用于甲硝唑无效或禁用的阿米巴肝炎或肝脓肿,宜与肠内抗阿米巴药合用,以防止复发。对肠内阿米巴病无效。

二、抗滴虫药

抗滴虫药主要用于治疗阴道毛滴虫引起的阴道炎、尿道炎和前列腺炎。目前治疗滴虫病最有效的药物是甲硝唑,其具有安全、经济、使用简便、适合集体治疗等优点。治疗滴虫病亦可服用替硝唑、奥硝唑等同类药物。

乙酰胂胺

乙酰胂胺(acetarsol)为五价胂剂,可直接杀灭滴虫。耐甲硝唑滴虫感染时,可换用乙酰胂胺局部给药。以其片剂置于阴道穹窿部有直接杀滴虫作用。此药有轻度局部刺激作用,可使阴道分泌物增多。

阴道毛滴虫可寄生于男性尿道,通过性直接传播和使用公共浴厕等间接传播,故应夫妇同时治疗,以保证疗效。治疗过程中必须注意个人卫生与经期卫生。

第三节 抗血吸虫药和抗丝虫药

一、抗血吸虫药

血吸虫病是一类由血吸虫引起的严重危害人类健康的寄生虫病。寄生于人体的血吸虫有日本血吸虫、埃及血吸虫和曼氏血吸虫等。其主要分布于亚洲、非洲和拉丁美洲。在我国流行的是日本血吸虫病,主要在长江流域和长江以南13个省、直辖市、自治区流行,人可通过皮肤接触含尾蚴的疫水而感染。药物治疗是消灭该病的主要措施之一。抗血吸虫药既可杀灭血吸虫,使患者恢复健康,亦可通过杀灭血吸虫成虫,杜绝虫卵的产生,从而消除传染源。吡喹酮具有高效、低毒、疗程短、口服有效等优点,是目前治疗血吸虫病的首选药。

吡喹酮

吡喹酮(praziquantel,环吡异喹酮)系人工合成的吡嗪异喹啉衍生物。

【体内过程】

吡喹酮口服吸收迅速而完全,服药后血药浓度1～2 h达峰值。首过消除明显,生物利用度约80%。原药血浆蛋白结合率为80%,可分布于多种组织如肝、胰、肾、骨髓、肾上腺、脑垂体和下颌腺等。能通过血脑屏障,脑脊液中浓度低。主要在肝内羟化而失活,大多数在24 h内经肾和胆道排出。$t_{1/2}$为0.8～1.5 h。

【药理作用与作用机制】

吡喹酮对日本血吸虫、埃及血吸虫和曼氏血吸虫单一或混合感染均有良好疗效,对血吸虫成虫有迅速而强大的杀灭作用,对幼虫亦有较弱的作用。对其他吸虫,如华支睾吸虫、姜片吸虫、肺吸虫具有显著杀灭作用，对各种绦虫感染和其幼虫引起的囊虫病、包虫病亦有不同程度的疗效。

吡喹酮的上述作用可能与其增加虫体表膜对 Ca^{2+} 的通透性，促进 Ca^{2+} 的跨膜内流，干扰虫体内 Ca^{2+} 平衡有密切关系。当吡喹酮达到有效浓度时，可提高肌肉张力，引起肌肉痉挛性麻痹，而失去吸附能力，使虫体脱离宿主组织，血吸虫从肠系膜静脉迅速移至肝脏，在肝脏内死亡。在较高浓度时，可引起虫体表膜损伤，暴露隐藏的抗原，在宿主防御机制的参与下，导致虫体破裂、死亡。吡喹酮损伤虫体表膜可引起一系列生化反应，如谷胱甘肽 *S*-转移酶和碱性磷酸酶活性降低，抑制葡萄糖的摄取和转运等。吡喹酮的作用具有高度选择性，对哺乳动物细胞膜无上述作用。

【临床应用】

吡喹酮可治疗各种血吸虫病，适用于急性、慢性、晚期及有并发症的血吸虫病患者。亦可用于肝脏华支睾吸虫病、肺吸虫病、肠吸虫病(如姜片虫病、异形吸虫病、横川后殖吸虫病等)及绦虫病等。

【不良反应】

不良反应少且短暂。口服后可出现腹部不适、腹痛、腹泻、眩晕、头痛、嗜睡等不良反应。偶见发热、荨麻疹、瘙痒、关节痛、肌痛等，与虫体杀死后释放异体蛋白有关。5%～9%的患者出现心电图异常，表现为 T 波低平、双相，一般于停药 2～5 日恢复。大剂量时可使大鼠的流产率增高。服药期间应避免驾车和高空作业，眼囊虫病患者、孕妇禁用，严重肝病患者需要调整剂量。

蒿甲醚和青蒿琥酯

蒿甲醚和青蒿琥酯对血吸虫童虫，特别是对 5～21 日虫龄的童虫有显著杀灭作用。在雌虫产卵前将其杀死，并保护宿主免受虫卵所致的免疫反应损伤。用于预防和早期治疗血吸虫病。

二、抗丝虫药

丝虫病是由丝状线虫所引起的一种流行性寄生虫病，我国流行的丝虫病多由班氏丝虫和马来丝虫引起。病原体寄生于淋巴系统，早期表现为淋巴结炎和淋巴管炎，晚期出现淋巴管阻塞症状。乙胺嗪兼有杀微丝蚴和成虫的作用，为目前最常用的抗丝虫药。

乙 胺 嗪

乙胺嗪(diethylcarbamazine)常用其枸橼酸盐。

【体内过程】

乙胺嗪口服吸收迅速，1～2 h 血药浓度达峰值。均匀分布于各组织，大部分在体内氧化失活，绝大多数代谢产物及原型药物主要经肾脏排泄，4%～5%经肠排泄。$t_{1/2}$ 为 8 h，反复给药无蓄积性，酸化尿液可促进其排泄；碱化尿液可减慢其排泄，升高血浆药物浓度和延长 $t_{1/2}$，因此，在肾功能不全或尿液碱化时应减少药物用量。

【药理作用】

乙胺嗪对体内班氏丝虫和马来丝虫均有杀灭作用，对马来丝虫的作用优于班氏丝虫；对微丝蚴的作用强于成虫。在体外，乙胺嗪对两种丝虫的成虫和微丝蚴均无杀灭作用，表明其杀虫作用依赖于宿主防御机制的参与。其抗虫作用机制有两方面：一是其分子中的哌嗪部分使微丝蚴的肌组织超极化产生弛缓性麻痹而从寄生部位脱离，迅速“肝移”，并被网状内皮系统拘捕；二是破坏微丝蚴表膜的完整性，暴露抗原，使其易于遭受宿主防御机制的破坏。

【临床应用】

乙胺嗪为班氏丝虫和马来丝虫感染的首选药。

【不良反应】

不良反应轻微，可引起厌食、恶心、呕吐、头痛、无力等。常在几日内消失。丝虫成虫和微丝蚴死亡可释放出大量异体蛋白，所以其引起的过敏反应较明显，表现为皮疹、瘙痒、淋巴结肿大、血管神经性水肿、畏寒、发热、哮喘、心率加快、肌肉关节酸痛及胃肠功能紊乱等，用地塞米松可缓解症状。

呋 喃 嘧 酮

呋喃嘧酮(furapyrimidone)为我国研制合成的抗丝虫新药。口服吸收迅速，30 min 血药浓度达峰值，吸收后分布于各个组织，代谢迅速，代谢产物随尿液排泄，无蓄积作用。$t_{1/2}$约1 h。对班氏丝虫、棉鼠丝虫和马来丝虫的成虫和微丝蚴均有强大的杀灭作用，对成虫作用强于微丝蚴。用于治疗丝虫病。不良反应与乙胺嗪相似。

第四节　抗蠕虫药

肠道蠕虫分为肠道线虫和绦虫两类，肠道线虫包括蛔虫、蛲虫、鞭虫和钩虫等。我国肠蠕虫病以感染肠道线虫最为普遍。抗肠蠕虫药是驱除或杀灭肠道蠕虫的药物。高效、低毒、广谱的抗肠蠕虫药不断问世，使大多数肠蠕虫病得到有效治疗和控制。

甲苯咪唑

甲苯咪唑（mebendazole）为苯并咪唑类衍生物。

【体内过程】

甲苯咪唑口服吸收少，首过消除明显，生物利用度为22%，血浆蛋白结合率为95%，大部分在肝脏代谢生成极性强的羟基及氨基代谢物，经胆汁由粪便排泄。未吸收部分以原型从肾脏排泄。$t_{1/2}$为2～6 h。

【药理作用与临床应用】

甲苯咪唑为高效、广谱抗肠蠕虫药。对蛔虫、蛲虫、钩虫、鞭虫、绦虫和粪类圆线虫等肠道蠕虫均有显著疗效。其作用机制主要为：① 抑制虫体的线粒体延胡索酸还原酶，减少葡萄糖转运，使氧化磷酸化脱耦联，减少ATP生成。② 与蠕虫细胞内的微管结合，抑制微管装配，干扰了依赖微管的葡萄糖的摄取和利用，导致虫体能源发生障碍而引起死亡。甲苯咪唑还对钩虫卵、蛔虫卵、鞭虫卵及幼虫有杀灭和抑制发育的作用，可用于治疗上述蠕虫的单独感染或混合感染。此药显效缓慢，给药后数日才能将虫排尽。

【不良反应】

无明显不良反应。少数病例可见短暂腹痛和腹泻。大剂量时偶见过敏反应、转氨酶升高、脱发、粒细胞减少等。孕妇、2岁以下儿童及肝肾功能不全者禁用。

阿苯达唑

阿苯达唑（albendazole，丙硫咪唑）是甲苯咪唑的同类物，具有广谱、高效、低毒的特点。

【药理作用与临床应用】

阿苯达唑对肠道寄生虫，如线虫类的蛔虫、钩虫、蛲虫、鞭虫和粪类圆线虫，绦虫类的猪肉绦虫、牛肉绦虫和短膜壳绦虫等的成虫及虫卵具有杀灭作用。可用于多种线虫混合感染。对肠道外寄生虫病，如棘球蚴病（包虫病）、旋毛虫病、囊虫病，以及华支睾吸虫病、肺吸虫病等有较好疗效。其抗虫作用机制与甲苯咪唑相同。

【不良反应】

短期使用不良反应少，偶有恶心、腹痛、腹泻、头晕、头痛等。少数患者出现转氨酶升高、脱发、粒细胞减少等。孕妇、2岁以下儿童、肝肾功能不全者及对本药过敏者禁用。

哌　嗪

哌嗪（piperazine）临床常用其枸橼酸盐。

【药理作用】

哌嗪对蛔虫和蛲虫有较强的驱除作用。其抗虫作用机制主要通过改变虫体肌细胞膜对离子的通透性，引起膜超极化，从而阻断神经肌肉接头处传递，导致虫体发生弛缓性麻痹而随粪便排出体外；亦可抑制琥珀酸合成，干扰虫体糖代谢，使肌肉收缩的能量供应受阻。对虫体无刺激性，可减少虫体游走移行。

【临床应用】

哌嗪主要用于驱除肠道蛔虫，治疗蛔虫所致的不完全性肠梗阻和早期胆道蛔虫病。对蛲虫病有一定疗效，但用药时间长，现已少用。

【不良反应】

大剂量时可出现恶心、上腹部不适、腹痛、腹泻、眩晕、嗜睡、肌肉痉挛、眼球震颤和共济失调等不良反应。动物实验发现其有致畸作用,故孕妇禁用。肝肾功能不全和神经系统疾病者禁用。

左旋咪唑

左旋咪唑为四咪唑的左旋异构体。

【药理作用】

左旋咪唑对多种线虫、绦虫和吸虫的成虫及虫卵有杀灭作用,对蛔虫的作用较强。抑制虫体肌肉内的琥珀酸脱氢酶活性,阻止延胡索酸还原为琥珀酸,减少能量生成,使虫体肌肉麻痹,失去附着能力而排出体外。

【临床应用】

左旋咪唑用于治疗蛔虫、蛲虫、钩虫感染;对丝虫病和囊虫病也有一定疗效;亦可用于治疗自身免疫性疾病及某些恶性肿瘤的辅助治疗。

【不良反应】

治疗剂量左旋咪唑偶有恶心、呕吐、腹痛和头晕等。大剂量或多次用药时,个别患者出现肝功能减退、粒细胞减少和血小板减少等,妊娠早期及肝肾功能不全者禁用。

噻嘧啶

噻嘧啶(pyrantel)系人工合成四氢嘧啶衍生物,为广谱驱线虫药。对蛔虫、钩虫、蛲虫和绦虫等均有抑制作用。其抗虫作用机制为抑制虫体胆碱酯酶,使神经肌肉接头处乙酰胆碱堆积,神经肌肉兴奋性增强,肌张力升高,导致虫体痉挛性麻痹,不能附壁而排出体外。用于蛔虫、蛲虫和钩虫的单独感染或混合感染,常与另一种抗肠蠕虫药奥克太尔联合使用来增强疗效。

不良反应少,偶有腹部不适、发热、头痛和皮疹。少数患者出现血清转氨酶升高,肝功能不全患者慎用。孕妇、2 岁以下儿童禁用。与哌嗪有拮抗作用,不宜合用。

恩波吡维胺

恩波吡维胺(pyrvinium embonate)系氰胺染料类化合物。口服不吸收,胃肠道内药物浓度高。具有较强的杀蛲虫作用。为治疗蛲虫病的首选药。抗虫作用机制为选择性干扰虫体呼吸系统,抑制虫体的需氧代谢及运糖酶系统,阻止虫体对外源性葡萄糖的吸收,减少能量生成,从而导致虫体衰竭和死亡。不良反应少,少数患者可出现恶心、呕吐、腹痛、腹泻及荨麻疹。服药后粪便呈红色,需要事先告知患者及家属。

吡喹酮

吡喹酮为广谱抗吸虫药和驱绦虫药。不但对多种吸虫有强大的杀灭作用,而且对绦虫感染和囊虫病也有良好的效果。为治疗各种绦虫病的首选药物,治愈率可达 90%甚至 90%以上。治疗囊虫病有效率为 82%~98%。治疗脑囊虫病时,因虫体死亡后的炎症反应而引起脑水肿,颅内压升高,应同时使用脱水药和糖皮质激素以防意外。

氯硝柳胺

氯硝柳胺(niclosamide)为水杨酰胺类衍生物。对多种绦虫成虫有杀灭作用,对牛肉绦虫、猪肉绦虫、阔节裂头绦虫、短膜壳绦虫感染都有良好疗效。其抗虫作用机制为抑制绦虫细胞内线粒体氧化磷酸化过程,使 ATP 生成减少,同时抑制葡萄糖摄取,使绦虫的头节和邻近节片变质,虫体从肠壁脱落随粪便排出体外。但不能杀死节片中的虫卵。死亡节片易被肠腔内蛋白酶消化分解,释出的虫卵逆流入胃,有引起囊虫病的危险。对日本血吸虫尾蚴和钉螺亦有杀灭作用,可防止血吸虫传播。不良反应较少,仅见胃肠不适、腹痛、乏力、头晕、皮肤瘙痒等。

小结

抗疟药可分为主要用于控制症状的抗疟药如氯喹、奎宁、青蒿素等,主要用于控制复发和传播的抗疟药如伯氨喹,主要用于病因性预防的抗疟药如乙胺嘧啶、磺胺类和砜类。氯喹除有抗疟作用外,还具有抗肠道外阿米巴病作用和免疫抑制作用。伯氨喹不能控制疟疾症状的发作，主要用于控制远期复发和传播。乙胺嘧啶为二氢叶酸还原酶抑制剂，常用于病因性预防。

甲硝唑对肠内、肠外阿米巴滋养体有强大杀灭作用，是治疗急性阿米巴痢疾和肠外阿米巴感染的常用药，亦有抗滴虫作用，是治疗阴道毛滴虫感染的首选药物，还有抗厌氧菌作用，也是治疗贾第鞭毛虫病的有效药物。

吡喹酮对血吸虫成虫有迅速而强效的杀灭作用。乙胺嗪对班氏丝虫和马来丝虫均有杀灭作用，且对马来丝虫的作用优于班氏丝虫，对微丝蚴的作用胜于成虫。甲苯咪唑为高效、广谱抗肠蠕虫药，对蛔虫、蛲虫、钩虫、鞭虫、绦虫和粪类圆线虫等肠道蠕虫均有显著疗效。

【思考题】

1. 抗疟药的分类及其代表药物是什么？它们的作用机制是什么？
2. 患者，男，45 岁。主诉腹痛、腹泻、粪便有脓血 3 日，粪检出阿米巴滋养体，临床诊断：阿米巴痢疾。请问：
   (1) 根治阿米巴原虫感染应选择什么药物？
   (2) 所选择的药物的作用机制是什么？
3. 患者，女，39 岁。因"发热、畏寒 3 日，突然出现昏迷"就诊。发病前曾前往非洲疟原虫发病疫区出差。血涂片检查发现恶性疟原虫。临床诊断：恶性疟。请问：
   (1) 针对该患者，宜选择的药物是什么？
   (2) 所选择的药物的作用机制及不良反应是什么？

（王　红）

※ 课程 PPT

第四十章
课程 PPT

第四十一章

抗恶性肿瘤药

学习目标

【知识目标】

1. 掌握　细胞毒类抗恶性肿瘤药的生化机制分类及代表药物、主要不良反应；常用细胞毒类药物氨甲蝶呤、巯嘌呤、羟基脲、环磷酰胺、氟尿嘧啶、多柔比星、紫杉醇等的药理作用及主要临床应用。

2. 熟悉　其他细胞毒类药物的药理作用、临床应用及不良反应。

3. 了解　新型抗恶性肿瘤药的药理作用及临床应用。

【能力目标】

1. 通过学习，能把抗恶性肿瘤药的药理学基础理论与临床实际相结合。

2. 能利用章节知识指导临床抗恶性肿瘤药物的合理使用。

【素质目标】

1. 初步树立以患者为中心的职业理念，关心理解肿瘤患者，合理使用抗恶性肿瘤药。

2. 通过学习抗恶性肿瘤药发展史，建立医学科学的传承与创新理念，并初步养成辩证的思维模式。

第一节　概　　述

公元前1500年，古埃及就有用砷制造的油膏治疗“溃疡”的肿瘤的记载，1865年，利绍尔(Lissaure)用砷制剂(Fowler氏液)治疗肿瘤是化疗的最早尝试。近代肿瘤化疗始于氮芥的应用，其历史可以追溯到19世纪。德普雷(Despretz)于1822年发现了氮芥类药物的前体——硫芥(二氯二乙硫醚)，德国人迈尔(Meyer)于1886年首次对硫芥进行了人工合成。硫芥因具有芥末味而被称为“芥子气”，对皮肤、眼睛及呼吸道具有发疱作用。第一次世界大战时，德军曾将其用在战场上，造成了英法联军大量人员伤亡。尸检发现，死者的皮肤、黏膜及呼吸道糜烂坏死，还有全身中毒现象；同时还发现，伤者淋巴组织溶解、造血系统受到抑制，这一现象引起了医学家们的注意。1935年，瓦德(Ward)等用氮代替硫合成了氮芥，其性质和硫芥相似。第二次世界大战期间，吉尔曼(Gilman)、戈德曼(Goodman)和多尔蒂(Dougherty)利用小鼠研究了其对移植性淋巴瘤的作用，随即氮芥开始用于人淋巴瘤、白血病治疗的临床研究，自此拉开了近代肿瘤化疗的序幕。1948年，法伯(Farber)用叶酸类似物氨甲蝶呤治疗急性白血病，病情获得缓解。1953年，伯奇纳尔(Burchenal)应用巯嘌呤治疗白血病。1957年，达琛斯盖(Duschinsky)合成5-氟尿嘧啶，同年，阿诺德(Arnold)和布罗克曼(Brockmann)合成了环磷酰胺。1965年，美国罗森贝格(Rosenberg)等在研究细胞毒剂时偶然发现铂电极之间的铂电流能抑制大肠埃希菌增殖，进而发现氯离子和铵离子参与了铂配合物产生。进一步的研究表明，在铂配合物中，顺铂的作用最强(1845年)，1978年顺铂获批用于肿瘤。19世纪70年代，随着多柔比星应用于临床，化疗从姑息治疗向根治治疗的目标迈进，19世纪90年代，随着紫杉类和喜树碱类应用于临床，医学家对肿瘤细胞免疫和抑癌基因的研究越来越深入。21世纪初，靶向治疗拉开了序幕。

我国科学家对抗肿瘤药的研发也做出了巨大贡献。1969 年，宋爱兰发现的平阳霉素，其作用类似博来霉素，但是对鳞癌疗效更好，肺毒性低于博来霉素。20 世纪 70 年代，张亭栋教授发现三氧化二砷对急性早幼粒细胞白血病有较好疗效，80 年代王振义教授发现全反式维甲酸对急性早幼粒细胞白血病有效，1993 年王振义研究组和张亭栋研究组合作进行两药联合疗效研究，使急性早幼粒细胞白血病成为可治愈的疾病，造福全世界无数白血病患者。在靶向治疗的抗肿瘤药研发中，重组人血管内皮抑制素是我国自主研发的一种可溶性新型重组人内皮抑素(2006 年)，临床主要用于配合化疗治疗不能手术的非小细胞肺癌。尼妥珠单抗是全球第一个以表皮生长因子受体(EGFR)为靶点的单抗药物(2008 年)，是中国第一个治疗恶性肿瘤的人源化单克隆抗体，主要治疗 EGFR 表达阳性的Ⅲ/Ⅳ期鼻咽癌。埃克替尼是我国具有完全自主知识产权的第一代 EGFR 酪氨酸激酶抑制剂(2011 年)，主要用于治疗接受过化疗的局部晚期或转移性非小细胞肺癌。阿美替尼(2020 年)和艾弗替尼(2018)是我国研发的第三代肺癌 *EGFR* 基因突变阳性靶向药物，用于 *EGFRT790M* 基因突变阳性的局部晚期或转移性非小细胞肺癌成人患者的治疗。替雷利珠单抗(2019 年)和卡瑞利珠单抗(2019 年)均是我国生产的人源化抗 PD－1 单克隆抗体，主要治疗复发或难治性经典型霍奇金淋巴瘤。

资料来源：

成志楠，贾晓琼，杨瑾，等，2023.第三代表皮生长因子受体：酪氨酸激酶抑制剂治疗非小细胞肺癌的研究进展.癌症进展，21(6)：599－602.

韩艳茹，于洪江，2017.尼妥珠单抗的研究进展.世界最新医学信息文摘，17(A1)：19－20.

黄鹏，2023.卡瑞利珠单抗治疗恶性肿瘤的临床研究进展.中文科技期刊数据库(引文版)医药卫生，7：187－191.

刘自力，2024.替雷利珠单抗在肺癌治疗的研究进展.临床肺科杂志，29(4)：623－631.

王明洪，2022.“这一生就是跟自己对着干的一生”：中国工程院院士王振义的长寿经.保健医苑(10)：12－14.

许潇月，沈波，冯继锋，2018.重组人血管内皮抑制素的作用机制及其在肿瘤治疗中的研究进展.南京医科大学学报(自然科学版)，38(8)：1167－1174.

杨秉辉，2002.癌症化疗今昔谈.抗癌(2)：10－11.

中国医疗保健国际交流促进会，广东省胸部疾病学会，2023.埃克替尼术后辅助治疗非小细胞肺癌的专家共识，中华肿瘤杂志，45(1)：31－38.

中国医学科学院医学情报研究所整理，1979.抗肿瘤抗生素：平阳霉素的研究.医学研究通讯(3)：30－31.

FU Y，TANG H D，HUANG Y J，et al.，2009. Unraveling the mysteries of endostatin. IUBMB Life，61(6)：613－626.

肿瘤通常是指机体在各种致瘤因素(物理致癌物如紫外线、电离辐射，化学致癌物如石棉、黄曲霉毒素、砷，生物致癌物如病毒、细菌、寄生虫引起的感染等)作用下，局部组织细胞在基因水平上失去了对其生长的正常调控，导致克隆性异常增殖而形成的新生物，常表现为局部肿块。肿瘤发病率随着年龄的增长而显著升高，因此也认为老龄化是肿瘤形成的另一个重要因素。肿瘤根据对人体的危害程度，一般可分为良性肿瘤和恶性肿瘤。良性肿瘤和恶性肿瘤的区别常常根据其临床的预后或病理检查来判断，两者并无严格界限划分。恶性肿瘤是当前严重威胁人类生命健康的重大疾病之一，浸润和转移是其最主要的生物学特征。

传统的恶性肿瘤治疗主要有外科手术切除治疗、放疗、化疗三大手段，其中化疗是非常重要的手段之一，但肿瘤化疗仍然存在几个主要的问题，即化疗药物的选择性低，不良反应比较严重，肿瘤细胞对化疗药物的耐药性。进入 21 世纪，肿瘤靶向化疗药物的出现给肿瘤化疗带来了新的方向。近年来，随着分子生物学、细胞动力学、免疫学等学科技术的发展，有针对性的联合用药使恶性肿瘤的化疗疗效有了显著提高，肿瘤的生物治疗亦开始逐渐发挥其重要作用。

一、细胞周期增殖动力学

细胞增殖动力学是研究细胞群体生长、繁殖和死亡动态规律的科学。对肿瘤细胞增殖动力学的深入研究有助于了解肿瘤细胞和正常细胞的生物学特性，为制定合理的化疗方案提供理论依据。肿瘤细胞群可分为增殖细胞群、静止细胞群和无增殖能力的细胞群。增殖细胞群细胞可不断分裂进行指数增殖，这部分细胞在肿瘤全部细胞群中的比例称为生长比率(growth fraction，GF)。增长迅速的肿瘤(如急性白血病等)GF 值较大，接近于 1，对药物敏感，药物疗效好；增长慢的肿瘤(如大多数实体瘤)，GF 值较小(0.5～0.01)，对药物敏感性低，疗效较差。一般来说，同一种肿瘤早期的 GF 值较大，药物的疗效也较好。

肿瘤增殖细胞群中的细胞从一次分裂完成开始到下一次分裂结束所经历的全过程即一个细胞周期，包括 G_1期(DNA 合成前期)、S 期(DNA 合成期)、G_2期(DNA 合成后期)和 M 期(细胞有丝分裂期)。非增殖细胞群主要为G_0期(静止期)细胞。G_0期细胞仍具有增殖能力,但暂不分裂,对药物不敏感,是肿瘤复发的根源,一旦有合适的条件,G_0期细胞即可进入增殖期。此外,对于某些特定组织来说,G_0期细胞也可分化为无增殖能力的细胞。

二、抗恶性肿瘤药的分类及作用机制

抗恶性肿瘤药种类繁多,按作用方式可分为细胞毒类抗恶性肿瘤药和非细胞毒类抗恶性肿瘤药。

(一) 细胞毒类抗恶性肿瘤药

细胞毒类抗恶性肿瘤药是指能直接杀死肿瘤细胞或抑制肿瘤细胞生长、增殖的一类化疗药物,是目前治疗恶性肿瘤的主要药物,也称传统的抗恶性肿瘤药。这类药物在杀死或抑制肿瘤细胞的同时,也会对机体的正常细胞(尤其是代谢旺盛的细胞)产生影响,通常在药效剂量下就会导致患者出现明显的不良反应。此类药物有氨甲蝶呤、氟尿嘧啶、巯嘌呤、环磷酰胺、顺铂、丝裂霉素、放线菌素、长春碱及长春新碱等。

1. 细胞毒类抗恶性肿瘤药按生化作用机制分类

(1) 干扰核酸合成的药物:指可以在不同环节干扰核酸合成及利用的药物,又称抗代谢药。其可分为以下几种:① 二氢叶酸还原酶抑制剂,如氨甲蝶呤等;② 胸苷酸合成酶抑制剂,如氟尿嘧啶等;③ 嘌呤核苷酸互变抑制剂,如巯嘌呤等;④ 核苷酸还原酶抑制剂,如羟基脲等;⑤ DNA 聚合酶抑制剂,如阿糖胞苷等。

(2) 破坏 DNA 结构和功能的药物:指能直接破坏 DNA 结构或抑制拓扑异构酶活性的药物,如烷化剂、抗肿瘤抗生素、铂类化合物、拓扑异构酶抑制剂等。

(3) 干扰转录过程及阻止 RNA 合成的药物:指能嵌入 DNA 碱基对之间,干扰转录过程,从而阻止 mRNA 的形成的药物,如放线菌素 D、多柔比星、柔红霉素等。

(4) 影响蛋白质合成和功能的药物:① 微管蛋白活性抑制剂,如长春碱类、紫杉醇类、鬼臼毒素类等;② 干扰核糖体功能的药物,如三尖杉生物碱类;③ 影响氨基酸供应的药物,如 *L*-门冬酰胺酶。

2. 细胞毒类抗恶性肿瘤药按对细胞周期或时相的特异性分类

(1) 细胞周期非特异性药物(cell cycle non-specific agent, CCNSA):指能杀死增殖细胞群中的各期细胞,甚至对一部分G_0期细胞也有杀死作用的药物,如烷化剂、铂类化合物、抗肿瘤抗生素,此类药物往往对肿瘤细胞作用较强,能迅速杀死肿瘤细胞,作用强度呈剂量依赖性,在机体能耐受的毒性范围内,剂量越大,强度越大。

(2) 细胞周期特异性药物(cell cycle specific agent, CCSA):仅对增殖周期中的某一期有较强的作用,如抑制核酸合成的药物对 S 期细胞作用显著,长春碱类、紫杉醇类等作用于 M 期细胞。这类药物往往对肿瘤细胞的作用较弱,对肿瘤细胞的杀伤作用呈时间依赖性,用药后需要一定时间才能起效,达到一定剂量后,其效应即达到坪值,即使再增加剂量,作用也不再增强。

(二) 非细胞毒类抗恶性肿瘤药

随着分子生物学的不断发展,人们对肿瘤的发生发展机制、抗肿瘤药的作用机制及肿瘤细胞的耐药机制的认识不断深入,出现了众多新型的抗肿瘤药,如影响体内激素平衡的药物、靶向抗肿瘤药、肿瘤免疫治疗药物等。

三、细胞毒类抗恶性肿瘤药的主要不良反应

大多数细胞毒类抗恶性肿瘤药治疗指数较小,缺乏选择性,在杀伤肿瘤细胞的同时,对正常组织细胞(骨髓、胃肠道上皮、毛囊、生殖细胞等)能产生不同程度的损害。其毒性反应按发生的时间可分为近期毒性反应和远期毒性反应,而近期毒性反应又可分为共有毒性反应和特有毒性反应。

(一) 近期毒性反应

1. 共有毒性反应

(1) 消化道反应:是化疗药物最常见的不良反应,常见食欲缺乏、恶心、呕吐、腹泻、便秘、口腔黏膜炎、胃肠溃疡等。

(2) 骨髓抑制:造血系统中红细胞的半衰期约为 120 日,血小板半衰期为 5~7 日,白细胞半衰期为 4~

6 h。除少数药物如皮质激素类、博来霉素、*L*-门冬酰胺酶及长春新碱外，大多数细胞毒类抗恶性肿瘤药均能不同程度地抑制骨髓，表现为白细胞特别是粒细胞减少，其次是血小板减少，严重时血红蛋白也降低。停药后骨髓抑制大多在2～3周恢复，但有的也需要6周以上，如亚硝脲类、丝裂霉素C等。骨髓抑制一旦出现，应停药或者换用骨髓抑制较轻的药物，也可联合使用升高白细胞、血小板等的药物，同时注意预防感染的发生。

(3) 毛囊毒性：大多数细胞毒类抗恶性肿瘤药对毛囊上皮细胞具有不同程度的损伤，导致脱发，以蒽环类和植物来源药物多见。脱发通常发生在首剂化疗后2～3周，停止化疗后6～8周后可逐渐长出。有研究表明，给患者戴上特制的冰帽冷却头皮，使其局部血管痉挛，通过降低脱发部位的药物浓度可减轻脱发程度。

2. 特有毒性反应

(1) 心脏毒性：以柔红比星、多柔比星等蒽环类抗生素多见，可引起心肌退行性变和间质性水肿等。大剂量三尖杉酯碱可引起血压下降、心悸，偶尔可致心肌损害。

(2) 呼吸系统毒性：以博来霉素较为严重，可引起咳嗽、肺部渗出，甚至肺纤维化。白消安、环磷酰胺大剂量长期应用亦可引起肺毒性。

(3) 肝脏毒性：氨甲蝶呤、羟基脲、环磷酰胺、鬼臼毒素类等较为常见。

(4) 肾和膀胱毒性：环磷酰胺、顺铂等较为常见。

(5) 神经毒性：长春新碱、紫杉醇、*L*-门冬酰胺酶常引起外周神经毒性，主要为感觉异常。

(6) 过敏反应：较易发生过敏反应的药物有紫杉醇、多西紫杉醇、博来霉素、依托泊苷、*L*-门冬酰胺酶、顺铂等。局部过敏反应通常表现为沿静脉出现风团、荨麻疹或红斑等，常见于多柔比星和表柔比星。全身性过敏反应可表现为颜面潮红、荨麻疹、低血压、发绀、发热等。可在抗恶性肿瘤药应用之前预防性使用抗过敏药物如苯海拉明、地塞米松等。

(二) 远期毒性反应

某些抗恶性肿瘤药具有远期毒性反应，主要表现为以下几点。

1. 影响生殖功能　抗恶性肿瘤药特别是烷化剂可影响生殖系统、内分泌系统功能，干扰生殖细胞的产生从而导致不孕不育、流产或畸胎。

2. 诱发第二原发肿瘤　烷化剂、鬼臼毒素类等可导致突变，加上其免疫抑制作用，在化疗后获得长期生存的患者中，有可能诱发第二原发肿瘤。

四、肿瘤细胞的耐药性

肿瘤细胞耐药是肿瘤药物治疗的一个棘手问题。耐药性可分为天然耐药性和获得性耐药性。获得性耐药又可分为原药耐药和多药耐药。原药耐药是指只对诱导其耐药的药物产生耐药，对其他药物不生产交叉耐药。这类抗肿瘤药多是抗代谢药，如氨甲蝶呤、氟尿嘧啶和阿糖胞苷等；多药耐药即肿瘤细胞接触一种抗肿瘤药后，诱发其对其他多种结构和作用机制不同的药物产生交叉耐药性。这类药物多数是天然生物碱类和抗生素类，分子量较大，亲脂性高，如多柔比星、依托泊苷和长春新碱等。肿瘤耐药尤其是多药耐药是化疗失败的关键因素。因此，阐明肿瘤耐药途径和机制是目前肿瘤治疗领域面临的巨大挑战。目前认为，肿瘤耐药性的形成机制与以下因素有关：细胞内还原型谷胱甘肽和谷胱甘肽*S*-转移酶水平增加；肿瘤细胞膜P-糖蛋白表达增加，使亲脂性的化疗药物分子从肿瘤细胞内泵出，MRP增高；肿瘤细胞拓扑异构酶活性下降；二氢叶酸还原酶的基因表达增加或发生突变；O^6-烷基鸟嘌呤DNA烷基转移酶活性增高修复烷化剂造成的O^6-烷基化鸟嘌呤；醛脱氢酶表达增加或耐药蛋白表达增加，屏蔽DNA上的靶点。有研究发现，肿瘤耐药是肿瘤细胞与肿瘤微环境相互作用的结果。肿瘤微环境中含有多种基质细胞，肿瘤相关巨噬细胞(tumor-associated macrophage，TAM)是其主要组成部分。TAM通过调节细胞因子、信号通路、免疫微环境、血管生成及肿瘤干细胞等途径促进肿瘤耐药，在肿瘤恶性进展中发挥重要作用。目前有研究发现，维拉帕米、利血平、吩噻嗪、环孢素、肿瘤坏死因子、耐药性免疫毒素、反义寡核苷酸和抗P-糖蛋白抗体等可以一定程度改善肿瘤耐药。研发设计以TAM为靶点的抗肿瘤药，联合应用化疗、靶向治疗或免疫治疗等药物，有望达到降低肿瘤耐药性并达到增强抗肿瘤疗效的目的。

第二节 细胞毒类抗恶性肿瘤药

一、干扰核酸合成的药物

干扰核酸合成的药物又称为抗代谢药(antimetabolites),是最早发现的抗肿瘤药之一,其化学结构与机体内某些代谢物如叶酸、嘌呤、嘧啶核苷酸等相似,但不具有他们的功能,能与这些代谢物竞争结合相应酶,干扰肿瘤细胞生存和复制所必需的代谢途径,从而导致肿瘤细胞死亡。为主要作用于S期的细胞周期特异性药物。

(一)二氢叶酸还原酶抑制剂

氨甲蝶呤

氨甲蝶呤(methotrexate, MTX)属于化学合成的叶酸类似物,为弱的二羟酸衍生物(图41-1)。

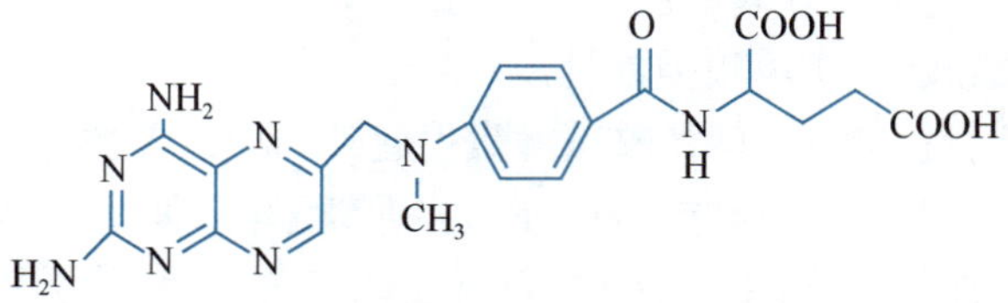

图41-1 氨甲蝶呤

【体内过程】

氨甲蝶呤口服能吸收,生物利用度约33%,有饱和现象且个体差异大,剂量小于40 mg/m^{2}时约为42%,超过40 mg/m^{2}下降为18%,食物会降低其吸收;肌内注射约为76%。血浆蛋白结合率为50%~60%,不易透过血脑屏障,中枢神经系统肿瘤需要鞘内注射;部分可经肝细胞代谢转化为谷氨酸盐,部分可通过胃肠道细菌代谢。主要以原型经肾(40%~90%)排泄,约有10%通过胆汁排泄;少量的氨甲蝶呤及其代谢产物可以结合型形式储存于肾脏和肝脏等组织中达数月。$t_{1/2}$约15 h,有剂量依赖性。

【药理作用】

叶酸需要经二氢叶酸还原酶转变为四氢叶酸(FH_4)才能作为辅酶在各种特定的合成反应中发挥传递一碳单位的作用。在由胸苷酸合成酶介导的脱氧尿苷-磷酸(deoxyuridine monophosphate, dUMP)转化为脱氧胸苷-磷酸(deoxythymidine monophosphate, dTMP)的反应中,一碳单位从N^5,N^{10}-甲烯四氢叶酸转移至dUMP,而自身则转变成FH_2,需要在二氢叶酸还原酶作用下再转变为FH_4才能持续发挥作用。氨甲蝶呤作为叶酸类似物,对二氢叶酸还原酶具有高亲和力,能竞争结合并抑制其活性,使FH_4形成受阻发挥阻止DNA合成作用。氨甲蝶呤的这一作用可通过服用亚叶酸(甲酰四氢叶酸)而避免,亚叶酸为充分还原的叶酸辅酶;氨甲蝶呤也可抑制胸腺核苷酸合成酶活性,干扰RNA和蛋白质的合成,但此作用较弱。

【临床应用】

(1) 癌性疾病:主要与其他化疗药物联合用于治疗各型急性白血病,特别是儿童急性淋巴细胞白血病,与长春新碱、泼尼松、柔红霉素、*L*-门冬酰胺酶等合用,疗效显著。对绒毛膜上皮癌疗效也较好,与5-氟尿嘧啶、放线菌素D合用可使部分患者长期缓解,也可用于治疗恶性淋巴瘤特别是非霍奇金淋巴瘤和蕈样肉芽肿、多发性骨髓瘤、恶性葡萄胎、乳腺癌等。大剂量氨甲蝶呤加亚叶酸钙可治疗成骨肉瘤,能使部分患者得到缓解。鞘内注射可以预防和治疗脑膜白血病及恶性淋巴瘤神经侵犯转移。

(2) 非癌性疾病:氨甲蝶呤还可作为免疫抑制剂用于银屑病、类风湿性关节炎、多发性肌炎、皮肌炎、多发性肉芽肿等自身免疫性疾病。尚可用于同种骨髓移植、器官移植。

【不良反应】

最常见骨髓抑制及消化道上皮毒性不良反应。骨髓抑制主要表现为不同程度的白细胞和(或)血小板减少，严重时可见血常规血细胞水平下降。为减轻其骨髓抑制，临床上可先用氨甲蝶呤，经过一定时间后，再肌内注射亚叶酸，亚叶酸作为救援剂。消化道不良反应常见不同程度的口腔黏膜炎或口腔溃疡、腹泻、胃肠道溃疡，严重时可导致出血或穿孔。大剂量或长期应用时还可见可逆的血清转氨酶升高、血尿、蛋白尿、氮质血症、咳嗽、气短、肺炎、肺纤维化、眩晕、头痛、意识障碍等肝、肾、肺及神经系统毒性。皮肤尚可见脱发、皮肤发红、瘙痒和皮疹等。用药期间应常规检查血常规、肝肾功能。

妊娠早期用药可致畸胎、死胎、流产，孕妇及哺乳期妇女、有肾病史或肾功能异常的患者以及对其过敏的患者等禁用。感染性疾病患者、有消化性溃疡或溃疡性结肠炎的患者、有肝损害的患者等慎用。

（二）胸苷酸合成酶抑制剂

氟尿嘧啶

氟尿嘧啶（fluorouracil）是尿嘧啶5位上的氢被氟原子取代而成的衍生物（图41-2，图41-3）。

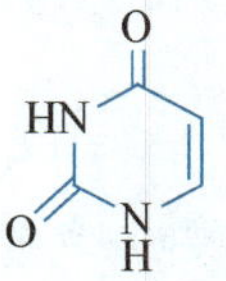

图41-2 尿嘧啶

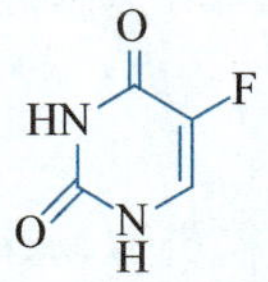

图41-3 氟尿嘧啶

【体内过程】

氟尿嘧啶口服吸收不规则，一般静脉给药。经静脉注射可迅速分布至全身各组织，在肿瘤组织、肝脏及肠黏膜细胞内的浓度较高，易透过血脑屏障，$t_{1/2}$为10～20 min。氟尿嘧啶大部分先经肝脏代谢为二羟氟尿嘧啶，再分解为氟丙酸、尿素和CO_2，分别从尿和肺中排出，5%～10%以原型经肾脏排泄。

【药理作用】

dTMP由dUMP经甲基化合成，该反应由胸苷酸合成酶（thymidylate synthase，TS）催化，N^5，N^{10}-亚甲基四氢叶酸（methylenetetrahydrofolate，MTHF）为该反应的辅因子。氟尿嘧啶本身并无抗肿瘤活性，需要在体内转化为5-氟尿嘧啶脱氧核苷酸（5F-dUMP），5F-dUMP与MTHF一起与TS以共价键形成稳定的TS-FdUMP-MTHF三元复合物，使游离的TS减少，最终导致dUMP不能生成dTMP，从而使DNA合成减少。氟尿嘧啶也能代谢成氟尿苷三磷酸盐（FUTP），后者掺入mRNA中代替氟尿苷一磷酸盐（FUMP），干扰RNA及蛋白质的合成。主要影响S期细胞，对其他期的细胞也有影响作用。

【临床应用】

氟尿嘧啶抗瘤谱较广，单独或与其他药物联合对消化道癌症如胃癌、结肠癌、直肠癌疗效较好。较大剂量可用于治疗绒毛膜上皮癌、乳腺癌、卵巢癌、肺癌、宫颈癌、膀胱癌和皮肤癌等。局部应用可以治疗皮肤过度角化症及多发型表皮基底细胞瘤。

【不良反应】

不良反应主要表现为消化道和骨髓毒性。用药早期常见恶心、食欲缺乏或呕吐，偶见口腔黏膜炎及消化道溃疡，严重情况下可出现出血性腹泻，应立即停药。骨髓抑制常见周围白细胞减少，多在用药后2～3周抑制作用最明显，偶见血小板减少。其他不良反应还有脱发、皮肤色素沉着等。长期应用可导致神经系统毒性，偶见用药后心肌缺血，可出现心绞痛和心电图的变化，偶见肝肾损害等。严重过敏者、伴发水痘或带状疱疹者、衰弱患者、孕妇（尤其在妊娠前3个月）及哺乳期妇女禁用。

替加氟

替加氟（tegafur），为氟尿嘧啶的衍生物，在体内经过肝脏活化成氟尿嘧啶而发挥抗肿瘤作用，干扰和阻断DNA、RNA及蛋白质合成，主要作用于S期细胞，其作用机制、疗效及抗瘤谱与氟尿嘧啶相似，但作用更持久，吸收良好，不良反应较轻，化疗指数约为氟尿嘧啶的2倍。主要用于消化道肿瘤，如胃癌、直肠癌、胰腺癌、肝癌，也可用于乳腺癌。不良反应主要有轻度骨髓抑制如白细胞减少、轻度胃肠道反应以食欲减退、恶心为主，个别患者可出现呕吐、腹泻和腹痛，停药后可消失。其他反应有乏力、寒战、发热、头痛、眩晕、运动失调、皮肤瘙痒、色素沉着、黏膜炎及注射部位疼痛等。

卡培他滨

卡培他滨(capecitabine)为氟尿嘧啶氨基甲酸酯，通过肝脏和肿瘤中的酶转化为氟尿嘧啶而发挥细胞毒作用。临床用于晚期转移性乳腺癌、结肠癌、直肠癌以及其他实体瘤的治疗。

(三) 嘌呤核苷酸互变抑制剂

巯嘌呤

巯嘌呤(mercaptopurine，6-MP)为腺嘌呤6位上的—NH_2被—SH取代的衍生物，化学结构与次黄嘌呤相似。

【体内过程】

巯嘌呤口服吸收不完全，生物利用度约50%且个体差异大。可分布至全身各组织，也可分布至脑脊液。在肝脏，一部分在巯嘌呤甲基转移酶作用下代谢为甲基巯嘌呤并进一步氧化失活，一部分在黄嘌呤氧化酶催化下氧化成6-硫代鸟酸，别嘌醇可抑制黄嘌呤氧化酶的活性，两者合用时，应注意调整巯嘌呤的剂量。原型药物及代谢产物经肾脏排泄。

【药理作用】

巯嘌呤作为次黄嘌呤的结构类似物在体内与次黄嘌呤竞争次黄嘌呤-鸟嘌呤核苷转移酶的活性，在体内转化成硫代肌苷酸，阻止肌苷酸进一步转化为腺嘌呤核苷酸和鸟嘌呤核苷酸，阻碍核酸合成，对S期细胞作用最显著，对其他期细胞也有效。肿瘤细胞中次黄嘌呤-鸟嘌呤核苷转移酶缺乏或活性不足，或酶与底物亲和力下降，均可导致巯嘌呤不易转变成硫代肌苷酸或产生硫代肌苷酸后迅速降解，而对其产生耐药性。

【临床应用】

巯嘌呤主要用于儿童急性淋巴细胞白血病，可作为维持治疗，用于成人急性及慢性髓细胞性白血病时需要较大剂量。还可用于绒毛膜上皮癌、恶性葡萄胎、恶性淋巴瘤，也可用于红细胞增多症、炎性肠病等。

【不良反应】

不良反应主要为骨髓抑制；胃肠道不良反应常见恶心、呕吐、食欲缺乏、口腔炎、腹泻等，偶可见黄疸及肝功能异常；少见皮疹、脱发、间质性肺炎、肺纤维化、尿酸性肾病。对该药物高度过敏的患者、孕妇及哺乳期妇女禁用。

(四) 核苷酸还原酶抑制剂

羟基脲

羟基脲(hydroxycarbamide，HU)抑制核苷二磷酸还原酶，阻止核苷酸还原为脱氧核苷酸，干扰嘌呤及嘧啶碱基生物合成，选择性地阻碍DNA合成，对RNA及蛋白质合成无阻断作用。主要作用于S期细胞。口服后1～2 h血药浓度达峰值；$t_{1/2}$为3～4 h，易透过红细胞膜和血脑屏障。主要经肝代谢，经尿排泄，12 h内排出约80%。临床上单药主要用于骨髓组织增生性疾病(真性红细胞增多症和血小板增多症等)、慢性髓细胞性白血病、多发性骨髓瘤等；联合用药对黑色素瘤、肾癌、头颈部鳞癌有效。还可作为镰状细胞贫血和银屑病的二线药物。主要不良反应为骨髓抑制及消化道反应。偶见头痛、头晕、嗜睡、幻觉等中枢神经系统症状和皮疹、瘙痒、皮肤颜色变深、药物热及脱发等。另外，也可见肝转氨酶、尿素氮、肌酐、尿酸升高。用于镰状细胞贫血时，可能存在致非白血性白血病的风险。

氟达拉滨

氟达拉滨(fludarabine)是阿糖腺苷的氟化核苷酸类似物，在体内代谢为2-氟-阿糖腺苷，被细胞摄取，然后被细胞内的脱氧胞苷激酶磷酸化为有活性的三磷酸盐，抑制核苷酸还原酶、DNA聚合酶、DNA引物酶及DNA连接酶而抑制DNA的合成，还可部分抑制RNA聚合酶Ⅱ而减少蛋白质的合成。临床用于难治性或进展性B细胞慢性淋巴细胞白血病。不良反应常见消化系统反应和骨髓抑制。其他不良反应可见外周神经病变、罕见出血性膀胱炎、心力衰竭、心律失常等。

克拉屈滨

克拉屈滨(cladribine)抑瘤活性与脱氧胞苷激酶和脱氧核苷酸激酶活性有关，主要经被动转运进入细胞，在细胞内被脱氧胞苷激酶磷酸化，转化为克拉屈滨三磷酸，掺和到DNA分子中，妨碍DNA断裂后的修复作用，造成NAD和ATP的耗竭，破坏细胞代谢，影响细胞的DNA合成，对分化或静止期的淋巴细胞和单核细胞均有抑制DNA合成和修复的作用。临床用于毛细胞白血病、慢性淋巴细胞白血病和非霍奇金淋巴瘤等。

（五）DNA聚合酶抑制剂

阿糖胞苷

阿糖胞苷(cytarabine，AraC)为胞嘧啶与阿拉伯糖形成的糖苷化合物，其化学结构与脱氧胞苷类似。

【体内过程】

阿糖胞苷易在肝肠胞苷脱氨酶作用下生成无活性的尿嘧啶阿糖胞苷(Ara-U)，口服生物利用度约20%。临床常持续静脉滴注，可迅速分布至全身各组织，血浆蛋白结合率为13%，脑脊液中浓度可达血浆药物浓度的50%，鞘内注射不易被脱氨代谢，阿糖胞苷主要在肝脏代谢，其代谢产物及原型经肾脏排泄。

【药理作用】

阿糖胞苷在体内经脱氧胞苷激酶活化形成有活性的阿糖胞苷酸(Ara-CMP)，再与相应的激酶反应转化为三磷酸阿糖胞苷(Ara-CTP)及二磷酸阿糖胞苷(Ara-CDP)，Ara-CTP和Ara-CMP能与脱氧胞嘧啶核苷三磷酸(d-CTP)竞争抑制DNA聚合酶，抑制DNA合成，主要作用于S期细胞。此外，其也能抑制核糖还原酶和RNA聚合酶。

【临床应用】

阿糖胞苷对成人的急性非淋巴细胞白血病特别有效，合用其他药物效果更佳，也可与其他药物联合治疗非霍奇金淋巴瘤及急性淋巴细胞白血病的复发等。也可用于HSV、VZV、牛痘病毒引起的眼部感染性治疗。

【不良反应】

不良反应主要为骨髓抑制和消化道反应，治疗初期可发生高尿酸血症，严重者可发生尿酸性肾病。少见肝功能异常、口腔炎、食管炎、发热反应及血栓性静脉炎等。用药后6～12 h可出现阿糖胞苷综合征，其他尚有发热、骨痛或肌痛、咽痛、全身不适、皮疹、眼睛发红等表现。

对阿糖胞苷过敏的患者禁用，有骨髓抑制、肝肾功能不全、痛风、尿酸盐肾结石等病史患者慎用。

吉西他滨

吉西他滨(gemcitabine)为核苷类似物，在细胞内经核苷激酶代谢为有活性的二磷酸核苷(dFd-CDP)和三磷酸核苷(dFd-CTP)，dFd-CDP抑制核苷酸还原酶活性，使合成DNA所必需的d-CTP生成受抑。另外，dFd-CTP与d-CTP竞争掺入DNA中，抑制DNA的合成。主要作用于S期细胞，属周期特异性药，也可阻止G_1期细胞向S期转变。对非小细胞肺癌和胰腺癌疗效好，对卵巢癌、乳腺癌、宫颈癌、膀胱癌、肝癌、胆道癌等也有效。不良反应常见骨髓抑制，消化道反应较轻，也可见轻度尿蛋白和血尿、皮疹、瘙痒、流感样症状等。

二、破坏DNA结构和功能的药物

此类药物主要有烷化剂、抗肿瘤抗生素、铂类化合物及拓扑异构酶抑制剂。

（一）烷化剂

烷化剂(alkylating agent)是一类化学性质非常活泼的化合物，在体内能形成碳正离子或其他亲电性基团，与细胞中的生物大分子(DNA、RNA和酶)中的氨基、巯基、羟基、羧基和磷酸基等发生共价结合，使其丧失活性，或使DNA分子发生断裂，或使碱基配对错码，导致DNA结构和功能的损伤，具有强抗肿瘤活性，但是在抑制增生活跃的肿瘤细胞的同时，对增生较快的正常细胞如骨髓细胞、肠上皮细胞等也同样产生毒性，属于细胞周期非特异性药物。按其化学结构可分为氮芥类、乙烯亚胺类、烃化磺酸类、亚硝脲类及三氮烯类。

1. 氮芥类

氮　芥

氮芥(chlormethine)为最早用于恶性肿瘤临床治疗的药物，是硫芥的氮取代物。其性质和硫芥相似，化学名为2,2′-二氢-*N*-甲基二乙胺，为β-氯乙胺类化合物双氯乙胺烷化剂的代表，属于双功能基团烷化剂。

【体内过程】

氮芥局部刺激性强，绝大多数需要静脉注射，在血中停留时间仅有0.5～1 min，之后便迅速分布于肺、小肠、脾、肾、肝脏及肌肉等组织，脑中含量最少，50%经肾排泄。

【药理作用】

氮芥进入体内后，通过分子内成环作用，形成高度活泼的乙烯亚胺中间产物，在中性或弱碱条件下迅速与多种有机物质的亲核基团(如蛋白质中的巯基、蛋白质和DNA碱基中的—N—、DNA碱基及磷酸基中的═O，尤其是DNA中鸟嘌呤7位上的氮)共价结合，发生烷基化，使DNA双链内交叉联结或DNA同链内不同碱基的交叉联结，阻止DNA复制，造成细胞损伤或死亡。对各期细胞，甚至非增殖细胞群均有杀伤作用，属细胞周期非特异性药物，但以G_1后期及S期细胞最为敏感。

【临床应用】

氮芥目前主要用于恶性淋巴瘤，腔内用药控制癌性胸腔积液、心包积液及腹水。MOPP联合化疗方案(氮芥、长春新碱、丙卡巴肼、泼尼松)用于霍奇金淋巴瘤的治疗。对于慢性淋巴细胞白血病、卵巢癌、精原细胞瘤、鼻咽癌、乳腺癌、前列腺癌等有一定疗效。

【不良反应】

不良反应常见严重的恶心、呕吐及骨髓抑制。可见头晕、乏力、脱发、男性睾丸萎缩、精子减少及活动能力下降等，女性月经紊乱、闭经等。对局部组织有较强的刺激性，静脉注射外漏时可致局部组织坏死，应立即局部皮下注射0.25%硫代硫酸钠或1%普鲁卡因，冰袋冷敷6～12 h。

环磷酰胺

环磷酰胺为用环磷酰胺基置换氮芥中氮原子上甲基的产物，是目前临床最常用的氮芥类烷化剂。

【体内过程】

环磷酰胺口服吸收良好，生物利用度大于75%，血浆蛋白结合率大于60%，经肝脏代谢为4-羟基环磷酰胺，进而形成互变异构体醛磷酰胺。$t_{1/2}$为3～12 h，经肾排泄。

【作用机制】

环磷酰胺在体外无抗肿瘤活性，需要在体内经肝脏代谢为醛磷酰胺，进而在肿瘤细胞自发裂解为磷酰胺氮芥和丙烯醛，磷酰胺氮芥作用机制与氮芥相似。

【药理作用】

(1) 细胞毒作用：环磷酰胺在体内经代谢后的活性代谢产物醛磷酰胺通过烷基化反应，抑制DNA合成，也干扰RNA功能，对各期细胞均有杀伤作用，属于细胞周期非特异性药物。

(2) 免疫抑制作用：环磷酰胺杀伤增殖期淋巴细胞，影响静止期细胞，使循环系统中淋巴细胞数目减少，细胞免疫受到抑制，环磷酰胺也能抑制体液免疫。

【临床应用】

环磷酰胺抗瘤谱广，对恶性淋巴瘤、急慢性淋巴细胞白血病、多发性骨髓瘤有较好的疗效，对乳腺癌、睾丸癌、卵巢癌、肺癌、头颈部鳞癌、鼻咽癌、神经母细胞瘤、横纹肌肉瘤及骨肉瘤均有一定的疗效。另外，由于该药具有免疫抑制作用，小于抗肿瘤作用的剂量尚可用于组织器官移植的排异反应及自身免疫性疾病的治疗。

【不良反应】

最常见的不良反应为骨髓抑制，白细胞减少较血小板减少明显。胃肠道不良反应包括食欲减退、恶心及呕吐，一般停药1～3日即可消失。丙烯醛对尿路的刺激作用可致出血性膀胱炎，表现为膀胱刺激症状、少尿、血尿及蛋白尿。其他尚有脱发、口腔炎、中毒性肝炎、皮肤色素沉着、月经紊乱、无精或精子减少及肺纤维化等。环磷酰胺经肝代谢，最后生成无毒的代谢产物，易致肝损伤，表现为肝细胞坏死、转氨酶升高等。

骨髓抑制、感染、肝肾损害者禁用或慎用环磷酰胺。过敏患者、孕妇及哺乳期妇女禁用环磷酰胺。

2. 乙烯亚胺类

塞替派

塞替派(thiotepa)，化学名称为1,1′,1″-硫次膦基三氮丙啶，俗称三胺硫磷，为乙烯亚胺类烷化剂的代表。

【体内过程】

塞替派在酸中不稳定，不能口服，静脉注射后在各组织中均有分布，血浆蛋白结合率约10%，经肝脏转化，1～4 h后血浆浓度下降90%，$t_{1/2}$为1.5～4.1 h，大部分药物在24～48 h通过肾脏排出。

【药理作用】

塞替派为乙烯亚胺类烷化剂中疗效最好者，其乙烯亚胺基能开环与DNA中的碱基如鸟嘌呤结合，与DNA发生交叉联结，干扰DNA和RNA的功能，属细胞周期非特异性药物。

【临床应用】

塞替派对卵巢癌及乳腺癌疗效较好，膀胱局部灌注可使膀胱癌得到缓解，也可用于肺癌、肝癌、宫颈癌、胃肠道肿瘤、恶性黑色素瘤等。

【不良反应】

不良反应以骨髓抑制最常见，停药后大多数可恢复。消化道反应表现为食欲减退、恶心、呕吐、腹泻等。偶见过敏、出血性膀胱炎、注射部位疼痛、头痛、头晕等，尚可影响精子形成、女性患者可出现闭经。血中假胆碱酯酶水平低下患者合用琥珀胆碱可能使呼吸暂停延长。有严重肝肾损害、严重骨髓抑制患者禁用。

3. 烃化磺酸酯类

白消安

白消安(busulfan)属甲烷磺酸酯类烷化剂，在体内解离后起烷化作用。

【体内过程】

白消安口服易吸收，生物利用度约80%，血浆蛋白结合率约30%，组织分布广泛，肝脏代谢，$t_{1/2}$为2～3 h，代谢产物经尿缓慢排出，反复用药可引起蓄积。

【药理作用】

白消安属于双甲基磺酸酯类的双功能烷化剂，进入人体内后，磺酸酯基团的环状结构打开，通过与DNA的鸟嘌呤起烷化作用而破坏其结构，为细胞周期非特异性药物，对G_1及G_0期细胞较敏感，对非增殖期细胞也有效。

【临床应用】

白消安对慢性髓细胞性白血病的疗效显著，缓解率可达80%～90%，对急性白血病和慢性髓细胞性白血病的急性病变无效。还可用于原发性血小板增多症、真性红细胞增多症、骨髓纤维化等慢性骨髓增殖性疾病等。大剂量可用于造血干细胞移植前预处理。

【不良反应】

不良反应最常见骨髓抑制，表现为血小板减少、粒细胞缺乏，长期用药或剂量过大可导致骨髓再生障碍。少数患者大剂量给药后可能出现癫痫发作。可见皮肤色素沉着、性腺萎缩、闭经、男性乳房女性化、肺纤维化等。

4. 亚硝脲类　有卡莫司汀、洛莫司汀、司莫斯汀、福莫斯汀、尼莫司汀等。在抗脑部肿瘤及胃肠道肿瘤中占有较重要的地位。

卡莫司汀

卡莫司汀(carmustine，氯乙亚硝脲，卡氮芥)为亚硝脲类烷化剂。

【体内过程】

卡莫司汀在水溶液及体液中不稳定，静脉注射后能迅速分解，$t_{1/2}$为15～30 min。脂溶性高，易透过血脑屏障，脑脊液药物浓度为血浆的50%～70%，肝脏代谢，代谢物具有抗癌活性，在血浆中可存在数日，与蛋白结合后缓慢释放，具有延迟骨髓毒性作用，大部分代谢产物经肾排泄，少量以CO_2形式由呼吸道排出。

【药理作用】

卡莫司汀可非酶降解形成2-氯乙基碳鎓离子，与DNA中的碱基发生烷化反应，导致DNA链间或链内发生交叉联结。卡莫司汀降解产物有机异氰酸盐，能使蛋白质的赖氨酸发生氨甲酰化，该反应可以使得某些DNA修复酶失去活性，从而阻止其修复，改变RNA和蛋白质的结构。

【临床应用】

卡莫司汀主要用于脑瘤、恶性淋巴瘤及小细胞肺癌，对多发性骨髓瘤、恶性黑色素瘤、头颈部癌和睾丸肿瘤也有效。

【不良反应】

最常见的严重不良反应是骨髓抑制，主要影响血小板和白细胞。消化道反应常见恶心、呕吐、食欲下降，肝功能轻度受损。长期用药可产生间质性肺炎或肺纤维化，可抑制睾丸或卵巢功能，大剂量使用对肝肾均有毒性。

卡莫司汀能阻碍疫苗接种后身体产生抗体，化疗结束后3个月内不宜接种活疫苗。孕妇及哺乳期妇女禁用。

5. 三氮烯类

达卡巴嗪

达卡巴嗪(dacarbazine)需要在肝脏去甲基化后释放出甲基正离子发挥烷化作用，干扰DNA、RNA及蛋白质的合成；同时能变成一种与嘌呤生物合成中间产物的类似物，干扰嘌呤的生物合成。属于细胞周期非特异性药物，对G_1期细胞较敏感。口服吸收不完全，个体差异较大，需要静脉给药。适用于黑色素瘤、软组织肿瘤、恶性淋巴瘤等。骨髓抑制及胃肠道反应为常见不良反应，偶有流感样综合征、面部麻木、脱发等。

(二) 抗肿瘤抗生素

抗肿瘤抗生素是由微生物产生的具有抗肿瘤活性的代谢产物，在研究抗结核药时发现了第一个抗肿瘤抗生素放线菌素D。该类药物通过不同的作用机制影响DNA、RNA或蛋白质的生物合成，影响细胞分裂，导致其死亡。抗肿瘤抗生素主要包括多肽类抗生素(放线菌素D、博来霉素、平阳霉素等)，蒽环类抗肿瘤抗生素(多柔比星、柔红霉素、表柔比星、米托蒽醌、伊达比星等)以及亚甲基亚胺类(丝裂霉素A、丝裂霉素B、丝裂霉素C等)。

博来霉素

博来霉素(bleomycin, BLM)为轮枝链霉菌(*Streptomyces verticillus*)产生的水溶性碱性糖肽类抗生素，为一组结构相似的化合物，目前临床使用的主要为两种，博来霉素A_2和博来霉素B_2。口服无效，需要肌内注射或静脉注射，血浆蛋白结合率约为1%，静脉注射$t_{1/2}$约2 h，广泛分布于全身，尤以皮肤黏膜鳞状上皮及肺部分布较多，可部分透过血脑屏障，60%～70%经肾排泄。博来霉素能够螯合金属离子(铁离子或铜离子)形成一种类似酶的螯合物，后者与氧反应产生破坏DNA的超氧自由基与氢氧自由基，攻击DNA分子中的磷酸二酯键，使DNA单链或双链断裂，阻止DNA的复制，干扰细胞分裂繁殖。也能抑制胸腺嘧啶核苷掺入DNA。属细胞周期非特异性药物，但以G_2期细胞最敏感。主要用于鳞状上皮(头、颈、口腔、食管、肺、宫颈、阴茎等)癌的治疗，也可用于淋巴瘤及睾丸癌的治疗。无明显骨髓抑制，皮肤毒性则较常见，表现为红斑、溃疡、皮肤色素沉着、角化过度等。肺毒性是最严重的不良反应，可引起间质性肺炎或肺纤维化，发生率为5%～10%，其他不良反应有高热、头痛、恶心、呕吐等。

平阳霉素(pingyangmycin)为纯博来霉素A_5组分，是我国自主研发的抗肿瘤抗生素，具有比博来霉素有效、易于获得、价格便宜、肺纤维化程度轻等特点。发热和过敏反应是其主要不良反应，可以出现过敏性休克。

丝裂霉素

丝裂霉素(mitomycin)由放线菌族培养液分离而来，包括丝裂霉素A、丝裂霉素B、丝裂霉素C，分子中含有一个氮丙啶基团，以丝裂霉素C活性最强。胃肠吸收不稳定，静脉注射$t_{1/2}$为5～80 min，能迅速分布至全身，不易透过血脑屏障，经肝代谢，经肾排泄。丝裂霉素C能在细胞内经酶解或自发的化学反应使醌基还原、脱去甲氧基，转变成具有双功能或三功能基的烷化剂，与腺嘌呤上N^6、鸟嘌呤上的O^6及N^7形成交叉联结，抑制DNA合成，也能使部分DNA链断裂，对RNA及蛋白合成也有一定的抑制作用。为细胞周期非特异性药物。对肿瘤细胞的G_1期，特别是晚G_1期及早S期最敏感。抗瘤谱广，常与博来霉素、长春新碱合用治疗宫颈癌，与多柔比星、氟尿嘧啶合用治疗胃癌、胰腺癌、肺癌，还可用于治疗乳腺癌、慢性髓细胞性白血病、恶性淋巴瘤等。不良反应主要为骨髓抑制，表现为白细胞及血小板减少；恶心、呕吐等胃肠道反应；对局部组织有较强的刺激性，药液若漏出血管外则可引起局部疼痛、坏死及溃疡。与多柔比星合用可增强心脏毒性。

(三) 铂类化合物

顺铂抗肿瘤活性强，最早应用于临床，除了顺铂外，还有第二代的卡铂、第三代的奥沙利铂等。铂类无烷化基团，不会产生烷化反应，而通过类烷基化反应发挥抗癌作用。

顺铂

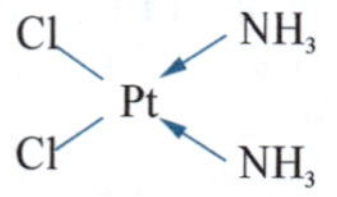

图41-4 顺铂的化学结构示意图

顺铂(cisplatin, DDP)化学名称为顺式二氯铂，由位于中心的二价铂同两个氯原子和两个氨分子结合的重金属络合物(图41-4)。

【体内过程】

顺铂口服无效，静脉注射后能迅速分布至全身各组织，肾、肝、肠、睾丸中浓度较高，极少通过血脑屏障，血浆蛋白结合率大于95%，$t_{1/2}$为30～100 h，经肾排泄。

【药理作用】

顺铂在体内一个氯被水分子取代，形成带正电荷的分子$[PtCl(H_2O)(NH_3)_2]^+$，其中的水分子很容易脱离，铂与鸟嘌呤/腺嘌呤上7位氮发生配位$[PtCl(G-DNA)(NH_3)_2]^+$，另一个氯脱离，又与另一个鸟嘌呤配位，最后铂与DNA单链内两点或双链发生交叉联结，形成加合物，抑制了癌细胞的DNA复制过程，使之发生细胞凋亡和转录，并导致断裂和错码，属于细胞周期非特异性药物。

【临床应用】

顺铂具有抗癌谱广、作用强、与多种抗肿瘤药有协同作用且无交叉耐药等特点，是治疗多种实体肿瘤的一线用药，是目前临床联合化疗中最常用的药物之一，对睾丸癌和卵巢癌疗效显著，对鼻咽癌、甲状腺癌、喉癌、膀胱癌、肺癌、恶性淋巴瘤、肾细胞癌、前列腺癌、软组织肉瘤、恶性黑色素瘤也有一定疗效。尚具有放疗增敏作用。

【不良反应】

(1) 胃肠道反应：最常见，是具有高度致吐风险的药物，使用$5-HT_3$受体拮抗剂昂丹司琼和糖皮质激素可以预防。

(2) 肾脏毒性：是最常见而严重的毒性反应，主要损害肾近曲小管，使细胞空泡化、上皮脱落、管腔扩张，出现透明管型，血中尿酸过多，常发生于给药后7～14日。剂量过大或用药过频，可造成不可逆肾衰竭，甚至死亡。

(3) 骨髓抑制：主要表现为白细胞减少，多发生于剂量超过每日100 mg/m^2时，血小板减少相对较轻。一般在3周左右达高峰，4～6周可逐渐恢复。

(4) 神经毒性：与剂量特别是总用量有关，大剂量及反复用药时明显，损伤内耳毛细胞，引起高频失听、头昏、耳鸣；少数人表现为球后视神经炎、末梢神经感觉异常、味觉丧失等。在用药前与用药中需要检查听力和神经传导。

(5) 过敏反应：少数患者用药后数分钟可出现颜面水肿、心动过速、低血压、呼吸急促、皮疹等。

(6) 其他：心电图ST-T改变、转氨酶升高、低血镁、低血钙等。

卡　铂

卡铂(carboplatin)化学结构中引入了亲水性的1,12-环丁二羧酸作为配体，为第二代金属铂配合物，作用机制与顺铂相同，能与DNA的鸟嘌呤的N^7和O^6原子结合，引起DNA链间及链内交联，破坏DNA分子，阻止其螺旋解链，干扰DNA合成，与顺铂一样同属细胞周期非特异性药物。临床应用与顺铂相似，可用于小细胞肺癌、非小细胞肺癌、卵巢癌、睾丸癌、头颈部鳞状上皮癌、乳腺癌、膀胱癌等多种实体肿瘤的治疗。不良反应与顺铂相似，肾毒性和胃肠道毒性低于顺铂，与顺铂存在交叉耐药性。

奥沙利铂

奥沙利铂(oxaliplatin)为第三代金属铂类配合物，化学结构中铂原子与1,2-二氨环己烷及一个草酸基结合，与DNA形成的加合物较顺铂和卡铂有更强的抑制DNA合成的能力，其与DNA结合的速率较顺铂快10倍。肾毒性、耳毒性较顺铂及卡铂轻，周围神经毒性表现为与寒冷有关的末梢感觉异常和感觉迟钝，偶见咽喉异常感觉，遇冷加重，并具有剂量相关性和蓄积性，80%的患者4～6个月可缓解。对许多耐顺铂或卡铂的细胞株或瘤株仍具有活性。可单独或与氟尿嘧啶联合用于结肠癌、直肠癌的治疗，尤其是对耐氟尿嘧啶的结肠癌、直肠癌有较好的疗效，也可用于胃癌、非小细胞肺癌、胰腺癌、前列腺癌、睾丸肿瘤、头颈部肿瘤等。

（四）拓扑异构酶抑制剂

DNA拓扑异构酶能降低超螺旋DNA扭转张力，通过切断DNA的一条链（拓扑异构酶Ⅰ）或两条链（拓扑异构酶Ⅱ）中的磷酸二酯键，然后重新缠绕和封口来更正DNA连环数的酶。喜树碱类能抑制拓扑异构酶Ⅰ的活性，鬼臼毒素类及蒽环类抗生素等能抑制拓扑异构酶Ⅱ的活性。

1. 喜树碱类

喜树碱和羟喜树碱

喜树碱(camptothecin)是从我国特有的植物珙桐科乔木喜树的果实和根皮中提取出具有细胞毒作用的

喹啉类生物碱,能与反式 DNA-拓扑异构酶Ⅰ可裂解复合物相结合,使其稳定,不直接影响其最初的裂解作用,但能抑制重新连接的反应,导致 DNA 单链断裂增加,并最终引起不可逆的双链断裂,从而破坏 DNA 结构,抑制其合成,属于细胞周期特异性药物,主要作用于 S 期细胞。用于胃肠道肿瘤、头颈部肿瘤、急性粒细胞白血病和慢性髓细胞性白血病等。不良反应主要有泌尿系统反应,表现为尿频、尿急和血尿;另外还可出现胃肠道反应和骨髓抑制;少数出现脱发。羟喜树碱(hydroxycamptothecine)为喜树碱的 10 位羟基衍生物,可用于原发性肝癌、胃癌、食管癌、头颈部癌、膀胱癌、直肠癌、非小细胞肺癌、白血病等。作用更强,不良反应更轻。

伊立替康和拓扑替康

伊立替康(irinotecan)和拓扑替康(topotecan)均为半合成喜树碱衍生物,抑制拓扑异构酶Ⅰ的活性比喜树碱和羟喜树碱更强,水溶性更好。伊立替康是一个前药,其 C_{10} 位侧链被肝羧酸酯酶裂解生成活性代谢产物 SN-38 而发挥抑制拓扑异构酶Ⅰ活性的作用,SN-38 进而被二磷酸尿苷葡萄糖醛酸转移酶代谢失活。伊立替康是治疗晚期结直肠癌最有效的药物之一,也可治疗晚期胃癌、肺癌、卵巢癌、宫颈癌,可以单用,也可与氟尿嘧啶、亚叶酸钙联用。用药期间可出现胆碱能综合征,表现为多汗、多泪、唾液分泌增加、视物模糊、腹痛、"早期"腹泻等,可用阿托品对抗;用药 24 h 以后可能出现延迟性腹泻,表现为用药 3~5 日后,出现水样便腹泻,伴食欲缺乏、恶心、呕吐等,可给予洛哌丁胺治疗,疗程持续 12~48 h;骨髓抑制以中性粒细胞减少为主。拓扑替康为喜树碱水溶性衍生物,可口服,生物利用度为 35%,经肝代谢,$t_{1/2}$ 为 2~3 h,经肾排泄。可用于复发小细胞肺癌及复发卵巢癌的治疗,也可用于晚期乳腺癌、神经母细胞瘤的治疗。骨髓抑制作用较严重,主要表现为白细胞和血小板减少。

2. 鬼臼毒素类衍生物

依托泊苷和替尼泊苷

依托泊苷(etoposide)和替尼泊苷(teniposide)是近 30 年来合成的许多鬼臼毒素衍生物中筛选而来的。与鬼臼毒素不同的是,依托泊苷和替尼泊苷在一般剂量下并不影响微管蛋白的合成,而是作用于 DNA 拓扑异构酶Ⅱ,形成药物-酶-DNA 复合物,引起 DNA 双链断裂,阻碍 DNA 修复。属于细胞周期特异性抗肿瘤药,晚 S 期或 G_2 期细胞对这两种药物最敏感。

依托泊苷口服吸收生物利用度为 25%~75%,血浆蛋白结合率为 97%,口服 $t_{1/2}$ 约 6 h,静脉注射 $t_{1/2}$ 约为 6~12 h(儿童 3 h),主要分布在胆汁、腹水、尿、胸腔积液和肺组织中,脑脊液中药物浓度为血药浓度的 1%~10%,原型及代谢产物主要经肾排泄,少量通过粪便排泄。抗瘤谱广,主要用于治疗小细胞肺癌,其次用于睾丸癌、霍奇金淋巴瘤、非霍奇金淋巴瘤、急性粒细胞白血病、绒毛膜上皮癌、恶性葡萄胎的治疗,对神经母细胞瘤、横纹肌肉瘤、卵巢癌、非小细胞肺癌、胃癌、乳腺癌等也有效。骨髓抑制和消化道不良反应较常见,过敏反应可出现皮疹、红斑、瘙痒等,脱发较明显,但具可逆性,其他可见手足麻木、头痛、发热、心电图异常、低血压、静脉炎等。

替尼泊苷静脉输注后主要分布在血液中,脑脊液中浓度低,但在脑原发肿瘤和脑转移瘤中可测到药物的浓度较高,经肝代谢,半衰期约 5 h。抗瘤谱广,主要用于儿童复发急性淋巴细胞白血病、霍奇金淋巴瘤、非霍奇金淋巴瘤、小细胞肺癌、膀胱癌、颅内原发或转移性肿瘤、卵巢癌、软组织肉瘤、神经母细胞瘤、横纹肌肉瘤等。主要不良反应为骨髓抑制、胃肠道反应、脱发和过敏等。

三、干扰转录过程及阻止 RNA 合成的药物

放线菌素 D

放线菌素 D(dactinomycin)又名更生霉素,是第一个从链霉菌属中提取出来的多肽类抗肿瘤抗生素,分子中含有一个苯氧环结构,分子通过它连接两个等位的环状肽链,各种天然的放线菌素的差别表现在肽链上。

【体内过程】

放线菌素 D 口服吸收差,静脉注射血浆蛋白结合率为 5%,能迅速分布至全身各组织,颌下腺、肝、肾中浓度较高,但不易通过血脑屏障,体内代谢很少,大部分以原型经胆道排出,10%~20%经肾脏随尿液排出,排泄缓慢,$t_{1/2}$ 约 36 h。

【药理作用】

放线菌素 D 分子中苯氧环上连接了两个等位的环状肽链，该肽链能与 DNA 中的脱氧鸟嘌呤发生特异性的相互作用，嵌入 DNA 双螺旋中相邻的鸟嘌呤和胞嘧啶的碱基对之间，与 DNA 形成复合体，阻碍 RNA 聚合酶的活性，抑制 RNA 合成。为细胞周期非特异性药物，对 G_1 及 G_0 期细胞较敏感，对非增殖细胞也有效。

【临床应用】

放线菌素 D 抗瘤谱较窄，对霍奇金病及神经母细胞瘤疗效突出，用于无转移的绒癌、睾丸癌、尤因肉瘤、横纹肌肉瘤，多与其他抗肿瘤药合用，与放疗联合用于儿童肾母细胞瘤。

【不良反应】

胃肠道反应较常见，表现为恶心、呕吐、腹泻；少数出现口腔溃疡；有明显的迟发性骨髓抑制，常见血小板及粒细胞减少；偶见脱发、发热、静脉炎、肝损害及严重的皮肤毒性。

多柔比星

多柔比星(doxorubicin)又名阿霉素，为蒽环类抗生素。能非特异性嵌入 DNA 碱基对之间，与 DNA 结合形成稳定的复合物，抑制反转录酶和 RNA 聚合酶，改变 DNA 的模板，抑制 DNA 和 RNA 的合成，还能形成超氧自由基，并具有特殊的破坏细胞膜结构及功能的作用。仅用于静脉给药，蛋白结合率很低，给药后能迅速分布至全身，但不能透过血脑屏障，主要经肝脏 CYP3A4 代谢，大多数通过胆汁排泄，少量经肾排泄。属细胞周期非特异性药物，对 S 期细胞最敏感，G_2 期细胞和 M 期细胞其次。抗瘤谱广，疗效高，主要用于急性白血病(淋巴细胞性和粒细胞性)，也可用于乳腺癌、卵巢癌、胃癌、支气管肺癌、膀胱癌、头颈部癌等实体癌。化疗指数高，不良反应有骨髓抑制、脱发、消化道反应，且这些不良反应均常见。剂量过大可发生严重心脏毒性，表现为心肌肌纤维丢失、空泡变性，出现心肌病、心力衰竭甚至死亡。

四、影响蛋白质合成和功能的药物

(一) 微管蛋白活性抑制剂

1. 长春碱类　为从夹竹桃科植物长春花中提取出的生物碱，1958 年发现长春花提取物可引起大鼠粒细胞减少和骨髓抑制，后来分离了几种具抗肿瘤活性的生物碱，包括长春碱(vinblastine，VLB)、长春新碱(vincristine，VCR)、长春地辛(vindesine，VDS)、长春瑞滨(vinorelbine，NVB)等。长春碱类药物结构上微小的差别可导致它们在毒性和抗瘤谱上的明显差别。

长春碱类药物属于细胞周期特异性药物，主要作用于细胞有丝分裂期的微管蛋白，抑制微管蛋白的聚合而影响纺锤体微管的形成，使有丝分裂停止于中期。还可干扰蛋白质代谢及抑制 RNA 聚合酶的活力，抑制 RNA 合成，并抑制细胞膜类脂质的合成和氨基酸在细胞膜上的转运。长春碱对霍奇金病、绒毛膜上皮癌疗效较好，对急性白血病、乳腺癌、卵巢癌、睾丸癌、头颈部癌、口咽部癌、单核细胞白血病均有一定疗效。对淋巴肉瘤、网状细胞肉瘤、肾母细胞瘤、恶性黑色素瘤也有效。长春新碱对急性淋巴细胞白血病疗效显著，尤其是儿童急性淋巴细胞白血病，也可用于恶性淋巴瘤、横纹肌肉瘤、尤因肉瘤、神经母细胞瘤、多发性骨髓瘤等。长春地辛抗瘤谱较长春碱和长春新碱广，对非小细胞肺癌、小细胞肺癌、恶性淋巴瘤、乳腺癌、卵巢癌、食管癌、头颈部癌、软组织肉瘤及恶性黑色素瘤等恶性肿瘤有效。长春瑞滨抗瘤谱广，是目前治疗乳腺癌和非小细胞肺癌最有效的药物之一，对卵巢癌、恶性淋巴瘤、头颈部肿瘤、小细胞肺癌和食管癌等也有较好疗效。长春碱类的不良反应主要包括骨髓抑制、神经毒性、消化道反应、体位性低血压、脱发、肝损害、注射部位局部刺激等。长春碱的主要不良反应是消化道反应、骨髓抑制和周围神经炎。长春新碱的主要不良反应与长春碱相似，但骨髓抑制和消化道反应轻而周围神经系统毒性较大。长春地辛的主要不良反应介于长春碱与长春新碱之间，神经毒性只有长春碱的 1/2，骨髓抑制较长春碱轻但较长春新碱强，常引起白细胞减少，但严重的白细胞减少并不多见。长春瑞滨的主要不良反应是骨髓抑制，白细胞减少多见，主要不良反应还包括神经系统反应和便秘等。

2. 紫杉醇类

紫杉醇

紫杉醇(paclitaxel)首次从美国西部紫杉树皮中提取得到，为一种二萜类化合物，有一个复杂的紫杉烷环核心结构，其紫杉烷环13位碳上的侧链是其发挥抗肿瘤作用的基础。例如，多西他赛为改变其侧链结构得到的活性更强的紫杉醇衍生物。

紫杉醇属于细胞周期特异性药物，特异性结合于微管蛋白β亚基上，导致微管蛋白聚合成团块和束状并促使其稳定，抑制了微管蛋白的正常功能，干扰了细胞的增殖分裂。此外，其还具有放射增敏作用，可能与其使细胞增殖停止于对放射最敏感的G_2期和M期有关。对卵巢癌、乳腺癌、肺癌和卡波西肉瘤疗效好；对非小细胞肺癌、头颈部癌、食管癌、胃癌、膀胱癌、精原细胞瘤、恶性黑色素瘤及复发性非霍奇金淋巴瘤等也有效。不良反应主要包括过敏反应、骨髓抑制、神经毒性、骨关节和肌肉疼痛、心血管毒性、胃肠道反应、肝脏毒性和脱发等。

多西他赛

多西他赛(docetaxel)为半合成的紫杉醇衍生物，化学结构与紫杉醇稍有不同，作用机制相同，多西他赛与微管蛋白的亲和力是紫杉醇的2倍，也有放射增敏作用。血浆蛋白结合率为98%，消除$t_{1/2}$约80 h，主要经肝CYP3A4代谢，代谢产物经胆汁随粪便排出，少量经尿排泄。与紫杉醇相似，对晚期乳腺癌、非小细胞肺癌最有效，但骨髓抑制较严重。对卵巢癌、头颈部肿瘤、小细胞肺癌、胃癌、恶性黑色素瘤、淋巴瘤等也有效。主要不良反应有骨髓抑制、过敏反应、体液潴留，尚可见皮肤反应、脱发、消化道反应、肌肉及关节痛等。

(二) 干扰核糖体功能的药物

三尖杉生物碱类

从三尖杉科三尖杉属植物中提取的酯碱有4种，分别为高三尖杉酯碱、三尖杉酯碱、异三尖杉酯碱及脱氧三尖杉酯碱，其中以三尖杉酯碱(harringtonine)及高三尖杉酯碱(homoharringtonine)疗效较好。能抑制氨酰基-tRNA与核糖体的结合及肽链的形成，影响多聚体形成前的早期阶段，并使多聚核糖体解聚，从而干扰核糖体的功能，对细胞内DNA的合成也有抑制作用。属细胞周期非特异性药物，对S期细胞有强烈杀伤作用，对细胞由G_1期向S期移行有延迟作用，对G_0期细胞也有一定影响。主要用于各型急性非淋巴细胞白血病的诱导缓解期及继续治疗阶段，尤其对急性早幼粒细胞白血病、急性单核细胞白血病、急性粒细胞白血病疗效更佳，对骨髓增生异常综合征、慢性髓细胞性白血病及真性红细胞增多症等亦有一定疗效。不良反应包括骨髓抑制、心脏毒性、消化道反应、脱发等。

(三) 影响氨基酸供应的药物

L-门冬酰胺酶

L-门冬酰胺酶(*L*-asparaginase)为从大肠埃希菌中提取的酶制剂类抗肿瘤药，口服后易在消化道被破坏，可肌内注射或静脉注射，血浆蛋白结合率约为30%，能分布至淋巴液，脑脊液中浓度低。能将血清中门冬酰胺水解为门冬氨酸和氨，而门冬酰胺是细胞合成蛋白质及增殖生长所必需的氨基酸，正常细胞具有合成门冬酰胺的功能，而很多肿瘤细胞无此功能，肿瘤细胞因不能从血液中获得足够多的门冬酰胺，也不能自身合成，从而使其蛋白质合成受阻，增殖受抑。也能干扰细胞DNA、RNA的合成，可能作用于G_1期细胞，为细胞周期特异性药物。适用于急性淋巴细胞白血病、急性粒细胞白血病、急性单核细胞白血病、慢性淋巴细胞白血病、恶性黑色素瘤等，对儿童急性淋巴细胞白血病诱导缓解率最佳。肿瘤细胞容易对其产生耐药性，用于治疗肿瘤时，不宜单独使用，可与其他抗癌药物联用。不良反应常见过敏反应；胃肠道不良反应常见恶心、呕吐、食欲下降、腹泻；另外还可见凝血功能障碍，骨髓抑制，胰腺炎等。

第三节 非细胞毒类抗恶性肿瘤药

随着肿瘤分子生物学及药理学研究的不断进步，对分子水平上肿瘤的发病机制、细胞分化增殖及凋亡调控机制认识逐渐深入，人们逐渐寻找到针对肿瘤分子病理过程的调控分子和关键基因为新靶点的药物。此类药物具有对特定肿瘤疗效好、毒性反应轻的特点，已经成为抗肿瘤药研发的主要方向。此类药物的疗效取决于个体的靶分子在治疗前后的表达和突变情况，与细胞毒类抗恶性肿瘤药和放疗合用能产生更好的治疗效果。这些药物包括影响体内激素平衡的药物、靶向抗肿瘤药和肿瘤免疫治疗药物等。

一、影响体内激素平衡的药物

激素类抗恶性肿瘤药不同于细胞毒类药物，其抗恶性肿瘤作用是通过影响体内激素平衡来抑制机体某些受激素影响的肿瘤的生长，此类药物对造血系统没有明显的抑制作用，但激素作用广泛，临床应用必须严格掌握适应证，且剂量恰当，否则有可能反而促进肿瘤生长。

（一）糖皮质激素类

糖皮质激素能促进淋巴细胞的脂肪代谢，阻止其再酯化与利用，使细胞内脂肪酸堆积、细胞核破裂，具有溶解淋巴细胞的作用。同时，糖皮质激素还能抑制淋巴细胞有丝分裂。常用于恶性肿瘤治疗的糖皮质激素有泼尼松、泼尼松龙、甲基泼尼松龙、地塞米松等，对急性淋巴细胞白血病及恶性淋巴瘤的疗效较好，作用快，维持时间短，易发生耐药。临床上常与其他抗恶性肿瘤药联合用于急性淋巴细胞白血病、慢性淋巴细胞白血病、霍奇金淋巴瘤及非霍奇金淋巴瘤的治疗，对乳腺癌、多发性骨髓瘤及前列腺癌也有一定疗效。还可治疗恶性肿瘤的并发症如颅内肿瘤引起的颅内压升高、上腔静脉压迫综合征及脊髓压迫综合征等。其不良反应及禁忌证等详见第二十二章具体内容。

（二）雄激素类及抗雄激素类

1. 雄激素类　丙酸睾酮（testosteronepropionate）、氟甲睾酮（fluoxymesterone）能抑制垂体分泌促性腺激素，减少卵巢雌激素的合成和分泌，也有抗雌激素作用，可用于晚期乳腺癌和乳腺癌转移的治疗，但由于其不良反应较多，临床上多被雌激素受体拮抗剂取代。

2. 抗雄激素类

阿比特龙

阿比特龙（abiraterone）是一种新型的雄激素生物合成抑制剂，主要作用于雄激素生物合成的关键酶 17-α-羟化酶/C17，20 裂解酶（CYP17），阻断了雄激素生物合成的通路。阿比特龙与泼尼松联用治疗接受过含多烯紫杉醇治疗的转移性去势抵抗性前列腺癌（metastatic castration-resistant prostate cancer，mCRPC），能显著提高 mCRPC 患者无进展生存期和总生存期。不良反应主要有外周水肿、高血压、低血钾、尿路感染、心脏疾病、肝脏毒性、横纹肌溶解、骨折和过敏性肺泡炎等。

氟他胺

氟他胺（flutamide）是非甾体类雄性激素拮抗剂，其代谢产物 2-羟基氟他胺竞争结合靶组织雄激素受体，抑制肿瘤细胞对雄激素的摄取，抑制雄激素依赖性的前列腺癌细胞生长，此外，氟他胺还能抑制睾丸微粒体 17-α-羟化酶/C17，20 裂合酶的活性，因而能抑制雄激素生物合成。主要用于晚期前列腺癌。不良反应主要有男性乳房女性化、溢乳，减量或停药可消失，胃肠道反应较少见，偶见一过性肝功异常等。

（三）雌激素类及抗雌激素类

1. 雌激素类

己烯雌酚

己烯雌酚（diethylstilbestrol）为人工合成非甾体雌激素中作用最强的药物，能抑制垂体促性腺激素的分泌，改变体内激素平衡而破坏肿瘤组织赖以生存的条件，可用于前列腺癌和绝经 5 年以上的乳腺癌的治疗，但由于其不良反应非常明显，近年来已少用。

2. 抗雌激素类

他莫昔芬

他莫昔芬（tamoxifen）为合成的抗雌激素类药物，结构类似雌激素，是雌激素受体的部分激动剂，具有雌激素样作用，但强度仅为雌二醇的 1/2，也有一定的抗雌激素的作用。能与雌二醇竞争结合细胞质内的雌激素受体，生成的复合物转移至核内，阻碍染色体基因的活化，转移至核内的该复合物并不刺激 RNA 和蛋白质的合成，却能使细胞质中雌激素受体耗竭而发挥抗雌激素的作用，能抑制雌激素依赖性肿瘤细胞生长。主要用于乳腺癌，其疗效与乳腺癌细胞雌激素受体水平成正比。对化疗无效的晚期卵巢癌也有效。口服吸收迅速，卵巢中浓度较高，$t_{1/2}$ 为 5～7 日，经肝代谢，大部分经粪便排出，少量经肾排出。不良反应轻，少数患者可见胃肠道反应、月经失调、闭经、阴道出血、外阴瘙痒、颜面潮红、脱发、皮疹、头晕,偶见白细胞和血小板下降、肝功异常等。

托瑞米芬(toremifene)为他莫昔芬的衍生物,作用与他莫昔芬相似,适用于治疗转移性乳腺癌和前列腺癌。

(四)孕激素类

甲地孕酮(megestrol)、醋酸甲羟孕酮(medroxyprogesterone acetate)为合成的黄体酮衍生物,作用类似天然黄体酮,可抑制垂体分泌促性腺激素,主要用于肾癌、乳腺癌、子宫内膜癌,可增强患者食欲,改善一般状况。

(五)促性腺激素释放激素抑制剂

曲普瑞林

曲普瑞林(triptorelin)为合成的促性腺激素释放激素的结构类似物,作用与促性腺激素释放激素相同,但其与促性腺激素释放激素受体的亲和力更强,其 $t_{1/2}$ 较促性腺激素释放激素延长,注射给药初期会刺激垂体分泌促黄体生成素和卵泡刺激素,垂体经过长期的刺激后进入不应期,促黄体生成素和卵泡刺激素水平会下降,从而使血中睾酮降至去势水平。临床用于治疗前列腺癌,也可用于治疗不孕症。不良反应较多,常见如面部发热、性欲下降,男性可引起阳痿、排尿困难等,女性可引起阴道干燥、出血斑等,一般在治疗停止 6～9 个月可以恢复。

戈舍瑞林和亮丙瑞林

戈舍瑞林(goserelin)和亮丙瑞林(leuprorelin)为合成的促黄体生成素释放激素的类似物,能与促黄体生成素和促卵泡生成素竞争相应的受体,长期使用可抑制垂体促黄体生成激素的分泌。临床上可用于治疗男性前列腺癌及女性绝经前激素受体阳性的乳腺癌、子宫内膜异位症及中枢性性早熟症。不良反应主要有乏力、头晕、多汗、面部潮红、男性乳房增大、性欲下降,少数患者有恶心、呕吐、皮疹、多毛、耳鸣、水肿及体重增加。

(六)芳香化酶抑制剂

氨鲁米特

氨鲁米特为镇静催眠药格鲁米特的衍生物,能特异性抑制芳香化酶,减少雄激素的转化而降低雌激素水平;抑制肾上腺皮质胆固醇转变为孕烯醇酮的裂解酶而阻断肾上腺皮质激素的合成;能诱导肝 CYP450 酶系活性,促进雌激素的体内代谢。临床主要用于绝经后或卵巢切除后的晚期乳腺癌的治疗,对雌激素受体或孕激素受体阳性的患者疗效较好。也可用于皮质醇增多症。不良反应主要有骨髓抑制、共济失调等神经毒性、胃肠道毒性、过敏反应等。

同类药物来曲唑(letrozole)为新一代芳香化酶抑制剂,其作用强度比第一代的芳香化酶抑制剂氨鲁米特强 150～250 倍,抗肿瘤作用更强,不影响肾上腺皮质激素的合成。不良反应较轻,主要表现为恶心、头痛、潮热、体重增加等。阿那曲唑(anastrozole)与来曲唑相似,抑制芳香化酶活性同时,对肾上腺皮质激素的合成无明显影响,不良反应也较轻,患者一般可耐受。

二、靶向抗肿瘤药

针对某些肿瘤特殊的生物学特性,采用大分子(抗体)或小分子物质与特异靶点相作用,从而杀死或抑制肿瘤。这类药物一般对相应的非肿瘤细胞影响较小。

(一)单克隆抗体

单克隆抗体是由能制造这种抗体的免疫 B 细胞与骨髓瘤细胞融合而成的杂交细胞所产生的,融合后的细胞具有肿瘤细胞不断分裂的特性和免疫细胞产生抗体的双重能力。所产生的抗体是由识别一种抗原决定簇的细胞克隆所产生的均一性抗体,故称为单克隆抗体,简称单抗。按制备技术可将其分为鼠源性抗体、人-鼠嵌合抗体、人源化抗体、全人源抗体。按药物作用靶点和性质将其分为抗 CD_{20} 抗体、抗表皮生长因子受体(epidermal growth factor receptor, EGFR)抗体、抗 VEGF 及其受体抗体等。

1. 抗 CD_{20} 抗体

利妥昔单抗

利妥昔单抗是抗人 B 细胞分化的抗 CD_{20} 抗体。利妥昔单抗与 B 细胞上的 CD_{20} 结合,从而引起 B 细胞溶解。细胞溶解的可能机制包括补体依赖性细胞毒性和抗体依赖性细胞介导的细胞毒性。主要用于治疗中低度恶性非霍奇金淋巴瘤，使用前需要对淋巴瘤切片进行 CD_{20} 表达的检测，有效率为 46%。不良反应常见发热、寒战等过敏反应，多发生于首次静脉滴注后的 2 h 内，还可见心血管系统、消化系统、血液系统、血管神经性水肿、肌肉和骨骼系统、神经系统、呼吸系统等的不良反应。

曲妥珠单抗

曲妥珠单抗(trastuzumab)是重组 DNA 人源化 IgG 单克隆抗体，能选择性地和人表皮生长因子受体-2(Her-2)的细胞外区域结合，抑制 Her-2 介导的信号通路。主要用于治疗 Her-2 过表达的晚期乳腺癌，联合卡倍他滨或氟尿嘧啶和顺铂用于未接受过针对转移性疾病治疗的 Her-2 过表达的转移性胃腺癌或胃食管交界腺癌患者。不良反应主要有过敏反应、心脏毒性和血液毒性等。

2. 抗 EGFR 抗体

西妥昔单抗

西妥昔单抗(cetuximab)是靶向 EGFR 的人-鼠嵌合 IgG_1 单克隆抗体，可与人的正常细胞及肿瘤细胞的 EGFR 的细胞外激酶特异性结合，竞争性抑制 EGFR 与其他配体的结合，如抑制 EGFR 与 TGF-α 的结合，从而拮抗受体相关激酶的磷酸化作用，抑制细胞生长，诱导凋亡，减少金属蛋白激酶和 VEGF 的产生。西妥昔单抗与伊立替康联合用于 EGFR 过度表达的、对以伊立替康为基础的化疗方案耐药的转移性结直肠癌的治疗。不良反应主要有皮疹、低血镁、疲倦、腹泻、恶心、呕吐、腹痛、发热和便秘等。少数可发生严重不良反应如输液反应、肺间质疾病、皮肤毒性、败血症、肾衰竭、肺栓塞和脱水等。

帕尼单抗

帕尼单抗(panitumumab)是第一个完全人源化靶向 EGFR 的 IgG_2 单克隆抗体，拮抗 EGFR 信号通路后抑制由该受体介导的肿瘤增殖。主要用于治疗化疗失败后的转移性结直肠癌。不良反应主要有皮疹、疲倦、低血镁、腹痛、恶心和腹泻等，严重的不良反应包括肺纤维化、由感染所并发的严重皮疹和输液反应等。

尼妥珠单抗

尼妥珠单抗(nimotuzumab)是我国第一个人源化靶向 EGFR 的 IgG_1 单克隆抗体，能够竞争性结合 EGFR，阻断由 EGFR 与其介导的下游信号转导通路，从而抑制肿瘤细胞增殖、诱导分化、促进细胞凋亡、抑制肿瘤血管生成、增强放化疗疗效。主要与放疗联合用于 EGFR 表达阳性的Ⅲ/Ⅳ期鼻咽癌。不良反应主要有发热、寒战、恶心、呕吐、血压下降、虚弱、头晕、头痛、皮疹、贫血和肢端发绀等。

耐昔妥珠单抗

耐昔妥珠单抗(necitumumab)是靶向 EGFR 的 IgG_1 单克隆抗体，阻断由 EGFR 与其介导的下游信号转导通路。耐昔妥珠单抗与吉西他滨、顺铂联合治疗方案，用于转移性鳞状非小细胞肺癌的一线治疗，可以有效地缓解肿瘤相关症状和提高生存率。不良反应主要有输液反应、皮疹、低血镁、腹泻、恶心、呕吐、动静脉血栓栓塞等。

3. 抗 VEGF 及其受体抗体

贝伐珠单抗

贝伐珠单抗(bevacizumab)是重组的人源化靶向 VEGF 的 IgG_1 单克隆抗体，可与 VEGF 结合，阻碍 VEGF 与 VEGF 受体在内皮细胞表面相互作用，抑制肿瘤的血管新生，切断肿瘤区域的供血，抑制肿瘤的生长和转移，从而达到抗肿瘤的治疗效果。贝伐珠单抗主要用于治疗转移性结直肠癌、乳腺癌、非小细胞肺癌、肾细胞癌和多形性恶性胶质瘤。不良反应主要有高血压、出血、胃肠道穿孔、充血性心力衰竭、肾病综合征、输液反应、衰弱、疼痛、腹泻、白细胞减少等。

雷莫西尤单抗

雷莫西尤单抗(ramucirumab)靶向 VEGF 受体-2 的 IgG_1 单克隆抗体，抑制 VEGF 信号通路，从而阻止肿瘤血管的新生和生长。主要治疗结直肠癌、胃癌、胃食管癌和非小细胞肺癌等。不良反应主要有外周水肿、高血压、腹痛、腹泻、头痛、蛋白尿、血小板减少症、胃肠出血/穿孔、影响伤口愈合、动脉血栓栓塞、输液相关反应、可逆性后部脑病综合征、甲状腺功能不全等。

（二）小分子化合物

1. 单靶点酪氨酸激酶抑制剂

伊马替尼

伊马替尼(imatinib)是第一代特异性酪氨酸激酶抑制剂。Bcr－Abl 酪氨酸激酶是在慢性髓系白血病中由于费城 9 号和 22 号染色体异常而产生的一种异常酪氨酸激酶，伊马替尼抑制 BCR－ABL 融合基因阳性/费城染色体阳性的慢性髓细胞性白血病的白血病细胞增殖并诱导其凋亡，也抑制异常的干细胞因子受体 c－kit(CD117)和血小板衍生生长因子受体(PDGFR)的酪氨酸激酶。主要用于治疗费城染色体阳性的慢性髓细胞性白血病急变期、加速期或者 IFN－α 治疗无效的慢性期；c－kit 阳性不能手术切除的和(或)转移性恶性胃肠道间质瘤。不良反应常见轻中度体液潴留、胃肠道反应、肌痛、肌痉挛、血小板减少等，偶见肝功能受损。

达沙替尼和尼罗替尼

达沙替尼(dasatinib)和尼罗替尼(nilotinib)均为第二代强效酪氨酸激酶抑制剂。可抑制 Bcr－Abl 酪氨酸激酶和 Src 家族激酶以及其他选择性的致癌激酶，包括 c－kit、肝配蛋白(ephrin)(EPH)受体激酶和 PDGFRβ。主要用于伊马替尼耐药或不能耐受的费城染色体阳性的慢性髓细胞性白血病慢性期、加速期和急变期(急粒变和急淋变)成年患者。不良反应主要有发热、疲劳、感染、恶心、腹痛、腹泻、呕吐、皮疹、肌肉骨骼疼痛、头痛、咳嗽、呼吸困难、体液潴留、出血、Q－T 间期延长和肝功能损伤等。

博舒替尼

博舒替尼(bosutinib)是第二代强效酪氨酸激酶抑制剂。抑制 Bcr－Abl 酪氨酸激酶和 Src 家族激酶以及许多其他选择性的致癌激酶，包括 c－kit、EPH 受体激酶和 PDGFRβ。博舒替尼对除了 *T315I* 基因和 *V299L* 基因突变的大多数伊马替尼耐药的 Bcr－Abl 突变有效，主要用于治疗对既往治疗无效的慢性期、加速期或急变期费城染色体阳性的慢性髓细胞性白血病患者。不良反应主要有恶心、呕吐、腹泻、体液潴留、骨髓抑制、皮疹和肝毒性等。

吉非替尼和厄洛替尼

吉非替尼(gefitinib)和厄洛替尼(erlotinib)是第一代 EGFR 酪氨酸激酶抑制剂。主要用于治疗接受过化疗的局部晚期或转移的非小细胞肺癌。不良反应主要有腹泻、厌食、皮疹，偶有间质性肺炎等。

埃克替尼

埃克替尼(icotinib)为我国具有完全自主知识产权的第一代 EGFR 酪氨酸激酶抑制剂。主要用于治疗接受过化疗的局部晚期或转移性非小细胞肺癌。不良反应主要有皮疹、腹泻、转氨酶升高及间质性肺炎等。

阿法替尼和达克替尼

阿法替尼(afatinib)和达克替尼(Dacomitinib)是第二代 EGFR 酪氨酸激酶抑制剂。用于治疗接受过化疗的局部晚期或转移性非小细胞肺癌。不良反应主要有腹泻、皮肤相关不良事件、口腔炎和甲沟炎等。

奥希替尼

奥希替尼(osimertinib)是第三代强效选择性 *EGFR* 基因突变体酪氨酸激酶抑制剂，包括外显子 21(*T790M*、*L858R*)突变或外显子 19 缺失。用于治疗既往经 EGFR 酪氨酸激酶抑制剂治疗时或治疗后出现疾病进展，并经检测确认存在 *EGFR T790M* 基因突变阳性的局部晚期或转移性非小细胞肺癌。不良反应主要有白细胞减少、血小板减少、恶心、腹泻、厌食、便秘、口腔炎、皮疹、瘙痒、角膜炎、眼睑炎、疲劳、间质性肺炎、心力衰竭和 Q－T 间期延长等。

阿美替尼和艾弗替尼

阿美替尼(almonertinib)和艾弗替尼(alflutinib)是我国研发的第三代肺癌 *EGFR* 基因突变阳性靶向药物。阿美替尼也是继奥希替尼后世界第二个上市的 *EGFR* 基因突变肺癌靶向药物。两药可用于既往经 EGFR 酪氨酸激酶抑制剂治疗时或治疗后出现疾病进展，并经检测确认存在 *EGFR T790M* 基因突变阳性的局部晚期或转移性非小细胞肺癌成人患者的治疗。不良反应主要有皮疹、腹泻、口腔炎和贫血等。

2. 多靶点受体酪氨酸酶抑制剂

索拉非尼

索拉非尼(sorafenib)是一种新型多靶点受体酪氨酸激酶抑制剂(TKI)，可同时作用于肿瘤细胞和肿瘤血管，具有双重抗肿瘤作用。既可通过阻断由 RAF/MEK/ERK 介导的细胞信号传导通路而直接抑制肿瘤细胞的增殖，还可通过抑制 VEGF 受体和 PDGFR 而阻断肿瘤新生血管的形成，间接抑制肿瘤细胞的生长。主要用于不能手术治疗的晚期肾细胞癌和远处转移的肝细胞癌。不良反应主要有皮疹、腹泻、血压升高，以及手掌或足底部发红、疼痛、肿胀或水疱等。骨髓抑制为剂量限制性毒性，可致白细胞和血小板减少，停药后1～2周可恢复。

舒尼替尼

舒尼替尼(sunitinib)是第二代多靶点受体酪氨酸激酶抑制剂。其中某些受体酪氨酸激酶参与肿瘤生长、病理性血管形成和肿瘤转移的过程。舒尼替尼对 PDGFRα、PDGFRβ、VEGFR1、VEGFR2、VEGFR3、干细胞因子受体(KIT)、Fms 样酪氨酸激酶 3(FLT3)、1 型集落刺激因子受体(CSF－1R)等的活性均具有抑制作用。主要用于伊马替尼治疗失败或不能耐受的胃肠间质瘤和不能手术的晚期肾细胞癌。不良反应主要有疲劳、乏力、食欲减退、腹泻、便秘、味觉改变、厌食、恶心、呕吐、黏膜炎/口腔炎、消化不良、高血压等。

培唑帕尼

培唑帕尼(pazopanib)是第二代多靶点受体酪氨酸激酶抑制剂。靶向作用于 VEGFR、PDGFR 和 FGFR 等受体。通过阻断这些受体的信号通路，培唑帕尼可以抑制肿瘤血管的新生和生长，并减少癌细胞的供血，从而阻止肿瘤的进展。培唑帕尼适用于晚期肾细胞癌治疗。不良反应主要有腹泻、毛发颜色变化、皮肤色素沉着不足、皮疹、丘疹、荨麻疹、高血压、恶心、眩晕、头痛、疲劳、厌食、呕吐、发音困难、口腔炎、体重减轻、疼痛、谷丙转氨酶/谷草转氨酶升高、黄疸和骨髓抑制等。

帕纳替尼

帕纳替尼(ponatinib)是第三代多靶点受体酪氨酸激酶抑制剂。抑制 Bcr－Abl 受体激酶、Src 家族激酶以及许多其他致癌激酶。主要用于治疗成人慢性髓细胞性白血病和费城染色体阳性的急性淋巴细胞白血病，治疗对达沙替尼或尼罗替尼治疗无效的患者，或不能耐受达沙替尼或尼罗替尼的患者，也可用于治疗具有 *T315I* 基因突变的伊马替尼耐药的患者。不良反应主要有高血压、皮疹、腹痛、疲乏、头痛、皮肤干燥、便秘、关节痛、恶心和发热。血液系统不良反应包括血小板减少症、贫血、中性粒细胞减少、淋巴细胞减少和白细胞减少。帕纳替尼还可能导致动脉血栓栓塞、心律失常和肝脏毒性。

3. 细胞分化诱导剂

维 A 酸

维 A 酸(trelinoin，维甲酸)抗肿瘤作用被认为是 20 世纪 90 年代国际上抗癌药物的三大发现之一。维 A 酸是细胞分化诱导剂，与维 A 酸受体结合后能够明显调变和降解在急性早幼粒细胞白血病发病中起关键作用的 PML－RARa 融合蛋白，我国学者在国际上首先成功应用维 A 酸治疗急性粒细胞白血病，不但取得了很高的完全缓解率，而且不诱发弥散性血管内凝血、不引起骨髓抑制，在临床治疗急性早幼粒细胞白血病方面获得较好疗效。由于费用低廉、使用方便等优点，维 A 酸是公认的诱导治疗急性粒细胞白血病的首选药物。不良反应主要有皮肤、口唇干燥伴脱屑、消化道反应、头晕、头痛、关节酸痛等。

4. 细胞凋亡诱导剂

亚砷酸

亚砷酸(arsenious acid，As_2O_3，三氧化二砷)是砒霜的主要成分，急性早幼粒细胞白血病的染色体易位产生 PML－RARa 融合蛋白基因，该基因导致 PML－RARa 融合蛋白过度表达，抑制细胞的分化凋亡，亚砷酸通过降解 PML－RARa 融合蛋白中的 PML 结构域，下调 *bcl－2* 基因表达，使细胞重又纳入程序化死亡的正常轨道，该作用不依赖维 A 酸，属于细胞凋亡诱导剂。用于治疗急性早幼粒细胞白血病。不良反应主要有皮肤干燥、丘疹、红斑或色素沉着、恶心、胃肠胀满、指尖麻木、血清转氨酶升高、心电异常改变等。

5. 其他靶向治疗药物

(1) 哺乳动物雷帕霉素靶蛋白(mTOR)抑制剂

坦罗莫司和依维莫司

坦罗莫司(temsirolimus)和依维莫司(everolimus)是 mTOR 的选择性抑制剂，干扰调节肿瘤细胞增殖、生长和存活等。坦罗莫司是首个治疗肾癌的靶向药物。两药主要用于难治性晚期肾细胞癌，不良反应主要有虚弱、黏膜炎、皮疹、恶心、水肿和厌食等。

(2) 蛋白酶抑制剂

硼替佐米、卡非佐米和伊沙佐米

硼替佐米(bortezomib)是第一个应用于临床的蛋白酶抑制剂,选择性地与蛋白酶活性位点的苏氨酸结合,可逆性抑制哺乳动物细胞中蛋白酶 26S 亚单位的糜蛋白酶/胰蛋白酶活性,能明显减少核因子 κB(nuder factor - κB, NF - κB)的抑制因子(IκB)的降解,IκB 与 NF - κB 结合后能有效抑制 NF - κB 的活性,抑制与细胞增殖相关的基因的表达,减少 IL - 6 等骨髓瘤细胞生长因子的分泌和黏附因子的表达,最终导致肿瘤细胞凋亡。主要用于治疗多发性骨髓瘤,复发或难治性套淋巴细胞瘤。不良反应主要有骨髓抑制、疲劳、头晕、视物模糊、发热、寒战、下肢水肿、便秘、腹泻、腹胀、周围神经病变、感觉异常、味觉障碍、心律失常、心力衰竭、肺水肿、转氨酶升高、胆红素升高、胆汁淤积、肾损伤、血尿、咳嗽、呼吸困难等。

卡非佐米(carfilzomib)是第二代蛋白酶抑制剂,可与 20S 蛋白酶的糜蛋白酶不可逆结合,目前获批为治疗之前接受至少 2 种药物(包括硼替佐米和免疫调节剂治疗)的多发性骨髓瘤,卡非佐米的外周神经系统的病变比硼替佐米少。

伊沙佐米(ixazomib)突破硼替佐米及卡非佐米需要皮下或静脉使用的限制,成为首个可口服的蛋白酶抑制剂,其周围神经病变等不良反应少。

(3) 血管生成抑制剂

重组人血管内皮抑制素

重组人血管内皮抑制素(rh-endostatin)是我国自主研发的一种可溶性新型重组人内皮抑素,主要通过抑制肿瘤内形成血管的内皮细胞的迁移达到抑制肿瘤血管生成、诱导肿瘤细胞凋亡、防止肿瘤侵袭和转移的作用。临床主要用于配合化疗治疗不能手术的非小细胞肺癌。不良反应包括心脏反应、消化系统反应、皮肤反应等。

三、肿瘤免疫治疗药物

到目前为止,肿瘤传统治疗体系的继续完善和发展已经无法带来患者生存率的跃变。对肿瘤进一步治疗乃至治愈需要新的方法,以及新方法与传统治疗体系的结合。大量研究表明,机体对肿瘤存在特异性的免疫反应,通过激活人体免疫系统针对肿瘤的免疫反应,能够特异性地杀伤肿瘤细胞。肿瘤免疫治疗药物靶向的是机体的免疫系统而不是直接针对肿瘤细胞,因此适用于大部分肿瘤类型,具有非常好的广谱性,在肿瘤的治疗上越来越受到重视。

(一) 免疫调节药

重组人白介素-2

重组人白介素-2(recombinant human interleukin-2, rhIL - 2)是多肽类免疫增强剂。作用于 IL - 2 受体而发挥作用。IL - 2 可促进和维持 T 细胞的增殖和分化,诱导和增强 NK 细胞的活力,能诱导及增强依赖 IL - 2 而获得对自身肿瘤具有细胞毒样活力的杀伤细胞(淋巴因子活化的杀伤细胞,简称 LAK 细胞),诱导及增强杀伤性 T 细胞、单核细胞、巨噬细胞的活力,增强 B 细胞的增殖及抗体分泌,诱导干扰素生成等。主要用于肾细胞癌、血管肉瘤、黑色素瘤等恶性肿瘤的治疗,用于癌性胸腔积液、腹水的控制;用于手术、放疗及化疗后肿瘤患者的治疗时可增强机体免疫功能等。不良反应主要有发热、畏寒、疲乏,也可有寒战、高热,停药后 3～4 h 多可自行恢复到正常。个别患者可出现恶心、呕吐,少数患者皮下注射后局部可出现轻度红肿、硬结、疼痛。

重组人干扰素

重组人干扰素(recombinant human interferon, rhIFN)具有多重免疫调节作用,可提高巨噬细胞的吞噬活性和增强淋巴细胞对靶细胞的特异性细胞毒性反应等,促进和维护机体的免疫监视、免疫防护和免疫自稳功能。干扰素的抗肿瘤作用还可能与其抑制血管内皮细胞增殖、抑制肿瘤内新生血管的生成有关。主要用于肿瘤、病毒感染及慢性活动性乙型肝炎等。不良反应主要有发热、疲乏、食欲下降、恶心、呕吐、头晕、流感样症状等。偶有嗜睡和精神错乱、呼吸困难、肝功能降低、白细胞减少及过敏反应等。

（二）肿瘤免疫细胞药物

司利弗明

司利弗明(tisagenlecleucel)是抗 CD_{19} 的 CAR(嵌合抗原受体)-T 细胞免疫治疗方法的药物。患者的 T 细胞被收集并遗传修饰后回输到体内,能靶向杀死具有表面特异性抗原的肿瘤细胞。主要用于治疗复发或难治性儿童和青少年急性淋巴细胞白血病、复发或难治性成人弥漫性大 B 细胞淋巴瘤。不良反应主要有细胞因子释放综合征和神经系统不良事件,包括脑病、脑水肿、癫痫、脑白质病等。

阿基仑赛(axicabtagene ciloleucel)和利基迈仑赛(lisocabtagene maraleucel)均是新型抗 CD_{19} 的 CAR-T 细胞药物,用于治疗难治性的血液系统恶性肿瘤。

（三）免疫检查点抑制剂

1. 细胞毒性 T 细胞相关抗原 4(cytotoxic T lymphocyte-associated antigen-4, CTLA-4)抑制剂

伊匹单抗

伊匹单抗(ipilimumab)是一种可拮抗 CTLA-4 的 IgG_1 单克隆抗体,是第一个被批准的免疫检查点抑制剂,能增强 T 细胞的活性和使 T 细胞增殖,从而导致肿瘤细胞的死亡。主要用于不可切除的或转移性黑色素瘤的治疗、辅助治疗区域淋巴结受累超过 1 mm 且完全切除的皮肤黑色素瘤。不良反应主要有疲劳、腹泻、瘙痒、皮疹、结肠炎、恶心、呕吐、头痛、体重减轻、发热、食欲减退、失眠等。

2. 程序性细胞死亡蛋白-1/程序性细胞死亡蛋白-1 配体(PD-1/PD-L1)抗体

(1) PD-1 抗体

尼伏单抗

尼伏单抗(nivolumab)是 PD-1 的单克隆抗体,可以通过阻断 PD-1 及其配体 PD-L1 和 PD-L2 间相互作用,从而阻断 PD-1 通路介导的免疫抑制反应,有助于提高肿瘤细胞的免疫原性。主要用于治疗黑色素瘤、非小细胞肺癌。不良反应主要有疲劳、乏力、发热、食欲减退、恶心、呕吐、腹泻、腹痛、便秘、皮疹,肌肉骨骼疼痛,免疫介导的肺炎、肠炎、肝炎症、甲状腺功能减退和亢进,胚胎-胎儿毒性等。使用药物期间需要监测肝、肾、甲状腺功能的变化。孕妇、哺乳期妇女禁用。

派姆单抗

派姆单抗(pembrolizumab)是人源化 PD-1 单克隆抗体,阻断 PD-1 和其配体间相互作用。主要适用于不可切除或转移性黑素瘤的治疗。不良反应主要有疲劳、肌肉骨骼疼痛、食欲下降、腹泻、恶心、瘙痒、皮疹、发热、咳嗽、呼吸困难、便秘和腹痛等。免疫介导的不良反应和尼伏单抗类似。

替雷利珠单抗和卡瑞利珠单抗

替雷利珠单抗(tislelizumab)和卡瑞利珠单抗(camrelizumab)均是我国生产的人源化抗 PD-1 单克隆抗体,主要治疗复发或难治性经典型霍奇金淋巴瘤、肺癌、肝癌和食管癌等。不良反应主要有乏力、发热、甲状腺功能减退、白细胞计数降低、上呼吸道感染、谷丙转氨酶升高、皮疹和血胆红素升高等。

(2) PD-L1 抗体

阿特珠单抗和度伐单抗

阿特珠单抗(atezolizumab)和度伐单抗(durvalumab)是 PD-L1 单克隆抗体,主要用于治疗局部晚期或转移性尿路上皮癌。不良反应主要有疲乏、恶心、呕吐、腹泻、腹痛、便秘、发热、感染、食欲减退、肌肉骨骼疼痛、血尿、咳嗽、呼吸困难、皮疹、瘙痒等。

四、其他药物

沙利度胺、泊马度胺和雷利度胺

沙利度胺、泊马度胺(pomalidomide)和雷利度胺(lenalidomide)三药目前抗肿瘤的具体机制不清楚,研究表明可能与调节免疫、抗肿瘤血管生成、抗炎和抗增生作用有关。主要用于治疗多发性骨髓瘤。不良反应主要有血栓栓塞、骨髓抑制、疲乏、便秘等。由于有致畸性,三药均禁用于孕妇。

小 结

传统的抗恶性肿瘤药即细胞毒类药物,按其作用机制可分为:① 干扰核酸合成的药物即抗代谢药,如二氢叶酸还原酶抑制剂氨甲蝶呤、胸苷酸合成酶抑制剂氟尿嘧啶,嘌呤核苷酸互变抑制剂巯嘌呤、核苷酸还原酶抑制剂羟基脲,DNA 聚合酶抑制剂阿糖胞苷。② 破坏 DNA 结构和功能的药物,多为属于细胞周期非特异性药物(拓扑异构酶抑制剂喜树碱类及鬼臼毒素类除外),主要包括烷化剂(氮芥类、乙烯亚胺类、烃化磺酸酯类、亚硝脲类及三氮烯类)、抗肿瘤抗生素、铂类化合物及拓扑异构酶抑制剂等。③ 干扰转录过程及阻止 RNA 合成的药物如放线菌素 D、多柔比星等。④ 影响蛋白质合成和功能的药物如微管蛋白活性抑制剂长春碱类、紫杉醇类,干扰核糖体功能的药物三尖杉生物碱类,影响氨基酸供应的药物 L-门冬酰胺酶等。大多数传统的细胞毒类抗肿瘤药在杀伤肿瘤细胞的同时,对正常组织细胞也能产生不同程度的损害。常见的近期毒性反应如消化道反应、骨髓抑制及毛囊毒性。

新型的抗肿瘤药属于非细胞毒类抗恶性肿瘤药,主要包括:① 影响体内激素平衡的药物。② 靶向抗肿瘤药,主要包括单克隆抗体(抗 CD_{20} 抗体、抗 EGFR 抗体和抗 VEGF 及其受体抗体等)、小分子化合物(如单靶点酪氨酸激酶抑制剂、多靶点受体酪氨酸酶抑制剂、细胞分化诱导剂、细胞凋亡诱导剂等)以及其他靶向治疗药物。③ 肿瘤免疫治疗药物,主要包括免疫调节药、肿瘤免疫细胞药物、免疫检查点抑制剂等。④ 其他药物,如沙利度胺、泊马度胺和雷利度胺等。

【思考题】

1. 细胞毒类抗恶性肿瘤药有哪些主要不良反应?
2. 传统抗恶性肿瘤药与新型抗恶性肿瘤药的抗肿瘤作用的区别与联系。
3. 患者,男,56 岁。胃癌根治术后接受化疗,化疗方案为“多西他赛+替加氟”。化疗期间,患者出现恶心、呕吐,不能进食,四肢无力。请问:
   (1) 此患者不良反应发生的机制是什么?
   (2) 针对该不良反应可采取的应对措施有哪些?

(云 宇)

※ 课程 PPT

第四十一章
课程 PPT

第四十二章

金属和氰化物中毒解毒药

学习目标

【知识目标】

1. 掌握　常用金属及氰化物等解毒药的药理作用及临床应用。
2. 熟悉　常用金属及氰化物等解毒药的不良反应。
3. 了解　常用金属及氰化物等解毒药的药代动力学特点及禁忌证。

【能力目标】

能够根据中毒物质的理化性质及其体内过程特点恰当选择、合理使用解毒药。

【素质目标】

树立以患者为中心的合理用药观念；坚持不断更新自身医学相关知识，精益求精，提高医药相关服务水平。

螯合疗法主要指采用金属螯合剂去除体内的重金属。螯合剂最早作为药物始于第一次世界大战，主要采用二巯基丙醇作为含砷毒气 lewisite 的解毒剂，二巯基丙醇的硫原子与 lewisite 的砷结合生成水溶性化合物从肾和肝排泄，但有严重的不良反应。第二次世界大战后，部分海军遭受铅中毒，乙二胺四乙酸（EDTA）作为解毒剂被用于临床。20 世纪 60 年代，二巯基丙醇被改造为二巯基丁二酸（DMSA），其由于不良反应轻微，迅速取代了二巯基丙醇和 EDTA 用于铅、砷和汞中毒并沿用至今。最近有研究发现，DMSA 的酯化物更有效，如其单戊酸酯对汞和镉中毒比 DMSA 更有效。自 20 世纪 70 年代起，铁螯合剂开始作为维持机体铁平衡、对抗铁蓄积过多的补充药物。

资料来源：

关贵民，1986. 重金属中毒的解毒药：二巯基丁二酸. 中华劳动卫生职业病杂志，4(1)：47－51.

EAGLE H，MAGNUSON H J，FLEISCHMAN R，1946. Clinical uses of 2，2-dimercaptopropanol（BAL）；the systemic treatment of experimental arsenic poisoning（mapharsen，lewisite，phenyl arsenoxide）with BAL. J Clin Invest，25(4)：451－466.

解毒药是指能缓解或消除毒物（包括药物过量）对机体毒性作用的药物。按解毒机制可分为药理性解毒药、物理性解毒药及化学性解毒药。药理性解毒药中的特异性解毒药是一类具有高度专一性的解毒药物，包括金属螯合剂（依地酸钙钠、二巯基丙醇等）、氰化物解毒剂（亚甲蓝、亚硝酸钠）及胆碱酯酶复活药（见第六章）等。急性中毒的治疗必须迅速，首先要尽可能降低毒物在受危害组织中的浓度，然后对抗其效应部位的药理和毒理作用。降低毒物在受危害组织中浓度的措施包括预防毒物继续吸收（催吐、洗胃、导泻）、加速毒物的生物转化及排泄等。

第一节 金属中毒解毒药

金属中毒常用金属螯合剂解救,该类药物具有两个或更多的带电基团(氮、氧、硫等),能与金属结合成环状的螯合物。不同的螯合剂与各种金属的螯合能力差异较大,螯合常数越大者稳定性越好,螯合常数小者则稳定性差,可被螯合常数更高的金属所取代。以依地酸为例,它与汞、铅、锌、锰、钙、钡、钠的螯合常数分别为21.8、18、16.5、14、10.8、7.8、1.7,如果用依地酸二钠钙排出钡效果差,而对铅或锰中毒的疗效较好,因分子中的钙可为铅或锰所取代。不过,有时螯合剂的螯合作用与螯合常数也不完全一致,如依地酸与汞的螯合常数高于锌,但排汞效果远低于排锌。应用金属螯合剂时应注意,某种金属中毒时,宜选用在生理 pH 条件下对该金属螯合常数高、易透过细胞膜并能与组织中蓄积的金属起螯合作用的螯合剂;金属一旦沉积于组织或骨骼中,螯合剂的促排作用则明显降低,此时宜采取间隙给药,以利用组织与血液间的浓度差,促使金属排出;除螯合剂本身可能产生毒性外,由于现有螯合剂的特异性差,在排出致毒金属的同时,也可能会排出一些机体必需的金属,如依地酸治疗铅中毒时易增加锌的排出,从而影响机体功能。另外,因为螯合剂在体内分布不同,可能将某一部分已螯合的金属传送到另一部位引起毒性。因此,螯合剂不作预防金属中毒应用。此外,谷胱甘肽和二巯基丙醇等影响体内巯基酶的药物也可解救金属中毒。

依地酸钙钠

【体内过程】

依地酸钙钠(calcium disodium edetate)口服不易吸收。静脉给药后按一级速率消除,$t_{1/2}$为 20～60 min。主要分布在细胞外液,极少进入脑脊液,几乎不被代谢。体内全部药物均在血浆中,通过肾小球滤过,从尿排出。改变尿的 pH 或尿速率均不影响其排泄率。

【药理作用与临床应用】

依地酸钙钠可与多数的二、三价金属离子结合。形成的螯合物通过肾小球滤过,由尿排出,其排出高峰在用药后 24～48 h。主要用于铅中毒,尤其对无机铅中毒效果好,亦可用于镉、锰、铬、钴和铜中毒。采用短疗程间歇疗法,长期连续使用则排毒率降低。儿童铅中毒远比成人危险,严重的铅脑病若不及时治疗,其死亡率达 65%。存活者常遗留有脑损伤后遗症,如共济失调、精力减退等,单独使用该药效果欠佳,一般均应合用二巯基丙醇。联合用药治疗的毒性小,铅从尿排泄加速,且铅脑病后常见的神经后遗症的发生率较低。对汞中毒无效。

【不良反应】

不良反应为全身不适、疲劳、极度口渴、寒战、严重的肌肉痛、前额痛、厌食等,偶见恶心、呕吐、小便次数增加和尿急。可见组胺样反应,如打喷嚏、鼻充血和流泪;还可见糖尿,贫血,皮炎,与维生素 B_6 缺乏较为相似。为避免血栓性静脉炎,溶液必须稀释后,缓缓滴注。

青 霉 胺

【体内过程】

青霉胺(penicillamine)口服吸收良好,药物浓度达峰时间为 1 h。主要储存于皮肤和血浆,血浆中有少部分以结合形式存在。在肝脏代谢,绝大多数在 24 h 内从血液中被清除,主要以二硫化物的形式从尿中排泄。$t_{1/2}$为 90 h。该药部分与蛋白质结合,故停药 3 个月内仍有少量药物存在。

【药理作用】

青霉胺可与铜、铁、汞、铅、砷等重金属发生螯合反应,形成稳定的可溶性复合物,由尿排出。驱铅作用不及依地酸钙钠,驱汞作用不及二巯基丙醇;但可口服,不良反应较小,可供重金属中毒或对其他螯合剂有禁忌的患者选用。

【临床应用】

青霉胺适用于重金属中毒、肝豆状核变性,胱氨酸尿及其结石,其他药物无效的严重活动性类风湿性关节炎的治疗。

【不良反应】

在治疗早期，可见急性过敏反应，表现为发热、皮疹、白细胞减少、血小板减少、嗜酸性粒细胞增多，必要时需要迅速停药。开始治疗时先应用小剂量脱敏或先服用皮质甾醇预防。与青霉素呈现交叉过敏反应；空腹服用，以避免食物中的金属干扰；长期用药可引起视神经炎，可加服用维生素 B_6。

【禁忌证】

粒细胞缺乏、再生障碍性贫血、肾功能不全者和孕妇禁用。

二巯基丙醇

【体内过程】

二巯基丙醇(dimercaprol)(10%)油溶液肌内注射后 30～60 min 血药浓度可达峰。$t_{1/2}$短，在 4 h 内基本消除完毕。

【药理作用】

二巯基丙醇分子中有两个活性巯基，与金属离子亲和力大，能置换已与组织中酶系统结合的金属离子，形成不易解离的无毒性螯合物随尿排出，使巯基酶恢复活性，解除金属引起的中毒症状。二巯基丙醇与汞等重金属形成由两分子二巯基丙醇和一个金属原子组成的 2∶1 复合物，可溶于水，但该复合体在体内可分解，二巯基丙醇也可发生氧化反应。因此，要在一定时间内维持二巯基丙醇在血浆中足以形成 2∶1 复合物的浓度，以利于毒物的快速排泄。但是本药具有明显的与剂量相关的不良反应，所以必须避免其血药浓度过高。通常可通过小剂量反复给药维持治疗，直至有害金属被排出为止。

二巯基丙醇与金属是竞争性结合，在接触金属后 1～2 h 给药疗效最好，4 h 内有用，超过 6 h 作用显著降低。在慢性中毒时虽能增加尿中金属排泄量，但受金属抑制的巯基酶的活力已不能恢复，故疗效不明显。

【临床应用】

二巯基丙醇主要用于治疗砷、汞中毒及儿童急性铅脑病。应尽早足量用药，超过 6 h 给药，作用降低。

【不良反应】

不良反应常见血压升高伴心动过速，恶心，头痛，口咽部烧灼感，喉、胸或手压迫感且偶有痛感；结膜炎，流泪，流鼻涕和流涎，手刺痛，阴茎烧灼感，额、手和其他部位出汗，腹痛；二巯基丙醇-金属复合物在酸性环境中不稳定，在治疗中应碱化尿液，以保护肾功能。肝肾功能不全者、老年人、高血压患者等慎用。

二巯丁二钠

二巯丁二钠(sodium dimercaptosuccinate)与二巯基丙醇相似，能与机体组织蛋白质和酶的巯基相竞争，并能置换已与酶结合的金属离子，从而保护和恢复酶的活性。对酒石酸锑钾的解毒作用比二巯基丙醇强 10 倍，其毒性比二巯基丙醇小，且口服有效。临床主要治疗锑、铅、汞和砷的中毒和预防镉、钴、镍中毒；对肝豆状核变性有驱铜及减轻症状效果。不良反应主要为轻度头昏、头痛、四肢无力、口臭、恶心、腹痛，少数人有皮疹。另有咽喉干燥、血清转氨酶升高等。

二巯丙磺钠

二巯丙磺钠(Sodium dimercaptosulphonate)为注射液，对汞中毒效果优于二巯基丙醇，毒性较低。对砷、铬、铋、铜、锑等中毒有效。可有短期的恶心、心动过速、头晕，个别患者有过敏反应，甚至出现过敏性休克、剥脱性皮炎等。

去铁胺

去铁胺(defetoxamine)为注射液，为在链球菌的发酵液中提取的白色结晶性粉末，易溶于水，水溶液稳定。属羟肟酸螯合剂，其羟肟酸基团与游离或蛋白结合的三价铁或铝形成稳定、无毒的水溶性铁胺或铝胺复合物，由尿排出，酸性环境作用加强。能清除铁蛋白和含铁血黄素中的铁离子，但不影响转铁蛋白、血红蛋白、肌球蛋白和细胞色素中的铁离子。主要用于急性铁中毒的解救。可出现腹泻、心动过速、腿肌震颤等症状。

第二节　氰化物中毒解毒药

氰化物中毒为常见的严重中毒之一。氰化物为工业原料,也存在于一些植物的果实、种子或核仁中。氰化物的毒性强度与其在体内释出 CN^- 的速度与数量有关,CN^- 可与细胞色素氧化酶中三价铁结合,阻止组织摄取和利用氧,导致组织缺氧,动静脉血氧含量差值降低。严重中毒时,皮肤黏膜呈樱桃红色,重要组织(如中枢神经系统)严重缺氧,如抢救不及时,可迅速危及生命。最常用的解毒药为先后使用亚硝酸钠和硫代硫酸钠。

硫代硫酸钠

【体内过程】

硫代硫酸钠(sodium thiosulphate)口服不易吸收,静脉注射后迅速分布到各组织的细胞外液,$t_{1/2}$ 约 0.65 h,由尿排泄。

【药理作用与临床应用】

硫代硫酸钠因与氰化物作用生成低毒的硫氰酸盐而解毒,主要与亚硝酸钠配合用于氰化物中毒的解毒;能在体内与砷、汞、铅等金属离子生成无毒的化合物排出体外,用于砷、汞、铅、铋及碘等的中毒。还可用于皮肤瘙痒症、慢性荨麻疹等的脱敏。

【不良反应】

有头晕、乏力、恶心、呕吐等不良反应。静脉注射不宜过快,不能与亚硝酸钠混合注射,以免引起血压下降。

亚甲蓝

【体内过程】

亚甲蓝(methylene blue)口服不易吸收,在组织中被迅速还原,并缓慢地从尿和胆汁中排出。

【药理作用与临床应用】

(1) 低浓度时,葡萄糖-6-磷酸脱氢过程中,氢离子经还原型三磷酸吡啶核苷传递给亚甲蓝,使其还原,还原型亚甲蓝再将离子传递给高铁血红蛋白,使其还原为血红蛋白。

(2) 较大剂量时,不能完全被还原为还原型,在体内起氧化剂作用,可将正常的血红蛋白氧化为高铁血红蛋白。

在氰化物中毒时,CN^- 与血红蛋白紧密结合生成不易解离的化合物,使血红蛋白失去携氧功能。而 CN^- 与高铁血红蛋白生成不稳定的结合物,可以解离。因此,采用该药(或亚硝酸钠)使血红蛋白转变为高铁血红蛋白是使血红蛋白免遭 CN^- 毒害的重要措施。但必须随后静脉注射硫代硫酸钠,以与 CN^- 结合生成硫氰酸盐(毒性仅为氰化物的 1/200)而解毒,从尿中排出。

亚甲蓝临床主要用于治疗亚硝酸盐、苯胺类及氰化物中毒的治疗。

【不良反应】

静脉注射速度过快可致头晕、恶心、呕吐、胸闷、腹痛。剂量过大时还可出现头痛、血压降低、心率增快伴心律失常、大汗淋漓、意识障碍和高铁血红蛋白血症。用药后尿液呈蓝色,排尿时可有尿道口刺痛感。皮下注射可引起局部组织坏死,鞘内注射可引起瘫痪;葡萄糖-6-磷酸脱氢酶缺乏可引起溶血;肾功能不全者慎用。

亚硝酸钠

【体内过程】

亚硝酸钠(sodium nitrite)口服吸收迅速,15 min 即起效,维持 1 h。约 60%在体内代谢,其余以原型由尿排出。

【药理作用与临床应用】

亚硝酸钠为氧化剂,能使血红蛋白转变成正铁血红蛋白,可用于氰化物中毒的急救(机制参见上文亚甲蓝）。使用本药后，仅对氰化物中毒起暂时性延迟作用，随后应立即注射硫代硫酸钠，使其与 CN^- 结合变成毒性较小的硫氰酸盐，由尿排出。另外，该药尚有舒张血管作用。临床主要用于治疗氰化物中毒。

【不良反应】

可见恶心、头痛、呕吐、头昏、出冷汗、发绀、气急、昏厥、低血压、休克及抽搐等不良反应。

小　结

金属中毒常用金属螯合剂，包括依地酸钙钠、青霉胺、二巯基丙醇及去铁胺等。依地酸钙钠主要用于铅中毒，亦可用于镉、锰、铬、钴和铜中毒；青霉胺主要用于重金属中毒及肝豆状核变性等；二巯基丙醇主要用于治疗砷、汞中毒及儿童急性铅脑病；去铁胺主要用于急性铁中毒。氰化物中毒的解毒药包括硫代硫酸钠、亚甲蓝及亚硝酸钠等；亚硝酸钠仅对氰化物中毒起暂时性延迟作用，随后应立即注射硫代硫酸钠，使其与 CN^- 结合变成毒性较小的硫氰酸盐，从而由尿排出。亚甲蓝主要用于治疗亚硝酸盐、苯胺类及氰化物中毒的治疗。

【思考题】

1. 患者，男，48 岁，铅矿工人。双侧上肢闪电样疼痛、麻木，指端感觉异常数月，阵发性脐周绞痛 2 日。血铅浓度为 4.1 μmol/L（血铅正常值上限位 2.4 μmol/L），尿铅浓度为 0.72 μmol/L（尿铅正常值上限位 0.39 μmol/L），Hb 92 g/L。临床诊断：慢性铅中毒。请问：
   (1) 该患者应选择何种驱铅药物？
   (2) 所选驱铅药物有何不良反应？
2. 简述金属中毒解毒药依地酸钙钠、青霉胺、二巯基丙醇及去铁胺的临床用途。
3. 简述亚甲蓝的药理作用及临床应用。

（龚其海）

※ 课程 PPT

第四十二章
课程 PPT

索　引

A

B

C

D

E

F

G

H

L

M

N

P

Q

T

W

X

Y

Z

主要参考文献

陈新谦，金有豫，汤光，2018.陈新谦新编药物学.18版.北京：人民卫生出版社.

陈忠，杜俊蓉，2022.药理学.9版.北京：人民卫生出版社.

董志，2021.药理学.北京：人民卫生出版社.

国际血管联盟中国分部护理专业委员会，2022.周围血管血栓性疾病置管溶栓护理专家共识.介入放射学杂志，31(11)：1045－1051.

韩洋，费文敏，李可可，等，2021.免疫抑制剂的概念和类型.皮肤科学通报，38(4)：291－297.

刘鸣，崔丽英，谢鹏，2021.神经内科学.3版.北京：人民卫生出版社.

疏金玲，张玲玲，魏伟，2020.酪氨酸激酶抑制剂治疗类风湿关节炎研究进展.中国药理学与毒理学杂志，34(9)：713－720.

田金洲，解恒革，王鲁宁，等，2021.中国阿尔茨海默病痴呆诊疗指南(2020年版).中华老年医学杂志，40(3)：269－283.

王靖波，崔宏伟，于蕾，等，2022.免疫抑制剂治疗类风湿关节炎的研究进展.国际医药卫生导报，28(23)：3269－3273.

王曦林，余海清，舒红利，2016.华法林与有关药物的相互作用及安全应用研究.中国社区医师，32(2)：13－14.

吴基良，姚继红，2020.药理学(案例版).3版.北京：科学出版社.

杨宝峰，陈建国，2023.药理学.10版.北京：人民卫生出版社.

杨俊卿，陈立，2022.药理学.5版.北京：人民卫生出版社.

杨俊卿，秦大莲，2018.药理学.2版.北京：科学出版社.

中国抗癌协会肿瘤支持治疗专业委员会，2023.肿瘤合并肝损伤患者血小板减少症管理中国专家共识(2022版).肿瘤防治研究，50(3)：211－223.

中国抗癫痫协会，2023.临床诊疗指南：癫痫病分册(2023修订版).北京：人民卫生出版社.

中华医学会骨质疏松和骨矿盐疾病分会，2023.原发性骨质疏松症诊疗指南(2022).中华内分泌代谢杂志，39(5)：377－406.

中华医学会内分泌学分会，中国内分泌代谢病专科联盟，2023.糖皮质激素类药物临床应用指导原则(2023版).中华内分泌代谢杂志，39(4)：289－296.

中华医学会内分泌学分会，中国医师协会内分泌代谢科医师分会，中华医学会核医学分会，等，2022.中国甲状腺功能亢进和其他原因所致甲状腺毒症诊治指南.中华内分泌代谢杂志，38(8)：700－748.

中华医学会神经病学分会帕金森病及运动障碍学组，中国医师协会神经内科医师分会帕金森病及运动障碍学组，2020.中国帕金森病治疗指南(第四版).中华神经科杂志，53(12)：973－986.

中华医学会糖尿病学分会，国家基层糖尿病防治管理办公室，2022.国家基层糖尿病防治管理指南(2022).中华内科杂志，61(3)：249－262.

中华医学会糖尿病学分会，2021.中国2型糖尿病防治指南(2020年版).中华糖尿病杂志，13(4)：315－409.

中华医学会血液学分会红细胞疾病(贫血)学组，2022.铁缺乏症和缺铁性贫血诊治和预防的多学科专家共识(2022年版).中华医学杂志，102(41)：3246－3256.

朱依谆，殷明，2016.药理学.8版.北京：人民卫生出版社.

BRUNTON L L, KNOLLMANN B C, 2023. Goodman & Gilman's the pharmacological basis of therapeutics. 14th Edition. New York：McGraw-Hill Education.

KATZUNG B G, VANDERAH T G, 2021. Basic & clinical pharmacology. 15th Edition. New York：McGraw Hill Education.

ROSS D S, BURCH H B, COOPER D S, et al., 2016. 2016 American thyroid association guidelines for diagnosis and management of hyperthyroidism and other causes of thyrotoxicosis. Practice Guideline, 26(10)：1343－1421.

WHALEN K, LERCHENFELDT S, GIORDANO C, 2023. Lippincott @ illustrated review：pharmacology. 8th Edition. Amsterdam：Wolters Kluwer.